元總部

編纂人員：姚大勇　趙冬梅

《元總部》提要

本總部下設七十一部，包含上起金末元初的丘處機、耶律楚材，下迄元代後期的脱脱、韓林兒，以及元朝的數位帝王等人物，共七十一人，所涉時代主要爲元代。

本總部各部下設綜述、雜録、藝文三緯目，其中雜録又包含備録、備論兩部分。本總部所選人物，凡身經兩朝，或其生平事蹟並見於《金史》《元史》《明史》之紀、傳者，其綜述資料的選擇，以能夠相對完整反映所選人物生平與歷史地位爲標準。因年代久遠，文獻散佚，構成本總部所收人物之備録的資料，有的篇数較少，體例也欠完備，則祇能依據對傳主生平事蹟的記述予以輯録。有關史料來源，主要是元、明以來學者的著作，同時也包括正史的志傳，以及後世的史地文獻和學術筆記，原則上不收編年類文獻。

列爲本總部備論史料的選擇標準，主要側重四個方面：一爲與傳主同時代或相鄰時代人的評價評論，二爲流傳於後世的名篇名論，三爲金、元以降集部文獻中的專評專論，四爲紀事本末類文獻的編撰者對與傳主直接相關事件的品評議論。一般不用考史類文獻中以文本分析爲主要内容的考論，不用編年類文獻中對事件原委的總結和對王朝大勢的分析。

與本總部所選人物相關的藝文，以金、元以來詩歌、祭文、序跋、弔唁等文字爲主。這些資料因來源不同，版本有異，爲減少歧義，選録於本總部藝文中的作品，一般選擇時間較早、文字較全的版本，也酌情使用現代整理本。

目録

元太祖部

綜述

《元史》卷一《太祖紀》　太祖法天啓運聖武皇帝，諱鐵木真，姓奇渥温氏，蒙古部人。

其十世祖孛端叉兒，母曰阿蘭果火，嫁脱奔咩哩犍，生二子，長曰博寒葛答黑，次曰博合覩撒里直。既而夫亡，阿蘭寡居，夜寢帳中，夢白光自天窗中入，化爲金色神人，來趨臥榻。阿蘭驚覺，遂有娠，産一子，即孛端叉兒也。孛端叉兒狀貌奇異，沉默寡言，家人謂之癡。獨阿蘭語人曰：「此兒非癡，後世子孫必有大貴者。」阿蘭没，諸兄分家貲不及之。孛端叉兒曰：「貧賤富貴，命也，貲財何足道。」獨乘青白馬，至八里屯阿懶之地居焉。食飲無所得，適有蒼鷹搏野獸而食，孛端叉兒以緡設機取之，鷹即馴狎。乃臂鷹獵兔禽以爲膳，或闕即繼，似有天相之。居數月，有民數十家自統急里忽魯之野逐水草來遷，孛端叉兒結茅與之居，出入相資，自此生理稍足。一日，仲兄忽思之，曰：「孛端叉兒獨出而無齎，近者得無凍餒乎？」即自來訪，邀與俱歸。孛端叉兒中路謂其兄曰：「統急里忽魯之民無所屬附，若臨之以兵，可服也。」兄以爲然。至家，即選壯士，令孛端叉兒帥之前行，果盡降之。

孛端叉兒殁，子八林昔黑剌禿合必畜嗣，生子曰咩撚篤敦。咩撚篤敦妻曰莫挐倫，生七子而寡。莫挐倫性剛急。時押剌伊而部有群小兒掘田間草根以爲食，莫挐倫乘車出，適見之，怒曰：「此田乃我子馳馬之所，群兒輒敢壞之邪。」驅車徑出，輾傷諸兒，有至死者。押剌伊而忿怨，盡驅莫挐倫馬羣以去。莫挐倫諸子聞之，不及被甲，往追之。莫挐倫私憂曰：「吾兒不甲以往，恐不能勝敵。」令子婦載甲赴之，已無及矣。既而果爲所敗，六子皆死。押剌伊而乘勝殺莫挐倫，滅其家。唯一長孫海都尚幼，乳母匿諸積木中，得免。先是，莫挐倫第七子納真，於八剌忽民家爲贅壻，故不及難。聞其家被禍，來視之，見病嫗十數與海都尚在，其計無所出。幸驅馬時，兄之黄馬三次掣套竿逸歸，納真至是得乘之。乃僞爲牧馬者，詣押剌伊而。路逢父子二騎先後行，臂鷹而獵。納真識其鷹，曰：「此吾兄所擎者也。」趨前紿其少者曰：「有赤馬引羣馬而東，汝見之乎？」曰：「否。」少者乃問曰：「爾所經過有鳧雁乎？」曰：「有。」曰：「汝可爲吾前導乎？」曰：「可。」遂同行。轉一河隈，度後騎相去稍遠，刺殺之。縶馬與鷹，趨迎後騎，紿之如初。後騎問曰：「前射鳧雁者吾子也，何爲久臥不起耶？」納真以鼻衄對。騎者方怒，納真乘隙刺殺之。復前行至一山下，有馬數百，牧者唯童子數人，方擊髀石爲戲。納真熟視之，亦兄家物也。紿問童子，亦如之。於是登山四顧，悄無來人，盡殺童子，驅馬臂鷹而還，取海都并病嫗，歸八剌忽之地止焉。海都稍長，納真率八剌忽怯谷諸民，共立爲君。海都既立，以兵攻押剌伊而，臣屬之，形勢寖大。列營帳於八剌合黑河上，跨河爲梁，以便往來。由是四傍部族歸之者漸衆。

海都殁，子拜姓忽兒嗣。拜姓忽兒殁，子敦必乃嗣。敦必乃殁，子葛不律寒嗣。葛不律寒殁，子八哩丹嗣。八哩丹殁，子也速該嗣，并吞諸部落，勢愈盛大。也速該崩，至元三年十月，追謚烈祖神元皇帝。

初，烈祖征塔塔兒部，獲其部長鐵木真。宣懿太后月倫適生帝，手握凝血如赤石，烈祖異之，因以所獲鐵木真名之，志武功也。

族人泰赤烏部舊與烈祖相善，後因塔兒不台用事，遂生嫌隙，絶不與通。及烈祖崩，帝方幼冲，部衆多歸泰赤烏。近侍有脱端火兒真者亦將叛，帝自泣留之。脱端曰：「深池已乾矣，堅石已碎矣，留復何爲！」竟帥衆馳去。宣懿太后怒其弱己也，麾旗將兵，躬自追叛者，驅其太半而還。

時帝麾下搠只別居薩里河。札木合部人禿台察兒居玉律哥泉，時欲相侵凌，掠薩里河牧馬以去。搠只麾左右匿羣馬中，射殺之。札木合以爲怨，遂與泰赤烏諸部合謀，以衆三萬來戰。帝時駐軍答蘭版朱思之野，聞變，大集諸部兵，分十有三翼以俟。已而札木合至，帝與大戰，破走之。

當是時，諸部之中，唯泰赤烏地廣民衆，號爲最强。其族照烈部，與帝所居相近。帝嘗出獵，偶與照烈獵騎相屬，帝謂之曰：「今夕可同宿乎？」照烈曰：「同宿固所願，但從者四百，因糗糧不具，已遣半還矣，今將奈何？」帝固邀與宿，凡其留者，悉飲食之。明日再合圍，帝使左右驅獸向照烈，照烈得多獲以歸。其衆感之，私相語曰：「泰赤烏與我雖兄弟，常攘我車馬，奪我飲食，無人君之度。有人君之度者，其惟鐵木真太子乎？」照烈之長玉律，時爲泰赤烏所虐，不能堪，

遂與塔海答魯領所部來歸，將殺泰赤烏以自效。帝曰：「我方熟寐，幸汝覺我，自今車轍人跡之塗，當盡奪以與汝矣。」已而二人不能踐其言，復叛去。塔海答魯至中路，爲泰赤烏部人所殺，照烈部遂亡。

時帝功德日盛，泰赤烏諸部多苦其主非法，見帝寬仁，時賜人以裘馬，心悦之。若赤老温、若哲别、若失力哥也不干諸人，若朵郎吉、若札剌兒、若忙兀諸部，皆慕義來降。

帝會諸族薛徹、大丑（及薛徹别吉）等，各以旄車載湩酪，宴于斡難河上。帝與諸族及薛徹别吉之母忽兒真之前，共置馬湩一革囊；薛徹别吉次母野别該之前，獨置一革囊。忽兒真怒曰：「今不尊我，而貴野别該乎？」疑帝之主膳者失丘兒所爲，遂笞之。於是頗有隙。時皇弟别里古台掌帝乞列思事，乞列思，華言禁外繫馬所也。播里掌薛徹别吉乞列思事。播里從者因盜去馬靷，别里古台執之。播里怒斫别里古台，傷其背。左右欲鬭，别里古台止之，曰：「汝等欲即復讎乎？我傷幸未甚，姑待之。」不聽，各持馬乳橦疾鬭，奪忽兒真、火里真二哈敦以歸。薛徹别吉遣使請和，因令二哈敦還。會塔塔兒部長蔑兀真笑里徒背金約，金主遣丞相完顔襄帥兵逐之北走。帝聞之，發近兵自斡難河迎擊，仍諭薛徹别吉帥部人來助。候六日不至，帝自與戰，殺蔑兀真笑里徒，盡虜其輜重。

帝之麾下有爲乃蠻部人所掠者，帝欲討之，復遣六十人徵兵於薛徹别吉。薛徹别吉以舊怨之故，殺其十人，去五十人衣而歸之。帝怒曰：「薛徹别吉曩笞我失丘兒，斫傷我别里古台，今又敢乘敵勢以陵我耶！」因帥兵踰沙磧攻之，殺虜其部衆，唯薛徹、大丑僅以妻孥免。越數月，帝復伐薛徹、大丑，追至帖烈徒之隘，滅之。

克烈部札阿紺孛來歸。札阿紺孛者，部長汪罕之弟也。汪罕名脱里，受金封爵爲王，番言音重，故稱王爲汪罕。

初，汪罕之父忽兒札胡思盃禄既卒，汪罕嗣位，多殺戮昆弟。其叔父菊兒（罕）帥兵與汪罕戰，逼於哈剌温隘敗之；僅以百餘騎脱走，奔于烈祖。烈祖親將兵逐菊兒（罕）走西夏，復奪部衆歸汪罕。汪罕德之，遂相與盟，稱爲按答。按答，華言交物之友也。烈祖崩，汪罕之弟也力可哈剌，怨汪罕多殺之故，復叛歸乃蠻部。乃蠻部長亦難赤爲發兵伐汪罕，盡奪其部衆與之。汪罕走河西、回鶻、回回三國，奔契丹。既而復叛歸，中道糧絶，捋羊乳爲飲，刺橐駝血爲食，困乏之甚。帝以其與烈祖交好，遣近侍往招之。帝親迎撫勞，安置軍中振給之。遂會于土兀剌河上，尊汪罕爲父。

未幾，帝伐蔑里乞部，與其部長脱脱戰于莫那察山，遂掠其資財、田禾，以遺汪罕。汪罕因此部衆稍集。

居亡何，汪罕自以其勢足以有爲，不告於帝，獨率兵復攻蔑里乞部。部人敗走，脱脱奔八兒忽真之隘。汪罕大掠而還，於帝一無所遺，帝不以屑意。

會乃蠻部長不（魯欲）〔欲魯〕罕不服，帝復與汪罕征之，至黑辛八石之野，遇其前鋒也的脱孛魯者，領百騎來戰，見軍勢漸逼，走據高山，其馬鞍轉墜，擒之。曾未幾何，帝復與乃蠻驍將曲薛吾、撒八剌二人遇，會日暮，各還營壘，約明日戰。是夜，汪罕多燃火營中，示人不疑，潛移部衆於别所。及旦，帝始知之，因頗疑其有異志，退師薩里河。既而汪罕亦還至土兀剌河，汪罕子亦剌合及札阿紺孛來會。曲薛吾等察知之，乘其不備，襲虜其部衆于道。亦剌合奔告汪罕，汪罕命亦剌合與卜魯忽解共追之，且遣使來曰：「乃蠻不道，掠我人民，太子有四良將，能假我以雪耻乎？」帝頓釋前憾，遂遣博爾朮、木華黎、博羅渾、赤老温四人，帥師以往。師未至，亦剌合已追及曲薛吾，與之戰，大敗，卜魯忽解成擒。流矢中亦剌合馬胯，幾爲所獲。須臾四將至，擊乃蠻走，盡奪所掠歸汪罕。已而與皇弟哈撒兒再伐乃蠻，拒鬭於忽蘭盞側山，大敗之，盡殺其諸將族衆，積屍以爲京觀。乃蠻之勢遂弱。

時泰赤烏猶强，帝會汪罕於薩里河，與泰赤烏部長沆忽等大戰斡難河上，敗走之，斬獲無算。

哈答斤部、散只兀部、朵魯班部、塔塔兒部、弘吉剌部聞乃蠻、泰赤烏敗，皆畏威不自安，會於阿雷泉，斬白馬爲誓，欲襲帝及汪罕。弘吉剌部長迭夷恐事不成，潛遣人告變。帝與汪罕自虎圖澤逆戰於盃亦烈川，又大敗之。

汪罕遂分兵，自由（怯）緑憐河而行。札阿紺孛謀於按敦阿述、燕火脱兒等曰：「我兄性行不常，既屠絶我昆弟，我輩又豈得獨全乎？」按敦阿述泄其言，汪罕令執燕火脱兒等至帳下，解其縛，且謂燕火脱兒曰：「吾輩由西夏而來，道路饑困，其相誓之語，遽忘之乎？」因唾其面。坐上之人皆起而唾之。汪罕又屢責札阿紺孛，至於不能堪。札阿紺孛與燕火脱兒等俱奔乃蠻。

帝駐軍於徹徹兒山，起兵伐塔塔兒部。部長阿剌兀都兒等來逆戰，大敗之。

時弘吉剌部欲來附，哈撒兒不知其意，往掠之。於是弘吉剌歸札木合部，與朵魯班、亦乞剌思、哈答斤、火魯剌思、塔塔兒、散只兀諸部，會于犍河，共立札木

合爲局兒罕，盟于秃律别兒河岸，爲誓曰：「凡我同盟，有洩此謀者，如岸之摧，如林之伐。」誓畢，共舉足蹋岸，揮刀斫林，驅士卒來侵。塔海哈時在衆中，與帝麾下抄吾兒連姻，抄吾兒偶往視之，具知其謀，即還至帝所，悉以其謀告之。帝即起兵，逆戰於海剌兒、帖尼火魯罕之地，破之。札木合脱走，弘吉剌部來降。

歲壬戌，帝發兵於兀魯回失連真河，伐按赤塔塔兒、察罕塔塔兒二部。先誓師曰：「苟破敵逐北，見棄遺物，慎無獲，俟軍事畢散之。」既而果勝，族人按彈、火察兒、答力台三人背約，帝怒，盡奪其所獲，分之軍中。

初，脱脱敗走八兒忽真隘，既而復出爲患，帝帥兵討走之。至是，又會乃蠻部不(魯欲)〔欲魯〕罕約朶魯班、塔塔兒、哈答斤、散只兀諸部來侵。帝遣騎乘高四望，知乃蠻兵漸至，帝與汪罕移軍入塞。亦剌合自北邊來據高山結營，乃蠻軍衝之不動，遂還。亦剌合尋亦入塞。將戰，帝遷輜重於他所，與汪罕倚阿蘭塞爲壁，大戰于闕奕壇之野。乃蠻使神巫祭風雪，欲因其勢進攻。既而反風，逆擊其陣，乃蠻軍不能戰，欲引還，雪滿溝澗，帝勒兵乘之，乃蠻大敗。是時札木合部起兵援乃蠻，見其敗，即還。道經諸部之立己者，大縱掠而去。

帝欲爲長子术赤求昏於汪罕女抄兒伯姬，汪罕之(子)〔孫〕秃撒合亦欲尚帝女火阿真伯姬，俱不諧，自是頗有違言。初，帝與汪罕合軍攻乃蠻，約明日戰。札木合言於汪罕曰：「我於君是白翎雀，他人是鴻雁耳。白翎雀寒暑常在北方，鴻雁遇寒則南飛就暖耳。」意謂帝心不可保也。汪罕聞之疑，遂移部衆於别所。及議昏不成，札木合復乘隙謂亦剌合曰：「太子雖言是汪罕之子，嘗通信於乃蠻，將不利於君父子。君若能加兵，我當從傍助君也。」亦剌合信之。會答力台、火察兒、按彈等叛歸亦剌合，亦説之曰：「我等願佐君討宣懿太后諸子也。」亦剌合大喜，遣使言於汪罕。汪罕曰：「札木合，巧言寡信人也，不足聽。」亦剌合力言之，使者往返者數四。汪罕曰：「吾身之存，實太子是賴。髭鬚已白，遺骸冀得安寢，汝乃喋喋不已耶？汝善自爲之，毋貽吾憂可也。」札木合遂縱火焚帝牧地而去。

歲癸(丑)〔亥〕，汪罕父子謀欲害帝，乃遣使者來曰：「向者所議婣事，今當相從，請來飲布渾察兒。布渾察兒，華言許親酒也。帝以爲然，率十騎赴之。至中道，心有所疑，命一騎往謝，帝遂還。汪罕謀既不成，即議舉兵來侵。圉人乞(力失)〔失力〕聞其事，密與弟把帶告帝。帝即馳軍阿蘭塞，悉移輜重於他所，遣折里麥爲前鋒，俟汪罕至即整兵出戰。先與朱力斤部遇，次與董哀部遇，又次與火力失烈門部遇，皆敗之；最後與汪罕親兵遇，又敗之。亦剌合見勢急，突來衝陣，射之中頰，即斂兵而退。怯里亦部人遂棄汪罕來降。

汪罕既敗而歸，帝亦將兵還至董哥澤駐軍，遣阿里海致責於汪罕曰：「君爲叔父菊兒(罕)所逐，困迫來歸，我父即攻菊兒(罕)，敗之於河西，其土地人民盡收與君。此大有功於君一也。君爲乃蠻所攻，西奔日没處。君弟札阿紺孛在金境，我亟遣人召還。比至，又爲蔑里乞部人所逼，我請我兄薛徹别及及我弟大丑往殺之。此大有功於君二也。君困迫來歸時，我過哈丁里，歷掠諸部羊、馬、資財，盡以奉君，不半月間，令君饑者飽，瘠者肥。此大有功於君三也。君不告我往掠蔑里乞部，大獲而還，未嘗以毫髮分我，我不以爲意。及君爲乃蠻所傾覆，我遣四將奪還爾民人，重立爾國家。此大有功於君四也。我征朶魯班、塔塔兒、哈答斤、散只兀、弘吉剌五部，如海東鷙禽之於鵝雁，見無不獲，獲則必致於君。此大有功於君五也。是五者皆有明驗，君不報我則已，今乃易恩爲讐，而遽加兵於我哉。」汪罕聞之，語亦剌合曰：「我向者之言何如？吾兒宜識之。」亦剌合曰：「事勢至今日，必不可已，唯有竭力戰鬭。我勝則并彼，彼勝則并我耳。多言何爲。」

時帝諸族按彈、火察兒皆在汪罕左右，帝因遣阿里海誚責汪罕，就令告之曰：「昔者吾國無主，以薛徹、太丑二人實我伯祖八剌哈之裔，欲立之。二人既已固辭，乃以汝火察兒爲伯父聶坤之子，又欲立之，汝又固辭。然事不可中輟，復以汝按彈爲我祖忽都剌之子，又欲立之，汝又固辭。於是汝等推戴吾爲之主，初豈我之本心哉，不自意相迫至於如此也。三河，祖宗肇基之地，毋爲他人所有。汝善事汪罕，汪罕性無常，遇我尚如此，況汝輩乎。我今去矣，我今去矣。」按彈等無一言。

帝既遣使於汪罕，遂進兵虜弘吉(利)〔剌〕别部溺兒斤以行。至班朱尼河，河水方渾，帝飲之以誓衆。有亦乞烈部人孛徒者，爲火魯剌部所敗，因遇帝，與之同盟。哈撒兒别居哈剌渾山，妻子爲汪罕所虜，挾幼子脱虎走，糧絶，探鳥卵爲食，來會于河上。時汪罕形勢盛强，帝微弱，勝敗未可知，衆頗危懼。凡與飲河水者，謂之飲渾水，言其曾同艱難也。汪罕兵至，帝與戰于哈闌真沙陀之地，汪罕大敗。其臣按彈、火察兒、札木合等謀弑汪罕，弗克，往奔乃蠻。答力台、把憐等部稽顙來降。

帝移軍斡難河源，謀攻汪罕，復遣二使往汪罕，僞爲哈撒兒之言曰：「我兄

太子今既不知所在，我之妻孥又在王所，縱我欲往，將安所之耶？王儻棄我前愆，念我舊好，即束手來歸矣。」汪罕信之，因遣人隨二使來，以皮囊盛血與之盟。及至，即以二使爲向導，令軍士銜枚夜趨折折運都山，出其不意，襲汪罕，敗之，盡降克烈部衆，汪罕與亦剌合挺身遁去。汪罕嘆曰：「我爲吾兒所誤，今日之禍悔將何及！」汪罕出走，路逢乃蠻部將，遂爲其所殺。亦剌哈走西夏，日剽掠以自資。既而亦爲西夏所攻走，至龜茲國，龜茲國主以兵討殺之。

帝既滅汪罕，大獵於帖麥該川，宣布號令，振凱而歸。時乃蠻部長太陽罕心忌帝能，遣使謀於白達達部主阿剌忽思曰：「吾聞東方有稱帝者。天無二日，民豈有二王邪？君能益吾右翼，吾將奪其弧矢也。」阿剌忽思即以是謀報帝，居無何，舉部來歸。

歲甲子，帝大會於帖麥該川，議伐乃蠻。羣臣以方春馬瘦，宜俟秋高爲言。皇弟斡赤斤曰：「事所當爲，斷之在早，何可以馬瘦爲辭？」別里古台亦曰：「乃蠻欲奪我弧矢，是小我也，我輩義當同死。彼恃其國大而言誇，苟乘其不備而攻之，功當可成也。」帝悅，曰：「以此衆戰，何憂不勝。」遂進兵伐乃蠻。駐兵於建忒該山，先遣虎必來、哲別二人爲前鋒。太陽罕至自按臺，營於沆海山，與蔑里乞部長脫脫、克烈部長阿憐太石、猥剌部長忽都花別吉，暨禿魯班、塔塔兒、哈答斤、散只兀諸部合，兵勢頗盛。時我隊中羸馬有驚入乃蠻營中者，太陽罕見之，與衆謀曰：「蒙古之馬瘦弱如此，今當誘其深入，然後戰而擒之。」其將火力速八赤對曰：「先王戰伐，勇進不回，馬尾人背，不使敵人見之。今爲此遷延之計，得非心中有所懼乎？苟懼之，何不令后妃來統軍也。」太陽罕怒，即躍馬索戰。帝以哈撒兒主中軍。時札木合從太陽罕來，見帝軍容整肅，謂左右曰：「乃蠻初舉兵，視蒙古軍若羖羝羔兒，意謂蹄皮亦不留。今吾觀其氣勢，殆非往時矣。」遂引所部兵遁去。是日，帝與乃蠻軍大戰至晡，禽殺太陽罕。諸部軍一時皆潰，夜走絕險，墜崖死者不可勝計。明日，餘衆悉降。於是朵魯班、塔塔兒、哈答斤、散只兀四部亦來降。

已而復征蔑里乞部。其長脫脫奔太陽罕之兄卜（魯欲）〔欲魯〕罕；其屬帶兒兀孫獻女迎降，俄復叛去。帝至泰寒寨，遣孛羅歡、沈白二人領右軍往平之。

歲乙丑，帝征西夏，拔力吉里寨，經落思城，大掠人民及其橐駝而還。

元年丙寅，帝大會諸王羣臣，建九游白旗，即皇帝位於斡難河之源。諸王羣臣共上尊號曰成吉思皇帝。是歲實金泰和之六年也。

帝既即位，遂發兵復征乃蠻。時卜（魯欲）〔欲魯〕罕獵於兀魯塔山，擒之以歸。太陽罕子屈出律罕與脫脫奔也兒的石河上。

帝始議伐金。初，金殺帝宗親咸補海罕，帝欲復讐。會金降俘等具言金主璟肆行暴虐，帝乃定議致討，然未敢輕動也。

二年丁卯秋，再征西夏，克斡羅孩城。

是歲，遣按彈、不兀剌二人使乞力吉思。既而野牒亦納里部、阿里替也兒部，皆遣使來獻名鷹。

三年戊辰春，帝至自西夏。

夏，避暑龍庭。

冬，再征脫脫及屈出律罕。時斡亦剌部等遇我前鋒，不戰而降，因用爲向導，至也兒的石河，討蔑里乞部，滅之。脫脫中流矢死。屈出律奔契丹。

四年己巳春，畏吾兒國來歸。帝入河西。夏主李安全遣其世子率師來戰，敗之，獲其副元帥高令公。克兀剌海城，俘其太傅西壁氏。進至克夷門，復敗夏師，獲其將嵬名令公。薄中興府，引河水灌之。堤決，水外潰，遂撤圍還。遣太傅訛答入中興，招諭夏主，夏主納女請和。

五年庚午春，金謀來伐，築烏沙堡。帝命遮別襲殺其衆，遂略地而東。

初，帝貢歲幣于金，金主使衛王允濟受貢於（靜）〔淨〕州。帝見允濟不爲禮，允濟歸，欲請兵攻之。會金主璟殂，允濟嗣位，有詔至國，傳言當拜受。帝問金使曰：「新君爲誰？」金使曰：「衛王也。」帝遽南面唾曰：「我謂中原皇帝是天上人做，此等庸懦亦爲之耶，何以拜爲！」即乘馬北去。金使還言，允濟益怒，欲俟帝再入貢，就進場害之。帝知之，遂與金絕，益嚴兵爲備。

六年辛未春，帝居怯綠連河。西域哈剌魯部主阿昔蘭罕來降。畏吾兒國主亦都護來覲。

二月，帝自將南伐，敗金將定薛於野狐嶺，取大水濼、豐利等縣。金復築烏沙堡。

秋七月，命遮別攻烏沙堡及烏月營，拔之。

八月，帝及金師戰于宣平之會河川，敗之。

九月，拔德興府，居庸關守將遁去。遮別遂入關，抵中都。

冬十月，襲金群牧監，驅其馬而還。耶律阿海降，入見帝于行在所。皇子术赤、察合台、窩闊台分徇雲內、東勝、武、朔等州，下之。

是冬，駐蹕金之北境。劉伯林、夾谷長哥等來降。

七年壬申春正月，耶律留哥聚衆于隆安，自爲都元帥，遣使來附。帝破昌、桓、撫等州。金將紇石烈、九斤等率兵三十萬來援，帝與戰于獾兒觜，大敗之。秋，圍西京。金元帥左都監奥屯襄率師來援，帝遣兵誘至密谷口逆擊之，盡殪。復攻西京，帝中流矢，遂撤圍。

九月，察罕克奉聖州。

冬十二月甲申，遮別攻東京不拔，即引去，夜馳還，襲克之。

八年癸酉春，耶律留哥自立爲遼王，改元元統。

秋七月，克宣德府，遂攻德興府。皇子拖雷、駙馬赤駒先登，拔之。帝進至懷來。及金行省完顔綱、元帥高琪戰，敗之，追至北口。金兵保居庸，詔可忒、薄刹守之。遂趨涿鹿，金西京留守忽沙虎遁去。帝出紫荆關，敗金師于五回嶺，拔涿、易二州。契丹訛魯不兒等獻北口，遮別遂取居庸，與可忒、薄刹會。

八月，金忽沙虎弑其主允濟，迎豐王珣立之。

是秋，分兵三道：命皇子术赤、察合台、窩闊台爲右軍，循太行而南，取保、遂、安肅、安、定、邢、洺、磁、相、衛、輝、懷、孟，掠澤、潞、遼、沁、平陽、太原、吉、隰，拔汾、石、嵐、忻、代、武等州而還；皇弟哈撒兒及斡陳那顔、拙赤鯓、薄刹爲左軍，遵海而東，取薊州、平、灤、遼西諸郡而還；帝與皇子拖雷爲中軍，取雄、霸、莫、安、河間、滄、景、獻、深、祁、蠡、冀、恩、濮、開、滑、博、濟、泰安、濟南、濱、棣、益都、淄、濰、登、萊、沂等郡。復命木華黎攻密州，屠之。史天倪、蕭勃迭率衆來降，木華黎承制並以爲萬户。帝至中都，三道兵還，合屯大口。

是歲，河北郡縣盡拔，唯中都、通、順、真定、清、沃、大名、東平、德、邳、海州十一城不下。

九年甲戌春三月，駐蹕中都北郊。諸將請乘勝破燕，帝不從。乃遣使諭金主曰：「汝山東、河北郡縣悉爲我有，汝所守惟燕京耳。天既弱汝，我復迫汝於險，天其謂我何。我今還軍，汝不能犒師以弭我諸將之怒耶？」金主遂遣使求和，奉衛紹王女岐國公主及金帛、童男女五百、馬三千以獻，仍遣其丞相完顔福興送帝出居庸。

夏五月，金主遷汴，以完顔福興及參政抹撚盡忠輔其太子守忠，留守中都。

六月，金糺軍斫答等殺其主帥，率衆來降。詔三摸合、石抹明安與斫答等圍中都。帝避暑魚兒濼。

秋七月，金太子守忠走汴。

冬十月，木華黎征遼東，高州盧琮、金(扑)〔朴〕等降。錦州張鯨殺其節度使，自立爲臨海王，遣使來降。

十年乙亥春正月，金右副元帥蒲察七斤以通州降，以七斤爲元帥。

二月，木華黎攻北京，金元帥寅答虎、烏古倫以城降，以寅答虎爲留守，吾也而權兵馬都元帥鎮之。興中府元帥石天應來降，以天應爲興中府尹。

三月，金御史中丞李英等率師援中都，戰于霸州，敗之。

夏四月，克清、順二州。詔張鯨總北京十提控兵從南征。鯨謀叛伏誅，鯨弟致遂據錦州，僭號漢興皇帝，改元興龍。

五月庚申，金中都留守完顔福興仰藥死，抹撚盡忠棄城走，明安入守之。是月，避暑桓州涼陘。遣忽都忽等籍中都帑藏。

秋七月，紅羅山寨主杜秀降，以秀爲錦州節度使。遣乙職里往諭金主以河北、山東未下諸城來獻，及去帝號爲河南王，當爲罷兵。不從。詔史天倪南征，授右副都元帥，賜金虎符。

八月，天倪取平州，金經略使乞住降。木華黎遣史進道等攻廣寧府，降之。

是秋，取城邑凡八百六十有二。

冬十月，金宣撫蒲鮮萬奴據遼東，僭稱天王，國號大真，改元天泰。

十一月，耶律留哥來朝，以其子斜闍入侍。史天祥討興州，擒其節度使趙守玉。

十一年丙子春，還盧朐河行宫。張致陷興中府，木華黎討平之。

秋，撒里知兀鯓三摸合拔都魯率師由西夏趨關中，遂越潼關，獲金西安軍節度使尼龐古蒲魯虎，拔汝州等郡，抵汴京而還。

冬十月，蒲鮮萬奴降，以其子帖哥入侍。既而復叛，僭稱東夏。

十二年丁丑夏，盗祁和尚據武平，史天祥討平之，遂擒金將巢元帥以獻。察罕破金監軍夾谷於霸州，金求和，察罕乃還。

秋八月，以木華黎爲太師，封國王，將蒙古、糺、漢諸軍南征，拔遂城、蠡州。冬，克大名府，遂東定益都、淄、登、萊、濰、密等州。

是歲，秃滿部民叛，命鉢魯完、朶魯伯討平之。

十三年戊寅秋八月，兵出紫荆口，獲金行元帥事張柔，命還其舊職。木華黎自西京入河東，克太原、平陽及忻、代、澤、潞、汾、霍等州。金將武仙攻滿城，張

柔擊敗之。

是年，伐西夏，圍其王城，夏主李遵頊出走西涼。契丹六哥據高麗江東城，命哈真、札刺率師平之；高麗王㬚遂降，請歲貢方物。

十四年己卯春，張柔敗武仙，降祁陽、曲陽、中山等城。

夏六月，西域殺使者，帝率師親征，取訛答剌城，擒其酋哈只兒只蘭禿。

秋，木華黎克岢嵐、吉、隰等州，進攻絳州，拔其城，屠之。

十五年庚辰春三月，帝克蒲華城。

夏五月，克尋思干城，駐蹕也(石)〔兒〕的石河。

秋，攻斡脫羅兒城，克之。木華黎徇地至真定，武仙出降。以史天倪爲河北西路兵馬都元帥、行府事，仙副之。東平嚴實籍彰德、大名、磁、洺、恩、博、滑、濬等州户三十萬來歸，木華黎承制授實金紫光禄大夫、行尚書省事。

冬，金邢州節度使武貴降。木華黎攻東平不克，留嚴實守之，撤圍趨洺州，分兵徇河北諸郡。

是歲，授董俊龍虎衛上將軍、右副都元帥。

十六年辛巳春，帝攻卜哈兒、薛迷思干等城，皇子术赤攻養吉干、八兒真等城，並下之。

夏四月，駐蹕鐵門關，金主遣烏古孫仲端奉國書請和，稱帝爲兄。不允。金東平行省事忙古棄城遁，嚴實入守之。宋遣苟夢玉來請和。

夏六月，宋(連)〔漣〕水忠義統轄石珪率衆來降，以珪爲濟、兗、單三州總管。

秋，帝攻班勒紇等城，皇子术赤、察合台、窩闊台分攻玉龍傑赤等城，下之。

冬十月，皇子拖雷克馬魯察葉可、馬魯、昔剌思等城。木華黎出河西，克葭、綏德、保安、鄜、坊、丹等州，進攻延安，不下。

十一月，宋京東安撫使張琳以京東諸郡來降，以琳爲滄、景、濱、棣等州行都元帥。

是歲，詔諭德順州。

十七年壬午春，皇子拖雷克徒思、匿察兀兒等城。還經木剌夷國，大掠之。渡搠搠蘭河，克也里等城。遂與帝會，合兵攻塔里寒寨，拔之。木華黎軍克乾、涇、邠、原等州，攻鳳翔不下。

夏，避暑塔里寒寨。西域主札闌丁出奔，與滅里可汗合，忽都忽與戰不利。帝自將擊之，擒滅里可汗；札闌丁遁去，遣八剌追之，不獲。

秋，金復遣烏古孫仲端來請和，見帝于回鶻國。帝謂曰：「我向欲汝主授我河朔地，令汝主爲河南王，彼此罷兵，汝主不從。今木華黎已盡取之，乃始來請耶？」仲端乞哀，帝曰：「念汝遠來，河朔既爲我有，關西數城未下者，其割付我。令汝主爲河南王，勿復違也。」仲端乃歸。金平陽公胡天(祚)〔作〕以青龍堡降。

冬十月，金河中府來附，以石天應爲兵馬都元帥守之。

十八年癸未春三月，太師國王木華黎薨。

夏，避暑八魯彎川。皇子术赤、察合台、窩闊台及八剌之兵來會，遂定西域諸城，置達魯花赤監治之。

是歲，宋復遣苟夢玉來。

十九年甲申夏，宋大名總管彭義斌侵河北，史天倪與戰於恩州，敗之。

是歲，帝至東印度國，角端見，班師。

二十年乙酉春正月，還行宫。

二月，武仙以真定叛，殺史天倪。董俊判官李全亦以中山叛。

三月，史天澤擊仙走之，復真定。

夏六月，彭義斌以兵應仙，天澤禦於贊皇，擒斬之。

二十一年〔丙戌〕春正月，帝以西夏納仇人(赤)〔亦〕臘喝翔昆及不遣質子，自將伐之。

二月，取黑水等城。

夏，避暑於渾垂山。取甘、肅等州。

秋，取西涼府搠羅、河羅等縣，遂踰沙陀，至黄河九渡，取應里等縣。

九月，李全執張琳，郡王帶孫進兵圍全於益都。

冬十一月庚申，帝攻靈州，夏遣嵬名令公來援。丙寅，帝渡河擊夏師，敗之。丁丑，五星聚見於西南。駐蹕鹽州川。

十二月，李全降。授張柔行軍千户、保州等處都元帥。

是歲，皇子窩闊台及察罕之師圍金南京。遣唐慶責歲幣于金。

二十二年丁亥春，帝留兵攻夏王城，自率師渡河攻積石州。

二月，破臨洮府。

三月，破洮、河、西寧二州。遣斡陳那顔攻信都府，拔之。

夏四月，帝次龍德，拔德順等州，德順節度使愛申、進士馬肩龍死焉。

五月，遣唐慶等使金。

閏月，避暑六盤山。

六月，金遣完顔合周、奥屯阿虎來請和。帝謂群臣曰：「朕自去冬五星聚時，已嘗許不殺掠，遽忘下詔耶。今可布告中外，令彼行人亦知朕意。」是月，夏主李晛降。帝次清水縣西江。

秋七月壬午，不豫。己丑，崩于薩里川哈老徒之行宫。臨崩謂左右曰：「金精兵在潼關，南據連山，北限大河，難以遽破。若假道于宋，宋、金世讎，必能許我，則下兵唐、鄧，直擣大梁。金急，必徵兵潼關。然以數萬之衆，千里赴援，人馬疲弊，雖至弗能戰，破之必矣。」言訖而崩，壽六十六。葬起輦谷。至元三年冬十月，追謚聖武皇帝。至大二年冬十一月庚辰，加謚法天啓運聖武皇帝，廟號太祖。在位二十二年。

邵遠平《元史類編》卷一《太祖紀》 太祖皇帝諱鐵木真，姓奇渥温氏，蒙古部人。

十一世祖曰脱奔咩哩犍。妻曰阿蘭果火，夜寢帳中，夢白光自天而下，化金色神人趨臥榻，遂驚覺，有娠，生子曰孛端叉兒。《大方通鑑》云：阿蘭夜寢，屢有光明照其腹，一乳三子，長曰孛完合答吉，次曰孛合撒赤，孛端叉兒其季也。狀貌奇異，沉默寡言，家人謂之癡，阿蘭獨曰：「此兒非癡，後世子孫當有大貴者。」歷四世曰海都，家爲押剌伊兒部所破，止海都存，其季父納真率八剌忽怯谷諸民共立爲君長。海都既立，轉攻押剌伊兒部，役屬之，形勢寖大。列營帳于八剌合黑河上，跨河爲梁，以便往來，由是隣部歸者漸衆。其後子孫蕃衍，各自爲族，曰哈答吉，曰散只兒，曰吉狎，又謂之札即剌氏，彼此不相統屬。傳五世，曰也速該，并吞諸部，勢愈盛。也速該殁，世祖至元三年追謚爲烈祖神元皇帝，是爲元之始祖。

初，烈祖攻塔塔兒部，獲其長鐵木真。還次跌里温盤陀山，而宣懿太后月倫適生帝，手握凝血如赤石，烈祖異之，因名曰鐵木真，志武功也。及烈祖崩，帝方幼，時蒙古部有泰赤烏，有札木合，又有克烈、乃蠻諸部。唯泰赤烏强，衆多歸之。而札木合部者與帝麾下有隙，《聖武親征記》云：時帝麾下搠只別居薩里川，札木合部人禿台察兒居玉律哥泉，舉衆來掠搠只馬，搠只麾左右匿群馬中射殺之，札木合以是爲隙。遂與泰赤烏合謀，以衆三萬來攻。帝與母月倫分部人爲十三翼，大戰，破走之。泰赤烏地廣民衆，無紀律，諸部多苦其非法，見帝寬仁，謀曰：「鐵木真太子，衣人以己衣，乘人以己馬，真我主也。」多相率慕義來降。是時，西北諸國皆附金，會塔塔兒叛金，帝自斡難河帥衆會金師，擊殺其渠長，金主以功授帝爲察兀禿魯。猶言招討使也。克烈部長名脱里者，史稱汪罕者，誤。受金爵爲王。《親征記》云：金遣丞相完顔襄帥兵逐叛者北走，上聞之，遂起兵，自斡難河迎討，與戰于納剌禿失圖之野，獲大珠、金銀綳車各一。金主授帝爲察兀禿魯，並册克烈部長脱里爲王。初，脱里多戮辱兄弟，其叔父菊兒攻之，僅百餘騎來奔，烈祖親將兵逐菊兒，奪還其部衆，脱里德之，遂請盟，稱按答。猶言交好之友。既而脱里之弟叛歸乃蠻，其部長爲發兵伐克烈，復奪其衆。脱里走，中道糧絶，困乏甚。帝以其與烈祖交也，親迎撫勞之，爲伐蔑里乞部，取其資財、田禾遺之。脱里見部衆稍集，遂不告於帝，自率兵再攻蔑里乞，大掠而還，於帝一無所遺，帝不以屑意。會乃蠻卜魯欲可汗《通鑑》及《親征記》皆作「盃禄可汗」，以音相近也。不服，帝復與脱里合兵攻之。時札木合起兵援乃蠻，見乃蠻敗，欲帝與脱里有隙，乃言於脱里曰：「我於君爲白翎雀，他人如鴻雁耳。白雀寒暑常在北方，鴻雁遇寒則南飛就暖。」謂帝心不可保也。脱里聞之疑，乃移部衆於别所。《親征記》云：上與脱里征盃禄可汗，至黑辛八石之野。敵遣也的脱不魯領百騎爲前鋒，我軍逼之，走據高山，其馬騎轉墜，擒之。□上與乃蠻將遇于拜答剌邊只兒之野，日暮，列陣對宿。是夜，脱里多燃火于所陣地，示人不疑，潛移衆于哈薩兀里河。上見脱里移去，曰：「此輩無乃異志乎？」亦解去，駐撒里川。脱里至土兀剌河，乃蠻乘其不備，鹵其邊民、輜重。脱里命其子亦剌合將兵追之，且遣使來告曰：「乃蠻不道，掠我人民。太子有四良將，能假我雪恥乎？」上釋前憾，遂遣博兒术、木華黎、博羅渾、赤老温四將往救，大敗其衆，盡奪所掠，還之。脱里謝曰：「曩以困乏來歸，荷太子加意存撫。今已亡之國又奪之歸，不知將何以報。」未幾，帝與脱里議昏，各不成。札木合復乘間謂脱里子亦剌合曰：「鐵木真太子嘗通信乃蠻，將不利於君父子。君能加兵，我當陰爲助。」亦剌合數言於其父，脱里信之。歲癸丑，按，下文疑作「亥」。遂舉兵來侵。帝擊敗之，《親征記》云：牧人乞失力夜馳告，上止軍阿蘭塞，急移輜重于失連真河，遣折里麥爲先鋒。脱里亦領兵，由忽剌河、卜魯哈二山來。上移軍合闌只之野，整兵出戰，屢敗之。脱里子亦剌合來衝陣，射中其頰。上將兵四千六百騎，分兩隊行，駐軍董歌澤。遣使責脱里曰：「君爲菊兒所逐，困迫來歸，吾父即攻菊兒，敗之于河西，收其土地人民以與君。其功一也。君爲乃蠻所攻，西奔日没處。君弟札阿紺卜在金境，我亟遣人召還。比至，又爲蔑里乞部人所逼，我使兄弟往殺之。其功二也。君貧餒無依，我歷取各部羊馬資財，盡以奉君。其功三也。君不告我往掠蔑里乞，大獲而還，未嘗纖毫分我。及君爲乃蠻所傾，我遣四將奪還爾人民，重立爾國家。其功四也。我征朵魯班等五部，如海東鷙禽之於鴻雁，見無不獲，獲則必致於君。其功五也。今乃易恩爲讐，忍加兵於我哉？」遂整兵至班朱尼河，河水方渾，帝

飲之以誓衆曰：「使我克定大業，當與諸君同甘苦。苟踰此言，有如河水。」凡與飲者，謂同飲渾河水。時脱里勢强，衆頗危懼。與戰于哈蘭真沙陀之地，脱里敗走，路逢乃蠻將，爲所殺，克烈部由是遂滅，帝大獵振凱歸。時乃蠻卜魯欲可汗弟太陽可汗心忌帝，遣使謀於白達達部主阿剌忽思曰：「近聞東方有稱帝者。天無二日，民豈有二王邪？君能益吾右翼，吾將奪其弧矢也。」阿剌忽思執其使來告，帝與約同攻乃蠻。歲甲子，大會于帖麥該川。群臣以方春馬瘦爲言，皇弟斡赤斤曰：「事所當爲，斷之在早。乃蠻欲奪我弧矢，是小我也。彼恃其强大，攻其不備，可克也。」帝悦，遂進兵。太陽可汗合諸部兵來拒，營于沆海山，欲誘帝深入，然後戰而擒之。其將火力速八赤曰：「先王戰伐，勇進不回，馬尾人背，不使敵見。今爲遷延計，得非怯乎？」太陽可汗怒，即躍馬索戰。時札木合部長將援乃蠻，見帝軍整，懼先遁。帝與乃蠻軍大戰至晡，禽殺太陽可汗，諸部軍皆潰，餘衆悉降。先是，蒙古居烏桓之北，與乃蠻、回鶻接壤，世修貢于遼、金，號微弱。至是，滅克烈，降乃蠻，兼收朶魯班、塔塔兒、哈答吉、散只兒四部，駸駸乎稱雄矣。歲乙丑，帝伐西夏，拔力吉里寨，經落思城而還。按，元世皆稱王爲罕，其曰汪罕者，是以二字而諧一音，究與卜魯欲罕、太陽罕同一王字，即漢史所稱可汗是也。而舊史不察，竟稱汪罕，亡其名與部，今皆書脱里之名，而冠以克烈部，以正因訛之失。

元年丙寅十二月，帝大會諸部長，建九斿白旗，即皇帝位於斡難河之源。在遼東三萬衛北。群臣共上尊號曰成吉思可汗，實宋寧宗開禧二年，金主璟泰和六年也。帝既即位，復發兵征乃蠻，擒卜魯欲可汗。會太陽可汗子屈出律，與蔑里乞部長脱脱，奔也兒的石河上，乃蠻部遂滅。時金主惡蒙古强，多殺其宗親。帝陰欲復讐，乃決計伐金。首命木華黎、博爾朮爲左右萬户，謂曰：「國內平定，汝等之力居多。我與汝如車之有輔，身之有臂也。汝等宜體此，勿替初心。」

二年丁卯秋，再征西夏，克斡羅孩城。

三年戊辰，帝至自西夏。夏，避暑龍庭。冬，再征脱脱及屈出律。時斡亦剌等部降，因用爲向導，攻蔑里乞部，滅之。脱脱中流矢死，屈出律奔契丹。

四年己巳春，畏吾兒國來歸。即唐之高昌。《親征記》云：畏吾兒國主亦都護遣官來議和。時蔑里乞脱脱子火都、赤剌温、馬札兒、秃薩干四人，取脱脱首奔畏吾，亦都護拒之，與戰于嶄河，遣使來告，尋貢珍寶方物。帝入河西，屢敗夏師，進薄中興府，夏主李安全納女請和。

五年庚午春，帝遣將遮別一作哲伯。襲金烏沙堡，遂畧地而東。初，帝未建號時，尚稱藩于金。會進歲幣，金主使衛王永濟原名允濟，後避顯宗諱改永。受貢于静州。帝見其庸懦，不爲禮。及金主璟殂，永濟嗣位，有詔至，使者令下拜，帝問：「新君爲誰？」使者曰：「衛王。」帝不顧而唾，即乘馬北去。永濟聞之怒，欲俟帝入貢圖之。帝覺，遂與金絶，數侵掠其西北鄙。

六年辛未春，帝居怯緑連河。西域哈剌魯部主阿昔蘭來降。二月，帝自將南伐，取金大水濼、豐利等縣。金主懼，遣使乞和，不許。《續綱目》云：初，金納哈買住守北鄙，知蒙古將侵邊，奔告金主曰：「近見蒙古隣部附從西夏獻女，而造箭製盾不休，凡行營，則令男子乘車，蓋欲恤馬力也，非圖我而何。」金主以其擅生邊隙，囚之。及蒙古侵擾雲中、九原，破大水濼以進，金主恐，始釋買住，而遣使求和。金復築烏沙堡。秋七月，命遮別攻拔之。《綱目》云：金主命平章獨吉千家奴、參政完顔胡沙行省事于撫州，留守紇石烈胡沙虎行樞密院事，以禦蒙古。比至烏沙堡，未設備，蒙古兵奄至，拔其堡及烏月營，乘勝破白登城，遂攻西京，凡七日，金兵大敗，追至翠屏山，遂取西京及桓、撫州。八月，帝敗金師于宣平之會河。閏九月，拔德興府，居庸關守將遁。遮別遂入關，薄燕京。金衛卒殊死戰，帝引却，乃襲群牧監，驅其馬而還。遣皇子朮赤、察合台、窩闊台分狥雲內、東勝、武、朔、豐、靖等州，下之。是冬，屯軍金之北境。【略】

七年壬申春正月，故遼人耶律留哥取金遼東諸境，自號都元帥，遣使來附。帝破桓、撫、奉、聖等州，師次野狐嶺。金將紇石烈、完顔九斤等率兵號四十萬來援，與戰于獾兒嘴，大敗之。《綱目》《資治通鑑》俱作上年事。秋，圍金西京。今大同府。帝中流矢，遂撤圍。《親征記》云：所克德興府諸城堡，金人復收之。冬十二月，遮別克金東京。今奉天府。

八年癸酉秋七月，帝克宣德、德興二府，進至懷來。及金行省完顔綱、左監軍高琪，戰敗之，乘鋭至古北口。金兵退保居庸，帝留可忒、薄剎頓兵拒守，而自以衆趨紫荆關，敗金師于五回嶺，拔涿、易二州。分命遮別反自南口，攻居庸，破之。出古北，與可忒、薄剎軍合。八月，金胡沙虎弑其主永濟，迎立昇王珣，改元貞祐。時帝兵東過平、濼，南至青、滄，由臨潢涉遼河，西南至忻、代，皆爲所有。而帝欲留中都今順天府，即燕京。以困金，乃分軍屯其城北，號北軍，陽綴之，而陰發兵三道：命皇子朮赤等爲右軍，循太行而南，破保州、中山、邢、洺、磁、相、衛、輝、懷、孟諸郡，徑抵黄河，掠平陽、太原間；皇弟哈撒兒等爲左軍，遵海而東，破濼、薊，掠遼西之北；帝與皇子拖雷爲中軍，由中道破雄、漠、青、滄、景、獻、河間、濱、棣、濟南等郡。《綱目》云：時僉鄉民上城爲兵，蒙古盡驅其家屬來攻，父子兄弟往

往遥相呼認，由是人無固志，凡破九十餘郡。兩河、山東數千里，城郭丘墟，唯燕京、通、順、真定、青、沃、大名、東平、德、邳、海州十一城未下。是冬，帝復至燕京，三道兵還，合屯大口，以逼中都。十二月，師狗觀州，金刺史高守約死之。

九年甲戌春三月，復與北軍合圍燕京。諸將請乘勝破燕，而帝欲遣孤城不取，俾力守以困之，遣使謂金主曰：「今山東、河北諸境，悉爲我取，所存惟燕京耳。天既弱汝，我不忍迫人于險。我今還軍，汝當犒師以弭諸將之怒。」金主復請和，許以故主永濟女及金繒、童男女爲獻。帝遣使如金逆女，既成昏，北還。金丞相完顔福興送帝出居庸，至野麻池而返。夏五月，金主遷都于汴，命平章完顔承暉，及左丞抹撚盡忠，輔太子守忠，留中都。帝聞之，怒曰：「既和而遷，是有疑心，而不釋憾也。」復興師南伐，所過州郡皆下。金彰德知府黄摑九住、懷州節度使朱宸、嵐州節度使烏古論仲温、順州勸農使王晦、懿州節度使高閭山，皆死之。六月，金糺軍反，衆推斫答爲帥，遣使乞降。糺音杳，遼東軍也，凡二十五部族。帝方怒金南遷，遂遣石抹明安援斫答，合兵圍中都。秋七月，金主并召太子守忠之汴。冬十月，命木華黎征遼東。錦州張鯨殺其節度使，自稱臨海王，遣使來附。始置行尚書省于宣平，以撒没哈領之，統金降民。

十年乙亥春正月，金副元帥蒲察七斤自通州以其師降。二月，木華黎由大定府進兵北京。在遼東，舊大寧城迤北，初名中京。金元帥寅答虎以城降，遂逼興中府，元帥石天應相繼降。以上《通鑑綱目》俱作上年事。金主遣兵救燕，至霸州，大潰，守將史天倪率所部降。夏四月，張鯨謀叛被殺，鯨弟致復據錦州，僭號漢興皇帝，改元興龍。《綱目》云：自稱瀛王。五月，金燕京留守完顔承暉仰藥死，抹撚盡忠棄城走，石抹明安入城，焚宫室，火月餘不息。蓋圍中都三年而克之。《續文獻通考》云：初平燕京，以金樞密院爲宣聖廟。時帝方避暑桓州，聞燕陷，遣使勞明安等，輦其府庫之實北去。秋七月，金遣使求和，帝謂撒没哈曰：「譬如圍場中獐鹿，吾已盡取之矣，獨餘一兔，舍之何害？」撒没哈言不可，因遣人諭金主，以河北、山東未下諸城來獻，及去帝號，封爲河南王，當罷兵。金主不從。授史天倪右副都元帥，賜金虎符，命南征。金虎符者，符趺爲伏虎形，首爲明珠，有三珠、二珠、一珠之别，千户金符，百户銀符，爲定制。八月，天倪取平州，金經畧使乞住降。木華黎遣史進道等攻廣寧府，降之。冬十月，金宣撫蒲鮮萬奴據遼東，僭稱天王，國號大真，改元天泰。十一月，耶律留哥來朝。是年取金城邑，凡八百六十有二。

十一年丙子春，帝還廬朐河行宫。夏，取金曹州及霍山諸隘。秋，遣撒里知兀觧等帥師，由西夏趨關中，遂越潼關，拔汝州等郡，直抵汴京。還至陜州，適河氷合，遂渡而北。《綱目》云：蒙古主駐軍魚兒濼，遣三合拔都將萬騎，自西夏走京兆，以攻潼關。不能下，乃由嵩山小路趨汝州，遇山硐，輒以鐵鎗相鎖連接爲橋以渡，直趨汴京。金主急召花帽軍于山東，擊敗之，乃還。冬十月，蒲鮮萬奴降，既而復叛，僭稱東夏。木華黎克錦州，殺張致，遼西平。《續資治》云：張致降金，金命行北京路元帥事。錦州被圍，其監軍高益縛致出降，木華黎殺之。【略】

十二年丁丑秋八月，以木華黎有佐命功，拜太師，封魯國王，統領番漢諸軍，謂曰：「太行以北，朕自經畧；太行以南，卿其勉之。」賜大駕所建九斿旗，諭諸將曰：「太師建此旗以出號令，如朕親臨也。」始置行省于燕雲，以圖中原。於是，木華黎得專征齊、晉，南攻遂城、蠡州，下之。冬，克大名府，東定益都、臨淄、登、萊等州。【略】

十三年戊寅秋八月，兵出紫荆口，獲金將張柔，授河北都元帥。木華黎自西京入河東，克太原、平陽及忻、代、澤、潞、汾、霍等州。【略】帝既定燕都，求遼宗室，得耶律楚材，一見偉之，即留侍左右。是年伐西夏，圍興州，夏主李遵頊奔西凉。

十四年己卯春，張柔取祁陽、曲陽等城。深、冀以北，鎮、定以東，悉望風來附。夏六月，西域殺使者，帝率師親征，取訛答刺城，擒其長哈只兒。秋，木華黎克岢嵐，吉、隰等州，進屠絳州。【略】

十五年庚辰春三月，帝克蒲華城。夏五月，克尋思干城。《湛然居士集》云：尋斯干城在西域，西戎梭里檀故宫在焉，遼目爲河中府。秋，克斡脱羅兒城。木華黎畧地至蒲城，金恒山公武仙以真定降，命史天倪權知河北西路兵馬事，仙副之。東平嚴實籍彰德、大名、磁、洺等三府六州户三十萬來降。木華黎攻東平不克，留實守之，撤圍趨洺州，分狗河北諸地。【略】

十六年辛巳春，帝攻卜哈兒、薛迷思干等城，皇子朮赤攻養吉干、八兒真等城，並下之。夏四月，駐師鐵門關。《綱鑑大全》云：在撒馬兒國碣石城西。金遣使烏古孫仲端奉書求和，請稱帝爲兄，不允。金東平行省忙古棄城遁，嚴實入守之。宋亦遣苟夢玉來鐵門請和。六月，宋漣水忠義統轄石珪以衆降。秋，帝攻班勒紇等城，皇子朮赤、察合台、窩濶台分攻玉龍傑赤等城，下之。冬十月，拖雷克馬魯察葉可、馬魯、昔剌思等城。木華黎由東勝渡河而西，夏主懼，遣塔哥甘普將兵五萬屬焉，克葭州，取綏德，進攻延安，不下，遂移師取鄜州。【略】十一月，宋安撫使張林以京東諸郡降，命林行山東東路元帥府事。是歲，耶律楚材進《庚午元曆》，帝以楚材邃天人之學，顧謂皇子窩濶台曰：「此人，天賜我家。爾後軍國庶政，悉以委之，必無負也。」

十七年壬午春，拖雷克徒思、匿察兀兒等城。還經木剌夷國，大掠之。渡搠搠闌河，由也里等城來與帝會，合兵攻拔塔里寒寨。木華黎軍克乾、涇、邠、原等州，攻鳳翔不下。夏，西域主札闌丁出奔，與滅里可汗合。帝自將擊之，擒滅里，札闌丁遁去。秋，金復遣烏古孫仲端來，見帝于回鶻國。帝曰：「向欲汝主授我河朔地，彼此當罷兵，汝主不從。今河朔既爲我有，關西數城未下者，其割付我，令汝主弗失爲河南王，可也。」仲端承命去。【略】

十八年癸未春三月，木華黎卒于聞喜。夏，帝避暑八魯彎川。朮赤等以兵來會，遂定西域，初置達魯花赤，譯言掌印官也。監治郡縣。【略】大將速不台擊欽察，大掠西番邊鄙而還。

十九年甲申夏，宋總管彭義斌侵河北，史天倪敗走之。帝至東印度國，角端見，遂班師。《綱目》云：進薄回回國，其王逃海嶼，不旬日庚死。進次忻都國鐵門關，大掠始還。【略】

二十年乙酉春正月，帝還行宫。《親征記》云：自出師至此，凡七年。二月，武仙以真定叛，殺史天倪。天倪弟天澤討仙，擊走之，遂復真定。宋彭義斌以兵應仙，天澤擊斬之。冬十月，武仙襲據真定，天澤奔槀城。

二十一年丙戌春正月，帝自將伐西夏，取黑水等城。夏，定甘、肅州。秋，克西凉府搠羅、河羅諸縣，遂踰沙陀，至黄河九渡，取應里等邑。史天澤夜赴真定，合兵攻武仙，仙走西山抱犢砦。九月，宋京東路總管李全執張林，郡王帶孫圍全于益都。冬十一月，帝攻靈州。五星聚見於西南。駐師鹽州川。十二月，李全以青州降，授全山東、淮南行省。《通鑑綱目》皆作下年事。是歲，皇子窩闊台及察罕之師圍金南京。今開封府，即汴京。【略】

二十二年丁亥春，帝留兵攻夏王城，自帥師渡河，下積石州。三月，破臨洮府及洮河、西寧二州。【略】遣國王斡陳那顔那顔，國舅之稱。拔信都府。夏四月，帝次龍德，取德順等州。六月，金遣使求和。帝謂群臣曰：「朕自去冬五星聚時，已嘗許不殺，遽忘下詔耶？今可布告中外，令彼行人亦知朕意。」夏主李晛降，執之以歸，遂滅夏。《通考》云：以河西高智耀言，徵用西夏舊樂。帝次清水縣西江。秋七月壬午，不豫。己丑，崩于薩里川哈老徒之行宫。臨崩，謂左右曰：「金精兵在潼關，南據連山，北限大河，難以遽破。若假道于宋，宋、金世讐，定能許我，則下兵唐、鄧，直擣大梁。金急，必徵兵潼關，然以數萬之衆，千里赴援，人馬疲敝，雖至，弗能戰，破之必矣。」後卒如帝言。壽六十六，葬起輦谷。谷在漠北，不加築爲陵，諸帝皆從葬于此。世祖至元二年，追謚聖武皇帝。武宗至大二年，加謚法天啟運聖武皇帝，廟號太祖。

魏源《元史新編》卷一《太祖紀上》 太祖法天啟運聖武皇帝，諱鐵木真，姓奇渥温氏，蒙古部人，金世所謂韃靼國也。有白韃、黑韃二部，皆在漠北。白韃部顔色稍皙，在臨潢、陰山之北，盧朐河之東。亦有生、熟二種，近漢地者爲熟韃靼，《金史》謂之糺族，能種秫炊食，介蕃、漢之間。其遠者曰生韃靼，以遊牧爲生，異於契丹之射獵，《金史》謂之沙陀，亦謂之阻轐。人强武而地不産鐵，故無兵甲，矢用骨鏃。遼時互市，鐵禁甚嚴，及金世廢宋河東鐵錢不用，皆歸塞外，韃靼得之，大作軍器，又製魚皮爲甲，兵益强，於是出没爲邊患。金太宗天會間，自稱大蒙古國，改元天興，號太祖元明皇帝。金兀朮以兵八萬討之，連年不克，乃多給金幣羈縻之，故兀朮臨終遺表，以西夏、北蒙爲憂。其後屢世倔强，金世宗大定間，童謡有「達達趁官家」之語，或言此白韃患國之兆。孟珙《蒙〔達〕〔韃〕備録》：金時童謡曰：「韃韃來，韃韃去，趁得官家没去處。」金主雍聞之，驚曰：「此必韃人將爲我患。」金主乃下令，每歲出兵向北勦殺，必使無壯士，謂之減丁。蒙古殘破，分十餘部，逃遁沙漠，怨入骨髓。至章宗明昌間，始停此令，生聚滋衍，漸復蕃盛。會金宗室愛王叛據遼東，結西北契丹衆十數萬，於是北阻轐韃靼亦起應之。金遣丞相完顔襄先後出師，乃築長城，塹山濬濠數百里爲界，以唐古糺部戍守之，遏漠北諸部之衝。此皆白韃部也。元太祖則黑韃部，在盧朐河之西。當白韃强盛時，金人或糾黑韃攻其後，置東西招討使以統轄之。及太祖興，而白韃諸部先後來屬，反爲嚮道以攻燕。此二部之大略也。白韃舊或稱蒙骨部，或作蒙兀部，後遂以部爲氏。即太祖時二蒙部之元魯氏、芒兀氏，或作汪古氏、芒忽氏，共有七十二種。太祖初起，慕蒙古爲北方雄國，故亦稱大蒙古云。

太祖先世居漠北斡難河源之布爾罕山下，其十世祖曰孛端察爾者，母夢金色神自天而下，有身，一乳三子，孛端察爾其季也。漁獵於統格黎河，有居民數十家，推爲長。三傳至曾孫曰海都，長而豪勇，有巴納忽人推爲長，遂以兵攻其仇耶剌伊而部，臣屬之，列營於巴達合黑河，跨河爲梁，旁部歸者漸衆，子孫蕃衍，各自爲族，不相統屬。海都三傳至葛不律，始自立爲合罕，即太祖之曾祖也。合罕即可汗，乃一部酋長之稱。葛不律汗生七子，次曰巴里丹，孫曰耶速該，是爲太祖皇考，追謚烈祖神元皇帝。初，葛不律汗殁，不以部衆屬其七子，而以屬其從叔父之子俺巴海。俺巴海汗爲塔爾部譖於金，被害。部衆復立葛不律汗之子忽

圖剌汗，率族往復塔爾部之仇。時烈祖以什大長從行，虜其部長鐵木真以歸。適訶額倫太后生子，因以鐵木真名之，是爲太祖皇帝。

帝生於金世宗大定二年，歲在壬午。時烈祖積功至百户、千户，略有士馬。嘗救克烈部脱里罕於難，約爲兄弟。閲九歲而烈祖殁。時俺巴海之子泰赤烏自立爲合罕，其母與訶額倫太后有隙。泰赤烏欺帝孤幼，盡奪其部衆，惟與母弟數人射獵爲生。稍長，泰赤烏又忌其英勇，屢謀害之，語詳《太祖削平諸國傳》。帝韜匿數載，及壯有室，始乞助於父執克烈部脱里罕，及已所善疏族札木合，各資以士馬，始招還舊部，與札木合連營。逾年，復有隙，分軍而歸。初，黑韃部形短貌寢，惟太祖雄偉，廣顙長髯，臂垂過膝，豁達果决，輕財好施與，重信義，與士同甘苦。鄰部多苦其酋侵暴，相與謀曰：「鐵木真太子，衣人以其衣，乘人以其馬，獵則驅獸，任人多獲，真吾主也。」於是鄰部壯士相率來歸。【略】數年，遂有衆數萬。衆議於闊闊納浯兒海子，立爲成吉思合罕。成吉思者，蒙古語天賜也。時金章宗承安三年，歲在戊午，太祖年三十有六矣。

乃使博爾术、博爾忽等四人，或掌弓矢，或掌飲膳，或掌修車，或掌羊羣、馬羣，或掌護衛。又使人告稱汗於克烈部，即脱里罕。札答剌部，即札木合。時泰赤烏少施好奪，屢攘其部下所有，部人苦其虐，多棄主來歸。會札木合亦忌帝，内隙。明年，泰赤烏遂合札木合十三部，兵三萬來攻。帝亦大集諸部兵，分十三翼，迎戰不利，退保斡難河。又明年，歲在庚申，金遣丞相完顔襄討塔爾部之叛，逐其北走。帝與脱里罕奉檄合兵，邀擊塔爾部於納剌秃什圖之野，獲大珠、金銀绷車各一，獻諸金，金加帝官號曰「札兀圖魯」，漢語招討使也。并封脱里爲王，故脱里亦稱王罕。又明年辛酉冬，泰赤烏復約十三部，推札木合爲盟長來攻。帝恐力不敵，復約脱里王罕合軍以拒，乘風雪大戰，破諸闕弈壇之野。王罕追札木合，帝追泰赤烏，又連戰於斡難河。帝頸中流矢，創甚。麾下赭勒蔑夜入敵軍，竊湩酪歸以飲帝。詰旦復戰，泰赤烏潰遁。其部壯士若赤老温父子，若折伯，及其善戰之芒忽部、兀魯部皆來歸，盡有泰赤烏、札木合二部之衆，擴地至怯绿連河。即客魯連河也，或作克魯倫河，或作怯呂連河，或作盧朐河，或作龍駒河，或作陸局河，或作龍居河。時金章宗泰和元年，太祖年三十九矣。

又明年壬戌，太祖復破察阿安、塔塔爾二部，虜其四種奥魯。是年，王罕爲乃滿所破，乃滿一作乃蠻。盡失部衆，西走回紇，困飢不能自存，帝遣人迎還，資以貲財士馬，招還其部曲，并代攻掠鄰部以益之。王罕復爲乃滿酋兄卜魯汗所襲，卜魯汗一作杯禄汗。求援於帝，借帝四良將，率兵破乃滿，奪回所掠。王罕亦自攻蔑里吉部，大獲而還，復大振。王罕德帝甚，約爲父子，盟於土臘河黑林，帝尊之曰「翁汗」，而回屯客魯連河東北之巴勒渚海子，即班居尼河也。與王罕分牧地，以客魯連河爲界。而札木合在王罕軍中，不利王罕之與帝睦也，日夜構其子弈剌合，陰圖帝，約往宴而害之。帝不果行，於是潛師來襲，會其圉人泄謀，帝亟移輜重於他所，嚴兵四千六百騎，分兩隊以待，陣於合蘭只之野。帝初戰不利，復集士再三力戰，始克之。王罕父子敗歸，帝使使往數其負德，并詰兵端。語詳《削平各國傳》。使一再往返，而弈剌合詞愈憤，帝知勢不兩立，乃假請合薩爾妻子爲名，而潛師隨其後，遂大破庭帳，王罕父子皆走死，盡收其部衆。方戰時，王罕兵强盛，帝未卜勝負，退保班朱河，一作班朱尼河。乃約部下十九人同飲河水，誓曰：「所不今日僇力同心，他日世同休戚者，有如河。」即所謂飲渾河十九功臣也。時歲在癸亥，金泰和三年，太祖年四十有一。威德日著，擴地至土臘河。

乃滿部者，在土臘河之西，依沆海山爲國，而建牙於塔米爾河，即自昔北匈奴、回紇王庭，所謂和林者也。士馬數十萬，世雄漠北。至太陽汗，驕無紀律。會諸部故酋敗投乃滿者，多請兵報復，而太陽汗聞帝吞并東北諸部，惡其抗已，乃遣人約東北白韃部夾攻蒙古。白韃不從，反執其使來告，太祖議先發制之。乙丑夏，馬方瘦，衆議俟秋高馬壯舉兵。帝謂馬之肥瘦，敵軍同之，不如乘其不備。乃選軍馬，立千、百户，什夫長，設六等徹爾必官。仲夏，祭纛興師，溯客魯連河而上，選死士千爲先鋒，再戰於沆海山，大敗敵衆，禽太陽汗。帝收其部衆、牲畜，盡有漠北之衆，控弦數十萬，與西回紇接壤。語詳《太祖削平各國傳》。

明年，歲在丙寅，羣臣宗族大會斡難河，共議以帝功德隆盛，天順人從，請上尊號曰「成吉思皇帝」。乃建九斿白纛，即皇帝位於斡難河之源，國號大蒙古。時帝年四十有四，金章宗泰和六年也。大賚功臣：木華黎、博爾术各授左、右萬户，而納牙爲中軍萬户，惟木華黎封國王，餘九十五人各授千户。又以舊人蒙力克曾諫赴王罕之宴，豁爾赤早告禎兆，均封萬户。謂芒忽、兀魯二部勁旅，爲國爪牙，其各封四千户。又謂先鋒曰哲伯、曰忽必雷、曰速不台、曰赭勒蔑四人，摧堅陷陣，所向有功，其各授千户。又詔曰：「朕初止有宿衛八十人，散班七十人。今蒙天祐，君長羣部，其於各萬户、千户、百户内選萬人爲宿衛，以功臣十人分領之。出征則爲前鋒，平時宿衛，分四班，以四親臣領之。惟扈帳殿、御營，不許調發。」又詔曰：「初立國者吾母，今與幼弟斡赤斤共分一萬人。吾長子术赤與九

千人。次子察合台八千，三子窩闊台、四子拖雷各五千。諸弟合薩爾四千，阿勒赤台二千，孛勒古台千有五百。」

時國俗無文書，以草青爲一年，月圓爲一月。湩酪牛羊爲食，皆騎軍，無步卒。馬皆自駒時教習馴擾，千馬一羣，寂無嘶鳴，不控縶而不走逸，晝不芻秣，夜始牧放。人有數馬，日更一騎，故無隤困。起兵數十萬，略無文字，自元帥至千、百户，什夫長，傳令而行。其發命令於遠方，則遣使飛騎，往返口傳，無敢增損一字。不知何國號、年號。及東征西伐，得回鶻及金降人教之，始用回鶻字行文於西域，用漢字行文於女真。自稱曰大朝，曰龍兒年、虎兒年、兔兒年，以紀干支。中國或傳其稱龍虎紀年者，非也。以羊爲糧，以馬乳止渴。其内侵中國，食羊盡則射兔、鹿、野豕爲食，故屯數萬之師，不齎糧餉。臨敵不用命者，雖貴必誅。軍無得私掠，戰畢均分，以上下爲多寡，必留一分爲成吉思獻。其大臣、親王居守漠帳，不臨戎者，亦預分數焉。凡征伐，議於夏，共定秋令所向，各(埽)〔歸〕其部辟暑牧養。至八月，咸集雲中而後行。帝既定漠北，得白韃部及金降臣嚮道，始議征金征夏。

魏源《元史新編》卷二《太祖紀下》 太祖即帝位之元年丙寅，金主璟泰和六年，宋寧宗開禧二年也。時乃滿太陽汗甫敗死，其兄布魯汗已獻女迎降，復叛去。太陽汗子屈出律汗，《祕史》作古出魯。亦誘已降之蔑里吉部，叛據阿勒台山。太祖既即位，遂發兵復征乃滿餘黨。時布魯汗獵於兀魯塔山，禽之以歸。又追屈出律、蔑里吉二酋於耶爾的石河，即今之額爾齊斯河也，在金山之西。射殪蔑里吉酋，惟屈出律奔西契丹。帝遣速不台追之，而回軍和林。命長子朮赤征嶺北林木中部落，闢地至北海，盡有漠北之衆，控弦數十萬，與西回紇接壤。初金有殺帝族祖俺巴海汗之仇，會金叛宗愛王大辯自遼東遣使來，具言金主璟殺戮宗親，荒淫日甚。帝聞之，始議伐金，以西夏與金脣齒，乃先用兵於西夏。舊史謂金降俘來，具言金主璟肆行暴虐，乃議致討，然尚未敢輕動云云。案：此所攻者，漠北部落，安得有金降俘？或即《大金國志》所述金愛王自遼東請援之事。【略】

二年丁卯，金主璟泰和七年，宋寧宗開禧三年也。秋，帝征西夏，克斡羅海城。是歲，遣使於嶺北乙利吉思部，既而野帖亦納里部、阿里替耶爾部皆遣使來獻名鷹。皇子朮赤將右軍征斡亦剌部，用降人爲鄉道，遂征斡亦剌、圖巴思諸部，皆下之。

三年戊辰，金主璟泰和八年，宋寧宗嘉定元年也。春，帝至自西夏。夏，避暑龍庭。是年冬十月，金主璟卒，謚爲章宗。其叔父衛王允濟立。舊史以蔑里吉汗及屈出律汗之敗，敘於是年，誤以元年事爲三年事也。據《祕史》正之。

四年己巳，金主允濟大安元年，宋寧宗嘉定二年也。畏吾國亦都護遣使來貢。帝入河西，夏主李安全遣世子率師來戰，敗之，獲副元帥高令公。克兀剌海城，俘太傅西壁氏。進至克夷門，復敗夏師，獲夏將嵬名令公。薄中興府，引河水灌之，堤決，水外潰，遂解圍。遣太傅訛答入城，招諭夏主，夏主納女請和。

五年庚午，金主允濟大安二年，宋寧宗嘉定三年也。春，金謀來伐，築烏沙堡。帝命前鋒哲伯襲殺其衆，遂略地而東。初，帝未即位，受金職爲招討使，貢歲幣於金。金主使衛王允濟受貢於(静)〔凈〕州，帝見允濟不爲禮。允濟歸，請兵攻之，既而不果。會允濟嗣位，有詔至國，傳言當拜受。帝問金使曰：「新天子爲誰？」金使曰：「衛王也。」帝遽南面唾曰：「我謂中原皇帝是天上人作，此等庸懦人亦爲之邪！」即乘馬北去，自是遂與金絶。益嚴兵爲備，數侵掠其西北部。

六年辛未，金主允濟大安三年，宋寧宗嘉定四年也。春，帝居怯緑連河，西域哈剌魯部來降。畏吾國亦都護來覲。二月，帝自將南伐，侵雲中、九原，敗金將定薛於野狐嶺，取大水濼、豐利等縣。初，金將哈納邁住守北邊，知蒙古將内侵，密請設備，金主責以擅生邊釁。至是，聞帝大舉南下，大懼，集廷臣議軍事，不決，遣使求和，帝不許。七月，命左帥哲伯略地，以金降臣耶律阿海爲先鋒，乘勝破白登城，遂攻西京。今大同府。敗金留守紇石烈執中等，一名胡沙虎。追至翠屏山，遂取西京及桓、撫州。八月，帝敗金師於宣平之會河川。九月，拔德興府，居庸關守將遁去，哲伯遂入關，中都戒嚴。大軍遊弈城下，金主議以細軍五千自衛奔南京。會細軍五百誓死迎戰，蒙古兵多傷。問所俘鄉民：「此軍有幾？」鄉民紿曰：「二十萬。」遂襲金羣牧監，驅其馬而還。遣皇子朮赤、察合台、窩闊台分徇雲内、東勝、武、朔、豐、凈等州，下之。是冬，駐蹕金之北境。

七年壬申，金主允濟崇慶元年，宋寧宗嘉定五年也。春正月，帝破昌、桓、撫等州援兵三十萬於野狐嶺。秋，遂圍西京，復誘敗金元帥奥屯襄援兵於密谷口，盡殪其衆。帝亦中流矢，遂解圍。所克德興等城堡，金人復取之。帝將休兵漠北，會金降臣劉伯林等皆言：「金有天下十七路，今甫得雲中東、西兩路。然山前民不習戰，已望風解體。宜乘此取金東京，覆其根本，中原可傳檄定。」帝乃引兵而南。冬十二月，左帥哲伯攻東京，不下，佯解圍去，遣人往諭，而潛師隨其

後,竟襲取之。按:《耶律留哥傳》太祖十年乙亥,留哥破東京。又《石抹耶先傳》《木華黎傳》皆謂用耶先計,襲破東京。而《祕史》又謂哲伯襲破者東昌,非東京。種種不合。但此時元兵未至東昌,而東京十餘年後尚爲萬奴所據。傳聞異詞,姑並存之。先是,金上京留守徒單鎰上言:「國家與蒙古交兵以來,彼聚而攻,我散而守,以聚攻散,勢所不敵。不若入保大城,并力備禦。昌、桓、撫三州,素號富强,可内徙其民以益兵。」又奏:「遼東國家根本,距中都千里,緩急請報不濟,可遣大臣行省以鎮之。」金主謂徙民是自蹙境土,且無故設行省,動摇人心,不從。至是,西京、東京相繼陷沒,耶律留哥復以上京叛而來降,中外震動,金主乃大悔。

八年癸(卯)[酉],金主珣貞祐元年,宋寧宗嘉定六年也。春,遼裔耶律留哥起兵十餘萬於隆安,自稱都元帥,號遼王,改元元統。敗金元帥完顔承裕之兵,舊史言承裕之兵六十萬,號百萬。案:是時金兵禦蒙古不暇,何得有六十萬攻遼東之事?止書於《留哥傳》而不見《本紀》,明爲留哥降元時虛張己功之詞,不可信。承裕一名胡沙。遣使來附。秋七月,蒙古軍克宣德、德興二府,進至懷來,及金行省完顔綱、元帥高琪戰,敗之,追至居庸北口。金兵固守,冶鐵錮關門,布鐵蒺藜百餘里,守以精鋭。蒙古兵不能前,乃趨紫荆關入,敗金師於五回嶺,拔涿、易二州。分命哲伯同速不台由居庸關左閒道反攻南口,出居庸關之背,遂奪其險。按:舊史《本紀》言,攻居庸關不入,乃改趨紫荆口入。而《札巴爾傳》又言,從居庸關左黑松林中閒道入。一事二計。疑林中閒道,僅容一騎,不足容大衆,故太祖自引大軍趨紫荆,而别遣哲伯從速不台以偏師數百,由閒道入。蓋奇正相兼而用之也。八月,金胡沙虎兵敗懼誅,遂弒其主允濟,立豐王珣,改元貞祐。是秋,帝復以一軍屯燕都城北,綴金禁衛軍,而别分兵三道:命皇子朮赤等爲右軍,循太行而南,取保州、中山、邢、洺、磁、相、衛、輝、懷、孟諸郡,直抵黄河,掠澤、潞、遼、沁、平陽、太原閒;皇弟合薩爾及斡陳那顔等爲左軍,遵海而東,取薊、灤及遼西諸郡;帝與皇子拖雷爲中軍,取雄、莫、河閒、清、滄、景、獻、泰安、濟南、濱、棣等郡。每路皆以金降人爲鄉道。時金諸路兵皆調赴山後防遏,内地虚空,乃僉鄉民守城,我軍盡驅其家屬來攻,父子兄弟遥相呼應,人無固志。又下令:降者免,拒者屠。故所向無不克,凡破九十餘城,兩河、山東數千里,城郭廬舍丘墟,金帛子女牲畜盡歸沙漠。惟燕京、通、順、真定、青、沃、大名、東平、德、邳、海州十一城未下。是冬帝至燕,三道兵還,合屯大口,以逼中都。是年冬十月,金大將高琪以乣軍討胡沙虎,殺之。初,胡沙虎弒逆,國人懷怨,言者多請正其罪,金主貪其援立功,不忍殺。至是,爲乣軍所戮,乃詔暴其罪,宣示中外。

九年甲戌,金主珣貞祐二年,宋寧宗嘉定七年也。初,金忠獻王粘罕營燕城,因遼人宫城,於内城外築四城,每城各三里,前後各一門,樓櫓、池塹、倉廒、甲仗庫,各穿地道,與内城通。時人皆笑其過計,粘罕曰:「百年閒,當以吾言爲信。」至是,命京師富户遷入東子城,百官家屬入南子城,宗室保西城,戚里保北城,各分守兵四千,内城二萬,盡運瓦石薪米入城。既而積雪冰冱,北兵乏食。正月,北兵攻南順門破,金人設拒馬於南街,縱其入已半里,自縱火燒四旁屋,街狹,屋倒崩,北兵死傷甚衆。北兵又攻内城,四城兵皆迭自城上擊之,北兵失勢,圍城自冬逾春不破。舊史但言城不破,而所以破與不破之由,則惟《南遷録》得之,節取補入。三月,以天暑將班師。時軍在中都之北,諸將請乘勝破燕,太祖不從。乃遣使諭金主曰:「山東、河北郡縣悉爲我有,汝惟守燕京耳。天既弱汝,我復迫汝以險,天其謂我何!今大軍將還,汝能犒師以弭諸將之怒否?」金主遣使求和,奉衛紹王女岐國公主及金帛、童男女、車馬以獻。帝遣使如金迎女,師還。金遣丞相完顔福興送帝出居庸。金主以河北、山東、畿輔盡失,蒙古兵朝發夕至,且兵燹後市巷蕭條,城外旱饑,草莽彌望,盜賊蠭起,燕京不能守,夏五月,遂遷都於汴,留平章完顔承暉及參政抹撚盡忠,輔太子守忠固守中都。帝聞之,怒曰:「既和而復遷都,是有疑心,特以解和款我耳。」復圖南侵。適金所招北邊乣部二十五族爲軍二千人以禦蒙古者,至是扈衛南遷。高琪下令,鎧馬悉令還官,軍憤怨作亂。六月,殺金將,自推主帥來納款。時帝避暑魚兒濼,方怒金南遷,遂遣石抹明安援之,入古北口,與乣軍合逼中都。秋七月,金主用高琪言,并召太子守忠赴汴。冬十月,帝命木華黎征遼西。舊作遼東,今從蘇天爵《名臣事略》作遼西。高州盧琮、金朴等以城降。錦州張鯨殺其節度使,自立爲臨海王,遣使來附。始置行省於宣平,以統金降民。

十年乙亥,金主珣貞祐三年,宋寧宗嘉定八年也。春正月,金右副元帥蒲察七斤以通州降。二月,木華黎攻金北京,金元帥寅答虎以城降,舊史作寅答虎烏古倫,攷《東平王世家》,則烏古倫乃其氏,非名,史不辨姓名,顛倒之,遂若兩人。以烏耶爾權兵馬都元帥鎮之,遂進逼興中府,元帥石天應相繼來降。金主遣使招耶律留哥降,不應,乃命宣撫司完顔萬奴屯兵瀋州,經略遼東。舊史《留哥傳》言,金遣萬奴領軍四十餘萬攻之,又遣左副元帥伊喇都以兵十萬攻之,皆爲留哥擊敗。案是時金已遷汴,燕都旦夕不保,何得有數十萬兵攻遼東?舊史不書於《本紀》,明亦留哥降元時,自侈攻伐之詞,

不可信。又《本紀》皆作蒲鮮萬奴，惟《木華黎傳》作完顏萬奴。又《元良合台傳》作女真國，可證爲金宗室，今從之。三月，金主遣御史中丞李英等來援中都，敗之。霸州守將史天倪降。夏四月，詔錦州張鯨總北京十提控兵從南征，鯨謀叛，伏誅。鯨弟致遂據錦州，自稱瀛王，改元興龍，下平、灤、瑞、利、義、懿、廣寧等州。木華黎遣先鋒權帥烏耶爾等軍討之。時金丞相高琪忌承暉成功，中外援兵無一至中都者。五月庚申，金中都留守完顏承暉仰藥死，抹撚盡忠棄城走。先後圍中都三年，乃克之。時帝方避暑桓州，遣使籍中都帑藏，輦運北去。得遼宗室耶律楚材，留侍左右。金遣使求和，帝報使，命以河北、山東未下諸城來獻，去帝號，爲河南王。金不從。授史天倪右副都元帥，賜金虎符，南征。八月，天倪取平州。木華黎遣史進道等攻廣寧府，降之。是秋，取城邑凡八百六十有二。冬十月，金遼東宣撫司完顏萬奴爲耶律留哥所敗，走保東京。留哥攻陷之，萬奴率衆十餘萬走海島。會留哥所部内亂，萬奴復據遼東，僭稱天王，國號女真，舊史《本紀》作大真。案：《元良合台傳》作女真國，今從傳。改元天泰。十一月，耶律留哥來朝，以子薛闍入侍。

十一年丙子，金主珣貞祐四年，宋寧宗嘉定九年也。春，還盧朐河，駐軍魚兒濼。夏，取金曹州及霍山諸隘。秋，遣三模合拔都將萬騎由西夏趨關中，攻潼關，不下。乃由嵩山小路趨汝州，遇山澗，輒以鐵槍連鎖爲梁，直抵汴京。金主急召花帽軍於山東來拒，蒙古軍不利。時金知平陽府胥鼎，聞蒙古兵渡河，即遣必蘭阿魯帶，徒單百家帥兵萬五千，由便道濟河，趨關、陝，而自以精兵援汴京。又使僕散掃吾出帥諸將兵，以拒蒙古兵之自關而東者。金主拜胥鼎尚書左丞，行省事於平陽。鼎慮蒙古兵扼河，乃檄絳、解、隰、吉、孟州五經略司，會師夾攻。及蒙古自三門集津北渡，至平陽，鼎遣兵拒戰，蒙古敗去。金人乃乘冰渡河，還陝州，遂復潼關。時金平章高琪以蒙古兵日逼，欲以重兵駐汴自固，郡縣殘破不復恤。又力勸金主南伐宋以廣疆土，河北兵力益分。冬十月，完顏萬奴降，以其子帖哥入侍。既而復叛，僭稱東夏。

十二年丁丑，金主珣興定元年，宋寧宗嘉定十年也。始置行省於燕、雲，以圖中原。是歲，帝將自征西夏，以中原事任木華黎。秋八月，以木華黎爲太師，封國王，將蒙古、糺、漢諸軍南征。詔曰：「太行以北，朕自制之。太行以南，悉以責卿。」賜大駕所建九斿旗，命諸將咸受節制，如朕親臨。」於是木華黎專征河北，拔遂城、蠡州。冬，克大名府，遂東定益都、淄、登、萊、濰、密等州。

十三年戊寅，金主珣興定二年，宋寧宗嘉定十一年也。秋八月，兵出紫荊口，獲金將張柔，授河北都元帥。木華黎自西京入河東，克太原、平陽，及忻、代、澤、潞、汾、霍等州。金將武仙攻滿城，張柔擊敗之。是年，帝伐西夏，圍其王城，夏主李遵頊令其子居守，而自奔西涼。契丹六哥據高麗江東城，命哈真、札剌率師平之。高麗王瞰遂降，請貢方物。

十四年己卯，金主珣興定三年，宋寧宗嘉定十二年也。春，張柔敗武仙，拔祁州、曲陽、中山等城。深、冀以北，鎮定以東，悉望風來附。夏六月，乃蠻太陽汗子屈出律據西契丹國，殺使者，帝怒而西征。時方攻西夏，西夏僞請和，且請出師以從，帝乃舍西夏而征回紇。回紇者，本乃蠻部舊名，及屈出律竄據西契丹，仍以回紇稱之。西契丹世號西遼，即前遼宗室耶律大石國也。遼亡，率所部據有西域、葱嶺東西地，傳國八十餘年。至是，屈出律投之，爲所寵任，得兵權。乃誘契丹主出獵，伏兵八千禽之，尊爲太上皇而篡其國，並脅葱嶺以東天山南北諸部皆爲役屬。帝恐其梟雄鴟張，將復摇漠北和林舊都，乃親率大軍由天山北路取訛答剌城，禽其酋，遂進逾葱嶺以擣之。諸皇子分攻天山以南于闐諸城，亦爲一路，並會于西契丹之西都河中府，即葱嶺西尋思干城也。是年秋，木華黎克岢嵐、吉、隰等州，進屠絳州。【略】

十五年庚辰，金主珣興定四年，宋寧宗嘉定十三年也。春三月，帝克蒲華城。夏五月，克尋思干城，駐蹕耶(石)〔兒〕的石河。秋，攻克斡脱羅兒城。木華黎徇地至真定，武仙降。以史天倪爲河北兵馬都元帥，仙副之。濟南嚴實籍彰德、大名、磁、洺、恩、博、濬、滑等州户三十萬來歸。冬，木華黎攻東平，不克，留嚴實守之，分兵徇河北諸郡。【略】

十六年辛巳，金主珣興定五年，宋寧宗嘉定十四年也。時乃蠻酋屈出律亡，爲大將哲伯所斬，西遼諸城復叛歸回回算端。春，帝攻卜哈爾等部，復克尋斯干城。皇子朮赤攻養吉干、巴爾真等城，並下之。夏四月，駐蹕鐵門關，金主遣烏古孫仲端奉國書，遠逾葱嶺至行在請和，稱帝爲兄。不允。【略】六月，宋遣苟夢玉來通好，約兵攻金。遣使報之。秋，帝攻葱嶺西班勒紇等城，皇子朮赤、察合台、窩闊台分攻葱嶺東于闐、玉龍傑赤等城，下之。冬十月，皇子拖雷克哈薩克、布魯特、喀什噶爾、葉爾羌、烏什等城。木華黎由東勝渡河而西，克葭、綏德、保安、鄜、坊、丹等州，進攻延安，破金兵，金將完顏合達固守不下，遂移師取隰州。十一月，宋京東安撫使張琳以京東諸郡來降，命琳行山東東路都元帥府事。是歲，耶律楚材進《庚午元曆》。

十七年壬午，金主珣元光元年，宋寧宗嘉定十五年也。春，皇子拖雷克徒思、匿察兀爾等城，還經木剌夷國，大掠。渡朔朔闌河，克耶里等城，來與帝會，合兵攻拔塔里寒寨。木華黎軍克乾、涇、邠、原等州。攻鳳翔，連營數百里，金將完顔合達復以兵二十萬固守不下。夏，帝避暑塔里寒寨。西域回回國主札闌丁出奔，與蔑里可汗合。帝自將擊之，禽蔑里可汗，札闌丁遁去。秋，金復遣烏古孫仲端來請和，見帝於回鶻國。帝謂曰：「我向欲汝主授我河朔地，令汝主爲河南王，彼此罷兵，汝主不從。今木華黎已盡取之，乃始來請邪？」仲端乞哀，帝曰：「念汝遠來，河朔既爲我有，關西數城未下者，其割付我，令汝主不失爲河南王可也。」仲端乃歸。木華黎徇青龍堡，金平陽公胡天（祚）〔作〕降。取牛心寨，知吉州楊貞盡室死之。冬十月，金河中府來附，木華黎以石天應爲兵馬都提控守之。【略】明年二月，浮橋成，木華黎渡河，還至聞喜，病卒。

十八年癸未，金主珣元光二年，宋寧宗嘉定十六年也。夏，帝避暑八魯彎川。皇子朮赤等兵自回部逾葱嶺來會，遂定西域，置諸城達魯花赤治之，華言掌印官也。冬十二月，金主珣殂，子守緒立，改元正大。是歲，夏主李遵頊傳國於子德旺。大將速不台、哲伯兩軍擊欽察，追至皃甸吉思海，執其酋八里蠻而還。宋復遣苟夢玉來聘。

十九年甲申，金主守緒正大元年，宋寧宗嘉定十七年也。夏，宋總管彭義斌侵河北，史天倪與戰於恩州，敗之。帝征西軍既平西契丹，將往征印度，進至北印度之鐵門，遇異獸，一角，能人言，曰：「天道好生，人主宜早還。」帝曰：「印度乃自古神聖所降之地，今遇此，其天乎！」遂班師。是歲，宋主擴殂，廟號寧宗。子貴誠立，是爲理宗。

二十年乙酉，金主守緒正大二年，宋理宗寶慶元年也。春正月，還行宮。自出師至此凡七年。【略】

二十一年丙戌，金主守緒正大三年，宋理宗寶慶二年也。帝既定西域，遂回軍討西夏。【略】春二月，取黑水城。夏，帝避暑於渾垂山，取甘州、肅州。秋，克西涼府朔羅、河羅諸縣，遂逾沙陀，至黄河九渡，取應里等縣。【略】冬十一月庚申，帝攻靈州，夏遣嵬名令公來援。丙寅，帝濵河擊夏師，敗之。丁丑，五星聚，見於西南。帝自西域遇角端，已思止殺。至是，感五星之祥，又得耶律楚材及真人丘處機之勸，乃下詔止殺。除臨陳攻城外，不許虜掠。並詔諸軍皆嚴節制，秋毫無犯。駐蹕鹽州川。【略】

二十二年丁亥，金主守緒正大四年，宋理宗寶慶三年也。春，帝留兵攻夏王城，自率師渡河，下積石州。二月，破臨洮府。三月，破洮河、西寧二州。遣國王斡陳那顔拔信都府。夏四月，帝次龍德，拔德順等州。五月，遣唐慶等使金。閏月，避暑六盤山。六月，金遣完顔合周、奥屯阿虎來請和。帝謂羣臣曰：「朕自去冬五星聚時，已嘗許不殺掠，遽忘下詔邪！今可布告中外，令彼行人亦知朕意。」金主聞蒙古有止殺之言，遂以爲從此息兵，命有司罷防城兵役及軍需租調不急者。是月，夏主李睍降，西夏亡。帝次清水縣西江。秋七月壬午，不豫。己丑，崩於六盤山之薩里川行宮。臨崩，謂左右曰：「金精兵在潼關，南據連山，北限大河，難以遽破。若假道於宋，宋、金世仇，必能許我，則下兵唐、鄧，直擣大梁。金急，必徵兵潼關。然以數萬之衆，千里赴援，人馬疲弊，雖至弗能戰，破之必矣。」後卒如帝言。壽六十有六。諸皇子奉梓宫歸漠北，葬起輦谷。明年戊子，皇子拖雷監國，上尊號曰索多博克成吉思汗。世祖至元三年冬十月，追謚聖武皇帝。武宗至大二年冬十一月庚辰，加謚法天啟運聖武皇帝，廟號太祖。在位二十二年。

曾廉《元書》卷一《太祖紀》 太祖法天啟運聖武皇帝，名鐵木真，姓奇渥温氏。其先本室韋也，唐時突厥東北室，建河出焉，經西室韋、大室韋、蒙兀室韋而東室〔韋〕。建河者，斡難河也。蒙兀者，蒙古也，亦曰蒙瓦，亦曰蒙骨斯，語重爲蒙古。其後稍西牧於斡難、怯緑連、禿兀剌三河之源，然國微。而其時陰山達靼，自唐末以名通中國，因隸於達靼，故又稱爲達靼焉。遼之初世，有孛端叉兒者，其母阿蘭果火，嬪托奔咩里犍，生子博寒葛答黑、博合覩撒里直而寡。夜夢白光自天下屬地，化金神趨其榻，遂有娠，而生孛端叉兒。阿蘭果火殁，二兄不分乞孛端叉兒家財，孛端叉兒獨之八里屯斡難居焉。已而博合覩撒里直往視之，則謂曰：「統吉里忽魯之民，麕寓此，無所長，若以兵臨之，可服也。」博合覩撒里直即歸配壯士與孛端叉兒，遂脅而屬焉。孛端叉兒立部八里屯斡難而殁，是爲元始祖。子曰八林昔黑剌禿合必畜。八林昔黑剌禿合必畜生咩撚篤敦。咩撚篤敦妻莫拏倫生既拏都爾罕及諸子，凡七人。咩撚篤敦殁，莫拏倫以隙并其子六人皆爲押剌伊而所殺。既拏都兒罕子海都，賴乳母匿積木中以免。是時，咩撚篤敦獨有少子曰納真，贅於八納忽，聞之，即計殺押剌伊而人以雪讎，而躬育海都。海都長，納真率八納忽怯谷諸民共立爲君，遂攻并押剌伊而，列帳八剌合黑河上。海都殁，立其子拜姓忽兒。拜姓忽兒生敦必乃，敦必乃生葛不律。葛不律與金有隙，因黨其亡人，金來伐，敗之，乃始稱汗，而著其國號曰蒙古。葛

不律汗歿，子阿斤八剌哈、八里丹等七人不立，而立其從弟咸補海爲汗。咸補海爲泰赤烏氏，自有傳。咸補海立十數歲，爲塔塔兒所誘殺。國人復立葛不律子忽魯剌爲汗。忽魯剌汗屢舉兵，爲咸補海復仇。其時八里丹子也速該，以雄烈聞，後稱烈祖神元皇帝者也。烈祖生太祖。

太祖之生也，烈祖方以忽魯剌命，與塔塔兒決戰，禽其酋鐵木真，故名太祖曰鐵木真以昭功。克烈王汗者，時爲其叔父菊兒逐，失國，聞烈祖名，請助焉。烈祖以所部兵納王汗於克烈，王汗德烈祖，乃同盟。而泰赤烏合安答太子，咸補海之子也，亦與太祖善。已而有隙，烈祖旋又見害於塔塔兒，而忽魯剌汗亦歿。太祖方九歲，泰赤烏塔兒忽台乞鄰勒禿等兄弟遂擯之，不齒於族，又復誘收烈祖部衆，太祖用是大困。居數歲，太祖稍長，有英稱。泰赤烏益忌之，乃圍太祖於帖兒古捏山，因以歸，將殺之。太祖乘泰赤烏斡難河之宴，走匿於河。鎖兒罕失剌知之，臨水而告之慎，太祖遂以夜入鎖兒罕失剌家，藏氈車中。明日，泰赤烏大索，以天暑，氈車難容人，不疑也。鎖兒罕失剌乃贈之弓矢及馬以還。太祖遂立帳桑枯兒河，稍自振，尋娶於宏吉剌。太祖又西見克烈王汗，王汗以其孤也，憫之，許爲盡力。當是時，朔漠部落朵魯班、札答剌、泰赤烏、主兒乞、哈答斤、散只兀、照烈、札剌兒、兀魯忙兀、把鄰，皆太祖同姓也。及克烈、乃蠻、蔑里乞、朵郎吉、塔塔兒、宏吉剌、亦乞列思、火魯剌思、朱力斤、董哀、火力斤、答力台、汪古、斡亦剌，皆服役於金，而攻伐自如。諸部推泰赤烏、札答剌、克烈、乃蠻爲强。札答剌酋曰札木合，太祖幼時與結爲安答者也。先是，蔑里乞與烈祖有宿憾故，遂侵掠太祖，札木合與王汗救焉。太祖遂與札木合同營於豁兒豁納黑主不兒而止，由是收集遺民。又以飲食裘馬得人歡心，聲譽日盛，遠近歸焉。

逾歲，札木合覺名出其下，意漸疏之。太祖亦以札木合之疑也，乘夜去。而札剌兒、主兒乞諸部多棄札木合來從者，太祖族人又多厭泰赤烏，於是，按彈火察兒、薛徹別吉遂共立太祖爲汗，札木合聞之，不悦也。又以與太祖部人争牧馬，有怨，遂搆泰赤烏，合十三部，衆三萬，以犯太祖。太祖迎擊，不利，退保斡難河。朵郎吉、兀魯忙兀降。無何，王汗弟也力哈可剌叛，復召乃蠻以伐王汗。王汗奔西遼，既而復歸，糧絶，太祖以其德，且與烈祖舊也，迎之於禿兀剌河，資而禮之如父。於是，爲掠蔑里乞，以遺王汗，王汗復定其國。會塔塔兒酋蔑兀真笑里徒背金，太祖以與爲世仇也，因約王汗會金師夾擊之，斬蔑兀真笑里徒。於是，金以太祖爲察兀忽魯。太祖既得勢，以約薛徹別吉及其弟大丑，同擊塔塔兒違期且怨悖也，因並攻殺之。於是，哈答斤、散只兀、朵魯班、塔塔兒、火魯剌思、宏吉剌等及泰赤烏、乃蠻、蔑里乞十一部皆懼，以爲太祖與王汗合，將陵轢之也，因盟於禿律別兒河，共立札木合爲局兒汗，藉抗太祖。太祖復會王汗，逆擊於闊亦壇之野。乃蠻有巫能禬神，致風雪，欲以見困。及戰，果大雪。諸部喜，兵縱，而風反擊，始大驚，欲引還，而雪已迷道，遂大敗散去。太祖遂獨追泰赤烏，滅之。是時，金泰和元年也。

太祖勢益强，明年，遂帥師進攻塔塔兒，平之。王汗亦遂大掠蔑里乞而還。既而復會兵以攻乃蠻。乃蠻別將出其後，襲掠王汗，太祖遣將救還之，事在《克烈傳》。泰和三年，王汗以札木合之閒也，遂與太祖交兵。宏吉剌降太祖，乃使阿里海責王汗，曰：「昔君逐於叔父菊兒，窮而歸我，我父爲君逐菊兒，而還君故地，此大有功於君一也。乃蠻攻君，君西奔日没處，我召還君弟札阿紺孛於金，又請我兄薛徹別吉、我弟大丑往擊蔑里乞，以去其逼，此大有功於君二也。君歸不振，我以歷獲諸部羊馬貲財奉焉，浹旬之閒，飢飽瘠肥，此大有功於君三也。君不告我，往掠蔑里乞，未嘗分遺我也。及乃蠻覆君，我以四將重立爾國，此大有功於君四也。我之征朵魯班諸部也，猶海東鷙禽之於鵝雁，見必獲，獲則必致君，此大有功於君五也。君不報我則已，今乃易恩爲讎。」王汗聞之慙，而其子亦剌合欲戰。太祖軍洶懼而潰，夜走班朱尼河，從者十九人。太祖與飲渾河，誓共艱難焉。尋移軍斡難河源，以甘言紿王汗，而潛師夜趨折運都山，襲破之，王汗父子皆走死。太祖大獵帖麥該川而還。汪古酋阿剌忽思降。泰和四年，太祖以阿剌忽思故，知乃蠻謀來伐，乃先發擊之，進兵駐建忒該山。乃蠻太陽汗營於納忽山，蔑里酋脱脱、斡亦剌酋忽都花別吉，暨朵魯班、哈答斤、散只兀兵皆會。時札木合在乃蠻，謂左右曰：「乃蠻初謂蒙古，若羖䍽羔羊，食其肉並皮蹄無餘也，今非曩時矣。」遂遁去。是日，大戰至晡，禽斬太陽汗，朵魯班、哈答斤、散只兀降。於是，遂擊蔑里乞，脱脱走乃蠻，依卜魯欲汗。泰和五年伐夏，至自夏，獲札木合。太祖欲赦之，札木合自殺。

元年，太祖大會諸族羣臣於斡難河源，建九斿白旗，即皇帝位，共上尊號曰成吉思汗。以博爾朮爲右萬户，木華黎爲左萬户，功臣九十五人爲千户。一號令，定制度。遂征乃蠻，俘卜魯欲於兀魯塔山，太陽子屈出律及脱脱奔也兒的石河。是歲，金泰和六年，宋之開禧二年也。

二年，復征夏。遣朮赤征斡亦剌、禿巴思、乞力吉思，降之，其酋野牒亦納

里，阿里替也兒皆各遣使來獻名鷹。

三年春，至自夏。夏，避暑龍庭。冬，師趨也兒的石河，射殺脱脱，屈出律奔於西遼。是歲，金章宗殂，衛王允濟立。

四年春，畏吾兒請屬。太祖西渡河伐夏，遂引河灌其都，隄外潰，乃還。夏主納女請和。初，金衛王受貢浄州，太祖輕之，歸欲請兵攻焉。會嗣位頒詔至國，傳言當拜受。太祖問：「新君誰？」使者曰：「衛王。」太祖遽南面唾曰：「我謂中原皇帝天上人，此等耶！」即乘馬去。衛王聞，益怒，欲俟再貢，就場害太祖，太祖遂絶之。

五年春，金築烏沙堡以逼焉。太祖命左帥哲別襲殺其衆，遂略地而東。起怯緑連行宫。

六年春，駐行宫。哈剌魯請屬。畏吾兒亦都護、巴而朮阿而忒的斤來朝。二月，太祖自將伐金，取大水濼、豐利等縣。金遣西北路招討使粘合合打來請和，不許。金平章政事千家奴、參知政事胡沙復繕烏沙堡。秋七月，攻烏沙堡及烏月營，拔之。八月，金汾陽公郭寶玉降，遂破白登。金西京留守忽沙虎棄城遁，遂並克桓、撫州。九月，金招討使紇石烈九斤陳兵三十萬於野狐嶺，太祖進兵獾兒觜，金將石抹明安降，遂擊金師，大敗之。追躡胡沙之師至會河堡，又大敗之。木華黎進薄宣德，遂拔德興府。哲别入居庸關，耀兵中都而還。別軍南徇至於清、滄，東徇至於平、濼。朮赤、察合台、窩闊台徇雲内、東勝、武、朔等，皆下之，南至於忻、代。冬，太祖駐金北境。初頒新令：出軍不得妄殺；刑獄惟重罪死，餘量笞決；軍户，蒙古、色目人丁起一軍，漢人田四頃、人三丁簽一軍；站户與軍户同民匠，限地一頃；僧道無益於國，有損於民者，悉禁之。復遣哲别帥師，自臨潢渡遼以攻東京，不下，引去，還襲克之。是歲秋，屈出律襲執西遼主直魯古而奪其國，分兵擾畏吾兒、哈剌魯，其葱嶺外遂爲回回據焉。脱脱子霍都以蔑里乞餘衆，亦自立於太和嶺東。夏主安全卒，族子遵頊立。

七年春，按陳師至遼，耶律留哥自稱都元帥於隆安，與按陳盟而請屬焉。師圍金咸甯，千户劉伯林以其城降。秋，圍西京，金元帥左都監奥屯襄救之，太祖誘至密谷口，殪其衆。太祖中流矢，罷攻西京，將休兵於北。石抹明安進曰：「金有天下一十九路，我得者，未盡西京一路也。若緩之，待彼成謀，併力而來，則難敵矣。且山前民庶久不知兵，今以重兵臨之，傳檄可定也。」太祖然其計，乃留劉伯林屯天城，復攻西京，拔其城，以伯林爲西京留守副元帥。【略】

八年春，耶律留哥自立爲遼王。先是，太祖之北也，先得諸城皆未置守。秋七月，攻宣德府，復攻德興府，拖雷赤駒先登，拔其城。進至懷來，執金副都統王檝，禮釋之。行省完顔綱、元帥朮虎、高琪復拒戰於鎮州而敗。金嚴備居庸關，軍至不得前，太祖患之，用札八兒計，閒道夜馳，黎明已至南口，遂襲取居庸。哲別克紫荆關。耶律阿海進曰：「好生，聖人之大德也。今始開創，願止殺掠。」太祖嘉焉，進拔易及涿。八月，金忽沙虎弑其主衛紹王而立豐王珣。冬，師趣中都，留合怯台、哈台屯北郊，而分兵三道，以降人四十六都統分隸焉。朮赤、察合台、窩闊台爲右軍，循太行而南，取保、遂、安肅，及河北西路，至於懷、孟，飲馬於河，還踰太行，大掠河東南北二路閒。哈撒兒、斡嗔及朮赤台、薄刹爲左軍，遵海而東，徇薊州、平、濼，遼以西皆下。太祖自將中軍，出中都南，拖雷從，破雄、霸、安，取河北東路、山東東路及博、濟、泰安。師還，三道皆會，遂屯大口，以逼中都。是役也，金諸路兵皆防山後事，急簽鄉民城守。太祖令驅其家屬攻之，父兄子弟呼相應，故所至輒克，凡得金九十餘城。大河以北，惟中都、通、順、真定、清、沃、大名、東平、德、邳、海十一城不下。

九年春，太祖久駐燕郊，乃遣使告金以將還，當犒師。金主遽遣平章政事完顔承暉如師，奉衛紹王女岐國公主，及金帛、童男女五百、馬三千以請和。師還。夏五月，金主遷汴，以其太子留守中都。太祖聞之，怒曰：「既和而遷，是疑我也。」將復南侵，會金主至良鄉，護衛糺軍作亂，北還乞降。遂詔石抹明安復攻中都，圍之。是月，避暑魚兒濼。秋，金召太子至汴。太祖以屈出律之擾，西征，克阿力麻里，而西破谷則斡耳朵，復分兵擊其黨，與戰於別失八里，又戰於古輪臺及畏吾兒，皆敗之。於是，屈出律西奔，哲別追斬之，傳其首，乃蠻悉平，師還。木華黎征北京，盧琮、金朴以高州降。分兵下懿州，耶律留哥大敗金宣撫使蒲鮮萬奴於歸仁，遂都咸平，萬奴走入東京。是歲，以耶律阿海爲太師，行中書省事。耶律禿花爲太傅、濮國公。哈撒兒東取黑龍江地，始立行尚書省於宣平，三哥拔都領之，統金降民。錦州張鯨殺其節度使，自立爲臨海王。

十年春正月丁丑，金右副元帥蒲察七斤以通州降，石抹明安遂駐軍建春宫。是月，耶律留哥再克東京，蒲鮮萬奴遁，金北京軍亂，殺其宣撫使鄂屯襄。二月，木華黎攻北京，其權元帥烏古倫、寅答虎以城降。木華黎怒其緩也，將坑其衆，石抹也先曰：「北京重鎮，當撫之以從人望，奈何坑之？」乃止，以寅答虎留守，並以吾也而權都元帥鎮之。興中府元帥石天應降。錦州張鯨遣使請降，詔以鯨

總北京兵南征。三月，金御史中丞李英帥師援中都，明安敗之於霸州，復敗其援兵於涿州宣封寨。夏四月，克清及順。五月庚申，金中都降。辛酉，明安入中都。是月，避暑桓州，涼、涇，遣失乞忽都忽籍中都帑藏，以明安爲太傅、邵國公。訪求遼後耶律楚材，用之。秋七月，三哥拔都攻潼關，不下，乃自嵩山閒道趨汝州，遂赴汴，與金花帽軍戰，不利，自陝州渡冰而還。太祖詔金獻山東、河北未下諸城，去帝號，爲河南王，許爲罷兵。不從，乃復南伐。是秋，取金城邑八百六十有三。冬，耶律留哥入覲，耶斯不以其衆叛，蒲鮮萬奴遂入東京，據遼東，自稱大真天王，建元天泰。耶斯不南走，僭號於澄州，改元天成。太祖仍以耶律留哥爲遼王。趙守玉據興州，吾也而、史天祥討禽之。是歲，金太子守忠卒。

十一年春，還行宫。師克金曹州，金同知觀州張開取河閒及滄、獻等州。三月，金人取恩、邢。夏四月，張開取青州十一城。是時，河北、山東諸城多復爲金守，張鯨謀叛伏誅，鯨弟致據錦州，自稱瀛王，遂陷平、灤、瑞、利、義、懿、廣甯諸地。秋九月，撒里知兀鮮、三哥拔都自夏趣關中。冬十月，越潼關，獲金西安軍節度使尼龐古蒲魯虎。十一月，次澠池，金右副元帥蒲察阿里不孫軍潰遁，師自三門北渡至平陽，與金行省胥鼎戰不利，引還。是冬，蒲鮮萬奴降。是歲，太傅石抹明安薨。太祖大會諸將於和林，命速不台征蔑里乞餘衆。耶律留哥還遼，徙居臨潢。耶斯不、乞奴、金山、青狗、統古與遁入高麗，迭稱帝而迭相殺，既而咸舍殺統古與而自立。

十二年春，木華黎破錦州，斬張致，遣史進道等攻廣甯府，降之，遂拔金蓋、復而還。秋，以木華黎爲太師，都行省，封國王，賜九斿旗，經略山南，承制行事。遂自燕南擊破遂、蠡。冬，克大名府，遂東定益都、淄、登、萊、濰、密等州。蒲鮮萬奴復叛，稱東夏。十二月，師復伐夏，圍其都，夏主遵頊奔西涼。是歲，吐麻叛，博爾忽戰死，朵魯伯討平之。朮赤再征乞力吉思，闢地至北海焉。

十三年秋八月，師出紫荊關，執金行元帥事張柔，還其舊職。木華黎自太和嶺入河東，克代、忻。九月乙酉，克太原。冬十月癸丑，克平陽。遂分徇澤、潞、遼、沁、汾、霍，皆克之。是歲，咸舍據高麗江東城，元帥哈真、副元帥札剌兒帶及遼王留哥帥師征之。高麗王瞰遂降，以兵附焉。大破咸舍之衆，咸舍死，留哥徙其民於臨潢。

十四年春，張柔克雄、易、保安諸州，殺金經略使賈瑀，復敗武仙於滿城，進拔定州及中山。別將攻平、棘、槀城、無極、欒城，皆下。擢金降將董俊知中山府事。太祖怒可弗乂殺使者，夏六月，遂親征西域，出師大雪。秋，克訛答剌城，禽其酋哈只兒只蘭禿。是秋，木華黎克金岢嵐、吉、隰等州，進攻絳。冬十一月戊午，克之，屠其城。以按札兒領前鋒，統師屯平陽，攝國王事。速不台以是歲敗蔑里乞於蟾河，霍都奔欽察，欽察納之，於是太祖詔速不台急進兵。欽察降，遂盡殄蔑里乞之衆。太祖師自嶺而西，復攻破別石蘭城。可弗乂滅里鎖潭汗陳兵於忽章河，不得渡。太祖攻破之，遂濟師而西，復渡薩寶河，以攻蒲華。

十五年，克蒲華，乃東擊尋師干，夏克之，滅里鎖潭汗出奔鐵門關。太祖還師，避暑別石蘭北河上。秋，攻河北斡脱羅兒，穴其城入之。金大發兵，益武仙，董俊判官李全以中山叛，應之。仙攻俊於曲陽，爲俊所敗，於是武仙以真定降。木華黎以史天倪爲河北西路副元帥，行府事，仙副之。以董俊爲左副都元帥，駐槀城。冬，大雷，宋濟南治中嚴實籍濟南、彰德、磁、洺、滑、濬等城户數十萬以降。木華黎攻東平不下，以嚴實權山東西路行省留屯守，而自趨洺州，分徇河北。是歲，定都和林，耶律楚材進《庚午西征元秝》。遼王留哥薨，以其妻姚里氏權領其衆。滅里子札闌丁收可弗乂兵，復入尋斯干。

十六年春，太祖復南渡忽章河，取蒲華。札闌丁棄尋斯干，欲走玉龍傑赤。太祖追敗之，札闌丁遂走鐵門關，與滅里合，失乞忽都忽追之，戰不利。太祖帥察罕、郭寶玉進破其兵，遂入鐵門關。朮赤循忽章河而西，攻八兒真、氈的、養吉干，皆下之。夏，太祖以太師耶律阿海守尋思干，而自駐鐵門關。金遣烏古孫仲端奉國書，兄太祖以請和。不允。金東平行省蒙古綱棄城遁，嚴實遂守東平，分濟、兗、單三州，以石珪爲總管。宋使苟夢玉來修和，遣使報焉。秋，可弗乂復以兵五萬阻阿母河，破之，斬其大將佐里。太祖南渡河，入弗羅珊克、班勒紇等城，滅里、札闌丁分東西遁。太祖命哲別急追滅里於灰里河，滅里走死於小海。札闌丁走還可弗乂，屯大雪山。太祖遣郭寶玉、曷思麥里追之，札闌丁走哥疾甯。太祖駐大雪山，分兵東取巴達哈傷。哲別破木剌夷山堡，虜滅里母妻以歸於軍。是秋，朮赤、察合台、窩闊台西渡河，攻下玉龍傑赤。冬，拖雷下馬魯等城。木華黎出河西，夏兵附之，克金葭、綏，保安，進攻延安，不下，乃留兵守之，而自徇鄜、坊，逾月克之。宋京東安撫使張林降，以林行益都、滄、景、濱、棣都元帥。

十七年春，詔封崑崙山元極王，大鹽池惠濟王。拖雷西降你沙不兒等城，復還軍，經木剌夷，大掠之。渡溯溯闌河，克也里，遂從太祖攻塔里寒寨，拔之。夏，避暑塔里寒。秋，太祖會師，逾大雪山而南，自伐札闌丁於哥疾甯，札闌丁奔入欣都思。

郭寶玉，曷思麥里收可弗乂而還。八剌帥師攻欣都思。欽察復立玉里吉汗，太祖命哲別繞小海以討欽察。金張開取澤州。是秋八月，彗星見於氐。九月，太白晝見。金復遣烏古孫仲端來請和。太祖初不許，已而許其割關西未下數城，仍王河南。木華黎分兵出秦隴，而自道雲中出孟、晉、霍，遂攻青龍堡，執金平陽公胡天作歸於平陽。金移剌衆家奴、張甫取河間府。宋大名忠義彭義斌取山東州縣。石珪入曹州，金王庭玉破執之。木華黎克河中府，其治中侯小叔退保樂李山寨。以石天應爲都元帥，守河中。木華黎遂渡河攻同州，拔之。進攻京兆，不下，乃將大軍攻鳳翔。是歲，張林及宋人戰，敗走。宋保甯節度使李全入益都。

十八年春正月，鳳翔不下，木華黎遣將徇鳳州而還。金侯小叔復取河中，石天應死之。尋定河中，斬小叔。三月，太師、國王木華黎薨於聞喜。是春，太祖師自辛頭河而北，窩闊台循河而南。夏，窩闊台至不昔思丹，欲攻之。太祖以隆暑將及，止之，遂避暑八魯彎川。八剌大掠欣都思而還可弗乂，回地悉平，置達魯花赤監治各城。乃命搠馬兒罕征八哈塔，命朵魯伯征阿魯申，命速不台進征欽察，命朮赤往節制哲別、速不台軍。太祖復親征欣都思。【略】

十九年，宋大名總管彭義斌侵河北，史天倪敗之於恩州。太祖至東欣都思，欲取道蠻夷中，以達西夏。角端見，班師。留太師耶律阿海監尋斯干，總治西域。是歲，哲別已破斡羅思、康里諸軍而北，進逼欽察。速不台繞寬田吉思海而南，抵不租河，執玉里吉，遂平欽察。封朮赤王欽察，斡羅思、康里、阿速並屬焉。師還，哲別卒於軍。札闌丁自欣都思復歸可弗乂，遮其師於峥山，郭德海擊斬之。速不台至玉里吉河，敗斡羅思各城，降其大小密赤思臘。封察合台王于闐。【略】

二十年春正月，至自西域，駐行宮。二月，武仙復以真定叛，附於金，河北西路都元帥史天倪死之。三月，史天澤擊走武仙，復真定。六月，宋彭義斌圍東平。嚴實僞與和以緩之，義斌留質實家屬。秋，義斌挾實趨真定，實奔孛里海軍，合擊義斌，宋軍潰。史天澤禽義斌於贊皇，斬之。嚴實復有山東。十二月，武仙復襲真定，史天澤奔稾城。是歲，張榮以淄州及章邱、濟陽、蒲臺、新市等地降，以爲山東行省都元帥、知濟南府事。金取絳州，劉德仁死之。速不台大掠阿速而還。

二十一年春正月，太祖以夏不遣質子，而納仇人亦剌合桑昆，詔親征。二月，西踰沙磧，取黑水等城。史天澤自稾城復克真定，武仙走西山。夏，避暑渾垂山。師克甘、肅等州。秋，克西涼及搠羅、和羅等城。東踰沙陀，至黄河九渡，遂克應里等縣。金人取曲沃。九月，郡王帶孫圍李全於益都。冬十一月，師克靈州。丙寅，太祖渡師擊其援兵，敗之。丁丑，五星聚見於西南。駐鹽川州。是月，速不台自大磧攻下撒里、畏吾兒及答林赤閔。遣唐慶往責金歲幣。以耶律留哥子薛闍歸臨潢，襲轄其軍馬。【略】

二十二年春，太祖渡河攻夏都。旋留兵守之，而自帥師渡河，攻金積石州，拔之。二月，克臨洮府。三月，別軍克西甯。速不台入自玉門關，克河州、洮州，遂與太祖師會，克蘭州、會州。是月，斡嗔攻信都，拔之。夏四月，太祖至隆德，師克德順、鎮戎等州。李全降，請南伐，以爲山東、淮南、楚州行省。遣唐慶等使金。閏月，避暑六盤山。六月，金遣完顔合周、奧屯阿虎來請和。夏主李晛降，遂縶以歸，夏亡。太祖次清水縣西江。秋七月壬午，不豫。己丑，駐撒里川哈老徒，謂左右曰：「金精兵在潼關，南據連山，北阻大河，難遽破也。宋、金世讎，若假道於宋，下兵唐、鄧，直擣大梁，金急，必徵兵潼關。然千里赴援，人馬疲敝，雖衆，破之必矣。」言訖而崩，壽六十有六，葬起輦谷。

雜録

備録

李心傳《建炎以來朝野雜記》卷一九《韃靼款塞》　忒没真大酋撒木喝圍守燕京，自將【略】攻取河北、河東、山東諸州郡。【略】是時中原諸路之兵皆僉往山後一帶防遏，無兵可守，悉僉鄉民爲兵，上城守御，韃靼盡驅其家屬來攻，父子兄弟往往遥相呼認，由是人無固志，所在郡邑，皆一鼓而下。自貞祐元年冬十一月至二年春正月，凡破九十餘郡，所破無不殘滅，兩河、山東數千里，人民殺戮幾盡，金帛、子女、牛羊、馬畜皆席卷而去，屋廬焚燬，城郭丘墟矣。惟大名、真定、青、鄆、邳、海、沃、順、通州有兵堅守，未能破。二月，復還燕京。燕京糧乏，軍民餓死者十四五。金主珣遣人議和，忒没真欲得其公主及護駕將軍十八，細軍百人，從公主童男女各五百，彩綉衣三千載，御馬三千匹，金銀珠玉等甚衆，又請左丞相完顔福興爲質，珣皆從之。

洪鈞《元史譯文證補》卷一《太祖本紀補證》附《太祖年壽考異》　《元史》本

紀，太祖二十二年丁亥崩，壽六十六。逆推之，帝生於宋高宗紹興三十二年壬午。《親征録》於癸亥年滅汪罕後，大書特書上春秋四十二，與本紀合。《蒙古源流》亦同。《元祕史》未言帝壽，惟記也速該卒時，帝年九歲。乃《西域史》及西域人私家著述，無不謂帝生於猪年，崩於猪年，十三歲喪父，亦在猪年。壽七十三，則應生於紹興二十五年乙亥。烈祖之崩，在孝宗乾道三年丁亥。始謂其説謬妄，比考孟珙《蒙達備録》，謂成吉思汗生於甲戌，則爲乙亥上一年，歲數鄰近。又蒙古以草青紀歲，不云幾歲而云幾草，故傳述易訛。若甲戌、壬午，上下相距九年，不應舛錯至此。復考陶宗儀《輟耕録》，元順帝朝，詔修遼、金、宋三史，楊維楨著《正統辨》，謂宋祖生於丁亥，而建國於庚申，我太祖之降年與建國之年亦同。宋以甲戌渡江，而平江南於乙亥、丙子之年，我王師渡江平江南之年亦同。建國庚申之説，諸書無徵，惟《西域史》詳載猴年滅泰亦赤兀，敗哈答斤諸部，取威定霸，固在斯時。必謂建國是年，似由傅會。然太祖徵召邱處機詔云：「七載之中成大業，六合之内爲一統。」自庚申至丙寅即帝位，正七年。錬崖是説，殆有由來，非盡出於比附。自來星命家占婚擇日，但論年支，不論年干。生於乙亥，乃與宋祖生於丁亥符合。錬崖此辨，上之於朝，斷然不敢臆撰。然則《元史》等書，未可盡信，而殊方異論，未可盡疑矣。詳引附識，以俟世之博雅君子論定焉。

備論

《元史》卷一《太祖紀》　帝深沉有大略，用兵如神，故能滅國四十，遂平西夏。其奇勳偉跡甚衆，惜乎當時史官不備，或多失於紀載云。

邵遠平《元史類編》卷一《太祖紀》　册曰：天造鴻圖，艱難開創。渾河啟源，用端呈像。芟夏蹴金，電掃莫抗。櫛沐廿年，驅指四將。止殺一言，皇猷彌廣。

魏源《元史新編》卷二《太祖紀下》　帝深沈有大略，用兵如神，故能滅國四十，遂平夏克金，有中原三分之二。使舍其攻西域之力以從事汴京，則不俟太宗而大業定矣。然兵行西海、北海萬里之外，昆侖、月竁重譯不至之區，皆馬足之所躪，如出入户閾焉。天地解而雷雨作，鵾鵬運而溟海立，固鴻荒未闢之乾坤矣。

曾廉《元書》卷一《太祖紀》　論曰：太祖崛起三河之源，奄有漢代匈奴故地，而兼西域城郭，諸國朔方之雄盛，未有及之者也。遺謀滅金，竟如其策，金亡而宋亦下矣，此非其略有大過人者乎？又明於求才，近則遼、金，遠則西域，仇敵之裔，俘囚之虜，皆收爲爪牙腹心，厥功爛焉，何其宏也。立賢無方，太祖有之矣。羽翼盛，斯其負風也大。子孫蒙業，遂一宇宙，不亦宜乎？

《國朝文類》卷一〇王構《太祖皇帝加上尊號册文》　維至大二年，歲次己酉，某月某日，孝曾孫嗣皇帝臣某，謹再拜稽首言：伏以恢皇綱，廓帝紘，建萬世無疆之業；鋪宏休，揚偉績，遵累朝已定之規。式當繼統之元，盍有稱天之誄。孝弗忘于率履，制庸謹于加崇。欽惟太祖聖武皇帝陛下，淵量聖姿，睿謀雄斷。沛仁恩而濟屯厄，振羈策以馭豪英。惟解衣推食于初年，見君國子民之大略。玄符顯握，諸部悉平。黄鉞載麾，百城隨下。裔土兼收于夏孽，餘波克殄于金源。蕩蕩乎無能名迹，遠追于湯武；灝灝爾其爲訓道，允協于唐虞。根深峻嶽，而維者四焉；囊括殊封，而統之一也。肆予小子，承此丕基。兩祇見於太宫，恒優臨于端扆。祚垂鴻兮錫裕，尚期昭報之申；牒鏤玉以增輝，敢緩彌文之舉。謹遣某官某，奉玉册玉寶，加上尊謚曰法天啓運聖武皇帝，廟號太祖。伏惟威靈昭假，景貺潛臻。闡繹吾元，與天並久。

《國朝文類》卷一四郝經《立政議》　由漢以來，尚志之君六七作。於漢則曰高帝，曰文帝，曰武帝，曰昭帝，曰宣帝，曰世祖，曰明帝，曰章帝，凡八帝。於三國則曰昭烈一帝。於晉則曰孝武一帝。於元魏則曰孝文一帝。於宇文周則曰武帝一帝。於唐則曰高祖，曰文皇，曰玄宗，曰憲宗，曰武宗，曰宣宗，凡六帝。於後周則曰世宗一帝。於宋則曰太祖，曰太宗，曰仁宗，曰高宗，曰孝宗，凡五帝。於金源則曰世宗，曰章宗，凡二帝。是皆古莫與京。惜乎攻取之計甚切，而修完之功弗逮。天下之器日益弊，而生民日益憊也。蓋其幾一失，而其弊遂成。初下燕雲，奄有河朔，便當創法立制，而不爲。既并西域，滅金源，蹂荆襄，國勢大張，兵力崛阜，民物稠夥，大有爲之時也。苟於是時正紀綱，立法度，改元建號，比隆前代，使天下一新，漢唐之舉也，而不爲。於是法度廢則綱紀亡，官制廢則政事亡，都邑廢則宫室亡，學校廢則人材亡，廉恥廢則風俗亡，紀律廢則軍政亡，守令廢則民政亡，財賦廢則國用亡。天下之器雖存，而其實則無有。賴社稷之靈，祖宗之福，兵鋒所向，無不摧破。穿徹海嶽之鋭，跨淩宇宙之氣，騰擲天地之力，隆隆殷殷，天下莫不慴伏。

《國朝文類》卷一四陳祐《三本書》　臣聞殷、周、漢、唐之有天下也，天生創業之君，必生守文之主。蓋創業之君，天所以定禍亂也；守文之主，天所以致隆

平也。昔我聖朝之興也，太祖皇帝龍飛朔方，雷震雲合，天下響應，統一四海，君臨萬邦，雖湯、武之盛，未之有也。

洪亮吉《歷朝史案·金·蒙古稱帝》 開禧二年，却特氏諱特穆津，即元太祖。大會諸部於鄂諾河，自稱青吉斯汗。青吉斯，其美號也；汗，即可汗也，猶匈奴之稱單于，南詔之稱驃信，皆外國天子之稱也。彼既稱汗不稱帝，《續通鑒》當從實書之，曰蒙古某稱汗。

元祖起兵鄂落，滅國四十，遂平西夏。當時史官不備，其奇勛偉績，雖多失於紀載，而究其所得天下之由，大約四杰之功居多，穆呼哩與博爾濟、博勒呼、齊拉袞，俱以忠勇佐太祖創業，賜號爲都爾本庫魯克，猶華言四杰也。維時假角端以休養，用耶律楚材之言也。餌女真以和親，一如金祖之餌宋。遺命借道江南，以取中原，亦可見其創業垂統之大略矣。

沈曾植《海日樓札叢》卷二《元太祖之雄略》 問：元太祖之雄略如何？曰：一、推廣佛教；二、殄滅木乃兮。吾亞洲之文士，當以前一爲天職，武士當以次二爲天職。芸芸衆生，庶其有所託命乎！（《月愛老人客話》）

藝文

宋濂《宋文憲公全集》卷三九《西域軍中獲角端頌》 我太祖皇帝之龍興也，靈承帝命，寵綏四方，克烈既臣，乃蠻攸服，遠近諸國，往往嚮風内附。而東印度遠在西域之陲，負固不庭，帝乃震怒，移六師以征之。師次鐵門闗之下，厥有神物，麕身而馬尾，獨角而緑文，留人語曰：「王師宜早還。」帝因訪問近臣耶律楚材，楚材對曰：「是獸名角端，能日行萬八千里。其見則惡殺之象，殆天使之告陛下耶。」帝即日下詔班師。臣濂謹稽諸傳記，角端有二焉。其一狀類貊，角在鼻上，中作弓，今鮮卑及胡休多國，尚或有之。其一能曉四夷語，聖人在上，明達方外幽遠之事，始奉書而至。此則自周秦以來，歷千餘年之久，絶未之聞，而獨於神元見焉。豈非聖德有以動天，靈異之物莫不自至也歟。漢元狩初，武帝行幸雍，祠五時，獲獸一角，而足有武蹏。協律都尉李延年及司馬相如之流，尚竭其心，思播諸樂歌，千載之下，令人讀之，有若親生其時而觀其事者。矧今之所獲，古所未有，使延年、相如輩得際今日休明之治，則其詠歌聖德於無疆者，又未知其何如也。臣濂雖不敏，其可已於辭乎。謹拜手稽首，而獻頌曰：

於赫太祖，肇基龍荒。手持黄鉞，日靖四方。飆飛雲流，無敵弗翦。孰敢不恭，以貽誅獮。維彼印度，疏勒之西。敢抗六師，大命卒迷。帝乃震怒，爰飭其旅。爾禡爾牙，爾桴爾鼓。龍旗載揚，列星光光。指於西疆，白日爲黄。乃有神獸，麕身驤尾。獨角桓桓，人立而語。帝詢近臣，厥獸何靈。近臣有言，角端其名。天子好仁，奉書而至。曷釋戈矛，綏以文治。帝曰俞哉，我師亟還。九有之臣，載忭載呼。天地動色，神人俱愉。惟我太祖，祇承上帝。帝度其心，純一不二。惟我太祖，乃武乃神。戢暴遏劉，綏我下民。惟我太祖，恪慎天戒。曾不移時，戎車返旆。神獸之來，自天降祥。匪天降祥，帝德之昌。孰其媲之，古聖有作。龍馬出河，神龜浮洛。黄支之犀，九真之麟。何世不有，匪德之因。皇靈赫奕，覆冒下土。魚鼈咸若，鳥獸率舞。曷其基之，自兹始之。茫茫八區，莫敢不來。惟德動天，薦兹嘉瑞。小臣勒詞，來貽世世。

鄭道傳《三峯集》卷一二《元太祖贊》 帝既立，功德日盛，諸部皆慕義來降。再征西夏，自將南伐，分兵三道並進，右軍循太行而南，左軍遵海而東，帝自將中軍取燕南、山東、河北五十餘郡，命木華黎等取金未下州城，遂親征西域。帝深沉有大略，用兵如神，故能滅國四十，遂平西夏，定西域。

丘處機部

綜述

《元史》卷二〇二《丘處機傳》 丘處機，登州棲霞人，自號長春子。兒時，有相者謂其異日當爲神仙宗伯。年十九，爲全真學于寧海之崑(窬)〔嵛〕山，與馬鈺、譚處端、劉處玄、王處一、郝大通、孫不二同師重陽王真人。重陽一見處機，大器之。金、宋之季，俱遣使來召，不赴。

歲己卯，太祖自乃蠻命近臣札八兒、劉仲禄持詔求之。處機一日忽語其徒，使促裝，曰：「天使來召我，我當往。」翌日，二人者至，處機乃與弟子十有八人同往見焉。明年，宿留山北，先馳表謝，拳拳以止殺爲勸。又明年，趣使再至，乃發撫州，經數十國，爲地萬有餘里。蓋蹀血戰場，避寇叛域，絶糧沙漠，自崑崙歷四載而始達雪山。常馬行深雪中，馬上舉策試之，未及積雪之半。既見，太祖大悦，賜食、設廬帳甚飭。

太祖時方西征，日事攻戰，處機每言欲一天下者，必在乎不嗜殺人。及問爲治之方，則對以敬天愛民爲本。問長生久視之道，則告以清心寡欲爲要。太祖深契其言，曰：「天錫仙翁，以寤朕志。」命左右書之，且以訓諸子焉。於是錫之虎符，副以璽書，不斥其名，惟曰「神仙」。一日雷震，太祖以問，處機對曰：「雷，天威也。人罪莫大於不孝，不孝則不順乎天，故天威震動以警之。似聞境内不孝者多，陛下宜明天威，以導有衆。」太祖從之。

歲癸未，太祖大獵于東山，馬踣，處機請曰：「天道好生，陛下春秋高，數畋獵，非宜。」太祖爲罷獵者久之。時國兵踐蹂中原，河南、北尤甚，民罹俘戮，無所逃命。處機還燕，使其徒持牒招求於戰伐之餘，由是爲人奴者得復爲良，與瀕死而得更生者，毋慮二三萬人，中州人至今稱道之。

歲乙酉，熒惑犯尾，其占在燕，處機禱之，果退舍。丁亥，又爲旱禱，期以三日雨，當名瑞應，已而亦驗。有旨改賜宫名曰長春，且遣使勞問，制若曰：「朕常念神仙，神仙毋忘朕也。」六月，浴于東溪，越二日天大雷雨，太液池岸北水入東湖，聲聞數里，魚鱉盡去，池遂涸，而北口高岸亦崩。處機嘆曰：「山其摧乎，池其涸乎，吾將與之俱乎！」遂卒，年八十。其徒尹志平等世奉璽書襲掌其教，至大間加賜金印。

李道謙《甘水仙源録》卷二陳時可《長春真人本行碑》 戊子之秋八月丙午，余自山東抵京城，館於長春宫者六旬。將徙居，清和子尹公謂余曰：「我先師真人既葬矣，當有碑。知先師者，君最深，願得君之詞刻之，以示來世。」余再讓于耆宿，且以晚塗思涸，不足以發明老仙爲解，勿從也。乃命其法弟玄通大師李君浩然狀老仙之行，謁文於余，曰：

父師長春子，姓丘氏，諱處機，字通密，登州棲霞人。幼聰敏，日記千餘言，能久而不忘。未冠學道，遇祖師重陽子於崑崙山之烟霞洞。祖師知其非常人也，以《金鱗頌》贈之，遂執弟子禮。尋長生劉公、長真譚公、丹陽馬公皆造席下，相視莫逆，世謂之「丘、劉、譚、馬」焉。大定九年，從祖師遊梁。明年，祖師猒世。十有二年，師洎丹陽公護仙骨歸終南，葬于其故里。師乃入磻溪穴居，日乞一食，行則一簑，雖簞瓢不置也，人謂之簑衣先生，晝夜不寐者六年。既而隱隴州龍門山七年，如在磻溪時，其志道如此。道既成，遠方學者咸依之。京兆統軍夾谷公奉疏請還祖師之舊隱，師既至，構祖堂輪奐，餘悉稱是，諸方謂之祖庵，玄風愈振。二十八年春，師以道德升聞徵赴京師，官建庵于萬寧宫之西，以便咨訪。夏五月，召見於長松島。秋七月，復見，師剖析至理，進《瑶臺第一層》曲，眷遇至渥。翌日，遣中使賜上林桃。師不食茶果十餘年矣，至是，取其一啖之，重上賜也。八月，得旨還終南，仍賜錢十萬，表辭之。爾後復居祖庵。明昌二年，東歸棲霞，乃大建琳宫，勅賜其額曰「太虚氣象」，雄偉爲東方道林之冠。泰和間，元妃重道，遥禮師禁中，遺道經一藏。師既居海上，達官貴人敬奉者日益多，定海軍節度使劉公師魯、鄒公應中二老，當代名臣，皆相與交。貞祐甲戌之秋，山東亂，駙馬都尉僕散公將兵討之。時登及寧海未服，公請師撫諭，所至皆投戈拜命，二州遂定。

己卯之冬，成吉思皇帝令使臣劉仲禄持詔迎師。明年春啓行。夏四月，道出居庸，夜遇群盜于其北，皆稽顙以退，且曰：「無驚父師。」是年十月，師在武川進表，使回復，有勅書促師西行，稱之曰師，曰真人，其見重如此。又明年春，踰嶺而北。壬午之四月，甫達印度，見皇帝于大雪山之陽。

問以長生藥，師但舉衛生之經以對。他日，又數論仁孝，皇帝以其實嘉之。癸未之三月，車駕至賽藍，詔許師東歸，且賜以驄禮。師固辭曰：「臣歸途萬餘里，得驛騎館穀，足矣。」制可其奏，因盡蠲其徒之賦。後師之馳傳往返也，所過迎者動數千人，所居户外之屨滿矣，所去至有擁馬首以泣者，其感人心如此。及入漢地，四方道流不遠千里而來，所歷城郭皆挽留。八月，至宣德，元帥邀師居真州之朝元觀。明年春，居住燕京大天長觀，行省請也。自爾使者赴行宫，皇帝必問神仙安否，還即有宣諭，語嘗有曰：「朕所有地，其欲居者居之。」既而行省又施瓊華島爲觀。兵革而來，天長已殘，瓊島尤甚。師葺之，工物不假化緣，皆遠邇自獻者，三年一新。師之在天長也，静侣雲集，參叩玄旨，旁門異户，靡不向風。每醮輒鶴見。熒惑犯尾宿，師禳之即退舍。旱魃爲民虐，師祈之則雨應。京人歸慕，建長春等八會教，行四方。丁亥之五月，有旨以瓊華島爲萬宫，天長觀爲長春宫，且授使者金虎牌，持護教門。

六月二十有三日，雷雨大作，太液池之南岸崩裂，水入東湖，聲聞數里，魚鱉悉去，北口山亦摧。人有亦是報者，師莞爾而笑曰：「山摧池枯，吾將與之俱乎？」七月四日，顧謂門人曰：「昔丹陽公嘗記余曰『吾殁之後，教門當大興，四方往往化爲道鄉，公正當其時也。公又當住持大宫觀』。其言一一皆驗，吾歸，無遺恨矣！」俄而示疾數如偃中，侍者止之，師曰：「吾不欲勞人，汝等猶有分别在，且偃寢奚異哉？」七日，提舉宋道安輩請師登堂，慰會衆之望。師曰：「吾九日上堂去。」及是日，留頌葆光而歸真焉，春秋八十。明年七夕前一日，將葬，群弟子啓柩視之，師儼然如生。道俗，瞻禮者三日，日萬人，悉嘆異之。九日，醮畢，閟仙蜕於白雲觀之處順堂。

師誠明慈儉，凡將帥來謁，必方便勸以不殺人。有急必周之，士有俘于人者，必援而出之。士馬所至，以師與之名，脱欲兵之禍者甚衆。度弟子，皆視其才何如，高者絜以道，其次訓以功行，又其次化以罪福，罔有遺者。故其生也，四方之門人丹青其像事之；其殁也，近者號慕，遠者駿奔如考妣焉；及其葬也，會者又萬人。近世之高道福德兼備，未有如師者。

師於道經無所不讀，儒書、梵典亦歷歷上口。又喜屬文賦詩，然未始起藁，大率以提唱玄要爲意，雖不事雕鐫，而自然成文。有《磻溪》、《鳴道》二集行于世云。

鳴呼，浩然君能述其父師之道行，若是昭昭然，可謂能子矣，又豈待鄙夫文之而後著耶？雖然，舉其大者論之可也。我老仙生能無欲，没能不壞，百世異人也。又能以一介黄冠，上而動人主如此，下而感人心如彼，非至誠粹德，能然乎？長春之見道已崇矣，及乎至自印度，教門益闢，求之古人大略，與寇天師相似。至校其出處之道，大有不同者，何哉？謙之之受知魏主也，自言嘗遇老子，授以辟穀輕身之術及科戒，使之清整道教。又遇老子之玄孫，授以圖籙真經、天宫静輪之法，使之輔佐北方太平真君，且有崔浩贊之。帝始崇奉老仙則不爾。方其未召也，澹然海上，其與世相忘久矣。一日有詔迎致，誠出自然，非有以要之也。又其所以奏對者，皆以道。由是推之，賢於謙之遠甚，是已足銘矣，而况道眼之具、道行之圓乎？宜乎嗣得其人，世有如尹公者，接跡而出，以光揚妙道，俾無墜耳。

姬志真《雲山集》卷七《長春真人成道碑》 真人族姓丘氏，諱處機，字通密，道號長春子，祖居登州之棲霞。宿禀仙姿，聰敏博達，神襟逸邁，識度不凡。未弱冠之一年，穎然頓悟，棄累投玄而參訪焉。大定丁亥春正月，重陽自陝右而來，訪求知友，始及崑崙。真人聞而往觀之，目擊神會，遂師事焉。親炙左右，重玄理窟，日以發明。繼而同志偕來，謂丹陽子馬公，長真子譚公，長生子劉公，玉陽子王公，廣寧子郝公。數子同師，遂結方外之心交，泛全真之法海，荷師資授受，皆能服膺，而各得所傳。居無幾，重陽惟挈馬、譚、劉、丘而行，聲傳四海。已而之汴，復寓岳臺坊之邸中，頓致數子，久之，付後事於丹陽，無疾而返真焉。四子護靈櫬而歸殯於終南，襄事既畢，各議所之，分方立志。

於是真人乃游秦隴，戢迹磻溪，簞瓢不置，蓑笠隨身，物我俱忘，心宇泰定。六年而造妙，以至出處語默，動容周旋，無非道用，玄關啓鑰，天府開扃，知藏充盈，辭源浩瀚，一言之出，人競誦之。聞其風者，梯山航海以來觀；游其門者，步武摳衣而上問。聲名籍甚，山斗具瞻。大定戊申春二月，世宗遣使，征赴闕庭，掌行萬春醮事，特旨住全真堂。屢承接見，問保安之道，真人諭以抑情寡欲，養氣頤神，發明道德之宗，剖析天人之理，上大悦而益敬之。明昌辛亥，復之海上，而居濱都之太虚觀。同道者咸師尊之，請益則以功行罪福爲戒，泛應則如酌水投器，隨方圓大小，取足而已。其人多以自埋於民，草衣木食者有之，志操相尚，世莫知其所以也，故教未易大行乎天下。

時膺皇朝應運，奄有區夏，朔南始通，德譽上逮。己卯冬十月，上遣便宜劉

仲禄率輕騎數十，攙搶開道，徑及海濱，奉召徵師。真人以天意所存，不辭而發軔，侍行者一十八人，皆叢林之傑出者。指程西北，跋涉艱虞，萬里龍沙，繼及行在。上嘉來遠之誠，重慰勞之。一日，問以長生之藥，真人曰：「有衛生之經，無長生之藥。」上嘉其誠，每召就坐，即勸以少殺戮，減嗜慾，及慈孝之説，命史録之。癸未春，特旨復燕，敕建長春宮，主盟玄教，天下之冠裳者咸隸焉。仍賜金符，其徒乘傳往還奉對，敕蠲門下賦役。自是玄風大振，道日重明，營建者棋布星羅，參謁者雲駢霧集，教門弘闡，古所未聞。真人年登耄耋，席暖燕山，普應諸方，遠近咸化，祈晴禱雨，克期而應，蓋天人之相通，毫髮無間也。

丁亥六月，天大雷雨，太液池岸崩而水竭，北口山壁摧而聲震，師聞之曰：「山之摧，池之枯，吾將與之俱乎！」秋七月朔後九日，果示寂焉，享年八十有一，葬靈骨於白雲觀之處順堂。戊子，嗣教清和真人承朝旨，封尊號曰長春弘道通密真人。

嘗試言之，真人降世，厥德以常，握太上之玄珠，佩重陽之法印，志堅金石，性潔冰霜，泯浩劫之塵情，破多生之習障，靈風拂袂，性月横空，大明乎根幹泉源，滋蔓乎波瀾枝葉，知常安静，復命致虚，金丹大藥之成，火棗交梨之實，神通自在，應變無方，具天地之大全，復古今之大體，周行不殆，獨化卓然，此真人所以成己而爲天下大宗師也。道之所在，物自歸之，和氣横流，無遠不至，崇修宮觀，建立門庭，敬圖象外之尊，敷暢玄中之教，指天真而開徑路，濟苦海而作舟航，登之者必通，行之者必至，凡有足者，皆欲及其於道也，此真人所以闡化群迷維持正教也。曩者國朝初興，天兵暫試，血流川谷，肉厭丘原，黄鉞一麾，伏尸萬里，馬蹄之所及無餘地，兵刃之所臨無遺民，玉石俱焚，金湯齏粉。幸我真人，應召行在，微言再奏，天意方回，許順命者不誅，指降城而獲免，諭將帥以愍物，勉毫傑以濟人。在急者拯以多方，遇俘者出以資購。婢僕之亡，從道者皆恕，卑賤之役，進善則放良。救人於涂炭之中，奪命於鋒鏑之下，使悛惡而從善，皆道化之弘敷也，天下之受庇者多矣。亦有不知其然者，雖利天下，不言所利，真人有之。德掞天壤，性超帝先，或者以耳目聞見妄測之，皆得其迹也。迹則非其所以也，其所以迹者，大智不能知，大辯不能言，猶戴天而莫知其高，履地而莫知其厚，妄測之者，皆聽瑩也。李公大師，不遠而來，命紀真迹之崖略，將刊諸石以壽其傳，亦報本尊師禮也。義不敢辭，輒從是説，謹齋沐而直書。

《道家金石略·全真第五代宗師長春演道主教真人内傳》 師姓丘氏，諱處機，字通密，道號長春子，登州棲霞縣人，世爲顯族。生於皇統八年戊辰正月十九日。幼而聰敏，識量不群。大定六年丙戌，師甫十九，悟世空華，即棄家學道，潛居崑嵛山。七年，聞重陽祖師寓寧海馬氏全真庵，即往師焉。重陽贈之詩云：「細密金鱗戲碧流，能尋香餌會吞鈎。被予緩緩收綸綫，拽入蓬萊永自由。」又賜今之名號，其器重可見。八年春，祖師挈居烟霞洞。九年冬，與丹陽、長真、長生從祖師游汴梁。祖師日夕訓誨，比之餘人尤加切至。明年春，祖師羽化，師與長真、長生從丹陽入關。十二年，復詣汴護喪，葬之終南劉蔣村。廬墓三年，各任所適。十四年秋，師居西虢之磻溪，修真煉行，日丐一餐，晝夜不寐者六載。二十年，遷居隴山之龍門，守志如在磻溪日。二十二年，宫中有牒發事，師至祖庭，丹陽付以後事東歸，師即還隴山。二十六年冬，京兆統軍夾谷公禮請居終南祖庭，載揚玄化。過汧陽之石門，覽泉石佳勝，築全真堂，即今玉清宮也。

二十八年春二月，興陵召至燕都，請問至道。師以寡欲修身之要，保民治國之本對。上嘉納之，蒙賜以巾冠袍系，敕館於天長觀。十一日，命主萬春節醮事，奉旨令有司就城北修庵，塑純陽、重陽、丹陽三師像，綵繪供具，靡不精備。夏四月菴成，命徙居之，以便諮問。五月，召見於長松島。秋七月，復召見，師剖析天人之理，進《瑶臺第一層》曲，又應制五篇。明日，賜上林桃。師不食茶果十餘年，至是一啖之，重上賜也。八月，得旨還終南，賜錢十萬，辭不受。冬，盤桓山陽，創蘇門之資福，修武之清真，孟州之嶽雲，又增置洛陽雲溪之地。二十九年春二月，西還祖庭，大建琳宇。明昌二年，東歸棲霞，即祖宅創太虛觀。二年冬，主醮於芝陽，五年秋，醮於福山，俱有聖降天光之端。泰和七年，元妃施道經一藏，驛送太虛。貞祐間，師居登州。時宣宗幸汴，强梗蜂聚，互相魚肉，師爲撫諭，民乃得安。有司以聞，朝廷賜自然應化弘教大師號，仍命東平監軍王庭玉護師歸汴京。師曰：「天道運行，無敢違也。」不起。未幾齊魯陷宋。己卯，師居萊州昊天觀。一日静中作而言曰：「西北天命所與，他日必當一往，生靈庶可相授。」秋八月，宋主遣使來召，亦不起。州牧勸行，師曰：「吾之出處，非若輩可知，至時恐不能留爾。」

是歲五月，聖元太祖聖武皇帝自奈蠻國遣近侍劉仲禄賚詔請師。八月，仲禄抵燕，聞師在萊州，適益都安撫司遣行人吴燕等計事中山，就爲前導。十二月，達東萊，傳所以宣召之旨，師慨然而起。庚辰正月十八日，選門弟子一十八人從行。二月入燕，行省石抹公館於玉虛觀。仲禄先遣曷剌馳奏，師亦奉表以聞。

四月作醮於太極宮，登寶玄堂傳戒，有鶴自西北來。焚簡之際，一鶴飛空，五鶴翔舞其上。明日北行，道出居庸關，遇群盜，皆羅拜於前曰：「無驚父師。」五月至德興龍陽觀，中元日醮，午後傳戒，衆露坐暑甚。須臾雲覆其上，狀若圓蓋，事畢方散。觀中井水僅給百人，是時汲之不竭。八月，太傅移剌公請居宣德之朝元觀。十月曷剌進表回，有詔促行，又敕仲祿無使真人饑且勞，可扶持緩來，其禮敬如此。

辛巳二月八日，道俗餞於西郊，至有擁馬首而泣血者曰：「師去萬里外，何時復獲瞻拜？」師曰：「三載歸矣。」五月朔，抵陸局河。七月至阿不罕山，鎮海來迎，言前有大山廣澤，不可以車。師留弟子宋道安等九人立栖霞觀，率趙九古輩九人輕騎而往。中秋日抵金山，至白骨甸。昔云此地天氣陰黯，魑魅爲祟，過者必以血涂馬首厭之。師笑曰：「道人何憂此？」過之卒無所見。抵陰山，王官、士庶、道釋數百來迓。十一月，至邪迷思干大城之北，太師移剌公及蒙古帥首載酒以迎，冬居筭端氏之新宮。壬午三月上旬，阿里鮮至自行在，傳旨宣諭仲祿，鎮海，仍敕萬户播魯赤以甲士千人衛師過鐵門。四月五日達於行宮，舍館定，入見。上賜坐勞之曰：「他國徵聘皆不應，今遠逾萬里而來，朕甚嘉焉。」對曰：「山野詔而起者，天也。」略語，上重其誠實，設二帳於御幄之右，以師居之。擇以十四日問道，將及期，有報山賊之叛，上乃親征，不果，改卜十月吉。七月初，師遣阿里鮮奉表諫上止殺、赦叛，上悦。八月七日使回，傳旨請師西行。二十二日見上於太師城南，承旨令師扈帳殿以行。

十月望日，上齋莊設庭燎，虛前席，以太師阿海洎阿里鮮譯語，請問長生之道。師曰：「大道生天育地，日月星辰，鬼神人物，皆從道生。人止知天之大，不知道之大也。山野生平棄親出家，惟學此耳。道生天地，輕清者爲天，天陽也，屬火；重濁者爲地，地陰也，屬水。天地既辟，人稟元氣而生，負陰而抱陽。陽男也，屬火；女陰也，屬水。惟陰能消陽，水能克火，故養生者首戒乎色。夫經營衣食則勞乎思慮，雖散乎氣，而散之少；貪婪色欲則耗乎精神，亦散其氣，而散之多。夫學道之人，澄心遣欲，固精守神，唯煉乎陽。是致陰消而陽全，則升乎天而爲仙，如火之炎上也。凡俗之人，以酒爲漿，以妄爲常，恣情遂欲，損精耗神，是致陽衰而陰盛，則沉於地而爲鬼，如水之流下也。夫神爲氣子，氣爲神母，氣經目爲泪，經鼻爲𪖙，經舌爲津，經外爲汗，經内爲血，經骨爲髓，經腎爲精。氣全則生，氣散則死，氣盛則壯，氣衰則老。常使氣不散，則如子之有母，氣散則如子之散父母，何恃何怙。夫修真者，如轉石上山，愈高而愈難，跬步顛沛，前功俱廢。以其難爲，故舉世莫之爲也。背道逐欲者，如輥石下山，愈卑而愈易，斯須隕墜，一去無回。以其易爲，故舉世從之。山野前所謂修煉之道，皆常人之事。若夫天子之説，又異於是。陛下本天人耳，皇天眷命，假手我家，除殘去暴，爲元元父母，恭行天伐。如代大匠斲，克艱克難，功成限畢，復升天位。在世之日，切宜減聲色嗜慾，自然聖體安康，睿筭遐遠耳。夫古人以繼嗣而娶，先聖孔子、孟子亦各有子。孔子四十而不惑，孟子四十不動心，人生四十已上，氣血漸衰，故戒之在色也。陛下春秋已及上壽，聖子神孫，枝蔓多廣，但能節欲保身，則幾於道矣。昔黄帝嘗問道於廣成，廣成告以無勞汝形，無摇汝精，無使汝思慮營營。此言是也。」

上又問：「有進長生藥者，服之何如？」師曰：「藥爲草，精爲髓。去髓添草，譬如囊中貯金，旋去金而添鐵，久之金盡，囊之雖滿，但遺鐵耳。服藥之理，何異乎是。昔金世宗皇帝即位之後，色欲過節，不勝衰憊。每朝會，令二人掖之而行。亦嘗請余問養生之道，余如前説，自後身體康强。陛下試一月静寢，必覺精神清爽，筋骨强健。天子雖富有四海，飲食起居，珍玩貨財，亦當依分，不宜過差。海外之國不啻億兆，奇珍異寶，比比出之，皆不及中國天垂經教，世出異人，治國治身之道，爲之大備。山東河北，天下美地，多出良禾美蔬，魚鹽絲枲，以給四方之用。自古得之者爲大，所以歷代有國者惟重此地耳。今盡爲陛下所有，奈何兵火相繼，流散未集。宜選清幹官爲之撫治，量免三年賦役，使軍國足金帛之用，黔黎復蘇息之安。一舉而兩得，斯乃開創之良策也。苟授非其才，不徒無益，反以爲害。其修身養命之道，治國保民之理，山野略陳梗概，用之舍之，在宸衷之斷耳。」上嘉納其言，自是不時召見，與之論話。

一日，上問曰：「師每言勸朕止殺，何也？」師曰：「天道好生而惡殺。止殺保民，乃合天心。順天者，天必眷祐，降福我家。況民無常懷，惟德是懷。民無常歸，惟仁是歸。若爲子孫計者，無如布德推恩，依仁由義，自然六合之大業可成，億兆之洪基可保。」上悦，又問以雷震事。師曰：「山野聞國俗夏不浴于河，不浣衣，不曒氊，野有菌，禁其採，畏天威也。然非奉天之至道。嘗聞三千之罪，莫大於不孝。今聞國俗於父母未知孝道，上乘威德，可戒其衆。」上悦曰：「神仙前後之語，悉合朕心。」命左右書之策，曰：「朕將親覽，終當行之。」遂召太子、諸王、大臣，諭以師言曰：「天俾神仙爲朕説此，汝輩各當銘諸心。」神仙之稱，肇於此矣。

癸未二月七日，因入見而辭。上曰：「少俟數日，從前道話有所未解者，朕

悟即行。」三月七日，又入辭，制可。而所賜金幣、牛馬，備極非腆，皆辭之。授鐲免道門賦役之旨，以寵其歸。仍命阿里鮮輩護送，別者泣下。至阿不罕山，憩栖霞觀，門人宋道安等與玉華會衆設齋數日乃行。五月中，師不食，但飲湯而已。衆問之曰：「師奚疾？」師曰：「予疾非爾輩可知，聖賢琢磨耳。」是夕，清和尹公夢人告曰：「師疾公輩勿憂，至漢地當自平復。」六月晦抵豐州，宣差俞公請止其家，奉以湯餅，輒飽食，自是飲食如故。衆相謂曰：「尹公之夢驗矣。」八月至宣德，居朝元觀。河朔州府王官將帥，以書來請者若輻湊。師答云：「王室未寧，道門先暢，開度有緣，恢洪無量。群方帥首，志心歸向，恨不化身，分酬衆望。」甲申二月，燕京行省石抹公、便宜劉公各遣使懇請住太極宮，師允其請。是月，曷剌至自行在，傳旨云：「神仙至漢地，凡朕所有之地，其欲居者居之。」衆官咸曰：「師已許太極矣，請無他議。」

三月，仙仗入燕。厥後道侶雲集，玄教日興，乃建八會：曰平等，曰長春，曰靈寶，曰長生，曰明真，曰平安，曰消灾，曰萬蓮。會各有百人，以良日設齋供奉上真。延祥觀枯槐一株，師以杖繞而擊之云：「此槐生矣。」迄今□□。秋九月，宣撫王檝善於天文，以熒惑犯尾宿，主燕境灾，請師作醮禳之。問其所費，師曰：「一物失所，猶懷不忍，況闔境乎！比年民苦徵役，公私交困，我當以常住物備之。令京官齋戒以待行禮足矣！」醮竟，檝等謝曰：「熒惑已退數舍，無復憂矣。師德之感，何其速哉！」師曰：「予何德，汝輩誠也。」丙戌夏五月，京師大旱，行省請師作醮，雨乃足，僉曰神仙雨也。名公碩儒，皆以詩賀。丁亥夏復旱，有司禱無少應，奉道會衆請師作醮，師曰：「我方留意醮事，公等亦有是請，所謂好事不謀而同。」仍云五月一日爲祈雨醮，三日作謝雨醮，約中得者是名瑞應雨，過所約非醮家雨也。或曰：「天意匪易度，萬一失期，能無招衆口之訾耶？」師曰：「非爾所知。」後皆如師言。是月，門人王志明至自秦州行宮，奉旨改太極宮爲長春宮，及賜以虎符，凡道家事一聽神仙處置。

六月中，雷雨大作，人報云太液池南岸崩裂，水入東湖，聲聞數十里，黿鼉魚鱉盡去，池遂枯涸，北口山亦摧。師初無言，良久笑曰：「山摧池枯，吾將與之俱乎！」七月四日，師謂門人曰：「昔丹陽嘗授記於予：『吾殁之後，教門大興，四方往往化爲道鄉道院，皆敕賜名額，又當住持大宮觀，仍有使者佩符乘驛干教門事，此乃功成名遂歸休之時也。』丹陽之言，一一皆驗，吾歸無遺恨矣！」九日，登寶玄堂，留頌而逝，享春秋八十。有《磻溪》、《鳴道》一集行於世。清和嗣教，建議於白雲觀構處順堂，會集諸方師德，以戊子七月九日大葬，設像以奉香火。至元六年正月奉明旨，褒贈長春演道主教真人。十八年二月既望，門下法孫天樂子李道謙齋沐謹編並題額。

姚燧《牧庵集》卷一一《長春宮碑》 元貞之始年秋九月七日，皇帝御香殿守司徒臣鄂爾根薩里、集賢大學士臣布呼齊奏：輔元履道元逸真人臣張志僊言，臣之曾師長春子邱處機爲全真，學於寧海之崑崙山。太祖聖武皇帝當劗金之十年，方事西域，聞其有道，自奈蠻俾近臣劉仲禄持詔求之。又急其見，而遲其來，繼伻以迓之，抽兵以衛之，與語雪山之陽。帝之所問，師之所對，如敬天愛民以治國，慈儉清静以脩身，帝大然之，曰：「天遣僊翁以寤朕。」命左史書其言。又以訓諸皇子者。世祖聖德神功文武皇帝以敕臣徐世隆，載諸靈應之碑。惟是太祖格天之年丁亥夏五，詔因其號，易所居太極爲大長春宮，猶未有碑。至是六十九年，人已無知受名所自，不及今焉陛下昭代曉之詞臣，俾刻金石，則益不白于將來也。敢昧死請。制曰：可。十月十日事下翰林，臣燧實以其日直筆，故得競惕以奉明詔。

臣聞老子曰：「取天下者，常以無事。」用是究觀歷古受命之君，規規務取止乎禹迹之舊，其所後服，固非兵不能讐，故萃衆智驅羣雄，謀而鬬之，櫛沐風雨，露處暴衣，審彼已效成敗，或累歲踰紀，耘鋤未平，可謂紛紛，事至殷也。矧我太祖天戈所直，無敢傃刃，視徹四海之土疆，墟萬國之社祧，與臣妾億兆蒼蒼以生之黔首，不啻疾風之振林槁，非囿夫祝枲蒙汜，燭龍不照，而馬足所及，其勢猶不是止焉，庸以較夫聲教不出禹迹者，僅如耳之在面，有不能居其十一，可曰自有生民以來所無。惟所有遠，故後服益多，惟爲猷大，故久焉而成功，其事之殷有百十于古先者。于是之時，乃遑旁求方外之士，從容暇豫，猶功成治定，束干戈無所于試之世，不知垂統之艱苦，不待長春之告顧，于老子取天下者，常以無事之言，已陰契其説，而冥會其機。嗚呼，聖哉！然考仲禄之行，其年己卯，長春承命，絶宋、金使幣，從其徒十八人者以行。明年馳表謝之，猶宿留山北。辛巳，會趣使再至，始發軔撫州，經數十國，爲地萬有餘里，蹀血于戰場，避寇乎叛城，絶糧于荞闐之沙漠，自崑崙四年而至雪山。馬上舉策試之，未及積雪之半，觸寒慄，裹皸瘃，寧其身之不恤，以憂軫斯世，計是勞績，有不在開國諸勳之下。故帝錫之虎符，副以璽書，不斥其名，惟曰「神仙」。凡爲是學，復其田租，蠲其征商。

癸未，至燕，年七十六矣。而河之北南已殘，而首鼠未平，鼎魚方急，乃大辟

元門，遣人招求俘殺于戰伐之際，或一戴黃冠而持其署牒，奴者必民，死賴以生者，無慮二三鉅萬人。其推厚德，植深仁，致吾君于羲軒者，歷古外臣，當受命之初，能爲是乎！匹夫一言，鄉人信之，赴訟其門，聽直其家，爲有司者，猶罪以豪傑，以武自斷，而渙其羣。以二三鉅萬之人散處九州，統馭其手，帝不疑之，斯必有以，豈屈子所謂名不可以虛作者耶？有遇其時，未必見隆于後。世祖嘗語其嗣道者曰：「乃邱祖仙翁，朕及識之。」加贈長春演道主教真人。二祖之見而知者然已，陛下以聞而知，顧爲碑以表所由，則長春之名藉三聖以久垂者，毋惑也。

臣又思之，宮之與碑，宜一其時。太、定、憲三宗日不暇給，嗣教真人尹志平、李志常不請則宜，以世祖之聖，在位之久，其培樹擁衛斯學之力，而張志敬、王志坦、祁志誠不一言焉，及仙今請而輒報可，豈天固存列聖未究，以待陛下爲終之耶。矧即位踰月，爲壇壽寧宮，凡日月列星、風雨雷電、百神之親上，山川社稷、林藪走飛諸祇之親下，莫不奏假赤章，以禋致之。十一月與改元端月纔九閱月，實三爲壇。其後壇之延春閣，天步一再親以戾止，其爲國與民介祉導和，受釐請命者，文亦極矣。又虞自經厄以還，禁爲醮祠，今雖開之京師，而外未白也。乃下詔萬方，其旨若曰：先皇帝令江之北南，道流儒宿衆擇之，凡金籙科範不涉釋言者，在所聽爲。若然，先皇之開醮祠者，有成命也，爲犯法臣所不愛，竟梱而止。自今其惟以先皇成命從事。是世祖獨未究者，陛下又終之也。嗚呼，事之開也有門，而來也有塗，其就也有時，而成也有候。方是詔下，四海之人感激奮言，始吾以爲經厄之餘，邱氏之學熄矣，陛下噓而然之，俾屯者以亨，塞者以通，梗其道者除之，取其業者還之，叢是數美于仙之身，又冠之以寶冠，薦之以玉珪，被之以錦衣，皆前嗣教者所無。嗚呼，仙之求以報盛德，圖以酬至恩，其子若孫與雲礽其來無極者，爲陛下祈永永萬年，當如何也？臣燧敢拜手稽首而詩之。

雜録

備録

段志堅《清和真人北遊語録》卷一

觀諸師真得道，等級不同，皆由所積功行有淺深。丹陽師父纔二年半得道，長真五年，長生七年。長春師父在磻溪龍門近二十年，志氣通徹天地，動達聖賢，以道見許，後則消息杳然。師父下志益堅，纔得之，未久復奪去，只緣功行未全也。師真且如此，況餘人乎？【略】丹陽師父以無爲主教，長生真人無爲有爲相半，至長春師父，有爲十之九，無爲雖有其一，猶存而勿用焉。道同時異也。

陶宗儀《南村輟耕録》卷一〇《丘真人》

大宗師長春真人姓丘氏，名處機，字通密，號長春子，登州棲霞縣濱都里人也。祖父業農，世稱善門，金皇統戊辰正月十九日生。生而聰敏，有日者相之曰：「此子當爲神仙宗伯。」大定丙戌，年十九，辭親居崑崙山，依道者修真。丁亥，謁重陽全真開化王真君嘉於海寧，請爲弟子。戊申，召見闕下，隨還終南山。貞祐乙亥，太祖平燕城，金主奔汴。丙子，復召，不起。己卯，居萊州，時齊魯入宋，宋遣使來召，亦不起。

是年五月，太祖自乃蠻國遣近侍劉仲禄，持手詔致聘。十二月，至隱所。詔文云：「制曰：天厭中原，驕華太極之性；朕居北野，嗜慾莫生之情。反朴還淳，去奢從儉，每一衣一食，與牛豎馬圉，共弊同饗。視民如赤子，養士若兄弟。謀素和，恩素畜。練萬衆以身人之先，臨百陣無念我之後。七載之中成大業，六合之內爲一統。非朕之行有德，蓋金之政無恒。是以受天之祐，獲承至尊。南連趙宋，北接回紇，東夏西夷，悉稱臣佐。念我單于國千載百世以來未之有也。然而任太守，重治平，猶懼有闕。且夫刳舟剡楫將欲濟江河也，聘賢選佐將以安天下也。朕踐祚已來，勤心庶政，而三九之位，未見其人。訪聞丘師先生，體真履規，博物洽聞，探賾窮理，道沖德著。懷古君子之肅風，抱真上人之雅操。久棲岩谷，藏身隱形，闡祖宗之遺化，坐致有道之士，雲集仙逕，莫可稱數。自干戈而後，伏知先生猶隱山東舊境，朕心仰懷無已。豈不聞渭水同車，茅廬三顧之事，奈何山川懸闊，有失躬迎之禮。朕但避位側身，齋戒沐浴，選差近侍官劉仲禄，備輕騎素車，不遠千里，謹邀先生暫屈仙步，不以沙漠悠遠爲念，或以憂民當世之務，或以恤朕保身之術，朕親侍仙座，欽惟先生將咳唾之餘，但授一言斯可矣。今者聊發朕之微意萬一，明於詔章。誠望先生既著大道之端要，善無不應，亦豈違衆生之願哉。故兹詔示，惟宜知悉。五月初一日筆。」

庚辰正月，北行。二月，至燕，欲俟駕回朝謁，仲禄令從官曷刺馳奏，真人進表陳情。表曰：「登州棲霞縣志道丘處機，近奉宣旨，遠召不才。海上居民，心皆恍惚。處機自念，謀生太拙，學道無成，辛苦萬端，老而不死。名雖播於諸國，

道不加於衆人。內顧自傷，衷情誰測。前者南京及宋國屢召不從，今者龍庭一呼即至，何也。伏聞皇帝天賜勇智，今古絶倫，道協威靈，華夷率服。是故便欲投山竄海，不忍相違，且當冒雪衝霜，圖其一見。兼聞車駕只在桓撫之北，及到燕京，聽得車駕遥遠，不知其幾千里，風塵澒洞，天氣蒼黄，老弱不堪，切恐中途不能到得。假之皇帝所，則軍國之事，非己所能，道德之心，令人戒欲，悉爲難事。遂與宣差劉仲禄商議，不若且在燕京德興府等處盤桓住坐，先令人前去奏知。其劉仲禄不從，故不免自納奏帖。念處機肯來歸命，遠冒風霜，伏望皇帝早下寬大之詔，詳其可否。兼同時四人出家，三人得道，惟處機虚得其名，顔色顑頷，形容枯槁，伏望聖裁。龍兒年三月日奏。」

十月，曷剌回，復奉敕旨曰：「成吉思皇帝敕真人丘師，省所奏應召而來者，具悉。惟師道踰三子，德重多方。命臣奉厥玄纁，馳傳訪諸滄海。時與願適，天不人違，兩朝屢召而弗行，單使一邀而肯起。謂朕天啓，所以身歸，不辭暴露於風霜，自願跋涉於沙磧。書章來上，喜慰何言。軍國之事，非朕所期，道德之心，誠云可尚。朕以彼酋不遜，我伐用張，軍旅試臨，邊陲底定。來從去背，實力率之故，然久逸暫勞，冀心服而後已。於是載揚威德，略駐車徒。重念雲軒既發於蓬萊，鶴馭可遊於天竺。達磨東邁，元印法以傳心；老氏西行，或化胡而成道。顧川途之雖闊，瞻几杖以非遥。爰答來章，可明朕意。秋暑，師比平安好，旨不多及。十四日。」辛巳十一月，至邪迷思干城。壬午三月，過鐵門關。四月，達行在所。時上在雪山之陽，舍館定，入見。上勞曰：「它國徵聘皆不應，今遠踰萬里而來，朕甚嘉焉。」賜坐，就食，設二帳於御幄之東以居之，約日問道。以回紇叛，親征，不果。至九月，設庭燎，虚前席，延問至道。真人大略答以節慾保躬，天道好生惡殺，治尚無爲清淨之理。上説，命左史書諸策。癸未，乞東還。賜號神仙，爵大宗師，掌管天下道教。

甲申三月，至燕。八月，奉旨居太極宫。丁亥五月，特改太極爲長春。七月九日留頌而逝，年八十。至元己巳正月，詔贈五祖七真徽號，而曰長春演道主教真人。已上見《蟠溪集》、《鳴道集》、《西遊記》、《風雲慶會録》、《七真年譜》等書。初真人自行在歸，道由宣德日，一富家新居落成，禮致下顧，將冀一言以爲福。既入其室，默然無語，輒以所持鐵拄杖於窗房墻壁上，頗毁數處而出。主人再拜希解悟。曰：「爾屋完矣美矣，完而必毁，理勢然也。吾不爾毁，爾將無以圖厥終。今毁矣，爾宜思其毁而欲完，克保全之，則爾與爾子子孫孫，庶幾歌斯哭斯，永終弗替。」主人説服。吁，真人真知道哉！

陶宗儀《書史會要》卷七　真人丘處機，字通密，號長春，登州棲霞縣人，詔贈長春演道主教真人。行草宗黄山谷。

備論

李道謙《甘水仙源録》卷二陳時可《長春真人本行碑》　全真一派，道爲之源。鼻祖其誰，聖哉玄元。誰其導之，重陽伊始。誰其大之，子長春子。子居磻溪，一簑六年。簞瓢無有，人皆曰賢。廬于龍門，亦復如是。羽客來歸，如濁于水。子誠真仙，道林之天。退然其中，飛吞大千。世宗問道，再見松島。俄聽還山，烟蘿甘老。章廟之世，作宫海濱。帝妃遺經，寶藏一新。干戈既舉，一炬焦土。子率其徒，往來雲嶼。龍興北庭，召以使星。逮乎東歸，道乃益弘。方其生也，世繪其像。忽焉没兮，高堂厚葬。有子克嗣，尹公其人。福德兩全，偉哉長春。

姬志真《雲山集》卷七《長春真人成道碑》　長春仙公，冰雪其膺。山海之秀，人物之英。微慮必克，純粹而精。直超幻境，高居九清。降爲帝師，光耀神京。獨往獨來，即本即迹。化機萬變，吾宗惟一。長生久視，重德之積。千載逢遇，沉淪頓息。不識不知，玄恩波及。大庇吾門，昊天罔極。

姚燧《牧庵集》卷一一《長春宫碑》　於赫我祖，帝蹤其武。俾肅將之，贄平下土。既奠南邦，西陲未疆。迺鼓迺桴，龍旗載揚。何水不亂，無山不越。萬國弱草，剛風斯拔。踰十暑寒，振凱未曰。六飛之騁，確確其艱。孰灼帝心，休其益開。繼夕以朝，黄昊尚友。方詔外臣，道德資取。崑崙載峩，于于其來。及之雪山，年已徂摧。瀝厥腎腸，爲告悃悃。莫匪至言，身國之本。維帝孚之，曰天覺予。飭無怠忘，子訓史書。虎符寵綏，璽書誕告。凡爲爾學，其復無撓。又曰長春，而所宿號。即名而宫，歸主其教。假以澤物，宏帝之仁。于死于俘，必拯以全。旋還其真，子孫衆有。一絶一繼，孰世其守。有惑其道，而否臧之。人曰不然，太祖皇之。矧我世祖，封植益力。曰爾長春，朕幼及識。太祖皇之，維朕將之。曾謚四言，焕其唐之。有嚴今皇，乃聖乃哲。身先孝治，祖塗孫轍。爰詔下臣，伐石劚穹。臣拜稽首，二祖之功。豈人不忘，維帝欽崇。驅馬飛廉，屬車豐隆。或從上帝，陟降斯宫。靡祥不臻，奚祉弗届。於皇我皇，萬禩攸賴。

李志常《長春真人西遊記》孫錫序　迨甲申孟陬，師至自西域，果如其旨，識者歎異之。自是月七日，入居燕京大天長觀，從疏請也。噫，今人將事行役，出門徬徨，有離別可憐之色。師之是行也，崎嶇數萬里之遠際，版圖之所不載，雨露之所弗濡，雖其所以禮遇之者不爲不厚，然勞憊亦甚矣。所至輒徜徉容與，以樂山水之勝，賦詩談笑，視死生若寒暑，於其胸中曾不蔕芥。非有道者，能如是乎？門人李志常，從行者也，掇其所歷而爲之記。凡山川道里之險易，水土風氣之差殊，與夫衣服飲食百果草木禽蟲之別，粲然靡不畢載，目之曰游記，而徵序於僕。夫以四海之大，萬物之廣，耳目未接，雖有大智，猶不能遍知而盡識也，況四海之外者乎？所可考者，傳記而已。僕謂是集之行，不特新好事者之聞見，又以知至人之出處，無可無不可隨時之義云。戊子秋後二日，西溪居士孫錫序。

藝文

李道謙《甘水仙源録》卷二王粹子《七真讚　長春丘真人》　猗歟長者，不可復得。三朝推尊，才學功德。愍此兵戈，遠涉西北。九九乃終，世人莫測。

王旭《蘭軒集》卷九《題長春子翰墨》　好生能廣君王德，此是長春第一功。仙事有無吾不解，且看遺墨頌清風。

迺賢《金臺集》卷三《京城雜言・丘處機》　丘公神仙流，學道青海東。扣馬諫不殺，嘉辭動天容。保此一言善，元祚垂無窮。

自注：世祖納全真丘處機之一言，國家始終好生不殺。

迺賢《金臺集》卷三《長春宮・丘處機》　羸驂蹋秋日，迢遞謁琳宮。草昧艱難日，神仙第一功。

宋濂《宋文憲公全集》卷三九《跋長春子手帖》　右長春真人邱公與其弟子宋道安手帖。首言吾宗承傳，次第非一朝夕者。蓋自東華少陽君得老聃之道，以授漢鍾離權，權授唐進士呂巖，遼進士劉操。操授宋之張伯端，伯端授石泰，泰授薛道光，道光授陳抻，抻授白玉蟾，玉蟾授彭相，此則世所號南宗者也。巖授金之王嘉，嘉授七弟子，其一即公。餘曰譚處端，曰劉處元，曰王處一，曰郝大通，曰馬鈺，及鈺妻孫不二，此則世所號北宗者也。又言全真之名自知明君始者，知明，嘉之字也。咸陽大魏村人，凡三易名字，初爲中孚允卿，再爲世雄德威，合今爲三也。大定丁亥閏七月十八日，知明抵寧海州，鈺之夫婦首師事之，遂築室於其南園，題曰全真菴，四方學者咸集。自是凡宗其道者，皆號全真道士云。又言，已至大雪山之陽，棲霞之事如何者。棲霞，觀名也。公以興定己卯受詔，見我元太祖皇帝於祭鑾國，弟子十八大師皆從。庚辰二月入燕城，辛巳三月踰嶺而北，七月至阿不罕山，留道安等九人立棲霞觀。壬午四月，見止大雪山之陽。癸未五月，辭歸。帖言已至雪山，則决在壬午歲夏秋所遺也。公雖寄迹老子法中，而心實欲匡濟斯民。天道好生惡殺之言，未嘗去口。是以上簡帝知，寵賚優渥，金虎玉符，照耀林谷，亦可謂極外臣之榮矣。觀是帖者，尚當如天書雲篆，改瞻易視，毋徒弊弊焉寘議於筆墨之間可也。公名處機，字通密，世居登州。初隱崑崙山煙霞洞，後主京師長春宮，嘗自號曰長春子云。

鎮海部

綜述

《元史》卷一二〇《鎮海傳》　鎮海，怯烈台氏。初以軍伍長從太祖同飲班朱尼河水。與諸王百官大會兀難河，上太祖尊號曰成吉思皇帝。歲庚午，從太祖征乃蠻有功，賜良馬一。壬申，從攻曲出諸國，賜珍珠旗，佩金虎符，爲闍里必。從攻塔塔兒、欽察、唐兀、只温、契丹、女直、河西諸國，所俘生口萬計，悉以上獻，賜御用服器白金等物。命屯田於阿魯歡，立鎮海城戍守之。

壬申，從太祖謀定漢地，師次隆興，與金將忽察虎戰，矢中臆間，裹瘡而出者復數四，軍聲爲之大振。既破燕，太祖命於城中環射四箭，凡箭所至園池邸舍之處，悉以賜之。尋拜中書右丞相。

己丑，太宗即位，扈從至西京，攻河中、河南、(均)〔鈞〕州。癸巳，攻蔡州。以功賜恩州一千户。先是，收天下童男童女及工匠，置局弘州。既而得西域織金綺紋工三百餘户，及汴京織毛褐工三百户，皆分隸弘州，命鎮海世掌焉。定宗即位，以鎮海爲先朝舊臣，仍拜中書右丞相。薨，年八十四。

子十人，勃古思繼食其封邑。從世祖征花馬大理，率兵千人，結浮橋于金沙江以濟師。中統初，論功授益(州)〔都〕等路宣撫使，賜金虎符、玉帶。三年，改東平路副達魯花赤，討平叛寇。尋遷濟南等路宣慰。至元二年，遷南京路達魯花赤。四年，討平蘄縣叛民。以病乞謝事，特授保定路達魯花赤，賜錢一萬貫，歸老于家，卒有八十一。

許有壬《圭塘小藁》卷一〇《元故右丞相怯烈公神道碑銘并序》　天厭宋金之不能君其民也，篤生大有爲之君以君之。我太祖聖武皇帝，順天應人，龍飛朔方，豪傑雲從。四傑而下，儔功輩出，若丞相鎮海，蓋較著者也。五世孫僉河北、河南道肅政廉訪司事赫斯，狀其故，請曰：「丞相奮庸入造，名具秘史，世莫得聞。子孫席世少文，封謚稽諸麗牲，有石而無銘。封謚在官，銘不在子孫乎。敢再拜請。」愚昔長史館，與修功臣傳，家報疏列，至有炳炳在人，子孫不能具一言一事者，竊嘗譙其後而悲其先也。僉憲殖華學，顯出群從，思弘世德，嘉其能後，故不讓而筆之。

丞相名鎮海，即稱海，系出怯烈氏。或曰本田姓，至朔方始氏怯烈，曰實怯烈族，時同名者三，因主屯田，故加田別之。有勇畧，善騎射，從征屢有功。歲丙寅，長百夫，從宗王百官於班竹兀那黑河同盟功，上太祖成吉思皇帝尊號。倚注日密，晝不釋鞍，夜不解帶，爲札魯花赤。征太陽國，賜御馬一。破曲出國、汪國、魯國，賜珠旗、金虎符、銀印，爲闍里必，總屬官金符十人，銀符五十人。征塔塔兒、欽察、唐兀、只温、回回、契丹、女真，皆有功。承命闢兀里羊歡地爲屯田，且城之，因公名名其地，曰鎮海，又曰稱海，俾公守焉。局所俘萬口居作，後以其半不能寒者移弘州，孫塔哈察襲監。弘州及其局風宜春秫，屑供天庖，若諸樹藝，爲設提舉以司之，亦以公子孫世其職。

時諸蕃畧定，遂南牧至撫州，與金將忽察忽思戰，流矢中右脅。紿其衆，謂不傷，裹瘡復戰，竟拔其城。賜白金，俾爲後證。既拔燕都，命公登大悲閣，環射四矢，所至市舍，悉以賜之。尋受顧命，奉太宗登極。收天下符節，獨公聽留，復以貴戚金符官隸麾下。拜中書丞相，偕塔察兒、雪別歹取汴京、河南、河中、裕、均、蔡，得九龍旗、乘輿、椅蓋，悉以賜公。中原既定，錫恩州三百户爲實封，世食其賦，爲置官守。始立中書省，尚左，公爲左丞相。繼尚右，改右相。歲乙未八月二十一日，薨於家。上惜悼不已，賜金幣治喪，命百官致祭，葬弘州北阜，立祠其上。憲宗嘗拊髀嘆曰：「使吾得鎮海，江淮何憂？惜其亡矣。」

魏源《元史新編》卷二三《鎮海傳》　鎮海者，怯烈台氏。初以軍伍長從太祖同飲班朱尼河水，賜珍珠旗，佩金虎符，爲闍里必。從征塔塔爾、欽察、西夏、西契丹、女真、河西諸國，所俘生口萬計。命屯田於阿魯歡，立鎮海城，戍守之。

壬申，從太祖略定漠南地，師次隆興，與金將忽察虎戰，矢中臆間，裹瘡復出戰者數四，軍聲爲大振。既破燕，太祖命於城中環射四矢，凡矢所至，園池邸舍悉以賜之。尋拜中書右丞相。

己丑，太宗即位，扈從至西京，攻河中、河南、鈞州。癸巳，攻蔡州。以功賜恩州千户。先是，收天下童男童女及工匠，置局弘州。既而得西域織金綺紋工三百餘户，及汴京織毛褐工三百户，皆分隸弘州，命鎮海世掌焉。

定宗即位，以鎮海爲先朝舊臣，仍拜中書右丞相。卒，年八十四。子十人，

勃古思從世祖征花馬、大理有功，累官終保定路達魯花赤。

曾廉《元書》卷三三《鎮海傳》 鎮海，亦曰稱海，怯烈台部族，或曰本田姓，至朔方始氏怯烈也。始爲軍伍長，太祖與克烈王汗搆兵，一夕人心洶懼，衆軍大潰。太祖遽引去，從行者僅十九人，太祖與飲班朱尼河水，鎮海與焉。班朱尼河，亦曰黑河，曰班朮朱河，曰辯屯河，曰班真河，曰巴勒渚海子，飲者示同甘苦，識不忘也。

太祖元年，諸王百官大會斡難河，上太祖尊號，鎮海與署名。其歲復從太祖征乃蠻，禽卜魯欲汗，得賜良馬。三年，從討屈出律於也兒的石河，擊走之，復賜珍珠旗，佩金虎符，爲必闍赤。六年，從太祖伐金，師次撫州，與金師遇，矢著臆間，裹瘡而戰，軍聲大振。既破燕，太祖命於城中環射四箭，箭所至，園亭、邸第，悉以賜之。復從討契丹遺族、西域、河西諸國，所俘生口萬計，悉以上之，賜御用服器、白金等物，令屯田於阿魯歡。阿魯歡者，斡兒寒河也。河上立城鎮守之，因名其城曰鎮海，以旌功焉。或曰稱海，亦名鎮海，爲稱海云。

太宗即位，扈從至西京，尋立中書省，以鎮海爲右丞相，與攻河中、鈞州、汴、蔡，並論前功，賜恩州一千户爲食邑。數年，罷右丞相。先是，收天下童男女及工匠置局宏州，既而得西域織金綺文工三百餘户，及汴京織毛褐工三百户，皆分隸宏州，命鎮海世掌焉。定宗即位，以先朝舊臣，仍拜右丞相。薨年八十四。

藝文

許有壬《圭塘小藁》卷一〇《元故右丞相怯烈公神道碑銘並序**》** 雲雷經綸，屯將作解。元氣鼓動，大塊斯噫。豐隆屏翳，相爲後先。亭之毒之，以基我元。於赫代工，開天伊始。同盟黑河，有如白水。轍環扈征，何堅不摧。戰功曰多，我實有之。珠旗揚揚，金符煌煌。從官如雲，君賜以彰。天荒既菑，有城翼翼。樹藝告成，百工以集。郢律回春，奏食靡艱。俾爾子姓，世尸厥官。族鋒雖利，吾忘吾脅。恬然不傷，嬰鋒蹀血。拔燕論功，旌以殊禮。四矢所至，悉公之邸。帝曰汝賢，其長中書。汴蔡底平，金社遂墟。眎功頒賞，賜户三百。世掌食來，有官永頟。不懲首離，優游者終。九重震悼，賻賵祭豐。弘惟桐鄉，庸昭崇報。有穹其封，有侐其廟。秘史紀名，永終不墜。顧是刻文，益示揚厲。

木華黎部

綜述

《元史》卷一一九《木華黎傳》 木華黎，札剌兒氏，世居阿難水東。父孔溫窟哇，以戚里故在太祖麾下，從平篾里吉，征乃蠻部，數立功。後乃蠻又叛，太祖與六騎走，中道乏食，擒水際橐駝殺之，燔以啖太祖。追騎垂及，而太祖馬斃，五騎相顧駭愕，孔溫窟哇以所乘馬濟太祖，身當追騎，死之，太祖獲免。

有子五人，木華黎其第三子也。生時有白氣出帳中，神巫異之，曰：「此非常兒也。」及長，沉毅多智略，猿臂善射，挽弓二石强。與博爾朮、博爾忽、赤老溫事太祖，俱以忠勇稱，號掇里班曲律，猶華言四傑也。

太祖軍嘗失利，會大雪，失牙帳所在，夜臥草澤中。木華黎與博爾朮張裘氈，立雪中，障蔽太祖，達旦竟不移足。一日，太祖從三十餘騎行谿谷間，顧謂曰：「此中或遇寇，當奈何？」對曰：「請以身當之。」既而，寇果自林間突出，矢下如雨，木華黎引弓射之，三發中三人。其酋呼曰：「爾爲誰？」曰：「木華黎也。」徐解馬鞍持之，捍衛太祖以出，寇遂引去。

克烈王可汗與乃蠻部讎戰，求援於太祖。太祖遣木華黎及博爾朮等救之，盡殺乃蠻之衆于按臺之下，獲甲仗、馬牛而還。既而，王可汗謀襲太祖，其下拔台知之，密告太祖。太祖遣木華黎選精騎夜斫其營，王可汗走死，諸部大人聞風款附。

歲丙寅，太祖即皇帝位，首命木華黎、博爾朮爲左右萬户。從容謂曰：「國内平定，汝等之力居多。我與汝猶車之有轅，身之有臂也。汝等切宜體此，勿替初心。」

金之降者，皆言其主璟殺戮宗親，荒淫日恣。帝曰：「朕出師有名矣。」辛未，從伐金，薄宣德，遂克德興。壬申，攻雲中、九原諸郡，拔之，進圍撫州。金兵號四十萬，陣野狐嶺北。木華黎曰：「彼衆我寡，弗致死力戰，未易破也。」率敢死士，策馬橫戈，大呼陷陣，帝麾諸軍並進，大敗金兵，追至澮河，殭尸百里。癸酉，攻居庸關，壁堅，不得入，遣別將闍別統兵趨紫荆口，金左監軍高琪引兵來拒，不戰而潰，遂拔涿州。因分兵攻下益都、濱、棣諸城，遂次霸州，史天倪、蕭勃迭率衆來降，並奏爲萬户。

甲戌，從圍燕，金主請和，北還。命統諸軍征遼東，次高州，盧琮、金朴以城降。乙亥，裨將蕭也先以計平定東京。進攻北京，金守將銀青率衆二十萬拒花道逆戰，敗之，斬首八萬餘級。城中食盡，契丹軍斬關來降，進軍逼之，其下殺銀青，推寅答虎爲帥，遂舉城降。木華黎怒其降緩欲坑之，蕭也先曰：「北京爲遼西重鎮，既降而坑之，後豈有降者乎？」從之。奏寅答虎留守北京，以吾也而權兵馬都元帥鎮之。遣高德玉、劉蒲速窩兒招諭興中府，同知兀里卜不從，殺蒲速窩兒，德玉走免。未幾，吏民殺兀里卜，推土豪石天應爲帥，舉城降，奏爲興中尹、兵馬都提控。

錦州張鯨聚衆十餘萬，殺節度使，稱臨海郡王，至是來降。詔木華黎以鯨總北京十提控兵，從掇忽闌南征未附州郡。木華黎密察鯨有反側意，請以蕭也先監其軍。至平州，鯨稱疾逗留，復謀遁去，監軍蕭也先執送行在，誅之。鯨弟致憤其兄被誅，據錦州叛，略平、（欒）〔灤〕、瑞、利、義、懿、廣寧等州。木華黎率蒙古不花等軍數萬討之，州郡多殺致所署長吏降。進逼紅羅山，主將杜秀降，奏爲錦州節度使。

丙子，致陷興中府。七月，進兵臨興中。先遣吾也而等攻溜石山，諭之曰：「今若急攻，賊必遣兵來援，我斷其歸路，致可擒也。」又遣蒙古不花屯永德縣東候之。致果遣鯨子東平將騎兵八千、步卒三萬，援溜石。蒙古不花引兵趨之，馳報，木華黎夜半引兵疾馳，遇于神水縣東，夾擊之。分麾下兵之半，下馬步戰。選善射者數千，令曰：「賊步兵無甲，疾射之！」乃麾騎兵齊進，大敗之，斬東平及士卒萬二千八百餘級。拔開義縣，進圍錦州。致遣張太平、高益出戰，又敗之，斬首三千餘級，溺死者不可勝數。圍守月餘，致憤將校不戮力，殺敗將二十餘人。高益懼，縛致出降，伏誅。廣寧劉琰、懿州田（禾）〔和〕尚降，木華黎曰：「此叛寇，存之無以懲後。」除工匠優伶外，悉屠之。拔蘇、復、海三州，斬完顏衆家奴。咸平宣撫蒲鮮等率衆十餘萬，遁入海島。

丁丑八月，詔封太師、國王、都行省承制行事，賜誓券、黃金印曰：「子孫傳國，世世不絶。」分弘吉剌、亦乞烈思、兀魯兀、忙兀等十軍，及吾也而契丹、蕃、漢等軍，並屬麾下。且諭曰：「太行之北，朕自經略，太行以南，卿其勉之。」賜大駕

所建九斿大旗，仍諭諸將曰：「木華黎建此旗以出號令，如朕親臨也。」乃建行省于雲、燕，以圖中原。遂自燕南攻遂城及蠡州諸城，拔之。冬，破大名府，遂東定益都、淄、登、萊、濰、密等州。戊寅，自西京由太和嶺入河東，攻太原、忻、代、澤、潞、汾、霍等州，悉降之。遂徇平陽，金守臣棄城遁，以前鋒拓拔按察兒統蒙古軍鎮之拒金兵，以義州監軍李廷植之弟守忠權河東南路帥府事。己卯，以蕭特末兒等出雲、朔，攻降岢嵐火山軍。以谷里夾打爲元帥達魯花赤，攻拔石、隰州，擊絳州，克之。

庚辰，復由燕徇趙，至滿城。武仙舉真定來降。權知河北西路兵馬事史天倪進言曰：「今中原粗定，而所過猶縱兵抄掠，非王者弔民之意也。」木華黎曰：「善。」下令禁無剽掠，所獲老稚，悉遣還田里，軍中肅然，吏民大悅。兵至滏陽，金邢州節度使武貴迎降，進攻天平寨，破之。遣蒙古不花分兵略定河北衛、懷、孟州，入濟南。嚴實籍所隸相、魏、磁、洺、恩、博、滑、濬等州户三十萬，詣軍門降。

時金兵屯黄陵岡，號二十萬，遣步兵二萬襲濟南。木華黎以輕兵五百擊走之。遂會大軍，薄黄陵岡。金兵陣河南岸，示以死戰。木華黎曰：「此不可用長兵，當以短兵取勝。」令騎下馬，引滿齊發，亦下馬督戰，果大敗之，溺死者衆。進攻楚丘。楚丘城小而固，四面皆水，令諸軍以草木填塹，直抵城下。嚴實率所部先登，拔之。攻下單州，圍東平。以實權山東西路行省，戒之曰：「東平糧盡，必棄城走，汝伺其去，即入城安輯之，勿苦郡縣，以敗事也。」留梭魯忽禿以蒙古軍三千屯守之。辛巳四月，東平糧盡，金行省忙古奔汴，梭魯忽禿邀擊之，斬七千餘級，忙古引數百騎遁去。實入城，建行省，撫其民。

先是，郡王帶孫攻洺不下，至是遣石天應拔之。五月，還軍野狐嶺。宋漣水忠義統轄石珪來降，以爲濟、兖、單三州都總管，予綉衣玉帶，勞之曰：「汝不憚跋涉數千里，慕義而來，尋當列奏，賜汝高爵，爾其勉之。」京東安撫使張琳皆來降，以琳行山東東路益都、滄、景、濱、棣等州都元帥府事。鄭遵亦以棗鄉、蓨縣降，陞爲(完)〔元〕州，以遵爲節度使，行元帥府事。

秋八月，從駐青冢，監國公主遣使來勞，大饗將士，由東勝渡河，西夏國李王請以兵五萬屬焉。冬十月，復由雲中歷太和寨，入葭州，金將王公佐遁，以石天應權行臺兵馬都元帥。進取綏德，破馬蹄寨，距延安三十里止舍。金行省完顔合達出兵三萬陣于城東，蒙古不花以騎三千覘之，馳報曰：「彼見吾兵少，有輕敵心，明日合戰，當佯敗，可以伏兵取勝也。」從之。夜半以大軍銜枚齊進，伏於城東十五里兩谷間。明日，蒙古不花進兵，望見金兵，即棄鼓旗走。金兵果追之，伏發，鼓聲震天地，萬矢齊下，金兵大敗，斬七千級，獲馬八百。合達走保延安，圍之旬日，不下，乃南徇洛川，克鄜州。

北京權帥石天應擒送金驍將張鐵槍，木華黎責其不降，厲聲答曰：「我受金朝厚恩二十餘年，今事至此，有死而已！」木華黎義之，欲解其縛，諸將怒其不屈，竟殺之。遂降坊州，大饗士卒。聞金復取隰州，以軒成爲經略使，於是復由丹州渡河圍隰，克之。留合丑統蒙古軍鎮石、隰間，以田雄權元帥府事。

壬午秋七月，令蒙古不花引兵出秦隴，以張聲勢。視山川險夷，大兵道雲中，攻下孟州四蹄寨，還其民于州。拔晉陽義和寨，進克三清巖，入霍邑山堡，遷其人於趙城縣。薄青龍堡，金平陽公胡天(祚)〔作〕拒守，裨將蒲察定住、監軍王和開壁降，遷天(祚)〔作〕于平陽。

八月，有星晝見，隱士喬静真曰：「今觀天象，未可征進。」木華黎曰：「主上命我平定中原，今河北雖平，而河南、秦、鞏未下，若因天象而不進兵，天下何時而定耶？且違君命，得爲忠乎！」

冬十月，過晉至絳，拔滎州胡瓶堡，所至望風歸附，河中久爲金有，至是復來歸。木華黎召石天應謂曰：「蒲爲河東要害，我擇守者，非君不可。」乃以天應權河東南北路陝右關西行臺，平陽李守忠、太原攸哈剌拔都、隰州田雄，並受節制。命天應造浮梁，以濟歸師，乃渡河拔同州，下蒲城，徑趨長安。金京兆行省完顔合達擁兵二十萬固守，不下。乃分麾下兀胡乃、太不花兵六千屯守之。遣按赤將兵三千斷潼關，遂西擊鳳翔，月餘不下，謂諸將曰：「吾奉命專征，不數年取遼西、遼東、山東、河北，不勞餘力；前攻天平、延安，今攻鳳翔皆不下，豈吾命將盡耶！」乃駐兵渭水南，遣蒙古不花南越牛嶺關，徇宋鳳州而還。

時中條山賊侯七等聚衆十餘萬，伺大兵既西，謀襲河中。石天應遣别將吴權府引兵五百夜出東門，伏兩谷間，戒之曰：「候賊過半，急擊之，我出其前，爾攻其後，可克也。」吴權府醉酒失期，天應戰死。城陷，賊燒燬廬舍，殺掠人民，還走中條。先鋒元帥按察兒邀擊，敗之，斬數萬級，侯七復遁去。木華黎以天應子斡可襲領其衆。

癸未春，師還，浮梁未成，顧諸將曰：「橋未畢工，安可坐待乎！」復攻下河西堡寨十餘。三月，渡河還聞喜縣，疾篤，召其弟帶孫曰：「我爲國家助成大業，

擐甲執鋭垂四十年，東征西討，無復遺恨，第恨汴京未下耳！汝其勉之。」薨，年五十四。厥後太祖親攻鳳翔，謂諸將曰：「使木華黎在，朕不親至此矣！」至治元年，詔封孔温窟哇推忠效節保大佐運功臣、太師、開府儀同三司、上柱國、魯國王，謚忠宣；木華黎體仁開國輔世佐命功臣、太師、開府儀同三司、上柱國、魯國王，謚忠武。子孛魯嗣。

黄溍《金華黄先生文集》卷二五《朝列大夫僉通政院事贈榮禄大夫河南江北等處行中書省平章政事柱國追封魯國公札剌爾公神道碑》 臣溍謹按史臣危素所述公行狀：公諱別里哥帖穆爾，系出札剌爾氏。六世祖諱孔温窟洼，事太祖皇帝，從征泰晞、蔑里期、柰蠻諸部。柰蠻已降而復畔，往討之，太祖馬憊，遂以己所乘馬奉太祖，步戰而死。贈推忠效節保大佐運功臣、太師、開府儀同三司、上柱國，追封魯國王，謚忠宣。妣闊夔，追封魯國王夫人。五世祖諱木華黎，從太祖皇帝滅克烈王可罕。太祖既踐天位，以爲左萬户，從破金入燕，專征遼東西諸郡。詔授太師、國王、都行省承制行事，建牙于燕，以經畧中原，趙、魏、齊、魯、晉、秦之地悉平。贈體仁開國輔世佐命功臣、太師、開府儀同三司、上柱國，追封魯國王，謚忠武。妣普合倫，追封魯國王夫人。

蘇天爵《元朝名臣事略》卷一《太師魯國忠武王》 王名木華黎，札剌兒氏，以戚里從討幕北諸部有功。歲丙寅，拜左萬户，進兵討金。丁丑，封太師、國王、都行省承制行事。癸未薨，年五十四。

王生於阿難水之東，生時白氣充帳，有神巫見而異之，曰：「此非常兒也。」及長，身長七尺，虎首虯鬚黑面，多謀略，雄勇冠一時，與博爾朮、博爾忽、赤老温俱以忠勇佐太祖，時號爲掇里班曲律，猶言四傑也。太常元公撰《世家》。

太祖軍嘗失利，會天大雪，失牙帳所在，卧草澤中，王與博爾朮張氊蔽之，自暮及曉竟不移足。《世家》。

太祖一日從三十餘騎行谿谷間，有羣賊突出叢木中，列射我，矢下如雨，衆皆恐。王引滿向賊三發三殪，徐解馬鞿，兩手張翳太祖，麾餘騎射賊，賊引去。繇是太祖益重之。《世家》。

克烈王可汗爲柰蠻氏曲薛窟撒不剌所困，王可汗之子亦剌哈詳穩繼爲所傷，求援於我。太祖遣王暨博爾朮、博兒忽、赤老温引兵救之，殲其衆於按臺之下，獲甲仗輜重以還。於是王可汗見太祖聖德日隆，左右將士威聲益振，患之，乃合札木哈等潛襲我。會有以其謀來告者，太祖與王等簡精甲夜斫其壘，大破之。王可汗走死，諸大人聞風相率款附，諸部悉平。《世家》。

歲丙寅，太祖即皇帝位，是歲宋開禧二年、金泰和六年也。上既即位，從容謂王及博爾朮曰：「今國内平定，多汝等之力。我之與汝，猶車之轅，猶身之臂，汝等宜體此意，勿替初心。」迺立王及博爾朮爲左右萬户，各以其屬翊衛宸極，儀位一如諸侯王。《世家》。

金降者屢言其主璟殺戮宗親，荒淫殊甚。上曰：「朕興師有名矣。」辛未，大舉南入，擊雲中、九原諸郡，皆下之，進圍撫州。時金軍號四十萬，陳於野狐嶺之北。王抗言曰：「今敵衆我寡，弗致死力未易破也。」即策馬横戈，大呼陷陣。上麾諸軍齊進，日未午，大破之。乘勝追至澮河堡，殭尸百餘里，金兵之精鋭者咸盡。壬申，薄宣德府，遂克德興。《世家》。

癸酉，金紇石烈執中弑其主允濟，迎豐王珣立之，是爲宣宗。是歲，我師至居庸關，壁堅不得入。以闍別統兵趍紫荆口，金左監軍朮虎高琪來拒，不勝，遂潰，進逼中都，圍之。上與皇子槊赤等分三道徇略趙、晉及齊、魯，既還，軍於大口。《世家》。又張匡衍撰《行録》云：金人以山後諸郡不可守，即移兵山前。是時，太祖經略山後諸州，皆平，自紫荆關領兵大入，攻涿州，州兵殊死戰，晝夜急攻四十餘日，拔之。又分兵自南而北，取居庸關。遂縱兵大掠，自涿以南，大河以北，煙塵相望，金鼓震天，神州赤縣十陷八九，中夏之民大爲騷動。甲戌二月，太祖斂兵圍中都，金主大懼，獻公主請和。太祖許納之，又進金銀繒帛各萬餘兩匹。王略地益都、濱、棣，皆克之。兵臨覇州，史天倪、蕭勃迭率衆來降，王奏之，各統萬户。太祖北還。其歲夏五月，金主知不能敵，遂遷河南。

甲戌，詔王統諸軍專征遼西諸郡。王次高州，盧琮、金朴率州民降。進攻北京，金守將銀青元帥率衆二十萬來拒，與我師遇於花道，王逆擊，敗走之。銀青嬰城自守，其裨將完顔昔烈、高德玉殺銀青，推烏古論寅答虎爲帥，俄寅答虎舉城降。王怒，欲坑之，蕭阿先説王曰：「北京爲遼西重鎮，當撫摩以慰衆望。今始降而即坑之，後詎有降者乎？」王嘉納，以寅答虎權北京留守，復以兀葉兒權兵馬帥府事以鎮之。是歲，興中府民殺守將烏里卜，推石天應爲帥，天應來降，以爲興中尹。錦州張鯨殺節度使，自立爲臨海郡王，至是來降。《世家》。

乙亥，詔王以鯨總北京十提領兵，從奪忽闌徹里必南征。王密察鯨有反側意，令蕭阿先監其軍。至平州，鯨果稱病逗留，復謀叛去，阿先執鯨，殺之。鯨弟致憤兄死，殺長吏，據錦州叛，僞稱漢興，改元興隆，略平、灤、瑞、利、義、懿、廣寧等，盡有之。王率先鋒蒙古不花、權帥兀葉兒等軍討之，州郡皆復應官軍，遂擊

紅羅山,克之。《世家》。

丙子,致陷興中府,權帥王珣遁。王以致兵精且依嶮爲阻,欲設奇餌之,乃遣兀葉兒、耶律某等别攻溜石山堡,且諭之曰:「汝等急攻溜石,賊必遣兵往援,我出其不意,斷其歸路,可一戰擒也。」又令蒙古不花别屯永德縣西十里以伺之。賊聞溜石被圍急,果以兵救之。蒙古不花遣騎扼其歸路,且馳報王。王夜半引軍疾馳,比曙抵神水,與賊遇,而蒙古不花兵亦會,前後夾擊,大破之。賊遂崩潰,斬其將張東平,獲首虜萬三千。遂由開義縣進圍錦州。賊屢出戰不利,乃閉門城守,月餘,僞監軍高益縛致出降,致伏誅。《世家》。

丁丑,以佐命功詔封王爲太師、國王、都行省承制行事,賜誓券,子孫傳國,世世無絶。分弘吉剌、亦乞列斯、兀魯兀、忙兀等十軍,及兀葉兒契丹、蕃、漢等軍隸麾下。且諭旨曰:「太行之北,朕自經略,太行之南,卿其勉之。」遂建行省於雲、燕,以圖中原。王自中都南攻遂城及蠡州諸城,皆下之。蠡之役,蕭阿先中流矢卒,以其子查剌代領其衆。是歲,東擊齊,遂定臨淄、登、萊、濰、密等州而還。《世家》。又牧菴姚公撰《招撫使王興秀碑》云:太祖始加兵中原,圍燕不攻,而阬中山,蹂山東、河北,諸名城皆碎,已策金不能國可必滅也。自將征西,留太師、國王徇河北未下城邑。其年,衛王弑宣宗,南踰河,都大梁。兵興,民既困徵求之繁,餽餫人畜雜死道路,至不賴以生。有遲我元兵者曰:「敵乘甕來耶?」亦有不由吾令,特誅其後服,望風畏之,不敢至者。且吾公聞兵將至,曰:「丈夫生三十年,而勞苦耒耜,屈壓極矣。今又委身餌敵,暴骨草野。君已棄民,民尚誰死哉?吾有自圖富貴耳。」乃以是撼三十餘村之民:「汝幸從我,我能活汝。」乃將壯士數百輩,出蠡疆迎兩大帥萬户劉伯林、御史大夫蕭公降。帥善其來,與之幟曰:「張汝之鄉,我兵自斂戢不汝侵也。」大兵及城,城方力完守具,礮死蕭大夫,兩軍奮厲,一鼓屠其城無噍類遺,而三十村無毫毛傷者。又《按察使趙瑨碑》云:蔚州飛狐趙氏,金帥府辟事崑二子珪、瑨,珪將萬夫戍飛狐,後遷刺蠡州,留瑨在鄉守舍。天馬南牧,度形勢不支,倡縣民以城下之,從太師、國王徇地至蠡,其刺猶城守,礮殺王悍將蕭大夫。王恚欲阬城,公請以身贖母兄死,王哀之,併全蠡民。二碑皆姚公撰,所載蠡州事不同如此。

戊寅,王自中都由西京擊鴈門、定襄並晉高平、上黨等郡,悉平之。《世家》。又《行録》云:初攻太原,御史大夫蕭查剌麾下攸興哥者,渤海人,雄勇過人,身當陷陣,太原遂拔。王惜其勇,授興哥河東北路兵馬都元帥。乙酉歲,武仙陷太原,興哥戰死。

燕京行省石抹咸得不遣使來告曰:「今燕南信安賊張甫等,出没劫掠,屢爲民害。請一名將,拒鎮水泊。」王命蕭勃迭爲霸州元帥,統精兵五百往拒之。《行録》。

己卯,以蕭神特末兒爲左司郎中,狼川張瑜爲右司郎中。是歲,攻石州、隰州,克之。擊絳,凡二十日乃下。遂至河東,金守臣棄城遁。以按察兒爲前鋒元帥,統蒙古軍屯平陽,以備金兵。以義州監軍李廷植弟李七權河東西路帥府事。《世家》。

庚辰,由中都徇趙,至滿城,金真定府主武仙舉城降。以史天倪權知河北西路兵馬事,仙副之。天倪説王曰:「今中原已粗定,而所過猶縱鈔掠,非王者弔民伐罪意也。且王爲天下除暴,豈復效其所爲乎!」王曰:「善。」下令敢有擅剽虜者,以軍法從事,所得老幼,咸歸遣之,軍中肅然,吏民大悦。至滏陽。先是,邢州節度使武貴,聞大軍至,棄城遁,繼聞王仁厚不殺,乃詣軍門降,復其職。平鄴郡,至林州,遂輕騎入濟南。嚴實上謁,以實權濟南等路都總管。時金兵聚黄龍崗,號二十萬,聞王在濟南,衆未集,遣步卒二萬襲之。王以輕兵五百擊走之。俄大軍繼至,遂薄黄龍。金兵盛列城北岸,王麾蒙古、漢軍下馬,短兵接,金兵大敗,入河溺死者不可勝數,遂克黄龍。至楚丘。楚丘城小而四面皆水,王令諸軍以木草填塹爲道,直抵城下,總管嚴實先登,破之。由單州趍魯,圍東平。遣蒙古不花引兵徇河北懷、孟、衛州之地。王以東平久不下,召嚴實屬之曰:「我料東平糧盡必棄城走。若然,汝即入城,綏輯安慰之,勿苦郡縣,以敗乃事也。」乃留唆魯忽禿以蒙古軍屯守之,以實權山東西路行省,王北還。《世家》。

辛巳夏四月,東平糧絶卒飢,守將果棄城遁,唆魯忽禿邀擊之,斬首七千級。嚴實遂入城,建行省於府治。王弟帶孫别攻洺,至是克之。五月,王在野狐嶺北,宋漣水尉石珪持方物入見,貺以綉衣腰帶,遣之。山東張琳、蓨縣鄭遵各以所部詣軍自歸。又《行録》云:益都張琳遣其弟賁方物來降,王以琳爲山東東路益都府、滄、景、濱、棣等州行都元帥府事。蓨縣鄭遵以棗鄉二縣率兵民降,以遵爲節度使,行元帥府事,改蓨縣爲元州。八月,王至天德,監國公主遣其臣習里吉思勞王,且饗將士。由東勝州涉河,引兵而西。夏主李王聞之懼,遣塔海監府、汪奴哥監府遺方物,且以兵五萬屬焉。冬十月,復東,遂由雲中歷太和寨,入葭州,以石天應權行臺於葭州。復擊綏德,破馬蹄寨,遂至延安,距延安三十里止舍。金行省完顔合達出兵三萬,陳於城東,又《行録》云:合達初以平州推官來降,其後復歸于金。蒙古不花先以騎士三千趣之,約半夜伏發,王乃令軍士銜枚潛進,伏於城東兩谷間。明日,蒙古不花望見金軍,佯棄旗鼓走,金人追之,王出伏乘其後,鼓鼙震天,敵遂亂,追斬七千級,獲馬八百疋。合達退走延安,堅壁不動,圍之十餘日不下,乃南

徇洛川、鄜州。北京權帥兀葉兒擒金梟將張鐵槍，送王所，王誚讓之，鐵槍厲聲曰：「我受金朝厚恩二十餘年，今事至此，死實甘心。」王義之，欲釋徽纆，諸將怒其不屈，殺之。過坊州，大饗士卒，復由丹州濟河。時金已復隰州，以軒成爲經略使，王引兵圍之，二日而克，斬軒成。留合丑統蒙古軍屯石、隰之間，以田雄權帥府事。《世家》。

壬午秋七月，令蒙古不花引遊騎出秦隴，以爲聲勢，且視山川夷險强弱處，王率大軍廻雲中。又《行録》云：王率兵廻雲中，道出太原府孟州四蹄寨，寨主劉某，金孟州太守也，王以兵圍之，遂率山民來降，即日復其職，遷百姓于州，秋毫無犯。先是，王弟帶孫、駙馬按赤那演擊義和寨，不拔。王至，攻之，二日而下。過西河，南擊三清巖，入霍邑山堡，遷其民趙城縣。薄青龍堡，金平陽公胡天作拒守，其裨將蒲察定住、監軍王和開壁門降，遷天作於平陽。又《行録》云：王薨，定住譖天作於郡王帶孫，殺之。其後，王子鈸里攻西夏，定住稱疾不行，復歸于金，及鈞州軍敗，爲大兵所殺。冬十月，過晉至絳，下金榮州，汾東諸堡邑，往往從風歸附，王皆慰撫之。蒲郡久爲金有，至是復歸於我。王召天應謂之曰：「蒲爲河東要害郡，我欲選一首領，顧弗能得，君才略絶衆。」乃以天應權河東南北路陝右關西行臺，以平陽、太原、吉、隰等處帥府，皆受天應節制。王引兵渡河，西次同州，下蒲城，入關徑至長安。長安城堅，不得入，乃分麾下兀胡柰、太不花統軍六千屯守之。留按赤那演斷潼關，遂西擊鳳翔，月餘不克，乃軍於渭水之南。遣蒙古不花南度牛嶺關，徇宋鳳州而還。是歲，羣盜陷河中府，殺權行臺石天應。未幾，賊燒居民府舍遁。以天應子斡可襲領其衆。《世家》。又《行録》云：初，天應聞中條山賊侯七、侯八欲夜攻襲其城，即遣部將吴權府領兵出東門，潛道左兩谷間，若賊過半，即邀擊之，我出其前，爾攻其後，賊可勝也。其夜，吴權府醉酒失期，故城陷，天應遇害。

癸未春三月，王至聞喜縣，疾篤，召弟帶孫謂之曰：「我爲國家助成大業，事干戈垂四十年，東征西討，無復遺恨。所恨者，汴京未下耳！汝等勉之。」言訖薨。《世家》。

庚寅冬，帝親攻鳳翔，對諸將數王之功，因曰：「使木華黎在，不令朕至此也！」《世家》。

邵遠平《元史類編》卷一七《木華黎傳》　木華黎，札剌兒氏，世居阿難水東。父孔温窟哇，以戚里從太祖，平蔑里乞與乃蠻二部，數立功。後乃蠻復叛，太祖單騎走，中道乏食，殺水際橐駞，燔之以獻。追騎垂及，而太祖馬又斃，相顧駭愕，乃解所乘馬濟之，而身當追騎以死。木華黎，其第三子也。生時，有白氣出帳中。及長，沉毅多智畧，猿臂善射，挽弓二石强。與博爾术、博爾忽、赤老温三人，俱以忠勇事太祖，號掇里班曲律。猶言四傑也。其後子孫皆領宿衛，號四怯薛。一日，太祖從三十餘騎行谿谷間，顧曰：「此中或遇寇，當奈何？」對曰：「請以身當之。」既而寇果自林間突至，木華黎引弓射之，矢三發三中，徐解馬鞍持之，衛太祖以出。克烈部脱里可汗《聖武親征記》作汪可汗，即汪罕也。與乃蠻部相讐殺，求援於太祖，遣木華黎等四人救之，盡殲乃蠻之衆，奪所掠歸。既而脱里可汗謀襲太祖，其圉人知之，密以告。太祖遣木華黎選精騎夜斫其營，脱里走死。歲丙寅，太祖即帝位，首命木華黎、博爾术爲左右萬户。

辛未，從伐金，薄宣德，克德興府。壬申，攻拔雲中、九原諸郡，進圍撫州。金兵號四十萬，陣野狐嶺北。木華黎曰：「彼衆我寡，弗致死力戰，未易破也。」率敢死士策馬横戈，大呼陷陣。帝麾諸軍並進，大敗金兵，追至澮河，殭尸百里。癸酉，攻居庸關，壁堅不得入，遣别將闍别一作遮别。統兵趨紫荆口，金左監軍高琪引兵來拒，不戰而潰，遂拔涿州。分兵攻下益都、濱、棣諸城。還次霸州，史天倪、蕭勃迭率衆來降，並奏爲萬户。甲戌，從圍燕京，金主請和，北還。

命統諸軍征遼東，次高州，盧琮、金朴以城降。乙亥，遣裨將石抹也先以計取東京。進攻北京，城中食盡，契丹軍斬關來降。進軍逼之，其下殺守將銀青，而推寅答虎爲帥，遂舉城降。奏以寅答虎留守北京，吾也兒權兵馬帥府事鎮之。興中府民殺官吏，推土人石天應爲帥，舉城降，奏爲興中府尹。錦州張鯨聚衆十餘萬，殺節度使，自稱臨海王，至是來降。詔以鯨總北京十提控兵，從南征。木華黎察鯨有反側意，請以石抹也先監其軍。至平州，鯨稱疾逗留，謀遁去，也先執送行在，誅之。鯨弟致復據錦州，木華黎遣蒙古不花以軍數萬討之，進逼紅羅山。主將杜秀降，奏爲錦州節度使。丙子，致陷興中府。七月，進兵臨興中，木華黎以致兵精，且依險爲阻，欲設奇取之。乃遣吾也兒《元世家》作兀葉兒。别攻溜石山堡，諭曰：「若等第急攻山砦，賊必遣兵來援。我斷其歸路，一戰可擒也。」又令蒙古不花别屯永德縣東以伺之。致聞溜石被圍，果以兵來救，不花遣騎扼其歸路，且馳報曰：「賊至矣。」木華黎夜半引兵疾趨，比曙抵神水縣，與致遇。不花兵亦來會，前後夾擊，選善射者數千人，令曰：「賊步兵無甲，疾射之。」麾騎兵繼進，拔開義，圍錦州。月餘，其監軍高益縛致出降。廣寧劉琰、懿州田和尚亦降。木華黎曰：「此叛寇，存之無以懲後。」除工匠、優伶外，悉屠之。拔

蘇、復、海三州。

丁丑八月，詔封木華黎爲太師、國王、都行省承制行事，賜誓券、金印，曰：「子孫傳國，世世不絶。」分弘吉剌、亦乞烈思、兀魯兀、忙兀等十軍，及番漢諸軍，並隸麾下。始建行省于燕、雲，命木華黎得專征齊、晉。南攻遂城，進拔蠡州，冬破大名府，乘勝定益都、臨淄、登、萊、濰、密等州。戊寅，自西京由大和嶺入河東，攻太原、忻、代、澤、潞、汾、霍等州，悉降。遂狗平陽，金守臣棄城遁。己卯，攻拔石、隰二州，繼克絳州。庚辰，復由燕狗趙，至滿城。金元帥武仙舉真定降。下令禁剽掠，所俘老稚，悉遣還田里。兵至滏陽，金邢州節度武貴迎降。遣蒙古不花分兵畧定河北衛、懷、孟三州。師至濟南，嚴實籍所隸相、魏等州詣軍門降。時金兵屯黄陵岡，號二十萬，遣步兵二萬襲濟南。木華黎以輕騎五百擊走之，遂會大軍，進薄黄陵岡。金兵陣河南岸，示死戰。木華黎曰：「此當以短兵取勝。」令騎皆下馬，引滿齊發，親步行督戰，果大敗之。進攻楚丘，城小而固，四面皆水。令諸軍以草木填塹，直抵城下，嚴實率所部先登拔之。攻下單州，進圍東平。木華黎率兵趨洺州，畧河北，留嚴實權山東西路行省事，戒曰：「東平糧盡，必棄城走，汝即入城安輯之，勿重苦郡縣以敗事。」未幾，東平果潰，實遂入城建行省于府治。明年四月，攻拔洺州。五月，還軍野狐嶺，宋漣水統轄石珪降，奏爲濟、兖、單三州總管。宋京東安撫張琳、蒨縣鄭遵各率所部降，以琳行山東東路都元帥事，遵爲節度使。

八月，從駐青冢，大饗將士。由東勝州渡河，西夏國主李遵頊懼，請以兵五萬屬焉。十月，復由雲中，歷太和寨，入葭州。金將王公佐遁，以石天應權行臺守之，而自將兵取綏德，破馬蹄寨，距延安三十里止舍。金元帥完顏合達出兵三萬，陣城東。蒙古不花以騎士三千覘之，還報曰：「彼見吾兵少，有輕敵心。明旦合戰，當佯敗而以伏兵蹴之，可必勝也。」木華黎以爲然。夜半，令大軍先發，蓐食銜枚，伏城東兩谷間。及旦，蒙古不花馳赴金兵陣，未合即棄旗皷走，金果縱兵追入伏中，萬矢齊發，金兵大敗。合達走保延安，圍之旬日不下，乃南狗洛川，克鄜州，遂降坊州。聞金復取隰州，仍由丹州渡河，圍隰，克之。留蒙古軍鎮石、隰間。壬午七月，令蒙古不花别引兵出秦、隴，大軍道雲中，攻下孟州四邑山砦，遷其人于趙城。師薄青龍堡，金平陽公胡天作拒守，裨將蒲察定住、監軍王和開壁降，遷天作於平陽。

八月，有星晝見，隱士喬静真以爲不利進兵，木華黎曰：「主上命我平定中原，今河北雖平，而河南、秦、鞏未下，若因天象遲疑不進，中原何時定邪？且違君命，不忠。」遂由晉至絳，拔榮州，所至望風歸附。河中久爲金有，至是復來歸。木華黎召石天應，謂曰：「蒲爲河東要害，欲擇賢守，非君不可。」命權河東關陝行臺事，造浮梁，俟濟歸師。木華黎即渡河，拔同州，下蒲城，徑趨長安。金合達嬰城固守，乃分遣按赤將兵斷潼關，自將西擊鳳翔。月餘不下，謂諸將曰：「吾奉命專征，不數年取遼西、遼東、山東、河北，不勞餘力。前攻天平、延安，今攻鳳翔，皆不下，豈吾命將盡邪？」因駐兵渭水上，遣蒙古不花南越牛嶺關，狗宋鳳州而還。會天應爲賊所襲殺，城陷。癸未春，師至河，浮梁未成，顧諸將曰：「橋未畢工，安可坐待？」復攻下河西十餘堡。

三月，渡河至聞喜縣，疾篤，謂弟帶孫曰：「我爲國家助成大業，擐甲執鋭，將四十年，東征西討，無復遺憾，第恨汴京未克耳，汝其勉之！」言訖而卒，年五十四。後太祖親攻鳳翔，謂諸將曰：「使木華黎在，朕不親至此矣。」至治元年，追封魯國王，謚忠武，命建祠東平。

曾廉《元書》卷三二《木華黎傳》 木華黎，亦曰模合里，曰謀合里，曰没黑肋，或曰摩瞻雞，札剌兒氏，元同姓也，而未知其所出。札剌兒居斡難河東及兀魯忙兀，早來歸。木華黎父曰孔温窟哇，亦曰古温兀阿、孔温兀答，常在太祖麾下，攻蔑里乞諸部，數立功。後爲乃蠻所敗，困絶乏食，孔温窟哇走水次，縛致二歲駱駝，炙其肉啖太祖。太祖馬斃而追騎至，孔温窟哇因以己馬進太祖，遂死之。至治元年，詔贈推忠效節保大佐運功臣、開府儀同三司、上柱國、魯國王，謚忠宣。

木華黎生時，有白氣出其帳，神巫異之，曰：「此非常兒也。」長，猿臂善射，沈毅威重，事太祖以忠勇稱。太祖常行豁谷間，遇盗，矢下如雨，木華黎發三矢，中三人，乃解馬韉持之，衛太祖以出。朮赤台之襲王汗于折運都山，木華黎繼進，克烈遂滅。木華黎與博爾朮又多所擘畫，征伐之際，遇敵則力戰，入帷幄輒謀議，成而後動。太祖即大位，遂命二人並爲萬户。木華黎爲左萬户，自斡難河源以東，至合剌温山，木華黎治焉。

太祖既平漠北，六年，從伐金，木華黎先入其陣，遂大破金師三十萬於野狐嶺。木華黎連年出入山前後，金人多降，木華黎皆撫用之。九年，太祖以大軍自燕北還，命特將東征降高懿，遂攻北京。十年春，取北京。金元帥烏古倫寅答虎降，以爲北京留守。北京路所領諸府、節、鎮、刺、郡皆降。是時，木華黎以蒙古

不花、吾也而、史進道、史天祥、石抹也先爲裨將，及降興中、義州，復拔其豪石天應、王珣，使從己征戰，皆盡其謀勇，故所向輒捷。惟錦州張鯨、鯨弟致已降復反，頗勞兵力，事在鯨傳。十二年，木華黎既誅張致，大軍遂東，拔蓋、金、復等州。

其歲之秋，太祖以木華黎爲太師、都行省，封國王，承制行事，賜之金印誓券，曰：「子孫傳國，世世不絕。」又畀以大駕所建九斿大旗，並諭諸將曰：「汝等當視如朕親臨也。」當是時，太祖已有意西征，故以平金事專付木華黎。於是，木華黎受經畧中原之任，遂出燕南，破大名府。明年，頗定山東東路而還。十三年，自西京出太和嶺，入河東。明年，河東南、北二路亦定。十五年，復自燕徇趙，兵指河北西路，宋濟南治中嚴實舉所得太行以東州郡降。木華黎遂進敗金兵於黃陵岡，而留嚴實爲山東西路行省，圍東平，戒之曰：「東平糧盡，必走。汝入城安輯之，無苦郡縣以敗事也。」明年，東平果克，嚴實入東平。

木華黎建行省於雲中，已畧定河北，遂欲先蕩關中，擣汴梁之首，以成建瓴之勢。乃由東勝渡河，入葭州，使石天應守之。復連攻綏德、延安、鄜、坊，惟延安不下。木華黎至坊，聞金復取隰州，遂自丹州渡，攻隰，克之。進禽金平陽公胡天作於青龍堡，遂克河中。召石天應於葭州，以爲河東陝西行臺，付以河中，使造浮梁於河，以濟往來之師。木華黎復自臨晉渡，拔同州，以京兆有備，乃西攻鳳翔，而石天應已爲金所殺。

先是，木華黎在河東，有星晝見，隱士喬静真請問，曰：「今觀天象，未可進征也。」木華黎慷慨無所顧，謝静真使歸。至是，鳳翔月餘不拔，謂諸將曰：「吾受命專征，賴天之靈、主上之福、諸君之力，不數年而金之北地畧已平矣。然前攻延安，今攻鳳翔，皆不能克，吾命殆有限耶？」乃遣兵徇鳳縣而還。木華黎至河，浮梁未成。木華黎急不能待，乃復西攻下十餘堡乃還。至聞喜，寢疾遂篤，乃召其弟帶孫，命之曰：「我擐甲執鋭，垂四十年，爲國家征討，無遺恨也，獨汴京未下，汝其勉之！」薨，葬廣甯。木華黎武功推開國第一，而初起事，多仍舊習，攻下城邑，不守而去，故多勞往復。其賞罰嚴明，每戒衆，諸將莫敢仰視。而歙然虛懷，能用人之謀，爲有大將風焉。至治元年，詔贈體仁開國輔世佐命功臣、太師、開府儀同三司、上柱國、魯國王，謚忠武。

雜録

備論

魏源《元史新編》卷二一《木華黎傳》 木華黎威權侔人主，衣服儀從皆用天子禮，而親將士如兄弟，不許稱國王，止以小名呼之，不矜不伐，故人皆樂爲死。厥後，太祖親攻鳳翔，謂諸將曰：「使木華黎在，朕不親至此矣。」至治元年，追封魯國王，謚忠武。

藝文

宋濂《宋文憲公全集》卷三九《國朝名臣序頌・魯國忠武王木華黎》 阿難之河，白氣如虹，王生其中。虎首虬須，爲天下雄。光輔帝極，憲天惟聰。如鷹之揚，如飈之發，如雲之從。右執大斧，左櫜彤弓。鐵壘層層，一劈而崩。遹駿有聲，諸部用平。相彼完顔，逞于淫凶。我伐用張，旗鼓有容。僵屍百餘里，澮河爲紅。太行以南，斂手就降。帝録其功，錫茅土之封。丹書鐵券，與國始終，傳世于無窮。

速不台部

綜述

《元史》卷一二一《速不台傳》　速不台，蒙古兀良合人。其先世獵於斡難河上，遇敦必乃皇帝，因相結納，至太祖時，已五世矣。捏里必者生孛忽都，衆目爲折里麻。折里麻者，漢言有謀略人也。二世孫合赤温，生哈班。哈班二子，長忽魯渾，次速不台，俱驍勇善騎射。太祖在班朱尼河時，哈班嘗驅羣羊以進，遇盜被執。忽魯渾與速不台繼至，以槍刺之，人馬皆倒，餘黨逸去，遂免父難，羊得達於行在所。忽魯渾以百户從帝與乃蠻部主戰於長城之南，忽魯渾射却之，其衆奔闊赤檀山而潰。

速不台以質子事帝，爲百户。歲壬申，攻金桓州，先登，拔其城。帝命賜金帛一車。滅里吉部强盛不附。丙子，帝會諸將於禿兀剌河之黑林，問：「誰能爲我征滅里吉者？」速不台請行，帝壯而許之。乃選裨將阿里出領百人先行，覘其虛實。速不台繼進。速不台戒阿里出曰：「汝止宿必載嬰兒具以行，去則遺之，使若挈家而逃者。」滅里吉見之，果以爲逃者，遂不爲備。己卯，大軍至蟾河，與滅里吉遇，一戰而獲其二將，盡降其衆。其部主霍都奔欽察，速不台追之，與欽察戰于玉峪，敗之。

壬午，帝征回回國，其主滅里委國而去。命速不台與只別追之，及于灰里河，只別戰不利，速不台駐軍河東，戒其衆人爇三炬以張軍勢，其王夜遁。復命統兵萬人由不罕川必里罕城追之，凡所經歷皆無水之地。既度川，先發千人爲游騎，繼以大軍晝夜兼行。比至，滅里逃入海，不月餘，病死，盡獲其所棄珍寶以獻。帝曰：「速不台枕干血戰，爲我家宣勞，朕甚嘉之。」賜以大珠、銀罌。

癸未，速不台上奏，請討欽察。許之。遂引兵繞寬定吉思海，展轉至太和嶺，鑿石開道，出其不意。至則遇其酋長玉里吉及塔塔哈兒方聚於不租河，縱兵奮擊，其衆潰走。矢及玉里吉之子，逃於林間，其奴來告而執之，餘衆悉降，遂收其境。又至阿里吉河，與斡羅思部大、小密赤思老遇，一戰降之，略阿速部而還。欽察之奴來告其主者，速不台縱爲民。還，以聞。帝曰：「奴不忠其主，肯忠他人乎？」遂戮之。又奏以滅里吉、乃蠻、怯烈、杭斤、欽察諸部千户，通立一軍，從之。略也迷里霍只部，獲馬萬匹以獻。

帝欲征河西，以速不台比年在外，恐父母思之，遣令歸省。速不台奏，願從西征。帝命度大磧以往。丙戌，攻下撒里畏吾特(勒)〔勤〕、赤閔等部，及德順、鎮戎、蘭、會、洮、河諸州，得牝馬五千匹，悉獻於朝。丁亥，聞太祖崩，乃還。

己丑，太宗即位，以禿滅干公主妻之。從攻潼關，軍失利，帝責之。睿宗時在藩邸，言兵家勝負不常，請令立功自效。遂命引兵從睿宗經理河南，道出牛頭關，遇金將合達師步騎數十萬待戰。睿宗問以方略，速不台曰：「城居之人不耐勞苦，數挑以勞之，戰乃可勝也。」師集三峯山，金兵圍之數匝。會風雪大作，其士卒僵仆，師乘之，殺戮殆盡。自是金軍不能復振。壬辰夏，睿宗還駐官山，留速不台統諸道兵圍汴。癸巳，金主渡河北走，追敗之於黄龍岡，斬首萬餘級。金主復南走歸德府，未幾，復走蔡州。汴降，俘其后妃及寶器以獻，進圍蔡州。甲午，蔡州破，金主自焚死。時汴梁受兵日久，歲饑人相食，速不台下令縱其民北渡以就食。

乙未，太宗命諸王拔都西征八赤蠻，且曰：「聞八赤蠻有膽勇，速不台亦有膽勇，可以勝之。」遂命爲先鋒，與八赤蠻戰，繼又令統大軍，遂虜八赤蠻妻子於寬田吉思海。八赤蠻聞速不台至，大懼，逃入海中。

辛丑，太宗命諸王拔都等討兀魯思部主也烈班，爲其所敗，圍禿里思哥城，不克。拔都奏遣速不台督戰，速不台選哈必赤軍怯憐口等五十人赴之，一戰獲也烈班。進攻禿里思哥城，三日克之，盡取兀魯思所部而還。經哈咂里山，攻馬札兒部主怯憐。速不台爲先鋒，與諸王拔都、吁里兀、昔班、哈丹五道分進。衆曰：「怯憐軍勢盛，未可輕進。」速不台出奇計，誘其軍至漷寧河。諸王軍於上流，水淺，馬可涉，中復有橋。下流水深，速不台欲結栰潛渡，繞出敵後。未渡，諸王先涉河與戰。拔都軍争橋，反爲所乘，没甲士三十人，并亡其麾下將八哈秃。既渡，諸王以敵尚衆，欲要速不台還，徐圖之。速不台曰：「王欲歸自歸，我不至禿納河馬茶城，不還也。」及馳至馬茶城，諸王亦至，遂攻拔之而還。諸王來會，拔都曰：「漷寧河戰時，速不台救遲，殺我八哈秃。」速不台曰：「諸王惟知上流水淺，且有橋，遂渡而與戰，不知我於下流結栰未成，今但言我遲，當思其故。」於是拔都亦悟。後大會，飲以馬乳及蒲萄酒。言征怯憐時事，曰：「當時所

獲皆速不台功也。」壬寅，太宗崩。癸卯，諸王大會，拔都欲不往。速不台曰：「大王於族屬爲兄，安得不往？」甲辰，遂會於也只里河。

丙午，定宗即位，既朝會，還家于禿剌河上。戊申卒，年七十三。贈效忠宣力佐命功臣、開府儀同三司、上柱國，追封河南王，謚忠定。子兀良合台。

王惲《秋澗先生大全文集》卷五〇《大元光禄大夫平章政事兀良氏先廟碑銘》 夫人臣建非常之功，垂鴻不朽者，罔間存殁，俱蒙顯異，如配祭大烝，勒銘彝鼎，謚號廟饗，濯聲赫靈，扶我桓撥。況三世迭將，際興運，依末光，佐收混一之績者哉！皇帝握乾符，章先業，念開濟之艱難，感風雲於疇昔，爰推卹典，允答元勛。維元貞一年春正月己丑，近臣兀突歹，奏平章政事不憐吉歹，言臣故父榮禄大夫、中書左丞相兼都元帥阿朮，南征北伐，汗馬之勞，頗効尺寸，伏見與臣父差肩宣力者，已蒙恩奬，敢昧死以請。制曰：阿朮乃祖乃父，自太祖朝，服勞王室，多樹功閥，名高諸將，可嘉贈謚，其在故家，不得扳例。於是降璽書，告明庭，特贈開府儀同三司、大尉、并國公，謚曰武宣。詔下，中外咨嘆，大協輿議。嗣侯不憐吉歹，承命式抃且舞，將即汴梁賜第建祠樹碑，昭明三代，于以侈大寵光，宣揚先美，慰安神靈，載德象容，昭示無極。乃謁翰林學士王某，以銘章爲請。謹按家略，序而系之以辭。

其先世出蒙古兀良合部，遠祖捏里必者，爲人音吐洪亮，以善歌曲稱。生孛忽都拔都，衆目爲折里麻，漢語深謀略人也。其三世孫合赤温拔都，生二子：曰哈班，曰哈不里。哈班生子二：長曰忽魯渾，次曰速不臺。太祖皇帝在班朮納海時，其父哈班嘗以群羊餉帝，中途遇盜被執，忽魯渾及其弟繼至，以戈刺盜殺之，餘黨逸去，遂脱父難，飆牽竟達於上。自是昆季孝義之名，聞於朔部間。太祖朝，忽魯渾拔都以善騎射充百夫長。乃蠻之未服也，戰長城南，率先鋒摧之，彼即驚遁。其弟即嗣侯不憐吉歹曾祖也。

第一室曾祖府君諱速不臺，初以質子入侍，繼爲百夫長。壬申歲，太祖經略中夏，首攻桓州，城小而堅，勢不易拔，公匍而先登，上壯其勇，賜金幣一車。歲丙子，帝會諸將於禿烈河上，詢曰：「滅里吉部未附，疇爲朕征之？」公即應詔，選裨將阿你出領百人爲候騎，仍諭以方略，如其言，彼果不疑，弗爲備，大軍至，陣蟾河上，一戰而潰，擒二將鼓下，遂降其餘衆。辛巳，追滅里吉酋長霍都，與欽察戰于玉峪，敗之。壬午年，太祖征回回國，其酋棄國而去，命公與只別逐之，及于灰里河，戰不利，公駐軍河東，戒其衆人，爇三炬以張軍勢，其王果夜遁，繼遣公將萬騎，由不罕川追襲，既及，逃匿海嶼，則守其要害，彼進退失據，不旬月，瘐死，獲珍貝不貲以獻。上諭曰：「速不臺枕干血戰，爲我家宣力，朕甚嘉尚，賜珠寶一銀罌。」明年癸未，請征欽察，許焉。遂遠轉寬定吉海，取太和嶺。塹山開道，出其不意，至則其酋長方聚不租河，縱兵奮擊，彼弗能爲計，竟收其境。又與斡羅思大小密赤思老鏖戰，降之。尋遣使奏乞以滅里吉、乃蠻、怯烈、杭斤、欽察等千户，别爲一軍。歲甲申，入覲，驅萬馬爲贄。丙戌年，取撒里畏吾兒的斤、寺門等部，又掠西蕃邊部，獲牝馬五千疋，貢於朝，一無私焉。

歲庚寅，太宗命睿宗循宋徼而北，營取河南，公亦在行。道出牛頭關，遇金將合達帥步騎甚衆，上問方略所便，公進説曰：「城邑中人，遇勞苦即勸厭，逗撓氣墮，與戰易勝。」是役也，大敗合達於三峰山，自是金不能兵矣。壬辰夏，睿宗還駐官山，留公總諸道兵，攻圍汴京，金主北走渡河，尾敗于黄龍岡，殺戰士萬人。癸巳秋，汴京降，俘金后妃、寶器獻闕下。其冬，圍金主於蔡。明年甲午，金亡。時汴梁受兵日久，歲荒民殍，公下令縱其北渡，俾就樂土，其骨而肉之之恩，尚未忘也。其年，詔諸王拔都西征，上以公識兵機，有膽略，選爲先鋒，遂虜八赤蠻妻子於寬吉海。辛丑歲，諸王拔都奉命征兀魯思，爲所敗，攻禿里哥城，不能下，奏遣公督戰，遂禽兀魯思王也烈班，攻禿里哥城，三日克之。復從攻馬扎部，聞其主怯憐兵勢張甚，諸王分五道以進，公出計挑誘，至郭寧河，大軍會戰不利，迺於下流木渡，直擣其城，拔焉。

公以定宗朝戊申年，卒於禿烈河上，壽七十有三。公深沉有謀略，善於用兵。勇敢無前，臨大事有斷。初，太祖征西夏，公請行，上念公久在行陣，命還家省□，它日宣力未晚，復請曰：君勞臣逸，恐無是理，□□□□□□□。其忠勤類如此。

邵遠平《元史類編》卷一七《速不台傳》 速不台，一作臺。蒙古兀良氏。先世嘗獵于斡難河上，遇敦必乃皇帝，因相結納，至太祖時已五世矣。其父曰哈班，生二子，長名忽魯渾，次則速不台，俱驍勇善射，速不台尤有膽畧。太祖初建興都于班朮納海，即龍居河也。哈班嘗驅羣羊入貢，遇盜被執，忽魯渾兄弟馳救，刺殺盜，父乃得免。

帝與乃蠻部戰于長城南，忽魯渾以百户從，射却其衆，奔潤出檀山而潰。時速不台以質子事帝，亦爲百户。歲壬申，攻金桓州，先登，拔其城。丙子，帝會諸將討蔑里乞部，問誰能前驅者，速不台請行。帝壯之，選裨將阿里出率百人先覘其虛

實。速不台戒之曰：「汝止宿，必載嬰兒具以行，去則遺之，若爲挈家逃者。」蔑里乞信之，不設備。大軍至蟾河，與戰，獲其二將，部主霍都奔欽察，衆盡降。

壬午，帝征回鶻，其主滅里委國而去，命速不台追及于灰里河。速不台駐軍河東，使人爇三炬以張軍勢，其主望之，夜遁。復命統兵萬人，由不罕川必里罕城追之，晝夜兼行，比至，滅里逃入海死，盡獲其所棄大珠銀罌以獻。明年，奏請討欽察，遂引兵繞寬田吉思海，轉至太和嶺，鑿石開道，出不意，至則遇其部長玉里吉及塔塔哈兒方聚于不租河，縱兵奮擊，衆潰走，遂收其境。又至阿里吉河，與斡羅思部大小密赤思老遇，一戰降之，大掠阿速部而還。帝欲征河西，以速不台在外久，諭令歸省。速不台奏願從西征，帝命度大磧以往，攻下撒里畏吾特勒、赤閔等部，及德順、鎮戎、蘭、會、洮、河諸州。會太祖崩，乃還。

己丑，太宗即位，以秃滅干公主妻之，命從太弟拖雷經理河南。道出牛頭關，遇金將完顔合達帥步騎數十萬待戰。太弟問以方畧，對曰：「城居之人，不耐勞苦。數挑以勞之，戰乃可勝也。」師集三峯山，大風雪，士卒多僵仆，師乘之，殺戮殆盡。壬辰夏，拖雷還駐官山，留速不台統諸道兵圍汴。《續綱目》云：金主遣曹王訛可爲質，請和。速不台聞之，曰：「我受命攻城，不知其他。」乃列柵填濠，攻益急。金將欲穴城出，燒其礮座。城上懸紅紙燈爲應，約燈起渡濠。又放紙鳶，置文書其上，以誘被俘者，皆爲速不台所覺，哂曰：「金人欲以紙鳶、紙燈退敵難矣！」金主棄汴走蔡，金元帥崔立以汴降，俘金太后王氏、后徒單氏及荊王從恪、梁王守純等。進圍蔡州，城中鞍靴敗皷，糜煮皆盡。甲午，蔡州破，金亡。時汴梁受兵久，歲饑，米升至銀二兩。速不台下令縱民北渡就食。初，金帥完顔合達被獲，將就死，問：「速不台安在？請一識之！」速不台出曰：「汝須臾人耳，識我何爲？」曰：「君勇蓋諸將，天生英傑，豈偶然邪？吾見君，甘心瞑目矣。」

乙未，再征欽察，諸王拔都以速不台爲先鋒，其主八赤蠻聞之，懼逃入海。復討兀魯思部，圍秃里思歌城，不克，遣速不台往，一戰獲其主也。烈班諸城皆下，盡取所部而還，經哈咂里山，攻馬札兒部。拔都等五道分進，速不台出奇計，誘其主怯憐至漷寧河。時諸王軍上流，水淺，又有橋。速不台軍下流，水深，方謀結栰，以故諸王得先涉爭利，反爲所乘。及速不台既濟師，諸王以敵勢盛，欲還。對曰：「王欲歸，自歸，我不至秃納河馬札兒城，不還也。」疾馳去，拔都從之，遂拔其城。

太宗崩，諸王大會，拔都欲不往，速不台曰：「大王於族屬爲兄，安得不往？」遂會于也只里河。定宗既立，朝會畢，還家秃納河上，卒，年七十三，追封河南王，謚忠定。子兀良合台別有傳。

魏源《元史新編》卷二二《速不台傳》 速不台，一作「雪不台」，舊史誤爲二人，分立二傳，今删並之。蒙古部兀良罕氏。其五世祖閣里弼，獵於斡難河上，遇敦必乃汗，相結納。閣里弼生孛忽都，衆目爲「折里麻」，漢言有謀略人也。三世孫合赤温。四世孫哈班，生二子：長忽魯渾，次速不台，俱驍勇善騎射，事太祖，同飲班朱尼河水。舊史《雪不台傳》，太祖初建興都於班朱尼河。今龍居河也。哈班驅群羊入貢，遇盜見執，二子隨至，刺盜殺之，衆潰遁，哈班遂以羊達行在，由是父子兄弟以義勇稱。忽魯渾以百夫長從征乃蠻部，戰長城南，射却其先鋒，敗諸闊赤檀山。

速不台以質子襲父職。太祖七年，攻金桓州，先登，下其城。初，帝已破蔑里吉部，而其子率衆走西域，其地在葱嶺以西，險遠難取。十一年，帝會諸將於土兀剌河之黑林，問計，速不台請行。乃選裨將阿里出領百人先行，覘其虚實，佯若挈家逃者。蔑里吉不爲備。十四年，速不台軍至蟾河，一戰禽其二將，盡降其衆。又追其部主霍都於欽察之玉峪，敗之，遂有其地。

十七年，扈從征回回國，其主蔑里汗委國而去，速不台與哲伯追及于輝里河。哲伯戰不利，速不台駐軍河東，命人爇三炬以張軍勢，其王夜遁。復命統兵萬人由不罕川必里罕城追之，凡所經歷皆無水之地，既度川，先發游騎千，繼以大軍，晝夜兼行，比至，則蔑里汗已逃入海，不月餘，病死，盡獲其帑藏以獻。帝曰：「速不台枕干血戰，奏功萬里，勞莫大焉。」選大珠銀罌賜之。

十八年，速不台進討欽察，遂引兵繞寬田吉思海，展轉至太和嶺，鑿石開道，出其不意，遇其酋長玉里吉及塔哈爾軍於布租河，縱兵奮擊，潰其衆，獲玉里吉之子於林間，餘衆悉降，遂收其境。又至阿里吉河，敗斡羅思部，略阿速部而還。又奏以蔑里吉部、乃滿部、怯烈部及杭斤、欽察諸部千户通立一軍。

十九年，略耶迷里霍只部，獻馬萬匹。二十年，從征西夏，度大磧，攻下撒里畏吾特(勒)[勤]、赤閔等部，及德順、鎮戎、蘭、會、洮、河諸州，獻馬五千匹。二十二年，聞太祖崩，乃還。

太宗立，使尚公主。屢攻潼關，失利。帝責之，皇弟拖雷言，兵家勝負不常，請再令立功。遂引兵從太弟營。太宗三年，大舉伐金，渡河而南，拖雷將兵渡漢水而北。金將完顔合達帥步騎數十萬待戰。速不台從皇弟軍至牛頭關，謀曰：

「城居之人，不耐勞苦，數挑戰以勞之，則可勝也。」乃以精騎數千尾金師之後，更番迭戰。師集鈞州三峰山，金兵圍之數匝，將士頗懼。會風雪大作，金卒僵僕，我師乘之，斬殪殆盡。河南諸州以次降，金軍不能復振。

四年夏，皇弟還軍官山，留速不台統諸道兵圍攻汴。五年，金主渡河，北走衛州，復南走歸德，又走蔡州。是秋，汴降，俘其后妃及寶器以獻。冬，圍蔡州。六年春，蔡州破，金亡。速不台以汴梁受兵日久，歲饑，縱其民北渡河就食。七年，太宗命諸王拔都再征欽察，時欽察別推其族豪巴赤蠻爲主。帝曰：「聞巴赤蠻有膽勇，非速不台不可勝之。」遂命爲先鋒，與巴赤蠻戰，而大軍繼進，虜之於寬田吉思海。

十三年，從諸王拔都等討兀魯思部，即斡羅思也。自太祖班師後，其國亦別推族豪耶烈班爲主，諸王拔都爲其所敗，圍徒里思哥城，不克。速不台選精鋭五十人赴拔都軍，一戰獲耶烈班，三日克徒里思哥城，盡取兀魯思所部而還。進攻馬札部，五道分進，咸以敵軍勢盛，未可輕進。速不台計誘其軍至漷寧河，諸王軍(以)〔於〕上流，水淺，馬可涉，且有橋。下流水深，速不台結筏下流潛渡，繞出敵後。未渡時，諸王先涉河與戰，軍士争橋，反爲所乘，亡驍將鋭士。既而速不台軍渡，馳至馬茶城，諸王亦至，遂拔之而還。諸王來會，拔都曰：「漷寧河戰時，速不台救遲。」速不台曰：「諸王惟知上流水淺，且有橋，遂渡而與戰，不知此敵所必争，又不俟我下流結筏成而並進，此所以失計也。」是時，北庭、西域、河南北、關隴皆底定，速不台功力居多。

初，太祖徵西夏，聞其久於行間，敕還省親。速不台曰：「君勞臣佚，情所未安。」帝壯而聽之。又金帥合達見獲，不屈，將死，猶問速不台安在，請一識之。速不台出謂曰：「汝須臾人耳，識我何爲？」曰：「人臣各爲其主，卿蓋天生英豪，吾得一見，死瞑目矣。」

太宗崩後逾年，諸王大會，拔都欲不往。速不台曰：「大王於族屬最長，安得不往！」甲辰，遂會於耶只里河，立定宗，還家土剌河上。卒，年七十三。贈上柱國，追封河南王，謚忠定。子兀良合台，征大理、交趾有功，別有傳。

雜録

備録

于慎行《讀史漫録》卷一四《遼金元》 鈞州之役，金師三十五萬，拒之三峰山下。忽中夜大雪，戈戟弓矢，凍不能施，遂大潰。完顔合達被執，將死，問：「速不台安在？」詰其故，曰：「速不台勇冠諸將，得一識，死亦瞑矣。」

藝文

程鉅夫《雪樓集》卷二《平章布拉吉達故曾祖父蘇布台贈効忠宣力佐命功臣太尉開府儀同三司上柱國公封河南郡王謚忠定制》 龍虎風雲，昔共基於鴻業；河山帶礪，今宜表於駿功。矧茲閥閲之崇，亶有淵源之自。具官某故曾祖父某，夙彰孝勇，妙蘊機權。繇侍子而摠戎旃，前無堅敵；部降人而專帥馭，出有勁兵。爲王前驅，靡國不到。汴水之恩波未竭，牛闌之妙筭若神。忠義傳家，勳勞奕世。生爲柱國，亦何愧於古人；墓表征西，更覺榮於異日。宜超爵列，并侈儀文。胙以名邦，錫之美謚。蓋將爲萬世之勸，豈獨慰九京之思。於戲，披荆棘以立朝廷，既無忘於先烈；聽鼓鼙而思將帥，尤有望於後昆。尚爾明靈，服我休寵。

朮赤部

綜述

《元史》卷一一七《朮赤傳》　朮赤者，太祖長子也。國初，以親王分封西北，其地極遠，去京師數萬里，驛騎急行二百餘日，方達京師。以故其地郡邑風俗皆莫得而詳焉。

朮赤薨，子拔都嗣。拔都薨，弟撒里答嗣。撒里答薨，弟忙哥帖木兒嗣。忙哥帖木兒薨，弟脱脱忙哥嗣。脱脱忙哥薨，弟脱脱嗣。脱脱薨，弟伯忽嗣。伯忽薨，弟月即别嗣。至元二年，月即别遣使來求分地歲賜，以賑給軍站，京師元無所領府治。三年，中書請置總管府，給正三品印。至大元年，月即别薨，子札尼别嗣。其位下舊賜平陽、晉州、永州分地，歲賦中統鈔二千四百錠，自至元五年己卯歲始給之。

邵遠平《元史類編》卷三《朮赤傳》　太祖皇帝六子，太宗居第三，其長曰朮赤。性卞急而善戰，分封西北，其地極遠，去京師數萬里，驛騎急行二百餘日始得達，以故其地郡邑風俗，皆莫得而攷。常從太祖率師狥金地，及征西域，下養吉干八兒等城，《大方通鑑》云：「朮赤伐烏思、憾哈納思、帖良兀、克失的迷，火因亦兒干等部皆降之，時太祖十二年，歲丁丑事。」已復會師八魯灣川，遂定西域。早薨。子拔都，太宗時率皇子征西番，有功。定宗崩，三歲無君，衆未知所立，拔都獨推戴憲宗，諸王大臣議乃定。詳《憲宗紀》。

魏源《元史新編》卷一六《朮赤傳》　太祖皇帝六子：嫡長子朮赤大王，次察合台大王，次太宗皇帝窩闊台，次拖雷大王，追尊曰睿宗，皆弘吉剌皇后出也。又有他妃所生庶長子曰兀魯赤，攻金西京、雲中時陳亡。其妃改適金降臣劉伯林之子，故皇長子無後。又次闊列堅大王，亦無考。

太祖十四年，將征回回，耶速皇后以道遠，倘有不諱，四嫡子内誰可嗣大事，宜先示國人知之。太祖會諸臣，問長子朮赤何如。次子察合台對曰：「嗣大位者必服人心，我母爲蔑里吉部虜去時，歸而生朮赤，何可令承大統，以疑衆心！」太祖默然。大臣博爾朮、木華黎曰：「皇次子是何言也！當爾未生時，各部擾亂，父母不幸罹患難。今賴天祐，立大業，奈何言此，以傷母心！」察合台曰：「臣非敢有争心也。三弟窩闊台敦厚，可屬大事，請立三弟，而臣等兄弟同心禦侮以輔之。」太祖復問朮赤，問拖雷，皆對如察合台言。復問窩闊台，對曰：「父母恩之，兄弟愛之，何敢以不材辭。臣當盡力，謹慎從事，但恐後嗣不肖，難以承繼。」太祖乃曰：「天下疆土甚闊，爾兄弟各有封國，但能親睦，不忘今日之言，何患不濟。若慮後世不肖，我子孫甚多，豈無一賢，擇衆所戴而立之可也。」遂定議，以皇三子窩闊台爲嗣。

太宗立七年，平定西域，以葱嶺西北地封兄朮赤，建庭於阿羅思，兼轄阿速、欽察二部地，去京師將二萬里，驛傳急行二百餘日方達京師，故其山川、郡邑、風土莫之詳焉。朮赤七子：長拔都，次散里答，三芒哥，四蒙哥，五脱脱，六伯忽，七月祖伯。兄弟迭嗣。後至元末，月祖伯薨，始傳其子札尼伯。而伯忽於世祖至元間，爲札魯忽赤之長。脱脱於至大二年，以推戴功，封寧肅王。其子寬徹，亦嗣封肅王。初，月祖伯於至元二年，遣使求分地、歲賜，以振給軍站。京師元無所領府治。三年，中書請置總管府，給正三品印，其位下舊賜平陽、晉州、永州分地，歲賦中統鈔二千四百錠，自至元五年己卯歲始。元末國漸衰弱，其阿羅斯舊裔，遂起兵海隅計由之地，自立爲汗，盡驅蒙古出境，故今阿羅思非復元裔云。

曾廉《元書》卷三九《朮赤傳》　太祖子六人，光獻翼聖皇后生朮赤太子、察合台太子、太宗皇帝、拖雷太子，諸后生兀魯赤、闊列堅太子，兀魯赤無嗣。

朮赤太子，亦曰拙赤，言長子也。太祖子惟朮赤長，故名焉。太祖建帝號之二年，命將右手軍往征林木中百姓，所謂斡即者也。朮赤性卞急，驍勇善戰。既受命，則以斡亦剌人忽都哈別乞爲鄉導，至失黑失惕，斡亦剌、禿巴思諸種皆降。遂抵乞力吉思，其酋以白海青、白騍馬及黑貂獻焉。更北略地，自失必兒以南，悉收林木中百姓而還。七年，從太祖伐金。明年，復伐金，攻山後，燕東、河東，收其州郡。十三年，吐麻叛，徵兵於乞力吉思，不應。太祖復使朮赤討之，師順謙河而北，遂降乞力吉思，並撼哈納烏斯、客思的迷諸部，火因意而干皆屬焉。火因，言林木；意而干，言百姓也。十四年，太祖親征西域，朮赤别將攻下養吉干、八兒真等城。其秋，復渡阿母河，攻玉龍傑赤，破之。十七年，哲别、速不台征欽察，命受朮赤節度。初，太祖本欲立朮赤爲後，以朮赤與察合台有違言，因定以窩闊台爲嗣。其攻玉龍傑赤也，朮赤與察合台異志，軍心益懈，師久無功。

於是，帝乃使朮赤、察合台並聽調於窩闊台，城乃下。然太祖實器朮赤，欽察平，即留朮赤王之，後並王斡羅思、康里、阿速諸地，地周數萬里，都阿里吉河上撒耳柯思，康里故都也。朮赤以病不朝，亦會有譖之者，太祖亦怒。朮赤尋薨，太祖乃罪譖者而痛朮赤。子七人，拔都嗣。太宗八年，分朮赤後食平陽四萬一千户。十年，又益以真定、晉州萬户。至元十八年，又分以江南永州六萬户。

雜録

備録

洪鈞《元史譯文證補》卷四《术赤補傳》 术赤，太祖長子，母光獻翼聖皇后孛兒台。《秘史》台作帖，微異。又《元史》作孛兒台旭真。初孕時，蔑兒乞人修宿怨來掩捕，太祖匿於不兒罕哈勒敦山，未被獲，獲孛兒台而去。太祖乞師於客列亦部長汪罕，復得札只剌部長札木哈助兵，乘夜縛筏渡勤勒豁河襲敗蔑兒乞，奪孛兒台以返。既而舉子，名之曰术赤。术赤者，蒙古語謂客也。然卒以是見輕於諸弟，仲弟察合台尤與不協，至詈之爲蔑兒乞種云。此據《秘史》，《秘史》未言术赤之生，而揆情度事，必在斯役之後。或謂孛兒台有娣爲汪罕妃，烈祖又嘗有德於汪罕，故聞太祖之訴，既脅蔑兒乞歸孛兒台。未被掠時，孕已數月，比在歸途，术赤生。倉卒無襁兒具，乃摶麪如籃形，置於騎以載歸，太祖喜曰：「此不速之客也。」故名曰术赤。此據拉施特、阿卜而嘎錫。案：汪罕、蔑兒乞皆與太祖所居不甚遥遠，計被掠至歸，不過數月之期。如西書所云，則龍種更無疑義，名爲术赤，亦有由來。然《秘史》敘此事，端緒分明，其後又有察合台一言爲證，遂成疑案，雖太祖亦噤不發聲。欲斥《秘史》而從西書，苦無他書爲助。專從《秘史》，又恐誣蔑興王。西人之考元事者，實繁有徒，從無言术赤非太祖真子者，則拉施特作史之功也。兩存其説，庶乎其可。

术赤自幼從父，備歷艱苦，太祖開國，四征不庭，靡役不預。阿卜而嘎錫云：乃蠻之役，术赤爲右翼。多桑未載此語，附録於此。性下急，驍勇善戰，語本《元史類編》。將領多服其能。不嗜殺，嘗攻塔塔兒人，俘獲得生者逾半。拉施特云：太祖不以爲然。太祖二年丁卯，領右軍往征和林西北部族，以不哈爲鄉導，斡亦剌部長忽都哈別乞迎降，遂引軍征土綿斡亦剌於失黑失特之地，於是斡亦剌、不里牙特、巴兒渾、兀兒速特、哈卜哈納思、康哈思諸都族悉降。西書未言术赤，但云衛喇特不戰而降。本紀斡亦剌之降在三年，而乞力吉思之附在二年。考之西圖，應從《秘史》。先定斡亦剌，由東而西，軍程乃合。蒙古謂萬曰土綿，《秘史語解》作萬斡亦剌，不合，應從譯文作土綿。《秘史》又作斡亦剌惕，今改。衛喇特即厄魯特。西域書亦稱衛拉特，謂謙河之源有八河，衛拉特居於左近，其東有烏拉速特、帖楞郭特、客失的迷三族，居拜喀勒湖西，與衛喇特、乞兒吉思爲鄰。案：烏拉速特即《秘史》之兀兒速特，帖楞郭特當即田列克，見下。客失的迷亦見下。又云：湖東有庫里、廓拉施、不里牙特、土默特四族，總名之曰巴兒古特。案：不里牙特見上，土默特即秃馬，見下。巴兒古當即巴兒渾，西書雖謂是總名蒙古，或有分别。《太祖本紀》：「莫拏倫之幼子納真於八剌忽民家爲贅婿。」八剌忽亦即巴兒古，詳見《太祖本紀譯證》。

復招下乞兒吉思部，《秘史》作土綿乞兒吉速勒，因末有勒字音，故思變爲速，土綿爲萬，言其衆也。多桑考得此部居地甚廣，在昂可拉河之西，阿爾泰山之北偏東，乃蠻在其東南，謙河、謙州在其境内。俗雖遊牧，亦有城郭。蓋元代西國人奉使至元，途中備記各部族，故所得爲詳。詳見《西北地附録》。酋長也迪亦納勒，即《元史》野牒亦納里。阿勒迪額兒、即《元史》阿里替也兒。斡列別克的斤望風歸款，多桑引拉施特云：乞兒吉思人稱其酋長曰伊納耳，即《秘史》之也納勒。又云：内分數國，一國名哲寧俺别提，其酋長名則原書字迹模糊不辨。一國名别提烏倫，或作别提阿福隆，其酋長名烏洛斯伊納耳。又云：乞兒吉思與肯肯助克分兩酋長轄治，肯肯助即《元史》謙謙州。獻白海青、白騸馬、黑貂等方物。本紀云：獻名鷹。拉施特云：白眼鷹。阿卜而嘎錫云：鷹眼鷹足赤色。西書年分爲太祖二、三年，與《元史》、《秘史》合。復降失必兒、客思的音、失必兒當即鮮卑之異譯，今俄國名烏拉嶺一帶曰西悉卑爾，黑龍江一帶曰東悉卑爾，或作錫伯利。審音考地，皆屬鮮卑。多桑地圖：乞兒吉思直北有依必兒悉卑利部。必即此失必兒，惟依必兒不得其解。《元史·土土哈傳》：「先世徙居玉里伯里山。」玉里伯里與依必兒悉卑利字音相近。下文云：號其國曰欽察。則在烏拉嶺西，俄人所謂西悉卑爾，非此之失必兒也。又也兒的石河東托博爾斯科之南三十二華里，舊有悉卑爾城，向屬元代後王。明萬曆九年，俄將亦耳馬克攻下之，今城址尚存。雖亦非此之失必兒，而皆可爲稱名之證。客思的音當作客失的迷，蒙古語末一字，往往改易其音，《秘史》此類甚多。巴亦特、秃哈思、田列克、《元史》列傳：「石抹阿辛，迪列紇氏，歲己亥，率北京等路民萬二千户來歸。」迪列紇似即田列克。然以下所云，則此部人不應遠入中原，則可存以備考。脱額列思、塔思、巴只吉等族，皆林木中種人，蒙古語謂槐因亦而堅者是也。槐因謂林木，亦而堅又作亦而干、亦而根，皆謂百姓。師旋，太祖以忽都哈别乞先來歸，以皇女扯扯亦堅妻其子亦納勒赤，以术赤女豁兒哈此據《秘史語解》，譯文作豁雷罕，恐誤。妻亦納勒赤之兄。以上皆本《秘史》，《朔方備乘・术

赤傳》亦本此。

太祖六年辛未，伐金，朮赤與弟察合台、窩闊台分巡雲内、東勝、武、朔等州，下之。八年癸酉，復與弟爲右軍，循太行而南，取保、遂、安肅、安定、邢、洛、磁、相、衛、輝、懷、孟，掠澤、潞、遼、沁、平陽、太原、吉、隰，拔汾、石、嵐、忻、代、武等州。此據《元史》。十一年丙子，從太祖北還。先是，乞兒吉思與禿馬皆已歸附，西書作土默特，即《秘史》之禿馬惕。《朔方備乘》謂吐麻。當在今俄羅斯白哈兒湖左右。太祖南征時，乃蠻酋古出魯克襲據西遼，誘結諸部，以謀蒙古。此據阿卜而嘎錫，其説最爲按切時勢。《秘史》但云豁兒赤激變，事所容有。今融合兩説而並存之。而蒙古諸延豁兒赤索美女三十於禿馬，禿馬怒，因豁兒赤，叛蒙古以應古出魯克。太祖十二年，命將往征，《元史》、《親征録》，西書載征禿馬皆在丁丑，而《秘史》誤係於朮赤收附斡亦剌、乞兒吉思等部之後，伐金之前。細審其由，蓋因朮赤兩至乞兒吉思，第二次師由禿馬而起，而《秘史》只志一役，是以致誤。徵兵於乞兒吉思，不從，亦偕諸部叛去。乃命朮赤往討，《親征録》、西書並同。仍以不哈爲先鋒，戰勝，遂北至亦馬兒河。還至謙河，涉冰北行，《親征録》云：以不花爲前鋒，追乞兒吉思部至亦馬兒河而還。大太子領兵涉謙河水順下，招降克兒爲思等部。亦馬兒河無考，或即葉密爾河，見葉密爾考。葉密爾河濱有葉密爾城，見《耶律希亮傳》。劉郁《西使記》作業滿，是知葉密、亦馬，音近易訛，謙州在唐努山北發源，自東向西流，轉而北流，入今俄界爲葉聶塞河。若亦馬兒河即葉密爾，則是遠追至西南，還軍東北，涉西流之謙河。既渡河後，仍循河之北流以行，故曰涉謙河水順下。以此注《親征録》，字字皆有下落，當不謬也。履冰過謙河，見西書。盡降克兒爲思、憾哈思、帖良兀、客失的迷等種族。《元史類編》引《人方通鑒》云，朮赤伐烏思、憾哈納思、帖良兀、客失的迷，火因亦而干等部皆降之。時太祖十二年丁丑歲事。案《元史》西北地附録注，有烏斯，即烏思。憾哈納思當即上文哈卜哈納思。憾哈思即上文康哈思也。帖良兀即田列克也。火因亦而干即槐因亦而堅，義見前。惟克而爲思無可比附。《朔方備乘》謂即乞兒吉思，然上文已云追至亦馬兒河而還，不當復出，疑是脱額列思之訛，或爲乞兒吉思之别部。西書固言乞兒吉思非止一國也，統計種名，大率於上文相同，必是前此已降，復從乞兒吉思以叛，故前云亦偕諸部叛去，非臆撰也。

當古出魯克之遁也兒的石河也，與蔑兒乞部長脱黑脱阿偕。太祖三年，師至也兒的石河，敗其衆，殺脱黑脱阿。古出魯克西遁西遼，脱黑脱阿子忽都等南遁畏兀兒，遣使先往，亦都護殺使起師，與戰於襜河，《親征録》作嶄河，無考。忽都等遂西遁。至是，太祖命哲别征古出魯克，命速不台征蔑兒乞，制鐵車以賜曰：「蔑兒乞，吾深仇也，敗而遠遁，如馬帶竿，如鹿負箭。若作飛，汝作鷹鸇；若入穴，汝作鋤；若入海，汝作網。與汝鐵車，以堅汝志。」《朔方備乘》據《秘史》語意義成文，甚合，今全録之。惟脱脱中流矢而死，《元史》、《秘史》、《親征録》皆同，而何氏乃云脱脱西遁，未免失考。西書作托克塔，與脱黑脱阿尤叶，故知《秘史》譯音之確。西書紀速不台之師，爲太祖十一年，與《速不台傳》同。《親征録》在十二年丁丑，亦合。《秘史》云牛兒年，不誤，而係於丙寅即位之前，則誤矣。速不台既受命，軍經阿爾泰山，及之於吹河，《秘史》言古出魯克至垂河，與合剌乞塔相合。又言速别額台窮絶蔑兒乞於垂河，垂必即吹河。《速不台傳》作蟾河，即吹河之轉音。西遼建國，近接吹河，固知是也。西書云速不台攻托克塔子弟於阿爾泰山，軍至鄭河。阿爾泰山甚長，鄭河即吹河之訛。互較參觀，西遼在吹河南境，蔑兒乞當在吹河北境。哲别、速不台分路南北並入，而朮赤則在乞而吉思一帶爲後援，太祖用兵如神，史官贊美，信無溢詞。盡滅其衆。《速不台傳》謂追入欽察。乃至烏拉嶺西，孤軍深入，必無是理。中西各書皆無佐證。脱黑脱阿有子善射，有默兒根之稱，速不台生擒之。《秘史》脱黑脱阿三子，皆著其名。《親征録》有四子而無名。《元史・巴而阿兒忒的斤傳》，亦言四子，皆有名，惟赤老温與《秘史》合，餘皆不合。西書是役，亦有四人，惟一爲托克塔之弟曰庫都，則又歧異矣。西書於忽音每誤成庫，當即忽都。又云庫都與托克塔二子皆陣亡，一子庫圖堪善射，有默而根之名。西書汗字每誤堪音，又恐是忽都汗也，不得已而盡没其名，但録其事。默而根，見《元史語解》。時朮赤以討乞兒吉思等部，駐師西陲，速不台獻諸朮赤，命以射，首矢中的，次矢劈前矢之筈，而亦中的。朮赤大喜，馳使告太祖，請赦。太祖曰：「蔑兒乞吾深仇，留善射雠人，將爲後患。」仍令殺之。

太祖十四年己卯，親征西域，朮赤將兵以從，下八兒真、養吉干、氈的等城。此役之先，西域王在錫爾河與蒙古軍戰。阿卜而嘎錫謂係朮赤，考之《元史》、《秘史》，又疑是速不台之師。吹河下流將入滹爾之處，距錫爾河已不甚遠，拉施特未言朮赤，故僅附見於西域傳注中，今亦不以入傳。十五年庚辰秋，與察合台、窩闊台攻西域烏爾鞬赤都城，久不下。十六年辛巳，太祖改命窩闊台總制諸軍，始克其城。察合台、窩闊台南赴塔里堪，與太祖會師，語詳《西域傳》。《親征録》所紀時序皆合，西書惟皆下一年。時太祖將命哲别、速不台北征奇卜察克，循里海之西以往，而大軍皆在東南，不相應，乃命朮赤仍東駐鹹海、裏海間，以遥爲聲援。西書亦未見及此意，但云朮赤未來耳。觀地圖，則裏海東萬不可無此一軍，非惟固南軍後路，且爲西師援兵。《哲别補傳》有濟師於朮赤一事，此其確證。太祖用兵如神，未學兵法而全合兵法，所以愈譯西書而愈有味也。十七年壬午，西域悉定，太祖北歸。朮赤自以與弟不睦，拉施特云，惟拖雷友愛長兄。已所封地遠在異域，恒怏怏不樂。太祖至錫爾河，屢召來會，以疾不至。十九年甲申，哲别、速不台既平奇卜察克，後敗俄羅斯之軍，擒計掖甫部主、扯爾

尼哥部主，皆名穆斯提斯拉甫，獻諸术赤，誅之，詳《哲別傳》。术赤遂自錫爾河北黨塔之地，地未詳。西逾烏拉嶺，至奇卜察克東境轄治所部，术赤、拔都鄂爾多皆在布而嘎爾，奇卜察克境內。《蒙古源流》謂在俄羅斯地方即汗位，大誤。其時奇卜察克西境未盡平定。令哲、速二將班師，术赤未久旋薨。或謂太祖十九年，或謂二十年，壽四十八，或四十九。

太祖東行，召术赤未至，繼又命其西平布而嘎爾，即西北地之不里阿耳。奇卜察克、俄羅斯、扯而開斯即西北地之撒耳柯思。等部未定之地，而术赤稱疾不行，太祖滋不悦。二十年己酉，太祖既還行宫，有蒙古人自西來，詢以术赤之疾，則云但見出獵，未聞有疾。太祖大怒，命察合台、窩闊台率兵往逮問，無何，薨信至，太祖大慟，欲治其人妄言之罪，而已逸去。遂命斡赤斤大王往視其喪，定嗣子位。

术赤長妃爲汪罕弟札阿紺孛之女，名别古特迷失，《元史·祭祀志·宗廟》：「至元三年，定爲八室，第三室皇伯考术赤，皇伯妣別土出迷失。」字音相類，《元史》人名迷失者甚衆，男女並以爲名。案《唐書》北突厥有烏蘇米施可汗，西突厥有阿史那彌射回紇可汗，稱没密施者亦甚多，當出突厥。與拖雷妃爲姊妹行。《秘史》汪罕弟札合敢不有二女，長女亦巴哈，太祖自妻之，次女與拖雷，未言之女。後以兀魯兀惕部長主兒扯歹有功，以亦巴哈賜之。拉施特云：汪罕弟阿紺部之女，一嫁术赤，一嫁拖雷，一曰阿必喀，太祖娶之，以夢兆不吉，令適烏魯特部長，時爲親軍大將。烏魯特即兀魯兀惕。聞之波斯人云：西文譯彼國文字，阿、亦二音常誤，如地名阿拉克則曰義拉克，阿而蘭則曰義而蘭是也。阿訛爲義，則亦音亦可訛阿，至哈變爲喀，乃是法文通病。竊度拉施特原文必尚合蒙古音，迨經重譯，歧義以滋。然細審其言，皆有根據事實，或者《秘史》之遺漏也。次妃幾人不可考，其見於俄羅斯人書者，有曰屋稽，有曰蘇而灘，又有曰薩兒堪，則天方教人所云也。俄人名克拉坡。子十四人，拉施特云四十人，當是傳鈔之誤。可征者曰鄂而達，《元史》不載，惟太宗八年，以中原諸州民户分賜諸王貴戚。斡魯朵，拔都平陽府，茶合帶太原府，古與大名府。斡魯朵今改鄂爾多。案：鄂爾多爲帳殿之稱，細審文義，不應稱此，蓋即拔都之兄鄂爾達也，古與即定宗名，改本未見及。曰拔都，曰伯勒克，《元史》：憲宗元年，西方諸王别兒哥、脱哈帖木兒。别兒哥即伯勒克。後繼汗位，屢見俄書，而《元史·世系表》無之，甚可怪也。曰脱哈帖木兒，見上注，西書多作托喀帖木兒，蓋又是哈訛爲喀。曰昔班，見《速不台傳》。曰唐古特，照《秘史》蒙文，應曰唐兀惕。曰伯勒克察耳，曰桑庫爾。哈木耳云：一鄂爾達，二拔都，三伯勒克，四伯勒克察，又曰伯勒克察拔耳，五昔班，六唐古特，七土斡耳，八奇拉烏堪，九星枯爾，十欽臺，十一譟罕默德，十二烏都，又曰拗而都，十三托喀帖木兒，十四辛昆。然哈木耳之説，不盡可據，故以備考。

洪鈞《元史譯文證補》卷四附《元史术赤傳考誤》　「术赤者，太祖長子也。國初，以親王分封西北，其地極遠，去京師數萬里，驛騎急行二百餘日方達京師，以故其地郡邑風俗，皆莫得而詳焉。术赤薨，子拔都嗣。拔都薨，弟撒里答嗣。撒里答薨，弟忙哥帖木兒嗣，忙哥帖木兒薨，弟脱脱忙哥嗣。脱脱忙哥薨，弟脱脱嗣。脱脱薨，弟伯忽嗣。伯忽薨，弟月即别嗣。至元二年，月即别遣使來求分地歲賜，以賑給軍站。京師元無所領府治，三年，中書請置總管府，給正三品印。至大元年月，月即別薨，子札尼別嗣，其位下舊賜平陽、晉州、永州分地，歲賦中統鈔二千四百錠，自至元五年己卯歲始給之。」

案：此傳可議處極多，术赤分封西北，建牙何地，雖無可征，然彼時俄羅斯境外喪師，境內無恙。奇卜察克雖被兵，而太宗九年尚有八赤蠻之役，則全境未定可知。意必於烏拉嶺、裏海之東，鹹海之北，開藩建國，未爲遠也。拔都戡定西陲，始定居於烏拉嶺西不里阿耳，欽察之地，天主教王使人東赴和林，路經拔都之鄂爾多，謂拔都發驛遞至和林，四十二日可達。蓋由拔都所建之薩萊城以往和林，東西直綫不及九千里，程途迂折，亦僅一萬二千餘里，以日行三百里計之，誠不過四十餘日，其後世祖定鼎燕京，又去和林三千二百里，再增十餘日，亦必可達。薩萊城舊址，在今俄國薩拉托甫省，確鑿可稽。所謂去京師數萬里，殆以今之半里爲一里，行二百餘日方達京師，殆非急行驛騎，乃徐行之車乘耳。或以海都叛亂，郵驛皆廢，驛騎不能按程易馬，以是稽遲，然究非急行之謂也。拔都之後六王，純是兄終弟及，古來未有，事屬可疑。仁宗延祐元年，本紀始見月思別之名，英宗、泰定帝本紀，並作月思別，文宗至順年間，乃作月即別，偶然異字，實非異人。而此云至大元年月即別薨，子札尼別嗣位，不解其故，反復推求，蓋由至元二年月即别遣使來求分地歲賜一事誤之，此爲順帝之至元，非世祖之至元。所謂至元五年己卯，亦爲順帝之至元。順帝元統元年，歲在癸酉，見於《輟耕録》。自癸至己卯，凡七年，正是至元五年。二年來求歲賜，三年置總管府，五年始給平陽、晉州、永州舊賜歲賦，本相聯屬，而謬爲區分，所以誤也。延祐元年本紀明云：「諸王脱脱薨，以月思別嗣位。」西書記載，世次相符。伯忽其人乃在脱脱之前，非在脱脱之後，別見諸王補傳。

哲別部

綜述

魏源《元史新編》卷二二《哲伯傳》 哲伯，泰赤烏部人。與太祖戰，射中太祖頸，創甚，侍臣吮去壅血，灌以湩乳，始蘇。翼日，赤老温之父以哲伯來降，帝將殺之，哲伯曰：「汗欲快射鈎之憾於匹夫邪？抑將用壯士以取天下邪？吾誠得英雄主事之者，高崖可以摧裂，深水可以横行。」太祖釋然曰：「汝之射我，忠汝主也。吾方經營天下，肯仇壯士哉！」赦使從征，奪回太祖幼子拖雷於塔爾仇部之手，自是日見親信。攻乃滿，攻西夏，戰輒冠軍，遂與忽必雷、速不台、赭勒蔑號四先鋒，而哲伯用兵尤出没不測。

太祖五年，金築烏沙堡以逼我，帝命哲伯襲殺其衆，遂略地而東。六年，大軍攻金，哲伯請以金降臣耶律阿海爲鄉道，金嚴兵居庸關，哲伯回軍誘戰，金兵來追襲，哲伯伏兵山後，回擊，大敗之。大軍繼至，盡破契丹、女真之衆，遂奪居庸。七年，太祖留攻西京各城，別遣哲伯攻東京，不下，佯解圍班師，行六日，遣人往諭，而潛師隨其後，每人兼馬，晝夜倍道，回襲東京，克之。八年，復伐金，攻居庸北口，不克。帝乃命哲伯同速不台自關左間道攻居庸南口，破之，出北口，與大軍會。

十四年，太祖征西域，命哲伯前驅，速不台繼之，脱忽察爾又繼之，令直逾葱嶺，趨王城，待大軍至，夾攻前後。以上本《元秘史》。哲伯渡乞則里巴海，劉郁《西使記》「過龍骨河，復西北行，與別什八里南北相直，有河，西注匯爲海，約千有餘里，曰乞則里巴海」云云，當在伊犁。攻鐵山，衣幟與敵軍不相辨，乃焚蒿爲號，烟焰漫野，敵軍動，乘之，斬首三萬級，逾雪嶺西北，見《郭寶玉傳》。遂以西遼降將曷思麥里爲先鋒，向導大軍，攻斬其酋屈出律，即乃滿太陽汗之子，奔西遼篡立者也。持其首東徇各部，若可什哈爾城、押爾牽城、斡端城、尼沙布爾城，皆望風降附。既而帝親軍至尋思干城。哲伯敗回回主札剌丁於月戀「戀」舊訛爲「亦」「心」二字，月戀揭赤即玉籠杰赤之譯音。揭赤之地，追襲之，又連敗諸阿剌黑城，於圖馬温山，於憨顔城，札剌丁走欽察國海中，盡下各城，收其珍寶而還。帝命疾馳進討欽察，哲伯乃遣軍分招旁近各城，悉下，惟塔爾只部、阿速部以兵拒戰，皆破之。進擊斡羅思於鐵爾山，獲其國主密吉思臘，獻諸朮赤太子，誅之。尋征欽察別部康里國，敗其主霍脱思汗之軍，進平欽察。横行數萬里，疾如飄風，威震西海，與速不台相等。師還，哲伯卒於軍。時帝方征河西，親勞軍於阿剌思，受所獲西域各國珍寶及七寶傘，顧群臣曰：「惜哲伯不及飲凱還酒也。」

太宗八年，以平金後中原諸州民户分賜諸勛戚，哲伯子孫於東平府户内撥賜，子孫官爵無考。

曾廉《元書》卷三四《哲別傳》 哲別，別速台氏，元同姓也。國初，官制簡古，惟稱哲別那顔，而或曰者別，曰遮別，曰只別，曰柘柏，曰折不那演者必那演，或止稱別那顔、折那顔，實一人也。始，哲別爲泰赤烏部將，太祖與泰赤烏諸部戰於闕奕壇，哲別射太祖馬，斷其項骨。尋泰赤烏敗亡，哲別來降，太祖欲殺之，哲別曰：「汗欲圖天下，奈何殺壯士乎？」太祖乃笑曰：「汝能以事汝主者事我，不愧人臣矣。」遂赦，使將兵。哲別初本名只兒豁阿歹，太祖賜之名曰哲別，以其善箭，哲別言箭也。太祖出征諸國，哲別常爲先鋒，及即大位，以爲千户。

太祖五年，伐金，以爲左帥，略地漠南，破烏沙堡。明年，金繕烏沙堡，哲別復攻破之，并克烏月營，又克居庸關，抵中都，襲金羣牧監，驅其牧馬而還。尋命攻金東京，不克。用槊直腯魯華計，陽引去，而夜馳還，襲之，遂克東京。事具《槊直腯魯華傳》。八年，太祖既入居庸，趣燕。哲別西克紫荊關，金監軍高琪軍潰，遂拔涿州。其後太祖親征乃蠻遺孽，哲別仍爲先鋒。是時，屈出律之軍已至於阿力麻里，將東犯。哲別連戰皆敗之，進破其衆於谷則斡兒朵，既又受曷思麥里之降。曷思麥里，谷則斡兒朵人，初爲西遼主近侍者也。至是，以可散八思哈城歸國。哲別知屈出律新篡人國，而曷思麥里西遼舊臣，有仇讎心，且知乃蠻虚實，即用爲鄉導，將一軍以先。曷思麥里果馳斬屈出律於巴達哈傷，哲別令持其首以徇契丹遺族，皆降。

十四年，太祖親征回回，哲別與畏吾兒兵先進。太祖命舍尋思干勿攻，而西趣蒲華。蒲華下，哲別復東會太祖，以夾攻尋思干，克之。滅里鎖潭汗西奔，太祖使哲別及速不台急躡之，渡灰里河，滅里遂走死小海中。會欽察既降復叛，太祖怒焉，於是乃遣使趣哲別，疾馳以討欽察。哲別出小海西北，復帥曷思麥里招降海上數城，進兵敗谷爾只及阿速之師，遂渡乞則里八海，進擊斡羅思於鐵兒

山。效敵衣幟，草山而前，因風焚蒿，煙燄漫空，敵眩惑不知所爲，哲别與其將郭德海遂乘之，斬首三萬級，虜其密赤思臘。是時，太祖已遣朮赤太子節度其軍，即以爲欽察汗。哲别使曷思麥里獻俘太子。於是，取道康里國，至孛子八里，敗其酋霍脱思罕，虜之。康里既下，遂征欽察。十九年，平欽察而還。於是，朮赤遂留王欽察矣。

哲别之西追滅里也，帝亦使曷思麥里從八剌東追其子札闌丁，戰敗之於阿剌黑，又敗之於秃馬温山，又敗之於憨顔城。於是，札闌丁奔欣都思，曷思麥里取玉兒谷德痕城，並克憨顔而還，尋復從哲别西征。哲别嘗奏諸太祖，數盛稱其功，世以是多哲别能推賢也。哲别俄卒於軍。或曰，哲别子孫後遂留仕欽察。

雜録

備録

洪鈞《元史譯文證補》卷一八《哲别補傳》 哲别，别速特氏。其部先附札只剌泰赤烏部，與太祖戰於答闌版朱思之野，西域書作塔蘭巴兒朱思，今從《史》、《録》。軍敗衆潰，哲别遁匿林藪中。太祖出獵見之，令左右追捕，博郭兒濟請行，即博爾朮。乘太祖戰騎以往，馬口色白，良馬也，蒙古名之曰察罕忽失文秼驪。明《武備志》：「粉嘴馬曰義汗忽失莫林」。博郭兒濟射哲别未中，而哲别射斃其馬，以是逸去。後以窮困乏食來歸，太祖惜其勇，釋不誅，太祖十三翼戰爭之後，哲别來降。《親征録》曰：哲别之來，實以力窮故也。與西域書同。《秘史》敘於闊亦田戰事之後，係誤。又謂是泰亦赤兀之脱朵格家人，《親征録》與西域書皆無是語，故不採入。以上皆本西域史。又云哲别乃一種箭名。《元史語解》：「哲伯，梅針箭也。」語同《秘史》。或謂是軍器之名，未晰。先令爲什長，繼將百人，復升千户。太祖徵乃蠻，哲别與虎必來二人爲前鋒。《秘史》有四人，《親征録》、西域書止此二人。太祖即位之五年，金人築烏沙堡，命哲别襲殺其衆。六年，自將南伐，哲别前驅，拔烏沙堡、烏月營，遂入居庸關，抵中都而還。復攻東京，不拔，夜引去。逾數日，兼騎倍道，乘未備，馳至克之。《秘史》作東昌，係誤，乃東京。八年，金兵復保居庸，仍爲哲别所取。皆本《元史》。十一年丙子，太祖北還。

先是，太祖平乃蠻，誅其部長，其子古出魯克遁入西遼，盜據其國。太祖既平秃馬、乞兒吉思之叛，遂命哲别征古出魯克，敗之，軍及天山南，自喀什噶爾追至撒里庫兒道上，近巴達克山界，斬其首以徇各地。附見《西域傳上》。軍中獲良馬千騎，口皆白色，歸以獻曰：「臣請償昔者射斃之馬。」此出西域書，甚有文情。十四年，太祖親征西域，下撒馬爾干，西域主阿拉哀丁謨罕默德先遁，命哲别、速不台各將萬人，深入敵境，窮追勿舍，遂迫西域王竄入海島而死，獲其母妻及其珍異以獻。詳《西域傳》。獲其所棄珍寶，見《元史·速不台傳》。復攻下西域各城，入其西北鄰部，曰阿特耳倍占，曰角兒只，曰失兒灣，詳見《西域傳上》。戰無堅對，望風皆靡。裏海北大部曰奇卜察克，嘗納逃人，索之不與。

太祖十六年，西域略定，乃命哲别、速不台進軍裏海之西，以討奇卜察克。《土土哈傳》謂蔑里乞主霍都奔欽察，以是致師。此外各書，皆無佐證，惟觀太祖討平諸國，雖未必兵以義動，亦大都師出有名。裏海北濱，素無往來，何至窮兵絶域，《土土哈傳》語必有因。惟《親征録》、《秘史》，垂河之役，已言速不台盡滅蔑兒乞，則又不合矣。軍入高喀斯山，奇卜察克、阿速、撒耳柯思等部集衆來禦，衆寡不敵，復迫於險，乃以甘言誘奇卜察克：「我等同類，無相害意，勿助他族以傷同類。」奇卜察克引退，軍既出險，敗阿速等兵，追奇卜察克，出不意突至奮擊，殺其部酋霍灘之弟玉兒格及子塔阿兒。《速不台傳》：「引兵繞寬田吉思海，展轉至太和嶺，鑿石開道，出其不意，至則遇其酋長玉里吉及塔塔哈兒，方聚於不租河，縱兵奮擊，其衆潰走。矢及玉里吉之子，逃於林間，其奴來告而執之，餘衆悉降，遂收其境。」案：寬田吉思海即裏海，太和嶺即高喀斯山，鑿石開道，則軍迫於險可知，奇卜察克兵已退而爲蒙古所乘，故曰出其不意。玉兒格，即玉里吉也，塔阿兒，即塔塔哈兒也。西文原作塔伊兒，阿剌比文阿、伊二音，西人每每誤譯。證之《元史》，必是塔阿兒，故爲改正。《土土哈傳》謂欽察國王亦納思，西域書及馬加國史，皆謂奇卜察克王名庫灘，華文霍、忽等字音，西人每譯成庫，猶之《蒙古源流》每譯豁、忽等音爲郭，則庫灘必是霍灘。《曷思麥里傳》：「與其主霍脱思罕戰，遂平欽察。」據此二語，則欽察國主當是霍灘。霍脱、霍灘音叶，思字或是恩字之誤，西北種族，國非一部，部各有長，意者亦納思爲欽察東部之酋，霍灘爲西部之酋，亦未可知也。軍東北至浮而嘎河，告捷於太子朮赤，請濟師。時朮赤已下烏爾鞬赤，駐軍於裏海東，部衆多暇，分兵大半往助。十七年冬，新兵既至，浮而嘎河冰合，遂下阿斯塔拉干，焚掠其城，遇奇卜察克兵，又敗之。浮而嘎河入裏海處，地名阿斯塔拉干，商賈大埠也。《曷思麥里傳》：「尋征康里，至孛子八里城，與其主霍脱思罕戰，又敗其軍，遂平欽察。」西人考得阿斯塔拉干，先時波斯商人貿易

所萃，回紇語謂城曰八里孛子，當即波斯之誤，猶言波斯城。揣擬有情，惟康里在鹹海東，決不在烏拉嶺以西，裏海之北，以此爲康里不合。傳又云：「與其主霍脱思罕戰，又敗其軍，遂平欽察。」則仍是欽察而非康里，霍脱當是欽察國主，說見前。觀《速不台傳》，即與《曷思麥里傳》軍行次第不符。明人修《元史》，絶不知康里、欽察與阿速等部孰東孰西，以致紀述各異，不足據也。軍分爲二，復引而西，一軍追敗兵過端河，一軍至阿索富海之東南，平撒耳柯思、阿速等部。西書尚有哈薩兒部、烏拔奇部，不備載。遂自阿索富海履冰以至黑海，入克勒姆之地，即《元史》西北地之撒吉剌，《秘史》之客兒綿，詳見撒吉利釋地。大掠而北，兩軍復合。

霍灘遁入俄羅斯境，乞援於其婿哈力赤王穆斯提斯拉甫。俄羅斯者，西北之大國也，唐懿宗咸通三年，始立國於北海之南，其後拓地益廣，南鄰黑海。北宋時，俄行封建之制，諸侯王自以其地分畀子孫，國分七十，同族日事争奪。哈力赤爲南俄列邦，其王穆斯提斯拉甫能兵，屢戰勝同族，視蒙古蔑如也。允其妻父之請，遣告計掖甫王穆斯提斯拉甫羅慕諾委翅，《速不台傳》：「與斡羅思大小密赤思老遇，一戰降之。」密赤思老即穆斯提斯拉甫之異譯，計掖甫王年長，故爲大。集列邦王議兵事，於是扯耳尼哥王穆斯提斯拉甫司瓦托司拉甫勒委翅此王年幼，故爲小密赤思老。俄語諾委翅猶云之子，計掖甫王穆斯提斯拉甫爲羅慕之子，扯耳尼哥王穆斯提斯拉甫爲司瓦托司拉甫之子，或作諾委翅，或作勒委翅，則隨上文字音而變。與南俄諸王皆至計掖甫。諸王名繁，不備載。群議出境迎擊，勿待其至，並告於俄首邦物拉的迷爾王攸利第二，請出兵爲援，分運軍糧，自帖尼博耳河、特尼斯河以至黑海東北。哲、速二將聞俄羅斯起師，遣使十人來告，蒙古所討者奇卜察克，夙與俄羅斯無釁，必不相犯。蒙古惟敬天，與俄教相若，奇卜察克素與俄有兵怨，盍助我以攻讎人。俄諸王謂先以此言餌奇卜察克，今復餌我，不可信，殺其使。二將復遣人至，謂殺我行人，其曲在汝，天奪汝魄，自取滅亡。今以兵來，請決勝負。庫灘又欲殺之，俄人釋歸約戰。俄史謂蒙古又遣人來告前言非誑，我已誓於天矣，決不相犯，請勿用兵。以此觀之，實俄自取兵禍。哈力赤王先以萬騎東渡帖尼博耳河，敗蒙古前鋒，獲裨將哈馬貝，殺之，諸王皆隨而東，蒙古軍退，追至喀勒吉河，或稱喀勒喀，又稱喀勒斫，西南入阿索富海之河，即《帶不台傳》之阿里吉河。或云追十日，或云追十三日。遇二將大軍。時俄兵八萬二千，分屯南北，南軍爲計掖甫、扯耳尼哥等部之兵，北軍爲哈力赤等部及奇卜察克兵。哈力赤王輕敵貪功，不謀於南軍，獨率北軍渡河，戰於孩耳桑之地，即《曷思麥里傳》之鐵兒山，乃地名，非山名，時屬欽察之地。戰期或云西一千二百二十三年，或云二十四年，而謂二十三年者爲多，蓋在太祖十八年癸未夏。勝負猶未決，而奇卜察克兵怯敵先退，陣亂，蒙古軍乘之，俄兵大敗。哈力赤等王得脱，渡河而西，即沈其舟，後至者不得渡，悉被殺。俄之南軍，不知北軍之戰，亦不知其敗，而蒙古軍猝至，困其營，三日不下，誘令納賄行成，俟其出，疾攻之，殲馘無算。《速不台傳》謂一戰降之，不言獲而言降，亦非無故。獲計掖甫、扯耳尼哥等部之王，縛置於地，覆板爲坐具，蒙古將領高坐其上，飲酒歡會，多壓斃者。哲别令曷思麥里檻致扯耳尼哥王於太子术赤，誅之。此據《曷思麥里傳》，兼本西書。是役也，俄亡六王七十侯，兵士十死其九。

攸利第二王得請兵信，令其姪遏羅斯托王瓦西耳克康斯但丁諾委翅率衆往助，遏羅斯托城，今曰遏羅斯托弗哀。行至扯耳尼哥，聞軍敗，亟引退。是時俄列城皆無備御，不能爲戰守計，惟俟兵至，乞降免死，舉國大震。乃蒙古軍西至帖尼博耳河，北至扯耳尼哥城、諾拂郭羅特夕尼斯克城而止。是冬，端河、浮而嘎河冰合。全軍涉冰東行。捷書至太祖行在，命以馬十萬犒師，封术赤於奇卜察克，以轄西北之地。十九年甲申，术赤西行，哲别、速不台歸太子部兵，自率所部平康里而東返，中道，哲别卒。蒙古之滅康里，不知在何年，西書亦失考，但似在戰勝俄羅斯之後而已。《元史・阿沙不花傳》：「阿沙不花，康里國王族也。初，太祖拔康里時，其祖母苦滅古麻里氏新寡，有二子皆幼。國亂家破，無所依。一夕，有數駝皆重負突入營中，驅之不去，發視其裝，皆西域重寶，遂驅馳至京師。時太祖已崩，太宗立，盡獻其所有。」據此則康里之滅，當在太祖季年，西域還師之後，故距崩期不遠。奇卜察克在西，康里在東，係於哲、速二將東還之下，庶爲近似。《曷思麥里傳》言軍還，哲伯卒，與西書同。

張榮部

綜述

《元史》卷一五〇《張榮傳》 張榮字世輝，濟南歷城人，狀貌奇偉。嘗從軍，爲流矢貫眥，拔之不出，令人以足抵其額而拔之，神色自若。金季，山東羣盜蜂起，榮率鄉民據濟南黌堂嶺，衆稍盛，遂略章丘、鄒平、濟陽、長山、辛市、蒲臺、新城及淄州之地而有之，兵至，則清野入山。

歲丙戌，東平、順天皆内屬，榮遂舉其兵與地，納款於按(亦)〔赤〕台那衍，引見太祖，問以孤軍數載，獨抗王師之故，對曰：「山東地廣人稠，悉爲帝有。臣若但有倚恃，亦不款服。」太祖壯之，拊其背曰：「真賽因八都兒也。」授金紫光禄大夫、山東行尚書省，兼兵馬都元帥，知濟南府事。時貿易用銀，民爭發墓劫取，榮下令禁絶。

庚寅，朝廷集諸侯議取汴，榮請先六軍以清蹕道，帝嘉之，賜衣三襲，詔位諸侯上。辛卯，軍至河上，榮率死士宵濟，守者潰。詰旦，敵兵整陣至，榮馳之，望風披靡，奪戰船五十艘，麾抵北岸，濟師，衆軍繼進，乘勝破張、盤二山寨，俘獲萬餘，大將阿朮魯恐生變，欲盡殺之，榮力争而止。癸巳，汴梁下，從阿朮魯爲先鋒，攻睢陽，議欲殺俘虜，烹其油以灌城，又力止之。既而城下，榮單騎入城撫其民。甲午，攻沛，沛拒守稍嚴，其將唆蛾夜來擣營，榮覺之，唆蛾返走，率壯士追殺之，乘勝急攻，城破。就攻徐州，守將國用安引兵突出，榮逆擊之，亦破其城，用安赴水死。乙未，拔邳州。丙申，從諸王闊端破宋棗陽、仇城等三縣。

時河南民北徙至濟南，榮下令民間，分屋與地居之，俾得樹畜，且課其殿最，曠野闢爲樂土。是歲，中書考績，爲天下第一。李璮據益都，私餽以馬蹄金，榮曰：「身既許國，何可擅交鄰境！」却之。年六十一，乞致仕，後十九年，世祖即位，封濟南公，致仕卒，年八十三。

魏源《元史新編》卷二七《張榮傳》 張榮字世輝，濟南歷城人。狀貌奇偉。嘗從軍，爲流矢貫眥，拔之不出，令人以足抵其額而拔之，神色自若。金季，羣盜起，榮率鄉民據濟南黌堂嶺，衆稍盛，遂略章丘、鄒平、濟陽、長山、辛市、蒲臺、新城及淄州之地而有之。兵至，則清野入山。

歲丙戌，東平、順天皆内屬，榮遂版其民五十萬，納款於按(亦)〔赤〕台那衍，引見太祖，問以孤軍數載抗命之故，對曰：「山東地廣人稠，因守者非人，悉爲陛下有。臣若但有倚恃，亦不款服。」太祖壯之，拊其背曰：「真賽因拔都也。」授山東行尚書省兼兵馬都元帥，知濟南府事。時貿易用銀，民爭發墓劫取，榮下令禁絶。

太宗時，集諸侯議取汴，榮請先六軍以清蹕道。詔位諸侯上。辛卯，軍至河上，榮率死士宵濟，奪戰船五十艘，麾抵北岸，濟師。從攻河南、睢陽、沛、徐、邳，獲其大將國用安。諸將有屢議屠戮所下城者，又議欲殺俘虜烹其油以灌城者，榮皆力争止之。復從攻宋棗陽、仇城、六安，脱民於兵甚衆。

時河南民北徙至濟南，榮令民間，分以田宅，課以樹畜，曠野闢爲樂土。是歲，中書考績第一，授濟南路萬户。世祖即位，封濟南公，致仕，卒。

曾廉《元書》卷四一《張榮傳》 張榮，字世輝，濟南歷城人也。狀貌奇偉，嘗從軍，爲流矢貫眥，拔之不出，令人以足抵其額而拔之，神色自若。金季，山東多盜，榮帥鄉民據濟南黌堂嶺，衆稍盛，遂略章邱、鄒平、濟陽、長山、新市、蒲臺、新城及淄州之地而有之。兵至，則清野入山。

太祖二十年，東平、保州皆内屬，榮遂舉其地納款於按陳那顔，引見，太祖問以孤軍數載獨抗王師之故，對曰：「山東地廣人稠，皆爲帝有。臣若但有倚恃，亦不款服。」太祖壯之，拊其背曰：「賽因拔都兒也。」授金紫光禄大夫、山東行尚書省兼兵馬都元帥，知濟南府事。時貿易用銀，民爭發墓劫取，榮下令禁絶。

太宗二年，朝廷集諸侯議取汴。榮請先六軍以清蹕道，帝嘉之，賜衣三襲，詔位諸侯上。明年，軍至河，榮帥死士宵濟，奪船以濟後軍。進破張、盤二山寨，俘獲萬餘。總帥阿朮魯欲盡殺之，榮力争而止。五年，汴梁下，從阿朮魯爲先鋒，攻歸德。議欲烹俘取油以灌城，又力止之。既而城下，榮單騎先入撫其民。明年攻沛，守將唆蛾夜來擣營，榮擊殺之，城破，遂克徐州，叛將國安用赴水死。七年，拔邳州。八年，從曲出太子破宋棗陽等三縣。

時河南民北徙至濟南，榮下令民間分屋與地居之，俾得樹畜，且課其殿最，曠野闢爲樂土。是歲，中書考績爲天下第一，授濟南路萬户。

世祖即位，封濟南公。致仕時，與張柔同日封公，蓋寵禮之異他諸侯焉。未

幾卒，年八十三。

雜録

備録

王惲《秋澗先生大全文集》卷八二《中堂事記下》 濟南張榮爲濟南公，其詞曰：「大夫謝事，得進退之宜；國家定封，明始終之義。某官，功高舊德，教備義方。方深分閫之期，遽有懸車之請。宜疏上爵，以示殊恩。可特封某公致仕。慶及子孫，常保山河之誓；名垂竹帛，永爲忠義之門。頤養退齡，保全耆德。」

藝文

程鉅夫《雪樓集》卷一六《濟南公世德碑》 甚矣，天之愛斯民也。民之有主也，猶天之有日也，不可以二。故自古及今，天下合于一而民始定。不然，邊陲兩界，日殘於鋒鏑，天心之仁，豈忍斯民之至是哉。金人有中土，宋氏保江南，力不能以相并。天將命不世之主，出而一之。我朝起自漠北，剪金茹宋，討服薄海内外諸國，凡天所覆，日所照，莫不臣屬而爲一家。於是斯民得見一統太平之盛，此我朝之有大功德於天下，而天之所以愛斯民也。然當天下之未一也，彼天之所廢，不可復支，令有不行，政有不及，而一方之民遑遑無依。於斯之時，不有間世之英，可勝牧伯之任，保聚其衆，徐視天命之所歸，則斯民也，不膏血於兵，即魚肉於寇，豈復有遺類哉。此濟南公之有大功德於一方，而亦天之所以愛斯民也。蓋自我師克燕，金人徙汴，山之東、河之北，盗之區、兵之衝也。其間能捍敵芘民，自奮於時，而興覇業者，有四。歸朝之後，天下稱爲四諸侯，濟南公其一也。

公諱榮，字世耀，濟南歷城人。自其先世，已能力本以饒其家，散利以惠其鄉，積德崇義，人知其後必大。公體貌雄偉，技擊便捷，材略大過於人。蓋天之篤生爲斯民計，故能於喪亂搶攘之際，全數十萬口之命，山棲野處，以待時之清。及我師之至，即以衆附朝命，授金紫光禄大夫、山東行尚書省兼兵馬都元帥，知濟南府事。常從征伐，以勇策勳，以仁止殺。遂至平定中原，修復濟南廢城，爲國雄藩，當東南一面之寄。事上有禮，恤下有恩，而民益有所倚賴。艾服官政之年，遽致其事，子孫再世襲爵，治法征謀，皆卓然有立，無忝父祖。而公猶康强壽考，被遇三朝，封濟南公，賜銀印。子孫男女八十餘人。年八十有三，乃終。非其有大功德於民而然與！夫愛民者天之心也，厚施在民，天必報之。余觀張氏三世入爲諸侯，奠一方，出佐天子定天下。始而一方得脱於亂離，終而天下得免於戰争，誰之賜也，是其施於民者厚，則其受報於天者，宜何如？張氏子孫福禄名位，殆方昌而未已也。

揭傒斯《揭文安公全集》卷六《金紫光禄大夫山東行尚書省兵馬都元帥知濟南府事特封濟南公致仕贈効忠宣力佐命功臣榮禄大夫司徒柱國追封齊國公謚忠襄張榮加贈推忠宣力正義佐命功臣太師開府儀同三司上柱國追封濟南王仍謚忠襄制》 朕纂承基緒，每思創業之惟艱；褒卹勳勞，常恐推恩之未至。况山東諸侯之起，皆天下良將之雄。既盡厥忠，宜豐其報。某官，沈幾先物，遺愛在人。方保有齊民，已知真主之受命；及歸我太祖，歷事累朝而致身。秣馬南征，則孱金亡走；拔劍東指，則逆璮就擒。握兵柄者餘四十年，未嘗妄殺；臨軍陣者凡數百戰，動必有功。故詔有張相之稱，而世任元戎之寄。雖列土之封，猶及於懸車之日；而漏泉之澤，未究於蓋棺之餘。况在爾孫，復爲朕使。或守藩維於外，或司喉舌於中。世篤忠貞，人推謹慎。是用因爾山川之履，增爾勳號之崇。秩既陟於三公，爵仍超於五等。乃爾自致，非朕敢私。於戲，紫綬金章，尚念初來之日；丹書鐵券，永膺異姓之王。神其有知，服此加命。可。

嚴實部

綜述

《元史》卷一四八《嚴實傳》 嚴實字武叔，泰安長清人。略知書，志氣豪放，不治生產，喜交結施與，落魄里社間。屢以事繫獄，俠少輩爲出死力，乃得脫去。癸酉秋，太祖率兵自紫荆口入，分略山東、河北、河東而歸。金東平行臺調民爲兵，以實爲衆所服，命爲百户。甲戌春，泰安張汝楫據靈巖，遣別將攻長清，實破走之，以功授長清尉。戊寅，權長清令。宋取益都，乘勝而西，行臺檄實備芻糧爲守禦計。實出督租，比還，而長清破，俄以兵復之。有譖于行臺者，謂實與宋有謀，行臺以兵圍之，實挈家避青崖。宋因以實爲濟南治中，分兵四出，所至無不下，於是太行之東，皆受實節制。

庚辰三月，金河南軍攻彰德，守將單仲力不支，數求救。實請於主將張林，林逗遛不行，實獨以兵赴之，比至，而仲被擒。實知宋不足恃，七月，謁太師木華黎於軍門，挈所部彰德、大名、磁、洺、恩、博、滑、濬等州户三十萬來歸，木華黎承制拜實金紫光禄大夫，行尚書省事。進攻曹、濮、單三州，皆下之。偏將李信，留鎮青崖，嘗有罪，懼誅，乘實之出，殺其家屬，降于宋。辛巳，實以兵復青崖，擒信誅之。進攻東平，金守將和立剛棄城遁，實入居之。

壬午，宋將彭義斌率師取京東州縣，實將晁海以青崖降，盡掠實家，義斌軍西下，郡縣多歸之。乙酉四月，遂圍東平。實潛約大將孛里海合兵攻之，兵久不(出)〔至〕，城中食且盡，乃與義斌連和。義斌亦欲藉實取河朔，而後圖之，請以兄事實。時麾下衆尚數千，義斌聽其自領，而青崖所掠者則留不遺。七月，義斌下真定，道西山，與孛里海等軍相望，分實以帳下兵，陽助而陰伺之。實知勢迫，急赴孛里海軍與之合，遂與義斌戰，宋兵潰，擒義斌。不旬月，京東州縣復爲實有。是冬，木華黎之弟帶孫取彰德；明年，取濮、東平；又明年，木華黎之子孛魯取益都：實皆有功焉。

庚寅四月，朝太宗于牛心之幄殿，帝賜之坐，宴享終日，賜以虎符。數顧實謂侍臣曰：「嚴實，真福人也。」甲午，朝于和林，授東平路行軍萬户，偏裨賜金符者八人。先是，實之所統凡五十餘城，至是，惟德、兖、濟、單隸東平。丁酉九月，詔實毋事征伐。

初，彰德既下，又破水栅，帶孫怒其反覆，驅老幼數萬欲屠之。實曰：「此國家舊民，吾兵力不能及，爲所脅從，果何罪耶！」帶孫從之。繼破濮州，復欲屠之。實言：「百姓未嘗敵我，豈可與執兵刃者同戮，不若留之，以供芻秣。」濮人免者又數萬。其後於曹、楚丘、定陶、上黨皆然。時兵由武關出襄、鄧，實在徐、邳間，以爲河南破，屠戮必多，乃載金繒往贖之，且約束諸將，毋敢妄有殺掠。靈壁一縣，當誅者五萬人，實悉救之。會大饑，民北徙者多餓死。又法，藏匿逃者，保社皆坐。逃亡無所託，殭尸蔽野，實命作糜粥，盛置道傍，全活者衆。實部曲有逃歸益都者數十人，益都破，皆獲之，以爲必殺，實置不問。王義深者，義斌之別將，聞義斌敗，將奔河南，實族屬在東平者，皆爲所害。河南破，實獲義深妻子，厚周卹之，送還鄉里，終不以舊怨爲嫌。其寬厚長者類若此。

庚子卒，年五十九。遠近悲悼，野哭巷祭，旬月不已。中統二年，追封實爲魯國公，謚武惠。

元好問《遺山文集》卷二六《東平行臺嚴公神道碑》 歲庚辰秋七月，東平嚴公籍彰德、大名、磁、洺、恩、博、滑、濬等州户三十萬，歸於有司。竊嘗考於前世興王之跡，蓋帝王之興，天將舉全所覆者而畀之。時則有魁偉宏傑之士爲之倡大義，建大事，一六合之同異，定羣心之去就，猶之天造草昧，龍見而躍，雲雷合勢，爲之先後，然後騰百川而雨天下者易爲力。臣主之感遇，天人之參會無不然者。初，貞祐南渡，豪傑乘亂而起，四方之人無所歸命。公據上流之便，握勁鋒之選，威望之著，隱若敵國。人心所以爲楚、爲漢者，皆倚之以爲重。至是，曉然知天命所在，莫敢有異志，國家亦藉之以成包舉之勢。故自開創以來，功定天下之半，而聲馳四海之表者，惟公一人而已。非天使之倡大義、建大事，以應興王之跡，其能若是乎？

公諱某，字武叔。其先博之博平人，後遷長清，遂占籍焉。曾大父啓，大父祺，父珪，皆以農爲業。妣，同里楊氏，生二子：長彬，字才叔；次即公。公幼警悟，略知讀書。及長，志節豪宕，若以生産爲不足治者。爲人美儀觀，喜交結，好施予。落魄里社間，不自顧藉。屢以事被繫，俠少輩愛慕之，多爲之出死力，以故得脫去。癸酉之秋，國兵破中夏，已而北歸。東平行臺調民爲兵，以公爲衆所

伏，署百夫長。明年春，泰安人張汝楫據靈岩，遣别將攻長清。公破走之，以功授長清尉，東阿、平陰、長清三縣提控捕盜官。戊寅六月，攝長清令。八月，宋人取益都，乘勝而西。行臺檄公備芻糧，爲守禦計。公出督租，比還，而長清陷。尋以兵復之。有譖於行臺者，謂公與宋有謀，行臺疑公，以兵圍之。公挈老幼壁青崖固，依益都主將，以避臺兵之鋒。宋因以公爲濟南治中，分兵四出，所至無不下。於是太行之東皆公所節度矣。

庚辰三月，河南軍攻彰德。守將單仲力不支，數求公救。公爲請於主將，主將逗留不行，公獨以兵赴之，比至，而仲被擒。公知宋不足恃，首謁先太師於軍門，挈所部以獻。太師時以王爵統諸道兵，承制封拜，乃授公金紫光禄大夫、行尚書省事。其年，進攻曹、濮、單三州，皆下之。偏將李信留鎮青崖，嘗有罪，懼誅，乘公出征，叛降於宋。公兄及夫人杜氏皆遇害。明年，公以太師兵復青崖，擒信，誅之。進攻東平，守將何立剛棄城而奔，公始入居之。又明年，軍上黨。宋將彭義斌説青崖晁海叛公，公之家人復被略去。義斌軍西下，郡縣多爲所脅。乙酉四月，遂圍東平。公間遣人會大將孛里海軍，軍久不至，城中食且盡，乃與義斌連和。義斌亦欲藉公取河朔，而後圖之，請以兄事公。時麾下衆尚數千，義斌不之奪，而青崖所掠則留不遣也。其七月，義斌下真定，道西山，與孛里海等軍相望，分公以帳下兵，陽助而陰伺之。公知勢已迫，即連趣孛里海軍而與之合。戰始交，宋兵崩潰，乃擒義斌。不旬月，先所失部分盡復之。是冬，郡王戴孫取彰德。明年，取濮、東平。又明年，太師攻益都。凡公之功，所在皆爲諸道之冠。

庚寅四月，朝於牛心之帳殿。天子賜之坐，宴享終日。上歡甚，錫公金虎符，寵以不名，又數數目公，顧謂侍臣言：「若嚴公者，真福人矣。」又四年，朝於和林城，授東平路行軍萬户。偏、裨賜金符者八人。初，公之所統，有全魏，有十分齊之三，魯之九。及是，畫境之制行，公之地於魏，則别大名，又别爲彰德；齊與魯，則復以德、兖、濟、單歸於我。丁酉九月，詔書命公毋出征伐。當是時，公以百城長東諸侯者十五年矣。始於披荆棘、扞豺虎，敝衣糲食，暴露風日，挈溝壑轉徙之民，而置之衽席之上，以勸耕稼，以豐委積。公帑所積，盡於交聘、燕享、祭祀、賓客之奉，而未嘗私貯之。辟置俊良，汰逐貪墨，頤指所及，竭蹷奉命。不三四年，由武城而南，新泰而西，行於野，則知其爲樂歲；出於塗，則知其爲善俗；觀於政，則知其爲太平官府，而公之心力，亦已盡矣。上亦雅知公不便鞍馬，念其功而憫其勞，視之猶家人父子，欲使之坐享康寧壽考之福，故聖意優卹如此。

公病風痺久，人有勸迎良醫者，笑曰：「人豈不死耶？得無疾痛以没，足矣。」以庚子四月己亥，春秋五十有九，薨於私第之正寢。是夕，大星殞於縣界，人以爲公殁之應。五月壬申，舉公之柩，葬於鵲里之新塋，禮也。公既握兵柄、顓生殺，時年已長，經涉世故久，乃更折節自厲，間亦延致儒士，道古今成敗，至前人良法美意所以仁民愛物者，輒欣然慕之。故雖起行伍間，嚴厲不可犯，至於仁心爲質者，亦要其終而後見也。

彰德既下，又破水柵。郡王怒其反復，驅老幼數萬，欲屠之。公解之曰：「此國家舊民。吾兵力不能及，爲所脅從，果何罪耶？」王從公言，釋不誅。繼破濮州，復有水柵之議。公爲言：「百姓未嘗敵我，豈可與兵人併戮之？不若留之農種，以給芻秣。」濮人免者又數萬。其後於曹，於定陶，於楚丘，於上黨，蓋未有不然者。大兵由武休出襄、鄧。公時在徐、邳間，以爲河南破，屠戮必多。我當載金繒往贖之，且約束諸將毋敢妄殺，有所鹵獲，必使之骨肉完保。靈壁一縣，當廢者五萬人，公所以救之者百方。兵人既素服公言，重爲資幣所誘，故皆全濟。中有求還鄉里者，悉縱遣之。是冬大飢，生口之北渡者多餓死。又藏亡法嚴，有犯者，保社皆從坐之。逋亡纍纍，無所於託，僵屍爲之蔽野。公命作糜粥，盛置道旁，人得恣食之，所活又不知幾何人矣。初，公之部曲有亡歸益都者數十人，益都破，皆獲之，人以爲必殺，而公一切不問。王義深，義斌之别將，聞義斌敗，將奔河南，凡公族屬之在東平者皆爲所害。河南破，公獲義深妻子，厚爲賙卹之，且護送還鄉里，終不以舊事爲嫌。其能人之所難能者又如此。東州既爲樂土，四外之人託公以爲命者相踵也。公爲之合散亡，業單貧，舉喪葬，助婚嫁，多求而不靳，屢至而不厭。肉骨之賜，卵翼之惠，日積而月累之，蓋有不可勝書者矣。故聞訃之日，遠近悲悼，境内之人，野哭巷祭，旬月不能罷。古之所謂「愛如父母」、「敬如神明」者，於公見之。

子男七人：長忠貞，金紫光禄大夫，前公卒。次忠濟，襲公職。次忠嗣、忠範、忠傑、忠裕、忠祐。姪一人，忠輔。女七人。孫一人。忠貞之子朗既葬之三月，孤子忠濟等狀公之行，以神道碑爲請。敢以智愚之所共知者論次之，而系之以銘。

元好問《遺山文集》卷二六《東平行臺嚴公祠堂碑銘有序》 山東，重地所在，

天下莫與爲比。杜牧以爲：主者不得之，則不可以王；伯者不得之，則不可以伯。古之山東，今河朔燕、趙、魏。是以就三鎮較之，魏常制燕、趙之生死，而懸河南之重輕，故又重焉。方天兵南下，海宇震蕩，雷霆迅擊，無不糜滅。燕城既開，朔南分裂，瞻烏爰止，不知於誰之屋。公擁上流，握勁鋒，審大命之去就，一羣疑之同異，乃以庚辰春，籍所統彰德、大名、磁、洺、恩、博、滑、濬等州户三十萬，獻之太師之行臺。形勢既彊，基本斯固。國家所以無傳檄之勞，亡鏃之費，而成包舉六合之功者，公之力爲多。昔淮陰襲歷下軍，盡有齊地，高祖因之以成帝業。耿弇攻祝阿，竇融合五郡兵，光武因之以集大統。以公方之，尚無愧焉。

好問客公幕下久，故能知公所以得民者。蓋公資稟沉毅，威望素著，且嚴於軍律，少所寬貸，見者流汗奪氣，莫敢仰視。中歲之後，乃能以仁民愛物爲懷。郡王兵破相下之水柵，繼破曹、濮，怒其翻覆，莫可保全，欲盡坑之。公百方營救，得請而後已。兵出荆襄，公自邳、徐赴之，謂所親言：「河南受兵，殺戮必多。當載金帛以贖之。」靈壁降民方假息待命，公餽主兵者，下迨卒伍，亦霑膏潤，一縣老幼皆被更生之賜，且縱遣之。計前後所活，無慮十數萬人，生口北渡，無從得食，糜粥所救者尚不論也。畫境之後，創罷之人新去湯火，獨恃公爲司命。公爲之闢四野，完保聚。所至延見父老，訓飭子弟，教以農里之言，而勉之孝弟之本。懇切至到，如家人父子，初不以侯牧自居。官使善良，汰逐貪墨。貸逋賦以寬流亡，假閒田以業單貧，節浮費以豐委積，抑游末以厚風俗。至於排難解紛，周急繼困，收恤孤嫠，佽助葬祭，菽粟易於水火，冰霜化而紈袴，人出强勉，我則樂焉。故薨謝之日，境内之人號泣相弔，自謂一日不可復活。非策慮愊億，洞見物情，權剛柔之中，持操縱之術，始以重典立威，終以仁心爲質者，能如是乎？

壬子孟冬，公之嗣子某走書幣及好問於鎮陽，書謂好問言：「先公功著，興王之初，名出勳臣之右。虎符龍節，長魏、齊、魯五十城者踰二十年。官有善政，政有遺愛。敬者比之神明，報之欲其長久。某猥嗣世爵，大懼弗克奉揚先德，輒與參佐、部曲、士庶、耆壽同力一志，作爲新廟，以致礿祠烝嘗之敬。宜有文辭昭示永久，惟吾子惠顧之。」好問以爲祠祭之爲大事，尚矣。以勞、以功，三代不易之道，若欒布之立社，甄子然、宋登之配食。後世亦有以義起之者，蜀人祭忠武侯於道陌，而博士拜章。王珪通貴，不營私廟，而法官劾奏。禮固不可以變古，而亦貴於沿人之情，況乎時則綿蕝未遑，人則君蒿將見，如公之廟貌，獨不可以義起乎？祀典廢於一時，公議存乎千載。異時有援表忠觀故事言於朝者，尚有攷焉。好問既述公之事，又系之以詩，使歌以祀公。

邵遠平《元史類編》卷一八《嚴實傳》 嚴實，字武叔，泰安長清人。畧知書，志氣豪放，喜結交施與，落魄里社間，屢以事繫獄，俠少輩爲出死力，得亡去。癸酉秋，太祖率兵自紫金口入，分畧山東、河北歸。金東平行臺籍民爲兵，授實百户，使權長清令。或譖實陰與宋結，實懼，挈家壁于青崖崓，以魏、博、開、相等郡歸宋，宋拔實爲濟南治中，太行之東，並聽節制。

實知宋不足恃，庚辰七月，復挈所部彰德、大名、磁、洺、恩、博、滑、濬等三府六州户三十萬來歸，木華黎承制以實行尚書省事。《綱目》云：實將李信乘實出，殺其家屬降宋。實攻信，殺之，復取青崖崓。攻下曹、濮、單三州，進取東平。金將和立剛遁，實入據其城。宋將彭義斌帥師克山東，兵勢大振，遂圍東平。城中食且盡，實乃陽與連和。義斌亦欲藉實取河朔而後圖之，請以兄事實。義斌下真定，與蒙古將孛里海軍相望，實即馳赴與之合。史天澤復以鋭卒畧其後，義斌被擒，不屈死之。不浹旬，京東州縣復爲實有，即權山東西路行省事。庚寅，朝太宗于牛心之幄殿，賜坐，宴享終日。數顧謂侍臣曰：「嚴實，真福人也。」甲午，朝和林，授東平路行軍萬户，詔毋事征伐。《名臣事畧》云：時實以百城長東諸侯者十五年，上雅知實不便鞍馬，憫其勞，故優卹如此。

初，木華黎之弟帶孫攻下彰德，怒反覆，欲屠其城，實曰：「此國家舊民，吾兵力不能及，爲所脅從，果何罪邪？」及破濮州，實言百姓未嘗拒敵，與其多戮無辜，不若留之以供芻秣，由是得免者數萬人。兵由武關出襄、鄧，河南被俘者多，實載金繒往贖，且約束諸將毋殺掠。又多作糜粥以食流民，全活頗衆。儒士遭兵亂，多失業無依。實辟其賢者，置之幕府，修學校，招生徒，一時名士多以實爲歸。實爲合散亡，業單貧，舉喪葬，助婚嫁，人尤德之。部曲有逃回益都者，益都破，獲歸，皆自分必殺，實置不問。王義深者，義斌别將也，實族屬在東平，向爲所害。河南破，實獲義深妻子，厚周卹之，送還鄉里，終不以舊怨爲嫌。太宗十二年卒，遠近悲悼，野哭巷祭者，旬月不已。元好問《神道碑》云：實病風痺久，有勸迎良醫者，笑曰：「人豈不死？得無疾痛以殁，足矣。」中統二年，追封魯國公，諡武惠。

魏源《元史新編》卷二九《嚴實傳》 嚴實字武叔，泰安長清人。略知書，少

豪，不治生産，喜交接施與，落魄里社間，屢以事繫獄，俠少輩爲出死力脱之。

癸酉秋，太祖率兵自紫荆口入，分略山東、河北、河東歸。金東平行臺調民爲兵，以實爲百户。甲戌春，以破泰安賊功，權長清令。宋兵襲破長清，實以兵復之。或譖實陰與宋結，行臺以兵圍之，實挈家走宋。宋以爲濟南治中，分兵四出，所至無不下，於是太行之東，皆受實節制。

庚辰三月，金河南軍攻彰德，實請救於宋主將張林，林逗遛不行，實獨以兵赴之，比至，而城破。實知宋不足恃，七月，挈所部兵及大名、磁、洺、恩、博、滑、濬三府六州户三十萬，來歸木華黎，承制拜實行尚書省事，攻下曹、濮、單三州，進取東平。

壬午，宋將彭義斌率師克山東，郡縣響應，遂於乙酉四月圍東平。實潛約次將孛里海合兵攻之，孛里海兵久不至，城中食且盡，乃與義斌連和。義斌亦欲藉實取河朔，而後圖之，聽實自領麾下衆數千。七月，義斌下真定，道西山，與孛里海等軍相望，分實以帳下兵，陽助而陰伺之。實知其計，遂赴孛里海軍，與義斌戰，史天澤復以鋭卒略其後，宋兵潰，禽義斌。不旬月，京東州縣復爲實用。是冬，從木華黎子弟兵取彰德。明年，取濮、東平。又明年，取益都。

庚寅四月，朝太宗於牛心之幄殿，帝賜之坐，宴享終日，賜以虎符。甲午，朝於和林，授東平路行軍萬户，偏裨賜金符者八人。先是，實所統五十餘城，長東諸侯者十五年，至是，上雅知實年老，不便鞍馬，詔毋事征伐。

初，木華黎之弟帶孫攻下彰德，怒其反復，欲屠其城。實曰：「此國家舊民，吾兵力不能及，爲所脅從，果有何罪。」繼復欲屠濮州，實言：「百姓未嘗拒敵，豈可與執兵臨陣者同戮，不若留之，以供芻秣。」由是得免者數萬。元兵由武關出襄、鄧、河南，俘戮者多，實載金繒往贖，且約束諸將，毋妄殺掠。又多作糜粥以哺難民，全活者衆。儒士遭兵亂，多失業無依，實辟其賢者，置之幕府，修學校，招生徒，一時名士多以實爲歸。實爲合散亡，業單貧，舉喪葬，助婚嫁，人尤德之。部曲有逃回益都者被獲，皆自分必死，實置不問。王義深者，義斌别將。實族在東平，向爲所害。河南破，實獲義深妻子，厚周恤之，送還鄉里。人推爲長者。

太宗十二年，卒。中統二年，追封魯國公，謚武惠。

曾廉《元書》卷二九《嚴實傳》 嚴實，字武叔，濟南長清人也。少豪宕，不治生産，好交結施與，落魄里社間。屢以事繫獄，諸俠少爲出死力，脱之。金貞祐元年，國兵分略金地，南至於濟、沂。金時募民爲兵，以實爲百户。俄以破走長清賊功，授長清尉。興定二年，權爲令。宋將李全破鄒平，乘勝而西。實謀固守禦，因出督租以備糧芻，比還，而縣已破，尋以兵復之。明年，濟南改屬山東西路，於是，東平行省受譖，謂實與宋有謀，遂以兵圍實。會是時，張林以益都降宋，宋使之領京東，實乃挈家壁青崖山依林，宋因以實爲濟南治中。實雖名豪俠，然性寬和，既仕金，不得行其志，改事宋，欲有所展布，遂北收金人殘郡。諸郡樂其惠愛，於是太行以東彰德、磁、洺、濬、滑，皆棄金受實節制。太祖十五年，金河南軍攻彰德，守將單仲告急，實請於張林救之。林諾而遲不行，實獨以兵往，比至，而仲被禽，然彰德復歸實。實由是悵然，知宋亦不足恃。會國王木華黎復南伐，實乃決意歸國。

木華黎輕騎入濟南，實籍府二州四户數十萬以降，木華黎承制以爲金紫光禄大夫、行山東西路尚書省事。進攻曹、濮、單，皆下之，遂從木華黎圍東平。明年，金行省蒙古綱棄城遁，實遂仍東平爲治所。十七年，宋大名忠義總管彭義斌復取京東，實將晁海以青崖降，實家皆被掠去。義斌兵西下，郡縣多歸之。二十年，遂圍東平，實約孛里海合兵攻之，兵久不出，城中食且盡，乃與義斌連和。義斌亦欲藉實取河朔而後圖之，請以兄事實。既而武仙以真定叛，與義斌合。義斌將趨真定以援仙，道贊皇五馬山，與孛里海軍相望。實即奔入孛里海軍，遂與義斌戰，敗之，俄爲史天澤所邀斬，事在《天澤傳》。義斌死，實從肖乃台收大名，復定東平，家室亦復完。並收恩、博諸地，凡得全魏十分，齊之三，魯之九，所統至五十四城矣。是時，所在殘破，惟實有善政，境内治安，四方爭赴焉。太宗二年入覲，賜之坐，宴享終日，佩以虎符。帝數顧實，謂左右曰：「嚴實，真福人也。」六年，復入朝，命以山東行軍萬户，世襲，偏裨賜金符者八人。九年，以實年老，詔無事征伐。十二年卒。

實生平好援人，於瀕死窮時則已然。後郡王帶孫下彰德及濮州諸城，皆欲屠之，以實諫而止。大兵由武休出唐、鄧，實時在徐、邳間，以爲河南破，屠戮必多，乃遣人多載金繒往贖之。靈壁一縣，當誅者五萬人，實悉救之。會大饑，河南民被俘而北，道多餓殍，而法禁匿逃俘，保社皆坐，實乃命作糜粥置道旁，由是全活者衆。然實但略知書，而雅親文儒，其致治績亦多獲諸賢之益云。卒之日，遠近悲悼，野哭巷祭，旬月不已。中統二年，追封魯國公，謚武惠。

雜録

備論

元好問《遺山文集》卷二六《東平行臺嚴公神道碑》　銘曰：岱宗巖巖，清濟洋洋。仡彼嚴公，尹茲東方。維大國齊，維魯所荒。大安衰微，元元遺兇。鋤耰棘矜，迭爲長雄。遺黎惘然，擿埴斯窮。公乘其時，奮從兵戎。心爲蓍龜，往迓大同。挾右太行，以入王封。人瞻者烏，我龍之從。儷景同翻，欝爲雷風。乾端坤倪，一廓屯蒙。奔走先後，莫予敢侮。莫予敢侮，惟公之武。乃錫金虎，民汝予撫。民惟天民，惟公受之。有内之溝，職公捄之。大布我衣，大帛我冠。斜傾我扶，罅漏我完。爾有瘡罷，我遑我安。金革之威，肅於凛秋。化而陽春，悴槁和柔。祥風愉愉，叶氣油油。河潤之溥，暨於他州。民拜公賜，有憂斯禱。祝公壽考，爲國元老。如山如河，受福則遐。齊政方報，魯婦已髽。布宣王靈，繄公是賴。愛養基本，繄公是戴。巨室喬木，式瞻誰在。相彼邦民，古無遺愛。有開必先，惟公之功。寵以不名，公名之崇。巍巍堂堂，哀榮始終。誰其配之，錢氏孝忠。茌平之原，龜石穹窿。勒我銘詩，以對景鐘。

元好問《遺山文集》卷二六《東平行臺嚴公祠堂碑銘有序》　詩曰：天造草昧福有幾，風雲感會神與期。乾龍用九方奮飛，濟蛟豈得留汙池。王伯之柄魏所持，金城千里山四維。公籍盈數數有畸，燕趙廓廓無藩籬。六合遂入天戈麾，猶之歷下開漢基。楚破竹耳將安歸？天官葵功絕等夷。介三大藩晝郊圻，大帛之冠大布衣。煌煌德星出虛危，扶傷合散傾復支。民恃保障輕繭絲，年穀屢豐物不疵。諸侯代興公維師，誰謂華高可齊而！武公司徒屈於斯，眉壽保魯止於斯。昔歌且舞今涕洏，人疇依乎遽奪之。甘棠之蔭公之祠，麗牲有碑碑有詩。戰功曰多民政慈，尸而祝之寧我私。公福我兮無已時，子孫衆民其世思。

藝文

王惲《秋澗先生大全文集》卷一二《謁武惠魯公林墓四十韻》　金馭成陰朽，山東自古彊。限田摽鎮戍，積憤致搶攘。武惠當年傑，天心霸業匡。雲龍時際會，風虎日翱翔。五十連城重，三千戰士良。一朝歸版籍，遺愛在耕桑。甫定先文治，來威戒伐張。儉恭希大帛，號令肅秋霜。氣革耰鋤擾，風還禮義鄉。頌方歌魯盛，人駴隕星鏜。雲出青崖頂，烏瞻泰岱傍。驅車經鵲里，故宅似汾陽。山倚祁連塚，祠荒緑野堂。門旌虛將幄，燕寢尚清香。有客追疇昔，懷人動慨慷。王師初破汴，河朔久淪綱。文物隨雲散，招徠不一亡。盡收周禮樂，重闢漢科場。清秩銓華省，群英萃郡庠。有金皆冶器，無玉不追章。蓄德需明主，流波及四方。星躔從落落，奎彩獨煌煌。嗣相圖光紹，先猷在益彰。雪山宜久重，世業寖丕昌。帝道開中統，皇風煽八荒。重推黄閣相，輕是尚書郎。兩署分荷橐，千官列鴈行。至今稱濟濟，所在見蹌蹌。原治無多術，推賢用巨量。措材真得所，收効儘非常。侯國能如此，朝家化更皇。闡明雖實理，勉勵乏明揚。一代徐通議，中流號巨防。試圖援手助，潛有跋胡妨。薄宦新過魯，諸生懼面墻。泮田饒樂育，師授柰無望。可惜絃歌地，虛成笱在梁。力扶雖切切，事迫去遑遑。量分功名薄，傷時涕泗滂。野煙知客恨，先自柏城蒼。

察合台部

綜述

邵遠平《元史類編》卷三〇《察合台傳》 察合台，性縝密，爲衆所畏服。與兄术赤並從太祖伐金，征西域，屢著戰功。見《太祖紀》。世祖至元三年，始建太廟，定八室之制，修家人禮，奉皇伯考术赤於第四室，察合台於第五室，歲用冬祀。武宗定廟室爲東西次，乃罷祔享。

魏源《元史新編》卷一六《察合台傳》 察合台封天山南回疆，建庭於葉爾羌，即古莎車地，而以回疆諸城分王其子，皆以葉爾羌爲大宗。察合台二子：長曰耶速蒙哥，無後。次曰合剌旭烈，生四子：一曰阿魯忽，封斡端城。一曰巴剌，封哈失哈爾，即今喀什哈爾。其子買住韓，封兖王。一曰威遠王阿只吉，封阿克蘇，其子忽都帖木爾襲爵，其孫圖剌封越王。一曰帖木爾不華，封烏什，其子南答失里。

四支中惟阿魯忽叛於斡端，故世祖命諸王合班、元帥芒古台率師征之，遂置斡端宣慰司元帥府。仁宗延祐中，斡端地復有叛者，遣鎮西武靖王搠思班率兵討之。其威遠王阿只吉則屢統大軍以禦漠北之叛，甚著忠順。而其孫越王圖剌亦不以功名終。

初，成宗之崩也，左丞相阿忽台等，謀擁皇后稱制擅柄。仁宗歸自懷孟，中外汹汹。仁宗以圖剌有勇力，引之入内，縛誅奸相，以功封越王，賜金印，以紹興路爲其分地。而圖剌居常怏怏怨望。至大元年，武宗幸涼亭，將御舟，圖剌前止之曰：「語有之，一箭中麋，毋曰自能。百兔未得，未可遽止。」此蓋蒙古舊俗，儕輩相靳之語，而圖剌施之御前，武宗心不平。既而大宴萬歲山，圖剌醉起，解帶擲地，嗔目謂帝曰：「爾所與我，止此邪？」帝疑其有異志。二年春，命楚王牙忽都、丞相脱脱等鞫之，辭服，遂伏誅。

察合台子孫，世長回部，元亡以後，尚傳國二十五世。至國朝順治初，有葉爾羌之阿布都勒汗，上表自稱成吉思汗之孫，承蘇勒坦業，九子分治九城，哈密、土魯番皆其所轄，而以葉爾羌酋爲大宗。蘇勒坦者，回部王號也。蘇勒坦，《明史》作「速魯檀」，《元史》作「算端」，一作「算灘」，一作「斯坦」，一作「士丹」，皆汗王之稱，譯音無定字。康熙二十一年，北路瓦剌部準噶爾强盛，始縶元裔阿布都實於山北。三十五年，王師敗準噶爾，詔釋元裔，由哈密歸葉爾羌，自後汗位遂絶。乾隆平定西域時，黄廷桂奏，吐魯番無復蒙古裔，瓜州回民願歸故土，納貢賦云。

曾廉《元書》卷三九《察合台傳》 察合台太子，亦曰茶合斛，亦曰茶合帶，亦曰察阿歹。太祖伐金，伐西域，常偕其兄术赤、弟窩闊台將一路軍，獲地多焉。太祖既定西域，以术赤、察合台分王之。察合台都斡端途魯吉城。斡端，古于闐也，故亦號于闐王。地枕山帶河，河産美玉，桑麻禾黍，宛然中土。其疆，西踰葱嶺，大鹽池西，阿母河南北皆隸焉；東與河西及也兒的石接，南際土蕃，北踰亦列河。先時西遼故地，察合台盡有之，畏吾兒、哈剌魯皆其所鎮撫也。察合台之國，命從博爾术受教。察合台能納善，不自矜張。太祖崩，察合台來，會於怯緑連河。先是，國俗尊屬朝會，用家人禮，不拜。太宗即位，察合台從耶律楚材言，拜焉，遂定朝儀。太宗尊察合台爲皇兄，鑄寶以授。五年，興州楊買驢附趙興祚反，察合台帥師同按只吉歹討之，破之於險樹寨，盡翦其餘黨。八年，分食太原四萬七千户。十年，益以真、定、深州萬户。十三年薨。

牙老瓦赤部

綜述

曾廉《元書》卷三七《牙老瓦赤傳》 初，敏久制燕，少戢咸得不之暴，及牙老瓦赤來，非其願也。既而憲宗立，召敏赴行在，時牙老瓦赤方以請易印於帝前，爲趙璧所奪，語在《璧傳》。然憲宗卒用牙老瓦赤，命與布智兒、斡魯不、覩答兒共充燕京尚書行省，皆粗野無法。世祖在藩，嘗過燕，見其一日殺二十八人，其一人盜馬者，既杖釋之，旋以試環刀，追還斬焉。世祖曰：「凡死罪，必詳讞而後行刑。今一日而殺二十八人，能無非辜乎？且既杖復斬，此何刑也？」布智兒錯愕不能對，敏亦以其大横黷故，請以子代。【略】牙老瓦赤，亦曰牙剌瓦赤，曰牙魯瓦赤，曰野老瓦實，曰牙剌注赤，回回人，姓忽魯木石氏。子阿里別，亦曰阿里伯，歷中書執政，出行省河南，主襄樊軍餉，未嘗有乏。其後平章江淮政事，爲阿合馬所譖殺之，事具《阿合馬傳》，後謚忠節。

雜録

備録

《元史》卷二《太宗紀》 （十三年）冬十月，命牙老瓦赤主管漢民公事。

《元史》卷四《世祖紀一》 歲壬子，帝駐桓、撫間。憲宗命斷事官牙魯瓦赤與不只兒等總天下財賦于燕。視事一日，殺二十八人。其一人盜馬者，杖而釋之矣。偶有獻環刀者，遂追還所杖，手試刀斬之。

《元史》卷一五三《劉敏傳》 辛丑春，授行尚書省，詔曰：「卿之所行，有司不得與聞。」俄而牙魯瓦赤自西域回，奏與敏同治漢民，帝允其請。牙魯瓦赤素剛尚氣，恥不得自專，遂俾其屬忙哥兒誣敏以流言，敏出手詔示之，乃已。帝聞之，命漢察火兒赤、中書左丞（相）粘合重山、奉御李簡詰問得實，罷牙魯瓦赤，仍令敏獨任。【略】

丙午，定宗即位，詔敏與奥都剌同行省事。辛亥夏六月，憲宗即位，召赴行在所，仍命與牙魯瓦赤同政。

《元史》卷一五八《姚樞傳》 辛丑，賜（樞）金符，爲燕京行臺郎中。時牙魯瓦赤行臺。惟事貨賂，以樞幕長，分及之，樞一切拒絶，因棄官去。

《元史》卷一五九《趙璧傳》 一日，斷事官牙老赤持其印，請于帝曰：「此先朝賜臣印也。今陛下登基，將仍用此舊印，抑易以新者耶？」時璧侍旁，質之曰：「用汝與否，取自聖裁。汝乃敢以印爲請耶！」奪其印，置帝前，帝爲默然久之，既而曰：「朕也不能爲此也。」自是牙老瓦赤不復用。

藝文

馬祖常《石田集》卷一四《故貞節贈容國夫人薩法禮氏碑銘》 夫人薩法禮，故大斷事官雅老瓦實之女孫，故江淮等處行中書省平章政事阿里別之女，故贈榮禄大夫、大司徒、上柱國、容國公帖木兒普化之妻，今朝列大夫、治書侍御史阿魯忽禿之母也。夫人生有淑德懿行，未大顯著，詔令臣祖常制其碑辭。【略】

夫人于闐人，祖雅老瓦實充大斷事官。國初官制未遑立，凡軍國機務悉決於斷事官。斷事官行治在燕，鸞輿尚駐和寧。中原數十百州之命脉系焉，非今日隸於省院者也。父阿里別，以不附權臣而坐法。故書夫人之行，而並著其祖考之實，所以表其積善之微，亦孝子慈孫之志也。傳稱《周南》、《召南》刑家以及國，則婦人之相其夫子者多矣。天子屬臣載於文者，詎非廣教化之意歟？

董俊部

綜述

《元史》卷一四八《董俊傳》 董俊字用章，真定藁城人。少力田，長涉書史，善騎射。金貞祐間，邊事方急，藁城令立的募兵，射上中者拔爲將。衆莫能弓，獨俊一發破的，遂將所募兵迎敵。歲乙亥，國王木華黎帥兵南下，俊遂降。

己卯，以勞擢知中山府事，佩金虎符。金將武僊據真定，定武諸城皆應僊。俊率衆夜入真定，逐僊走之，定武諸城復去僊來附。庚辰春，金大發兵益僊，治中李全叛中山應之。俊軍時屯曲陽，僊鋭氣來戰，敗之黄山下，僊脱走。獻捷于木華黎，由是僊以窮降。木華黎承制授俊龍虎衛上將軍、行元帥府事，駐藁城。俊嘗謁木華黎曰：「武僊黠不可測，終不爲我用，請備之。」木華黎然其言，承制授左副元帥。陞藁城縣爲永安州，號其衆爲匡國軍，事一委俊。(己)[乙]酉，僊果殺都元帥史天倪，據真定以叛，旁郡縣皆爲僊守。俊提孤軍居反側間，戰士不滿千人，拒守永安。僊攻之期年，無所利，乃縱兵蹂禾稼，俊呼語之曰：「汝欲得民，而奪之食，無道賊不爲也。」僊慚而去，俊出兵掩擊之，僊敗走。久之，俊復夜入真定，僊走死，乃納史天倪弟天澤爲帥。

壬辰，會諸軍圍汴。明年，金主棄汴奔歸德，追圍之；金兵夜出，薄諸軍於水，俊力戰死焉，時年四十有八。

俊早喪父，事母以孝聞。歲時廟祭，非疾病，跪拜必盡禮；子雖孩乳，亦使之序拜，曰：「祀，以孝先也，禮宜如是。」待族親故人，皆有恩意；里夫家僮，亦接之有道。克汴時，以侍其軸爲賢，延歸教諸子。嘗曰：「射，百日事耳；《詩》《書》，非積學不通。」屢誡諸子曰：「吾一農夫耳，遭天下多故，徒以忠義事人，僅立門户。深願汝曹力田讀書，勿求非望，爲吾累也。」

俊忠實自許，不爲夷險少移，臨陣，勇氣懾衆，立矢石間，怡然若無事，雖中傷亦不爲動。每慕馬援爲人，曰：「馬革裹屍，援固可壯。」故戰必持矛先士卒，或諫止之，俊曰：「我人臣也，敵在前，不死，乃趨安脱危乎！」先是，戊子歲，朝於行在，諸將獻户口，各增數要利，吏請如衆，俊曰：「民實少而欺以數多，他日上需求無應，必重斂以承命，是我獨利，而民日困也。」行元帥府時，狂男子三百餘人期日作亂，事覺，戮其渠魁，餘並釋之。深、冀間妖人惑衆，圖爲不軌，連逮者數萬人，有司議當族，俊力請主者，但誅首惡。永安節度使劉成叛降武僊於威州，俊下令曰：「逆者一人，餘能去逆，即忠義士，與其家財，仍奏官之。」衆果去成降。沃州民寨天臺爲盜，即破降之，他將利其子女，欲掠之，俊曰：「城降而俘其家，仁者不爲也。」衆義不取。南征時，人多歸俊願爲奴者，既全其家，歸悉縱爲民。鄰境人有被掠賣者，亦與直贖還之。其天性之美類如此。

俊器度弘遠，善戰而不妄殺，故人樂爲之用。大小百戰，無不克捷。爲政寛明，見人善治田廬，必召與歡語，有惰者，則怒罰之，故其部完實，民惟恐其去也。贈翊運效節功臣、太傅、開府儀同三司、上柱國，封壽國公，謚忠烈。加贈推忠翊運效節功臣、太傅、開府儀同三司、上柱國，改封趙國公。子文炳、文蔚、文用、文直、文忠，文炳自有傳。

《光緒藁城縣志》卷八李冶《太傅忠烈公神道碑》 欒、藁相去百里而近，欒、冶鄉也。凡藁人之有尺寸之長者不聞則已，聞則必咏歌之，簧鼓之，惟冀乎天下稱道之，嗟嘆之。曰藁無君子，斯焉取斯，況有禦菑捍患，以功定亂，以死勤事者乎！況其子孫將光大其前人，而有請于文乎！是故宜書再書，不宜書而止也。至元乙丑，河南等路副統軍使董侯文炳及諸弟，以其顯考龍虎公之行狀，再拜請銘其墓道。冶曰：「君家世濟之美，予所飽聞也。既有命矣，敢不祗若。」

按：公世占藁籍，英姿敏達，騎射少雙，讀書雖不甚博，默存獨悟，義理冰釋。貞祐改元，邊圉孔棘，由行伍長萬夫。乙亥，王師南下，公審去就，率衆欵服。而真定首竄，人懷顧望，師無常主，惟公乃心大廟，夷險一節，喋血百戰，每戰皆捷。己卯，擢知中山府事，佩金虎符。武仙既據真定，而定武以南悉爲金守。公晝策拔取真定，仙走獲鹿，由是諸郡一時來屬。明年春，金人與仙相首尾，仙復振，中山治中李全潛爲内應。公北屯曲陽，仙乘勝薄我，公殊死戰，大破之黄山下，仙僅以身免，獲軍資兵仗無算。秋，太師國王經略恒、趙，仙窮蹙降。時都元帥史公鎮真定，表授龍虎衛上將軍、行元帥府事，屯藁。公察仙包藏，會當有變，言之王。壬午，再授左副元帥，府事如故，仍陞藁爲永安州匡國軍，一以委之。乙酉，仙果反，再據真定，河朔諸郡十九俱叛。公獨以見兵千餘拒守彌歲，戰無虚日。秋稼在即，仙悉力芟蹂，公目之爲打田夫，仙慚沮去。已而，公出

奇計，復取真定。慨慷勇決，常以伏波馬革裹尸語，臨陣輒以身先，或勸不可，公曰：「我爲人臣，自當捐軀授命，上報主恩，苟避難，是犬馬不如。」其攻城，則立矢石中，卒有來問，公麾之曰：「此危城，不需來。」壬辰，圍汴，河南諸軍互作聲援，公引部前擊，敵爲之潰。癸巳，金主入歸德，公帥精鋭重圍之。夏四月十有八日，鏖戰竭力而歿，時年四十有八。

於戲！大丈夫忘身殉國有如公者，謂禦菑捍患，以功定亂，以死勤事者而非歟！若夫孝于其父母，友于其昆弟，睦淵任恤，行己居官，則不獨可爲一郡師，雖爲天下師可也。幼失所怙，供養雙親，惟恐不得歡心。親喪，哀毁幾滅性。歲時蒸嘗，雖疢疾亦立侍，嬰孺襁褓中，亦使抱立其側，曰：「祀事，固非孩提所知，禮自不可闕爾。」凡親戚故舊，下至僕隸、乞丐，待之皆有道。丙子歲、丁丑歲薦饑，人相食，公禁止之，因而教耕作，遂復家給。戊子，覲行在，諸路往往增户口徼爵賞，公以實報，主吏告不宜獨異，公曰：「亂後民捐瘠久，我不能困若輩，以求吾己私利。」公之攝帥府也，有謀亂三百人，事覺，但誅首惡，餘釋不問。其後，深、冀間有以妖言惑衆者，有司捕繫，株連千家，擬以門誅。公白主者曰：「渠魁當殺，其餘可貸。」從之，獲全者數萬人。公歿柩歸，其人曰：「是嘗活我及父母妻子者。」迎送慟哭，道路如咽。其出軍於陜西也，武仙誅，永安節度使劉成，以其徒叛屯威州。公下令曰：「此變止成一人，其下皆忠義爲主，復何罪？來降復其將。」踰月，其徒盡歸，材者用，貧者賙。沃州諸縣民據天臺砦，既破，降之。他將閧議，取其童男女，公曰：「既全其命，而復奪之子，非人也。」議遂寢。公南征，人多歸附者，及還，皆縱遣而歸之。隣縣之人或爲所掠，見之必贖歸，復其業。軍中金帛填委，未嘗妄取一髮。屢誡諸子曰：「吾本農家，因時變遷，粗立門户。汝等當勤苦，自食其力，毋貪非分以自貽咎也。」故其終殆不能給葬。器度凝重，當圍城中流矢，左右驚捄，神色自若。平居與士卒同甘苦，將戰，亦不以威迫人，部分有法，且以至誠感動之，故人争效死，嘗能以寡敵衆。爲政寬明，出軍則百姓擁馬遮留，苟在郡則部曲願得以爲主。去三十年，民至于今思之若孺慕也，其得人如此。

公諱俊，字用章，殁後十有七日，以衣冠葬于先塋，禮也。曾祖徽，祖哲，皆韜光田畝。母李氏，有賢行。公之夫人五，李氏、王氏、張氏、王氏、杜氏。子九人，長文炳，河南等路副統軍使，佩金虎符；次文蔚，武衛軍萬户，佩金虎符；次文宜，藁城令，佩符；次文毅，鄧州行千户；次文振，早逝；次文進；次文忠，符寶郎；次文義，早逝。當河南破散時，公聞〔侍〕先生者文行高完，請歸教其子孫。董氏家法皆有素，而重獲善誘，是以一門敬讓，風動四遠，蘭馨玉璨，薰赫昭代，昌盛哉不可及矣。

邵遠平《元史類編》卷一七 董俊，字用章，真定藁城人。少力田，長涉書史，尤善射。金貞祐間，邊事方急，藁城令立的募兵，射中者拔爲將。衆莫能弓，獨俊一發破的，遂將所募兵。木華黎帥兵南下，俊降，權知中山府事。金帥武仙據真定，俊率衆夜襲其城，仙走免。金大發兵益仙，治中李全叛中山應之。時俊軍曲陽，仙鋭氣來攻，敗之黄山下。仙窮蹙來降，俊謁木華黎曰：「武仙黠不可測，終不爲我用。」木華黎然其言，承制授俊左副元帥，升藁城爲永安州，號匡國軍，以備仙。未幾，仙果殺史天倪叛，旁郡縣皆爲仙守。俊提孤軍，居反側間，戰士不滿千人，拒守永安。仙攻之期年，無所利，乃縱兵蹂禾稼。俊呼語曰：「汝欲得民而奪之食，無道，賊不爲也。」仙慙去。久之，俊復夜入奪真定，仙竟走死。永安節度劉成叛，俊下令曰：「逆者一人，餘能去逆，即忠義士。」衆果降。金主棄汴奔歸德，俊偕諸軍合圍，金兵夜出，薄諸軍于水，俊力戰死。

俊在深、冀時，有妖人惑衆圖不軌，連逮者萬計。有司議當族，俊止，令誅首惡，餘勿問。克汴時，知侍其軸賢，延歸教諸子。嘗曰：「射，百日事耳；詩書，非積學不通。」屢誡諸子曰：「吾一農夫，遭天下多故，徒以忠義事人，僅立門户。深願汝曹力田讀書，勿求非望爲吾累。」先是，諸將朝行在，獻户口，皆詐增其數要賞。吏請如衆，俊曰：「民實少而欺以數多，他日需求無應，必重歛以承命，是我獨利而民日困也。」南征時，人多歸俊，願爲奴者，既全其家，歸悉縱爲民。鄰境人被掠賣者，多贖使完聚。臨陣，必持矛先士卒，故大小百戰，無不克。追封趙國公，謚忠烈。

曾廉《元書》卷三五《董俊傳》 董俊，字用章，真定藁城人也。始爲農，稍涉書史，善騎射。金貞祐初，諸路募民爲兵，藁城令立的試焉，中者爲將。衆莫能弓，俊數破的，遂使典兵。尋木華黎南下，俊以寡不能戰，遂降。是時，威州人武仙聚衆保西山。無何，金主南遷，石海遂據真定，與仙相攻。俊與二寇鄰，常夙夜治軍，以防侵襲。太祖十一年，石海爲仙所破，遂入真定居之，定武諸城皆應仙。其歲，史天倪攻真定不下，仙益自雄大，盛氣來攻。俊戰士不滿千人，拒守期年，仙無所利，乃縱兵蹂其禾稼。俊呼語之曰：「汝欲得民而奪之食，無道，賊不爲也。」仙慙而去。頃之，俊出其不意，夜襲仙，敗之，定武諸城復去仙附俊。

會王善以中山降，十四年，遂以勞擢俊知中山府，佩金虎符。明年，金封仙爲恒山公，知真定府經畧使。俊方屯兵曲陽，而中山治中李全懾仙强，以城叛，爲仙守。仙益發兵擊俊，俊復破走之。俄而木華黎大軍至，仙降。木華黎承制授俊龍虎衛上將軍，行元帥府事，仍駐稾城。俊策之曰：「武仙終不爲我用也。」木華黎以爲然，遂升稾城爲永安州，號其軍曰匡國軍，而遷俊左副元帥以備仙。二十年，仙果殺都元帥史天倪，據真定以叛，中山諸郡縣復反附仙。俊孤軍，迄未能進討。不數月，史天澤及肖乃台以兵破中山，復真定，俄復爲仙所襲，入據其城，天澤及肖乃台皆走永安。俊因以鋭卒授天澤，俊夜入真定，仙遁。真定遂平，得俊之援也。

俊在鎮十餘年，爲政寬明，常親課農桑，見人善治田廬，必召與歡語，惰者則怒罰之，民以完實。太宗四年，圍汴，俊以軍從。明年，金主奔歸德，追圍之。金兵夜出，薄諸軍於水，俊戰死，謚忠烈，累贈推忠翊運效節功臣、太傅、開府儀同三司、上柱國、趙國公。俊忠實，嘗朝於行在，諸將各增户口獻籍以要賚，吏請從衆，俊曰：「民實少而詭言多，他日何以應上需求乎？吾不能開厲民之路也。」臨敵，降者不俘其子女，衆義之，遂皆不取。治亂黨，戮其渠魁而已。其内行尤懿，早喪父，事母以孝聞。親族故人，皆以恩意始終。誡諸子，嘗曰：「射，百日事耳；詩書，非積學不通也。」子文炳、文蔚、文用、文直、文忠。

雜録

備録

《國朝文類》卷七〇元明善《稾城董氏家傳》　國朝龍興幕北，走金河南，中州豪傑起應以兵，而金滅矣。若真定史氏，東平嚴氏，滿城、濟南兩張氏是也。後史太尉有動王室，爲諸氏冠，稾城董氏能與之班，而又以孝義稱，今遂大顯。第其譜諜無徵，不知世所自出。其可知者，徽生晢，晢生昕，昕生俊，俊是爲龍虎公。傳自龍虎公起世，比而第書之云。

龍虎公諱俊，字用章。少力田，長涉書史，善騎射。金貞祐間，邊事棘，稾城令樹的募兵，兵射上中者，拔爲將領。衆莫能弓，獨公能挽强，一發破的，遂將所募迎敵。歲乙亥，木花里國王爲大帥，而公審所歸，遂爲大元人。己卯，以勞擢知中山府，佩金虎符。金將武仙據真定，以撼定武諸城，定武諸城皆應仙。公率衆夜入真定，走仙，定武諸城復去仙來。庚辰春，金人大發兵以張武仙，我治中李全應之中山。公軍軍曲陽，仙鋭氣來戰，敗之黄山下，仙脱走。秋，獻捷於大帥，由是仙以窮降。大帥承制授公龍虎衛上將軍，行元帥府事，駐稾城。公謁大帥曰：「武仙黠不可測，終不我用，當備其衝突。」然之。承制授公左副元帥，陞稾城縣爲永安州，軍號匡國，事一委公。乙酉，仙果害都元帥史侯天倪，據真定以叛，我之郡縣大氐皆爲仙守，公提孤軍介反側間，戰者不千人，拒守永安。仙攻之匝年，無所利。秋，來揉我禾。公呼語之曰：「汝欲得民而奪之食，無道賊不爲也。」仙慙去。潛出兵掩擊之，仙敗去。久之，公復夜入真定，仙走死。内史帥之弟天澤，是爲史太尉。壬辰，會王師圍汴。明年，金主棄汴奔歸德，公及大軍追圍之急，城人夜薄我於水。我師殊死戰，公死之，夏四月十有八日也。

公蚤喪父，事母以孝聞。歲時有事于廟，非病不可，力不廢拜跪。子雖孩乳，亦使之序，曰：「祀以孝先也，禮宜是。」凡族親故人，待之以恩信，里夫家僮，接之亦有道。汴陷時，以侍其軸先生爲賢，禮請歸教諸子。嘗曰：「射，百日事耳。詩書，非積久不通。」屢誡諸子：「吾實一農，遭天下多故，徒以忠義事人，僅立門户。深願汝曹力田讀書，勿覬非望，爲吾累也。」公忠實自許，一心王室，不爲夷險少移。臨陣勇氣襲衆，立矢石間，夷然若無事，中傷亦不動。每慕馬援爲人，曰：「馬革裹尸，吾固多援。」故戰必持矛先士。或不可，公曰：「我人臣也，敵在前不死，顧趍安脱危，犬馬不如。」竟死國事。戊子間，朝行在所。諸帥獻户口，率增數要利，吏請如衆。公曰：「民實少而數多，需求無應，必重斂足承，是我獨利而民日憊也。且欺君，不可。其以實獻。」行元帥府時，狂男子三百餘人期日作亂，事覺，坐其渠魁，餘釋不坐。深、冀間妖人扇惑，圖爲不軌，連逮者數萬人，有司當之族。公力請主者，但首惡是誅。永安節度使劉成叛降武仙威州，公下令曰：「逆者一人，餘能去逆，即忠義士，予其家，才者官之。」衆果去成降。沃州民砦天臺爲賊，既破，降之。他將利其子女是取，公曰：「人降而奪之孥，仁者不爲。」衆義不取。南征時，人多歸公願爲奴，既全其家，歸悉縱爲民。隣境人有被掠賣，亦予直贖還其屬。公器度弘遠，善戰而惜殺，人以樂爲之用。大小百戰，戰輒克。爲政寬而明，見人美其田廬，召其丈人懽與之語。

惰不敏生者，怒且罰之。民惟恐其離部，不得父依之也。父老至今念之流涕。嘗蒙全活者，無不額手嗚齒云。薨，時年四十八。

備論

《光緒藁城縣志》卷八李治《太傅忠烈公神道碑》　乾坤屯蒙，利便而通。鴻濛再闢，勢需羣雄。偉龍虎公，帝畀精衷。惟義所在，千里折衝。醜彼懦庸，突梯苟容。守我大閑，畢命前鋒。命雖不容，有激臨戎，會成天功。蚤收鄉國，夙夜恪恭，勦兇扶癃。來工勞農，有政有居，民安而豐。世歷三紀，鼓舞仁風。身度聲律，閨門肅雍。是則是效，化流它邦。始匪其躬，終亢其宗。詵詵其逢，福禄其藁。天祐孤忠，報施何隆。勒堅樹崇，對大茂之峯。億萬瞻顒，或賢乎景鍾。

《國朝文類》卷七〇元明善《藁城董氏家傳》　贊曰：或曰：「爲將三世必敗，其後受其不祥。」董氏貴顯四世，子孫數十百人。或曰：「活千人者，必有後。」龍虎公、忠獻公爲大將，不妄殺，濱死而生之者，無慮數十萬人，其諸以是爲德與？嗚呼，董氏其未艾哉！雖然，繼美大家，斬澤仆世，孰非人子者？

藝文

《常山貞石志》卷一八《追贈董俊聖旨碑》　上天眷命，皇帝聖旨：惟我有元，受天明命。肇基朔土，方寶運之丕隆；假息睢陽，尚金源之未殄。于疆于理，載馳載驅。援枹鼓以忘身，事莫追于既往；錫圭畲以胙土，恩曷沛于將來？故龍虎衛上將軍、中山知府、監軍、右副元帥董俊，沈鷙而能謀，純誠而弗貳。際風雲，歸真主，披荆棘，立諸城。才優玉帳之奇，學貫金弢之祕。遏羣寇于搶攘之始，輯遺黎於瘡痏之餘。威以暢，惠以孚。出則攻，居則守。桑麻四野，同爲拱北之民；組練三千，分握征南之節。憤投機之易失，輒鼓勇以先登。節惠易名，儻弗加之禮秩；以勞定國，其曷勸于人臣。升平共享者疇歟，偉績當書者卿也。於戲！麒麟圖像，凛千載以如生；龍虎忠規，尚一門之濟美。有顯惟渥，不昧其承。可特贈翊運效節功臣、太傅、開府儀同三司、上柱國，追封壽國公，謚忠烈，王者施行。至大元年閏十一月□日

虞集《道園學古録》卷一二《講畢奏特加藁城董氏封贈表》　自古國家功臣以序，各有等差。或超異以表勳業，或循常以守定品，此朝廷予奪之大權也。我朝封贈之法，自有常制，而一二勳臣之家，恩數特異，禮亦宜之。乃若子孫廉退，不欲有所陳請者，無以表彰，實爲偏負。故龍虎衛上將軍董俊，首帥孤軍，內附太祖，後於滅金之役，戰殁黄河之上。其子故中書左丞文炳，受知世祖，親從伯顏，身兼省院之官，提軍討滅宋國，事載國史，昭如日星。其孫故陝西平章士選，世篤忠貞，孤介剛毅，徧歷臺省，號稱正人。其文炳忠獻之謚，乃贈典未行之初，世皇之所特命。士選身後之賜，僅從一品常資。竊照真定史氏、保定張氏，功業相望，而董氏清忠過之。且亡金武仙人之殺天倪而奪真定也，實由董氏克仙兵，而納史師。張九元帥擒宋餘燼於海中也，實出董氏。既克宋主，撫定閩越之餘，疇其功庸，誠爲儁特。於斯參詳，宜依張、史二家封贈。

耶律楚材部

綜述

《元史》卷一四六《耶律楚材傳》 耶律楚材字晉卿，遼東丹王突欲八世孫。父履，以學行事金世宗，特見親任，終尚書右丞。

楚材生三歲而孤，母楊氏教之學。及長，博極羣書，旁通天文、地理、律曆、術數及釋老、醫卜之説，下筆爲文，若宿搆者。金制，宰相子例試補省掾。楚材欲試進士科，章宗詔如舊制。問以疑獄數事，時同試者十七人，楚材所對獨優，遂辟爲掾。後仕爲開州同知。

貞祐二年，宣宗遷汴，完顏(復)[福]興行(中)[尚]書事，留守燕，辟爲左右司員外郎。太祖定燕，聞其名，召見之。楚材身長八尺，美髯宏聲。帝偉之，曰：「遼、金世讎，朕爲汝雪之。」對曰：「臣父祖嘗委質事之，既爲之臣，敢讎君耶！」帝重其言，處之左右，遂呼楚材曰吾圖撒合里而不名。吾圖撒合里，蓋國語長髯人也。

己卯夏六月，帝西討回回國。禡旗之日，雨雪三尺，帝疑之，楚材曰：「玄冥之氣，見於盛夏，克敵之徵也。」庚辰冬，大雷，復問之，對曰：「回回國主當死于野。」後皆驗。夏人常八斤，以善造弓，見知於帝，因每自矜曰：「國家方用武，耶律儒者何用。」楚材曰：「治弓尚須用弓匠，爲天下者豈可不用治天下匠耶。」帝聞之甚喜，日見親用。西域曆人奏五月望夜月當蝕。楚材曰：「否。」卒不蝕。明年十月，楚材言月當蝕，西域人曰不蝕，至期果蝕八分。壬午八月，長星見西方，楚材曰：「女直將易主矣。」明年，金宣宗果死。帝每征討，必命楚材卜，帝亦自灼羊胛，以相符應。指楚材謂太宗曰：「此人，天賜我家。爾後軍國庶政，當悉委之。」甲申，帝至東印度，駐鐵門關，有一角獸，形如鹿而馬尾，其色緑，作人言，謂侍衛者曰：「汝主宜早還。」帝以問楚材，對曰：「此瑞獸也，其名角端，能言四方語，好生惡殺，此天降符以告陛下。陛下天之元子，天下之人，皆陛下之子，願承天心，以全民命。」帝即日班師。

丙戌冬，從下靈武，諸將争取子女金帛，楚材獨收遺書及大黄藥材。既而士卒病疫，得大黄輒愈。帝自經營西土，未暇定制，州郡長吏，生殺任情，至孥人妻女，取貨財，兼土田。燕薊留後長官石抹咸得卜尤貪暴，殺人盈市。楚材聞之泣下，即入奏，請禁州郡，非奉璽書，不得擅徵發，囚當大辟者必待報，違者罪死，於是貪暴之風稍戢。燕多劇賊，未夕，輒曳牛車指富家，取其財物，不與則殺之。時睿宗以皇子監國，事聞，遣中使偕楚材往窮治之。楚材詢察得其姓名，皆留後親屬及勢家子，盡捕下獄。其家賂中使，將緩之，楚材示以禍福，中使懼，從其言，獄具，戮十六人于市，燕民始安。

己丑秋，太宗將即位，宗親咸會，議猶未決。時睿宗爲太宗親弟，故楚材言於睿宗曰：「此宗社大計，宜早定。」睿宗曰：「事猶未集，別擇日可乎？」楚材曰：「過是無吉日矣。」遂定策，立儀制，乃告親王察合台曰：「王雖兄，位則臣也，禮當拜。王拜，則莫敢不拜。」王深然之。及即位，王率皇族及臣僚拜帳下。既退，王撫楚材曰：「真社稷臣也。」國朝尊屬有拜禮自此始。時朝集後期應死者衆，楚材奏曰：「陛下新即位，宜宥之。」太宗從之。

中原甫定，民多誤觸禁網，而國法無赦令。楚材議請肆宥，衆以云迂，楚材獨從容爲帝言。詔自庚寅正月朔日前事勿治。且條便宜一十八事頒天下，其略言：「郡宜置長吏牧民，設萬户總軍，使勢均力敵，以遏驕橫。中原之地，財用所出，宜存恤其民，州縣非奉上命，敢擅行科差者罪之。貿易借貸官物者罪之。蒙古、回鶻、河西諸人，種地不納税者死。監主自盜官物者死。應犯死罪者，具由申奏待報，然後行刑。貢獻禮物，爲害非輕，深宜禁斷。」帝悉從之，唯貢獻一事不允，曰：「彼自願饋獻者，宜聽之。」楚材曰：「蠹害之端，必由於此。」帝曰：「凡卿所奏，無不從者，卿不能從朕一事耶？」

太祖之世，歲有事西域，未暇經理中原，官吏多聚斂自私，貲至鉅萬，而官無儲偫。近臣別迭等言：「漢人無補於國，可悉空其人以爲牧地。」楚材曰：「陛下將南伐，軍需宜有所資，誠均定中原地税、商税、鹽、酒、鐵冶、山澤之利，歲可得銀五十萬兩、帛八萬匹、粟四十餘萬石，足以供給，何謂無補哉？」帝曰：「卿試爲朕行之。」乃奏立燕京等十路徵收課税使，凡長貳悉用士人，如陳時可、趙昉等皆寬厚長者，極天下之選，參佐皆用省部舊人。辛卯秋，帝至雲中，十路咸進廩籍及金帛陳于廷中，帝笑謂楚材曰：「汝不去朕左右，而能使國用充足，南國之臣，復有如卿者乎？」對曰：「在彼者皆賢於臣，臣不才，故留燕，爲陛下用。」帝

嘉其謙，賜之酒。即日拜中書令，事無鉅細，皆先白之。

楚材奏：「凡州郡宜令長吏專理民事，萬户總軍政，凡所掌課税，權貴不得侵之。」又舉鎮海、粘合，均與之同事，權貴不能平。咸得卜以舊怨，尤疾之，譖於宗王曰：「耶律中書令率用親舊，必有二心，宜奏殺之。」宗王遣使以聞，帝察其誣，責使者，罷遣之。屬有訟咸得卜不法者，帝命楚材鞫之，奏曰：「此人倨傲，故易招謗。今將有事南方，他日治之未晚也。」帝私謂侍臣曰：「楚材不較私讎，真寬厚長者，汝曹當效之。」中貴可思不花奏採金銀役夫及種田西域與栽蒲萄户，帝令於西京宣德徙萬餘户充之。楚材曰：「先帝遺詔，山後民質樸，無異國人，緩急可用，不宜輕動。今將征河南，請無殘民以給此役。」帝可其奏。

壬辰春，帝南征，將涉河，詔逃難之民，來降者免死。或曰：「此輩急則降，緩則走，徒以資敵，不可宥。」楚材請製旗數百，以給降民，使歸田里，全活甚衆。舊制，凡攻城邑，敵以矢石相加者，即爲拒命，既克，必殺之。汴梁將下，大將速不台遣使來言：「金人抗拒持久，師多死傷，城下之日，宜屠之。」楚材馳入奏曰：「將士暴露數十年，所欲者土地人民耳。得地無民，將焉用之！」帝猶豫未決，楚材曰：「奇巧之工，厚藏之家，皆萃于此，若盡殺之，將無所獲。」帝然之，詔罪止完顏氏，餘皆勿問。時避兵居汴者得百四十七萬人。

楚材又請遣人入城，求孔子後，得五十一代孫元措，奏襲封衍聖公，付以林廟地。命收太常禮樂生，及召名儒梁陟、王萬慶、趙著等，使直釋九經，進講東宫。又率大臣子孫，執經解義，俾知聖人之道。置編修所於燕京、經籍所於平陽，由是文治興焉。

時河南初破，俘獲甚衆，軍還，逃者十七八。有旨：居停逃民及資給者，滅其家，鄉社亦連坐。由是逃者莫敢舍，多殍死道路。楚材從容進曰：「河南既平，民皆陛下赤子，走復何之！奈何因一俘囚，連死數十百人乎？」帝悟，命除其禁。金之亡也，唯秦、鞏二十餘州久未下，楚材奏曰：「往年吾民逃罪，或萃于此，故以死拒戰，若許以不殺，將不攻自下矣。」詔下，諸城皆降。

甲午，議籍中原民，大臣忽都虎等議，以丁爲户。楚材曰：「不可。丁逃，則賦無所出，當以户定之。」爭之再三，卒以户定。時將相大臣有所驅獲，往往寄留諸郡，楚材因括户口，並令爲民，匿占者死。

乙未，朝議將四征不廷，若遣回回人征江南，漢人征西域，深得制御之術，楚材曰：「不可。中原、西域，相去遼遠，未至敵境，人馬疲乏，兼水土異宜，疾疫將生，宜各從其便。」從之。

丙申春，諸王大集，帝親執觴賜楚材曰：「朕之所以推誠任卿者，先帝之命也。非卿，則中原無今日。朕所以得安枕者，卿之力也。」西域諸國及宋、高麗使者來朝，語多不實，帝指楚材示之曰：「汝國有如此人乎？」皆謝曰：「無有。殆神人也！」帝曰：「汝等唯此言不妄，朕亦度必無此人。」有于元者，奏行交鈔，楚材曰：「金章宗時初行交鈔，與錢通行，有司以出鈔爲利，收鈔爲諱，謂之老鈔，至以萬貫唯易一餅。民力困竭，國用匱乏，當爲鑒戒。今印造交鈔，宜不過萬錠。」從之。

秋七月，忽都虎以民籍至，帝議裂州縣賜親王功臣。楚材曰：「裂土分民，易生嫌隙，不如多以金帛與之。」帝曰：「已許奈何？」楚材曰：「若朝廷置吏，收其貢賦，歲終頒之，使毋擅科徵，可也。」帝然其計，遂定天下賦税，每二户出絲一斤，以給國用；五户出絲一斤，以給諸王功臣湯沐之資。地税，中田每畝二升又半，上田三升，下田二升，水田每畝五升；商税，三十分而一；鹽價，銀一兩四十斤。既定常賦，朝議以爲太輕，楚材曰：「作法於涼，其弊猶貪，後將有以利進者，則今已重矣。」

時工匠制造，糜費官物，十私八九，楚材請皆考覈之，以爲定制。時侍臣脱歡奏簡天下室女，詔下，楚材尼之不行，帝怒。楚材進曰：「向擇美女二十有八人，足備使令。今復選拔，臣恐擾民，欲覆奏耳。」帝良久曰：「可罷之。」又欲收民牝馬，楚材曰：「田蠶之地，非馬所産，今若行之，後必爲人害。」又從之。

丁酉，楚材奏曰：「制器者必用良工，守成者必用儒臣。儒臣之事業，非積數十年，殆未易成也。」帝曰：「果爾，可官其人。」楚材曰：「請校試之。」乃命宣德州宣課使劉中隨郡考試，以經義、詞賦、論分爲三科，儒人被俘爲奴者，亦令就試，其主匿弗遣者死。得士凡四千三十人，免爲奴者四之一。

先是，州郡長吏，多借賈人銀以償官，息累數倍，曰羊羔兒利，至奴其妻子，猶不足償。楚材奏令本利相侔而止，永爲定制，民間所負者，官爲代償之。至一衡量，給符印，立鈔法，定均輸，布遞傳，明驛券，庶政略備，民稍蘇息焉。

有二道士爭長，互立黨與，其一誣其仇之黨二人爲逃軍，結中貴及通事楊惟忠，執而虐殺之。楚材按收惟忠。中貴復訴楚材違制，帝怒，繫楚材；既而自悔，命釋之。楚材不肯解縛，進曰：「臣備位公輔，國政所屬。陛下初令繫臣，以有罪也，當明示百官，罪在不赦。今釋臣，是無罪也，豈宜輕易反覆，如戲小兒。

國有大事，何以行焉！」衆皆失色。帝曰：「朕雖爲帝，寧無過舉耶？」乃温言以慰之。楚材因陳時務十策，曰：信賞罰，正名分，給俸禄，官功臣，考殿最，均科差，選工匠，務農桑，定土貢，制漕運。皆切於時務，悉施行之。

太原路轉運使吕振，副使劉子振，以贓抵罪。帝責楚材曰：「卿言孔子之教可行，儒者爲好人，何故乃有此輩？」對曰：「君父教臣子，亦不欲令陷不義。三綱五常，聖人之名教，有國家者莫不由之，如天之有日月也。豈得緣一夫之失，使萬世常行之道獨見廢於我朝乎！」帝意乃解。

富人劉忽篤馬、涉獵發丁、劉廷玉等以銀一百四十萬兩撲買天下課税，楚材曰：「此貪利之徒，罔上虐下，爲害甚大。」奏罷之。常曰：「興一利不如除一害，生一事不如省一事。任尚以班超之言爲平平耳，千古之下，自有定論。後之負譴者，方知吾言之不妄也。」帝素嗜酒，日與大臣酣飲，楚材屢諫，不聽，乃持酒槽鐵口進曰：「麴蘖能腐物，鐵尚如此，況五臟乎！」帝悟，語近臣曰：「汝曹愛君憂國之心，豈有如吾圖撒合里者耶？」賞以金帛，敕近臣日進酒三鍾而止。

自庚寅定課税格，至甲午平河南，歲有增羡，至戊戌課銀增至一百一十萬兩。譯史安天合者，諂事鎮海，首引奥都剌合蠻撲買課税，又增至二百二十萬兩。楚材極力辨諫，至聲色俱厲，言與涕俱。帝曰：「爾欲搏鬬耶？」又曰：「爾欲爲百姓哭耶？姑令試行之。」楚材力不能止，乃歎息曰：「民之困窮，將自此始矣！」

楚材嘗與諸王宴，醉卧車中，帝臨平野見之，直幸其營，登車手撼之。楚材熟睡未醒，方怒其擾己，忽開目視，始知帝至，驚起謝，帝曰：「有酒獨醉，不與朕同樂耶。」笑而去。楚材不及冠帶，馳詣行宫，帝爲置酒，極歡而罷。

楚材當國日久，得禄分其親族，未嘗私以官。行省劉敏從容言之，楚材曰：「睦親之義，但當資以金帛。若使從政而違法，吾不能徇私恩也。」

歲辛丑二月三日，帝疾篤，醫言脈已絶。皇后不知所爲，召楚材問之，對曰：「今任使非人，賣官鬻獄，因繫非辜者多。古人一言而善，熒惑退舍，請赦天下囚徒。」后即欲行之，楚材曰：「非君命不可。」俄頃，帝少蘇，因入奏，請肆赦，帝已不能言，首肯之。是夜，醫者候脈復生，適宣讀赦書時也，翌日而瘳。冬十一月四日，帝將出獵，楚材以太乙數推之，亟言其不可，左右皆曰：「不騎射，無以爲樂。」獵五日，帝崩于行在所。皇后乃馬真氏稱制，崇信姦回，庶政多紊。奥魯剌合蠻以貨得政柄，廷中悉畏附之。楚材面折廷争，言人所難言，人皆危之。

癸卯五月，熒惑犯房，楚材奏曰：「當有驚擾，然訖無事。」居無何，朝廷用兵，事起倉卒，后遂令授甲選腹心，至欲西遷以避之。楚材進曰：「朝廷天下根本，根本一摇，天下將亂。臣觀天道，必無患也。」後數日乃定。后以御寶空紙，付奥都剌合蠻，使自書填行之。楚材曰：「天下者，先帝之天下。朝廷自有憲章，今欲紊之，臣不敢奉詔。」事遂止。又有旨：「凡奥都剌合蠻所建白，令史不爲書者，斷其手。」楚材曰：「國之典故，先帝悉委老臣，令史何與焉。事若合理，自當奉行，如不可行，死且不避，況截手乎！」后不悦。楚材辨論不已，因大聲曰：「老臣事太祖、太宗三十餘年，無負於國，皇后亦豈能無罪殺臣也。」后雖憾之，亦以先朝舊勳，深敬憚焉。

甲辰夏五月，薨于位，年五十五。皇后哀悼，賻贈甚厚。後有譖楚材者，言其在相位日久，天下貢賦，半入其家。后命近臣麻里扎覆視之，唯琴阮十餘，及古今書畫、金石、遺文數千卷。至順元年，贈經國議制寅亮佐運功臣、太師、上柱國，追封廣寧王，謚文正。

《國朝文類》卷五七宋子貞《中書令耶律公神道碑》 國家之興，肇基於朔方，惟太祖皇帝以聖德受命，恭行天罰，馬首所向，蔑有能國。太宗承之，既懷八荒，遂定中原，薄海内外，罔不臣妾。於是立大政而建皇極，作新宫以朝諸侯，蓋將樹不拔之基，垂可繼之統者也。而公以命世之才，值興王之運。本之以廊廟之器，輔之以天人之學。纏綿二紀，開濟兩朝。贊經綸於草昧之初，一制度於安寧之後。自任以天下之重，屹然如砥柱之在中流，用能道濟生靈，視千古爲無愧者也。

公諱楚材，字晉卿，姓耶律氏，遼東丹王突欲之八世孫。王生燕京留守政事令婁國，留守生將軍國隱，將軍生太師合魯，合魯生太師胡篤，胡篤生定遠將軍内剌，定遠生榮禄大夫興平軍節度使德元，始歸金朝。其弟聿魯生履，興平鞠以爲子，遂爲之後。以文章行義受知於世宗，擢翰林待制，再遷禮部侍郎。章宗即位，有定策功，進禮部尚書參知政事，終於尚書右丞，謚曰文獻，即公之考也。妣楊氏，封漆水國夫人。公以明昌元年六月二十日生。文獻公通術數，尤邃《太玄》，私謂所親曰：「吾年六十而得此子，吾家千里駒也，他日必成偉器，且當爲異國用。」因取《左氏》之「楚雖有材，晉實用之」，以爲名字。公生三歲而孤，母夫人楊氏誨育備至。稍長，知力學。年十七，書無所不讀，爲文有作者氣。金制，宰相子得試補省掾，公不就。章宗特賜就試，則中甲科，考滿，授同知開州事。貞祐甲戌，宣宗南渡，丞相完顔承暉留守燕京，行尚書省事，表公爲左右司員外

郎。越明年，京城不守，遂屬國朝。

太祖素有并吞天下之志，嘗訪遼宗室近族，至是徵詣行在。入見，上謂公曰：「遼與金爲世讎，吾與汝已報之矣。」公曰：「臣父祖以來皆嘗北面事之，既爲臣子，豈敢復懷貳心，讎君父耶！」上雅重其言，處之左右，以備咨訪。己卯夏六月，大軍征西，禡旗之際，雨雪三尺，上惡之。公曰：「此克敵之象也。」庚辰冬，大雷，上以問公。公曰：「梭里檀當死中野。」已而果然。梭里檀，回鶻王稱也。夏人常八斤者，以治弓見知，乃詫於公曰：「本朝尚武，而明公欲以文進，不已左乎？」公曰：「且治弓尚須弓匠，豈治天下不用治天下匠耶？」上聞之喜甚，自是用公日密。初，國朝未有曆學，而回鶻人奏五月望夕月食。公言不食，及期果不食。明年，公奏十月望夜月食，回鶻人言不食，其夜月食八分。上大異之，曰：「汝於天上事尚無不知，况人間事乎！」壬午夏五月，長星見西方，上以問公，公曰：「女直國當易主矣。」逾年而金主死。於是每將出征，必令公預卜吉凶，上亦燒羊髀骨以符之。行次東印度國鐵門關，侍衛者見一獸，鹿形馬尾，緑色而獨角，能爲人言，曰：「汝君宜早迴。」上怪而問公。公曰：「此獸名角端，日行一萬八千里，解四夷語，是惡殺之象，蓋上天遣之以告陛下。願承天心，宥此數國人命，實陛下無疆之福。」上即日下詔班師。

丙戌冬十一月，靈武下，諸將争掠子女財幣，公獨取書數部、大黄兩駝而已。既而軍士病疫，唯得大黄可愈，所活幾萬人。其後燕京多盜，至駕車行劫，有司不能禁。時睿宗監國，命中使偕公馳傳往治。既至，分捕得之，皆勢家子。其家人輩行賂求免，中使惑之，欲爲覆奏。公執以爲不可，曰：「信安咫尺未下，若不懲戒，恐致大亂。」遂刑一十六人，京城帖然，皆得安枕矣。

己丑，太宗即位，公定册立儀禮，皇族尊長皆令就班列拜，尊長之有拜禮蓋自此始。諸國來朝者多以冒禁應死，公言：「陛下新登寶位，願無污白道子。」從之。蓋國俗尚白，以白爲吉故也。時天下新定，未有號令，所在長吏皆得自專生殺，少有忤意則刀鋸隨之，至有全室被戮，襁褓不遺者，而彼州此郡動輒兵興相攻，公首以爲言，皆禁絶之。自太祖西征之後，倉廩府庫無斗粟尺帛，而中使別迭等僉言：「雖得漢人亦無所用，不若盡去之，使草木暢茂，以爲牧地。」公即前曰：「夫以天下之廣，四海之富，何求而不得，但不爲耳，何名無用哉！」因奏地税、商税、酒醋、鹽鐵、山澤之利，周歲可得銀五十萬兩，絹八萬匹，粟四十萬石。上曰：「誠如卿言，則國用有餘矣。卿試爲之。」乃奏立十路課税所，設使、副二員，皆以儒者爲之。如燕京陳時可、宣德路劉中，皆天下之選。因時時進説周孔之教，且謂：「天下雖得之馬上，不可以馬上治。」上深以爲然。國朝之用文臣，蓋自公發之。

先是，諸路長吏兼領軍民錢穀，往往恃其富强，肆爲不法。公奏長吏專理民事，萬户府總軍政，課税所掌錢穀，各不相統攝，遂爲定制，權貴不能平。燕京路長官石抹咸得不激怒皇叔，俾專使來奏，謂公「悉用南朝舊人，且渠親屬在彼，恐有異志，不宜重用」。且以國朝所忌，誣搆百端，必欲置之死地。事連諸執政。時鎮海、粘合重山實爲同列，爲之股慄曰：「何必强爲更張計，必有今日事！」公曰：「自立朝廷以來，每事皆我爲之，諸公何與焉！若果獲罪，我自當之，必不相累。」上察見其誣，怒逐來使。不數月，會有以事告咸得不者，上知與公不協，特命鞫治。公奏曰：「此人倨傲無禮，狎近羣小，易以招謗。今方有事於南方，他日治之，亦未爲晚。」上頗不悦，已而謂侍臣曰：「君子人也，汝曹當效之。」辛卯秋八月，上至雲中，諸路所貢課額銀幣及倉廩米穀簿籍具陳於前，悉符元奏之數。上笑曰：「卿不離朕左右，何以能使錢穀流入如此，不審南國復有卿比者否？」公曰：「賢於臣者甚多，以臣不才，故留於燕。」上親酌大觴以賜之。即日，授中書省印，俾領其事，事無巨細，一以委之。

宣德路長官太傅禿花，失陷官糧萬餘石，恃其勳舊，密奏求免。上問中書知否，對曰：「不知。」上取鳴鏑欲射者再，良久叱出，使白中書省，償之，仍勑今後凡事先白中書，然後聞奏。中貴苦木思不花奏撥户一萬以爲采鍊金銀、栽種蒲萄等户，公言：「太祖有旨，山後百姓與本朝人無異，兵賦所出，緩急得用。不若將河南殘民貸而不誅，可充此役，且以實山後之地。」上曰：「卿言是也。」又奏：「諸路民户今已疲乏，宜令土居蒙古、回鶻、河西人等與所在居民一體應輸賦役。」皆施行之。壬辰，車駕至河南，詔陝、洛、秦、虢等州山林洞穴逃匿之人，若迎軍來降，與免殺戮。或謂此輩急則來附，緩則復資敵耳。公奏給旗數百面，悉令散歸已降之郡，其活不可勝數。國制，凡敵人拒命，矢石一發，則殺無赦。汴京垂陷，首將速不䚟遣人來報，且言此城相抗日久，多殺傷士卒，意欲盡屠之。公馳入奏曰：「將士暴露凡數十年，所争者地土人民耳，得地無民將焉用之？」上疑而未決。復奏曰：「凡弓矢、甲仗、金玉等匠及官民富實之家，皆聚此城中，殺之則一無所得，是徒勞也。」上始然之，詔除完顔氏一族外，餘皆原免。時避兵在汴者户一百四十七萬，仍奏選工匠、儒、釋、道、醫、卜之流散居河北，官爲給贍。其後攻取淮、漢諸城，因爲定例。

初，汴京未下，奏遣使入城索取孔子五十一代孫襲封衍聖公元措，令收拾散亡禮樂人等，及取名儒梁陟等數輩，於燕京置編修所，平陽置經籍所，以開文治。時河南初破，被俘虜者不可勝計。及聞大軍北還，逃去者十八九。有詔停留逃民及資給飲食者皆死，無問城郭保社，一家犯禁，餘並連坐。由是百姓惶駭，雖父子弟兄，一經俘虜，不敢正視。逃民無所得食，踣死道路者踵相躡也。公從容進説曰：「十餘年間存撫百姓，以其有用故也。若勝負未分，慮涉攜貳，今敵國已破，去將安往？豈有因一俘囚罪數百人者乎？」上悟，詔停其禁。金國既亡，唯秦、鞏等二十餘州連歲不下。公奏：「吾人之得罪逃入金國者，皆萃於此，其所以力戰者，蓋懼死耳。若許以不殺，不攻而自下矣。」詔下，皆開門出降。期月之間，山外悉平。

甲午，詔括户口，以大臣忽覩虎領之。國初方事進取，所降下者，因以與之，自一社一民各有所主，不相統屬，至是始隸州縣。朝臣共欲以丁爲户，公獨以爲不可。皆曰：「我朝及西域諸國莫不以丁爲户，豈可捨大朝之法而從亡國政耶！」公曰：「自古有中原者，未嘗以丁爲户，若果行之，可輸一年之賦，隨即逃散矣。」卒從公議。時諸王大臣及諸將校所得驅口，往往寄留諸郡，幾居天下之半，公因奏括户口，皆籍爲編民。乙未，朝議以回鶻人征南，漢人征西，以爲得計。公極言其不可，曰：「漢地、西域相去數萬里，比至敵境，人馬疲乏，不堪爲用。況水土異宜，必生疾疫，不若各就本土征進，似爲兩便。」争論十餘日，其議遂寢。丙申，上會諸王貴臣，親執觴以賜公曰：「朕之所以推誠任卿者，先帝之命也。非卿，則天下亦無今日。朕之所以得高枕而卧者，卿之力也。」蓋太祖晚年，屢屬於上曰：「此人天賜我家，汝他日國政當悉委之。」其秋七月，忽覩虎以户口來，上議割裂諸州郡分賜諸王貴族，以爲湯沐邑。公曰：「尾大不掉，易以生隙。不如多與金帛，足以爲恩。」上曰：「業已許之。」復曰：「若樹置官吏，必自朝命，除恒賦外，不令擅自徵斂，差可久也。」從之。是歲始定天下賦税，每二户出絲一斤，以供官用，五户出絲一斤，以與所賜之家。上田每畝税三升半，中田三升，下田二升，水田五升。商税三十分之一，鹽每銀一兩四十斤，已上以爲永額。朝臣皆謂太輕，公曰：「將來必有以利進者，則以爲重矣。」

國初盜賊充斥，商賈不能行，則下令凡有失盜去處，周歲不獲正賊，令本路民户代償其物，前後積累動以萬計。及所在官吏取借回鶻債銀，其年則倍之，次年則并息又倍之，謂之羊羔利，積而不已，往往破家散族，至以妻子爲質，然終不能償。公爲請於上，悉以官銀代還，凡七萬六千定。仍奏定今後不以歲月遠近，子本相侔，更不生息，遂爲定制。侍臣脱歡奏選室女，勅中書省發詔行之，公持之不下。上怒，召問其故。公曰：「向所刷室女二十八人尚在燕京，足備後宫使令。而脱歡傳旨，又欲徧行選刷，臣恐重擾百姓，欲覆奏陛下耳。」上良久曰：「可。」遂罷之。又欲於漢地抅刷牝馬。公言：「漢地所有，繭絲、五穀耳，非産馬之地。若今日行之，後必爲例，是徒擾天下也。」乃從其請。丁酉，汰三教僧道，試經通者給牒受戒，許居寺觀，儒人中選者則復其家。公初言「僧道中避役者多，合行選試」，至是始行之。始，諸王貴戚皆得自起驛馬，而使臣猥多，馬悉倒乏，則豪奪民馬以乘之，城郭道路，所至騷動。及其到館，則要索百端，供饋稍緩，輒被箠撻，館人不能堪。公奏給牌劄，仍定飲食分例，其弊始革。

因陳時務十策：一曰信賞罰，二曰正名分，三曰給俸禄，四曰封功臣，五曰考殿最，六曰定物力，七曰汰工匠，八曰務農桑，九曰定土貢，十曰置水運。上雖不能盡行，亦時擇用焉。回鶻阿散阿迷失告公私用官銀一千定，上召問公，公曰：「陛下試詳思之，曾有旨用銀否？」上曰：「朕亦憶得嘗令修蓋宫殿用銀一千定。」公曰：「是也。」後數日，上坐萬安殿，召阿散阿迷失詰之，遂服其誣。太原路課税使副以贓罪聞，上讓公曰：「卿言孔子之教可行，儒者皆善人，何故亦有此輩？」公曰：「君父之教，臣子豈欲陷之於不義，而不義者亦時有之。三綱五常之教，有國有家者，莫不由之，如天之有日月星辰也，豈可因一人之有過，使萬世常行之道獨見廢於我朝乎？」上意乃解。戊戌，天下大旱蝗，上問公以禦之之術。公曰：「今年租賦乞權行倚閣。」上曰：「恐國用不足。」公曰：「倉庫見在，可支十年。」許之。初籍天下户，得一百四萬，至是逃亡者十四五，而賦仍舊，天下病之。公奏除逃户三十五萬，民賴以安。燕京劉忽篤馬者，陰結權貴，以銀五十萬兩撲買天下差發。涉獵發丁者，以銀二十五萬兩撲買天下係官廊房地基、水利、豬雞。劉庭玉者，以銀五萬兩撲買燕京酒課。又有回鶻以銀一百萬兩撲買天下鹽課，至有撲買天下河泊、橋梁、渡口者。公曰：「此皆姦人欺下罔上，爲害甚大。」咸奏罷之。嘗曰：「興一利不若除一害，生一事不若減一事。人必以爲班超之言蓋平平耳，千古之下自有定論。」

上素嗜酒，晚年尤甚，日與諸大臣酣飲。公數諫不聽，乃持酒槽之金口曰：「此鐵爲酒所蝕，尚致如此，況人之五臟，有不損耶？」上悦，賜以金帛，仍勅左右，日進酒三鍾而止。時四方無虞，上頗怠於政事，姦邪得以乘間而入。初，公

自庚寅年定課税，所額每歲銀一萬定。及河南既下，户口滋息，增至二萬二千定。而回鶻譯史安天合至自汴梁，倒身事公，以求進用。公雖加奬借，終不能滿望，即奔詣鎮海，百計行間。首引回鶻奥都剌合蠻撲買課税增至四萬四千定。公曰：「雖取四十四萬亦可得，不過嚴設法禁，陰奪民利耳。民窮爲盜，非國之福。」而近侍左右皆爲所啗，上亦頗惑衆議，欲令試行之。公反復争論，聲色俱厲。上曰：「汝欲鬭搏耶？」公力不能奪，乃太息曰：「撲買之利既興，必有躡跡而篡其後者。民之窮困，將自此始，於是政出多門矣。」公正色立朝，不爲少屈，欲以身徇天下。每陳國家利病、生民休戚，辭氣懇切，孜孜不已。上曰：「汝又欲爲百姓哭耶？」然待公加重。公當國日久，每以所得禄賜，分散宗族，未嘗私以官爵。或勸以乘時廣布枝葉，固本之術也。公曰：「金幣資給足以樂生，若假之官守，設有不肖者干違常憲，吾不能廢公法而徇私情。且狡兔三穴，吾不爲也。」

辛丑春二月，上疾篤脈絶。皇后不知所以，召公問之。公曰：「今朝廷用非其人，天下罪囚必多冤枉，故天變屢見，宜大赦天下。」因引宋景公熒惑退舍之事以爲證。后亟欲行之。公曰：「非君命不可。」頃之，上少蘇，后以爲奏。上不能言，頷之而已。赦發，脈復生。冬十一月，上勿藥已久，公以太一數推之，奏不宜畋獵。左右皆曰：「若不騎射，何以爲樂？」獵五日而崩。癸卯，后以儲嗣問公。公曰：「此非外姓臣所當議，自有先帝遺詔在，遵之則社稷甚幸。」奥都剌合蠻方以貨取朝政，執政者亦皆阿附，唯憚公沮其事，則以銀五萬兩賂公。公不受，事有不便於民者，輒中止之。時后已稱制，則以御寶空紙付奥都剌合蠻，令從意書填。公奏曰：「天下，先帝之天下，典章號令自先帝出。必欲如此，臣不敢奉詔。」尋復有旨，奥都剌合蠻奏準事理，令史若不書填則斷其手。公曰：「軍國之事，先帝悉委老臣，令史何與焉？事若合理，自是遵行；若不合理，死且不避，況斷手乎！」因厲聲曰：「老臣事太祖、太宗三十餘年，固不負於國家，皇后亦不能以無罪殺臣。」后雖怨其忤己，亦以先朝勳舊曲加敬憚焉。

公以其年五月十有四日，以疾薨於位，享年五十五。蒙古諸人哭之如喪其親戚。和林爲之罷市，絶音樂者數日。天下士大夫莫不茹泣相弔。以中統二年十月二十日葬於玉泉東甕山之陽，從遺命也。以漆水國夫人蘇氏祔。先娶梁氏，以兵亂隔絶，殁於河南之方城。生子鉉，監開平倉，卒。蘇氏，東坡先生四世孫威州刺史公弼之女，生子鑄，今爲中書左丞相。

雜録

備録

《國朝文類》卷一四郝經《立政議中統元年八月上》 當太宗皇帝臨御之時，耶律楚材爲相，定税賦，立造作，榷宣課，分郡縣，籍户口，理獄訟，别軍民，設科舉，推恩肆赦，方有志於天下。而一二不逞之人，投隙抵罅，相與排擯，百計攻訐，乘宫闈違豫之際，恣爲矯誣，卒使楚材憤悒以死。

陶宗儀《南村輟耕録》卷二《治天下匠》 中書令耶律文正王楚材，字晉卿，以在金爲燕京行省員外郎。國亡，歸于我朝，從太祖征伐諸國。夏人常八斤者，以治弓見知於上，詫王曰：「本朝尚武，而明公欲以文進，不已左乎？」王曰：「且治弓尚須弓匠，豈治天下不用治天下匠耶？」上聞之喜，自是用王益密。

陶宗儀《南村輟耕録》卷二《切諫》 太宗素嗜酒，晚年尤甚，日與大臣酣飲。耶律文正王數言之，不聽。一日，持酒槽之金口以進，曰：「此乃鐵耳，爲酒所蝕，尚致如此，況人之五藏，有不損邪？」上説，賜以金帛，仍勑左右，日惟進酒三鍾而止。夫以王之切諫不已，而上終納之，可謂君明臣良者矣。

陶宗儀《南村輟耕録》卷二《大黄愈疾》 丙戌冬十一月，耶律文正王從太祖下靈武，諸將争掠子女玉帛，王獨取書籍數部，大黄兩駝而已。既而軍中病疫，惟得大黄可愈，所活幾萬人。吁，廉而不貪，此固清慎者能之；若其先見之明，則有非人之所可及者。

陶宗儀《南村輟耕録》卷九《麻答把曆》 耶律文正王於星曆、醫卜、雜算、内算、音律、儒釋、異國之書，無不通究。嘗言西域曆五星密於中國，乃作《麻答把曆》，蓋回鶻曆名也。

《宋元學案補遺》卷八《文正耶律先生楚材》 耶律楚材，字晉卿，文獻公履之子。先生以明昌元年生，文獻通術數，尤邃《太玄》，私謂所親曰：「吾年六十而得此子，吾家千里駒也。他日必成偉器，且當爲異國用。」因取《左氏》之「楚雖有材，晉實用之」，以爲名字。生三歲而孤，母楊氏誨育備至。稍長，知力學。年

十七，書無所不讀。爲文有作者氣，章宗特賜就試，中甲科，考滿，授同知開州事。入元，太祖處之左右，以備咨詢。靈武下，諸將争子女財幣，先生獨取書數部、大黄兩駝而已。既而軍士病疫，唯得大黄可愈，所活幾萬人。太宗即位，定册立儀禮。時時進説周孔之教，且謂天下雖得之馬上，不可以馬上治，上深以爲然，授中書省印，俾領其事，事無巨細，一以委之。初，汴京未下，索取孔子五十一代孫襲封衍聖公元措，令收拾散亡禮樂人等，及取名儒梁陟等數輩，于燕京置編修所，平陽置經籍所，以開文治。卒年五十五。先生天姿英邁，雖案牘滿前，左酬右答，咸適其當。平生篤于好學，嘗戒諸子曰：「公務雖多，晝則屬官，夜則屬私，亦可學也。」其學務爲該洽，凡星曆、醫卜、雜算、内算、音律、儒釋、異國之書，無不通究。定文獻所著《乙未元曆》行于世。《元文類》。

備論

《國朝文類》卷五七宋子貞《中書令耶律公神道碑》 國家承大亂之後，天綱絶，地軸折，人理滅，所謂更造夫婦，肇有父子者，信有之矣。加以南北之政，每每相戾，其出入用事者，又皆諸國之人，言語之不通，趣向之不同，當是之時，而公以一書生孤立於廟堂之上，而欲行其所學，戛戛乎其難哉！幸賴明天子在上，諫行言聽，故奮袂直前，力行而不顧。然而其見於設施者十不能二三，而天下之人固已鈞受其賜矣！若此時非公，則人之類又不知其何如耳。

銘曰：帝王之興，輔弼是賴。誰其尸之，不約而會。阿衡返商，尚父歸周。風雲一旦，竹帛千秋。赤氣告祥，龍飛朔野。義師長驅，削平天下。儒服從容，左右彌縫。克誠厥功，惟中令公。令公維何，代掌燮理。太師之孫，文獻之子。白璧堂堂，維國之華。帝曰斯人，天賜我家。重明耀離，大命既革。乾旋坤轉，如再開闢。内外疇咨，付之鈞司。吾國百民，汝翼汝爲。公拜稽首，曰敢不力。權輿帝墳，草創人極。郡國相師，以殺爲嬉。陰盜赤子，弄兵潢池。渙號一布，捷於風雨。指麾群雄，圈豹檻虎。賢哲深藏，固拒牢關。潛行公卿，求活草間。隨材擇用，鬱爲榱棟。網羅四方，狩麟蒐鳳。府庫填充，粟帛流通。公於是時，蕭何關中。臺閣討裁，典章燦焕。公於是時，玄齡貞觀。逋俘纍纍，蔽野僵屍。我燠而寒，我飽而飢。圍城惴惴，假息寸晷。我解其縛，我生其死。生息長養，教誨飲食。民到于今，家受其賜。惟天雖高，其監則明。乃祚元子，再秉樞衡。動在盟府，名昭國史。富貴壽考，哀榮終始。莓莓新阡，浩浩流泉。不朽載傳，尚千萬年。

耶律楚材《湛然居士文集》萬松序 湛然居士年二十有七，受顯訣於萬松。其法忘死生，外身世，毁譽不能動，哀樂不能入。湛然大會其心，精究入神，盡棄宿學，冒寒暑，無晝夜者三年，盡得其道。萬松面授衣頌，目之爲湛然居士從源。自古宗師，印證公侯，明白四知，無若此者。湛然從是自稱嗣法弟子從源。自古公侯，承稟宗師，明白四知，亦無若此者。

萬松一日過其門，見執菜根蘸油鹽，飯脱粟。萬松曰：「子不太儉乎？」曰：「圍閉京城，絶粒六十日。」守職如恒，人無知者。以至扈從西征六萬餘里，歷艱險，困行役，而志不少沮；跨崑崙，瞰瀚海，而志不加大。客問其故，而曰：「汪洋法海涵養之力也。」若乃諲聖安而成贊，戲清溪而發機，行九流而止縱横，立三教而廢邪僞。外則含弘光大，禦侮敵國之雄豪；内則退讓謙恭，和好萬方之性行。世謂佛法可以治心不可以治國，證之於湛然正心修身，家肥國治之明效，吾門顯訣，何愧於《大學》之篇哉！湛然嘗以此訣忠告心友，時無識者，慨然曰：「惟屏山、閑閑可照吾心耳！」噫嘻！雖欲普慈兼濟天下後世，末由也已！

嘗和友人詩曰：「贈君一句直截處，只要教君能養素。但能死生榮辱哀樂不能羈，存亡進退盡是無生路。」至於「西天三步遠，東海一杯深」，老作衲僧，未易及此，使裴公美、張無盡見之，當斂衽焉。蓋片言隻字出於萬化之源，膚淺未臻其奧者，方且索之於聲偶鍛錬之排，正如檢指蒙學對句之牧豎，望涯於少陵詩史者矣。加以志天文以革西曆，甄焦桐而贊南風，在燮理爲難能，皆湛然之餘事。

耶律楚材《湛然居士文集》王鄰序 中書湛然性稟英明，有天然之才，或吟哦數句，或揮掃百張，皆信手拈來，非積習而成之。蓋出於胸中之穎悟，流於筆端之敏捷。味此言言語語，其温雅平淡，文以潤金石，其飄逸雄掞，又以薄雲天，如寶鑑無塵，寒水絶翳，其照物也瑩然。向之所言賈、馬麗則之賦，李、杜光焰之詩，詞藻蘇、黄，歌詞吳、蔡，兼而有之，可謂得其全矣，厭人望矣。

外省官府得《居士文集》古律詩、雜文五百餘首，分爲九卷。恐珠沉於海，玉隱於山，而輝彩未著，特命良工版行於世，使四方士大夫如披雲覩日，快願見之心。嗚呼！言者心聲也，中書之言，如詠物之外，多以國事歸美爲章句，雖稷契

之忠，皋陶之嘉，未易過此。

耶律楚材《湛然居士文集》孟攀鱗序　於戲！大禹不治水，吾民憂其魚；孔子不作《經》，王道幾乎熄。夫以文德開通濟物，密藏諸用，扶持聖道之久弊，幽而復顯，見天意之所屬，爲時求定，而能樹治本，遏亂源，活生靈，福奕世，其功德無慚於先聖，斯文之不墜，皆公之力焉！是言也，非獨予之所言，乃天下之公言也！

耶律楚材《湛然居士文集》李微後序一　公當聖朝開創之際，膺鹽梅鼎鼐之任，仰贊天子，茂弘德威，臣上古所不臣之國，籍《禹貢》所不籍之地，公之功業著見於天下炳如日星，雖月氏殊俗，蠻荆遠方，莫不仰戴其威名。觀其從事征討，軍務倥偬，宜其不暇留意於文字間，然雄篇傑句，散落人間復如彼其多。或吟詠其情性，或寄意於玄機，千彙萬狀，會歸於正，皆肆筆而成，若不用意爲者。人雖服其精敏，意者何爲而能然耶？殊不知公善養其浩然之氣，充於其中，形於言動，發於功業，見於文章，有不得不然者矣。孔子曰：「有德者必有言。」其是之謂乎！

耶律楚材《湛然居士文集》無名氏後序二　移剌文正公爲成吉思佐命，扞國邊庭，國威遐震，草創法度，功在廟社。諫革初制之苛猛，蘇息民物之瘡痍，豐功偉烈，衣被天下，非劉秉忠諸人所能望。振興儒教，進用士人，以救偏任武夫及色目種人之弊，亦開姚、許之先聲。意者其學術必有服習六藝，秕糠衆流，立天地之心，以佐龕拯之業者。乃覽其遺集，於六藝之學粗涉藩杝而已。其深造乃在臨濟、雲門宗門棓喝之機用。其師友擩染，又不過李屏山、萬松老人之流。夫古今事業，無無用之體，亦無無體之用，公之體用果安在哉？

沈思久之，憬然曰：吾乃今得之矣！孟子通五經，尤長於《詩》《書》，其言直指心地，劃清義利界限，操則存，舍則亡，義如快斧利刀，遇事一分兩斷，與孔門四科六藝家法委曲繁重者，蓋稍稍殊別，直趨易簡工夫。陸文安公在鵞湖及荆門州講學，亦以利之一字錮蝕人心，最爲隱微深切之病。所喻在義則爲君子，君子在位，天下莫不蒙其福；所喻在利則爲小人，小人在位，生民莫不被其禍。治亂之數，視乎君子、小人之消長，不待蓍蔡而知也。今之士大夫居高位者，率終身在利欲膠漆盆中，生心害政，敗壞風氣，亂萌愈伏愈深，此生民之所以生機日蹙，而萬事之所以骫骳不治也。湛然居士借宗門機鋒，勇猛之指，殺活在手，於此勘入，不著一物，直下承擔，其氣雄直，足以動難説之驕主，其詞簡當，足以折不可迴之邪謀。視儒效迂緩，功德百之。故發爲諫疏條教，語言文字，如春雨日時，百穀萌芽而怒生也，如迅雷乘令，威嚴潛緘而蟄蟲始蘇也。故能佐成吉思帝開百六十年車書漸一之基業，豈偶然哉！豈偶然哉！

諺曰：正人行衺法，衺法皆正。況宗門嬗衍，璨可苦行，雖異儒流，要非衺法，固亦無惡於聖人哉！國家用人，勿偏任才華，首當辨志，苟察其人一念在利欲膠漆盆中，國之蠹也，雖才何賴焉！陳同甫發策課諸生云：張良習黄老，賈生明申商，諸葛亮以申韓書發人意智，魏元成習縱横家，彼四人豈非古今所謂名臣，何以習異端云云。其故劇可思矣，豈僅讀《湛然集》發人慨歎而已哉！觀居士之所爲，迹釋而心儒，名釋而實儒，言釋而行儒，術釋而治儒，彼其所挾持者，蓋有道矣。竊意國家最急者人才耳，今有人於此，墨名而儒行，足以任帷幄，靖内憂，禦外侮，以視夫發蒙振落，曲學阿世，謬託儒術以爲名高者，其致治亂之數，果孰愈哉！所關係於世運人心，良非一端，盍深思而觀其要矣！

王惲《秋澗先生大全文集》卷七二《題耶律公手書濟源詩後》　物之有光華者，雖微必著，況文章翰墨之卓越乎？近觀故中書令耶律公，當壬辰歲，過濟瀆留題詩翰，逮今歲龍集，適一甲子。其孫希逸始托揔尹靳榮，俾刻石祠下，屬予題數語于後。余曰，事之顯伏，雖數存其間，至後大前光，在後人固當如是。所可敬而仰者，玉泉老仙，於儷景同翻經綸致澤之餘，復發爲文章翰墨，鏗然而金石振，巍然而冠劍植，表裏國華，鼓舞元化，爲世倚重，已見惡盈好謙，恬然静退之心。故賡和樂天詩韻爲悦，無乃魏公醉白之意歟？俾來者觀咏，將有擊節嘆賞，挹高風而跂絶塵者矣。又何翅紀歲月，而傳不朽者哉！

宋濂《宋文憲公全集》卷三八《跋耶律文正王送劉陽門詩後》　右送劉陽門詩一章，中書耶律文正王楚材之所作也。王生於金明昌元年庚戌，貞祐三年丁亥始歸國朝。今詩後寫云庚子之冬，則王年已五十一歲，其事太祖、太宗兩朝亦一十有五年矣。然不書曰某年，而直題以庚子者，蓋是時政尚簡實，未有所謂紀元之事也。距庚子不過二年，而薨矣。此蓋其晚年所作，字畫尤勁健，如鑄鐵所成，剛毅之氣，至老不衰，於此亦可想見。陽門諸孫師稷來爲浦江主簿，以此卷求題，因爲疏其歲月如此。若王之大節，天下之人皆能誦言之，茲不復云。

于慎行《讀史漫録》卷一四《遼金元》　耶律楚材常言：「興一利不若除一害，生一事不若減一事。」時以爲名言，可爲好功喜事之戒。

陳邦瞻《宋史紀事本末》卷一〇一《北方諸儒之學》 耶律楚材相二帝，闢草昧，開基元德，功侔周召。問其苗裔，乃遼東丹王突欲八世孫。父履，則金尚書左丞也。契丹貴種，金源相族，國亡臣儲，貳心蒙恥。動高輔秦，而志愧報韓。北方學者節義風微，殆繇此始乎？

沈德符《萬曆野獲編》卷二八 耶律楚材，大有造于中國，功德塞天地。元世祖眷之，亦異他將相，其封域想必屬當時恩錫者。近日一友人治別業于京師外西山，忽發一塚，開櫬得大頭顱，加常人幾倍，不知爲何人葬地。余聞之，諫止之曰：「此無論何代，殆必異人。盍早納其元，封閉之。」未幾掘得碣石，則楚材墓也。雖稍爲葺治，聞壙中他物散去多矣。耶律生前舉動，已是慈氏後身，又安問遺骸之完缺。但功濟一世，而七尺之不保，報應之説，似不足信。友人本吴籍，髫年登北畿賢書，慧而有心計，頓成富家。後甫強仕即世，竟無後。

藝文

耶律楚材《湛然居士文集》孟攀鱗序 惟我中書湛然居士天姿英挺，上智誠明。蓍龜其識，鈞鼎其器。聳四方之具瞻，遇千載之嘉會。作朝廷之翰，維社稷之楨。牢籠區夏，宰制山川。提封不牧之邦，郡縣不毛之地。正璣衡而泰階平，明曆數而靈符定。開元建極，盡彌綸之術；驟帝馳王，入酬酢之計。以唐虞吾君爲遠圖，以成康吾民爲己任。涵養乎事業，形容於文章，得之心不受一塵，應之手自能三昧。游戲妙場，掀揭理窟。運天地之橐籥，奪造化之機緘。論性則窮其深源，談道則索其隱旨。以聖經爲根本，故其文體用而精微；以史氏爲枝葉，故其文氣焰而宏麗。盤誥訓誓其格言，詠歌比興其奥義。雖出師征伐之間，猶鋭意經濟之學。觀其投戈講藝，横槊賦詩，詞鋒挫萬物，筆下無點俗。揮灑如龍蛇之肆，波瀾若江海之放。其力雄豪足以排山嶽，其輝絢爛足以燦星斗。斡旋之勢，雷動飈舉；温純之音，金聲玉振。片言隻字，冥合玄機，奇變異態，靡有定跡。夐乎出於見聞之外，鏗鋐炳耀，盪人之耳目，所謂造物有私，默傳真宰，胸中別是一天耳。蓋生知所稟，非學而能。如庖丁之解牛，游刃而餘地；公輸之制木，運斤而成風。是皆造其真境，至於自然而然。公之於文，亦得此不傳之妙。若夫湛然之稱，不可以形尋，不可以言詰。其處之也厚，其資之也深。静於內爲善淵，演於外爲道派。即其性而見其文，與元氣俱粹然一出於剛正。觀夫所稱，其人可知矣。然則作之者創於始，亦在乎述之者成其終。

《河汾諸老詩集》卷一麻革《中書大丞相耶律公挽詞甲辰五月十四日》 砥柱中流折，藏舟半夜移。世賢高允相，人嘆叔孫儀。未拜荆州面，嘗蒙國士知。無階陪引紼，萬里望靈輀。

文獻羣公表，東丹八葉傳。珪璋貽嗣德，蘭藻靄遺編。禁籍虛青瑣，仲游定玉泉。太常千字誄，誰有筆如椽。

《河汾諸老詩集》卷八曹之謙《中書耶律公挽詞》 虎嘯龍興際，乘時自有人。風雲開慘淡，天地入經綸。忽報台星坼，仍傳薤露新。斯民感無極，洒淚叫蒼旻。

耶律鑄《雙溪醉隱集》卷二《哭尊大人領省》 尊大人領省臥疾日，忽謂人曰：「天帝適新起寶輪，請吾爲記。記已成，吾爲汝輩誦之。」數過，左右無曉書者，即忘之。又云：「天上寶刹亦成，鐘聲甚佳。」謂侍疾者曰：「汝聽此否乎？」後數日，有白雲突出帳中，如虹蜺然，上徹霄漢，終日不絶，人皆哭曰：「公行矣！」尋薨。

孤兒淚眼空流血，一夜不知渾白髮。寶燈輪畢新記成，夢斷疏鐘吼殘月。白雲隱隱入青冥，生死悠悠兩長訣。人間天上父子情，遺憤有身終盡雪。

耶律鑄《雙溪醉隱集》卷三《追悼大人領省》 税駕知何處，仙遊閲古今。英靈千載氣，松柏一生心。白日空寒色，蒼天更暮陰。志終伸不得，遺恨海長深。

耶律鑄《雙溪醉隱集》卷六《拜書尊大人領省甕山原塋域寢園之壁并序》 尊大人領省塋域，在燕都面北一舍，西至玉泉五里，寶曰甕山。寢園居在昊天罔極禪寺之右，正寢去隧東北百餘步。昔尊大人居臺省，竟爲伴食所沮，曾不得行其道之萬一。屹然特立，如底柱之在横潰，天下人之所共聞知者也。悠悠之徒，喈喈之口，務欲中傷，聞其横議，則必笑謂左右曰：「不足介意，吾固知不免爲任尚輩謂班超無奇策，其言平平耳。若輩後必自知。甯無輿論，自定是非。」自別矣曾不數年，一如所諭。

太平與亂俱無象，先覺分明儘有間。閒氣欲常遊帝所，旱霖終不沃人寰。

宋濂《宋文憲公全集》卷三九《國朝名臣序頌·耶律文正王楚材》 惟楚有材，晉實用之。達人先知，曰千里駒。堂堂中書，執政之樞。相我太宗，拓開鴻基。拱立龍庭，上陳帝謨。三靈協和，萬象昭蘇。舒吾陽和，脱彼翦屠。人文褰開，民獻爭趨。於變時雍，上登黄虞。厥功何如，請視鼎彝。

王文統部

綜述

《元史》卷二〇六《王文統傳》 王文統字以道，益都人也。少時讀權謀書，好以言撼人。遍干諸侯，無所遇，乃往見李璮。璮與語，大喜，即留置幕府，命其子彥簡師事之，文統亦以女妻璮。由是軍旅之事，咸與諮決，歲上邊功，虚張敵勢，以固其位，用官物樹私恩，取宋漣、海二郡，皆文統謀也。

世祖在潛藩，訪問才智之士，素聞其名。及即位，厲精求治，有以文統爲薦者，亟召用之。乃立中書省，以總内外百司之政，首擢文統爲平章政事，委以更張庶務。建元爲中統，詔諭天下，立十路宣撫司，示以條格，欲差發辦而民不擾，鹽課不失常額，交鈔無致阻滯。尋詔行中書省造中統元寶交鈔，立互市于潁州、漣水、光化軍。是年冬，初行中統交鈔，自十文至二貫文，凡十等，不限年月，諸路通行，稅賦並聽收受。

明年二月，世祖在開平，召行中書省事禡禡與文統，親率各路宣撫使俱赴闕。世祖自去秋親征叛王阿里不哥于北方，凡民間差發、宣課鹽鐵等事，一委文統等裁處。及振旅還宮，未知其可否何若，且以往者，急於用兵，事多不暇講究，所當振其紀綱者，宜在今日。故召文統等至，責以成效，用游顯、鄭鼎、趙良弼、董文炳等爲各路宣撫司，復以所議條格詔諭各路，俾遵行之。未幾，又詔諭宣撫司，并達魯花赤管民官、課稅所官，申嚴私鹽、酒醋、麴貨等禁。

文統爲人忌刻，初立中書時，張文謙爲左丞。文謙素以安國利民自負，故凡講論建明，輒相可否，文統積不能平，思有以陷之，文謙竟以本職行大名等路宣撫司事而去。時姚樞、竇默、許衡，皆世祖所敬信者，文統諷世祖授樞爲太子太師，默爲太子太傅，衡爲太子太保，外佯尊之，實不欲使朝夕備顧問於左右也。默嘗與王鶚及樞、衡俱侍世祖，面詆文統曰：「此人學術不正，必禍天下，不可處以相位。」世祖曰：「若是，則誰可爲者？」默以許衡對，世祖不懌而罷。鶚嘗請以右丞相史天澤監修國史，左丞相耶律鑄監修《遼史》，文統監修《金史》。世祖曰：「監修階銜，俟修史時定之。」

又明年二月，李璮反，以漣、海三城獻于宋。先是，其子彥簡，由京師逃歸，璮遣人白之中書。及反書聞，人多言文統嘗遣子蕘與璮通音耗。世祖召文統問之曰：「汝教璮爲逆，積有歲年，舉世皆知之。朕今問汝所策云何，其悉以對。」文統對曰：「臣亦忘之，容臣悉書以上。」書畢，世祖命讀之，其間有曰：「螻蟻之命，苟能存全，保爲陛下取江南。」世祖曰：「汝今日猶欲緩頰於朕耶？」會璮遣人持文統三書自洺水至，以書示之，文統始錯愕駭汗。書中有「期甲子」語，世祖曰：「甲子之期云何？」文統對曰：「李璮久蓄反心，以臣居中，不敢即發，臣欲告陛下縛璮久矣，第緣陛下加兵北方，猶未靖也。比至甲子，猶可數年，臣爲是言，姑遲其反期耳。」世祖曰：「無多言。朕拔汝布衣，授之政柄，遇汝不薄，何負而爲此？」文統猶枝辭傍説，終不自言「臣罪當死」，乃命左右斥去，始出就縛。猶召竇默、姚樞、王鶚、僧子聰及張柔等至，示以前書曰：「汝等謂文統當得何罪？」文臣皆言「人臣無將，將而必誅」。柔獨疾聲大言曰：「宜剮！」世祖又曰：「汝同辭言之。」諸臣皆曰：「當死。」世祖曰：「渠亦自服朕前矣。」

文統乃伏誅。子蕘，并就戮。詔諭天下曰：「人臣無將，垂千古之彝訓；國制有定，懷二心者必誅。何期輔弼之僚，迺蓄姦邪之志。平章政事王文統，起由下列，擢置台司，倚付不爲不深，待遇不爲不厚，庶收成效，以底丕平。焉知李璮之同謀，潛使子蕘之通耗。邇者獲親書之數幅，審其有反狀者累年，宜加肆市之誅，以著滔天之惡。已於今月二十三日，將反臣王文統并其子蕘，正典刑訖。於戲！負國恩而謀大逆，死有餘辜；處相位而被極刑，時或未喻。咨爾有衆，體予至懷。」然文統雖以反誅，而元之立國，其規模法度，世謂出於文統之功爲多云。

《元史》卷一五七《張文謙傳》 中統元年，世祖即位，立中書省，首命王文統爲平章政事，文謙爲左丞。建立綱紀，講明利病，以安國便民爲務。詔令一出，天下有太平之望。而文統素忌克，謨謀之際屢相可否，積不能平，文謙遽求出，詔以本官行大名等路宣撫司事。臨發，語文統曰：「民困日久，況當大旱，不量減稅賦，何以慰來蘇之望？」文統曰：「上新即位，國家經費止仰稅賦，苟復減損，何以供給？」文謙曰：「百姓足，君孰與不足！俟時和歲豐，取之未晚也。」於是蠲常賦什之四，商酒稅什之二。

雜録

備録

王惲《秋澗先生大全文集》卷八〇《中堂事記上》 上命平章王文統草答高麗手詔，其辭有「誦經供佛，爲國祈福，良可嘉之」語。選怯薛丹某官借職伯衛將軍，以高逸民借職禮部員外郎爲副，使其國。將發，高麗世子來覲，止焉。初，高麗國相有以書致寒暄於省府者，欲以書爲答，且以方略撼之，俾見我大國文加武暢之盛。惲曰：「不可。境外之交，非人臣所宜。此范文正書諭元昊，遂得罪於裕陵也，可不戒哉？」遂止。

王惲《秋澗先生大全文集》卷八一《中堂事記中》 上召前濟南宣撫宋子貞、真定宣撫劉肅、河東宣撫張德輝、北京宣撫楊果於内殿，以擢用輔弼爲問。楊果等前奏曰：「王文統材略規模，朝士罕見其比。然以驟加登庸，物論不無，新舊之間，如史天澤，累朝舊臣，勳碩昭著，若使宅百揆，大厭人望。今文統輩經畫其間，則省事成矣。」上曰：「置史某相位，念之久矣。卿等所言，允協朕意。」因賜食而退。

王惲《秋澗先生大全文集》卷八二《中堂事記下》 四日甲午有旨，趣平章王文統南行，於是定省府掾屬去留者。

程鉅夫《雪樓集》卷九《薛庸庵先生墓碑》 王文統柄國，嘗羅致沂爲真定勸農使，不得已而受。陽爲不事事，至亡其告身及金符於酒家。文統知而迹得之。沂因自免歸。文統聚歷代奇謀詭計爲一書，先生見而責之曰：「士君子如欲平治，自有聖賢格言，此何爲者？」遂絶，勿與通。

《嘉靖山東通志》卷三三《王文統傳》 王文統，字以道，益都人。少讀權謀書，徃見李璮。璮與語，大喜，即留置幕府。世祖即位，有以文統薦者，亟召用之，乃立中書省，以總内外百司之政。監脩《金史》。後李璮反，人多言文統嘗遣子蕘與璮通音，得其期反三書，乃伏誅，子蕘并就戮。然文統雖以反誅，而元之立國，其規模法度，文統之功爲多。

張柔部

綜述

《元史》卷一四七《張柔傳》 張柔字德剛，易州定興人，世力農。柔少慷慨，尚氣節，善騎射，以豪俠稱。金貞祐間，河北盗起，柔聚族黨保西山東流寨，選壯士，結隊伍以自衛，盗不敢犯。郡人張信，假柔聲勢，納流人女爲妻，柔鞭信百，而還其女。信憾之，謀結黨害柔。未幾，信有罪當誅，柔救之得免，於是驍勇之士，多慕義從之。

中都經略使苗道潤承制授柔定興令，累遷（青）〔清〕州防禦使。道潤表其才，加昭毅大將軍，遥領永（寧）〔定〕軍節度使，兼雄州管内觀察使，權元帥左都監，行元帥府事。繼而道潤爲其副賈瑀所殺，瑀遣使以好辭來告曰：「吾得除道潤者，以君不助兵故也。」柔怒叱使者曰：「瑀殺吾所事，吾食瑀肉且未足快意，反以此言相戲耶！」遂移檄道潤部曲，會易州軍市川，誓衆爲之復讐，衆皆感泣。適道潤麾下何伯祥，得道潤所佩金虎符以獻，因推柔行經略使事。事聞，加驃騎將軍、中都留守，兼大興府尹、本路經略使，行元帥事。

戊寅，國兵出紫荆口，柔率所部逆戰於狼牙嶺，馬蹶被執，遂以衆降，太祖還其舊職，得以便宜行事。柔招集部曲，下雄、易、安、保諸州，攻破賈瑀於孔山，誅瑀，剖其心祭道潤。瑀黨郭收亦降，盡有其衆，徙治滿城。

金真定帥武仙，會兵數萬來攻，柔以兵數百，出奇迎戰，大破之。乘勝攻完州，下之，獲州佐甄（仝）〔全〕。（仝）〔全〕慷慨就戮，柔義而釋之，且升爲守，使將部曲以從。己卯，仙復來攻，敗走之，進拔郎山、（祈）〔祁〕陽、曲陽，諸城寨聞之，皆降。既而中山叛，柔引兵圍之，與仙將葛鐵鎗戰丁新樂，流矢中柔頷，折其二齒，拔矢以戰，斬首數千級，擒藁城令劉成，遂拔中山。仙復會兵攻滿城，柔登城拒戰，復爲流矢所中，仙兵大呼曰：「中張柔矣。」柔不爲動，開門突戰，皆敗走。略地至鼓城，單騎入城，喻以禍福，城遂降。又敗仙於（祈）〔祁〕陽，進攻深澤、寧晉、安平，克之。分遣別將攻下平棘、藁城、無極、欒城諸縣，闢地千餘里。由是深、冀以北，（鎮）〔真〕定以東三十餘城，緣山反側鹿兒、野貍等寨，相繼降附。一月之間，與仙遇者凡十有七，每戰輒勝。

方獻捷于行在所，行次宣德，而易州軍叛，逐其守盧應妻子，據西山馬頭寨。柔聞之，即棄輜重還，出奇計破其寨，而誅叛者，歸其妻子。加榮禄大夫、河北東西等路都元帥，號拔都魯，置官屬，將士遷授有差。

燕帥孛赤台數淩柔，柔不爲下，乃譖柔於中都行臺曰：「張柔驍勇無敵，向被執而降，今委以兵柄，戰勝攻取，威震河朔，失今不圖，後必難制。常欲殺我，我不敢南也。」行臺召柔，幽之土室，孛赤台施帳寢其上，環以甲騎，明日將殺之，孛赤台一夕暴死，柔乃得免。金經略使固安王子昌，善戰知名，與信安張進連兵，阻水爲固，遠近憚之。柔出其不意，率兵徑渡，生擒以還。

乙酉，真定武仙殺其帥史天倪，其弟天澤使來求援。柔遣驍將喬惟忠等率千餘騎赴之，與仙戰，敗之。遂分遣惟忠、宋演略彰德，徇齊魯；聶福堅略青、魏、山東。璽書授柔行軍千户、保州等處都元帥。丙戌，遣將以兵從國王孛魯，攻李全于益都，降之。丁亥，移鎮保州。保自兵火之餘，荒廢者十五年，盗出没其間。柔爲之畫市井，定民居，置官廨，引泉入城，疏溝渠以瀉卑濕，通商惠工，遂致殷富；遷廟學于城東南，增其舊制。

壬辰，從睿宗伐金，語其衆曰：「吾用兵，殺人多矣，寧無冤者。自今以往，非與敵戰，誓不殺也。」圍汴京，柔軍於城西北，金兵屢出拒戰，柔單騎陷陣，出入數四，金人莫能支。金主自黄陵岡渡河，次漚麻岡，欲取衛州，柔以兵合擊，金主敗走睢陽。其臣崔立以汴京降，柔於金帛一無所取，獨入史館，取《金實録》并祕府圖書；訪求耆德及燕趙故族十餘家，衛送北歸。遂圍睢陽，金主走汝南。汝南恃柴潭爲阻，會宋孟珙以兵糧來會，珙決其南，潭水涸。金人懼，啓南門求死戰，柔以步卒二十餘突其陣，促聶福堅先登，擒二校以歸。又遣張信據其内隍，諸軍齊進，金主自殺。汝南既破，下令屠城，一小校縛十人以待，一人貌獨異，柔問之，狀元王鶚也，解其縛，賓禮之。入朝，太宗歷數其戰功，班諸帥上，賜金虎符，升軍民萬户。

乙未，從皇子闊出拔棗陽，繼從大帥太赤攻徐、邳。丁酉，詔屯兵曹武以逼宋。道出九里關，柔欲率所部徑往，或言關甚險，宋必設伏，不若與大軍俱進。不聽，與二十騎直前據關，方解甲而食，宋兵出兩山間，圍數重，騎皆失色，柔單騎馳突潰圍。大軍繼至，遂達曹武，悉下緣山諸堡，攻洪山寨，破之，遂營山下。

柔率衆出略地他處，宋兵乘虛來襲，柔還，與之遇，自旦至暮，凡十餘戰，大敗宋師，斬其將校十有三人。遂會諸軍取光州，又進趣黄州，破三山寨，至大湖中，得戰艦，沿江接戰，壁於黄州西北隅。有乘舟出者，柔曰：「此偵伺我隙者也，夜必襲吾不備。」乃分軍爲三以待之。二鼓時，宋師果至，柔遮擊之，俘數百人，溺死者不可計。攻其東門，矢石雨注，軍少却，柔率死士十餘，奮戈大呼，所向仆踣，執俘而還。宋師懼，請和，乃還軍。

大帥察罕攻滁州，柔以二百騎往。時廬、泗、盱眙、安豐間，宋屯戍相望，斥候甚嚴，或勸柔勿行，不聽，且戰且前，凡二十餘戰。比至滁，察罕以滁久不拔，欲解去，柔請決戰，從之。既陣，宋驍將出挑戰，柔佯却，宋將驕，柔馳及之，檛擊墜地，宋將執柔轡曳入其陣，飛石中柔鼻，兩軍鬨，柔得還，裹瘡復戰。夜遣鞏彦暉劫其營，焚城東南隅，柔〔率〕鋭卒五十七人先登，拔之。己亥，以本官節制河南諸翼兵馬征行事，河南三十餘城皆屬焉。

庚子，詔柔等八萬户伐宋。辛丑，升保州爲順天府，賜御衣數襲、名馬二，尚厩馬百。柔率師自五河口濟淮，略和州諸城，師還，分遣部下將千人屯田于襄城。察罕奏柔總諸軍鎮杞。初，河決於汴，西南入陳留，分而爲三，杞居其中潬。宋兵恃舟楫之利，駐亳、泗，犯汴、洛，以擾河南。柔乃即故杞之東西中三山夾河，順殺水勢，築連城，結浮梁，爲進戰退耕之計，敵不敢至。會諸軍攻破壽州，柔欲留兵守之，察罕不從。又敗宋師于泗州，還杞上。帳下吏夾谷顯祖得罪亡走，上變誣柔，執柔以北。大臣多以闔門保柔者，卒辨其誣，顯祖伏誅。

辛亥，憲宗即位，換授金虎符，仍軍民萬户。甲寅，移鎮亳州。環亳皆水，非舟楫不達，柔甃城壁，爲橋梁，屬汴堤，以通商賈之利；復建孔子廟，設校官弟子員。入奏，帝悦，賜衣一襲、翎根甲一、金符九、銀符十九，頒將校之有功者。

己未，分裨將張果、王仲仁，從憲宗征蜀；王安國、胡進、田伯榮、宋演，從宗王塔察兒攻荆山；柔從世祖攻鄂。世祖由大勝關，柔由虎頭關，與宋兵遇於沙窩，柔子弘彦擊破之，進與守關兵戰，敗之。世祖自陽羅渡江，促柔會兵攻鄂，百餘日不能下。世祖諭之曰：「吾猶獵者，不能擒圈中豕，野獵以供汝食，汝可破圈而取之。」柔乃令何伯祥作鵝車，洞掘其城，别遣勇士先登，攻其西南陬，屢破之。會憲宗凶問至，宋亦行成，世祖北還，命柔統領蒙古、漢軍，以俟後命，城白鹿磯，爲久駐計。

中統元年，世祖即位，詔班師。阿里不哥反，世祖北征，詔柔入衛，至廬朐河，有詔止之。分其兵三千五百衛京師，以子弘慶爲質。二年，以《金實録》獻諸朝，且請致仕，封安肅公，命第八子弘略襲職。

至元三年，加榮禄大夫，判行工部事，城大都。四年，進封蔡國公。五年六月卒，年七十九。贈推忠宣力翊運功臣、太師、開府儀同三司、上柱國，謚武康。延祐五年，加封汝南王，謚忠武。子十有一人，弘略、弘範最顯，弘範自有傳。

《光緒畿輔通志》卷一六八王槃《蔡國公神道碑》 唐朝啓運，褒、鄂分封；漢室開基，韓、彭裂土。蓋收攬英雄，兼總知勇者，古先聖王所以因天下之力，以取天下之大權也。太祖聖武皇帝，誕膺景命，肇造皇圖，德隆三代，地過漢唐。揆夫鷹揚虎視之臣，陷陣摧鋒之將，其數之多，固有不可勝數者矣。至於勳高當世，望重五朝，智勇兼全，身名俱顯，而又耆壽康强，哀榮終始者，其惟蔡國張公乎！

公諱柔，字德岡，涿州定興縣河内里人。曾祖諱湊，祖諱辛，考諱福寬，俱以農爲業，隱德不耀。公少倜儻不羈，讀書略通大義，工騎射，尚氣節，喜遊俠。金貞祐間，河朔擾攘，土寇蜂起，公聚宗族數千家，辟西山東流堝，選壯團，結隊伍，以自衛護，遠近憚之，皆莫敢犯。以功授定興令，累遷青州防禦使，中都路經略使。苗道閏表其材，加毅昭大將軍，遥領永定軍節度使兼雄州管内觀察使、權元帥右都監行元帥府事。興定初，道閏爲其副賈瑀所害，瑀不自安，遣使者以好辭告公曰：「吾得除道閏，以君正直，不以兵力黨惡人故也。」公怒叱使者，還白瑀曰：「汝賊，吾所討，不即送死，乃敢以此言相戲耶？」遂檄召道閏部曲，會易水軍市川，告以復讎之意，衆因羅拜，推公爲長。事聞，遷驃騎衛上將軍、中都留守兼知大興府事、本路經略使行元帥府事，時年二十九。

方會兵討瑀，而國朝兵南下入自紫荆口，公帥所部逆戰於狼牙嶺，馬跌被執。見主帥立而不跪，左右强之，公顧曰：「吾亦帥也，有死而已。」植立自若，敵帥壯而釋之。未幾，復舊職，質二親於燕，俾公招集故部曲，公乃爲教令告諭旁郡，遂下雄、易、安、保諸州。賈瑀據孔山拒命自若，公率兵攻之，兩月不克，砦無井泉，汲於山下，乃斷其汲路，衆多渴死，瑀竊出降。公語之曰：「吾素不殺降，然汝罪不可貸也。」乃殺之，取其心以祭道閏。歲戊寅，徙治滿城。明年二月，取完州，州倅甄全慷慨就戮，公義釋之，陞爲守，仍命以部曲自隨。祁陽、曲陽二帥聞之來降。真定武仙遣藁城令劉成率衆來侵，公生獲之，釋縛還。由是聞者莫不畏慕，深、冀以北，相率而自歸者三十餘城，闢地千里。朝廷加公榮禄大夫、河北東西等路都元帥，所部將士遷授有差。公因署官吏，定立教條，勸民修治耒

耜，樹藝桑麻，民始免饑寒之憂，而知有生之樂。丁亥春，以滿城狹隘，徙治保州。保累經兵燹，焚蕩殆盡。公鳩工庀材，剷除荆棘，營立官府、倉庫、廟學、市井、閭閻，不二三年間，遂熙熙然有太平州府氣象。

太宗英文皇帝即位，從征河南，攻汴梁，圍睢陽，破汝南，拔徐、邳，咸立雋功，爲上所知。居二歲，召赴行在，賜佩金虎符，陞爲萬户。國朝之初，人臣名爲萬户爲最重，漢人膺此任者纔一二而已。爵命之日，寵賚甚厚。明年大舉伐宋，每臨戰陣，公常先登，所向克捷，上常對衆嘉歎。適河南諸道兵未有所隸，乃悉付公總之。丙申歲，析天下爲十道，沿金舊制畫界，保之屬城多爲鄰道所分割。閲數歲，有詔特還之，升州爲府，賜名曰順天，及賜公牧馬百疋，仍賜上所乘名馬二疋。自汴京不守，河防廢弛，河放而南流，南連渦渙，東際淮海，浩渺無涯。宋人恃舟楫之利，頗相侵軼，朝廷以公節制諸路軍馬，鎮守其地。公相地形，據要衝，當三河之口即杞縣故治築爲連城，分布戰卒，自是河南遂安。甲寅歲，詔公移鎮亳州。亳去杞又數百里，宋人益惴恐，莫敢北向而漁。乙卯歲冬，賜黄金五十兩，白金五百兩，翎根甲一襲。己未歲秋，扈從渡江，領蒙古漢軍城白鹿磯，遣將略地，南至潭州、洪都。庚申春，班師。中統二年，公以老乞致仕，詔允所請，封安肅公，以男弘略襲其職。至元三年冬十二月，加授榮禄大夫，判行工部事，監大都之役。四年春正月，追封蔡國公。五年夏六月二十五日，以疾薨於京師之私第，享年七十有九。

公氣貌雄毅，御軍嚴整，號令所及，將士凛然，如懷冰霜。然施恩信厚，賞罰公明，旌麾所指，士争前死敵，莫敢反顧，故所向有功，前無堅陣。初，公之駐滿城也，樓櫓未備，麾下纔數百人。恒山公武仙以騎兵五百，步卒萬餘來攻，公使老弱婦女守城，率壯士出戰，逗留數日，忽遣人揚言救兵至，自西山呰揚塵鼓譟其後，仙軍驚潰，追擊之，僵尸數十里。軍市川牛顯、高陽公張甫、河間公仲格共合兵數萬來攻，公登城拒戰，爲流矢所中，敵大呼曰：「射中張某矣。」公不爲動，開門出戰，甫等皆敗走。保定王子昌兇狡苦戰，阻水爲固，常爲寇患，公潛率鋭卒，出其不意，生擒之以歸。賈瑀既死，其黨郭有收者依山自保，屢遣人招之不從，公一日過其壁門，立馬呼之，收請退師而語，公麾衆使却，釋甲直前，與收把臂相語，收感激，即撤備出降。臨境帥布薩滓格者，素與公不相得。既而爲麾下所殺，公聞之曰：「彼雖有過，然乃長上也，奈何擅殺之。」卒詰其主名，斬首以狥。其義概類如此。嘗語衆曰：「吾戰争二十餘年，殺人多矣，死者寧無寃濫？自今非對壘不復殺人。汝曹記吾言。」自是卒踐其言，或遇他將欲有所殺者，亦曲爲勸諭，務全活之。降人親屬散落他所，則百方購求，必得而後已。或有求於我，亦未嘗不與也。嘗釋家中驅口數千，出爲良民。張甫、牛顯、伊喇、仲格皆與公讎敵，既没，其妻子流離無所託，公求得之，皆厚加存恤。軍興以來，貧人或有所假貸，勢家出子錢要利，如羊生羔，歲輒倍之，往往責田宅，鬻妻子不能償，公與真定史侯奏乞民間子錢至倍而止，不得展轉滋孕，朝廷從之，遂立爲定制。性喜賓客，閑暇輒延引士大夫與之言笑談論，終日不倦。歲時贍給，或隨其器能任使之。汴京下，寶貨山積，公一無所顧，而首取金朝《實録》并秘府圖書，又訪求鄉曲耆德，得户部尚書高公夔、都轉運使李公特立等十餘家，載之以歸，其英鑑偉識，度越儕輩遠矣。【略】弘略嗣公職，夫人馬氏之子也。【略】至元十年春，弘略請於朝，得謚曰武康，仍降旨翰林院，定撰碑石文字，臣磐當筆，謹按行狀，叙其行實而繫以銘。銘曰：

乾坤凝沍冰霜辰，蛟虬泥蟠欝不伸。潛陽升騰水波援，髻鬣軒舞生風雲。桓桓蔡公資禀異，知勇兼全負英氣。由來天意不虚生，聖運昌期適相契。被囚不屈紫荆山，敵將義釋嘉嚴顏。九重新恩復舊職，旌旆還臨燕趙間。抑强扶弱誅貪戾，三十餘城承節制。漸銷兵甲事農桑，城郭熙熙太平治。既平河朔逾河防，攻睢破蔡俘汴梁。河南已定指吴楚，渡淮浮漢淩大江。破邑拔城知幾處，斬將搴旗寧復數。收功百戰未足多，戒殺活人深可慕。公之陰德如山丘，哀榮終始封公侯。銘詩彪炳鐫珠球，子孫世襲傳千秋。

元好問《遺山文集》卷二六《順天萬户張公勳德第二碑》　歲辛亥冬，行軍千户賈侯輔持《順天路軍民萬户張公勳德碑》見示，謂僕言：「此内翰溥南王君從之之辭也。蓋自板蕩以來，我公爲吾州披荆棘，立城市，完保聚，闢田野，復官府，舉典制，摧伏彊梗，拊存單弱，使暴骸之場重爲樂國，其有德於州之人爲甚厚。及輔不敏，亦得禀授成算，自竭微效。猥先參佐，紆佩金紫。圖所以報謝者，不忘食息頃，而迄無萬分之補。姑取境内士庶、耆壽、偏裨、部曲之意，就公所以成，顯顯焉在人耳目者，著之金石，以昭示永久。王君偉公之功，而有取於吾屬之誠且一，故樂爲道之。凡我公率族屬保壁障，由西山之東流堝以功令定興，至節度雄州，從經略使苗公道潤，及賈瑀賊殺道潤，公殺瑀復讎，散其餘黨，戊寅之秋，策名天朝，以功加榮禄大夫，帥河北東西路，以寶書錫命，自千户陞萬

户，佩金虎符，順天别爲一道者，亦既載之矣。惟是碑之立將二十年，而公之勳伐積累日盛，而皆王君不之見者。區區之意，大爲慊然。考之古人，初令一邑，進而守一州；始將千人，終至於統百萬衆，若惠政，若戰多，其見之褒述者，不一而足，故有大書、特書、屢書之語。朝論以爲美談，史臣資其實録。珪爵旂常、鼎鐘竹帛，於是乎張本。有如我公，炳河山之靈，會龍興之運，開拓疆宇，爲國虎臣，治民涖官，威惠並舉，而英聲茂實，百不亘一，其於褒讚之義，得無未盡乎？今屬筆於子，幸以第二碑實之。」僕以不腆之文不足以俎豆於王君之後，辭不敢當，而賈侯請益堅。度不可以終辭，乃勉爲次第之。

初，公之下東流，軍滿城也，滿城小而缺，且無禦備，帳下纔數百人。恒山公武仙會鎮、定、深、冀步卒一萬、騎五百來攻。公以老幼婦女乘城，率壯士出戰。敵不能勝，然未退也。後數日，公策其老且怠，遣人假爲輜重，聲言救兵至自西山，曳柴揚塵，鼓譟其後，仙軍果驚潰。公追擊之，遺屍數十里。是歲六月，軍市川帥牛顯結高陽公張甫、河間公衆哥等軍數萬來攻。公登城拒戰，爲流矢所中。敵大呼曰：「射中張某矣！」公不爲動，開門出戰，甫、衆哥皆敗走。由是，祁陽、曲陽、鼓城諸將帥降者二十餘城。易州守盧應御下卞急，吏卒每欲爲變，畏公，不敢發。公北覲，次於宣德，羣不逞乃環雁第攻之。應挺身而逸，妻子皆爲所擄。復大掠於州，遂據西山之馬頭砦。公聞之，即棄輜重而南。問之路人，得賊要害曰「六門堂」者，遣部曲任德等潛執守者而反據之，故賊不之覺。公先約德軍曰：「我砦下舉火，爾即發聲。」乃率卒至砦下，數賊以叛逆，且諭之曰：「能以盧應家屬來降者，當貸爾命。不然，無遺類矣！」賊且笑且駡，曰：「盧應妻子非白金三千兩不可得，乃欲降我乎！」公怒呼之曰：「吾問爾三，不從，則攻爾矣！」問之者三，竟不應，乃舉火攻之。德等如約，轉石擊砦中。賊大驚，以爲從天而下，窘無所逃，束手就縛。公歸應妻子，諸賊悉翦殺之。緣山反側鹿兒、和和、美女、擔車、堵墻、百峯、東西五峯、苑家、西水、姑姑堝、紅花谷、閃堂、水谷、白虹、白家、野貍諸砦望風降附。及武仙以兵來犯，公與之戰，一月凡十七勝，每勝必斬馘千餘級。於是公之威名震河朔矣。丁亥之春，以滿城隘狹，移軍順天。順天焚燬之後，爲空城者十五年矣。公置行幕荒穢中，日以營建爲事。繼得計議官毛居節，共爲經度。民居、官府，截然一新。遂引鷄距、一畝二泉，穴城而入。爲亭榭，爲池臺。方山陽，則無蒸欝之酷；比歷下，則無卑濕之患。此州遂爲燕南一大都會，無復塞垣之舊矣。

京城之役，守者屢出接戰，我軍不能前。一日，公被重鎧，躍馬横戈而出，大呼謂諸帥言：「公輩平時陵轢同列，以驍果自名，乃今蓄縮不進，虧喪聲實，氣岸果安在！能從我，即同入陣；不然，爾後當尊事我，勿復故態爲也！」諸帥無應者。公即馳入陣中。呼聲所及，無不披靡，出入數四，而氣益壯。歸德之役，城中兵夜斫營，並堤而進，其鋒甚鋭。北面守者不戰而走，多溺水死，西北一軍俄亦奔潰。公命軍士繫舟南岸，示無還意，因諭之曰：「我輩得舟亦不得濟，濟亦不能免，惟有決死而已！」衆心乃定。命一卒執幟立堤上，諸軍隱堤自蔽，待敵下舟即力卷之。敵果不敢下。公命軍士先渡，將校次之，公殿其後，竟不失一卒而還。汝南之役，宋人聽節制，我欲決柴潭，城中兵陣於南門外，決死戰。宋兵瞻望不進，公率步卒二十餘，涉水入陣，左右盪決，莫有當其鋒者，諸軍壯之。徐州之役，攻久不下。宋人出戰，大帥大赤令曰：「田四帥先入；不能，則張公繼之；又不能，則我當往。」既而田不克入。公率死士五十人逆擊之，戰於分水樓下，敵退走。公追及於門，俘獲數人。明日，急攻西南隅。城既隳缺，敵以重扉覆之，攻者不能上。公募死士乘城，擁一卒起，推置扉之上，城隨陷，論功第一。邳州之役，諸軍築壘環其外，城中危迫，潰圍而出，望見公旗幟，即犯别帥軍。公率兵救之，敵不能出，又犯别一軍。公復救之，敵竟敗，而諸軍亦賴之以全。棗陽之役，公奪傳城軍壘二，又奪外城，據之。城中人啓南門出，諸軍爲木栅禦之。公繞出其後，敵大潰，衆十餘萬多溺濠水。餘軍西走，復爲史侯所襲，而公横盪之。皇太子壯其勇而惜其材，傳呼止之，而公戰愈力，迫宋兵盡乃已。郢州之役，城陷，州人奪西門出走，前即漢水。公乘勝擁之，溺水者如山崗然。曹武之役，公將度九里關。或言：「關路險惡，宋必設伏。不若候大軍，與之偕進。」公曰：「出其不意，可以得志。若止而不進，爲彼所先，建瓴之下，吾得其便乎？」公乃率二十騎直前，果得關。宋兵覺，由西山之間翼而下。我軍方休息，不虞敵至。士皆輕衣，無鎧仗，猝爲所圍，皆倉皇失措。公單騎馳突，潰圍而出。宋軍不敢迫，遂屯曹武北之長封嶺，結陣而居。戰守不易，緣山保聚，皆攻下之，連破瀕江諸屯二十餘所。

秋八月，攻洪山，與宋大軍遇。自旦至暮，宋軍潰，斬統制官十三人，脱走者纔一人耳。光州之役，大帥令公取敵壘。以公喜深入，戒勿親往，而公輒親往。壘既下，明日而城降。黄州之役，道出三山寨。寨高險，不可上。公率衆攻。戰方交，公引數卒潛視要害處，即引還。夜四鼓起，黎明至寨下，會天大霧，咫尺不

相辨。公曰：「此天也！」即取昨所視路，發石伐木，橫戈而先之。敵殊死鬬，公奮擊之，馘擄數萬，自相踐蹂，墜崖谷而死者不勝計。遂攻黄州。州之西有大湖曰張大，與江通流。公攻下之，得戰艦萬艘。選什之一，順流而下，循江接戰，十日，乃至城下，營於西北隅。有乘小舟來覘，公策之曰：「此必欲伺吾隙來攻耳。」乃分軍爲三，二泝江路爲偵伺，一伏赤壁下，公自將一軍，陣而待。是夜，宋果水陸並進。公遮擊之，宋軍不得前會。我軍合並攻之，不戰而潰，往往溺水死，生獲者尚數百人。州東門禦備甚堅，矢石如雨，諸軍爲之少卻。大帥命公取之。公被重鎧，率死士三十餘輩奮戈而入，守者爲之奪氣。宋人請和，乃班師。

還及淮水南岸，有保聚曰張家砦，軍民十萬餘，諸帥議立砲攻之。公曰：「不必爾。」獨率一軍攻之，顧盼之頃，守卒崩潰。諸將懾伏，皆自謂不及也。滁州之役，公至自北觀，從二百人而南。時廬、泗、盱眙、安豐、濠州之間皆宋重兵所宿，斥候旁午，屯戍相望，有以四千騎斂退者。或勸公無行，公不之顧，且戰且前。一日，獨騎入一保聚，值敵兵二千餘人，環射之，矢著鎧如蝟。公馳突回旋，每射輒中，敵不能近。良久，從兵至，合擊之，敵人殲焉，遂會滁之兵。時大帥以城久不拔，議解圍。公前請曰：「某起身細微，猥蒙寵遇，擢任非次，顧何功以堪之？況新被異恩，圖報無所，知大軍在此，故轉戰來會。誠不能奮力於諸君之後，遽爾北歸，將不與初心相違背乎？請身率士卒以決一戰，雖死不恨也。」帥義而從之。公馳入圍中，激石中其鼻。大帥謂公不能戰，合軍繼之。公裹創，躍馬而出，帥止之，不顧，率鋭卒先登，城遂拔。自大河放而南，杞爲中潭，東連淮海，浩瀚無際。國朝方有事南鄙，彼爭利舟楫間，殆無寧歲。朝議以杞爲上流，不以大將鎮守之，則一葦所航，河不能廣矣。公以甲辰歲被朝命，節制河南路軍馬。因地之形，殺水之勢，築爲連城，分戍戰卒。衝要既固，姦謀坐屈。艟艨有橫截之阻，而走舸無奔軼之便。北安濮、鄆，西固梁、豫，公之力爲多。

初，大軍還自滁，宋境連歲被兵，民物蕭條，耕稼俱廢。我軍爲因糧之計，初不以餽饟自資。比軍還，間關千里，道殣狼藉。公一軍先事爲備，故獨無饑色。許、鄭之間亦有儲蓄，雖他帥軍亦被贍給焉。軍興以來，賈人出子錢致求贏餘，歲有倍稱之積，如羊出羔，今年而二，明年而四，又明年而八，至十年則累而千。調度之來，急於星火，必假貸以輸之。債家執券，日夕取償，至於賣田業、鬻妻子，有不能給者。公哀而憐之，與真定史侯論列上前，乞債家取贏，一本息而止。聖度寬明，隨賜開允。德音四布，海隅欣幸。初，耶律衆哥、張甫、牛顯皆嘗與公爲敵，既殁，其妻子流離，無所於託。公求得之，皆厚爲存卹。顯長子國祥以材具署爲郡守。次黑子爲大官所俘，公賂以金繒，僅乃得歸，仍歲有白金之輸。自餘完復離散、婚嫁孤幼、周急繼困、扶病助喪者日月不絶，蓋不可以十百計也。人徒知公席百勝之功，以取顯面之貴，威望崇重，見者起立拜揖，或周章失次，而不知寇敚略平之後，日與文儒攷論今古，見仁民愛物之事，輒欣然慕之。恩拊吏民，恒若不及，雖笞罰之細，亦未嘗妄加。所謂仁心爲質，要其終而後見者也。

僕，老經生耳，何足以知兵？以公之故，嘗妄論之：天地一氣也，萬物一體也。同仁一視，宜莫三代聖人者若也。今見之於《書》，則曰「天吏逸德，火炎崑岡」，又曰「前徒倒戈，血流漂杵」。信斯言也！謂不戰而屈人之兵也，而可乎？三代以來，將兵者何啻千萬人，孰不欲不鼓不成列、不禽二毛，曠然爲仁義之舉？然而百姓按堵獨稱忠武侯，市不易肆，獨稱李良器。其餘豈皆樂戰嗜殺、執兇器而履危道，得已而不已乎？抑所遭之時有同有不同也？僕既件右公之事，且系之以詩，使並刻之。

魏源《元史新編》卷二七《張柔傳》 張柔字德剛，易州定興人。世力農。柔善騎射，以豪俠稱。金貞祐間，河北盜起，柔聚族保西山東流寨，練伍自衛，盜不敢犯。郡人張信，假柔聲勢，納流人女爲妻，柔鞭信而還其女，信憾之，謀結黨害柔。未幾，信有罪當誅，柔救得免，壯士多慕義從之。

金中都經略苗道潤，承制授柔定興令，累遷清州防禦使，道潤表其才，加遥領永寧軍節度使，兼雄州管内觀察使、行元帥府事。繼而道潤爲其副賈瑀所殺，瑀遣使好辭來告曰：「吾得除道潤者，以君不助兵故也。」柔叱使者曰：「所不滅汝復仇者，有如此日。」檄道潤部曲，誓衆復仇，衆皆感泣。適道潤麾下何伯祥得所佩金虎符以獻，因推柔行經略使事。事聞，加中都留守兼大興府尹、本路經略使，行元帥事。

戊寅，元軍出紫荆口，柔率所部逆戰狼牙嶺，馬蹶被執，遂以衆降，太祖還其舊職，得以便宜行事。柔招集部曲，下雄、易、安、保諸州，攻破賈瑀於孔山，誅瑀，剖其心祭道潤，瑀黨郭收亦降，盡有其衆，徙治滿城。

金帥武仙會兵數萬來攻，柔以兵數百出奇迎戰，大破之，乘勝下完州，獲州佐甄仝，仝慷慨就戮，柔義而釋之，且擢爲守，使將部曲以從。己卯，仙復來攻，敗走之，進拔郎山、祁州、曲陽，降諸城寨。既而中山叛，柔引兵圍之，與仙將葛鐵槍戰於新樂，又拒仙兵於滿城，柔兩中流矢，皆拔矢以戰，仙敗走。柔略地至

鼓城，單騎入城，喻降之。又敗仙於祁州，進克深澤、寧晉、安平，分遣别將攻下平棘、槀城、無極、欒城諸縣，辟地千餘里。由是深、冀以北，（鎮）〔真〕定以東三十餘城，緣山反側鹿兒、野狸等寨，相繼降附。一月之間，與仙十七戰，輒勝。方獻捷行在，而易州軍叛，逐其守盧應，據西山馬頭寨。柔聞之，即棄輜重還，出奇計破其寨，誅叛者。加河北東西等路都元帥，賜號拔都魯，置官屬，將士遷授有差。

燕帥孛赤台數淩柔，柔不爲下，乃譖柔於中都行臺曰：「張柔驍勇無敵，向被執而降，今委以兵柄，戰勝攻取，威震河朔，失今不圖，後必難制。常欲殺我，我不敢南也。」行臺召柔，幽之土室，孛赤台施帳寢其上，環以甲騎，明日將殺之。孛赤台一夕暴死，柔乃得免。金經略使固安王子昌善戰知名，與信安張進連兵，阻水爲固。柔出其不意，徑渡水，生擒以還。

乙酉，真定武仙殺都元帥史天倪，其弟天澤使來求援。柔遣驍將喬惟忠等率千餘騎敗之，遂分遣惟忠、宋演略彰德，何伯祥略齊魯，聶福堅略青、魏、山東。璽書授柔行軍千户、保州等處都元帥。丙戌，遣將以兵從國王孛羅，攻李全於益都，降之。丁亥，移鎮保州。時兵火之餘，荒廢十餘載，盜出没其間。柔畫市井，置廛廨，疏溝渠，通商惠工，遂致殷富。遷廟學於城東南，增其舊制。

壬辰，從皇弟拖雷伐金，語其衆曰：「吾用兵殺人多矣，寧無冤者。自今非與敵對陣，誓不殺。」圍汴京，柔軍於城西北，金兵屢出拒戰，柔單騎陷陳，金兵披靡，又以兵合擊金主於河北。汴京降，柔獨入史館，取《金實録》并秘府圖書，訪求耆德及燕、趙故族十餘家，釋金狀元王鶚於俘囚將戮之際，衛送北歸。又圍金主於睢陽，於汝南，金人啓南門死戰，柔以步卒二十餘突其陣，促聶福堅先登，又遣張信據其内隍，諸軍齊進，金主自殺。論者謂柔知復故帥之仇，而力攻故主於危亡之際，大誼安在焉！

入朝，太宗歷數其戰功，班諸帥上，賜金虎符，升軍民萬户。乙未，從皇子闊出拔棗陽，繼從大帥太赤攻徐、邳。丁酉，詔屯兵曹武以逼宋。道出九里關，柔率所部先，或言關甚險，恐有伏，不若與大軍俱進。不聽，以二十騎徑進，據關，方解甲食，而宋兵出兩山間，圍數里，衆皆失色。柔單騎馳突潰圍，大軍繼至，遂達曹武，悉下緣山諸堡。攻洪山寨，破之，遂營山下。偶出略地，宋兵乘虚來襲，柔還遇之，鏖戰至暮，大敗宋師，斬其將校十有三人。遂會諸軍取光州，又進趣黄州，破三山寨，至大湖中，得戰艦，沿江接戰，壁於黄州西北隅。有乘舟出者，柔曰：「此偵者也，夜必襲吾不備。」乃分軍爲三以待之。二鼓，宋師果至，柔遮擊破之，溺死者不可計。攻其東門，矢石雨注，柔率死士十餘，奮戈大呼，所向披靡，宋師懼，請和，乃還。

以二百騎赴大帥察罕於滁州，時廬、泗、盱眙、安豐間，宋屯戍相望，斥堠甚嚴。柔且戰且前，凡二十餘戰，始至滁。察罕以滁久不拔，欲解去。柔請決戰，既陳，與宋驍將遇，柔佯却，而反檛擊之墜地，宋將忽曳柔轡入其陳，飛石中柔鼻，兩軍互哄，始得還。裹創復戰，夜遣兵劫其營，焚城東南隅，柔〔率〕鋭卒五六十人先登，拔之。詔以本官節制河南諸翼兵馬八萬户。

會伐宋，柔率師自五河口濟淮，略和州諸城。師還，察罕奏分部下千人屯田於襄城，而柔總諸軍鎮杞。初，河決於汴，西南入陳留，分爲三，杞居其中潭。宋兵乘舟楫之便，駐亳、泗，犯汴、洛，以擾河南。柔乃即故杞之東西中三山夾河，順殺水勢，築連城，結浮梁，進戰退耕，敵不敢至。會諸軍攻破壽州，柔欲留兵守之，察罕不從。又敗宋師於泗州，還杞。

辛亥，憲宗即位，改授金虎符，仍軍民萬户。甲寅，移鎮亳州。環亳皆水，非舟楫不達。柔甃城壁，爲橋梁，屬汴堤，以通商賈。復建孔子廟，設校官、弟子員。詔賜金符九，銀符十九，頒將校之有功者。己未，分其裨將，一從憲宗征蜀，一從宗王塔察爾攻荆山，而自從世祖攻鄂。世祖由大勝關，柔由虎頭關，破宋兵於沙窩，進敗其守關兵。世祖自陽邏渡江，促柔會兵攻鄂，百餘日不能下。世祖曰：「吾猶獵者，不能禽圈中豕，野獵以供汝食，汝可破圈取之。」柔乃令何伯祥作鵝車，洞掘其城，别遣勇士先登，攻其西南陬。鄂城垂破，會憲宗凶問至，宋亦行成，世祖遂北還，命柔統領蒙古、漢軍以俟復命，城白鹿磯，爲久駐計。

世祖即位，阿里不哥反，世祖北征，詔柔班師入衛，至盧朐河，分其兵三千衛京師，遣子弘慶入質。二年，以《金實録》獻諸朝，且請致仕。封安肅公，命第八子弘略襲職。至元四年，進封蔡國公。卒，年七十九，謚武康。延祐五年，加封汝南王，謚忠武。子十有一人，弘略、弘範最顯，弘範别見《平宋功臣傳》。

蘇天爵《元朝名臣事略》卷六《萬户張忠武王》 王名柔，字德剛，易州定興人。金季累遷中都留守，行元帥府事。國兵至，被執，授河北東西等路都元帥。金亡，入覲，遂遷萬户，將兵伐宋。中統三年，以年老乞致仕，封安肅公。至元三年，城大都，起判行工部事，進封蔡國公。五年，薨，年七十九。

公少倜儻不羈，讀書略通大意，工騎射，尚氣節，喜游俠。金貞祐間，河朔擾攘，土寇蜂起，公聚族黨數千家，壁西山東流埚，選壯士，團結隊伍以自衛，遠近

憚之，莫敢犯。以功授定興令，累遷清州防禦使。中都路經略使苗道潤表其材，加昭勇大將軍，遥領永定軍節度使，權元帥右都監，行元帥府事。興定初，道潤爲其副賈瑀所害，瑀不自安，遣使者以好辭告公曰：「吾得除道潤，以君正直不以兵力黨惡人故也。」公怒叱使者還白瑀曰：「汝賊吾所事，不即送死，乃敢以此言相戲耶！」遂檄召道潤部曲，會易水之軍市川，告以復讎之意，衆因羅拜，推公爲長。事聞，遷中京留守，兼知大興府事，時戊寅夏五月也，公年二十有九。王文忠公撰《神道碑》。　又《陵川文集》云：初，中都經略使苗道潤，與其副賈瑀有隙，一日，從數騎出，瑀伏甲射之，顛于道左，從者駭散。有何伯祥者，獨下掖之，道潤憊絶，不能乘。伏發前突，伯祥奮槍大呼，殺數人，賊乃遯去。遂取道潤所佩金虎符以出，令疾足間道聞諸朝。乃命易水公靖安民代道潤，伯祥因事之。是歲興定元年也。明年，靖公卒，伯祥以符節歸公。

方會兵攻瑀，而國朝大軍出紫荆關，遂率所部戰于狼牙嶺，馬跌被執，見主帥立而不跪，左右强之。公叱曰：「彼帥也，吾亦帥也，大丈夫死即死，終不偷生爲它人屈！」帥壯而釋之。其散卒稍稍來集，主帥恐公爲變，質二親于燕，公嘆曰：「吾受國厚恩，不意猖獗至此。顧忠孝不兩立，姑爲二親屈。」遂委質焉。未幾，復舊職，建旆而南，下雄、易、安、保諸州。然猶不忘道潤之冤，必欲誅瑀，而瑀據孔山臺，拒命自若，遂攻之。臺無井泉，汲山下，公先斷其汲道，瑀乃降。公縛瑀，剖心以祭道潤，時人義之。王文康公撰《墓誌》。

戊寅冬，徙治滿城。城小而缺，真定帥武仙會真定、深、冀兵數萬來攻，適令軍出，帳下才數百人，公以老弱婦女乘城，帥壯士突出敵後，毁其攻具。且策其師老而怠，從數騎策馬挾槊大呼入圍，敵皆披靡。復使緣山張旗幟，聲言救至，曳柴揚塵鼓譟以進。敵大潰，追擊，遺尸數十里。乘勝攻完州，下之。州倅甄全慷慨就戮，公義而釋之，陞爲守。祁陽、曲陽等帥皆來降，遂圍中山。仙遣其將葛鐵槍來救，戰于新樂，飛矢中公頷，落其二齒，公拔矢以戰，大破之，斬首數千級。仙猶畜憾，遣藁城令劉成將兵來侵，公生獲成而復縱之。《墓誌》。

己卯秋八月，南掠地至鼓城，單騎入城，諭以禍福，鼓遂降。進攻深澤、寧晉諸縣，皆下之。由是深、冀以北、真定以東三十餘城，莫不聽命，緣山反側鹿兒、和和、野貍、狼山諸砦，相繼望風納款。公之威名震河朔矣。《墓誌》。

初，公在鄉里，聞賈瑀以軍三千掠其境，當饋而起，潛入行間，伺其行及半，奮踴大呼，多所殺傷，衆疑其有伏，委仗而遁。信安張甫亦嘗以數千人圍之，時全軍悉出，所留無幾，公三分之，更悉接戰。甫與公相聞而不識也，因問：「張君安在？」公紿應曰：「適出且還，我曹卒隸耳。」甫懼乃退。保定王子昌阻水爲固，它將莫敢近，公冒險徑渡，出其不意，生擒之以歸。其勇略類如此。濟南王公撰《勳德碑》。

隣境帥僕散張哥者，素與公不相能，既而爲麾下所殺，公聞之曰：「彼雖有過，然長上也，奈何擅殺之！」卒窮其主名，斬首以徇。《神道碑》。

丁亥春，以滿城地隘不能容衆，乃移鎮于保。保當南北之衝，亂後荒空者十餘年。公乃剗荆榛，立市井，通商販，招流亡，不數年，官府第舍奂然一新。向者，井泉鹹鹵，不可飲食，遂引雞距、一畝二泉，鑿城門而入，疏爲長河，以流穢濁。樓觀相望，陂池映帶，若圖畫然，遂爲燕南一大都會。《墓誌》。

初，州之廟學在保塞故堙之北，及公開府，則夾兩闤闠，囂然坌閧，殆非清廟居神之所。遂於東南得爽塏地，謀遷神居，鳩工賦役，殿廡一新，講肄之舍，庖藏之所，以次具舉，高廣其舊幾於倍蓰。又爲奎文樓于南，鑿璧水于西。歲戊午春，告成，迎神于廟，釋奠以落之。《陵川文集》。

壬辰，天兵渡河。明年，汴降，諸將争取金繒，公獨入史館，收《金實録》、祕府圖書，仍訪求鄉曲耆舊、望族十餘家，若高户部夔，李都運特立，趙禮部三子贇、克剛、克基，楊翰林子恕、壻賈庭揚，護送北歸。其薄汴梁，蹙歸德，陷汝南，攻徐、邳，公莫不身先士卒，横槊轉鬬，大小數十戰，未嘗敗衄。《墓誌》。　又遺山元公撰《勳德第二碑》云：京城之役，守者屢出接戰，我軍不能前，公躍馬横戈而出，大呼諸帥，即馳入陣中，呼聲所及，無不披靡。汝南之役，金兵陣於南門外，決死戰，宋兵瞻望不進。公率步卒二十餘，涉水入陣，莫有當其鋒者。徐州之役，攻久不下，宋人出戰，公率死士五十人逆擊之，敵退走，明日急攻，城隨陷，論功第一。邳州之役，諸軍築壘，環其外，城中危迫，潰圍而出，望見公旗幟，即犯别帥軍，公率兵救之，又犯一軍，公復救之，敵竟敗，而諸軍賴之以全。

甲午，入覲，上勞之，歷數戰勳曰：「某軍之勝，汝之功也；某州之拔，又汝之功也。」如親見之。乃論功行賞，陞萬户，易金虎符。公於江、淮遇戰，輒頴脱深入，斬將刈旗，折馘執俘而出。《墓誌》。　又《勳德碑》云：棗陽之役，公奪外城據之，城中人啓南門出，諸軍爲木柵禦之，公繞出其後，敵大潰。曹武之役，公出其不意，度九里關，宋兵覺，由西山翼而下，我軍方休，猝爲所圍，公單騎突圍而出，遂屯曹武北長封嶺，緣山保聚皆攻下之，斬宋統制官十三人。黄州之役，州西有大湖，與江通流，公攻下之，得戰艦萬艘，順流而下，循江接戰十日，乃至城下，宋水陸並進，我軍合攻之，不戰而潰，州東門禦備甚堅，公率死士，奮戈而入，守者請和，乃班師。滁州之役，公率鋭卒先登，城遂拔。

己亥，詔公以本官節制河南路兵馬。初，乙未、丙申間，諸道所統，仍金之舊，保居燕、趙之交，分隸無幾。辛丑，特詔還之，升州爲府，錫名曰順天，别作一

道，賜御衣數襲、尚厩馬百、所乘大宛名馬二。《墓誌》。

大河自汴已失隄障，南放分流爲三，杞爲中潭，南接渦、渙，東連淮、海，浩瀚無際。宋人恃舟楫之利，駐亳、泗，犯汴、泊，以窺河南。大帥察罕以公威名素爲敵人所畏，奏公摠諸軍鎮杞。公乃相地形以殺水勢，築爲連城，分戍戰士，結浮梁以通往來，遠斥候以防衝突。津要既固，奸謀坐折，瀕河居民始得耕稼矣。久之，移鎮亳社。亳去杞又五百里，四面皆黄流，非舟楫莫能至。公至之日，葺民居，建府第，城壁悉甃以甓，又爲橋梁，以通歸德，人民坌集，商旅舟車往來，如承平時。宋人睨視莫敢犯。《墓誌》。

己未，扈從渡江。十一月，奉旨總領蒙古、漢軍城白鹿磯。公別遣將掠地千里，南至潭州。庚申二月，還自江上。《墓誌》。

公氣貌雄毅，御軍嚴整，號令所及，將士凛然，恩信素厚，賞罰分明，旌麾所指，士爭前死，敵莫敢反顧。故所向有功，前無堅陣。《神道碑》。

公將南渡也，語於衆曰：「吾戰爭二十年，殺人多矣，寧無冤濫？自今非對壘不復殺。」卒如其言。遇他將俘囚將被戮者，亦曲爲勸諭而活之。降人親屬散落他所，則百方購求，必得而後已，或求於我，亦未嘗不與也。《勳德碑》。

軍興以來，貧人或有所假貸，勢家出子錢要利，如羊生羔，歲輒倍之，往往賣田宅，鬻妻子不能償。公與真定史侯奏乞民間子錢，至倍而止，不得展轉滋胤，朝廷從之。《神道碑》。

公性喜賓客，每閑暇，輒引士大夫與之談論，終日不倦。歲時贍給，或隨其器能任使之。《神道碑》。

公嘗以家人數千口，出爲齊民。高陽公張甫、元帥牛顯之徒，皆嘗與公爲敵，既殁，其妻子流離不能自存，公皆厚加收恤。其周急濟困之義，皆毅然爲之。《墓誌》。

雜録

備録

王惲《秋澗先生大全文集》卷八二《中堂事記下》 十六日丙寅，詔封保定張柔爲安肅公，制辭曰：「大夫當七十之後，致仕則宜；國家列五等之封，攷勛而授。張某，功成百戰，眷荷累朝。方深補衮之思，遽有懸車之請。宜疏上爵，用答元勳，可特封某公致仕。事業一時，宜使古今之獲寵；子孫後世，要知忠義之可爲。宜保永年，以全耆德。」

藝文

元好問《遺山文集》卷二六《順天萬户張公勳德第二碑》 朔方幽都，燕曰北門。土風厚完，海山雄吞。戰國荆高，義烈言言。欝摧行歌，風流猶存。維清河公，殆車騎諸孫。軀幹中人，勇則孟賁。大安失邦，南渡崩奔。公乘其時，萬夫槖鞬。乾龍天飛，霆裂厚坤。有盤者螭，儷景同翻。天子倚公，宣力四方。虎節麟符，以長戎行。太行西東，在所寇攘。盗販黥髠，自爲侯王。妖狐夜號，平民書藏。千里蕭條，道殣相望。翩翩一軍，誅鋤暴彊。指以神鋒，孰我敢當。扇靈風之威，訶禁不祥。曾是冰天，化而春陽。王旅嘽嘽，頻歲江濆。於光於黄，棘陽壽春。公不以大帥自居，而矢石必親。出入行間，勇氣益振。每戰而輒得志，古難其人。公殿南藩，淮海與隣。中潭新城，矗若長雲。吴兒艟艨，暮夜潛軍。有扼其吭，去如驚麕。望見鼓旗，謂公江神。徐方既平，荆楚既同。覲於王庭，三接日隆。何以錫之？琱戈彤弓。何以命之？侯國世封。臣拜稽首，天子之功。臣力方剛，臣報未終。教子若孫，惟孝與忠。布宣王靈，地天無窮。伐石西山，刻詩頌公。千年此碑，當配景鍾。

姚燧《牧庵集》卷一《張柔贈蔡國武康公制》 風雲從而龍虎騰，物有感于類應；日月出而螢爝息，理無待于他求。具官某，當聖武蹂山東而北歸，旋貞祐棄河朔而南播。俾司留鑰，兼秉帥麾。知歷數之將窮，束干戈而胥附。殄孔山堅壁之賈瑀，抗真定反虜之武仙。徙治保州，斬荆棘以立府寺；從戎汴闕，棄寶玉而收圖書。事睿、太、憲之三宗，封易、淶、遂以萬户。至世皇移全軍以成亳，偃枹鼓不鳴郊壘者十年；懲齊虜削諸侯俾城燕，平板榦可壯邦畿於千里。年雖云其耄矣，功誰出其右焉？求先朝爵之上公，何啻無十一於千百。故今朕贈以太傅，實加異尋常而再三。又增賁於九原，兼追揚及二代。而父而子，皆使同大帝之已封；我祖我孫，可謂于功臣而無負。庸躋絶等，以慰明靈。

拖雷部

綜述

《元史》卷一一五《睿宗傳》 睿宗景襄皇帝，諱拖雷，太祖第四子，太宗母弟也。方太祖崩時，太宗留霍博之地，國事無所屬，拖雷實身任之。聞燕京盜賊白晝剽掠富民財物，吏不能禁，遂遣塔察、吾圖撒合里往窮治之，殺十有六人，盜始屏息。

己丑夏，太宗還京。八月，即位。明年庚寅秋，太宗伐金，命拖雷帥師以從，破天城堡，拔蒲城縣，聞金平章合達、參政蒲阿守西邊，遂渡河，攻鳳翔。會前兵戰不利，從太宗援之，合達乃退。辛卯春，破洛陽、河中諸城。

太宗還官山，大會諸侯王，謂曰：「人言耗國家者，實由寇敵。今金未殄，實我敵也，諸君寧無計乎？」拖雷進曰：「臣有愚計，非衆可聞。」太宗屏左右，亟臨問之，其言祕，人莫知也。鳳翔既下，有降人李昌國者，言：「金主遷汴，所恃者黄河、潼關之險爾。若出寶雞，入漢中，不一月可達唐、鄧。金人聞之，寧不謂我師從天而下乎。」拖雷然之，言於太宗。太宗大喜，語諸王大臣曰：「昔太祖嘗有志此舉，今拖雷能言之，真賽因也。」賽因，猶華言大好云。遂大發兵。

太宗以中軍自碗子城南下，渡河，由洛陽進；斡陳那顔以左軍由濟南進；而拖雷總右軍自鳳翔渡渭水，過寶雞，入小潼關，涉宋人之境，沿漢水而下。期以明年春，俱會于汴。遣搠不罕詣宋假道，且約合兵。宋殺使者，拖雷大怒曰：「彼昔遣苟夢玉來通好，遽自食言背盟乎！」乃分兵攻宋諸城堡，長驅入漢中，進襲四川，陷閬州，過南部而還。遂由金取房，前鋒三千人破金兵十餘萬于武當山，趨均州。乘騎浮渡漢水，遣夔曲涅率千騎馳白太宗。太宗方詣漢水，將分兵應之，會夔曲涅至，即遣慰諭拖雷，亟合兵焉。

拖雷既渡漢，金大將合達設伏二十餘萬于鄧州之西，據隘待之。時拖雷兵不滿四萬，及得諜報，乃悉留輜重，輕騎以進。十二月丙子，及金人戰于禹山，佯北以誘之，金人不動。拖雷舉火夜行，金合達聞其且至，退保鄧州，攻之，三日不下。遂將而北，以三千騎命札剌等率之爲殿。明旦，大霧迷道，爲金人所襲，殺傷相當。拖雷以札剌失律，罷之，而以野里知給歹代焉。未幾，敗金軍。

壬辰春，合達等知拖雷已北，合步騎十五萬躡其後。拖雷按兵，遣其將忽都忽等誘之，日且暮，令軍中曰：「毋令彼得休息，宜夜鼓譟以擾之。」太宗時亦渡河，遣親王口温不花等將萬餘騎來會。天大雨雪，金人僵凍無人色，幾不能軍，拖雷即欲擊之，諸將請俟太宗至破之未晚。拖雷曰：「機不可失，彼脱入城，未易圖也。況大敵在前，敢以遺君父乎。」遂奮擊于三峯山，大破之，追奔數十里，流血被道，資仗委積，金之精鋭盡於此矣。餘衆迸走睢州，伏兵起，又敗之。合達走鈞州，僅遺數百騎。蒲阿走汴，至望京橋，復禽獲之。太宗尋至，按行戰地，顧謂拖雷曰：「微汝，不能致此捷也。」諸侯王進曰：「誠如聖諭，然拖雷之功，著在社稷。」蓋又指其定册云爾。拖雷從容對曰：「臣何功之有，此天之威，皇帝之福也。」聞者服其不伐。從太宗攻鈞州，拔之，獲合達。攻許州，又拔之，遂從太宗收定河南諸郡。四月，由半渡入真定，過中都，出北口，住夏于官山。

五月，太宗不豫。六月，疾甚。拖雷禱于天地，請以身代之，又取巫覡祓除釁滌之水飲焉。居數日，太宗疾愈，拖雷從之北還，至阿剌合的思之地，遇疾而薨，壽四十有闕。妃怯烈氏。子十一人，長憲宗，次四則世祖也。憲宗立，追謚曰英武皇帝，廟號睿宗。二年，合祭昊天后土，以太祖、睿宗配享。世祖至元二年，改謚景襄皇帝。

邵遠平《元史類編》卷三〇《拖雷傳》 拖雷，與太宗同母。方太祖崩，遺命以太宗爲嗣。時太宗尚留霍博之地，國事無所屬，拖雷稱四太子監國，蓋虚位者踰年，乃召諸王，宣遺詔，定大策。歲己丑，太宗始即位。當是時，元有天下已三分之二，太宗有意混一，惟拖雷知之，太宗深爲倚托。

明年，太宗自將伐金，命拖雷帥師從，破天城堡，拔蒲城縣。聞金帥完顔合達、蒲阿守西邊，遂渡河，攻鳳翔。會前軍戰不利，急從太宗往援，合達乃退。辛卯，破洛陽、河中諸城。及鳳翔既下，金降人李昌國進曰：「金遷汴二十年，其所恃以安者，黄河、潼關之險爾。若出寶雞，侵漢中，不一月可達唐、鄧。金失其險，首尾不相顧，我師取金，如探囊底物矣。」拖雷然其言，白於太宗，太宗喜謂諸王大臣曰：「昔太祖嘗有志此舉，不意拖雷能言之。」遂大發兵，太宗將中軍，由

盌子城南下渡河，自洛陽進。拖雷總右軍，自鳳翔渡渭水，過寶雞，入小潼關，涉宋境，沿漢水而下，期以明年春，合南北軍攻汴。遣速不罕詣宋，假道淮東，以趨河南。宋統制張宣殺使者，拖雷怒曰：「彼方遣苟夢玉來通好，何遽殺我使？且食言，非信也；背盟，非義也；棄好，非仁也；忘仇，非勇也。吾師有名矣。」乃分兵攻宋諸城堡，長驅入漢中，破武休關，圍興元，軍民散走。進襲四川，陷閬州，過南部而還。《續綱目》云：拖雷分騎兵三萬入大散關，破鳳州，徑趨華陽，屠洋州，攻武休，開生山，截焦崖，出武休東南，遂圍興元。分軍而西，由沔州取大安軍路，開魚鱉山，撤屋爲筏，渡嘉陵江，入關堡，並江趨葭萌，略地至西水縣，破城寨百四十而還。東軍屯興元、洋州間，以趨饒風關，由金州而東取汴。遂由金州取房州，以前鋒三千人破金兵十萬于武當山，徑趨鈞州，渡漢水。行抵汴，遣騎馳白太宗。太宗方詣漢水，將分兵應之，會使至，即遣歸，亟令合兵。

拖雷既渡漢江，金合達、蒲阿據隘伏兵二十餘萬于鄧州西以待。時拖雷兵不滿四萬，乃悉留輜重，選輕騎進戰于禹山，佯北以誘之，金人不動。拖雷舉火夜行，合達聞其至，退保鄧州，攻之，三日不下。俄引而北，合達合步騎十五萬躡其後。拖雷引兵，偃旗鼓，忽不見。中夜，則多鼓金聲以擾之，金人益不測。時太宗亦由白坡渡河，遣親王口温不花來會。會大雨雪，金人凍，僵仆不能軍。拖雷欲進擊，諸將請俟車駕至，拖雷曰：「機不可失，彼脫入城，未易圖也。況大敵在前，敢以遺君父乎？」奮擊於三峰山，大破之，追奔數十里，資仗委積，金之精銳俱盡。合達走鈞州，城破，死焉。蒲阿走汴，至望京橋被禽，拖雷欲降之，不屈死。太宗尋至三峰，按行戰地，顧謂曰：「微汝，何能致此捷？」拖雷從容對曰：「此上天之靈，皇帝之福，臣何力之有？」已從太宗進拔許州，定河南諸郡。有金將詣帳前，白事問其名，曰：「我，忠孝軍完顏陳和尚也，大昌原、倒回谷之勝，皆我也。我死亂軍中，天下必無知我者。」拖雷義之，勸其降，至死不屈，以馬湩酹而祝曰：「好男子，他日再生，當令我得之。」壬辰四月，由半渡入真定，過中都，出北口，駐夏于官山。

五月，太宗不豫，拖雷禱於天，請以身代，取巫覡祓除水飲之。居數日，疾愈，乃從太宗北還。九月，至阿剌合的思之地，得疾薨。憲宗初立，追上尊謚曰英武皇帝，廟號睿宗。二年，合祭昊天后土，以太祖、睿宗配世祖。至元二年，改謚景襄皇帝。武宗至大二年，加上尊謚。【略】妃名唆魯忽帖尼，亦怯烈氏，《大方通鑑》云：本克烈王之弟阿錐部女。生憲宗、世祖，相繼爲帝。

魏源《元史新編》卷一六《拖雷傳》 拖雷，太祖第四子，太宗母弟也。當丁亥之秋，太祖崩時，太宗尚留霍博之地，拖雷身攝國事者年餘，鎮撫內外，人心安堵。己丑夏，往迎太宗於忽魯班雪不只之地。秋，太宗始至和林會喪。八月即位。

二年庚寅秋，從太宗伐金，破天成堡，拔蒲城縣。聞金平章完顏合達、參政伊刺蒲阿守陝西，遂渡河攻鳳翔，先鋒戰不利，太宗援之，合達乃退。

三年辛卯，鳳翔既下，拖雷用降將李國昌之計，言於太宗曰：「金主遷汴，恃黃河、潼關爲固。若出寶鷄，入漢中，不一月可達唐、鄧。金人聞之，得不謂我師從天而降乎！」太宗大喜，語諸王、大臣曰：「拖雷之計，上符皇考遺命，不待再計矣。」遂決策：太宗以中軍南下，破河中府，由河清縣白坡渡河，向洛陽進；斡陳那顏以左軍由濟南進；而拖雷總右軍自鳳翔渡渭水，過寶鷄，入小潼關，涉宋境，沿漢水而下。俟金兵全力南拒拖雷，而中軍、左軍乃乘間南渡黃河，期以明年春會汴。遣朔布罕詣宋假道，且約合兵。宋殺使者，拖雷大怒曰：「彼昔遣苟夢玉來通好，何遽殺我使臣！且食言非信，背盟非義，棄好非仁，忘仇非勇，吾師有名矣。」乃分兵攻宋諸城堡，長驅入漢中，進襲四川，陷閬州，過南部而還。遂由金取房。金人聞之，盡撤守關防河之兵，南守漢江。拖雷破金兵十餘萬於武當山，趨均州，乘騎浮渡漢水。諜報金大將完顏合達及伊刺蒲阿設伏二十餘萬於鄧州之西，據隘以待。時拖雷兵不滿四萬，得報，即悉留輜重，輕騎以進。

十二月丙子，及金前鋒戰於禹山，佯北，入林以誘之，金人不動。拖雷遂舉火夜進，以精騎三千殿後，晝夜不解鞍。合達退保鄧州，攻之，三日不下，俄引而北。合達等合步騎十五萬躡其後，我軍且戰且行，與之相持，彼進我退，彼退我進，以迭擾之，毋令得休息、食飲。

四年春正月，距鈞州三十餘里，連日大雪，深數尺，南軍不耐寒，皆僵凍無人色，不能舉刀槊，然圍我軍數重。諸將欲俟太宗渡河，大軍至，夾攻。拖雷恐敵入鈞州城則難制，遂乘雪夜突圍，奮擊於三峰山，大破之，追奔數十里，資仗委積。案禹山、鈞州、三峰之戰，金、元二史，所載互異。或云元兵尾金兵之後，或云金兵尾元兵之後，或云金兵爲元所圍，或云元兵爲金所圍，或云元兵南北兩軍皆至夾攻，或云拖雷不俟北路兵至即先破敵。傳聞異辭，今不能定也。餘衆潰走睢州，伏兵起，又敗之，合達僅餘數百騎走鈞州，蒲阿走汴，皆追獲之。太宗軍至，按行戰地，顧拖雷曰：「微汝，不能破敵神速如此。」從太宗拔鈞州，又拔許州，遂定河南諸郡。四月，以天將暑

雨，班師北渡，由真定過中都，出北口，避暑於官山。五月，太宗暴疾，失音。六月，病益甚。師巫卜言，金國山川神，以殺戮過多爲祟，惟親人可代之。拖雷禱於天地，請以身代，又取巫覡禳祓之水飲焉。居數日，太宗疾果愈，北還。中途，拖雷薨，壽四十有□。妃怯烈氏，子十一人，長憲宗，次四則世祖也。

自拖雷以身代太宗之死，而元世有天下者皆其子孫。憲宗初，追謚英武皇帝，廟號睿宗。二年，合祭天地，以太祖、睿宗配享。世祖至元二年，以英武之謚與太祖聖武相近，改謚景襄皇帝。

藝文

《國朝文類》卷一〇劉賡《睿宗皇帝加上尊謚册文》 伏以詣泰壇而請命，有稱天以誄之文；薦清廟而致嚴，蓋若昔相承之典。剛辰爰卜，遺美載揚。欽惟睿宗景襄皇帝，孝友温恭，聰明濬哲。屬我家肇造于朔土，佐聖祖遄征于四方。逮天討之奉行，致皇威之遠暢。金源假兩河之息，天水渝通好之盟。遂移秦隴之師，粤有褒斜之舉。既平南鄭，順流而東；再涉襄江，自天而下。乃眷三峯之捷，實開萬世之基。唇既亡而齒則寒，虢可伐而虞不臘。適英文之違豫，圖中夏之底寧。毋作神羞，請以身代。爰俟金縢之啓，已知寶祚之歸。迪我後人，紹兹明命。徽稱顯號，雖已擬諸形容；玉檢金泥，尚未遑於潤色。奉玉册玉寶，加上尊謚，曰仁聖景襄皇帝，廟號睿宗。伏惟端臨扆座，誕受鴻名，億萬斯年，永錫繁祉。

王惲《秋澗先生大全文集》卷六七《增謚睿宗仁聖景襄皇帝玉册文》 臣再拜稽首言：伏以至德難名，於穆乾坤之大；孝思罔極，有嚴祖考之稱。稽遺美而載揚，廼守文之先務。弘宣令問，茂對耿光。伏惟睿宗景襄皇帝，秀拔神支，淵潛龍德。英武内根於仁孝，温文外表乎謙恭。先事而謀，臨機善斷。當軍國撫監之際，赫風雲册伐之功。川蜀威加，宋人爲之褫氣；鈞臺戰捷，金源遂不能兵。闢土宇而靖中邦，翊炎圖而隆寶運。策勳天府，歸美皇靈。方請命於上蒼，思保安於宗社。祥開後聖，光啓皇元。致今日之隆平，蓋孫謀之燕翼。惟天縱其睿智，故澤流於子孫。爰伸凝慕之誠，虔舉增徽之典。詢諸輿議，允協至公。謹遣某官某，奉玉册玉寶，加上尊謚曰仁聖景襄皇帝，廟號睿宗。適守先猷，仰聖靈之如在；式垂歆鑒，降福祉以無疆。

兀良合台部

綜述

《元史》卷一二一《兀良合台傳》　兀良合台，初事太祖。時憲宗爲皇孫，尚幼，以兀良合台世爲功臣家，使護育之。憲宗在潛邸，遂分掌宿衛。歲(乙)〔癸〕巳，領兵從定宗征女真國，破萬奴於遼東。繼從諸王拔都征欽察、兀魯思、阿〔速〕、孛烈兒諸部。丙午，又從拔都討孛烈兒乃、捏迷思部，平之。己酉，定宗崩。拔都與宗室大臣議立憲宗，事久未決。四月，諸王大會，定宗皇后問所宜立，皆惶惑，莫敢對。兀良合台對曰：「此議〔已〕先定矣，不可復變。」拔都曰：「兀良合台言是也。」議遂定。

憲宗即位之明年，世祖以皇弟總兵討西南夷烏蠻、白蠻、鬼蠻諸國，以兀良合台總督軍事。其鬼蠻，即赤禿哥國也。癸丑秋，大軍自旦當嶺入雲南境。摩些二部酋長唆火脫因、塔裏馬來迎降，遂至金沙江。兀良合台分兵入察罕章，蓋白蠻也，所在寨柵，以次攻下之。獨阿塔剌所居半空和寨，依山枕江，牢不可拔。使人覘之，言當先絶其汲道。兀良合台率精鋭立砲攻之。阿塔剌遣人來拒，兀良合台遣其子阿朮迎擊之，寨兵退走。遂并其弟阿叔城俱拔之。進師取龍首關，翊世祖入大理國城。

甲寅秋，復分兵取附都善闡，轉攻合剌章水城，屠之。合剌章，蓋烏蠻也。前次羅部府，大酋高昇集諸部兵拒戰，大破之於洟可浪山下，遂進至烏蠻所都押赤城。城際滇池，三面皆水，既險且堅，選驍勇以砲摧其北門，縱火攻之，皆不克。乃大震鼓鉦，進而作，作而止，使不知所爲，如是者七日，伺其困乏，夜五鼓，遣其子阿朮潛師躍入，亂斫之，遂大潰。至昆澤，擒其國王段(智興)〔興智〕及其渠帥馬合剌昔以獻。餘衆依阻山谷者，分命裨將也里、脫伯、押真掩其右，合台護尉掩其左，約三日捲而內向。及圍合，與阿朮引善射者二百騎，期以三日，四面進擊。兀良合台陷陣鏖戰，又攻纖寨，拔之。至乾德哥城，兀良合台病，委軍事於阿朮。環城立砲，以草填塹，衆軍始集，阿朮已率所部搏戰城上，城遂破。

乙卯，攻不花合因、阿合阿因等城，阿朮先登，取其三城。又攻赤禿哥山寨，阿朮緣嶺而戰，遂拔之。乘勝擊破魯〔魯〕斯國塔渾城，又取忽蘭城。魯魯斯國大懼，請降。阿伯國有兵四萬，不降。阿朮攻之，入其城，舉國請降。復攻阿魯山寨，進攻阿魯城，克之。乃搜捕未降者，遇赤禿哥軍於合打台山，追赴臨崖，盡殺之。自出師至此，凡二年，平大理五城八府四郡，洎烏、白等蠻三十七部。兵威所加，無不款附。

丙辰，征白蠻國、波麗國，阿朮生擒其驍將，獻俘闕下。詔以便宜取道，與鐵哥帶兒兵合，遂出烏蒙，趨瀘江，刬禿剌蠻三城，却宋將張都統兵三萬，奪其船二百艘於馬湖江，斬獲不可勝計。遂通道於嘉定、重慶，抵合州，濟蜀江，與鐵哥帶兒會。

丁巳，以雲南平，遣使獻捷於朝，且請依漢故事，以西南夷悉爲郡縣，從之。賜其軍銀五千兩、綵幣二萬四千匹，授銀印，加大元帥。還鎮大理，遂經六盤山至臨洮府，與大營合。月餘，復西征烏蠻。

秋九月，遣使招降交趾，不報。冬十月，進兵壓境。其國主陳日煚，隔江列象騎、步卒甚盛。兀良合台分軍爲三隊濟江，徹徹都從下流先濟，大(師)〔帥〕居中，駙馬懷都與阿朮在後。仍授徹徹都方略曰：「汝軍既濟，勿與之戰，彼必來逆我，駙馬隨斷其後，汝伺便奪其船。蠻若潰走，至江無船，必爲我擒矣。」師既登岸，即縱與戰，徹徹都違命，蠻雖大敗，得駕舟逸去。兀良合台怒曰：「先鋒違我節度，軍有常刑。」徹徹都懼，飲藥死。兀良合台入交趾，爲久駐計，軍令嚴肅，秋毫無犯。越七日，日煚請內附，於是置酒大饗軍士。還軍柙赤城。

戊午，引兵入宋境，其地炎瘴，軍士皆病，遇敵少却，亡軍士四人。阿朮還戰，擒其卒十二人，其援復至，阿朮以三十騎，阿馬禿繼以五十騎擊走之。時兀良合台亦病，將旋師，阿朮戰馬五十匹，夜爲禿剌蠻所掠，入告兀良合台曰：「吾馬盡爲盜掠去，將何以行？」即分軍搜訪，知有三寨藏馬山顛。阿朮親率將士攀崖而上，破其諸寨，生擒賊酋，盡得前後所盜馬千七百匹，乃屠柙赤城。

憲宗遣使諭旨，約明年正月會軍長沙，乃率四王騎兵三千，蠻、僰萬人，破橫山寨，闢老蒼關，徇宋內地。宋陳兵六萬以俟。遣阿朮與四王潛自間道衝其中堅，大敗之，盡殺其衆。乘勝擊逐，蹴貴州，蹂象州，入靜江府，連破辰、沅二州，直抵潭州城下。潭州出兵二十萬，斷我歸路。兀良合台遣阿朮與大納、玉龍帖

木兒軍其前，而自與四王軍其後，夾擊破之。兵自入敵境，轉鬬千里，未嘗敗北。大小十三戰，殺宋兵四十餘萬，擒其將大小三人。其州又遣兵來攻，追至門濠，掩溺殆盡，乃不敢復出。壁城下月餘。時世祖已渡江駐鄂州，遣也里蒙古領兵二千人來援，且加勞問。遂自鄂州之滸黄洲北渡，與大軍合。

庚申，世祖即位。夏四月，兀良合台至上都。後十二年卒，年七十二。子阿朮自有傳。

王惲《秋澗先生大全文集》卷五〇《大元光禄大夫平章政事兀良氏先廟碑銘》　祖都帥府君，諱兀良合歹，總戎府君長子也，□英將種，曉暢軍事。太祖朝，憲宗方髫齔，以公佐命故家，付之護育，及長，用存傅勞，分掌宿衛。辛巳，扈定宗征女直國，破萬奴於遼東，又佐大王拔都征欽察、兀魯思等部。己酉，定宗升遐，大王拔都與宗室大臣册立憲宗，議久未決，公以人義陳請，即定。

歲壬子，時世祖皇帝在潛，奉詔征西南諸夷，命公總督大營軍馬，自旦當嶺入雲南境。摩些二部酋首來迎降，涉金沙江，所在砦栅負固自守，以次攻下之。獨半空和寨，依山枕江，下臨無地，穴石引水，牢未可拔，覘知絶其汲道，公親率精鋭前薄，越七日，寨破，勦殺無噍類。繼進師取龍首關，翊世祖皇帝入大理國城。其年秋，分兵取附都善闡及烏爨之未附者，前次羅部府，大酋高昇，集諸部兵力拒戰，大破於洟可浪山下。復收合餘燼，嬰城自守，城際滇池，三面皆水，堅嶮不易攻。以砲摧其北門，縱火前燬，皆扞不克入。乃大震鉦鼓，進而作，作而止，使不知所爲，如是者七閲日，伺彼方酣困氣靡，夜五皷，潛師躍入亂斫，衆自内潰，克焉。先時國主段智興逃匿昆澤，併擒以獻。又知未降附者遠近嘯聚，大爲民梗，公曰：「弗痛爲揃刈，不足以震誡之。」命裨將脱伯押真率麾下掩其右，合歹護尉掩其左，約三日捲而内向。及圍合，與子阿朮陷陣擊刺，禽獮草薙，川谷爲一空，是亦制蠻之一奇也。自是，所向風靡節解，不二載，平大理五城八府四郡，洎烏、白等蠻三十七部，兵威所加，如魯魯厮、阿伯等城，亦來款附。乙卯秋，奉命出烏蒙，趨瀘江，鏟秃刺蠻三城，宋邊將水陸駐兵來扼，戰屢交，斬獲不勝計，遂通道於嘉定、崇慶間，抵合州，濟蜀江，與鐵哥帶兒合兵。以雲南平定，遣使獻捷於朝，且請曰：「西南夷，漢嘗郡縣之，設官料民，俾同内地，此其時也。」允焉。蒙賜其軍銀五千兩，綵段二萬四百疋，仍授銀印，俾還鎮大理。

丙辰歲九月，遣使招降交趾，留介不報。冬十月，進兵壓境，國主陳光炳隔江列陣，象騎步卒甚盛。公分軍爲三隊，濟江，選鋒徹徹都從下渡先濟，大帥居中，次駙馬懷都，仍受徹徹都方略曰：「汝軍既濟，勿與之戰，彼必我逆，駙馬隨斷其後，蠻必潰走海，汝伺便即邀其船艦，定成禽矣。」公既登岸，即縱兵與戰，選鋒違節，亦來渾鬬，彼軍雖大壞，得駕舟逸去。公怒曰：「違律失期，軍自有法。」徹徹都懼，飲藥死。遂率止郡治七日，軍令静嚴，秋毫無所犯。光炳震恐，崩角請罪内附。於是置酒高會，饗軍鱗屋，唶血崇臺，戈舡四艤，而銅鼓爲寂然矣。

己未夏，憲宗遣使來諭旨，約明年正月，與卿會於長沙。是秋，率四王兵三千騎，蠻爨萬人，掠横山寨栅，闢老蒼關，徇宋内地。宋陳兵六萬人以俟，戰盡殪，所至調兵旅拒，且戰且行，自貴州蹂象州，突入静江府，遂破辰、沅，直抵潭州。州大出兵，斷我歸路。公與四王掠其後，子阿朮横擊于前，盡破走之。公提孤軍入絶域，殫智竭力，同德一心，轉鬬萬里，前後敗殺宋兵四十餘萬。州又遣兵來犯，蹙之門濠，掩溺無筭，彼氣褫，不復敢出。壁城下者月餘，聞世祖皇帝駐師鄂渚，尋遣曲里吉思將千人來援，仍慰勞之，由滸黄北渡。庚申夏孟，飲至上都。至元八年，公卒，享年七十有二。

邵遠平《元史類編》卷一九《兀良合台傳》　兀良合台，蒙古人速不台子也。世系見父傳。方憲宗爲皇孫，尚幼，太祖以兀良合台世爲功臣家，使護育於潛邸，分掌宿衛。從諸王拔都征欽察、兀魯思、阿孛烈兒諸部，又從討平孛烈兒、乃捏迷思諸部。時憲宗初立，大理方結好於宋，帝鋭意圖宋，乃命皇弟忽必烈先進兵討西南彝，以兀良合台總軍事。

癸丑《廟碑》作「壬子」。秋，禡旗西行，大軍自旻當嶺，入雲南境，摩些二部長唆火脱因塔裏馬迎降。冬過大渡河，至金沙江，分兵入察罕章，蓋白蠻也，所至寨栅俱下。遣其子阿朮進取龍首關，從太弟入大理國。甲寅《廟碑》作「是年」。秋，分兵取附都鄯闡，轉攻合剌章，蓋烏蠻也。進次羅部府，大理渠長高昇泰《紀》作「高祥」，《志》作「高泰祥」。集諸部兵拒戰，破之洟可浪山，至烏蠻所都押赤城。城際滇池，三面皆木，險且固。選驍勇，以礮摧其北門，縱火攻之，皆不克。乃大震鉦鼓，進而作，作而止，使不知所爲。如是者七日，敵疲於守禦，阿朮乘夜潛師躍入其城，衆大潰，追至昆澤，擒國王段興智獻於朝。師至乾德歌城，阿朮環城立礮，以草填塹，率所部搏戰城上，城遂破。乙卯，攻拔不花合因、阿合阿因等城，及赤秃哥山寨，乘勝擊破魯斯國塔渾城，又取忽蘭城，魯斯國、阿伯國先後請降，進克阿魯山城。師行凡二載，平大理五城、八府、四郡，烏、白、僰、爨等蠻三十七部，兵威所加，無不疑服。

丙辰，征白蠻、波麗國，阿朮生擒其驍將，獻俘闕下。詔便宜取道，與鐵哥帶兒合兵，遂出烏蒙，趨瀘江，剗禿剌蠻三城，却宋兵三萬，奪其船二百艘於馬湖江。通道嘉定、重慶，直抵合州，濟蜀江，與鐵哥帶兒會。丁巳，雲南平，遣使獻捷，詔依漢故事，以西南彝爲郡縣，加兀良合台大元帥，還鎮大理。以下《廟碑》俱作「乙卯」。經六盤至臨洮，與大軍合，月餘復西征烏蠻。

秋九月，《廟碑》作「丙辰九月」。遣使招降交趾，不從，進兵壓其境。男主陳日煚《廟碑》作光炳。隔江列象騎、步卒甚盛，兀良合台分軍爲三與戰，蠻潰走，至江，駕舟逸去。師入交趾，越七日，日煚請内附，乃還，復軍押赤城。兀良合台病作，將旋師。阿朮戰馬五十匹，夜爲禿剌蠻掠去。分軍搜捕，偵知有三寨匿馬山巔。阿朮攀崖上，擊破其寨，盡得前後所盜馬，凡千七百匹，遂屠押赤城。

憲宗遣使來諭，約明年正月，會軍長沙。乃率騎兵三千、蠻僰萬人破横山寨，闢老蒼關，徇宋内地。宋陳兵六萬以俟，阿朮潛自間道衝其中堅，乘勝擊逐，蹴貴州，蹂象州，入静江府，順流東下，連破辰、沅二州，直抵潭州。兵自入宋境，轉鬬萬里，未嘗敗北，大小十三戰，殺宋兵四十餘萬。營潭城下月餘，時太弟已渡江駐鄂州，遣也里蒙古《廟碑》作「曲里吉思」。領兵來援，且加勞問。遂自鄂北渡，與大軍合。後十二年卒，《廟碑》作至元八年。年七十二。

魏源《元史新編》卷三七《兀良合台傳》 兀良合台，速不台子也。初事太祖，時憲宗爲皇孫，尚幼，以兀良合台世爲功臣家，使護育之。憲宗在潛邸，遂分掌宿衛。歲癸巳，領兵從定宗征女真國，破完顏萬奴于遼東。繼從諸王拔都征欽察，兀魯思，阿〔速〕孛烈諸部。丙午，又從拔都討孛烈爾，乃闊迷思部，平之。戊申，定宗崩，拔都與宗室大臣議立憲宗，事久未決。閱三年，諸王大會，定宗皇后問所宜立，皆惶惑莫敢對。兀良合台以太宗生前褒憲宗之語宣於衆，議遂定。

憲宗即位之明年，世祖以皇弟總兵討西南夷烏蠻、白蠻、鬼蠻諸國，以兀良合台總督軍事。鬼蠻，即赤徒哥國也。三年癸丑秋，大軍自旦當嶺入雲南境，摩些二部酋長迎降，遂至金沙江。兀良合台分兵入察罕章，蓋白蠻也，所在寨柵以次攻下之，獨阿塔剌所居半空和寨，依山枕江，牢不可拔。使人覘之，言當先絶其汲道。兀良合台率精鋭立砲攻之，阿塔剌遣人來拒，兀良合台遣其子阿朮迎擊之，寨兵退走，遂并其弟阿叔城俱拔之。進師取龍首關，翊世祖入大理國城。

四年甲寅秋，復分兵取附都善闡，轉攻合剌章水城，屠之。合剌章，蓋烏蠻也。前次羅部府，大酋高升集諸部兵拒戰，大破之於洟可浪山下，遂進至烏蠻所都押赤城。城際滇池，三面皆水，既險且堅，選驍勇以砲摧其北門，縱火攻之，皆不克。乃大震鼓鉦，進而作，作而止，使不知所爲。如是者七日，伺其困乏，夜五鼓，遣其子阿朮潛師躍入，亂斫之，遂大潰。至昆澤，禽其國王段(智興)〔興智〕及其渠帥馬合剌昔以獻。餘衆依阻山谷者，分命裨將耶里、脱伯、押真掩其右，合台護尉掩其左，約三日卷而内向。及圍合，與阿朮引善射者二百騎，期以三日，四面進擊。兀良合台陷陣鏖戰，又攻纖寨，拔之。至乾德哥城，兀良合台病，委軍事於阿朮。環城立炮，以草填塹，衆軍始集，阿朮已率所部搏戰城上，城遂破。

五年乙卯，攻不花合因、阿合阿因等城，阿朮先登，取其三城。又攻赤徒哥山寨，阿朮緣嶺而戰，遂拔之。乘勝擊破魯〔魯〕斯國之塔渾城，又取忽蘭城，魯〔魯〕斯國大懼，請降。阿伯國有兵四萬，不降，阿朮攻之，入其城。復由阿魯山寨進攻阿魯城，克之。乃搜捕未降者，遇赤徒哥軍於合達台山，追赴臨崖，盡殺之。自出師至此凡二年，平大理五城、八府、四郡，洎烏、白等蠻三十七部，兵威所加，無不款附。

六年丙辰，征白蠻、波麗國，阿朮生禽其驍將，獻俘闕下。詔以便宜取道，與鐵哥台兵合，遂出烏蒙，趨瀘江，剗土剌蠻三城，却宋將張都統兵三萬，奪其船二百於馬湖江，斬獲不可勝計。遂道嘉定、重慶，抵合州，濟蜀江，與鐵哥台會。

七年丁巳，以雲南平，遣使獻捷於朝，且請依漢故事，以西南夷悉爲郡縣。從之，賜其軍銀五千兩，彩幣二萬四千匹。加大元帥，還鎮大理。遂經六盤山至臨洮府，與大營合，月餘，復西征烏蠻。

秋九月，遣使招降交趾，不報。冬十月，進兵壓交趾境，國主陳日煚隔江列象騎，步卒甚盛。兀良合台分軍爲三隊濟江，徹徹都從下流先濟，大(兵)〔帥〕居中，駙馬懷都與阿朮在後，仍授徹徹都方略曰：「汝軍既濟，勿與之戰，彼必來逆，我與駙馬隨斷其後，汝伺便奪其船，蠻若潰走，至江無船，必爲我禽矣。」師既登岸，徹徹都違命，即縱與戰，交趾兵雖大敗，得駕舟逸去。兀良合台怒曰：「先鋒違我節度，軍有常刑。」徹徹都懼，飲藥死。兀良合台入交趾，軍令嚴肅，秋毫無犯。越七日，日煚請内附，於是置酒大饗軍士，還軍押赤城。

八年戊午，引兵入宋境，其地炎瘴，軍士皆病，遇敵少却，時兀良合台復病，將旋師。阿朮戰馬五十匹夜爲土剌蠻所掠，藏匿山寨，乃親率將士，攀崖搗破其巢，生禽賊酋，盡得前後所盜馬千七百匹，乃屠押赤城而還。

時憲宗方遣世祖征宋，詔交趾軍以明年正月會長沙，南北夾攻。乃率四王騎兵三千，蠻、僰萬人，破横山寨，辟老蒼關，徇宋内地。宋陳兵六萬以俟，遣阿朮與四王潛自間道沖其中堅，大敗之，盡殺其衆。乘勝蹴貴州，蹂象州，入静江府，連破辰、沅二州，直抵潭州城下。潭州出兵二十萬斷我歸路，復遣阿朮與大納、玉龍帖木爾軍其前，而自與四王軍其後，夾擊破之。兵自入敵境，轉鬬數千里，未嘗敗北，大小十三戰，殺宋兵四十餘萬，禽其將大小三人。其留守又遣兵來攻，追至門濠，掩溺殆盡，乃不敢復出。壁城下月餘，時世祖已渡江駐鄂州，遣耶里蒙古領兵二千來援，且加勞問，遂自鄂州之滸黄洲北渡，與大軍合。

庚申，世祖即位，夏四月，兀良合台還至上都。後十二年，卒，年七十二。子阿朮，自有傳。

藝文

王惲《秋澗先生大全文集》卷五〇《大元光禄大夫平章政事兀良氏先廟碑銘》 奕奕新廟，有侐其庭。耽耽四阿，桓桓兩楹。鼎薦牲牢，樽湛玄清。三事同儀，品物具備。上交神明，下輔孝治。子孫烝烝，執爵而升。以祼以濯，乃伏乃興。僾然愾然，如聞形聲。工歌祝告，載揚我武。於赫皇祖，方叔、召虎。翼戴三聖，肇開萬宇。忠勇奮發，所向臣虜。威懾西陲，削平南土。儷景同飆，照映中古。於爍王父，奮戈濯征。憬彼西夷，是懲是膺。如霆如雷，不震不驚。雪山雲静，滇水波澄。鱗介肆狂，皇威載暢。掃除妖氛，破南海浪。踐騰宋境，孰敢爲抗？赳赳堂堂，寔曰忠壯。文昌上將，兩兩翼帝。羽林壘壁，横大利器。於惟顯禰，緊時英衛。師干之試，折衝萬里。笳鼓歸來，敦詩説禮。世祖再造，有虔秉鉞。負固不庭，俾往式遏。料敵制勝，如火烈烈。摧枯爍雪，江海有截。車書會同，論功推傑。元貞守文，載念忠勤。登秩錫土，光融九原。有來酣戰，意甚閑暇。釃酒臨江，投壺歌雅。斂之一堂，泠風灑灑。鐘鼓和鳴，祖考來假。宜其家世，翼翼振振！孝孫有慶，聲于廟門。嗣侯伊誰，平章政事。爲子爲臣，惟敬惟義。祉委祥臻，忠傳孝繼。子孫承之，垂裕罔替。

程鉅夫《雪樓集》卷二《故祖父烏蘭哈達贈推忠宣力定遠功臣太尉開府儀同三司上柱國追封河南郡王謚武毅制》 孝子慈孫之志，身欲極於顯揚；出將入相之家，禮何嫌於隆盛。顧茲節鉞，實貫幽明。具官某故祖父某，胄出名家，光分列宿。憲宗啓聖，勤如博陸於昭、宣；世祖造邦，功過淮陰於齊、趙。風拔霆擊，地闢天開。方期文軌之同，大紀旂常之美。何滕城遽啓，葛陣空存。率其伐功，幸哉遇西平之有子；嘉乃丕績，悵然思李牧之用兵。爰申異數之崇，仍舉易名之典。於戲，西南七擒七縱，山川尚識於旌旗；君臣一德一心，魂魄諒陪於弓劒。庶幾英爽，不昧寵光。

姚樞部

綜述

《元史》卷一五八《姚樞傳》 姚樞字公茂，柳城人，後遷洛陽。少力學，內翰宋九嘉識其有王佐略，楊惟中乃與之偕覲太宗。歲乙未，南伐，詔樞從惟中即軍中求儒、道、釋、醫、卜者。會破棗陽，主將將盡坑之，樞力辨非詔書意，他日何以復命，乃蹙數人逃入篁竹中脱死。拔德安，得名儒趙復，始得程頤、朱熹之書。辛丑，賜金符，爲燕京行臺郎中。時牙魯瓦赤行臺，惟事貨賂，以樞幕長，分及之。樞一切拒絶，因棄官去。攜家來輝州，作家廟，别爲室奉孔子及宋儒周惇頤等象，刊諸經，惠學者，讀書鳴琴，若將終身。時許衡在魏，至輝，就録程、朱所註書以歸，謂其徒曰：「曩所授受皆非，今始聞進學之序。」既而盡室依樞以居。

世祖在潛邸，遣趙璧召樞至，大喜，待以客禮。詢及治道，乃爲書數千言，首陳二帝三王之道，以治國平天下之大經，彙爲八目，曰：修身，力學，尊賢，親親，畏天，愛民，好善，遠佞。次及救時之弊，爲條三十，曰：「立省部，則庶政出一，綱舉紀張，令不行於朝而變於夕。辟才行，舉逸遺，慎銓選，汰職員，則不專世爵而人才出。班俸禄，則贓穢塞而公道開。定法律，審刑獄，則收生殺之權于朝，諸侯不得而專，丘山之罪不致苟免，毫髮之過免罹極法，而冤抑有伸。設監司，明黜陟，則善良姦窳可得而舉刺。閣徵斂，則部族不横於誅求。簡驛傳，則州郡不困於需索。修學校，崇經術，旌節孝，以爲育人才、厚風俗、美教化之基，使士不媮於文華。重農桑，寬賦税，省傜役，禁游惰，則民力紓，不趨於浮僞，且免習工技者歲加富溢，勤耕織者日就饑寒。肅軍政，使田里不知行營(往復)之擾攘。周匱乏，恤鰥寡，使顛連無告者有養。布屯田以實邊戍，通漕運以廪京都。倚債負，則賈胡不得以子爲母，破稱貸之家。廣儲蓄、復常平以待凶荒，立平準以權物估，卻利便以塞倖塗，杜告訐以絶訟源。」各疏(弛)〔施〕張之方其下，本末兼該，細大不遺。世祖奇其才，動必召問，且使授世子經。

憲宗即位，詔凡軍民在赤老温山南者，聽世祖總之。世祖既奉詔，宴羣下，罷酒將出，遣人止樞，問曰：「頃者諸臣皆賀，汝獨默然，何耶？」對曰：「今天下土地之廣，人民之殷，財賦之阜，有加漢地者乎？軍民吾盡有之，天子何爲？異時廷臣間之，必悔而見奪，不若惟持兵權，供億之需取之有司，則勢順理安。」世祖曰：「慮所不及者。」乃以聞，憲宗從之。樞又請置屯田經略司於汴以圖宋；置都運司于衛，轉粟于河。憲宗大封同姓，敕世祖於南京、關中自擇其一。樞曰：「南京河徙無常，土薄水淺，舄鹵生之，不若關中厥田上上，古名天府陸海。」於是世祖願有關中。

壬子夏，從世祖征大理，至曲先腦兒之地。夜宴，樞陳宋太祖遣曹彬取南唐不殺一人，市不易肆事。明日，世祖據鞍呼曰：「汝昨夕言曹彬不殺者，吾能爲之，吾能爲之！」樞馬上賀曰：「聖人之心，仁明如此，生民之幸，有國之福也。」明年，師及大理城，飭樞裂帛爲旗，書止殺之令，分號街陌，由是民得相完保。

丙辰，樞入見。或讒王府得中土心，憲宗遣阿藍答兒大爲鈎考，置局關中，以百四十二條推集經略宣撫官吏，下及征商無遺，曰：「俟終局日，入此罪者惟劉黑馬、史天澤以聞，餘悉誅之。」世祖聞之不樂。樞曰：「帝，君也，兄也；大王爲皇弟，臣也。事難與較，遠將受禍。莫若盡王邸妃主自歸朝廷，爲久居謀，疑將自釋。」及世祖見憲宗，皆泣下，竟不令有所白而止，因罷鈎考局。

世祖即位，立十道宣撫使，以樞使東平。既至郡，置勸農、檢察二人以監之，推物力以均賦役，罷鐵官。二年，拜太子太師。樞曰：「皇太子未立，安可先有太師？」以所受制還中書，事見《許衡傳》。改大司農。樞奏曰：「在太宗世，詔孔子五十一代孫元措仍襲封衍聖公，卒，其子與族人争求襲爵，訟之潛藩，帝時曰：『第往力學，俟有成德達才，我則官之。』又曲阜有太常雅樂，憲宗命東平守臣輦其歌工舞郎與樂色俎豆至日月山，帝親臨觀，飭東平守臣，員闕充補，無輟肄習。且陛下閔聖賢之後《詩》《書》不通，與凡庶等，既命洛士楊庸選孔、顏、孟三族諸孫俊秀者教之，乞真授庸教官，以成國家育材待聘風動四方之美。王鏞鍊習故實，宜令提舉禮樂，使不致崩壞。」皆從之。詔赴中書議事，及講定條格，且勉諭曰：「姚樞辭避台司，朕甚嘉焉。省中庶務，須賴一二老成同心圖贊，其與尚書劉肅往盡乃心，其尚無隱。」及修條格，與丞相史天澤奏之，帝深嘉納。

李璮謀叛，帝問：「卿料何如？」對曰：「使璮乘吾北征之釁，瀕海擣燕，閉關居庸，惶駭人心，爲上策。與宋連和，負固持久，數擾邊，使吾罷於奔救，爲中策。如出兵濟南，待山東諸侯應援，此成擒耳。」帝曰：「今賊將安出？」對曰：

「出下策。」初，帝嘗論天下人材，及王文統，樞曰：「此人學術不純，以游説干諸侯，他日必反。」至是，文統果因壇伏誅。

四年，拜中書左丞，奏罷世侯，置牧守。或言中書政事大壞，帝怒，大臣罪且不測者。樞上言。【略】帝怒爲釋。

十年，拜昭文館大學士，詳定禮儀事。其年，襄陽下，遂議取宋。樞奏如求大將，非右丞相安童、知樞密院伯顔不可。十一年，樞言：「陛下降不殺人之詔，伯顔濟江，兵不踰時，西起蜀川，東薄海隅，降城三十，户踰百萬，自古平南，未有如此之神捷者。今自夏徂秋，一城不降，皆由軍官不思國之大計，不體陛下之深仁，利財剽殺所致。揚州、焦山、淮安，人殊死戰，我雖克勝，所傷亦多。宋之不能爲國審矣，而臨安未肯輕下，好生惡死，人之常情，蓋不敢也，惟懼吾招徠止殺之信不堅耳。宜申止殺之詔，使賞罰必立，恩信必行，聖慮不勞，軍力不費矣。」又請禁宋鞭背、黥面及諸濫刑。十三年，拜翰林學士承旨。十七年，卒，年七十八，謚曰文獻。

樞天質含弘而仁恕，恭敏而儉勤，未嘗疑人欺己。有負其德，亦不留怨。憂患之來，不見言色。有來即謀，必反復告之。

姚燧《牧庵集》卷一五《中書左丞姚文獻公神道碑》　公諱樞，字公茂。事世祖潛邸十年，左右宸極十有九年，居近密之地，受尊寵之任，可謂必世之久。惟其不固富貴，進退禮敬，窮達一節，不易寒士，故不取恥當時，明哲保身以薨。帝爲震悼，賻楮泉爲千百千五百。閔惟子煒，生十五年未授之室，賜聘財如所賻。明年，官以禮部郎中，皆異數也。既没世，而名聲日延。後十九年，當元貞二年，裕聖太后以嘗侍講裕宗，言之成宗，贈謚榮禄大夫、少師、文獻公。至大三年，武宗追號嘉猷程世舊學功臣、太師、開府儀同三司、魯國公，謚仍其舊。又推恩再世考仲宏，贈太保、儀同三司、魯國康懿公；祖騎銀青榮禄大夫、大司徒、魯國惠靖公，妣張氏、祖妣李氏皆魯國夫人。惟姚氏爲神明之後，歷三代、秦、漢、魏、晉、宋、齊，傳次或絶或續，與梁、陳、隋、唐可譜究者，別載世録。惟本五季梁、唐六鎮節度使勍，勍生金吾將軍漢英。漢英，周廣順初太祖遣之使遼，見留，事世、景，聖三宗，加安時制節宏化翊亮功臣，開府儀同三司、樞密使、檢校太師、兼政事令、上柱國、東陽郡公，生中書門下平章事、北面宣徽使衡之。衡之生給事中、同中書門下平章事居政。居政生太師、左金吾衛上將軍、虔州節度使景祥。景祥生太子洗馬去華。去華生金東上閤門使、吾州團練使玢。玢生閤門祗候、武德將軍佺。佺生武德將軍、獲嘉令錡。錡生安遠大將軍、慶陽安化丞淵，後更名仲宏，生公及弟楨、格。

公自稚弱，一力于學，書則經紀其家，嚮晦則讀書，夜分不輟。魯國夫人恐傷耽苦，每止之，乃塞牕不使見燭，就枕必盡三鼓。聞將遷關中康懿公録事判官于許，俾取師氏姑及姑之夫子昌以來。公徒行懷書，困休于樹，宿止于邸，亦出以誦，自期甚高。宋内翰九嘉，少登科甲，時有重名，方閒居許，摧折行位與之遊。一日賓會，録事名召公，内翰怒曰：「公茂負佐王之略，豈可若是易之。」先祖曰：「同僚呼兒輩宜然。」猶竟席不樂。其爲前輩見推如此。壬辰，許城被圍，州判公軍資庫使與副夜直，四鼓聞牕外嘆曰：「人獻東門。」出索之無得。副曰：「吾嘗遭兵河朔，鬼物云然，宜捄吾家。」乃相與歸，街陌横鈴索斷行，見其懷印，若赴州計事者。至家，乃盡出金銀酒具奩飾，裹餱糧，爲逃死謀。日出而東門果破，邀軍將蕭姓者入家，盡付所出，蕭曰：「吾嘗受邱真人教，汝軍中惟救人無殺，吾捄乃死。」公聞太宗詔學士十八人，即長春宫教之，俾楊中書惟中監督，則往依焉。中書少公六年，兄稱之，與偕北覲。時龍庭無漢人士夫，帝喜其來，甚重之。乙未，詔二太子南征，俾公從楊中書，即軍中求儒、道、釋、醫卜、酒工、樂人。會破棗陽，併公所招，將盡坑之。大將幕竹林間，公前辯析，明詔如此，他日將何以復命。乃蹙數人逃入竹中，潛歸其營，匿嚴侯軍中，纔脱死數十人。繼拔德安，得江漢先生趙復仁甫，見公，公戎服而髯，不以華人遇之。至帳中，見陳琴書，駭曰：「西域人知事此乎？」公爲一莞，與之言，信奇士。出所爲文數十篇，以九族殫殘，不欲北，與公訣蕲死。公留宿帳中，既覺，月皓而盈，惟寢衣存，乃鞍馬號積尸間，求至水裔，脱履被髮仰天而號，欲投溺而未入也。公曉以徒死無益，汝存則子孫或可傳緒百世，吾保而北，無他也。遂還，盡出程、朱二子性理之書付公。江漢至燕，學徒從者百人，北方經學自兹始。

歲辛丑，賜〔錦〕衣金符，以郎中伊魯斡齊行臺于燕，時惟事貨賂，天下諸侯競以掊克入媚，以公幕長必分及之，乃一切拒絶。人有以銀二笏來見，既謝却，乃出置氈簾間，遣人追及與之。遂攜家來輝，墾荒蘇門，糞田數百畝，修二水輪，誅茅爲堂，城中置私廟，奉祠四世。堂龕魯司寇容，傍垂周、兩程、張、邵、司馬六君子像，讀書其間，衣冠莊肅，以道學自鳴。佳時則鳴琴百泉之上，遯世而樂天，若將終身。後生薄夫或造庭除，出語人曰：「幾褫吾魄。」又汲汲以化民成俗爲心，自版《小學》、《書》、《語》、《孟》、《或問》、《家禮》，俾楊中書版《四書》，田和卿版

《尚書》、《聲詩折衷》、《易》程傳、《書》蔡傳、《春秋》胡傳，皆脱于燕。又以小學書流布未廣，教弟子楊古爲沈氏活版與《近思録》、東萊《經史説》諸書散之四方。時先師許魏國文正公魯齋在魏，出入經傳子史，泛濫釋老，下至醫、卜筮、兵刑、貨殖、水利、算數，靡所不究。公過魏，與竇漢卿相聚茅齋，聽公言義正粹，先師遂造蘇門，盡録是數書以歸，謂其徒曰：「曩所授受皆非，今始聞進學之序。若必欲相從，當盡棄前習，以從事于小學、《四書》，爲進德基，不然當求他師。」衆皆曰：「惟先生命。」則魏國公由窮理致知、反躬踐實爲世大儒者，又公所梯接云。歲庚戌，盡室來輝，相依以居。會上在潛邸，遣托克托、故平章趙璧驛至彰德。恐公避，托克托留，璧獨至輝，以過客見，審其爲公，始致見徵之旨。公曰：「天下之人同是姓名何限，恐使者誤徵，不敢妄應。」璧曰：「汝非棄伊魯斡齊，隱此者乎？」公曰：「是則然矣。」璧曰：「良是。」乃偕往彰德，受命遂行。

既至，上大喜，日客遇之，俾居衛從後列，惟不直宿。時召與語，隨問而言，久之詢及治道。公見上聰明神聖，才不世出，虚己受言，可大有爲，感以一介見信之深，見問之切，乃許捐身馳驅宣力，盡其平生學，敷心瀝膽，爲書數千百言，首以二帝三王爲學之本，爲治之序，與治國平天下之大經，彙爲八目，曰：修身、力學、尊賢、親親、畏天、愛民、好善、遠佞。次及其救時之弊爲條三十，曰：立省部，則庶政出一，綱舉紀張，令不行于朝而變于夕。辟才行，舉逸遺，慎銓選，汰職員，則不專世爵，而人才出。班俸禄，則藏穢塞，而公道開。定法律，審刑獄，則收生殺之權于朝，諸侯不得而專，丘山之罪不致苟免，毫髪之過免罹極法，而冤抑有伸。設監司，明黜陟，則善良姦窳可得而舉刺。閣徵斂，則部族不横于誅求。簡驛傳，則州郡不困于需索。修學校，崇經術，旌節孝，以爲育人才、厚風俗、美教化之基，使士不媮于文華。重農桑，寬賦税，省傜役，禁游惰，則民力紓，不趨于浮僞，且免習工技者歲加富溢，勤耕織者日就飢寒。肅軍政，使田里不知行營往復之擾攘。賙匱乏，恤鰥寡，使顛連無告者有養。布屯田，以實邊戍。通漕運，以廪京都。倚債負，則賈胡不得以子爲母，如牸生牸牛十年千頭之法，破稱貸之家。廣儲蓄，復常平，以待凶荒。立平準以權物估，卻利便以塞倖塗，杜告訐以絶訟源。各疏弛張之方其下，本末兼該，細大不遺，文不具述。上奇其才，由是動必見詢。使授太子經，以太師、淇陽王之兄故丞相圖們格爾、故右丞巴哈濟達、今司徒瑪努勒爲之伴讀，日以三綱五常、先哲格言，薰陶德性。

明年，憲宗即位，詔凡軍民在赤老温山南者，聽上總之。大爲張宴羣下，罷酒，將〔出〕遣人（正）〔止〕公：「頃者諸人皆賀，汝獨默然，豈有意耶？」對曰：「臣欲陳之他日，不謂遽問。且今天下土地之廣，人民之殷，財賦之阜，有加漢地者乎？軍民吾盡有之，天子何爲？異時廷臣間之，必悔見奪。不若惟持兵權，供億之須取之有司，則勢順理安。」上曰：「慮所不及者。」遣人入聞，願總兵與國戮力，報可。公策：「太祖承天大命，兵取天下，功未及竟而遂陟遐。太宗平金，遣二太子總大軍南伐，降唐、鄧、均、德安四地，拔棗陽、光化，留軍戍邊。襄樊、壽、泗繼亦來歸，而壽、泗之民盡于軍官分有，由是降附路絶，雖歲加兵淮、蜀，軍將惟利剽殺，子女玉帛悉歸其家，城無居民，野皆榛莽。何若以是秋去春來之兵，分屯要地，寇至則戰，寇去則耕，積穀高廪，邊備既實，俟時大舉，則宋可平。」上善之，始置屯田經略司于汴，西起穰、鄧，宿重兵與襄陽制闔犄角，東連陳、亳、清口、桃源，列障守之。又置都運司于衛，轉粟于河，繼餽諸州。陝西則移隴右汪義武公戍利川，劉忠惠公黑馬于（城）〔成〕都。割河東解之鹽池歸陝西，置從宜所，中糧興元，猶懼不繼，置行部秦州，順嘉陵，漕潼關，沔地，轉粟入利。其年大封同姓，敕上于南京、關中自擇其一。公曰：「南京河徙無常，土薄水淺，舄鹵生之，不若關中，厥田上上，古名天府陸海。」上願有關中。帝曰：「是地户寡，河南懷孟地狹民夥，可取自益。」遂兼有河内。

壬子夏，入覲，受命征大理，至曲先腦而，夜宴羣下，公爲陳宋祖遣曹彬取南唐，敕無效潘美伐蜀嗜殺，及克金陵未嘗戮一人，市不易肆，以其主歸。明日早行，上據鞍呼曰：「汝昨夕言曹彬不殺者，吾能爲之，吾能爲之。」公馬上賀曰：「聖人之心仁明如此，生民之幸，有國福也。」明年夏，禡牙六盤，大張教條，俾公以王府尚書身至京兆，置宣撫司，以楊中書爲使。奏諸千夫長不法，奪有人室者。旬月之間，民大和浹，道不拾遺。師行，留裕宗後，謂曰：「姚公茂吾不能離，恐廢汝學。今遣竇漢卿教汝。」先遣三使入大理，諭招許不殺掠。大軍經土蕃，刊木求塗。以前三使先至諭旨，彼以爲誑，磔其尸于樹。大師及城，其相高祥登陴望之，見吾軍威之盛，駭愕，口張不收。飭公盡裂橐帛爲幟，書止殺之令，分號街陌，由是其民父子完保，軍士無一人敢取一錢直者。惟急求三使之首，或曰「投洱水中」。遣漁者網之，無得也。俾公爲文以祭，賜其家人數十户，世無有與。及歸，馬多道死。公惟一馬，瘠不可乘之，則牽之，襟穀數升，時摇木盂以飼。雪深三尺，軍馬所經，踏爲冰梯，惟旄牛負橐以從。徒步僅千里，而中原馬至，分賚之，始免繭足。上駐六盤，公疾，求居關中，教使勸農，身至八州諸縣，諭

上重農之旨。凡今關中桑成列者，皆所訓植。

歲丙辰，公入見。或讒王府得中土心，帝遣阿彌達爾大爲勾考，置局關中，推究經略、宣撫官吏，下及征商無遺，羅以百四十二條，曰：「俟終局日，入此罪者，惟劉、史兩萬户以聞，餘悉不請以誅。」上聞不樂，公曰：「帝，君也，兄也。吾弟且臣，事難與較，遠將受禍，未若盡是邸妃主以行之，爲久居謀，疑將自釋，復初好矣。」上難之。翌日，語再及，曰：「臣過是無策。」思久之，曰：「從汝，從汝。」先遣使以來覲告，時帝在河西，聞不信之，曰：「是心異矣，曰來詐也。」再使至，詔許馳二百乘傳，棄輜重先，及見，天顔始霽。大會之次，上立酒尊前，帝酌之，拜退復坐，及再至，又酌之，三至，帝泫然，上亦泣下，竟不令有所白而止，敕罷關西鈞考，廢行部安撫、經略、宣撫、都漕諸司。

帝規自將南伐，與上閲地圖，俾公跽指瀕江州郡、津步要地，可舟越者，遂復上：「兵遣由鄂入。」歲己未秋，及江，而憲廟崩渝，問至，上猶濟江，駐兵，結層樓，蒙以皐比，日居其上，臨攻鄂城東北。賈似道聞公諮謀軍中，比爲王猛。城垂拔，前茅上及長沙，下及隆興。聞叛王將爲非覬於家，追前茅還，遂振旅斷浮梁以歸。上即大位，以王文統爲平章，盡止藩府舊臣，立十道宣撫使。諸侯惟嚴忠濟爲强横難制，乃以公爲東平。至居庸北，制下受命即南，或勸無行，當入覲陛辭。公曰：「文統新當國，彼將以我爲奪其位。」至治郡，置勸農、檢察二人以監之，推物力以均賦役，罷鐵官。居三月，大駕北征，天后留燕，遣使召公曰：「兒輩幼時，汝授之書，何久留彼。」時圖們格爾爲丞相，惟專從衛，宫闈諸事疑則見謀。二年，拜太子太師，公曰：「皇太子未立，安可先有太師？」還到中書，改大司農。公奏：「在太宗世，詔孔子五十一代孫元措仍襲封衍聖公，卒，其子與族争求詞爲訟，及潛藩，帝時曰：『第往力學，俟有成德達才，我則官之。』又聞曲阜有太常雅樂，命東平守臣，輦其歌工舞郎與樂色俎豆祭服，至日月山，帝親臨觀。飭東平守臣，員闕充補，無輟肄習。臣宣撫東平，嘗閔先聖大賢之後，《詩》《書》不通，義理不究，與凡庶等。版洛士楊庸選孔、顔、孟三族諸孫俊秀者，授之經而學夫禮。盍真授庸教官，以成國家育才待聘，風動四方之美。」又詳議王鏞亦善士，練習故實，宜令提舉禮樂，庶其歲久不致崩壞。皆從之。

又具奏八事曰：舉老成以輔王子，重省臣以振朝綱，定法制以齊庶政，立銓選以轉百官。其四如兵衛、屯田、學校、農桑，皆所屢陳。又具四事，促民守信，强幹弱枝，修内治外，敦本抑末。于兵衛又申奏曰：「内地之民不習武事，不耐勞苦，第可使出財賦，以資國用。西京、北京諸路之民，習武耐勞，可盡復其差賦，充本路保甲屯田，使進有取，而出有歸，可鎮内竊以禦外侮。漢軍除守禦南邊，可選精勇富强三萬，燕京東西分屯，置營以壯神都。」此左右中三衛起本者。詔赴中書議事，講定條格，且勉諭曰：「姚樞辭避臺司，朕甚嘉焉。省中庶務須賴一二老成同心圖讚，仰與左三部尚書劉肅往盡乃心，其尚無隱。」條成，與丞相史忠武公奏之，帝深嘉納。後詔中書右丞相安圖、同知樞密院事巴延、翰林學士承旨哈喇哈遜：「近史天澤、姚樞講定新格，朕已親覽，可行於今，卿等聞否，亦當一一參改速行，其間一二可增損者，記録以聞。」

李壇召其質子彦簡竊歸，反有迹矣。帝問：「卿料如何？」對曰：「使壇乘吾北征之釁，留後兵寡，瀕海搗燕，閉關居庸，惶駭人心，爲上策。與宋連和，負固持久，令數擾邊，使吾罷於奔救，爲中策。如出兵濟南，待山東諸侯應援，此成擒耳。」帝曰：「若是，賊將何出？」對曰：「出下策。」三年，文統伏誅。西域之人爲所壓抑者，伏闕羣言：「回回雖時盜國錢物，未若秀才敢爲反逆。」帝曰：「在昔潛藩，商訂天下人物，亦及文統。姚公茂言此人學術不純，以游説干諸侯，他日必反。去年竇漢卿上書，纍數千言，亦發其必爲亂首。秀才豈盡皆斯人。」然文統之相，參知政事商公挺實譽之，至是費寅以九事中時恚忌，訟商公爲文統西南之朋，引陝西郎中、行宣撫使趙良弼爲徵。幽商公上都，以良弼多智略，疑爲文統流亞，械繫于獄。會遣鄂托克行院成都，而無輔行，俾省擇人，公奏：「惟商挺可。陛下寬其前罪，責成斯行。」遂出而遣之。公又入奏：「方踐阼之初，非良弼詗事關中，恐後事會，寧身負矯擅誅東西川兩帥之罪，以寬陛下西顧之憂，推是爲心，忠純皎然，安得與文統蓄異志者比，臣請質闔門百口，必其無他。」帝悟，出之。

四年，拜中書左丞。至元之元，出省臣三，罷世侯，置牧守。遷轉河東、山西、河南、山東官吏。公行省河東、山西，明年而歸。或言中書政事大壞，帝怒，大降大臣罪，有入不測者。公上言：「太祖開創，跨越前古，施治未遑。自後數朝，官盛刑濫，民困財殫。陛下天資仁聖，自昔在潛，聽聖典，訪老成，日講治理。如邢州、河南、陝西皆不治之甚者，爲置安撫、經略、宣撫三司。其法選人以居職，頒俸以養廉，去汚濫以清政，勸農桑以富民，不及三年，號稱大治。諸路之民望陛下之治，已如赤子求母。先帝陟遐，國難並興，天開聖人，纘承大統，即用歷代遺制，内立省部，外設監司，自中統至今，五六年間，外侮内叛，繼繼不絶，然能

使官離債負，民安賦役，府庫粗實，倉廩粗完，鈔法粗行，國用粗足，官吏轉換，政事更新，皆陛下克保祖宗之基，信用先王之法所致。今陛下于基業爲守成，于治道爲創始，正宜息聖心，答天心，結民心，睦親族以固本，建儲副以重祚，定大臣以當國，開經筵以格心，脩邊備以防虞，蓄糧餉以待歉，立學校以育才，勸農桑以厚生，是可以光先烈，可以成帝德，可以遺子孫，可以流遠譽。以陛下才略，行此有餘。邇者伏聞聰聽日煩，朝廷政令日改月異，如始栽之木，坐而復移，既架之屋，起而復毁，遠近臣民不勝戰懼，惟恐大本一廢，遠業難成，爲陛下之後憂，國家之重患。」帝恚爲釋。

五年，用兵襄陽，立河南行省，經理屯田，以公僉省。八年，入覲。十年，拜昭文館大學士，詳定禮儀事。其年，襄陽下，問其事宜，公對：「吕文焕以江淮一使兼上路總管，生券軍縱還，熟券徙之河北。」皆可。十一年，初議大舉，奏：「如求大將，非中書右丞相安圖、同知樞密院事巴延不可。」七月，左丞相巴延陛辭，付敕書：「惟逆戰者如軍律，餘止殺掠。古之善取江南者，惟曹彬一人，汝能不殺，是亦一彬也。」既濟江下鄂，使至，夜召見公，帝憂見色曰：「自太祖戡定天下，列聖繼之，豈固存之令久帝制南國耶，蓋天命未絶。朕昔濟江而家難作，天不終此大惠而歸。今巴延雖濟江，天能終此與否，猶未可知。是家三百年天下，天命未在吾家，先在于彼，勿易視之。其有事宜，可書以進。」公言：「嚴兵守鄂，無使荆闔斷陽羅渡，先遣使責負歲幣、留行人之罪。」明年，公又言：「由陛下降不殺虜之詔，巴延濟江，兵不踰時，西起蜀川，東薄海隅，降城三十，户踰百萬。自古平南，未若有此之神捷者。然自夏徂秋，一城不降，皆由軍官不思國之大計，不體陛下之深仁，利財剽殺是致。降城四壁之外，縣邑丘虚，曠土無民，國將安用。比聞揚州、焦山、淮安，人殊死戰，我雖克勝，所傷亦多。宋之不能爲國審矣，而臨安未肯輕下。好生惡死，人之常情，蓋不敢也，惟懼吾招徠止殺之信不實，詐其來耳，是用力拒。宜申遣公幹官，專轉巴延，宣布止殺之詔，有犯令者必誅無赦。若此，則賞罰必立，恩信必行，聖慮不勞，軍力不費。老氏有曰：『大兵之後，必有凶年，疾疫隨之。』軍雖不試，而民止得其半。況今民去南畝，來歲之食將安所仰？帕手腰刀，必倡爲亂，袒臂一呼，數十萬衆不難集也，雖非勁軍，壁山柵水，卒未易平，是一宋未亡，復生一宋。南方官府以情破法，鞭背文面，或盛竹絡投諸江中。又鹽鐵酒酤，榷始漢代，其後因之不廢，今方新附，若復征之，人必離散。」制曰：「鞭背黥面及諸濫刑，宜急除之。榷酤後議。」

十三年，罷昭文館，拜翰林學士承旨，仍詳定禮儀。宋平，凡其侍從之臣，以士子入見者，必令見公，詢其學行而官之。九月，享廟，拜大禮使。明年，上以自九月不雨至於三月，問可以惠利斯民者，公曰：「糜穀之多，無若醪醴麴糵，京師列肆百數，日釀有多至三百石者，月已耗穀萬石，百肆計之，不可勝算，與祈神賽社費亦不貲，宜悉禁絶。」皆從之。初公方奏事得疾，忽跽不能言，帝急命從臣扶出，登車至家未甦，百日而愈。後三年，疾再至，昏默三日薨，壽七十八。京師士夫哭祭如失親戚，曰：「自今帝側圖回天下者，豈復有斯人者耶！」惟僉密院趙良弼賻俸半歲，爲位祭其家。終喪時，孤姪燧仕陝西提刑，煒獨舉其柩，槀葬京城東南分墅。後十八年，當元貞二年五月，煒從葬，卜于西洛金門山祖塋，別兆于輝菊山之陽。

公天資含宏而仁恕，恭敏而儉勤，理生惟務本實，不事末作。未嘗疑人欺已，有負其德，亦不留怨胸中，憂患之來，不見言色。魏國公每譽其善於順受，人莫可及。在京晚屢輟禄，雖奉朝請假，質券劑盈束，視貧甘心，不一出言，恃其久故，干人聞不足於上，有來即謀，必反覆忠告，惟恐吾言之不盡。及秉筆中書，或咎公獨遺門牆故人，公曰：「用人威權當出天子，果若賢才烏避，不聞其瑣尾者，烏敢藉權樹親賓市私恩乎。」他善衆多，今惟表其大益斯世者四：其一，倡鳴斯道，使今天下鄉校童蒙之師，猶知以《小學》、《四書》爲先，雖戴惠文身爲刀筆筐篋之行，與非華人，亦手披口誦是書，求厠士列者，往往多然。故左丞之制辭有曰：「德全天懿，學得聖傳。」旨固有在於斯也。再則，中土士夫不知爲廟，作主以奉先祀，自公始，輝人多化之，而祖考妥靈有所。三，征西南夷，爲陳曹彬取南唐兵不血刃，贊神武以不殺。四，當世祖淵龍規一幅員之判裂也，請開屯田淮蜀，移兵戍之，固已起平宋之本。及議南伐，而難大將，又上言非中書丞相安圖、同知宥密巴延兩人不可。宋平，又與諮謀其新國，圖任其降臣。隨有兩王作難海隅，當十五年，炎燼撲滅，而公始薨。古以揆之晉羊祜首策平吴，吴平而身不及見。樂毅有曰：「善作者不善成。」蓋當其時，自明其身不終所事于燕惠，數百年後猶能取必于祜，今焉不效于公歟。四夫人，惟王氏先公卒，繼宋氏後公七年卒。公贈少師，贈吴興郡夫人。及公國魯，與完顔氏、李氏，皆從封魯國夫人。後公三十四年，完顔亦卒，故三夫人皆祔。煒，李出，今中奉大夫、河南北廉使，其忠厚清慎，有克繼先烈之譽。二女，姊宋出，娣完顔出。姊卒，娣繼，皆嫁爲開府忠武公中子杞、淮東肅政廉訪使妻，皆卒。孫，尚孩。嗚呼，燧生三歲而孤，公

卯翼之。不知其蒙閹，教督而急其成，俾粗有聞，承乏翰林，復世公官。恐公事業不能詳盡，不敢干他詞臣，故惟自述，文不過華，質不至俚，而摭其實焉耳矣。

雜録

備録

王惲《秋澗先生大全文集》卷六三《祭中書左丞姚公文》　聖維天開，寵綏九有。必誕賢輔，以左以右。手幹機衡，殆天旋斗。伊公挺生，奮迹晉柳。長白之英，遼江之瀏。元氣絪緼，鍾此特秀。脱落俗學，沉浸道囿。姬情孔思，伊淵洛藪。一物致知，千古尚友。起而翼漢，雲雷交遘。啓沃淵衷，達聰纊黈。至元之初，公綰機紐。謀謨廟堂，股肱元首。職分六卿，綱維結糾。帝載用熙，豐而不蔀。大明黜陟，罷侯置守。萬鈞機張，賴公克彀。霖雨一霈，載清宇宙。我武維揚，荆襄持久。大闢屯田，櫛比糧糗。公善開物，務深耕耨。豳風良耜，十千爲耦。繼倡農司，萬邦是揉。明彼王道，始夫南畝。護軍來歸，雪髯垂脰。長江失險，萬介比趣。特置館筵，體貌耆耈。眷我儒臣，甘盤之舊。天理人私，自公判剖。國勢民機，倚公安否。有辯懸河，而惡利口。四海具瞻，漢吏商叟。龍光稠疊，玉杖秬卣。望公百年，以佐元後。胡不憖遺？梁木壞朽。彼蒼悠悠，莫之能究。嗚呼！公之爲學，知所先後。味道飫經，大羹玄酒。平生游藝，組繡雕鏤。公視餘事，爲世瓊玖。公之逢辰，道合非偶。來儀舜庭，臺鼎鳳雛。揚歷中外，足展抱負。八十之春，已極眉壽。考終牖下，載啓其手。有子承家，公復何疚？嗟吾道之如綫，念後學之孤陋！與斯民之不幸，孰思濟而云救？惲自束髮，辱知最厚。拔擢提撕，兩端親叩。至登瀛洲，再承善誘。弦晦一週，玉堂清晝。今公云亡，此會難又。情悄悄以填膺，淚浪浪而霑袖。今也送不違執紼，葬不得撫柩。寓哀斯文，爲一觴侑。尚享！

王惲《秋澗先生大全文集》卷八一《中堂事記中》　（五日）未刻有旨，命宣撫姚樞赴省同議軍須調度等事。姚字公茂，柳城人。資明亮深，識有理學。嘗從征大理，有佐命功。至元改元，轉天下官，公力爲多。上嘗曰：「公茂善談論物之園者，只説出柄來。」官至中書左丞，終翰林承旨。

王惲《秋澗先生大全文集》卷八二《中堂事記下》　宣撫姚樞授太子少傅，制詞曰：「姚樞，天彝素厚，聖學有傳。能全踐履之功，發自誠明之性。養成耆德，無非禮樂詩書；當侍春宫，爰置左右前後。可特授某官，要明早諭，以贊元良。用傳震索之祥，得繼離明之照。」

八日戊戌，太傅姚樞改授大司農，其辭曰：「學明經旨，德備天彝。由本邸而知名，從王師而伐罪。黽勉從事，于今有年。可改授某職，務要克謹農時，一遵詔旨。民舉緣於南畝，歲有望於西成。庸厚民生，以强國本。」

王惲《秋澗先生大全文集》卷八七《舉左丞姚公克經筵等職狀》　伏惟朝廷凡有大政大議，必須清問故老，兹蓋詢諮黄髮，恐有所愆之盛意也。切見前中書左丞姚樞，潛邸舊臣，中朝大老。生平以聖學爲心，輔政多嘉謀入告。近簽南省，爲衆牽持，罔伸所懷。今年雖耆艾，精力未衰，謀猷論議，足有規爲。未宜閑退，使後事功。至於侍講經筵，監修國史，保傅儲闈，承旨樞密，寔能克堪負荷，必能進盡忠嘉，有所廣益。兼翰院集賢等員，如許、竇二公者，已蒙恩眷如是。有此體例，合行舉言者，伏乞憲臺詳照施行。

黄宗羲《宋元學案》卷九〇《江漢學案・文獻姚雪齋先生樞》　姚樞字公茂，柳城人。少力學，内翰宋九嘉識其有王佐略。後從中書楊惟中南伐，得名儒趙氏復，以傳程朱之學，棄官居輝州。時許魯齋在魏，至輝，就録程朱所註書，遂依先生以居焉。世祖在潛邸，召之，待以客禮，詢治道。以治國平天下之大經，彙爲八目，曰修身、力學、尊賢、親親、畏天、愛民、好善、遠佞，次及救時之弊，分條而陳之。從征則以不殺一人爲規，佐世祖以定天下。累官翰林學士承旨。年七十八，卒，謚文獻。

附録

時濂溪周子之學未至河朔，楊惟中用師于蜀、湖、京、漢，收集伊洛諸書，載送京師。還，與姚樞謀建太極書院及周子祠，以二程、張、楊、游、朱六子配食，請趙復爲師，選俊秀有識者爲道學生。由是河朔始知道學。

蒙古伊囉斡齊在燕，唯事貨賂，以樞爲幕官長，分及之。樞一切拒絶，因辭職去。攜家往輝州蘇門山，作家廟，别爲室，奉孔子及宋儒周、程、張、邵、司馬六君子像，刊《小學》《四書》并諸經傳注，以惠後學。讀書鳴琴，若將終身。

馮從吾《元儒考略》卷一　姚樞，字公茂，號雪齋，柳城人，後遷洛陽。元初

以楊惟中薦，爲燕京行臺郎中，從軍德安。詔樞搜訪人才，得名儒趙復，從復得覩程朱理學之書。時伊囉斡齊行臺惟事貨賂，以樞幕長分及之，樞一切拒絶。棄官隱於蘇門，墾荒田數百畝，築茅爲屋。置私廟於室中，堂肖魯司寇容，傍列周、程、張、邵、司馬六君子像，讀書鳴琴其間，以道學自任。許衡、竇默咸從遊，師友淵源，斯道若將終身。世祖在潛邸，倡明遺召之，待以客禮。詢及治道，樞爲書數千言，陳二帝三王之道。嘗從世祖征大理，樞陳宋太祖遣曹彬取南唐，不殺一人事，世祖嘉納之。諸凡内修外攘之政，悉委任焉。官至昭文館大學士、翰林承旨，卒贈太師，謚文獻。樞爲人含宏仁恕，未嘗疑人欺己，有負其德。亦不留怨憂患之來，不見顔色。有來即謀，必反復告之。《元史》有傳。

姚燧《牧庵集》卷一五《中書左丞姚文獻公神道碑》 惟天聰明，視聽自民。沃天子心，啓莫非臣。舜察邇言，昌言禹拜。稱聖萬世，臣何與在。粤若世祖，方龍躍淵。載命徵車，遐蒐逸賢。即輝起之，爰置左右。授太子經，事靡不叩。公感一介，盡其平生。所學與知，傾敷悃誠。書首八事，修身以始。賢親畏天，愛民以次。申以州條，救弊之方。施治所官，如紀在綱。上總兵民，公請民去。上受封國，公擇地所。上征南詔，公陳遏劉。上曰「汝言，吾行優優」。展也神武，操既有要。天下定一，于時已兆。移兵戍邊，首蜀尾淮。免夫春秋，剽殺去來。汴置經略，秦以宣撫。三年其民，歌舞樂土。治效若斯，公干之是。一出爲猷，不無贊彌。又從濟江，内難方蹶。帝遄其歸，大統入繼。移昔已試，施諸萬方。帝思舊人，臺衮用章。公拜稽首，元良未建。臣何力有，太師顧先。改爲大農，尋拜左丞。申以責難，書存可徵。南土既平，諮謀新國。昭文禁林，必首見及。後聖相承，言行其生。没爲法程，謚以諱名。既又進加，功臣開府。莫尊太師，莫尊國魯。哀榮若斯，大書穹碑。比其生全，千祀可貽。

于慎行《讀史漫録》卷一四《遼金元》 姚樞侍元世祖夜宴，陳「曹彬取南唐，不殺一人，市肆不易」事，世祖遽曰：「我能爲之。」臨至大理，（《元史類編·姚樞傳》：「樞從征大理，夜宴言曹彬事，太弟曰：『吾能爲之。』明年師及大理，飭樞裂帛爲旗，書止殺令。」按：太弟者，世祖爲憲宗之弟，時憲宗二年壬子也。）遂懸止殺之令。此與楚材勸太祖之功同，（《元史類編·耶律楚材傳》：「汴京將下，大將速不台請屠其城，楚材聞之，馳入奏曰：『將士暴露數十年，所争者，土地、人民耳，得地無民，將焉用之？』帝遂止。時避兵在汴者，存活凡百四十七萬户。」）皆中國之福星也。虜主之凶，殺人如麻，楚材救之于先，而百萬之命，不死于太祖；樞救之于後，而百萬之命，不死于世祖；中原赤子，生殖至今，皆二人之力也，「微管」之嘆，其在斯與？

姚文獻初隱蘇門山，研程朱性理之書，若將終身。世祖聞其賢而徵之，詢以治道，條陳數千言，皆治國平天下之大者。朝廷議取宋，舉伯顔爲大將，屢勸申止殺之令，不嗜殺人，爰一土地，其斯爲大儒之效哉！

藝文

王惲《秋澗先生大全文集》卷一四《壽姚宣撫》 咸池朝日覩離明，羽翼功高見老成。相體共推安石雅，襟期全得伯夷清。黄金眼令燕臺望，赤羽心馳魏闕情。鄭重一杯千歲酒，調元消息在新正。

王惲《秋澗先生大全文集》卷一七《壽姚雪齋》 散髻飄瀟玉局仙，竹風松月共清圓。雲閑正際商霖後，學奥能窺太極前。瀛館寵光開壽域，太平勳業在經筵。殷勤春雨堂前檜，細綴冰花點翠妍。

王惲《秋澗先生大全文集》卷二四《水調歌頭·壽雪齋》 書史有真味，誰遣博微官。丈夫出處道在，義命正須安。浩浩都門冠蓋，眼冷雞蟲得失，矯首入遐觀。時對雪齋老，清議豁襟顔。　閲名書，探理窟，警銘盤。自嘆空然鼠腹，過飲不知繁。萬古乾坤清氣，散入詩仙脾膈，揮洒有餘歡。早晚付心訣，風雨滿堂寒。

高齋際晴雪，萬象入遐觀。文章在公餘事，聞望到歐韓。千古微茫洙泗，浩浩發源伊洛，百折障狂瀾。歌詠武公志，儆抑過銘盤。　濟時心，調鼎手，未容閑。重看印窠垂錦，花底壓千官。見説梅梢春信，一夜蠟痕香滿，光動壽杯寬。勳業鼎鐘上，留待百年看。

王惲《秋澗先生大全文集》卷六八《中書左丞姚公制》 朕聞世祖睿臨之久，有文王多士之稱。如種楩楠，而備梁棟之材；如積璠璵，而供瑚璉之器。而況先朝故老，當代名臣，良用慨然，想見風采。故中書左丞姚某，生禀淑質，世稱大儒。爰自潛藩，殆若神授。天扶道統，力主經筵。以聖道而覺斯民，燭天理而息邪説。智足以達其言行，辯足以濟其經綸。耕桑開王業之艱，征伐佐雲南之舉。罷侯置守，轉官之制初行；論道經邦，建極之功斯在。是用圖回左轄，羽翼春宮。

侯克中《艮齋詩集》卷六《挽姚左轄雪齋》 深探理窟得心傳，洞徹先天與後天。事去一身還太極，物來終日體純乾。流行坎止道常在，玉潤蘭馨理不偏。千載斯文一抔土，詩成不覺泪潸然。

許衡《魯齋遺書》卷一一《送姚敬齋》 凜凜姚敬齋，風節天下奇。終焉托君侯，君侯賢可知。人生貴得友，得友真朋龜。責善善無遺，輔仁仁克推。仁善既皆有，受福將自期。我來歌吉祥，真情寄荒詩。一祈仁政蘇民疲，一祈善政賙民饑。豐功偉績鐫長碑，千年萬年，感激人心無了時。

胡祗遹《紫山大全集》卷五《壽姚相》 六載持鈞軸，經綸百慮新。退公恒過午，假寐欠方晨。眷注尊耆德，諮諏屬老臣。年年黄閣外，長見駐朱輪。

蕭爽江湖質，忠貞社稷臣。一言能及物，萬象暖回春。宋璟文逾媚，曹參酒更醇。太平勳業盛，歲歲賀茲晨。

異政疑難決，須公出片言。問牛能及馬，見委已知源。量雅能持重，才雄不厭繁。誰知清鏡雪，黽勉爲宸恩。

吴澄《吴文正集》卷五八《題葛教授家藏雪齋姚公墨蹟後》 雪齋姚公，辭翰逸邁，近世鮮儷。曩在京師，識公之從子端夫，綽有諸父風。今覩葛教授家所藏墨蹟，把翫不忍去手。於乎，中州遺老如斯人者，不可復見矣。爲之悲歎，而志其左方。教授得之於其外舅王水監。水監，嘗客公之門者。

蒲道源《閑居叢稿》卷八《題姚文獻公草書真蹟》 草書不暇是怱怱，始識前賢翰墨工。此特於公緒餘耳，人猶未易繼高風。

《國朝文類》卷一二王構《翰林承旨姚樞贈謚制》 昔有先正，蚤事聖皇。惟夙夜單厥心，而終始典于學。如伯益之贊夏禹，暨尹躬之佐成湯。行乎仁義之塗，任其社稷之重；計于廟堂之上，明夫事幾之先。蓋精神志意之相孚，故啓沃都俞之靡間。制難拘于一例，恩特侈于屢書。故翰林學士承旨、中奉大夫、詳定禮儀使、贈榮禄大夫、少師、文獻公姚樞，以淵識弘謨，爲國蓍蔡；以清彝素檢，爲時楷儀。曉萬事，安異同；式羣工，壹統略。周旋必禮，温温維德之恭；敷納以言，蹇蹇匪躬之故。止殺允符于宸慮，宣澤丕應于天功。以故終和且平，近者親，遠者附；不賞而勸，大臣法，小臣廉。國家之表裏可觀，風俗之樞機隨轉。績已成而弗有，身愈退而彌尊。顧當時者壽其誰歟，致今日隆平者公也。正事正言正道，親傳文祖之燕謀；有德有功有能，首被先朝之鴻訓。肆朕纂承之始，於公簡注之深。槐序延登，衣仍衮黼；棠陰未徙，胙迺龜蒙。因謚以正其名，崇章以介其祉。於戲，得天下賢材斯足矣，方圖政化之新；有朝廷大議則就之，慨想儀刑之舊。往欽茲命，以永其傳。可加贈嘉猷程世舊學功臣、太師、開府儀同三司，追封魯國公，仍謚文獻。

宋濂《宋文憲公全集》卷三九《國朝名臣序頌・姚文獻公樞》 奕奕龍泉，神彩内明，視之如空。其鋒所指，無物不斷，捷疾如風。媲之文獻，雄姿英發，靡有不同。在前無古，在後無今，有志卓卓。倡道蘇門，上泝泗沂，下探關洛。施於有政，蔚爲王佐，務盡忠謇。立經陳紀，禮賢黜邪，風動四方。大開文明，輩致雅樂，寔自魯邦。不殺之諫，晝夜諄諄，舌不得藏。治定功成，渾然無迹，莫窺所存。左許右竇，三人同心，扶乾植坤。如帶如礪，信誓弗渝，永世有聞。

史天澤部

綜述

《元史》卷一五五《史天澤傳》 史天澤字潤甫，秉直季子也。身長八尺，音如洪鍾，善騎射，勇力絶人，從其兄天倪帥真定。乙酉，天倪遣護送其母歸北京，既而天倪爲武仙所害，府僚王縉、王守道追及天澤於燕，曰：「變起倉猝，部曲散走，多在近郊，公能迴轡南行，不招自至矣。」天澤毅然曰：「兄弟之讎，義所當復，雖死不避，況未必死邪！」即傾貲裝，易甲仗，南還，行次滿城，得士馬甚衆。天澤攝行軍事，遣監軍李伯祐詣國王孛魯言狀，且乞濟師。

天澤時爲帳前軍總領，孛魯承制命紹兄職爲都元帥。俾笑乃觧將蒙古軍三千人援之，合勢進攻盧奴。仙驍將葛鐵槍者，擁衆萬人來拒戰，天澤迎擊之，身先士卒，勇氣百倍。賊退阻泒河，乘夜而遁，天澤追及之，生擒葛鐵槍，餘衆悉潰，獲其兵甲輜重，軍威大振。遂下中山，略無極，拔趙州，進軍野頭。會天澤兄天安亦提兵來赴，擊仙敗之，仙奔雙門，遂復真定。

未幾，宋大名總管彭義斌陰與仙合，欲取真定，天澤同笑乃觧扼諸贊皇，仙不得進。義斌勢蹙，焚山自守，天澤遣鋭卒五十，摧鋒而入，自以鐵騎繼其後，縛義斌斬之。

未幾，仙復令諜者，結死士於城中大曆寺爲内應，夜斬關而入，據其城。天澤引步卒數十，踰城東出，至稾城，求援於董俊。俊授以鋭卒數百，夜赴真定，而笑乃觧兵亦至，捕叛者三百餘人，仙從數騎，走保西山抱犢寨。笑乃觧怒忿民之從賊，驅萬餘人將殺之，天澤曰：「彼皆吾民，但爲賊所脅耳，殺之何罪！」力争得釋。乃繕城壁，立樓櫓，爲不可犯之計，招集流散，存恤困窮。以抱犢諸寨，仙之巢穴，不即剪覆，終遺後患，急攻下之，仙乃遁去。繼又取蟻尖、馬武等寨，而相、衛亦降。

己丑，太宗即位，議立三萬户，分統漢兵。天澤適入覲，命爲真定、河間、大名、東平、濟南五路萬户。庚寅冬，武仙復屯兵於衛，天澤合諸軍圍之。金將完顔合達以衆十萬來援，戰不利，諸將皆北，天澤獨以千人繞出其後，敗一都尉軍，與大軍合攻之，仙逸去，遂復衛州。

壬辰春，太宗由白(波)[坡]渡河，詔天澤以兵由孟津會河南，至則睿宗已破合達軍于三峯山。乃命略地京東，招降太康、柘縣、瓦岡、睢州，追斬金將完顔慶山奴於陽邑。夏，帝北還，留睿宗總兵圍汴。

癸巳春，金主突圍而出，令完顔白撒自黄龍岡來襲新衛。天澤率輕騎馳赴之，比至，圍已合，天澤奮戈突至城下，呼守者曰：「汝等勉力，援兵且至。」復躍出，其衆皆披靡，遂與大軍夾擊之，白撒等敗走蒲城，天澤尾其後，白撒等兵尚八萬，俘斬殆盡。金主以單舸東走歸德，天澤追至歸德，與諸軍會。新衛達魯花赤撒吉思不花，欲薄城背水而營，天澤曰：「此豈駐兵之地乎！彼若來犯，則進退失據矣。」不聽，會天澤以事之汴，比還，撒吉思不花全軍皆没。金主遷蔡，帝命元帥倴盞率大軍圍之。天澤當其北面，結栰潛渡汝水，血戰連日。甲午春正月，蔡破，金主自經死，天澤還真定。

時政煩賦重，貸錢於西北賈人以代輸，累倍其息，謂之羊羔利，民不能給。天澤奏請官爲償一本息而止。繼以歲饑，假貸充貢賦，積銀至一萬三千錠，天澤傾家貲，率族屬官吏代償之。又請以中户爲軍，上下户爲民，著爲定籍，境内以寧。

金亡，移軍伐宋。乙未，從皇子曲出攻棗陽，天澤先登，拔之。及攻襄陽，宋兵以舟數千陳於峭石灘，天澤挾二舟載死士，直前擣之，覆溺者萬計。丁酉，從宗王口温不花圍光州，天澤先破其外城，攻子城，又破之。師次復州，宋兵以舟三千鎖湖面爲栅，天澤曰：「栅破，則復自潰。」親執桴鼓，督勇士四十人攻其栅，不踰時，栅破，復人懼，請降。進攻壽春，天澤獨當一面，宋兵夜出斫營，天澤手擊殺數人，麾下兵繼至，悉驅其兵入淮水死，乘勝而南，所向輒克。

壬子，入覲，憲宗賜衛州五城爲分邑。世祖時在藩邸，極知漢地不治，河南尤甚，請以天澤爲經略使。至則興利除害，政無不舉，誅郡邑長貳之尤貪横者二人，境内大治。阿藍答兒鈎較諸路財賦，鍛鍊羅織，無所不至，天澤以勳舊獨見優容，天澤曰：「我爲經略使，今不我責，而罪餘人，我何安乎！」由是得釋者甚衆。

戊午秋，從憲宗伐宋，由西蜀以入。己未夏，駐合州之釣魚山，軍中大疫，方議班師，宋將吕文德以艨艟千餘，泝嘉陵江而上，北軍迎戰不利。帝命天澤禦

之，乃分軍爲兩翼，跨江注射，親率舟師順流縱擊，三戰三捷，奪其戰艦百餘艘，追至重慶而還。

中統元年，世祖即位，首召天澤，問以治國安民之道，即具疏以對，大略謂：「朝廷當先立省部以正紀綱，設監司以督諸路，霈恩澤以安反側，退貪殘以任賢能，頒奉秩以養廉，禁賄賂以防奸，庶能上下丕應，内外休息。」帝嘉納之。繼命往鄂渚撤江上軍，還，授河南等路宣撫使，俄兼江淮諸翼軍馬經略使。

二年夏五月，拜中書右丞相。天澤既秉政，凡前所言治國安民之術，無不次第舉行。又定省規十條，以正庶務。憲宗初年，括户餘百萬，至是，諸色占役者太半，天澤悉奏罷之。秋九月，扈從世祖親征阿里不哥，次昔木土之地，詔丞相線真將右軍，天澤將左軍，合勢蹙之，阿里不哥敗走。

三年春，李璮陰結宋人，以益都叛，遂據濟南，詔親王哈必赤總兵討之，兇勢甚盛。繼命天澤往。天澤聞璮入濟南，笑曰：「豕突入苙，無能爲也。」至則進説於哈必赤曰：「璮多譎而兵精，不宜力角，當以歲月斃之。」乃深溝高壘，絶其奔軼，凡四月，城中食盡，軍潰出降，生擒璮，斬于軍門，誅同惡者數十人，餘悉縱歸。明日，引軍東行，未至益都，城中人已開門迎降。

初，天澤將行，帝臨軒授詔，責以專征，俾諸將皆聽節度。天澤未嘗以詔示人，及還，帝慰勞之，悉歸功於諸將，其慎密謙退如此。天澤在憲宗時嘗奏：「臣始攝先兄天倪軍民之職，天倪有二子，一子管民政，一子掌兵權，臣復入叨寄遇，一門之内，處三要職，分所當辭，臣可退休矣。」帝曰：「卿奕世忠勤，有勞於國，一門三職，何愧何嫌！」竟不許。至是，言者或謂李璮之變，由諸侯權太重。天澤遂奏：「兵民之權，不可併於一門，行之請自臣家始。」於是史氏子姪，即日解兵符者十七人。

至元元年，加光禄大夫，右丞相如故。三年，皇太子燕王領中書省，兼判樞密院事，以天澤爲輔國上將軍、樞密副使。四年，復授光禄大夫，改中書左丞相。六年，帝以宋未附，議攻襄陽，詔天澤與駙馬忽剌出往經畫之，賜白金百錠、楮幣萬緡。至則相要害，立城堡，以絶其聲援，爲必取之計。七年，以疾還燕。八年，進開府儀同三司、平章軍國重事，仍敕右丞相安童諭旨曰：「兩省、院、臺，或一月，一旬，遇大事，卿可商量，小事不煩卿也。」

十年春，與平章阿朮等進攻樊城，拔之，襄陽降。十一月，詔天澤與丞相伯顔總大軍，自襄陽水陸並進。天澤至郢州遇疾，還襄陽，帝遣侍臣賜以葡萄酒，且諭之曰：「卿自朕祖宗以來，躬擐甲胄，跋履山川，宣力多矣。又卿首事南伐，異日功成，皆卿力也。勿以小疾阻行爲憂，可且北歸，善自調護。」還至真定，帝又遣其子杠與尚醫馳視，賜以藥餌。天澤因附奏曰：「臣大限有終，死不足惜，但願天兵渡江，慎勿殺掠。」語不及它。以十二年二月七日薨，年七十四。訃聞，帝震悼，遣近臣賻以白金二千五百兩，贈太尉，謚忠武。後累贈太師，進封鎮陽王，立廟。

天澤平居，未嘗自矜其能，及臨大節、論大事，毅然以天下之重自任。年四十，始折節讀書，尤熟於《資治通鑑》，立論多出人意表。拜相之日，門庭悄然，或勸以權自張，天澤舉唐韋澳告周墀之語曰：「願相公無權。爵禄刑賞，天子之柄，何以權爲！」因以謝之，言者慚服。當金末，名士流寓失所，悉爲治其生理而賓禮之，後多致顯達。破歸德，釋李大節不殺，而送至真定，署爲參謀。衛爲食邑，命王昌齡治之，舊人多不平，而莫能間，其知人之明、用人之專如此。是以出入將相五十年，上不疑而下無怨，人以比於郭子儀、曹彬云。

王惲《秋澗先生大全文集》卷四八《開府儀同三司中書左丞相忠武史公家傳》 丞相史公天澤，其先燕之永清人，世以族茂財雄，號農里著姓。曾祖倫，祖成珪，繼有純德，百年來潤涵淵㝆，匿而不發。逮父尚書府君秉直，讀書尚氣義，爲一方嚮服。生三子：天倪，天安，公其季也。國朝癸酉歲冬十月，太師木花里以王爵帥天兵，南略中夏，雷砰霆激，震蕩無前。府君審興運之會歸，一羣疑之去就，倡率義從，迎降軍門。王炤其誠，數千人賴以生，仍令府君統降主漕。繼從王攻北京，下之，以勞授行部尚書。淵流騰潤，千載之會，實開於此。

及金將武仙以真定降，王命公兄天倪充河北西路兵馬都元帥，即鎮守，俾仙貳焉。時公年二十有三，身長八尺，音吐鐘鈜然，善騎射，拳勇絶人，屬櫜鞬署帳前總校。明年乙酉春，護母夫人北歸，仙尋叛，都帥遇害，府僚王縉、王守道追公及燕，曰：「變起倉猝，部曲散走，多在近郊，即回旆，當不招自至。」公毅然曰：「不聚國之讎，死亦當往。」遂傾橐易仗，南還，以圖報復。行次滿城，得士馬甚衆，餘兵四集，牙將毛□等即推公攝行軍事，遣監軍李伯祐言狀於王，就請兵濟討。即命公紹兄職，仍以國將笑乃㪍統精兵三千爲援，合勢進攻盧奴。仙驍將葛鐵槍八主簿擁萬衆來抹，公撤圍逆之，奮先將士，灑血馳戰，呼聲殷地，無不一當十。葛氣褫，會日暮，退依泒水爲阻。公料其墮歸，敵必宵遁，果然乘之，衆大潰，主擒鐵槍，資其器仗儲偫，軍威大振，遂下中山，略無極，拔趙州，進駐野頭。

仙懼，奔西山之抱犢砦。其年夏六月復真定。無幾，宋將彭義斌陰與仙合，又圖竊取。公同國將禦諸贊皇，扼仙軍不得進。義斌勢蹙，嬰火炎山自固，主帥問計於公，曰：「賊衆山扼，自陷圮地，此易破也。」遂令監軍孫□提鋭卒五十，公略其後，繼以鐵騎蹂之，斬義斌戲下，自是義勇之名，軒𥘉燕趙間。後數月，仙潛納諜者，匿大曆寺，夜斬關爲内應，遂反其城。公跳走藁，守帥董俊以全軍授公，復與笑乃㝵破走仙。主帥忿民之返覆，驅萬人出，將勦焉，以示威。公曰：「是皆吾軍民，我力不能及，一旦委去，不幸爲賊脅制，今殺之何罪？」弗聽，復力爭，良久，乃悟而全釋。公乃繕城壁，除武備，明號令，守禦以方，爲不可犯之計。歲荒食艱，捐甘攻苦，與衆共之，於是招流散，拊瘡痍，披荆榛，掇瓦礫，數年間，官府民聚，以次完治。然高公抱犢諸栅，仙之巢穴也，不即揃覆，則終遺後患，隨攻下之，仙鼠竄而去。繼又取相、衛。

太宗即位，公入覲，朝議方選三大帥分統漢地兵，上素聞公賢，詔爲五路萬户，以真定、河間、大名、東平、濟南隸焉。庚寅冬，圍武仙於汲，小大凡十餘壁。金將合達以衆十萬來援，鋒始交不利，諸將乘虚一時奔北，公獨以千人繞出敵後，挺刃横擊，敗一都尉軍。既而，復與大軍合攻，仙逸去，復取衛州。明年壬辰，太宗由白波渡河，詔公以兵由盟津會河南，至則睿宗皇帝已破合達軍於三峯山，乃命公略地京東，遂招降太康、柘縣、□瓦崗、睢州，追殺守帥慶山奴於陽邑。金主東播，復自黄龍崗來襲我新衛，公聞之，輕騎馳赴，比至，已合圍，奮戈突抵城下，呼守者韓帥曰：「汝等勉力，援兵繼來。」復躍出，敵愕眙爲披靡。明日大軍至，内外夾擊，敗走蒲城，公尾其後，金將伯撒所將兵尚八萬，我殺掠殆盡。金主以單舸東保歸德，公與諸軍會睢陽，同僚撒吉思欲薄城背水而營，公曰：「若敵來犯，我進退失據，此豈駐兵地耶？」公爭不下，以其事赴汴，比還，全軍皆没。其圍蔡也，當懸瓠北面，潛涉汝險，出入壘中，血戰者連日，蔡兵大衄，汝水爲不流。金亡，公還趙視師。

自乙未版籍後，政煩賦重，急於星火，以民蕭條，猝不易辦。有司貸賈胡子錢代輸，積累倍稱，謂之羊羔利，歲月稍集，驗籍來徵，民至賣田業，鬻妻子，有不能給者。時兵民未分，賦役互重，復遇征戍，則趨辦一時，中外騷屑，殆不聊生。公憫焉，詣闕併奏其事：民債官爲代償，一本息而止；軍則中户充籍，其征賦差貧富爲定額。上皆從之，布告諸路，永爲定制。迨戊戌、己亥間，仍歲蝗旱，復假貸以足貢數，積銀至萬三千餘鋌。公度民不可重困，乃先出其家資，次及族屬，官吏均配以償，遂折其券。監郡忙哥撒兒，以國兵奧魯數萬口，散處州郡間，營帳所在，大致驛騷，伐桑蹂稼，生意悴然。公騰奏太后，悉徙居嶺北。由是軍民肩息，田里遂有生之樂。迄今真定兵甲民數勝於他郡，由公牧養其根本故也。

國朝自金亡已來，歲有事於宋，公未嘗不在戎行，棗陽之役，城小而堅，主帥忿其攻久不拔，命徑乘其城，公率馮、程二拔都（國朝語謂勇猛士曰「拔都」）。先諸將登，太子闊出壯其勇，惜其材，傳呼止之，公戰愈力，克焉。其攻襄陽也，宋以舟師數千陳峭石灘，掎角以綴我肘，太子以城不易拔，可趣利舟楫，命公往，以陳、翟二校自翼，驅猛士兩舸，直前擣之，彼氣既奪，奮槊盪決，覆溺者萬計，獲焉。及取光化，復引絙首上，立陷其城。復州之役，敵盛以鬭艦三千艘，鎖湖面爲栅，公進説曰：「栅破則復當自潰。」遂募勇敢士四十輩，親鼓而前，壞蕩無遺，復懼而降。其攻壽春也，公獨當一面，宋人以我圍遠，勢分緩急，首尾莫應，賊乘夜果來斫營，公單騎逆戰，手格殺數人，戲下繼至，悉驅賊入淮水。至於掠滁州，蹂盱眙，掇寶應，瀕江渚，且破且降者二十餘所。雖會諸道兵共事，其伐謀制勝，愾敵樹功，未嘗不在羣帥之右。及策勳盟府，推讓行間，雖寸長不掩，故諸將屈盡其智能，士卒樂出死力，論者謂公智信仁勇，堂堂有古良將風。壬子歲，公入覲，憲宗察其忠勤，特加顯異，遂以衛五城封公爲分邑。

方今聖上龍潛，極知河南困弊，請分治培植，爲異日包舉殘□之本，許焉，遂奏公充經略使。公以河外虚耗日久，封豕存食於内，邊寇日侵於外，非大與祓濯，則不可去之。舉賢能，汰冗濫，抑豪强，均賦役，信賞明罰，訓農勸兵，列堡戍以絶寇衝，實屯廩以給邊餉，凡政之不便及民所欲而未得者，率更張而立行之。睢州長楊興，封丘簿董□，極横恣不法，暴其惡，肆諸市，萬口稱快，明日閭閻有畫公像者。不二三年，方數千里之間，行於野，民安其樂郊；出于途，商免其露處。觀善俗，既庶而有教；察軍志，則又知夫怯私鬭而勇公戰。威行惠布，陽開陰肅，内外修治，略無遺策，河流遠潤，衛亦復承平之舊，宋人爲禁其北門矣。丁巳春，詔左丞相阿藍㝵兒勾較諸路財賦，性苛刻，鍛錬羅織，轉功爲罪，上下例遭淩辱，公以勳舊獨見容假。公請曰：「經略事，我實主治，是非功過，理當我責，今舍焉而罪餘人，心何能安？」怒叱去，公不爲動，堅請者數四，用是翼蔽賴釋者甚衆。

戊午秋，扈憲宗西征，明年夏，駐合州之釣魚山，秋疫作，方議回鑾，宋將呂文德帥艨艟千餘，蔽嘉陵江來犯。逆戰不利，上命公禦之，乃分軍爲兩翼，跨江

列陣，文德軍至，截流縱擊，欿鉅艦數百艘，追至重慶，三戰三捷，遂班師而還。又明年庚申夏六月，是爲中統元年，皇帝御極，首問公治國安民之道，遂具疏以聞，皆時所急務，上嘉納之。旋命公撤江上軍還，授河南等路宣撫使，兼江淮諸翼軍馬經略使，制辭有：「史天澤自太祖皇帝命木花里國王開拓漢地，卿兄都元帥已有佐命殊勳，又扈從朕之父兄，勤勞王事，文經武略，於國有功。綏撫河南，民懷惠愛，有功高心小，夷險不移之旨。明年夏五月，由江淮經略使進拜中書右丞相。公既秉鈞衡，細大之務，知無不爲，然言必慮其所終，行必稽其所敝，不强時之不能，不禁民之必犯，體時順勢，通變制宜。於是清中書以正紀綱，分六部以綜名實，設撫司以肅州郡，退貪殘以簡賢能，霈恩澤以安反側，頒禄秩以養廉節，禁賄賂以絶倖門。又定省規十條，董正其機務。憲宗初年，括户餘百萬，至是諸色占役者强半，悉奏還爲民籍，以紓疲瘵。論思之際，處國相儒臣間，調諧彌縫，必使情通理得，期於事集功成，澤被生民而已。自是上下交孚，帝載熙緝，中書無留務矣。故中統初元，文物休明，階太平之治者，公之力爲居多。秋九月，扈從北征，次昔木土與阿里不哥遇，命線真爲右軍，公爲左軍，仍合大勢蹴之，北兵潰遁。

三年春，璮賊陰結宋人，以益都叛，上命親王合必赤總兵討之。兇勢張甚，詔公往視，聞璮入據濟南，公曰：「豨突入苙，無能爲也！」至則進説於王曰：「璮多譎而兵練，不宜力角，當以歲月斃之。」遂環以深溝高壘，奔軼應援之計，略不能肆。四月，軍潰出降，生擒璮，公力主斬於軍門，誅同惡者數十餘人，悉縱歸，傳檄東下，爲璮守者皆降。及陛見，悉歸功諸將，乃以擅殺自劾，上察公忠誠，亦不之罪。初臨軒授鉞，付公顓征，諸將皆聽節制，迫卒事，未嘗以詔旨示人。三齊平，首奏兵民之權，不可併居一門，行之請自臣家始。史氏子弟即日皆解紱而退。初，公既相，即辭其封邑，凡三請，乃許，其謙遜密勿類如此。至元改元，加光禄大夫、中書右丞相如故。三年，皇太子燕王領中書，兼判樞密院，以公爲左丞相，樞密副使，遂議建三衛及留兵寓農之策，不二三年，國容軍實，蔚然可觀。

六年，朝廷營取襄漢，詔公與駙馬忽刺出往經畫之，賜金幣甚渥。至則相要害，起一字城，聯亘諸堡，貯兵儲，絶聲援，示以久駐必取之基。既而以疾還。明年，進開府儀同三司、平章軍國重事，仍令右丞相安童諭旨曰：「中書省、尚書省，樞密院、御史臺，或一月，或浹旬，大事卿可商議，小事不煩卿也。」十年，宋將吕文焕以襄陽内附，聖天子赫然有掃清六合、混一車書之意。明年秋，與右丞相伯顔總大軍，行臺荆湖，自襄州水陸並進，趣鄂渚渡江，中道病不能進，上聞，遣使賜葡萄酒勞公，仍慰諭曰：「卿自朕祖宗以來，躬擐甲胄，跋履山川，宣力者多矣！又卿首事南伐，異日功成，皆卿力也。勿以小疾阻行，便爲憂勞，可且北歸，善自調護。」公還真定，上又遣其子杠與尚醫馳視，及賜蔘糖等物，因附奏曰：「臣大限有終，死不足惜，第請天兵渡江，以殺掠爲戒。」言訖而薨，略不及其家事，年七十有四。訃聞，上深震悼，遣近侍致奠，賻白金若干，贈太尉，謚曰「忠武」。仍勑辭臣製碑，表其勳德。

公忠亮有大節，出入將相近五十年，其元勳碩德，柱石四朝，師表百辟，殆古社稷臣，而氣貌循循，若無所爲者。及臨大事，論大政，夷大難，毅然以天下之重自任，要以竭忠徇國、尊主庇民爲心，一以至誠將之。其視富貴權勢，斂然畏遠，若將有浼於己者。其善始令終，世擬之郭汾陽，而器量涵弘，識慮明哲，又根於天性粹然。故累朝賞公忠勤，龍光稠疊，前後賜賚，不可殫紀。公初進大拜，制下之日，朝野交慶，公門閣蕭然，若無所事。有面説公以威權自張者，公因舉唐周墀爲相，問於韋澳曰：「力小任重，何以能濟？」澳曰：「願相公無權。」墀愕然不知所謂。澳曰：「爵禄刑賞與天下共之，何權之有？」又曰：「其緣汗馬，頗著微勞，餘將何有？今眷倚如此，正以軍國事體，猥多歷練，老夫有通譯其間，爲諸公調達耳，相則吾何敢當？」言者悚服而退。至於開誠心，布公道，集衆思，廣忠益，用人齊家，訓勵子侄，又有大過人者。當歸德城潰，脱李大節於白刃，俾參幕謀，留務無巨細一以委之，參卿王昌齡代公治衛，亦以聽其注措，其裨贊籌畫，則王守道、納合、松年四人，推誠委寄，雖骨肉莫能間，故真定治效，高視他郡，四方爲之訓。北渡後，名士多流寓失所，知公好賢樂善，偕來遊依，若王滹南、元遺山、李敬齋、白樞判、曹南湖、劉房山、段繼昌、徒單顒軒，爲料其生理，賓禮甚厚，暇則與之講究經史，推明治道，其張頤齋、陳之綱、楊西庵、張條山、孫議事，擢府薦達，至光顯云。初，武仙既害都帥，公紹其職，及兄子楫長，即奏請於朝曰：「臣始遭家難，黽勉承乏，以雪讎耻，今侄楫等皆可勝任，願以職歸之，畢臣宿志。」太宗曰：「但聞争官者多，讓職者鮮，卿之此舉殊可嘉尚，朕自有官俾之。」即詔楫爲真定路兵馬都總管，後又奏次侄權充唐鄧軍萬户。公因以疾乞退曰：「臣無大功報國，一家處三要職。恩寵踰等，敢昧死固請。」上曰：「卿奕世忠勤，有勞於國，一門三職，何愧何嫌！」竟不允。憲宗駐六盤也，詔發民爲兵，敕使擬

公子爲帥，公曰：「吾昆弟三人，大兄之子俱顯，仲之子未也，幸先之。」使者嘆服，竟以侄子樞充新軍萬户。初總衛鈞魚也，有邊將蒲察琚者隸焉，日有言，偃蹇不爲下，公含容之。明年，渾都海平，行臺上功相府，獨琚名闕，公問焉，或以前事對，公曰：「聞平夷隴右，若功最多，其可後哉？」即命具完文以進，遂均賞賚，其忘過記功，又如此。嘗集子侄輩戒之曰：「史氏起龍幹，際風雲，德凉效薄，今身名顯赫，宗族昌熾如是，何以答乾坤大造，累朝之恩私乎？若以王事殁邊，裹馬革歸葬，吾素願也，汝等異時策名委質，盡忠所事，以圖報國。」又曰：「惟孝與義可有立於代，汝等謹服此訓，苟違吾言，與暴吾丘墓等爾。」

公年四十，始抑節讀書，酷嗜《資治通鑑》，真積力久，義精理貫，諷誦略皆上口，至成敗是非，往往立論出人意表，雖老師宿儒，有不加詳者。至矢謀廟堂，運籌戎幄，良法美意，契合融會，見諸行事者，誠無愧於古人云。八子：格，中書右丞；樟，前新軍萬户；棣，中山知府；杠，提刑按察使；杞，前衛輝路總管；梓，澧州路同知；楷，終南陽府同知；彬，御史中丞。孫男一十六人。不肖惲猥登公門者有年，及與諸子游，故聞公言行頗詳。以家傳屬筆，故勉爲譔述，異時太史氏勒元勳於帝籍，贊畫像於淩煙，庶幾有所考焉。贊曰：

忠武公當草昧患難之際，憤發義勇，收合散亡，卒之芟羣雄，定河朔，開國承家，光昭父兄遺業，其功烈已不世出。然一時佐命，儷景同翻者多矣，唯公歷事四朝，恩遇眷倚，始終不少衰，復能斂百戰之威，雍容廊廟，以道事君，爲時賢相，高名完節，爛然獨著，福禄永終，慶流後裔，豈偶然致哉？蓋由勳德兼備，忠智兩全，君臣之間，有以感召故也！若秖以遭際期運，依乘風雲論之，是豈真知公者哉？故推其生平行己大節，爲後來之法云。

《國朝文類》卷五八王磐《中書右丞相史公神道碑至元十三年二月》 房、杜受帷幄之寄，而不親汗馬之勞；耿、賈著鍾鼎之勳，而弗踐秉鈞之任。豈不以將相殊器，而軍國異宜，非仁勇兼備，而才德兩全者，未易當之歟？丞相史公，弱冠從軍，年未三十，已爲大將。自太祖、太宗、睿宗、憲宗四朝，每有征伐之事，未嘗不在軍中，身經百戰，偉績豐功，不可勝紀。逮今上御極，置之相府，授以政柄，即從容閒暇，不動聲色，而紀綱法度，粲然一新。內立省部，以杜絶政出多門、斜封墨勅之權；外設六道宣撫司，以削奪郡縣官吏世襲專擅之弊。給百官俸禄，使在官者有以自贍，而得保清廉之節；禁賄賂請託，使官吏一心奉公，而不敢爲徇情枉法之私。又奏罷諸色占役五十餘萬户，均其賦税，以蘇民力，天下欣然，咸有太平之望。非所謂仁勇兼備而才德兩全者，能如是乎？

公諱天澤，大興永清人。曾大父成珪，隱德不耀。父秉直，是爲尚書府君，生三子，伯曰天倪，仲曰天安，公其季也。金大安癸酉歲，國兵南下，尚書府君率鄉里老幼數千，詣太師國王木花里軍門降。明年從國王攻北京，下之，王以國人烏也兒爲都元帥，府君爲行部尚書，鎮守其地。後五年，武仙以真定降，王又以天倪爲河北西路都元帥，仙副之，駐真定。公年寖長，身長八尺，善騎射，拳勇過人，署帳前軍總領。乙酉歲春，都帥命公護送太公夫人還北京，仍令過燕都市繒幣，爲北覲需。既行，武仙以真定叛，都元帥被害，帥府經歷王縉追公及燕。公聞變，即與縉議，縉曰：「變起倉卒，帥府軍無主，散出多在近郊，公能迴轡南行，即不招自至。」公慨然曰：「兄弟之讎不共國，假使無成，義亦當往，況有可成之道乎？」即出所賫市幣之金，買兵仗甲胄，載之南行。行至滿城，已得兵士千餘，戰馬七百，遣監軍李伯祐詣國王行帳言狀，且乞濟師。王命公紹其兄職，仍以笑乃解將兵三千爲助，遂破走武仙，復取真定。後數月，武仙又潛遣壯士入城，匿大歷寺，夜斬關爲內應，仙入據城。公倉卒率軍士數十人，夜踰城東出，步走稾城，會諸城軍，與笑乃解合軍攻仙，走之。笑乃解怒民之從賊也，驅萬餘人將殺之。公曰：「此皆吾民，不幸爲賊驅脅，何罪而殺之？」不聽，公力争甚久，竟得全活。公乃繕城隍，立樓櫓，爲不可犯之計。招集流散，存卹困窮，披荆棘，拾瓦礫，官府居民，日益完葺。歲荒食艱，捐甘攻苦，與衆共之，由是數年之閒，民生完實，而兵力富强，勝於他郡。

太宗即位，公北覲，朝廷方議選三萬户分統漢兵。公適至，上素聞公名，遂以真定、大名、河間、濟南、東平五路，授公爲萬户。壬辰歲，太宗由白波渡河，疾趨陽翟，與睿宗相會，破合答軍於三峯山，命公略汴京以東諸城。公遂下太康、柘縣，瓦岡，睢州，復與大軍會。軍至歸德衛州，達魯花赤撒吉思，欲以其軍薄城而營，公曰：「此豈駐兵之地乎？彼若來犯，難爲備矣。」不聽，會公以事之汴，比還，撒吉思全軍皆没。戊午歲秋，憲宗南征。明年駐釣魚山，夏秋之交，軍士多疾疫，力議班師，宋將吕文德率戰艦千餘艘，由嘉陵江來，上命它師拒戰，不能卻，詔公往。公命蒙古軍分爲兩翼，夾江注射，公率水軍順流縱擊，大破之，奪船數百艘，追至重慶府乃還。

中統元年，今上登極，首召公，問以治國安民之道，公奏疏以對，上嘉納之。命公往鄂渚，撤江上軍，既回，以公爲河南等路宣撫使。是歲秋，上北征，又詔公

兼江淮經略使。二年春，上北征還，以公爲中書右丞相。秋九月，從上北征。冬十一月，與阿里不哥會戰昔木土，上命丞相線真指麾右軍，公指麾左軍，戰大捷，阿里不哥遁去。三年春，李璮陰結宋人，以益都叛，率軍據濟南。上命諸王合必赤，總諸道兵討之，璮兇勢甚張，上繼命公往。公受命之日，不至其家，輕騎奔赴。至則亟築長圍，樹木柵，遏其侵軼，使内外不相聞。凡四月，城中食盡，軍潰出降，生擒璮，斬軍門，誅同惡數十人，餘悉縱令歸家。明日引軍東行，未至益都，城中人已開門迎降。初，公將行，上臨軒授詔，責公以專征之任，俾諸將皆聽節度，公自始至還，未嘗以詔旨示人，其謙退慎密如此。入見，上慰勞公，悉歸功諸將，若無一毫出於己者。至元改元，加光禄大夫，中書右丞相如故。三年，皇子燕王領中書省兼樞密使，以公爲左丞相，兼樞密副使。

六年，上將有事於襄陽，詔公與駙馬忽刺出往，賜白金百笏，楮幣萬緡。公至，則占要害地，築三小堡屯軍，使彼内不能出，外不得援，蓄鋭而守，兵食有餘。七年，公以疾還。八年，授開府儀同三司、平章軍國重事。仍令右丞相安童諭公曰：「中書省、尚書省、御史臺，或一月或一旬，遇有大事，卿可商量，小事不必煩卿也。」十年，宋將吕文焕爲襄陽内附，聖天子慨然有埽清六合、混一車書之意。十一年秋，以公與右丞相伯顔領荆湖路行臺，總大軍自襄陽水陸並進，將由鄂渚渡江，行至郢州，公病不能進，還襄陽。上聞，亟遣近侍賫葡萄酒賜公，且諭之曰：「卿自吾父祖以來，躬擐甲冑，跋履山川，宣勤勞者多矣。勿以小疾暫阻行意，便爲憂惱，可且北歸，善自調護。」公歸至真定，上又遣其子杠與太醫馳往診視，仍賜藥物。公餌畢附奏曰：「臣大限有終，死不足惜，但願天兵渡江，慎毋殺虜。」是日薨，春秋七十有四，實至元十二年二月七日也。訃聞，上震悼，遣近臣致奠，賻白金二千五百兩，贈太尉，下太常考行，謚曰忠武。以三月庚寅，葬府城西原。明年春二月，有旨命臣磐製墓隧碑文。

臣嘗論士君子抱負才智，出逢昌運，君臣遇合，取富貴功名以自振耀，非難事也。唯夫仁慈惠愛，不吝不驕，有以服人心於富貴功名之外者，是可重也。公以元勳碩德，位兼將相，爲邦家之柱石，爲宗社之蓍龜，望重四朝，恩隆百辟，其容貌循循和易，未嘗有一毫驕矜之色見於顔間，視富貴功名，斂然退避，若將有浼於己者。此其藴藉，豈尋常淺狹之量所能窺測哉！初武仙之變，公之兄都元帥被害，朝廷以公紹其職，後都帥之子稍長，公奏言於朝曰：「臣遭家禍，權兄職以復讐恥，爲姪尚幼，久不敢言，今姪年已長，願得歸之。」上曰：「但聞争官者多，讓官者少。卿之此舉，甚可嘉尚。然朕自有官償之，卿何可辭？」即日詔以公姪爲真定路總管。後數年，公又乞致仕，上問其故，公曰：「臣無大功報國，今一子管民政，一子掌兵權，臣復久叨寄遇。一門之内，處三要職，寵榮過分，必致咎殃，臣敢昧死固請。」上曰：「卿奕世忠勤，有功於國，一門三職，何足爲嫌？」不允。國朝之制，州府司縣，各置監臨官，謂之達魯花赤，州官府往往不能相下，公獨一切莫與之較，由是唯真定一路，事不乖戾，而民以寧。李璮變後，議者以諸侯權重爲言。公言於朝曰：「兵民之權，不可并在一門。家有一人居官，其餘宜悉罷遣，行之請自臣家始。」史氏子弟，即日皆辭職而退。憲宗朝，公爲河南經略使，朝廷遣阿藍答兒勾較諸路財賦出入虧盈。阿藍答兒性苛刻，乘勢横暴，擅作威福，官吏悉遭淩辱，以公舊德，獨見寛假。公進曰：「經略使司，我實主之，是非功罪，皆當問我。今罪及諸人而不問我，豈能自安乎？」由是餘人蒙賴得釋者甚衆。兵火之餘，民間生理貧弱，往往從西北賈人借貸，周歲輒出倍息，謂之羊羔利，稍積數年，則鬻妻賣子，不能盡償。公奏乞令民間負債出息，至倍則止。上從之，遂爲定法。初，公至歸德，遇蒙古官驅俘獲數人出城，將殺之，内一俘氣貌異常。公問：「汝爲何人？」曰：「我金近侍局官也。」曰：「汝識李正臣乎？」曰：「我即是也。」公出橐中金贖之，遣騎送歸真定軍，回署萬户府參謀，幕府留務無大小，一以委之。又嘗有河南流寓人王顯之來謁，公一見問其姓名、鄉里，即留置門下，署萬户參議，行軍事務無大小，一以委之。兩人信任之專，雖父兄子弟，莫之敢間，由是真定治效，高視他郡，四方諸侯取之爲法者，兩人之力爲多。公平生喜《資治通鑑》，每公務之暇，即取讀之，有不解，則以問人，必解而後已。雖公務遠適，亦恒以數册自隨，每舉一事，輒能推究始終，折衷是非，雖老師宿儒有不及者。【略】銘曰：

維開府公，沈毅龐鴻。超然異稟，間氣所鍾。累朝尚武，公在戎旅。把握韜鈐，指麾貔虎。一旦崇文，正笏垂紳。從容廊廟，百度維新。省部既立，事權歸一。監司出臨，專擅自息。禄足代耕，吏保公清。苞苴不行，獄無敧傾。謨協宸意，事合羣情。黔黎呼舞，思見太平。太平非難，既立其址。譬如爲山，要有終始。役指駢羅，覆簣孔多。積之歲月，甯不嵯峨。公屬櫜鞬，十營八九。其在鈞衡，暫而非久。暫而非久，又復不專。同堂合議，嗜好奇偏。公心順恭，允叶天聰。紀綱卒立，天子之功。波濤險巇，舟檝是依。風雨震驚，夏屋帡幪。世治時清，尚可無公。險巇震驚，非公孰

寧。忠義肝腸，中令汾陽。小心慎兢，相國玄齡。公今云亡，孰佐時康。宸衷簡在，百世難忘。豐碑堂堂，松柏先光。有不知者，視此銘章。

王惲《秋澗先生大全文集》卷五五《大元國趙州創建故開府儀同三司中書右丞相贈太尉忠武史公祠堂碑銘并序》　自昔以功德而獲大任，既没而饗常祀者，鮮矣，況得匹夫匹婦之心者哉！如武侯卒而蜀人祭於陌，梁公去則魏土廟而食。寥寥千載，幾何人斯？若太原郡趙相，師表百辟，名節獨著，薨謝之日，葬加殊禮，賜美謚無異議，民有報祀而得衆心之同然者，今於忠武史公見之。公肇自太宗朝襲世爵，付以全趙四十郡，命其經理整戢之。而公宿兵陽夏，歲例歸眎師，每過趙，遲遲而行，念此郡甫離兵燼，經涂南北，環視千里間，野枯民曠，略無生意，公憫其如是，必爲察民情之所苦，留情體訪，凡賦役偏而不均，獄訟冤而且滯者，無問鉅細，一有之即以爲有害於政也，立與之均調而疏濬之。與民間無所求索，自貶威重，告語約束，必親詣閭閻。其一切興除寬假之力，又有大過人者。

會趙郡莠民共倡爲白衣經會，煽七縣間，不逞之徒，因端竊發，以至蟻動蝗聚，伺昧嘯咒，約屠城邑，資藉梟雄，以爲依庇，欲乘期竊發。適公歸至郡，有以變告者，公曰：「若此者，有亂之萌，無亂之形，處之爲最易易耳，但須以計戢之，無趣其變。」公外示閑暇，覘黨魁所在，爲伺其巢穴，密羅之，盡出其不意，掩捕獲焉。訊之具服，示所懲責，餘悉貸之，且以告屬邑曰：「渠率已殲，餘不一究，以安反側。」趙人遂妥。迨壬寅歲，詔作丘甲，時歲荒民移，排抽户椎，事竟，椎不滿者三十數，有司以狀白，公曰：「業無所於取，缺之以需可也。」守吏以軍興嚴，惴惴不敢諾，公曰：「以民困故，非敢私脱，有悞責我，任不汝及也。」殆紀後乃如約。不數年，保障休息，恒、襄間熙熙然一樂國也。

公薨後十五年，前藺溪薄郡人李瑛，憙義重報，貞而有幹爲，一日謂趙之父老曰：「吾儕小人，樂有家室，得至今日者，可不知其所自？斯皆忠武公恩造，骨而肉之之德也。終無以圖報，將死有餘負。惟是起祠奉祀，庶醻萬一。」衆曰：「諾。」遂相與協力，作新廟於郡城西里。迄三載，廟成，神棲像設，翼翼有儼，凡用鍰三千七伯餘緡。已而，州貳政薛人賈英，嘗屬橐鞬左右，公覩其若爾，感念疇昔，曰：「丕厥搆則罔及。」迺以樹碑頌德爲己任，以某知公平生頗詳，不千里遠，請書其事於石。某以下吏故，有不敢多讓者，因勉爲次系之。

公諱某，燕之永清人，姿忠亮謹畏，以度量雄天下。歷事四朝，入則坐廟堂，出則分閫寄者，五十年。當其臨大事、決大議、夷大難，不動聲色，卒之收尊主庇民之功，此天下所共知，茲不復云。顧惟治趙之績，在公雖一事，惟其恩造之功至，故能感民心也深，化强梗而爲善良，易慷慨而爲忠厚，以致其生也如父母戴之，其没則以神明事焉。嗚呼休哉！人稱至人不死，以氣之精；大賢不亡，得氣之英。公英爽在上，其眷戀於趙人也審矣。仍作歌詩遺之，俾歲時虔饗，以侑肴蕙椒漿之薦。其詞曰：

常山鬱兮蒼蒼，陣堂堂兮公則亡。趙之封兮四開，風雲慘兮漢故臺，望公不來兮莫知我哀！公精英兮弗昧，山川開闔兮不隨以晦。公不忘兮德在民，思之在心兮其存則目。存之目兮思則固，廟而貌之兮其以故。招公來格兮歆嚴禋，颯泠飆兮雲旂紛，憺光靈兮愈於生。存福我兮孔那，驅癘疫兮辟妖訛。風時雨若兮歲時和，民報祀兮心乎靡佗。坎坎擊鼓兮舞傞傞，饗有肴烝兮登有歌。麗碑峨嵯兮，永言不磨！

蘇天爵《元朝名臣事略》卷七《丞相史忠武王》　王名天澤，大都永清人。歲乙酉，嗣其兄職爲都元帥。己丑，授真定、大名、河間、濟南、東平五路萬户。歲壬子，授河南經略使。中統元年，授河南宣撫使，尋兼江淮軍馬經略使。二年，入拜中書右丞相。至元三年，皇子燕王領中書省兼樞密使，遂拜中書左丞相兼樞密副使。八年，加開府儀同三司、平章軍國重事。十一年，與丞相伯顔總兵伐宋，至郢，以疾還。十二年，薨，年七十四。

歲庚辰，金將武仙以真定降，太師、國王命公兄天倪充河北西路兵馬都元帥，即鎮守，俾仙貳焉。公時年二十餘，身長八尺，騎射拳勇絶人，屬橐鞬署帳前總領。汲郡王公撰《家傳》。

乙酉春，公護母北歸，仙尋叛，都帥遇害，府僚王守道追公及燕，曰：「變起倉猝，部曲散在近郊，即迴斾，當不招自至。」公毅然曰：「不共國之讎，死亦當往，況不死耶！」遂傾貲裝易鎧仗，南還。行次滿城，得士馬甚衆。遣監軍李伯祐言狀於王，就請兵濟討，即命公紹兄職，仍以國將笑乃歹統精甲三千爲援，合勢進攻盧奴。仙驍將葛鐵槍擁萬衆來救，公撤圍逆之，奮先將士，灑血馳戰，呼聲殷地，無不一當十，葛氣褫，會日暮，退依泒水爲阻。公料其墮歸，敵必宵遁，果然，乘之，衆大潰，生擒鐵槍，軍威大振。遂下中山，略無極，拔趙州，進駐野頭。仙懼，奔西山之抱犢砦。其年夏六月，復真定。無幾，宋將彭義斌陰與仙合，又圖竊取。公同國將禦諸贊皇，扼仙軍不得進，義斌勢蹙，燎山自固。公令監軍孫某提鋭卒五十，公略其後，以鐵騎蹂之，斬義斌戲下。自是義勇之名，軒

禳燕趙間。後數月，仙潛納諜者，匿大曆寺，夜斬關爲內應，公跳走，藁守帥董俊以全軍授公，復與笑乃歹破走仙。主帥忿民之反覆，驅萬人出，將勦焉，以示威，公曰：「是皆吾民，我力不能及，一旦委去，不幸爲賊脅制，今殺之何罪？」乃全釋之。公迺繕城壁，儲武備，爲不可犯之計。歲荒食艱，捐甘攻苦，與衆共之。於是招流散，拊瘡痍，披荆榛，掇瓦礫，數年間，官府民聚以次完治。然高公、抱犢諸柵，仙之巢穴也，不即剪覆，終遺後患，隨攻下之，仙鼠竄而去。繼又取相、衛蟻尖、蒼峪、馬武京等砦。《家傳》。

太宗即位，公入覲。朝議方選三大帥，分統漢地兵，上素聞公賢，以杖麾公及劉黑馬、蕭札刺居右，詔爲萬户，其居左者悉爲千夫長，遂以真定、河間、大名、東平、濟南五諸侯兵隸焉。《家傳》。

庚寅冬，圍仙於汲，金將完顏合達以衆十萬來援，鋒始交，不利，諸將乘虛，一時奔北，公獨以千人繞出敵後，挺刃橫擊，敗一都尉軍，既而復與大軍合攻，仙逸去，復取衛州。《家傳》。

壬辰，太宗由白坡渡河，詔公以兵會河南，至則睿宗已破合達軍於三峯山。命公略地京東，遂招降太康、柘縣、瓦崗、睢州，追殺帥臣完顏慶山奴於陽邑。《家傳》。

金主東播，復自黄龍岡來襲我新衛。公聞之，輕騎馳赴，比至已合圍，奮戈突城下，呼守者曰：「汝等勉力，援兵繼來。」復躍出，敵愕眙。明日，大軍至，內外夾擊，敗走蒲城，公尾其後。金將完顏白撒將兵尚八萬，我軍殺掠殆盡。金主以單舸東保歸德，公與諸軍會睢陽，撒吉思欲薄城背水而營，公曰：「若敵來犯，我進退失據，此豈駐兵地耶？」公以事赴汴，比還，撒吉思全軍皆没。《家傳》。

金主入蔡，諸道兵圍之，公當其北面，汝水阻其前，乃結筏潛渡，血戰連日，金遂以亡。西溪王公撰《行狀》。

金亡，公還趙視師。自乙未版籍後，政煩賦重，急於星火，以民猝不能辦，有司貸賈胡子錢代輸，積累倍稱，謂之羊羔利。歲月稍集，驗籍來徵，民至賣田鬻妻子有不能給者。公詣闕奏其事，官爲代償一本息而止；軍則中户充籍，其征賦差貧富爲定額，詔皆從之，諸路永爲定制。《家傳》。

戊戌已亥間，仍歲蝗旱，復假貸以足貢賦，積銀至萬三千餘鋌。公度民不可重困，乃先傾其家資，次及族屬官吏，均配以償，遂折其券。《家傳》。

監郡忙哥撒兒，以國兵奥魯數萬散處州郡間，伐桑蹂稼，生意悴然，公奏太后，悉徙居嶺北，由是田里遂有生之樂。迄今真定兵甲民數勝於他郡，由公牧養其根本故也。《家傳》。

國朝自金亡，歲有事於宋，公未嘗不在戎行。棗陽之役，城小而堅，主帥忿其攻久不拔，命徑乘其城，公先登，戰愈力，克焉。其攻襄陽也，宋以舟師數千陳峭石灘，掎角以綴我肘，公驅猛士兩舸直前擣之，彼氣既奪，奮檠盪決，覆溺者萬計。及取光化，復引絙首上，立陷其城。復州之役，敵以鬭艦三千艘鎖湖面爲柵，公曰：「柵破，則復自潰。」遂募勇敢士四十輩，親皷而前，壞蕩無遺，復懼而降。其攻壽春也，宋人以我圍遠勢分，緩急首尾莫應，敵乘夜果來斫營，公單騎逆戰，手格殺數人，戲下繼至，盡驅敵人入淮水。至若掠滁州，蹂盱眙，掇寶應，瀕江諸湖，且破且降者二十餘所。雖會諸道兵共事，其伐謀制勝，愾敵樹功，未嘗不在羣帥之右。及策勳盟府，推讓行間，寸長不掩，故諸將曲盡其智能，士卒樂出其死力。論者謂公智信仁勇，有古良將風。上在潛邸，壬子春，行幕駐嶺上，極知漢地不治，河南、陝西尤甚。憲宗方倚任於牙魯瓦赤，乃因朝覲，請分河外所屬而試治之，乞不令牙魯瓦赤有所鈐制，詔許之。是時，河南民無依恃，差役急迫，流離者多，軍無紀律，暴掠平民，莫敢誰何，邊無備禦，宋人跳踉，內地之民多被殺虜。上舉公與趙公璧，立經略司於汴而代治焉。公於是選賢才居幕府，以清其源，置提領布郡縣，以察奸弊，均賦稅以蘇疲困，更鈔法以通有無，設行倉以給軍餉，人始免攘奪矣。立邊城以遏寇衝，民皆得以保全矣。誅奸惡以肅官吏，立屯田保甲以實邊鄙。利則興之，害則去之，不二三年，河南大治。行於野民安其樂郊，出于塗商免其露處。觀民俗則既庶而有教，察軍志則又知夫怯私鬭而勇公戰。威行惠布，陽開陰肅，內外修治，略無遺策。河流遠潤，衛亦復承平之舊，宋人爲禁其北門矣。《行狀》。

癸丑夏，上在六盤，召公議經略司事，公因奏曰：「始臣攝先兄軍民之職，先兄有二子，民權已歸其長楫，兵柄又歸其次權，臣可退休矣。」上曰：「無夫之婦，無父之子，誰當顧恤，此卿之良德也。」問以退休之由，公對曰：「臣一門三要職，公所當辭。」上曰：「昔成吉思皇帝封有功者十人爲千夫長，因諭衆曰：『今所封之人有年幼者，汝等無疑，此人父兄俱有功於國，未及封賞而死，豈得不報！』又一家三子，其一襲父職；其次多才能，固不以既官一人而不用也；又其次或立功效，亦不以已官二人而不用也。豈無一門三要職者。」竟不許辭。《行狀》。

丁巳春，詔左丞相阿藍答兒勾較諸路財賦。阿藍答兒性苛刻，鍛鍊羅織，轉

功爲罪，例遭淩辱。公以勳舊獨容假之，公曰：「經略事我實主治，是非功罪，理當我責。今捨焉而罪餘人，心何能安！」用是得釋者甚衆。《家傳》。

戊午秋，扈憲宗西征。明年夏，駐合之釣魚山。秋，疫作，方議回鑾，宋將呂文德帥艨艟千餘，蔽嘉陵江來犯，逆戰不利。上命公禦之，乃分軍爲兩翼，跨江注射，親總舟師順流縱擊，敓鉅艦數百艘，追至重慶，三戰三捷，卒全師而還。《家傳》。

中統元年，上即位，首詔公問以治國安民之術，公具疏以聞，大略以謂：「朝廷當先立省部以正紀綱，設監司以督諸路，霈恩澤以安反側，退貪殘以任賢能，頒俸秩以養廉，禁賄賂以防奸，庶能上下丕應，内外休息。」上嘉納之。命公之鄂渚，撤江上軍。既還，詔授公河南宣撫使，兼江淮諸翼軍馬經略使。《行狀》。

二年夏五月，拜中書右丞相。公既秉鈞衡，細大之務，知無不爲，然言必慮其所終，行必稽其所蔽，不强時之不能，不禁民之必犯，體時順勢，通變制宜。於是清中書以正紀綱，分六部以綜名實，設撫司以肅州郡，退貪殘以簡賢能，霈恩澤以安反側，頒禄秩以養廉節，禁賄賂以絶倖門。又定省規十條，董正其機務。《家傳》。

憲宗初年，括户餘百萬，至是，諸色占役者强半，悉奏罷之。賦税繭絲法畫均一，論思之際，處國相儒臣間，調諧彌縫，必使情通理得，期於事集功成，澤被生民而已。自是上下交孚，帝載熙緝，中書無留務矣。故中統初元，文物休明，階太平之治者，公之力居多。《家傳》。

秋九月，扈從北征，次昔木土，與阿里不哥遇，上命線真將右軍，公將左軍，合大勢蹙之，北兵潰遁。《家傳》。

三年春，李璮陰結宋人，以益都叛，率軍據濟南，上命親王哈必赤總諸道兵討之。璮兇勢甚張，繼命公往。公受命不至其家，輕騎奔赴。至則亟築長圍，樹木柵，遏其侵軼，使内外不相聞。凡四月，城中食盡，軍潰出降，生擒璮，斬軍門，誅同惡數十人，餘悉縱令歸家。明日，引軍東行，未至益都，城中人已開門迎降。初，公將行，上臨軒授詔，責公以專征之任，俾諸將皆聽節度。公自始至還，未嘗以詔旨示人，其謙退慎密如此。入見，上慰勞，公悉歸功諸將，若無一毫出於己者。王文忠公撰《神道碑》。

三齊平，公首奏：「兵民之權，不可併居一門，行之請自臣家始。」史氏子弟即日皆解綬而退。《家傳》。

至元三年，皇太子燕王領中書省，兼判樞密院，以公爲左丞相、樞密副使，遂議建三衛及留兵寓農之策，不二三年，國容軍實，蔚然可觀。《家傳》。

六年，朝廷營取襄漢，詔公與駙馬忽剌出往經畫之。至則相要害，起一字城，聯亘諸堡，貯兵儲，絶聲援，示以久駐必取之基。明年以疾還。《家傳》。

八年，授開府儀同三司、平章軍國重事，仍令丞相安童諭公曰：「中書省、尚書省、御史臺，或一月或一旬，遇有大事，卿可商量，小事不必煩卿也。」《神道碑》。

十年，宋將呂文煥以襄陽内附，聖天子赫然有掃清六合、混一車書之意。明年春，詔公與丞相伯顔總大軍，自襄陽水陸並進，趣鄂渚渡江，中道病，不能進。上聞，遣使勞公，仍慰諭曰：「卿自朕祖宗以來，宣力者多矣。又首事南伐，異日功成，皆卿力也。勿以小疾阻行便爲憂勞，可且北歸，善自調護。」又《牧庵文集》云：公方將百萬之衆南伐，至郢而疾，詔他將專制，而還公于軍，其辭若曰：「畫翦宋策汝也，成功而疾，汝安可言！誠有不諱，碑汝之勳，班汝之爵，子不可必死者之知，能知之者，非人與汝子孫耶！」公還真定，上又遣其子杠與尚醫馳視，因附奏曰：「臣大限有終，死不足惜。第願天兵渡江，以殺掠爲戒。」言訖而薨，略不及其家事。《家傳》。

公忠亮有大節，出入將相近五十年，其元勳碩德，柱石四朝，師表百辟，殆古社稷臣，而氣貌循然，若無所爲者。及臨大事，論大政，夷大難，毅然以天下之重自任。要以竭忠徇國，尊主庇民爲心，一以至誠將之。其視富貴權勢，歛然畏避，若將有浼於己者。其善始令終，世儗之郭汾陽。而器量涵弘，識慮明哲，又根於天性然。《家傳》。

公孝敬友愛，忠信誠篤，明而恕，寛而肅，言約而理到，氣和而色莊，人誣之而不辨，人譽之而不喜，勞而不伐，有功而不德，見利不苟就，見害不苟避。其行己也知時識勢，其臨事也應變制宜。《行狀》。

公年四十，始折節讀書，酷嗜《資治通鑑》，真積力久，義精理貫，至成敗是非，往往立論出人意表，雖老師宿儒，有不加詳者。至於矢謨廟堂，運籌戎幄，良法美意，契合融會，見諸行事者，誠無愧於古人。《家傳》。

初，武仙既害都元帥，公紹其職，及兄子楫長，即奏請以職歸之。太宗曰：「但聞争官者多，讓職者鮮。卿此舉殊可嘉尚，朕自有官畀之。」即詔楫爲真定路兵馬都總管。又奏次姪權充唐、鄧軍萬户。憲宗駐六盤也，詔發民爲兵，勅使擬公子爲帥，公曰：「吾昆弟三人，大兄之子俱顯，仲之子未也，幸先之。」使者嗟服，竟以姪子樞充新軍萬户。《行狀》。

公嘗戒其子姪曰：「史氏起隴畝，際風雲，涼德薄劾，其將幾何？今身名顯赫，宗族昌熾如是，何以答乾坤大造，累朝之恩私乎！若以王事歿身邊野，裹馬革歸葬，吾素願也。汝等謹服此訓，苟違吾言，與暴吾丘墓等耳。」《家傳》。

初，公之取衛也，獲衛士蒲察輔之，公問：「金朝才幹之人，汝識者誰？」輔之以近侍局副使李正臣對。及破歸德，縛數人將殺之，公問一縛者爲誰，曰：「我李正臣也。」公救免，遣人護送至真定，後任爲參謀，一路事悉聽其施爲措注焉。每南征北覲，公必署空名委劄數十通，有可用者即書畀之，或譏間之，公一不聽。衛既爲公食邑，即命軍前參議王昌齡治之。衛前爲蕭帥所節制，凡蕭氏所署矯虔之吏，所行蠹政，一切罷之，失職者造爲誣毀，公用之愈篤。其知人之明，用人之專，類如此。《行狀》。

北渡後，名士多流寓失所，知公好賢樂善，偕來游依，若王滹南、元遺山、李敬齋、白樞判、曹南湖、劉房山、段繼昌、徒單侍講，公爲料其生理，賓禮甚厚，暇則與之講究經史，推明治道。其張頤齋、陳之綱、楊西庵、孫議事、張條山，擢薦達至光顯云。《家傳》。

憲宗駐合州也，一夕詔鞏昌汪帥及東諸侯軍，各摘鋭士若干，以備宿衛，命公總之。有邊將蒲察琚者，偃蹇不爲下，公含容之。明年，渾都海平，行臺上其功，獨琚名闕，公問之，或以前事對，公曰：「若戰功最多，其可後哉！」遂均賞賚。其忘過記功又如此。《家傳》。

公初大拜，朝野交慶，公門閣蕭然，有面説公不以威權自張者，公因舉唐周墀爲相問於韋澳曰：「力小任重，何以能濟？」澳曰：「願相公無權。」墀愕然不知所謂，澳曰：「刑賞爵禄，與天下共之，何權之有。」言者悚服而退。《家傳》。

自中統建元以來，中書省官少即五六員，多至七八員，列坐一堂，凡政事議行之際，所見異同，互相軒輊，待其國相可否之，然後爲定。公於其間，審其無害，則行之不疑，若有失當，心平氣和，委曲論列，期合於理而已，不以詭隨爲得計，不以循默爲知體。故在中書十餘年，或奉行上意，或更張事宜，彌縫扶持，天下陰受其賜者，不可勝計。《行狀》。

嘗有上書奏先朝太宰請以汾陽王郭子儀、濟陽王曹彬例封謚者，上曰：「朕想郭子儀、曹彬皆有顯功，終身無大過，以致如此。今所奏豈其然哉，朕所知者史天澤其人也。」《行狀》。

雜録

備録

陶宗儀《南村輟耕録》卷二《染髭》 中書丞相史忠武王天澤，髭髯已白，一朝，忽盡黑。世皇見之，驚問曰：「史拔都，汝之髯何乃更黑邪？」對曰：「臣用藥染之故也。」上曰：「染之欲何如？」曰：「臣覽鏡見髭髯白，竊傷年且暮，盡忠於陛下之日短矣。因染之使玄，而報效之心不異疇昔耳。」上大喜。人皆以王捷於奏對。推此一事，則餘可知矣。漢人賜名拔都者，惟王與太師張獻武王弘範，及真定新軍張萬户興祖耳。

藝文

王惲《秋澗先生大全文集》卷一二《壽史開府》 開府羣公表，山河間氣鍾。飛翻同儷景，婉孌獨從龍。慶會千年運，中原百戰功。一門傳畫戟，列聖錫彤弓。霖雨思賢久，中朝注望隆。詔居華衮地，德邁古人風。學並征南癖，心肩尚父忠。翦鯨清碧海，煉石補蒼穹。脱略三朝儁，從容萬石恭。都俞明治體，風俗變時雍。薦達多名士，經綸極王公。功成心轉小，量廓孰非容。柱石嘉謨壯，朝廷眷睿崇。何心貪寵數，圖報罄丹衷。降典維公共，羣疑可適從。欽承能致恤，度作貴惟中。漢紀三章約，秋荼一掃空。與時弼五教，致主冠三宗。壽席思光暖，梅梢蠟蔕融。翠梧鶵鳳秀，燕寢霧香濃。毫彩知神相，顔酡匪酒紅。武公强不息，羅結懿而聰。袖手調伊鼎，刊名溢景鐘。耆英追洛會，遐壽等喬松。賤子何多幸，凡金久在鎔。寸誠芹擬獻，五福日來蒙。德潤餘燕桂，簪纓滿漢宫。一杯千歲酒，遐邇此心同。

王惲《秋澗先生大全文集》卷一五《上史承相》 百揆端歸一相尊，中臺潛隱北溟鯤。人間桃李争晴晝，天上風雲擁戟門。鶱蹇遇知思一顧，家山回首惜空

奔。幸蒙翦拂長鳴去，會有文章報至恩。

王惲《秋澗先生大全文集》卷一六《奉送大丞相史公行臺河南時用兵襄陽封衛國公以平章政事副忽剌出駙馬督視諸軍時至元六年八月也》 無勞繞帳插生犀，威德江淮草木知。唐室正諧裴出將，楚人休倚漢爲池。聘通上國無非補，節駐長洲果爾爲。三百年來常例在，忍令矛槊舞嬰兒。

王惲《秋澗先生大全文集》卷一六《聞丞相史公受開封之拜并引》 昔鄧禹列侯，特參大事；晉公入覲，重領召司。故韓愈拜章，稱舊壓三司之貴；雲臺圖像，獨端居諸將之先。伏惟開府相公，佐翊勳高，封拜寵數。以今視昔，前後略同。養老乞言，典常尤異。伏自傳聞之審，不勝慶幸之心。敢綴荒蕪，式伸頌禱。前監察御史王惲謹頓首啓上。

台鼎春回極寵光，初聞歡喜倒衣裳。百官禮絶汾陽拜，炎運天開漢道昌。義激忠精傾列辟，坐調風雨會中央。此心又寄華亭鶴，夢繞裴家緑野堂。

王惲《秋澗先生大全文集》卷一七《奉誄大丞相忠武史公贈太尉敕撰神道碑翰林學士王磐文》 萬國鞭笞走帝庭，堂堂爭識漢孤卿。元勳高出麒麟上，曠度初無智勇聲。儷景去翻髯影駕，柱天留在笏端銘。白頭無地酬知己，痛爲蒼生淚滿纓。

王惲《秋澗先生大全文集》卷三〇《雅歌一十二首并序》 雅歌者，爲丞相武公作也。公經略河南之三年，有詔上計行臺。時權臣承制，威震中外，扺吻磨牙，婪婪横噬。凡可以中傷羣辟者，靡不畢至。公以大忠至謹，乃心王室，斂衆人之責爲己責，以天下之憂爲己憂，雖困於跋疐，一身利害，略不爲恤也。蓋欲俾朝廷上存公恕，下不失民心爲重，其大節有如此者。竟能感格帝心，恩終簡在。自非精忠貫日，其孰能與於此哉？所謂臨大事，處大變，而後見其真將真相之度焉。因追作《雅歌》一十五章，庶幾流播斯美，使後人頌而歌之，顧望若神人然。其辭曰：

讀來黄卷有深功，都見平時日用中。朝下引車常慕藺，行間拔士每知蒙。

陰闔陽開制揔司，諸人何與到傾危。儌臣有罪天王聖，不患朝廷遠不知。

衮冕桓圭極品榮，校來得失一毫輕。空傳馬援囊珠謗，終見汾陽貫日誠。

天蓄靁風未動威，栖栖遵渚歎鴻飛。早知正賴龍潜帝，笳鼓歸來有衮衣。

萬馬瀟瀟入漢巴，行臺東下控中華。方思霖雨須賢相，豈特春風動虎牙。

萋菲方成貝錦哀，睿思熒惑若爲開。天教中令心如日，几几俄瞻赤舄來。

品彙流形共化權，歲寒都到老松邊。欺殘太古陰崖雪，始信貞心老更堅。

儀比鸞凰重比山，功高心小古爲艱。平生幹當江南事，事了身名兩不關。

羣飛鎩翮入罝羅，棘上青蠅訏許多。良玉儘禁三試火，周人空搆百升歌。

亢則憑淩懦則摧，秋霜中烈外低徊。虎臣剩有回天力，更着闟兒與孽媒。

拓境每憂王土窄，恩肩思與萬方休。生平戀闕丹心在，風雨何傷一葉秋。

身任安危五十年，老臣懷抱若爲宣。始終正有汾陽夢，不到江湖范蠡舡。

長圍破蔡仁聲著，積穀吞吴策畫深。三十年來分閫地，智名功勇揔無心。

長憶中堂掌固初，宛陪高步在亭衢。百官禮絶真除日，門閤蕭然一事無。

釣魚山下護龍旂，番塚江邊奏凱歸。一馬二僮東下日，路人拭目認征衣。

王惲《秋澗先生大全文集》卷六四《丞相史公明忌日祭文十六年十二月十九日按部中山府》 維公出入將相，存殁哀榮。公自去世，于今幾齡。定人思公，雖殁猶生。永言不忌，曰忠曰貞。見之範圍，展也大成。勛藏盟府，德爲世程。赫赫堂堂，如山不傾。定人那知，功被齊民。惲向侍燕几，謦咳親承。今遇明忌，來拜神庭。感念在昔，依依我情。有樂陳列，有酮在罍。碧草映堦，酹兹一觥。尚享。定人像公於西北隅，此日享祀，謂忠孝會。

王惲《秋澗先生大全文集》卷六四《過趙祭忠武史公祠文》 夫用物精多者，英爽罔昧；垂顧異常者，死生不殊。我丞相忠武史公，以丘山之重，顧草芥之微，其生也卵而翼之，其殁也寐而訓之。兹者奉詔北上，展拜新祠，敢乞明靈，增益不逮。蓋愚魯之性，惟其素知，於言動之間，庶幾默祐。尚享。

王惲《秋澗先生大全文集》卷六九《太康縣刱建忠武史公祠堂疏》 伏以臨危脱難，無深骨肉之恩；報德靡忘，莫重春秋之祀。太尉忠武公，曩分帥閫，東徇京畿。擴仁心而歛兵鋒，招柘城而降陽夏。繼來臨戍，尤盡撫綏。雜耕無相擾之私，按堵享維新之樂。百年父老，廕自餘休；三尺兒童，慶延史氏。今將起神祠於舊里，昭大德於新邦。其等雖經始於一時，敢獨專其至美？庶憑衆力，易見成功。具我時瞻，要擬甘棠之木；眷言遺愛，豈惟墮淚之碑。凡我同盟，請題芳字。

王惲《秋澗先生大全文集》卷八五《論丞相史公位師保事狀》 蓋聞崇德報功，聖之盛事；尊賢敬老，國之常經。伏見前中書左丞相平章政事史公某，德望素高，忠勤兩著。比者朝廷以元老勳臣，累聖眷遇，詔離重地，時錫寵光，蓋所以安老臣而崇德業也。今史公年雖耳順，精力未衰，謀猷風彩，足以儀刑中外，表

正羣卿，而坐鎮雅俗。僉謂宜封公爵，又聞將歸真定，設若允俞，不過角巾私第，安榮一身耳。伏念師保之列，久曠其人，合無奏聞，使居斯位，以備論思，必能進盡忠言，有所廣益也。如此，不獨盡養老乞言之道，抑以激勸人臣罄竭忠藎之節，天下幸甚。據此，合行具呈。

王惲《秋澗先生大全文集》卷八五《史丞相封公爵事狀》 切見丞相史公，係四朝勳臣。今雖引年，宜加公爵，給其半禄，時加體貌，以備顧問。合無更依舊典，每十日一至中省，平章軍國重事。不然，使卧護諸將，規取荆襄，亦周宣憲宗之舉也。

《國朝文類》卷一一劉元《丞相史天澤贈謚制》 周制以八統詔王，必先敬故；漢官以列爵馭下，亦自報功。古有彝章，朕茲申勸。故開府儀同三司、平章軍國重事、中書左丞相史天澤，性資貞亮，器宇沉雄。自開國以將三軍，妙契准陰之略；至分茅而推千乘，甚高孤竹之風。況結知於累朝，迨總戎於四紀。及朕纂承之始，克膺輔相之良。内秉國均，兼筦機于右府；外清邊祲，幾授鉞于齋壇。可謂威惠之交孚，抑亦忠勤之備至。繼以荆蠻之蠢，重煩汴省之趨。惟時壯猷，行策功而飲至；不圖晚志，遽引年以謝歸。申言齒德之尊，端愈典刑之益。命開府第，協贊廟謨。方就佚于尊罍，復遺憂于邊閫。冀資偉筭，用一遐陬。顧上游之濟師，方倚坐籌之勝；愴中途之病革，莫收卧護之勳。弗飾厥終，曷旌迺績。宜表出羣之行，進登符六之階。於戲，國步方新，天不憖遺于一老；閔章加禭，卿其永賁于九原。營魂有知，歆予異渥。可贈開府儀同三司、太尉，謚忠武公。

蘇天爵《滋溪文稿》卷一《丞相史忠武王畫像讚》 贈太師、推忠同德佐運功臣、丞相史忠武王有祠在真定東嶽廟側，歲時父老祀之惟謹。復號至元之四年，天爵參官禮部，始請于朝，令有司祭享。民大和會，乃繪王之遺像而爲贊曰：

世廟巍巍，克大一統。文武恢張，賢能登用。維忠武王，進拜相臣。王家畿甸，允惟漢人。天方會通，無間遐邇。創業敷治，同仁一視。民有寒飢，相臣恤之。時有安危，相臣謐之。太平將洽，庶績維熙。天不憖遺，哲人其萎。肅肅遺像，百世瞻仰。尚配廟廷，春秋從享。

侯克中《艮齋詩集》卷六《挽史丞相開府》 早驅貔虎定封疆，晚握樞機坐廟堂。名重一時羊叔子，功高千古郭汾陽。歷朝事業麒麟畫，遺表精誠日月光。義膽忠魂何處見，太行山色鬱蒼蒼。

宋濂《宋文憲公全集》卷三九《國朝名臣序頌・史忠武王天澤》 諄諄忠武，有力如虎。斬將搴旗，疾行如飛。統諸侯大兵，前無堅城。馬不留影，士不留行。梟李擒葛，氛祲肅清。兇鷙既鋤，殘悍亦寧。春生秋殺，以奠邦經，以嚴邦刑。維忠武有勇，大敵不恐。惟忠武有慈，服即弗誅。維忠武有節，始終弗涅。紀功旗常，爲邦之光。

汪世顯部

綜述

《元史》卷一五五《汪世顯傳》 汪世顯，字仲明，鞏昌鹽川人。系出旺古族。仕金，屢立戰功，官至鎮遠軍節度使，鞏昌便宜總帥。金平，郡縣望風款附，世顯獨城守，及皇子闊端駐兵城下，始率衆降。皇子曰：「吾征四方，所至皆下，汝獨固守，何也？」對曰：「臣不敢背主失節耳。」又問曰：「金亡已久，汝不降，果誰爲耶？」對曰：「大軍迭至，莫知適從，惟殿下仁武不殺，竊意必能保全闔城軍民，是以降也。」皇子大悅，承制錫世顯章服，官從其舊。

即從南征，斷嘉陵，擣大安。田、楊諸蠻結陣迎敵，世顯以輕騎馳撓之。宋曹將軍潛兵相爲掎角，世顯單騎突之，殺數十人。黎明，大軍四合，殺其主將，入武信，遂進逼資、普。軍葭萌，宋將依山爲柵，世顯以數騎往奪之，乘勝定資州，略嘉定、峨眉，進次開州。時方泥潦，由間道攀緣以達。宋軍屯萬州南岸，世顯即水北造船以疑之，夜從上游鼓革舟襲破之，宋師大擾，追奔至夔峽，過巫山，與宋援軍遇，斬首三千餘級。明年，師還攻重慶，會大暑，乃罷歸。覲太宗，錫金符，易其名曰中山，且歷數其功，世顯拜謝曰：「此皆聖明福德所致，臣何預焉！」

辛丑，蜀帥陳隆之貽書請戰，聲言有衆百萬，皇子集諸將議之，咸謂隆之可生擒也。世顯曰：「顧臨敵何如，無庸誇辭爲！」軍薄成都，隆之戰屢却，堅壁不出。其部曲田顯約夜降，隆之覺之，世顯曰：「事急矣！」亟梯城入救顯，得與從者七十餘人出，獲隆之，斬之。世顯復簡精鋭五百人，擣漢州，州兵三千出戰，城閉，盡沒。三日，大軍薄其城，又三日，克之。

癸卯春，皇子第功，承制拜便宜總帥，秦、鞏等二十餘州事皆聽裁決，賜虎符、錦衣、玉帶。世顯先已遘疾，至是加劇，皇子遣醫，絡繹往療，竟不起，年四十九。中統三年，論功追封隴西公，謚義武。延祐七年，加封隴右王。

子七人：忠臣，鞏昌便宜副總帥；次德臣；次直臣，鞏昌中路都總領，歿於王事；次良臣；次翰臣，奥魯兵馬都元帥；佐臣，鞏昌左翼都總領，歿於王事；清臣，四川行樞密院副使。

楊奂《還山遺稿》卷上《總帥汪義武王世顯神道碑》 公系出汪骨族。貞祐二年，西北覣飢，階戰功起家，爲千夫長，八轉領同知平凉府事。正大四年，領隴州防禦使，進征行從宜分治陝西西路行六部郎中。西南調度窘迫，公發家貲，率豪右助邊，隣郡效之，軍餉以之不絕。六年，以鞏州衝要之地，升鞏昌府，改兼治中，轉同知兼參議帥府機務。是時所在殘滅，饑疫薦臻，公與便宜總帥完顔仲德擁將士吏民，出保石門。九年，仲德勤王東下，公拜便宜總帥，制旨大約屬以社稷爲念。公感泣自奮，至於糧械，莫不精贍。明年，京城變，郡縣風靡，公獨爲之堅守。越三年，猶按堵如故，而外攻不弛，謂其衆曰：「宗祀已矣！吾何愛一死。千萬人之命懸於吾手，平居享高爵厚禄，死其分也，餘者奚罪？與其自經於溝瀆，姑徇一時之節，孰若屈己紓斯人之禍。」會頓兵城下，率僚佐耆老，持牛羊酒幣迎謁焉。曰：「吾征討有年，所至皆下，汝獨爾耳，何也？」對曰：「有君在上，賣國市恩之人，諒所不取。」王大悅，勑其下絲髮無所犯，蓋乙未冬十月四日也。且詣行帳，寵之以章服，職仍故。即日南征，鳩士馬，截嘉陵，蹴大安，未幾凱旋，疊承獎賚。

丙申，備前鋒進攻大安南，田、楊諸蠻結陣來拒。公麾輕騎五百撓之，衆亂，首尾不相藉，潰走。日暮，南將曹將軍潛兵作犄角計。公單騎往突之，格殺數十人。黎明，軍合，殪其主將。王嘉嘆之，賜名馬佩刀。公退，語所部曰：「吾已撤彼之藩籬，行寢其堂奥矣。」丁酉春，夜入武信城，燈市帖然，出其不意，全獲府庫，遂蹂資、普。戊戌，軍葭萌之南，都統青澗劉依山爲柵，公選數百騎奪柵而入，多所俘殺，得其輜械，乘勝赴資州，壁山間識公旌幟，驚怖奔逸，鈔嘉定、峨眉以歸。己亥秋，俾隸搭海公節制，道險，霖雨阻潦，攀木緣磴。徹開州，聞蜀軍列萬州南岸，公伺夜，伏兵上流，舟北岸以疑之，既而由上流鼓革舟而下，襲破之，追奔逐北，直抵夔峽。公返而揉之，幾無噍類。踄巫山，與援軍遇，復剿三千餘級。比春，分兵掖江引還，及涪州，修浮梁，信宿而辦，以濟南道之師。環攻崇慶，守者開門延敵，他將莫能支，公提戈首出，人服其膽勇，蕲併力以拔其城。天大暑，乃罷。秋覲，帝數其功，賜金符，公拜謝曰：「實陛下威德所致，臣何預焉。」上樂其知體，首肯者再四。辛丑，蜀帥陳隆之自稱百萬衆，馳書索戰。十月五日，公略地成都，薄城而陣，彼屢戰屢却，堅壁不出，公曉以禍福。十二日夜，田顯縋城投欵，覺之。公曰：「事急矣。」叱梯城入救。軍民從顯而出者七十餘口，獲陳隆之，斬之。五日，公領精鋭五百擣漢州，州兵三千出戰，門閉盡陷。三

日，軍薄城。又三日，克之，露布以聞。王擊節嘆賞，仍賜田顯錢物。

癸卯春，公且疾，忽被召，即戒首途。既見，錫虎符，擢便宜總帥，手劄付秦、鞏、定西、金、蘭、洮、會、環、隴、慶陽、平涼、德順、鎮戎、原、階、成、岷、疊、西和等二十餘州，事無鉅細，惟公裁決。以憂深責重，疾再作，竟不起。

程敏政《新安文獻志》卷九六下宋潛溪《元鞏昌總帥隴右汪義武王世顯傳》 汪世顯，字仲明，鞏昌鹽州人，係出旺古族。仕金，屢立戰功，官至鎮遠軍節度使，鞏昌便宜總帥。金平，郡縣望風款附，世顯獨城守，及皇子闊端駐兵城下，始率衆降。皇子曰：「吾征四方，所至皆下，汝獨固守，何也？」對曰：「臣不敢背主失節耳。」又問曰：「金亡已久，汝不降，果誰爲邪？」對曰：「大軍迭至，莫知適從，惟殿下仁武不殺，竊意必能保全闔城軍民，是以降也。」皇子大悦。承制錫世顯章服，官從其舊，即從南征。斷嘉陵，擣大安，田、楊諸蠻，結陣迎敵。世顯以輕騎馳撓之，宋曹將軍潛兵相爲犄角，世顯單騎突之，殺數十人，黎明大軍四合，殺其主將，入武信，遂進逼資、普。軍葭萌，宋將依山爲柵，世顯以數騎往奪之，乘勝定資州，畧嘉定、峨眉，進次開州。時方霖潦，由間道攀緣以達。宋軍屯萬州南岸，世顯即水北造船以疑之，夜從上游鼓革舟襲破之，宋師大擾，追奔夔峽，過巫山，與宋援軍遇，斬首三千餘級。明年師還，攻重慶，會大暑乃罷。歸覲太宗，錫金符，易其名曰中山，且歷數其功。世顯拜謝曰：「此皆聖明福德所致，臣何預焉。」

辛丑，蜀帥陳隆之貽書請戰，聲言有衆百萬。皇子集諸將議之，咸謂隆之可生擒也。世顯曰：「顧臨敵何如，無庸夸辭爲。」軍薄成都，隆之戰屢却，堅壁不出，其部曲田顯約夜降，隆之覺之。世顯曰：「事急矣。」亟梯城入救，顯得與從者七十餘人出，獲隆之，斬之。世顯復簡精鋭五百人擣漢州，州兵三千出戰，城閉盡没，三日大軍薄其城，又三日克之。

癸卯春，皇子第功，承制拜便宜總帥，秦、鞏等二十餘州事，皆聽裁決，賜虎符、錦衣、玉帶。世顯先已遘疾，至是加劇，皇子遣醫絡繹往療，竟不起，年四十九。中統三年，論功追封隴西公，謚義武；延祐七年加封隴右王。

邵遠平《元史類編》卷一八《汪世顯傳》 汪世顯，字仲明，鞏昌鹽川人，系出旺古族。《名臣事畧》作汪骨。 仕金，官鞏昌便宜總帥。金亡，郡縣皆降，世顯獨堅守。皇子濶端駐兵鞏城，始率衆迎謁。皇子曰：「吾征討四方，所至皆下，汝獨固守，何故？」對曰：「臣不敢背主失節耳。」又問：「金亡已三載，汝不降，果誰爲邪？」對曰：「大軍迭至，莫知適從，惟殿下神武不殺，竊意必能保全千萬人之命，是以降。」皇子大悦，賜章服，俾署舊職，即帥所部從征。

斷嘉陵，蹴大安。田、楊諸蠻結陣迎敵，宋將亦潛兵爲犄角。世顯單騎突入，所向披靡。黎明，大軍四合，殺其主將。克武信，進逼資、普，軍葭萌。宋兵依山爲柵，世顯以數騎往奪之，乘勝定資州，畧嘉定，進次開州。時方泥潦，由間道攀援以達。宋軍屯萬州南岸，世顯即水北造船爲疑兵，夜從上游鼓革舟徑渡，襲其營。宋師大擾，追奔至夔峽，過巫山，與宋援將遇，斬獲無算。師還，攻重慶，會大暑，乃引歸。太宗易其名曰中山，且歷數其功，世顯謝曰：「此皆聖明福德所致，臣何預焉？」進軍薄成都，斬宋制置陳隆之。復拔漢州，屠其城。累功真拜便宜都總帥，統秦、鞏等二十四州事，未幾卒。中統三年，追封隴西郡公，謚武義。英宗即位，加封隴右王。

曾廉《元書》卷四〇《汪世顯傳》 汪世顯，字仲明，鞏州定西人。其先汪古族也，後居定西，爲邑里豪長。金末，嘗出糧助軍，又募壯士協力城守，累禦西夏，以功遥領綏德刺史，進通遠軍節度使。金亡之前歲，金主擬遷鞏昌，因以粘割完展爲鞏昌行省。世顯既久專鞏昌事，惡完展來制己，既以聞金主已亡於蔡也，遂賊殺完展，欲附於宋。宋四川制置使趙彦吶爲之數四力請於朝，其丞相鄭清之終不肯受。

太宗七年，闊端太子伐鞏昌，世顯遂降，自言在金爲便宜都總帥，太子遂承制命仍其職，即從伐蜀。是時，宋利州提刑高稼守沔州，拔其城，斬稼，進師青野原。而趙彦吶據原阻兵，圍之，宋御前都統制曹友聞來援，師還。明年，復從闊端太子進擣大安，攻曹友聞，斬之。大安拔，進軍昭化，奪其城。於是，世顯別將略資州，西至嘉定，東下開州。宋軍屯萬州南岸，世顯即水北造船以疑之，而夜從上游鼓革舟襲破之。追奔至巫峽，遇宋援軍，斬首三千級。九年，還攻重慶。會大暑，乃罷歸。

入覲太宗，授金符，易其名曰中山。帝盛奬其功，世顯遜謝焉。十三年，復從闊端太子伐蜀，圍成都。宋四川制置使陳隆之堅壁不出，其部將田顯約夜降，而隆之覺之，欲發，世顯曰：「事急矣！」亟梯城援顯，而屠隆之家，囚隆之至漢州，以誘其守將王夔。隆之不從，而後殺之。夔出奔，漢州亦下。昭慈皇后稱制之二歲，闊端太子第功，得總秦、鞏二十餘州事，賜金虎符，尋卒。中統三年，贈隴西公，謚義武，後加贈隴西王。

雜録

備録

《國朝文類》卷三五虞集《汪氏勳德録序》　國家龍興朔漠，威行萬方。金源日蹙，吏士守者或降或死且盡，不能成軍。山東西之間，豪傑並起，據保城壁，大抵非金署置之舊。隴右鞏昌汪氏，據高制遠，統郡縣數十，勝兵數萬，號曰便宜都總帥。柵石門爲金守者三世，及我兵攻鞏昌，則金亡已三歲矣。汪氏猶未忍降，其士大夫皆曰：「君死國亡，民將安歸？」乃縞素爲金發喪，登陴哭三日，因皇子闊端以自歸。

太宗皇帝察其誠，仍以爲便宜都總帥，鎮故地。取蜀之役，資糧甲兵之賦，終始畢給，功多之紀，他將鮮儷焉。此諱世顯者所以封隴右王也。王有子七人，孫十有九人，多居將相官。封公者九人，傳五世，兄弟子孫百八十餘人。總軍鞏昌者既世其職，餘多大官，尤顯者，今御史中丞壽昌也。其兄成都萬户嗣昌曰：「世荷國恩，功業在盟府，褒卹有制詔，世次具譜牒。行事歲月，則有先塋家廟之碑文在。請輯録刻摹，以傳於世。」諗諸太史，太史虞集曰：「予觀于功之家，以世業顯融者固多，得統轄其軍，世守其地者，惟汪氏。」或曰道家忌三世爲將，汪世之德，必有大過人者，信歟。予故以爲汪氏之德，先人事故主無憾，見信國家，非他人所得而及也歟！

錢大昕《十駕齋養新録》卷九《汪世顯傳不可信》　史家立傳，往往徵采家傳碑志，事迹多文飾不可信。如《汪世顯傳》稱仕金屢立戰功，官至鎮遠軍節度使，鞏昌便宜總帥。金平，郡縣望風款附，世顯獨城守。及皇子闊端駐兵城下，始率衆降。皇子曰：「吾征四方，所至皆下，汝獨固守，何也？」對曰：「臣不敢背主失節耳。」如傳所言，則是袁昂、馬仙琕之流也。及讀《金史·郭蝦蟆傳》，則稱天興二年，哀宗遷蔡州，慮孤城不能保，擬遷鞏昌，以粘割完展爲鞏昌行省。三年春正月，完展聞蔡已破，欲安衆心城守，以待嗣立者。乃遣人稱使者至自蔡，有旨宣諭。綏德州帥汪世顯者，亦知蔡凶問，且嫉完展制己，欲發矯詔事，因以兵圖之。然懼蝦蟆威望，乃遣使約蝦蟆并力破鞏昌。使者至，蝦蟆謂之曰：「粘割公奉詔爲行省，號令孰敢不從。今主上受圍于蔡，擬遷鞏昌，我輩既不能致死赴援，又不能叶衆奉迎，乃欲攻粘割公，先廢遷幸之地，上至何所歸乎？汝帥若欲背國家，任自爲之，何及于我？」世顯即攻鞏昌，劫殺完展，送款于大元。復遣使者二十餘諭蝦蟆以禍福，不從。是世顯以偏裨戕主帥，背主嗜利，乃小人之尤者。且久通款于蒙古，何待闊端兵至始率衆降乎？蘇天爵《名臣事略》誤信其家傳書之，明初史臣，又承天爵之誤，不加訂正。畢尚書沅《續通鑑》稿成，嘗屬予參校，因爲辨證之。

備論

楊奂《還山遺稿》卷上《總帥汪義武王世顯神道碑》　公器局宏遠，資仁孝，奉養太夫人，斯須靡忘。征南得旨酒，不遠數千里載歸，以備滫瀡。處喪不御酒肉，劬勞之日，必致齋薦祭。喜儒術，聞介然之善，應接無少倦罷。羈人寒士至，解衣推食，生舘死殯，各得其所。還自蜀，輦書數千百卷，而圖畫半之。士卒必與同甘苦，如父兄之於子弟，然臨陣整肅，無敢干者。憫新民未輯，刑清役寡，縱所不免，猶度力緩期，不至急暴，上下相安，不聞告訐，或有牽連，議從寬釋。同屬異主者，乃盡力購聚之。每事先立規程，而後處之，以及訟庭、驛舍，則静若隆平時。休沐對客，命觴雅歌，投壺而已。燕居逸遊，若不勝衣，遇敵先登，刈旗斬將，勇壓三軍，雖古名將，無以加矣。

藝文

宋濂《宋文憲公全集》卷三九《國朝名臣序頌·汪義武王世顯》　金運之熄，亳社已屋。誰柵石門，巡陴慟哭。時維汪王，義不負國。國亡三秋，將焉寘力？神元龍興，六合有赫。遂乘剛風，來朝帝側。出其所藴，以效勞績。乃截嘉陵，乃踐大安。乃擒勁帥，撤蜀之藩。王之出矣，提戟而前，氣吞三軍。王之旋矣，雅歌投壺，右琴左尊。既武且文，懿哉元勛。

拔都部

綜述

曾廉《元書》卷三九《拔都傳》 拔都大王，亦曰八都，曰巴禿，亦稱拔都罕，亦曰八都罕。太祖征西夏，破沙州以隸。拔都既嗣欽察王位，太宗七年受命與貴由太子、蒙哥大王討西域之未服者，遂盡平欽察、斡羅思及孛烈兒。十三年，斡羅思復梗命，天子申命拔都帥兵五十萬征之，破禿里斯哥城，斬其酋也烈班，諸部大定。遂討馬札兒五道，並進破其國。定宗元年，復征孛烈兒，徇地至乃捏迷思。拔都凡數總大軍，征西域皆有大功，其國地絶遠。太宗崩，皇后稱制，拔都來會於只兒河，奉定宗即位。定宗崩，皇后立失烈門而聽政，忙哥撒兒、兀良哈台欲立憲宗，復會於阿剌脱忽剌兀，拔都亦與焉。憲宗五年，拔都薨。

邵遠平《元史類編》卷三〇 （术赤）子拔都，太宗時率皇子征西番，有功。定宗崩，三歲無君，衆未知所立。拔都獨推戴憲宗，諸王大臣議乃定。詳《憲宗紀》。

洪鈞《元史譯文證補》卷五《拔都補傳》 拔都，术赤次子，與兄鄂爾達相友愛，從父駐西北軍中。术赤既薨，皇太弟斡赤斤奉太祖命馳至，鄂爾達自以才不如弟，願讓位，乃定拔都爲嗣。西書云：入告章奏，仍列鄂爾達於前。未久，太祖崩，斡赤斤馳歸。拔都與兄鄂爾達，弟昔班、唐古特、伯勒克、伯勒克察耳、脱哈帖木兒亦東來會喪，奉太宗即位。

太宗七年乙未，西千二百三十五年。以奇卜察克、俄羅斯諸部未定，議遣諸王出師，术赤位下者：鄂爾達、拔都、昔班，此見《速不台傳》馬扎兒之役。唐古特，察合台位下者：貝達爾，察後台子不里，見《秘史》。據《秘史》所云，似是察合台子，西書則謂察合台孫，莫阿圖堪子。《速不台傳》馬扎兒之役有吁里兀，中西各書，皆無可證，疑即不里之訛，或即古余克。太宗位下者：古余克，即定宗之名，《秘史》、西書音同。《秘史》書法，克字應旁書。合丹，見《速不台傳》馬扎兒之役。拖雷位下者：蒙哥，西書音同。撥綽，西書音似撥綽克。案《元史·牙忽都傳》：「祖撥綽，睿宗庶子也，驍勇善騎射。憲宗命將大軍北征欽察，有功。」憲宗時無征欽察之事，必是太宗時撥都之師。《世系表》：「拖雷第八子撥綽。」太宗弟闊列堅亦預斯役。拉施特作曲里堅，亦作果爾干，今從《元史》。以拔都爲統帥，速不台副之。

八年丙申，兵行，速不台首入布而嘎爾，太祖時已降其部，而復叛，至是悉平之。即西北地之不里阿耳，有城亦曰布爾嘎爾，昔時此城通商賈，今唯存一村落，居民每於地内掘得古器。九年丁酉，入奇卜察克，其别部酋八赤蠻，多桑注云：「中國《元史》作巴齊瑪克。」蓋多桑但見《元史》改本，不知原本固作八赤蠻。不謀而合，西書益可信矣！數抗命拒敵。大軍至，敗遁浮而嘎河深林中，一日數遷，以避踪迹。蒙哥令衆軍合圍其林，乃入搜捕，見空營，一病嫗在焉，詢之，則八赤蠻正遁水洲中，迹至，出不意擒之。《憲宗本紀》：「嘗攻欽察部，其酋八赤蠻逃於海島。帝聞，亟進師至其地，適大風刮海水去，其淺可渡，帝喜曰：『此天開道於我也。』遂進屠其衆，擒八赤蠻，命之跪，八赤蠻曰：『我爲一國主，豈苟求生？且身非駝，何以跪人爲？』乃命囚之。八赤蠻謂守者曰：『我之竄入於海，與魚何異？然終見擒，天也。今水回期且至，軍宜早還。』帝聞之，即班師，而水已至，後軍有浮渡者。」《速不台傳》：「乙未，太宗命拔都西征，曰：『聞八赤蠻有膽勇，速不台可勝之。』命爲先鋒，與八赤蠻戰，繼又令統大軍，遂虜八赤蠻妻子於寬田吉思海。八赤蠻聞速不台至，大懼，逃入海中。」案：浮而嘎河下游入里海，即寬田吉思海。里海水視風信，北風大作，則北岸水淺，海中有洲有島，度八赤蠻之逃，未必具有舟楫，不過乘水淺時，暫避偷生，不意元師接踵而至，遂束手就擒。風力即息，水且返流，事理之常，無足侈爲神異。《朔方備乘·拔都傳》疑爲海之潮汐，偶爾衍期，所見誠當。特考地既誤，比以錢塘潮三日不至，亦復不類。《速不台傳》歸功速不台，案當日速不台爲副帥，亦爲先鋒，迨八赤蠻敗遁里海，而憲宗往擒，此皆可就西書以證。《元史·昔里鈐部傳》：「乙未，定宗、憲宗皆以親王與速不台征西域。明年，啓行，鈐部亦在行中。又明年，至寬田吉思海。」時序正合。八赤蠻請王自行刃以死，蒙哥令撥綽手刃之。奇卜察克東北近濱浮而嘎河諸部族，若波爾塔斯、未詳。若毛而杜因、若薩克孫此三部當是芬蘭一類人。西書此處又有扯而開同，即《西北地》之撒里柯思。案：是時元軍未往黑海，不應驟及，故删。又有一部族名曰費族非那克，考之不得，並删。皆震慴款服，里海以北咸定。是年冬，遂入俄羅斯。

當俄之始被兵也，喪師於外，境内無恙，至是已十四載，語出俄史，可借以考年分。諸侯王唯事内訌，不復慮外患。毛而杜因人與俄有兵怨，導大軍自東南入南境，諸王曰幼里，曰羅曼，分守勒治贊、克羅姆納二城，乞援於物拉的迷爾共主攸利第二王，而兵不亟至。蒙古軍招降勒治贊城，令出民賦十分之一爲歲貢，幼里不從，乃築長圍絶其出路，力攻五晝夜，至六日，城破，華而甫云：西一千二百三

十七年十二月二十七日破城。幼里闔門殉之，城亦被焚。古時俄國民居屋築城皆用木。天主堂有用磚石者，故城易破，今俄地尚多木屋也。俄人云：拔都聞幼里子婦貌美，令其出謁而不出，乃殺其子，其婦自墜樓死，今於死處建禮拜堂。勒治贊即《元史》之也烈贊。本紀云：「憲宗躬自搏戰，破之。」亦見《昔里鈐部傳》。

至克羅姆納城，攸利第二王遣子務賽服洛特率衆來援，而勒治贊城已破，乃援克羅姆納，戰於城下，羅曼陣没，務賽服洛特逃歸物拉的迷爾，未幾，克羅姆納下。華而甫云：蒙古於此處殺戮更甚，因闊列堅此役受傷而隕之故。其南之勃欒斯科城亦下。北至莫斯科城，城建甫百年，守具未備，時猶未建都於此。兵長驅直入，獲攸利第二之孫，其名即曰物拉的迷爾。東趨物拉的迷爾都城，攸利第二王令其子務賽服洛特、木思提思拉甫守城，而自引兵北駐錫第河，穆爾嘎河之支河，見地圖。以待諸夫郭羅特王雅洛斯拉弗哀、撒勒司拉弗哀王十委托斯拉甫之兵。蒙古軍至城，令攸利第二王之孫在城下招降，不肯下，乃殺之，分軍下蘇斯達耳城而歸，合圍物拉的迷爾。十年戊戌春，城破，多桑云西一千二百三十八年二月初八日，華而甫云二月十四日。二守王戰没，嬪御官紳皆入禮拜堂拒守，焚以火，熏灼盡死。自此分數軍。分下攸利掖甫、遏羅斯托弗哀、雅洛斯拉弗哀、客辛、特弗哀耳、的彌特洛甫、撒勒司拉弗哀、浮洛格、郭洛的赤等城，案：所下之城，就多桑地圖觀之，已不止此，蓋省文不備載。北至錫第河，圍敵營，攸利第二王與二侄皆戰殁，兵士得脱者十僅二三。是年西三月。俄史云：其侄瓦西里克被俘，以不降被殺，攸利之屍，後爲教士覓得，葬於禮拜堂。復北趨諾夫郭羅特，未及城百數十里而退，俄史云林木掩蔽，華而甫云：是時天暖雪消，道路泥濘，故退。是爲俄羅斯極北境，始立國時，建城定都於此，列城中惟是城歸服最後，見《伯勒克傳》。

軍既退，轉而西南，一軍攻廓在爾斯科城，瓦夕里王堅守，不能克，戕蒙古軍數千人，拔都令合丹、不里往助，閱兩月始克，屠城，血流成渠，獲瓦西里，投血渠中淹斃，《速不台傳》：「辛丑，太宗命諸王拔都等討兀魯思部主也烈班，爲其所敗，圍秃里思哥城，不克。拔都奏遣速不台督戰，速不台選哈必赤軍怯憐口等五十人赴之，一戰獲也烈班。進攻秃里思哥城，三日克之，盡取兀魯思所部而還。」案：秃里思哥即廓在爾斯科，也烈班即攸利第二王。俄史謂錫第河之戰，蒙古軍亦受創，或係先敗後勝。蒙古當日攻俄羅斯各城，無如廓在爾斯科之難下者，故呼爲卯八里克，猶言惡城。《傳》歸功速不台，西書謂合丹、不里來助而下，説異。然是役在太宗十年戊戌，至辛丑歲，俄部早已全定，大軍皆在馬扎爾，《傳》之誤一也。速不台自乙未西征，始終其事，而《傳》於此忽加奏遣二字，似乎歸而復來。《朔方備乘》爲其所誤，故《俄羅斯傳》謂十三年太宗復命拔都等討兀魯思，本一事而似兩役，《傳》文誤二也。也此推之，《速不台傳》訛誤多矣。軍東南向浮而嘎河、端河下游以行，敗奇卜察克，部酋庫灘西北遁馬加部，餘衆不及逃者降爲軍。庫灘見《哲別補傳》，馬加見下。遂平撒耳柯思、阿速等部。

十一年己亥春，拔阿速之蔑怯思都城，《太宗本紀》：「十一年十一月，蒙哥率師圍阿蘇蔑怯思城，閱二月拔之。」即此。拉施特云：不及兩月，今從《元史》。蔑怯思，西書作蔑克思，别作忙嘎思，又稱麻思。撒耳柯思見《西北地附録釋地》。《元史》謂憲宗督軍，西書未備載。《昔里鈐部傳》：「己亥冬十有一月，至阿蘇蔑怯思城，負固久不能下。明年春正月，鈐部率敢死士十人，雲梯先登，俘十一人，大呼曰：『城破矣！』衆蟻附而上，遂拔之。」紀攻城甚詳，特云己亥明年，則在太宗十二年庚子，未合。分軍東渡浮而嘎河，略布而嘎爾北境，直至烏拉嶺西北地。據華而甫説增入。案：《元史》謂欽察去中國三萬里，夏夜極短，日暫没即出。奇卜察克居地，今已考訂詳明，鄰近里海、黑海，距中國萬餘里，赤道北四十七八度，如《元史》所言，須赤道北六十度乃合。烏拉嶺西北有得費那河，皆芬尼一類人所居，此河下游入白海，軍行至此，便合夏日暫没即出度數。又烏拉嶺西有撒勒姆部族，亦芬尼之類，爲蒙古所并，見於俄書，而華書無可印證，惟《忙哥撒兒傳》「從征斡羅斯、阿速、穩兒别里、欽察諸部」。穩兒别里無考，别里或是撒勒姆，或是勃烈兒，穩兒似芬尼之對音，差可附會。芬尼之族，居地甚廣，俄之北與東皆是，今西人稱之曰芬蘭，見《瀛環志略》，曰芬尼者，本名也。《元史類編》言欽察俗勇猛，青目赤髮。案：奇卜察克人髮睛皆黑，其人從入中原，多位將相。順帝答納失里皇后，亦欽察人，必無青目赤髮正位中宮之理，即彼時俄國亦是黑髮黑睛，惟王族由瑞典、挪威而來，則當是青目赤髮。又英國人、日耳曼人從前已有商於俄地者，得費那河下游，即有彼族設市於此，此真青目赤髮。軍歸傳述，記者不得其詳。遂以欽察統之，皆非事實。至於此役，分軍北略，華而甫亦不能斷其年分，惟攻計掖甫在太宗十二年，而十一年中，元軍不能無所事事，故紀於此。

拔都既休息士馬，乃謀南俄。計掖甫者，南俄之大城也，先時建都於此，歷三百載，後乃以物拉的迷爾爲上邦，攸利第二王即戰殁，計掖甫王雅洛斯拉甫往援不及，乘蒙古軍退，遂入物拉的迷爾，嗣其兄位，而扯耳尼哥王米海勒亦乘其北行，據計掖甫。十二年庚子，拔都軍至匹耳司拉弗哀城，降之，攻下扯耳尼哥城，傷士卒頗衆。華而甫云：守者以沸湯澆攻城人，故多傷。退而東掠嘎魯和城，東至於端河，既絶計掖甫之旁援，而帖尼博耳河不得渡。蒙哥駐師河東，華而甫云：計掖甫城墻白色高峻，城内禮拜堂三十處，金塔矗雲，蒙古人稱爲阿勒泰八什汗努爲，譯義爲金帳汗之邦。遣人諭降，使者被殺。冬，帖尼博耳河凍合，拔都將全軍渡河，米海勒逃往波蘭，令其將狄米脱里居守。蒙古軍攻具已早備，晝夜力攻，克之，華而甫云：西十二月初六日，破城。狄米脱里傷而未死，拔都以其忠勇，釋不誅。俄

史謂狄米脫里勸拔都西征控葛爾以免俄境蹂躪。是爲忠於本國。控葛爾即馬扎兒也。復下哈力赤城，達尼爾王亦遁。南俄之地略定，乃謀波蘭部、馬加部，皆俄羅斯南面之國也。《兀良合台傳》：「從征欽察及兀魯思、阿勃烈兒諸部。丙午，又從討勃烈兒、乃捏迷思部，平之。」《秘史》康鄰等十一部内有勃烈兒，其云阿勃烈兒，阿字爲唇舌間帶出之音，非部落本名所有，審其字音。當即波蘭。俄人裴知乃耳德云：布而嘎爾部，西域人稱爲勃老耳，亦曰勃拉耳，則與勃烈兒音益近，元師之征波蘭、馬加，同時並進，而馬加之役，僅一見《速不台傳》，作馬扎兒，無可證佐，不能定斷，故從西人。今稱作波蘭，其名見《瀛環志略》、《朔方備乘》，今地已爲俄、奧、布三國所分。馬加今並入奧，故中國文牘稱奧曰奧斯馬加，詳見噶爾考。

波蘭時分四部，其酋曰康拉忒，治撒洛赤克城。曰亨力希，治伯勒斯洛城。曰波勒司拉弗哀，治克拉克城。曰米夕司拉弗哀，治拉低貝爾城。馬加部酋貝拉，亦曰克拉，作怯憐者，克拉之誤也，怯憐見《速不台傳》。治格蘭城，濱杜瑙河，而常駐河東之派斯特城。即《速不台傳》所謂禿納河馬札兒城。河東西二城，東曰派斯特，西曰布達。鈞於光緒戊子，奉使謁奧王於此。近時西國盡撤墻堞，名爲城，實無城。波蘭在東北，馬加在西南，兩國相依如輔車，而馬加三面環山，險隘四塞，尤不易用兵。拔都乃議東南北五道分進。極北一軍貝達爾統之。波蘭史云：統將貝達，當即貝達爾。十二年冬，前鋒入波蘭之柳勃林城，乘外斯拉河冰合，涉河掠森地米爾城，直至克拉克，未及城而返，擄獲無算。克拉克將烏拉的米爾來追，敗而退，蒙古軍亦歸哈力赤。未幾，大隊入波蘭，克拉克、森地米爾之軍來御。十二年辛丑春，戰於夕特羅物城，西一千二百四十一年三月十八日。皆敗潰，克拉克酋波勒司拉弗哀遁土拉斯城。遂焚克拉克，進取拉低貝爾。其酋米夕司拉弗哀不能御，北遁勒基逆赤，合於其兄亨力希。軍至伯勒斯洛，民自焚城，守河洲中堅堡，不易攻，軍亦引去。先有分軍躪枯雅弗以、蘭斯克等城，至是來合，并力以至勒基逆赤。時亨力希集衆三萬，分五軍，第一軍爲日耳曼人，即今之德意志人，《元史》所謂青目赤髮是也。《兀良合台傳》：「丙午，又從拔都討勃烈兒、乃捏迷思部，平之。」案：俄羅斯人先時稱日耳曼人曰匿密思，又曰匿姆齊，義謂言語不通。又西人云：突而克人稱日耳曼人爲匿密西，至今馬加尚稱法國人曰匿密特。據此則捏迷思即今之德人，元時波蘭西北界日耳曼，故募其人爲兵。傳言勃烈兒乃，即《秘史》勃烈兒蠻之例，猶云勃烈兒的，蒙古語、西語皆有此例。觀此則勃烈兒又當是波蘭也。西書此役在辛丑，《元史》言丙午，爲定宗元年，軍事早畢矣。二、三軍皆波蘭人，四軍亦日耳曼人，五軍則亨力希自統所部，戰於勒基逆赤城西南瓦而司達忒之地。是年西四月初九日。日耳曼人先進，蒙古軍佯敗以誘之，既離其後軍遠，乃以突騎圍攻，衆盡没。其後四軍先後來援，亦敗，亨力希中矛墜騎，被殺。今勒基逆赤等城，皆屬德意志首邦布魯斯國轄地。亨力希之屍在近處教堂内。其首已爲蒙古割去。懸首於竿，徇其部地，割敵耳凡九巨捆。勒基逆赤城已爲民自焚，而内堡甚固，招下不從，舍去。南至倭特馬赫城，駐軍半月，分掠四鄉。又至拉低貝爾。又西南入不威迷亞國境，今屬奧分省，見《瀛環志略》。困倭耳默次城，誘戰不出，多桑云：蒙古軍見不出戰，以爲怯，分兵四掠。守城之將見其兵少，六月二十四日，乘夜出攻，殺蒙古大將。或謂貝達爾此役陣亡，因聞其營哭聲也。華而甫駁之，謂蒙古軍自此入馬加，七日只行二百里，且分軍四掠，其未遭挫衄可知。又謂此後尚有一軍，與貝達爾軍合，駐馬加西北，以防日耳曼等國援軍。是年西九月間，欲渡馬勒希河。西距奧都百里，奧主敗之，淹斃甚衆。異説紛紜，今並從删，但附注於此。遂東南以應拔都之軍。其他隘口譯義爲馬加門，見地圖，非其本音也。以上皆貝達爾軍事。

拔都之未入馬加也，先遣英人往諭降，英人爲本國所逐，投入拔都麾下，故各國地利軍情，拔都知之甚悉。自駐哈力赤以待。馬加部長貝拉不願歸附，亦不設備，僅遣將士守喀而巴特山隘口，伐木塞途，以限戎馬。先是奇卜察克酋庫灘率四萬户來投，太宗十一年來投。貝拉令改從天主教乃許入境，既如命，貝拉自以得衆爲喜，而民間主客不和，怨其主招致非族。比聞蒙古以納降來攻，民乃大嘩，貝拉不得已，下庫灘於獄。辛丑春，西三月十二日。守隘將逃歸，謂蒙古軍斬木開道而入，守兵盡潰。貝拉亟下令集兵，甫三日，游騎已至派斯特城下。貝拉欲俟援師大集而後出城，天主教士烏孤領以爲怯，率衆出城，軍退，逐之，入於淖。然蒙古軍識路徑，游行無礙，而追者皆客兵，無土著，且環鐵甲，身重行滯，陷淖中，攢射之，悉死，惟烏孤領逸歸。民又大嘩，謂蒙古軍多奇卜察克人，不殺庫灘，將爲内變，於是庫灘死於獄，其部衆散而之布而嘎里亞國。馬加東南，亦云布而嘎爾，詳西北地不里阿耳釋地。拔都大軍既入馬加，破其威蠡城，速不台軍亦自東南逾山陟險，合於大軍。此語西書所無，因欲合於《速不台傳》郭寧河之戰，故云。貝拉兵集而出，拔都引退，過賽育河東。色克河者，南匯於杜瑙河，而賽育河、喝拉特河又合而入色克河，兩河合流之下游，爲橋梁通往來。時屆夏初，喀而巴特山雪融化，溪河皆漲，大軍駐此，三面環水，有險可扼，且林木叢雜，蔽敵窺望，貝拉追至，見橋東有守兵，不能過，乃駐於賽育河西，以千人守橋界，環車爲營，懸盾於上，儼如壁壘，而設備甚懈，且無林木擁蔽，舉動瞭然。相持數日，拔都見敵雖衆可乘，下令夜進，一軍過橋，一軍繞由下游潛渡。有被掠俄羅斯人，逸入馬加營，以敵人

乘夜掩襲相告，而仍不豫防，惟貝拉之弟廓洛曼與烏孤領信其言，引軍夜巡。至橋西，蒙古軍已争橋，亟攻退之，增卒守界而歸，馬加營中益酣寢，以爲無患。既而蒙古軍以炮逐守兵，凌晨渡河，下游之軍，亦渡而成列，環圍其營，矢下如雨。持至午，開西南圍使逸，而自後馳逐，衆既瓦解，或陷泥淖，逸者無幾，賽育河水盡赤。烏孤領死之，廓洛曼傷重，雖逸而旋卒，貝拉以有良騎，遁入深林中，輾轉以至土拉斯，合於其婿波勒司拉弗哀。

馬加相臣被殺，檢其屍，王印在焉。拔都令馬加降人僞爲貝拉示諭，「四境居民，案堵無恐，我雖小挫，而求祐於天，終必大勝」。且咒蒙古爲獰犬，使人不疑，遣降人四出賫諭，馬加民不得戰事確耗，既見示，皆不遷徙。比軍至，乃人被俘掠，大軍由賽育河至派斯特，下其城。《速不台傳》：「經哈匝里山攻馬札兒部主怯憐，速不台爲先鋒，與諸王拔都、吁里兀、昔班、合丹五道分進。衆曰：『怯憐軍勢盛，未可輕進。』速不台出奇誘之，至郭寧河，諸王軍於上流，水淺馬可涉，中復有橋。下流水深，速不台欲結筏潛渡，繞出敵後，未渡，諸王先涉河與戰。拔都軍争橋，反爲所乘，没甲士三十人，並亡其麾下將八哈禿。既渡，諸王以敵尚衆，欲要速不台還，徐圖之，速不台曰：『王欲歸自歸，我不至秃納河馬茶城不還也。』乃馳至馬茶。諸王亦至，遂拔城而還。諸王來會，拔都曰：『郭寧河戰時，速不台救遲，殺我八哈禿。』速不台曰：『諸王惟知上流水淺，且有橋，遂渡而與戰。不知我於下流結筏未成，今但言我遲，當思其故。』於是拔都亦悟。後大會，飲以馬乳及葡萄酒，言征怯憐時事，曰：『當時所獲，速不台功也。』」案：哈匝里山當即喀而巴特山之支峰，拔都所經之山隘，亦曰哈力赤山，以其通哈力赤城。哈力赤屬俄，故土人稱名，譯義如謂俄羅斯門，今著於地圖中，庶易考閲。哈匝里當是哈力赤之異譯，馬札兒即馬加，怯憐即克扯之訛，見上。拔都此役，西人考地紀事，歷歷如繪，所謂郭寧河，必是賽育河，何以字音甚差，不得其故。傳言速不台於橋之下流結筏潛渡，多桑但言他處潛渡，華而甫則謂在橋北上游十餘里外渡河。觀地圖自是上游易渡，若在下游，則已近色克河，水益深，渡益難。出奇制勝，宜在難處，當是《元史》言是。至於既度而後，《元史》所言，與軍情不合，恐是妝點，以歸功速不台。禿納河即杜瑙河，馬茶城猶言馬札兒城，當是派斯特，其城固濱杜瑙河。此外大同小異，《元史》此節以爲詳叙得實，就西圖地勢考之，誠奇功也。華而甫云，此戰在是年西四月底，由西舊藏文卷中考得，合之中歷，在辛丑春末夏初。以上爲拔都、速不台等軍之事。

合丹一軍由馬加東南馬拉答境内，間道時爲馬加屬部，今爲羅馬尼亞國地。逾山入林，至魯丹城，民兵出御時此城爲日耳曼人所居，於此開礦，《兀良合台傳》之捏迷思部，亦即謂此。軍即退。民兵以爲怯，還城燕樂，不登陴，不閉城，而軍掩至，長驅直下。選募日耳曼人勇敢者六百爲導，破蝸拉丁城，俘戮無算。復攻生托麻斯城、札納特城、丕勒克城，皆以俘獲者前驅，而自後督攻，積屍滿城濠，即於屍上仰登，軍鋒所及，靡不殘破。既與古余克、不里、撥綽合於拔都大軍，駐營休息，分遣士人主治各城，斂民賦供軍食。案：西書所云，則賽育河之役，分軍有未至者，諸王之名，各西書有多有寡，惟拔都、貝達爾、合丹、撥綽、速不台之名，諸書皆載。華而甫無撥綽而有古余克、不里，至憲宗之名，則各書皆無，或先已還軍，或留防後路。參匯各書，貝達爾、拔都、合丹三軍，所言皆合，各有證據，故分著之，餘軍只可從略。五路分進之説，固見《速不台傳》也。有馬加天主教士洛術耳自東南境避兵西徙，復以蒙古所設官長勒索無厭，乃入蒙古營，爲馬加降卒之奴，著書叙述軍情，歷歷如繪。華而甫書中載之，以下皆其所述，較多桑爲詳核可信。

欲過杜瑙河取格蘭城，無舟不得渡。冬，水始冰，格蘭守兵捶鑿冰凌，以阻西渡，兩軍數戰於冰上。既而，寒甚冰合，蒙古軍欲驗堅否，牧牛馬於河干，移軍他駐。隔岸兵來奪牛馬，驅以過河，水澤腹堅，敵爲之驗，於是萬騎齊進，所向披靡，拔都、合丹兩軍皆過杜瑙河，余軍仍駐河東洛術耳云速不台、古余克、不里、撥綽未渡，渡河在冬至時。拔都自攻格蘭，遣合丹往追貝拉。當貝拉之遁土拉斯也，旋易服西行，入澳斯大里亞境，遇奥主於泊勒司貝而克城、時奥尚小，在日耳曼列邦内，爵視上公，名佛來特吕希第二。勸以過杜瑙河，蒙古軍未必能西渡。復乘危勒取財賄，以近奥界三城爲質，貝拉至韋敦貝而克城，遇其妻孥，皆往南境阿格拉姆城，待敵動静。華而甫云西五月十八日，貝拉遣教士往求天主教王援救，今信尚存。又西七月，有信致德意志合衆國王，謂杜瑙河東北皆爲蒙古所得，冬間恐將入德意志境内，信亦尚存。其時德意志王與教士有兵事，不暇救馬加。案：是時德意志共主非今之布魯斯，元初，布魯斯猶未立國於今地也。德意志爲本國人自稱，日耳曼爲英人之稱，德意志譯義爲土話，因日耳曼人雖用羅馬文字，而仍操土音，故有是稱，德意志即今德國。合丹自格蘭至布達，爲馬加故都，不遇貝拉，焚城而去，逕土度耳外生貝而克城，聞已遁南境，進至阿格拉姆，則貝拉遁司巴拉土城，復遁特勞恩城，旋入地中海島上。合丹逐於後，所遇城堡皆不攻。既至特勞恩城，則貝拉又自海島乘舟北徙，駐軍一月，乃引而東，趨塞而維亞國耳拉孤薩城，維字讀如弗以合音，方合。大掠客滔城，旋奉拔都令東返。拔都攻格蘭，立炮三十架，毁墻而入，内堡守將爲日斯巴尼亞人，名錫門，設備甚密，去而困麻訂耳司貝而克城、韋敦貝而克城，皆未下。分軍西循奥境，直至地中海北維尼斯國境，其時地中海北爲維尼斯國，今屬意大利，當日軍鋒亦可謂至意大利，西人云，此分軍皆小隊，蓋恐日耳曼等國來攻，藉以偵探。維字讀如韋以切，吴音如此。又一軍擾奥境之柯倫貝而克城、去奥都三十里。韋而乃斯達特城，去奥都八十里。皆旋退。或云，奥主至韋而乃斯達特，敗蒙古軍，獲兵弁七人，英人投蒙古者，亦被獲，或駁之，華而甫信而證之，異説紛紜，今並從删。然拔都當日意不再西行，固可知也。

太宗兕問至軍中，乃馬真皇后稱制之元年，壬寅春，下令全軍東返。馬加教士洛術耳云：一千二百四十二年四月，拔都得兕問，傳命回軍。則是壬寅三、四月間事，太宗崩期在十三年十一月。次年三、四月，已赴至馬加，急遞不過百數十日，其後拔都之鄂爾多在奇卜察克，程途益近。天主教王使臣潑蘭喀批尼云：拔都發驛騎往和林，四十二日可達。《元史・术赤傳》，乃謂去京師數萬里，驛騎急行二百餘日方達，真無稽語也。又案《太宗本紀》「十二年，皇子貴由克西域未下，諸部遣使奏捷。十二月，詔貴由班師」。《秘史》云：「巴秃自乞卜察差使臣奏古余克不里因筵會時巴秃先飲，遂詈巴秃而散。斡歌歹大怒，不教拜見，因忙該等勸諫，乃令巴秃自行處治，召古余克拜見責訓」等語。西書則謂定宗歸在太宗崩後，洛木耳言馬加軍中諸王内有古余克，則先未班師可知，而拔都與定宗不洽見西書，諸王大會，已欲不往，見《速不台傳》。不里醉後，曾詈拔都，故憲宗即位，罪異議者，以不里交拔都處死，亦見西書，不得謂《秘史》無稽。互校參觀，本紀所謂遣使奏捷，蓋在憲宗拔阿速蔑怯思城之後，大軍休息，設宴慶功，致啓争訴。太宗聞之，乃詔皇子班師，而釁亦旋釋。雖奉詔而未歸，《秘史》所云定宗拜見等語，恐誤。或既歸而仍令西征，故《秘史》云：「你同哈兒哈孫去，只教巴秃斷者。」則班師當在前，不得云十二年十二月始詔，詳考而附注於此。

拔都與合丹合軍而東，經塞而維亞、布而噶里亞等國，華而甫云：布而噶里亞境内未甚殺戮，惟鄉間被掠。布而噶里亞酋時年九歲，乞援於東羅馬，合兵以逐蒙古。初戰，敗蒙古兵，既而布而噶里亞人爲拔都撫定，東羅馬兵遂敗衄而去。杜瑙河諸軍亦向東南以退。洛術耳云：六月内，蒙古盡離馬加。拔都至高喀斯山北，駐數月，平奇卜察克叛者。多桑云：拔都弟桑庫爾留守奇卜察克，叛者攻之，乃是大軍來征，叛者逃高喀斯山之西，遣將伊勒烏達追剿，悉平其衆。次年癸卯春，拔都至浮而嘎河，散遣諸軍，整治部地，古余克等先歸奔喪，朝議會諸王定君位。拔都先與古余克有隙，知六皇后將立其子，非有太宗遺詔，遂托病足，遷延行期，屢促之，終不至，惟令弟與己子往會。《速不台傳》：「太宗崩，癸卯，諸王大會，拔都欲不往。速不台曰：『大王於族屬爲兄，安得不往？』甲辰，遂會於也只里河。丙午，定宗即位。」西書則謂拔都允往而終不往，又教王使臣潑蘭喀批尼先謁拔都，乃往和林，計其謁拔都年月在丙午春，西七月至和林，八月底謁定宗，則甫即位，與《定宗本紀》七月即位相合。此是確據，既往會，必應俟朝會畢乃歸，然則允往而究未往，西書是也。

定宗即位之三年，戊申，西巡葉密爾河，拔都恐問罪，東來迎謁，行至阿勒塔克山，阿勒泰山迤西之山，西人謂之阿勒塔克。定宗崩於途，乃不行。詳《定宗本紀補異》。皇后斡兀立海迷失暫攝國事，時察合台早薨，宗王親支以拔都爲長，君位應由主議。初會於阿勒塔克，推戴蒙哥。次年，後會於斡難、克魯倫兩河發源之地，遂奉蒙哥即位，是爲憲宗。當時衆議不一，覬覦神器者且謀亂，定大計，弭内變，惟拔都是賴，語多，别爲紀。詳《憲宗本紀補異》。

當拔都之自馬加還也，俄羅斯北部已無抗顔行者，令諸王來朝受封。定宗即位，遣物拉的迷爾王雅洛斯拉甫入覲，召扯耳尼哥王米海勒至，以違令被殺。其事西書謂不肯跪拜，俄史謂不拜偶像。雅洛斯拉甫歸而道卒，或謂在和林中毒。其事秘論不一。别見《西使東來考》。拔都立其子安得累第一，主俄北部，歲入貢賦。俄南部哈力赤王達尼爾乘拔都入馬加，仍回所部，計掖甫等地皆爲所屬。拔都歸後，遣使諭降，達尼爾先乞援於天主教王，教王脅以去東教入西教乃爲援，東教爲今俄羅斯、希臘等國之教，以出於東羅馬，故曰東教，亦曰希臘教。西教即今英、法等國之教。達尼爾從之而援不至。復返東教，臣服於蒙古。歲乙巳，自至鄂爾多謁見，丁未，又來謁，拔都厚禮之，使主俄南部，納歲入。拔都建鄂爾多於浮而嘎河下游，曰薩萊，亦曰昔來，不審何義。每歲春，沿浮而嘎河東岸，北至布而嘎爾之鄂爾多。秋，南駐薩萊，名曰阿勒泰鄂爾多。義謂金頂之帳殿。案：圖理琛《異域録》「奉使所至之土爾扈特游牧地，即元藩王建牙地，今俄人猶稱其地曰卓羅臺鄂爾塔」。音異義同，今薩萊城已久廢。建喀山城於浮而嘎河東岸，亦建薩萊於黑海北撒吉剌之地，撒吉剌見《西北地附録》，名已久湮，西人惟稱爲克勒姆。使其子撒里塔居之。部衆六十萬，蒙古人惟六萬，餘多謀速而蠻人、克立斯特人。謀速而蠻見《西游録》，即天方教人。克立斯特即天主教人，法語曰克立斯堅，英曰克立斯斤。憲宗二年壬子，遣阿里布喀、蒙古語必是阿里布哈。凱達克亦云喀塔克。率軍復入波蘭，自柳伯林至森地迷爾，大掠而歸。憲宗六年丙辰，拔都薨，年四十八。西一千二百五十六年，薨於浮而嘎河濱。

拔都嘗乞憲宗買珠銀萬錠，帝與以千錠，且諭曰：「太祖、太宗所遺之財，若此費用，何以給諸王之賜？宜徐審之，此銀就充今後歲賜之數。」此出《元史》。然拔都遇人有恩，不私財於己，能得衆心，皆稱爲賽因汗。賽因，猶言好也。以兄鄂爾達讓位於己，分以東方錫爾河北等地，故都人常稱鄂爾達所部爲右翼，而拔都所部爲左翼。復以弟昔班從征俄羅斯有功，使居鄂爾達牧地之北，以西至烏拉河。鄂爾達之鄂爾多色尚白，昔班色尚藍，以别於拔都之金鄂爾多，其後俄人遂以分三家之後裔。阿卜而嘎錫云：拔都入俄羅斯，直至莫斯科，俄人聚庫勒爾、匿密世等部人，屯札備御，戰三月之久。昔班請拔都增其兵以攻敵背，拔都允之。遲日天曉，拔都攻其前，戰正酣，昔班繞出敵營後，逾溝毁其車并聯車之鏈，斫營而入，前後夾攻，敵兵亡七萬人。自此數國皆定。案：此戰功無可比附，或是錫第河攸利第二王之役，以不見他書，故附注於此。至分地云云，亦出阿卜而嘎錫，他書多有本之者。匿密世當即捏迷思，庫勒爾，西人

疑是波蘭。

拔都子可征者，曰撒里荅，見《元史》表，西書稱爲撒而塔克，爲拔都長子。曰托托罕。或云杜汗，又云庫圖堪。哈木耳云：拔都子四人，三曰安狄萬，四曰烏拔奇，亦曰烏拉克奇。四子惟托托罕有後。憲宗六年，撒里塔入朝，西書謂其奉憲宗命，赴忽力而臺，譯義謂聚會。案：是年本紀「帝會諸王百官於欲兒陌哥都之地，設宴六十餘日，賜金帛有差」。當即此會。比至，聞父薨，憲宗令西歸嗣位，中途亦薨。憲宗立其子烏拉赤，尚幼，令拔都長妃波拉克勤輔以聽政，未數月，烏拉赤亦薨，此多桑語，然《世系表》又云拔都子。哈木耳則云：烏拉赤爲拔都子撒而塔克弟。撒里荅，或云無子，又或云一子名紺珠，異説紛紜，皆難考斷。《憲宗本紀》七年，「以附馬剌真之子乞臺爲達魯花赤，鎮守俄羅斯，仍賜馬三百，羊五千」。此無證於西書。意者國君屢喪，恐屬部有變，故特遣親臣出鎮耶？又《本紀》三年，遣必闍别兒哥括斡羅思户口，亦無考。或謂烏拉赤亦拔都子。烏拉赤既薨，拔都弟伯勒克嗣位。多桑《世系表》又云拔都子，匯考諸書，云弟者較可信。

元憲宗部

綜述

《元史》卷三《憲宗紀》 憲宗桓肅皇帝，諱蒙哥，睿宗拖雷之長子也。母曰莊(獻)〔聖〕太后，怯烈氏，諱唆魯禾帖尼。歲戊辰，十二月三日生帝。時有黃忽答部知天象者，言帝後必大貴，故以蒙哥爲名。蒙哥，華言長生也。太宗在潛邸，養以爲子，屬昂灰皇后撫育之。既長，爲娶火魯剌部女火里差爲妃，分之部民。及睿宗薨，乃命歸藩邸。從征伐，屢立奇功。嘗攻欽察部，其酋八赤蠻逃于海島。帝聞，亟進師，至其地，適大風刮海水去，其淺可渡。帝喜曰：「此天開道與我也。」遂進屠其衆。擒八赤蠻，命之跪。八赤蠻曰：「我爲一國主，豈苟求生。且身非駝，何以跪人爲。」乃命囚之。八赤蠻謂守者曰：「我之竄入于海，與魚何異。然終見擒，天也。今水迴期且至，軍宜早還。」帝聞之，即班師，而水已至，後軍有浮渡者。復與諸王拔都征斡羅思部，至也烈贊城，躬自搏戰，破之。

歲戊申，定宗崩，朝廷久未立君，中外恟恟，咸屬意於帝，而覬覦者衆，議未決。諸王拔都、木哥、阿里不哥、唆亦哥禿、塔察兒，大將兀良合台、速你帶、帖木迭兒、也速不花，咸會于阿剌脱忽剌兀之地。拔都首建議推戴。時定宗皇后海迷失所遣使者八剌在坐，曰：「昔太宗命以皇孫失烈門爲嗣，諸王百官皆與聞之。今失烈門故在，而議欲他屬，將置之何地耶？」木哥曰：「太宗有命，誰敢違之。然前議立定宗，由皇后脱(忽列)〔列忽〕乃與汝輩爲之，是則違太宗之命者汝等也，今尚誰咎耶？」八剌語塞。兀良合台曰：「蒙哥聰明睿知，人咸知之，拔都之議良是。」拔都即申令於衆，衆悉應之，議遂定。

元年辛亥夏六月，西方諸王別兒哥、脱哈帖木兒，東方諸王也古、脱忽、亦孫哥、按只帶、塔察兒、別里古帶，西方諸大將班里赤等，東方諸大將也速不花等，復大會于闊帖兀阿闌之地，共推帝即皇帝位於斡難河。失烈門及諸弟腦忽等心不能平，有後言。帝遣諸王旭烈與忙可撒兒帥兵覘之。諸王也速忙可、不里、火者等後期不至，遣不憐吉觧率兵備之。遂改更庶政：命皇弟忽必烈領治蒙古、漢地民户；遣塔兒、斡魯不、察乙剌、賽典赤、趙(壁)〔璧〕等詣燕京，撫諭軍民；以忙哥撒兒爲斷事官；以孛魯合掌宣發號令、朝覲貢獻及内外聞奏諸事；以晃兀兒留守和林宮闕、帑藏，阿藍答兒副之；以牙剌瓦赤、不只兒、斡魯不、覩答兒等充燕京等處行尚書省事，賽典赤、匿昝馬丁佐之；以訥懷、塔剌海、麻速忽等充別失八里等處行尚書省事，暗都剌兀尊、阿合馬、也的沙佐之；以阿兒渾充阿母河等處行尚書省事，法合魯丁、匿只馬丁佐之；以茶寒、葉了干統兩淮等處蒙古、漢軍，以帶答兒統四川等處蒙古、漢軍，以和里斛統土蕃等處蒙古、漢軍，皆仍前征進；以僧海雲掌釋教事，以道士李真常掌道教事。葉孫脱、按只斛、暢吉、爪難、合答曲憐、阿里出及剛疙疸、阿散、忽都魯等，務持兩端，坐誘諸王爲亂，並伏誅。遂頒便益事宜於國中：凡朝廷及諸王濫發牌印、詔旨、宣命，盡收之；諸王馳驛，許乘三馬，遠行亦不過四；諸王不得擅招民户；諸官屬不得以朝覲爲名賦斂民財；民糧遠輸者，許於近倉輸之。罷築和林城役千五百人。

冬，以宴只吉帶違命，遣合丹誅之，仍籍其家。

二年壬子春正月，幸失灰之地。遣乞都不花攻末來吉兒都怯寨。皇太后崩。

夏，駐蹕和林。分遷諸王於各所：合丹於別石八里地，蔑里於(于)葉兒的石河，海都於海押立地，別兒哥於曲兒只地，脱脱於葉密立地，蒙哥都及太宗皇后乞里吉忽帖尼於擴端所居地之西。仍以太宗諸后妃家貲分賜親王。定宗后及失烈門母以厭禳事覺，並賜死。謫失烈門、也速、孛里等於没脱赤之地。禁錮和只、納忽、〔也〕孫脱等於軍營。

秋七月，命忽必烈征大理，諸王禿兒花、撒(丘)〔立〕征身毒，怯的不花征没里奚，旭烈征西域素丹諸國。詔諭宋荆南、襄陽、樊城、均州諸守將，使來附。

八月，忽必烈次臨洮，命總帥汪田哥以城利州聞，欲爲取蜀之計。

冬十月，命諸王也古征高麗。帝駐蹕月帖古忽闌之地。時帝因獵墮馬傷臂，不視朝百餘日。

十二月戊午，大赦天下。以帖哥紬、闊闊朮等掌帑藏；孛闌合剌孫掌斡脱；阿忽察掌祭祀、醫巫、卜筮，阿剌不花副之。諸王合剌薨。以只兒斡帶掌傳驛所需，孛魯合掌必闍赤寫發宣詔及諸色目官職。徙諸匠五百户修行宮。

是歲，籍漢地民户。諸王旭烈薨。

三年癸丑春正月，汪田哥修治利州，且屯田，蜀人莫敢侵軼。帝獵于怯蹇叉

罕之地。諸王也古以怨襲諸王塔剌兒營。帝遂會諸王于斡難河北，賜予甚厚。罷也古征高麗兵，以札剌兒帶爲征東元帥。遣必闍別兒哥括斡羅思户口。

三月，大兵攻海州，戍將王國昌逆戰于城下，敗之，獲都統一人。

夏六月，命諸王旭烈兀及兀良合台等帥師征西域哈里發八哈塔等國。又命塔塔兒帶撒里、土魯花等征欣都思、怯失迷兒等國。帝幸火兒忽納要不(花)(兒)之地。諸王拔都遣脱必察詣行在，乞買珠銀萬錠，以千錠授之，仍詔諭之曰：「太祖、太宗之財，若此費用，何以給諸王之賜。王宜詳審之。此銀就充今後歲賜之數。」

秋，幸軍腦兒。以忙可撒兒爲萬户，哈丹爲札魯花赤。

九月，忽必烈次忒剌地，分兵三道以進。

冬十二月，大理平。帝駐蹕汪吉地。帝宗王耶虎與洪福源同領軍征高麗，攻拔禾山、東州、春州、三角山、楊根、天龍等城。

四年甲寅春，帝獵于怯蹇叉罕。

夏，幸月兒滅怯(土)之地。遣札剌亦兒部人火兒赤征高麗。

秋七月，詔官吏之赴朝理算錢糧者，許自首不公，仍禁以後浮費。

冬，大獵于也滅干哈里叉海之地。忽必烈還自大理，留兀良合台攻諸夷之未附者，入覲於獵所。

是歲，會諸王于顆顆腦兒之西，乃祭天于日月山。初籍新軍。帝謂大臣，求可以慎固封守、閑於將略者。擢史樞征行萬户，配以真定、相、衛、懷、孟諸軍，駐唐、鄧。張柔移鎮亳州。權萬户史權屯鄧州。張柔遣張信將八漢軍戍潁州。王安國將四千户渡漢南，深入而還。張柔以連歲勤兵，兩淮艱於糧運，奏據亳之利。詔柔率山前八軍，城而戍之。柔又以渦水北隘淺不可舟，軍既病涉，曹、濮、魏、博粟皆不至，乃築甬路自亳抵汴，堤百二十里，流深而不能築，復爲橋十五，或廣八十尺，横以二堡戍之。均州總管孫嗣遣人齎蠟書降，且乞援，史權以精甲備宋人之要，遂援嗣而來。其後驍將(鐘)(鉦)顯、干梅、杜柔、袁師信各帥所部來降。

五年乙卯春，詔徵逋欠錢穀。

夏，帝幸月兒滅怯土。

秋九月，張柔會大師于符離。以百丈口爲宋往來之道，可容萬艘，遂築甬路，自亳而南六十餘里，中爲橫江堡。又以路東六十里皆水，可致宋舟，乃立柵水中，惟密置偵邏於所達之路。由是鹿邑、寧陵、考、柘、楚丘、南頓無宋患，陳、蔡、潁、息皆通矣。

是歲，改命劄剌䚟與洪福源同征高麗。後此又連三歲，攻拔其光州、安城、(中)(忠)州、玄(鳳)(風)、珍原、甲向、玉果等城。

六年丙辰春，大風起北方，砂礫飛揚，白日晦冥。帝會諸王、百官于欲兒陌哥都之地，設宴六十餘日，賜金帛有差，仍定擬諸王歲賜錢穀。忽必烈遣没兒合石詣行在所，奏請續簽内郡漢軍，從之。

夏四月，駐蹕于答密兒。

五月，幸昔剌兀魯朶。

六月，太白晝見。幸䚟亦兒阿塔。諸王亦孫哥、駙馬也速兒等請伐宋。帝亦以宋人違命囚使，會議伐之。

秋七月，命諸王各還所部以居。諸王塔察兒、駙馬帖里垓軍過東平諸處，掠民羊豕。帝聞，遣使問罪。由是諸軍無犯者。

是歲，(高)(波)麗國王細嵯甫、雲南酋長摩合羅嵯及素丹諸國來覲。兀良合台討白蠻等，克之；遂自昔八兒地還至重慶府，敗宋將張都統。賜金縷織文衣一襲、銀五十兩，綵帛萬二百匹，以賚軍士。

冬，帝駐蹕阿塔哈帖乞兒蠻。以阿木河回回降民分賜諸王百官。

七年丁巳春，幸忽蘭也兒吉。詔諸王出師征宋。乞都不花等討末來吉兒都怯寨，平之。

夏六月，謁太祖行宫，祭旗鼓，復會于怯魯連之地，還幸月兒滅怯土。

秋，駐蹕于軍腦兒，釃馬乳祭天。

九月，出師南征。以駙馬剌真之子乞䚟爲達魯花赤，鎮守斡羅思，仍賜馬三百、羊五千。回鶻獻水精盆、珍珠傘等物，可直銀三萬餘錠。帝曰：「方今百姓疲弊，所急者錢爾，朕獨有此何爲。」却之。賽典赤以爲言，帝稍償其直，且禁其勿復有所獻。宗王塔察兒率諸軍南征，圍樊城，霖雨連月，乃班師。元帥卜憐吉䚟軍自鄧州略地，遂渡漢江。

冬十一月，兀良合台伐交趾，敗之，入其國。安南主陳日煚竄海島，遂班師。遣阿藍答兒、脱因、囊加台等詣陝西等處理算錢穀。

冬，帝度漠南，至於玉龍棧。忽必烈及諸王阿里不哥、八里土、出木哈兒、玉龍塔失、昔烈吉、公主脱滅干等來迎，大燕。既而各遣歸所部。

八年戊午春正月朔，幸也里木朵哈之地，受朝賀。

二月，陳日煚傳國于長子光昺。光昺遣其婿與其國人以方物來見，兀良合台送詣行在所。諸王旭烈兀討回回哈里發，平之，禽其王，遣使來獻捷。帝獵于也里海牙之地。師南征，次于河。適冰合，以土覆之而渡。帝自將伐宋，由西蜀以入。命張柔從忽必烈征鄂，趨杭州。命塔察攻荆山，分宋兵力。宋四川制置使蒲澤之攻成都。紐璘率師與戰，敗之，進攻雲頂山，守將姚某等以衆相繼來降。詔以紐璘爲都元帥。帝由東勝（河度）〔渡河〕。遣參知政事劉太平括興元户口。

三月，命洪茶丘率師從劄剌䚟同征高麗。

夏四月，駐蹕六盤山，諸郡縣守令來覲。豐州千户郭燧奏請續簽軍千人修治金州，從之。是時，軍四萬，號十萬，分三道而進：帝由隴州入散關，諸王莫哥由（祥）〔洋〕州入米倉關，孛里叉萬户由漁關入沔州。以明安答兒爲太傅，守京兆。詔徵益都行省李璮兵，璮來言：「益都南北要衝，兵不可撤。」從之。璮還，擊海州、漣水等處。

五月，皇子阿速帶因獵獨騎傷民稼，帝見讓之，遂撻近侍數人。士卒有拔民葱者，即斬以徇。由是秋毫莫敢犯。仍賜所經郡守各有差。

秋七月，留輜重於六盤山，率兵由寶鷄攻重貴山，所至輒平。

八月辛丑，璮與宋人戰，殺宋師殆盡。

九月，駐蹕漢中。都元帥紐璘留密里火者、劉黑馬等守成都，悉率餘兵渡馬湖，禽宋制置使張實。遂遣實招諭苦竹隘，實遁。

冬十月壬午，帝次寶峯。癸未，如利州，觀其城池並非深固，以汪田哥能守，蜀不敢犯，賜卮酒獎諭之。帝渡嘉陵江，至白水江，命田哥造浮梁以濟。梁成，賜田哥等金帛有差。帝駐蹕劍門。戊子，攻苦竹隘，裨將趙仲竊獻東南門。師入，與其守將楊立戰，敗之，殺立，衆皆奔潰。詔毋犯趙仲家屬，仍賜仲衣帽，徙于隆慶。己亥，獲張實，支解之。賜田哥玉帶及犒賞士卒，留精兵五百守之。遣使招諭龍州。帝至高峯。庚子，圍長寧山，守將王佐、裨將徐昕等率兵出戰，敗之。

十一月己酉，帝督軍先攻鵝頂堡。壬子，力戰于望喜門。薄暮，宋知縣王仲由鵝頂堡出降。是夜破其城，王佐死焉。癸丑，誅佐之子及徐昕等四十餘人。以彭天祥爲達魯花赤治其事，王仲副之。丙辰，進攻（長）〔大〕獲山，守將（楊）大淵降，命大淵爲四川侍郎，仍以其兵從。庚午，次和溪口，遣驍騎略青居山。是月，龍州王知府降。諸王莫哥都攻禮義山不克，諸王塔察兒略地至江而還，並會于行在所。命忽必烈統諸路蒙古、漢軍伐宋。

十二月壬午，楊大淵率所部兵與汪田哥分擊相如等縣。都元帥紐璘攻簡州，以宋降將張威率衆爲先鋒。乙酉，帝次于運山。大淵遣人招降其守將張大悦，仍以大悦爲元帥。師至青居山，裨將劉淵等殺都統段元鑒降。庚寅，遣使招諭未附。丁酉，隆州守縣降。己亥，大良山守將蒲元圭降。詔諸軍毋俘掠。癸卯，攻雅州，拔之。石泉守將趙順降。甲辰，遣宋人晉國寶招諭合州守將王堅，堅辭之，國寶遂歸。

九年己未春正月乙巳朔，駐蹕重貴山北，置酒大會，因問諸王、駙馬、百官曰：「今在宋境，夏暑且至，汝等其謂可居否乎？」札剌亦兒部人脱歡曰：「南土瘴癘，上宜北還。所獲人民，委吏治之，便。」阿兒剌部人八里赤曰：「脱歡怯，臣願往居焉。」帝善之。戊申，晉國寶歸次峽口，王堅追還殺之。諸王莫哥都復攻渠州禮義山，曳剌秃魯雄攻巴州平梁山。丁卯，大淵請攻合州，俘男女八萬餘。

二月丙子，帝悉率諸兵渡鷄爪灘，至石子山。丁丑，督諸軍戰城下。辛巳，攻一字城。癸未，攻鎮西門。三月，攻東新門、奇勝門、鎮西門小堡。

夏四月丙子，大雷雨凡二十日。乙未，攻護國門。丁酉，夜登外城，殺宋兵甚衆。

五月，屢攻不克。

六月丁巳，汪田哥復選兵夜登外城馬軍寨，殺寨主及守城者。王堅率兵來戰。遲明，遇雨，梯折，後軍不克進而止。是月，帝不豫。

秋七月辛亥，留精兵三千守之，餘悉攻重慶。癸亥，帝崩于釣魚山，壽五十有二，在位九年。追謚桓肅皇帝，廟號憲宗。

《元史》卷一二四《忙哥撒兒傳》 定宗崩，宗王八都罕大會宗親，議立憲宗。畏兀八剌曰：「失烈門，皇孫也，宜立。且先帝嘗言其可以君天下。」諸大臣皆莫敢言。忙哥撒兒獨曰：「汝言誠是，然先皇后立定宗時，汝何不言耶？八都罕固亦遵先帝遺言也。有異議者，吾請斬之。」衆乃不敢異，八都罕乃奉憲宗立之。

憲宗之幼也，太宗甚重之。一日行幸，天大風，入帳殿，命憲宗坐膝下，撫其首曰：「是可以君天下。」他日，用牸按豹，皇孫失烈門尚幼，曰：「以牸按豹，則犢將安所養。」太宗以爲有仁心，又曰：「是可以君天下。」其後太宗崩，六皇后攝政，竟立定宗。故至是，二人各舉以爲言云。

雜録

備録

洪鈞《元史譯文證補》卷二《定宗憲宗本紀補異》 定宗崩，皇后斡兀立海迷失，西書作烏古勒凱迷失，謂是衛拉特部長庫都喀之女。此可補后妃表。庫都喀即忽都哈之異譯，《秘史》作忽都哈别乞。别乞係稱謂，非名。暫不發喪，亟先赴於唆魯禾帖尼及拔都處，自請攝國以待立君，拔都允之。其時拔都東迎定宗，已至阿勒塔克山，聞信，乃召諸王大將來會，自駐阿勒塔克以待。阿爾泰山西支巴勒喀什淖爾西北之山，西圖謂之阿勒塔克，以别於阿爾泰，實即阿勒泰克四字，讀泰克不順口，變爲塔克，蒙古語多有此變音，似非西人創稱。亦作阿拉塔克，亦云阿拉克圖。《憲宗本紀》：諸王大將初會於阿剌脱忽剌兀之地，蒙古謂山曰敖拉，亦云奥兀剌。見明茅元儀《武備志》，所謂忽剌兀，或即敖拉，言山，或山下地名。而阿剌脱之即阿勒泰，證以西書，當無疑義。諸王謂會議宜在東方，不宜在西土，多不至。比及會期，大半朮赤、拖雷后王，無太宗后，定宗后亦僅遣使預議。本紀：使者八拉。西書則使者帖木兒，云先爲和林總管，語異。又本紀：諸王拔都、木哥、阿里不哥、唆亦哥秃、塔察兒。今《元史》改本，以唆亦哥爲一人，秃塔察兒爲一人，表傳無征。案塔察兒當即斡赤斤位下塔察兒國王，元年再來會，七年率諸軍南征樊城。其名屢見憲宗、世祖本紀，秃字應屬上作唆亦哥秃，或即憲宗第十弟歲都哥，必求其人以實之，此爲近似。木哥，即憲宗第九弟末哥也。阿里不哥，憲宗七弟。西書云：大半朮赤，拖雷後人，語頗合。野里知吉帶自西域來會，創議遵太宗命，立失烈門。今改實勒盟，西書音似失拉門。時忽必烈在坐，作而言曰：「太宗既欲立失烈門，而汝輩輔立定宗，豈太宗命耶？阿兒塔隆爲太祖愛女，即有罪，當集宗親會訊而後定讞，乃不問供狀，即殺之，又豈太祖、太宗舊典耶？此事華書無征，其駙馬曰札費兒薛禪，見公主表補。今日之事，獨以太宗命爲詞，何也？」言者語塞。案本紀即與忙哥撒兒傳異，西書又異。蓋會議時人衆語多，各就所聞紀之，各不同如此，惟大致同耳。是時定宗長子忽察亦冀得父位，而太宗後人多不愜衆望。太祖臨崩，分其部兵於子弟，拖雷以幼子，所得獨多，西書謂蒙古風俗，父之遺産，幼子多分。太祖部兵十二萬九千人，拖雷得十萬一千，朮赤、察合台、窩闊台位下各得四千，太祖幼子曲里堅亦四千，弟哈準三千，斡赤斤五千，術只哈薩兒之子一千，太祖母鄂河倫三千。案：太祖幼子乃是曲里堅，以非正后所出，故拖雷以次居幼。拖雷常從太祖左右，佐治兵事，分軍固應多也。諸將帥大率舊部。拖雷薨後，蒙哥諸弟尚幼，事皆決於唆魯禾帖尼，有才智，能馭衆，亦與拔都相親厚，故衆望屬於蒙哥。别有人建議拔都最長，當立，拔都不可。衆曰：「王既不自立，惟王審擇一人，早決大計。」拔都乃曰：「今吾國家幅員甚廣，非聰明睿知能傚法太祖者，不可爲主，我意在蒙哥。」群應曰：「然。」蒙哥再三讓，其弟末哥曰：西書音似末嘎。「衆謂惟拔都言是聽，兄無異詞，今奈何不從拔都言。」拔都曰：「末哥言是也。」議遂定，且議明春再會於斡難、克魯倫兩河之源，太祖肇基之地。

皇后使者歸報，后與二子忽察、腦忽大不悦。西書腦忽音似那吉。遣使告拔都，會議非地，宗王未集，義不能從。拔都謂：「明年再會於東，太祖、太宗大業未可輕授，君位已定，請屈意相從。」遂令弟伯勒克，脱哈帖木兒，本紀：元年西方諸王别兒哥、脱哈帖木兒，别兒哥今改伯爾克是也。西書脱哈音似托喀，仍是哈、喀異譯。將大軍衛蒙哥而東，自駐於西，以備非常。二次之會，唆魯禾帖尼爲主，召集諸王大將，而太宗、定宗后王，察合台后王也速蒙哥皆不至，拔都屢使往勸，仍不納。伯勒克等以久待爲憂，請命於拔都，拔都乃申令於衆，定立蒙哥，宗親中梗議者，有國典在。既而東方親王朮只哈薩兒、哈準、斡赤斤后王咸集。本紀：東方諸王也古脱忽亦孫哥、按只帶、塔察兒、别里古帶。按《元史表》：只哈兒位下也苦脱忽移相哥，即也古脱然亦孫哥三人。搠只哈兒奪薩字，表之誤。哈準位下按只吉歹，即按只帶。鐵木哥斡赤斤位下塔察兒，即此塔察兒。别里古帶改本作伯勒格台，爲太祖弟。案：伯勒格台不過少太祖數歲，特以庶母所出，故列於末。太祖崩，至是已二十五年，是否尚存，殊不敢必。又别里古台孫滅里吉歹，見史表，或即别里古帶。亦遣使往勸，失烈門、忽察、腦忽三王允往，猶未至，而擇日已定，不及待，遂奉蒙哥即位，是爲憲宗，時年四十有三。本紀：六月即位。西書七月初一日即位。即位之日，親王列右，妃主列左，憲宗七弟列前，《史表》：睿宗子十一人，有二人失其名，次二忽睹都亦無後，蓋皆早夭，故憲宗即位，惟弟七人。武臣以忙哥撒兒爲首，文臣以孛爾該爲首。本紀：「元年，以孛魯合掌宣發號令，朝覲貢獻，及内外聞奏諸事。」西書云：以孛爾該爲大筆帖齊，職視大學士。孛爾該當即孛魯合，筆帖齊即必闍赤。西書又云：其人奉訥司托耳天主教，即唐之景教。

禮成，大宴七日。正燕樂時，御者克薛杰上變，謂以失驟出覓，道遇車乘甚衆，一車折轅，其御柬縛之，誤以爲同伴，呼使助，則見車中藏兵甚多，訝而問之，

其御曰：「汝車同我，何問爲？」益訝之，更詢他車，始知失烈門、忽察、腦忽三王以朝會爲名，將乘飲宴不爲備作亂，故亟馳返以告。憲宗乃令忙哥撒兒率兵往覘，止其衛士，令各從二十人入謁，具貢物凡九。所謂九白之貢是也。阿卜而嘎錫云：蒙古尚九，故饋禮亦從九數，其制出於突厥。御者上變，案《忙哥撒兒傳》：「憲宗既立，察合台之子及按赤台等謀作亂，刳車轅藏兵其中以入。轅折兵見，克薛杰見之，上變。忙哥撒兒即發兵迎之，按赤台不虞事遽覺，倉卒不能戰，遂悉就擒。」西書所叙略同，而情節加詳。克薛杰，西書作怯克薛，傳云察合台之子及按赤台等，案：察合台后不附憲宗者，其子也速蒙哥，其孫不里未來會，蓋預謀也。按赤台必非本紀東方諸王之按只帶，本紀爲亂伏誅者，有按只臺，當即其人，似非宗王，本傳亦未言其爲宗王，而《元史類編》竟云：「宗王按赤台等謀作亂。」《朔方備乘・忙哥撒兒傳》本之，未是。本傳：「忙哥撒兒既卒，帝詔曰：『察合台阿哈之孫，太宗裔定宗闊出之子，及其民人，越有他志。』」所謂察合台孫，蓋指不里，太宗裔定宗闊出之子即指忽察、腦忽、失烈門等，與西書相合。本紀云：「失烈門及諸弟腦忽等，心不能平，有詬言。帝遣諸王旭烈與忙哥撒兒帥兵覘之，諸王也速忙可、不里、火者等後期不至，遣不憐吉台率兵備之。」當日直系謀逆，非止詬言。也速忙可即也速蒙哥，火者當即忽察。雖所述各異，而互較參觀，酌中以斷，西書叙次，似爲清晰。又法王使人路卜洛克，於憲宗三年至和林，其所記載與拉施特、志費尼二人相同，益當可據。始至時，猶令與宴，越日拘繫，憲宗自鞫之，皆堅謂無逆謀。刑訊失烈門從官，乃吐其實，而自剄以死。復令忙哥撒兒訊諸從官，咸辭伏。憲宗以初即位，不欲多行殺戮，衆以爲未可。正猶豫間，牙剌挖赤立於門外，呼以入問曰：「汝老成人，更事已多，何猶無言？」對曰：「臣西域人也，請得言西域事。昔者希臘王阿來三得名見《瀛環志略》。已滅波斯，欲入印度，而將領中多異議，令出不行。阿來三得遣詢於其傅阿里斯托特爾，爲古時西域負盛名之人。使者致命，阿里斯托特爾無言，惟與使者游園，遇林木之蔽觀眺、礙行路者，悉令從人芟伐拔掘，易以新株。使者悟，歸報，阿來三得乃誅逐諸不從令將領，更易其位，遂平印度而回。」於是憲宗意決，殺三王之黨煽亂謀逆者凡七十人。野里知吉帶二子亦同謀，皆以石子填塞其口而死。野里知吉帶已往西域，遣人追及於八脱吉思之地，獲之，以付拔都，置諸死。本紀：「冬，以宴只吉帶違命，遣合丹誅之，仍籍其家。」即此。八脱吉思在阿母河東南，見西域下傳。

遂改更庶政，分命職官，與《元史》本紀所言略同，不載。禁諸王徵求貨財，馳使擾民。禁使者强取民馬，非驛路所經勿行。自太宗時始，凡商賈售貨，朝廷皆得馳驛，至是申禁，代償定宗及定宗后與子虧欠商貨銀五十萬。書云巴立施，當是五十萬錠，非五十萬兩。依太祖、太宗舊制，免耆老丁税，釋道等教亦然，惟猶太教人不在此例。從阿兒渾之言，改定西域賦則，牛馬税百取一，不及百者免。

二年春，皇太后客列亦氏崩，葬睿宗墓旁。拉施特云：唆魯禾帖尼信天主教，而待天方教人亦厚。布哈爾教人議建書院，助以黄金一千巴立施，故此書院名曰喀尼，譯義爲后，猶言皇后之書院也，生徒千人，輿論稱頌。太宗亦雅重其人，常與議事，居於第四子阿里不哥處，地近阿爾泰山。拖雷墓在太祖墓側。至和林究厭禳之獄，以定宗后失烈門母付忙哥撒兒，盡法鞫治，得實，裹以氈，投諸河。見《本紀》。殺定宗后用事大臣，即鎮海、喀達克二人，書謂行刑殺鎮海者，丹尼世們哈術魄，其名見西域下傳，而《元史・鎮海傳》，但言其卒，未言伏法，事異。以太宗孫不里付拔都，不里曾於酒後詈拔都，至是拔都殺之。以忽察、腦忽、失烈門三王皆由其母煽惑，得免死。遷忽察於和林西蘇里該之地，未詳。謫腦忽、失烈門爲兵弁。蒙古語所謂探馬赤。《秘史》：太宗怒古余克，謂教邊遠處去做探馬赤，攻取堅城，受辛苦者。《元史語解》改探馬赤爲特默齊，謂係牧駝人之稱，恐未足以盡其意。本紀：謫失烈門、也速孛里等於没脱赤之地，没托赤無考，恐即是探馬赤，其言地者，猶言遠地之兵弁，譯者誤以爲地名耳。其後忽必烈伐宋，請於憲宗，使失烈門從軍效力。迨憲宗自將南伐，仍投失烈門於水。分遷太宗后王，定其封地。太宗舊部軍，别擇親王將之，以防其擁衆爲亂。惟太宗子合丹蔑里，太宗孫闊端太子之子，翊戴無二心，未奪兵柄，仍得分太宗諸后妃家資。案本紀二年：分遷諸王，曰合丹，曰蔑里，皆太宗子。曰海都，曰脱脱，皆太宗孫。曰别失八里地，即今烏魯木齊。曰葉兒的石河，即也兒帖石河。曰海押立，曰葉密立，兩地别有考，皆在太宗分地及其附近，並未遠徙，特爲之分定疆界耳。紀又云：蒙哥都及太宗皇后乞里古忽帖尼於擴端所居地之西。擴端即闊端，蒙哥都則闊端之子。西方何地，無考，計亦非甚荒遠，不明其地，又泥於《元史》文義，一若盡投之遠方也者，未爲是也。本紀：元年，遣合丹誅宴只吉帶。三年，以合丹爲札魯花赤。八年、九年，諸王蒙哥都攻渠州禮義山。竊疑皆太宗后王，可就西書以窺測《元史》。至紀云：遣别兒哥於曲兒只地。此别兒哥不知何人，今改伯勒格台，則爲太祖弟，不稔是否。案多桑地圖，女直之地稱曰曲兒只。《秘史》蒙古譯文，稱女直曰朱里扯，蓋曲兒只即由朱里扯而訛。遣貝喇往察合台藩地，究違命諸臣，此貝喇，未知即入印度之八剌否。亦遣使至漢地，凡附太宗后者，皆逮究。乞兒吉思、謙謙州等處，皆遣兵巡察。拉施特云：自此蒙古内亂以萌，失成吉思汗睦族固本訓。命察合台孫忽剌旭烈殺其叔也速蒙哥，代其位。奉命而行，未至而卒，忽剌旭烈妃倭耳干納行帝命，殺之，自監國者九載。西書謂也速蒙哥性耽麴蘖，事皆決於其妃。賞御者克薛杰功，封爲答剌罕。明《武備志》：頭目曰打剌汗。《元史語解》改達爾罕，爲凡有勤勞免其差役之謂。又案：啓昔禮亦封答剌汗，見《西游録》。《元史》列傳有答剌罕爵者甚多，罕即汗，恐

兼頭目之名，非止免其差役。初政大定，乃散遣來會諸工，厚貺伯勒克、脱哈貼木兒，遣歸。

備論

《元史》卷三《憲宗紀》 帝剛明雄毅，沉斷而寡言，不樂燕飲，不好侈靡，雖后妃不許之過制。初，太宗朝，羣臣擅權，政出多門。至是，凡有詔旨，帝必親起草，更易數四，然後行之。御羣臣甚嚴，嘗諭旨曰：「爾輩若得朕奬諭之言，即志氣驕逸，志氣驕逸，而災禍有不隨至者乎？爾輩其戒之。」性喜畋獵，自謂遵祖宗之法，不蹈襲他國所爲。然酷信巫覡卜筮之術，凡行事必謹叩之，殆無虚日，終不自厭也。

《國朝文類》卷一四郝經《立政議》 先皇帝初踐寶位，皆以爲致治之主，不世出也。既而下令，鳩括符璽，督察郵傳，遣使四出，究核徭賦，以求民瘼。污吏濫官，黜責殆遍。其願治之心亦切也。惜其授任，皆前日害民之尤者，舊弊未去，新弊復生。其爲煩擾，又益劇甚，而致治之幾又失也。

藝文

鄭道傳《三峯集》卷一二《憲宗蒙哥睿宗拖雷長子立九年》 少從征伐，屢立奇功。剛明雄毅，沉斷寡言。不樂燕飲，不好侈靡。

許衡部

綜述

《元史》卷一五八《許衡傳》 許衡字仲平，懷之河内人也，世爲農。父通，避地河南，以泰和九年九月生衡於新鄭縣。幼有異質，七歲入學，授章句，問其師曰：「讀書何爲？」師曰：「取科第耳！」曰：「如斯而已乎？」師大奇之。每授書，又能問其旨義。久之，師謂其父母曰：「兒穎悟不凡，他日必有大過人者，吾非其師也。」遂辭去，父母强之不能止。如是者凡更三師。稍長，嗜學如飢渴，然遭世亂，且貧無書。嘗從日者家見《書》疏義，因請寓宿，手抄歸。既逃難（岨崍）〔徂徠〕山，始得《易》王輔嗣説。時兵亂中，衡夜思晝誦，身體而力踐之，言動必揆諸義而後發。嘗暑中過河陽，渴甚，道有梨，衆争取啖之，衡獨危坐樹下自若。或問之，曰：「非其有而取之，不可也。」人曰：「世亂，此無主。」曰：「梨無主，吾心獨無主乎？」

轉嘗留魏，人見其有德，稍稍從之。居三年，聞亂且定，乃還懷。往來河、洛間，從柳城姚樞得伊洛程氏及新安朱氏書，益大有得。尋居蘇門，與樞及竇默相講習。凡經傳、子史、禮樂、名物、星曆、兵刑、食貨、水利之類，無所不講，而慨然以道爲己任。嘗語人曰：「綱常不可一日而亡於天下，苟在上者無以任之，則在下之任也。」凡喪祭娶嫁，必徵於禮，以倡其鄉人，學者寖盛。家貧躬耕，粟熟則食，粟不熟則食糠覈菜茹，處之泰然，謳誦之聲聞户外如金石。財有餘，即以分諸族人及諸生之貧者。人有所遺，一毫弗義弗受也。樞嘗被召入京師，以其雪齋居衡，命守者館之，衡拒不受。庭有果熟爛墮地，童子過之，亦不睨視而去，其家人化之如此。

甲寅，世祖出王秦中，以姚樞爲勸農使，教民畊植。又思所以化秦人，乃召衡爲京兆提學。秦人新脱於兵，欲學無師，聞衡來，人人莫不喜幸來學。郡縣皆建學校，民大化之。世祖南征，乃還懷，學者攀留之不得，從送之臨潼而歸。

中統元年，世祖即皇帝位，召至京師。時王文統以言利進爲平章政事，衡、樞輩入侍，言治亂休戚，必以義爲本。文統患之。且竇默日於帝前排其學術，疑衡與之爲表裏，乃奏以樞爲太子太師，默爲太子太傅，衡爲太子太保，陽爲尊用之，實不使數侍上也。默以屢攻文統不中，欲因東宫以避禍，與樞拜命，將入謝。衡曰：「此不安於義也，姑勿論。禮，師傅與太子位東西鄉，師傅坐，太子乃坐。公等度能復此乎？不能，則師道自我廢也。」樞以爲然，乃相與懷制立殿下，五辭乃免。改命樞大司農，默翰林侍講學士，衡國子祭酒。未幾，衡亦謝病歸。

至元二年，帝以安童爲右丞相，欲衡輔之，復召至京師，命議事中書省。衡乃上疏。【略】書奏，帝嘉納之。衡自見帝，多奏陳，及退，皆削其草，故其言多祕，世罕得聞，所傳者特此耳。衡多病，帝聽五日一至省，時賜尚方名藥美酒以調養之。四年，乃聽其歸懷。五年，復召還，奏對亦祕。

六年，命與太常卿徐世隆定朝儀，儀成，帝臨觀，甚悦。又詔與太保劉秉忠、左丞張文謙定官制，衡歷考古今分併統屬之序，去其權攝增置冗長側置者，凡省部、院臺、郡縣與夫后妃、儲藩、百司所聯屬統制，定爲圖。七年，奏上之。翌日，使集公卿雜議中書，院臺行移之體，衡曰：「中書佐天子總國政，院臺宜具呈。」時商挺在樞密，高鳴在臺，皆不樂，欲定爲咨禀，因大言以動衡曰：「臺院皆宗親大臣，若一忤，禍不可測。」衡曰：「吾論國制耳，何與於人。」遂以其言質帝前，帝曰：「衡言是也，吾意亦若是。」

未幾，阿合馬爲中書平章政事，領尚書省六部事，因擅權，勢傾朝野，一時大臣多阿之，衡每與之議，必正言不少讓。已而其子又有僉樞密院之命，衡獨執議曰：「國家事權，兵民財三者而已。今其父典民與財，子又典兵，不可。」帝曰：「卿慮其反邪？」衡對曰：「彼雖不反，此反道也。」阿合馬由是銜之，亟薦衡宜在中書，欲因以事中之。俄除左丞，衡屢入辭免，帝命左右掖衡出。衡出及閾，還奏曰：「陛下命臣出，豈出省邪？」帝笑曰：「出殿門耳。」從幸上京，乃論列阿合馬專權罔上、蠹政害民若干事，不報。因謝病請解機務。帝惻然，召其子師可入，諭旨，且命舉自代者。衡奏曰：「用人，天子之大柄也。臣下汎論其賢否則可，若授之以位，則當斷自宸衷，不可使臣下有市恩之漸也。」

帝久欲開太學，會衡請罷益力，乃從其請。八年，以爲集賢大學士，兼國子祭酒，親爲擇蒙古弟子俾教之。衡聞命，喜曰：「此吾事也。國人子大樸未散，視聽專一，若置之善類中涵養數年，將必爲國用。」乃請徵其弟子王梓、劉季偉、韓思永、耶律有尚、吕端善、姚燧、高凝、白棟、蘇郁、姚燉、孫安、劉安中十二人爲

伴讀。詔驛召之來京師，分處各齋，以爲齋長。時所選弟子皆幼稚，衡待之如成人，愛之如子，出入進退，其嚴若君臣。其爲教，因覺以明善，因明以開蔽，相其動息以爲張弛。課誦少暇，即習禮，或習書算。少者則令習拜跪、揖讓、進退、應對，或射，或投壺，負者罰讀書若干遍。久之，諸生人人自得，尊師敬業，下至童子，亦知三綱五常爲生人之道。

十年，權臣屢毁漢法，諸生廩食或不繼，衡請還懷。帝以問翰林學士王磐，磐對曰：「衡教人有法，諸生行可從政，此國之大體，宜勿聽其去。」帝命諸老臣議其去留，竇默爲衡懇請之，乃聽衡還，以贊善王恂攝學事。劉秉忠等奏，乞以衡弟子耶律有尚、蘇郁、白棟爲助教，以守衡規矩，從之。

國家自得中原，用金《大明曆》，自大定是正後六七十年，氣朔加時漸差。帝以海宇混一，宜協時正日。十三年，詔王恂定新曆。恂以爲曆家知曆數而不知曆理，宜得衡領之，乃以集賢大學士兼國子祭酒，教領太史院事，召至京。衡以爲冬至者曆之本，而求曆本者在驗氣。今所用宋舊儀，自汴還至京師已自乖舛，加之歲久，規環不叶。乃與太史令郭守敬等新製儀象圭表，自丙子之冬日測晷景，得丁丑、戊寅、己卯三年冬至加時，減《大明曆》十九刻二十分，又增損古歲餘歲差法，上考春秋以來冬至，無不盡合。以月食衝及金木二星距驗冬至日躔，校舊曆退七十六分。以日轉遲疾中平行度驗月離宿度，加舊曆三十刻。以綫代管闚測赤道宿度。以四正定氣立損益限，以定日之盈縮。分二十八限爲三百三十六，以定月之遲疾。以赤道變九道定月行。以遲疾轉定度分定朔，而不用平行度。以日月實合時刻定晦，而不用虚進法。以躔離朓朒定交食。其法視古皆密，而又悉去諸曆積年月日法之傅會者，一本天道自然之數，可以施之永久而無弊。自餘正訛完闕，蓋非一事。十七年，曆成，奏上之，賜名曰《授時曆》，頒之天下。

六月，以疾請還懷。皇太子爲請於帝，以子師可爲懷孟路總管以養之，且使東宫官來諭衡曰：「公毋以道不行爲憂也，公安則道行有時矣，其善藥自愛。」十八年，衡病革，家人祠，衡曰：「吾一日未死，寧不有事於祖考。」扶而起，奠獻如儀。既撤，家人餕，怡怡如也。已而卒，年七十三。是日，大雷電，風拔木。懷人無貴賤少長，皆哭於門。四方學士聞訃，皆聚哭。有數千里來祭哭墓下者。

衡善教，其言煦煦，雖與童子語，如恐傷之。故所至，無貴賤賢不肖皆樂從之，隨其才昏明大小皆有所得，可以爲世用。所去，人皆哭泣，不忍舍，服念其教如金科玉條，終身不敢忘。或未嘗及門，傳其緒餘，而折節力行爲名世者，往往有之。聽其言，雖武人俗士異端之徒，無不感悟者。丞相安童一見衡，語同列曰：「若輩自謂不相上下，蓋十百與千萬也。」翰林承旨王磐氣概一世，少所與可，獨見衡曰：「先生，神明也。」大德(二)〔元〕年，贈榮禄大夫、司徒，謚文正。至大二年，加正學垂憲佐運功臣、太傅、開府儀同三司，封魏國公。皇慶二年，詔從祀孔子廟廷。延祐初，又詔立書院京兆以祀衡，給田奉祠事，名魯齋書院。魯，衡居魏時所署齋名也。

歐陽玄《圭齋文集》卷九《元中書左丞集賢大學士國子祭酒贈正學垂憲佐理功臣太傅開府儀同三司上柱國追封魏國公謚文正許先生神道碑》 洪惟聖元，度越千古。世祖皇帝以天縱之資，得帝王不傳之學，上接伏羲、神農、黄帝、堯舜不傳之統，而爲不世之君。若魯齋許先生，以純正之學，下接周公、孔子、曾思、孟軻以來不傳之道，而爲不世之臣。君臣遇合之契，堂陛都俞之言，所以建皇極，立民命，繼絶學，開太平者，萬世猶一日也，猗歟盛哉！先生既没之三十三年，爲皇慶二年，仁宗皇帝詔暨宋九儒，從祀宣聖廟庭，明斯道之所自傳矣。又二十三年，爲元統三年，今上皇帝勑賜臣玄文其神道之碑，以賜其子師敬，使刻之。於是臣玄再拜稽首，以復明詔，曰：「論世祖之爲君，則見我元國家之初，當真元會合之氣運。故善言先生，必以道統爲先，而後及功業，則上可以稱塞聖天子命臣作碑之初意，下可以厭服天下後世學者景慕之盛心也。」臣謹按先生家乘，及嘗私淑父師者，序而銘之。

以金泰和九年己巳九月丙寅，生于新鄭邑中。幼有異質，八歲入學。從師問：「讀書欲何爲？」師曰：「應舉取第耳。」曰：「如是而已乎？」師大奇之，謂其識趣非常，他日必有大過人者。自顧章句儒，非其師，遂辭去。年十餘，有道士過，見之驚曰：「骨清神完，目光射人如箭，苟非命世大賢，即當神超八表，人間富貴不足道也。」稍長，嗜學如渴飢，而精强絶人。世亂家貧，無從得書，聞有善本，冒險數百里，就而録之，讀之有疑，即能有所折衷。歲壬辰，天兵渡河，爲游騎所得。其萬夫長酗酒殺人爲嬉，先生從容曲譬，卒革其暴。久乃信其言如蓍龜，人賴全活者無算。萬夫長南征，乃東去隱徂徠山，遷泰安之館鎮，尋遷大名，扁其齋曰魯，世因號曰魯齋先生。國家既有河朔，遣官分道以試選士，中者得占籍爲儒。魏人力勸應試，既中選，留魏三年，自挽鹿車，載書還河内。魏人致僕馬，不聽。入洛求第，果得之。自洛適魏，聞河内政虐，還止蘇門。十餘年

間，雖顛沛流離，行不愧影。其與人交，中剛外和，一介取予，必揆於義。人與之居，雖有忮求，馴致俱化。所至學者翕然歸之，察其誠至，乃留館下。既留，誘掖忘倦，身教屬屬，言教循循，於是師道尊嚴，親友日至。在魏友竇默，蘇門友姚樞，相與論辨，探幽析微，詣者慴伏。凡伊洛性理之書，及程子《易傳》、朱子《語孟集註》、《中庸》、《大學或問》、《小學》等書，言與心會。於所從游，教以進德之基，慨然思復三代庠序之法。

甲寅，世祖受地秦中，聞先生名，遣使者徵赴京兆教授。先生避之魏，使者物色偕行。廉希憲宣撫陝右，傳教令，授以京北提學。卜居鴈塔之東，與同志講井田之制，買園爲義桑，會得請還。世祖即阼，建元中統，召先生爲家教。既至，謁歸。復召至上京，入見，上問所學，以學孔子對。留上所，無幾，以疾還燕。明年，自上京兆，數有敷對。時相王文統用事，而先生及姚樞、竇默日被顧問。默在上前屢斥其學術不正，樞以才見嫉。蓋竇言本出於先生，文統亦頗疑之，乃奏姚爲太子太保，外示尊禮，内欲擯使疏遠。竇、姚拜命，將入謝，先生獨毅然辭。謂二公曰：「禮，師傅見太子，位東西向，師傅坐，太子乃坐。今能遽復此乎？否則此禮自我廢也。」二公懷制闕下辭。文統聞斯言，遂寢其命，改授先生爲國子祭酒，竇爲翰林侍講學士，姚爲大司農。先生亟辭以疾，久乃予告還内。既而上京使狎至，應命至燕，病弗能往。至元元年，自燕復還。先是，有詔即家爲校，以業來學。乃躬耕里中，未嘗以詔示人。至是，召入省議事，旋踵求去。丞相安童來謁，欲留之。退謂人曰：「時留欲輩行許先生，吾見相去千百尋。」有詔，趣赴省，遂北行。見上檀州，諭之曰：「安童少不更事，卿無負所學，悉以傳之。有嘉謀嘉猷語，使入告。」對曰：「聖人道極高遠，學者所得有淺深。然當罄所知如聖詔，其所不知，不敢强也。安童明敏有操守，告以古人格言，往往領悟。第恐有間之者，則難行耳。」

自是預大議，時至都堂。扈行上京，咨訪日廣。宿衛之士見先生入對，舉手加額相慶曰：「是欲澤被生民者。」上疏陳五事，曰立國規模，曰中書大要，曰爲君難，曰農桑學校，曰慎微。累數千百言，讀奏未徹，上久聽，微有倦色，先生即斂衽求退。上肅然，正襟危坐，先生乃再讀，讀訖，上嘉納之。其餘論諫，多削其藁，世罕得聞。有頃，辭疾，聽五日一詣省，賜西域名藥善酒，俄許其還。繼召與大保劉秉忠、左丞相張文謙議朝儀官制，多所詳定。阿合馬請建尚書省，總六部，與中書省角立，特用先生爲中書右丞。先生求面辭，不得見者再。越數日，奏所議事畢，自陳曰：「臣有三宜辭。一非舊勳，二蔑文德，三所學迂，恐於聖模神筭未能盡合。」上曰：「用卿出朕意，毋事多讓。」先生辭不已，上命從官掖之起，有旨曰：「出。」既出及闥，還奏曰：「陛下令臣出省耶？」上改容曰：「出殿門耳。」明日，又辭。遣近臣哈剌合孫先諭止之，强出視事。至上京，奏論阿合馬罔上不道事，不報，因病謝幾務，丞相難之。御史中丞孛羅爲之請，上惻然曰：「召子師可，諭使舉代。」對曰：「用人宜出上意，臣下舉代，恐開市恩覬覦之漸。」

有旨以國人世胄子弟就學，遂篤意教事。奏門生王梓、劉季偉、韓思永、耶律有尚、吕端善、姚燧、高凝、白棟、蘇郁、姚燉、孫安、劉安中十二人爲伴讀，被旨咸驛致之。以先生爲集賢大學士，兼國子祭酒。先生之爲教，精粗有序，張弛有宜，而必本諸聖賢啓後學之方。踰年，諸生涵養薫陶，周旋中禮，講貫通適。上喜其業成，時自程之。越三歲，以改葬親喪謁歸，屬召赴行在，遂請朝辭以行。上命諸老議其去留。姚樞謂先生出處，有關世運，宜成其志。更命張文謙問所以告歸之意，其對如初，始允。十四年，召議改曆法，仍拜集賢大學士兼國子祭酒，教領太史院事。十七年，《授時曆》成，以疾屢告。上禮貌隆至，路朝錫杖，内殿賜坐。疾劇，裕宗在東宫聞之，爲言於上，以驛送還。師可以河東按察副使，改懷孟路總管，以便養，皆東宫請也。且使宫臣諭曰：「先生幸醫藥自輔，無以道不行爲憂。」十八年三月戊戌，薨於私第之正寢，易簀不變，年七十三。是日，大雷電，風拔木，城中無貴賤少長哭于門，商唁于塗，農吊于野，天下識與不識，聞訃慨嘆。四月乙酉，葬李封村先塋之南。既葬，四方學者來會，爲位哭墓而去。

先生真知力行，實見允蹈。齋居終日，肅如神明。嘗遇迅雷起前，泰宇凝定，不喪執守。其爲學也，以明體達用爲主；其備己也，以存心養性爲要；其事君也，以責難陳善爲務；其教人也，以灑掃應對進退爲始，精義入神爲終。雖時尚枘鑿，不少變其規矩也。故君召輒往，進輒思退。方世祖急於親賢，而先生篤於信己，以是終無枉尺直尋之意。及夫仕，不受禄，人以爲高，則喟然嘆曰：「甚矣，余之不幸而有是名也。仕豈不有食君禄者哉，食無忝而已。」伐宋之舉，一時名公卿人受攻取之畧，先生言：「惟當脩德以致賓服，若以力取，必戕兩國之生靈，以決萬一之勝負。」及宋既平，未嘗以失慊，世祖亦未嘗以是少之。臣觀三代而下，漢唐君臣，未聞以道統係之者。當時儒宗，或知足與知仁，未足與居也。宋濂洛數公，克續斯道，然未嘗有得君者。世祖龍潛，諸儒請尚其號曰儒教大宗

師。嗚呼，漢、唐、宋創業之主，烏得而有是號哉。此天以道統而屬之世祖也。先生出際斯運，一時君臣，心以堯舜爲心，學以孔孟爲學，中外如一喙，號公魯齋先生。嗚呼，魯者，曾子傳道之器，歷代佐命之臣，雖欲爲此號，豈可得也？非天以道統屬之先生乎？先生之謀國，譬工師受命作室，既得大木，不肯斲而小之。是以寧不受宮師之命，而必使學焉後臣之道，無愧於伊尹。寧不預平宋之功，而必使以德行仁之言，無負於孟軻。中統、至元之治，上有不世出之君，能表章其臣繼述往聖之志；下有不世出之臣，能贊襄其君憲章往聖之心，於是我元之宏規，有非三代以下有家國者之所可及矣。及大元貞、大德，高第弟子彬彬輩出，致位卿相，爲代名臣。皇慶、延祐之設科，子師敬叅預大政，以通經學古之制，一洗隋唐以來聲律之陋，致海内之士，非程朱之書不讀，又豈非其家學之效，見諸已試者歟？先生平時頗病文籍之繁，嘗曰：「聖人復出，必大芟而治之。」則周衰以來文勝之弊，尤將有以正救於其間，是豈淺之爲知者乎？

先生諱衡，字仲平，其先河内人。父通，避地河南，隱德弗耀。今贈銀青榮禄大夫、大司徒，追封魏國公，謚惠和。【略】大德元年，贈大司徒，謚文正。制詞有曰：「聖學方湮，惟洙泗之源是泝；嘉謀日告，非堯舜之道不陳。」至大三年，加贈太傅，追封魏國公。制詞有曰：「天非繼聖學之墜緒，則不生命世之大賢；國欲與王道以比隆，肆命爲蒸民之先覺。」姚文公燧作《祠堂記》則謂：「五百年必有王者興，其間必有名世者出，惟公足以當之。」蓋太祖皇帝建國丙寅，而先生生於己巳，上距宋慶元庚申朱子之卒，才十年。當興王之會，續傳道之業，必有數存焉。世祖嘗稱其論事多與太祖之言合，至取祖訓示之。玄生晚學陋，何以知先生，然誦諸儒之説，而想望其餘光焉。先生之道統，非徒托諸言語文字而已，蓋自謹獨之功，充而至於天德王道之藴。故告世祖治天下之要，惟曰王道，及問其功，則曰三十年有成矣。是以啓沃之際，務以堯舜其君，堯舜其民爲己任，由其真積力久，至誠交孚，言雖剴切，終無以忤。至於其身之進退，則凛若萬夫之勇，何可以利禄誘而威武屈也。晚年義精仁熟，躬萃四時之和，道出萬物之表，無事而静，則大空晴雲，卷舒自如，遇物而動，則雷雨滿盈，草木甲拆。事至而不疑，事過而無迹。四方之人聞之而知敬，望之而知畏，親之而知愛，遠之而知慕。求其所以然，則惟見其胷中磅礴浩大，人欲净盡，天理流行，動静語默，何往而非斯道之著形也。又嘗切論之，先生天資高出，固得不傳之妙於聖賢之遺經。然純篤似司馬君實，剛果似張子厚，光霽似周茂叔，英邁似邵堯夫，窮理致知，擇善固執似程叔子、朱元晦。至於體用兼該，表裏洞徹，超然自得於不動而敬，不言而信之域，又有濂洛數君子所未發者，宜夫抗萬鈞之勢而道不危，擅四海之名而行無毁。近代元豐之異論，熙寧之紛争，先生處之，豈有是哉？拜手稽首，銘曰：

世降邃古，大樸日雕。天吏不作，治教寂寥。帝恫我民，眷求有德。世祖齊聖，作其建極。臣有許公，身任斯道。爲仁肫肫，製作慥慥。昔公在野，世難荐臻。精義致用，屈蠖之信。心樂則顔，志任則伊。朝思夕維，天將啓之。朋來遠方，以辨以問。會融一貫，氷釋理順。世祖居潛，時號儒宗。多士既歸，切德日崇。召公起家，斯世將泰。灼之俊心，天地正大。既握乾符，尊履五位。利見大人，乃在九二。覃懷之居，軺車寔來。屢進亟退，求福不回。論議上所，容德休休。獻可替否，言直以遒。上曰仲平，汝左朕丞。其悉爾學，資朕股肱。惟誠惟一，以結主知。惟明惟哲，其止也時。初問伐國，對不以兵。上達公猷，不在宋平。官盛既稟，公恥素餐。敬事後食，匪爲苟難。近臣貴冑，世荷國寵。我淑以道，國收其用。小學功隳，大學陵節。我教多術，循循無越。雖聖有模，載範其驅。以步以趨，疇敢侮予。自古在昔，氣化推移。仁人之興，惟世盛衰。凡今有生，就司榮瘁。惟道爲大，與天罔墜。世祖繼天，惟天生賢。道統有任，民彝賴焉。有德有言，有子有孫。皇命作誄，貽厥永存。

蘇天爵《元朝名臣事略》卷八《左丞許文正公》 公名衡，字仲平，懷慶河内人。金大安己巳，生于河南新鄭寓舍。壬辰，北渡，隱居大名。遷居于衛。甲寅，京兆宣撫使廉公奉潛藩命來徵。乙卯，授京兆提學，辭不受。中統元年五月，應召北上。二年五月，授太子太保，力辭不受，改國子祭酒。九月，以疾辭歸。三年九月，應召北上。至元元年正月，辭歸。二年十月，應召北上，詔入省議事。四年正月，辭歸。十一月，應召北上。六年，奏定官制。七年正月，拜中書左丞，力辭，不允。八年四月，改集賢大學士兼國子祭酒。十年七月，以還葬辭歸。十三年七月，應召北上，修《授時曆》。十五年三月，授集賢大學士兼教領太史院事。十七年春，曆成。八月，辭歸。十八年三月，薨，年七十三。皇慶二年，詔與宋儒周、程、張、邵、司馬、朱、張、呂九人從祀夫子廟廷。

先生幼有異稟，賦性端慤，與羣兒嬉，即畫坐作進退周旋之節，羣兒莫敢犯。

年七八歲，受學於鄉師。時國家多事，學校廢弛，惟農隙之際，下第老儒會閭里正句讀，以糊口爾。先生凡三易師焉，所授書輒不忘。嘗問其師曰：「讀書欲何爲？」師曰：「應舉取第爾。」曰：「如此而已乎？」師大奇之。每從質句讀訓解，必問其旨義。師辭於父母曰：「此兒穎悟非常，它日必有過人者。流離之際，吾聊以遣日，豈能爲之師乎！」父母固請，而師卒遁去。亂後，先生知三師皆遇難而無後，每歲時設位祭之終身。祭酒耶律公撰《考歲略》。又云：先生十餘歲時，有道士欵其門，謂父母曰：「此兒骨清而神全，目光射人，當謹視之。苟非名冠天下，即當神游八表，馳騁方外者也，人間富貴不足道耳。但兩觀頗暗，清節有餘而安逸不足。惜乎父母俱不得見之。」

時歲飢，民食橡栗，或易子而食。先生聞人有書，即往求觀。父母危之，每與俱往，人厭其迂。《考歲略》。

時民間徭戍繁迫，舅氏適與縣史，先生從授吏事，參摭名議，考求立法用刑之原。久之，以應辦宣宗山陵，州縣追呼旁午，代舅氏分辦，因見執政，執政方怒，舅氏不敢見，及見先生應對，則以温言撫慰。及還，嘆曰：「民不聊生，而事督責以自免，吾不爲也。」遂不復詣縣，而決意求學。《考歲略》。

是時，國日以蹙，民皆轉徙，無從師授，亦無書籍。父母知世將亂，因欲稍知占候之術，以爲避難計，遂令與日者游。故於推步占候之家，見《尚書》疏義，皆散亂毀缺，先生凡三往，就宿其家，皆手録之。由是刻意墳典，孜求古者爲治爲學之序，操心行己之方，一言一行必質諸書。故雖亂離之際，人亦稍稍從學焉。《考歲略》。

亂後，先生隱居於魏。時竇默子聲以針術得名，累被朝廷徵訪，亦隱於魏，最知敬先生，每相遇，則危坐終日，出入經傳，泛濫釋、老，下至醫藥、卜筮、諸子百家、兵刑、貨殖、水利、算數之類，靡不研究。雪齋姚樞公茂方以道學自任，聞先生苦學力行，因過魏相與聚居，剖微窮深，忘寢與食。《考歲略》。

壬寅，雪齋隱蘇門，傳伊洛之學於南士趙仁甫，先生即詣蘇門訪求之，得伊川《易傳》，晦庵《論》、《孟集註》、《大學章句》、《中庸》、《或問》、《小學》等書，讀之，深有默契于中，遂一一手寫以還。聚學者謂之曰：「昔所授受，殊孟浪也。今始聞進學之序，若必欲相從，當悉棄前日所學章句之習，從事於《小學》，洒掃應對，以爲進德之基。不然，當求他師。」衆皆曰：「唯。」遂悉取向來簡帙焚之，使無大小，皆自《小學》入。先生亦旦夕精誦不輟，篤志力行，以身先之，雖隆冬盛暑不廢也。諸生出入，惴栗惟謹。客至，則歡然延接，使之惻然動念，漸濡善意而後出。《考歲略》。

己酉，先生年四十一，自得伊洛之學，冰釋理順，美如芻豢。嘗謂：「終夜以思，不知手之舞足之蹈。」是歲，有讀《易私言》，先生於《書》於《易》尤多致力。然每學者請問，則必使之從事於《小學》，卒未嘗以此語之也。《考歲略》。又耶律公《國學事跡》云：先生自得《小學》書，則主於此書，以開導學者。嘗寄其子書曰：「《小學》、《四書》，吾敬信如神明然。能明此，它書雖不治可也。」

庚戌春，先生力疾還鄉里，過衛，聞懷之政猶苛虐，遂止蘇門，與雪齋相比，以便講習，且爲還鄉之漸。辛亥，雪齋赴徵，先生獨處蘇門，始有任道之意。《考歲略》。

甲寅，王府徵教授京兆，遜于大名，使者訪焉，遂偕往。乙卯，廉公希憲宣撫關中，奏擬授先生京兆提學，仍給月俸，力辭不受，往返凡六七，不能强也。《考歲略》。

庚申，上正位宸極，應詔北行。至上都，入見，問所學，曰：「孔子。」問所長，曰：「虛名無實，誤達聖聽。」問所能，曰：「勤力農務，教授童蒙。」問科舉何如，曰：「不能。」上曰：「卿言務實，科舉虛誕，朕所不取。」七月，還燕。《考歲略》。

辛酉三月，應召至上都，時王文統秉政，深忌雪齋諸公，以先生素無因緣而弗憚也。及竇公力排其學術之非，必至誤國，文統始疑先生唱和其說。五月，授雪齋太子太師，竇公太子太傅，先生太子太保，外佯尊之，内寔不欲備顧問也。竇公既以言文統不中，欲依春宮以避禍，先生獨以爲不可，曰：「姑舍其不安於義者，且以一事言之。如中古以來，師傅與太子相見，則就西位東向，太子東位西向，公能爲此事否？不然，是師道自我而亡也。」雪齋亦贊其説，相與懷麻力辭於闕下，凡數日，始從其請。由是改授雪齋大司農，竇公翰林侍講學士，先生國子祭酒。既拜命，以疾辭。九月，得告南還，仍奉旨教授懷孟路子弟。《考歲略》。

壬戌九月，召至大都。先生居都下也，假館於道庵中，凡權貴豪右延請，皆不往，惟姚、竇二公時時相過，始終如一。《考歲略》。

中書左丞張公仲謙，由大名宣撫復入中書，好善最篤，自初見先生，屢請執弟子禮，先生拒之而止，一時賢俊多所薦拔，凡中原士夫頗依賴之。而公亦以復古進賢爲己任，每先生進退之際，必往返導達上意，挽之留之，冀有以不屑去也。然性褊數忤倖臣，故被譴責，至是遣人求言，先生貽書曰：「弔者在門，慶者在

閭，一倚一伏，孰知其初？君子存誠，克己就義，始若甚難，終知甚易。可委者命，可憑者天，人無率爾，事不偶然。舍苗不耘，固爲有害，助而揠之，其害愈大。既徵於色，又發於聲，天道無他，庸玉汝成。」《考歲略》。

至元元年正月，懇辭還懷州。六月，迅雷起中堂，時卜築於此而未遷也。先生與一二從者視役其下，雷雨驟至，火光滿室，壜匠從者皆昏仆，而先生弗動也。《考歲略》。

二年十月，召至大都，即陳雷震不宜入見，上不許。十二月，奉旨入省議事，先生以疾辭。丞相安童素聞先生名，心慕之，乃就訪於行館，及還，心悅誠服，念念不釋者累日，謂左右曰：「若輩自謂相去幾何？蓋什百而千萬也，是豈繒繳之可及耶！」翼日，先生與丞相答禮。《考歲略》。

三年春二月，召至檀州後山，面奉德音：「寶漢卿獨言王以道，當時汝何爲不言？豈孔子教法使汝若是耶？汝不遵孔子教法自若是耶？往者不咎，今後勿爾也。是云是，非云非，可者行，不可者勿行。我今召汝無他，省中事前雖命汝，汝意猶未悉，今面命汝。人皆譽汝，想有其實。汝之名分，其斟酌在我；國事所以無失，百姓所以得安，其謀謨在汝。謂汝年老未爲老，謂汝年小不爲小，正當黽勉從事，毋負汝平生所學。安童尚幼，苦未更事，汝謹輔導。汝有嘉謨，先告安童，以達於我，我將擇焉。」先生對曰：「聖人之道至大且遠，而學者所得有淺深。臣平生雖讀其書，所得甚淺。然既叨特命，願罄所知者言之，所不知者亦不能强也。安童聰明，且有執持，告以古人言語，悉能領解，臣所知者盡告之。但慮中有人間之則難行，外用勢力納入其間則難行。臣入省之日淺，淺見如此，未知是否。」《考歲略》。

夏四月，分省至上都，屢蒙訪問，遂奏陳時務五事。聖旨俞允，令「善寫以進，朕當詳之」。其一曰立國規模。歷論前代建國北方，奄有中夏，如魏如遼如金，能用漢法，故享國長久。今國家當行漢法，事在不疑。然萬世國俗，累朝勳貴，一旦驅之下從臣僕之謀，改就亡國之俗，其勢甚難，非三十年不能成功。齊一吾民，使之富實，興學校，練甲兵，隨時損益，裁爲定制，如臣等輩，皆足以任。此在陛下篤信而堅守之，不雜小人，不營小利，不責近効，不惑浮言，庶幾可以得天下之心，成至治之效。二曰中書大要。今仕者宜頒俸禄，使可資以爲養，未仕者宜明立條式，俾就銓叙，則失職之怨少紓矣。外設監司糾察汙濫，內由吏部考訂資歷，則踰分之求漸可息矣。再任三任，抑高而舉下，則人才爵禄可得而差次之矣。至於貴家世襲，品官任子，驅良户口之制，亦不可緩也。若夫得行與不得行，在上之委任者何如；而能行與不能行，在執政得人與不得人耳。其三曰爲君難。其目曰踐言，曰防欺，曰任賢，曰去邪，曰得民心，曰順天道，六者乃爲君難之目。舉其要，則脩德、任賢、愛民三者而已。此謂治本，治本立則綱紀可布，法度可行，治功可必矣。其四曰農桑學校。今國家徒知斂財之巧，不知生財之由。不惟不知生財，而斂財之酷，又害於生財也。徒知防人之欺，不知養人之善。欲其不欺，非衣食以養其生，禮義以養其心不可也。徒患法令之不行，不思法令無可行之地。上多賢才，皆思爲公，下多富民，皆知自愛，則令自行，禁自止。誠能優重農民，勿使擾害，盡毆游惰之民，歸之南畝，歲課種樹，懇諭而篤行之，十年以後，當倉盈庫積，非今日比矣。自上都、中都下及司縣，皆設學校，使皇子以至庶人之子弟，皆從事於學，日明父子君臣之大倫，自洒掃應對至於平天下之要道，十年以後，上知所以御下，下知所以事上，上和下睦，又非今日比矣。其五曰慎微。文多削稿。先生每有奏對，或欲召見，則上自擇善譯者，然後見之，或譯者言不逮意，上已領悟，或語意不倫，上亦覺其非而正之。至燕，先生以疾不復入省，因求還家養疾，許之。《考歲略》。

四年十一月，召至大都。六年，奉旨議官制。先生與左丞張公、贊善王公同奏官制，送入中書。先生歷攷古今設官分職之本，沿革之由，與夫上下統屬之序，其權攝增置、冗長倒置、行之有弊者，率皆不取，自省部郡縣體統之正，左右臺院輔弼之制，內外百司聯屬控制之差，后妃儲藩隆殺之防，悉圖爲定制以聞。其所以取捨，欲著成書而未暇也。《考歲略》。

七年正月，拜中書左丞。入見，奏事畢，辭於上前，不允。大槩以爲「臣之所以不敢承受者有三，一則臣一介書生，遽當大任，非動非舊，不足以服內外之人；二則無德無才，不能辨陛下責任之事；三則臣之所學迂遠，與陛下聖謨神算未盡吻合。陛下知臣未盡，信臣未至，直以虚名誤蒙采擢。臣若不自度，冒當聖眷，其旋致悔咎必矣。」上曰：「此事皆出朕意，無復多讓。」先生再三懇請，上命左右掖出，左右掖之曰：「有旨令先生出矣。」將至門，復還奏曰：「陛下令臣出，當出省去耶？」上曰：「出殿門爾。」爾後連日求辭，不允。《考歲略》。

夏五月，先生隨省赴上都，因具奏阿合馬專權無上，蠹國害民等事，渠由是銜之。或曰：「先生夜寢踈闊，無它防備，卒有横逆，柰何？」先生曰：「主上在此，何得敢爾。脫或有之，亦命也，人生不應有如許計校。」《考歲略》。又云：阿合

馬欲以其子典兵柄，先生以爲不可，謂「國家事權，兵民財三者而已。父位尚書省，典民與財，而子又典兵，太重。」上曰：「卿慮阿合馬反側耶？」先生曰：「此反側之道也。古者姦邪，未有不由如此者。」上以此語語西相，相詰先生曰：「公何以言吾反？」先生曰：「吾言前世反者皆由權重，君誠不反，何爲由其道？」相復之曰：「公實反耳。人所嗜好者，勢利爵祿聲色，公一切不好，欲得人心，非反而何？」先生曰：「果以君言得罪，亦無所辭。」

先生以病告辭，丞相安童不許，臺官孛羅奏聞，聖意憫惻，召其子師可入見，喻以舉官自代。先生奏：「用人者天子之柄，臣下泛論其賢否則可，若授之以政，則當斷自宸衷，不可使臣下有覬覦市恩之漸。」《考歲略》。

八年，授集賢大學士、國子祭酒。先生方居相府，丞相傳旨令教蒙古生四人，後又奉旨教七人，至是有旨令四方及都下願受業者，俱得預其列，即令南城之舊樞密院設學。《國學事跡》。

先生自開學，家事悉委其子師可，凡賓客來學中者，皆謝絶之。先生嘗謂：「學中若應接人事，諸生學業必有所妨。外人謗怒是我一己之事，諸生學業廼上命也。」日令家具早饍午饍，以老疾，日西不復食矣。先生時年六十有二，以宿疾當忌鹽肉濕麵三年，且以治法不可以補，而體力復不可於瀉，故日節飲食，未嘗敢至於飽，以爲飽則必有補邪氣也。然朝夕莅事，略無老人疲倦之意。《國學事跡》。

先生嘗謂：「蒙古生質朴未散，視聽專一，苟置之好伍曹中，涵養三數年，將來必能爲國家用。」乃奏召舊弟子散居四方者王梓、韓思永、蘇郁、耶律有尚、孫安、高凝、姚燧及其弟燉、劉季偉、吕端善、劉安中、白棟，皆驛致館下爲伴讀，欲其夾輔匡弼，薰陶浸潤而自得之也。或謂：「先生何不博選時俊，而獨用其門生？」曰：「我但教人而已，非用人也。方以我之拙學教人，它人從否，未可知也。」《國學事跡》。

先生欲以蒙古生習學算術，遂自唐堯戊辰距至元壬申，凡三千六百五年，編其世代歷年爲一書，令諸生誦其年數而加減之。《國學事跡》。

先生教諸生習字，必以顔魯公爲法，嘗曰：「古者民無所知，聖人御世，有以教之。然聖人不可久生於世，故制爲文字以記其言。文字之始義，取記言而已，後世習字書者多少話説。書固六藝之一，程先生謂：『一向好著，亦自喪志。』然其作字時甚敬，謂：『只此是學，此爲可法。』」《國學事跡》。

諸生讀書之暇，先生令蒙古生年長者，習拜及受宣拜詔儀，釋奠、冠禮時亦習之。小學生有倦意，令習跪拜、揖讓、進退、應對之節，或投壺習射，負者罰讀書若干遍。《國學事跡》。

先生説書，章數不務多，唯懇欵周折，若未甚領解，則引證設譬，必使通曉而後已。嘗問諸生：「此章書義若推之自身，今日之事有可用否？」大凡欲其踐行而不貴徒説也。先生嘗曰：「世謂能作文者可以驕人，至於能説書者亦可以驕人。諸生講書，但使之省解可也，何必要他會説。」及見學者能有疑問，先生喜氣溢于眉宇。嘗謂：「書中無疑看得有疑，有疑却看得無疑，方是有功。」《國學事跡》。

先生嘗曰：「敬敷五教在寬，君子以教思無窮，容保民無疆，則是爲教者當以寬容存心也。今日學中大體雖要嚴密，然就中節目須且寬緩。大槩人品不一，有夙成者，有晚成者，有可成其大者，有可成其小者，且一事有所長，必一事有所短，千萬不同，遽難以强之也。《學記》自一年離經辨志，至九年知類通達，强立而不反，其始終節次幾多積累，必不可以苟且致之。故教人不止各因其材，又當使隨其學之所至而漸進也。蓋教人與用人正相反，用人當用其所長，教人當教其所短。」《國學事跡》。

先生之教人也，恩同父子，義若君臣，因其所明，開其蔽而納諸善，時其動息而張弛之，慎其萌蘖而防範之。其日漸月漬，不自知其變也，日新月盛，不自知其化也。其言談舉止，望而知其爲先生弟子，卒皆爲世用也。《考歲略》。

先生嘗言：「爲學者治生最爲先務，苟生理不足，則於爲學之道有所妨。彼旁求妄進，及作官嗜利者，殆亦窘於生理之所致也。諸葛孔明身都將相，死之日，廪無餘粟，庫無餘財，其廉所以能如此者，以成都桑土、子弟衣食自有餘饒爾。治生者農工商賈而已，士君子多以農務爲生，商賈雖爲逐末，亦有可爲者，果處之不失義理，或以姑濟一時，亦無不可。若以教學與作官規圖生計，恐非古人之意也。」《國學事跡》。又云：歲時，諸伴讀以酒禮至先生家，先生辭曰：「所以奏取諸生者，蓋爲國家，爲吾道，爲學校，爲後進，非爲供備我也。夫爲官守學，所當得者俸禄也。俸禄之外，復於諸生有取焉，欲師嚴道尊難矣。」

國學之置，肇自許文正公。文正以篤實之資，得朱子數書於南北未通之日，讀而領會，起敬起畏。乃被遇世祖，純乎儒者之道，諸公所不及也。世祖聖明天縱，深知儒術之大，思有以變化其人而用之，以爲學成於下，而後進於上，或疏遠未即自達，莫若先取侍御貴近之特異者，使受教焉，則效用立見，故文正自中書罷政爲之師。是時，風氣渾厚，人材樸茂，文正故表章朱子《小學》一書以先之，

勤之以洒掃應對，以折其外，嚴之以出入游息，而養其中，掇忠孝之大綱，以立其本，發禮法之微權，以通其用。於是數十年，彬彬然號稱名卿才大夫者，皆其門人矣。嗚呼！使國人知有聖賢之學，而朱子之書得行於斯世者，文正之功甚大也。蜀郡虞公《文集》。又《牧庵文集》云：文正微時，于大名，于輝，于秦，于河内，以倡鳴斯道爲己任，諄諄私淑，少長不一其年也，鋭鈍不齊其才也，積多至數百人。聞之天聽，徵爲成均。俄拜左丞，歲餘辭免，復求成均。後其弟子繼司鼎鉉者將十人，卿曹風紀、二千石吏，棊錯中外者又十此焉。其於隆平之治，豈不少替乎。又《静庵筆録》云：許先生居燕中，從學者頗多，卒不見得許子之學者，然好學者固有之，而託名干禄者亦有之。

襄陽下，上欲遂有江南，先生以爲不可，其辭甚秘。《考歲略》。

十年，諸生廪餼不繼，稍稍引去。又權臣屢毁漢法，四月，召赴上都議事，面請還鄉里。上命衆議其去留，雪齋云：「先生出處關時世之汙隆，我輩不可强之，先生自處審矣，今日直當以聖賢待之。」遂合辭奏曰：「國學設立，于今三年，教道嚴謹，諸生學問進長。許某所以告辭之意，言爲年老殘疾，上世有數喪未葬，欲歸了此一事，其意甚哀，此係人子孝道之事，宜賜允從。」由是得告南歸。先生至懷，簡絶人事，常居山下，課僮僕，事耕墾。《考歲略》。

十三年七月，使者來召，議改曆。十七年二月，測驗已周，曆事告成。自先生入院，恩眷愈隆，上每北還，必問先生安否，病則賜藥賜杖。至是，入見，皆跪奏事，上令先生起，賜坐，勞問久之。六月，疾益進。八月，得請還家，就除師可懷孟路總管，以便供養。《考歲略》。

十八年春，先生疾甚，醫者診之曰：「偏陰偏陽謂之疾，今六脈皆平，先生其少瘳乎。」先生曰：「久病而脈平者不治，吾殆將不起矣。」遂不服藥。頃之稍間，適仲春祭祀，先生曰：「吾一日未死，可不有事於祖考乎！」遂力疾奠獻如禮。既徹，家人餕，怡如也。遂曳杖于門曰：「予心怦怦然。」瞑目坐，久之，曰：「死生何異，人精神能有幾，世事何時窮。」遂發嘆歌子朱子：「睡起林風瑟瑟，覺來山月團團。身心無累久輕安，況有清凉池館。句穩翻嫌白俗，情高却笑郊寒。蘭膏元自少陵殘，好處金章不换。」歌罷，奄然而逝。俄而雷電晦冥，大風拔木。城中老幼住哭其門，征商過客相信於途，雖農夫里婦亦嘆息焉。先生嘗語師可曰：「我平生虚名所累，竟不能辭官。死後慎勿請謚、立碑，必不可也，但書『許某之墓』四字，使子孫識其處足矣。賢耶不賢耶，碑於人何有。」至是，從其治命，葬而無碑。既葬，四方學者，有不遠數千里而來哭於墓者。蒲人王楫，年踰六十，衰絰赴葬，司賓者辭曰：「門人衰禮歟？」楫曰：「吾師也，術藝之師歟？賓主之師歟？吾猶懼乎報之無從，吾將以愧夫王通之門人耳！」先生去世，朝野識與不識，莫不哀傷，以爲斯道斯民之不幸。《考歲略》。

先生居家勤儉，强於自治，公愛兼盡，不嚴而整。閨門之内若朝廷然，與夫人敬氏相待如賓，而夫人謙順自牧，周旋道義，先生亦賴其内助焉。《考歲略》。

先生天資弘毅，卓然有守。其恭儉正直出於天性，雖艱危窮阨之際，所守益堅。好學不倦，聞一善言，見一善行，不啻飢渴，於利名紛華，畏若探湯，誠心自然，天下信之。建元以來，十被召旨，未嘗不起，然卒不肯枉尺直尋而去。每入奏對，以格君心爲己任，氣質雍容，誠敬交孚，言雖切直而卒無忤也。衛士或舉手加額曰：「是欲澤被生民，堯、舜其君者也。」至於進退出處之際，勇於就義，凛然不可以勢利誘而威武屈也。逮其晚年，義精仁熟，身被四時之和，道出羣物之表，四方聞之知敬，望之知畏，親之知愛，遠之知慕。蓋其胷中浩大，無一毫人欲之私，純乎天理之正。故其動静語默之際，周旋出入之頃，無往而非斯道之流行矣。《考歲略》。

先生著述，曰《小學大義》，乃甲寅歲在京兆教學者讀《小學》口授之語；曰《讀易私言》，是先生五十後所作；曰《孟子標題》，嘗以教其子師可；曰《四箴説》、《中庸説》、《語録》等書，乃雜出於衆手，非完書也。《考歲略》。

先生嘗戒其學者姚燧曰：「弓矢爲物，以待盗也，使盗得之，亦將待人。文章固發聞士子之利器，然先有能一世之名，將何以應人之見役哉。非其人而與之，與非其人而拒之，鈞罪也，非周身斯世之道也。」《牧庵文集》。

翰林承旨鹿庵王公磐，襟宇蓋世，少所許可，獨敬禮先生，每相語，則曰：「先生神明也，磐老矣，徒增愧縮爾。」及先生訃音至，則曰：「設若朝廷賜謚先生，非『文正』不可。後世有知先生者，不易磐之言矣。」《考歲略》。

先生居鄉里，凡喪葬一遵古制，不用二氏，懷州士夫家因以爲俗，四方聞風亦有效之者。每遇其徒，未嘗面詆其非，但從容款話，其人已不覺内愧發赤，或涕出，悔其陷溺之深也。近舍有德公者，年百餘歲，嘗謂先生曰：「老僧苦行百年，亦不能作佛，徒爲不孝之人，羞見祖宗於地下。但願勸小僧輩曷若還俗，以壽汝祖宗之嗣。」比化不度一人。《考歲略》。

鹿庵贊先生之像曰：「氣和而志剛，外圓而内方。隨時屈伸，與道翺翔。或躬耕太行之麓，或判事中書之堂。布衣蓬茅，不爲荒凉。珪組軒裳，不爲輝光。虚舟江湖，晴雲卷舒。尚友千載，誰與爲徒。管幼安、王彦方、元魯山、陽道州，

蓋異世而同符者也。」自關、洛大儒倡絶學於數千載之後，門人誦傳之，未能徧江左也。伊川殁二十餘年而文公生焉，繼程氏之學，集厥大成，未能徧中州也。文公殁十年而魯齋先生生焉，聖朝道學一脈，迺自先生發之。至今學術正，人心一，不爲邪論曲學所勝，先生力也。所以繼往聖開來學，功不在文公下。眉山劉公撰《文集序》。又《考歲略》云：先生平生嗜朱子學，不啻飢渴，凡指示學者，一以朱子爲主。或質以它説，則曰：「賢且專主一家，則心不亂。」及江左混一，始得閲其文，亦病其太多。

許衡《魯齋遺書》卷九附耶律有尚《行實》　公名衡，字平仲，懷慶河内人。金大安己巳，生于河南新鄭寓舍。壬辰，北渡，隱居大名，遷居于衛。甲寅，京兆宣撫使廉公奉潛藩命來徵。乙卯，授京兆提學，辭不受。中統元年五月，應召北上。二年五月，授太子太保，力辭不受，改國子祭酒。九月，以疾辭歸。三年九月，應召北上。至元元年正月，辭歸。二年十月，應召北上，詔入省議事。四年正月，辭歸。十一月，應召北上。六年，奉詔定官制。七年正月，拜中書左丞，力辭不免。八年四月，改集賢大學士兼國子祭酒。十年七月，以遷葬辭歸。十三年七月，應召北上，脩《授時曆》。十五年三月，授集賢大學士，兼教領太史院事。十七年春，曆成，八月辭歸。十八年三月薨，年七十三。皇慶二年，詔與宋儒周、程、張、邵、司馬、朱、張、呂九人從祀夫子廟庭。先生幼有異禀，賦性端慤，與群兒嬉，即畫坐作進退周旋之節，群兒莫敢犯。年七八歲，受學于鄉師。時金末，國家多事，學校廢弛，惟農閒之際，下第老儒會閭里，正句讀以糊口耳。先生凡三易師焉，所授書輒不忘。嘗問其師曰：「誦書欲何爲？」師曰：「應舉取第耳。」曰：「如此而已乎？」師大奇之，每從質句讀訓解，必問其旨義。師辭于父母曰：「此兒潁悟非常，他日必有大過人者。流離之際，吾聊以遣日，豈能爲之師乎？」父母固請，而師卒遁去。亂後，先生知三師皆遇難而無後，每歲時設位，祭之終身。

雜録

備録

王惲《秋澗先生大全文集》卷六八《中書左丞許公制》　朕究觀世數，灼見天心。粤惟有不世出之君，然後得大有爲之士。運符千載，道濟一時。中書左丞許某，爰自師儒，遂拜左相。用之不惟不重，學之不惟不深。貞一乃心，執持苦節；謀謨善斷，精識造微。既逢堯舜之明，用安社稷爲悦。君聖臣直，理明道尊。庶幾夷夏之安，風以詩書之教。衣冠萬國，雍容叔孫之儀；仁義一家，剴切魏徵之諫。在中統至元之治，有永淳貞觀之風。此其效焉，功可忘耳。而復養英材於國學，齊七政於璿璣。白首南歸，尚深北顧。憂來丘禱，歔欷柱石之衰；人去鑑亡，瀟洒風雲之契。感時懷德，想像其人，忍惜衈章，俾疏身後。可贈某官某謚，尚期窀穸，不昧欽承。

王惲《秋澗先生大全文集》卷八二《中堂事記下》　秋八月丁酉辛卯朔，徵君許衡授懷孟路教官。制曰：「許衡天資雅厚，經學精專。大凡講論之間，深得聖賢之奥。受罰者恐陳君所短，爲盜者畏王烈之知。所在向風，真堪正俗。可令於懷孟等處，選揀子弟俊秀者，舉歸教育，取作範模。再令董子帷前，有傳授之弟子；重使王通門下，皆經濟之名臣。毋喪斯文，以弼予治。」七日丁酉，許教官衡改授國子祭酒。其辭曰：「懿德素全，經學洞貫。視聽言動，皆合禮宜。進退周旋，舉皆中道。所在滿輿寇之屨，疇非趍董子之帷。宜處成均，以全樂育。可特授某官，務講明於。」天職。

王惲《秋澗先生大全文集》卷八六《論左丞許公退位奏狀》　臣聞賢者化之本，雲者雨之具。得賢而不用，猶久陰而不雨也。伏惟中書省，禮樂刑政，紀綱號令之所出，誠朝廷之大柄，中外之繫望也。丞轄之位，不宜用匪其人，使曠天職。

伏見左丞許公衡，師心大學，養氣至剛；獨立危言，清苦自守。挺然有蹇蹇匪躬之操，方之古人，不可多得。且自立中省，迄今十有二年，前後相臣，如衡竭盡者多矣，未若許之切直敢言，不以榮貴爲心者。本官正以遭不世之遇，當有爲之時，十餘年間，恩禮隆重，爰自布衣，擢置相位。計其初心，有盡瘁報國而已。然自輔政已來，雖中間有所建明，未聞以次施行者，以謂處任重責深之地，無涓埃補報之功，夙夜思維自慙焉。用是憂惶，疾日增劇。今者恐久妨賢路，故卧病不出，哀懇求退，至于再三。揆度其情，恐不特血氣爲病耳。

伏惟皇帝陛下，聖智天臨，明燭萬理，求治之心，亟若飢渴。一旦得臣如此，夫復何求。且君聖則臣直，虎嘯則風冽，氣所感召，理之固然。若是則國家之福，天下之幸也。如左丞許公者，伏乞時加體貌，置彼論思，庶使展盡底藴，以答

恩私。其於諫王體，斷國論，必能進盡忠言，有所廣益，以慰中外之望。誠未宜聽其去位，以塞忠諫之路也。臣職當言責，觸冒忌諱，惟陛下留神省督。

陶宗儀《南村輟耕録》卷二《徵聘》 中書左丞魏國文正公魯齋許先生衡，中統元年，應召赴都日，道謁文靖公静修劉先生因。謂曰：「公一聘而起，毋乃太速乎？」答曰：「不如此則道不行。」至元二十年，徵劉先生至，以爲贊善大夫。未幾，辭去。又召爲集賢學士，復以疾辭。或問之，乃曰：「不如此則道不尊。」

陶宗儀《南村輟耕録》卷七《雇僕役》 許魯齋先生在中書日，命牙儈雇一僕役，特選一能應對閑禮節者進，卻之曰：「特欲老實耳。」他日，領一蓬首垢面愚騃之人來，遂用之。儈請問其故，先生曰：「諺云：『馬騎上等馬，牛用中等牛，人使下等人。』馬上等能致遠，牛中等良善，人下等易馴。若其聰明過我，則我反爲所使矣。假如司馬温公家一僕，三十年止稱君實秀才，蘇子瞻學士來謁，聞而教之。明日，改稱大参相公，公驚問，以實告。公曰：『好一僕，被蘇東坡教壞了。』這便是樣子。」

馮從吾《元儒攷略》卷一 許衡，字平仲，號魯齋，懷之河內人。八歲從塾師，問：「讀書欲何爲？」師曰：「取科第耳。」曰：「如斯而已乎？」師大奇之。稍長，嗜學益篤，遭世亂，且貧，無書。聞人有善本，即往求觀，夜思晝誦，一言行必質之書。嘗暑中過河陽，渴甚，道旁有梨，衆争取啖。衡獨坐樹下自若，或問之，曰：「非其有而取之，非義也。」人曰：「世亂，此無主。」曰：「梨無主，吾心獨無主乎？」轉魯留魏，與竇默友善，自是出入經傳，汎濫釋老，下至醫卜、諸子百家、兵刑、貨殖、水利、算術，靡不研究，所至學者翕然師之。既還懷，會姚樞講學蘇門，衡同默往從之，始獲讀程朱諸書。遂幡然大悟，還謂學者曰：「昔所授受，殊孟浪也，今始聞進學之序矣。」取向來簡帙悉焚之，使無大小，皆自《小學》入。嘗與子書曰：「《小學》、《四書》，吾敬信如神明，能明此，雖他書不治可也。」已而移家蘇門，依樞以便誦習。樞被召，衡獨處，慨然以斯道爲己任，嘗曰：「綱常不可一日亡於天下。苟在上者無以任之，則下之責也。」凡喪祭嫁娶，必遵古禮。後學者益衆，家貧躬耕，處之泰然，歌誦之聲聞户外，如出金石者。

世祖出王秦中，以樞薦，召提學京兆，風化大行。世祖南還，懷比即位，召衡於家。上問所學，以學孔子對，尋請歸。已復召爲太子太保，衡力辭，改國子祭酒，謝病歸。未幾，除左丞，召議事中書省，請歸。又未幾，召定朝議官制，復請歸。後召以集賢大學士守國子祭酒，衡曰：「此吾事也。」乃請徵其弟子王梓、劉季偉、韓思永、耶律有尚、吕端善、姚燧、高凝、白煉、蘇郁、姚燉、孫安、劉安中十二人爲伴讀，夾輔薰陶。由是人人自得師尊敬業，下至童子，亦知三綱五常爲生人之道。教成，以改葬親喪歸。後又召以國子祭酒領太史院事，同王恂、楊恭懿等定曆。曆成，病歸。卒於家，年七十三。追封魏國公，謚文正。蒲人王楫，年踰六十，衰絰赴葬。司賓者辭曰：「門人衰禮歟？」楫曰：「吾師也，術藝之師歟，賓主之師歟，吾何懼乎？報之無從，吾將以媿無王通之門人耳！」其感人如此。

衡之學，一以朱子之言爲法，真知實踐，超然自得。其立朝，屢召屢辭歸。問伐宋，終不對，未嘗少貶所學以狥世，誠朱子之後一人而已。所著有《小學大義》、《讀易私言》、《孟子標題》、《四箴説》、《中庸説》、《語録》等書。皇慶初，詔從祀于廟廷。《元史》有傳。

張養浩《歸田類稿》卷五《奉元路魯齋書院三先生祠堂記》 皇上踐阼之五年，詔輟榮禄大夫、大都留守臣趙世延爲平章政事，行中書省四川。公既上，走書禮部尚書張某曰：「某向承匱西臺，嘗請建魯齋許文正公書院，翰林學士承旨程鉅夫記其成。重惟宋横渠先生張公，及我潛齋楊元復先生，皆奉元家。而魯齋雖非其鄉，以嘗主善安西路學，遂于書院中合祠三先生于一室，庶使前輩典刑，日遠日著。又以奉元故爲皇太后分地，啟賜經籍如干卷，學田七十畝，子其爲我具文諸石。」某辭再三。竊惟三先生出處事業，若或不同，然其道未始不一，要皆平昔願學聖人者。神宗初見横渠，問以治道，對曰：「爲治不法三代，終苟道也。」觀此，則先生所自任者可知，宜其卒與時相不合而去。我朝魯齋許文正公衡，其所陳於世祖皇帝前者，無非堯、舜、禹、湯治天下大經大法，三代以降，皆無所及。其與横渠先生所對，若出一轍。厥後力辭執政，出教國庠，未幾竟以疾去。而潛齋先生之于魯齋，則又且師且友者也。其道合氣同，相與維持人紀，左右斯文，發明正學，功于聖門，均爲不細。大抵世非無儒也，而克繼道統者少；人莫不學也，力行其所得者難。嗚呼，使後之用世者，皆如三先生之正學不雜，吾知雍熙之俗，有不難復。雖然，三先生之道，雖不能盡行于時，觀其著書立言，窮探聖賢隱微言外之旨，以詔後世，以繩前人，其視富貴一時者，豈直相距霄壤。此平章趙公所以肖像立祠，率一方士子歲時瞻仰奉奠者，其意豈不曰：「他時諸生達而在上，則當視三先生之事君；窮而在下，則當視三先生之處己。若乃于焉不務，惟事虛文，以爲規取仕進之計，是則三先生之罪人也。」故不敢不預爲諸生告之。

藝文

《國朝文類》卷一八王磐《魯齋先生畫像贊》 氣和而志剛，外圓而內方。隨時屈伸，與道翱翔。或躬耕太行之麓，或判事中書之堂。布褐蓬茅，不爲荒涼。珪組軒冕，不爲輝光。虛舟江湖，晴雲卷舒，上友千古，誰與爲徒？管幼安、王彥方、元魯山、陽道州，蓋異世而同符者也。

王惲《秋澗先生大全文集》卷二三《挽中書左丞魯齋許公》 經綸根極自朱程，小學從容到大行。安漢固當煩綺聘，要湯初不待伊烹。辯姦素有批鱗直，旌墓當書積善銘。兩夜天官臺下夢，分明危坐話平生。

王惲《秋澗先生大全文集》卷六六《中書左丞許公真贊》 古人以道濟爲任者，時雖見於行藏，心不間于微著。於皇先生，道深絜矩。以希聖爲心，律己爲度。上明君道之方，下易薄夫之慮。危言立朝，聞者悚懼。公于斯時，屹傾波之砥柱。非天下至誠，其孰能與？瞻拜公像，魁然真輔。奉璋峩峩，其儼而裕。至於體用一源，先後有叙，試以中元之治，較之見論思與機務。念公平生，其丹青可得而喻也耶？

姚燧《牧庵集》卷一《左丞許衡贈官制》 天非繼聖學之墜緒，則不生命世之大才；國欲與王道以比隆，肆用爲烝民之先覺。何物故之已久，尚人思之未忘。故資善大夫、中書左丞、集賢大學士兼國子祭酒、兼領太史院事許衡，玉裕而金相，準平而繩直。出處則惟義所在，言動亦以禮自持。休休焉有容，屬屬乎其敬。人能弘道，惟朝聞夕死之是期；我欲至仁，匪書誦夜思而不得。行己似秋霜烈日，化人如時雨和風。來席下之摳衣，滿户外者列屨。達簡在帝心者，率多丞弼；窮固守師説者，不失善良。鶴鳴九皐，而聲聞於高；鳳翔千仞，必德輝乃下。爰立相以堯君舜民之志，所告上皆《伊訓》《説命》之言。丹扆斥姦，少不避雷霆之軋擊；青臺治歷，本于筴日月而送迎。繇理窮而智益明，隨任使而職斯舉。今既亡矣，誰其嗣之。於戲，在爾身有垂没世之名，于朕心有失同時之恨。雖成廟納書以命謚，固已振木鐸之高風；而功臣胙土則未加，用申錫蜜章于下地。光靈如在，寵數其承。可贈正學垂憲佐運功臣、太傅、開府儀同三司，追封魏國公，仍謚文正。

許衡《許魯齋集》卷五附《贈榮禄大夫司徒謚文正公制》 上天眷命，皇帝聖旨：惟昔聖祖，圖任相臣，思與真儒，共成治效。故資善大夫、中書左丞、集賢太學士兼國子祭酒、教領太史院事許衡，以天民之先覺，膺巖石之具瞻。聖學方湮，惟洙泗之源是泝；嘉謨亦告，非堯舜之道不陳。斥奸志靖於熙朝，辭禄不忘於耕野。迎推日策，明曆象以授人時；樂育英才，居成均而教胄子。乃眷鈞樞之列，益昭模範之功。允爲裕考之賓師，宜副慈皇之渥命。爰申卹典，用賁元扃。道德博洽斯謂文，中立不倚斯謂正。既嘉名之載易，仍公秩之榮頒。上期有知，服兹無斁。可贈榮禄大夫、司徒、謚文正公。主者施行。大德元年十月。

胡祗遹《紫山大全集》卷四《輓許左丞魯齋》 憶昔朝廷求直言，奇謨偉畫爭後先。對病之藥不易得，大策與衆殊相懸。不從事事論得失，清流莫若先澄源。曰心曰性開聖學，敷陳詳悉登經筵。惟先格王正厥事，此心一片金石堅。當年羣儒那解此，迂闊譏議何綿綿。陶鈞高士惜未遂，沁南養疾桑麻田。聖情虛佇待可起，台星頓減清光圓。從今大政向誰問，賴有遺藁留長編。

《國朝文類》卷一一楊果《許衡爲懷孟教官制》 咨爾許衡，天資雅厚，經學精專。大凡講論之間，深得聖賢之奧。受罰者恐陳君所短，爲盜者畏王烈之知。所在向風，真堪正俗。可令於懷孟等處選揀子弟俊秀者，舉歸教育，取作範模。再令董子帷前，有傳授之弟子；重使王通門下，皆經濟之名臣。毋喪斯文，以弼予治。

《國朝文類》卷四八吕端善《祭魯齋先生文》 公之道在天地，德在人心，行義在朝廷，功業在後世者，章章表表，如日之在天，如泉之在地。爲門生者，不當以是瀆陳之，惟其私心之不能自已者，敢以告之。公之生，以扶人極、振人綱爲心，没而不應肯忘也。今人極其立乎，人綱其明乎？下土茫茫，豈無才良，間有作者，敢希厥成？言語不通，趨詣不同，聞望不崇，誠乎不隆。猷之雖遠，羣呼四訌。謂角而童，謂雌厥雄。使公而在，猷難厥終。公而已矣，疇能奏功？維蒙古生，嶷然古風。稔公之教在耳，蘊公之化于躬。雖所賦有厚薄，所得有纖穠，惟公擇其尤者，相之導之，以陰誘其衷。使之默識心通，視明聽聰，謀嘉慮忠，言行諫從，則可以鞏國家無疆之祚惟寧，永生民無疆之休惟洪。則我後人，于子于孫，亦叨居于至化之中。生也望於公，没也又望於公。于以見生民之心，望望於公者無窮也。

《國朝文類》卷四八許約《魯齋先生陞從祀祭文》 維皇慶二年六月十四日

癸酉，欽承綸旨，以先師文正公魯齋先生列于大成至聖文宣王從祀之位。門人許約等謹以清酌庶羞之奠，合辭而祭之曰：

自太極判而人文開，包羲作而卦畫始。備物以致天下之用，成器以爲天下之利。蓋肇乎乾坤者惟一理，盈乎宇宙者惟一氣。人倫由是而明，萬事以之而理。王之所以王，帝之所以帝。百世同符，有一無二。迄于周衰，篤生聖人。有德無位，遭時之屯。周流天下，而不我用，乃獨任乎斯文。明王道於已晦，振綱常而再新。顔曾再傳而得子思，至孟子獨不迷其津。泯泯棼棼，歷歲時之既久；承承繼繼，乃寥廓而無聞。迨乎有宋，是生周子。畫無極之大原，爲萬物之根柢。扶泰山已摧之巔，發千古不傳之祕。淵淵河洛，大暢斯旨。天理之微，人事之著，鬼神之幽，至于子朱子而大備。天眷皇元，我文正公寔有得於此也。合衆議而有歸，惟前賢之是證。既縷析而毫分，亦提綱而振領。盡小學之精微，爲後人之龜鏡。言仁義必本諸身，言道德必由乎性。動静必循乎禮，終始不忘乎敬。春風藹然，物我融會。氷壺瑩然，表裏輝映。出而佐時也，必欲底雍熙之和；進而事君也，必欲止唐虞之聖。事必探乎幾先，俟其久而乃應。言治亂之所生，盡天人之交勝。其高也入於無倫，其近也不離於日用。叙天工而振王綱，正人心而祈永命。觀其運用天理，而見諸行事者，欲名言而奚罄耶？

蓋嘗思之，以百年凝道德之身，千載繼絶學之志，由布衣而起田野，總庶官而宅百揆，明曆象以授人時，創辟雍而教冑子。忠言亹亹，氣不少衰；爲學孜孜，老而後已。蓋其所造者深，所積者廣，舉而措之事業者，獨高乎一世。非義精而仁熟，道全而德備者，疇克爾耶？宜乎聖天子念之不忘，崇以魏國之封，褒以文正之謚。又欲嘉惠後人也，乃命列于從祀之位。既相其子，又撫其孫，猶諄諄而不置也。况約等親出其門，提耳之言，面命之誨，天地純全，古人大體，朝焉夕焉，誘掖諄至，容聲謦欬，不遠伊邇。嗚呼，昊天罔極之恩，仰而思，俯而戚，曷其有既耶？

李齊賢《益齋集》卷二《許文貞公墓魯齋》 魏公懷粹德，倔起際風雲。絳灌雖同列，唐虞欲致君。辟雍方繪像，泉路久修文。慕藺嗟生晚，荒涼馬鬣墳。

宋濂《宋文憲公全集》卷三九《國朝名臣序頌・許文正公衡》 濂洛之學，傳自武夷。重徽疊照，日星昭垂。逮我許公，尊聞行知。若親摳衣，寒泉之麋。張皇幽眇，鳌析毫絲。如臯陶淑問，畢其情辭。如后羿注矢，不失其馳。既入閫域，遂升堂基。横經胄監，衿佩鏘如。祛其人私，牖其天彝。釋其偏歧，挽其九衢。德成材達，昭用於時。黼黻帝治，甄陶泰熙。明體適用，公實庶幾。無德弗報，四海祝尸。於乎許公，百世之師。

賽典赤贍思丁部

綜述

《元史》卷一二五《賽典赤贍思丁傳》 賽典赤贍思丁一名烏馬兒，回回人，別菴伯爾之裔。其國言賽典赤，猶華言貴族也。太祖西征，贍思丁率千騎以文豹白鶻迎降，命入宿衛，從征伐，以賽典赤呼之而不名。

太宗即位，授豐（靖）［淨］雲内三州都達魯花赤；改太原、平陽二路達魯花赤；入爲燕京斷事官。憲宗即位，命同塔剌渾行六部事，遷燕京路總管，多惠政，擢採訪使。帝伐蜀，賽典赤主饋餉，供億未嘗闕乏。

世祖即位，立十路宣撫司，擢燕京宣撫使。中統二年，拜中書平章政事，皆降制獎諭。至元元年，置陝西五路西蜀四川行中書省，出爲平章政事。莅官三年，增户九千五百六十五，軍一萬二千二百五十五，鈔六千二百二十五錠，屯田糧九萬七千二十一石，撙節和買鈔三百三十一錠。中書以聞，詔賞銀五千兩，仍命陝西五路四川行院大小官屬並聽節制。

七年，分鎮四川，宋將昝萬壽擁强兵守嘉定，與賽典赤軍對壘，一以誠意待之，不爲侵掠，萬壽心服。未幾，賽典赤召還，萬壽請置酒爲好，左右皆難之，賽典赤竟往不疑。酒至，左右復言未可飲，賽典赤笑曰：「若等何見之小耶。昝將軍能毒我，其能盡毒我朝之人乎。」萬壽嘆服。八年，有旨：大軍見圍襄陽，各道宜進兵以牽制之。於是賽典赤偕鄭鼎率兵水陸並進，至嘉定，獲宋將二人，順流縱筏，斷其浮橋，獲戰艦二十八艘。尋命行省事于興元，專給糧餉。

十一年，帝謂賽典赤曰：「雲南朕嘗親臨，比因委任失宜，使遠人不安，欲選謹厚者撫治之，無如卿者。」賽典赤拜受命，退朝，即訪求知雲南地理者，畫其山川城郭、驛舍軍屯、夷險遠近爲圖以進，帝大悦，遂拜平章政事，行省雲南，賜鈔五十萬緡、金寶無算。

時宗王脱忽魯方鎮雲南，惑於左右之言，以賽典赤至，必奪其權，具甲兵以爲備。賽典赤聞之，乃遣其子納速剌丁先至王所，請曰：「天子以雲南守者非

人，致諸國背叛，故命臣來安集之，且戒以至境即加撫循，今未敢專，願王遣一人來共議。」王聞，遽罵其下曰：「吾幾爲汝輩所誤。」明日，遣親臣撒滿、位哈乃等至，賽典赤問以何禮見，對曰：「吾等與納速剌丁偕來，視猶兄弟也，請用子禮見。」皆以名馬爲贄，拜跪甚恭，觀者大駭。乃設宴陳所賜金寶飲器，酒罷，盡以與之，二人大喜過望。明日來謝，語之曰：「二君雖爲宗王親臣，未有名爵，不可以議國事，欲各授君行省斷事官，以未見王，未敢擅授。」令一人還，先稟王，王大悦。由是政令一聽賽典赤所爲。

十二年，奏：「雲南諸夷未附者尚多，今擬宣慰司兼行元帥府事，並聽行省節制。」又奏：「哈剌章、雲南壤地均也，而州縣皆以萬户、千户主之，宜改置令長。」並從之。十三年，以所改雲南郡縣上聞。雲南俗無禮儀，男女往往自相配偶，親死則火之，不爲喪祭。無秔稻桑麻，子弟不知讀書。賽典赤教之拜跪之節，婚姻行媒，死者爲之棺槨奠祭，教民播種，爲陂池以備水旱，創建孔子廟明倫堂，購經史，授學田，由是文風稍興。雲南民以貝代錢，是時初行鈔法，民不便之，賽典赤爲聞于朝，許仍其俗。又患山路險遠，盜賊出没，爲行者病，相地置鎮，每鎮設土酋吏一人、百夫長一人，往來者或值劫掠，則罪及之。

有土吏數輩，怨賽典赤不已，用至京師誣其專僭數事。帝顧侍臣曰：「賽典赤憂國愛民，朕洞知之，此輩何敢誣告！」即命械送賽典赤處治之。既至，脱其械，且諭之曰：「若曹不知上以便宜命我，故訴我專僭，我今不汝罪，且命汝以官，能竭忠自贖乎？」皆叩頭拜謝曰：「某有死罪，平章既生之而又官之，誓以死報。」

交趾叛服不常，湖廣省發兵屢征不利，賽典赤遣人諭以逆順禍福，且約爲兄弟。交趾王大喜，親至雲南，賽典赤郊迎，待以賓禮，遂乞永爲藩臣。

蘿槃甸叛，往征之，有憂色，從者問故，賽典赤曰：「吾非憂出征也，憂汝曹冒鋒鏑，不幸以無辜而死；又憂汝曹劫虜平民，使不聊生，及民叛，則又從而征之耳。」師次蘿槃城，三日不降，諸將請攻之，賽典赤不可，遣使以理諭之。蘿槃主曰：「謹奉命。」越三日又不降，諸將奮勇請進兵，賽典赤又不可。俄而將卒有乘城進攻者，賽典赤大怒，遽鳴金止之，召萬户叱責之曰：「天子命我安撫雲南，未嘗命以殺戮也。無主將命而擅攻，於軍法當誅。」命左右縛之，諸將叩首，請俟城下之日從事。蘿槃主聞之曰：「平章寬仁如此，吾拒命不祥。」乃舉國出降。將卒亦釋不誅。由是西南諸夷翕然款附。夷酋每來見，例有所獻納，賽典赤悉

分賜從官，或以給貧民，秋毫無所私；爲酒食勞酋長，製衣冠襪履，易其卉服草履。酋皆感悦。

賽典赤居雲南六年，至元十六年卒，年六十九，百姓巷哭，葬鄯闡北門。交趾王遣使者十二人，齊絰爲文致祭，其辭有「生我育我，慈父慈母」之語，使者號泣震野。帝思賽典赤之功，詔雲南省臣盡守賽典赤成規，不得輒改。大德元年，贈守仁佐運安遠濟美功臣、太師、開府儀同三司、上柱國、咸陽王，謚忠惠。

曾廉《元書》卷四七《賽典赤贍思丁傳》　賽典赤贍思丁，一名烏馬兒，回回人，別庵伯爾之裔，於國爲貴族，彼曰賽典赤，華言貴族也。太祖西征，帥千騎以文豹、白鶻迎降，命入宿衛，從征伐，以賽典赤呼之而不名。

太宗即位，累遷燕京斷事官。憲宗立，命行六部事，遷燕京總管，多惠政，擢采訪使。憲宗伐蜀，主餉饋，未嘗闕乏。世祖即位，擢燕京宣撫使。中統二年，拜平章政事。至元元年出行陝西、四川省事涖官。三年，户賦日增，詔褒賞之命，竝節制行院。七年，分鎮四川，宋將昝萬壽守嘉定，賽典赤與對壘，一以誠意待之，不爲侵掠。賽典赤被召還，萬壽請置酒爲好，左右皆難之，賽典赤竟往不疑。酒至，左右復言未可飲，賽典赤笑曰：「若等何見之小耶？昝將軍能毒我，其能盡毒我朝之人乎？」萬壽歎服。八年，命行省事於興元，專給糧餉。

十一年，帝謂賽典赤曰：「雲南，朕嘗親臨，比因委任失宜，使遠人不安。欲選人撫治之，宜莫如卿。」賽典赤拜受命，即訪知雲南地理者，圖其山川城郭、驛舍軍屯、夷險遠近以進，帝大悦，遂以平章政事行省雲南，厚賜無算。時宗王脱忽魯方鎮雲南，惑於左右之言，恐奪其權，具甲兵以爲備。賽典赤乃遣其子納速剌丁先至王所，請曰：「天子以雲南守者非人，致諸國背叛，故命臣來安集之。今未敢專，願王遣一人來共議。」王聞，遽罵其下曰：「吾幾爲汝輩所誤。」明日，即遣親臣撒滿、位哈乃至。賽典赤問以何禮見，對曰：「吾等與納速剌丁偕來，視猶兄弟也，請見以子禮。」皆以名馬爲贄，拜跪甚恭。乃設宴陳所賜金寶飲器，酒罷，盡以予之。二人大喜過望，明日來謝，語之曰：「二君雖宗王親臣，然未有名爵，不可以議國事。欲各授行省斷事官，又未敢擅。」令一人還，先稟王。王大悦，由是政令一出賽典赤。

十二年，奏宣慰司兼行元帥府事，竝聽行省節制。又奏改萬户、千户，置令長，竝從之。雲南俗，男女自相配偶，親死則火之，不爲喪祭，無秔稻桑麻，子弟不知讀書。賽典赤教之拜跪之節，婚姻行媒，死者爲之棺槨奠祭。教民播種，爲陂池以備水旱。創建孔子廟明倫堂，講經史，授學田，由是文風稍稍興矣。雲南民以貝代錢，時初行鈔法，民不便之，賽典赤爲聞於朝，許仍其俗。又患山路險遠，盜賊出没，爲行者病。相地置鎮，每鎮設土酋吏一人、百夫長一人，往來有值，刧掠則罪及之。有土吏數輩怨不已用，至京師誣其專僭數事，帝曰：「賽典赤憂國愛民，朕洞知之，敢誣告耶？」即命械還雲南治之。至則脱其械，且諭之曰：「若曹不知帝以便宜命我，敢訴我專僭。今不汝罪，且命以官，能竭忠自贖乎？」皆叩頭謝，誓以死報。

蘿槃甸叛，往征之，有憂色。從者問故，對曰：「我非憂出征也，憂汝曹冒鋒刃，不幸以無辜而死。又憂汝曹刧虜平民，使不聊生，及民叛，則又從而征之耳。」師次蘿槃城，三日不降，諸將請攻之，賽典赤不可，遣使以理諭之。蘿槃主曰：「謹奉命。」越三日，又不降，諸將奮勇請進兵，又不可。俄而將卒有乘城進攻者，賽典赤大怒，遽鳴金止之，召萬户責曰：「天子命我安撫雲南，不命以殺戮也。無主將命而擅攻耶？」命縛之。蘿槃主聞之，曰：「平章寬仁如此，吾拒命不祥。」乃舉國出降，將卒亦皆釋之。由是，西南諸夷翕然款附。其酋每來見，例有所獻納，賽典赤悉分賜從官，或以給貧民。爲酒食勞酋長，制衣冠襪履，易其卉服草履，酋皆感悦。

居雲南六年，薨，百姓巷哭，葬鄯闡北門。帝思賽典赤功，詔雲南省臣盡守其成規焉。大德初，贈守仁佐運安遠濟美功臣、太師、開府儀同三司、上柱國、咸陽王，謚忠惠。

魏源《元史新編》卷三二《贍思丁傳》　贍思丁一名烏馬爾，回回人，別庵伯爾之裔。其國以別庵伯爾爲聖祖，故其子孫世號賽典赤，猶華言貴族也。

太祖西征，贍思丁率千騎以文豹、白鶻迎降，命入宿衛，從征伐，以賽典赤呼之而不名。太宗即位，授豐、淨、雲内三州都達魯花赤，改太原、平陽二路達魯花赤，入爲燕京斷事官。憲宗伐蜀，主饋餉供億。

世祖即位，立十路宣撫司，擢燕京宣撫使。中統二年，拜中書平章。至元元年，置陝西四川行中書省，出爲平章。莅官三年，增户九千，軍二千，鈔六千錠，屯田糧九萬七千石。中書以聞，詔賞銀五千兩，陝西五路四川行院大小官屬并聽節制。

七年，分鎮四川，宋將昝萬壽擁强兵守嘉定，兩軍對壘，一以誠意待之，不爲侵掠，萬壽心服。未幾，召還，萬壽請置酒爲好，左右皆難之，贍思丁竟往不疑，

酒至，左右復言未可飲，贍思丁笑曰：「若等何見之小邪！昝將軍能毒我，其能
盡毒我朝之人乎！」萬壽嘆服。
八年，大軍圍襄陽，命各道進兵牽制。贍思丁偕鄭鼎率兵水陸并進，至嘉
定，順流縱筏，斷其浮橋，獲戰艦二十八艘。尋命行省事興元，專給糧餉。
十一年，帝以雲南委任失宜，使遠人不安，命贍思丁往撫治。退朝，即訪求
知雲南地理者，畫其山川城郭，驛舍軍屯，夷險遠近，爲圖以進。帝大悦，遂拜平
章行省雲南，賜鈔五十萬緡，金寶無算。
時宗王脱忽魯方鎮雲南，惑於左右之言，以贍思丁至必奪其權，具甲兵爲
備。贍思丁聞之，乃遣其子納速剌丁先至王所，請曰：「天子以雲南守者非人，
致諸國背叛，故命臣來安集之，且戒以至境即加撫循。今未敢專，願王遣一人來
共議。」王聞，遽罵其下曰：「吾幾爲汝輩所誤。」明日，遣親臣二人至，贍思丁問
以何禮見，對曰：「吾等與納速剌丁偕來，視猶兄弟也，請用子禮見。」皆以名馬
爲贄，拜跪甚恭，觀者大駭。乃設宴，陳所賜金寶飲器，酒罷，盡以與之，二人大
喜過望。明日來謝，語之曰：「二君雖爲宗王親臣，未有名爵，不可議國事，欲各
授君行省斷事官，以未見王，未敢擅授。」令一人還，先稟王，王大悦，由是政令一
聽所爲。
十二年，奏：「雲南諸夷未附者尚多，今擬宣慰司兼行元帥府事，并聽行省
節制。」又奏：「哈剌章、雲南壤地均也，而州縣皆以萬户、千户主之，宜改置令
長。」并從之。十三年，以所改雲南郡縣上聞。雲南俗無禮儀，男女自相配偶，親
死則火之，不爲喪祭。無粳稻桑麻，子弟不知讀書。乃教以拜跪之節，婚姻行
媒，及棺椁奠祭之禮。又教民播種，爲陂池備水旱。創建孔子廟明倫堂，購經
史，授學田，由是教養日興。雲南民以貝代錢，行鈔不便，請許仍其俗。又患山
路險遠，盜賊出没，相地置鎮，每鎮設土官、百夫長各一人。行旅被劫掠，則罪
之。有土吏數輩，怨不見用，至京師，誣其專僭數事，帝顧侍臣曰：「贍思丁憂國
愛民，朕洞知之，此輩何敢誣告！」命械送雲南處治。贍思丁脱其械，諭之曰：
「若曹不知上以便宜命我，故訴我專僭。我今不汝罪，且命汝以官，能竭忠自贖
乎？」皆叩頭拜謝，誓以死報。
交趾叛服不常，湖廣省發兵屢征，不利。贍思丁遣人諭以逆順禍福，且約爲
兄弟。交趾王大喜，親至雲南，贍思丁郊迎，待以賓禮，遂乞永爲藩臣。
蘿槃甸叛，往征之，有憂色，從者問故，贍思丁曰：「吾非憂出征也，憂汝曹

冒鋒鏑，不幸以無辜而死；又憂汝曹劫虜平民，使不聊生，及民叛，則又從而征
之耳。」師次蘿槃城，三日不降，諸將請攻之，贍思丁不可，遣使以理諭之，蘿槃主
奉命。越三日，又不降，諸將奮請進兵，贍思丁又不可。俄而將卒有乘城進攻
者，贍思丁大怒，遽鳴金止之，召萬户叱責之曰：「無主將命而擅攻，於軍法云
何？」命左右縛誅之，諸將叩首，請俟城下日從事。蘿槃主聞之，曰：「平章寬仁
如此，吾拒命不祥。」乃舉國出降，將卒亦釋不誅。由是西南諸夷翕然款附。夷
酋每來見，例有獻納，悉分賜從官，或以給貧民，秋毫無所私。酋長至，勞以酒
食，賜衣冠襪履，易其卉服草屨，酋皆感悦。
鎮雲南六年，卒。百姓巷哭，葬鄯闡北門。交趾王遣使者十二人，齊經爲文
致祭，其辭有「生我育我，慈父慈母」之語，使者號泣震野。帝思其功，詔雲南省
臣盡守成規，不得輒改。追封咸陽王，謚忠惠。

雜録

備録

王惲《秋澗先生大全文集》卷八二《中堂事記下》 是日，燕京路宣撫賽典只
兒、回紇之有良德者，自云世家，同中國孔子宗系，累朝爲斷事官，輕財安民，甚有人望，後以
平章政事終於雲南。貞定宣撫劉肅授吏、户、禮三部尚書
十七日丁丑，大司農左三部尚書賽典只改授平章政事，制辭曰：「兩朝眷
遇，凡事精勤。常辦集於軍前，能經營於意外。欲旌成績，宜處台司；當奉至
公，用遵大體。盡爾贊襄之力，副予委任之誠。」至於辦集經營，當時論者謂於公
甚爲切當。公遂置酒，重以潤筆爲答，惲謝不敏。

錢大昕《十駕齋養新録》卷九《祖孫同號》 賽典赤，回回貴族之稱。贍思丁
爲中統、至元名臣，紀傳皆稱賽典赤而不名。其孫伯顏，事成宗爲平章政事。
《宰相表》至元三十年至大德七年，俱有平章賽典赤名。惟元貞二年，平章有伯
顏，無賽典赤。蓋賽典赤即伯顏，非兩人也。蓋襲其祖之號。

《天啟滇志》卷二四趙子元《賽平章德政碑》 嘗謂名者實之對。實者，本

也；名者，末也。蓋求名而得名者，名愈衰；不求名而自名者，實愈著。大凡智者所爲，貴於無迹，雖欲不顯其名，而名有不得而泯者，是皆實之著也。榮禄大夫雲南諸路行中書省平章政事賽公，本烏孫國師之後。早遇太祖，功聞五朝，政事舒徐，德量寬大。不求名而名自顯，誠得宰輔之體。即其本而觀之，其於實之功也，可謂至矣。

至元甲戌，帝乃嘆曰：「雲南勝地，極在遐荒。自朕親臨，率兵歸附，迄今役屬二十餘年。撫恤之心雖切于己，而下民之志亦尚未安。今欲得人，以革其弊。」公奉天子命，領諸夷藩。以納速剌丁、月忽乃爲斷事官，楊璉爲左右司郎中，塔木丁爲員外郎，梁曾、侯瑞爲都事。所司之土，東接宋境，西距蒲甘，北抵吐蕃，南届交趾。地方千里，總隸一百餘州，凡二十餘路，皆公之所攝焉。

是歲七月，抵大理，下車莅政，風動神行。詢父老諸生利國便民之要。中慶、大理兩設提舉，令王榮午、趙子元充其職。中慶首建文廟，歲祀於春秋二丁，仍收置儒籍。識者度公之心，皆謂學校之事似乎寬緩，公臨事之，始而先之者，何也？殊不知國家政事典則，紀綱法度，軍旅刑措之事，未嘗不自文學而始，今公先其所當爲而爲之，使南方之人舉知風化，公可謂得實之本矣。繇是省徭役，招散亡，恤鰥寡，興儒教，備水旱災，禮接賢士，削去冗官，建屯田，制楮幣，設路食以待勞民，薄征税以廣行旅，飢寒者得以衣食，流散者得以撫綏。凡興利除害之事，知無不爲。與夫建省堂，築驛館，導水治橋，興市井，皆候農隙，悦以使民，民忘其勞。凡結怨於已者，公悉以恩待之。忠厚之風，洋洋盈耳，當時號爲易治。

十二年冬，羅槃甸蠻，自昔聲教之所不及者，據險恃愚，屢逆使命。公乃徂征，傳於城下，我師四圍，其勢欲破，謂諸將曰：「力攻不如德降。」諸將曰：「蠻夷不可以仁義化，乘勢而攻，殄無遺育，必無後顧之憂。」公曰：「不然，我聖主好生惡殺之心，臣下體而行之，職也。」數日城果下，諸酋長各賫金、馬、幣、帛以貢。公命僚佐郎中楊璉安諭以西餘城，和泥諸部望風屈膝。十三年秋，遣使賫檄招誘廣南溪洞。是時，儂士貴及左江李惟屏、右江岑從威等二千人，合執土物納款，公以新降不受。降者拜首再三，僅受以領其意。及歸，濃賞厚禄，以旌其勤。是歲，廣中降者八十餘州，籍四十萬户。東招靖江，南開廣道，不勞一矢而安定。十四年春，蒲甘遣大將釋多羅伯，副以裨將五人，士卒、象、馬以萬數計，剽掠金齒。飛書求救，公命萬户忽都、總管段信苴等釋圍，而蒲兵始解。自後蒲甘不敢犯風，金齒得以安者，皆公之良計也。初，昆明池口塞，水及城市，大田廢棄，正途壅底。公命大理等處行巡勸農使張立道，付二千役而決之，三年有成。噫嘻！公今之治南詔，亦猶昔之治西秦也。長安之人曾勒碑以記其德，公之用心，可謂至矣。經綸既緒，凡有功於王事者，公遣使聞奏朝廷，莫不稱旨。擢阿魯與納速剌丁爲雲南諸路宣慰使都元帥，楊璉爲宣慰使副都元帥，月忽歹、忽你赤、阿合八失爲招討使，愛魯爲宣撫使。總管段信苴等，特加恩賜。張立道爲中慶總管。各賜虎符、金銀符，宣敕者二百餘人，以旌其功。

傳曰：「物有本末，事有終始。知所先後，則近道矣。」吾嘗論名實之辨，而有感於公。故公能開疆辟土於不毛，而不能勒勛於銅柱。使南荒之人，感恩於肺腑，而不能繪像於公朝。此公之所能者，實也；其所不能者，名也。是以何武居官，無赫赫名，去而人皆思之。蓋公之治，貴不顯而名自定。是皆精誠實德，有以動民之心，而不在於求名之迹者，有以然也。公之實迹，已昭著於宇宙，雖紀之金石，歌之聲詩，未足以發明其萬一。而公之名，雖三尺之童亦知之，又何待之揄揚而後顯哉！然國人不起甘棠之咏，似有愧於召公；黄童不爲騎竹之迎，豈無慚於郭伋。吾儕小人，舍本逐末，釣名干譽，視公寧不愧邪！邦人父老，感公之德，銘之琬琰，以示不忘。

銘曰：公實在己，公名在人。己既無慊，人何足詢。爲政以德，澤民以仁。南方生齒，親之若親。遠人向化，臣其末臣。昔號難治，公來舉醇。豐功偉迹，南詔西秦。追之金石，永示無垠。

藝文

王惲《秋澗先生大全文集》卷六七《追謚賽平章制》 制曰：人臣罄奉上之忠，恩卹奚分於今昔；國家有飾終之典，光揚亦賴於子孫。於惟閥閲之家，況復風雲之契。某官某，儀刑西域，柱石中朝。以文武之長材，蘊經綸之大業。爰從潛邸，早識英資。而又圖回每沃於淵衷，度量獨高於天下。四川分陝，朝廷無西顧之憂；六詔行臺，郡縣奠南服之理。福星霖雨，動應時祥；和氣嘉聲，撫綏殊俗。念匪躬而盡瘁，每當饋以興哀。朕祇奉先猷，循思遠節。位兼將相，德全始終。況爾孫支，光繩家訓，弼予孝治，進貳文昌。用推錫類之恩，寵以上公之號。

於戲，鑄金圖像，豈惟專職於前賢；告第頒書，尚冀傳芳於來世。可贈某官某謚，英爽不昧，其克欽承。

王惲《秋澗先生大全文集》卷六七《賽平章國夫人誥》 國治固先於家齊，古今匪易；婦秩諒從於夫貴，典禮攸宜。某官夫人某氏，婉自名家，嬪我賢輔。循法度而供壺職，以恭儉而相夫勞。委佗儼象服之尊，恭懿融管彤之美。以正以順，如山如河。主饋宜家，綿休積慶。夫延登於鼎胙，孫進貳於文昌。不以輝稱，曷彰內助。仍易小君之號，榮偕品極之封。於戲！德容尚肅於舊儀，誥鸞有煥；脂澤光載於故壠，世祚彌昌。可封某國太夫人，謚某號，主者施行。

元世祖部

綜述

《元史》卷四《世祖紀一》　世祖聖德神功文武皇帝，諱忽必烈，睿宗皇帝第四子。母莊聖太后，怯烈氏。以乙亥歲八月乙卯生。及長，仁明英睿，事太后至孝，尤善撫下。

歲甲辰，帝在潛邸，思大有爲於天下，延藩府舊臣及四方文學之士，問以治道。

歲辛亥，六月，憲宗即位，同母弟惟帝最長且賢，故憲宗盡屬以漠南漢地軍國庶事，遂南駐爪忽都之地。

歲壬子，帝駐桓、撫間。

夏六月，入覲憲宗於曲先惱兒之地，奉命帥師征雲南。

歲癸丑，受京兆分地。

夏，遣王府尚書姚樞立京兆宣撫司，以孛蘭及楊惟中爲使，關隴大治。

秋八月，師次臨洮。

九月壬寅，師次忒剌，分三道以進。

冬十月丙午，過大渡河，又經行山谷二千餘里，至金沙江，乘革囊及栰以渡。

十一月辛卯，復遣玉律朮等使大理。

十二月丙辰，軍薄大理城。帝既入大理，曰：「城破而我使不出，計必死矣。」己未，西道兵亦至，命姚樞等搜訪圖籍，留大將兀良合帶戍守，以劉時中爲宣撫使，與段氏同安輯大理，遂班師。

歲甲寅，夏五月庚子，駐六盤山。

秋八月，至自大理，駐桓、撫間，復立撫州。

冬，駐爪忽都之地。

歲乙卯，春，復駐桓、撫間。

冬，駐奉聖州北。

歲丁巳，春，憲宗命阿藍答兒、劉太平會計京兆、河南財賦，大加鉤考，其貧不能輸者，帝爲代償之。

冬十二月，入覲于也可迭烈孫之地，議分道攻宋，以明年爲期。

歲己未，春二月，會諸王于邢州。

秋七月甲寅，次汝南，命大將拔都兒等前行，備糧漢上，戒諸將毋妄殺。命楊惟中、郝經宣撫江淮，必闍赤孫貞督軍須蔡州。

八月丙戌，渡淮。辛卯，入大勝關，宋戍兵皆遁。壬辰，次黄陂。

九月壬寅朔，親王穆哥自合州釣魚山遣使以憲宗凶問來告，且請北歸以繫天下之望。帝曰：「吾奉命南來，豈可無功遽還？」甲辰，登香爐山，俯瞰大江。宋以大舟扼江渡，帝遣兵奪二大舟。乙巳遲明，至江岸，與宋師接戰者三，殺獲甚衆，逕達南岸。己酉，抵鄂，屯兵教場。庚戌，圍鄂。

冬十月辛未朔，移駐烏龜山。

十一月丙辰，移駐牛頭山。丁卯，發牛頭山，聲言趨臨安，留大將拔突兒等帥諸軍圍鄂。

閏月庚午朔，還駐青山磯。辛未，臨江岸。宋賈似道遣宋京請和。是日，大軍北還。己丑，至燕。

是冬，駐燕京近郊。

中統元年春三月戊辰朔，車駕至開平。辛卯，帝即皇帝位。

夏四月戊戌朔，立中書省，以王文統爲平章政事，張文謙爲左丞。辛丑，以即位詔天下。

丁未，以翰林侍讀學士郝經爲國信使，翰林待制何源、禮部郎中劉人傑副之，使于宋。是月，阿里不哥僭號于和林城西按坦河。

五月丙戌，建元中統。

乙未，立十路宣撫司。徵諸路兵三萬駐燕京近地。

六月乙丑，以石長不爲大理國總管，佩虎符。詔十路宣撫司造戰襖、裘、帽，各以萬計，輸開平。高麗國王王倎遣其子永安公僖、判司宰事韓即來賀即位，以國王封册、王印及虎符賜之。

秋七月，詔造中統元寶交鈔。立互市于潁州、漣水、光化軍。宋兵攻邊城，詔遣太丑、怯列、忙古帶率所部，合兵擊之。帝自將討阿里不哥。

八月己酉，立秦蜀行中書省，以京兆等路宣撫使廉希憲爲中書省右丞，行省

事。宋兵臨漣州，李璮乞諸道援兵。

九月丁卯，帝在轉都兒哥之地，以阿里不哥遺命，下詔諭中外。是月，阿藍答兒率兵至西涼府，與渾都海軍合，詔諸王合丹、合必赤與總帥汪良臣等率師討之。丙戌，大敗其軍于姑臧，斬阿藍答兒及渾都海，西土悉平。

冬十月癸丑，初行中統寶鈔。戊午，車駕駐昔光之地。

十二月丙申，以禮部郎中孟甲、禮部員外郎李文俊使安南、大理。乙巳，李璮上將士功，命璮以益都官銀賞之。帝至自和林，駐蹕燕京近郊。以梵僧八合思八爲帝師，授以玉印，統釋教。

二年春正月乙酉，宋兵圍漣州。己丑，李璮率將士迎戰，敗之。

二月己亥，宋兵攻漣水，命阿朮等帥兵赴之。丙午，車駕幸開平。

夏四月乙卯，詔十路宣撫使量免民間課程。

五月乙丑，遣崔明道、李全義爲詳問官，詣宋淮東制司，訪問國信使郝經等所在，仍以稽留信使、侵擾疆埸詰之。

六月戊戌，詔諭十路宣撫司並管民官，定鹽酒税課等法。庚申，宋瀘州安撫使劉整舉城降，以整行夔府路中書省兼安撫使，佩虎符。賜大理國主段實虎符，優詔撫諭之。高麗國王倎更名禃，遣其世子愖奉表來朝。以不花爲中書右丞相，耶律鑄爲中書左丞相，張啓元爲中書右丞。

秋七月癸亥，初立翰林國史院。王鶚請修遼、金二史。丁丑，渡江新附民留屯蔡州者，徙居懷孟，貸其種食。辛巳，詔許衡即其家教懷孟生徒。壬午，遣納速剌丁、孟甲等使安南。

八月戊戌，以燕京等路宣撫使賽典赤爲平章政事。丙午，以許衡爲國子祭酒。丁未，以姚樞爲大司農，竇默仍翰林侍講學士。

九月丙寅，詔以粘合南合行中興府中書省。戊辰，大司農姚樞請以儒人楊庸教孔、顔、孟三氏子孫，東平府詳議官王鏞兼充禮樂提舉。詔以庸爲教授，以鏞特兼太常少卿。辛未，置和糴所于開平，以户部郎中宋紹祖爲提舉和糴官。

冬十月壬辰，敕火兒赤、奴懷率所部略地淮西。庚子，以右丞張啓元行中書省於平陽、太原等路。甲辰，宋兵攻瀘州，劉整擊敗之。

十一月壬戌，大兵與阿里不哥遇於昔木土腦兒之地，諸王合丹等斬其將合丹火兒赤及其兵三千人，塔察兒與合必赤等復分兵奮擊，大破之，追北五十餘里。帝親率諸軍以躡其後，其部將阿脱等降，阿里不哥北遁。癸酉，駐蹕帖買和來之地。以尚書怯烈門、平章趙璧兼大都督，率諸軍從塔察兒北上。帝親將諸萬户漢軍及武衛軍，由檀、順州駐潮河川。罷十路宣撫司，止存開元路。

十二月庚寅，詔封皇子真金爲燕王，領中書省事。甲午，師還，詔撤所在戍兵，放民間新簽軍。

《元史》卷五《世祖紀二》 三年春正月丙戌，命江漢大都督史權、亳州萬户張弘彦將兵八千赴燕。高麗遣使奉表來謝，優詔答之。

二月己丑，李璮反，以漣、海三城獻于宋。甲午，李璮入益都，發府庫犒其將校。甲辰，發諸蒙古、漢軍討李璮。壬子，李璮據濟南。

三月癸酉，命史樞、阿朮各將兵赴濟南。遇李璮軍，邀擊大破之，斬首四千，璮退保濟南。乙亥，宋將夏貴攻符離。戊寅，萬户韓世安率鎮撫馬興、千户張濟民，大破李璮兵於高苑。壬午，始以畏吾字書給驛璽書。乙酉，宋夏貴攻蘄縣。

夏四月丙戌朔，大軍樹柵鑿塹，圍璮于濟南。詔右丞相史天澤專征，諸將皆受節度。

五月庚申，築環城圍濟南，璮不復得出。命史天澤選考徐、邳總管。大司農姚樞辭赴省議事，帝勉留之，命樞與左三部尚書劉肅依前商議中書省事。

六月乙酉朔，宋兵攻滄州、雅州、瀘山。戊子，濱棣安撫使韓(安世)〔世安〕敗宋兵于濱州丁河口。己丑，遣塔察兒帥兵擊宋軍，仍安諭瀕海軍民。丙申，高麗國王王禃遣使來貢。

秋七月甲戌，李璮窮蹙，入大明湖，投水中不即死，獲之，併蒙古軍囊家伏誅。戊寅，以夔府行省劉整行中書省於成都、潼川兩路。

九月戊午，亳州萬户張弘略破宋兵于蘄縣，復宿、蘄二城。以侍衛親軍都指揮使董文炳兼山東路經略使，收集益都舊軍充武衛軍，戍南邊。己未，安南國陳光昞遣使貢方物。

冬十月庚申，分益都軍民爲二，董文炳領軍，撒吉思治民。丙寅，分東西兩川都元帥府爲二，以帖的及劉整等爲都元帥及左右副都元帥。

十一月乙巳，詔都元帥阿朮分兵三千人同阿鮮不花、懷都兵馬，復立宿州、蘄縣、邳州。

十二月甲寅，封皇子真金爲燕王，守中書令。丁巳，立十路宣慰司，以真定路達魯花赤趙瑨等爲之。辛酉，立諸路轉運司，以燕京路監榷官曹澤等爲之使。

四年春正月丙戌，以姚樞爲中書左丞。乙巳，敕李平陽以所部西川出征軍

士戌青居山，其各翼軍在青居山者悉還成都。敕總帥汪忠臣、都元帥帖的及劉整等益兵付都元帥欽察，戍青居山。

二月甲子，車駕幸開平。以王德素充國信使，劉公諒副之，使于宋，致書宋主，詰其稽留郝經之故。

三月癸卯，初建太廟。己酉，高麗國王王禃遣其臣朱英亮入貢，上表謝恩。復立宿州。

夏四月癸丑，選益都兵千人充武衛軍。戊寅，召竇默、許衡乘驛赴開平。

五月乙酉，初立樞密院，以皇子燕王守中書令，兼判樞密院事。戊子，陞開平府爲上都。戊戌，以禮部尚書馬月合乃兼領潁州、光化互市。

六月癸酉，立上都惠民藥局。建帝堯廟於平陽。以線真爲中書右丞相，塔察兒爲中書左丞相。

八月辛亥，置元帥府于大理。戊午，以阿脱、商挺行樞密院於成都，凡成都、順慶、潼川都元帥府並聽節制。

十一月丙戌，享于太廟。高麗國王王禃以免置驛、籍民等事，遣其臣韓就奉表來謝，賜中統五年曆并蜀錦一，仍命禃入朝。

十二月丁未朔，以鳳翔屯軍、汪惟正青居等軍、刁國器平陽軍，令益都元帥欽察統之，戍虎嘯寨。

至元元年春正月丁丑朔，高麗國王王禃遣使奉表來賀。西北諸王率部民來歸。罷南邊互市。申嚴持軍器、販馬、越境私商之禁。

二月癸酉，車駕幸上都。詔諸路總管史權等二十三人赴上都大朝會。

夏四月(己)〔乙〕卯，詔高麗國王王禃來朝上都，修世見之禮。

五月乙亥，詔遣唆脱顔、郭守敬行視西夏河渠，俾具圖來上。己亥，以中書右丞粘合南合爲平章政事。

六月乙巳，召王鶚、姚樞赴上都。戊申，高麗國王王禃來朝。

秋七月壬辰，特詔諭鞏昌路總帥汪惟正勞勉之，賜元寶交鈔三萬貫，仍戍青居。丁酉，龍門禹廟成，命侍臣阿合脱因代祀。庚子，阿里不哥自昔木土之敗，不復能軍，至是與諸王玉龍答失、阿速帶、昔里給，其所謀臣不魯花、忽察、秃滿、阿里察、脱忽思等來歸。

八月乙巳，立〔山東〕諸路行中書省，以中書左丞相耶律鑄、參知政事張惠等行省事。庚戌，命燕王署敕，諸王設僚屬及説書官。癸丑，命僧子聰同議樞密院事。詔子聰復其姓劉氏，易名秉忠，拜太保，參領中書省事。乙卯，詔改燕京爲中都，其大興府仍舊。

九月壬申朔，立翰林國史院。辛巳，車駕至自上都。

冬十月壬寅朔，高麗國王王禃來朝。

十一月辛巳，征骨嵬。壬辰，罷領中書左右部，併入中書省。以領中書省左右部兼諸路都轉運使、知太府監事阿合馬爲平章政事，領中書省左右部兼諸路都轉運使阿里爲中書右丞。

十二月乙巳，罷各投下達魯花赤，定中外百官儀從。庚午，詔罷樞密院斷事官及各路奥魯官，令總管府兼總押所。始罷諸侯世守，立遷轉法。

《元史》卷六《世祖紀三》 二年春正月乙酉，以河南北荒田分給蒙古軍耕種。癸巳，八東乞兒部牙西來朝。丁酉，高麗國王王禃遣其弟〔廣平〕公(珣)〔恂〕奉表來貢。

二月辛丑朔，元帥按東與宋兵戰于釣魚山，敗之。丁巳，車駕幸上都。癸亥，并六部爲四，以麥朮丁爲吏禮部尚書，馬亨户部尚書，嚴忠範兵刑部尚書，别魯丁工部尚書。甲子，以蒙古人充各路達魯花赤，漢人充總管，回回人充同知，永爲定制。

閏五月丁卯，分四親王南京屬州，鄭州隸合丹，鈞州隸明里，睢州隸孛羅赤，蔡州隸海都，他屬縣復還朝廷。以平章政事趙璧行省于南京、河南府、大名、順德、洺磁、彰德、懷孟等路，平章政事廉希憲行省事于東平、濟南、益都、淄萊等路，中書左丞姚樞行省事于西京、平陽、太原等路。

六月戊寅，移山東統軍司於沂州。己卯，以淇州隸懷孟路。高麗國王王禃遣其臣榮胤伯奉表來賀聖誕節。

秋七月癸亥，安南國王陳光昞遣使奉表來貢。甲子，詔賜光昞至元三年曆。

八月戊寅，高麗國王王禃遣使來貢方物。己卯，諸宰職皆罷，以安童爲中書右丞相，伯顔爲中書左丞相。戊子，召許衡於懷孟，楊誠於益都。車駕至自上都。

十二月己巳，省併州縣凡二百二十餘所。丁丑，詔諭高麗，賜至元三年曆日。

三年春正月乙未〔朔〕，高麗國王王禃遣使來賀。丙午，遣朶端、趙璧持詔撫諭四川將吏軍民。

二月丙寅,廉希憲、宋子貞爲平章政事,張文謙復爲中書左丞,史天澤爲樞密副使。癸未,車駕幸上都。甲申,罷西夏行省,立宣慰司。

三月辛巳,分衛輝路爲親王玉龍答失分地。

夏四月,亳州水軍千户胡進等領騎兵渡淝水,逾荆山,與宋兵戰,殺獲甚衆,賞鈔幣有差。

五月庚子,敕太醫院領諸路醫户、惠民藥局。丙午,浚西夏中興漢延、唐來等渠。

六月丁卯,封皇子南木合爲北平王,以印給之。丙子,立漕運司。戊寅,以陝西行省平章賽典赤等政事修治,賜銀五千兩。命山東統軍副使王仲仁督造戰船于汴。

秋七月丙午,遣使祠五嶽四瀆。己未,詔令西夏避亂之民還本籍;成都新民爲豪家所庇者皆歸之州縣。

八月癸亥,賜丞相伯顔第一區。丁卯,以兵部侍郎黑的、禮部侍郎殷弘使日本。又詔高麗導去使至其國。戊子,高麗國王王禃遣其大將軍朴琪來賀聖誕節。阿朮略地蘄、黄,俘獲以萬計。

九月戊午,車駕至自上都。

冬十月癸亥,高麗使還,以王禃病,詔和藥賜之。丁丑,太廟成,丞相安童、伯顔言:「祖宗世數、尊謚廟號、增祀四世、各廟神主、配享功臣、法服祭器等事,皆宜定議。」命平章政事趙璧等集羣臣議,定爲八室。

十一月辛亥,以忽都答兒爲中書左丞相。

十二月辛酉,詔改四川行樞密院爲行中書省,以賽典赤、也速帶兒等僉行中書省事。丁亥,詔安肅公張柔、行工部尚書段天祐等同行工部事,修築宫城。詔賜高麗以至元四年曆日,仍慰諭之。建大安閣于上都。

四年春正月癸卯,敕修曲阜宣聖廟。乙巳,百濟遣其臣梁浩來朝,賜以錦繡有差。辛亥,封安肅公張柔爲蔡國公。以趙璧爲樞密副使。

二月庚申,粘合南合復平章事,阿里復爲中書右丞。丁亥,車駕幸上都。詔陝西行省招諭宋人。

三月己丑,復以耶律鑄爲中書左丞相。壬寅,安童言:「比者省官員數,平章、左丞各一員,今丞相五人,素無此例。臣等議擬設二丞相,臣等蒙古人三員,惟陛下所命。」詔以安童爲長,史天澤次之,其餘蒙古、漢人參用,勿令員數過多。又詔宜用老成人如姚樞等一二員同議省事。

五月丙申,威州山後大番弄麻等十一族來附,賜以璽書、金銀符。

六月乙丑,復以史天澤爲中書左丞相,忽都答兒、耶律鑄並降平章政事,伯顔降中書右丞,廉希憲降中書左丞,阿里、張文謙並降參知政事。乙酉,黑的、殷弘以高麗使者宋君斐、金贊不能導達至日本來奏,降詔責高麗王王禃,仍令其遣官至彼宣布,以必得要領爲期。

八月丁丑,封皇子忽哥赤爲雲南王。壬午,命怯綿征建都。阿朮略地至襄陽,宋人遣步騎來拒,阿朮率騎兵敗之。

九月戊申,以許衡爲國子祭酒。立大理等處行六部,以闊闊帶爲尚書兼雲南王傅。庚戌,遣雲南王忽哥赤鎮大理、鄯闡、茶罕章、赤禿哥兒、金齒等處,詔撫諭吏民。

十一月,南京宣慰劉整赴闕,奏攻宋方略,宜先從事襄陽。

五年春正月辛丑,敕陝西五路四川行省造戰艦五百艘付劉整。

三月甲子,敕怯綿率兵二千招諭建都。

五月癸亥,都元帥百家奴拔宋嘉定五花、石城、白馬三寨。

秋七月癸丑,立御史臺,以右丞相塔察兒爲御史大夫。丙子,高麗國王王禃遣其臣崔東秀來言備兵一萬,造船千隻。詔遣都統領脱朶兒往閲之,就相視黑山日本道路,仍命耽羅别造船百艘以伺調用。立東西二川統軍司,以劉整爲都元帥,與都元帥阿朮同議軍事。

九月丁巳,阿朮統兵圍樊城。己丑,立河南屯田。命兵部侍郎黑的、禮部郎殷弘賫國書復使日本,仍詔高麗國遣人導送,期於必達,毋致如前稽阻。復以史天澤爲樞密副使。

冬十月庚辰,以御史中丞阿里爲參知政事。庚寅,敕從臣禿忽思等録《毛詩》、《孟子》、《論語》。

十一月庚申,宋兵自襄陽來攻沿山諸寨,阿朮分諸軍禦之,斬獲甚衆。

六年春正月戊午,阿朮軍入宋境,至復州、德安府、荆山等處,俘萬人而還。敕史天澤與樞密副使駙馬忽剌出董師襄陽。

二月己丑,詔以新製蒙古字頒行天下。丁酉,簽民兵二萬赴襄陽。

六月壬寅,阿朮率兵萬五千人阨宋萬山、射垛岡、鬼門關樵蘇之路。癸卯,詔董文炳等率兵二萬二千人南征。

秋七月己巳，立諸路蒙古字學。癸酉，立國子學。又詔諭宋國官吏軍民，示以不欲用兵之意。宋將夏貴率兵船三千至鹿門山，萬户解汝楫、李庭率舟師敗之。

八月，高麗國世子愖奏，其國臣僚擅廢國王王禃，立其弟安慶公淐。詔遣斡朶思不花、李諤等往其國詳問，條具以聞。

九月戊辰，敕高麗世子愖率兵三千赴其國難。斡朶思不花、李諤以高麗刑部尚書金方慶至，奉權國王淐表，訴國王禃遺疾，令弟淐權國事。

冬十月，詔遣兵部侍郎黑的、淄萊路總管府判官徐世雄，召高麗國王王禃、王弟淐及權臣林衍俱赴闕。

十一月癸卯，高麗都統領崔坦等，以林衍作亂，挈西京五十餘城來附。高麗國王王禃遣其尚書禮部侍郎朴烋從黑的入朝，表稱受詔已復位，尋當入覲。

《元史》卷七《世祖紀四》 七年春正月辛丑朔，高麗國王王禃遣使來賀。丙午，立尚書省，罷制國用使司。以平章政事忽都答兒爲中書左丞相，國子祭酒許衡爲中書左丞，制國用使阿合馬平章尚書省事，同知制國用使司事張易同平章尚書省事。詔高麗西京内屬，改東寧府，畫慈悲嶺爲界。

二月辛未朔，以前中書右丞相伯顔爲樞密副使。乙未，宋襄陽出步騎萬餘人，兵船百餘艘，來趨萬山堡，萬户張弘範、千户脱脱擊却敗之。高麗國王王禃來朝，以脱(脱)朶兒、焦天翼爲其國達魯花赤，護送禃還國。世子愖奏乞隨朝及尚主，不許，命隨其父還國。

三月庚子朔，改河南等路，及陝西五路西蜀四川、東京等路行中書省爲行尚書省。甲寅，車駕幸上都。戊午，阿朮與劉整言：「圍守襄陽，必當以教水軍、造戰艦爲先務。」詔許之。教水軍七萬餘人，造戰艦五千艘。

五月癸卯，陝西僉省也速帶兒、嚴忠範與東西川統軍司率兵及宋兵戰于嘉定、重慶、釣魚山、馬湖江，皆敗之。

秋七月乙丑，都元帥也速帶兒等略地光州，敗宋兵于金剛臺。

八月戊辰朔，築環城以逼襄陽。庚辰，以御史大夫塔察兒同知樞密院事，御史中丞帖只爲御史大夫。

九月丙寅，宋將范文虎以兵船二千艘來援襄陽，阿朮、合答、劉整率兵逆戰于灌子灘，殺掠千餘人，獲船三十艘，文虎引退。

十一月丁巳，敕益兵二千，合前所發軍爲六千，屯田高麗，以忻都及前左壁總帥史樞，並爲高麗金州等處經略使。

十二月，命陝西等路宣撫使趙良弼爲祕書監，充國信使，使日本。

八年春正月己卯，以同僉河南等路行中書省事阿里海牙參知尚書省事。丙戌，高麗安撫阿海略地珍島，與逆黨遇，多所亡失。

二月己亥，罷諸路轉運司入總管府。以尚書省奏定條畫頒天下。移陝蜀行中書省于興元。癸卯，以中書左丞、東京等路行尚書省事趙璧爲中書右丞。

三月甲申，車駕幸上都。乙酉，許衡以老疾辭中書機務，除集賢大學士、國子祭酒，衡納還舊俸，詔别以新俸給之。己丑，立西夏中興等路行尚書省，以趁海參知行尚書省事。

夏四月壬寅，高麗鳳州經略司忻都言：「叛臣裴仲孫，稽留使命，負固不服，乞與忽林赤、王國昌分道進討。」從之。甲辰，簽壯丁備宋。戊午，阿朮率萬户阿剌罕等與宋將范文虎等戰于湍灘，敗之。

五月乙丑，以東道兵圍守襄陽，命賽典赤、鄭鼎提兵，水陸並進，以趨嘉定，汪良臣、彭天祥出重慶，札剌不花出瀘州，曲立吉思出汝州，以牽制之。丙寅，牢魚國來貢。辛未，分大理國三十七部爲三路。己卯，命史天澤平章軍國重事。

六月癸卯，宋將范文虎率蘇劉義、夏松等舟師十萬援襄陽，阿朮率諸將迎擊，奪其戰船百餘艘，敵敗走。平章合答又遣萬户解汝楫等邀擊，擒其總管朱日新、鄭皐，大破之。

秋七月乙酉，宋將來興國攻百丈山營，阿朮擊破之。

八月己亥，詔招諭宋襄陽守臣呂文煥。東川統(兵)〔軍〕司引兵攻宋銅鈸寨，守寨總管李慶等降，以慶知梁山軍事。

九月壬戌朔，敕都元帥阿朮以所部兵略地漢南。丙寅，罷陝西五路西蜀四川行尚書省，以也速答兒行四川尚書省事于興元，京兆等路直隸尚書省。敗宋軍于渦河。壬午，山東路統軍司言宋兵攻膠州，千户蔣德等逆戰敗之。

十一月辛酉朔，敕遣阿魯忒兒等撫治大理。乙亥，建國號曰大元。丙戌，置四川省於成都。

十二月辛卯朔，詔天下興起國字學。甲寅，詔尚書省遷入中書省。

九年春正月甲子，併尚書省入中書省，平章尚書省事阿合馬、同平章尚書省事張易並中書平章政事，參知尚書省事張惠爲中書左丞，參知尚書省事李堯咨、麥朮丁並參知中書政事。罷給事中、中書舍人、檢正等官，仍設左右司，省六部

爲四，改稱中書。庚辰，改北京、中興、四川、河南四路行尚書省爲行中書省。京兆復立行省。辛巳，敕董文炳時巡掠南境，毋令宋人得立城堡。命劉整總漢軍。

二月庚寅朔，奉使日本趙良弼，遣書狀官張鐸同日本二十六人，至京師求見。壬辰，改中都爲大都。甲午，命阿朮典蒙古軍，劉整、阿里海牙典漢軍。

三月甲戌，括民間《四教經》，焚之。蒙古都元帥阿朮、漢軍都元帥劉整、阿里海牙督本軍破樊城外郛。

六月壬辰，遣高麗國西京屬城諸達魯花赤及質子金鎰等歸國。甲午，高麗告饑，轉東京米二萬石賑之。己亥，山東路行樞密院塔出於四月十三日遣步騎趨漣州，攻破射龍溝、五港口、鹽場、白頭河四處城堡。

秋七月壬午，詔自今凡詔令並以蒙古字行，仍遣百官子弟入學。

八月戊子，立羣牧所，掌牧馬及尚方鞍勒。癸卯，千户崔松敗宋襄陽援兵，斬其將張順。

九月甲子，宋襄陽將張貴以輪船出城，順流突戰，阿朮、阿剌海牙等舉烽燃火，燭江如晝，率舟師轉戰五十餘里，至櫃門關，生獲貴及將士二千餘人。甲戌，罷水軍總管府。東川元帥李吉等略地開州，拔石羊寨，擒宋將一人；統軍使合剌等兵掠合州各渠江口，獲戰船五十艘。

冬十月丙戌朔，封皇子忙哥剌爲安西王，賜京兆爲分地，駐兵六盤山。癸巳，趙璧爲平章政事，張易爲樞密副使。

十一月，參知行省政事阿里海牙言：「襄陽受圍久未下，宜先攻樊城，斷其聲援。」從之。

十二月乙酉朔，詔諸路府州司縣達魯花赤管民長官，兼管諸軍奥魯。辛亥，宋將昝萬壽來攻成都，僉省嚴忠範出戰失利，退保子城，同知王世英等八人棄城遁。

《元史》卷八《世祖紀五》 十年春正月戊午，敕自今並以國字書宣命。命忻都、鄭溫、洪茶丘征躭羅。癸亥，阿里海牙等大攻樊城，拔之，守將吕文焕懼而請降，中書省驛聞，遣前所俘唐永堅持詔諭之。丁卯，立祕書監。己卯，川蜀省言：「宋昝萬壽攻成都，也速帶兒所部騎兵征建都未還，擬於京兆等路簽新軍六千爲援。」從之。

二月丙申，雲南羅羽酋長阿旭叛，詔有司安集其民，募能捕斬阿旭者賞之。丁未，宋京西安撫使、知襄陽府吕文焕以城降。

三月乙丑，敕樞密院以襄陽吕文焕率將吏赴闕。辛未，以皇后、皇太子受册寶，詔告天下。劉整請教練水軍五六萬及於興元金、洋州、汴梁等處造船二千艘，從之。

夏四月癸未朔，阿里海牙以吕文焕入朝，授文焕昭勇大將軍、侍衛親軍都指揮使、襄漢大都督。時將相大臣皆以聲罪南伐爲請，驛召姚樞、許衡、徒單公履等問計。詔罷河南等路行中書省，以平章軍國重事史天澤、平章政事阿朮、參知政事阿里海牙行荆湖等路樞密院事，鎮襄陽；左丞相合丹、參知行中書省事劉整、山東都元帥塔出、董文炳行淮西等路樞密院事，守正陽。

六月辛卯，汰陝西貧難軍。以劉整、阿里海牙不相能，分軍爲二，各統之。癸巳，敕襄陽造戰船千艘。戊申，經略忻都等兵至躭羅，撫定其地，詔以失里伯爲躭羅國招討使，尹邦寶副之。使日本趙良弼，至太宰府而還，具以日本君臣爵號、州郡名數、風俗土宜來上。

閏月辛未，以翰林院纂修國史，敕采録累朝事實以備編集。丙子，以平章政事賽典赤行省雲南，統合剌章、鴨赤、赤科、金齒、茶罕章諸蠻。

九月丙戌，劉秉忠、姚樞、王磐、竇默、徒單公履等上言：「許衡疾歸，若以太子贊善王恂主國學，庶幾衡之規模不致廢墜。」又請增置生員，並從之。

冬十月，西蜀都元帥也速答兒與皇子奥魯赤合兵攻建都蠻，擒酋長下濟等四人，獲其民六百，建都乃降，詔賞將士有差。

十二月甲寅，宋夏貴攻正陽，淮西行院擊走之。壬戌，召阿朮同吕文焕入覲。諸王孛兀兒出率所部兵與皇子北平王合軍，討叛臣聶古伯，平之，賞立功將士有差。

十一年春正月，阿里海牙言：「荆襄自古用武之地，漢水上流已爲我有，順流長驅，宋必可平。」阿朮又言：「臣略地江淮，備見宋兵弱於往昔，今不取之，時不能再。」帝趣召史天澤同議，天澤對曰：「此國大事，可命重臣一人如安童、伯顔，都督諸軍，則四海混同，可計日而待矣。臣老矣，如副將者，猶足爲之。」帝曰：「伯顔可以任吾此事矣。」阿朮、阿里海牙因言：「我師南征，必分爲三，舊軍不足，非益兵十萬不可。」詔中書省簽軍十萬人。

二月壬申，造戰船八百艘於汴梁。以廉希憲爲中書右丞、北京等處行中書省事。

三月庚寅，敕鳳州經略使忻都、高麗軍民總管洪茶丘等，將屯田軍及女直

軍，并水軍，合萬五千人，戰船大小合九百艘，征日本。辛卯，改荆湖、淮西二行樞密院爲二行中書省。

夏四月辛亥，分陝西隴右諸州，置提刑按察司，治鞏昌。

六月癸丑，敕合答選部下蒙古軍五千人，與漢軍分戍沿江堡隘，爲使傳往來之衛。仍以古不來拔都、翟文彬率兵萬人，掠荆南鴉山，以綴宋之西兵。庚申，問罪於宋，詔諭行中書省及蒙古、漢軍萬户千户軍士。甲子，分遣忙古帶、八都、百家奴率武衛軍南征。

秋七月癸巳，高麗國王王禃薨，遣使以遺表來上，且言世子愖孝謹，可付後事。敕同知上都留守司事張煥册愖爲高麗國王。乙未，伯顔等陛辭，帝諭之曰：「古之善取江南者，唯曹彬一人。汝能不殺，是吾曹彬也。」

八月丁未，史天澤言：「今大師方興，荆湖、淮西各置行省，勢位既不相下，號令必不能一，後當敗事。」帝是其言，復改淮西行中書省爲行樞密院。癸丑，行中書省言：「江漢未下之州，請令吕文焕率其麾下臨城諭之，令彼知我寬仁，善遇降將，亦策之善者也。」從之。

九月癸巳，師次鹽山，距郢州二十里。宋兵十餘萬當郢，夾漢水，城萬勝堡，兩岸戰艦千艘，鐵絙横江，貫大艦數十，遏我舟師不得下。伯顔督諸軍攻拔之，鑿壩挽舟入溪，出唐港，整列而進。

冬十月乙丑，伯顔督諸將破沙洋堡，生擒守將串樓王。翌日，次新城。總制黄順縋城降。伯顔遣順招都統邊居(義)〔誼〕，不出，總管李庭破其外堡，諸軍蟻附而登，拔之，居(義)〔誼〕自焚死。

十一月壬午，敕西川行樞密院也速帶兒取嘉定府。乙酉，軍次復州，宋安撫使翟貴出降。丁亥，詔宋嘉定安撫昝萬壽，及凡守城將校納款來降，與避罪及背主叛亡者，悉從原免。癸巳，東川元帥楊文安與青居山蒙古萬户怯烈乃、也只里等會兵達州，直趣雲安軍，至馬湖江與宋兵遇，大破之，遂拔雲安、羅拱、高陽城堡。伯顔遣萬户帖木兒、譯史阿里奏沙洋、新城之捷，且以新城總制黄順來見。壬寅，安童以阿合馬擅財賦權，蠹國害民，凡官屬所用非人，請别加選擇；其營作宫殿，夤緣爲姦，亦宜詰問。帝命窮治之。

十二月丙午，伯顔大軍次漢口。宋淮西制置使夏貴，都統高文明、劉儀以戰船萬艘，分據諸隘，都統王達守陽羅堡，(荆)〔京〕湖宣撫朱禩孫以游擊軍扼中流，師不得進。用千户馬福言，自漢口開壩，引船會淪河口，徑趨沙蕪，遂入大江。乙卯，阿里海牙督萬户張弘範等攻武磯堡，宋夏貴以兵來援，阿朮率萬户晏徹兒等四翼軍對青山磯泊。進軍沙洲，抵觀音山，夏貴東走，遂破武磯堡，斬宋都統王達，始達南岸，追至鄂州南門而還。己未，師次鄂州，宋直祕閣湖北提舉張晏然、權知漢陽軍王儀、知德安府來興國並以城降。以阿里海牙兵四萬鎮鄂漢。伯顔、阿朮將大軍，水陸東下。

十二年春正月甲戌，大軍次黄州，宋沿江制置副使、知黄州陳奕以城降，伯顔承制授奕沿江大都督。癸未，師次蘄州，宋安撫使管景模以城降。丙戌，大軍次江州，宋江西安撫使、知江州錢真孫及淮西路六安軍曹明以城降。己丑，遣伯朮、唐永堅齎詔招諭郢州，仍敕襄陽統軍司調兵三千人衛送永堅等。壬辰，以宣撫使買居貞僉書行中書省事，戍鄂州。乙未，遣兵部尚書廉希賢、工部侍郎嚴忠範、祕書監丞柴紫芝，奉國書使于宋。

二月癸卯，大軍次安慶府，宋殿前都指揮使、知安慶府范文虎以城降，伯顔承制授文虎兩浙大都督。丙午，大軍次池州，宋權州事趙卯發自經死，都統制張林以城降。戊申，詔諭江、黄、鄂、岳、漢陽、安慶等處歸附官吏士民軍匠僧道人等，令農者就耒，商者就塗，士庶緇黄，各安已業。庚戌，遣禮部侍郎杜世忠、兵部郎中何文著，齎書使日本國。辛亥，遣同知濟南府事張漢英，持詔諭淮東制置使李庭芝。壬子，宋都督賈似道遣計議宋京、承宣使阮思聰詣行中書省，請還已降州郡，約貢歲幣。伯顔使囊加帶同阮思聰還報命，留宋京以待，使謂似道曰：「未渡江時，入貢議和則可，今沿江諸郡皆已内屬，欲和，則當來面議也。」囊加帶還，乃釋宋京。丙辰，賞征東元帥府日本戰功錦絹、弓矢、鞍勒。庚申，遣塔不帶、斡魯召鄂漢降臣張晏然等赴闕。辛酉，以闊闊出率其部下軍千人及親附軍五百，聽阿剌海牙節制。凡湖南州縣及瀕水之民，有來附者，俾闊闊出統之，拒敵不降者，就爲招集。大軍次丁家洲，戰船蔽江而下。宋賈似道分遣步帥孫虎臣及督府節制軍馬蘇劉義，集兵船于江之南北岸。似道與淮西制置使夏貴將後軍。戰船二千五百餘艘，横亘江中。翌日，伯顔命左右翼萬户率騎兵，夾岸而進，繼命舉巨砲擊之。宋兵陣動，夏貴先遁。似道錯愕失措，鳴鉦斥諸軍散，宋兵遂大潰。似道東走揚州。甲子，大軍次蕪湖縣，宋江東運判、知太平州孟之縉以城降。都元帥博魯歡次海州，知州丁順以城降。乙丑，阿里海牙言：「江陵宋巨鎮，地居大江上流，屯精兵不啻數十萬，若非乘此破竹之勢取之，江水泛溢，鄂漢之城亦恐難守。」從其請，仍降璽書，遣使諭江陵府制置司及高達已下官吏軍

民。戊辰，師次采石鎮，知和州王(善)〔喜〕以城降。都元帥博魯歡次漣州，宋知州孫嗣武以城降。己巳，復遣伯朮、唐永堅等宣諭郢州官吏士庶。庚午，大軍次建康府，宋沿江制置使趙溍南走，都統、權兵馬司事徐王榮、翁福、茅世雄等及鎮軍曹旺以城降。宋賈似道至揚州，始遣總管段佑送國信使郝經、劉人傑等來歸。敕樞密院迎經等，由水路赴闕。

三月壬申朔，宋鎮江府馬軍總管石祖忠以城降。甲戌，宋江陰軍僉判李世修以城降。乙亥，仍敕安西王忙兀剌、諸王只必帖木兒、駙馬長吉，分遣所部蒙古軍從西平王奧魯赤征吐蕃。丙子，國信使廉希賢等至建康。庚辰，宋知寧國府顔紹卿以城降。丙戌，宋常州安撫戴之泰、通判王虎臣以城降。國信使廉希賢、嚴忠範等至宋廣德軍獨松關，爲宋人所殺。辛卯，宋將高世傑復據岳州，會郢、復、岳三州及上流諸軍戰船數千艘，兵數萬人，扼荆江口。壬辰，阿里海牙以軍屯于東岸，世傑夜半遁去，黎明至洞庭湖口，兵船成列而陣。阿里海牙督諸翼萬户及水軍張榮實、解汝楫等，逐世傑于湖口之夾灘，遣郎中張鼎召世傑，世傑降。癸巳，敕郯城、沂州、十字路戍兵從博魯歡征淮南。

夏四月丁未，阿里海牙遣郎中張鼎齎詔入江陵，宋(荆)〔京〕湖制置朱禩孫，湖北制置副使高達，京西湖北提刑青陽夢炎、李湜始出降。阿里海牙入江陵，分道遣使招諭未下州郡。辛亥，遣使招諭宋五郡鎮撫使吕文福使降。辛酉，宋郢州安撫趙孟、復州安撫翟貴以城降。癸亥，阿朮師駐瓜洲，距揚州四十五里。丁卯，以大司農、御史中丞孛羅爲御史大夫。庚午，以高達爲參知政事，仍詔慰諭之。

五月辛未朔，阿里海牙以所俘童男女千人、牛萬頭來獻。詔中書右丞廉希憲、參知政事脱博忽魯禿花行中書省于江陵府。阿里海牙還鄂州。丁丑，阿朮立木柵于揚子橋，斷淮東糧道，且爲瓜(州)〔洲〕藩蔽。庚辰，宋嘉定安撫昝萬壽遣部將李立奉書請降，詔遣使招諭之。辛巳，宋知辰州吕文興、黄仙洞行隋州事傅安國、仙人寨行均州事徐鼎、知沅州文用圭、知靖州康玉、知房州李鑑等，皆以城降。丁亥，召伯顔赴闕。以蒙古萬户阿剌罕權行中書省事。庚寅，宋五郡鎮撫使吕文福來降。

六月癸卯，遣兩浙大都督范文虎，持詔往諭安豐、壽州、招信、五河等處鎮戍官吏軍民。甲辰，以萬户阿剌罕爲行中書省參知政事。辛酉，宋潼川安撫使、知江安州梅應春以城降。丙寅，宋揚州都統姜才、副將張林步騎二萬人，乘夜攻揚子橋木柵。守柵萬户史弼來告急，阿朮自瓜洲以兵赴之。詰旦至柵下，我軍與力戰，才軍遂走。阿朮麾步騎並進，大敗之，才僅以身免，生擒張林，斬首萬八千級。

秋七月庚午朔，阿朮集行省諸翼萬户兵船于瓜洲，阿塔海、董文炳集行院諸翼萬户兵船于西津渡，宋沿江制置使趙溍、樞密都承旨張世傑、知泰州孫虎臣等陳舟師于焦山南北。辛未，阿朮、阿塔海登南岸石公山，指授諸軍水軍萬户劉琛循江南岸，東趨夾灘，繞出敵後；董文炳直抵焦山南麓，以掎其右；招討使劉國傑趣其左；萬户忽剌出擣其中；張弘範自上流繼至，趣焦山之北。大戰自辰至午，呼聲震天地，乘風以火箭射其篛篷。宋師大敗，世傑、虎臣等皆遁走。追至圌山，獲黄鵠白鷂船數百艘。宋人自是不復能軍。癸未，詔遣使江南，搜訪儒、醫、僧、道、陰陽人等。敕左丞相伯顔率諸將直趨臨安；右丞阿里海牙取湖南；蒙古萬户宋都帶，漢軍萬户武秀、張榮實、李恒，兵部尚書吕師夔行都元帥府，取江西。甲午，遣使持詔招諭宋李庭芝及夏貴。

八月癸卯，伯顔陛辭南行，奉詔諭宋君臣。

七月壬午，阿朮築灣頭堡。甲午，宋揚州都統姜才將步騎萬五千人攻灣頭堡，阿朮、阿塔海擊敗之。

十一月丁卯〔朔〕，阿里海牙以軍攻潭州。乙亥，伯顔分軍爲三，趨臨安：阿剌罕率步騎自建康、四安、廣德以出獨松嶺；董文炳率舟師循海趨許浦、澉浦，以至浙江；伯顔、阿塔海由中道節度諸軍，期並會于臨安。己卯，宋都帶等軍次隆興府。宋江西轉運使、知府劉槃以城降。都元帥府檄諭江西諸郡相繼歸附。壬午，伯顔大軍至常州，督諸軍登城，四面並進，拔其城。乙酉，阿剌罕克廣德，趨獨松關。庚寅，伯顔遣降人游介實奉璽書副本使于宋，仍以書諭宋大臣。

十二月辛丑，董文炳軍次許浦，宋都統制祁安以本軍降。宋主爲書，介國信副使嚴忠範姪焕請和。甲辰，伯顔次平江府，宋都統王邦傑以城降。庚子，宋主復遣尚書夏士林、右史陸秀夫奉書，稱姪乞和。甲子，答宋國主書，令其來降。

《元史》卷九《世祖紀六》　十三年春正月丁卯朔，克潭州，宋安撫使李芾盡室自焚死。阿里海牙分遣官屬招徠未附者，旬日間，湖南州郡相繼悉降。伯顔軍次嘉興府，安撫劉漢傑以城降。董文炳軍至乍浦，宋統制官劉英以本軍降。辛未，董文炳軍至海鹽，知縣事王與賢及澉浦鎮統制胡全、福建路馬步軍總管沈

世隆皆降。癸酉，宋相陳宜中遣軍器監劉庭瑞齎宋主稱藩表章，詣軍前稟議，又致宜中等書于伯顔，伯顔以書答之。戊寅，伯顔以軍出嘉興府。壬午，軍次長安鎮，董文炳以兵來會。癸未，軍次臨平鎮。甲申，次(高)[皋]亭山，阿剌罕以兵來會。宋主遣其(宗室)保康軍承宣使尹甫、和州防禦使吉甫等，齎傳國玉璽及降表詣軍前。伯顔既受降表、玉璽，復遣囊加帶以趙尹甫、賈餘慶等還臨安，召宰相出議降事。乙酉，師次臨安北十五里，囊加帶、洪模以總管殷俊來報，宋陳宜中、張世傑、蘇劉義、劉師勇等挾益、廣二王出嘉會門，渡浙江遁去，惟太皇太后、嗣君在宮。伯顔亟使諭阿剌罕、董文炳、范文虎率諸軍先據守錢塘口，以勁兵五千人追陳宜中等，過浙江不及而還。丙戌，伯顔下令禁軍士入城，違者以軍法從事。遣呂文煥齎黄榜安諭臨安中外軍民，俾按堵如故。伯顔又遣宣撫程鵬飛，計議孫鼎亨、囊加帶、洪君祥入宫，安諭太皇謝氏。宋主祖母謝氏遣其丞相吴堅、文天祥，樞密謝堂，安撫賈餘慶，中貴鄧惟善來見伯顔於明因寺。伯顔顧文天祥舉動不常，疑有異志，遂令萬户忙古帶、宣撫唆都覊留軍中。且以其降表不稱臣，仍書宋號，遣程鵬飛、洪君祥偕來使賈餘慶復往易之。己丑，軍次湖州市。遣千户囊加帶，省掾王祐，齎傳國玉璽赴闕。庚寅，伯顔建大將旗鼓，率左右翼萬户巡臨安城，觀潮浙江，於是宋宗室大臣以次來見，暮還湖州市。辛卯，張弘範、孟祺、程鵬飛齎所易宋主稱臣降表至軍前。

二月丁酉[朔]，詔劉頡、程德輝招淮西制置使夏貴。己亥，克臨江軍。庚子，宋主㬎率文武百僚詣祥曦殿，望闕上表，乞爲藩輔；遣右丞相兼樞密使賈餘慶，樞密使謝堂，端明殿學士僉樞密院事家鉉翁，端明殿學士同僉樞密院事劉岊奉表以聞。宋主祖母太皇太后亦奉表及牋。辛丑，宋主㬎遣其右丞相賈餘慶等充祈請使，詣闕請命，右丞相命吴堅、文天祥同行。行中書省右丞相伯顔等，以宋主㬎舉國内附，且表稱賀。

戊申，立浙東西宣慰司於臨安。乙卯，詔諭淮東制置使李庭芝、淮西制置使夏貴及所轄州軍縣鎮官吏軍民。戊午，淮西制置夏貴以淮西諸郡來降。庚申，召伯顔偕宋君臣入朝。甲子，董文炳、唆都發宋隨朝文士劉褒然及三學諸生赴京師。太學生徐應鑣父子四人同赴井死。

三月丁卯，伯顔入臨安，遣郎中孟祺籍宋太廟四祖殿，景靈宫禮樂器、册寶暨郊天儀仗，及祕書省、國子監、國史院、學士院、太常寺圖書祭器樂器等物。乙亥，伯顔等發臨安。丁丑，阿塔海、阿剌罕、董文炳詣宋主宫，趣宋主㬎同太后入覲。庚辰，囊加帶以宋玉璽來上。乙酉，贛、吉、袁、南安四郡内附。

夏四月乙丑朔，阿朮以宋高郵、寶應嘗餽餉揚州，遣蒙古軍將苫徹及史弼等守之。別遣都元帥孛魯歡等攻泰州之新城。乙酉，召昭文館大學士姚樞、翰林學士王磐、翰林侍讀學士徒單公履赴上都。庚寅，修太廟。以北京行中書省廉希憲爲中書右丞，行中書省事于荆南府。

五月乙未朔，伯顔以宋主㬎至上都，制授㬎開府儀同三司、檢校大司徒，封瀛國公。以平宋，遣官告天地、祖宗於上都之近郊。丁未，宋揚州都統姜才攻灣頭堡，阿里別擊走之。戊申，宋馮都統等自真州率兵二千、戰船百艘襲瓜(州)[洲]，阿朮遣萬户昔里罕、阿塔赤等出戰，大敗之，追至珠金沙，得船七十七艘，馮都統等赴水死。乙卯，靖州張州判及李信、李發焚其城，退保飛山新城，行中書省發兵攻殺之，徙其黨及家屬于大都。宋江西制置黄萬石率其軍來附，敕令入覲。

六月己巳，以孔子五十三世孫曲阜縣尹孔治兼權主祀事。辛未，命阿里海牙出征廣西。宋揚州姜才夜率步騎數千趨丁村堡，守將史弼、苫徹出戰，詰旦，阿里、都督陳巖以灣頭堡兵邀其後，伯顔察兒踵至，所將皆阿朮麾下兵，姜才軍遥望旗幟，亟走，遂大破之。戊寅，詔作《平金》、《平宋録》及諸國臣服傳記，仍命平章軍國重事耶律鑄監修國史。壬辰，下詔招諭宋揚州制置李庭芝以次軍官，及通、泰、真、滁、高郵大小官員。李庭芝留朱焕守揚州，與姜才率步騎五千東走，阿朮親率百餘騎馳去，督右丞阿里、萬户劉國傑分道追及泰州西，殺步卒千人，庭芝等僅得入，遂築長圍塹而守之。

秋七月乙巳，朱焕以揚州降。丁未，詔諭廣西路静江府等大小州城官吏使降。乙卯，宋泰州守將孫良臣與李庭芝帳下卒劉發、鄭後開北門以降，執李庭芝、姜才，繫揚州獄。以中書右丞阿里海牙爲平章政事，僉書樞密院事、淮東行樞密院別乞里迷失爲中書右丞，參知政事董文炳爲中書左丞，淮東左副都元帥塔出、兩浙大都督范文虎、江東江西大都督知江州呂師夔、淮東淮西左副都元帥陳巖並參知政事。

八月乙亥，斬宋淮東制置使李庭芝、都統姜才于揚州市。

九月庚子，命姚樞、王磐選宋三學生之有實學者留京師，餘聽還家。癸卯，以平宋赦天下。丁未，諭西川行樞密院移檄重慶，俾内附。

冬十月丁亥，兩浙宣撫使焦友直以臨安經籍、圖畫、陰陽祕書來上。

十一月癸巳，安西王所部軍克萬州。

十二月庚寅，詔諭浙東西、江東西、淮東西、湖南北府州軍縣官吏軍民：「昔以萬户、千户漁奪其民，致令逃散，今悉以人民歸之元籍州縣。」詔阿朮詰其事，仍諭江之東西、浙之東西、淮之東西官吏等，檢覈新舊錢穀。

十四年春正月癸巳，行都元帥府軍次廣東，知循州劉興以城降。丙申，以江南平，百姓疲於供軍，免諸路今歲所納絲銀。賜嗣漢天師張宗演演道靈應冲和真人，領江南諸路道教。丁未，知梅州錢榮之以城降。

二月辛酉，命征東都元帥洪茶丘將兵二千赴上都。甲戌，西川行院不花率衆數萬至重慶，營浮屠關，造梯衝將攻之，其夜都統趙安以城降。丙戌，連州守過元龍已降復叛，塔海將兵討之，元龍棄城遁。丁亥，知南恩州陳堯道、僉判林叔虎以城降。詔以僧亢吉祥、憐真加瓦並爲江南總攝，掌釋教。

三月辛卯，湖廣行中書省言：「廣西二十四郡並已內附，議復行中書省于潭州，置廣南西路宣撫司於静江。」乙未，福建漳、泉二郡蒲壽庚、印德傅、李珏、李公度皆以城降。壬寅，廣東肇慶府新封等州皆來降。庚戌，建寧府通判郭纘以城降。壬子，寶應軍人施福殺其守將，降于淮東都元帥府。癸丑，命汪惟正自東川移鎮鞏昌。行中書省承制，以閩浙温、處、台、福、泉、汀、漳、劍、建寧、邵武、興化等郡降官，各治其郡。平章政事、浙西道宣慰使阿塔海爲平章政事，行中書省事於江淮；郡王合答爲平章政事，行中書省事於北京。

夏四月甲子，宋特磨道將軍農士貴、知安平州李(惟)〔維〕屏、知來安州岑從毅等，以所屬州縣溪洞百四十七、户二十五萬六千來附。

五月，西番長阿立丁甯占等三十一族來附，得户四萬七百。

六月丙寅，涪州安撫陽立及其子嗣榮相繼來附。丁亥，陞崇明沙爲崇明州。以行省參政、行江東道宣慰使阿剌罕爲中書左丞，行江東道宣慰使，湖北道宣慰使奥魯赤參知政事、行湖北道宣慰使。

秋七月癸卯，諸王昔里吉劫北平王于阿力麻里之地，械繫右丞相安童，誘脅諸王以叛，使通好于海都。海都弗納，東道諸王亦弗從，遂率西道諸王至和林城北。詔右丞相伯顔帥軍往禦之。戊申，東川都元帥張德潤等攻取涪州，大敗之，擒安撫程聰、陳廣。置行中書省于江西，以參知政事、行江西宣慰使塔出爲右丞，參知政事、行江西宣慰使麥朮丁爲左丞。丁巳，湖北宣慰司調兵攻司空山，復壽昌、黄州二郡。以參知政事、行江東道宣慰使呂文煥爲中書左丞。

八月戊午朔，詔不花行院西川。

九月丙申，廣南東路廣、連、韶、德慶、惠、潮、南雄、英德等郡皆内附。甲辰，福建行省以宋二王在其疆境，調都督忙兀帶，招討高興領兵討之。壬子，福建路宣慰使、行征南都元帥唆都，遣招討使百家奴，丁廣取建寧之崇安等縣及南劍州。

冬十月乙亥，以宋張世傑、文天祥猶未降，命阿塔海選鋭兵防遏隆興諸城。

十一月戊子，樞密院臣言：「宋文天祥與其徒趙孟濚同起兵，行中書發兵攻之，殺孟濚，天祥僅以身免。」詔以其妻孥赴京師。庚子，命中書省檄諭中外，江南既平，宋宜曰亡宋，行在宜曰杭州。

十二月庚午，梁山軍袁世安以其城及金石城軍民來降。壬申，潭州行省復(祈)〔祁〕陽縣。乙亥，都元帥楊文安攻咸淳府，克之。

《元史》卷一〇《世祖紀七》 十五年春正月辛卯，阿老瓦丁將兵戍幹端。癸巳，西京饑，發粟一萬石賑之，仍諭阿合馬廣貯積，以備闕乏。戊申，授宋福王趙與芮金紫光禄大夫、檢校大司農、平原郡公。庚戌，東川副都元帥張德(閏)〔潤〕大敗涪州兵。

二月壬午，參知政事、福建路宣慰使唆都率師攻潮州，破之。置太史院，命太子贊善王恂掌院事，工部郎中郭守敬副之，集賢大學士兼國子祭酒許衡領焉。以參知政事夏貴、范文虎、陳巖並爲中書左丞，黄州路宣慰使唐兀帶、史弼並參知政事。

三月乙酉，詔蒙古帶、唆都、蒲壽庚行中書省事于福州，鎮撫瀕海諸郡。以沿海經略副使合剌帶領舟師南征，陞經略使兼左副都元帥，佩虎符。甲午，西川行樞密院招降西蜀、重慶等處，得府三、州六、軍一、監一、縣二十、栅四十、蠻夷一。庚子，漢軍都元帥李庭自願將兵擊張世傑，從之。宋張世傑、蘇劉義挾廣王昺奔(硐)〔碙〕洲。

夏四月乙卯，命元帥劉國傑將萬人北征。戊午，以江南土寇竊發，人心未安，命行中書省左丞夏貴等，分道撫治軍民，檢覈錢穀。丁丑，雲南行省招降臨安、白衣、和泥分地城寨一百九所，威楚、金齒、落落分地城寨軍民三萬二千二百，禿老蠻、高州、筠連州等城寨十九所。壬午，立行中書省于建康府。

五月癸未朔，詔諭翰林學士和禮霍孫，今後進用宰執及主兵重臣，其與儒臣老者同議。乙酉，行中書省言：「近邵武、建昌、吉、撫等巖洞山寨，獲聶大老、戴巽子，餘黨皆下。獨張世傑據碙洲，攻傍郡，未易平，擬遣宣慰使史格進討。」詔

以也速海牙總制之。乙未，以烏蒙路隸雲南行省，仍詔諭烏蒙路總管阿牟，置立站驛，修治道路，其一應事務並聽行省平章賽典赤節制。

六月甲戌，詔汰江南冗官。江南元設淮東、湖南、隆興、福建四省，以隆興併入福建。命平章政事哈伯等諭中書省、樞密院、御史臺：「翰林院及諸南儒今爲宰相、宣慰，及各路達魯花赤佩虎符者，俱多謬濫，其議所以減汰之者。凡小大政事，順民之心所欲者行之，所不欲者罷之。」戊寅，全州西延溪洞猺蠻二十所內附。己卯，發蒙古軍千人從江東宣慰使張弘範由海道討宋餘衆。

秋七月丁亥，詔虎符舊用畏吾字，今易以國字。丙申，以右丞塔出、〔左丞〕呂師夔、參知政事賈居貞行中書省事于贛州，福建、江西、廣東皆隸焉。丁酉，以江西參知政事李恒爲都元帥，將蒙古、漢軍征廣。命揚州行中書省分軍三千付李恒。

八月甲戌，安西王相府言：「川蜀悉平，城邑山寨洞穴凡八十三，其渠州禮義城等處凡三十三所，宜以兵鎮守，餘悉撤毀。」從之。己卯，初立提刑按察司于畏吾兒分地。詔行中書省唆都、蒲壽庚等曰：「諸蕃國列居東南島嶼者，皆有慕義之心，可因蕃舶諸人宣布朕意。誠能來朝，朕將寵禮之。其往來互市，各從所欲。」以中書左丞董文炳僉書樞密院事，參知政事唆都、蒲壽庚並爲中書左丞。

九月戊子，以征東元帥府治東京。庚寅，昭信達魯花赤李海剌孫言，願同張弘略取宋二王，調漢軍、水軍俾將之。以中書左丞、行江東道宣慰呂文煥爲中書右丞。

冬十月己巳，趣行省造海船付烏馬兒、張弘範，增兵四千俾將之。庚午，詔：「河西、西京、南京、西川、北京等宣慰司案牘，宜依江南近例，令按察司磨照。」移河南河北道提刑按察司治南京。

十一月丁未，行中書省自揚州移治杭州。立淮東宣慰司于揚州，以阿剌罕爲宣慰使。詔諭沿海官司通日本國人市舶。以參知政事程鵬飛行荊湖北道宣慰使。

閏月庚戌朔，羅氏鬼國主阿榨、西南蕃主韋昌盛並內附。甲子，發蒙古、漢軍都元帥張弘範攻漳州，得山寨百五十、户百萬一。是日，諜報文天祥見屯潮陽港，亟遣先鋒張弘正、總管囊加帶率輕騎五百人，追及于五坡嶺麓中，大敗之，斬首七千餘，執文天祥及其將校四人赴都。

十二月己卯〔朔〕，僉書西川行樞密院昝順招誘都掌蠻夷及其屬百一十人內附，以其長阿永爲西南番蠻安撫使，得蘭紐爲都掌蠻安撫使。南寧、吉〔瑞〕〔陽〕、萬安三郡內附。

十六年春正月己酉朔，高麗國王王愖遣其僉議中贊金方慶來賀，兼奉歲幣。辛酉，合州安撫使王立以城降。壬戌，分川蜀爲四道。甲戌，張弘範將兵追宋二王至崖山寨，張世傑來拒戰，敗之，世傑遁去，廣王昺偕其官屬俱赴海死，獲其金寶以獻。

二月癸未，增置五衛指揮司。庚寅，張弘範以降臣陳懿兄弟破賊有功，且出戰船百艘從征宋二王，請授懿招討使兼潮州路軍民總管，及其弟忠、義、勇三人爲管軍總管；十夫長塔剌海獲文天祥有功，請授管軍千户，佩金符。並從之。壬辰，詔諭宗師張留孫悉主淮東、淮西、荆襄等處道教。乙巳，命同知太史院事郭守敬訪求精天文曆數者。

三月庚戌，敕郭守敬繇上都、大都，歷河南府抵南海，測驗晷景。

夏四月己卯，立江西榷茶運司及諸路轉運鹽使司、宣課提舉司。戊戌，以池州路達魯花赤阿塔赤戰功陞招討使，兼本軍萬户。

五月庚午，賜乃蠻帶戰功及攻圍重慶將士及宣慰使劉繼昌等鈔、衣服各有差。壬申，以呂虎來歸，授順慶府總管。甲戌，潭州行省上言：「瓊州宣慰馬旺已招降海外四州。」

六月甲申，宋張世傑所部將校百五十八人，詣瓊、雷等州來降。敕造戰船征日本，以高麗材用所出，即其地製之。壬辰，以參知政事、行河南等路宣慰使忽辛爲中書左丞，行中書省事。癸巳，以不花行西川樞密院事，總兵入川，平宋諸城之未下者。雲南都元帥愛魯、納速剌丁招降西南諸國。

秋七月己未，以朶哥麻思地之算木多城爲鎮西府。敕以蒙古軍二千、益都軍二千、諸路軍一千、新附軍五千，合萬人，令李庭將之。癸酉，西南八番、羅氏等國來附。以中書左丞、行四川行中書省事汪良臣爲安西王相。

八月戊子，范文虎言：「臣奉詔征討日本，比遣周福、欒忠與日本僧齎詔往諭其國，期以來年四月還報，待其從否，始宜進兵。」又請簡閱舊戰船以充用。皆從之。

九月乙巳朔，范文虎薦可爲守令者三十人。乙丑，以忽必來、別速台爲都元帥，將蒙古軍二千人、河西軍一千人，戍幹端城。

冬十月辛巳，敘州、夔府至江陵界立水驛。辛丑，以月直元辰，命五祖真人李居壽作醮事，奏赤章，凡五晝夜。畢事，居壽請間言：「皇太子春秋鼎盛，宜預

國政。帝喜曰：「尋將及之。」明日，下詔皇太子燕王參決朝政，凡中書省、樞密院、御史臺及百司之事，皆先啓後聞。

十一月壬子，遣禮部尚書柴椿偕安南國使杜中贊齎詔往諭安南國世子陳日烜，責其來朝。戊辰，命湖北道宣慰使劉深教練鄂州、漢陽新附水軍。詔諭四川宣慰司括軍民户數。

十二月丙申，敕樞密、翰林院官，就中書省與唆都議招收海外諸番事。詔諭海内海外諸番國主。詔諭占城國主，使親自來朝。

《元史》卷一一《世祖紀八》十七年春正月癸卯朔，高麗國王王(睶)〔賰〕遣其僉議中贊金方慶來賀，兼奉歲貢。置行中書省于福州。改德慶(路)〔府〕爲總管府。

二月乙亥，命和禮霍孫將兵與高和尚同赴北邊。丁丑，答里不罕以雲南行省軍攻定昌路，擒總管谷納殺之。詔令答里不罕還，以阿答代之。詔納速剌丁將精兵萬人征緬國。日本國殺國使杜世忠等，征東元帥忻都、洪茶丘請自率兵往討，廷議姑少緩之。庚子，阿里海牙及納速剌丁招緬國及洞蠻降臣，詔就軍前定録其功以聞。

三月丙午，敕東西兩川發蒙古、漢軍戍魚通、黎、雅。己未，詔討羅氏鬼國，命以蒙古軍六千，哈剌章軍一萬，西川藥剌海、萬家奴軍萬人，阿里海牙軍萬人，三道並進。

夏四月癸酉，南康杜可用叛，命史弼討擒之。丁亥，立杭州路金玉總管府。丙申，以羅佐山道梗，敕阿里海牙發軍千人戍守。

五月辛丑朔，樞密院調兵六百守居庸南、北口。癸丑，詔雲南行省發四川軍萬人，命藥剌海領之，與前所遣將同征緬國。

六月壬申，復招諭占城國。遣吕告蠻部安撫使王阿濟同萬户咎坤招諭羅氏鬼國。壬辰，召范文虎議征日本。

秋七月己酉，立行省于京兆，以前安西相李德輝爲參知政事，兼領錢穀事。乙丑，罷江南財賦總管府。戊辰，詔括前願從軍者及張世傑潰軍，使征日本。命范文虎等招集避罪附宋蒙古、回回等軍。

八月戊寅，占城、馬八兒國皆遣使奉表稱臣，貢寶物犀象。以前所括願從軍者爲軍，付茶忽領之，征日本。戊戌，高麗王王(睶)〔賰〕來朝，且言將益兵三萬征日本。以范文虎、忻都、洪茶丘爲中書右丞，李庭、張拔突爲參知政事，並行中書省事。

九月壬戌，也罕的斤進征斡端。丁卯，羅氏鬼國主阿察及阿里降，安西王相李德輝遣人偕入覲。

冬十月癸酉，加高麗國王王(睶)〔賰〕開府儀同三司、中書左丞相，行中書省事。丙子，賜雲南王忽哥赤印。戊寅，發兵十萬，命范文虎將之。賜右丞洪茶丘所將征日本新附軍鈔及甲。壬午，詔立陝西四川等處行中書省，以不花爲右丞，李德輝、汪惟正並左丞。遣使諭爪哇國及交趾國。

十一月己亥朔，翰林學士承旨和禮霍孫等言：「俱藍、馬八、闍婆、交趾等國俱遣使進表，乞答詔。」從之。壬子，詔諭俱藍國使來歸附。甲子，詔頒《授時曆》。丁卯，復遣宣慰使教化、孟慶元等持詔諭占城國主，令其子弟或大臣入朝。

十二月辛未，高麗國王王(睶)〔賰〕領兵萬人、水手萬五千人、戰船九百艘、糧一十萬石，出征日本。給右丞洪茶丘等戰具、高麗國鎧甲戰襖。以高麗中贊金方慶爲征日本都元帥，密直司副使朴球、金周鼎爲管高麗國征日本軍萬户，並賜虎符。甲戌，復授征日本軍官元佩虎符。己卯，羅氏鬼國土寇爲患，思、播道路不通，發兵千人與洞蠻開道。戊子，以征也可不薛軍千五百復還塔海，戍八番、羅甸。壬辰，陳桂龍據漳州反，唆都率兵討之，桂龍亡入畬洞。甲午，置鎮北庭都護府于畏吾境，以脱脱木兒等領其事。

十八年春正月辛丑，召阿剌罕、范文虎、囊加帶同赴闕受訓諭，以拔都、張珪、李庭留後。命忻都、洪茶丘軍陸行抵日本，兵甲則舟運之，所過州縣給其糧食。用范文虎言，益以漢軍萬人。

二月乙亥，敕以耽羅新造船付洪茶丘出征。詔以刑徒減死者付忻都爲軍。詔諭范文虎等以征日本之意，仍申嚴軍律。丙戌，征日本國軍啓行。

〔三月〕，以中書右丞、行江東道宣慰使阿剌罕爲中書左丞相，行中書省事，江西道宣慰使兼招討使也的迷失參知政事，行中書省事。

夏四月辛未，益雲南軍征合剌章。戊子，置蒙古漢人新附軍總管。甲午，自太和嶺至别十八里置新驛三十。

五月戊申，罷霍州畏兀按察司。丙辰，以烏蒙阿謀宣撫司隸雲南行省。

六月己卯，以順慶路隸四川東道宣慰司。壬午，命耽羅戍力田以自給。日本行省臣遣使來言：「大軍駐巨濟島，至對馬島獲島人，言太宰府西六十里舊有戍軍已調出戰，宜乘虚擣之。」詔曰：「軍事卿等當自權衡之。」庚寅，以阿剌罕有疾，詔阿塔海統率軍馬征日本。以中書左丞忽都帖木兒爲中書右丞，行中書省

事；御史中丞、行御史臺事忽剌出爲中書左丞，行尚書省事。
秋七月甲午朔，命萬户綦公直分宣慰使劉恩所將屯肅州漢兵千人，入别十八里，以嘗過西川兵百人爲鄉導。庚戌，以忻都戍大和嶺所將蒙古軍還，復令漢軍戍守。辛酉，唆都征占城，賜駝蓬以辟瘴毒。占城國來貢象犀。
八月庚午，忙古帶爲中書右丞，行中書省事。壬辰，詔征日本軍回，所在官爲給糧。忻都、洪茶丘、范文虎、李庭、金方慶諸軍，船爲風濤所激，大失利，餘軍回至高麗境，十存一二。
九月癸亥朔，畋于近郊。庚辰，還宫。辛巳，大都立蒙古站屯田，編户歲輸包銀者及真定等路闌遺户，並令屯田，其在真定者與免皮貨。
冬十月丙申，募民淮西屯田。己亥，議封安南王號，易所賜安南國畏吾字虎符，以國字書之。仍降詔諭安南國，立日烜之叔遺愛爲安南國王。壬寅，賜征日本將校衣裝、幣帛、靴帽等物有差。乙巳，命安西王府協濟户及南山隘口軍，於安西、延安、鳳翔、六盤等處屯田。丁未，安南國置宣慰司，以北京路達魯花赤孛顔帖木兒參知政事，行安南國宣慰使，都元帥，佩虎符柴椿、忽哥兒副之。己酉，命失里咱牙信合八剌麻合迭瓦爲占城郡王，加榮禄大夫，賜虎符。立行中書省占城，以唆都爲右丞，劉深爲左丞，兵部侍郎也(里)〔黑〕迷失參知政事。辛酉，邵武叛人高日新降。給征日本回侍衛新附軍冬衣。
十一月己巳，敕軍器監給兵仗付高麗沿海等郡。奉使占城孟慶元、孫勝夫並爲廣州宣慰使，兼領出征調度。高麗國、金州等處置鎮邊萬户府，以控制日本。壬午，詔諭爪哇國主，使親來覲。丙戌，敕征日本回軍後至者分戍沿海。
十二月甲午，以鎖吉剌帶爲中書右丞相。己亥，罷日本行中書省。
《元史》卷一二《世祖紀九》　十九年春正月丙寅，罷征東行中書省。丁卯，諸王札剌忽至自軍中。時皇子北平王以軍鎮阿里麻里之地，以禦海都。諸王昔里吉與脱脱木兒、覽木忽兒、撒里蠻等謀劫皇子北平王以叛，欲與札剌忽結援於海都，海都不從。撒里蠻悔過，執昔里吉等，北平王遣札剌忽以聞。
二月辛卯朔，車駕幸柳林。癸巳，調軍一萬五千、馬五千匹，征也可不薛。乙巳，立廣東按察司。壬子，詔簽亦奚不薛及播、思、敍三州軍征緬國。
三月辛酉朔，烏蒙民叛，敕那懷、火魯思迷率蒙古、漢人、新附軍討之。益都千户王著，以阿合馬蠹國害民，與高和尚合謀殺之。
夏四月丁酉，以和禮霍孫爲中書右丞相。戊戌，征蠻元帥完者都等平陳吊眼巢穴班師，賞其軍鈔，仍令還家休息。己酉，刊行蒙古畏吾兒字所書《通鑑》。以和禮霍孫爲右丞相詔天下。
五月戊辰，併江西、福建行省。去江南冗濫官。以甘肅行省左丞麥朮丁爲中書右丞，行御史臺御史中丞張雄飛參知政事。
六月甲午，阿合馬濫設官府二百四所，詔存者三十三，餘皆罷。戊戌，以占城既服復叛，發淮、浙、福建、湖廣軍五千、海船百艘、戰船二百五十，命唆都爲將討之。癸丑，從和禮霍孫言，罷司徒府及農政院。丁巳，征亦奚不薛，盡平其地，立三路達魯花赤，留軍鎮守，命藥剌海總之，以也速帶兒爲都元帥宣慰使。
秋七月戊午朔，立行樞密院於揚州、鄂州。庚午，令蒙古軍守江南者更番還家。(癸酉)宣慰孟慶元、萬户孫勝夫使爪哇回，爲忙古帶所囚，詔釋之。
八月庚寅，忙古帶征羅氏鬼國還，仍佩虎符，爲管軍萬户。辛卯，以阿八赤督運糧。癸巳，發羅羅斯等軍助征緬國。丙辰，謫揑兀迭納戍占城以贖罪。
九月丁巳朔，敕中書省窮治阿合馬之黨。辛酉，招討使楊庭(堅)〔璧〕招撫海外，南番皆遣使來貢。壬申，敕平灤、高麗、躭羅及揚州、隆興、泉州共造大小船三千艘。亦奚不薛之北，蠻洞向世雄兄弟及散毛諸洞叛，命四川行省就遣亦奚不薛軍前往招撫之，使與其主偕來。
冬十月辛卯，以平章軍國重事、監修國史耶律鑄爲中書左丞相。丙申，初立詹事院，以完澤爲右詹事，賽陽爲左詹事。乙巳，遣阿躭招降法里郎、阿魯、乾伯等國。
十一月丁卯，江南襲封衍聖公孔洙入覲，以爲國子祭酒，兼提舉浙東道學校事，就給俸禄與護持林廟璽書。丙子，四川行省招諭大盤洞主向臭友等來朝。
十二月乙未，中書省臣言：「平原郡公趙與芮、瀛國公趙㬎、翰林直學士趙與(票)〔慓〕，宜並居上都。」帝曰：「與芮老矣，當留大都，餘如所言。」繼有旨，給瀛國公衣糧發遣之，唯與(票)〔慓〕勿行。以中山薛保住上匿名書告變，殺宋丞相文天祥。
二十年春正月癸亥，敕藥剌海領軍征緬國。乙丑，預備征日本軍糧，令高麗國備二十萬石。以阿塔海依舊爲征東行中書省丞相。丙寅，發五衛軍二萬人征日本。丁丑，以招討楊廷(壁)〔璧〕爲宣慰使，賜弓矢鞍勒，使諭俱藍等國。
二月庚子，減四川官府，併西川東、西、北三道宣慰司，及潼川等路鎮守萬户府、新軍總管府，威、灌、茂等州安撫司十四處。

三月己未，前後衛軍自願征日本者，命選留五衛漢軍千餘，其新附軍令悉行。乙丑，命兀奴忽魯帶往揚州録囚，遣江北重囚謫征日本。癸酉，廣州新會縣林桂方、趙良鈐等聚衆，僞號羅平國，稱延康年號，官軍擒之，伏誅，餘黨悉平。乙亥，遣阿塔海戍曲先，漢都魯迷失帥甘州新附軍往斡端。

夏四月庚寅，以侍衛親軍二萬人助征日本。壬辰，阿塔海求軍官習舟楫者同征日本，命元帥張林、招討張瑄、總管朱清等行。以高麗王就領行省，規畫日本事宜。癸卯，授高麗國王王(睶)〔賰〕征東行中書省左丞相，仍駙馬、高麗國王。乙巳，命樞密院集軍官議征日本事宜。

五月甲子，立征東行中書省，以高麗國王與阿塔海共事。辛未，占城行省已破占城，其國主補底遁去，降璽書招徠之。甲戌，發征日本重囚往占城、緬國等處從征。

六月戊子，以征日本，民間騷動，盜賊竊發，忽都帖木兒、忙古帶乞益兵禦寇。詔以興國、江州軍付之。戊申，用伯顔等言，所括宋手號軍八萬三千六百人，立牌甲設官以統之，仍給衣糧。辛亥，四川行省參政曲立吉思等討平九溪十八洞，以其酋長赴闕，定其地立州縣，聽順元路宣慰司節制。

秋七月丙辰，免徵骨嵬軍賦。諭阿塔海所造征日本船，宜少緩之；所拘商船，其悉給還。庚申，調軍益戍雲南。壬申，亦奚不薛軍民千户宋添富及順元路軍民總管兼宣撫(司)〔使〕阿里等來降。立亦奚不薛總管府，命阿里爲總管。

八月丁未，浙西道宣慰使史弼言：「頃以征日本船五百艘科諸民間，民病之。宜取阿八赤所有船，修理以付阿塔海，庶寬民力，并給鈔於沿海募水手。」從之。

九月戊午，合剌帶等招降象山縣海賊尤宗祖等九千五百九十二人，海道以寧。壬戌，調黎兵同征日本。丙寅，古答奴國因商人阿剌畏等來言，自願效順。併占城、荆湖行省爲一。

冬十月庚寅，給征日本新附軍鈔三萬錠。建寧路管軍總管黄華叛，衆幾十萬，號頭陀軍，僞稱宋祥興五年，犯崇安、浦城等縣，圍建寧府。詔卜憐吉帶、史弼等將兵二萬二千人討平之。

十一月癸丑，總管陳義願自備海船三十艘以備征進，詔授義萬户，佩虎符。丁巳，命各省印《授時曆》。

十二月辛卯，以茶忽所管軍六千人備征日本。丙午，罷雲南都元帥府及重設官吏。戊申，雲南施州子童興兵爲亂，敕參知政事阿合八失帥兵，合羅羅斯、脱兒世合討之。

《元史》卷一三《世祖紀十》 二十一年春正月乙卯，帝御大明殿，右丞相和禮霍孫率百官奉玉册玉寶，上尊號曰憲天述道仁文義武大光孝皇帝。己未，罷雲南都元帥府，所管軍民隸行省。丁卯，建都王、烏蒙及金齒一十二處俱降。甲戌，遣蒙古官及翰林院官各一人祠岳瀆后土。遣王積翁齎詔使日本，賜錦衣、玉環、鞍轡；積翁由慶元航海至日本近境，爲舟人所害。

二月辛巳，以福建宣慰使管如德爲泉州行省參知政事，征緬。浚揚州漕河。罷高麗造征日本船。丁未，命阿塔海發兵萬五千人、船二百艘助征占城，船不足，命江西省益之。遷故宋宗室及其大臣之仕者於內地。

三月丁巳，皇子北平王南(朮)〔木〕合至自北邊。王以至元八年建幕庭于和林北野里麻里之地，留七年，至是始歸。右丞相安童繼至。夏四月庚子，湖廣行省平章阿里海牙請身至海濱收集占城散軍，復使南征，且趣其未行者，許之。

五月壬子，拘征東省印。己未，荆湖占城行省言：「忽都虎、忽馬兒等將兵征占城，前鋒舟師至舒眉蓮港不知所向，令萬户劉君慶進軍次新州，獲占蠻，始知我軍已還矣。就遣占蠻向導至占城境，其國主遣阿不蘭以書降，且言其國經唆都軍馬虜掠，國計已空，俟來歲遣嫡子以方物進。繼遣其孫路司理勒蟄等奉表詣闕。」庚午，荆湖占城行省以兵進據烏馬境，地近安南，請益兵。命鄂州達魯花赤趙翥等奉璽書往諭安南。丁丑，忽都虎、烏馬兒、劉萬户等率揚州省軍二萬赴唆都軍前，遇風船散，其軍皆潰。敕追烏馬兒等誥命、虎符及部將所受宣敕，以河西孛魯合答兒等代之，聽阿里海牙節制。

閏五月甲辰，安南國王世子陳日烜遣其中大夫陳謙甫貢玉杯、金瓶、珠絛、金領及白猿、緑鳩、幣帛等物。

六月壬子，遣使分道尋訪測驗晷景、日月交食、曆法。甲寅，詔封皇子脱歡爲鎮南王，賜塗金銀印，駐鄂州。

秋七月丁丑朔，敕荆湖、西川兩省合兵討(叉)〔又〕巴、散毛洞蠻。戊子，詔鎮南王脱歡征占城。

八月丁未，雲南行省言：「華帖、白水江、鹽井三處土老蠻叛，殺諸王及行省使者。」調兵千人討之。辛亥，占城國王乞回唆都軍，願以土産歲修職貢。

九月甲申，立福建等處鹽課市舶都轉運司。詔以中書右丞、行省事忙兀台

爲江淮等處行中書省平章政事，其行省左丞忽剌出、蒲壽庚，參政管如德分省泉州。丙申，以江南總攝楊璉真加發宋陵冢所收金銀寶器修天衣寺。

冬十月辛酉，征東招討司以兵征骨嵬。丁卯，以招討使張萬爲征緬招討使，佩三珠虎符。甲戌，詔諭行中書省，凡征日本船及長年篙手，並官給鈔增價募之。

十一月庚寅，占城國王遣使大羅盤亞羅日加翳等奉表來賀聖誕節，獻禮幣及象二。占城舊州主寶嘉婁亦奉表入附。辛丑，前右丞相安童復爲右丞相，前江西榷茶運使盧世榮爲右丞，前御史中丞史樞爲左丞。癸卯，福建行省遣使人八合魯思招降南巫里、別里剌、理倫、大力等四國，各遣其相奉表以方物來貢。

十二月甲子，以高麗提舉司隸工部。丙寅，荆湖占城行省遣八番劉繼昌諭降龍昌寧、龍延萬等赴闕，奉羊馬、白氊來貢，各授本處安撫使。立宣慰司，招撫西南諸蕃等處酋長。癸酉，命翰林承旨撒里蠻、翰林集賢大學士許國禎，集諸路醫學教授增修《本草》。是月，鎮南王軍至安南，殺其守兵，分六道以進。安南興道王以兵拒於萬劫，進擊敗之。

二十二年春正月庚辰，立別十八里驛傳。毀宋郊天臺。壬午，詔立市舶都轉運司。辛丑，以楊兀魯帶爲征骨嵬招討使，佩二珠虎符。是月壬午，烏馬兒領兵與安南興道王遇，擊敗之，兵次富良江北。乙酉，安南世子陳日烜領戰船千餘艘以拒。丙戌，與戰，大破之，日烜遁去。入其城，還屯富良江北。唆都、唐古帶等引兵與鎮南王會。

二月乙巳，詔改江淮、江西元帥招討司爲上中下三萬户府，蒙古、漢人、新附諸軍相參，作三十七翼。辛亥，廣東宣慰使月的迷失討潮、惠二州盜郭逢貴等四十五寨，皆平。丙辰，詔罷膠、萊所鑿新河，以軍萬人隸江浙行省習水戰，萬人載江淮米泛海由利津達於京師。壬戌，中書省臣盧世榮請立規措所，經營錢穀，秩五品，所用官吏以善賈爲之，勿限白身人。帝從之。己巳，復立按察司。

三月丙子，遣太史監候張公禮、彭質等往占城測候日晷。癸未，荆湖占城行省請益兵。帝以水行爲危，令遵陸以往。

夏四月丙午，以征日本船運糧江淮及教軍水戰。庚戌，監察御史陳天祥劾中書右丞盧世榮罪惡。癸丑，詔追捕宋廣王及陳宜中。壬戌，御史中丞阿剌怙木兒、郭佑，侍御史白秃剌怙木兒，參知政事撒的迷失等以盧世榮所招罪狀奏。阿剌怙木兒等與世榮對於帝前，世榮悉款服。癸亥，敕以麥朮丁所行清潔，與安童治省事。

五月甲戌，以御史中丞郭佑爲中書省參知政事。壬午，以忻都爲踢里玉招討使，佩虎符。陳日烜走海港，鎮南王命李恒追襲，敗之。適暑雨疫作，兵欲北還思明州，命唆都等還烏里。安南以兵追躡，唆都戰死。恒爲後距，以衛鎮南王，藥矢中左膝，至思明，毒發而卒。

六月庚戌，命女直、水達達造船二百艘及造征日本迎風船。庚午，詔減商税，罷牙行，省市舶司入轉運司。

秋七月甲戌，敕祕書監修《地理志》。乙亥，安南降者昭國王、武道、文義、彰憲、彰懷四侯赴闕。甲申，改闊里吉思等所平大小十谿洞悉爲府、州、縣。丁亥，廣東宣慰使月的迷失入覲，以所降渠帥郭逢貴等至京師，言山寨降者百五十餘所。庚寅，樞密院言：「鎮南王脱歡所總征交趾兵久戰力疲，請於奧魯赤等三萬户分蒙古軍千人，江淮、江西、荆湖三行院分漢軍、新附軍四千人，選良將將之，取鎮南王脱歡、阿里海牙節制，以征交趾。」從之。

〔八月〕己未，詔復立泉府司，秩從二品，以答失蠻領之。戊辰，罷禁海商。罷榷酤。

〔九月〕乙亥，聽民自實兩淮荒地，免税三年。丙子，真蠟、占城貢樂工十人及藥材、鰐魚皮諸物。丙戌，速木都剌、馬答二國遣使來朝。庚寅，敕征交趾諸軍，除留蒙古軍百、漢軍四百爲鎮南王脱歡宿衛，餘悉遣還。

冬十月乙巳，詔征東招討使塔塔兒帶、楊兀魯帶以萬人征骨嵬。癸丑，立征東行省，以阿塔海爲左丞相，劉國傑、陳巖並左丞，洪茶丘右丞，征日本。丁卯，敕樞密院計膠、萊諸處漕船，高麗、江南諸處所造海舶，括傭江淮民船，備征日本。

十一月壬申，以討日本，遣阿八剌督江淮行省軍需，遣察忽督遼東行省軍需。戊寅，遣使告高麗發兵萬人、船六百五十艘，助征日本。癸巳，敕漕江淮米百萬石，泛海貯於高麗之合浦，仍令東京及高麗各貯米十萬石，備征日本。諸軍期於明年三月以次而發，八月會於合浦。

十二月，以占城遁還忽都虎、劉九、田二復舊職，從征日本。增阿塔海征日本戰士萬人、回回砲手五十人。己亥，從樞密院請，嚴立軍籍條例，選壯士及有力家充軍。敕樞密院：「向以征日本故，遣五衛軍還家治裝，今悉選壯士，以正月一日到京師。」江淮行省以戰船千艘習水戰江中。

《元史》卷一四《世祖紀十一》 二十三年春正月甲戌，帝以日本孤遠島夷，重困民力，罷征日本，召阿八赤赴闕，仍散所顧民船。辛卯，命阿里海牙等議征安南事宜。

二月甲辰，以雪雪的斤爲緬中行省左丞相，阿台董阿參知政事，兀都迷失僉行中書省事。以阿里海牙仍安南行中書省左丞相，奥魯赤平章政事，都元帥烏馬兒、亦里迷失、阿里、昝順、樊楫並參知政事。乙巳，廷議立東京等處行中書省，以闊闊你敦爲左丞相，遼東道宣慰使塔出右丞，同僉樞密院事楊仁風、宣慰使亦而撒合並參知政事。丁巳，命湖廣行省造征交趾海船三百，期以八月會欽、廉州。戊午，命荆湖占城行省將江浙、湖廣、江西三行省兵六萬人伐交趾。

三月乙亥，以麥朮丁仍中書右丞，與郭佑並領錢穀，楊居寬典銓選。壬子，諭納速剌丁分阿剌章、蒙古軍千人，以能臣將之，赴交趾助皇子脱歡。

五月丁卯朔，樞密院臣言：「臣等與玉速帖木兒議別十八里軍事，凡軍行並聽伯顔節制，其留務委孛欒帶及諸王阿只吉官屬統之爲宜。」從之。

六月乙巳，以立大司農司詔諭中外。詔以大司農司所定《農桑輯要》書頒諸路。辛亥，以亦馬剌丹忒忽里使交趾。

秋七月丙寅朔，遣必剌蠻等使爪哇。癸巳，銓定省、院、臺、部官，詔諭中外。

八月己亥，敕樞密院遣侍衛軍千人扈從北征。

九月乙丑朔，馬八兒、須門那、僧急里、南無力、馬蘭丹、那旺、丁呵兒、來來、急闌亦帶、蘇木都剌十國，各遣子弟上表來覲，仍貢方物。壬辰，高麗遣使獻日本俘。

冬十月己酉，遣塔塔兒帶、楊兀魯帶以兵萬人、船千艘征骨嵬。甲寅，以征緬功，調招討使張萬爲征緬副都元帥，也先鐵木兒征緬招討司達魯花赤，千户張成征緬招討使，並虎符，敕造戰船，將兵六千人以征緬，俾禿滿帶爲都元帥總之。

十一月乙丑，以昭勇大將軍、沿海招討使張瑄，明威將軍、管軍萬户兼管海道運糧船朱清，並爲海道運糧萬户，仍佩虎符。己巳，以阿八赤爲征交趾行省右丞。

十二月丙午，置燕南、河東、山東三道宣慰司。戊午，翰林承旨撒里蠻言：「國史院纂修太祖累朝實録，請以畏吾字繙譯，俟奏讀然後纂定。」從之。

二十四年春正月癸酉，俱藍國遣使不六温乃等來朝。丙戌，以參政程鵬飛爲中書右丞，阿里爲中書左丞。丁亥，以不顔里海牙爲參知政事。發新附軍千人從阿八赤討安南。辛卯，詔發江淮、江西、湖廣三省蒙古、漢券軍，及雲南兵，及海外四州黎兵，命海道運糧萬户張文虎等運糧十七萬石，分道以討交趾。

二月乙未，以麥朮丁爲平章政事。丙辰，馬八兒國貢方物。戊午，敕諸王闍里鐵木兒節制諸軍。

閏二月乙丑，畋于近郊。召麥朮丁、鐵木兒、楊居寬等與集賢大學士阿魯渾撒里及葉李、程文海、趙孟頫論鈔法。麥朮丁言：「自制國用使司改尚書省，頗有成效，今仍分兩省爲便。」詔從之，各設官六員。辛未，以復置尚書省詔天下。設國子監，立國學監官，仍隸集賢院。

三月甲午，更造至元寶鈔頒行天下，中統鈔通行如故。

夏四月，諸王乃顔反。

五月庚子，以不魯合罕總探馬赤軍三千人出征。壬寅，帝自將征乃顔，發上都。壬子，高麗王(睶)〔賰〕請益兵征乃顔，以五百人赴之。

六月壬戌，至撒兒都魯之地。乃顔黨塔不帶率所部六萬逼行在而陣，遣前軍敗之。

秋七月癸巳，乃顔黨失都兒犯咸平，宣慰塔出從皇子愛牙(亦)〔赤〕，合兵出瀋州進討，宣慰亦兒撒合分兵趣懿州，其黨悉平。戊戌，樞密院奏：「僉征緬行省事合撒兒海牙言，比至緬國，諭其王赴闕，彼言鄰番數叛，未易即行，擬遣阿難答剌奉表齎土貢入覲。」庚戌，雲南行省愛魯言，金齒酋打奔等兄弟求内附，且乞入覲。

八月乙丑，車駕還上都。以李海剌孫爲征緬行省參政，將新附軍五千、探馬赤軍一千以行，仍調四川、湖廣行省軍五千赴之。以脱滿答兒爲都元帥，將四川省兵五千赴緬省，仍令其省駐緬近地，以俟進止。己巳，謫從叛諸王赴江南諸省從軍自效。諭鎮南王脱歡，禁戢從征諸王及省官奥魯赤等，毋縱軍士焚掠，毋以交趾小國而易之。

九月己亥，湖廣省臣言：「海南瓊州路安撫使陳仲達、南寧軍總管謝有奎、延欄總管苻庇成，以其私船百二十艘、黎兵千七百餘人，助征交趾。」詔以仲達仍爲安撫使，佩虎符，有奎、庇成亦仍爲沿海管軍總管，佩金符。丁未，安南國遣其中大夫阮文彦、通侍大夫黎仲謙貢方物。壬子，高麗王王(睶)〔賰〕來朝。

冬十月丙戌，范文虎言：「豪、懿、東京等處，人心未安，宜立省以撫綏之。」詔立遼陽等處行尚書省，以薛闍干、闍里帖木兒並行尚書省平章政事，洪茶丘右

丞，亦兒撒合左丞，楊仁風、阿老瓦丁並參知政事。

十一月壬辰，雲南省右丞愛魯兵次交趾木兀門，其將昭文王以四萬人守之，愛魯擊破之，獲其將黎石、何英。以桑哥爲金紫光禄大夫、尚書右丞相，兼(統)〔總〕制院使，領功德使司事。己亥，鎮南王次思明，程鵬飛與奥魯赤等從鎮南王分道並進，阿八赤以萬人爲前鋒。辛丑，烏馬兒、樊楫及程鵬飛等遂趨交趾，所向克捷。丙午，鎮南王次界河，交趾發兵拒守，前鋒皆擊破之。

十二月癸酉，鎮南王次茅羅港，攻浮山寨，破之。乙酉，鎮南王以諸軍渡富良江，次交趾城下，敗其守兵。日烜與其子棄城走敢喃堡。

《元史》卷一五《世祖紀十二》 二十五年春正月，日烜復走入海，鎮南王以諸軍追之，不及，引兵還交趾城。命烏馬兒將水兵迎張文虎等糧船，又發兵攻其諸寨，破之。癸卯，海都犯邊。敕駙馬昌吉，諸王也只烈，察乞兒、合丹兩千户，皆發兵從諸王朮伯北征。

二月丁巳，鎮南王引兵還萬劫。烏馬兒迎張文虎等糧船不至，諸將以糧盡師老，宜全師而還，鎮南王從之。戊午，命李庭整漢兵五千東征。丙寅，江淮總攝楊璉真加言以宋宫室爲塔一，爲寺五，已成，詔以水陸地百五十頃養之。己卯，以高麗國王王(瞔)〔賰〕復爲征東行尚書省左丞相。壬午，鎮南王命烏馬兒、樊楫將水兵先還，程鵬飛、塔出將兵護送之。命皇孫雲南王也先鐵木兒帥兵鎮大理等處。

三月庚寅，敕遼陽省亦乞列思、吾魯兀、札剌兒探馬赤自懿州東征。李庭遥授尚書左丞，食其禄，將漢兵以行。辛卯，鎮南王以諸軍還。張文虎糧船遇賊兵船三十艘，文虎擊之，所殺略相當。費拱辰、徐慶以風不得進，皆至瓊州。甲午，鎮南王次内傍關，賊兵大集以遏歸師，鎮南王遂由單已縣趨盝州，間道以出。壬寅，鎮南王次思明州，命愛魯引兵還雲南，奥魯赤以諸軍北還。日烜遣使來謝，進金人代己罪。

夏四月乙丑，廣東賊董賢舉等七人皆稱大老，聚衆反，剽掠吉、贛、瑞、撫、龍興、南安、韶、雄、汀諸郡，連歲擊之不能平，詔江淮省分萬户一軍詣江西，俟賊平還翼。庚辰，安南國王陳日烜遣中大夫陳克用來貢方物。癸未，雲南省右丞愛魯上言：「自發中慶，經羅羅、白衣入交趾，往返三十八戰，斬首不可勝計，將士自都元帥以下獲功者四百七十四人。」甲申，詔皇孫撫諸軍討叛王火魯火孫、合丹禿魯干。

五月戊子，諸王察合子闊闊帶叛，床兀兒執之以來。己丑，以左右怯薛衛士及漢軍五千三百人從皇孫北征。甲午，發五衛漢兵五千人北征。癸丑，詔湖廣省管内並聽平章政事禿滿、要束木節制。詔四川管内並聽行尚書省節制。

六月乙丑，詔蒙古人總漢軍，閱習水戰。戊辰，海都將暗伯、著暖以兵犯業里干腦兒，管軍元帥阿里帶戰却之。

秋七月戊戌，駐驆許泥百牙之地。同知江西行樞密院事月的迷失上言：「近以盗起廣東，分江西、江淮、福建三省兵萬人令臣將之討賊。臣願萬人内得蒙古軍三百，並臣所籍降户萬人，置萬户府，以撒木合兒爲達路花赤，佩虎符。」詔許之。

八月丙辰，詔安童以本部怯薛蒙古軍三百人北征。庚辰，車駕次孛羅海腦兒。

九月癸未朔，大駕次野狐嶺。壬辰，大駕至大都。乙未，都哇犯邊。庚戌，太醫院新編《本草》成。

冬十月庚午，海都犯邊。丙子，瀛國公趙㬎學佛法于土番。己卯，也不干入寇，不都馬失引兵奮擊之。

十一月丁亥，金齒遣使貢方物。以山東東西道提刑按察使何榮祖爲中書省參知政事。修國子監以居胄子。甲午，北兵犯邊。己亥，命李思衍爲禮部侍郎，充國信使，以萬奴爲兵部郎中副之，同使安南，詔諭陳日烜親身入朝，否則必再加兵。辛丑，馬八兒國遣使來朝。帖列滅入寇。甲辰，改釋教總制院爲宣政院。

十二月丁巳，海都兵犯邊，拔都也孫脱迎擊，死之。丙子，也速不花以昔列門叛。甘肅行省官約諸王八八、拜答罕、駙馬昌吉，合兵討之，皆自縛請罪。獨昔列門以其屬西走，追至朶郎不帶之地，邀而獲之，以歸于京師。

二十六年春正月丙戌，詔江淮省忙兀帶與不魯迷失海牙及月的迷失合兵進討羣盗之未平者。戊戌，以荆湖占城省左丞唐兀帶副按的忽都合爲蒙古都萬户，統兵會江淮、福建二省及月的迷失兵，討盗于江西。戊申，遣參知政事張守智、翰林直學士李天英使高麗，督助征日本糧。

二月丙寅，命福建行省拜降、江西行院月的迷失、江淮行省忙兀帶，合兵擊賊江西。丁卯，幸上都。以中書右丞相伯顔知樞密院事，將北邊諸軍。合丹兵寇胡魯口，開元路治中兀顔牙兀格戰連日，破之。甲戌，命鞏昌便宜都總帥汪惟和將所部軍萬人北征。

三月庚辰朔，台州賊楊鎮龍聚衆寧海，僭稱大興國，寇東陽、義烏，浙東大

震。諸王瓮吉帶時謫婺州，帥兵討平之。

夏四月戊辰，安南國王陳日烜遣其中大夫陳克用等來貢方物。甲戌，以御史大夫玉呂魯爲太傅，加開府儀同三司，僉江西等處行尚書省事。召江淮行省參知政事忻都赴闕，以户部尚書王巨濟專理算江淮省，左丞相忙兀帶總之。

五月丙申，以參知政事忻都爲尚書左丞，中書參知政事何榮祖爲參知政事，參議尚書省事張天祐爲中書參知政事。己亥，設回回國子學。

六月辛亥，詔以雲南行省地遠，州縣官多闕，六品以下，許本省選辟以聞。庚申，諸王乃蠻帶敗合丹兵於托吾兒河。辛巳，海都犯邊，和林宣慰使怯伯、同知乃滿帶、副使八黑鐵兒皆反應之。

秋七月戊寅朔，海都兵犯邊，帝親征。辛巳，開安山渠成，河渠官禮部尚書張孔孫、兵部郎中李處選、員外郎馬之貞言：「開魏博之渠，通江淮之運，古所未有。」詔賜名會通河。甲申，四川山齊蠻民四寨五百五十户内附。辛卯，發和林所屯乞兒乞思等軍北征。丁酉，命遼陽行省益兵戍咸平、懿州。戊戌，(右)〔左〕丞李庭等北征。辛丑，發侍衛親軍萬人赴上都。

九月己卯，置高麗國儒學提舉司，從五品。

冬十月甲寅，以駝運大都米五百石有奇給皇子北安王等部曲。癸酉，尚書省臣言：「沙不丁以便宜增置浙東二鹽司，合浙東、西舊所立者爲七，乞官知鹽法者五十六人。」從之。

閏十月戊寅，尚書省臣言：「南北鹽均以四百斤爲引，今權豪家多取至七百斤，莫若先貯鹽於席，來則授之，爲便。」從之。癸未，命遼陽行省給諸王乃蠻帶民户乏食者。丙戌，西南夷生番心椤等八族計千二百六十户内附。廣東賊鍾明亮復反，以衆萬人寇梅州，江羅等以八千人寇漳州，又韶、雄諸賊二十餘處皆舉兵應之，聲勢張甚。詔月的迷失復與福建、江西省合兵討之。辛丑，羅斛、女人二國遣使來貢方物。丙午，緬國遣委馬剌菩提班的等來貢方物。

十一月丁未，禁江南、北權要之家毋沮鹽法。壬子，漳州賊陳機察等八千人寇龍(嚴)〔巖〕，執千户張武義，與楓林賊合。福建行省兵大破之。

十二月，紹興路總管府判官白絜矩言：「宋趙氏族人散居江南，百姓敬之不衰，久而非便，宜悉徙京師。」桑哥以聞，請擢絜矩爲尚書省舍人，從之。乙酉，命四川蒙古都萬户也速帶選所部軍萬人西征。丁亥，封皇子闊闊出爲寧遠王。甲午，以官軍萬户汪惟能爲征西都元帥，將所部軍入漢，其先戍漢兵無令還翼。

《元史》卷一六《世祖紀十三》 二十七年春正月戊申，改大都路總管府爲都總管府。戊午，遼陽自乃顔之叛，民甚疲敝，發鈔五千八十錠賑之。丙寅，合丹餘寇未平，命高麗國發躭羅戍兵千人討之。癸酉，復立興文署，掌經籍板及江南學田錢穀。合丹寇遼東海陽。

二月乙亥朔，立全羅州道萬户府。己丑，江西羣盜鍾明亮等復降，詔徙爲首者至京師，而給其餘黨糧。

夏四月癸未，罷海道運糧萬户府。江淮行省言：「近朝廷遣白絜矩來，與沙不丁議，令發兼並户偕宋宗族赴京，人心必致動摇，江南之民方患增課、料民、括馬之苦，宜俟它日行之。」從之。庚子，合丹復寇海陽。

五月乙巳，合丹寇開元。戊申，江西行省管如德、江西行院月的迷失合兵討反寇鍾明亮，明亮降，詔縛致闕下，如德等留不遣，明亮復率衆寇贛州。丙寅，遷江西行尚書省參政楊文璨爲左丞，文璨踰歲不之官，詔以外剌帶代之。外剌帶至，文璨復署事，桑哥乃奏文璨陞右丞。己巳，立雲南行御史臺。庚午，復置諸王也只里王傅，秩正四品。婺州永康、東陽，處州縉雲賊吕重二、楊元六等反，浙東宣慰使史弼禽斬之。泉州南安賊陳七師反，討平之。

六月甲戌，桑州總管黄布蓬、那州長羅光寨、安郡州長閉光過率蠻民萬餘户内附。壬辰，别給江西行省印，以便分省討賊。丁酉，大司徒撒里蠻、翰林學士承旨兀魯帶進《定宗實録》。庚子，從江西省請，發各省戍兵討賊。

秋七月，癸丑，罷緬中行尚書省。戊午，貴州猫蠻三十餘人作亂，劫順元路，入其城。遂攻阿牙寨，殺傷官吏，其衆遂盛。湖廣省檄八番蔡州、均州二萬户府及八番羅甸宣慰司合兵討之。丙寅，雲南闍力白衣甸酋長凡十一甸内附。

九月乙巳，平章政事闍里鐵木兒帥師與合丹戰于瓦法，大破之。己酉，福建省以管内盗賊蜂起，請益戍兵，命江淮省調下萬户一軍赴之。

冬十月壬申，封皇孫甘麻剌爲梁王，賜金印，出鎮雲南。

十一月壬戌，大司徒撒里蠻、翰林學士承旨兀魯帶進《太宗實録》。

十二月己卯，命樞密院括江南民間兵器及將士習武。丙戌，興化路仙游賊朱三十五集衆寇青山，萬户李綱討平之。處州青田賊劉甲乙等集衆萬餘人寇温州平陽。

二十八年春正月丁巳，遣貴由赤四百人北征。壬戌，尚書省臣桑哥等以罪罷。

二月癸酉，以隴西四川總攝輦真朮納思爲諸路釋教都總統。丁丑，以太子

右詹事完澤爲尚書右丞相，翰林學士承旨不忽木平章政事，詔告天下。乙酉，立江淮、湖廣、江西、四川等處行樞密院。丙戌，詔：「改提刑按察司爲肅政廉訪司。」以集賢大學士何榮祖爲尚書右丞，集賢學士賀勝爲尚書省參知政事。

三月乙卯，乃顔所屬牙兒馬兀等同女直兵五百人追殺内附民餘千人，遣塔海將千人平之。壬戌，以甘肅行省右丞崔彧爲中書右丞。

五月戊戌，遣脱脱、塔剌海、忽辛三人追究僧官江淮總攝楊璉真加等盗用官物。辛亥，詔以桑哥罪惡繫獄按問，誅其黨要束木、八吉等。癸丑，罷尚書省事皆入中書。乙卯，以政事悉委中書，仍遣使布告中外。丁巳，何榮祖以公規、治民、禦盗、理財等十事緝爲一書，名曰《至元新格》，命刻版頒行，使百司遵守。高麗國王王賰乞以其子謜爲世子，詔立謜爲高麗王世子，授特進上柱國，賜銀印。

秋七月己酉，召交趾王弟陳益稷、右丞陳巖、鄭鼎子那懷並詣京師。丁巳，桑哥伏誅。募民耕江南曠土，遣憨散總兵討平江南盗賊。

九月辛丑，以平章政事麥朮丁商議中書省事，復以咱喜魯丁平章政事代之。丙午，立行宣政院，治杭州。壬子，命海船副萬户楊祥、合迷、張文虎並爲都元帥，將兵征瑠求。既又用福建吴誌斗言「祥不可信，宜先招諭之」，乃以祥爲宣撫使，佩虎符，阮監兵部員外郎，誌斗禮部員外郎，並銀符，齎詔往瑠求。明年，楊祥、阮監果不能達瑠求而還，誌斗死于行。庚申，以鐵里爲禮部尚書，佩虎符，阿老瓦丁、不剌並爲侍郎，遣使俱藍。辛酉，以别鐵木兒、亦列失金爲禮部侍郎使馬八兒國；陝西脱西爲禮部侍郎，佩金符，使于馬都。

冬十月壬申，以前緬中行尚書省平章政事雪雪的斤爲中書省平章政事。癸未，羅斛國王遣使上表，以金書字，仍貢黄金、象齒、丹頂鶴、五色鸚鵡、翠毛、犀角、篤縟、龍腦等物。高麗國饑，給以米二十萬斛。罷各處行樞密院，事入行省。癸巳，以武平路總管張立道爲禮部尚書，使交趾。

十一月丁未，躭羅遣使貢東紵百匹。乙卯，新添葛蠻宋安撫率洞官阿汾、青貴來貢方物。戊午，金齒國遣阿腮入覲。

十二月辛未，以鐵滅爲兵部尚書，佩虎符，明思昔答失爲兵部侍郎，佩金符，使于羅孛卜兒。壬申，立河南江北行中書省，治汴梁。庚辰，江北州郡割隸河南江北行中書省。改江淮行省爲江浙等處行中書省，治杭州。丙戌，八番洞官吴金叔等以所部二百五十寨民二萬有奇内附，詣闕貢方物。辛卯，授吃剌思八斡節兒爲帝師，統領諸國僧尼釋教事。

《元史》卷一七《世祖紀十四》　二十九年春正月己亥，命太史令郭守敬兼領都水監事。癸卯，命玉典赤阿里置司邕州以便糧餉，而以輕軍邏思明州。癸丑，罷四賓庫。復會同館。初置織造段匹提舉司五。八番都元帥劉德禄言：「新附洞蠻十五寨，請置官府以統之。」詔設陳蒙、爛土軍民安撫司。丙辰，播州洞蠻因籍户懷疑竄匿，降詔招集之。

二月庚午，斡羅思招附桑州生貓、羅甸國古州等峒酋長三十一，所部民十一萬九千三百二十六户，詣闕貢獻。乙亥，立總管高麗女直漢軍萬户府，頒銀印，總軍六千人。以泉府太卿亦黑迷失、鄧州舊軍萬户史弼、福建行省右丞高興並爲福建行中書省平章政事，將兵征爪哇，用海船大小五百艘、軍士二萬人。丁亥，以汪惟和爲鞏昌等二十四處便宜都總帥，兼鞏昌府尹，仍佩虎符。乞台不花等使緬國，詔令遥授左丞。庚寅，宣政院臣言，授諸路釋教都總統輦真朮納思爲太中大夫、土蕃等處宣慰使都元帥。

三月己酉，以大司農、同知宣徽院事兼領尚饍監事鐵哥，翰林學士承旨、通政院使兼知尚乘寺事剌真，並爲中書平章政事，兼領舊職。以安南國王陳益稷遥授湖廣等處行中書省平章政事，佩虎符，居鄂州。壬戌，給還楊璉真加土田、人口之隸僧坊者。初，璉真加重賂桑哥，擅發宋諸陵，取其寶玉，凡發冢一百有一所，戕人命四，攘盗詐掠諸贓爲鈔十一萬六千二百錠，田二萬三千畝，金銀、珠玉、寶器稱是。

夏四月辛卯，設雲南諸路學校，其教官以蜀士充。

五月甲午，遼陽水達達、女直饑，詔忽都不花趣海運給之。

六月己巳，日本來互市，風壞三舟，惟一舟達慶元路。壬午，敕以海南新附四州洞寨五百一十九、民二萬餘户，置會同、安定二縣，隸瓊州，免其田租二年。

閏六月甲寅，右江岑從毅降，從毅老疾，詔以其子斗榮襲，佩虎符，爲鎮安路軍民總管。是月，禮部尚書張立道、郎中歪頭使安南回，以其使臣阮代乏、何維岩至闕。陳日燇拜表牋，修歲貢。

秋七月庚申朔，詔以史弼代也黑迷失、高興，將萬人征爪哇，仍召三人者至闕。癸亥，完大都城。丙寅，罷徽州路録事司。戊寅，黎兵百户鄧志願謀叛，伏誅。庚辰，敕雲南省擬所轄州縣官如福建、二廣例，省臺委官銓選以姓名聞，隨給授宣敕。

八月辛丑，寧夏府屯田成功，升其官脱兒赤。甲辰，討浙東孟總把等賊，敕

諸軍之駐福建者，聽平章政事闊里節度。丙午，用郭守敬言，浚通州至大都漕河十有四，役軍匠二萬人，又鑿六渠灌昌平諸水。丁未，也黑迷失乞與高興等同征爪哇，帝曰：「也黑迷失惟熟海道，海中事當付之，其兵事則委之史弼可也。」以史弼爲福建等處行中省平章政事，統領出征軍馬。

九月辛酉，詔諭安南國陳日燇使親入朝。選湖南道宣慰副使梁曾，授吏部尚書，佩三珠虎符，翰林國史院編修官陳孚，授禮部郎中，佩金符，同使安南。丁亥，從宣政院言，置烏思藏納里速古兒孫等三路宣慰使司都元帥。

冬十月，日本舟至四明，求互市，舟中甲仗皆具，恐有異圖，詔立都元帥府，令哈剌帶將之，以防海道。丙申，四川行省以洞蠻酋長向思聰等七人入朝。甲辰，信合納帖音國遣使入覲。廣東道宣慰司遣人以暹國主所上金册詣京師。

十一月丙戌，提省溪、錦州、銅人等洞酋長楊秀朝等六人入見，進方物。

十二月己酉，故麓川路軍民總管達魯花赤阿散男布八同趙昇等，招木忽魯甸金齒土官忽魯馬男阿魯來入見，貢方物。阿魯言其地東南隣境未附者約二十萬民，慕化願附，請頒詔旨，命布八、趙昇諭之，從之。丁巳，敕都水監修治保定府沙塘河堤堰。

三十年春正月壬戌，詔遣使招諭漆頭、金齒蠻。庚午，驗洞酋長楊總國等來朝。辛巳，置遼陽路慶雲至合里賓二十八驛，驛給牛三十頭、車七輛。

二月己丑，從阿老瓦丁、燕公楠之請，以楊璉真加子宣政院使暗普爲江浙行省左丞。高麗國王王(睶)〔賰〕請易名曰昛，其僉議府請陞僉議司，降二品印，從之。丁酉，回回孛可馬合謀沙等獻大珠，邀價鈔數萬錠，帝曰：「珠何爲！當留是錢以賙貧者。」敕海運米十萬石給遼陽戍兵。丁未，以新附洞蠻吴動鰲爲潭溪等處軍民官，佩金符。辛亥，詔發總帥汪惟和所部軍三千征土番，又發陝西、四川兵萬人，以行樞密官明安答兒統之，征西番。

三月庚申，以同知樞密院事扎散知樞密院事。以平章政事范文虎董疏漕河之役。平章政事李庭率諸軍扈從上都。

夏四月甲寅，詔遣使招諭暹國。

五月壬戌，定雲洞蠻酋長來附。丙寅，詔委官與行省官閲覈蠻夷軍民官。以江南民怨楊璉真加，罷其子江浙行省左丞暗普。

六月丙戌，敕選河西質子軍精鋭者八百，給以鎧仗、鞍勒、狐貉衣裘，遣赴皇孫阿難答所出征。乙巳，以皇太子寶授皇孫鐵穆耳，總兵北邊。

秋七月己巳，命劉國傑從諸王亦吉里〔台〕督諸軍征交趾。壬申，以月失察兒知樞密院事。丁丑，賜新開漕河名曰通惠。

八月庚寅，奉使安南國梁曾、陳孚以安南使人陶子奇、梁文藻偕來。敕福建行省放爪哇出征軍歸其家。丁未，湖廣行省臣言海南、海北多曠土，可立屯田，詔設鎮守黎蠻海北海南屯田萬户府以董之。

九月己未，明安答兒率軍萬人征土蕃。乙丑，立海北海南博易提舉司，税依市舶司例。

冬十月癸未朔，以侍衛親軍千户張邦瑞爲萬户，佩虎符，將六盤山軍千人及皇子西平王等軍共爲萬人，西征。己丑，遣兵部侍郎忽魯禿花等使闍藍、可兒納答、信合納帖音三國，仍賜信合納帖音酋長三珠虎符。

十一月庚申，敕中書省，凡出征軍，毋以和顧和買煩其家。戊辰，以金齒木朶甸户口增，立下路總管府，給其爲長者雙珠虎符。己卯，河南江北行省平章伯顔入爲中書省平章政事，位帖哥、剌真、不忽木上。

十二月辛卯，武平路達魯花赤塔海言：「女直地至今未定，賊一人入境，百姓離散。臣願往安集之。」詔以塔海爲遼東道宣慰使。乙未，遣使督思、播二州及鎮遠、黄平，發宋舊軍八千人，從征安南。庚子，平章政事亦黑迷失、史弼、高興等無功而還，各杖而耻之，仍没其家貲三之一。

三十一年春正月壬子朔，帝不豫，免朝賀。癸亥，知樞密院事伯顔至自軍中。庚午，帝大漸。癸酉，帝崩于紫檀殿。在位三十五年，壽八十。乙亥，靈駕發引。葬起輦谷，從諸帝陵。

五月戊午，遣攝太尉臣兀都帶奉册上尊謚曰聖德神功文武皇帝，廟號世祖，國語尊稱曰薛禪皇帝。

雜録

備録

《元史》卷一六三《張德輝傳》　歲丁未，世祖在潛邸，召見，問曰：「孔子殁

已久，今其性安在？」對曰：「聖人與天地終始，無往不在。殿下能行聖人之道，性即在是矣。」又問：「或云，遼以釋廢，金以儒亡，有諸？」對曰：「遼事臣未周知，金季乃所親睹，宰執中雖用一二儒臣，餘皆武弁世爵，及論軍國大事，又不使預聞，大抵以儒進者三十之一，國之存亡，自有任其責者，儒何咎焉！」世祖然之。因問德輝曰：「祖宗法度具在，而未盡設施者甚多，將如之何？」德輝指銀槃，喻曰：「創業之主，如製此器，精選白金良匠，規而成之，畀付後人，傳之無窮。當求謹厚者司掌，乃永爲寶用。否則不惟缺壞，亦恐有竊而去之者矣。」世祖良久曰：「此正吾心所不忘也。」又訪中國人材，德輝舉魏璠、元裕、李冶等二十餘人。又問：「農家作勞，何衣食之不贍？」德輝對曰：「農桑，天下之本，衣食之所從出者也。男耕女織，終歲勤苦，擇其精者輸之官，餘麄惡者將以仰事俯育。而親民之吏復横斂以盡之，則民鮮有不凍餒者矣。」

歲戊申春，釋奠，致胙於世祖，世祖曰：「孔子廟食之禮何如？」對曰：「孔子爲萬代王者師，有國者尊之，則嚴其廟貌，修其時祀，其崇與否，於聖人無所損益，但以此見時君崇儒重道之意何如耳。」世祖曰：「今而後，此禮勿廢。」世祖又問：「典兵與宰民者，爲害孰甚？」對曰：「軍無紀律，縱使殘暴，害固非輕；若宰民者，頭會箕斂以毒天下，使祖宗之民如蹈水火，爲害尤甚。」世祖默然，曰：「然則奈何？」對曰：「莫若更遣族人之賢如口温不花者，使掌兵權，勳舊則如忽都虎者，使主民政，若此，則天下均受賜矣。」

是年夏，德輝得告，將還，更薦白文舉、鄭顯之、趙元德、李（造）〔進〕之、高鳴、李槃、李濤數人。陛辭，又陳先務七事：敦孝友，擇人才，察下情，貴兼聽，親君子，信賞罰，節財用。世祖以字呼之，賜坐，錫賚優渥。有頃，奉旨教胄子孛羅等。壬子，德輝與元裕北覲，請世祖爲儒教大宗師，世祖悦而受之。因啓：「累朝有旨蠲儒户兵賦，乞令有司遵行。」從之。仍命德輝提調真定學校。

《元史》卷一七三《葉李傳》 二十三年，侍御史程文海，奉命搜賢江南。世祖諭之曰：「此行必致葉李來。」李既至京師，敕集賢大學士阿魯渾撒里，館于院中。它日，召見披香殿，勞問「卿遠來良苦」，且曰：「卿嚮時訟似道書，朕嘗識之。」更詢以治道安出，李歷陳古帝王得失成敗之由。世祖首肯，賜坐錫宴，更命五日一入議事。時各道儒司，悉以曠官能。李因奏曰：「臣欽覩先帝詔書，當創業時，軍務繁夥，尚招致士類。今陛下混一區宇，偃武修文，可不作養人才，以弘治道？各道儒學提舉及郡教授，實風化所係，不宜罷。請復立提舉司，專提調學官，課諸生，講明治道，而上其成才者於太學，以備録用。凡儒户徭役，乞一切蠲免。」可其奏。

陶宗儀《南村輟耕録》卷二《丁祭》 内翰王文康公鶚，字百一，開州東明人。國初，自保定應聘北行。時故人馬雲漢，以宣聖畫像爲贈。既達北庭，值秋丁，公奏行釋奠禮。世祖説，即命舉其事。公爲祝文，行三獻禮，禮畢，進胙於上。上既飲福，熟其胙，命左右均霑所賜。自是春秋二仲，歲以爲常，蓋上之所以尊師重道者，實公有以啓之也。

葉子奇《草木子》卷三 元世祖定天下之刑，笞杖徒流絞五等。笞杖罪既定，曰：「天饒他一下，地饒他一下，我饒他一下。」自是合笞五十，止笞四十七，合杖一百十，止杖一百七。天下死囚，審讞已定，亦不加刑，皆老死於囹圄。自後惟秦王伯顔出，天下囚始一加刑。故七八十年之中，老稚不曾覩斬戮。及見一死人頭，輒相驚駭。可謂勝殘去殺，黎元在海涵春育之中矣。

元自世祖以來，凡遇天壽聖節，天下郡縣立山棚，百戲迎引，大開宴賀。至庚申帝當誕日，禁天下屠宰，不宴賀，慮其多殺以煩民也。

元世祖定大興府爲大都，開平府爲上都。每年四月，迤北草青，則駕幸上都以避暑。頒賜於其宗戚，馬亦就水草。八月草將枯，則駕回大都。自後官裏歲以爲常。車駕雖每歲往來於兩都間，他無巡狩之事。山岳河海，惟遣使致祭，别無封禪繁縟之禮。欲以震耀古今，然亦莫掩其盛也。

元世祖既一天下，問劉太保曰：「今之定都，惟上都、大都耳。兩處何爲最佳？」劉曰：「上都國祚短，民風淳。大都國祚長，民風淫。」遂定都燕之計。

葉子奇《草木子》卷四 元世祖皇帝思太祖創業艱難，俾取所居之地青草一株，置於大内丹墀之前，謂之誓儉草。蓋欲使後世子孫知勤儉之節。至正間，大司農達不花公作宫詞十數首，其一云：「墨河萬里金沙漠，世祖深思創業難。却望闌干護青草，丹墀留與子孫看。」

郎瑛《七修類稿》卷一二《帝王功臣廟》 洪武初，建帝王廟于南京雞鳴山之陽，以祀三皇五帝，三王、漢高祖、光武、唐太宗、宋太祖、元世祖。

朱國禎《湧幢小品》卷一九《帝王廟》 歷代帝王廟，塑像精巧如生。光武恂恂有儒者氣象，餘多雄武可畏。嘉靖中，虜患甚棘，修撰姚淶，題黜元世祖之祀，其言曰：「虐浮于犬戎，狡深于劉石，貪劇于契丹，暴過于女直。」給事中陳棐亦主此説，上疏堅請。且謂：「太祖存其像祀，乃開國諸文臣劉基等中元進士，受

其豢養之恩，彊假元以帝統，謬與元以帝祀，以掩其初仕元之失。」又謂：「北虜方横，祀胡虜之君，何以禁胡虜之侵。」看來元世祖大有好處，趙氏子孫不殺一人，舊臣多所録用。即文丞相逃真州，再就擒，延至數年，以星變方就僇。其餘善政，種種可録，豈非狄夷之聖主與？太祖祀之帝王廟，又立廟于北平，歲時致祭。追順帝之謚，封崇禮而歸之。每曰：「朕元布衣。」又曰：「朕父母爲元百姓，受其養育。」吁，此豈腐儒所能窺哉。二公彈不得太祖，便彈劉中丞。嗟乎，仕於元者，豈獨一中丞，中丞亦何戀於元？而世宗方議禮，大有改革，又憤虜横，議行。所謂先聖後聖，其揆一也。

趙翼《廿二史劄記》卷二九《元建國號始用文義》 三代以下，建國號者多以國邑舊名。王莽建號曰新，亦以初封新都侯故也。公孫述建號成家，亦以據成都起事也。賨人李雄建號大成，蓋亦襲述舊稱也。金太祖始取義于金之堅固，遂不以國邑而以金爲號，案《金志》，太祖以國産金，且有金水源，故稱大金。然猶未用文義也。金末宣撫蒲鮮萬奴據遼東，僭稱大王，國號大真，始有以文義爲號者。元太祖本無國號，但稱蒙古，如遼元稱契丹也。世祖至元八年，因劉秉忠奏始建國號曰大元，取「大哉乾元」之義，國號取文義自此始。其詔有曰：「誕膺景命，必有美名。唐之爲言蕩也，虞之爲言樂也。訓至禹興而湯造，互名夏大以殷中。世降以還，事殊非古。稱秦稱漢者，蓋從初起之地名；曰隋曰唐者，即因所封之爵邑。是皆徇百姓見聞之狃習，要一時經制之權宜。今特建國號曰大元，取《易經》『乾元』之義云。」命世之君，創制顯庸，必有以新一代之耳目，而不肯因襲前代，此其一端也。然如唐之爲蕩，虞之爲樂，則五帝以來，原以文義建號。其説見《尚書傳注》及《史記正義》。

備論

《元史》卷一七《世祖紀十四》 世祖度量弘廣，知人善任使，信用儒術，用能以夏變夷，立經陳紀，所以為一代之制者，規模宏遠矣。

孔齊《至正直記》卷三《世祖一統》 世祖能大一統天下者，用真儒也。用真儒以得天下，而不用真儒以治天下，八十餘年，一旦禍起，皆由小吏用事。自京師至于遐方，大而省院臺部，小而路府州縣以及百司，莫不皆然。縱使一儒者爲政，焉能格其弊乎？況無真儒之爲治者乎？故吾謂壞天下國家者，吏人之罪也。

王禮《麟原集》卷六《義冢記》 義冢者何？西域氏族塋也。營之者誰？吉安達魯花赤也。于是可知混一之盛矣。何也？西域之于中夏，言語嗜慾殊焉，雖漢唐以來，婚媾有之，然各懷舊族，不能雜處他土，顧安有生西域而葬江南者？惟我皇元，肇基龍朔，創業垂統之際，西域與有勞焉。洎于世祖皇帝，四海爲家，聲教漸被，無此疆彼界，朔南名利之相往來，適千里者，如在户庭，之萬里者，如出鄰家，于是西域之仕于中朝，學于南下，樂江湖而忘鄉國者衆矣。歲久家成，日暮途遠，尚何屑屑首丘之義乎！嗚呼，一視同仁，未有盛于今日也。

于慎行《讀史漫録》卷一四《遼金元》 元世祖命王恂、郭守敬改正曆法，恂等言：「曆家知曆數，而不知曆理，宜得許衡總之。」乃以衡領太史。曆象之法，本天地自然之運，其度數推測，雖有法可循，而其盈虚消息之故，必有達天知命之學，方可以本原其義，所謂曆理也。若乃不究其理，而第以推步之例委之疇人，于欽若之義不相中矣。

自古帝王威力之盛，幅員之廣，無過于元世祖者。其地北窮沙漠，西盡蒲海，占城、琉球，開荒入貢，雲南大理，盡入版圖，五帝所不能兼，三王所不能并也。惟日本一國，遐居海島，不肯歸命，至興十萬之師，覆没殆盡，其險遠狡黠，在諸夷中所不能及者。承平之世，武備因恬，兵食匱詘，較之開創雄圖，何啻千萬，而欲以一丸之力，填溟渤之波，可謂不量力矣。

太史公謂：「張騫窮河源，烏睹所謂崑崙。」蓋騫未至其地也。元世祖遣其臣都實，往窮河源，在朵耳思西鄙，方七八十里，有泉百餘澄泓，望之如烈星然，群流輻輳，自西而東，連屬成川，行二十餘日方至崑崙。約自發源至積石，幾及萬里，則騫所未至也。崑崙未睹，況其西數千里乎！非胡元之混一，則崑崙星宿，將如海上三山，自爲荒唐之説矣。

元世祖功則大矣，君德治道，則未有聞也。開國之初，君子小人，並進在列，有許衡、姚樞、史天澤、廉希憲、竇默以爲輔導，而一代之規模始成。有阿合馬、桑哥、王文統、盧世榮爲之興利，而一代之紀綱已紊。世祖雄才大略，與中國創業之主不相上下，亦能向道崇儒，興起文化，而于邪正義利之分，不能别白。能創而不能守，能作而不能成，豈胡人之性終不可入于道邪？

世祖正后宏吉剌氏，胡元之邑姜也。宋亡，少主入朝，后獨不樂。世祖曰：「江南平定，自此不用甲兵，人皆喜之，爾何不樂？」后曰：「自古無千歲之國，無

使吾母子及見此，則幸矣。」此等意識，自長孫文德以後，未之有也。佐成大業，開百年之運，不亦稱乎！

元世祖崇信佛法，釐正道教，詔樞密副使張易參校道書，言惟《道德經》爲老子所著，餘皆後人僞撰，悉焚毀之。此世間一大快也。信釋而斥道，要未爲大中之軌，然謂《道德經》爲道家之宗，而斥其僞撰，則萬世不易之論也。道之言有二，其一服食修煉，謂之全真，其術主于長生久視，神仙不死之説，而不明于大道。其一禁水符咒，謂之正一，則惟以齋醮祈禱爲法，即方士之術，于老子之説，均無與也。而皆本源《道德》，以爲宗祖，使太上抱不白之冤，歆非類之祀，二千餘年，一旦焚而棄之，真可爲李耳雪耻矣。第不知所信佛法，如演揲之術，于西方宗旨，又何當焉。宋真宗崇信道教，則斥僧佛；元世祖崇信釋教，則斥道書，皆非皇極大中之矩也。必如本朝以大聖之教，主持世法，而兼收二氏，以備方家之術。如中原正朔。統御萬方，而四夷八狄，拱服效順，上下森列，不相踰越，亦萬方無敵之道宗哉！

元世祖起自北荒，雄略蓋世，宜必跨馬横劍，叱咤風雲，而朝夕左右，惟二三老儒，相與游處，倚以腹心之重。如姚樞、許衡，一代師宗，下至劉秉忠輩，亦皆運籌帷幄，自附子房、諸葛之流。帝王之略，唐宗宋祖，當拜下塵，況遼金之初乎！宜其混一函夏，功高萬古也。

元世祖遣吏部郎中梁曾，往使安南，安南遣使入貢，或譏曾受安南賂遺，曾曰：「安南以黄金器幣遺臣，臣皆不受，以付其使。」帝曰：「受之亦何不可？」此宋太祖使趙普受江南賂遺之意也。大國之禮，固不在辭受之節，使臣之體，則當謹取予之閑，梁曾之不受，世祖之不罪，皆有以也。然則知其受于敵，而許其獻于公，則何法哉！使其當受，賜之可也，使不當受，罪之可也。不問其所以受，而許其獻，則失朝廷之體矣。況于買之以爲受，而獻之以市欺，大臣以道事君如此，悲夫！

《國朝文類》卷一王構《世祖皇帝謚册文》　維至元三十一年，歲次甲午，五月庚戌朔，越九日戊午，孝孫、嗣皇帝臣某，再拜稽首言：臣聞繼志述事，非盡孝無以致其誠；表行誄功，非定謚無以稱其實。肆邦彝之具舉，維天道之協從。欽惟先皇帝，膺籙受圖，體元立統。爰從藩邸，茂著徽稱。爲治之基有常，經國之畧則遠。役用衆智，獨斷于衷；總攬萬機，如指諸掌。内朝廷，外侯牧，等威迭降，罔不適中；先教化，後刑名，本末相循，亦皆有序。在御迨踰於三紀，推尊合冠於百王。若夫惠及困窮，恩加降附。慎終如始，每存好仁之心；保小以仁，特示包荒之量。擴盛猷之鴻圖，沛膏澤之醇醲。方其泰運漸亨，戡濟多難；離綱復綴，混一四方。傳檄而氛祲開，涣號而方維定。乾旋坤轉，不足以喻其機；雷厲風飛，不足以比其捷。至於嘉言博采，惟典謨訓誥是師；諸藝畢延，盡陰陽圖緯之學。考音律以創字畫，參古今以制禮儀。振耀威靈，肅陳兵衛。白旄黄鉞，時則親巡；犀甲雕弧，止於不用。其聖德弗可及已，神功蔑以尚焉。蓋文之所加者深，武之所服者大。是用升崇吉袝，撰卜剛辰。謹遣攝太尉臣兀都帶奉册寶上尊謚曰聖德神功文武皇帝，廟號世祖。伏惟睿靈，俯垂昭鑒，思皇多祜，錫羡無疆。

藝文

王惲《秋澗先生大全文集》卷一三《大行皇帝挽辭八首》　至元三十一年，歲次甲午，正月廿二日癸酉，夜亥刻，帝崩于大内紫檀殿。既殮殯于蕭墻之帳殿，從國禮也。越三日，乙亥寅刻，靈駕發引，由建德門出，次近郊北苑。有頃，祖奠畢，百官長號而退。臣惲職在詞館，追思不已，作挽辭八章，庶幾鼎湖攀髯之意。其辭曰：

灤水龍飛日，長楊羽獵時。天顔凡五見，雨淚遽雙垂。化日中天赫，陰靈萬國馳。何由知帝力，耕鑿樂雍熙。

晏駕纔經宿，輴車出建門。千官紛雨淚，六馭迅龍奔。雲氣蒼梧遠，天山禹穴昏。依光瞻日月，頌德象乾坤。

威破群雄膽，恩藏四海心。聲明三五盛，垂拱九重深。國論多儒斷，天機入睿臨。小臣嫠面血，無路灑松林。

聖神由廣運，纂述到無加。禹甸逾輪廣，敉邦極靖嘉。尊臨三紀久，遽陟九天遐。白首金鑾舊，長號自倍嗟。

端月辰臨酉，淵衷弗寤興。紫垣蓬彗孛，杞國駭天崩。法從嗟何及，朝臣痛不勝。聖靈知在上，春草認封陵。

去歲回鑾輅，旌麾擁萬靈。今春辭晝翣，弓劍閟泉扃。黼扆虛瓊島，雲龍慘帝庭。是夜殿庭間有光，煥爛若燈燭然，良久方散。詞臣思補報，淚濕簡編青。

論治方堯禹，求賢到釣耕。民區無二上，廟算有奇兵。萬寓風煙静，中天日月明。小臣思頌德，終了是强名。

帝系三宗上，麟經一統尊。火盤承正據，虎落入雄吞。窮甓南交獸，奔騰北海鯤。不教擒一索，遺恨付皇孫。

趙孟頫《松雪齋文集》卷四《欽頌世祖皇帝聖德詩》 東海西山壯帝居，南舡北馬聚皇都。一時人物從天降，萬里車書自古無。秦漢縱强多霸略，晉唐雖美乏雄圖。經天緯地規模遠，代代神孫仰聖謨。

程鉅夫《楚國文憲公雪樓程先生文集》卷二五《書留犢畫卷》 嘗有以留犢事聞于世祖皇帝，帝曰：「彼在官得子，亦肯留否？」大哉聖言，世或未之聞也，史臣程某謹書。

鄭道傳《三峯集》卷一二《世祖忽必烈睿宗第四子國語曰薛禪立三十五年》 仁明英睿，事太后至孝，尤善撫下。度量弘廣，知人善任使，信用儒術。愛養民力，每遇災傷，免租賑飢，惟恐不及。用能以夏變夷，混一區宇，立經陳紀，所以爲一代之制者，規模宏遠矣。

李璮部

綜述

《元史》卷二〇六《李璮傳》 李璮小字松壽，濰州人，李全子也。或曰璮本衢州徐氏子，父嘗爲揚州司理參軍，全蓄養之爲子云。太祖十六年，全叛宋，舉山東州郡歸附，太師、國王孛魯承制拜全山東淮南楚州行省，而以其兄福爲副元帥。太宗三年，全攻宋揚州，敗死。璮遂襲爲益都行省，仍得專制其地。朝廷數徵兵，輒詭辭不至。憲宗七年，又調其兵赴行在，璮親詣帝言曰：「益都乃宋航海要津，分軍非便。」帝然之，命璮歸取漣、海數州。璮遂發兵攻拔漣水相連四城，大張克捷之功。

中統元年，世祖即位，加璮江淮大都督。璮言：「近獲生口，知宋調兵將攻漣水。且諜見許浦、射陽湖舟艦相望，勢欲出膠西，向益都，請繕城塹以備。」詔出金符十、銀符五授璮，以賞將士有功者，且賜銀三百錠，降詔獎諭。蒙古、漢軍之在邊者，咸聽節制。璮復揚言：「宋呂文德合淮南兵七萬五千，來攻漣水，且規築堡以臨我。及得賈似道、呂文德書，辭甚悖傲。知朝廷近有内顧之憂，必將肆志於我。乞選將益兵，臣當帥先渡淮，以雪慢書之辱。」執政得奏，諭以「朝廷方通和議，邊將惟當固封圉。且南人用間，其詐非一，彼既不至，毋或妄動」。璮乃上言：「臣所領益都，土曠人稀，自立海州，今八載，將士未嘗釋甲，轉輓未嘗息肩，民力凋耗，莫甚斯時，以一路之兵，抗一敵國，衆寡不侔，人所共患。賴陛下神武，既克漣、海二州，復破夏貴、孫虎臣十餘萬之師。然臣豈敢恃此必敵人之不再至哉！且宋人今日西無掣肘，宜得并力而東。若以水陸綴漣，而遣舟師遵海以北，擣膠、萊之虚，然後帥步騎直指沂、莒、滕、嶧，則山東非我有矣，豈可易視而不爲備哉。臣昨追敵至淮安，非不能乘勝取揚、楚，徒以執政止臣，故臣不敢深入。若以棗陽、唐、鄧、陳、蔡諸軍攻荆山，取壽、泗，以亳、宿、徐、邳諸軍，合臣所統兵，攻揚、楚，則兩淮可定。兩淮既定，則選兵以取江南，自守以寬民力，將無施不可，此上策也。」因上將校馮泰等功第狀，詔以益都官銀分賞之。

二年正月，璮言于行中書省，以宋人聚兵糧數十萬，列艦萬三千艘于許浦，以侵内郡，而宣撫司轉輸不繼，恐一旦水陸道絶，緩急莫報。請選精騎，倍道來援，表裏協攻，乘機深入，江淮可圖也。既而來獻漣水捷，詔復獎諭，仍給金符十七、銀符二十九，增賜將士。庚寅，璮輒發兵修益都城塹，且報宋人來攻漣水，詔遣阿朮、哈剌拔都、愛仙不花等悉兵赴之，仍諭度宜益兵赴調。璮遂請節制諸道所集兵馬，且請給兵器，中書議與矢三萬，詔給矢十萬。

三年四月，又以宋賈似道誘總管張元、張進等書來上。蓋璮專制山東者三十餘年，其前後所奏凡數十事，皆恫疑虚喝，挾敵國以要朝廷，而自爲完繕益兵計，其謀亦深矣。初以其子彦簡質于朝，而潛爲私驛，自益都至京師質子營。至是，彦簡遂用私驛逃歸。璮遂反，以漣、海三城獻于宋，殲蒙古戍兵，引麾下具舟艦，還攻益都。甲午，入之，發府庫以犒其黨，遂寇蒲臺。民聞璮反，皆入保城郭，或奔竄山谷，由是自益都至臨淄數百里，寂無人聲。

癸卯，帝聞璮反，遂下詔暴其罪。甲辰，命諸軍討璮。己酉，以璮故，戮中書平章王文統。壬子，璮盜據濟南。癸酉，命史樞、阿朮帥師赴濟南。璮帥衆出掠輜重，將及城，官軍邀擊，大敗之，斬首四千級，璮退保濟南。五月庚申，築環城圍之；甲戌，圍合。璮自是不得復出，猶日夜拒守，取城中子女賞將士，以悦其心；且分軍就食民家，發其蓋藏以繼，不足，則家賦之鹽，令以人爲食。至是，人情潰散，璮不能制，各什伯相結，縋城以出。璮知城且破，乃手刃愛妾，乘舟入大明湖，自投水中，水淺不得死，爲官軍所獲，縛至諸王合必赤帳前。丞相史天澤言：「宜即誅之，以安人心。」遂與蒙古軍官囊家并誅焉。

《元史》卷一四七《張弘略傳》 中統三年，李璮反，求救於宋將夏貴。貴自蘄乘虚北奪亳、滕、徐、宿、邳、滄、濱七州，新蔡、符離、蘄、利津四縣，殺守將。弘略率戰船遏之于渦口，貴退保蘄，弘略發亳軍攻之，水陸並進。宋兵素憚亳軍，焚城宵遁，追殺殆盡，獲軍資不可計，盡復所失地。李璮既誅，追問當時與璮通書者，獨弘略書皆勸以忠義，事得釋。朝廷懲璮叛逆，務裁諸侯權以保全之，因解弘略兵職，宿衛京師，賜只孫冠服，以從宴享。

陳邦瞻《宋史紀事本末》卷一〇四《李璮之納》 理宗景定三年二月，蒙古江淮大都督李璮以京東來歸。璮李全子，既降蒙古，爲山東行省，葺舊海城，將窺海道。已而陷海州、漣水軍，拔四城，殺官軍幾盡，淮揚大震。自蒙古主蒙哥卒，忽必烈立，璮始萌南歸之志，前後所奏凡數十事，皆恫疑虚喝以動蒙古，而自爲完繕益

全死，襲山東行省。憲宗八年，璮進軍，攻拔宋海州、漣水軍，淮揚大震。中統元年，世祖加璮江淮大都督。璮言：「宋將來伐，請繕城塹。」朝廷命璮節制在邊蒙古、漢軍。又言：「呂文德書辭甚悖，乞選將益兵，臣當先渡淮，以報慢書之辱。」時世祖方遣郝經使於宋以脩好，諭止璮無興師，而平章政事王文統忌經，欲陷之。璮受文統指，潛師侵宋，至淮安爲宋淮東制置使李庭芝所敗。璮匿其實而飾辭上聞，言：「臣所領益都，土曠人稀，自立海州，轉輓未息，民生凋敝，莫甚斯時。若宋人以今西無掣肘，併力而東，以水陸綴漣，而別遣舟師遵海以北，擣膠、萊之虛，然後以步騎直指沂、莒、滕、嶧，則山東非我有矣。臣昨追敵至淮安，實欲乘勝取揚、楚，謀爲先發，徒以執政止臣，故未深入。若朝旨以棗陽、唐、鄧、陳、蔡諸軍攻荆山，取壽、泗，以亳、宿、徐、邳諸軍同臣指揚、楚進發，則兩淮可定。自是選兵以取江南，自守以寬民力，無施而不可也。」時朝廷方用兵北方，亦不甚信其言。二年，宋兵攻漣水，璮擅發兵脩益都城。詔阿朮等悉赴援，仍諭度宜益兵。璮遂請節制諸道所集兵馬，且乞軍器，詔給矢十萬。

明年，璮反，殲蒙古戍兵，以漣、海獻宋，並上山東郡縣。宋以璮爲保信、寧武節度使、齊郡王。璮尋西據濟南，帝命諸王合必赤總督諸軍以討璮，又命右丞相史天澤視師，節度諸軍，乃築環城圍之。數月食盡，自知城且破，乃手刃愛妾，而身投大明湖，水淺不得死，遂被獲。史天澤即誅之軍前，以安人心。璮兇狡及其父，而勇悍不如，專制山東三十年，前後數十奏，皆恫疑虛喝，挾敵國以要朝廷，始冀不徵其兵，久之益自爲完繕益兵計。子彦簡質於朝，而僭爲私驛，自益都至京師質子營，故得逃還。又頗僞禮士人，王文統本其幕客，而譎詐同，陰謀不軌，以迄於戮。璮死，而議者言當盡罷大藩子弟典領兵民，由是史天澤、嚴實、張柔諸子孫皆還私第，遂罷世守官焉。

雜録

備録

祝允明《前聞記・李璮》 予嘗得一故牒，中有題《李郡王山東事迹》，因節兵計。至是，召其子彦簡於開平，修築濟南、益都等城壁，遂殲蒙古戍兵，以漣、海三城來歸，獻京東州縣請贖父過，仍遣總管李毅等傳檄列郡。詔授璮保信、寧武軍節度使，督視京東、河北路軍馬，封齊郡王，復其父全官爵。改漣水爲安東州。

夏四月，李璮引兵還攻益都，入之，遂入淄州。

五月，蒙古主命諸王哈必赤總諸道兵擊李璮。璮兵勢甚張，復命丞相史天澤往，仍詔諸將皆受天澤節制。天澤至濟南，謂哈必赤曰：「璮多譎而兵精，不宜力角，當以歲月斃之。」乃深溝高壘，遏其侵軼。初，行軍總管張弘範臨發，父柔謂之曰：「汝圍城勿避險地，險則己無懈心，兵必致死。主者慮其險，必赴救，可因以立功。」至是，弘範營城西，璮出兵突諸將，獨不向弘範。弘範曰：「我營險地，璮乃示弱於我，必以奇兵來襲，謂我弗悟也。」遂築長壘，內伏甲而外爲濠，開東門以待，夜浚濠加深廣，璮不知也。明日，璮果擁飛橋來攻，未及岸，軍陷濠中；得升濠者，突入壘門，遇伏皆死。

六月，朝廷聞李璮受圍，給銀五萬兩，下益都府犒軍，遣青陽夢炎帥師援之。夢炎至山東，不敢進而還。

八月，蒙古主命史樞、阿朮各將兵赴濟南。李璮帥衆出掠輜重，將及城，北兵邀擊，大敗之，璮退保城。史天澤命築環圍，璮自是不復得出。董文炳知其勢蹙，抵城下，呼璮愛將田都帥者曰：「反者璮耳，餘來即吾人，毋自取死也！」田縋城降。璮猶日夜拒守，分軍就食民家，發其蓋藏以繼；不足，則家賦之鹽，令以人爲食。璮知城且破，乃手刃妻妾，乘舟入大明湖，自投水中，水淺不得死，爲蒙古所獲。史天澤殺之，解其體以徇。明日，引軍東行，未至益都，城中人已開門迎降。三齊復爲蒙古所有。事聞，贈璮檢校太師，賜廟額曰顯忠。初，璮兵有沂、漣兩軍二萬餘人，勇而善戰，哈必赤配蒙古諸軍，使陰殺之。文炳當殺二千人，言於哈必赤曰：「彼爲璮所脅耳，向天子南伐，或妄殺人，雖大將亦罪之，是不宜殺也。」哈必赤從之，然他殺之者已衆，皆大悔。時山東尚未靖，蒙古主以文炳爲經略使。文炳至益都，從數騎，便服而入，至府，不設警衛，召璮故將吏，撫諭於庭下。所部大悦，山東以安。初，天澤征璮，蒙古主臨軒授詔，責以專征，天澤至軍，未嘗以詔示人。既還，蒙古主慰勞之。時言者謂璮之變繇大藩子弟盡專兵民之權，天澤奏行之，請自臣家始。於是史氏及張柔、嚴忠濟子弟皆還私第。

曾廉《元書》卷二九《李璮傳》 璮，小字松壽。或曰徐希稷子，全所養也。

述於此：景定壬戌二月三日，離漣水，帶漣水、西海、東海及僉軍五萬餘人入裏。二十七日，抵濟南府。三月五日，小捷。三月，離濟南，五十里老倉口。十八日，大捷於清河。四月三日，受圍，離城二十里開河築城。凡三河三城，而圍起十七路人馬。高麗國兵亦來。自圍後，城中嘗有白蜃氣，觀者以爲白虵精。史天澤揔把丞相，差人於東平取開山人來。開山人者，即吾國捕虵之人。一見其氣，謂是白虵精，未食血，若食血了難收。今則用百日捕得此虵，城即陷，可活得李行首。乃於白氣之方掘一土穴，收禁虵於其內，早夜繞城吹牛角咒之：「大虵不出小虵出，小虵不出大虵出。」至六月半間，其白氣騰空而去，自是李郡王似失精采，日復昏沉，雖軍伍不齊，將士作亂，以致絶糧，俱不能曉。甚至截屋簷草拌鹽而飼馬，已而亦無，相將食人。七月十三日，結陣而出，人已無力，復被殺入。由是諸軍間有出投拜者，云：「昨夜天文見，當主兵散。」郡王曰：「俺每也，無理會。」自是日逐兵出投拜。十八日，子出投拜。十九夜一鼓，有大星墜於府治。李拈香而拜曰：「李璮死於此。」於是坐於庭中，以鑷摘去長髭。二十日早，分付衆人出，各討路去。王下小舟，入海口子，投水，止及其腰。有一老子姓黃，曰：「相公爲天下不平，做出這事，何故自隕？」引而登岸，至孟榷府千户治所，密報張相公，差人縛出。嚴相公首問曰：「此是何等做作？」王答曰：「你每與我相約，却又不來。」嚴就肋下刺一刀。史丞相問之曰：「何不投拜？」王不答。又問曰：「忽必烈有甚虧你處？」王曰：「你有文書約俺起兵，何故背盟？」史喚黃眼回回砟去兩臂，次除兩足，開食其心肝，割其肉，方斬首。令其子提其首，以下山東諸郡。王有子六人，長曰崇山，次齊山，南山，乃王夫人生。嫡子封平州總管鳳山乃搭察兒妹生。牛山、景山俱在，崇山爲忽必烈取去，鳳山爲搭察國王取去。李王之死，身無滴血，惟是黃膿漿，尸無蠅蚋，亦可怪也。其受圍之日，作《水龍吟》一詞曰：「腰刀帕首從軍，戍樓獨倚闌凝眺。中原氣象，狐居兔穴，暮煙殘照。投筆書懷，枕戈待旦，隴西年少。嘆光陰掣電，易生髀肉，不如易腔改調。　世變滄海成田，奈羣生幾番驚擾。干戈爛熳，無時休息，憑誰驅掃。眼底山河，胸中事業，一聲長嘯。太平時相將近也，穩穩百年燕趙。」

劉一清《錢塘遺事》卷四《李璮歸國》　李全死後，其子松壽據有山東，駸駸踰淮，據及漣水，連年爲患。景定庚申八月，忽有書貽賈相，係兩淮制置李庭芝繳進。往復十數，始疑，中信，其終則直。壬戌，詔改漣水軍爲安東州，乃降德音，特授李璮保信、武寧軍節度使，督視京東河北等路軍馬，齊郡王。宣賜獎諭，追復其父李全官爵，改正日律。御製詩賜賈相云：「力扶漢鼎賴元勳，泰道宏開萬物新。聲暨南郊方慕義，恩流東海悉來臣。凱書已奏三邊捷，廟算全消萬里塵。坐致太平今日事，中興玉曆喜環循。」

備論

陳邦瞻《宋史紀事本末》卷一〇四《李璮之納》　張溥曰：蒙古將李璮，於理宗寶祐六年，陷海州漣水軍。賈似道時宣撫兩淮，上書請罪，詔不問。景定三年，璮忽以京東來歸，封齊郡王。璮固全子。元太祖時，全即叛宋，橫行山東、淮南之間，敗死揚州，璮遂襲爲益都行省，專制其地。太、憲二朝，手握大兵。世祖方立，翻飛内附，意其人亦郭藥師、張瑴者流乎？然藥師之以涿、易來也，瑴之以平州來也，皆遘遼亡，天祚出走，國破無主，窮而歸宋。璮都督江淮，號令惟我，元命方隆，金符屢賜，騂旄白馬，來輔是屬。乃不從張柔、史天澤等戰鬭立功，而卷地還南，獨何心哉？沈充與王敦構逆而誅，子勁志欲立勳，以雪先恥，竟死慕容恪之難。李懷光屯咸陽不進，子璀言其必反，後亦自殺。父子異行，忠存著烈。李璮二親逆命，久屬韃靼，不傷覆巢，而獨懷反正。始則蒙古徵兵，詭辭不至，繼則揚言備宋，來獻三城。祈贖父愆，罔惜後禍，此固涼州張軌遜其赤誠，而魏博田宏正樂與同歸者也。《宋史》既不登之忠義，而元人竟目爲叛臣，不大謬乎？徽宗信王黼，納張瑴，金來責盟，函瑴首畀之。郭藥師懼，遂以燕叛，道虜入宋。理宗于璮，既受其地，史天澤來圍濟南，遣青陽夢炎往救，不至而還。六越月城陷，璮竟死焉。劉整叛而南臣起賣國之心，李璮死而北人絶歸朝之志。景定覆轍，視宣和尤甚，宋亦烏可爲乎？

藝文

黃溍《金華黃先生文集》卷二一《跋宋兩朝遺墨二首・理宗與賈似道書》

右宋理宗付賈似道親筆。按《續通鑑長編》，景定三年二月丁亥朔，李松壽來納

欵。上諭宰執曰「情僞難憑」，又曰「切須審處」。似道奏：「當與之要約，如能歸漣、海之地，方可取信。」十二日戊戌，都省言：「漣、海已遂收復。」而新史歸地在二十四日庚戌，乃因李璮是日有建節封王之命，而連書之耳。璮即松壽也。此親筆以初十日午時下，曰「來意真確」，又曰「不可失信」，必在已要約之後，未歸地之前。蓋是月之初十日丙申也。故事，禁中處分事付外，謂之内批，又謂之御筆，皆内夫人代書。而所謂御寶批者，或上批，或内夫人批，皆用御寶。惟親筆則上親書押字，不必用寶。璮之去就，事繫機密，上不批示外廷，而獨以親筆付似道，故正史及它傳記皆無所登載，庸考次其月日，以備闕文。

劉秉忠部

綜述

《元史》卷一五七《劉秉忠傳》　劉秉忠字仲晦，初名侃，因從釋氏，又名子聰，拜官後始更今名。其先瑞州人也，世仕遼，爲官族。曾大父仕金，爲邢州節度副使，因家焉，故自大父澤而下，遂爲邢人。庚辰歲，木華黎取邢州，立都元帥府，以其父潤爲都統。事定，改署州録事，歷鉅鹿、内丘兩縣提領，所至皆有惠愛。

秉忠生而風骨秀異，志氣英爽不羈。八歲入學，日誦數百言。年十三，爲質子於帥府。十七，爲邢臺節度使府令史，以養其親。居常鬱鬱不樂，一日投筆嘆曰：「吾家累世衣冠，乃汩没爲刀筆吏乎！丈夫不遇於世，當隱居以求志耳。」即棄去，隱武安山中。久之，天寧虚照禪師遣徒招致爲僧，以其能文詞，使掌書記。後遊雲中，留居南堂寺。

世祖在潛邸，海雲禪師被召，過雲中，聞其博學多材藝，邀與俱行。既入見，應對稱旨，屢承顧問。秉忠於書無所不讀，尤邃於《易》及邵氏《經世書》，至於天文、地理、律曆、三式六壬遁甲之屬，無不精通。論天下事如指諸掌。世祖大愛之，海雲南還，秉忠遂留藩邸。後數歲，奔父喪，賜金百兩爲葬具，仍遣使送至邢州。服除，復被召，奉旨還和林。上書數千百言，其略曰。【略】世祖嘉納焉。又言：「邢州舊萬餘户，兵興以來不滿數百，凋壞日甚，得良牧守如真定張耕、洺水劉肅者治之，猶可完復。」朝廷即以耕爲邢州安撫使，肅爲副使。由是流民復業，升邢爲順德府。

癸丑，從世祖征大理。明年，征雲南。每贊以天地之好生，王者之神武不殺，故克城之日，不妄戮一人。己未，從伐宋，復以雲南所言力贊於上，所至全活不可勝計。

中統元年，世祖即位，問以治天下之大經、養民之良法，秉忠采祖宗舊典，參以古制之宜於今者，條列以聞。於是下詔建元紀歲，立中書省、宣撫司。朝廷舊臣、山林遺逸之士，咸見録用，文物粲然一新。

秉忠雖居左右，而猶不改舊服，時人稱之爲聰書記。至元元年，翰林學士承旨王鶚奏言：「秉忠久侍藩邸，積有歲年，參帷幄之密謀，定社稷之大計，忠勤勞績，宜被褒崇。聖明御極，萬物惟新，而秉忠猶仍其野服散號，深所未安，宜正其衣冠，崇以顯秩。」帝覽奏，即日拜光禄大夫，位太保，參（預）〔領〕中書省事。詔以翰林侍讀學士竇默之女妻之，賜第奉先坊，且以少府宫籍監户給之。秉忠既受命，以天下爲己任，事無巨細，凡有關於國家大體者，知無不言，言無不聽，帝寵任愈隆。燕閑顧問，輒推薦人物可備器使者，凡所甄拔，後悉爲名臣。

初，帝命秉忠相地於桓州東灤水北，建城郭于龍岡，三年而畢，名曰開平。繼升爲上都，而以燕爲中都。四年，又命秉忠築中都城，始建宗廟宫室。八年，奏建國號曰大元，而以中都爲大都。他如頒章服，舉朝儀，給俸禄，定官制，皆自秉忠發之，爲一代成憲。

十一年，扈從至上都，其地有南屏山，嘗築精舍居之。秋八月，秉忠無疾端坐而卒，年五十九。帝聞驚悼，謂羣臣曰：「秉忠事朕三十餘年，小心慎密，不避艱險，言無隱情，其陰陽術數之精，占事知來，若合符契，惟朕知之，他人莫得聞也。」出内府錢具棺斂，遣禮部侍郎趙秉温護其喪還葬大都。十二年，贈太傅，封趙國公，謚文貞。成宗時，贈太師，謚文正。仁宗時，又進封常山王。

秉忠自幼好學，至老不衰，雖位極人臣，而齋居蔬食，終日澹然，不異平昔。自號藏春散人。每以吟詠自適，其詩蕭散閑淡，類其爲人。有文集十卷。

《元史》卷一五七《張文謙傳》　張文謙，字仲謙，邢州沙河人。幼聰敏，善記誦，與太保劉秉忠同學。世祖居潛邸，受邢州分地，秉忠薦文謙可用。歲丁未，召見，應對稱旨，命掌王府書記，日見信任。邢州當要衝，初分二千户爲勳臣食邑，歲遣人監領，皆不知撫治，徵求百出，民弗堪命。或訴於王府，文謙與秉忠言于世祖曰：「今民生困弊，莫邢爲甚。盍擇人往治之，責其成效，使四方取法，則天下均受賜矣。」於是乃選近侍脱兀脱、尚書劉肅、侍郎李簡往。三人至邢，協心爲治，洗滌蠹敝，革去貪暴，流亡復歸，不期月，户增十倍。由是世祖益重儒士，任之以政，皆自文謙發之。

歲辛亥，憲宗即位。文謙與秉忠數以時務所當先者言於世祖，悉施行之。世祖征大理，國主高祥拒命，殺信使遁去。世祖怒，將屠其城。文謙與秉忠、姚樞諫曰：「殺使拒命者高祥爾，非民之罪，請宥之。」由是大理之民賴以全活。己

未，世祖帥師伐宋，文謙與秉忠言：「王者之師，有征無戰，當一視同仁，不可嗜殺。」世祖曰：「期與卿等守此言。」既入宋境，分命諸將毋妄殺，毋焚人室廬，所獲生口悉縱之。

文謙蚤從劉秉忠，洞究術數；晚交許衡，尤粹於義理之學。爲人剛明簡重，凡所陳於上前，莫非堯、舜仁義之道。數忤權倖，而是非得喪，一不以經意。家惟藏書數萬卷。尤以引薦人材爲己任，時論益以是多之。

劉秉忠《藏春集》卷六附王磐《故光禄大夫太保贈太傅儀同三司文貞劉公神道碑銘并序》 耕莘非求進之地，而伊尹阿衡；釣渭非巧宦之途，而太公同載。漢張良志從赤松，而高祖得之，以輔成帝業；唐李泌幼好仙術，而肅宗用之，以佐定中興。蓋天下之士，惟自重者可與有爲，而輕進者必非令器。是以古之明王取士，不以悦媚易親者爲可佳，而以閑遠高潔難致者爲可貴。聖天子之用太保劉公，其審是道歟。公以高潔之資，慕空寂之教，輕富貴如浮雲，等功名於夢幻，曷嘗有一毫榮利之念動於心乎？聖天子邂逅一見，即挽而留之，待以心腹，契如魚水。深謀密畫，雖耆宿貴近，不得與聞者，悉與公參決焉。此其精誠胥會，志意交孚，與夫渭濱之同載，商邑之阿衡，蓋異世而同符矣。

公諱秉忠，字仲晦，瑞州劉李村人。先世仕遼，多顯貴。金初，曾大父嘗任邢州節度副使，秩滿，身還鄉里，留其家於邢，故自公大父以下，遂爲邢人焉。大父諱澤，資性倜儻，爲鄉閭所重。父諱潤，仕本朝，歷邢州録事，鉅鹿、內丘兩縣提領，俱有惠愛。公風骨秀異，志氣英爽不羈。家貧，年十七爲邢臺節使府令史，以養其親。幹敏修潔，諸老吏咸服其能。一日，因案牘事有不愜意者，投筆嘆曰：「吾家奕世衣冠，今吾乃汩没爲刀筆吏乎？丈夫不得志於世間，當求出世間事耳。」即棄去，隱於武安山巖谷間，草衣木食，以求所志。天寧寺虚照禪師聞之，遣其徒招致，與披剃爲僧。仍以公知經書，工翰墨，命掌書記。後遊雲中，住南堂寺，值海雲禪師被召北覲，過雲中，聞公博學多藝能，求相見。既見，約公俱行，公不可，海雲固要之，不得已遂行。既至，謁今上於潛邸。一見應對稱旨，自是屢承顧問。及海雲南還，公遂見留。居數年，録事公卒，訃音至，公懇求奔喪。上賜之黄金百兩，仍遣使送[至]邢州。公持服營葬事，起墳於賈村，葬其祖父母父母。服闋被召，復還和林。公獻書陳時事所宜者數十條，凡萬餘言，率皆尊主庇民之事，上嘉納之。甲寅歲，從上征雲南。己未歲，從上伐宋，由楊羅渡濟江，圍鄂州。上神武英斷，每臨戰陣，前無堅敵，而中心仁愛，公常贊之以天地好生爲德，佛氏以慈悲濟物爲心，方便救護，所全活者，不可勝計。庚申歲春，上正位宸極。創定朝儀，立官制，改元建號，一切所當施設，時物之宜，皆公所草定。

中統五年秋八月，改至元元年，翰林學士承旨王鶚奏言：「書記劉秉忠效忠藩邸，積有歲年，參幃幄之密謀，定社稷之大計。忠勤勞績，宜被褒榮。今聖明御極，萬物惟新，秉忠猶以野服散號，蕭條閑寂，守其初心，深所未安。宜與正其衣冠，崇以顯秩，實遂衆望。」上覽奏，欣然嘉納。即日命有司備禮册，授公光禄大夫，位太保，參領中書事。選聘侍講學士竇默次女爲夫人，賜第於奉先坊，給少府宫籍監户人口甚衆。公齋居蔬食，終日澹然，與平昔略不少異。至元十一年，扈從至上都，居南屏之精舍。秋八月壬戌之夜，儼然端坐，無疾而薨，享年五十有九。訃聞，上嗟悼不已。謂羣臣曰：「秉忠事朕三十餘年，小心慎密，不避險難，事有可否，言無隱情。又其陰陽術數，占事知來，若合符契，惟朕知之，他人莫得與聞也。」遣禮部侍郎趙秉温護其喪還大都，以冬十月壬申，葬大都西南二十里崇福鄉之原。棺斂營葬，一切所須，皆出內帑。十二年春正月，詔贈太傅、儀同三司，下太常議，謚曰文貞，仍命翰林學士王磐定譔碑石文字。

臣磐欽惟國家列聖相承，咸以武功戡定禍亂，龍韜豹略，鷹揚虎視，豐功偉績之臣，其當紀名汗簡，畫像淩烟者，不爲不多。若夫輔佐聖天子，開文明之治，立太平之基，光守成之業者，實惟太傅劉公爲稱首。聖天子方在潛邸，士之所以涉遠道冒風霜而至者，往往有所陳訴，祈請干慕進用，惟公獨無所求。閑燕之際，每承顧問，輒推薦南州人物可備器使者，宜見録用。由是弓旌之所招，蒲輪之所迓，耆儒碩德、奇才異能之士，茅拔茹連，至無虚月。逮今三十年間，揚歷朝省，班布郡縣，贊維新之化，成治安之功者，皆公平昔推薦之餘也。其識度之宏遠，推此一節而論，亦可見其髣髴矣。又自幼好學，至老不衰，通曉音律，精算數，善推步，仰觀占候、六壬遁甲、《易經》象數、邵氏《皇極》之書，靡不咸知。初，丁太夫人憂，毁瘠骨立，衣一幣裘，三歲不易。及録事公卒，雖身從天竺之教，而服食貶損，容貌哀戚，與循禮典而執通喪者，蓋無少異也。晚娶無子，以猶子蘭璋爲嗣。弟秉恕，今爲順天路總管。臣磐謹按中書左丞張文謙所作行狀，次第其行事實，而系以銘辭。

劉秉忠《藏春集》卷六附張文謙《故光禄大夫太保贈太傅儀同三司謚文貞劉公行狀》 公諱侃，更名秉忠，字仲晦，自號曰藏春。其先仕遼，爲當時大族，世居瑞州之劉李村。一門之內，居顯列者甚衆。金初，公之曾祖襲世業，累遷邢州

節度副使。丁母憂，復還瑞州，留一子於邢，名澤，即公之祖也，因而家焉。爲人倜儻有大志，鄉里甚畏重之。娶邢臺張氏女，生一子，名潤，即公之父也。通音律，慈祥長者，與物無忤。庚辰歲，天兵南下，太師國王經略河朔，邢遂舉以降。留官鎮守，以草昧之際，聽便宜行事。遂立都元帥府，衆推潤爲副都統，尋陞都統。事定之後，署本郡録事。爲政寬簡，不立威嚴。凡民有關訟者，既伏其罪，則必以善言教戒而遣之，終不忍鞭朴也。時西山諸堡寨未附，寇盜充斥，録事公時或暮夜醉歸，雖兇惡輩必相與扶送，至家而去。累任鉅鹿、内丘提領，又以寬仁得衆心。年甫六旬，村居不仕。生二子，長即太保公也，次曰秉恕。

公生而秀異，丰骨不凡。在嬉戲中，便爲羣兒所推長，或舉之爲帥，或拜之爲師，居然受之不疑，隨即教令揮斥之。性剛而有斷，非理不屈於人。母馬氏，嚴整有法度，凡起居飲食，必責公以正理，不爲姑息之愛。八歲入學誦書，爲諸生稱首。年十三，以父爲録事，爲質於元帥府。元帥一見，即云此兒骨相非常，他日必貴，命僚佐教之文藝，不使列質子班，置之幕司。公遂立志爲學，詩文字畫與日俱進，同輩生莫得窺其涯際也。年十七，節使趙公引置幕下，甚愛重之。時方在貧乏之中，一介不以取諸人。好賢樂善，而居常裕如也。丙申歲，丁母憂，毁瘠骨立，疏食水飲，哀思無窮。恒衣一綿裘，晝夜不解帶者三年，見之者無不感歎也。戊戌春，遂決意逃避世事，遯居於武安之清化，還滴水潤，苦形骸，甘澹泊，宅心物外，與全真道者居。復欲西遊關陝，天寧虚照老師聞之，愛其才而不能舍，遣弟子輩詣清化，就爲披剃，與之俱來。秋七月，大蝗，居人之乏食者十八九。虚照老因妹婿之請，就熟雲中，挈公同往。己亥秋，虚照老還邢，公因留住南堂，講習天文陰陽三式諸書。會海雲大士至，一見奇其才。時上在藩邸，遣使召海雲老北上，因携公偕行。既至，見公洒落不凡，及通陰陽天文之書，甚喜。海雲老南歸，公遂見留。自是禮遇漸隆，因其顧問之際，遂闢用人之路。暇中則讀書窮《易》，講明聖人學。丙午冬，其父録事公之哀聞至。上聞之，召入温言慰諭。丁未春，賻以黄金百兩，遣使送還。六月，至邢州，依通禮，行素志。冬十月，葬祖父母及父母于邢臺之賈村。

戊申冬十二月，上遣使召公。己酉春，至王府。庚戌夏，上萬言策，所陳數十餘條，皆尊主庇民之事。首言正朝廷，振紀綱，選相任賢，安民固本，執牘以奏，上皆嘉納之。甲寅秋，上征雲南，以神武不殺之心，所向克捷，筭無遺策，其所全活者不可勝數。公夙夜勤勞，以副上意，未嘗少怠。己未秋，六軍渡江，公潛贊神機，孜孜匪懈，一如雲南之行。庚申春，上正位宸極，召公命之曰：「凡天下之大經，養民之良法，卿其議擬以奏。」公即上採祖宗舊典，參以古制之宜於今者，條列以聞，深稱上意。詔下之日，綱舉目張，一時人材，咸見録用，文物粲然一新。先是，上命有司擇上都南山之勝地，營建庵舍，而居公焉，公號其山曰南屏。中統五年秋八月，改元至元。翰林學士承旨王鶚奏公當正衣冠，且曰鶚嘗勸焉，未之見許，乞賜特旨，以遂衆望。詔從之，以光禄、太保、參領中書省事，更名秉忠。公既大拜，報國之心益切。上命公議建國號，定都邑，頒章服，舉朝儀，事無巨細，有關時政之得失者，公知無不言。七年庚午，上從諸臣之請，遣禮部侍郎趙秉温，禮擇翰林侍講學士竇默之次女以配公。竇氏賢而有文，御下以寬。車駕歲時行幸兩都，公必隨之。

十一年夏，居於上都南屏之精舍。秋八月壬戌夜，謂侍者皆退，長歌至鷄鳴乃止。質明，侍者入，即端坐而薨，如假寐然，顔色累日不變，識者謂公坐脱也。享年五十有九。猶子蘭璋嗣焉。上遣禮部侍郎、知侍儀司事兼秘書少監趙秉温，擇以冬十月壬申，葬於大都之西南。凡所營葬之資，一出於内帑。十二年春正月，詔贈太傅、儀同三司，文貞公。帝曰：「朕惟秉忠始終逾三十年，隨行跋涉，雖祁寒暑雨，未嘗有倦意。而又言無隱避，一皆出於忠誠。其天文卜筮之精，朕未嘗求於他人也。此朕之所自知，人皆莫得與聞。今其亡也，了無遺恨。」特命學士王磐撰碑銘。公博學無方，明通而溥。其勳業之著見於世，昭昭然不可掩也。論藝業，則字畫出魯公筆法，草書二王三昧，發邵氏《皇極》之奧旨，改前代已差之曆法，得琴阮徽外之遺音。至天文、卜筮、筭數，皆有成書，無一不極其至。詩章樂府，又皆膾炙人口。公之弟秉恕，累任禮部侍郎，順德安撫使，彰德、懷孟、淄萊、順天路總管。其母張氏，賦性勤儉，篤於謹嚴。公平生之嘉言善行，播在天下者甚多，姑録己之所知者，以道出處之大槩云。至元乙亥春正月，張文謙抆淚書。

劉秉忠《藏春集》卷六附徒單公履《故光禄大夫太保劉公墓誌》 公姓劉氏，諱侃，更名秉忠，仲晦其字也，號曰藏春。世居瑞州之劉李村，其先仕遼多貴顯，經亂，譜諜散亡，不能考據。獨公之曾祖，金初以世族累遷邢州節度副使。秩滿，愛其風土，因而家焉。繼丁母憂，還瑞州，留一子二女，長適邢臺李氏，次適陳氏。子名澤，即公之祖父也。爲人倜儻有志節，鄉里多愛重之。娶張氏，生男名潤，公之父也。幼通音律，性慈祥，居家接物之際，終日無忤色，號稱長者。庚

辰歲，天兵南下，邢遂舉郡降。大師國王喜之，聽立都元帥府。衆推公爲副都統，尋陞都統。事稍定，改署本郡録事。爲政寬而不苛，民有争訟者，必以理諭之，人皆服其忠恕，相讓而罷，蓋庶幾古之不忍欺者。時草昧之際，未有定制，州長數易無常，每易則各樹親黨，以代其先至者，公獨不爲所忌，累任鉅鹿、内丘提領，所至皆有遺愛。年甫六旬，以老得告。二子曰秉忠，即公也，次曰秉恕。

公天資穎悟，卓犖不凡。兒時與羣兒戲，皆推以爲長，發蹤指使，莫不奔走服事，無有違者，識者奇之。母馬氏，治家有法，簡而不嚴，教子踵三遷之訓，尤不爲姑息，鄉人稱賢焉。公八歲入學，日誦數百言。甫十二，爲質於元帥府。元帥一見，謂同僚曰：「此兒甚貴，他日不可量也。」命師教以文藝，不使隸質子班。公遂致力於學，道藝日進，同輩莫能及。年十七，節使趙公以爲才，引置幕下。丙申歲，丁母憂，毀瘠骨立，恒衣一綿裘，晝夜不解帶三年。人以爲難能，公優爲之，可謂盡子道矣。戊戌春，公忽有所感，謂人曰：「人生有限，世事寧有極耶，吾其息乎？」乃遁居武安之清化，作文數篇以寓意。又遷滴水澗，雖疏食飲水，裕如也。天寧虚照老師聞之，奇其行高而節苦，遣弟子顔仲復輩以禮諭公，遂備弟子禮。是歲秋大蝗，師遂挈公就熱雲中。己亥歲大熟，師乃還邢，公因留住南堂，講習天文陰陽三式諸書。時海雲大士赴上召，一見，即携公偕行。既至，上以公博學多能，遂留之。自是禮日隆，暇中讀四書，窮《易》道，講明聖人心學之妙，無不該貫。丙午冬，其父録事公卒。哀至，公乞奔喪，上許之，贈以黄金百兩。既至邢，依通禮服斬衰，不以出世故而虧世法也，父子之倫正矣。明年冬十月，葬祖及父於邢臺之賈村，禮也。

戊申十一月，上遣使召公還。乃上策萬餘言，正朝廷，振紀綱，選相任賢，安民固本，若是者數十條。上曰：「誠如汝言，天下可不勞而治。」公曰：「臣所言不敢不忠，惟聖上從之與否耳。」既而復言於上曰：「今天下困弊，邢爲尤甚，郡數乞官以治。儻從其請，邢民受賜多矣。」上遣本朝宿望之臣，同劉肅才卿，李簡子敬行，專以存恤爲務。舊邢之版籍户不過二千，月餘，流民歸者二萬，邢遂大治。甲寅秋，從上征雲南，首以神武不殺爲請，以故所全活者甚衆。公決機制勝，多與上合。雲南之平，此固廟謨英識，筭無遺策，亦公贊成之力也。己未秋，六軍渡江，以雲南之所請者復於上，民皆壺簞以迎，莫不有徯后來蘇之望。以全聖上好生惡殺之德者，類如此。庚申春，上正位宸極，命公議立中書省，分一路宣撫司，内而藩邸舊臣，外而草茅遺逸，皆得進用。故官無曠員，時無滯才。於是除煩苛，定官制，頒俸秩，輕徭薄賦，制禮作樂，聲明文物，粲然一新，號稱盛時焉。五年八月，改中統爲至元。詔公以光禄大夫，進位太保，參領中書省事，更今名。公既大拜，以天下之重爲己任，以身徇國，知無不爲。奏建國號，定都邑，頒章服，立朝儀，事無巨細，有關於國家大體者，枚舉而縷陳之，無有遺者。

十一年夏，齋居於上都南屏之静舍。秋八月壬戌夜，謂侍者曰：「汝輩皆退，不召且勿來也。」長歌至雞鳴乃止。遲明，侍者入，見其端坐不動。即之，乃瞑目輟息，始知其已薨矣，莫不大駭。蓋其平日洗心無累，故其歸也安。所以長歌者，其猶古之所謂翫世者乎？享年五十有九，猶子蘭璋爲嗣。上遣禮部侍郎、知侍儀司事兼秘書少監趙秉温，擇以十月晦日，葬於大都西南之崇福原。凡所營葬之資，一出於特恩也。弟秉恕，累任禮部侍郎，順德安撫使，彰德、懷孟、淄萊、順天路總管，皆著能聲。其母張氏，性勤儉，内助謹嚴，視公猶所生。公之夫人竇氏，乃今翰林侍講學士竇默之女。七年庚午，詔遣禮部侍郎趙秉温禮擇而配者焉。夫人賢而且文，御僕妾有恩，内外宜之。

公之勳勞，卓然著於世者，固不可掩也。論藝業，字畫楷書雖多，惟以魯公筆法爲正。草書又獨取二王，以爲專門之學，餘則不暇論也。其用心之正可見矣。探邵氏《皇極》之奥旨，正前代積差之曆法，得琴阮徽外之遺音，槩乎天文、星緯、卜筮、筭數，皆有成書。詩章樂府，又皆膾炙人口。其多能又如此。至於嘉言正論，達之於啓沃之際者，未能盡録，俟後之紀于《神道》云。銘曰：

緊公之初稟元精，氣奪玄化生而靈。始從大覺正法乘，萬緣一掃鴻毛輕。超然遠引抛塵纓，成己成物乃自成。聖哲有訓垂丁寧，晨門荷蓧真狂生。絶世而往恐未能，歸來讀書志益凝。旁達技數搜玄冥，學通而晦寧與徵。政可絜世躋昇平，天開地闢旭日升。聲教溥洽昭皇明，提封所暨窮四溟。面内不啻葵心傾，公時佐命居保衡。斟酌時措恢邦經，天官上宰董六卿。百師庶尹咸師承，一時憲度則章程。叔孫綿蕝鏘珮珩，宫懸九奏何鏗鍧。曠時墜典今儀刑，鋪張若是誰倚憑。祓擢俊秀推髦英，于飛報鷺來充庭。謀王斷國裨益弘，事在宸慮人無稱。功成不居寧智名，天聰一日音訃聆。尚冀假寐聊遐征，神遊不返慘聖情。始終寵賻全哀榮，天不憖遺一鑑零。九原可作瞻模形，麒麟有像傳丹青。燕山西來瀘水縈，墳科馬鬣幽泉扃。岸深爲谷谷乃陵，榮公不朽存吾銘。

蘇天爵《元朝名臣事略》卷七《太保劉文正公》　公名秉忠，字仲晦，順

德邢臺人。少隱武安山，因祝髮從釋氏游。後居雲中，從海雲師應召北上，留侍潛邸，凡征伐謀議皆與焉。至元初，翰林王鶚請公改正衣冠，詔從之，遂拜太保，參領中書省事。十一年薨，年五十九。

公風骨秀異，志氣英爽不羈。家貧，年十七爲邢臺節度使府令史，以養其親。一日，因案牘事有不愜意，投筆歎曰：「吾家奕世衣冠，今乃汩没爲刀筆吏乎！」即棄去，隱於武安山。天寧禪師聞之，遣其徒招致爲僧，以公知書工翰墨，命掌書記。後遊雲中，值海雲禪師被召北覲，過雲中，聞公博學多藝能，求相見，既見，約公俱行。謁上於潛邸，一見應對稱旨，自是屢承顧問。及海雲南還，公遂見留。王文忠公撰《神道碑》。

録事公卒，訃音至，公懇求奔喪，上賜黄金百兩，仍遣使送至邢州。公持服營葬事，服除，被召復還和林。公獻書陳時事所宜者數十條，率皆尊王庇民之事，上嘉納之。《神道碑》。

邢州，古名郡也。國初，爲某官食邑，川舊萬餘户，兵興以來不滿五七百。公言于上曰：「今邢州破壞如此，當得良二千石如真定張耕、洺水劉肅者治之，猶可完復如故。」上從之，請于憲宗，以耕爲邢州安撫使，肅副之。兩人皆儒者，廉平向正。既至，蘇枯弱强，爬蠹剔荒，由是流民四集，宅爾宅，田爾田，未幾，改邢州爲順德府。韋軒李公撰《文集序》。

癸丑，從征大理，克城之日，令行禁止，未嘗妄戮一人，公之謀居多。甲寅，從征雲南。己未，從伐宋，由楊羅渡濟江，公曰：「古者軍賞不踰時，蓋急武功，作士氣也。今三軍暴露于外，又所至必捷，而未獲少酬其勞，可使近臣一人慰藉之。」上曰：「善。」即命忽剌孫以諭其志，故人人踴躍，皆樂爲用。進圍鄂州，閲三月，宋人乞和，全師而還。《文集序》。

丙辰，上始建城市而修宫室，乃命公相之。公以桓州東、灤水北之龍岡，卜云其吉，厥既得卜，則經營，不三年而畢務，命曰開平，尋升爲上都。《文集序》。

上神武英斷，每臨戰陣，前無堅敵，而中心仁愛，公常贊之以天地以好生爲德，佛氏以慈悲濟物爲心，方便救護，所全活者不可勝計。《神道碑》。

庚申，上正位宸極，命公曰：「凡治天下之大經，養民之良法，卿其議擬以奏。」公即上採祖宗舊典，參以古制之宜於今者，條列以聞，深稱上意。詔下之日，綱舉目張，一時人材咸見録用，文物粲然一新。張忠宣公撰《行狀》。

至元元年，翰林承旨王鶚奏言：「書記秉忠，效忠藩邸，積有歲年，參帷幄之密謀，定社稷之大計，忠勤勞績，宜被褒崇。今聖明御極，萬物惟新，秉忠猶以野服散號守其初心，深所未安，宜與正其衣冠，崇以顯秩。」上覽奏，即日命有司備禮册，授公光禄大夫，位太保，參領中書省事，賜第於奉先坊，給少府宫籍監户甚衆。公齋居蔬食，終日澹然，與平昔略不少異。《神道碑》。又徒單公履撰《墓誌》云：公既大拜，以天下之重爲己任，以身徇國，知無不爲奏，建國號，定都邑，頒章服，立朝儀，事無巨細，有關於國家大體者，枚舉而縷陳之，無有遺者。又魯齋《文集》云：初太保之奏朝儀也，因言高帝有言「吾乃今知皇帝之貴也」，上曰：「漢高眼孔小，朕豈若是。」

十一年，扈從至上都，居南屏山精舍，儼然端坐，無疾而薨。訃聞，上嗟悼不已，謂羣臣曰：「秉忠事朕三十餘年，小心慎密，不避險艱，事有可否，言無隱情。又其陰陽術數之精，占事知來，若合符契，惟朕知之，他人不得與聞也。」《神道碑》。

公自幼好學，至老不衰，通曉音律，精算數，善推步，仰觀占候，六壬遁甲，《易經》象數，邵氏《皇極》之書，靡不周知。初，丁太夫人憂，毁瘠骨立，衣一弊裘三歲不易。及録事公卒，雖身從天竺之教，而服食貶損，容貌哀戚，與循禮典而執通喪者無少異也。《神道碑》。

雜録

國家列聖相承，咸以武功戡定禍亂，豐功偉績之臣，不爲不多。若夫輔佐聖天子，開文明之治，立太平之基，光守成之業者，實惟公爲稱首。上在潛邸，士之所以涉遠道冒風霜而至者，往往有所陳訴祈請，惟公獨無所求。閑燕之際，每承顧問，輒推薦南州人物可備器使者，宜見録用，由是弓旌之招，蒲輪所迓，耆儒碩德，奇才異能之士，茅拔茹連，致無虚月。逮今三十年間，揚歷朝省，班布郡縣，贊維新之化，成治安之功者，皆公平昔推薦之餘也。《神道碑》。

備録

危素《危太樸集》卷八《送郭真人還玉笥山序己丑》 世祖皇帝受命自天，非獨一時豪傑文武異才並爲之用，而山川百靈罔不率職。方是時，常山劉文正王

以沈機大略，最爲親幸。且通祕術，行師用兵之際，役使鬼神，多著奇效。乃作祠宇於宛平之西山，開平之南屏山，以祠太一六丁之神，俱號曰靈應萬壽宫。常山王既薨，嗣居之者，非操履貞白，明於道術者，不得與兹選。

陶宗儀《南村輟耕録》卷二《錢幣》　世皇嘗以錢幣問太保劉文貞公秉忠。公曰：「錢用於陽，楮用於陰。華夏陽明之區，沙漠幽陰之域。今陛下龍興朔漠，君臨中夏，宜用楮幣，俾子孫世守之。若用錢，四海且將不靖。」遂絶不用錢。迨武宗，頗用之，不久輒罷。此雖術數讖緯之學，然驗之於今，果如所言。

陶宗儀《書史會要補遺》　劉秉忠字仲晦，順德邢臺人。嘗祝髮從釋氏游，名子聰。至元初，翰林王鶚請改正衣冠，詔從之。拜太保，參領中書省事。後薨，謚文貞。風骨秀異，精天文、地理、筭數、推步之學，兼工書翰。

朱國楨《湧幢小品》卷六《太保墓石》　劉太保秉忠祖康懿公、弟秉恕墓，俱在邢臺縣治西南先賢村。嘉靖年間，爲盜所發，内有石刻云：「爲盜者李淮。」事聞於府，捕得治罪。劉兄弟精數學，故前知如此。

葉子奇《草木子》卷三　元劉太保遷元京北城，取居庸關水入城，冀稍潤其土，然亦不及百年，禍變亦作。豈地數有限而致然耶？《易》曰：「消息盈虚，與時偕行。」天道也。孟子曰：「天下之生久矣，一治一亂。」人事也。管輅曰：「士地悠長，尚有興衰之運。」地理也。由今監古，氣化盛衰，人事得失，未嘗不相因，豈徒然哉？

葉子奇《草木子》卷四　初，元世祖命劉太保築元京城。及開基得一巨穴，内有紅頭蟲，不知其幾萬。世祖以問劉曰：「此何祥也？」劉曰：「異日亡天下者，乃此物也。」

世祖既定天下，從容問劉太保曰：「天下無不敗之家，無不亡之國。朕之天下，後當誰得之？」劉曰：「西方之人得之。」世祖以八思麻帝師有功，佐平天下，意其類當代有天下，思爲子孫長久計，欲陰損其福，而泄其氣。於是尊其爵至於一人之下萬人之上，豐其養至於東南數十郡之財不足以資之，隆其禮至於王公妃主皆拜伏如奴隸，甚而爲授記，藉地以髮，摩頂以足，代馬凳子以脊，極其卑賤。及其既死，復於西方再請一人以襲其位，事之一遵其制。其所以待之如此者，蓋所以虚隆其至貴之禮，冀陰消其天下之福，以延其國家之命。豈知曆數不可虚邀，福禄爲彼之妄得。改歆爲秀，徒禍其身。豈其然哉？

郎瑛《七修類稿》卷二五《劉太保妄對》　元世祖一日問劉太保秉忠曰：「朕家天下，當復誰繼？」劉曰：「西方之人。」世祖以八思麻西人有佐命功，遂尊爲帝師，使天下極其崇奉，死葬王禮，朝復立一人。蓋欲陰損西人之福。故元之有帝師，重佛氏，此也。予嘗聞見此説，最爲可笑。曆數天命，豈容以一人而蓋一方之人耶？殊不知自北京視鳳陽，鳳陽正在西也。非我太祖爲西方之人耶？及後紅頭蟲之對，固應元末之紅巾，然朱姓又非紅之色耶？惜秉忠不知大義，不能如李淳風之對太宗曰：「天命人豈能違，不足計耳。」世祖嘗曰：「秉忠占事之來，若合符契，惟朕知之。」不知西人是耶否耶？抑世祖尊而能消耶？武氏定數，莫得而除。

備論

劉秉忠《藏春集》卷六附王磐《故光禄大夫太保贈太傅儀同三司文貞劉公神道碑銘并序》　銘曰：大元五葉，聖運隆昌。爰有異人，出佐時康。不坐官府，不趨朝行。褐衣疏食，禪寂徜徉。謀謨帷幄，罄竭忠良。指陳成敗，開闔陰陽。淵慮規畫，鬼神莫量。扶日上天，照臨萬方。萬方仰德，百靈效祥，庭陳王帛，路走梯航。朝儀整肅，濟濟蹌蹌。羣賢來集，庶政允藏。大綱一舉，衆目畢張。治定功成，聖眷彌彰。崇資峻秩，師表侯王。肇造皇家，元勳是當。良平佐漢，房杜興唐。公不自多，愈隆謙光。見善必舉，有能必揚。陸行滯阻，與爲橋梁。川濟艱危，與爲帆槳。寒而求衣，燠之裘裳。饑而求食，飫之腴肪。門庭桃李，爛熳芬芳。人感公德，銘刻肝腸。公施於人，過即遺忘。公之仁賢，宜乎遐年。胡爲一朝，蟬蜕而仙。燕都南原，盧溝北堧。佳城鬱鬱，有墳巋然。地銅重泉，松栢參天。石爛松枯，芳名永全。

藝文

王惲《秋澗先生大全文集》卷二二《上太保劉公詩中統二年》　閒雲出岫便從龍，羽翼高於四皓功。黄石有書開兩漢，黑頭無地避三公。金輪散影連沙界，太一浮光動竹宫。缽鉢不妨聊爾耳，人間桃李滿春風。

王惲《秋澗先生大全文集》卷七一《跋藏春劉公東亭等帖》 此太保劉公書也。觀其筆法若不作意，故飄逸如此，絶似長沙素《苔磯静釣》等帖，識者當以予言爲不妄。黄氏裝潢者，能愛之，以爲珎藏。豈性與藝習而相近然邪？

劉秉忠《藏春集》卷六附《拜光禄大夫太保參領中書省事制》 皇帝聖旨：咨爾劉秉忠，氣剛以直，學富而文。雖晦迹於空門，每潛心於聖道。朕居藩邸，卿實賓僚。側聞高誼，餘三十年；出從遐方，幾數萬里。迨于嗣服，須汝討安。不先正名，何以壓衆。宜從師位，兼總政機。可特授光禄大夫、大保，參領中書省事。卿其勉輔朕躬，率先乃屬。察朝夕之勤惰，審議論之是非，凡有施爲，並聽裁決。佇觀成績，别示寵章。准此。中統五年八月日。

劉秉忠《藏春集》卷六附姚樞《祭文》 維至元十一年九月，甲戌朔，八日辛巳，昭文館大學士姚樞致祭于太保劉公亡友之靈。嗚呼，昔在恒山，我車于憩。公來惠然，若交一臂。王邸再逢，始見淵懿。六籍四書，潛心内嗜。釋子之衣，孔門之嗣。吾道斯文，綱維不墜。格君之心，匪政匪事。引君之道，曰仁曰義。國其立民，惟賢乃乂。兵則神武，不殺爲至。輯集一書，累踰萬字。陳於王前，若合符契。試政邢臺，翕爾成治。陝右河南，化行尤亟。雲南逆命，邦人罔累。漢鄂折衝，兵無暴肆。萬國歡心，咸薦之帝。帝曰嘉哉，汝其所自。元勳不居，孤卿無位。身入静深，學窮幽邃。曆數之原，元會運世。所以盈虛，矢口坐致。積養有素，時行未既。俄聞訃音，脱然蟬蜕。不疾而終，誠足以異。斯焉取斯，係乎前志。莫不我偕，身親目視。及物功多，鬼神報施。過此以還，未知所謂。天皇歸賻，母后主瘞。諸相庶官，半由門庇。感兮孔悲，潛焉出涕。人世哀榮，鮮克有儷。六十之年，不爲蚤逝。後莫大焉，猶子以繼。遺恨毫釐，衆所弗置。諸生在門，一語不遺。嗚呼哀哉，我思或存，公往如棄。魂其來兮，以承禴祭。尚饗。

姚燧《牧庵集》卷一《劉秉忠贈趙國文正公制》 運際風雲，不可謂生時之無益；名垂宇宙，斯克當没世而不忘。將求若人，展無與匹。開府儀同三司、太傅、上柱國、趙國文正公某，淵深而智，山静其仁。方見龍之在田，嘗追天之未雨。貫百王之一其道，于聖學以開明；敷五典之三爲綱，肇人紀之修叙。身本斯立，政條用張。頒禄于陝之東西，屯田于淮之南北。從征六詔，與越三江。贊神武不殺之仁，洽民心好生之德。咸嘉謨之入告，至大業之佐成。是以楓宸之念功，俾于蘭省而總政。屬王旅簞壺之迎勞，隨土輿文軌之混同。而獨身不及見之，亦衆心所甚惜者。至元之贈，進保爲傅；大德之謚，以正易真。在先朝之恤雖曰已隆，自今日而思猶答未盡。何功臣之見後，復太師之未加。豈朕待爲，于爾其告。於戲，非登朝霞以棲其魄，從往聖陟降于帝庭；則抱明月而遊乎方，訪裔孫徘徊於神道。章追刻密，恩重書棺。

陳基《夷白齋稿》卷一二《劉文正公小像贊并序》 世祖皇帝有帷幄之臣，曰故太保劉文正公。間關金季，處君子之所不得已，則裂冠薙髮，寄跡浮圖老子法中，亦有所不顧。一旦乘風雲之會，遭興王之運，一言稱旨，則不顧萬死一生，以野服冒艱險，備顧問，亦有所不避。及大勳已集，四海一家，坐而論道，得君子之時，則建國號，定都邑，頒章服，立朝儀，事無鉅細，以身任之，亦有所不讓。蓋公之學，内聖而外王；公之道，逃佛而歸儒；其事業，則尊主而芘民也。祖宗以馬上得天下，而公首以詩書基治道；國家以百戰定萬方，而公獨以不殺啓上衷。中統、至元以來，開國元老，出處始終，追配古人，天下識與不識，皆曰王佐之材，則公也。雖欲謙退不居，可乎？自古王伯之業，有君而無臣固不可，有臣而無君亦不可。故非世祖之雄略英斷，不能以用公；非公之應變博聞，不足以佐世祖。噫！古之所謂窮則獨善其身，達則兼善天下，非公而誰歟？今淮南行中書省照磨曰惟敬者，公之裔也。以公小像示余，余作而歎曰：「九原可作，吾從之矣。」乃載拜而贊曰：

心晉道安，迹唐李泌。道該百氏而通，學究天人而祕。齊有夷吾則稱伯，漢有子房則成帝。始逃佛老，蓋無爲而無不爲；終佐唐虞，亦正其義不謀其利。置之丘壑，則赤松爲朋，巢由爲從；居乎廟堂，則黄河如帶，泰山如礪。不知者求公圖畫之間，其知者索我形骸之外。嗚呼，蓋未易以測其際也。

閻復《静軒集》卷四《劉太傅藏春集序》 《易》曰：「觀乎天文以察時變，觀乎人文以化成天下。」大哉文乎！在天爲日月之著明，雲漢之昭回，星辰之錯綜；在人爲三綱五常之道，禮樂政刑之方，典章法度之美。文乎文乎，章句云乎哉？太傅文貞公，學參天人，思周變通，早慕空寂，脱棄世務。一旦遭際聖主，運應風雲，契同魚水，有若留侯規畫以興漢業，召公相宅以營都邑，叔孫奉常綿蕝以定朝儀，陸賈詩書之語，賈生仁義之説。當雲靁草昧之世，天開地闢，贊成文明之治，其謚曰文，不亦宜乎？至於裁雲鏤月之章，《陽春》《白雪》之曲，在公乃爲餘事。公殁後十有四年，是集始行於世。夫人竇氏，暨其子璋及翰林待制王之綱，求爲敘引。晚生愚陋，誠不足知公萬一，姑以時論所同然者，附諸編末云。

至元丁亥四月初吉，翰林學士、太中大夫、知制誥、同修國史閻復序。

·《國朝文類》卷一一李槃《太保劉秉忠贈謚制》　臣以忠孝而事上，貴輸獻納之誠；上以禮義而遇臣，思篤始終之愛。視死之日，猶生之年。故光祿大夫、太保、參領中書省事劉秉忠，學窺天人，識貫今古。邃沖而有守，安靜而無華。昔侍潛藩，稔聞高論。適當三接之際，懇上萬言之書。蓋將舉天下而措諸安，以戒爲人主者果於毅。朕嗣服而伊始，卿盡力以居多。蓋得卿實契於朕心，而獨朕悉知於卿意。事皆有驗，人匪他求。周旋三十年不避其難，剴切數百奏各中其理。共成庶政，方圖任於舊人；誰謂旻天，不憖遺於一老。興言及此，何日忘之。載惟台輔之尊，厥有泉扃之賁。是用錫之綸命，峻一品之華階；襚以衮衣，躋三槐之正位。復加顯號，允答殊勳。惟爾英靈，識予哀寵。可贈儀同三司、太傅，謚文貞公。

《國朝文類》卷四八徐世隆《祭太保劉公文》　維至元十一年，歲次甲戌，冬十二月望日，博州路總管徐世隆謹以清酌庶羞之奠，致祭于太保劉公之靈。嗚呼，天興大元，六十餘年。王氣所鍾，有開必先。聖不獨出，衆賢從之。聖賢相逢，千載一時。巖巖劉公，首出襄國。學際天人，道冠儒釋。初冠章甫，潛心孔氏。又學葆真，復參靈濟。其藏無盡，其境無涯。鑿開三室，混爲一家。逆知天命，早識龍顔。情好日密，話必夜闌。如魚得水，如虎在山。易地諸葛，彌天道安。道人其形，宰相其心。誰其似之，黑衣惠琳。敷精皇極，禍福能決。誰其似之，邵君康節。詩詠高逸，方外神遊。誰其似之，碧雲湯休。字畫清勁，筆中法具。誰其似之，黄山文孺。扈從王師，柔服哀牢。公於是時，蜀之韋皋。堂上出奇，鄂江飛渡。公於是時，晉之杜預。天王既尊，山人自晦。公於是時，唐之李泌。相宅卜宫，兩都並雄。公於是時，周之召公。中統建元，宣撫十道，多舉名儒，親草其詔。至元入省，命贊萬機，暫決大議，力辭以歸。上亦知公，不屑細務，止解中書，仍居保傅。官制未定，公圖列之。朝儀未肅，公奏閲之。方其弘化，儀形萬方。天遽奪之，今也則亡。生平少疾，質明猶唱。開户視之，掩書長往。天子震悼，朝臣涕洟。下至行路，靡不哀思。國事有疑，誰與稽之。民歲有灾，誰與禳之。僚友有咎，誰與救之。人之老成，寧復見之。曩過趙郡，識二大士。曰蕭曰劉，器量包世。混迹佛老，心同孔周。仁雨義風，欲灑九州。蕭已先蜕，獨餘藏春。栽培桃李，徧滿君門。身爲師賓，門多卿相。生被殊遇，殁獲大葬。公既無憾，我獨何悲。第愧老繆，嘗辱公知。愛我文辭，許我典故。視草翰林，持衡文部。公非私舉，我豈懷恩。言念知舊，往哭其墳。南州孺子，生芻一束。奠章寫心，老淚盈掬。嗚呼哀哉，尚饗！

宋濂《宋文憲公全集》卷三九《國朝名臣序頌·劉文正公秉忠》　賢者在世，視時詘信。挂瓢武安，絶世離羣。皤然而起，拏風躍雲。乃壘乃城，乃闕乃庭，乃建灤京。灤京之封，龍岡鬱沖，王氣所鍾。伊劉公是庸，作皇邑土中。敷文教萬邦，車書來同。車書來同，維公之功。

董文炳部

綜述

《元史》卷一五六《董文炳傳》　董文炳字彦明，俊之長子也。父歿時年始十六，率諸幼弟事母李夫人。夫人有賢行，治家嚴，篤於教子。文炳師侍其先生，警敏善記誦，自幼儼如成人。

歲乙未，以父任爲藁城令。同列皆父時人，輕文炳年少，吏亦不之憚。文炳明於聽斷，以恩濟威。未幾，同列束手下之，吏抱案求署字，不敢仰視，里人亦大化服。縣貧，重以旱蝗，而徵斂日暴，民不聊生。文炳以私穀數千石與縣，縣得以寬民。前令因軍興乏用，稱貸於人，而貸家取息歲倍，縣以民蠶麥償之。文炳曰：「民困矣，吾爲令，義不忍視也，吾當爲代償。」乃以田廬若干畝計直與貸家，復籍縣閒田與貧民爲業，使耕之。於是流離漸還，數年間民食以足。朝廷初料民，令敢隱實者誅，籍其家。文炳使民聚口而居，少爲户數。衆以爲不可，文炳曰：「爲民獲罪，吾所甘心。」民亦有不樂爲者，文炳曰：「後當德我。」由是賦斂大減，民皆富完。旁縣民有訟不得直者，皆詣文炳求決。文炳嘗上謁大府，旁縣人聚觀之，曰：「吾亟聞董令，董令顧亦人耳，何其明若神也！」時府索無厭，文炳抑不予。或讒(知)[之]府，府欲中害之，文炳曰：「吾終不能剥民求利也。」即棄官去。

世祖在潛藩，癸丑秋，受命憲宗征南詔。文炳率義士四十六騎從行，人馬道死殆盡。及至吐番，止兩人能從，兩人者挾文炳徒行，躑躅道路，取死馬肉續食，日行不能三二十里，然志益厲，期必至軍。會使者過，遇文炳，還言其狀。時文炳弟文忠先從世祖軍，世祖即命文忠解所乘五馬載糗糧迎文炳。既至，世祖壯其忠，且閔其勞，賜賚甚厚。有任使皆稱旨，由是日親貴用事。

己未秋，世祖伐宋，至淮西臺山寨，命文炳往取之。文炳馳至寨下，諭以禍福，不應，文炳脱冑呼曰：「吾所以不極兵威者，欲活汝衆也，不速下，今屠寨矣。」守者懼，遂降。九月，師次陽羅堡。宋兵築堡于岸，陳船江中，軍容甚盛。文炳請於世祖曰：「長江天險，宋所恃以爲國，勢必死守，不奪其氣不可，臣請嘗之。」即與敢死士數十百人當其前，率弟文用、文忠，載艨艟鼓櫂疾趨，叫呼畢奮。鋒既交，文炳麾衆趨岸搏之，宋師大敗。命文用輕舟報捷，世祖方駐香爐峯，因策馬下山問戰勝狀，則扶鞍起立，竪鞭仰指曰：「天也！」且命他師毋解甲，明日將圍城。既渡江，會憲宗崩。閏十一月，班師。

庚申，世祖即位于上都，是爲中統元年，命文炳宣慰燕南諸道。還奏曰：「人久弛縱，一旦遽束以法，不可。危疑者尚多，宜赦天下，與之更始。」世祖從之，反側者遂安。二年，擢山東東路宣撫使。方就道，會立侍衛親軍，帝曰：「親軍非文炳難任。」即遥授侍衛親軍都指揮使，佩金虎符。

三年，李璮反濟南。璮劇賊，善用兵。文炳會諸軍圍之，璮不得遁。久之，賊勢日蹙，文炳曰：「窮寇可以計擒。」乃抵城下，呼璮將田都帥者曰：「反者璮耳，餘來即吾人，毋自取死也。」田縋城降。田，璮之愛將，既降，衆遂亂，禽璮以獻。璮兵有浙、漣兩軍二萬餘人，勇而善戰，主將怒其與賊，配諸軍，使陰殺之。文炳當殺二千人，言于主將曰：「彼爲璮所脅耳，殺之恐乖天子仁聖之意。向天子伐南詔，或妄殺人，雖大將亦罪之，是不宜殺也。」主將從之。然他殺之者已衆，皆大悔。

璮伏誅，山東猶未靖，乃以文炳爲山東東路經略使，率親軍以行。出金銀符五十，有功者聽與之。閏九月，文炳至益都，留兵于外，從數騎衣冠而入。居府，不設警衛，召璮故將吏立之庭，曰：「璮狂賊，詿誤汝等。璮已誅死，汝皆爲王民，天子至仁聖，遣經略使撫汝，當相安毋懼。經略使得便宜除擬將吏，汝等勉取金銀符，經略使不敢格上命不予有功者。」所部大悦，山東以安。

至元三年，帝懲李璮之亂，欲潛銷方鎮之横，以文炳代史氏兩萬户爲鄧州光化行軍萬户、河南等路統軍副使。到官，造戰艦五百艘，習水戰，預謀取宋方略，凡陀塞要害皆列栅築堡，爲備禦計。帝嘗召文炳密謀，欲大發河北民丁。文炳曰：「河南密邇宋境，人習江淮地利，宜使河北耕以供軍，河南戰以闢地。俟宋平，則河北長隸兵籍，河南削籍爲民。如是爲便。又將校素無俸給，連年用兵，至有身爲大校出無馬乘者。臣即所部千户私役兵士四人，百户二人，聽其雇役，稍食其力。」帝皆從之，始頒將校俸錢，以秩爲差。

七年，改山東路統軍副使，治沂州。沂與宋接境，鎮兵仰内郡餉運。有詔和糴本部，文炳命收州縣所移文。衆諫以違詔，文炳曰：「但止之。」乃遣使入奏，

略曰：「敵人接壤，知吾虛實，一不可；邊民供頓甚勞，重苦此役，二不可；困吾民以懼來者，三不可。」帝大悟，罷之。九年，遷樞密院判官，行院事於淮西。築正陽兩城，兩城夾淮相望，以綴襄陽及擣宋腹心。

十年，拜參知政事。夏，霖雨，水漲，宋淮西制置使夏貴帥舟師十萬來攻，矢石雨下，文炳登城禦之。一夕，貴去復來，飛矢貫文炳左臂，着脅。文炳拔矢授左右，發四十餘矢。箙中矢盡，顧左右索矢，又十餘發，矢不繼，力亦困，不能張滿，遂悶絶幾殆。明日，水入外郭，文炳麾士卒卻避，貴乘之，壓軍而陣。文炳病創甚，子士選請代戰，文炳壯而遣之，復自起束創，手劍督戰。士選以戈擊貴將仆，不死，獲之以獻。貴遂去，不敢復來。

是歲，大舉兵伐宋，丞相伯顏自襄陽東下，與宋人戰陽羅堡。文炳以九月發正陽，十一年正月會伯顏于安慶。安慶守將范文虎以城降。文炳請于伯顏曰：「大軍既疲於陽羅堡，吾兵當前行。」伯顏許之。宋都督賈似道來禦，師陳於蕪湖，似道棄師走。次當塗，文炳復言于伯顏曰：「采石當江之南，和州對峙，不取，必有後顧。」遂進攻之，降知州事王喜。

三月，有詔以時向暑熱，命伯顏軍駐建康，文炳軍駐鎮江。時揚州、真州堅守不下，常州、蘇州既降復叛。張世傑、孫虎臣約真、揚兵誓死戰，真、揚兵戰每敗，不敢出。世傑等陳大艦萬艘，碇焦山下江中，勁卒居前。文炳身犯之，載士選別船。弟之子士表請從，文炳顧曰：「吾弟僅汝一子，脱吾與士選不返，士元、士秀猶足殺敵，吾不忍汝往也。」士表固請，乃許。文炳乘輪船，建大將旗鼓，士選、士表船翼之，大呼突陣，諸將繼進，飛矢蔽日。戰酣，短兵相接，宋兵亦殊死戰，聲震天地，橫屍委仗，江水爲之不流。自寅至午，宋師大敗，世傑走，文炳追及于夾灘。世傑收潰卒復戰，又破之，遂東走於海。文炳船小，不可入海，夜乃還。俘甲士萬餘人，悉縱不殺，獲戰船七百艘，宋力自此遂窮。

十月，諸軍分三道而進，文炳居左，由江並海趨臨安。先是，江陰軍僉判李世修欲降不果，文炳檄諭之，世修以城來附，令權本軍安撫使。所過民不知兵，凡獲生口，悉縱遣之，無敢匿者，威信前布，皆望旗而服。張瑄有衆數千，負海爲橫，文炳命招討使王世強及士選往降之。士選單舸至瑄所，諭以威德，瑄降，得海船五百。

十三年春正月，次鹽官。鹽官，臨安劇縣，俟救至，招之再返不下。將佐請屠之，文炳曰：「縣去臨安不百里，聲勢相及，臨安約降已有成言，吾輕殺一人，則害大計，況屠一縣耶。」於是遣人入城諭意，縣降。遂會伯顏于臨安城北。張世傑欲以其主逃之海，文炳繞出臨安城南，戍浙江亭。世傑計不行，乃竊宋主弟吉王昰、廣王昺南走，而宋主㬎遂降。

伯顏命文炳入城，罷宋官府，散其諸軍，封庫藏，收禮樂器及諸圖籍。文炳取宋主諸璽符上於伯顏。伯顏以宋主入覲，有詔留事一委文炳。禁戢豪猾，撫慰士女，宋民不知易主。時翰林學士李槃奉詔招宋士至臨安，文炳謂之曰：「國可滅，史不可没。宋十六主，有天下三百餘年，其太史所記具在史館，宜悉收以備典禮。」乃得宋史及諸注記五千餘册，歸之國史院。宋宗室福王與芮赴京師，徧以重寶致諸貴人，文炳獨卻不受。及官録與芮家，具籍受寶者，惟文炳無名。伯顏入朝奏曰：「臣等奉天威平宋，宋既已平，懷徠安集之功，董文炳居多。」帝曰：「文炳吾舊臣，忠勤朕所素知。」乃拜資德大夫、中書左丞。

時張世傑奉吉王昰據台州，而閩中亦爲宋守。敕文炳進兵，所過禁士馬無敢履踐田麥，曰：「在倉者吾既食之，在野者汝又踐之，新邑之民何以續命。」是以南人感之，不忍以兵相向。次台州，世傑遁。諸將先俘州民，文炳下令曰：「台人首效順於我，我不暇有，故世傑據之，其民何罪。敢有不縱所俘者，以軍法論。」得免者數萬口。至温州，温州未下，令曰：「毋取子女，毋掠民有。」衆曰：「諾。」其守將火城中逃，文炳亟命滅火，追擒其將，數其殘民之罪，斬以徇。逾嶺，閩人扶老來迎，漳、泉、建寧、邵武諸郡皆送款來附。凡得州若干、縣若干、户口若干。閩人感文炳德最深，廟而祀之。

十四年，帝在上都，適北邊有警，欲親將北伐。正月，急召文炳。四月，文炳至自臨安。比至，帝日問來期。及至，即召入。文炳拜稽首曰：「今南方已平，臣無所效力，請事北邊。」帝曰：「朕召卿，意不在是也。暨子盜兵，朕自撫定。山以南，國之根本也，盡以託卿，卒有不虞，便宜處置以聞。中書省、樞密院事無大小，咨卿而行，已敕主者，卿其勉之。」文炳避謝，不許，因奏曰：「臣在臨安時，阿里伯奉詔檢括宋諸藏貨寶，追索没匿甚細，人實苦之。宋人未洽吾德，遽苦之以財，恐非安懷之道。」即詔罷之。又曰：「昔者泉州蒲壽庚以城降，壽庚素主市舶，謂宜重其事權，使爲我扞海寇，誘諸蠻臣服，因解所佩金虎符佩壽庚矣，惟陛下恕其專擅之罪。」帝大嘉之，更賜金虎符。燕勞畢，即聽陛辭。文炳求見皇太子，帝許之，復敕太子曰：「董文炳所任甚重，見畢即遣行。」既見，慰諭懇至。文炳留士選宿衛，即日就道，凡在上都三日。

至大都，更日至中書、樞密，不署中書案。平章政事阿合馬方恃寵用事，生殺任情，惟畏文炳，奸狀爲之少斂。嘗執筆請曰：「相公官爲左丞，當署省案。」請至再四，不肯署。皇太子聞之，謂宫臣竹忽納曰：「董文炳深慮，非爾曹所知。」後或私問其故，文炳曰：「主上所付託者，在根本之重，非文移之細。且吾少徇則濟姦，不徇則致讒。讒行則身危，而深失付託本意。吾是以預其大政，而略其細務也。」

十五年夏，文炳有疾，奏請解機務，詔曰：「大都暑熾，非病者宜，卿可來此，固當愈。」文炳至上都，奏曰：「臣病不足領機務，西北高寒，筋骸舒暢，當復自愈，請盡力北邊。」帝曰：「卿固忠孝，是不足行也。樞密事重，以卿僉書樞密院事，中書左丞如故。」文炳辭，不許，遂拜。八月天壽節，禮成賜宴，帝命坐文炳上坐，諭宗室大臣曰：「董文炳，功臣也，理當坐是。」每尚食，上食輒輟賜文炳。是夜，文炳疾復作，敕賜御醫日來診視。九月十三日，疾篤，洗沐而坐，召文忠等曰：「吾以先人死王事，恨不爲國死邊，今至此，命也。願董氏世有男能騎馬者，勉力報國，則吾死瞑目矣。」言畢，就枕卒。帝聞，悼痛良久，命文忠護喪葬藁城，令所過有司以禮弔祭，贈金紫光禄大夫、平章政事，謚忠獻。子士元、士選。

《光緒畿輔通志》卷一七二王磐《趙國忠獻公神道碑》 至元戊寅秋九月十三日，資德大夫、中書左丞董公薨於上都。訃聞，上深悼惜，賻卹甚厚，贈金紫光禄大夫、平章政事，謚曰忠獻。命其弟符寶文忠率諸子弟護其喪歸，以其年十一月十七日葬藁城高里西原之先塋也。詔翰林學士王磐制碑文，刻諸墓隧。

臣磐謹按行狀：公諱文炳，字彦明，世爲真定藁城人。曾祖諱哲，祖諱昕，皆潛德不耀。考諱俊，龍虎衛上將軍，知中山府，行右副元帥府事，妣夫人李氏。龍虎君魁健雄偉，膽智過人，屬金之季年，大兵南下，河湖喪亂，百姓無所依歸，縣人共推爲萬夫長，團結丁壯，保護鄉里，鄰境莫敢犯。癸巳歲，出軍河南，殁於歸德。公年十七，授藁城令，值比歲旱蝗，道殣相望，公發私廪粟六千斛以濟饑民。人有因征科之役，從勢家而借貸，歲出羊息而不能償者，公召至債主，計本息若干，以己業代償之。由是外縣所有別業，暨真定市鄽間邸店數區，皆爲人准折而略無難色。時癸丑歲秋七月，兵伐南詔，公率壯士往從，至孟津過河，經潼關，涉臨洮，迤逞南進，道除險惡，人馬殁死，其能從者纔兩人耳。饑則啖死馬，日行三二十里，困苦將死，會有使者過其旁，識之，幸爲我達一言，使者至行在，備言公難苦狀。亟命公弟文忠，選帳前馬五匹迎之，既至，上咨嗟嘆賞，知公志操堅確，任重道遠，可委以事。己未歲秋，上欲觀大江形勢，帥兵由淮西進，九月四日泊羊羅渡，宋人列戰艦南岸，軍容甚盛。公曰：「舟楫，南人所長，又彼衆而我寡，非以勇氣吞之，何由取勝？臣請先當之。」募死士數十人，乘輕舸爲前鋒。上勅近侍解細甲五十副以賜公。明旦乘巨舸，與二弟文用、文忠同載，鼓行而前，直趨南岸。兵鋒既交，我師奮厲，無不以一當百。日及辰巳間，南陣壞亂散走，公遣文用乘海鰍奏捷音。上時在江北岸香爐峯駐馬，望見文用報至，甚喜，即策馬扣岸，明日麾諸軍以次盡濟，遂圍鄂州。

中統元年，上登極，首命公宣慰大都以南諸路，公條具釋逋負、安反側等數事，上皆可之，赦恩一霈，人心帖然。五月，車駕幸北庭，公率漢軍以從。辛酉歲，還守大都，五月，授山東東路宣慰使，中途召還，改授侍衛親軍都指揮使。壬戌歲，李璮以益都叛，突據濟南，官軍圍之數月，公以侍衛軍守南面，一日見其都帥田某在城上，呼與語，因謂之曰：「違背朝廷者，李璮一人耳，汝曹何與焉，而甘與之同死乎？能速來降，即無事矣。」田感悟，即縋城下，賊兵大擾，四散争出，濟南遂平。璮有漣、淅兩軍，練習戰陣，平日所恃以取勝者。城既下，主帥傳令，分配諸翼，陰使除之。公獨留置麾下，乃言與主帥曰：「往者師出雲南，大將妄殺一人，上震怒責讓者數四，况此等皆李璮所驅迫不得已者乎？」帥曰：「公何不早言？」遂釋之，得活者萬餘人。是歲，山東甫寧，繼有毛璋輩狂悖，衆心危駭不安。朝廷以公就率侍衛軍爲山東東路經略使，仍降金銀符五十面，聽從付與。公以閏九月次益都，兵械戰具悉留於外，從數騎入城，居處蕭然，不設警備，召璮諸將故吏，宣布朝廷恩德，開心示誠，了無纖芥疑貳。吏民感悦，咸若更生，前此竄辟山林及逃遁外境者，皆來復業。

至元三年，遷鄧州光化行軍萬户、河南等路統軍副使，造戰艦數百艘，散置江津，暇日閲試，使士卒習知風水之便，後取襄樊、下鄂渚，悉獲其用。庚午歲，移沂州，痼疾作，食飲大減，形色枯瘁。或謂之曰：「此間地氣卑濕，時方盛暑，宜毋勤細物，厚自完養。」公曰：「聖代方期混一南北，功效未就，邊境多虞，豈臣子辭勞自逸之時哉！」壬申歲，以樞密院判行淮西樞密院事，駐合肥。甲戌三月，拜參知政事，公於淮壖築正陽城，以斷淮中舟楫上下往來之路，宋人病之，遣制使夏貴以兵據河口，擫淮水灌城。時霖雨不止，城幾渰没。公率領將士暨次子士選，晝夜巡守鏖戰，箭穿左臂透脇，督戰愈厲，竟擊貴走之。

是歲冬十月，丞相伯顔奉詔大舉伐宋，由合肥、六安、無爲、安慶渡江而南，

公以行院與行省軍合。至元十二年春，戰蕪湖，宋帥大敗，都督賈似道遁去。我軍行次當塗，公言於丞相曰：「和州與采石對岸，亦堅城也，今不取，必爲後日之患。」丞相即命公與萬户晏徹兒往招之，知州王喜以城降。三月，鎮江馬帥石祖忠亦使人納欵，毗陵、平江、江陰繼踵來附。公以淮西行院一軍經畫鎮守，不三日，淮寇遠遁，中外帖然。一卒醉戕殺順化軍，公命執之，斬於市，軍中悚慄，無敢犯者。宋將張世傑、孫虎臣等知其國將亡，咸欲致死於我。七月朔日，世傑等帥水軍黄鵠、白鷂萬餘艘，屯焦山南北，每十船爲一方，沉鐵碇於江，非有號令不敢擅自起碇，蓋亦誓以必死也。初二日，公率諸翼軍直扣焦山之麓，次子士選、姪士表從，公回顧二子曰：「吾與士選以死報國，猶有士元、士秀在，吾弟唯有一子，忍令相從於此乎？」士表固請，不肯退，乃許之。兵鋒既交，鼓譟動天，鏖戰自寅至午，敵不能支，陣亂散走，追至團山，得船七百餘艘，俘敗兵萬餘人，分隸諸將，唯隸行院諸翼者得全活。

冬十月，行省分軍爲三道，水陸並進，期日會於臨安，分當左翼，自京口下江入海至江陰軍，以榜文告諭前降將李世修等，因各率僚屬來迎。公即命仍舊權安撫，使江陰軍民秋毫無所犯。繼聞丞相下令禁鹵掠，乃搜括所部凡有俘獲人口畜産，悉縱還本家，無得隱匿，由是所過城邑望風降服。遣招討王世强及次子士選招討，降海寇張瑄，獲巨艦五百艘。丙子歲正月六日，屯鹽官縣。鹽官，臨安之劇縣也，相去九十里，公兩遣使者招諭，不聽，諸將再三請屠之。公曰：「宋主祖母謝氏已令國相陳宜中遣使請降，與丞相約會於長安鎮，若忽聞有屠城之慘，則臨安百萬生靈無乃失來蘇之望乎？汝策非是。」乃親至柵下，以善言諭之，守者即以城降。是月十九日，宋主降，公從十騎巡視臨安城壁。二月初五日，公入城，罷宋官府，散遣三司衛軍，封籍中外府藏，檢視太廟、景靈宮禮樂器，册寶、郊天儀仗，秘省、史館、禮寺圖籍，祭器等物。右丞相凱還，以公留鎮兩浙。杭州地狹人稠，平時仰四傍供給，大軍既至，道路阻隔，頗艱食，公命張掛榜文，聽商旅通行，關津皆無得留滯，其有梗澁不通之地，仰所在官司以兵護送。一兩月中，舟船坌集，市肆克積，民不饑饉。丞相伯顔至京師陛見曰：「臣受命平江南，其招懷撫定之初，無出董文炳之右者。鎮守之事，臣已委之矣。」上曰：「文炳之忠，朕所素知，卿委任得人，朕復何慮？」陞資德大夫、中書丞相。

是歲秋，公以閩地未靖，率諸翼萬户往平之。軍至台州，方布置圍其城，忽有淮軍數千，喧譟稱降，持火鎗奪門而出，諸將招之，大呼曰：「我輩降董相去也。」至公營前，即解甲羅拜。張世傑遁去，台州平。至温州，值李察使者將棄城走，縱火焚掠，公亟命軍士救撲，官舍民居，得存者半。由是民間有「南軍放火北軍救，異事稀奇古無有」之謡。七閩既定，惟興化軍、汀州兩城未下，公欲遣使招之，或謂公曰：「以偏師暫往，如太山壓卵耳。」公曰：「遣攻何難？但其執迷不服者獨陳參政耳，百姓何干？予爲數千萬生靈計，可不忍須臾哉！」未幾，吳浚等以汀州來歸，唯興化不至，公不得已始發兵，但誅其拒命者，未嘗濫及餘人也。

十四年正月，有旨召公赴闕。三月至上都，陛見日，上慰勞甚厚。初，公至泉州時，太守蒲壽庚者來降。壽庚本回紇人，以海舶爲業，家資累巨萬計，南海蠻夷諸國莫不畏服。聞張世傑出海上，壽庚願率本家丁壯鎮守東南，必保無虞。公以其人可用，解身所佩金虎符以俾之，左右或以爲不可，公不答。至是奏聞，因謝專擅之罪，上深歎賞，即命取金虎符以賜公。留數日，上曰：「朕未能南歸且當駐蹕於此，卿可還大都，中書省、樞密院事，軍中一切所有事務，卿都與議者從以區處。」公以累歲南方驅馳，積勞成疾，時時發動，戊寅歲夏稍緩，赴上都，以西方未定，懇請西行。上慰之曰：「漢人中，如卿忠孝者不多見矣。卿且安居，善調攝。」八月，授簽書樞密院事。二十八日天壽節，上壽賜宴，有司奏稟羣臣坐次，上命公坐於總帥汪良臣、右丞吕文煥、左丞夏貴暨諸侍衛將軍之上，寵異之。宴罷暮歸，病勢有加，上命太醫院朝夕診候調治。九月十三日，中夜洗畢，語其弟文忠曰：「主上恩隆厚，我恨不効死邊陲，圖報萬一。至於此，命也。子弟輩但能上馬者，當以死報國。」言畢就枕，夜半後薨。私室之事，一無所屬，享年六十有二。

公自幼讀書，通曉古今，循雅謹飭，如諸生然，其沉雄剛毅之資，劍槊弓矢之藝，蓋得於天性自然，非積學致也。自年三十七從詔之後，國家每有戎事，南北東西，無不與行，其摧堅制勝，陷陣先登之功，蓋不可勝數。雖功業日盛，名位日隆，身都將相，名動華夷，然其遇强敵堅陣，如正陽之戰、羊羅渡之戰、焦山之戰，未嘗不親臨行陣，身當矢石也。其駐臨安也，弟文直卒於家，訃至，公哀慟弗勝。先是，長男士元戰殁揚州城下，未之知也，左右因是以告焉，問其所疾，曰：「都統姜才夜出擣營，武節搏戰，中十七鎗而卒。」公慨然曰：「真吾子，死得其所矣。」遂不復哭。公居家孝友，閨門雍睦，兄弟八九人，皆怡怡然相敬愛。御軍臨民，所至威德兼備，與朋友交，忠信誠慤，終始如一，故薨之日，識與不識，皆爲流涕。其歸葬也，有蒙古軍數千，自和林代更迴首過靈輀下馬慟哭曰：「吾輩平日

受恩，無以爲報，何時復有如公者乎？」其爲人所嚮慕類如此。江南新降附州郡，官員例以財物爲贄見之禮，公不敢自異於衆，依例受之，聚所得可萬金，歸家召諸親舊及鄉里貧人散之，即日俱盡。

蘇天爵《元朝名臣事略》卷一四《左丞董忠獻公》 公名文炳，字彦明，真定藁城人。少爲藁城令，入事潛邸。中統元年，宣慰燕南諸道。二年，授山東東路宣撫使，未至，召爲侍衛親軍都指揮使。三年，授山東經略使。至元三年，授鄧州光化行軍萬户、河南統軍副使。七年，改山東統軍副使。九年，遷樞密院判官，行院淮西。十一年，拜參知政事，遂與丞相伯顔合兵取宋。宋亡，拜中書左丞。十四年，還朝，拜僉書樞密院事。是歲，薨，年六十二。

龍虎公薨時，公年始十六，率諸稚弟事母李夫人。李夫人有賢行，治家嚴，篤於教子。公學侍其先生，警敏善記誦，自幼儼如成人。清河元公撰《家傳》。 又李野齋撰《墓誌》云：公幼岐嶷，舉動如成人，嘗率羣兒嬉戲，部分左右，習爲行陣之事，指揮號令，無敢違者。

歲乙未，以父任爲藁城令，同列皆父時人，少公，吏亦不之憚。居半歲，明於聽斷，以恩濟威，同列束手下之，吏抱案求署，不敢仰首，里人亦化服。縣貧，重以旱蝗薦饑，而府徵日暴，民殆不能生。公以私穀數千石予縣，縣得以少寬民。前令乏軍興，貸於人，而貸家息入歲倍，率取償民之蠶麥。公曰：「民困矣，頭會箕斂，不足已責。吾爲令，義不忍，吾代償。」乃以田廬若干畝所，計直予貸家。遂業貧民縣之閒田，教之敏藝，而豪不敢奪。流離漸還，數年間，民食以饒。初料民，敢隱實者，誅籍其家。公務衆其力，而寡其居，衆危不可，公曰：「爲民獲罪，亦所甘心。」由是藁民富完至今。外縣民或銜負，不直其縣，而投牒求直於公，嘗上計府，外縣人聚觀之，曰：「吾亟聞董令，董令顧亦人耳，何明能若神也！」府索無厭，公抑不予。或讒之府，府欲中公，公曰：「吾終不能剜民規利。」即棄官去。《家傳》。

世祖在藩邸，癸丑秋，奉憲宗命征南詔。公率義士四十六人騎從世祖南詔，後世祖軍，人馬道死亡，比至吐蕃，止兩人能從，兩人翼公徒行，顱頷蹢躅，取死馬肉續食，日不能三二十里，期必達。會東使過公，至軍言狀，世祖亟命公弟文忠解尚厩五馬，載糗精來迓。既至，世祖壯其忠，閔其勞，勞賜優渥。用輒稱旨，由是日親貴用事。《家傳》。

己未，我師伐宋，上駐蹕淮西之仙居山，旁有臺山砦，宋人行光山縣事於其上。公受命往取之，親抵砦下，再四開諭，守者不應。公免胄示之曰：「以吾之兵威，視舉一砦如拉朽耳。所以不即取者，正欲活汝等故也。」守者感悟，遂降。《墓誌》。

秋九月，師次羊羅洑。羊羅洑，宋之要害也，築堡于岸，陳船江中，軍容甚盛。公請於世祖曰：「長江天險，宋所恃以爲國，勢必死守，不奪之氣不可，臣請嘗之。」與敢死士數十百人當其前，率弟文用、文忠，載艨衝鼓櫂疾趍，士叫呼畢奮。鋒交，公麾衆走岸搏戰，宋師大敗。文用帆船報捷，世祖大喜，戟手上指曰：「天也！」明日，渡諸軍圍鄂州。會上崩，閏十一月班師。《家傳》。

世祖即皇帝位于上都，是爲中統元年，上命公宣慰燕南諸道。還奏曰：「人久馳縱，一旦遽束以法，危疑者尚多。與之更始，宜赦天下。」制曰「可」。反側者遂安。《家傳》。

三年，山東守將李璮反，據濟南。璮劇賊，善用兵。會諸軍圍之，璮不得遁。久之，賊勢日衄，公曰：「窮寇可以計禽。」乃抵城下，呼璮將田都帥者曰：「反者璮耳，餘來即吾人，毋昧取誅死也。」田縋城降。田，璮愛將，既降，衆亂，遂禽璮。璮勝兵有浙、漣兩軍，可二萬餘人，勇而善戰，主帥怒其與賊，配諸軍陰殺之，公當殺二千許人，公言主帥曰：「賊由璮脅，從者何罪，殺之徒膏草土耳，良乖陛下仁聖。陛下往伐南詔，或妄殺人，雖大吏亦罪之，是宜勿殺。」帥從之。大悔已殺者，而殺之者亦自恨失計。《家傳》。

璮伏誅，山東賊未靖，山東摇，以公爲山東東路經略使，率親軍以行。出金銀牌五十，有功者聽予。閏九月，公次益都，留兵于外，從數騎衣裳而入。至府，不設警衛，召璮故將吏立之庭，曰：「璮狂賊，詿誤若曹，璮誅死，若曹爲王民，陛下至仁聖，遣經略使撫汝，相安毋恐。經略使不敢格上命不予有功。」所部大悦，山東安。《家傳》。

至元三年，上徵李璮潛弭方鎮之横，以公代史氏兩萬户爲鄧州光化行軍萬户、河南等路統軍副使，造戰艦數百艘，肄水戰，預講取宋方略，凡阨塞要害，盡諸禦備，列柵築堡，深爲吾利。上召公密謀，欲大發河北民丁，公曰：「河南密邇宋境，人習江淮地利，河北畊以供需，河南戰以啓土。宋平，則河北長隸兵籍，河南削籍爲民便。又將校素無俸稍，連年用兵，至有身爲大校出無馬乘者。臣即所部，千户私役兵士四人，百户二人，聽其顧役，稍食其力。」上皆從之，始頒將校俸錢，以秩爲差。《家傳》。

七年，改山東路統軍副使，治沂州。沂與宋人接壤，鎮兵仰給内郡饋餉，有詔和糴本部，公亟命收州縣所移文。衆皆爭以違詔，公曰：「第止之。」乃遣使入奏，略曰：「敵人接壤，知吾虚實，一不可；邊民供頓甚勞，重苦此役，二不可；困吾民以懼來者，三不可。」上大悟，仍舊和糴内郡。《家傳》。

九年，遷樞密院判官，行院事淮西。築正陽兩城，兩城夾淮相望，以綴襄陽，以擣宋腹。《家傳》。

十年，拜參知政事。夏，霖雨水漲，宋淮西制置使夏貴帥舟師十萬環攻我急，矢石雨下，公禦之城上。夜貴去復來，俄飛矢貫公左臂著脇。公拔矢授左右，發四十矢許，房矢絶，索矢左右，又十餘發，矢不繼，而不能張滿，遂悶絶幾殆。明日，水浸淫入郛，麾士卻避，貴乘之，壓吾軍而陣。公病創，子士選請代戰，壯而遣之。公飲痛束創，手劒督戰。士選與貴將搏，斬貴將以戈，貴將仆，不死，獲之以獻。貴去，不敢復來。《家傳》。

王師大舉入宋，丞相伯顔行中書省，自襄陽東下，及宋人戰於羊邏洑。公以九月發正陽，十一年正月會丞相于安慶。安慶守將范文虎以城降。公請於丞相曰：「行省兵既勞於羊邏洑，行院兵當前行均勞。」宋都督賈似道禦師陳於蕪湖，似道棄師走。次當塗，公言丞相曰：「采石當江之南，和州對峙，不取，慮有後顧。請先取和州。」許之，遂降知州事王喜。《家傳》。

三月，有詔時向暑，師宜持重，行中書省駐劄建康，行樞密院駐劄鎮江。時真州，揚州堅守不下，常州、蘇州既降復叛。久之，張世傑、孫虎臣誓真、揚兵，致死於我，真、揚兵先期敗，不敢出。世傑等陳大艦萬艘，碇之焦山下江中，勁卒前左。公身犯前左，載士選別船，而弟子士表請從，公顧曰：「吾弟僅汝一息，脱吾與士選不返，士元、士秀猶足殺敵，吾不汝忍也。」士表固請，乃許。公乘輪船，建大將旗鼓，翼二子船，大呼突陣，諸將繼之，飛矢蔽日。戰酣，短兵相接，宋人亦殊死戰，聲震天地，横屍委仗，江水爲之不流。自寅至午，宋師大敗，世傑走，公追及夾灘。世傑收潰卒復戰，又破之。世傑走海，公船小不可海，夜乃還。俘甲士萬餘人，悉縱不殺，獲戰艦七百艘，宋力自此窮矣。《家傳》。又王文忠公撰《墓碑》云：淮東之役，士元陳兵揚子橋，賊夜出擣營，士元搏戰，身受十七創而卒。左右祕不以聞，會四弟文直訃至，乘其哀發之，問其疾，告之故，公一慟而止，曰：「真吾子也！」

冬十月，王師分三道，而左公由江並海趍臨安。先是，江陰軍僉判李世脩乞降，奪於勢不能來，城復爲宋。公予之檄，世脩以城來，令權本軍安撫使。所過民不知兵，凡所獲生口，悉縱遣之，無敢匿者，以故威信前布，望旗自靡。張瑄者有衆數千，自宋時負海陸梁，公命招討使王世强及士選往降瑄。士選單舸至瑄所，諭以威德，瑄降，得海船五百，瑄後至大官。《家傳》。

十三年春正月，次鹽官。鹽官，臨安劇縣，俟救不下，招之，一再反，將佐請屠縣，公曰：「縣去臨安不百里遠，聲勢相及，臨安降有成約，吾殺一人將誤大計，况屠縣。」於是遣人入城諭意，縣降。《家傳》。

公會丞相於臨安北，張世傑欲以其主逃之海，公繞出臨安城南，戍浙江亭。世傑計不行，竊宋主弟吉王昰、廣王昺南走，而宋主㬎出降。丞相命公入城，罷宋官府，散其諸軍，封庫藏，收禮樂器及諸圖籍。取皇帝諸璽符上之丞相。丞相以宋主凱還，有詔留事一委公。禁戢豪猾，撫慰士女，宋人不知易主也。時翰林直學士李槃奉詔招致宋士至臨安，公謂之曰：「國可滅，史不可没。宋十六主，有天下三百餘年，其太史所記具在史館，宜悉收入，以備典禮。」乃得宋史及諸注記凡五千餘册，歸之于國史院典籍氏。《家傳》。

宋宗室福王與芮赴京師，徧以重寶致諸貴人，公峻却不取。及官録與芮家，具籍所致貴人重寶，獨無公名。丞相朝奏曰：「臣等奉天威平宋，宋既以平，懷徠安集之功，臣董文炳實最諸將，留事謹奉詔矣。」上曰：「文炳吾舊臣，忠勤朕所素知。」《家傳》。

拜中書左丞。時張世傑奉宋主弟吉王昰據台州，閩中尚爲宋守。敕公進兵，所過禁士馬無敢履踐田麥，曰：「在庾者吾既食之，在野者汝又蹂之，新民何以續命。」是以南人不忍以兵鄉公。次台，世傑遁，諸將先俘州民，公下令曰：「台人首效順，我不暇有，而世傑據之，民何罪？敢有不縱所俘者，以軍法論。」得免者口數萬。薄温州，温州未下，令曰：「毋取子女，毋掠民有。」衆曰：「諾。」守將火城中逃，公亟命撲滅火，追禽守將，數其殘民之罪，斬以徇。逾嶺，閩人扶老驩迎，漳、泉、建寧、邵武諸郡皆送款來，凡得州若干、縣若干、户口若干。閩人感公德最深，至今廟而祀之，水旱疾病禱焉。《家傳》。

十四年，北圉有警，上將北狩。正月，亟召公。四月，公至自臨安。比至，上日問來期。及至，即召入。公拜稽首曰：「今南方已平，臣無所効，請事北圉。」上曰：「所亟召卿，意不在此，豎子盜兵，朕自撫定。山以南，國之根本也，盡以託卿，卒有不虞，便宜處置以聞。中書省，樞密院事無小大，咨卿而行，已勑主者，卿其勉之。」公踧踖避謝，不許。因奏曰：「臣在臨安時，阿里伯奉詔檢括宋

諸藏貨寶，追索没匿甚細，人實苦之。宋人未洽吾德，遽苦之以財，恐非安懷之道。」即詔罷之。又曰：「臣有專擅之罪。初，泉州蒲壽庚以城降，壽庚素主市舶，謂宜重其事權，俾爲我扞海寇、誘諸蠻，臣解所佩金虎符佩壽庚矣，惟陛下鑑裁。」上大嘉之，更賜金虎符，燕勞畢，即聽陛辭。《家傳》

公凡在上都三日，至大都，更日至中書、樞密，不署中書案。平章阿合馬方怙寵用事，生殺任情，惟嚴憚公，奸狀爲之少斂。執筆起請曰：「相公官爲左丞，當署省案。」請至再四，不肯署。後或私問其故，公曰：「主上所付託者，在根本之重，非文移之細。且吾少徇則濟奸，不徇則致讒，讒行則身危，而深失付託本意。吾是以預其大政，而略其細務也。」《家傳》

十五年夏，公有疾，奏請解機務。詔曰：「大都暑熾，非病者宜，卿可此來，固當愈。」公至上都，奏曰：「臣病不足領機務，西北高寒，觔骸暢逸，當復自愈，請畢力北役。」上曰：「卿固忠孝，是不足行。樞密事重，以卿僉書樞密院事，中書左丞如故。」公辭，不許，遂拜。《家傳》

八月，上生日，禮成，賜宴，掌禮者奏公坐，坐公上坐，每尚食上食輒輟賜公。是夜，疾復作，敕諸御醫日來診視。九月十三日夜，疾革，洗沐而坐，召文忠等曰：「吾以先人死事，恨不爲國死邊。今至此，命也。願董氏世有男能騎馬者，勉報國，吾死瞑目。」言畢，就枕薨。上聞，痛悼之良久。《家傳》

公忠實似其父人，主益信之，嘗曰：「朕心，文炳所知；文炳心，朕所知。」故讒間不行，而功立在軍。或與長官争事，長官國人，持己見，不公是，公曰：「第上兩奏，得可，事乃行。」長官輒不敢上，卒公是。蓋上嘗誡長官者曰：「董文炳老成練事，汝父行也。事事聽之，文炳不我負也。」《家傳》

公平居不妄笑語，毅然有不可犯之色。立朝謇謇，有古大臣風。故上每論漢人功臣，謂可任大事者，必首公，而追惜其壽止於六十二也。《家傳》

公孝友天至，居母喪，哀毁骨立，奉祀事一遵其父而有嚴。教諸弟如嚴師，諸弟事之如嚴君。雖貴顯如文用、文忠，歸休沐，不敢先私室，侍立終日，夜不敢坐，不問不敢對。裘馬金帛，公未嘗先御，有即盡賜諸弟，閨門之間肅然。而諸弟或以過被笞，皆悃欵受之以改。及喪公，皆毁瘠踰禮，而思其蚤孤，深賴賢兄以成之也。世之言家法者，比爲萬石君舊家云。《家傳》

公好讀書，延禮儒士，士雖賤，必接以禮。若金翰林學士滹南王若虛先生、真定提舉侍其先生軸，存則師尊之，没則卹其孤。而侍其提學家子孫，與之婚姻至今。雖在兵馬間，教諸子不暫廢。公退日，一再至塾，程其學家與儒者，講明聖人之道，評品史事，夜分乃休。居官清慎，家無餘財，其子孫化之，亦能清慎世其家。《家傳》

公薨後十餘年，姦臣相哥事敗，有詔董文炳子名士選者速召入，上曰：「汝知汝父事朕否？」士選拜謝曰：「臣愚不足以知。」上曰：「若父忠勤不欺，能成吾大事。汝士選不必遠學，學而父足矣。」又嘗問士選曰：「汝知曹彬如何？」士選謹對曰曹彬云云，上曰：「曹彬不殺降一事，較之而父未足爲多。必欲盡書而父，竹帛有既也。」《家傳》

雜録

備録

《國朝文類》卷七〇元明善《稾城董氏家傳》 國朝龍興(幕)〔漠〕北，走金河南，中州豪傑起應以兵，而金滅矣。若真定史氏，東平嚴氏，滿城、濟南兩張氏是也。後史太尉有勳王室，爲諸氏冠。稾城董氏能與之班，而又以孝義稱，今遂大顯。第其譜諜無徵，不知世所自出。其可知者：徽生哲，哲生昕，昕生俊。俊，是爲龍虎公。傳自龍虎公起，世比而第書之云。【略】

忠獻公諱文炳，字彦明，龍虎公長子也。龍虎公薨，時年始十六，率諸稚弟事母李夫人。李夫人有賢行，治家嚴，篤於教子。公學侍其先生，警敏善記誦，自幼儼如成人。歲乙未，以父任爲稾城令，同列皆父時人，少公，吏亦不之憚。居半歲，明於聽斷，以恩濟威，同列束手下之，吏抱案求署，不敢仰首，里人亦化服。縣貧，重以旱蝗，薦飢而府徵日暴，民殆不能生。公以私穀數千石予縣，縣得以少寬民。前令乏軍興，貸於人，而貸家息入歲倍，率取償民之蠶麥。公曰：「民困矣，頭會箕斂不已足責，吾爲令，義不忍，吾代償。」乃以田廬若干畝所計直予貸家。遂業貧民縣之閒田，教之蓺，而豪不敢奪。流離漸還，數年間，民食以饒。初，料民，敢隱實者誅，籍其家。公務衆其力而寡其户，衆危不可，公曰：「爲民獲罪，亦所甘心。」民亦不樂，公曰：「後當德我。」由是稾民富完。至今，外

縣民或銜負不直其縣，而投牒求直於公。嘗上計府，外縣人聚觀之曰：「吾亟聞董令，董令顧亦人耳，何明能若神也。」府索無厭，公抑不予，或讒之府，府欲中公，公曰：「吾終不能剝民規利。」即棄官去。

世祖皇帝在藩邸，癸丑秋，奉憲宗皇帝命征南詔。公率義士四十六人騎從世祖南詔，後世祖軍，人馬道死亡，比至吐蕃，止兩人能從，兩人翼公徒行，顚頷躓躅，取死馬肉續食，日不能三二十里，期必達。會東使過公，至軍言狀。公弟文忠先事世祖軍，世祖亟命文忠解尚廄五馬，載糗精來迓。既至，世祖壯其忠，閔其勞，勞賜優渥。用輒稱旨，由是日親貴用事。

己未秋，上命世祖伐宋，至淮西，有臺山砦者，宋光山縣寄治其上。命公取之。公馳往砦下，示以禍福，不應。公脫胄呼曰：「吾所以不極兵威者，欲活若人也。不亟下，今屠砦。」守者遂降。九月，師次羊羅洑。羊羅洑，宋之要害也，築堡于岸，陳船江中，軍容甚盛。公請於世祖曰：「長江天險，宋所恃以爲國，勢必死守。不奪之氣不可，臣請嘗之。」與敢死士數十百人當其前，率弟文用、文忠載艨衝，鼓櫂疾趨，士呌呼畢奮。鋒交，公麾衆走岸搏戰，宋師大敗。文用颿船報捷，世祖大喜，戟手上指曰：「天也！」明日，渡諸軍圍鄂州。會上崩，閏十一月班師。

庚申，世祖即皇帝位于上都，是爲中統元年。上命公宣慰燕南諸道，還奏曰：「人久弛縱，一旦遽束以法，危疑者尚多。與之更始，宜赦天下。」制曰：「可。」反側者遂安。二年，擢山東東路宣撫使，就道，會立侍衛親軍，上曰：「親軍非董文炳難任。」即追授侍衛親軍都指揮使，佩金虎符。三年，山東守將李璮反，據濟南。璮劇賊，善用兵。會諸軍圍之，璮不得遁。久之，賊勢日衂。公曰：「窮寇可以計禽。」乃抵城下，呼璮將田都帥者曰：「反者璮耳，餘來即吾人，毋昧取誅死也。」田縋城降。田，璮愛將，既降，衆亂，遂禽璮。璮勝兵有浙、漣兩軍，可二萬餘人，勇而善戰。主帥怒其與賊，配諸軍陰殺之，公當殺二千許人。公言主帥曰：「賊由璮脅，從者何罪？殺之徒膏草土耳，良乖陛下仁聖。陛下往伐南詔，或妄殺人，雖大吏亦罪之。是宜勿殺。」帥從之，大悔已殺者，而殺之者亦自恨失計。璮伏誅，山東賊未靖，山東搖，以公爲山東東路經略使，率親軍以行，出金銀牌五十，有功者聽予。閏九月，公次益都，留兵于外，從數騎衣裳而入。至府，不設警衛，召璮故將吏立之庭，曰：「璮狂賊，詿誤若曹。璮誅死，若曹爲王民。陛下至仁聖，遣經略使撫汝，相安毋恐。經略使得便宜除擬將吏，汝曹勉取金銀牌，經略使不敢格上命不予有功。」所部大悅，山東安。

至元三年，上懲李璮潛弭方鎮之横，以公代(吏)〔史〕氏兩萬户，爲鄧州光化行軍萬户、河南等路統軍副使，造戰艦數百艘，肄水戰。預講取宋方略，凡阨塞要害，盡諸禦備，列柵築堡，深爲吾利。上召公密謀，欲大發河南民丁。公曰：「河南密邇宋境，人習江淮地利，河北畊以供需，河南戰以啓土。宋平，則河北長隸兵籍，河南削籍爲民便。又將校素無俸稍，連年用兵，至有身爲大校，出無馬乘者。臣即所部千户私役兵士四人、百户二人，聽其顧役，稍食其力。」上皆從之。始頒將校俸錢，以秩爲差。七年，改山東路統軍副使，治沂州。沂與宋人接壤，鎮兵仰給内郡饟餽。有詔和糴本部，公亟命收州縣所移文，衆皆争以違詔。公曰：「第止之。」乃遣使入奏，略曰：「敵人接壤，知吾虚實，一不可；邊民供頓甚勞重，苦此役，二不可；困吾民以懼來者，三不可。」上大悟，仍舊和糴内郡。

九年，遷樞密院判官，行院事。淮西築正陽兩城，兩城夾淮相望，以綴襄陽，以擣宋腹。十年，拜參知政事。夏霖雨，水漲，宋淮西制置使夏貴帥舟師十萬，環攻我急，矢石雨下。公禦之城上。夜，貴去復來，俄飛矢貫公左臂，著脇，公拔矢授左右，發四十矢許。房矢絶，索矢左右，又十餘發。矢不繼，而不能張滿，遂悶絶幾殆。明日，水浸淫入郛，麾士卻避。貴乘之，壓吾軍而陳。公病創，子士選請代戰，壯而遣之。公飲痛束瘡，手劒督戰。士選與貴將搏，斬貴將以戈，貴將仆不死，獲之以獻。貴去，不敢復來。

王師大舉入宋，右丞相伯顔行中書省，自襄陽東下，及宋人戰于羊邏洑。公以九月發正陽，十一年正月會丞相于安慶，安慶守將范文虎以城降。公請於丞相曰：「行省兵既勞於羊羅洑，行院兵當前行，均勞。」宋都督賈似道禦師，陳於蕪湖。似道棄師走，次當塗。公言丞相曰：「采石當江之南，和州對峙，不取慮有後顧，請先取和州。」許之。遂降知州事王喜。三月，有詔時向暑，師宜持重。行中書省駐劄建康，行樞密院駐劄鎮江。時揚州、真州堅守不下，常州、蘇州既降復叛。久之，張世傑、孫虎臣誓真、揚兵，致死於我。真、揚兵先期敗，不敢出。世傑等陳大艦萬艘，碇之焦山下江中，勁卒前左。公身犯前左，載士選別船，而弟子士表請從，公顧曰：「吾弟僅汝一息，脱吾與士選不返，士元、士秀猶足殺敵，吾不汝忍也。」士表固請，乃許。公乘輪船，建大將旗皷，翼二子船，大呼突陳，諸將繼之，飛矢蔽日。戰酣，短兵相接，宋人亦殊死戰，聲震天地，横屍委仗，江水爲之不流。自寅至午，宋師大敗。世傑走，公追及夾灘。世傑收潰卒復戰，

又破之。世傑走海，公船小，不可海，夜乃還。俘甲士萬餘人，悉縱不殺，獲戰艦七百艘，宋力自此窮矣。

冬十月，王師分三道，而左公由江並海趍臨安。先是，江陰軍僉判李世脩乞降，奪於勢不能來，城復爲宋。公予之檄，世脩以城來，令權本軍安撫使。所過民不知兵，凡所獲生口，悉縱遣之，無敢匿者。以故威信前布，望旗自靡。張瑄者，有衆數千，自宋時負海陸梁，公命招討使干世强及士選往降瑄。士選單舸至瑄所，諭以威德。瑄降，得海舶五百。瑄後至大官。十三年春正月，次鹽官。鹽官，臨安劇縣，娭救不下，招之一再反。將佐請屠縣，公曰：「縣去臨安不百里遠，聲勢相及，臨安降有成約，吾殺一人，將誤大計，況屠縣。」於是遣人入城諭意，縣降，遂會丞相于臨安北。張世傑欲以其主逃之海，公繞出臨安城南，戍浙江亭。世傑計不行，竊宋主弟吉王昰、廣王昺南走，而宋主㬎出降。丞相命公入城，罷宋官府，散其諸軍，封庫藏，收禮樂器及諸圖籍，取皇帝諸璽符，上之丞相。時丞相以宋主還覲，有詔留事一委公。禁戢豪猾，撫慰士女，宋人不知易主也。翰林直士李槃奉詔，招致宋士至臨安，公謂之曰：「國可滅，史不可没。宋十六主，有天下三百餘年，其太史所記具在館，且悉收入，以備典禮。」乃得宋史及諸注記凡五千餘册，歸之于國史院典籍氏。宋宗室福王與芮赴逮京師，徧以重寶致諸貴人，公峻却不取。及官録與芮家具籍所致貴人重寶，獨無公名。丞相朝奏曰：「臣等奉天威平宋，宋既已平，懷來安集之功臣，董文炳實最諸將，留事謹奉詔矣。」上曰：「文炳，吾舊臣，忠勤朕所素知。」乃拜資德大夫、中書左丞。

時張世傑奉宋主弟吉王昰據台州，閩中尚爲宋守。敕公進兵，所過禁士馬，無敢履踐田麥，曰：「在庾者吾既食之，在野者汝又蹂之，新民何以續命？」是以南人不忍以兵鄉公。次台，世傑遁，諸將先俘州民，公下令曰：「台人首效順，我不暇有，而世傑據之，民何罪？敢有不縱所俘者，以軍法論。」得免者，口數萬。薄温州，温州未下，令曰：「毋取子女，毋掠民有。」衆曰：「喏。」守將火城中逃，公亟命撲滅火，追禽守將，數其殘民之罪，斬以徇。踰嶺，閩人扶老驩迎。漳、泉、建寧、邵武諸郡，皆送欵來。凡得州若干，户口若干。閩人感公德最深，至今廟而祀之，水旱疾病禱焉。

十四年，北圉有警，上將北狩，正月亟召公。四月，公至自臨安。比至，上日問來期，及至，即召入。公拜稽首曰：「今南方已平，臣無所効，請事北圉。」上曰：「所亟召卿，意不在此。竪子盜兵，朕自撫定。山以南，國之根本也，盡以託卿。卒有不虞，便宜處置以聞。中書省、樞密院，事無小大，咨卿而行。已勑主者，卿其勉之。」公踧踖避謝，不許，因奏曰：「臣在臨安時，阿里伯奉詔檢括宋諸藏貨寶，追索没匿甚細，人寔苦之。宋人未洽吾德，遽苦之以財，恐非安懷之道。」即詔罷之。又曰：「臣有專擅之罪。初，泉州蒲壽庚以城降，壽庚素主市舶，謂宜重其事權，俾爲我捍海寇，誘諸蠻。臣解所佩金虎符佩壽庚矣，惟陛下鑑裁。」上大嘉之，更賜金虎符。燕勞畢，即聽陛辭。裕宗在儲宫，公求見，敕曰：「董文炳任重，見畢遣行。」既見，慰諭懇至，且曰：「上嘗多卿。」公留士選宿衛，即日就道，凡在上都三日，至大都，更日至中書、樞密，不署中書案。平章政事阿合馬方怙寵用事，生殺任情，惟嚴憚公，姦狀爲之少斂。執筆起請，曰：「相公官爲左丞，當署省案。」請至再四，不肯署。皇太子聞之，謂宫臣竹忽納曰：「董文炳深慮，非爾曹所知。」後或私問其故，公曰：「主上所付託者，在根本之重，非文移之細。且吾少徇則濟姦，不徇則致讒，讒行則身危，而深失付託本意。吾是以預其大政，而略其細務也。」

十五年夏，公有疾，奏請解機務。詔曰：「大都暑熾，非病者宜。卿可北來，固當愈。」公至上都，奏曰：「臣病不足領機務，西北高寒，筋骸暢逸，當復自愈。請畢力北役。」上曰：「卿固忠孝，是不足行。樞密事重，以卿僉書樞密院事、中書左丞如故。」公辭，不許，遂拜。八月，上生日，禮成賜宴，掌禮者奏公坐，坐公上坐，諭宗室大臣曰：「董文炳，功臣也，當坐是。」每尚食，上食輒輟賜公。是夜，疾復作，敕諸御醫日來診視。九月十三日夜，疾革，洗沐而坐，召文忠等曰：「吾以先人死事，恨不爲國死邊，今至此命也。願董氏世有男，能騎馬者，勉報國，吾死瞑目。」言畢就枕，薨。上聞，痛悼之良久。命文忠護喪葬藁城，令所過有司以禮弔祭。制贈金紫光禄大夫、平章政事，謚曰忠獻。敕翰林待制李謙誌其墓，翰林學士承旨王磐撰神道碑。

公忠實似其父，人主益信之，嘗曰：「朕心，文炳所知。文炳心，朕所知。」故讒間不行，而功立在軍。或與長官争事，長官國人持己見，不公是。公曰：「第上兩奏，得可，事乃行。」長官輒不敢上，卒公是。蓋上嘗誡長官者曰：「董文炳老成練事，汝父行也，事事聽之，文炳不我負也。」

公薨後十餘年，姦臣桑葛事敗，有詔董文炳子名士選者，速召入。上素愛士選有父風，即拜江淮等處行中書省左丞。召入卧内，上曰：「汝知汝父事朕否？」士選拜謝曰：「臣愚，不足以知。」上曰：「若父忠勤不欺，能成吾大事。汝

士選不必遠學，學而父足矣。」又嘗問士選曰：「汝知曹彬如何？」士選謹對曰曹彬云云。上曰：「曹彬不殺降一事，較之而父，未足爲多。必欲盡書而父，竹帛有既也。」公平居不妄笑語，毅然有不可犯之色。立朝諤諤，有古大臣風。故上每論漢人功臣，謂可任屬大事者，必首公，而追惜其壽止於六十二也。事人主三十年，任大事，豫大議，其廟謨廷論，逸不盡傳，史臣無從考索。最著於閭里者，孝友天至。居母喪，哀毀骨立。奉祀事，一遵其父而有嚴。教諸弟如嚴師，諸弟事之如嚴君。雖貴顯如文用、文忠，歸休沐，不敢先私室。侍立終日，夜不敢坐，不問不敢對。裘馬金帛，公未嘗先御，有即盡賜諸弟，閨門之間肅然。而諸弟或以過被笞，皆悃欵受之以改。及喪公，毀瘠踰禮，而思其蚤孤，深賴賢兄以成之也。世之言家法者，比爲萬石君奮家云。

公好讀書，延禮儒士，士雖賤，必接以禮。若金翰林直學士滹南王若虛先生、真定提學侍其先生軸，存則師尊之，没則卹其孤。而侍其提學家子孫，與之婚姻至今。雖在兵馬間，教諸子不暫廢。公退日，一再至塾程其學，與儒者講明聖人之道，評品史事，夜分乃休。居官清慎，家無餘財，其子孫化之，亦能清慎世其家。

王惲《秋澗先生大全文集》卷八二《中堂事記下》　十五日乙巳，董文炳授親衛軍都指揮使，其詞曰：「某官，性秉忠貞，才堪任使。積年事上，不違咫尺之天；今日定封，當處爪牙之地。可特降虎符，授親衛軍都指揮使同簽武衛軍事。尚嚴宿衛，益效勤勞。用副朕心，以成爾續。」

《閩書》卷四四《文蒞志》　董文炳，字彦明，槀城人。宋既亡，文炳以中書左丞奉詔討未下郡縣。師既踰嶺，漳、泉、建、邵皆送款，文炳悉慰撫之。惟興化、汀未下，方議招之，或曰：「何以招爲，偏師壓之，振落抑墜耳。」文炳曰：「興化不服，獨陳參政耳，民則何辜？不忍須臾耶。」未幾，汀來歸，興化又不至，乃發兵討之。閩人室家相保，井里如故，德之最深，建生祠祀焉。陳參政，文龍也。

藝文

《光緒畿輔通志》卷一七二王磐《趙國忠獻公神道碑》　天扶昌運，陰相有開。其開伊何，篤生賢才。猗歟董公，殆天所挺。文武兼資，忠勤莫並。付之民社，人安惠政。委之戎行，士服威令。以守則固，以鎮則靜。以攻則取，以戰則勝。朱梁五季，氣數屯否。南北分疆，三百餘歲。皇家廟謨，迅掃寰區。天開地闢，混一車書。天塹延長，際海茫茫。我師徑渡，一葦斯航。小艇艅艎，弱棹龍驤。孰云舟楫，吴越之長。吴越輕清，燕朔沉雄。衣冠禮樂，鞍馬刀弓。百年睽阻，一日來同。南溟之南，東海之東。同霑濡澤，共沐皇風。天子加委任得人之當，丞相稱招懷撫定之功。刻名文於貞石，昭令譽於無窮。

《國朝文類》卷一一李槃《左丞董文炳贈謚制》　折衝禦侮，誠社稷之良臣；崇德報功，實國家之令典。途雖殊於生死，禮當極于哀榮。故資德大夫、中書左丞、僉書樞密院事董文炳，王佐之才，將家之子。自出宰於劇縣，嘗入侍於潛藩。山路間關，謁戎輅遠趨於六詔；風濤洶湧，扈龍舟首渡於三江。迨予嗣服之年，委以專征之任。截彼淮浦，至于海邦。招降兩浙之新民，撫定七閩之故地。大小數百戰，奮不顧身；勤勞三十年，厥有成績。往者睢陽城下，父已殁於兵鋒；比來揚子橋邊，男復終于王事。一門忠孝，萬古芳香。及兹幹事而回，方以不次而待。何言中路，殲我良人。蓋非卿孰佐于朕躬，而獨朕悉知於卿意。弗頒異數，曷慰永懷。其陞一品之榮，以賁九泉之墜。倘其有識，歆此無窮。可贈金紫光禄大夫、平章政事，謚忠獻公。

王惲《秋澗先生大全文集》卷二八《題董左丞墳林》　大樹瀟瀟緑滿林，蒼烟埋没石麟深。兔葵難道無情物，猶學將軍捧日心。

南海揚旍開百越，北風漏網有奔鯢。多應奪去忽忽嘆，斜日宫中聽鼓鼙。

董相墳林南董里，九門東下槀城西。千年孝繼忠傳業，萬字豐碑看御題。

王惲《秋澗先生大全文集》卷六三《左丞董公祭文》　至元十六年，歲次己卯九月乙巳朔，越十有三日丁巳，朝列大夫、中書左丞、燕南河北道提刑按察副使、汲郡王惲，謹以清酏嘉肴之奠，致祭于故資德大夫、中書左丞、簽書樞密院事、贈金紫光禄大夫、平章政事、謚忠獻董公之靈：觀夫大燕南陲，全趙北垠。神尖鬱茂，滹池淵淪。蟠精萃秀，篤生異人。公應運挺出，絶類離倫。閲敦詩禮，感會風雲。奮父祖之餘烈，策寇鄧之高勛。其志慮良實，又濟以武惠惻隱之仁。謙而接物，勇見於大敵，恭以持己，孰知夫世臣。至於肅齊家範，友于弟昆。忠結主知，德庇生民。功愈大而心轉小，寵既厚而憂益殷。無私蓄爲子孫之計，不樹黨收門墻之恩。其公亮謹厚，又似夫董侍中與萬石君也。幾世幾年，孕此忠純。方沐恩於鳳沼，俄星隕於中軍。痛丹青之宛轉，追畫像於麒麟。此非一己之私議，在中

外哀悼所不忍聞也。惲爰自布衣，仰公清塵。接樽酒於中統之首，與賓筵於至元之春。每燕語之衎衎，頭若揚顒之可賓。矧二弟之欵曲，辱交久而情親。雖草宿而罔哭，聊寓哀於斯文。伸孺子之薄奠，庶劒繫於徐公之墳也。尚享。

宋濂《宋文憲公全集》卷三九《國朝名臣序頌・董忠獻公文炳》

伊龍虎君，實生羣英。一吹一嘘，霜露變更。長江天塹，其險莫前。公挾二季，破浪争先。横行而旋，喜動帝顔，戟手指天。焦山萬艘，櫛比雲浮。公大呼突陣，蛟泣龍愁。横屍蔽江，水爲不流。淮城雖築，敵氣未懾。矢石四集，貫公臂及脇。公拔去之，督戰益力。韓彭之勇，良平之謀。方之於公，吾不知其孰優。

阿里不哥部

綜述

魏源《元史新編》卷一九《阿里不哥傳》 阿里不哥者，拖雷大王第七子，憲宗、世祖同母弟也。憲宗自將攻蜀，命世祖分兵趨鄂州，以阿里不哥留守和林。

先是，憲宗三年，以關中、河南地盡封世祖，地大勢專，多爲宗親所忌。有阿藍答、渾都海者，譖諸憲宗，言皇弟得中原心，財賦皆歸私府，恐尾大不利朝廷。憲宗入其言，命阿藍答行省於京兆，劉太平佐之，鉤考陝西、河南財賦，置局關中，大開告訐。世祖用姚樞言，盡遣妃主歸朝，自馳覲憲宗於六盤山，相持泣下，始罷鉤考局，并罷世祖所置諸司，時憲宗七年也。

明年，世祖方受命伐宋。又明年，師次鄂州。九月，聞憲宗崩蜀，諸王大臣多勸北還，以繫天下之望。帝欲遂破宋而後班師，議未決。時先朝諸臣阿藍答、渾都海、脱和思、脱里赤等曾譖帝於憲宗，畏帝登位獲罪，謀戴阿里不哥以號令天下。於是阿藍答發兵於漠北諸部，脱里赤括兵於漠南諸州。時燕真統世祖留部，覺阿里不哥有異志，乃奉世祖皇后、皇子徙帳而南，至上都。而阿藍答乘傳調兵，亦距開平僅百餘里，繼而脱里赤亦至燕，括民爲兵，人心汹汹。皇后急遣使馳報軍中，請帝速還，於是大軍北返。十二月，駐蹕燕京近郊，詰脱里赤等擅括民兵之罪。脱里赤托先帝臨終遺命，帝察其包藏禍心，盡縱遣所集兵。

明年三月，世祖即位。四月，阿里不哥亦發兵稱帝於和林。初，憲宗時攻戰常在川蜀，而輜重在六盤山，皆精兵所在。阿里不哥命劉太平、霍魯懷行省於關右，謀籍以舉事。世祖詔征諸路兵三萬入衛燕京，以精兵萬五千守開平。命諸路市馬萬匹，戰襖裘帽各萬計，米十萬石，輸開平府及撫州、浄州、沙井、魚兒濼以備軍儲。以總帥汪良臣統陝西漢軍守沿河隘，立望云驛，非軍事毋得輒入。詔陝西、四川宣撫司八春節制諸軍，以商挺、廉希憲宣撫陝、蜀。捕劉太平、霍魯懷於京兆，尸諸市，并誅其黨乞帶不花於東川，明里火者於西川。六盤守將哈剌不花者，征蜀時驍將也，與渾都海善，又交通隴、蜀諸將，至是以六盤兵應阿里不哥反。

七月，帝自將北征阿里不哥，聲其違命之罪，詔諭中外。商挺、廉希憲令八春、汪良臣發兵西御六盤，挺、希憲議曰：「爲六盤有三策。悉鋭而東，直摅關中，彼上策也。聚兵六盤，觀釁而動，彼中策也。重裝北歸，以應和林，彼下策也。吾今遣兵西扼隴阪，勿與争鋒，但張聲勢，但不得東，則賊趨而西，必出下策。」已而，渾都海聞關中有備，果西渡河趨甘州，希憲曰：「賊西而不東，無能爲矣。」又招撫蜀將紐璘、奥魯官之，觀望者使歸順，於是西川兵不與寇合。六盤之兵既北，而阿里不哥遣阿藍答自和林帥師南來，與哈剌不花、渾都海遇於甘州，哈剌不花以議不合，引軍北去，阿藍答遂與渾都海合軍而南。諸將失利於甘州，河右大震，川蜀復汹汹響應。朝議欲棄兩川守興元，希憲力言不可，詔諸王合丹、合必赤及汪良臣率師拒之。合丹將騎兵與汪良臣、八春分三道進，既陣，俄大風揚沙，晝晦，良臣令軍士下馬，以短兵突其左，繞出陣後，潰其右而出，八春直擣其前，合丹勒精騎邀其歸路，大戰西涼城外，乘風勢衝之，敵大敗，斬阿藍答、渾都海，西土悉平。十二月，帝至自和林，駐蹕燕京近郊。明年，帝復親征阿里不哥於漠北，敗諸昔木土海子，阿里不哥北遁。詳見《本紀》及术赤台各傳。

曾廉《元書》卷三九《阿里不哥傳》 阿里不哥大王，亦曰外剌。憲宗之立，實與末哥首謀推戴，而主以拔都，以爲宗盟長也。然憲宗甚親愛世祖，盡付以漠南地，阿里不哥心忌之。孛魯合，憲宗初歲爲大必闍赤，掌機密，及阿藍答兒、劉太平，皆其黨也。於是，譏之於憲宗，阿藍答兒、劉太平遂行省京兆，立鉤考局，欲盡取世祖所置吏而甘心焉，世祖盡室歸朝乃已。及憲宗伐宋，欲以世祖居守和林。世祖懼，奏言欲從征，於是阿里不哥留守。會憲宗崩，阿里不哥謀叵測，阿藍答兒急使脱里赤發漠南北兵，而世祖已自鄂還燕。明年三月，世祖即位，布告天下。逾月，阿里不哥乃稱皇帝於和林，孛魯合爲阿里不哥畫策臣，遂分布腹心，易置將佐，散金帛，賚士卒，以劉太平及霍魯海復行省關中，拘收錢穀，要結秦蜀，而六盤守將渾都海挾精兵，阿藍答兒南來，欲合其衆而東。

世祖乃詔徵兵三萬人駐燕，萬五千人守開平，命諸路市馬萬匹，戰襖裘帽各萬計，米十萬擔輸開平、撫、静，以充軍實。以鞏昌總帥汪良臣守沿河隘，立望雲驛，專達軍事。阿里不哥勢不得逞。既而劉太平之黨皆爲京兆宣撫使廉希憲所殺，事具《希憲傳》。帝遂自將擊阿里不哥，而阿藍答兒、渾都海亦皆敗死於甘州。於是，阿里不哥勢益孤。明年，遂傾衆南來，帝復北討，詔鄭江將千人赴開

平，董文炳率善射千人出魚兒濼，李伯祐以餘兵屯潮河，霍木海乞帶自得勝口至燕京，備糧芻。復命塔察兒將萬人出古北口，及董文炳會行在，遇於昔木土腦兒。合丹、哈必赤大王斬阿里不哥將合丹火兒赤，復與塔察兒國王分兵奮擊，阿里不哥之衆遂大潰，其部將多降。阿里不哥遂北遁，世祖乃引還。既而阿里不哥復西出，與阿魯忽大王戰，亦未能勝。

其後阿里不哥以憲宗子阿速歹、玉龍答失、昔里吉諸王及其謀臣孛魯合、忽察、秃滿、阿里赤、脱火思自歸於上都，帝令懿親，釋不問，而以孛魯合等搆亂，皆坐誅。俄命以太后所食真定户悉予阿里不哥，尋薨，既而復並子以撫州食邑。子三人，曰：威定王玉木忽爾，曰乃剌忽不花大王，曰剌甘失甘大王。

雜録

備録

洪鈞《元史譯文證補》卷一四《阿里不哥補傳》 西域書作阿布喀，義謂潔浄之牛。蒙古稱牛日布哈，哈喀二音互用。阿里不哥事實具見《元史》，而西域書所紀，有《元史》所未詳者，爲補傳以著之。

阿里不哥，睿宗子，憲宗、世祖之弟。憲宗南征，命留守和林等地。憲宗崩於軍，以序以賢，世祖當立，而阿藍答兒、渾都海、脱火思、脱里赤等謀立阿里不哥。中統元年，世祖即位於開平，阿里不哥亦僭號於和林城西按坦河。以上本《元史》。案：按坦河似即阿爾泰河，《朔方備乘》謂阿爾泰河在科布多西北，入哈屯河。考之俄圖，喀屯河在克姆克姆赤克正西約七百里，克姆克姆赤克即謙謙州。西域書云：阿里布喀夏居阿爾泰山，冬居乞兒吉思所轄之地，即其母唆魯禾帖尼湯沐之地，寬廣三日程，故知部地在阿爾泰河左近。和林城西别無按坦河，當云和林西北乃合。從其叛者：憲宗子阿速帶、史表作阿速歹。玉龍答失、昔里給，史表又作昔里吉，西域書稱失勒給。及察合台后王。

世祖既即位，遣察合台孫不里之子阿畢世喀與其弟往轄察合台分地，以防阿里不哥，阿畢世喀，哈木耳作阿卜世干，又作阿卜世喀，其弟名喀薩兒。行至陝西，爲叛黨所獲，至於阿里不哥。當即阿藍答兒、渾都海等輩。中統元年，大敗其軍於姑藏。見本紀。其時察合台分地，爲合拉旭烈之妃倭耳干納主治已九載，阿里不哥立貝達爾之子阿魯忽。見察合台諸王傳。以代倭耳干納，使爲己援，而防伯勒克。世祖遣諭，阿里不哥不奉命，殺阿畢世喀二王，引兵而東，令出木忽兒、旭烈兀子。喀拉札爲前降，遇世祖所遣亦孫哥之軍，戰而敗，衆皆散。亦孫哥爲木赤哈薩兒之子，史表作移相哥，本紀亦作也先哥，今改伊遜克。西書稱伊遜喀，改本音是。憲宗元年本紀，又作亦孫哥，今從之。

中統元年，帝至和林，時阿籃答兒、渾都海西涼之軍，已爲王師所覆，叛帥伏誅。據本紀增入。阿里不哥駐謙謙州，憂不敵，遣使歸款，請俟馬肥而後入覲，并將約伯勒克、旭烈兀、阿魯忽三王同來推戴。帝允之，令速入朝，勿俟三王之至，令亦孫哥留兵守和林以待，自回開平，遣散餘軍。本紀：「中統元年十二月，帝自至和林，是年親征，未遇阿里不哥，即歸。」蓋由於此。中統二年秋後，阿里不哥至和林，僞言歸順，出不意突攻亦孫哥，敗之，遂據和林，兵逾沙漠而南。帝聞警，亟集兵再親征。本紀：二年十月，括馬征兵，修燕京舊城，屯軍近郊。皆事起倉卒，得西域書始明顛末。冬，戰於昔木土淖爾，西域書作昔木而台，云近戈壁，詳《太祖本紀譯證》阿兒却空哥兒注中，在獨石口東北四百里。本紀：「是年十二月，以昌、撫、蓋利泊等罹兵革，免今年租賦。」是知戰地離獨石口不遠。諸王合丹等見本紀。擊敗其衆，帝不令逐北，俟其自悔。阿里不哥見不追，越十日回軍，再戰於阿爾特之地，云亦近戈壁，復近曲兒貴兒克山，此山名無考。案本紀：「合丹等既斬其將，及其兵三千人，塔察兒與合必赤等復分兵奮擊，大破之，追北五十餘里。」似亦兩役，惟西域書謂再戰之役，自曉至夕，未分勝負，而阿里不哥退，與《元史》異，今兩存其説於注中。阿里不哥旋遁。其中阿魯忽已代倭耳干納，而阿里不哥征求牛馬軍貲糧餉，使者絡繹於道，阿魯忽吝於供給，悔從逆，殺其使，將歸命於朝。阿里不哥因是亟引而西，欲攻阿魯忽，道經和林，不守而去。帝撫定和林，以罹兵免賦税，車駕還大都。西域書言，將追阿里布喀，以中土有事變，故歸。考本紀三年二月，李壇叛，投宋。或二年冬叛狀已露，故即班師。又本紀：「是年七月，諭將士舉兵攻宋。十月，宋兵攻瀘州，劉整擊敗之。」或因有事於宋，故不暴師於北。

中統三年，西一千二百六十二年。阿里不哥之將哈拉不花與阿魯忽戰於布拉城，及賽拉木淖爾，兵敗，哈拉不花没於陣。《耶律希亮傳》：「中統三年，從大名王至忽只兒之地，會宗王阿魯忽至，誅阿里不哥所用鎮守之人，欲附世祖，復從大名王及阿魯忽二王還至葉密里城。五月，爲阿里不哥兵所驅，西行千五百里，至孛劣撒里之地。六月，又西至换扎孫之地，又從至布拉城。又西行六百里，至徹徹里澤拉之山，后妃輜重皆留於此，希亮母

及兄弟亦在焉。希亮單騎行二百餘里，至出布兒城，又百里，至也里虔城，而哈拉不花之兵奄至。希亮又從二王興師還至布拉城，與哈拉不花戰，敗之，盡殲其衆。二王乃函其首，遣使報捷。」年分兵事戰地，皆與此合。西書稱賽拉木淖爾曰速特庫爾。《元史・暗伯傳》：「客居於闊宗王阿魯忽之所，世祖遣薛徹干等使阿魯忽以通好，阿魯忽留使者，數年弗遣。」案阿魯忽爲阿里不哥所立，故先未附世祖，然中統三年已欲歸款朝廷，數年不遣，恐非事實。阿魯忽恃勝輕敵，還駐伊犁河濱城中，遣散其兵。未幾，阿速帶率第二軍繼至，入自鐵門，奪阿力麻里城，阿魯忽敗退，逾天山而南，至和闐、喀什噶爾，僅右翼從，左翼已潰。阿里不哥亦至阿力麻里駐冬，阿魯忽復退至撒馬爾干。《耶律希亮傳》，於布拉城戰勝之後云：「十月，至於亦思寬之地。四年，至可失哈里城。四月，阿里不哥兵復至，希亮又從征至渾八升城。」案：於亦思寬當即烏斯勘，在喀什噶爾西北，見《訛跡邗釋地》。戰勝之後，不應西退，先勝後敗，傳未詳言也。至元元年本紀，謂阿里不哥自昔木土之敗，不復能軍。試以《希亮傳》考之，便知其誤。阿里不哥擾阿魯忽之地，户口逃亡，糇糧無出，又病疫，部下將士，以其多殺阿魯忽之衆，皆蒙古人，自戕同類，羣議其非。時玉龍答失已歸附朝廷，駐兵阿爾泰山，云近綽巴堪河，無考。本紀至元元年，先書賜諸王玉龍答失印先朝獵户，後書阿里不哥與諸王玉龍答失、阿速帶來歸，蓋有以也。又哈木耳云：憲宗御印在阿里不哥處，玉龍答失向索，阿里不哥不敢匿，以印與之。據此則賜印、賜獵户有由來矣。於是部衆多往投之。阿里不哥失衆，憂阿魯忽乘弱來攻，乃使倭耳干納偕馬思忽惕往議和。阿魯忽娶倭耳干納，任用馬思忽惕，治布哈爾、撒馬爾干等地，收其財賦，軍勢復振。海都附阿里不哥攻魯忽，爲所敗。

阿里不哥無兵、無餉、無助，勢益蹙，至元元年來降。西一千二百六十四年。入謁後，帝熟視無言，既而哭，阿里不哥亦哭。帝曰：「試據理論之，我弟兄二人孰應嗣大位？」阿里不哥曰：「昔日我爲是，今日帝爲是耳。」宗王阿濟格當即阿只吉，見史表察合台位下。謂阿速帶曰：「殺我兄弟阿畢世喀非汝耶？」西人兄弟不分，是兄是弟，不能辨別。阿速帶曰：「此奉阿里不哥之命，今我臣服於帝，若帝命殺汝，我亦不能不從也。」帝禁止其争。次日，令四親王三大臣鞫訊其從官，阿里不哥自引僭號抗命之罪，無預諸臣。其將最長者爲秃滿，見本紀。奮然曰：「是我等謀也，請勿罪阿里不哥，而置我等於刑。」帝獎其忠，復研詰，阿里不哥乃曰：「不魯花、西書作布爾喀，而本紀謀臣中有不魯花，必即其人。阿藍答兒二人勸我，先帝已崩，兩兄將兵在外，指世祖及旭烈兀。我爲留守，義當即位。」於是誅其謀臣凡十人，本紀僅具五人之名，而復有等字，疑非只五人，史省文也。王大臣議免阿里不哥、阿速帶之死，無昔里給，不解其故。諭知旭烈兀、伯勒克、阿魯忽三王，俾其審議以聞，帝從之。旭烈兀、伯勒克咸議爲是，阿魯忽則謂己之分藩，未由帝命，未便置詞。

至元三年，阿里不哥即病卒，葬於太祖、睿宗墓旁。《元史・阿老瓦丁傳》：「至元八年，世祖征砲匠於宗王阿里不哥，王以阿老瓦丁亦思馬因應詔。」案：西域書，至元三年，阿里不哥已卒，且僭號拒命，窮蹙始降，不應復令分藩，蓋是阿八哈而誤作阿里不哥也。

趙璧部

綜述

《元史》卷一五九《趙璧傳》 趙璧字寶(仁)〔臣〕，雲中懷仁人。世祖爲親王，聞其名召見，呼秀才而不名，賜三僮，給薪水，命后親製衣賜之，視其試服不稱，輒爲損益，寵遇無與爲比。命馳驛四方，聘名士王鶚等。又令蒙古生十人，從璧受儒書。敕璧習國語，譯《大學衍義》，時從馬上聽璧陳説，辭旨明貫，世祖嘉之。

憲宗即位，召璧問曰：「天下何如而治？」對曰：「請先誅近侍之尤不善者。」憲宗不悦。璧退，世祖曰：「秀才，汝渾身是膽耶！吾亦爲汝握兩手汗也。」一日，斷事官牙老瓦赤持其印，請于帝曰：「此先朝賜臣印也，今陛下登極，將仍用此舊印，抑易以新者耶？」時璧侍旁，質之曰：「用汝與否，取自聖裁，汝乃敢以印爲請耶！」奪其印，置帝前。帝爲默然久之，既而曰：「朕亦不能爲此也。」自是牙老瓦赤不復用。

壬子，爲河南經略使。河南劉萬户貪淫暴戾，郡中婚嫁，必先賂之，得所請而後行，咸呼之爲翁。其黨董主簿，尤恃勢爲虐，强取民女有色者三十餘人。璧至，按其罪，立斬之，盡還民女。劉大驚，時天大雪，因詣璧相勞苦，且酌酒賀曰：「經略下車，誅鋤强猾，故雪爲瑞應。」璧曰：「如董主簿比者，尚有其人，俟盡誅之，瑞應將大至矣。」劉屏氣不復敢出語，歸卧病而卒，時人以爲懼死。

己未，伐宋，爲江淮荆湖經略使。兵圍鄂州，宋賈似道遣使來，願請行人以和，璧請行。世祖曰：「汝登城，必謹視吾旗，旗動，速歸可也。」璧登城，宋將宋京曰：「北兵若旋師，願割江爲界，且歲奉銀、絹匹兩各二十萬。」璧曰：「大軍至濮州時，誠有是請，猶或見從，今已渡江，是言何益！賈制置今焉在耶？」璧適見世祖旗動，迺曰：「俟他日復議之。」遂還。

憲宗崩，世祖即位。中統元年，拜燕京宣慰使。時供給蜀軍，府庫已竭，及用兵北邊，璧經畫饋運，相繼不絶。中書省立，授平章政事，議加答剌罕之號，力辭不受。二年，從北征，命還燕，以平章政事兼大都督領諸軍。【略】三年，李璮反益都，從親王合必赤討之。璮已據濟南，諸軍乏食，璧從濟河得粟及羊豕以饋軍，軍復大振。

至元元年，官制行，加榮禄大夫。帝欲作文檄宋，執筆者數人，不稱旨，乃召璧爲之。文成，帝大喜曰：「惟秀才曲盡我意。」改樞密副使。六年，宋守臣有遣間使約降者，帝命璧詣鹿門山都元帥阿朮營密議。命璧同行漢軍都元帥府事。宋將夏貴，率兵五萬，饋糧三千艘，自武昌泝流，入援襄陽。時漢水暴漲，璧據險設伏待之。貴果中夜潛上，璧策馬出鹿門，行二十餘里，發伏兵，奪其五舟，大呼曰：「南船已敗，我水軍宜速進。」貴懾不敢動。明旦，阿朮至，領諸將渡江西追貴騎兵，璧率水軍萬户解汝楫等追貴舟師。遂合戰於虎尾洲，貴大敗走，士卒溺死甚衆，奪戰艦五十，擒將士三百餘人。

高麗王禃爲其臣林衍所逐，帝召璧還，改中書左丞，同國王頭輦哥行東京等路中書省事，聚兵平壤。時衍已死，璧與王議曰：「高麗遷居江華島有年矣，外雖卑辭臣貢，内恃其險，故使權臣無所畏忌，擅逐其主。今衍雖死，王實無罪，若朝廷遣兵護歸，使復國于古京，可以安兵息民，策之上者也。」因遣使以聞，帝從之。時同行者分高麗美人，璧得三人，皆還之。

師還，遷中書右丞。冬，祀太廟，有司失黄幔，索得於神庖竈下，已甚污弊。帝聞，大怒曰：「大不敬，當斬！」璧曰：「法止杖斷流遠。」其人得不死。十年，復拜平章政事。十三年，卒，年五十七。大德三年，贈大司徒，謚忠亮。

張之翰《西巖集》卷一九《大元故榮禄大夫中書平章政事趙公神道碑銘》

國朝肇造區宇，起自朔方，一時豪傑，多出雲代間。蓋天開大統，必有乘風雲，依日月，佐命之人共成之，雖文臣武將，後先不齊，其建立設施，歷歷皆可稱。故榮禄大夫、中書平章政事趙公，尤勳名之烜赫者也。

公諱璧，字寶臣，世爲雲中懷仁人。高、曾忘其名。大父諱貞，父諱伯山，隱操畎畝。祖母郭氏，生七男，唯伯父某洎父伯山在，餘不知所向。母李氏，生二子。長佛祐，學浮圖法；次即公也。初，母李痛趙氏昆仲不文，嘗仰天自誓：「我若有子，必令讀書。」及公稍長，從九山李微、金城蘭光庭學，朝誦暮課，一日千里。年二十三，有薦聞於上，召至行宫，愛其精敏，但以秀才呼。首下漢境，徵四方名士，自後王府事咸與焉。憲宗臨御，總六部於燕。年少氣鋭，嚴而不苛，捄時善政多從公出，由是天下知其名。其奮發有如此者。壬子，偕朝貴莽噶拉、

開府史公爲河南經略使。河南甫罹兵亂，民不聊生，辟前進士楊果、陳紀爲之佐。楊後參大政，西庵公也。至於鋤强暴，屏盜賊，造楮鏹，立屯田，固邊壘，廉郡邑，年未期，境内熙熙，以治最稱。其惠養有如此者。丁巳，阿拉克岱爾會計河南、陝西諸官府金谷，用深刻吏，設羅織百四十有二條，諸官無所逃禍。時莽噶拉以國人免，史公以大將黜，一意在公，人爲之懼。公安命自若，無異平時。屢鞫人於前，欲令侵公，竟不能污以私。每詣渠，辨析案憑，致渠怒，端立拱俟，怒已，復辨如初。果得有勒賞物，上知無罪，代還之。其處置有如此者。是年，上得懷孟爲湯沐之邑，俾總管郡事。

王師南伐，擢江淮荆湖經略使。方渡大江，圍武昌，武昌守將傳賈似道語，請一近侍相見，公慷慨請行。上諭曰：「汝登城，坐立必向我，視彼月城築否，望我旗動當還。」三千卒送至城，公奮身直上。太尉宋京坐軍中，白刃環列，揖公曰：「北朝不進，我朝歲貢銀絹二十萬兩疋，劃江爲界，俾南北生靈息肩，何如？」公曰：「上駐濮州未拜旗時，汝國遣行人來議尚可。今已渡江，江南之地，悉爲我有，何爲出此言？賈安在？將與面語。」京遣疾足，未報久之，旗動，約再議而回。上甚嘉賞。其膽略有如此者！庚申，上登寶位，建元中統，陞燕京等路宣慰使。都城新供蜀兵，府藏空竭，手校簿書，得豪貴侵盜逋負錢數萬計，乘輿北征，民不擾而軍用足。立中書省，拜平章政事，制有「素閑朝政，久輔朕躬，柱石廟堂，經綸邦國」之語。中外鼓舞，百度一新。其毗贊有如此者。二年，兼大都督官，領諸軍。三年，李璮叛，從宗王哈必齊往討，行山東等路中書省事，睿旨蒙古漢軍聽其節制，迄其事未嘗語人。璮入濟南，進兵圍城，餉饋不給，事變叵測，公税近地二十四里内居民麵米羊豕以濟，越三日，運軍始至。繼則史開府同主兵，仍領供須，悉心協力，遂平璮。其權變有如此者。

至元改元，官制行，加榮禄大夫。分省，併郡縣，轉官吏，所臨河南大名、衛輝、懷孟、彰德諸路，壤地最大，事務最夥，不三閱月，同他省報辦。四年，改中奉大夫、樞密副使，輿情爲公欝，公處之甚安。其明達有如此者。六年，宋荆湖制置吕文德遣人約降，詔以公馳驛鹿門山，與都元帥阿珠議可否，俄同行帥府。我軍圍襄樊，宋大將夏貴領兵五萬，泝流來援。適阿珠卧疾新野，漢水暴發，山下營屯，漲没幾盡。公防貴夜入，禁將士不得譁，選精騎據要沖，分舟載物，達曙乃定。撫循諸軍，衣不解帶七晝夜。忽月下望貴船欲東，公領單騎出鹿門山，行深林污溝一舍許，後兵方至，伏道左，奪舟五，呼聲大作，南軍隨走。使人襲貴，貴振懾不敢動。詰朝，阿珠率諸將追騎兵，公率水軍萬户解汝楫追舟師，及虎尾洲合戰，貴僅脱，士卒死者十六七，獲戰艦五十一，生擒將士三百餘人。其智勇有如此者。

會高麗樞密林衍擅廢國王王植，立母弟安慶公。詔趣公自襄漢迴，授資政大夫、中書左丞，行東京等路中書省，興師問罪。師次襄平，公遣使密奏：「麗國避兵江華島餘四十載，雖云臣貢，終莫肯出，致柄臣恃險擅王位。王實何罪？衍今憂畏而死，王有意出島。臣等乞降詔，許率兵護王還國，然後遷島之官吏兵民於古王京，量留屯守，則彼可安民社，我可息甲兵，一舉而兩得矣。」上可其奏。始軍島傍，島因山繚海。城五百餘里，建卻敵樓櫓三之一。乃宣布德音，申明號令，不戮一人，亦無秋毫犯，而島人悉遷，一如先所言。其籌畫有如此者。東歸，改資政大夫、中書左丞，尋遷榮禄大夫、中書平章政事。同列非其人，憂深慮重，食少事煩，十三年七月十三日薨於位，九月六日葬大都宛平齊賈村北原，春秋五十有七。【略】

公天資英爽，風稜孤峻，美鬚髯，正衣冠，望之似不敢近，跡其心至坦夷。平居寡言語，遇論政事，必反復詰難，乃少休玉音，有「秀才舌」之稱。人善則揚，負已無愠。或託之事，初若不經意，審當理合義，入奏必朝，語縷悉之，又有出人望外者，既可，見其人不求知。生平喜詩什，尤刻意吏學，以經濟爲已任。奉命即前，艱險不憂；盡忠報上，怨謗不恤。故動符聖意，澤被生民爲多。重然諾，無泛交薦，於故舊如上黨宋賓客，道館於家，出處不須臾離，至一絲一粒無不備，人多義之。自弱冠遭際，出入將相，功高名重，歿於牖下。是公之才德加人幾等矣。葬後十六年，夫人富珠哩氏持宋賓客所作銘并遺事來屬，曰：「吾平章去世已久，雖埋銘，無以表其墓，未及請謚故也。今二子繼殞，諸孫俱幼，第恐日就泯没，抱終天之痛，幸紀述之。」某舊登公門，受知不淺，義其敢以蕪纇辭？異時録功臣，舉褒典，贈官賜號，當有名筆，大書不一書，姑摭實而述，庶幾有考焉。銘曰：

天祐聖元，篤生俊賢，麟走鳳騫。公抱簡編，召赴上前，人莫有肩。六卿總焉，使星炯然，於汴於燕。渡江之先，鄂墉孔堅，平登而還。飛龍在天，乃尉乃宣，乃付相權。七十二泉，污爲盜淵，談笑洗湔。併郡調官，副樞曷愆，安於左遷。鹿門月懸，虎洲浪掀，奪彼戰船。麗衍擅專，王復島捐，不勞戈鋋。歸來雪顛，入省病纏，訃音駭傳。文武才難，或得一偏，獨公兩全。

出則櫜鞬，入則貂蟬，將相聯翩。玉泉南壖，衆山回旋，拱木蒼煙。樂石斯鐫，樹之於阡，垂裕千年。

魏源《元史新編》卷二九《趙璧傳》 趙璧字寶(仁)[臣]，云中懷仁人。太宗時，以薦召至行宫，愛其精敏，但呼秀才而不名，賜三僮，給薪水，命后親制衣賜之，視其試服不稱，輒爲損益，寵遇無比。命馳驛聘四方名士王鶚等，又令蒙古生十人從璧受儒書。敕璧以蒙古語譯《大學衍義》，從馬上聽璧陳説，辭旨明貫。

璧年二十有三，憲宗即位，召問曰：「治天下何先？」對曰：「請先誅近侍之尤不善者。」憲宗不悦。璧退，世祖曰：「秀才，汝渾身是膽邪？吾亦爲汝握兩手汗也。」有斷事官牙老瓦赤者，持其印請於帝曰：「此先朝所賜，今陛下登極，將仍用此舊印邪？抑易以新者邪？」璧侍旁，呵之曰：「用汝與否，尚須聖裁，乃敢以印爲請！」奪其印，置帝前。帝爲默然久之，曰：「朕亦不能爲此。」其人竟不復用。

壬子，命偕史天澤爲河南經略使，承兵亂後，復辟前進士楊果、陳紀爲佐，相與鋤强暴，屏盜賊，造楮鏹，立屯田，固邊壘，廉郡邑，未期而境内治。

尋從世祖伐宋，爲江淮荆湖經略使，兵圍鄂州。宋相賈似道遣使來，願請近臣議和。璧請行，世祖曰：「汝登城，必謹視吾旗，旗動，速歸可也。」璧登城，宋將宋京曰：「北兵若旋師，願割江爲界，且歲奉銀絹匹兩各二十萬。」璧曰：「上駐濮州未拜旗時，若早有是請，猶或見從。大軍今已渡江，是言何益，賈制置今焉在邪？將與面語。」京遣人約之，未至，璧適見軍中旗動，乃約再議而還。

憲宗崩，世祖即位，中統元年，拜燕京宣慰使。時都城連年供給蜀軍，府庫已竭，乃乘輿北征，璧稽核豪貴侵盜逋負錢數十萬計，民不擾而軍用足。拜中書平章政事。三年，從親王合必赤討李璮於濟南，蒙古、漢軍悉聽節制，會諸軍乏食，璧從濟南税近地居民面米羊豕以饋軍，軍復大振。

至元元年，帝欲作文檄宋，進稿者數不稱旨，乃召璧爲之，文成，帝甚喜，曰：「惟秀才曲盡我意。」改樞密副使。六年，宋守臣吕文德遣間使約降，帝命璧詣都元帥阿术營密議，俄同行漢軍帥府事。宋將夏貴，率兵五萬，饋糧三千艘，自武昌溯流，入援襄陽。時漢水暴漲，璧據險設伏待之。貴果中夜潛上，璧策馬出鹿門，行二十餘里，發伏兵，奪其五舟，大呼曰：「南船已敗，我水軍宜速進。」貴懾，不敢動。明旦，阿术至，領諸將追騎兵，璧率水軍萬户解汝楫等追舟師，遂合戰於虎尾洲，貴大敗走，士卒溺死甚衆，奪戰艦五十，禽將士三百餘。

會高麗王禃爲其臣林衍所逐，帝召璧還，同國王頭輦哥行東京路中書省事，興師問罪，師次平壤。時衍已死，璧密奏：「高麗避兵江華島餘四十載，外雖臣貢，終莫肯出，由權臣欲倚險以擅王位。今衍已憂懼死，國王在江華島，若朝廷許遣兵護歸，使復國於平壤，則於字小除奸，一舉兩得。」上可其奏，始移軍島旁，島因山繚海，城周五百餘里，建却敵樓櫓三之一。乃宣德音，申約束，秋毫不犯，島中官吏兵民悉還舊都，舉國歸心。師還，遷中書右丞。十年，遷平章政事。

十三年，卒。贈大司徒，謚忠亮。

曾廉《元書》卷四五《趙璧傳》 趙璧，字寶仁，雲中懷仁人也。太宗時，世祖在藩，聞璧名，召見，呼秀才而不名，賜三僮，給薪水，命后親製衣賜之，視其試服不稱，輒損益之，寵待無比。嘗命馳驛往聘名士王鶚等，又令蒙古生十人從璧學，敕璧習國語，譯《論語》、《大學》、《中庸》、《孟子》，又譯《大學衍義》。時從馬上聽璧陳説，詞旨明貫，世祖喜焉。憲宗即位，召見璧，問曰：「天下如何而治？」對曰：「請先誅近侍之尤不善者。」憲宗不悦。璧退，世祖曰：「秀才，我爲汝汗，汝渾身是膽耶？」

一日斷事官牙老瓦赤持其印，請於帝曰：「此先朝賜也，今陛下登極，仍之耶，抑新之也？」時璧在旁，呵之曰：「用汝與否，取自聖裁，乃敢以印爲請耶？」奪其印置帝前，帝默然良久，曰：「朕亦不能爲此也。」牙老瓦赤先治燕，以貪暴聞，故璧借端斥之。帝後復使之治燕，卒無善政也。尋帝命璧與賽典赤贍思丁詣燕，撫諭軍民。明年，世祖請以璧與楊惟中、忙哥、史天澤同經略河南，河南總管劉福素不法，民間婚嫁，必先賂之，咸呼爲翁。其黨主簿鄭某恃勢尤虐，强取民女有色者三十餘人。璧按其罪，立斬之，盡還民女，而福爲惟中梃擊死，語在《惟中傳》。憲宗八年，爲江淮、荆湖經略使，從世祖渡江圍鄂。

中統元年，拜燕京宣慰使。時府庫竭於蜀軍及用兵北邊，璧經畫饋運，相繼不絶。中書省立，授平章政事，議加號答剌罕，璧力辭不受。二年，從北征，命還燕，以平章政事兼大都督領諸軍。是年，始製太廟雅樂，而樂工党仲和、郭伯達號知律，因人連坐繫獄，璧曰：「大饗用樂，聖王所以昭孝報本也，豈可以無辜牽累而廢雅樂之成哉？」奏原之。三年，李璮反，從親王合必赤討之。璮已據濟南，諸軍乏食，璧從濟河得粟以饋軍，軍復大振。

至元元年，官制行，加榮禄大夫，改樞密副使。六年，命詣鹿門山都元帥阿术營，同行漢軍都元帥府事。宋將夏貴乘漢漲，自武昌援襄陽，璧及阿术大敗之

於虎尾洲。會高麗王禃爲其臣林衍所逐，帝召璧還，以爲左丞，同國王頭輦哥行東京中書省事，聚兵平壤。時衍已死，璧與國王議曰：「高麗還居江華島有年矣。外雖臣貢，内恃其險，故使權臣無所忌憚，擅逐其主。今衍死而王無罪，若朝護以兵，使復國於故京，可以休兵息民，策之上也。」因遣使以聞，帝從之。還朝，遷右丞。十年，復拜平章政事。十三年薨。大德三年贈大司徒，謚忠亮，後追封冀國公，易謚文忠。子仁榮，同知歸德府事；仁恭，集賢直學士。

藝文

虞集《道園學古録》卷一二《中書平章政事趙璧》 大德三年，謚故中書平章政事趙冀公曰忠亮。延祐三年五月，有旨加贈定謚。於是國史禮部太常會議，改謚曰文忠。其議曰：人臣之功勛，灼然可見於行事者，易知而可名。其有潛融密化於幾微之間者，無迹之可紀。而生民實受其賜者，君子之所當發其微而著之焉。前議掇公之大節，若佐河南之治，使王之師，與平濟南李璮之亂，敗襄陽夏貴之兵，定高麗廢立之變，而謂之忠亮，善矣，然而未足以發明公之微也。始者，國朝以馬上取天下，未有以儒術進者。公生河朔，當用武之時，已能從事學問。及見世祖皇帝於藩邸，獨以儒士見目。是時國言語未盡通中原，亦未始知有經傳之學也。自公始以國語釋《論語》、《大學》、《中庸》、《孟子》諸書，而教授焉，然後貴近之從公學者，始知聖賢脩己治人之方矣。故世祖嘗歎曰：「漢人迺能爲國語深細若此。」蓋熟察而深許之矣。於戲，此其所啓沃者，其可以淺近論哉？謚法：德美才秀曰文。宜合舊謚，而易之曰文忠矣。謹議。

虞集《道園學古録》卷二二《趙平章加官封制》 宰輔者政之根本，特疏貴爵之封；老成者國之蓍龜，爰極文儒之任。進登崇級，增重化權。具官趙某，方嚴而精明，果毅而詳縝。卓以橐鞬之胄，儼然韋布之風。始事世皇，即拜御史；多歷年所，徧踐臺司。閱實簡書，每先幾而扶直；作新風紀，必正色以摧姦。常依日月之光，不改冰霜之操。洊在政府，蔚爲名臣。嗟賢者之遘屯，見予家之多難。蕭望之身罹機禍，幾貽咎於當時；汲長孺面質深文，耻獨爲於君子。曁于戡定，嘉爾勤勞。審是統宗，既蹈危而奉義；至其子弟，亦見殺以成仁。方圖報之在衷，屢引年而爲説。載念紫微之務，實資黄髪之詢。是用建爾上公，保兹東魯，可優游於館閣，以勵相於國家。於戲，慎乃威儀，赤舄具瞻於几几；俾之耆艾，泰山庸作於岩岩。爾其欽哉，服我休命。

王惲《秋澗先生大全文集》卷八〇《中堂事記上》 平章政事趙璧，字寶臣，西京懷仁縣人。質弘偉，能任大事，以氣量雄天下。

何榮祖部

綜述

《元史》卷一六八《何榮祖傳》 何榮祖字繼先，其先太原人。父瑛，金貞祐間試文法入優等補吏，後授明威將軍，守鉅鹿尹，權軍器監主事。金亡，徙家廣平。

榮祖狀貌魁偉，額有赤文如雙樹，背負隆起。有相者謂曰：「子位極人臣且壽相也。」何氏世業吏，榮祖尤所通習，遂以吏累遷中書省掾，擢御史臺都事。始折節讀書，日記數千言。阿合馬方用事，置總庫于其家，以收四方之利，號曰和市。監察御史范方等斥其非，論甚力。阿合馬知榮祖主其謀，奏爲左右司都事以隸己。未幾，御史臺除治書侍御史，升侍御史，又出爲山東按察使，而阿合馬莫逞其志矣。

有帖木剌思者，以貪墨爲僉事李唐卿所劾。帖木剌思計無所出，適濟南有上變告者，唐卿察其妄，取訟牒焚之。帖木剌思乃摭取爲辭，告唐卿縱反者，逮繫數十人。獄久不決，詔榮祖與左丞郝禎、參政耿仁傑鞫之。榮祖得其情，欲抵告者罪。禎、仁傑議以失口亂言之罪坐之，榮祖不可。俄遷河南按察使，二執政竟以失口亂言杖其人，而株連者俱得釋，唐卿之誣遂白。

平涼府言有南人二十餘輩叛歸江南，安西行省欲上聞，會榮祖來爲參政，止之曰：「何必上聞朝廷，此輩去者皆人奴耳，今聞江南平，遁往求其家，移文召捕之可也。」已而逃者俱獲，果人奴也，治以本罪而付其主。其於事明決多類此。除雲南行省參知政事，以母老辭。又拜御史中丞，復出爲山東東西道按察使。

時宣慰使樂實、姚演開膠州海道，有制禁戢諸人沮撓，糧舶遇暴風多漂覆。樂實弗信，督諸漕卒償之，搒掠慘毒，自殺者相繼。按察官懼違制，莫敢言。榮祖曰：「第言之，若朝廷見譴，吾自當之。」即草辭以奏，詔免其徵。召入爲尚書參知政事。

時桑哥專政，亟於理算錢穀，人受其害。榮祖數請罷之，帝不從，屢懇請不已，乃稍緩之。而畿内民苦尤甚，榮祖每以爲辭，同僚曰：「上既爲免諸路，惟未及在京，可少止勿言也。」榮祖執愈堅，至於忤旨不少屈，竟不署其牘。未踰月，而害民之弊皆聞，帝乃思榮祖言，召問所宜。榮祖請於歲終立局考校，人以爲便，立爲常式，詔賜以鈔萬一千貫。榮祖條中外有官規程，欲矯時敝，桑哥抑不爲通。榮祖既與之異議，乃以病告，特授集賢大學士。未幾，起爲尚書右丞。

桑哥敗，改中書右丞。奏行所定《至元新格》，請改提刑按察司爲肅政廉訪司，而立監治之法。又上言：「國家用度不可不足，天下百姓不可不安。今理財者弗顧民力之困，言治者弗圖國計之大。且當用之人恒多，而得用之人恒少。要之，省部實爲根本，必擇材而用之。按察司雖監臨一道，其職在於除蠹弊、安斯民，苟有弗至，則省臺又當遣官體察之，庶有所益。」帝深然之。屢以老疾乞解機務，詔免署事，惟預議中書而食其禄。尋拜昭文館大學士，預中書省事，又加平章政事。以水旱請罷，不允。

先是，榮祖奉旨定《大德律令》，書成已久，至是乃得請于上，詔元老大臣聚聽之。未及頒行，適子秘書少監惠没，遂歸廣平，卒，年七十九。贈光禄大夫、大司徒、柱國，追封趙國公，謚文憲。

榮祖身至大官，而僦第以居，飲器用青瓷杯。中宫聞之，賜以上尊，及金五十兩、銀五百兩、鈔二萬五千貫，俾置器買宅，以旌其廉。所著書，有《大畜》十集，又有《學易記》、《載道集》、《觀物外篇》等書。

曾廉《元書》卷六〇《何榮祖傳》 何榮祖，字繼先，其先太原人也。父瑛，金末守鉅鹿。金亡，徙家廣平。榮祖狀貌魁偉，額有赤文如雙樹，背負隆起，相者奇之。何氏世業吏，榮祖亦以吏起，累遷中書省掾，擢御史臺都事。始折節讀書，日記數千言。

阿合馬方用事，置總庫於其家，以收四方之利，號曰和市。監察御史范方等斥其非，論甚力。阿合馬知榮祖主其謀，奏爲左右司都事以隸己，則已。除治書侍御史，遷侍御史，出爲山東按察使。帖木剌思者，墨吏也，爲僉事李唐卿所劾，計無所出。會濟南有告變者，唐卿察其妄，取訟牒焚之。帖木剌思乃告唐卿縱反者，逮繫數十人，獄久不決。詔榮祖與左丞郝楨、參知政事耿仁共鞫之。榮祖得其情，欲抵告者罪。楨、仁本欲右帖木剌思，而以榮祖在，即坐以失口亂言之

罪。會榮祖遷河南按察使，遂如楨、仁議，杖其人，而株連者俱得釋，唐卿事得白。平涼府言有南人二十餘輩，叛歸江南，安西行省欲上聞。適榮祖來參知政事，止之曰：「何必上聞，此皆人奴也。今聞江南平，遁往求其家。移文召捕之可也。」已而俱獲，果人奴也，人皆服其明決。

已而徙參知雲南政事，以母老辭，拜御史中丞，復出爲山東東西道按察使。時宣慰使樂實用姚演開膠州海道，有制禁戢諸人沮撓。糧船遇暴風多漂覆，樂實弗信，督諸漕卒償之，搒掠慘毒，自殺者相繼。按察官懼違制，莫敢言。榮祖即草奏上，詔免其徵。召入，參知尚書政事。時桑哥爲丞相，惟亟於理算錢穀，人受其害。榮祖數懇請罷，乃命緩之。而畿内民苦尤甚，榮祖又以爲言，同僚曰：「可少止矣。」榮祖執愈堅，竟不署尚書牘。尋帝亦頗聞其弊，乃召榮祖問所宜，榮祖請於歲終立局考校，立爲常式。榮祖欲矯時弊，乃條中外百官規程欲上之，桑哥抑之，弗能通。榮祖既數與異議，乃告病，遂改集賢大學士，復拜尚書右丞。桑哥敗，改中書右丞。

榮祖奏行所定《至元新格》，請改提刑按察司名肅政廉訪，立監治法。又上言：「國家用度不可不足，天下百姓不可不安。今理財者不顧民力之困，言治者弗圖國計之大。且當用之人恒多，而得用之人恒少。要之，省部實爲根本，必擇材而用之。按察司雖監臨一道，其職在於除蠹安民，苟有弗至，則臺省又當遣官體察之，庶有實益。」帝深然之。

屢以老疾，乞免與機務，詔免署事與議省事。成宗即位，拜昭文館大學士，仍與中書省事。大德二年，復拜平章政事，以水旱請罷，不許。先是，榮祖奉旨定律令，至是詔元老大臣聚聽之，未及頒行，會喪子，遂歸。薨，年七十九。贈光禄大夫、司徒、柱國，趙國公，謚文憲。榮禮身至大官，而僦地以居，飲器用青瓷杯。中宫聞之，賜上尊及金銀鈔幣，俾置器買宅，以旌其廉。著述在《藝文志》。子惠，先榮祖卒，仕至秘書少監。

魏源《元史新編》卷三二　何榮祖字繼先，其先太原人。父瑛，金貞祐間守鉅鹿尹。金亡，徙家廣平。

榮祖狀貌魁偉，額有赤文如雙樹，背負隆起。有相者謂曰：「子位極人臣，且壽相也。」何氏世業吏，榮祖尤所通習，遂以吏累遷中書省掾，擢御史臺都事。始折節讀書，日記數千言。

阿合馬方用事，置總庫于其家，以收四方之利，號曰和市。監察御史范方等斥其非，論甚力。阿合馬知榮祖主其謀，奏爲左右司都事以隸己。未幾，御史臺復奏除榮祖侍御史，又出爲山東按察使，阿合馬莫逞其志。

有帖木剌思者，以貪墨爲僉事李唐卿所劾，計無所出。適濟南有上告變者，唐卿察其妄，焚其訟牒。帖木剌思乃誣告唐卿縱反者，逮系數十人，獄久不決。詔榮祖與左丞郝禎、參政耿仁杰鞫之，榮祖得其情，欲抵告者罪，禎、仁杰議以失口亂言之罪坐之，遂杖其人，而株連者俱得釋，唐卿之誣遂白。

平涼府言，有南人二十餘輩，叛歸江南。安西行省欲上聞，會榮祖來爲參政，止之曰：「何必上聞朝廷，此輩去者皆人奴耳。今聞江南平，遁往求其家，移文召捕之可也。」已而逃者俱獲，果人奴也，治以本罪而付其主。其于事明決多類此。

拜御史中丞，復出爲山東東西道按察使。時宣慰使樂實、姚演開膠州海道，有制禁戢諸人沮撓。糧船遇暴風多漂没，樂實弗信，督諸漕卒償之，搒掠慘毒，自殺者相繼。按察官懼違制，莫敢言。榮祖即草奏，詔免其征。召入爲尚書參政。時桑葛專政，亟于理算錢穀，人受其害，而畿内民苦尤甚。榮祖數請罷之，同列曰：「上既爲免諸路，惟未及在京，可少止勿言也。」榮祖執愈堅，至忤旨不少屈，竟不署其牘。未踰月，而民病皆上聞，帝乃思榮祖言，召問所宜。榮祖請歲終立局考校，人以爲便，立爲常式。

榮祖條中外有官規程，欲矯時弊，桑葛抑不爲通，榮祖乃以病告。桑葛敗，改中書右丞，奏行所定《至元新格》。又上言：「國家用度不可不足，天下百姓不可不安。今理財者弗顧民困，言治者弗圖國計。且當用之人恒多，而得用之人恒少。要之，省部實爲根本，必擇材而用之。按察司雖監臨一道，其職在于除蠹安民，苟有弗至，則臺省又當遣官體察之，庶有實益。」帝深然之。

屢以老疾乞解機務，不許。尋拜昭文館大學士，預中書省事，又加平章政事。以水旱請罷，不允。先是，榮祖奉旨定《大德律令》，至是，乃得請于上，詔元老大臣聚聽之，未及頒行，適喪其子，遂歸廣平。卒，年七十九。追封趙國公，謚文憲。

榮祖身至大官，而僦第以居，飲器用青瓷杯。中宫聞之，賜以上尊及金銀鈔幣，俾置器宅，以旌其廉。所著有《大畜十記》，又有《學易記》、《載道集》、《觀物外篇》等書。

雜録

備録

蘇天爵《滋溪文稿》卷六《至元新格序》 國家以神武定天下，寬仁御兆民。省臺既立，典章憲度簡易明白，近世煩文苛法爲民病者，悉置而不用。嗚呼，斯其所以祈天永命，奠丕丕之基者歟。故平章政事廣平何公榮祖，明習章程，號識治體，當至元二十八年，始爲《新格》一編，請于世廟，頒行多方。惟其練達老成，故立言至切；惟其思慮周密，故制事合宜。雖宏綱大法不數千言，擴而充之，舉今日爲治之事，不越乎是矣。蓋昔者先王慎于任人，嚴於立法，議事以制，不專刑書。是以訟簡政平，海宇清謐，其皆以是爲則歟。是書舊板漫滅，省府命重刊之，覽者當體先朝寬仁之治，慎勿任法煩苛爲尚哉。

備論

虞集《道園學古録》卷一二《中書平章政事何榮祖謚議》 嘗聞善相天下者，蓋必本忠厚之心，廓容受之量，明理事之識，周經營之材，極久遠之慮，躬負荷之責者，而後可庶幾焉。是故待事有先幾，應變有餘智，持久有定力，處物有成謀，其功業始可得而論矣。若夫以狹薄之資，險忍爲術，汙陋爲習，巧佞爲伎，命與時遇，位以倖致者，充位之辱，欺世之禍，彼且無逃於天地之間，生民何賴焉？觀於至元、大德之間，以大臣贊國論，不爲近利細故所動摇，本之以祖宗之舊典，定之以禮律之微意，以成天下之務者，平章政事何公榮祖何可少耶？

公爲御史中丞時，權臣用事，數爲所危陷，公守職不爲之變，終以是去位，天下之望，固已在公矣。成宗皇帝在位，完澤公之威重沈毅，答剌罕公之仁明正大，實相左右，朝多正人君子，而公獨以耆老精練，彌縫條理於其間，豈漫焉嘗試者哉？卒能成太平之盛，非偶然也。然於是時，好功興利之徒，間出其間，偵國家財用之急，積慮密講，將有所作，爲議數上，公必正坐堂上，奮仁者之勇，明目張膽，論民命國體之所以然，發言折其謀，使不得行，耕田鑿井之民，晏然無所顧慮，以遂其生理。於當時者，公存心之最著者也。歷臺省數十年，皆要官重任，然衣服飲食之奉儉約，不異於儒素。身死之日，賜金給用之外，略無餘貲。此其立志，非常人所及，宜其所成就如此。謹按《謚法》：「廉方公正曰忠，執心決斷曰肅。」請易公名，不亦宜乎？

藝文

劉敏中《中庵集》卷四《何右丞壽日》 兩朝恩禮未應疎，四海勳名不自居。倚重今方在元老，雍容時一到中書。黄封敕酒詩成後，寶篆凝香客散餘。閲盡羣言無可讀，却從三畫究盈虚。原注：公博極羣書，於《易》尤邃，自先朝以右丞商量中書省事。

郝經部

綜述

《元史》卷一五七《郝經傳》　郝經字伯常，其先潞州人，徙澤州之陵川，家世業儒。祖天挺，元裕嘗從之學。金末，父思温辟地河南之魯山。河南亂，居民匿窖中，亂兵以火熏灼之，民多死，經母許亦死。經以蜜和寒葅汁，決母齒飲之，即蘇。時經九歲，人皆異之。金亡，徙順天。家貧，晝則負薪米爲養，暮則讀書。居五年，爲守帥張柔、賈輔所知，延爲上客。二家藏書皆萬卷，經博覽無不通。往來燕、趙間，元裕每語之曰：「子貌類汝祖，才器非常，勉之。」

憲宗二年，世祖以皇弟開邸金蓮川，召經，諮以經國安民之道，條上數十事，大悦，遂留王府。是時，連兵於宋，憲宗入蜀，命世祖總統東師，經從至濮。會有得宋國奏議以獻，其言謹邊防，守衝要，凡七道，遂下諸將議，經曰：「古之一天下者，以德不以力。彼今未有敗亡之釁，我乃空國而出，諸侯窺伺於內，小民凋弊於外。經見其危，未見其利也。王不如修德布惠，敦族簡賢，綏懷遠人，控制諸道，結盟飭備，以待西師，上應天心，下繫人望，順時而動，宋不足圖也。」世祖以經儒生，愕然曰：「汝與張拔都議邪？」經對曰：「經少館張柔家，嘗聞其論議。此則經臆説耳，柔不知也。」進七道議七千餘言。乃以楊惟中爲江淮荊湖南北等路宣撫使，經爲副，將歸德軍，先至江上，宣布恩信，納降附。惟中欲私還汴，經曰：「我與公同受命南征，不聞受命還汴也。」惟中怒，弗聽。經率麾下揚旍而南，惟中懼謝，乃與經俱行。

經聞憲宗在蜀，師久無功，進《東師議》，其略曰。【略】遂會兵渡江，圍鄂州，聞憲宗崩，召諸將屬議，經復進議曰。【略】會宋守帥賈似道亦遣間使請和，迺班師。

明年，世祖即位，以經爲翰林侍讀學士，佩金虎符，充國信使使宋，告即位，且定和議，仍敕沿邊諸將毋鈔掠。經入辭，賜蒲萄酒，詔曰：「朕初即位，庶事草創，卿當遠行，凡可輔朕者，亟以聞。」經奏便宜十六事，皆立政大要，辭多不載。

時經有重名，平章王文統忌之。既行，文統陰屬李璮潛師侵宋，欲假手害經。經至濟南，璮以書止經，經以璮書聞于朝而行。宋敗璮軍于淮安，經至宿州，遣副使劉仁傑、參議高翿請入國日期，不報。遺書宰相及淮帥李庭芝，庭芝復書果疑經，而賈似道方以却敵爲功，恐經至謀泄，竟館經真州。經乃上表宋主曰：「願附魯連之義，排難解紛，豈知唐儉之徒，款兵誤國。」又數上書宋主及宰執，極陳戰和利害，且請入見及歸國，皆不報。驛吏棘垣鑰户，晝夜守邏，欲以動經，經不屈。經待下素嚴，又久羈困，下多怨者。經諭曰：「嚮受命不進，我之罪也。一入宋境，死生進退，聽其在彼，我終不能屈身辱命。汝等不幸，宜忍以待之，我觀宋祚將不久矣。」居七年，從者怒鬭，死者數人，經獨與六人處别館。又九年，丞相伯顔奉詔南伐，帝遣禮部尚書中都海牙及經弟行樞密院都事郝庸入宋，問執行人之罪，宋懼，遣總管段佑以禮送經歸。賈似道之謀既泄，尋亦竄死。經歸道病，帝敕樞密院及尚醫近侍迎勞，所過父老瞻望流涕。明年夏，至闕，錫燕大庭，咨以政事，賞賚有差。秋七月，卒，年五十三，官爲護喪還葬，謚文忠。明年，宋平。

經爲人尚氣節，爲學務有用。及被留，思託言垂後，撰《續後漢書》、《易春秋外傳》、《太極演》、《原古録》、《通鑑書法》、《玉衡貞觀》等書及文集，凡數百卷。其文豐蔚豪宕，善議論。詩多奇崛。拘宋十六年，從者皆通於學。書佐苟宗道，後官至國子祭酒。經還之歲，汴中民射雁金明池，得繫帛，書詩云：「霜落風高恣所如，歸期回首是春初。上林天子援弓繳，窮海纍臣有帛書。」後題曰：「至元五年九月一日放雁，獲者勿殺，國信大使郝經書于真州忠勇軍營新館。」其忠誠如此。

《國朝文類》卷五八盧摯《翰林侍讀學士郝公神道碑》　公諱經，字伯常。郝氏自潞徙澤之陵川，始公八世祖祚。曾祖昇，祖天挺。父思温，既殁，其徒相與號静直處士。有三男，公其長子也。八世祖而下，皆同居，業儒不仕，以淑其里。堨休滀慶，乃發於公。壬辰之變，静直君流寓燕趙間。公年十餘歲，沈塞静重，狀貌瓌奇，精敏有志氣，盡力於職。及其爲學，晝或忘餔，通昔詰旦，衣冠危坐，諷誦不輟，劬勤如此。凡五六年，剞劂挖摩，磊砢而直，廉栗而輝，涵積揉累，日殊月異，擷芳雋腴，充而足之，趨武周孔，比肩淵軻，雷風斯文，陶冶當世，慨然以爲己任。山峙川駛，天游神遇，屹乎莫移，浩乎莫禦，變化不可測矣。既冠，順天道左副元帥賈某一見，待以國士。萬户張蔡公柔，館公帥府。張賈子弟，皆從質學。海内名諸侯，聞伯常之風者，莫不飭使介，走書幣，庶幾屈爲賓友，公一一謝絶。

世祖在潛邸，羅致異雋，挹其聞，遣使者一再起公。既奉清問，上稽唐虞，下還湯武，所以仁義天下者，緩頰以談，粲若所陳也。帝喜逾所聞，凝聽忘倦。且俾書所欲言者，條數十餘事，皆援據古義，剴切時病。及踐祚更化，用公之言居多。歲己未，憲皇自將伐宋，建益上流。世祖總東師，跨荆鄂，公建議，大概以謂彼無釁可乘，未見其利，唯修德以應天心，發政以慰民望，簡賢以尊將相，惇族以壯基圖，撫殊俗，制列鎮，以防窺覦，盟結保境，興文治，飭武事，育英材，恤罷氓，以培植元氣，藏器於身，俟時而動，則宋可圖矣。帝偉所論，以爲江淮荆湖南北等路宣撫副使。然勢不中止，遂絶江圍鄂。守將賈似道駭，遽請和。屬憲廟升遐，王師言還。

世祖即皇帝位，詔公以翰林侍讀學士使宋，號使曰國信，錫金虎符。公方逾淮，邊將李璮，輒潛師侵宋。兩淮制置使李庭芝，寓書於公，譏以款兵，館留真州，借爲口實。公答書：「弭兵息民，通好兩國，實出聖衷，日喻邊將，戢戍守國，以契和議，衆所聞知。今啓釁自璮，一旦律以違詔，將無所逃罪，此何與使人事也。」公復上書宋主，移文其執政，論辨古今南北戰和利害甚悉，皆不報。顧窮極變詐，以撼公之志；知其終不可怵於恌數也，拘鍩館所，塹垣栫棘，驛吏訶闇，夜士鳴柝，防閑挫抑，獄犴之嚴，不啻如此。介佐而下，久於囚羈，戚嗟尤怨，無復生意。公語之曰：「卿顧望不前，將命之責，一入宋境，死生進退，聽其在彼，守節不屈，盡其在我者，豈能不忠不義，以辱中州士大夫乎！但公等不幸，須忍死以待，揆之天時人事，宋祚殆不遠矣。」衆服其言，亦皆自振勵。

至元十一年，右丞相伯顔，奉辭南伐。江漢名城，望風嚮附。世祖命禮部尚書，詰宋執行人之故，遂以禮歸公。聞嬰疾在塗，醫問絡繹。既至，錫燕路朝，以張異睠，隱其瘁於塵事也。詔治疾於家，病遂殆，不起。以聞，天子悼焉。官其子采麟奉訓大夫，起家知林州。

初公之使宋也，内則時相王文統，忌公重望，排置異國，陰屬邊將，違詔侵宋，沮撓使事，欲以款兵，假手害公。外則宋權臣似道，竊卻敵爲功，取宰相，畏公露其丐盟幸免之迹，遂主羈留，舉國皆知其非，似道不恤也。公拘真館，十有六年。去國未幾，而文統伏誅；甫歸國，宋探詛國之罪，似道殛，宋隨以滅。然則懷奸怙寵，傾陷善良，雖暫若得計，機發禍敗，曾不旋踵。抑宋有亡徵，公與阨會，其患難不諭，始終名節，穹一時而穹百世者，初非不幸也。公歸以十二年四月，卒以是年七月乙酉，春秋五十有三。是月丁酉，權厝保定府西，静直君墓次。

公幼至孝，撫諸弟極厚，待宗族疏近如一。篤友樂施，德於己者，雖細惠必報。然偉特方嚴，風岸峭立，衆不可攀，勳良蕕奸，題帖無貸。故用世之志，適際可爲。已墮奇擯，既處幽所，日以立言載道爲務。撰《續後漢書》，紬丕儕權，還統章武，以正壽史之失。著《春秋外傳》、《易外傳》、《太極演》、《原古録》、《通鑒書法》、《玉衡貞觀》、《删注三子一王雅》、《行人志》，各數十卷。公於辭以理爲主，雄渾有氣，文集若干卷，傳於世。嗚呼！功於斯術者，不既多乎！捐累適己，又何其勤也。【略】其孤采麟，謀徙公之厝，兆孟州河陽縣某鄉某里，卜協，則公次生平事，來謂某曰：「先子葬有日，墓隧之碑，宜得銘。得銘非得信後詒遠者，銘猶無刻也。夫子宜銘。」某惟侍讀公，以宗儒文雄，有勞烈於國，叙德鼎庸，莫詳史氏；其堅毅忠壯，抱負不可揜者，名聲昭徹，雖走卒牧豎，深閨婦人，皆能道公姓字，與没世無聞者異。信後詒遠，何待墓刻？然固不可無銘也。銘曰：

鐘氣之奇，惟志是特。緒道之微，而才可爲。振轂鄒魯，驂乘濂伊。獵德遊藝，載驅載馳。孰濬其淵，孰植其滋？孰芬其敷，孰煦孰吹。有實其居，賓吾能戲。聖潛於藩，髦選無遺。裾曳冠巍，憲言祁祁。躍淵飛天，鱗公雲逵。乃睠南顧，乃休王師。乃命鴻碩，柔遠淮夷。夷速其顛，公凜乎危。削槧操觚，榮觀幽羈。删述臚分，名義昭垂。薄言還歸，昔壯今耆。胡不康寧，胡不期頤。胡不三事，爲國蓍龜。清廟宗彝，不既厥施，輿論嗟嘻。蒸蒸嗣慶，圖永孝思。刻文墓碑，以顯詩之。

閻復《静軒集》卷五《元故翰林侍讀學士國信使郝公墓志銘》 一天下之道有二：以仁，以得人。奚以仁？孟軻氏所謂不嗜殺人者能一之。奚以得人？漢史所謂知人善任，使所以成帝業也。洪惟世祖聖德神功文武皇帝之取江南，其審是道歟。我朝肇起朔方，奄宅中夏，惟靖康餘孽假意一隅，干戈相尋餘數十年。中統建元之初，首遣信使通好，以偃兵息民爲務。宋人怙險，執我行人，久之而不返，始興問罪之師。臨軒命將，引宋將曹彬不殺爲戒，其一天下之仁，灼見於此。爲將帥者，卒能以仁義之師席卷三吴，所過市不易肆，三代名將不啻過焉。奉使節者，被執十六年之久，卒能完節而歸，不辱君命，兩漢名臣無以尚之。嗚呼，世祖皇帝知人之明，遠追堯舜，豈區區漢祖所可比隆哉。將帥謂誰，大丞相伯顔是已；奉使謂誰，故翰林侍讀學士郝公其人也。

公諱經，字伯常，系出有殷帝乙支子，封太原郝鄉，子孫因土命氏。八世祖祚，自潞徙澤之陵川，遂爲陵川人。祖諱天挺，考諱思温，八世同居，以儒術教授

鄉里。考歿，門人謚曰静直處士。静直公三子，公其長也。幼不好弄，沈厚寡
言。金季亂離，父母挈之河南，偕衆避兵，潛匿窟室。兵士偵知，燎煙於穴，鬱死
者百餘人，母許亦預其禍。公甫九歲，暗中索得寒菹一瓿，抉齒飲母，良久乃蘇。
其卓異見於童稚若此。金亡，北渡，僑寓保定。亂後生理狼狽，晨給薪水，晝理
家務，少隙則執書讀之。父母欲成其志，假館於鐵佛精舍，俾專業於學。坐達旦
者，凡五年。初被郡帥賈侯之知，待以賓禮。蔡國張公聞其名，延之家塾，教授
諸子。蔡國儲書至萬卷，付公管鑰，恣其搜覽。公才識超邁，務爲有用之學，上
泝洙泗，下迨伊洛，諸書經史子集，靡不洞究，掇其英華，發爲詞章，論議視前古，
慨然以羽翼斯文爲任。自是聲名藉甚，藩帥交辟，皆不屑就。

時世祖在潛，以太弟之貴，開府朔庭，招集四方賢士，講明當世之務。歲丙
辰，公應召而北，優被顧問，首陳唐虞三代治道以對，又條經國遠圖及民間利病，
凡數十事，悉見嘉納。歲己未，憲宗皇帝大舉伐宋，取道巴蜀。世祖奉命帥東道
兵直趣鄂岳，以公從行。公乘間進言：「王者之師，有征無戰。巴蜀地險，宋人
邊圉孔固。萬恐鑾輿西邁，非萬全之舉也。我師未可輕進，宜修德以應天心，布
澤以系民望，敦族以固根本，警備以防未然，蓄鋭以養兵力，相時而動，江左不足
圖也。」世祖偉其説。會立江淮宣撫司，授公宣撫副使，以先啓行，布宣威德，招
納降附，所活不可勝計。是歲秋，王師渡江圍鄂，憲宗皇帝次合州，綴於一砦，師
久無功。未幾上仙，凶聞至軍中，會宋人請和，即命班師。

明年，世祖御極，欲柔服宋人，以公奉使，告登寶位，且徵前日請和之議。或謂
公言：「宋人譎詐叵信，盍以疾辭。」公曰：「自南北遘難，江淮遺黎，弱者被俘略，壯
者死原野，兵連禍結，斯亦久矣。聖上一視同仁，務通兩國之好，雖以微軀蹈不測
之淵，苟能弭兵靖亂，活百萬生靈於鋒鏑之下，吾學爲有用矣。」乃授翰林侍讀學士，
佩金虎符，充國信使。初，鄂渚之役，宋將賈似道遣介乞和，王師既還，遂以扞城爲
己功，入拜僞丞相，顓制國事，宋主仰成而已。聞公來聘，恐泄匄和之議，故館於儀
真，不聽其入。公被留既久，上書宋主，移文相府，開陳古今和戰利病，喻以禍福存
亡之理，累數十萬言，皆不報。又數以詭計撼公，公曰：「吾家業儒凡七世矣，顧肯
虧忠義大節，以辱中州士大夫乎。」佐從數十輩，雖被館穀，嚴扃錮鐵，環兵擊柝，如
墮狴犴中，人人鬱抑，殆無生意。公厲志堅貞，確然如石不可轉也。

至元十一年，大丞相伯顔戈船南下，奉辭伐罪。宋主懼而歸公，始知似道姦
謀誤國，即加竄殛。十二年，公至京師，世祖錫宴於路朝。慰勞良久。公自中途
遘疾，至是增劇，異日車駕幸上都，公留治疾，以七月乙酉，終於所居之正寢，春
秋五十有三。朝廷憫其忠節，特授公子采麟奉訓大夫、知林州。凡從公使宋者，
賜爵有差。

噫，宋之亡也，非若吴皓之昏暴，陳叔寶之昏淫，以姦臣制主，弗體聖朝好生之
德，拘執行人，自啓兵端爾。嚮使從公之言，講信脩睦，則干羽之舞，不專美於虞
庭；宗廟血食，微若敖氏之歎矣。蓋宋運將終，天開皇元，混一之期以至，歸版圖
於職方，納降王於軒陛，惜公不及見焉，悲夫。公在儀真，日以著述爲事，準《通鑑綱
目》作《續後漢書》，以正史壽之失，著《春秋周易外傳》、《太極演》、《原古録》、《通鑑
書法》、《玉衡真觀》、《注三子一王雅》、《行人志》等書，凡數百卷。先哲立言垂世，多
是幽憂困吝中。是知天之厄公，適所以厚公也。【略】采麟今官集賢直學士、朝請
大夫，文章行業，克世其家。【略】公之歿也，權厝於保定西郭静直君墓側。大德三
年春，遷窆於河陽虎頭山之原，從吉兆也。先事，朝請君持淮東道肅政廉訪副使苟
宗道所述家傳請銘幽隧，復嘗與君同僚，義不可辭。銘曰：

虎山兮蒼蒼，河水兮洋洋。山之麓兮河之陽，有堂其封兮郝公之藏。昔
公之往兮，金虎斯煌。偃革息民兮，仁信是將。羌宋人之弗寤兮，乃底滅亡。
公陷荆吴十六年之久兮，秉使節之堂堂。英風義概高古之人兮，耿百世其垂
光。虎山兮茫茫，河水兮湯湯。山之永兮河之長，郝氏餘慶兮淵乎未央。

郝經《郝文忠公集》卷一　苟宗道《行狀》　公諱經，字伯常，姓郝氏，系出有殷
帝乙之支子，封太原郝鄉，子孫爲氏。八世祖祚，自潞州徙澤之陵川縣，故世爲
陵川人。曾大父諱昇，字子進，母某氏。大父諱天挺，字晉卿，母某氏。父諱思
温，字和之，既歿，門人謚曰静直處士，母許氏。自八世祖以下，皆同居業儒，賈
德不仕，教授鄉里，爲一郡望族。静直君生三子，長即公也。次曰彝，曰庸。

公幼不好弄，沉厚寡言。始知讀書，能强記不忘。歲辛卯，静直君與夫人許
氏，攜公避亂於河南魯山，與衆數百，皆匿於窟室。居無何，敵人索知，氣薰穴而
死者殆盡。太夫人亦因咽塞而絶，時公甫九歲，匍匐摸索，得黄虀一瓶，又得蜜
一器，隨用太夫人所佩翦刀，抉其齒以蜜和虀汁飲之，少頃而蘇。静直君異之，
雖奔走瀕死者數，愛公不忍棄也。歲壬辰，河南亡，徙居順天府。太夫人曰：「吾觀是
兒，志貌不凡，他日必大吾門，忍令廢學以墜家聲？不過我輩忍窮數年耳！」静
直君以爲然，命公就學。公亦自振勵，雞鳴而起，執薪水之役，晝則營幹家事，少

隙執書讀之而不輟也。會鐵佛寺僧張仲安者，識公茂異，以寺之南堂居公，聚童子而教之。公遂刻苦力學，肆意窮討，衣不解帶，忘寢與食，坐徹明者五年。每遇疑難，則沉思良久，反覆諷誦，期於必得，必悟而後已。嘗自誦曰：「不學無用學，不讀非聖書，不務邊幅事，不作章句儒。達必先天下之憂，窮必全一己之娱。賢則顔孟，聖則孔周。詎如韋如脂，爲碌碌之徒而已也。」故慨然以興復斯文道濟天下爲己任。讀書則專治六經，潛心伊洛之學，涉獵諸史子集，以窮理盡性修己治人爲本，其餘皆厭視而不屑也。故世之爲決科干禄、纂組詞章之學者，始則羣聚訕笑，終亦拱視而服之矣。既冠，順天路左副元帥賈侯，一見待以國士，辟公教授諸子，以書萬卷俾公讀之。數年，公聲名日盛。萬户蔡國張公聞之，禮請公館於帥府，授諸公子學，張公復有書萬卷，付公之管鑰，恣其搜覽。公乃大足平生之願，卒成偉世之器。厥後，張、賈子孫，比皆爲將相名臣，以顯於世。初遺山元先生學於公之大父，亂後，往來燕趙間，一見公奇之，曰：「吾子狀類先生，才識間出，家世淵源有所積而然也。」遂相與論作詩作文法，復勉公以百世遠大之業。江漢趙先生愛公文筆雄贍，練達性理，謂之曰：「江左爲學讀書如伯常者甚多，然似吾伯常挺然一氣立於天地之間者，蓋亦鮮矣！」自是而名益重焉。諸鎮侯伯，馳書交幣，各欲聘爲己用，皆拒而不答。

歲壬子，今上以皇太弟開府於金蓮川，徵天下名士而用之，故府下諸公累薦公於上。乙卯秋九月，上遣使召公，不起。十一月，召使復至，公乃歎曰：「讀書爲學，本以致用也。今王好賢思治如此，吾學其有用矣。」歲丙辰正月，見於沙陀。上問以帝王當行之事，公援引二帝三王治道以對，且告以親親而仁民，仁民而愛物之義。自朝至晡，上喜溢不倦。自後連日引對論事，甚器重之，且命條奏所欲言者。公乃上立國規模二十餘條，以爲創法立制，必有一定規模，然後可行。故有一國規模，有天下規模，有萬世規模。當今依倣前代，建立萬世規模，皆當時天下國家大事。上復問當今急務，公與天下蠹民害政之尤者十一條上之，切中時弊。上皆以爲善，雖不能即用，至中統後，凡更張制度，用公之言十六七。

歲己未，憲宗皇帝帥天下兵大舉代宋，自西川入。今上總兵，直趣荆鄂，遣使召從行。上駐蹕於濮，會軍師有以宋臣植齋奏議呈獻者，言宋邊防衝要，忌吾者凡七處。上召諸公共議，公乃具奏：以爲古之一天下者，必己之德澤深厚，紀綱完具，彼之荒淫亂虐，敗亡有釁，天命人歸，一舉而取之。其地醜德齊，驕肆妄動，輕則見沮而還，重則覆亡之不暇。我國家開創以來，彎弓躍馬，窮征遠討，四十餘年，紀綱未立，民不聊生。彼之君臣輯睦，政事修明，無釁可乘。我乃空國而來，僥倖一舉，諸侯窺伺於內，小民彫弊於下。故人之攻吾者，不啻數十百道而不備，乃利人久備之道而攻之，臣見其危矣。願王整兵修武，以候西師，藏器於身，待時而動。與帝修帝德以應天心，明王道以慰人望，簡賢良以尊將相，親宗室以壯基圖，撫諸國以消僭慝，制諸道以防窺竊，實屯戍以嚴武備，結盟好以弭兵鋒，興學校以育英才，恤瘡痍以養元氣。如是則禍變可弭，社稷無虞，我無釁而宋可圖矣。上見公儒生，談論兵事剴切，愕然曰：「是汝與張拔都共議邪？」公曰：「臣少館於張侯之門，亦嘗聞其論議，此特臣臆説，張侯初不與知也。」公退而著書，義名之曰《七道》，凡七千餘言。會以前中書令楊公惟忠爲江淮荆湖南北等路宣撫使，命公爲副使，以歸德路一軍聽二公節制。行至東陽，楊公以私故，欲還汴梁。公曰：「嚮者奉命，令我輩布宣恩信，以先啓行，傳聞王師已踰淮蔡，我若背馳還汴，是大不可。」楊公弗聽，公反覆辨争。楊公怒而起曰：「事當從長。」遂不與公會面者三日。公乃率戲下擬建旆而南，楊公悔懼，抵暮詣門而謝曰：「某誤矣！公之執守讀書之力也，敢不唯命是聽。」翼日，遂與之俱會王師於江上。此又足以見公之不爲阿諛詭隨，有如此者。公等存恤遺黎，聽納降附，所至民皆聚拜馬首，故遠近降者如歸，所活不可勝計。繼而聞西師果以萬乘之威，綴於一寨，數月不拔，死傷甚衆。公急上奏曰《東師議》，大略以爲且當按兵觀釁，以全東師，所以防禍於未然者。周至懇到，上稱善者久之。然與帝業已定約，不獲中止，遂渡江圍鄂。未幾，憲宗凶問至自合州，鄂人乃據城堅守不下，師竟無功而還。

明年庚申三月，上即皇帝位於開平。四月，遣使召公，欲令使宋。公適自江上回，或勸公稱疾勿行。公曰：「吾讀書學道三十餘年，竟無大益於世。今天下困弊已極，幸而天誘其衷，主上有意息兵，是社稷之福也。儻乘幾挈會，得解兩國之鬭，活億萬生靈，吾學爲有用矣。」遂赴召。夏四月，見於開平。以公爲翰林侍讀學士，賜佩金虎符，充國信大使，齎國書入宋，告登寶位，布通好弭兵息民意。仍詔沿邊諸將，毋得出境侵抄。及陛辭，公請與一二蒙古偕行。帝不許曰：「只卿等往，彼之君臣皆書生也。且賈似道在鄂時，已嘗請和於我矣。」將出，帝賜蒲萄酒三爵，且命公曰：「朕初即位，凡事草創，卿今遠行，所當言者可亟上之。」公乃具草，言帝臨御之初，當大有爲以定萬世之業，皆佐王經世之略，凡十六條。其言備禦西王、罷諸道世襲，尤爲切至，帝皆節次行之。初，朝廷將遣公等，命益都路行省李璮，先差人達知亡宋。夏五月，公至濟南，璮以書來止

公云：「近遣劉仙等二人至淮安，已爲知州葉再遇所殺。宋人意殊叵測，公等可無行也。」壇意實不喜和議，故因此以止公。公曰：「吾受命朝廷，持節而出，若以邊將之言而遽回，罪也。遲疑顧望而不進，亦罪也。」乃以壇言聞諸朝而行。六月，至宿州，以信使一行到邊，移文亡宋三省樞密院制置，可以請接納。宋之君臣會議，久而不報。時邊帥有侵掠宋境，俘獲生口而去者，公遣人追及之，責以不遵約束之罪，仍將生口數十護送各歸本業。七月，進至五河口。宋人遣揚州制置司幹官朱寶臣，遥授陳州通判秦之才來接伴。八月，復遣懷遠軍招撫司參謀潘拱伯來館伴，仍請登舟而南。公將入宋境，憂朝廷初政，治具未完，事有未善者，遣使上封事言闕失。以爲國家振舉綱維，修明禮樂，雖不能便如三代，亦當期致漢唐。不宜苟且，參用憸人，以蠹國政。又極論風俗者，天下之命脈，方今最爲敗亂，當速修理。行次昭信，伴使潘拱伯，傳兩淮制置使李庭芝欲一見國書。公正色曰：「皇帝授使人國書，令見貴朝國君而與之。今伴使要我於半塗，其故何哉？」拱伯不敢復言。九月，至真州，館於忠勇軍營。宋人規模布置，已成囚所矣。十月，宋遣吉州刺史兩淮制置司諮議官衛司愈來傳宣撫問云：「蒙國遣使通好，實出美意，爲李松壽一再犯邊，故且館留儀真。」又出李庭芝一書云：「信使以美意而來，松壽乃懷姦以逞，以此而和，殆類款我。」仍械繫李壇敗將劉軍判者以爲口實。初，公之在宿州，李壇潛師侵宋，宋人敗之淮安，故以款兵之事誣我。公答書大略，開陳聖主通好美意，中間别無蓋藏。至於邊將用兵啓釁，彼自不遵詔旨，何與使人事。仍上表宋主，有云「願附魯連之義，排難解紛；豈如唐儉之徒，款兵誤國」。宋人見公辭直理順，遂不復言。自後，公等移文制置司，請入見，不報。請歸國，亦不報。乃牒宋三省樞密院，致書平章賈似道，上書宋主闕下。反復辨論古今南北戰和利害，并今次遣使，止是告登寶位，布通好弭兵息民意。前後凡數十萬言，皆不報。伴使等但云，朝廷已有定議矣。

初，公之爲使也，雖出於聖上本意，平章政事王以道，忌公威望軋己，乃力贊之，仍親作國書以促公行，蓋欲排置於外也。宋人既定議，留公不遣，見公辭氣曾無少沮。明年，伴使朱寶臣等僞報本朝異聞，公弗聽。復累言之，欲離貳公心，以起降意。公厲聲曰：「此事斷無，設若有之，更當發遣我輩還國。」公乃與介佐一行，束裝露次於庭者月餘，宋人知公終不可屈，乃堅請復位，後果虚妄。公在真州所居之館，故總制廳事也。館門扃鐍牢固，無故不復啓鑰。院中舊有大樹數株，盡皆斫去。牆高丈餘，上則樹以蘆棚，下則薦之以棘，外則掘壕塹，置鋪屋兵卒，坐鋪者恒百餘人。晝則周圍覘伺，夜則巡邏擊柝，所以防閑拴抑者無所不至。公皆不以爲意，益振其剛大之氣，不作委靡乞憐之態。公御下頗嚴，介佐人員，見宋以長久之計羈縻不遣，時亦有怨嗟者。公謂之曰：「吾一介書生，蒙主上兩徵而起，一命爲宣撫使，再命爲國信大使，捨忠與義，其何以報。嚮在淮北，猶豫顧望，畏避不前，我之罪也。一渡長淮，宋既接納，盡其在我者而已。其死生進退，在於彼國，吾惟有一守節不屈耳！吾祖宗以來，七世讀書，甯肯爲不忠不義以辱及中州士大夫乎？但君等不幸同在患難，且宜忍死以待，吾以天時人事測之，宋之氣數不遠矣。」衆皆悦服，故雖被拘執十有六年，除物故三數人外，皆能與公俱歸。蓋以公平生忠義之氣，有以激勵而然也。歲丙寅春三節，人有因鬬毆相殺死者。公曰：「若輩拘囚歲久，殆無生意，是不可與久處此困厄也。恐别生事端，玷吾大節。」乃與幕僚苟宗道等六人，築館别居於外者又九年。片天之下，四壁之内，秋霖夏暑，不勝其苦。公處置一定，雖萬折而不衂，著書吟詠自若也。宋人知公志節終不可奪，亦不忍害，反畏而敬之，日給廪餼頗有加焉。

至元十一年甲戌，大丞相伯顔將兵伐宋。既渡江，帝命兵部尚書廉希賢洎公之弟行樞密院都事郝庸等，齎詔赴杭州，問以執行人之故。宋人懼，遂禮而歸公焉。明年三月，帝知公至且病，遣近侍太醫迓公者，相次於道。所過郡邑，不遠數百里來觀者如市，父老見公全節不屈，龍鍾皓首而歸，往往有泣下者。夏四月，至京師入見，帝嗟慰勞來懇至。賜宴畢，復召入，賜坐論事。適大臣奏呈諭宋詔草，不稱旨，俾公改作，公援筆立就。帝稱善，即行之。至晡乃出。翌日，車駕幸上都，令公就醫看治。無何，宿疾復作。秋七月十有六日疾革，其子采麟問以後事，仍以紙筆呈公。公執筆，目半瞑，但書「天風海濤」四字，餘無所言。少頃，終於所居之正寢，春秋五十有三，天下聞而哀之。越二十有八日，采麟奉柩，都省差官護送，權厝於保定府西郭外静直君之墓側。公雖没，四海九州之内，牛童馬走，皆能道公姓字矣。後朝廷憫公忠節，凡從公歸者，各命官有差。特命其子采麟，以奉訓大夫知林州。初，上之圍鄂也，賈似道懼而請和，上未之許，而聞先帝昇遐，班師北歸，似道遂以爲己有却敵之功，誣奏宋主，即軍前拜相。甫入朝秉政，而公往奉使議和，以尋前約。似道諱其前言之失，恥爲城下之盟，故定議羈留公等於真州，舉國皆知其非，唯似道主而不遣也。噫！公入宋之初而似道拜相，公歸數月而似道見殺，公没之明年而宋亡，公之一身關係兩朝之興喪，惜乎不得一見而終也。

公生於喪亂之後，能嶷崿振拔，不爲流俗所移，以蓋世豪邁之氣，堅忍不渝之志，爲成己成物之學，故能深造，自得一體，用兼本末，貫萬物而不遺，至於太極先天造物之機，道德性命之情之妙，與夫聖賢心傳踐履之實，古今開濟天下之要，則尤精察洞究，粹然一出乎孔孟之正，諸子以下不屑論也。蓋將唱鳴吾道，揮斥百家邪説之蠹，横聖門而禦侮，高明正大，挺然一世之傑，所以能建奇功立大節，著書傳道，以大儒名天下後世。其或賦詩飲酒，邀賓接物，而英風逸氣，有足以動人者，此特公游泳陶寫之餘事耳。其文則涵養蘊蓄之久，理足而氣有餘，蓋有激於中，則吐而爲之辭，如長江大河，有源有委，下筆數千百言，不求奇而自奇，無意於法而皆法，純乎理性而不雜，故能自成一家之作。其詩則氣韻高遠，止乎禮義，得詩人忠厚之意，故能攄寫至理，吟咏性情，不爲近體尖新切律之語，亦足以自成一家。字畫則天姿高古，取衆人所長以爲己有，故筆勢後逸遒勁，似其爲人，無傾側頗媚之態，亦爲當代名筆。公自幼事父母以孝謹稱，事繼母尤篤。撫育弟妹甚厚，以全八世同居之義。亂後，得親族疏遠者，待之亦同骨肉。與人交結，始終以誠。而又喜交游，好施與，樂爲善事，受人之恩，必切切思報，雖小而不忘。爲人軀幹環偉，氣貌嚴肅，胸次洞達，辭鋒雄辨，望之凜然有不可犯之色。但資賦剛方，疾惡太甚，故屢中小人之禍。拘留宋中，不與世接，反得究竟平生著述。

公自弱冠，每以陳壽所修《三國志》統紀紊亂，尊魏抑漢，後世不公之甚，他日必當改作。及聞晦菴先生有《通鑑綱目》，嘗語人曰：「《綱目》雖奪魏統而與漢，然一代完書，終未改正。」公乃創作紀、傳、序、志、論、贊等書，其辭例森嚴正大，雄深雅健，黜姦雄之僭僞，續一世之正統，則昭烈、孔明之心，白日正中也。仍改曰《續後漢書》若干卷。以《春秋》聖人用道之書，學者所宜深究，乃作《章句音義》若干卷，制作《本義》若干卷，《比類條目》若干卷，可使讀書者得聖人之本意，泝流而求源，由近而致遠也。又學《春秋》者必自《三傳》入，而三家互有得失，乃作《三傳折衷》若干卷，凡四書，總名之曰《春秋外傳》，共若干卷，合十餘萬言。又以孔子承三聖之《易》爲之作傳，已極其至。近世諸家傳注論議不一，乃著《周易外傳》十卷，又爲《太極演》、《原古録》、《通鑑書法》、《玉衡真觀》、《删注三子一王雅》、《行人志》等書，各數十卷，又合十餘萬言。觀公之用力聖門，自期於不朽，其志可謂勤矣。今文集若干卷行於世。公娶淇澳張氏，賢明端淑，貞静有守。公在宋十餘年，夫人治家有法，寬惠慈愛，篤於恩義，宗族賴之以安，後公十年而卒。子男三人，二早卒。一即采麟也，今集賢直學士、朝請大夫。【略】奉直大夫江北淮東道肅政廉訪副使門生苟宗道狀。

蘇天爵《元朝名臣事略》卷一五《國信使郝文忠公》 公名經，字伯常，澤州陵川人。召居潛邸。歲己未，扈從濟江，授江淮宣慰司副使。中統元年，拜翰林侍讀學士，充國信使，奉使于宋，宋人館于真州，凡十六年始得歸。卒，年五十三。

公幼不好弄，沈厚寡言。金季亂離，父母挈之河南，偕衆避兵，潛匿窟室，兵士偵知，燎煙于穴，爞死者百餘人，母許以預其禍。公甫九歲，暗中索得寒葅一瓿，抉齒飲母，良久乃蘇。其卓異見於童稚若此。高唐閻公撰《墓誌》。

金亡，北渡，僑寓保定。亂後生理狼狽，晨給薪水，晝理家務，少隙則執書讀之。父母欲成其志，假館于鐵佛精舍，俾專業於學，坐達旦者凡五年。蔡國張公聞其名，延之家塾，教授諸子。蔡國儲書萬卷，付公管鑰，恣其搜覽。公才識超邁，務爲有用之學，上泝洙、泗，下迨伊、洛，諸書經史子集，靡不洞究，擷其英華，發爲論議，高視前古，慨然以羽翼斯文爲己任。自是聲名籍甚，藩帥交辟，皆不屑就。《墓誌》。又保定苟公撰《行狀》云：公嘗自誦曰：不學無用學，不讀非聖書。達必先天下之憂，窮必全一己之愚。賢則周、孔，詎如韋如脂，爲碌碌之徒而已耶。故慨然以興復斯文道濟天下爲己任。讀書則專治《六經》，潛心伊、洛之學，一以窮理、盡性、脩己、治人爲本，其餘皆厭視而不屑也。故世之爲詞章學者，始則羣聚訕笑，終亦拱視而服之矣。江漢趙先生曰：「江左爲學讀書如伯常者甚多，然似吾伯常挺然一氣，立於天地之間者，蓋亦鮮矣。」

世祖在潛邸，羅致異儁，挹其聞，遣使者一再起公。既奉清問，上稽唐、虞，下迨湯、武，所以仁義天下者，緩頰以談，粲若所陳也。帝喜喻所聞，凝聽忘倦，且俾書所欲言者，條數十餘事，皆援據古義，劘切時病。及踐阼更化，用公之言居多。涿郡盧公撰《墓碑》。

歲己未，憲宗自將伐宋，建益上流，世祖總東師，跨荆、鄂。公建議大槩以謂「彼無釁可乘，未見其利。唯修德以應天心，發政以慰人望，簡賢以尊將相，惇族以壯基圖，撫殊俗，制列鎮，以防窺竊，結盟保境，興文治，飭武事，育英材，恤罷氓，以培植元氣。藏器於身，俟時而動，則宋可圖矣。」帝偉公所論，以爲江淮、荆湖南北等路宣撫副使。然勢不中止，遂絶江圍鄂。守將賈似道駴，遽請和，屬憲廟升遐，王師言還。《墓碑》。又按公《班師議》云：今吾國内空虚，塔察國王與李行省肱髀相依，西域諸胡窺覘關隴，隔絶旭烈大王，病民諸姦各持兩端，觀望所立，莫不覬覦神器，染指垂涎。一有狡焉，或啓戎心，先人舉事，腹背受敵，大事去矣。且阿里不哥已行赦令，令脱

里察爲斷事官，行尚書省，據燕都，按圖籍，號令諸道，行皇帝事矣。雖大王素有人望，且握重兵，獨不見金世宗、海陵之事乎？若彼果决，稱受遺詔，便正位號，下詔中原，行赦江上，欲歸得乎？願大王以社稷生靈爲念，奮發乾剛，斷然班師，與宋議和，置輜重，以輕騎歸，渡淮乘驛，直造都，則彼之姦謀，冰釋瓦解。遣一軍逆大行靈舁，收皇帝璽。遣使召旭烈、阿里不哥、摩哥諸王，會喪和林。差官於汴京、京兆、成都、西涼、東平、西京、北京撫慰安輯，召太子鎮守燕都，示以形勢。則大寶有歸，而社稷安矣。

世祖御極，欲柔服宋人，以公奉使，告登寶位，且徵前日請和之議。或爲公言：「宋人譎詐叵信，盍以疾辭。」公曰：「自南北遘難，江、淮遺黎，弱者被俘略，壯者死原野，兵連禍結，斯亦久矣。聖上一視同仁，務通兩國之好，雖以微軀蹈不測之淵，苟能弭兵靖亂，活百萬生靈於鋒鏑之下，吾學爲有用矣。」乃授翰林侍讀學士，佩金虎符，充國信使。《墓誌》。 又《行狀》云：陛辭，公請與一二蒙古人偕行，詔不許，曰：「只卿等往，彼之君臣皆書生也。」

公方踰淮，邊將李璮輙潛師侵宋，兩淮制置使李庭芝寓書于公，巇以款兵，館留真州，藉爲口實。公答書：「弭兵息民，通好兩國，實出聖衷。日諭邊將，戢戍守圉，以契和議，衆所聞知。今啓釁自璮，一旦律以違詔，將無所逃罪，此何與使人事也。」公復上書宋主，移文其執政，論辯古今南北戰和利害甚悉，皆不報。顧窮極變詐，以撼公之志，知其終不可怵於詭數也，楗鐍館所，塹垣栫棘，驛吏訶閽，夜士鳴柝，防閑挫抑，獄犴之嚴，不啻如此。介佐而下，久於囚羈，戚嗟尤怨，無復生意。公語之曰：「鄉顧望不前，將命之責。一入宋境，死生進退，聽其在彼，守節不屈，盡其在我者。豈能不忠不義，以辱中州士大夫乎！但公等不幸，須忍死以待。揆之天時人事，宋祚殆不遠矣。」衆服其言，亦皆自振勵。《墓碑》。 又《行狀》云：公將入宋境，憂朝廷初政，治具未完，遣使上封事，言闕失，以爲國家振舉綱維，脩明禮樂，雖不能便如三代，亦當期致漢、唐，不宜苟且參用儉人，以蠹國政。又極論風俗者，天下之命脈，方今最爲敗亂，當速修理。 又云：宋人既留公不遣，見公辭氣曾無少沮，明年伴使朱寶臣爲報本朝異聞，公弗聽，復累言之，公厲聲曰：「此事斷無，設若有之，當發遣我輩還國。」宋人知公志節終不可奪，亦不忍害，反畏而敬之。 又按公與宋論本朝兵亂書云：主上之立，固其所也。太母有與賢之意，先帝無立子之詔。主上雖在潛邸，久符人望，以親則尊，以功則大，以理則順。愛養中國，寬仁愛人，樂賢下士，甚得夷夏之心，有漢、唐英主之風。加以地廣兵强，神斷威靈，風蜚雷厲，其爲天下主無疑也。故屬籍之尊而賢者，合丹大王，先帝之終，率先推戴；摩歌大王，主上庶弟也，在諸王中，英賢亞於主人，先帝臨終，畀以後事，先歸推戴；塔察國王，士馬精强，嘗代主上帥東諸侯，亦先推戴；旭烈大王，主上母弟也，總統西師，鎮壓西域二十餘國，去中國三萬餘里，亦遣使勸進，言：「兄亡弟及，祖宗法也。長兄既没，次兄當立，兄若不立，吾誰與歸？」主上乃集大統，應天人。即位之初，聘起諸儒，更定制度。不意一二懼罪不逞之徒，糾合奴隸，間離骨肉，劫立阿里不哥，締起兵端，拒命漠北。以次則幼，以事則逆，以衆則寡，以地則偏，兵食不足，素無人望，則彼卒無所成無疑也。今主上既以正立，一時豪傑，雲從景附，奄有中夏，縱彼小有侵軼，則塔察國王一族足以平盪，其餘三十餘王，猶卷甲牧馬，縱容營衛。矧中國諸侯，如史、如李、如嚴、如張、如劉、如汪，大者五六萬，小者不下二三萬，虓將勁卒，莅習兵革，視蒙古、回鶻尤爲猛鷙，其肯使蠹國害民之尤者復肆虵豕。彼之屈强，祇以自斃，而不足以爲害也明矣。

至元十一年，丞相伯顔奉辭南伐，江、漢名城，望風鄉附。世祖命禮部尚書廉希賢，詰宋執行人之故，遂以禮歸公。聞嬰疾在塗，醫問絡繹。既至，錫燕路朝，以張異睠，隱其瘁於厘事也。詔治疾於家，病遂殆，不起，以聞，天子悼焉。命其子采麟起家知林州。凡從公使宋者，賜爵各有差。《墓碑》。

初，公之使宋也，内則時相王文統，忌公重望，排置異國，陰屬邊將違詔侵宋，沮撓使事，欲以款兵，假手害公；外則宋權臣似道，竊却敵爲功，取宰相，畏公露其丐盟幸免之跡，遂主議羈留，舉國皆知其非，似道不恤也。公拘儀真館，十有六年。去國未幾，而文統伏誅，甫歸國，宋探誤國之罪，似道殛，宋隨以滅。然則懷姦怙寵，傾陷善良，雖暫若得計，機發禍敗，曾不旋踵。抑宋有亡徵，公與阨會，其患難不渝，始終名節，窘一時而亨百世者，初非不幸也。《墓碑》。

公幼至孝，撫諸弟極厚，待宗族疎近如一，篤友樂施。德於己者，雖細惠必報。然偉特方嚴，風岸陗立，衆不可攀，薰良蕕奸，題帖無貸，故用世之志，適際可爲。已墮奇擯，既處幽所，日以立言載道爲務，撰《續後漢書》，絀不儕權，還統章武，以正壽史之失。著《春秋外傳》、《易外傳》、《太極演》、《原古録》、《通鑑書法》、《玉衡貞觀》、《刪注三子一王雅》、《行人志》，各數十卷。公於辭以理爲主，雄渾有氣。文集若干卷，傳於世。《墓碑》。

雜録

備録

王惲《秋澗先生大全文集》卷八一《中堂事記中》 中統二年五月壬戌，**【略】**

是日已刻，東平宣撫司申國信使郝經等爲宋人扼駐蘄州渦口，不遣入國事。既而知爲宋人所誑，我實不審所在也。

陶宗儀《南村輟耕録》卷二〇《雁書》 「霜落風高恣所如，歸期回首是春初。上林天子援弓繳，窮海纍臣有帛書。中統十五年九月一日放雁，獲者勿殺。國信大使郝經書于真州忠勇軍營新館。」右五十九字，郝公書也。公字伯常，澤州陵川人。世皇召居潜邸，歲己未，扈從濟江，授江淮宣慰司副使。中統元年，拜翰林侍讀學士，充國信使使宋。宋館于真州，凡十有六年始得歸。此書當在至元十一年，是時南北隔絶，但知紀元爲中統也。先是，有以雁獻，命畜之。雁見公，輒鼓翼引吭，似有所訴者。公感悟，擇日率從者，具香案，北向拜。舁雁至前，手書尺帛，親繫雁足而縱之。後虞人獲之苑中，以聞，上惻然曰：「四十騎留江南，曾無一人雁比乎？」遂進師南伐。越二年，宋亡。至今祕監帛書尚存。

陶宗儀《南村輟耕録》卷二四《漢魏正閏》 霍治書云：紫陽楊煥然先生讀《通鑑》，至論漢魏正閏，大不平之，遂脩《漢書》，駁正其事。因作詩云：「風煙慘淡駐三巴，漢燼將燃蜀婦髽。欲起温公問書法，武侯入寇寇誰家？」後攻宋軍迴，始見《通鑑綱目》，其書乃寢。順德劉道濟先生尤不平之，脩書名《三爲》，亦見《綱目》，閟而不行。中統改元，陵川郝伯常先生使宋，被留儀真，執不得還，就買書作《續漢史》。既脱藁，會同僚苟正甫諸公飲，至數行，忽長歎曰：「某辛苦十餘年，莫不被高頭巾輩已做了也？」皆對云：「不聞之。」至元丁亥，余分臺江西，購得蕭常《續漢書》全部，因喟然曰：「惜乎，郝君不及見此！」

陳邦瞻《宋史紀事本末》卷一〇三《郝經之留》 理宗景定元年夏四月，蒙古以郝經爲國信使，來告即位，且徵前日講和之議。蒙古王文統素忌郝經有重名，既請遣經，復陰屬李璮潛師侵宋，欲假手害經。或謂經曰：「文統叵測，盍以疾辭。」經曰：「自南北構難，江、淮遺黎，弱者被俘略，壯者死原野，兵連禍結，斯亦久矣。主上一視同仁，務通兩國之好，雖以微軀蹈不測之險，苟能弭兵靖亂，活百萬生靈於鋒鏑之下，吾學爲有用矣！」遂行。

秋七月，賈似道拘蒙古使者郝經於真州。先是，賈似道還朝，使其客廖瑩中輩撰《福華編》，稱頌鄂功，通國皆不知所謂和也。經至宿州，遣其副使何源、劉人傑請入國日期，不報。經數遺書於三省、樞密院及兩淮制置使李庭芝，賈似道恐經至謀泄，拘經於真州之忠勇軍營。

經上表有言曰：「願附魯連之義，排難解紛；豈如唐儉之徒，款兵誤國。」又數上書於帝，【略】不報。驛吏棘垣鑰户，晝夜守邏，欲以動經。經不屈，但語其下曰：「嚮受命不進，我之罪也。一入宋境，死生進退，聽其在彼，屈身辱命，我終不能。汝等不幸，同在患難，宜忍以待之。揆之天時人事，宋祚殆不遠矣！」

帝聞有北使，謂宰執曰：「北朝使來，事體當議。」似道奏：「和出彼謀，豈宜一切輕徇！儻以交鄰國之道來，當令入見。」蒙古遣詳問官崔明道、李全義詣淮東制置司，訪問經等所在。淮東制置李庭芝奏蒙古使者久留真州，亦爲似道所格。

張翼《農田餘話》卷上《郝經帛書事》 元世祖庚申即位，以翰林侍讀學士郝經奉使于宋，告登寶位。宋相賈似道忌公露乞和之盟，拘于儀真，不令入朝，亦不遣還。在儀真新館作帛書，附于鴈足云：「霜落風高恣所如，歸期回首是春初。上林天子援弓射，窮海纍臣有帛書。中統十五年九月一日放鴈，獲者勿殺。國信大使郝經書于真州忠勇軍營新館。」凡五十九字。帛博一寸，高五寸，皆有陵川郝氏印透，而公以至元十二年二月送歸國。三月，虞人獲鴈于汴梁金明池，爲安豐教授王時若所得。延祐五年，集賢學士郭貫出持淮西使節，知之，奏于朝，敕中使取之，仁宗裝潢成卷，命翰林集賢文臣題識之，藏諸東觀。或説世祖有「四十騎留江南，曾無一人如鴈」之嘆，遂興師伐宋者，妄也。

劉一清《錢塘遺事》卷四《拘留北使》 賈似道陰許北朝歲幣，故鄂渚退師。自事定之後，冒爲己功，諱言前事。及北使郝經來尋盟，似道拘留真州不遣。其失信北朝，以至召兵。

黄宗羲《宋元學案》卷九〇《江漢學案・文忠郝陵川先生經》 郝經字伯常，澤州陵川人。金末避地河南，遭亂，走匿窖中。母許爲兵火熏灼而死，時先生方九歲，以蜜和寒菹汁，決母齒飲之，即蘇，人以爲異。後徙家順天，守帥張柔延之家塾，教諸子，儲書萬卷，恣其搜覽。上溯洙泗，下追伊洛，諸書經史子集，靡不洞究，慨然以羽翼斯文爲己任。自是藩帥交辟，皆不就。世祖以大弟開府金蓮川，徵先生入，咨以治國安民之道。及即位，以先生爲翰林侍讀學士，充國信使，使宋，告即位，且尋盟。或爲先生危之，先生曰：「南北搆難，兵連禍結久矣。聖主一視同仁，通兩國之好，雖以微軀蹈不測，苟能弭兵靖亂，活百萬生靈于鋒鏑之下，吾學爲有用矣。」遂行。至則賈似道拘之真州。越十六年，以禮送歸，遂卒，謚文忠。有《春秋外傳》、《易外傳》、《續後漢書》、《陵川文集》，共數百卷，皆拘幽時所著也。補。

梓材謹案：先生誌元遺山墓云，先生與家君同受業于先大父，經復逮事先生者有年。又爲渾源劉先生哀辭，謂嘗奉杖履。則先生遞及元、劉之門。又閱其上紫陽先生論學書，蓋嘗問學于楊氏。又有與漢上先生論性書，及北平王子正先生論道學書，則復並接江漢之傳矣。

趙翼《廿二史劄記》卷三〇《郝經》 奇聞駭見之事，流傳已久，在古未必真而後人仿之，竟有實有其事者。蘇武雁書，事本烏有，特常惠教漢使者，謂天子射上林，得武繫帛書于雁足，使匈奴不得匿武耳。而元時郝經使宋，被拘于真州，日久買一雁，題帛書繫其足放去。汴中民射雁金明池得之，以進世祖，其詩云：「霜落風高恣所如，歸期回首是春初。上林天子援弓繳，窮海纍臣有帛書。」後題：「至元五年九月一日放，獲者弗殺。國信大使郝經書于真州忠勇軍營新館。」後經竟得歸國，卒于途。是蘇武雁書之事虚，而郝經雁書之事實也。

備論

袁桷《清容居士集》卷四九《書郝伯常經題黄鶴樓水龍吟後》 郝公以使事館儀真日，襆被蓐食，引馬於庭下，請歸。館使謝以未有旨，如是者十有六年。在館中觀書不輟，其未見者，從制置司以假。所作《蜀漢書》，皆拘留時稟定。方是時，宋相以滔天之惡，蒙蔽朝論，士夫咸以道學緣飾，殆如風痺，不知痛癢。公蓋目覩其弊。今觀此詞，其意旨可知矣。公之子爲侍讀學士，嘗與桷言，公奉使時，侍讀甫四歲。後回京師，年十九，以戎服見，拜且泣。公閉目不顧。進退不敢，其父友命易衣冠以進，始與語焉。前賢典刑，峻整若是。視近時父兄之御子弟，泚顙實多，因書舊聞以補遺事。泰定元年三月癸卯，四明袁桷書。

蘇天爵《元朝名臣事略》卷一五《國信使郝文忠公》 臨川吴公《文集》云：昔公使宋，留江淮間十有餘年，常貽書宋之君相，其言忠厚懇惻，内爲國計，外爲宋計，其心平恕廣遠，真古之仁人君子哉。宋之柄臣阻遏掩蔽，不使上聞，以自速滅亡，悲夫！公前時從世祖渡江取鄂，作《望黄鶴樓》詞，他人處此，必謂乘方興之勢，殄垂盡之命，一舉而吞噬之也夫何難，而公之詞乃曰：「問南朝之士，有何長策，更休把蒼生誤。」則其忠厚懇惻之言，平恕廣遠之心，與後來貽書之意同，真古之仁人君子哉。

藝文

元好問《遺山先生文集》卷九《贈答郝經伯常伯常之大父予少日從之學科舉》 故家珠玉自成淵，重覺英靈賦予偏。文陣自憐吾已老，名場誰與子爭先。撑腸正有五千卷，下筆須論二百年。莫把青春等閑了，蔡邕書籍待渠傳。

張之翰《西巖集》卷四《讀郝陵川使宋集因題其後》 我從少年見陵川，筆力扛鼎思湧泉。中流飛龍飛上天，黄金虎節光赫然。豈期宋人羈留十七春，仰面見天不見人。大兵問罪壓江濆，片帆纔離古儀真。白頭歸來孰當國，上有花門下刀筆。九重無由表忠赤，更比子卿堪歎息。乾坤英氣死彌烈，明月夜光留此册。夜來燭下讀未徹，一陣黑風吹燭滅。

張翥《蜕菴集》卷一《題郝内翰書所作夢觀瓊花賦後》 釣魚山前龍上天，武昌城外走蜀船。老奸欺國馳露布，使者坐囚吞雪氊。潰兵一夜甲填水，血污木棉花下鬼。豈知老仙方卧游，鶴背天風扶夢起。頽雲抉月光西流，玉蕭聲斷江聲愁。露華泣盡瓊樹死，廣陵春色寒於秋。百年遺賦人爭重，勁墨道毫精爽動。節旄零落喜生還，回首江南已如夢。花神换根春更芳，想像月色扃餘香。楚招無人青鳥去，公不少留涕泗滂。

袁桷《清容居士集》卷一二《題郝伯常雁足詩》 深羈孤館鬢毛斑，猛虎摇鬚障海寰。玉樹已歌歸逝水，羽書難射隔平山。不須羝乳終回漢，肯學雞鳴詐度關。一寸蠟丸憑雁寄，明年春盡竟生還。乙亥四月放還。

吴澄《吴文正集》卷九二《題郝陵川雁足繫詩後》 忠貞信使早許國，羈旅微臣晚見詩。追憶當時如一夢，濡毫欲寫淚交頤。

王逢《梧溪集》卷一《讀國信大使郝公帛書有序》 「霜落風高恣所如，歸期回首是春初。上林天子援弓繳，窮海纍臣有帛書。中統十五年九月一日放鴈，獲者勿殺。國信大使郝經書於真州忠勇軍營新館。」書蓋如此。公字伯常，仕世祖皇帝。庚申歲使宋，爲賈似道拘幽十有六年，此書當在至元十一年。是時南北隔絶，但知紀元爲中統也。先是，公羈旅日，有以鴈四十餉公，内一鴈體質稍異，命畜之。於後鴈見公，輒張翮引吭而鳴。公感悟，擇日率從者三十七人，具香北拜，二人舁鴈跽其前，手書尺帛，親繫鴈足。且

致祝曰：「纍臣某，敢煩鴈卿，通信朝廷。鴈其保重！」欲再拜，鴈奮身入雲而去。未幾，虞人獲之苑中。以所繫帛書，託近侍以聞。上惻然曰：「四十騎留江南，曾無一人鴈比乎？」遂進師南伐，越二年，宋亡。書今藏諸祕監，河南王客劉澹齋云。

西北皇華早，東南白髮侵。雪霜蘇武節，江海魏牟心。獨夜占秦分，清秋動越吟。蒹葭黃葉暮，苜蓿紫雲深。野曠風鳴籟，河横月映参。擇巢幽鳥遠，催織候蟲臨。衣攬重裁褐，貂餘舊賜金。不知年號改，那計使音沉。國久虛皮幣，家應詠稿砧。豚魚曾信及，鴻鴈豈難任。素帛辭新館，敦弓入上林。虞人天與便，奇事感來今。

宋濂《宋文憲公全集》卷三九《國朝名臣序頌・郝文忠公經》 瞻彼郝公，上師孔顏。挺然一氣，立天地間。銜命出使，仗節弗屈。十有六齡，有如一日。楗門塹垣，不翅獄庭。臣節甚重，萬死實輕。吐其崛奇，見于直筆。奸雄雖亡，誅之則力。漢有蘇武，囓氈海上。郝公繼之，雙璧相望。

董文用部

綜述

《元史》卷一四八《董文用傳》　文用字彥材，俊之第三子也。生十歲，父死，長兄文炳教諸弟有法。文用學問早成，弱冠試詞賦中選。時以真定藁城奉莊聖太后湯沐，庚戌，太后命擇邑中子弟來上，文用始從文炳謁太后于和林城。世祖在潛藩，命文用主文書，講説帳中，常見許重。

癸丑，世祖受命憲宗自河西征雲南大理。文用與弟文忠從軍，督糧械，贊軍務。丁巳，世祖令授皇子經，是爲北平王、雲南王也。又命召遺老竇默、姚樞、李俊民、李冶、魏璠於四方。己未，伐宋，文用發沿邊蒙古、漢人諸軍，理軍需。將攻鄂州，宋賈似道、吕文德將兵來拒，水陸軍容甚盛。九月，世祖臨江閲戰，文炳求先進戰，文用與文忠固請偕行，世祖親料甲胄，擇大艦授之，大破宋師。

世祖即位，建元中統。文用持詔宣諭邊郡，且擇諸軍充侍衛，七月還朝。中書左丞張文謙宣撫大名等路，奏文用爲左右司郎中。二年八月，以兵部郎中參議都元帥府事。三年，李璮叛據濟南，從元帥闊闊帶統兵誅之，山東平。阿朮奉詔伐宋，召文用爲其屬，文用辭曰：「新制，諸侯總兵者，其子弟勿復任兵事。今吾兄文炳，以經略使總重兵鎮山東，我不當行。」阿朮曰：「潛邸舊臣，不得引此爲説。」文用謝病不行。

至元改元，召爲西夏中興等路行省郎中。中興自渾都海之亂，民間相恐動，竄匿山谷。文用至，鎮之以静，乃爲書置通衢諭之，民乃安。始開唐來、漢延、秦家等渠，墾中興、西涼、甘、肅、瓜、沙等州之土爲水田若干，於是民之歸者户四五萬，悉授田種，頒農具；更造舟置黄河中，受諸部落及潰叛之來降者。

時諸王只必鐵木兒鎮西方，其下縱横，需索無算，省臣不能支，文用坐幕府，輒面折以法。其徒積忿，譖文用於王，王怒，召文用，使左右雜問之，意叵測。文用曰：「我天子命吏，非汝等所當問，請得與天子所遣爲王傅者辨之。」王即遣其傅訊文用。其傅中朝舊臣，不肯順王意。文用謂之曰：「我漢人，生死不足計。所恨者，仁慈寬厚如王，以重戚鎮遠方，而其下毒虐百姓，凌暴官府，傷王威名，於事體不便。」因歷指其不法者數十事，其傅驚起，去白王，王即召文用謝之曰：「非郎中，我殆不知。郎中持此心事朝廷，宜勿怠。」自是譖不行而省府事頗立。二年，入奏經略事宜還，以上旨行之，中興遂定。

八年，立司農司，授山東東西道巡行勸農使。山東自更叛亂，野多曠土，文用巡行勸勵，無間幽僻。入登州境，見其墾闢有方，以郡守移剌某爲能，作詩表異之。於是列郡咸勸，地利畢興，五年之間，政績爲天下勸農使之最。十二年，丞相安童奏文用爲工部侍郎，代紇石里。紇石里，阿合馬私人也。其徒既譖間安童罷相，即使鷹監奏曰：「自紇石里去，工部侍郎不給鷹食，鷹且瘦死。」帝怒，促召治之，因急捕文用入見，帝望見曰：「董文用乃爲爾治鷹食者耶！」置不問，别令取給有司。

十三年，出文用爲衛輝路總管，佩金虎符。郡當衝要，民爲兵者十之九，餘皆單弱貧病，不堪力役。會初得江南，圖籍、金玉、財帛之運，日夜不絶于道，警衛輸挽，日役數千夫。文用憂之曰：「吾民弊矣，而又重妨耕作，殆不可。」乃從轉運主者言：「州縣吏卒，足以備用，不必重煩吾民也。」主者曰：「汝言誠然，萬一有不虞，則罪將誰歸！」文用即手書具官姓名保任之。民得以時耕，而運事亦不廢。諸郡運江淮粟于京師，衛當運十五萬石，文用曰：「民籍可役者無幾，且江淮風水，舟不能以時至，而先爲期會，是未運而民已困矣。」乃集旁郡通議，立驛置法，民力以舒。

十四年，詣汴漕司言事。適漕司議通沁水北東合流御河以便漕者，文用曰：「衛爲郡，地最下，大雨時行，沁水輒溢出百十里間；雨更甚，水不得達于河，即浸淫及衛，今又引之使來，豈惟無衛，將無大名、長蘆矣。」會朝廷遣使相地形，上言：「衛州城中浮屠最高者，纔與沁水平，勢不可開也。」事遂寢。

十六年，受代歸田里，茅茨數椽，僅避風雨，讀書賦詩，怡然燕居。裕宗在東宫，數爲臺臣言：「董文用勳舊忠良，何以不見用！」十八年，臺臣奏起文用爲山北遼東道提刑按察使，不赴。

十九年，朝廷選用舊臣，召文用爲兵部尚書。自是朝廷有大議，未嘗不與聞。二十年，江淮省臣有欲專肆而忌廉察官，建議行臺隸行省，狀上，集朝臣議之。文用議曰：「不可。御史臺，譬之卧虎，雖未噬人，人猶畏其爲虎也。今虛名僅存，紀綱猶不振，一旦摧抑之，則風采薾然，無可復望者矣。昔阿合馬用事

時，商賈賤役，皆行賄入官，及事敗，欲盡去其人，廷議以爲不可，使阿合馬售私恩，而朝廷驟斂怨也。乃使按察司劾去其不可者，然後吏有所憚，民有所赴訴。則是按察司者，國家當飭勵之，不可摧抑也。」悉從文用議。

轉禮部尚書，遷翰林、集賢二院學士，知祕書監。時中書右丞盧世榮，以貨利得幸權要爲貴官，陰結貪刻之黨，以錙銖掊克爲功，乃建議曰：「我立法治財，視常歲當倍增，而民不擾也。」詔下會議，人無敢言者。文用陽問曰：「此錢取於右丞之家耶？將取之於民耶？取於右丞之家，則不敢知；若取諸民，則有説矣。牧羊者，歲嘗兩剪其毛，今牧人日剪其毛而獻之，則主者固悦其得毛之多矣，然而羊無以避寒熱，即死且盡，毛又可得哉！民財亦有限，取之以時，猶懼其傷殘也。今盡刻剥無遺，猶有百姓乎！」世榮不能對。丞相安童謂坐中曰：「董尚書真不虛食俸禄者。」議者出，皆謝文用曰：「君以一言，折聚斂之臣，而厚邦本，真仁人之言哉。」世榮竟以是得罪。

二十二年，拜江淮行中書省參知政事，文用力辭。帝曰：「卿家世非他人比。朕所以任卿者，不在錢穀細務也，卿當察其大者，事有不便，但言之。」文用遂行。行省長官者，素貴多傲，同列莫敢仰視，跪起禀白，如小吏事上官。文用至，則坐堂上，侃侃與論是非可否，無所遷就，雖數忤之，不顧也。有以帝命建佛塔於宋故宫者，有司奉行甚急，天大雨雪，入山伐木，死者數百人，猶欲併建大寺。文用謂其人曰：「非時役民，民不堪矣，少徐之如何？」長官者曰：「參政奈何格上命耶？」文用曰：「非敢格上命，今日之困民力而失民心者，豈上意耶！」其人意沮，遂稍寬其期。二十三年，朝廷將用兵海東，徵斂益急，有司大爲奸利。文用請入奏事，大略言：「疲國家可寶之民力，取僻陋無用之小邦。」列其條目甚悉。言上，事遂罷。

二十五年，拜御史中丞。文用曰：「中丞不當理細務，吾當先舉賢才。」乃舉胡祗遹、王惲、雷膺、荆幼紀、許楫、孔從道十餘人爲按察使，徐琰、魏初爲行臺中丞，當時以爲極選。方是時，桑哥當國，恩寵方盛，自近戚貴人見之，皆屏息遜避，無敢誰何。文用以舊臣任中丞，獨不附之。桑哥令人風文用頌己功於帝前，文用不答。桑哥又自謂文用曰：「百司皆具食於丞相府矣。」文用又不答。會朔方軍興，糧糗粗備，而誅求愈急，文用謂桑哥曰：「民急矣。外難未解而內伐其根本，丞相宜思之。」於是遠邇盜賊蜂起，文用持外郡所上盜賊之目，謂桑哥曰：「百姓豈不欲生養安樂哉！急法暴斂使至此爾。御史臺所以救政事之不及，丞相當助之，不當抑之也。御史臺不得行，則民無所赴愬；民無所赴愬，而政日亂，將不止於臺事之不行也。」忤其意益深，乃摭拾臺事百端，文用日與辨論，不爲屈。於是具奏桑哥姦狀，詔報文用，語密而外人不知也。桑哥日誣譖文用於帝曰：「在朝惟董文用戇傲不聽令，沮撓尚書省，請痛治其罪。」帝曰：「彼御史之職也，何罪之有！且董文用端謹，朕所素知，汝善視之。」遷大司農。時欲奪民田爲屯田，文用固執不可。遷爲翰林學士承旨。

二十七年，隆福太后在東宫，以文用舊臣，欲使文用授皇孫經，具奏上，以帝命命之。文用每講説經旨，必附以朝廷故事，丁寧譬喻，反復開悟，皇孫亦特加敬禮。

三十一年，帝命文用以其諸子入見，文用曰：「臣蒙國厚恩，死無以報，臣之子，何能爲！」命至再三，終不以見。是歲，世祖崩，成宗將即位上都，太后命文用從行。既即位，巡狩三不剌之地，文用曰：「先帝新棄天下，陛下巡狩，不以時還，無以慰安元元，宜趣還京師。且臣聞人君猶北辰然，居其所而衆星拱之，不在勤遠略也。」帝悟，即日可其奏。是行也，帝每召入帳中，問先朝故事，文用亦盛言先帝虛心納賢、開國經世之務，談説或至夜半。

文用自先帝時，每侍燕，與蒙古大臣同列，裕宗嘗就榻上賜酒，使毋下拜跪飲，皆異數也。帝在東宫時，正旦受賀，於衆中見文用，召使前曰：「吾向見至尊，甚稱汝賢。」輒親取酒飲之。至是，眷賚益厚。是年，詔修先帝實録，陞資德大夫、知制誥兼修國史。文用於祖宗世系功德、近戚將相家世勳績，皆記憶貫穿，史館有所考究質問，文用應之無遺失。

大德元年，上章請老，賜中統鈔萬貫以歸，官一子，鄉郡侍養。六月戊寅，以疾卒，年七十有四。子八人：士貞，士亨，士楷，士英，士昌，士恒，士廉，士方。贈銀青(光)〔榮〕禄大夫、少保，(壽)〔趙〕國公，謚忠穆。

虞集《道園學古録》卷二〇《翰林學士承旨董公行狀》 公諱文用，字彦材，真定路槀城縣人，元帥公第三子也。公生十年，元帥公死王事于歸德。母李夫人治家嚴，伯兄忠獻公文炳教諸弟有法。公內承家訓，而外受學侍其先生軸，故學問早成，弱冠以詞賦試中真定。時以真定槀城奉莊聖太后湯沐，歲庚戌，太后使擇邑中子弟來上，公始從忠獻公謁太后和林城。

世祖皇帝在潛藩，命公主文書，講説帳中，常見許重。癸丑，世祖以憲宗皇帝命自河西征雲南大理，忠獻公在行，公與弟壽國正獻公文忠先在軍中督糧具，

贊軍務。丁巳，世祖令授皇太子經，是爲北平王、雲南王也。又使爲使召遺老於四方，而太師竇公默、左丞姚公樞、鶴鳴李公俊民、敬齋李公冶、玉峯魏公璠偕至，於是王府得人爲盛。

己未，世祖以憲宗命取宋，公發沿邊蒙古、漢人諸軍，理軍需。將攻鄂州，宋以賈似道、吕文德將兵抗我，水陸軍容甚備。九月，世祖臨江閲戰，忠獻公請曰：「宋恃江爲險，兵力厚，法當先之奪其氣，臣請先。」公與正獻公固請偕行。世祖親科甲冑，擇大艦授之。乃率敢死士數十百人鼓棹，疾呼奮進，直薄南岸，諸軍亦争進。宋軍來赴戰，三合三敗之。公乘小舟歸報世祖，世祖方駐香爐峯，因策馬下山問戰勝狀，則扶鞍立起，竪鞭仰指曰：「天也。」即賜巵酒，使主帳下宿衛，且命傳令他帥曰：「今夕毋飲酒，毋解甲，明日將圍城。」既渡江，會憲宗崩，閏十一月，師還。

庚申，世祖即皇帝位，建元中統。公持詔宣諭邊郡，且擇諸軍充侍衛，七月還朝。中書左丞張仲謙宣撫大名等路，奏公爲左右司郎中。二年八月，佩金符，以兵部郎中參議都元帥府事。三年，山東守臣李璮叛，據濟南。從元帥闊闊帶統兵伐之，五月而克其城，璮伏誅，山東平。元帥卒，公還。都元帥阿朮奉詔取宋，召公爲屬，公辭曰：「新制，諸侯揔兵者，其子弟勿復任兵事。今伯兄以經畧使揔重兵鎮山東，我不當行。」帥曰：「潛邸舊臣，不得引此爲説。」公病不行。

五年，改元至元之歲也。上曰：「董某安在？年始壯，不使爲國効力，今安在？」召授金符，爲西夏、中興等路行省郎中。中興自渾都海之亂甫定，民間相恐動，竄匿山谷，而省臣方入奏，同僚不知所爲。公曰：「吾死不可以去此，宜鎮以静。」乃爲書置通道諭之，然後粗安。始開唐來、漢延、秦家等渠，墾中興、西涼、甘肅、瓜沙等州之土，爲水田若干，於是民之歸者户四五萬，悉授田種，頒農具，更造舟置黄河中，受諸部落及潰叛之來降者。時近屬貴人曰只必鐵木兒者鎮西方，其下縱横，需索旁午，不可會計，省臣不能支。公坐幕府，輒面折以國法。其徒積忿，譖公。貴人怒，召使左右雜訊之，意叵測。公曰：「我，天子命吏，請得與天子所遣傳貴人者辨。」天子所遣傳貴人者，中朝舊臣，嘗事莊聖太后，來詰問公不承貴人旨意狀，公曰：「我漢人，生死不足計。我所恨者，仁慈寬裕如貴人，以重戚鎮遠方，而其下毒虐百姓，凌暴官府，傷貴人威名，於事體不便。」因僂指其不法者數十事。詰問者驚起，去白貴人，即召公謝之，曰：「非郎中，我殆不知，郎中持此心事朝廷，宜勿怠。」自是譖不行，而省府事粗立。二年，入奏經畧使宜。還，以上旨行之，中興遂定。

三年，行省罷，還京師，命公爲中書省左右司郎中，辭之。五年，立御史臺，授公山東東西道提刑按察副使，以仲兄右衛親軍千户文蔚卒，不及赴。八年，立司農司，授公奉訓大夫、山東東西道巡行勸農使。十一年三月，加朝列大夫，勸農使如故。山東中更叛亂，多曠土，公巡行勸勵，無間幽僻。入登州境，見其墾闢有方，公爲詩表異其守移剌，今刻石在州治。於是，列郡咸勸，地利畢興，五年之間，政績爲天下勸農使之最。十二年，丞相安童公奏公爲中順大夫、工部侍郎，代紇石里。石里者，阿合馬私人也，其徒聞安童公罷政，即使鷹監奏曰：「自紇石里去，工部侍郎不給鷹食，鷹且瘦死矣。」上怒，趣召治之，因急逮公入見。上望見曰：「董某顧爲爾治鷹食者耶？」置不問，別令取給有司。阿合馬知不可譖。

十三年，出公爲少中大夫、衛輝路總管，兼本路諸軍奥魯總管，佩金虎符。郡當要衝，民爲兵者十九，餘皆單弱貧病，不任力役。會初得江南，圖籍、金玉、財帛之運，日夜不絶于道，警衛輸輓，日役數千夫。公戚然憂之曰：「吾民弊矣，而又重妨穡事，殆不可。」迺從轉運主者言：「郡邑胥校足備用，不必重煩吾民也。」主者曰：「公言誠然，即行公言。事萬有一不虞，罪將誰歸？」公即爲手書具官職姓名保任之，民得以時耕，而運事亦無不具者。諸郡運江淮粟于京師，衛當運十五萬，公曰：「民籍可役者無幾，且江淮舟行，風水不時至，而先弊吾民以期會，是未運而民已憊矣。」迺爲集旁郡通議，立法驛置，民力以紓。十四年，以職事詣汴，漕司方議通沁水，北東合流御河，以便漕者，公曰：「衛爲郡，地最下。大雨時行，沁輒溢出百十里間，雨更甚。水不得達于河，即浸淫及衛。今又道之使來，豈惟無衛，將無大名、長蘆矣。」會朝廷遣使相地形，上言：「衛州城中，浮屠最高者，才與沁水平，勢不可開也。」事得寢不行。爲郡多善政，民有去思，具見郡教授陶師淵所撰碑文。十六年，受代歸田里，作遐觀之亭於故丘，茅茨數椽，僅避風日，讀書賦詩，怡然燕居，自號野莊老人。

裕宗在東宫，數爲臺臣言：「董某，勳舊忠良，何以不見用也。」十八年，臺臣奏起公爲山北、遼東道提刑按察使，不赴。十九年，朝廷選用舊臣，迺召公爲太中大夫、兵部尚書。自是朝廷有大議，未嘗不與聞。二十年，江淮省臣有欲專肆而忌廉察官者，建議行臺隸行省，狀上，集議，公議曰：「不可。御史臺，譬之卧虎，雖未噬人，人猶畏其爲虎也。今司憲僅在，紀綱猶不振，一旦摧抑之，則風采

薾然，無可復望者矣。」又曰：「前阿合馬用事時，商賈賤役皆行賄入官，及事敗，欲盡去其人，廷議以爲不可。使阿合馬售私恩，而朝廷驟斂怨也。及使按察司劾去其不可者，然後吏有所憚，民有所赴愬。則是按察司者，國家當飭勵之，不可摧抑也。」後悉從公議。

轉通議大夫、禮部尚書，遷翰林、集賢學士，知祕書監。時中書右丞盧世榮，本以貨利得幸權要爲貴官，陰結貪刻之黨，將錙銖掊克爲功，迺建議曰：「我立法治財，視常歲倍增，而民不擾也。」詔下會議，人無敢言者。公陽問曰：「此錢取諸右丞家耶？將取之民？取諸右丞家，則不敢知；若取諸民，則有説矣。牧羊者，歲常兩剪其毛。今牧人日剪其毛而獻之，則主者固悦其得毛之多矣。然而無以避寒熱，即死且盡，毛又可得哉？民財亦有限，取之以時，猶懼其傷殘也。今盡刻剥無遺氂，猶有百姓乎？」世榮不能對。丞相安童公謂坐中曰：「諸君，董尚書真不虛食俸禄者。」議者出，皆謝公曰：「公以一言折聚斂之臣而厚本。」仁人之言，其利博哉，豈不信然。世榮竟以是得罪，後嘗謂人曰：「我不知何事忤董尚書，每折我不遺餘力。」

二十二年，拜中奉大夫、江淮等處行中書省參知政事，公力辭上前曰：「江淮事劇，臣不敢當。」上曰：「卿家世非他人比，朕所以任卿者，不在錢穀細務也。卿當察其大者，事有不便，第言之。」公不敢辭，遂行。行省長官者，素貴倨多敖，同列莫敢仰視，跪起稟白如小吏事上官。公則坐堂上，侃侃與論，是非可否，無所遷就，雖數忤之，不顧也。有以上命建浮屠於亡宋故宮者，有司奉行急迫，天大雨雪，入山伐木，死者數百人，而猶欲併大建佛寺。公坐中謂其人曰：「非時役民，民不堪矣。少徐之如何？」長官者曰：「參政奈何格上命？」公曰：「非格上命也。今日重困民力，失民心，豈上意耶？」各拂袖去，然竟得少舒其程。公在行省，政事大槩如此。

廿三年，將用兵海東，徵斂益急，有司爲姦日益甚。公曰：「吾力不足以口語勝矣。」迺請入奏事，大畧言「疲國家可保之民力，取僻陋無用之小邦」，其條目甚悉。言上，事亦罷。廿五年，拜御史中丞。公曰：「中丞不當理細務，吾當先舉按察使。」乃舉胡公祇遹、王公惲、雷公膺、荆幼紀、許楫、孔從道十餘人爲按察使。又舉徐公琰、魏公初爲行臺中丞，當時以爲極選。方是時，桑葛當國用事，寵奉方熾，自近戚貴臣，見桑葛皆屏息遜避，無可誰何。以舊臣任御史，號不易爲。桑葛令人風公贊己於上前，公不答。又自謂公曰：「百司皆具食丞相府，獨御史臺未具食丞相府。」公又不答。屬朔方軍興，糧糗粗備，而誅責踰急。公謂之曰：「民急矣，外難未解，而內戕其根本，丞相宜思之。」於是，遠近盜賊蜂起，公持外郡所上盜賊之目，謂之曰：「百姓豈不欲生養安樂哉？急法苛斂，使至此耳。」又謂之曰：「御史臺所以救政事之不及，丞相當助之，不當抑之也。御史臺不得行，則民無所赴愬而政日亂，將不止臺事不行也。」浸忤其意蓋深，乃摭拾臺事百端，公日與辯論，不爲屈。於是具奏桑葛姦狀，詔報公語密，外人不知也。桑葛日誣譖公于上曰：「在朝惟董中丞戇傲不聽令，沮撓尚書省，請痛治其罪。」上曰：「彼御史職也，何罪？且董某端謹，朕所素知，汝善視之。」當是時，雖貴近以誣譖遭斥辱者不一，公徒以區區之誠，賴天監主知而免。

於是，遷公通奉大夫、大司農。時又欲奪民田爲屯田，公固執不可，則又遷公爲翰林學士承旨。廿七年，隆福太后在東宫，以公耆舊，欲使公授皇孫以經，具奏上，以上命命之曰：「老人畏寒，須暄和。」乃一至帳中授經，內侍視饌。公每講説經旨，必傳以國朝故實，丁寧譬喻，反覆開悟，故皇孫亦特加崇禮焉。三十一年，上命公以其諸子入見，公曰：「臣蒙國厚恩，死無以報。臣之子何能爲，謹不敢以見。」命至再三，終不以見。

是歲，世祖皇帝升遐，公望宫牆哀慟幾墜馬下，同列爭持扶之。及致奠喪次，羣臣皆推公，曰：「先帝漢人舊臣，唯公在矣。公宜前受酒行禮。」皆相對哭失聲。今上皇帝將即位於上都，太后命公從，治裝賜鈔百定以行。既即位，巡狩三不剌，公奏曰：「先帝新棄天下，陛下遠狩，不以時還，無以慰安元元，宜趣還京師。且聞人君，猶北辰然，居其所而衆星共之，不在勤遠略也。」上悟，即日可其奏。是行也，上每召入帳中，問先朝故事，公亦盛言先帝時虛心納賢、開國經世之務，談説或至夜半。太后亦素知公，故多所顧問。公自先帝時，每侍燕，與蒙古大臣同列。裕宗嘗就榻上賜酒，使毋下拜跪飲，皆異數也。上在東宫時，正旦受賀，於衆中見公，召使前曰：「吾鄉見至尊，甚憐汝。」輒親取酒飲之。至是，眷賚至渥，賜鈔三百定，至於金衣玉帶、紫笠寶環之賜，皆追成先帝之業也。是年，詔脩先帝《實録》，陞資善大夫、知制誥、兼脩國史。公於祖宗世系功德、戚近將相家世勳績，皆記憶貫穿。史館有所考訂質問，公應之無所遺失。

大德元年夏四月，上章言：「臣老矣，請致其事。」上聞之，特加資德大夫，許致仕，賜鈔二百定以歸。命一子官鄉郡，便侍養。六月戊寅，以疾薨于里第之正寢，享年七十有四。公性孝友，四時祭祖禰，輒思慕感愴，如將見之。事伯兄如

事父，教子弟嚴而有禮。爲學以誠實爲主本，故其文章議論，皆質直忠厚，不爲華靡。其從政，寬裕慈愛，簡於細務。至於謀大事、決大議，則剛毅正直，磊落可觀。歷事三朝，每以忠言正論爲己任。故言事上前，必引古證今，從容盡達其藴而後已。平居聞朝政有一未善，輒終夜不寐，倚壁歎恨不置，曰：「祖宗艱難成立之天下，豈可使賊臣壞之？」故每與朝議，即奮言不顧危禍，以片言折權姦，定國是者，不可勝紀，朝廷賴之。在御史臺，行中書省時，所遭皆大姦劇惡，每恨公不順己，計萬方欲殺之。公一不以爲意，曰：「人臣在位，豈愛身苟容，而上負國家，下負生民乎？」公仕宦五十餘年，凡十八命，禄俸之餘，盡以買書，而家無儋粥之資，卒賣其京城之宅以償積貸。世祖嘗念其貧，每欲有所賜，使近臣記其事，然公終不一自言也。逮薨之日，惟有祭器、書册而已。其好賢樂善，尤出天性，雖待下士必盡禮，至老且貴，終不倦。人有善，必推舉之，而名公大人聞公所薦，亦必曰：「出董公門，必佳士也。」故天下之士争歸之。與人謀，至忠欵，故國人有爲使遠方，若出而領兵治民者，必來受教而後行。公爲開導訓誨，足以歆動其意，至有欣然聽之終日忘去者。而蒙古大臣見之，必曰：「此故老也。」皆改容待之。嗚呼，蓋可謂忠厚誠實君子者矣！【略】

公墓兆在縣西北高里先塋之東。公，國之老臣，歷中外久矣。上而朝廷，下及四方，賢大夫士宜必有深知公者，尚能道其德業之詳也。謹録其歷官行事梗槩如上，伏惟立言之君子圖其不朽者焉。謹狀。大德七年三月某日，大都路儒學教授虞集狀。

雜録

備録

吴澄《吴文正集》卷六七《有元翰林學士承旨資德大夫知制誥兼修國史加贈宣猷佐理功臣銀青榮禄大夫少保趙國董忠穆公墓表》 公諱文用，字彦材，真定藁城人。贈光禄大夫、司徒、趙國宣懿公諱昕之孫，龍虎衛上將軍、左副元帥、贈推忠翊運效節功臣、太傅、開府儀同三司、上柱國、趙國忠烈公諱俊之子也。忠烈起自畎畝，爲國竭忠而死，有八子。其元子文炳，以左丞從伯顔丞相平江南，功第一，贈金紫光禄大夫、平章政事，加贈宣忠佐運開濟功臣、太尉、開府儀同三司、上柱國，封趙國公，謚忠獻。其季子文忠，某官，帷幄近臣，贈光禄大夫、司徒，加贈體仁保國佐運功臣、太師、開府儀同三司、上柱國，封趙國公，謚正獻。公忠獻之弟，正獻之兄，於次居八子中之三。生十歲而孤，伯兄忠獻教諸弟，如父之教子，得侍其先生軸爲師。故公器業夙成，武將家偉然爲文儒。

少事世祖皇帝于潛邸。中統元年，張公文謙宣撫大名，辟公爲左司郎中。二年，以兵部郎中參議都元帥府事。至元元年，除西夏中興行省郎中。五年，立御史臺，除山東道提刑按察副使。八年，置大司農司，爲山東勸農使。十二年，擢兵部侍郎。十三年，佩金虎符，出爲衛輝路總管。去衛時，年踰六十，浸不喜仕，築遐觀亭，日與鄉人飲酒賦詩，若將終身。十九年，起爲兵部尚書，尋改禮部尚書，又還翰林侍讀學士，知秘書監。二十二年，拜江浙行省參知政事。二十五年，爲御史中丞。權相忌之，奏公爲大司農，又從公翰林學士承旨。三十一年，成宗即位，加資善大夫知制誥，兼修國史。大德元年，進資德大夫，致仕。六月戊申，以疾薨于里第，年七十四。八月甲午，葬藁城西北高里先塋之左。五年，翰林閣學士復以大都路儒學虞教授集所述行狀，撰公《神道碑》。其後蒙恩，特贈銀青榮禄大夫、少保，封壽國公，謚忠穆。又加贈宣猷佐理功臣，改封趙國公。至順三年，公之子南康路總管士恒貽書臨川吴澄曰：「先公平生言行，碑銘可稽。然薦膺六龍，封謚名爵既異，復有待於不一之書也。」澄舊嘗忝竊微禄，客京華，稔聞公名。時公已即世，不及親見公之行事矣。謹按前碑，敘公之大槩，以表于墓。

初，憲宗南伐，先加兵於蜀。世祖以太弟，帥東侯之師，趍鄂渚，將次江上。公伯兄獻謀，謂《兵法》「先人有奪人之心」，願假戈船，先諸軍渡江。公暨季弟統勁卒數百以從，徑薄南岸，三戰三捷。公還報，世祖駐馬臨江，酌公卮酒，使申令諸將，日日畢渡。會憲宗崩，咸請乘勝進取，公獨建議班師，歸定國事，以爲他日南土可傳檄而定。世祖然其議。其後宋既平，每對朝臣嘉獎公之先識。

公佐西夏行省時，新承渾都海之亂，往者憚於行，至者憚於留。公言人臣不當避難，悉心撫治，開諸渠，溉平涼、甘肅、瓜沙數州之田，予民種及農具，諸部落渡河來歸者日衆。人地割界諸王，常賦外，其下徵索無度。公與王傅言：「賢王，國之懿親，仁聲洽於四遠。下人縱恣如此，將無累王盛德乎？」俾指數其不

法數十事。傳驚起，白王，王召公，諭曰：「微公，不聞斯言。幸持此心，勿怠！」三年之間，所畫皆便民，夏境遂安。齊魯故饒穀粟，公勸農山東，躬自督視，闢其汙萊，至于海瀕，績最諸道。

公之爲兵部侍郎也，前侍郎平章阿哈瑪私人，教鷹監入愬，今侍郎不給鷹食。世祖怒，召至，望見公，乃曰：「董文用豈治鷹食者耶？」愬竟不行。公之爲衛輝總管也，江南初臣屬，輦致金帛送京師者道衛晝夜不絶，日役數千夫護送。公曰：「東作方興，無奪農時，遣丐校足矣。」議引沁水入御河，以通運漕。公曰：「沁水地勢高於衛，倘積雨彌旬，沁水灌衛，又使入河，河不受，還入衛，則衛惟其厄，且無大名、長蘆矣。」部使者與水衡度水，如公所言，遂止，衛人德公焉。

公之爲兵部尚書也，預議大政。江淮行省惡臺憲繩己，欲使行臺受制行省。公曰：「不可。風憲之司猶虎，今虛名僅存，如虎雖睡，人猶有所憚。若更受制於人，貪虐之官吏，蔑顧忌矣。」議遂寢。賈人盧世榮，主權倖，驟陞中書右丞，謂生財有術，民不加賦，而歲倍入。詔廷臣集議，衆莫敢言。公時爲翰林集賢學士，詰之曰：「是錢若不取於民，倍入之，利將安出？譬之牧羊，每歲僅可再薙其毛，若時復一薙，羊主得毛雖多，而羊死寒熱矣。取民者亦然，日削月朘，邦本先蹙，寧復有財可取？太祖聖武皇帝，提尺箠，起朔方，以有此民，而忍於戕之乎？」丞相安童曰：「董尚書議是。」未幾，世榮誅。公辭江淮參政之命，曰：「錢穀事繁，臣不任治劇。」上曰：「江浙重地，煩卿鎮之。」乃奉詔。時行省之長矜傲，同列畏懾，公與論事無所屈。日，選嚴酷吏百輩，將括民田。民大駭，公力止之。浮屠人得旨，於亡宋故宮造塔，有司役民入山伐木，大雨雪，多凍死。公命緩其事，省長揚言參政格詔旨，公曰：「隆冬興役，民不能堪，將失浙人心，非詔旨也。」長有愧色，事亦紓。日本之役，倚辦兩入奏，有詔罷兵。僧格擅威權横斂，雖臺臣莫敢誰何。公爲中丞，怒公不附己，掊摭臺務百端，公與廷辨不少挫。嘗慨然曰：「郡縣病極，救之無它策，惟當選按察使。」舉雷公膺、胡公祗遹等十餘人，天下賴之。復以僧格奸狀告上，不報，而僧格奏公憃戇不聽令，沮撓尚書省政，將陷于辟。世祖徐曰：「董文用，朕所知。」由是不能害，則褫其臺權，而擯公于農官。欲奪民田爲屯田，公固執不許，則又褫其農職，而寘公于翰苑。僧格敗，公譽望益重。

世祖命公授諸皇孫，詔曰：「老人畏寒，須暄和。」時至帳中，敕内侍親具膳。每預宴，與蒙古鉅族齒。或時賜飲御榻，特命毋拜。其眷遇之隆，漢人無出其右。嘗命公見其諸子，公奏：「荷國厚恩，報効無所，不敢以子弟累陛下。」成宗初，公覲于上都，召入便殿，賜錦衣玉帶、雙玉珮環。從幸三部落，又賜緡錢萬五千券。日久奉顧問，公陳國朝故事，累累言先皇虛心納賢經國之務，嘗至夜分。國朝譜繫，勳舊世家，公記纂詳盡。史修《實録》，咸就公考正。上章請老，詔賜緡錢萬券，官一子鄉郡，以便養。既得請，咨院呈省，言：「故父歿於國事，自願不令子孫承廕，乞將自己職事易故父封謚。」時臺臣有送公出境者，比還，同僚訝其來之遲，則具言：「公居廉貧，賣居室以償所稱貸而去。其父忠勇死國，未蒙旌異。今請以廕其子者易封其父，豈非忠孝兩全之人與？」聞者莫不嗟愕。於是，合臺備舉其事于省，并以聞奏。旋蒙聖恩，特贈其父功臣名號、官勳、封謚。

備論

閻復《静軒集》卷五《趙國忠穆董公神道碑》 維董命氏，豢龍是先。受姓虞廷，著望廣川。由漢歷唐，代不乏賢。藁城之宗，實佐聖元。顯允惟公，忠孝家傳。宣力四方，事不避難。畫謀中興，反側其間。勸農海瀕，敦本力田。郡政之良，民力汝寬。遺愛在人，永矢弗諼。公之立朝，大節可觀。聚歛爲奸，折以正言。首虺可撩，須虎可編。讒者翩翩，媒孽帝前。維帝念公，曲示保全。逸老鑾坡，純嘏自天。天祐善人，報施罔愆。蘭茁其芽，珠玉成淵。滹水之後，馬鬣有阡。載德貞珉，百祀弗刊。

蘇天爵《元朝名臣事略》卷一四《内翰董忠穆公》 公性孝友，四時祭祖禰，輒思慕感愴，如將見之。事伯兄如事父，教子弟嚴而有禮。爲學以誠實爲主本，故其文章議論，皆質直忠厚，不爲華靡。其從政，寬裕慈愛，簡於細務，至於謀大事、決大議，則剛毅正直，磊落可觀。歷事三朝，每以忠言正論爲己任。故言事上前，必引古證今，從容盡達其藴而後已。平居聞朝政有一未善，輒終夜不寐，倚壁歎恨不置，曰：「祖宗艱難成立之天下，豈可使賊臣壞之！」故每與朝議，即奮言不顧危禍，以片言折權姦定國是者，不可勝紀，朝廷賴之。在御史臺、行中書省時，所遭皆大姦劇惡，每恨公不順己，計萬方欲殺之，公一不以爲意，曰：「人臣在位，豈愛身苟容，而上負國家，而下負生民乎！」公仕宦五十餘年，凡十八命，禄俸之餘盡以買書，而家無饘粥之資，卒賣其京城之宅，以償積貸，逮薨之日，惟有祭器、書册而已。其好賢樂善，尤出天性，雖待下士，必盡禮，至老且貴，

終不倦。人有善，必推舉之，而名公大人聞公所薦，亦必曰：「出董公門，佳士也。」故天下之士爭歸之。與人謀，至忠款，故國人有爲使遠方，若出而領兵治民者，必來受教而後行。公爲開導訓誨，足以歆動其意，至有欣然聽之終日忘去者。而蒙古大臣見之，必曰：「此故老也。」皆改容待之。嗚呼！可謂忠厚誠實君子者矣。《行狀》。

藝文

王惲《秋澗先生大全文集》卷六《金馬門行贐董叅謀彥才之元帥府》 十年金馬門中客，萬里風雲横上策。貂蟬要自出兜鍪，拏舟渡江江水窄。新豐樹色繞千官，一片丹心懸魏闕。洞庭白波木葉下，千騎臨江思飲馬。堂堂大帥晉龍驤，聲振南陲無呂賈。止則如山戰則克，更着君侯叅幕畫。淮陰何止一軍驚，滿眼旌麾動秋色。萬竈連營楚戍煙，一樽回首銅駝陌。功名年少貴力取，行與諸兄垂竹帛。蹇予久事筆研間，天東倦客未能還。夢回破屋見星斗，商聲夜半歌南山。虛名不到麟閣上，白日能饑苜蓿槃。何如乘此長風去，濁浪吹破東南天。

王惲《秋澗先生大全文集》卷三三《野莊圖并序》 承旨董公繪野莊爲圖，求諸賢題詠。中齋草序以同人致亨，晦叔撰銘以凝倫溢美，恐未盡公臆之所在。若夫士君子，出處固皆有命，不可以遲速工拙爲言，然當得行道際静退之心，何嘗食頃而不在懷也？以艱於自云，必托物以表其志。雖未能掛冠神武，斂裳霄逝，較之鍾鳴漏盡不已行者，猶賢乎已。喜爲賦詩，初弗計其不自量也。其辭曰：

午橋吟醉平淮後，商嶺鴻冥定漢餘。正恐野莊歸未遂，九重思治望新書。

老筆鍊餘詩律細，事機諳久宦情疎。《輞川圖》上王摩詰，静退爲心是本初。

寶珠换却杖頭鳩，空見秋瓜憶故丘。白首相看官舍底，晚年心事轉優游。

吴澄《吴文正集》卷六一《題野莊詩卷後》 世有身居江海之上，而心乎魏闕之下者；亦有身繫軒冕之貴，而心乎農圃之賤者。一則忠，一則智也。昔翰林承旨真定董公，在家或聞國政之疵，輒終夜不寐而歎。《野莊圖》，凡在官必攜以自隨，時一展玩，若有意於桑麻稼穡之務而不可得，此豈淺丈夫之所能測哉？嗚呼，世之人跋履崎嶇，衝犯風波，乘危瀕死，而往不休，逮他日追思牽犬聽鶴，則已晚者，其智果何如邪？公之吉德，而姦凶亦媢忌，屢謀加害，賴主知之深，主眷之篤，而彼之計不行。公保身之哲，固炳於幾先，所以未嘗須臾忘野莊也。夫其身雖閑退，而其心每憂朝中者，忠臣致身之義；其身雖仕進，而其心樂野外者，智士存身之道。忠與智，公其兩全也。

陳孚《陳剛中詩集》卷三《野莊公年過七十以詩爲壽》 北嶽開葱蒨，中朝列艾厖。聲猷今第一，氣量古無雙。乙夜陪宸蹕，丁年擁帥幢。扈龍踰瀚海，躍馬渡岷江。善化行鄘邶，威名振冉駹。儀曹尊北府，亞相式南邦。鳩扈敦農稼，烏臺戢吏哤。諫租寬杼軸，議戰偃矛鏦。霄漢常騰鶚，郊原不吠尨。信知天有柱，始覺水無洚。焜燿青藜杖，穹窿碧瑣窻。清絃調大吕，巨筆奮長杠。奥學蠡難測，雄詞鼎可扛。富惟儲古帖，老不廢寒釭。教義燕山竇，遺安峴首龐。一門風穆穆，百世澤淙淙。喜見麟垂紱，還斟蟻泛缸。占熊符舊兆，飛鶴度新腔。晴雪浮籩豆，春風扇柷椌。僕雖慙駑鈍，公每念愚惷。鑛喜洪罏鑄，鐘容寸莛撞。陳蕃猶下榻，張籍已收瀧。願繼周南雅，長歌福禄降。

阿朮部

綜述

《元史》卷一二八《阿朮傳》 阿朮，兀良氏，都帥兀良合台子也。沉幾有智略，臨陣勇決，氣蓋萬人。憲宗時，從其父征西南夷，率精兵爲候騎，所向摧陷，莫敢當其鋒。至平大理，克諸部，降交趾，無不在行。事見《兀良合台傳》。憲宗嘗勞之曰：「阿朮未有名位，挺身奉國，特賜黄金三百兩，以勉將來。」

世祖即位，留典宿衛。中統三年，從諸王拜出、帖哥征李壇有功。九月，自宿衛將軍拜征南都元帥，治兵于汴。復立宿州。至元元年八月，略地兩淮，攻取戰獲，軍聲大振。

四年八月，觀兵襄陽，遂入南郡，取僊人、鐵城等柵，俘生口五萬。軍還，宋兵邀襄、樊間。阿朮乃自安陽灘濟江，留精騎五千陣牛心嶺，復立虚寨，設疑火。夜半，敵果至，斬首萬餘級。初，阿朮過襄陽，駐馬虎頭山，指漢東白河口曰：「若築壘於此，襄陽糧道可斷也。」五年，遂築鹿門、新城等堡，繼又築臺漢水中，與夾江堡相應，自是宋兵援襄者不能進。

六年七月，大霖雨，漢水溢，宋將夏貴、范文虎相繼率兵來援，復分兵出入東岸林谷間。阿朮謂諸將曰：「此張虚形，不可與戰，宜整舟師備新堡。」諸將從之。明日宋兵果趨新堡，大破之，殺溺生擒五千餘人，獲戰船百餘艘。於是治戰船，教水軍，築圜城，以逼襄陽。文虎復率舟師來救，來興國又以兵百艘侵百丈山，前後邀擊於湍灘，俱敗走之。

九年三月，破樊城外郛，增築重圍以逼之。宋裨將張順、張貴裝軍衣百船，自上流入襄陽，阿朮攻之，順死，貴僅得入城。俄乘輪船順流東走，阿朮與元帥劉整分泊戰船以待，燃薪照江，兩岸如晝，阿朮追戰至櫃門關，擒貴，餘衆盡死。是年九月，加同平章事。先是，襄、樊兩城，漢水出其間，宋兵植木江中，聯以鐵鎖，中造浮梁，以通援兵，樊恃此爲固。至是阿朮以機鋸斷木，以斧斷鎖，焚其橋，襄兵不能援。十二月，遂拔樊城。襄守將吕文焕懼而出降。

十年七月，奉命略淮東。抵揚州城下，宋以千騎出戰，阿朮伏兵道左，佯北，宋兵逐之，伏發，擒其騎將王都統。

十一年正月，入覲，與參政阿里海牙奏請伐宋。帝命相臣議，久不決。阿朮進曰：「臣久在行間，備見宋兵弱於往昔，失今不取，時不再來。」帝即可其奏，詔益兵十萬，與丞相伯顔、參政阿里海牙等同伐宋。三月，進平章政事。

秋九月，師次郢之鹽山，得俘民言：「宋沿江九郡精鋭，盡聚郢江東、西兩城，今舟師出其間，騎兵不得護岸，此危道也。不若取黄家灣堡，東有河口，可由其中拖船入湖，轉以下江爲便。」從之。遂舍攻郢而去，行大澤中，忽宋騎兵千人突至。時從騎纔數十人，阿朮即奮槊馳擊，所向畏避，追斬五百餘級，生擒其將趙、范二統制。進攻沙洋、新城，拔之。前次復州，守將翟貴迎降。

時夏貴鎖大艦扼江、漢口，兩岸備禦堅嚴。阿朮用軍將馬福計，回舟淪河口，穿湖中，從陽羅堡西沙蕪口入大江。十二月，軍至陽羅堡，攻之不克。阿朮謂伯顔曰：「攻城，下策也。若分軍船之半，循岸西上，對青山磯止泊，伺隙擣虚，可以得志。」從之。明日，阿朮遥見南岸沙洲，即率衆趨之，載馬後隨。宋將程鵬飛來拒，大戰中流，鵬飛敗走。諸軍抵沙洲，急擊，攀岸步鬭，開而復合者數四，敵小却，出馬於岸，遂力戰破之，追擊至鄂東門而還。夏貴聞阿朮飛渡，大驚，引麾下兵三百艘先遁，餘皆潰走，遂拔陽羅堡，盡得其軍實。

伯顔議師所向，或欲先取蘄、黄，阿朮曰：「若赴下流，退無所據，上取鄂、漢，雖遲旬日，師有所依，可以萬全。」已未，水陸並趨鄂、漢，焚其船三千艘，煙燄漲天，漢陽、鄂州大恐，相繼皆降。

十二年正月，黄、蘄、江州降。阿朮率舟師趨安慶，范文虎迎降。繼下池州。宋丞相賈似道擁重兵拒蕪湖，遣宋京來請和。伯顔謂阿朮曰：「有詔令我軍駐守，何如？」阿朮曰：「若釋似道而不擊，恐已降州郡今夏難守，且宋無信，方遣使請和，而又射我軍船，執我邏騎。今日惟當進兵，事若有失，罪歸於我。」二月辛酉，師次丁家洲，遂與宋前鋒孫虎臣對陣。夏貴以戰艦二千五百艘横亘江中，似道將兵殿其後。時已遣騎兵夾岸而進，兩岸樹砲，擊其中堅，宋軍陣動，阿朮挺身登舟，手自持柁，突入敵陣，諸軍繼進，宋兵遂大潰。以上詳見《伯顔傳》。

世祖以宋重兵皆駐揚州，臨安倚之爲重，四月，命阿朮分兵圍守揚州。庚申，次真州，敗宋兵于珠金砂，斬首二千餘級。既抵揚州，乃造樓櫓戰具于瓜洲，漕粟于真州，樹柵以斷其糧道。宋都統姜才領步騎二萬來攻柵，敵軍夾河爲陣，

阿朮麾騎士渡河擊之，戰數合，堅不能却。衆軍佯北，才逐之，遂奮而回擊，萬矢雨集，才軍不能支，擒其副將張林，斬首萬八千級。

七月庚午，宋兩淮鎮將張世傑、孫虎臣以舟師萬艘駐焦山東，每十船爲一舫，聯以鐵鎖，以示必死。阿朮登石公山，望之，舳艫連接，旌旗蔽江，曰：「可燒而走也。」遂選强健善射者千人，載以巨艦，分兩翼夾射，阿朮居中，合勢進擊，繼以火矢燒其篷檣，煙燄漲天。宋兵既碇舟死戰，至是欲走不能，前軍争赴水死，後軍散走。追至圌山，獲黄〔鵠〕白鷂船七百餘艘，自是宋人不復能軍矣。

十月，詔拜中書左丞相，仍諭之曰：「淮南重地，李庭芝狡詐，須卿守之。」時諸軍進取臨安，阿朮駐兵瓜洲，以絶揚州之援。伯顏所以兵不血刃而平宋者，阿朮控制之力爲多。

十三年二月，夏貴舉淮西諸城來附。阿朮謂諸將曰：「今宋已亡，獨庭芝未下，以外助猶多故也。若絶其聲援，塞彼糧道，尚恐東走通、泰，逃命江海。」乃柵揚之西北丁村，以扼其高郵、寶應之餽運；貯粟灣頭堡，以備捍禦；留屯新城，以逼泰州。又遣千户伯顏察兒率甲騎三百助灣頭兵勢，且戒之曰：「庭芝水路既絶，必從陸出，宜謹備之。如丁村烽起，當首尾相應，斷其歸路。」六月甲戌，姜才知高郵米運將至，果夜出步騎五千犯丁村柵。至曉，伯顏察兒來援，所將皆阿朮牙下精兵，旗幟畫雙赤月。衆軍望其塵，連呼曰：「丞相來矣！」宋軍識其旗，皆遁，才脱身走，追殺騎兵四百，步卒免者不滿百人。壬辰，李庭芝以朱焕守揚州，挾姜才東走。阿朮率兵追襲，殺步卒千人，庭芝僅入泰州，遂築壘以守之。七月乙巳，朱焕以揚州降。乙卯，泰州守將孫良臣開北門納降，執李庭芝、姜才，奉命戮揚州市。揚、泰既下，阿朮申嚴士卒，禁暴掠。有武衛軍校掠民二馬，即斬以徇。兩淮悉平，得府二、州二十二、軍四、縣六十七。九月辛酉，入見世祖於大明殿，陳宋俘。第功行賞，實封泰興縣二千户。

二十三年，受命北伐叛王昔剌木等。明年凱旋。繼又西征，至哈剌霍州，以疾卒，年五十四，追封河南王。

王惲《秋澗先生大全文集》卷五〇《大元光禄大夫平章政事兀良氏先廟碑銘》 開府公諱阿朮，資和粹，行義修正，沉幾有智謀，臨陣對敵，英毅果決，氣蓋萬人。憲宗朝癸丑歲，以白衣從父都帥公征西南夷，率天下精兵爲候騎，所向摧陷，莫敢攖其鋒。至平大理，收諸部，降交趾，踐宋境，無不在焉。一攻一戰，禀成無違教令，竭力奉親，移忠爲國。其碎水寨，掀闔城，奪國君於馬湖，舟指可掬，素盗馬於山樸，賊將生擒之。又鏖戰三湘，搴旗五陣，是皆樹立之駿偉者也。嘗蒙憲宗賞諭，有阿朮未有名位，挺身奉國，特賜黄金一百兩，以勉將來。其降大任於公，兆開於先者，誠不偶然也。

中統三年秋九月，自宿衛將軍，拜征南都元帥，佩金虎符，治兵于汴，復立宿州。至元元年秋八月，詔掠地廬江，入滁陽，自安慶府，經略兩淮，攻□戰□，軍聲大振。四年秋八月，觀兵襄陽，遂入南郡，取仙人怙城等柵，俘生口五萬人。江陵晝鎖，宋人聞我旆還，多掠，選兩淮驍悍騎五千，步萬人，併力邀襄樊間。公謂諸將曰：「若不投宿江北，恐落賊便。」遂自安灘濟江，獨留精騎，陣牛心山下，立虚寨，設疑火。夜半，賊果至，伏發，斬首萬餘級。初，公過襄陽，駐馬虎頭山，指顧漢東白河口，謂諸將曰：「若築壘於此，以斷餉道，襄陽可圖也。」議聞於朝，許焉。五年九月，築鹿門、新城、白河等堡。六年七月，大霖雨，漢水溢，宋大將夏貴、范文虎，相繼以兵來争，又遣兵出没東岸林谷間。公按觀兵勢，謂諸將曰：「此虚形，不可與戰，宜整舟師，以備新堡。」衆從之。明日，南舡果趣新堡，大破之，殺溺生擒者五千，獲鬭艦百餘艘。於是治戰艦，教水軍，築圜城，以逼襄陽。文虎率舟師來救來知府，以百艘泊百丈山，掣肘城役，皆邀擊於灌灘，敗走之。裨將矮張，以軍襖百舫，躍入襄州，尋乘輪舡，順流東走，公與都帥整分艨戰艦以待，燃薪照江，兩岸如晝，公追戰至櫃門關，擒張，餘衆盡殪。是月，授驃騎衛上將軍、同平章事，都元帥如故。九年三月，破樊城外郛，重圍逼之。襄樊兩城，漢水出其間。宋人植木江中，鎖以鐵絙，中造浮梁，樊恃此爲固。我以機鋸斷木，斧絙燔其橋。襄援既絶，公率猛士攻而拔之，襄守將吕文焕懼而出降。秋七月，奉命掠地淮東，抵維揚城下，彼以千騎出戰，公伏師道左，佯北，賊果乘之，擒騎將王都統。

十一年正月，公入覲，因陳奏兵事曰：「臣阿朮久在行間，備見宋人兵弱於昔，削平之期，正在今日。」上付相臣議，久不決。公復奏曰：「今聖主臨御，釋亂朝不取，臣恐後日又難於今日。」上喜曰：「卿言允契朕意。」詔以兵十萬付之。三月，進榮禄大夫、平章政事。秋九月，師次郢之鹽山，得生口四人，問知宋沿江九郡，精鋭盡萃郢江東西兩城，今欲師出其間，騎兵不得護行兩岸，此危道也，不若取黄家湾堡，東有河口，可由中拖舡入湖，轉而下江便。時雨九晝夜不息，公料大軍方集，餽餉不繼，水陸兩間，進退無據，吾大事去矣，遂與右丞相伯顏公議，決意前進，遂拖舟達江，舍攻郢而去。初過郢，按行舟，路徑大澤中，忽騎兵

千人掩至，時從騎纔數十人，公班馬被甲擐揣已，即奮槊馳擊，所向披靡，彼驚走，追斬五百餘級，擒趙、范二統制。乙未，攻沙陽新城，拔之。前次復州，守將翟貴迎降。十一月丁酉，公往覘漢口兵勢，時夏貴已鎖大艦，扼江漢口兩岸，備御堅嚴叵犯。公曰：「可回舟淪河口，穿湖中，從羊羅堡西沙武口入江，甚便。」十二月辛亥，大軍至羊羅堡，攻之不克。公語右丞相曰：「攻城下策，若分軍船之半，循岸西上，泊青山磯下，伺隙擣虛，可以得志。」是夜雪大作，黎明開霽風息，公遥見南岸多露沙洲，即率部曲徑渡，令載馬後隨，宋將程鵬飛來拒戰，公橫身盪決，喋血大鏖，中流敗去，得舡千餘艘。公登沙洲，急擊攀岸步鬭，開而復合者數四，賊小却，出馬於岸，遂苦戰破之，追殺至鄂南門，岸兵敗走。夏貴聞公飛渡，大驚，以爲從天而下，引麾下兵三百艘先遁，餘皆潰亂，我軍乘之，江水爲赤，羊羅堡亦拔，盡得軍實。右丞相議師所向，或欲先取蘄、黄，公謂諸將曰：「若赴下流，退無所據，上取鄂漢，雖遲旬時，可以萬全，且將士有家，欲上欲下，公私兩便，事儻蹉跌，我任其責。」從之。水陸趨鄂，焚其舡三千艘，煙炎漲天，兩城大恐，漢陽、鄂渚，投兵皆降。

十二年正月，黄、蘄、江等州降。戊戌，公率舟師趨安慶府，宋殿後帥范文虎出降。繼下池州，宋平章賈似道督諸道兵扼蕪湖。先是，遣行人宋京來請和。二月丁卯，師次丁家洲，公與右丞相議曰：「且和議未定間，昨我舡出，彼已亂射，又執我邏騎四人。宋人無信，惟當進兵。」又曰：「若避似道不擊，恐已降城池今夏難守，若欲實和，俟渠自來作何語，徐爲思之。」遂與前鋒泰州觀察使孫虎臣對陣，夏貴以戰艦二千五百艘横亘江中，似道將後軍殿。時我已令諸將順江兩勢樹礮，擊其中堅，南軍陣動，趣我舡急進，公即挺身登艦，手柁衝舡，雷鼓大震，喊聲動天地，我師掠彼舟，大呼曰：「宋人敗矣！」似道倉皇失措，舳艫簸蕩，乍分乍合，公以小旗麾將校，率輕鋭横擊深入，宋軍大壞，即回棹前走，右丞相以步騎夾岸掎之，追逐百五十里，殺溺死者，蔽江而下，獲戰艦二百餘艘，都督府圖籍符印悉爲我有，軍資器仗，狼籍不勝計。是日，似道以輕舸東走揚州，夏貴走廬州。己巳，無爲軍、太平州、和州降。癸酉，建康裨將徐王榮以城降，撫慰城中，市不易肆。朝廷以宋重兵皆駐江都，臨安倚之爲重，四月甲寅，命公困守揚州。甲子，公次真州，與南兵戰珠金沙，殲其十人，獲鹽舡三千艘。既抵維揚，視楊子橋河路，漕真粟以助揚乏，即樹柵斷其餉道。宋都統姜才領馬步二萬來爭，期於必取。南軍夾河爲陣，公麾騎士踰河，直斫姜陣，才所將多亡命叛降，餘皆淮卒勁勇，養鋭日久，戰數合，堅不能却。我佯北，才軍果逐之，我奮而回戈，萬矢雨集，彼不能支，騎先遁去，我隨以鐵騎蹂之，追逐斬馘萬八千餘級。兩淮鎮將張世傑、孫虎臣，以兵萬艘駐焦山東。七月辛未，公登石公山，革而望之，舳艫連接，旌旗蔽江。公曰：「可燒而走也。」遂摘伉健善彀者千人，載以巨艦，分兩翼夾射，公居中合勢進擊，繼以火矢著其篷檣，煙焰赫赫，窘無所出。先是，虎臣命前舡悉沉鐵纜於江，示以必死，至是欲走不能，前軍爭赴水死，後軍鬨走，追至圌山，獲白鷂子七百餘艘。是後淮東諸城，兵不敢出矣。十月壬寅，進拜榮禄大夫、中書左丞相，仍諭之曰：「淮南重地，庭芝狡獪，須卿守之。」時諸軍進取臨安，公駐兵瓜洲，彼絶應援，揚不能爲後患，兵不血刃，而兩浙平定，公控制之力爲多。

十三年二月乙丑，夏貴舉淮西諸城來附。左丞相謂諸將曰：「今宋已亡，獨庭芝未下，以外助猶多故也。若絶聲援，塞饟道，尚恐東走通、泰，假息江海。」乃柵揚之西北丁村，拒高郵、寶應糧運，貯粟以備灣頭堡，留屯新城，用逼泰州，又遣千夫長伯顔察帥甲騎三百，壯灣頭兵力，仍諭之曰：「庭芝水路既阻，必從陸出，定謹備之。如丁村烽起，當首尾相應，斷賊歸路。」六月己酉，姜才知高郵米運將至，出步騎五千，果犯丁村，與我兵相抗。至曉，伯顔察來援，所將皆牙下精兵，旗幟作雙赤月，大軍望其塵起，連呼曰：「丞相來矣！」南軍識其幟，才脱身走，追殺騎兵四百，步卒免者不滿百人。辛卯，李庭芝挾姜才東走。公率兵追襲，殺步卒千人，僅入泰州，迺築壘以守之。七月乙巳，朱焕以揚州降。乙卯，泰州守將開北門納我師，執庭芝等出，繼奉命戮揚州市。初，揚、泰下，公申嚴士卒，不得入城致毫髮犯，有武衛軍校掠民一馬，即斬以徇，其號令肅，賞罰信，有古名將風。其年九月，兩淮悉平。冬仲，北覲現世祖皇帝於大明朝殿，庭陳宋俘，設大讌，賀平孽宋，因上奏曰：「是皆陛下威德所致，臣阿朮何與焉！」君臣慶洽，雖彤弓湛露，有不足喻其樂者。第功行賞，實封興泰縣二千户。

廿三年，奉命北伐叛王昔剌木等。明年，凱旋。繼西征，至哈剌霍州，以疾薨，享年五十有四。訃聞，上震悼久之，詔諭有司，曰：「阿朮平昔多負勤勞，其靈車南還，給馹騎六十疋，所過供帳設奠。」葬大同宣寧縣。公貴而不有其位，難而克任其責，料敵明，臨機果，聞敵所在，忠勇奮發，不俟嚴辨，躍馬挺槊，陷陣深入，故士卒感服，爭出死力。南征北討四十年間，大小百五十戰，未嘗敗衄。其追降生擒者，皆釋而不問。及處閑暇，恂恂似不能言。論者謂公智、信、仁、勇，

四者兼備，與孫吳合云。某竊嘗考昔方叔、召虎爲周宣平淮夷，詩人述其功績，鏗鏘炳耀，盪人耳目，故宣王之形容與其輔佐，由今觀之若神人然，不過陳其車徒之盛，謀猷之壯而已。若夫開府公飛渡長江，合勢先攻，因舟於敵，乘機制變，間不容髮，恐詩人歌功，列之于《雅》，有不足諭其美者。況三世繩武，爲國虎臣，身都將相，功名自終，越古無輩。由皇祖元戎，推誠事上，顯禰都帥，竭力殊方，開府公奮身爲國，心若金石，忠結人主之知，功定天下之半。宜乎如營平侯展用於漢宣，形圖麟閣；郭汾陽輸忠於唐室，廟開私第。蓋君臣之義，始終之禮，自相感發，固將有以焉爾。異代同德，古今一時，又何假魯靈獨美龍旂之祀哉。爰作樂歌，以登新廟。

邵遠平《元史類編》卷一九《阿朮傳》 阿朮，沉幾有智畧。憲宗時，從父兀良合台征西南彝，率精兵爲候騎，所向摧陷，至平大理，降交趾，累著奇功。世祖即位，留典宿衛。從征李璮有功，拜征南都元帥，治兵於汴。

至元初，畧地兩淮，觀兵襄陽，遂入南郡，取仙人鐵城等栅軍還。宋盛兵邀襄樊間，阿朮乃自安陽灘先濟，留精騎五千陣牛心嶺，復立虛寨，設疑火，夜半敵果至，斬首萬餘級。初，阿朮過襄陽，駐馬虎頭山，指漢東白河口曰：「若築壘於此，以斷宋餉道，襄陽可圖也。」五年，河南參政阿里海牙以兵來會，遂築鹿門、新城等堡，繼又築臺漢水中，與夾江堡相應。自是，宋兵援襄者不得達。

六年秋，大霖雨，漢水溢，宋將夏貴、范文虎分遣舟師出没東岸林谷間。阿朮謂諸將曰：「此虛形，不可與戰，宜整兵以備新城。」明日，貴舟果趨新城堡，至虎尾洲，追斬殆盡。于是，大治戰艦，教水軍，築圜城以逼襄陽。文虎率舟師援貴，知德安府來興國又乘勢侵百丈山，阿朮與阿里海牙前後邀擊於灌子灘，俱敗走。八年，文虎將衛卒及兩淮舟師十萬進至鹿門，阿朮夾東西爲陣，別令一軍趨會丹灘，犯其前鋒。文虎逆戰不利，棄旗鼓鐙仗遁。阿朮俘其軍，獲戰艦甲械不可勝計。九年，破樊城外郛。宋裨將張順、張貴裝軍衣百船，自上流徑趨襄陽。順被創死，貴得入城，俄乘水漲出輪船，欲順流還郢。阿朮令諸軍艤舟待之，沿岸束荻列炬，火光燭天如晝。追至櫃門關，擒貴，餘衆盡死。先是，襄、樊兩城夾漢水，宋兵植巨木江中，鎖以鐵絙，上造浮梁，通援兵。樊亦恃此爲固。至是，阿朮命以機鋸斷木，以斧斷絙，燔其橋，襄兵不能達。乃帥鋭師截江而出，遂拔樊城。阿里海牙移攻具向襄陽，城中大恐，守將吕文焕降。《世祖本紀》、《阿里海牙傳》俱作十年事。

十年，奉命畧淮東，抵揚州城下。宋以千騎出戰，阿朮伏兵道左，佯北，宋兵逐之，伏發敗去。

十一年正月入覲，與阿里海牙共請伐宋。帝命相臣議，久不決。阿朮進曰：「臣畧地江淮，備見宋兵弱於往昔。失今不取，時不再來。」帝曰：「朕意決矣。」詔大徵兵，與丞相伯顔南伐。秋九月，師次郢之鹽山，得俘民言：「宋沿江九郡精鋭，盡聚二郢南北兩城，夾江漢，舟師出其間，騎兵不得護岸，危道也。不若取黃家灣堡，東有河口，可由中拖船，泛藤湖以達江，僅三里，甚便。」阿朮從其言，遂舍郢去。行大澤中，宋騎兵突至。時從騎纔數十人，阿朮奮槊馳擊，生擒郢州都統趙文義，殺之。進拔沙洋、新城，次復州，時夏貴鎖大艦，絶漢津爲陣，兩岸戒嚴。阿朮用千户馬福計，回舟輪河口，穿湖中，將從陽羅堡西沙蕪口入江。軍至陽羅堡，攻之不克。阿朮謂伯顔曰：「攻城，下策也。若分軍船之半，循岸西上，泊青山磯，伺隙擣虚，可以得志。」遂乘夜遡流上二十里，至青山磯，宋師不知也。值大雪，夜半遥見南岸多露沙洲，即率諸將徑渡，載馬後隨。宋都統程鵬飛來拒，阿朮横身蹀血，大戰中流，鵬飛敗走。諸軍登沙洲，急擊，攀岸步鬭，散而復合者數四。敵小却，諸將出馬於岸，追至鄂東門。夏貴聞阿朮飛渡，大驚，引兵先遁。始拔陽羅堡，盡得其軍實。阿朮還渡江，與伯顔會于武磯山，議兵所向。或欲先取蘄、黃，阿朮曰：「若赴下流，退無所據。先取鄂、漢，雖遲旬日，可爲萬全計。」乃分兵，水陸並趨鄂州，焚其船三千艘，煙燄漲天。漢陽、鄂州大恐，相繼降。

十二年春，黃、蘄、江三州降，即率舟師趨安慶，下池州。宋賈似道擁兵蕪湖，遣宋京來請和，如開慶約。伯顔謂阿朮曰：「有詔令我軍駐守，何如？」阿朮曰：「若釋似道而不擊，恐已降州郡難保。且宋人無信，方遣使請和，而又射我軍船，執我邏騎。今宜速進兵，若有失，我任其咎。」師次池州下流之丁家洲。時似道以精鋭七萬，盡屬孫虎臣爲前鋒，夏貴以戰艦二千五百艘横亘江中，似道將兵殿後。伯顔令軍中作大栰數十，採薪芻置其上，陽言欲焚宋舟。宋軍惟晝夜嚴備，而戰心少懈。伯顔分步騎夾岸進，麾戰艦，合勢衝宋軍。阿朮與虎臣對陣，舉巨礮擊其中堅，虎臣軍動。阿朮以划船數千，乘風直進，挺身登舟，手柁，突入敵中，諸軍繼進。虎臣前鋒將姜才方接戰，虎臣遽過其妾所乘舟，衆見之，譁曰：「步帥遁矣。」軍遂亂。貴不戰而走，以扁舟掠似道船，呼曰：「彼衆我寡，勢不支矣。」似道聞之，遽鳴鉦收軍，舳艫簸蕩，乍分乍合。阿朮以小旗麾將校，横擊深入。伯顔令□騎左右掎之，死者過半，江水爲之盡赤。似道與虎臣單舸奔揚州。

帝以宋重兵在維揚，臨安倚之爲重，命阿朮分兵駐揚州，以斷宋淮南之援。

四月，次真州，敗宋兵于珠金沙。乃造樓櫓戰具于瓜洲，漕粟于真州，樹水柵于揚子橋，以絶宋糧道，且爲瓜洲蔽。時伯顔奉詔赴闕。七月，宋兩淮鎮將張世傑、孫虎臣操戰艦曰黄鵠、白鷂萬餘艘，次焦山東，每十船爲一舫，聯以鐵鎖。沉鐵碇于江中，非有號令，毋得起碇，以示死戰。阿朮登石公山，望見舳艫連接，旌旗蔽江，曰：「可燒而走也。」選善彀者千人，載巨艦，分兩翼交射。阿朮居中，合勢大戰，自辰至午，乘風以火矢燒其篷檣。風急火熾，宋前軍大亂，猝不能起碇，赴江死者數萬。後軍散走，追至圌山，獲白鷂子七百餘艘。自是，宋不能軍。九月，阿朮築灣頭堡。姜才將步騎來攻，阿朮擊走之。十月，拜中書左丞相。帝曰：「淮南重地，李庭芝狡詐，仍須卿守之。」時諸軍進取臨安，獨阿朮留駐瓜洲，以絶揚州之援。

十三年二月，夏貴舉淮西諸城降。阿朮謂諸將曰：「今宋已亡，獨庭芝未下。若不絶其聲援，塞彼糧道，恐東走通、泰，逃命江海。」乃柵揚之西北丁村，以扼高、寶餽運，留屯新城，以逼泰州。更遣千户伯顔察兒率甲騎以捍灣頭堡，戒曰：「宋軍水路既絶，必從陸出，宜謹備之。」六月，姜才聞高郵米運將至，夜出步騎犯丁村。比曉，伯顔察兒來援，所將皆阿朮牙下精兵，旗畫雙赤月。衆軍望見，呼曰：「丞相來矣。」宋軍識其旗，皆遁，才僅以身免。庭芝挾才東走，阿朮率兵追襲。庭芝入泰州，泰州守將孫良臣《史》作「孫貴、胡惟孝」。開北門納欵，庭芝、才俱被執，戮之揚州市。乃申嚴士卒，禁侵掠。有武衛軍校奪民二馬，即斬以狥。淮南北平。

九月入見，陳宋俘，奏先後所得江淮、兩浙、湖南北爲府三十七，州一百二十八，縣七百三十三，户九百三十七萬，口一千九百七十二萬。第功行賞，實封泰興縣二千户。二十三年，受命北伐叛王昔剌木等，明年凱旋。又西征至哈剌霍州，以疾卒，追封河南王。《名臣事畧》■：阿朮聞敵所在忠勇奮發，即躍馬挺槊，陷陣深入，故南討北征，四十年間，大小百五十戰，未嘗敗衄。其追降生擒者，皆釋而不問。及處閒暇，恂恂似不能言論者。

藝文

王惲《秋澗先生大全文集》卷六七《贈謚故光禄大夫左丞相都元帥阿朮制》

制曰：功德兼隆，其所及者既遠；存亡靡間，故爲報也必豐。迺眷元勳，豈同常品。故光禄大夫、中書左丞相、都元帥阿朮，挺英將種，作世虎臣。爪牙兼信布之材，韜畧合孫吴之法。惟重厚克膺其委寄，故謙恭不有其智能。當世祖之恢圖，自元戎而宣力。奠我南服，隱若長城。秉持旄鉞者三十餘年，出入行陣者百五十戰。奮身不顧，忠如皎日之明；愾敵無前，勢若迅霆之擊。載揚我武，飛渡長江。佐收一統之功，名出諸將之右。繼將明命，遠震邊庭。威方暢於皇靈，訃遽聞於瀚海。朕奉先猷而祇懼，念王業之艱難。欝爾風雲，追惟往昔。優加卹典，開勸後人。官資起極品之榮，封爵建大國之號。於戲！麟臺畫像，豈惟宛轉於丹青；甲第賜書，庸示昭光於窀穸。可特贈開府儀同三司、太尉、并國公，謚曰武宣。精爽如在，不昧欽承。

《國朝文類》卷一一閻復《丞相阿朮贈謚制》 邊外開邊，四達弗庭之域；將門出將，三持分閫之權。緬思百戰之勞，宜用九原之賁。故光禄大夫、中書左丞相兼都元帥，贈開府儀同三司、太尉、追封并國公，謚武宣阿朮，英才間世，勇略邁倫。當先皇大理之征，佐迺父雲南之役。靖蠻荒而平交趾，拔襄漢而下江南。鳶瘴揮戈，萬里若衽席之上；龍驤飛渡，三吴歸掌握之中。贊成混一之圖，式副元勳之號。按禮寺易名之典，加王章異等之恩。於戲！青史屢書，諒騰芳之有永；黄河如帶，尚流慶於無窮。可加贈推誠宣力保大功臣、太尉、開府儀同三司、上柱國，追封河南郡王，謚武定。

宋濂《宋文憲公全集》卷三九《國朝名臣序頌・河南武定王阿朮》 河南之先，世有大勛。列陣蟾河，强部褫魂。火炬夜爇，回鶻乃奔。乃蹴汴京，以洗妖氛。西南夷不庭，即勒鋭兵，以討以征。金鼓震天，躍入其城，縛段智興。及主河南，沈幾有智，挺英毅之氣，瞋目一叱，萬人皆廢。顧彼江南，一彈丸之地。恭行天誅，羽書日馳，卒獻馘京師。九土芒芒，來享來王，開元祚于無疆。

阿禮海牙部

綜述

《元史》卷一二八《阿里海牙傳》　阿里海牙，畏吾兒人也。初生，胞中剖而出，其父以爲不祥，將棄之，母不忍。比長，果聰辨，有膽略。家貧，嘗躬耕，舍耒嘆曰：「大丈夫當立功朝廷，何至效細民事畎畝乎。」去，求其國書讀之，逾月，又棄去。用薦者得事世祖于潛邸。

世祖即位，漸見擢用，由左右司郎中，遷參議中書省事。至元二年，立諸路行中書省，進僉河南行省事。

五年，命與元帥阿朮、劉整取襄陽，又加參知政事。始，帝遣諸將，命毋攻城，但圍之，以俟其自降。乃築長圍，起萬山，包百丈、楚山，盡鹿門，以絶之。宋兵入援者，皆敗去。然城中糧儲多，圍之五年，終不下。九年(二)[三]月，破樊城外郛，其將復閉内城守。阿里海牙以爲襄陽之有樊城，猶齒之有唇也，宜先攻樊城，樊城下，則襄陽可不攻而得。乃入奏。帝始報可。會有西域人亦思馬因獻新礮法，因以其人來軍中。十年正月，爲礮攻樊，破之。先是，宋兵爲浮橋以通襄陽之援，阿里海牙發水軍焚其橋，襄援不至，城乃拔。詳具《阿朮傳》。

阿里海牙既破樊，移其攻具以向襄陽。一礮中其譙樓，聲如雷霆，震城中。城中洶洶，諸將多踰城降者。劉整欲立碎其城，執文焕以快其意。阿里海牙獨不欲攻，乃身至城下，與文焕語曰：「君以孤軍城守者數年，今飛鳥路絶，主上深嘉汝忠。若降，則尊官厚禄可必得，決不殺汝也。」文焕狐疑未決。又折矢與之誓，如是者數四，文焕感而出降。遂與入朝。帝以文焕爲昭勇大將軍、侍衛親軍都指揮使、襄漢大都督；阿里海牙行荆湖等路樞密院事，鎮襄陽。

阿里海牙奏曰：「襄陽，自昔用武之地也，今天助順而克之，宜乘勝順流長驅，宋可必平。」平章阿朮亦贊其説。帝命丞相史天澤議之。天澤曰：「朝廷若遣重臣，如丞相安童、同知樞密院事伯顔者一人，都督諸軍，則四海混同，可立待也。」帝曰：「伯顔可。」乃大徵兵，拜伯顔爲行中書省左丞相，阿朮爲平章。阿里海牙進行省右丞，賞鈔二百錠。

十一年九月，會師襄陽，遂破郢州及沙洋、新城。十二月，師出沙蕪口。宋制置夏貴守諸隘，甚固。阿里海牙麾兵攻武磯堡，貴趨援之。阿朮遂以兵西渡青山磯，宋都統程鵬飛來迎戰，敗之江中。會貴兵亦敗走廬州，宣撫朱禩孫夜遁還江陵，知鄂州張晏然以城降，鵬飛以本軍降。

伯顔與諸將會鄂城下，議曰：「鄂，襟山帶江，江南之要區也，且兵糧皆備。今蜀、江陵、岳、鄂皆未下，不以一大將鎮撫之，上流一動，則鄂非我有也。」乃以兵四萬，遣阿里海牙戍鄂，而與阿朮將大兵以東。

阿里海牙集鄂民，宣上德惠，禁將士毋侵掠。其下恐懼，無敢取民之菜者，民大悦。遣人徇壽昌、信陽、德安諸郡，皆下。進徇江陵。十有二年春三月，與安撫高世傑兵遇巴陵，命張榮實擣其中堅，解汝楫率諸翼兵左右角之。世傑敗走，追降之于桃花灘。遂下岳州。四月，至沙市，城不下，縱火攻之，沙市立破，宣撫朱禩孫、制置高達恐，即以城降。乃入江陵，釋係囚，放戍券軍，除其徭賦及法令之繁細者。傳檄郢、歸、峽、常德、澧、隨、辰、沅、靖、復、均、房、施、荆門及諸洞，無不降者。盡奏官其所降官，以兵守峽，籍其户口財賦來上。帝喜，大宴三日，語近臣曰：「伯顔兵東，阿里海牙以孤軍戍鄂，朕甚憂之。今荆南定，吾東兵可無後患矣。」乃親作手詔褒之，命右丞廉希憲守江陵，促阿里海牙急還鄂，且以沿江諸城新附者委之。

阿里海牙至鄂，招潭州守臣李芾，不聽。乃移兵長沙，拔湘陰。冬十月，至潭，爲書射城中以示芾，曰：「速下，以活州民，否則屠矣。」不答。乃決隍水，部分諸將，以礮攻之，破其木堡。流矢中胸，瘡甚，督戰益急，奪其城。潭人復作月城以相拒。凡攻七十日，大小數十戰。十有三年春正月，芾力屈，及轉運使鍾蜚英、都統陳義皆自殺，其將劉孝忠以城降。諸將欲屠之，阿里海牙曰：「是州生齒數百萬口，若悉殺之，非上諭伯顔以曹彬不殺意也，其屈法生之。」復發倉以食饑者。

遣使徇郴、全、道、桂陽、永、衡、武岡、寶慶、袁、韶、南雄諸郡，其守臣皆率其民來迎，曰：「聞丞相體皇帝好生之德，毋殺虜，所過皆秋毫無犯，民今復見太平，各奉表來降。」丞相，稱阿里海牙也。奏官其降官，皆如江陵。

獨宋經略使馬塈守静江不下。使總管俞全等招之，皆爲所殺。會宋主以國降，降手詔遣湘山僧宗勉諭塈，塈復殺之。阿里海牙又爲書，以天命地利人心開

壁，許以廣西大都督，反覆千餘言，終不聽。因入朝賀平宋，拜平章政事，使持詔如静江諭之。十一月，前兵至嚴關，壁守關弗納，破其兵，又敗都統馬應麒於小溶江，遂逼静江。録上所賜静江詔以示壁，壁焚之，斬其使。静江以水爲固，乃築堰斷大陽、小溶二江，以遏上流，決東南埭，以涸其隍，破其城。民聞城破，即縱火焚居室，多赴水死。壁及其總制黄文政、總管張虎，以殘兵突圍走，執之。阿里海牙以静江民易叛，非潭比，不重刑之，則廣西諸州不服，因悉坑之，斬壁於市。分遣萬户脱温不花徇賓、融、柳、欽、横、邕、慶遠，齊榮祖徇鬱林、貴、廉、象，脱鄰徇潯、容、藤、梧，皆下之。特磨王儂士貴、南丹州牧莫大秀，皆奉表求内附，奏官其降官如潭州。以兵戍静江，昭、賀、梧、邕、融，乃還潭。

既而宋二王稱制海中，雷、瓊、全、永與潭屬縣之民文才喻、周隆、張虎、羅飛咸起兵應之，舒、黄、蘄相繼亦起，大者衆數萬，小者不下數千。詔命討之，且略地海外。阿里海牙既定才喻等，至雷州，使人諭瓊州安撫趙與珞降，不聽。遂自航大海五百里，執與珞、冉安國、黄之紀，皆裂殺之，盡定瓊南寧、萬安、吉陽地。降八蕃羅甸蠻，以其總管（文龍兒）〔龍文貌〕入見，置宣慰司。八蕃羅甸、卧龍、羅蕃、大龍、遏蠻、（蘆）〔盧〕蕃、小龍、石蕃、方蕃、（拱）〔洪〕蕃、程蕃，並置安撫以鎮之。

十八年，奏請徙省鄂州。所定荆南、淮西、江西、海南、廣西之地，凡得州五十八，峒夷山獠不可勝計。大率以口舌降之，未嘗專事殺戮。又其取民悉定從輕賦，民所在立祠祀之。

二十三年，入朝，加光禄大夫、湖廣行省左丞相；卒，年六十。贈開府儀同三司、上柱國，封楚國公，謚武定。至正八年，進封江陵王。

姚燧《牧庵集》卷一三《湖廣行省左丞相神道碑》 初，公以中書右丞下江陵，驛聞，大帝爲大燕三日，曉近臣曰：「布延東兵。阿爾哈雅孤軍戍鄂，朕嘗深憂。或荆蜀連兵，順流而東，人心未牢，必翻城爲應，根本斯蹶。孰謂小北庭人，能覆全荆，江浙聞是肝膽落矣，而吾東兵可無後虞，朕喜以此。」御筆爲北庭書：昔嚕嚕哈西地所生阿爾哈雅爲大將有功，信實聰明而安詳。其加卿爲阿虎耳愛虎赤嫡近越各赤給日別平章。」求之億萬維臣之中，降是宸翰，昭乎雲漢之章，藹如天語之温，崇功褒德，匪夸一時，可華及子孫百世者，纔公一家，視古丹書鐵券出臣子手者，何足道也。即江陵民封之千家。始公微時，侍燕惟席地坐，後持置榻，班諸侯王實愛拉下，賜之金疊曰：「若至而省，必合樂鼓某曲飲是。」他雜以青白縹色龍鳳御服御帽、金玉珠帶、白貂裘、西錦珠衣、海東白鶻，凡所以侈服貴近由娱其心者，靡不及公。嗚呼，盛哉！

公北庭人，妣夫人圖沁呼都魯，化胞生剖而出公，考額森和卓弗善也，將棄之，夫人未忍，益謹鞠。公幼聰穎而辯，長躬（豊）〔農〕耕，喟然曰：「大丈夫當樹勳國家，何至與細民勤本畎畝。」釋耒去，求讀北庭書，一月而盡其師學，甚爲舅氏實喇岱達爾罕所異，歎曰：「而家門户其由子大。」及從事大將布拉吉達，俾其子故中書右丞相呼嚕巴哈，從受北庭書。又薦其忠謹，得宿衛大帝潛藩。己未，從濟江，帝射虎未殪，公捨馬而徒，挺矛舂殺之。攻鄂，先衆而登，禽一人還，流矢貫喉出項，帝勇之，賜銀爲兩半百。先是聞吐蕃有貯甘露寶函石室藏山穴者，凡再使求之，皆爲大蛇奇獸所懼莫至，最後遣至其所，無所見，竟與俱歸。勸進之初，諸侯王議未一，惟一王闊察耳嘗有書，帝忘其誰在也，顧左右問，公曰：「臣所有之。」書出而決。兩事皆甚合旨。中統三年，制以爲中書省郎中，褒曰：「久侍禁庭，已著勞蹟。」至元改元，加朝請大夫，參議中書省事，發言惟以當可事宜爲心，不憚伯相而阿其所志，人有小疵，必白帝前，衆畏其口。明年，進嘉議大夫，僉南京、河南、大名、順德、洺、磁、彰德、懷孟等路行中書省事，始罷世侯，而易置其地。又明年，轉廉訪使、虎符、領鷹坊，凡鳥獸皮角筋羽悉征輸官。尋領諸路鷹師獵户，再兼中都路闌遺。又明年，進中議大夫、僉制國用使司使。

又明年，故中書左丞劉武敏公拯爲策：「襄陽吾故物，由棄弗戍，使宋得竊築爲彊藩，復此，浮漢入江，則宋可平。」帝大然之，徵天下兵，領以元帥府。觀武襄陽，城白河，别開行中書省，以我少師文獻公僉省，公爲同簽。凡襄、鄧、唐、申，裕在太宗世所殘漢上諸州之民，避荒汴、洛間，與下户賦寡者，悉徙而南，屯田給餉。尋罷帥府。又明年，詔故平章合丹開府儀同三司、平章軍國重事、贈太尉史忠武公天澤來莅師。宋遣人餽鹽茗襄陽。乃築長圍，起萬山，包百丈、楚山，盡鹿門以絶之。又城峴首，開省其上。兵興事劇星火，公專入奏，能日馳八百里，敗宋殿帥令平章范文虎於灌灘。又明年，分中書省爲尚書，拜中奉大夫、參知河南等路行尚書省事。又明年，兼漢軍都元帥，分將新軍四千六十。及廢尚書，復以爲河南等路行中書省事。宋遣都統張貴、張順，將舟師從上游送袍甲犒師。自萬山接戰二十里，斬順，殺溺過所當，貴獨以餘衆入。後水暴漲，慮貴乘出，下令軍中舟置燈篝，岸積薪樵。貴果結戰艦爲陣宵遁，盡然燈薪，戰四十餘里，斬之櫃門關。又明年，遂請以西域礮攻樊城，拔而屠之，無噍類遺。襄陽

甚慘，移攻具臨之，且曉守臣呂文焕：「君以孤軍禦我數年，今鳥飛路絶，帝實嘉能忠而主，信降必尊官重賜，以勸方來，終不仇汝置死所也。」文焕感而出降，十年二月也。詔公偕以入覲，真拜參知政事。明年，授資德大夫、中書右丞，同忠武公行荆湖等路樞密院。公策能籍民爲兵十萬，合舊軍或丞相安童、布延一人將之南伐，宋社必墟，制皆從之。故太傅布延與忠武，時皆以左丞相，贈開府儀同三司、太保，并國武宣公阿珍以平章，與公及故平章文焕以參政行省，將大軍發襄陽。將至郢，忠武疾還，敵宿兵數萬築新郢，夾江爲城，横鐵絙，鏁戰艦江中，巢礟彍弩，遏我舟師。郢北黄灣岸，西去江三里所，港通藤湖達漢，敵壁其上。攻拔之，拖舟入港。丞相惟以公數十騎覘新郢，趙、范兩都統鼓伏兵發葭林，諸將倉卒有未甲者，人人奮先，殄其一軍，兩將之首皆致。公割趙腦膚，撓酒飲之。行克沙洋新城，以臨復，守臣翟貴逆降，大軍去而復叛。及漢陽，故平章夏貴，以制置舟師陳漢口，水軍千户馬成爲導，由己未濟江沙武口塗入江，拔陽邏、青山、白湖諸壁，走貴軍。鄂守臣張晏然、王該、王勝以城下，遂徇州民衣冠，關會仍其服行。鄉郭帖然，無有奪菜秉者。民爭德吾元仁政義聲，恨服化晚。

檄下漢陽、壽昌、信陽、德安，大兵既東，分四萬人戍鄂，咨公留後，尋進官榮禄大夫。自陽邏置驛以便行商至蔡。方請移師江陵，而荆閫安撫高世傑，將艨艟千六百艘，卒二萬規襲鄂。公分兵禦之，大敗之荆江口，降諸洞庭桃花灘。下岳，承制以守臣孟之紹爲安撫使，即西師。至公安，誓曰：「自今功者，健兒陞長百夫，百夫長千夫，千夫長萬夫，萬夫取進止。」因南風(大)〔火〕沙市，戰城上，又戰城中，屠之。江陵精鋭，於是焉盡。制置使朱禩孫辭疾，高節度達出降。下令安集如鄂岳，傳檄歸、峽、澧、常德、辰、沅、靖、荆門、隨、郢、復，皆下之，官其守臣如岳，除宋苛法，衣食惸嫠。詔故平章廉希憲，以右丞行省江陵，以世傑窮而來歸，棄江陵市，禩孫徵至京師死，猶没入其妻子。還公于鄂，移兵長沙，行拔湘陰。潭守臣植滉柱江中，自喬口至城，凡十五所，皆斷之。又拔城西柵，射書招其守帥李芾，速下以活州民，不然拔城屠矣。不答，乃令諸將畫地分圍，决隍水，以樹梯衝礟鐵埧石心臺。百日，公中流矢，創甚，責戰益急。申命諸將：「凡所由久頓兵者，卒伍前驅，諸將安行其後也。自今萬夫、千夫、百夫之長皆居前列，有退衄者，定以軍興法從事。」三日而拔，諜諸將曰：「國家爲制，城拔必屠，是州生齒繁夥，口數百萬，悉魚肉之，非大帝諭布延以曹彬不殺旨也，其屈法生之。」發倉以賑餓人，傳檄郴、全、道、桂陽、永、衡、武岡、寶慶，江西袁、連皆下之，幼主面縛。公入覲賀，始庭拜平章政事。

還移兵靖江，破嚴關，敗馬都統臨川，陳、張兩總管小溶江，諭經略馬暨不下，凡攻三十餘日而拔。公以靖江遠中土，非長沙匹，民性鷙囂，易叛難服，不重典刑之，廣西它州，不可言以綏徠，其坑之，市斬暨。傳檄下柳、鬱林、横、邕、廉、象、潯、藤、梧、貴、昭、融、賓、宜、賀、化、高、容、欽、雷，爲州二十。廣東肇慶、德慶，特爲州三。特磨農士貴、南丹牧莫大秀皆請内屬，乃牐全之湘水三十六所，以通遞舟。承制以萬户史格行宣慰司靖江，還潭。宋餘孽益、衛兩王，改元海中，啗人以爵，規復其舊。全、永諸州與潭屬縣之民文才喻、周隆、張虎、羅飛之倫，大或集衆數萬，小方千數，在在爲羣，與江之北黄、蘄相煽以動，皆削平之。僞將張世傑傳欲襲肇慶、雷，詔公討之，且略地海外，無爲賊巢。過柳州嶺，時暑，軍士病渴，所乘馬蹄地出泉，人資沃飲，至今名馬蹄泉。而僞安撫趙與珞已戍海南白沙港。公航海五百里，不崇朝而至，擊與珞，并獲僞使冉南國、黄之紀，皆磔之。諭降瓊、南寧、萬安、吉陽，聞僞王陷南恩，公還，襲走之。降方經略，會衛王死崖山，乃還。復諭降八番，以其酋龍文貌入覲，置宣慰司。從鎮南王伐交趾，其君蹈海去，得文毅、昭國兩王以歸。

後二年，入覲上都，庭拜光禄大夫、湖廣等處行中書省左丞相。再月而疾，勑尚醫四人診視。求見，登馬而劇歸，即與夫人訣，當廿有三年丙戌五月廿五日，薨上都，享年六十，葬都城西高梁河。【略】後公薨十四年，今正奉、輔國以神道未碑，出公凡受制書與御筆及公平生行實，請燧曰：「徵是爲銘。」嗚呼！兄弟爭與昭揚先德，於其子職責已塞矣。

嘗讀《望諸君書》：「善作者不必善成，善始者不必善終。」未嘗不興慨歎於武敏，開用兵端，視南國爲奇貨，思圖形丹青，垂譽竹帛於今日後者如取諸懷。及襄陽下，方戍淮西，功已不出乎己。大師南伐，復分兵淮東，渡江捷聞，一失聲而死。豈先福始禍者，誠如道家所忌邪。而公鼓其孤軍，留戍所餘，不能倍萬，名城通都，身至力取，利盡海表，圖地籍民，半宋疆理，其時將相雖暄後塵，猶不可望公少見。最所下州：荆之南十四，淮西四，湖南、九江之西二，廣西二十有一，廣東、河南各四，凡五十八。自餘洞夷山獠，荷氈被毳，大主小酋，棋錯輻裂，連數千里受縻聽令者，猶不與存。其依日月之末光，張雷霆之餘威，以會其成功者，亦一世之雄哉！今列其由省幕戎麾與所受降登宰相者：丞相二，蒙古岱、阿理罕；平章十二，鄂囉齊、呼圖克、特穆爾、阿里史格、吕文焕、特穆爾巴哈、李

庭、李順、張弘範、劉國傑、程鵬飛、史弼；右丞四，索多元、顔諸海、闊出、柔落也訥；左丞四，塔齊哈、唐古特、劉深、趙修己；參政十三，賈文備、鄭也可、何瑋、張鼎、樊揖、朱國寶、張榮實、囊嘉特、烏瑪喇、博囉和塔拉、高達、巴應龍、雲從龍；都元帥、宣慰使、總管、萬夫、千夫之長，又什伯。是觀出其門衆多，又足徵公善推勢人也。

初，北上田租畝取三升，户調歲惟四兩，及定湖廣税法，畝取三升，盡除宋他名徵。後征海南，度不足於用，始權宜抽户調三之一佐軍，時以爲虐，今較江浙諸省槩增倍蓰。獨西南賴以輕平，其境館傳修潔，亦甲他省。生祠所在，岳、潭、柳、雷、公安、興安皆一，而嚴關與全獨二。

歐陽玄《圭齋文集》卷九《江陵土新廟碑》 大元至正七年某月制：故湖廣等處行中書省左丞相、贈佐平南紀宣力功臣、太師、開府儀同三司、上柱國，追封楚國公，謚武定阿里海涯，改贈宣威服遠輔德翊運功臣，進爵江陵王，官職勳謚如初。制下，王之諸生以舊廟在天臨郡治之義和坊者，褋於闤闠，廟貌弗肅，徙於故第之側。作正廟七間，中肖王像，後堂稱是，别作神主，父祖子孫，咸列于位。歲遇王之忌日，祭像前廟，時祭嘗烝，設主後室，鑮俎籩豆，壹遵古遺。廟之門廡垣墉，崇大厥制，克稱封爵。享祀之庖，齋宿之舍，祭畢飲福之所，各有序置。經始於六年之秋，落成於是年之冬。曾孫茲利監郡阿思蘭海涯至瀏上，謁玄記之。惟王建國，爲國家表功之極榮，子孫旌德之盛典，具載國史。玄請舉其犖犖大者，揭而書之麗牲之石，庶幾觀者知王之功在社稷，德在人心，所爲不朽者，寔在于兹。

玄博觀天下大勢，古今以江陵平江南者四代焉，未有不先得荆州，而能得天下者。晉以王濬益州舟師下江陵，而吴降；隋因宇文氏先取蕭詧江陵之北，用以圖陳，而陳亡。趙藝祖即位之初，即命慕容釗將兵假道，以伐湖南。延釗至江陵，襲降高繼冲，由岳趨湖南，周保權平。然後東舉閩越，西舉巴蜀，南唐稱臣。我世祖皇帝征宋，既渡江，阿里海涯以偏師搗江陵，既而拔之。由是進兵遡洞庭，薄長河，遂平湖湘，聲震南海。丞相伯顔以大兵順流而東，徇吴越，傳臨安，宋主納欵。故今之善言兵者，謂王先取江陵，其功不在伯顔下。向使江陵未附，是時東蜀猶宋地也，萬一宋人合荆蜀之兵，以闞江漢，雖勝負素定，然豈萬全之策哉。王下江陵，降高達，捷書至，上爲之大燕三日，手書以勞王，誠以荆州定則東南之勢定矣。厥後王建省湖湘，分兵嶺嶠，恩威並翔，悉有其地。宋太師既熸，其孤臣謀立兩孱王於閩海，文天祥亦舉兵江西、湖南、廣右。王承制署吏，勞來既久，人心已安，勢難動摇，尋自覆敗。故今善論功者，謂王於斯時綏定湖廣，視先取江陵之功，亦未易以高下論也。

抑玄嘗聞長沙先輩縉紳大夫言，王初圍潭州，守臣李芾嬰城固守者三月餘。芾死，力盡，諸將乃開門入我師。同列兩參政怒其後降，欲屠其城，王持不可。兩參政不從，遣使入奏，王亦遣使附奏於上皇曰：「臣初徂征，受命陛下，首以曹彬下江南不殺人爲訓。今潭州城已降，同列疾其拒命之久，欲獮其民。臣誠不敢負陛下先詔，昧死爲民請命。」參政使偶先至京半月，上詢知不自王所來，疑之，未即召見。有頃，王使至，亟召入内，得王奏，大喜曰：「阿里海涯言，與朕志正合。」乃召參政使入，切責之，若曰：「國家征南，非貪其國，欲使吾德化均及其民人爾。今得土地而空其城，政復何爲。汝不禀命主將，輙爲異同，當正汝罪。以汝薄勢，今姑貰汝，後復敢爾，必寘汝法。其從阿里海涯慰安吾民，毋或異議。」使者往復十有四日，奏下，王布宣德音，城中官民士庶，道俗男女，貴賤長稺，亡慮百萬，游魚在釜，寄命頃刻，賴王一言，易骨而肉。由是列城聞風，歸附相望。未及朞年，南盡八桂，冒于南隅，悉歸職方。王之威惠，其盛矣哉。夫天之爲德，莫大於好生。聖人一天下之道，莫先於不嗜殺。用兵之不祥，莫大於殺降。殺降之慘，尤莫盛於屠城。將家一念之烈，流毒數世，其後嗣盛衰之報，百不失一，豈獨曹彬、曹翰爲有徵也。王之子孫多賢，文武才器，代有聞人，天之報亦昭昭矣。

雖然，國家先定臨安，後平淮東，今追爵伯顔淮安王，表武功之所終。先定江陵，次平臨安，追封王以江陵之地，表武功之所始歟。二王之論定，天下混一七十餘年矣。王家世北庭，阿里海涯其小字也。及貴，以小字行。其世系之詳，見故翰林學士承旨姚文公燧《神道碑銘》。玄既述功德之大者，以遺後人，復作迎送神詞曰：

出師四方，訓以不殺。惟江陵王，受命徂征。卷甲西南，荆州底平。揚旗洞庭，和風鳴條。駐軍長沙，以逸制勞。湘人籲降，王寔活之。三軍不刃，王寔遏之。土田第宅，賜在湘野。僮客千億，是畊是稼。奕奕新廟，于湘之堧。犧牲粢盛，歲取湘沅。朱弓金鎧，新廟是藏。鍾鼓鞺鞳，牲肥酒香。王徠徐徐，旗旄獵獵。湘靈嶽祇，惟是震疊。王降庭止，有蕃胤祉。繩繩曾孫，以享以祀。曾孫繩繩，自雲徂仍。江漢同流，汝功匹休。皇家百世，吾王不留。言從世皇，世皇遐征。曠矚八荒，乃睠南顧。維此荆州，曰

汝之功。荆州汝功，朕世服膺。今我嗣皇，王汝江陵。王拜稽首，曰憑天威。神筭天授，荆人來歸。洞庭泱泱，湘水是匯。王有曾孫，廟祭來會。國利利忠，家利利孝。忠有旂常，孝有廟貌。王來風雨，王去日星。君蒿昭明，曾孫以寧。廟貌弘敞，曾孫衆多。挽留莫從，屢舞以歌。有朱斯扉，有雕斯俎。工歌渢渢，福禄來祐。載奉雕俎，載闔朱扉。萬有千祀，王無我遺。

雜録

備論

姚燧《牧庵集》卷一三《湖廣行省左丞相神道碑》 疇曰江漢，南北之限。天裂幅幀，可恃爲捍。天混皇輿，其險則那。古以求之，同軌不多。秦漢兹降，吴平於晉。陳兼於隋，矧趙遺胤。曜靈生東，有炎朱光。熸火之微，宜爾滅藏。於皇大帝，神武不世。行所睿思，效若龜筮。由夫潛藩，自將六師。鵃舠浮江，亦既越之。歸正丹扆，羣策明試。加兵襄陽，五稔克止。公曰乘勝，籍民授兵。將以大臣，南國用平。帝曰俞哉，惟爾協朕！假爾以鉞，誅彼干禁。大師克鄂，鼓行而東。四萬其徒，留後卑公。公乃按圖，百與吾守。待敵何先，孰與進取？自鄂而岳，自岳而荆。長沙桂林，皆剿以兵。餘州數十，雖定傳檄。勢讋言綏，心亦孔棘。又鋤武庚，于海之南。左右皇子，交州是戡。疇知公勞，大帝簡在。

藝文

黄溍《金華黄先生文集》卷七《阿里海牙追封江陵王制》 經營四方，肇建萬全之策；弼成五服，式開一統之期。何賞典之已行，而儀文之未稱。覽外朝之上奏，稽盟府之故藏。啓壤地以增封，錫賛書而告第。故光禄大夫、湖廣等處行中書省左丞相、贈佐平南紀宣力功臣、開府儀同三司、太師、上柱國、追封楚國公，謚武定阿里海牙，材資敏達，器量沉雄。由侍從之邇聯，預圖回之廟筭。佐上相專征而遠畧，致敵人納欵以來歸。龍驤飛渡於奔流，虎旅留屯於分閫。據南土要衝之會，絶東兵後顧之虞。降旗果出於三吴，傳檄遍行於百粤。犀甲雕戈之軍容益振，黄旗紫蓋之王氣盡銷。輿圖咸入於版曹，部曲並登於政路。峻躋鼎席，臨鎮藩維。曹參之功名，雖若次於蕭相國；去病之親貴，固宜比於衛將軍。嗟有司久失敷陳，在今日盍加表異。是用舉國家彝章之舊，極人臣品秩之崇。於戲，超五等以疏恩，今王亦爵；冠百僚而序位，爲帝者師。尚其有知，足以無憾。可特贈宣威服遠輔德翊運功臣、開府儀同三司、太師、上柱國，追封江陵王，仍謚武定。

袁桷《清容居士集》卷三六《光禄大夫湖廣等處行中書省左丞相阿力海涯追封太師郡王》 四懸設樂，必假鏞鐘之洪音；八柱承天，斯合明堂之巨構。乾坤啓運，川嶽降靈。是生非常之偉人，以佐統一之真主。没且不朽，德猶可稱。具官某，勇略致身，英姿蓋世。羊祜平吴之策，誰復先之？楊素渡江而來，何其神也！據荆州以爲之根本，擣長沙以披其腹心。兵勢建瓴，皇威震電。先皇帝知人而善任，定功以行封。倬彼雲漢之章，廷無儔匹；享有金石之奏，位班侯王。兼將相之重權，契君臣之嘉會。令肅風生於細柳，政成人指其甘棠。念耆定爾功，實有資於賛助；而大賚於廟，必申錫以褒崇。彌深撫髀之思，莫遂圖形之想。白雲已徃，青史如新。噫，齊岱爲鍔，石城爲鋒，朕已悉皇王之大武；黄河如帶，泰山如礪，卿允爲邦國之元勳。詔爾後人，無替先德，可。

《國朝文類》卷一二王構《丞相阿里海牙贈謚制》

朕惟不世之賢，膺不世之遇；非常之人，立非常之功。方一統之宏開，有六師之分董。鄂漢順流而下，勢甚建瓴；荆湖堅壁者多，事猶掣肘。儻弗資其雄略，其何奠於遐方。故光禄大夫、湖廣行中書省左丞相阿里海牙，端慤而疏通，聰明而果鋭。禁廷久侍，簡眷良深。朝政參知，弼諧有賴。遭明時，建長策，機決於十年之先；殄餘孽，芟羣凶，威行於萬里之外。下江陵以爲之根本，破長沙以潰其腹心。外梗咸除，率虎旅平呑於桂海；降旗隨豎，故龍驤直抵於錢塘。猗惟黻衮之加，焕若雲章之諭。錫賚榮多於貴近，勞還位亞於侯王。忠於國，惠於民，靡不用其至也；報爾功，崇爾德，孰能與于此哉？雖當年左揆之特升，顧今日彝章之未舉。佇遂圖形之制，彌深撫髀之思。爵首冠於臺司，封乃疏於舊國。曰武以旌其戰伐，曰定以著其和平。名則易之，期百千世；禮之同者，惟一二臣。於戲，周宋爲鐔，石城爲鋒，朕仰繼皇王之大武；黄河如帶，泰山如礪，卿

允爲宗社之元勳。尚冀英靈，永言歆格。可特贈佐平南紀宣力功臣、開府儀同三司、太師、上柱國，追封楚國公，謚武定。

宋濂《宋文憲公全集》卷三九《國朝名臣序頌・楚國武定公阿里海涯》

於維楚公，既勇且武。手挺白矛，能舂猛虎。建謀於廷，謂宋疆可平。王師出征，公實在行。陷陣攻城，風馳霆轟。一駕而襄鄂下，再駕而吴楚寧。山獠洞貓，被毳荷氈，亦歸王明。士出其門，咸爲國楨，能黼黻皇靈。嗚呼楚公，蓋世之雄。

高興部

綜述

《元史》卷一六二《高興傳》　高興字功起，蔡州人也。其先，自薊徙汴，曾祖拱之，祖子洵，世以農爲業。金末兵亂，父青，又徙蔡而生興。

興少慷慨，多大節，力挽二石弓，嘗步獵南陽山中，遇虎，跳踉大吼，衆皆驚走，興神色自若，發一矢斃之。至元十一年冬，挾八騎詣黄州，謁宋制置陳奕。奕使隸麾下，且奇興相貌，以甥女妻之。

十二年，丞相伯顔伐宋，至黄州，興從奕出降，伯顔承制授興千户，從破瑞昌之烏石堡、張家寨，進拔南陵。行省上其功，世祖命興專將一軍，常爲先鋒。宋張濡殺使者嚴忠範等於獨松關，伯顔使興討之。師次溧陽，再戰，斬其將三人、士卒三人，虜四十二人，遂破溧陽，斬首七千級，授金符，爲管軍總管。從戰銀墅，斬宋將三人、士卒二千人。拔建平，斬其總制二人，虜知縣事黄君濯，由間道奪獨松關，進至武康，擒張濡。

十三年春，宋降，伯顔北還，留興以兵取郡縣之未下者，降建德守方回、婺州守劉怡。衢、婺二州已降復叛，章焴自爲婺守，興以五千人討之，七戰，至破溪，相持四十餘日。興兵少不敵，力戰潰圍出，至建德境，與援兵合。復進戰蘭溪，斬首三千級，復取婺州，擒章焴斬之。進戰衢城下，斬首五百級，連戰赤山、陳家山(園)、江山縣，斬首三千級，虜五百人，獻魏福興等七人于行省，餘盡戮之，衢州平。追宋嗣秀王與檡入閩，與檡據橋，陣水南，興率奇兵奪橋進戰，殺其觀察使李世達，斬首三千餘級，擒與檡父子及其小王二、裨將二，獲印五、馬五百匹。下興化，降宋參知政事陳文龍、制置印德(傳)[傅]等百四十人，軍三千，水手七千，獲海船七千餘艘。遷鎮國上將軍、管軍萬户。

十四年春，還鎮婺州，佩元降虎符，充衢婺招討使。東陽、玉山羣盜張念九、强和尚等殺宣慰使陳祐於新昌，興捕斬之。復從都元帥忙古臺平福、建、漳三州，破敏陽寨，屠福成寨。十五年夏，詔忙古臺立行省於福建，興立行都元帥府於建寧，以鎮之。政和人黄華，邵武人高日新、高從周，聚衆叛，皆討降之，以招討使行右副都元帥。

十六年秋，召入朝，侍燕大明殿，悉獻江南所得珍寶，世祖曰：「卿何不少留以自奉！」對曰：「臣素貧賤，今幸富貴，皆陛下所賜，何敢隱俘獲之物！」帝悦，曰：「直臣也。」興因奏所部士卒戰功，乞官之，帝命自定其秩，頒爵賞有差。遷興浙東道宣慰使，賜西錦服、金線鞍轡。奉省檄，討處州、福建及温、台海洋羣盜，平之。

十七年，漳州盜數萬，據高安寨，官軍討之，二年不能下。詔以興爲福建等處征蠻右副都元帥。興與都元帥完者都等討之，直抵其壁，賊乘高瞰下擊之。興命人挾束薪蔽身，進至山半，棄薪而退，如是六日，誘其矢石殆盡，乃燃薪焚其柵，遂平之，斬賊魁及其黨首二萬級。十八年，盜陳吊眼聚衆十萬，連五十餘寨，扼險自固。興攻破其十五寨，吊眼走保千壁嶺，興上至山半，誘與語，接其手，掣下擒斬之，漳州境悉平。

十九年，入朝，賜銀五百兩、鈔二千五百貫，及錦服、鞍轡、弓矢，改浙西道宣慰使。降人黄華復叛，有衆十萬，興與戰于鉛山，獲八千人。華急攻建寧，興疾趨，與福建軍合，獲華將二人，華走江山洞，追至赤巖，華敗走，赴火死。二十一年，改淮東道宣慰使。二十三年，拜江淮行中書省參知政事，平婺州盜施再十。改浙東道宣慰使。

二十四年，尚書省立，拜行尚書省參知政事，捕斬柳分司於婺州。丁母憂。詔起復，討處州盜詹老鷂、温州盜林雄。興潛由青田擣其巢穴，戰葉山，擒老鷂及雄等二百餘人，斬于温州市。又奉省檄平徽州盜汪千十等。二十八年，罷福建行省，以參知政事行福建宣慰使，諭漳州盜歐狗降之。召入朝，拜江西行省左丞。

二十九年，復立福建行省，拜右丞。爪哇黥使者孟琪，詔興爲平章政事，與史弼、亦黑迷失，帥師征之，賜玉帶、錦衣、甲胄、弓矢、大都良田千畝。三十年春，浮海抵爪哇。亦黑迷失將水軍，興將步軍，會八節澗，爪哇主婿土罕必闍耶降。進攻葛郎國，降其主哈只葛當，事見《弼傳》。又諭降諸小國。哈只葛當子昔剌八的、昔剌丹不合，逃入山谷，興獨帥千人深入，虜昔剌丹不合。還至答哈城，史弼、亦黑迷失已遣使護土罕必闍耶歸國，具入貢禮。興深言其失計。土罕必闍耶果殺使者以叛，合衆來攻，興等力戰，却之，遂誅哈只葛當父子以歸。詔

治縱爪哇者，弼與亦黑迷失皆獲罪，興獨以不預議，且功多，賜金五十兩。

成宗即位，復拜福建行省平章政事，賜玉帶。大德三年，汀州總管府同知阿里，挾怨告興不法，召入對，盡得其誣狀，阿里伏誅。改江浙行省平章政事，賜海東青鶻，命其子伯顔入宿衛。四年，遣使賜海東白鶻、蒲萄酒、良藥。八年，授樞密副使。十年，進同知樞密院事，皆兼平章。改河南行省平章政事。

武宗即位，召見，拜左丞相，商議河南省事，賜以先朝御服。仁宗寵眷勳舊，賜與尤厚。皇慶二年秋九月，卒，年六十九。贈太師、開府儀同三司、上柱國，追封梁國公，謚武宣。元統三年，加封南陽王。

子久住，泉州總管；長壽，同知建寧路總管府事；忙古台，襲萬户；伯顔，同知寧國路總管府事；完者都，辰州路總管；寶哥，治書侍御史。

曾廉《元書》卷六四《高興傳》　高興，字功起，蔡州人也。力能挽二石弓，嘗步獵南陽山中，遇虎跳踉大吼，衆皆驚走，興神色自若，發一矢斃之。

旋挾八騎詣黄州，謁宋制置使陳奕，奕以甥女妻之。丞相伯顔南伐，興從奕出降，授千户。從拔南陵，復從參知政事阿剌罕破溧陽，賜金符，爲管軍總管。奪獨松關，守將張濡走，進至武康，禽之。復從唆都克婺州、衢州，進平福建，遷萬户。還鎮婺州，佩金虎符，充衢、婺招討使。明年，詔興立元帥府於建甯，以招討使行右副都元帥，遷浙東道宣慰使，賜西錦服、金線鞍轡。興所至，輒討平羣盜。漳州盜數萬據高安，官軍攻之二年，不能下。詔興爲福建征蠻右副都元帥，與都元帥完者都討之，直抵其隘。賊乘高瞰下，矢石如雨。興命人挾束薪蔽身，進至山半，棄薪而退。六日，誘賊矢石殆盡，乃然薪焚其栅，平之，斬首二萬級，尋追斬其渠陳弔眼。改宣慰浙西，復討平黄華於建甯。

累拜江淮參知政事，久之，進江西左丞，遷福建平章政事，與亦黑迷失同副史弼以征爪哇。賜玉帶錦衣、甲胄弓矢、大都良田千畝。明年浮海，抵爪哇，亦黑迷失將水軍，興將步軍，會八節澗。爪哇王女婿土罕必闍耶之請降，而求擊葛郎也。興與弼爲擊葛郎，破之，其王哈只葛當走歸國。興策之曰：「爪哇雖降，倘中變而與葛郎合，則孤軍懸絶，事不可測也。」弼遂與興及亦黑迷失分三道，以進圍其都答哈城，降其王哈只葛當，而其子昔剌八的、昔剌丹不合逃入山谷。興獨帥千人深入，虜昔剌丹不合還。而史弼、亦黑迷失已遣使護土罕必闍耶歸國，俟其入貢。興深言其失計，曰：「此縱獲狙入林也。」土罕必闍耶果於道殺使以叛，合衆來攻。興等力戰卻之，遂誅哈只葛當父子以歸。詔治縱爪哇者，弼、亦黑迷失皆得罪，興以不與議，且功多，得賜金。

成宗立，復命平章福建政事，賜玉帶。汀州總管府同知阿里挾怨告興不法，召問，皆誣，爲誅阿里。改平章江浙政事，賜海東青鶻，命其子伯顔入宿衛。復賜海東白鶻、蒲陶酒、良藥，命兼樞密副使，進同知樞密院事，移平章河南政事。武宗即位，召見，拜左丞相，商議河南省事，賜以先朝御服。皇慶二年薨，贈太師、開府儀同三司、上柱國、梁國公，謚武宣。元統二年，進南陽王。

《國朝文類》卷六五元明善《河南行省左丞相高公神道碑》　公姓高氏，諱興，汝南人。其先蔚人，遠祖青徙蒙城，又徙隨之洪山。父、祖農隱。公慷慨多大節，不肯低心鉏耜，氣長出人上，垂歲已稱偉丈夫。至元十二年，從丞相淮安忠武王伐宋，渡江破瑞昌之烏石堡，破張家砦，破王家砦，陷南陵。丞相以公功聞，世祖皇帝詔公專將。宋將張濡殺我行人嚴忠濟等于獨松關，丞相使公報濡，再戰，斬吴、杜、李三總管及甲首萬級，擒祝亮等四十二人，破溧陽。録前最，授懷遠大將軍、管軍總管，佩金牌。戰銀墅，斬將三，甲首級二千。陷建平，獲知縣事黄君濯。破獨松關，斬谷總制。戰張濡武康，禽濡復命。

十三年，我師入宋，遣公征南。下建德，降郡守方回。下婺州，降郡通守劉甲。衢人畔，七戰至破溪。公孤軍戰敵七萬，凡三月，退屯建德。宣撫使梭都益師，進戰蘭溪，斬級三千首，擒吴總制、唐知縣，復婺州。追擒郡守章焴等十九人，戰衢城下，斬首五百。戰赤山，斬吴監軍，其軍潰。戰陳家山，圍二日，斬甲首七千級。戰江山，斬三千首，擒五百人，僇於衢門，獻大將魏福興七人於行省。追趙秀王十日夜，及於福安。趙秀王陳三萬人水南，我師奪橋奮擊，斬觀察使李世達等三千級，擒趙秀王與擇、小王二、裨將二，獲印五，馬五百。下興化，宋參政陳文龍降，降制置使印德傳等百四十八人，軍三千，水手七千餘人，得海船七十八艘。

十四年，旋師鎮婺，遷鎮國上將軍、管軍萬户，佩金虎符。俄加衢、婺州招討使。閩人叛，行省檄公討之。公請以忙古臺爲都帥。東陽賊張九、强和尚殺我宣慰使陳祐，公進斬賊首千，擒張九、和尚。忙古臺至自揚州，平福、建、漳三州，破敏陽等賊砦十，戰賊福成砦，屠萬人。公留鎮閩，宋故將黄華以四萬人畔，公降之。宋故將高日新從閩畔邵武，公討降之。十五年，兼右副都元帥。召公入朝，從諸校三百餘人。詔高元帥及其從列布伯上。布伯，亦大將也。侍燕大明殿，公奏曰：「臣部五百人，露元祖臂，奮刃死敵，勞烈如右，乞陛下官之。」詔

曰：「卿自定其秩。」頒宣勑金虎符、金銀牌、鞍馬、衣服、弓矢各有差。公還輔國上將軍、浙東道宣慰使，賜西錦服鞍轡。討降海賊顧招討。處州賊富大王反，公戰三十，擒富大王等，破斬賊無筭。又平王南尉賊。漳州賊起，別將討二年不下，詔公福建等處征蠻右副都元帥。賊據高安砦，公身攻砦西北，中弩矢五，破砦，斬渠賊黄總管，得首二萬，平，凡七日。賊陳吊眼聚衆十萬，據五十餘砦，公進破十五砦，陳吊眼隘險，公步與賊角一日，賊不支，吊眼手殺妻子潛遁，獲馬五百。明日，吊眼塞千壁嶺拒我。公誘吊眼釋兵面語，吊眼下至山半，公上與語，遽接其手掣下吊眼，及擒賊二十四人，俱戮以徇，餘黨悉平。

十九年有詔入朝，賜銀五百兩，寶鈔二千五百貫，西錦服、鞍轡、弓矢，休所將軍一年。廿年，改宣慰浙西道。建寧賊黄華反，有衆十萬，燒信州南門。公統兵戰賊鉛山，獲八十人。戰賊分水嶺，取嘉禾。賊攻建寧急，公卷甲趍之，會福建之師與賊戰，獲賊渠葉都統、梁都統等。黄華走江山洞，公追之赤巖，黄華嚴陳鏖半日，華敗走，走赴火死。擒華二弟及其妻子。廿一年，改宣慰淮東道。廿二年，召赴闕，勑副雪滴斤征緬，公辭曰：「臣不敢愛死。母老子幼，無他兼侍。願盡母年，惟陛下所使。」上允其誠。廿三年還階奉國，江淮行省參知政事。平婺州賊施再十，改宣慰浙東道，朝。廿四年，改行中書省爲尚書行省，復參政。丁太夫人憂，廬于汝寧墓側。行省請討浙東賊林洪，平之。又討獲賊柳分司。廿七年，處州賊詹老鷂三萬，温州賊林雄四萬，僞立樞密都督府，改年刻印。公潛由青田險至葉山，追及賊。賊陳而待戰，擒詹老鷂、林雄等二百餘賊，斬獲不□。會徽州賊起，討四月不下，公進師何秧砦，擒汪大王等七十餘人，斬之。軍至淳安，召父老諭之曰：「吾麾吾旗，賊良一碎。爾民能擒送賊者，賞爾如良民。」驢去縛七百賊來，會賊財物與縣，代民今年夏税。廿八年，罷福建省，進階驃騎參政，行福建道宣慰使。拯荒殘，理寃滯，安反側，撫良願，閩人大和。鈎考省庫，隱官錢五十萬貫，倉盜糧數萬石。諭降漳州賊歐狗。詔公入朝，遷金吾左丞，行江西省。

二十九年，奏復立福建行省，改資德大夫、福建右丞。奏罷福建鹽運司、海船萬户府、鐵冶提舉司。爪哇黥我行人孟琪，詔以公及史弼爲平章，帥師討其罪。置福建平海行中書省，隸左右都元帥府二，征行上萬户府四，發兵七千，賜公玉帶、西錦服、甲胄、弓矢、鞍轡，大都良田千畝，進階榮禄。諭公曹彬不殺降事。以卅年正月一日浮海，二月十三日抵爪哇界，史弼將水軍，公將步軍，期集八節澗。王士罕畢闍耶舉國降，遣其相來言：「葛郎王合只葛當帥數萬衆奪我要地。」公救之。進軍二道，殺數百人，賊潰。及西來賊戰，戰至暮，賊敗。公虜爪哇葛郎合，遂伐其謀，合只葛當陳兵十萬，公督戰，自旦至午，賊退。史弼軍繼至，擁賊入水，死數萬，斬首五千，合只葛當乃始降。遣使招旁小國。公帥千人深入，虜葛郎王次子，燒其宫。比還，史弼已縱士罕畢闍耶歸國，遂畔去，誅合只葛當及其子，載二國諸寶及旁四小國臣師還。十一月一日，獻俘紫檀殿，賜公黄金五十兩，罪縱士罕畢闍耶者。是役，微公師幾不反。

成宗登極，改福建行省平章，賜玉帶，號拔都魯，夏言冠軍也。大德三年，以誣告者入對，事白，誅誣告者。改江浙平章。八年，授樞密副使。十年，進同知，皆兼平章，改河南行省平章。武宗登極，召赴闕廷，賜成宗御服，遷銀青榮禄大夫、左丞相，商議河南省事。在至大元年，至是凡廿四制，賜世祖御服、夫人金紋幣。今上賜銀及袍材。皇慶二年九月廿日，薨于大梁之路寢。訃聞，詔若曰：「抒忠竭力，國之寶臣也。其令汴省臣加禮以葬。」某月日，葬祥符之史湖里。春秋六十有九。延祐三年三月，制贈推忠効順佐理功臣、太師、開府儀同三司、上柱國，追封梁國公，謚武定。夫人某氏。子某某官。集賢大學士李某奉勑，命臣明善爲公撰次墓神道碑文。

臣惟高梁公，始提孤軍，爲國出死力，百戰以成功名，何其壯哉！由一校拜官至丞相，贈太師，封大國，錫上謚，國家之於功臣，亦云厚矣。建戲桴鼓，萬人土靡，而官極品，壽七十，子男數人，斯又何耶？蓋世祖方夷大患，致天下於泰定，非假手雄傑，奚有今日之隆？而公也，有功王室，固大有德在民，潛施於不識不知之地者，亦多矣。雖然，公之建立，烈烈若此，繼之而起，益震益顯者，端在諸公子也。

任士林《松鄉先生文集》卷一《江浙行省平章政事高公去思碑》　示人以善者政之良，遇事而思者感之至。是故召伯教明南國，而甘棠之戒勿翦；武公入爲鄉士，而緑竹之詠弗諼。方今朝廷念江南之遐遠，而杭爲要，置行中書省以鎮之。凡出爲外屏，宣上德意，郡國受命焉者，皆天子之宰，而久於政，而習於民，則莫今樞密高公若也。蓋公之知時翕張，既有以出際先皇帝一統之運，而識大體，勤小物，復有以昭布聖天子宵旰之仁，故自旬宣任專鉞以來，逮參預丞轄以進平章之秩，出入江浙二十年間，其勳勞之所書，政事之所及，惠愛之所加，習於民而杭爲近。內而宅揆密庸，外而藩屏寅協，公彌縫贊理，不一替焉。蓋其天性

純明，而又居之以忠，守之以仁，涖之以莊，動之以禮，故民畏之、愛之，其庸或有既乎？今去政日久，副在兵樞，甘棠緑竹之思，辭之不可以已也。夫自古岳牧之任，其重在得人；而不負朝廷之知，其要在民懷。曩歲今右揆大丞相首居外宰，既而衮衣歸兮，天下蒙福，杭民具瞻，曾不旬日，畏愛之情，至今朝夕未能忘其私。若高公之政，歷歲年而民習之。斯民也，所以直道而行也，矧能溢有所譽乎？然去政之爲思，則在政者之爲感其弘多矣，斯民也又安得不重知所勸乎。示人以善之機，庸有在也。公名興，賜名覇都，蔡州人。

雜録

備録

《萬曆金華府志》卷一四《宦蹟》 高興，以招討使鎮婺州。時東陽、玉山羣盜殺宣慰使陳祐，興捕斬之，境内以安。

《閩書》卷四四《文涖志》 高興，字功起，蔡州人。慷慨多大節。元初置福建行省，命興立行都元帥府於建寧鎮之，平黄華、高日新等叛亂。遷浙東道宣慰使，平處州、福建及温、台海洋群盜。尋爲紹興、福建等處徵蠻右副都元帥，平漳州高安寨及陳吊眼諸盜。改浙西宣慰使。黄華復叛，疾趨與福建軍合平之。後以參知政事行福建宣慰使事。降漳州盜歐狗，遷福建行省右丞。以徵爪哇功，拜福建行省平章政事，後拜左丞相。卒，謚武宣，加封南陽王。

備論

《國朝文類》卷六五元明善《河南行省左丞相高公神道碑》 天命聖元，帝臨天下。太祖辟國，劋金滅夏。世祖一統，乃屋宋社。維此宋孱，元戎是禡。帝曰：「丞相，汝師渡江。凡爾征夫，毋戕我降。」糾糾梁公，孰敢嬰鋒？按劍愕眙，萬夫失雄。如虎如龍，騰奮雷風。無强不破，無堅不攻。既虜元王，丞相還朝。群盜驩跳，執戈包休。首鼠林莽，乘暗發鶻。朝斬千聱，暮集萬呶。晝栖巖巢，夜出民騷。凡二十年，有伐斯鼛。陋彼海邦，汗漫天池。奉辭伐罪，飄進王師。兩主就執，孰縱其一？既縱乃畔，投兵穴竄。載厥妃兒，珍怪陸離。歸獻赤墀，帝曰：「噫嘻！逭厥罪魁，汝賞彼笞。」梁公承聖，百戰百勝。勳在宗稷，著于國令。既蕃既宣，樞機是權。端揆之垣，致理平平。爵以功遷，人由正賢。多壽而安，多子而官。歸完路寢，而德不寫。天實相之，相夫人者。史湖有石，勒此詩雅。維範維垂，流輝朝野。武子之承，文孫之繩。奕世重昇，何可紀齡？

藝文

方回《桐江續集》卷二九《海東青賦》 大德三年己亥七月十三日，皇帝命榮禄大夫高公興爲浙江等處行中書省平章政事。五年辛丑二月十九日，驛使爰來，有海東青之賜。於杭之錢塘門外昭慶教場遺基，築亭鑿池以養之。紫陽方回撰賦一首，拜手稽首，言曰：

《詩》不云乎，「涼彼武王，燮伐大商」。羌削平乎江南，一四海而康莊。既聖神又文武兮，仰於赫之先皇。《詩》不云乎，「維師尚父，時維鷹揚」。大元亦有其人兮，森夭矯以騰驤。亦非熊而非羆兮，視周室而有光。《詩》不云乎，「假樂君子」，「率由舊章」。維嗣聖之龍飛兮，儼四方之紀綱。宴安民而官人兮，受福禄兮無疆。《詩》不云乎，「鳳凰鳴矣，于彼高岡」。玆舊人之是用兮，闢四門而排閶。奮羽翼而横絶兮，鬱留皓其相望。

緊海東青之爲物兮，産倭兒之殊鄉。氣吞鵬鯨兮，鷙百鵰鶚。眼流星而掣電兮，勁翮刷夫秋霜。遼東之東兮一夜渡海，數千萬里兮頃翱刻翔。彼天鵝之峻極兮，磨日月於九蒼。青一舉而直上兮，擊其腦而流漿。鵝有時而亦黠兮，欲落地以潛藏。青三左而三右兮，徑殞之於沙場。萬騎睨其墜處兮，羣駿奔而取將。極腴甘之可口兮，匪人臣之敢嘗。供九重之御膳兮，曾不數夫駝羊。萬乘躬幸於獵敷兮，據玉鞍而飛驌驦。相此青之爪若觜兮，猶忠臣烈士之材良。天廚鸞飼之禁御兮，珠臂韝其顔行。國家賴英傑之力兮，其報亦有以異乎尋常。

猗我定翁，武烈傳芳。簾垂元祐，族大以昌。克佐聖元，紀於旂常。南斗之南，窮夫海洋。千百頭其鰐魚兮，迎公舶而徜徉。凡天戈之所指兮，威振武夫八

荒。沐雨露以潤澤兮，胥枯起而槁昂。占臘遲而闍婆兮，俾悉梯而悉航。歲在辛丑，春日載陽。乃錫此青，來自上方。寺扁昭慶，門出錢塘。乃毓此青，羶肥臕腳。不築夫亭之高兮，何以爲青之燠。不鑿夫池之深兮，何以爲青之涼。萬品植以名卉兮，千株培以垂楊。橐洞庭之甘橘兮，挺渭川之脩篁。有梧桐松檜柏兮，有芋蔗茭菰薑。有蟬蜂蟋蟀而蛺蝶兮，有鷗鷺鵁鶄而鴛鴦。鹿麋羔犢騾驢馬兮，草爲枕藉，藥苗爲糧。螺蜆鼈黿鰕蟹蛤兮，鯆鱮鰽魦鱸鯉魴。環七墩而鼓舞兮，萬頃浩其汪汪。匪娛己以自樂兮，縱遊觀而豈遑。敬至尊之所賜兮，方寸咫尺乎巖廊。念此青之號海東兮，越十洲三島之渺茫。豈三足烏之精氣兮，鍾異稟於扶桑。日本歲以充貢兮，尾高麗扶餘而樂浪。自元貞而大德兮，紹烈祖之追相。厥獒獻於西旅兮，來白雉於越裳。致獅象於阯貊兮，舞虞廷之蹌蹌。斯物取其擊搏兮，節鯁直而性剛。精衛欲填夫海波兮，均之軀眇而心長。貂之微兮，能入虎耳。化龍之蛇兮，鶴乃可戕。天生一物兮，制夫一物。後有弧矢兮，前有豺狼。想此青之大志兮，吸擒月蟾而臨其腸。君賚臣兮有深意，臣報君兮永無央。食吾芹敢獨美兮，宜一飯而不忘。

亂曰：始浚西湖者李公泌，續廣西湖者蔡公襄。白公樂天之井，佛家德水；蘇公子瞻之堤，召伯甘棠。與我高定翁之海青亭，五賢姓名千古香。

廉希憲部

綜述

《元史》卷一二六《廉希憲傳》 廉希憲字善甫，布魯海牙子也。幼魁偉，舉止異凡兒。九歲，家奴四人盜五馬逃去，既獲，時於法當死，父怒，將付有司，希憲泣諫止之，俱得免死。又嘗侍母居中山，有二奴醉出惡言，希憲曰：「是以我爲幼也。」即送繫府獄，杖之。皆奇其有識。世祖爲皇弟，希憲年十九，得入侍，見其容止議論，恩寵殊絶。希憲篤好經史，手不釋卷。一日，方讀《孟子》，聞召，急懷以進。世祖問其説，遂以性善義利仁暴之旨爲對，世祖嘉之，目曰廉孟子，由是知名。嘗與近臣校射世祖前，希憲腰插三矢，有欲取以射者，希憲曰：「汝以我爲不能耶？但吾弓力稍弱耳。」左右授以勁弓，三發連中。衆驚服曰：「真文武材也。」

歲甲寅，世祖以京兆分地命希憲爲宣撫使。京兆控制隴蜀，諸王貴藩分布左右，民雜羌戎，尤號難治。希憲講求民病，抑强扶弱。暇日從名儒若許衡、姚樞輩諮訪治道，首請用衡提舉京兆學校，教育人材，爲根本計。國制，爲士者無隸奴籍，京兆多豪强，廢令不行。希憲至，悉令著籍爲儒。有民妻與卜者厭詛其夫，殺之，獄成，僚佐皆言方大旱，卜者宜減死，希憲議當伏法，已而大雨立應。

初，世祖受命憲宗，經理河南，關右，居數歲，讒者謂王府人多專擅不法，至是，命阿藍答兒、劉太平檢覈所部，用酷吏分領其事，大開告訐。希憲曰：「宣撫司事由己出，有罪固當獨任，僚屬何預。」及事竟，卒無獲罪者。己未，憲宗駐蹕合州，世祖渡江取鄂州，命希憲入籍府庫。希憲引儒生百餘，拜伏軍門，因言：「今王師渡江，凡軍中俘獲士人，宜官贖遣還，以廣異恩。」世祖嘉納之。還者五百餘人。

憲宗崩，訃音至，希憲啓曰：「殿下太祖嫡孫，先皇母弟，前征雲南，剋期撫定，及今南伐，率先渡江，天道可知。且殿下收召才傑，悉從人望，子惠黎庶，率土歸心。今先皇奄棄萬國，神器無主，願速還京，正大位以安天下。」世祖然之，且命希憲先行，審察事變。對曰：「劉太平、霍魯海在關右，渾都海在六盤，征南諸軍散處秦、蜀，太平要結諸將，其性險詐，素畏殿下英武，倘倚關中形勝，設有異謀，漸不可制，宜遣趙良弼往覘人情事宜。」從之。阿里不哥搆亂北邊，遣脱忽思發兵河朔，大肆凶暴。真定名士李槃嘗奉莊聖太后命侍阿里不哥講讀，脱忽思怒槃不附己，械之，希憲訪槃於獄，言於世祖而釋之。世祖命希憲賜膳於宗王塔察兒，希憲即以己意白王，宜首建翊戴之謀，王然之，許以身任其事。歸啓其言，世祖曰：「若此重事，卿何不懼之甚耶！」

庚申，至開平，宗室諸王勸進，謙讓未允，希憲復以天時人事進言。且曰：「阿里不哥於殿下爲母弟，居守朔方，專制有年，或覬望神器，事不可測，宜早定大計。」世祖然之。明日即位，建元中統。希憲上言：「高麗王子倎久留京師，今聞其父死，宜立爲王，遣還國，以恩結之。」又言：「鄂兵未還，宜遣使與宋講好，敕諸軍北歸。」帝皆從之。

趙良弼還自關右，奏劉太平、霍魯海反狀，皆如希憲言。初分漢地爲十道，乃併京兆、四川爲一道，以希憲爲宣撫使。太平、霍魯海聞之，乘驛急入京兆，密謀爲變。後三日，希憲至，宣布詔旨，遣使安諭六盤。未幾，斷事官闊闊出遣使來告：渾都海已反，殺所遣使者朵羅台，遣人諭其黨密里火者於成都、乞台不花於青居，使各以兵來援，又多與蒙古軍奥魯官兀奴忽等金帛，盡起新軍，且約太平、霍魯海同日俱發。希憲得報，召僚屬謂曰：「上新即位，責任吾等，正爲今日。不早爲之計，殆將無及。」遣萬户劉黑馬、京兆治中高鵬霄、華州尹史廣，掩捕太平、霍魯海及其黨，獲之，盡得其奸謀，悉置於獄。復遣劉黑馬誅密里火者，總帥汪惟正誅乞台不花，具以驛聞。時關中無兵備，命汪惟良將秦、鞏諸軍進六盤，惟良以未得上旨爲辭，希憲即解所佩虎符銀印授之曰：「此皆身承密旨，君但辦吾事，制符已飛奏矣。」又付銀一萬五千兩，以充功賞，出庫幣製軍衣，惟良感激，遂行。又發蜀卒更戍，及在家餘丁，推節制諸軍蒙古官八春將之，謂之曰：「君所將之衆，未經訓練，六盤兵精，勿與争鋒，但張聲勢，使不得東，則大事濟矣。」會有詔赦至，希憲命絞太平等於獄，尸於通衢，方出迎詔，人心遂安。乃遣使自劾停赦行刑、徵調諸軍、擅以惟良爲帥等罪，帝深善之。曰：「《經》所謂行權，此其是也。」别賜金虎符，使節制諸軍，且詔曰：「朕委卿以方面之權，事當從宜，毋拘常制，坐失事機。」

西川將紐鄰奥魯官，將舉兵應渾都海，八春獲之，繫其黨五十餘人于乾州

獄，送二人至京兆，請并殺之。二人自分必死，希憲謂僚佐曰：「渾都海不能乘勢東來，保無他慮。今衆志未一，猶懷反側，彼軍見其將校執囚，或別生心，爲害不細。今因其懼死，並加寬釋，使之感恩效力，就發此軍餘丁，往隸八春，上策也。」初，八春既執諸校，其軍疑懼，駭亂四出，莫可禁遏，及知諸校獲全，紐鄰奧魯官得釋，大喜過望。切諭其屬出兵效力，人人感悅，八春亦釋然開悟，果得精騎數千，將與俱西。

詔以希憲爲中書右丞，行秦蜀省事。渾都海聞京兆有備，遂西渡河，趨甘州，阿藍答兒復自和林提兵與之合，分結隴、蜀諸將，又使紐鄰兄宿敦爲書招紐鄰。於是成都帥百家奴，興元忙古台，青居汪惟正、欽察，俱遣使言，人心危疑，事不可測。希憲遣使深諭戒之，兩川諸將素憚希憲威名，按堵從命。渾都海、阿藍答兒合軍而東，諸將失利，河右大震，西土親王執畢帖木兒輜重皆空，就食秦雍。朝議欲棄兩川，退守興元，希憲力言不可，乃止。會親王合丹及汪惟良、八春等合兵復戰西涼，大敗之，俘斬略盡，得二叛首以送，梟之京兆市。事聞，帝大嘉之曰：「希憲真男子也。」進拜平章政事，賜宅一區。時希憲年三十矣。

希憲奏：四川降民，皆散處山谷，宜申敕軍吏，禁止俘掠，違者，千户以下與犯人同罪。又禁諸人無販易生口，由是四川遂安，降者益衆。又罷解鹽户所摘軍，及京兆諸處無籍户之戍靈州屯田者，以寬民力。欽察獲宋臣張炳震、王政二人，俱以母老，願賜矜放，希憲皆遣之還。因爲書與宋四川制置余玠，諭以天道人事，玠得書愧感自守，不敢復輕動。鞏昌帥府言，鎮戎州有謀爲叛者，連引四百餘人，希憲詳推之，惟誅首惡五人。宋將劉整以瀘州降，盡繫前歸宋者數百人待報。希憲奏釋之，且致書宰臣，待整以恩，當得其死力。整後首建取襄陽之策，果立勳效。宋將家屬之在北者，希憲歲給其糧，仕於宋者，子弟得越界省其親，人皆感之。

李璮反山東，事連王文統，平章趙璧素忌希憲勳名，因言文統由張易、希憲薦引，遂至大用，且關中形勝之地，希憲得民心，有商挺、趙良弼爲之輔，此事宜關聖慮。帝曰：「希憲自幼事朕，朕知其心，挺、良弼皆正士，何慮焉。」蜀降人費正寅以私怨譖希憲因李璮叛，亦修城治兵，潛畜異志，帝因惑之，命中書右丞南合代希憲行省，且覆視所告事，卒無實狀。詔希憲還京師，陛見，言曰：「方闢陝叛亂，川蜀未寧，事急星火，臣隨宜行事，不謀佐貳，如寅所言，罪止在臣，臣請逮繫有司。」帝撫御床曰：「當時之言，天知之，朕知之，卿果何罪！」慰諭良久。進拜中書平章政事。

一日夜半，召希憲入禁中，從容道藩邸時事，因及趙璧所言。希憲曰：「昔攻鄂時，賈似道作木柵環城，一夕而成，陛下顧扈從諸臣曰『吾安得如似道者用之』。劉秉忠、張易進曰『山東王文統，才智士也，今爲李璮幕僚』。詔問臣，臣對『亦聞之，實未嘗識其人也』。」帝曰：「朕亦記此。」

希憲在中書，振舉綱維，綜核名實，汰逐冗濫，裁抑僥倖，興利除害，事無不便，當時翕然稱治，典章文物，粲然可考。又建言：「國家自開創已來，凡納土及始命之臣，咸令世守，至今將六十年，子孫皆奴視部下，都邑長吏，皆其皂隸僮使，前古所無，宜更張之，使考課黜陟。」始議行遷轉法。

至元元年，丁母憂，率親族行古喪禮，勺飲不入口者三日，慟則嘔血，不能起，寢臥草土，廬于墓傍。宰執以憂制未定，欲極力起之，相與詣廬，聞號痛聲，竟不忍言。未幾，有詔奪情起復，希憲雖不敢違旨，然出則素服從事，入必緌絰。及喪父，亦如之。

奸臣阿合馬領左右部，專總財賦，會其黨相攻擊，帝命中書推覆，衆畏其權，莫敢問。希憲窮治其事，以狀聞，杖阿合馬，罷所領歸有司。

帝諭希憲曰：「吏廢法而貪，民失業而逃，工不給用，財不贍費，先朝患此久矣。自卿等爲相，朕無此憂。」對曰：「陛下聖猶堯、舜，臣等未能以臯陶、稷、契之道，贊輔治化，以致太平，懷愧多矣。今日小治，未足多也。」因論及魏徵，對曰：「忠臣良臣，何代無之，顧人主用不用爾。」有内侍傳旨入朝堂，言某事當爾，希憲曰：「此閹宦預政之漸，不可啓也。」遂入奏，杖之。

言者訟丞相史天澤，親黨布列中外，威權日盛，漸不可制。詔罷天澤政事，使待鞫問。希憲進曰：「天澤事陛下久，知天澤深者，無如陛下。始自潛藩，多經任使，將兵牧民，悉有治效。陛下知其可付大事，用爲輔相，小人一旦有言，陛下當熟察其心跡，果有肆橫不臣者乎？今日信臣，故臣得預此旨，他日有訟臣者，臣亦遭疑矣。臣等備員政府，陛下之疑信若此，何敢自保。天澤既罷，亦當罷臣。」帝良久曰：「卿且退，朕思之。」明日，帝召希憲諭曰：「昨思之，天澤無對訟者。」事遂解。

又有訟四川帥欽察者，帝敕中書急遣使誅之。明日，希憲覆奏，帝怒曰：「尚爾遲回耶！」對曰：「欽察大帥，以一小人言被誅，民心必駭，收繫至此，與訟者廷對，然後明其罪於天下爲宜。」詔遣能者按問，其後事竟無實，欽察得免。

希憲每奏議帝前，論事激切，無少回惜。帝曰：「卿昔事朕王府，多所容受，今爲天子臣，乃爾木强耶？」希憲對曰：「王府事輕，天下事重，一或面從，天下將受其害，臣非不自愛也。」

方士請煉大丹，敕中書給所需，希憲具以秦、漢故事奏，且曰：「堯、舜得壽，不因大丹也。」帝曰：「然。」遂却之。時方尊禮國師，帝命希憲受戒，對曰：「臣受孔子戒矣。」帝曰：「孔子亦有戒耶？」對曰：「爲臣當忠，爲子當孝，孔子之戒，如是而已。」

五年，始建御史臺，繼設各道提刑按察司。時阿合馬專總財利，乃曰：「庶務責成諸路，錢穀付之轉運，今繩治之如此，事何由辦？」希憲曰：「立臺察，古制也，内則彈劾奸邪，外則察視非常，訪求民瘼，裨益國政，無大於此。若去之，使上下專恣貪暴，事豈可集耶！」阿合馬不能對。

七年，詔釋京師繫囚。西域人匿贊馬丁，用事先朝，資累鉅萬，爲怨家所告，繫大都獄，既釋之矣，時希憲在告，實不預其事。是秋，車駕還自上都，怨家訴於帝，希憲取堂判補署之曰：「天威莫測，豈可幸其獨不署以苟免耶。」希憲入見，以詔書爲言，帝曰：「詔釋囚耳，豈有詔釋匿贊馬丁耶？」對曰：「不釋匿贊馬丁，臣等亦未聞有此詔。」帝怒曰：「汝等號稱讀書，臨事乃爾，宜得何罪？」對曰：「臣等忝爲宰相，有罪當罷退。」帝曰：「但從汝言。」即與左丞相耶律鑄同罷。一日，帝問侍臣，希憲居家何爲，侍臣以讀書對。帝曰：「讀書固朕所教，然讀之而不肯用，多讀何爲。」意責其罷政而不復求進也。阿合馬因譖之曰：「希憲日與妻子宴樂爾。」帝變色曰：「希憲清貧，何從宴設。」希憲嘗有疾，帝遣醫三人診視，醫言須用沙糖作飲，時最艱得，家人求於外，阿合馬與之二斤，且致密意。希憲却之曰：「使此物果能活人，吾終不以奸人所與求活也。」帝聞而遣賜之。

嗣國王頭輦哥行省鎮遼陽，有言其擾民不便者。十一年，詔起希憲爲北京行省平章政事。將行，肩輿入辭，賜坐，帝曰：「昔在先朝，卿深識事機，每以帝道啓朕，及鄂漢班師，屢陳天命，朕心不忘，丞相卿實宜爲，顧退托耳。遼(雪)〔霫〕户不下數萬，諸王、國壻分地所在，彼皆素知卿能，故命卿往鎮，體朕此意。」遼東多親王，使者傳令旨，官吏立聽，希憲至，始革正之。

有西域人自稱駙馬，營于城外，繫富民，誣其祖父嘗貸息錢，索償甚急，民訴之行省，希憲命收捕之。其人怒，乘馬入省堂，坐榻上，希憲命捽下跪，而問之曰：「法無私獄，汝何人，敢擅繫民？」令械繫之。其人惶懼求哀，國王亦爲之請，乃稍寬，令待對，舉營夜遁。俄詔國王歸國，希憲獨行省事。朝廷降鈔買馬六千五百，希憲遣買於東州，得羨餘馬千三百。希憲曰：「上之則若自衒。」即與他郡之不及者，以其直還官。長公主及國壻入朝，縱獵郊原，擾民爲甚，希憲面諭國壻，欲入奏之。國壻驚愕，入語公主，公主出，飲希憲酒曰：「從者擾民，吾不知也。請以鈔萬五千貫還斂民之直，幸勿遣使者。」自是貴人過者，皆莫敢縱。

十二年，右丞阿里海牙下江陵，圖地形上於朝，請命重臣開大府鎮之。帝急召希憲還，使行省荆南，賜坐，諭曰：「荆南入我版籍，欲使新附者感恩、未來者向化，宋知我朝有臣如此，亦足以降其心。南土卑濕，於卿非宜，今以大事付託，度卿不辭。」賜田以養居者，馬五十以給從者。希憲曰：「臣每懼才識淺近，不能勝負大任，何敢辭疾，然敢辭新賜。」復有詔，令希憲承制授三品以下官。

希憲冒暑疾驅以進。至鎮，阿里海牙率其屬郊迎，望拜塵中，荆人大駭。即日禁剽奪，通商販，興利除害，兵民按堵。首録宋故宣撫、制置二司幕僚能任事者，以備采訪，仍擇二十餘人，隨材授職。左右難之，希憲曰：「今皆國家臣子也，何用致疑。」時宋故官禮謁大府，必廣致珍玩，希憲拒之，且語之曰：「汝等身仍故官，或不次遷擢，當念聖恩，盡力報效。今所饋者，若皆己物，我取之爲非義；一或係官，事同盗竊；若斂於民，不爲無罪。宜戒慎之。」皆感激謝去。令凡俘獲之人，敢殺者，以故殺平民論。爲軍士所虜，病而棄之者，許人收養；病愈，故主不得復有。立契券質賣妻子者，重其罪，仍没入其直。先時，江陵城外蓄水扞禦，希憲命決之，得良田數萬畝，以爲貧民之業。發沙市倉粟之不入官籍者二十萬斛，以賑公安之饑。大綱既舉，乃曰：「教不可緩也。」遂大興學，選教官，置經籍，且日親詣講舍，以厲諸生。

西南溪洞，及思、播田、楊二氏，重慶制置趙定應，俱越境請降。事聞，帝曰：「先朝非用兵不可得地，今希憲能令數千百里外越境納土，其治化可見也。」闕吏得江陵人私書，不敢發，上之，樞密臣發之帝前，其中有曰：「歸附之初，人不聊生。皇帝遣廉相出鎮荆南，豈惟人漸德化，昆蟲草木，咸被澤矣。」帝曰：「希憲不嗜殺人，故能爾也。」

希憲疾久不愈，十四年春，近臣董文忠言：「江陵濕熱，如希憲病何？」即召希憲還，江陵民號泣遮道留之不得，相與畫像建祠。希憲還，囊橐蕭然，琴書自隨而已。帝知其貧，特賜白金五千兩、鈔萬貫。

五月，至上都，太常卿田忠良來問疾，希憲謂曰：「上都，聖上龍飛之地，天下視爲根本。近聞龍岡遺火，延燒民居，此常事耳，慎勿令妄談地理者惑動上意。」未幾，果有數輩以徙置都邑事奏，樞密副使張易、中書左丞張文謙與之廷辨，力言不可，帝不悅。明日，召忠良質其事，忠良以希憲語對，帝曰：「希憲病甚，猶慮及此耶。」其議遂止。

詔徵揚州名醫王仲明視希憲疾，既至，希憲服其藥，能杖而起，帝喜謂希憲曰：「卿得良醫，疾向愈矣。」對曰：「醫持善藥以療臣疾，苟能戒慎，則誠如聖諭；設或肆惰，良醫何益。」蓋以醫諷諫也。

會議立門下省，帝曰：「侍中非希憲不可。」遣中使諭旨曰：「鞍馬之任，不以勞卿，坐而論道，時至省中，事有必須執奏，肩輿以入可也。」希憲附奏曰：「臣疾何足卹。輸忠效力，生平所願。」皇太子亦遣人諭旨曰：「上命卿領門下省，無憚羣小，吾爲卿除之。」竟爲阿合馬所沮。

十六年春，賜鈔萬貫，詔復入中書，希憲稱疾篤。皇太子遣侍臣問疾，因問治道，希憲曰：「君天下在用人，用君子則治，用小人則亂。臣病雖劇，委之於天。所甚憂者，大奸專政，羣小阿附，誤國害民，病之大者。殿下宜開聖意，急爲屏除，不然，日就沉痾，不可藥矣。」戒其子曰：「丈夫見義勇爲，禍福無預於己，謂皋、夔、稷、契、伊、傅、周、召爲不可及，是自棄也。天下事苟無牽制，三代可復也。」又曰：「汝讀《狄梁公傳》乎？梁公有大節，爲不肖子所墜，汝輩宜慎之！」

十七年十一月十九夜，有大星隕于正寢之旁，流光照地，久之方滅。日夕，希憲卒，年五十。大德八年，贈忠清粹德功臣、太傅、開府儀同三司，追封魏國公，謚文正。加贈推忠佐理翊運功臣、太師、開府儀同三司、上柱國，恒陽王，謚如故。

《國朝文類》卷六五元明善《平章政事廉文正王神道碑》　世祖皇帝克肖天德，克承帝命，一天下而國，環四海而家。時則有三五臣同德佐命，恒陽王其烈烈者歟。蘊經國之學，展命世之才，剛明正大，清脩峻潔，所處而經權合，所趨而事庸立。西定秦隴，東靖齊魯，北安遼碣，南撫荆湖。在中書六年，大經大法，大忠大直，巍巍焉邁前王之佐，巖巖焉爲後哲之師。聖賢際會，道義交孚，豐功鉅業，光耀金石。烏虖偉哉！

王姓廉氏，諱希憲，字善甫，北庭人。考諱布魯凱雅，從回鶻國主歸聖朝，官至真定順德諸路宣慰使，贈儀同三司，大司徒，追封魏國公，謚孝懿。妣石抹氏，追封魏國夫人。司徒十三男子，魏國之男曰希閔，正奉大夫，蘄黄等路宣慰使，次即王。王生，司徒拜廉訪使之命，顧曰兒適承慶，宜以官氏，遂廉姓。王自齓歲，已見偉度。魏國延明師教之以經，輒掇其要言，試諸行事。

年十九，宿衛世祖王邸。一日，問王所懷何書，對曰：「《孟子》。」又問大指，對曰：「陳王道，明義利，不忍一牛，恩充四海。」上善之，嘗呼王廉孟子。從征雲南，師還，留爲京兆宣撫使。關中時爲世祖分地，西措隴蜀，雜以羌戎，號爲獷俗。摧强破姦，繊弱起植，利賴所及，無顧忌焉。薦大儒許公衡提舉儒學，辟智仲可參綜府事，扁所居堂曰止善。公退，即與諸儒講求事君立身大義，評品古今人物是非得失，焚香鼓琴，夜分乃息。時戎車日駕，邊需繹騷，惟以養民爲本，餉餽亦給。有一大驅貸母錢予人，徵子數倍。王曰：「歲月雖久，子止侔母。」後遂著爲令。詔儒而隸者聽贖，京兆諸豪不肯奉詔，王悉良之。或粗識字義者，即予錢，使著儒版。未幾，宣撫司罷。從世祖伐宋，下鄂城，命王入籍府庫。出，率百餘儒生伏謁軍門。上指庭實曰：「恣汝所取。」王但取一墨，因請軍士所俘儒生，以官錢購之，脱五百人隸。憲宗崩於合州，世祖班師，王首陳大計曰：「殿下太祖諸孫，先帝母弟，旗指六詔，群蠻耆定。師令入宋，鄂城即下。天道人心，所嚮可識。且收攬英賢，政爲今日，神器所屬，非殿下而誰？」王奏曰：「聞劉太平、霍魯海復至陝西，渾都海騎兵四萬，大駐六盤，征南之師散屯秦蜀。太平挾才而姦，素附阿里勃哥，憚主威明，糾惑群情，據險致死，殆將不利。」即命趙良弼假事往覘以報。初，憲宗南征，以季弟阿里勃哥留守，至是發河朔民爲兵，將與上爭王，旋奏罷。所發宗王塔察兒，東諸侯之長也，上欲好之，難其所使。王請行，既饗，語及渡江，王大稱上之威德勞烈，乃曰：「大王屬尊義重，發言推戴，誰敢不協？」宗王悅從。還奏所語，上驚曰：「顧乃大事，何爾輕脱。」對曰：「臣書謂時然後言。臣察其幾，言入其誠爾。」趙良弼來奏，悉如王筭，難猶未作也。歲庚申春，上至開平，諸王宗戚咸會，塔察兒率先勸進。王奏曰：「阿里勃哥挾居守之權，鬼奪其鑑，或竊位號。令至，違從順逆立判。若早承大統，詔告天下，彼或顧望，我有辭矣。機會之乘，不容髮間。」上良久曰：「吾意決矣。」翼日，登大寶位，建元中統。王奏封高麗世子倎爲高麗國王，還之其國。奏遣郝經使宋，詔宋主息兵講好。

上慮關右難作，命王宣撫陝西四川道。劉太平、霍魯海聞王當來，急傳先入京兆。王遲二日至，宣即位詔，人情稍定。遣使詔六盤，渾都海殺所遺使，馳召

成都帥密里霍者，青居帥乞台不花，約劉太平、霍都海內應。王得急報，夜集僚屬議。王曰：「今日之事，吾請任之。脱問專擅，罪不若及。」乃遣萬户劉黑馬等掩捕劉、霍其黨，皆衷甲待約，捕至，鬬而就縛，罵太平後事。遣萬户劉黑馬誅密里霍者，總帥汪惟正誅乞台不花，佩同僉總帥汪惟良金虎符銀印，將其兵進討。惟良辭非朝命，王曰：「身承密旨，君第了國事，已馳奏矣。」予其軍銀萬五千兩，別發諸軍四千，命八椿將之。戒八椿曰：「君所將烏合，未經撫循。六盤精兵，慎勿輕鬬，鳴爾金鼓，大張聲勢，使之不東，吾事濟矣。」兩軍既行，濬隍完城，儲材聚糧，爲城守計。赦至近郊，王曰：「劉、霍在獄，是何可宥？」戶諸康衢，然後出迓。王乃上奏曰：「停赦殺賊，擅發諸軍，專將惟良，臣罪當死，謹籍家貲，以竢嚴命。」上曰：「書生貴權，政謂此也。」詔曰：「朕委卿專制一方，事當從權，毋滯文法，坐失機宜。佩卿金虎符，節制諸軍。」別降制書虎符，授汪惟良。八椿遣其子執一人來獻曰：「方受六盤重賞，及械繫其黨五十人乾州，請誅之。」王曰：「渾都海西而不東，吾知其無能爲也，悉殺此曹，徒携衆心。因其怖死，釋罪籍力。」乃送二人于京師，餘皆縱去。面誨八椿之子，使曉其父，果得此軍之用。八椿振旅，躡渾都海軍後。阿覽答兒爲阿里孛哥曰：「和林師來，與渾都海合于甘州。」朝議欲棄兩川，退保興元。王上奏曰：「四川方寧，糧餉已足，無故自廢成功，後悔爲晚。」乃不棄兩川。

進拜中書右丞，行秦蜀省事。渾覽兵既合，遂東。王師前驅，不利。既而汪帥、八椿軍會，諸侯兵力戰，獲阿覽答兒、渾都海首，梟之京兆市三日。諸軍退屯便地。王上奏，上曰：「大丈夫事也。」拜平章政事，賜甲第一區。王時年始三十。奏：「四川降民散處山谷，請禁我軍毋虜掠，違者罪及其帥。諸販易生口者，罪之。」由是降者如歸。獲知資州張炳晨，統制王政，辭有老親。王使持書與宋四川制置使余玠，俾知天命。玠得書，斂守疆界，不敢妄動。鞏昌帥上鎮戎州叛者四百人，王但誅其首惡五人，餘悉原釋。詔還朝，入中書。參政商挺馳奏，略曰秦蜀重鎮，非廉相不可。詔歸王。東川帥欽察誣閬州降將楊大淵反，王手書與大淵，開誠撫慰，大淵感泣，軍府乃安。瀘州降將劉整囚我叛人數百，軍吏請誅以戒。王曰：「力屈而降，豈其心哉。」奏而免之。導整入覲，手書宰臣，使整有所觀感，恩浹其心，當得死力。王移書管安撫、程都統、張叙州曰：「汝家今在成都，令所司供億優厚，無他慮也。」聽程都統子鵬飛歸省。於是恩及宋人矣。詔括京兆諸郡馬牛，以濟河西。王奏曰：「關中兵亂，凋瘵已極，歲賦不充，尚堪此役。」奏入，特復二年，馬牛免括。其年自春涉夏，大旱。王步禱終南，其夕，大雨。司徒請朝，奏曰：「臣子希憲誤蒙獎拔，恩過其分，且事多專制，輙恐開後釁。」上曰：「朕欲大用希憲久矣。第以西南事重，難於代者，朕自知之，卿勿疑懼。」詔入中書平章事。王以天下自任，乃振舉綱紀，綜覈名實，汰黜浮濫，抑逐僥倖，首議行遷轉法。會魏國薨，王力行喪禮，水不入口者三日。每慟，嘔血毀瘠，幾至滅性。既葬，籍草枕塊，必於終制。諸相往起，未至廬所，聞其哭聲之哀，不忍言而退。爲詔奪情。

至元改元，進榮禄大夫。明年，行省事山東，省併州縣，黜陟官吏，承制行事，東諸侯聳懼聽命。其爲民害者，登與除之。爲民利者，登與興之。凡兩閱月，召還。俄司徒薨，力請終制。上不聽，强起之，墨衰即事。自王居憂，中書滯事千數。上曰：「其留希憲，決之大都。」未及旬浹，剖析如流。事聞，曰：「相已得人，朕復何憂？」車駕還幸，左丞相史公天澤顧諸相歎曰：「廉相方爾振理機要，天下賴之，我輩既回，殆將沮撓。」遷轉法行，五品以上宣授，六品以下敕授，罷天下世官。諸路歲貢經明行修，長於吏治者各一人。中貴人傳旨朝堂云云，王曰：「小臣預政，此其漸也，當中覆之。」覆奏，上抶中貴人。阿合馬領左右部，俄其黨自相攻擊，詔中書鞫實。王窮詰其罪，奏杖阿合馬，罷其所領。上諭王曰：「吏弛法而貪，民廢業而流，工不給用，財不贍費，先朝嘗已戚矣。自相卿等，朕無此戚。」王對曰：「陛下聖猶堯舜，臣等未能以皋契之道，贊輔治化，以致雍熙，慙對天顔。今日小康，未足多也。」上因論及魏徵。王對曰：「忠臣良臣，何代無之？顧人主用與不用爾。」言者訟史丞相子姪布列中外，威權太盛，久將難制。詔王罷丞相政事，待鞫。王奏曰：「知天澤深者，無踰陛下。粤自潛藩，多經任使，將兵牧民，悉著治效。以其可屬大任，固使丞茲相位。小人雖實有言，陛下察其心跡，果有跋扈不臣者乎。今信臣，故臣得預此旨，他日一人訟臣，臣亦入於疑矣。臣等承乏政府，上之疑信若是，何敢自保。天澤既罷，亦當罷臣。」上曰：「卿姑去。」明日召王曰：「昨思之，天澤無對訟者。」有訟西川帥欽察罪者，上勅中書急發使誅之。明日，王覆奏。上怒曰：「尚爾遲回。」對曰：「欽察大帥，以一人之言被誅，西川必駭。逮之至此，與訟者庭對，暴其罪於天下，可也。」上曰：「其遣能者按問。」既而無一實，欽察得免。王奏議上前，讜論直陳，無少回借。上曰：「汝昔事朕王邸，猶或容受，爲天子臣，乃爾木强邪？」王對曰：「王府事輕，爲天子論天下事，一或面從，天下將受其害，非不自愛也。」奏立

御史臺，諸道設提刑按察司。阿合馬復總財利，中沮其事。有曰：「衆務責成總府，金穀任之運司，按察撓亂，何由集事？」王曰：「立臺察，遵古制，内察姦宄，外糾貪污，肅清朝綱，訪求民瘼，裨益國政，無大此官。如君所言，必使群邪舞法，賄賂公行，事乃集邪？」其語遂塞。匿贊馬丁者，嘗用事先朝，以告者被執。會詔釋大都囚，上還，告者復訴。上怒召留相詰之。王取堂案，視無所署，補之。入對，顧堂吏曰：「脱天威不測，豈可幸無已署而免？」王前對以奉詔，上曰：「詔併釋匿贊馬丁邪？」王曰：「不釋匿贊馬丁，亦未嘗有詔。」上愈怒，曰：「於汝書，此當何罪？」王曰：「陛下以此爲罪，第當罷相。」遂罷。至元七年也。

王杜門養德，談經講道，課試諸子，然食頃不忘朝廷。一事便民，則喜見顔間，一令害人，則戚不能寐。上嘗問：「希憲家居何爲？」左右以讀書對。上曰：「讀書固朕所教，讀之不肯見用，何多讀爲？」阿合馬譏曰：「日與妻孥燕樂爾。」上色變曰：「希憲清貧，何從燕設？」右丞相安童奏王行省河西，上曰：「河西諸王列地，希憲執法，於朕意無所曲從，豈聽宗干語者？」疾作，上遣御醫三人診視。或言須沙糖作飲良，時最艱得，王弟求諸阿合馬，與之二斤，且致密意。王推著地曰：「使此物果能活人，吾終不以姦人所遺愈疾也。」上聞，特賜三斤。先以嗣國王條輦哥行省，鎮遼霫東。人有言王疾稍愈，上命王往。肩輿入辭，朝廷大議，朕將與之論訣。賜坐。上曰：「昔在先朝，卿先事知幾，每慰朕以帝道。及鄂渚班師，婁述天命，朕心不忘。丞相卿實當爲，顧自退託爾。遼霫户不數萬，政以諸王國壻分地所在，居者行者，聯絡旁午，明者見往知來，察微燭著。塔察兒諸王素知卿能，命卿往者，當識此意。」王至北京，問民所苦，皆曰有西域人自稱駙馬，營於城外，逮繫富家，誣其祖父嘗貸子錢，訊之使償，無所於訴。且日持牒告王，即遣吏逮駙馬者。其人怒馬而來，直入省堂，徑坐榻上，王令曳下跪，而詰之曰：「制無私獄，汝何人，敢爾繫民？其械繫之。」哀禱請命，國王亦爲之言，稍寬待對，一夕，拔營遁去。塔察兒使者傳旨，國王立聽。王坐自如，曰：「大臣無爲諸王起也。」使者還語其王，曰：「朝廷太臣，彼無違禮也。」詔國王歸國，王獨行省事。朝廷發寶鈔市馬六千五百，王遣市東州，盡所發鈔，得羨馬千三百。王曰：「上之則類自銜，其以馬依元直，予他郡。」他郡馬不入數，害及其民，終不忍分彼此也。」長公主及國壻入朝，縱獵郊原，發民牛車，載其所獲，徵求湏索，其費至鈔萬五千貫。王譏公主，從者怨食不及。王曰：「我天子宰相，非汝庖者。」國壻怒起，王隨之曰：「駙馬縱獵原禽，非國務也。費民財不貲，我已馳奏矣。」國壻愕然，入語公主，公主出，飲王酒曰：「從者煩民，我不知也。請出鈔數償民，幸公止使者。」自後貴人過者，皆不敢縱。

王師渡江，下江州，急召王入朝。會右丞阿里海牙下江陵，圖其地形上之，請曰：「荆州西距梁益，南控交廣，據江淮上游，誠爲要地。非朝廷重臣開大府以鎮之，未足綏新附，來遠人。」上夜召王賜坐曰：「荆南入我版籍，彼新附者感恩忘苦，未來者懷化效順。宋知我朝有臣如此，亦足以降其心也。南土濕下，於卿疾非宜。今以大事託卿，卿不辭。賜卿〔田〕以其入食留者，馬五十疋給從者。」王對曰：「臣每懼識度淺薄，不能仰荷重寄，何敢辭疾？」力請不受新賜。詔荆湖行省，承制官三品以下，刻印版授，奏入制出。王暑行至鎮，戢諸軍毋擅離部，闢城門，勿譏往來，弛燈火之禁，通商販之塗，館傳豐潔，邸舍相望，弭虓止虐，掩骼埋胔，鬻孥者罪之，殺俘者坐之。文武劾力，小大協心，材者官之，不問新故。王一以清簡自居，安輯爲務，號令施惠，如旱而雨。谿巖耄倪，入與王對。瀉湇水于江，得田數百萬畝，聽民耕佃，三年半征取。沙市失收米二十萬斛，足二歲用，俄公安饑，發之以振。王曰：「民粗安矣，風教不可後也。」乃大興學，且日親至校官，講授以倡他郡。撤官屋，以復竹林書院，予書萬四千卷，學者日盛。王既不納諸人贄金，見者輒獻所俘男女，王即受之，聽其歸完。歸者感德，自稱廉民云。王或疾，士民群走僧寺道館，爲王祈福。語及，必頷手叩齒祝曰：「願我公永長我人，政化大行，聲及四遠。」思、播田、楊二氏負固不下，遣使納欵。重慶趙定應堅守耻降，遣使納欵。王語二使曰：「歸語爾主，速歸所隷，以全民命。我已馳奏天子，詔安爾土矣。」奏上，上曰：「國家不用兵得地，未之見也。希憲坐致數千里外之堅城勁士，其仁政爲何如也。」賜西域善藥，高昌蒲桃酒。寶慶、武岡、益陽、安化、善化、寧鄉諸城籍編民，冒圍納欵。王移文其省，使安全之。鎮遠谿洞蠻酋以其樂工四十餘人，重譯來至，曰：「願奏土風於天子之庭。」王曰：「而輩獨無父母妻子乎，驅迫而來，豈其心哉？且天子仁聖，不重夷音。」皆泣拜而回。闞譏得江陵人私書，不敢發封，樞密臣發之上前。其語曰：「歸附之初，人無生意。大元皇帝命廉相出鎮荆湖，豈惟人漸德化，草木昆蟲咸被澤矣。」上歎曰：「希憲不嗜殺人，故能至此。」王疾日劇，僉樞密院事董文忠奏曰：「江陵濕熱，柰希憲沈痾何。」上即召還。荆南人聞王當去，皆號泣隨之，擁所乘車，不得行。王慰喻再四，乃拜哭而別。大者繪象建祠，小者書版瞻禮。王囊橐蕭然，琴書自隨，朝于上都。詔館於華嚴寺，酒人饍夫，日敕供餽。王語太常田忠

良曰：「上都，聖上龍飛，國家根本。近日火延龍岡，居民常事，無令雜學小生妄談風水，惑動上意。未幾，宰相果與南士數輩廷辯遷都，田奏王言。上曰：「希憲大病，念亦及此邪。」南士之議遂寢。詔徵名醫王仲明于揚州，未見行意。士大夫責之曰：「君術固妙，其能已億兆人之疾乎。蒼生懸望廉公復相久矣，能起廉公，是惠及天下也。」仲明乃至，進其良劑，能杖而起。上喜，召入曰：「聞卿比得良醫，日俟痊復。」王對曰：「醫持善藥，治臣沉疾，苟能戒謹，誠如聖喻。稍爾肆情，終將不療。」蓋以醫諫也。上曰：「卿徒幾人。」對曰：「惟一弟扶贊。」上笑曰：「儒習不少變邪。」命近侍舉御前白金賜王，爲兩五千，勅中書賜鈔萬貫，曰：「賞卿清白也。」議立門下省，上曰：「首官何稱？」曰：「侍中。非希憲不可。」遣近臣諭旨曰：「鞍馬之任，不以勞卿，乘軒論道，時至治所。必煩親奏，肩輿以入。」王附奏曰：「臣疾何恤，輸忠効力，生平深願。」皇太子方聽天下政，遣人賜蒲桃酒，諭王曰：「上命公領門下省，勿難群小，吾爲公德。」阿合馬不利而止。時營繕東宫，工部官請曰：「牡丹名品，惟相公家，乞移植數本，太子知出公家矣。」王曰：「若出特命，園雖先業，一無所靳。我蚤事聖主，備位宰相，未嘗曲丐恩幸。方爾病退，顧以花求媚邪。」請者愧止。

十六年春，詔復入中書。王稱疾篤，皇太子遣侍臣楊吉丁問疾，因叩治道。王曰：「君天下者二道，用君子則治，用小人則亂。臣病雖劇，委之於天。所甚憂者，大姦專柄，群邪蠭附，誤國害民，病之大者。殿下宜開聖意，急爲屏除，不然，日以沈痼，不可藥矣。」語聞，深嘉重之。上嘗語王曰：「受戒國師，因參内典，開益神智。」對曰：「臣幸蒙聖訓，久受孔子戒矣。」上曰：「孔子何戒？」曰：「臣也盡忠，子也盡孝。」上頷之。嘗戒子恪、恂曰：「丈夫見義勇爲，禍福不足逆計。」又曰：「宰相湏有力量，未有無力量能爲賢相者。天下苟無牽掣，三代可復也。」又曰：「稷、契、皐、夔、伊、傅、周、召，便謂無及，是自棄也。」又曰：「汝讀《狄梁公傳》否？梁公有大臣節，乃爲不肖子孫所墜，汝輩當深以爲警。」疾革，曰：「吾疾不起矣，兒惟多讀書，以承父志。」夜，大星隕于正寢之後樂堂，流光燭地，久之方滅。是夕，王薨，至元十七年十一月十九日也，春秋五十。越某日，葬于宛平之西原。訃聞，天子痛悼，士大夫走哭相弔，天下之知者無不嗟傷，咸曰：「良相死矣，吾復何望。」上每追思之曰：「當諸王大會議決大事，惟廉希憲能也。」【略】成宗皇帝制贈清忠粹德功臣、太傅、開府儀同三司，追封魏國公，謚文正。【略】仁宗皇帝制加贈推忠佐理翊運功臣、太師、開府儀同三司、上柱國，追封恒陽王，仍謚文正。【略】皇上既御宸極，壹新庶政，由御史中丞相恂平章，敬遵家範，克奏父勳，天子嘉之，詔中書曰：「其命翰林學士明善製恂父恒陽王碑文。」臣奉詔，莊讀王之《家傳》，次第而論曰：「丞相淮安忠武王曰：『廉公，宰相中真宰相，男子中真男子。』可謂名言。然勳隆帝室，澤被生民，用舍合道，安危一節，大人之事備矣。臣再拜稽首，銘墓神道。

蘇天爵《元朝名臣事略》卷七《平章廉文正王》 王名希憲，字善甫，畏吾氏，由父官廉訪使氏焉。初事潛邸，歲癸丑，授京兆宣撫使。丁巳，宣撫司罷，中統元年，復爲京兆宣撫使。未幾，拜中書右丞，行秦蜀省事，就拜平章政事。四年，召入朝，拜中書平章政事。至元二年，分省山東，踰月召還。七年，罷相。十一年，行省事北京。明年，行省江陵。十四年，以疾召還。十七年，薨，年五十。

公以辛卯五月二十五日生於燕，適孝懿公廉訪使命下，孝懿喜曰：「是兒必大吾門，吾聞古者以官受氏，天將以廉氏吾宗乎！吾其從之。」舉族承命。河内高公撰《家傳》。

公幼魁偉，舉止異常。九歲，家奴四人盗五馬逸去，已而俱獲，失所盗物，時法制未定，盗咸當死，孝懿怒，將付有司，公泣諫止之，卒活此四人。孝懿北上，魏國夫人留居中山，有豪奴兩人酗酒出惡言，公曰：「是幼我也。」即械繫府獄，杖之，家人悉震懾，無敢譁者。公仁義之施，見諸幼年者已如此。《家傳》。

年十九，侍孝懿北覲，入侍世祖潛藩，上亦目其多質，有威容，論議宏深，恩顧殊絶。《家傳》。

公於書嗜好尤篤，雖食息之頃，未嘗去手。一日，方讀《孟子》，聞急召，因懷以進，上問：「何書？」對曰：「《孟子》。」上問其説謂何，公以「性善義利之分，愛牛之心，擴而充之，足以恩及四海」爲對，上善其説，目爲廉孟子。《家傳》。

諸貴臣校射上前，一貴臣顧公箙三矢，欲取以射，公曰：「爾豈億我爲不能耶？顧吾弓力差軟。」諸貴假以勁弓，三發連中。諸貴驚服曰：「真文武全材，有用書生。」《家傳》。

上初以京兆分地置宣撫司，歲甲寅，還自雲南，即命公爲宣撫使。京兆諸郡臂指隴蜀，諸王貴藩環擁周布，户雜羌戎，尤號難治。公講民瘼，不憚設施，摧擿姦强，扶植貧弱，事無遺便。少暇，則延訪耆宿，如魯齋許公、雪齋姚公，咸待以師友，薦許公於潛邸，充京兆提學，俾教育人材，爲根本計。辟河南智仲可參幕

府。扁所居堂曰「止善」，公退，則坐於中，明經讀史，凡義理精粗，事務得失，研究纖密，必歸於是而後已。《家傳》

富民貸錢民間，至本息相當，責入其本，又以其息爲券，歲月責償，號羊羔利。其徵取之暴，如夏以火迫，冬置凌室，民不勝其毒。公正其罪，雖歲月逾久，毋過本息對償，餘皆取券焚之，後著之令。《家傳》

國朝創制，凡名爲士類者，毋隸奴籍，獨京兆多豪右，廢格不行。公至，一如令，有稍通章句者，亦來徵倖，其主蓄憾弗置，公哀其情，出私錢贖之，俾附儒籍。《家傳》

民有其妻與卜者厭詛其夫，置毒殺之，獄成，僚佐皆言：「方大旱，宜減死卜者。」公並署伏法，澍雨隨應。《家傳》

歲丁巳，憲宗以世祖嘗受命經理河南、關右，入讒者言，謂王府諸臣多擅權爲姦利事，命其貴强相阿藍答兒以丞相行省事，劉太平以參知政事佐之，鈎校括索，不遺餘力，又取諸路酷吏分領其事，復大開告訐，虐燄恟恟。公言：「關中宣撫一司，某當身任，佐屬受成事而已。」事竟，卒無毫髮得。自是河南、關右諸司，詔並停寢。公還王府，凡府屬漢人之在行者，悉命公領之，如古納言。《家傳》

歲己未，憲宗方駐蹕合州，而世祖已徑渡大江，取鄂城，克之日，命公入籍府庫。公引儒生百餘拜伏軍門，因言：「今王師一舉渡江，宜令軍中應俘獲南儒，並以官錢購遺還家，以廣異恩。」上嘉納之，所還者五白餘人。《家傳》

憲宗訃至，且聞河朔擒軍之擾，勑諸軍守鄂，公從世祖北還。因陳大計曰：「殿下太祖嫡孫，先皇母弟。前征雲南，剋期撫定，暨今南伐，率先取鄂，天道可知。且殿下收召賢傑，悉從人望，子育黎庶，率土歸心。今先皇奄棄萬國，神器無主，而殿下位親望重，功德兼隆，天意人心，灼然可見。」上頗然之，且命公前行，審察事變。公聞劉太平與先朝大將霍魯懷復至關右，又念先帝征蜀，嘗留大將渾都海以騎兵四萬屯守六盤，及征南諸軍尚散處秦、蜀，太平自先朝用事，與諸將要結，素習險詐，又畏主上英果，因關中形便，扇摇民心，驚動汾、晉、河南，誠非細故。及上既渡河，悉以聞奏，遣趙良弼西行，假以他故，偵伺事情，上深然之。《家傳》

憲宗南征，留季弟阿里不哥居守北庭，及訃聞，遣其用事臣脱忽思徵兵河朔，大肆凶暴。真定名士李槃，嘗以莊聖太后命侍阿里不哥講讀，及脱忽思至真定，怒槃不附己，械繫之獄，燕南諸路震駭，無所控語。公聞，訪槃於獄，言於上，釋之，民情大悦。《家傳》

上欲賜塔察兒王飲膳，難其人，公請行。既至，王甚歡，語及上渡江事，公曰：「主上聖德神功，天順人歸，高出前古，臣下論議已定。大王位屬爲尊，若至開平，首當推戴，無爲他人所先。」王大然之，許以身任其事。公還奏其言，上曰：「如此大事，卿輒言之，何不畏甚耶？」對曰：「臣所讀書云『時然後言』，臣語言之頃，得其誠心，故言。」《家傳》

歲庚申春，上在開平，諸王宗室相繼勸進，上謙讓未許，公以天時人事進言曰：「今阿里不哥雖殿下母弟，彼以前嘗居守，專制有年，設有姦人，俾正位號，以璽書見徵，我爲後時。今若早承大統，頒告德音，彼雖遷延宿留，便名叛逆。安危逆順，間不容髪，宜早定大計。」上良久曰：「汝等能叶心輔翼，吾意已決。」促篆寶文，一治而成，衆皆稱賀。翌日，上登寶位。《家傳》

時鄂兵未還，公奏言：「宋嘗壓以天威，彼已破膽，或遣信使諭以息兵講好，勑諸軍北歸，則恩威並著。」上善其言，乃遣使入宋。《家傳》

趙良弼還自關右，奏言：「劉太平、霍魯懷已行尚書省，拘收關中諸處錢穀，名爲應接川蜀，實欲據有其地，與六盤相爲表裏，其勢張甚。又四川大帥紐鄰一軍私屬，與六盤密邇，其副將乞台不華親戚軍屬，並在北庭，其心皆不可測。又聞阿里不哥已分遣心腹，易置諸將，又散金帛，分賚將吏。」大抵皆如公言。上既即位，以秦蜀地重，非公莫可，及分十道宣撫，乃以關右、四川併爲一道，首命公爲宣撫使，公受命馳赴。太平、霍魯懷聞之，以五月一日乘急傳入城中，密謀爲變。秦人前被阿藍答兒、太平等威虐，聞其來皆膽落。初三日，公亦入城，大集官吏，宣示詔旨，遣人馳往六盤宣諭安撫。時庶事新集，人素懷公，不數日，官府粗定，頗知趣向。後旬餘，城門候引一急使至，云：「我來自六盤，斷事官闊闊出遣我。今渾都海已反，公所遣使已殺。」又分遣人乘急傳，入成都密里霍者、青居乞台不華，各起軍馬來赴援。又多遣蒙古軍奥魯官兀奴忽等金帛，使盡起新軍，且約太平、霍魯懷同時舉事。」公集僚佐議曰：「聖上首命我輩，正爲今日。事疑變生，脱致罪釁，我當身任，不以相及。」乃分遣萬户劉黑馬、京兆治中高鵬霄、華州尹史廣，掩捕太平、霍魯懷等，具得逆黨與六盤要結狀。又遣黑馬誅密里霍者於成都，總帥汪惟正誅乞台不華於青居。時關中無兵備，公嘗厚遇總帥汪良臣，知其材可用，又以汪府兵精，併徵秦、鞏、平涼等處諸軍，俾將之進討。汪帥危疑，未即聽命，公取金虎符、銀印授之，曰：「此皆身承密旨，君第辦吾事，制符已

馳奏矣。」又付銀萬五千兩，以充犒賞，又出庫幣爲軍衣，汪大感激，遂行。公又摘蜀卒踐更，及在家餘丁，復得四千人，推蒙古官八椿將之，逆擊。謂八椿曰：「君所將烏合，六盤兵精，毋與爭鋒，但張吾軍聲，使不得東，則大事濟矣。」《家傳》。

公繫太平等於獄，一日，急報赦至臨潼，公曰：「劾寇在邇，太平等豈赦所原。」廼遣人逆止近郊，絞太平等於獄，尸諸通衢，方出迎赦，民心帖然。公遣使自劾停閣赦恩，徵調諸軍、擅帥良臣等罪，上深善之，曰：「此輩讀書所説權字是也，朕委卿以方面之權，事當從宜，無拘常制，坐失事機。」《家傳》。

八椿遣其子執送紐鄰軍奧魯官二人，曰：「此曹已受渾都海重賞，欲舉軍應募，同行五十餘人，已械繫乾州，宜並誅戮，以警餘軍。」兩人者自分必死。公謂佐屬曰：「渾都海不能乘勢以東，保無他慮。今雖民心粗定，衆志未一，反側不安，亂何由息。彼皆諸軍將校，彼軍見其執囚，或別生心，爲害不細。今因其懼死，並加寬釋，使恩出非望，必思効力，就發此軍餘丁，往隸八椿。」兩人者既得釋，果大喜過望，切諭其屬，使出兵効力。初八椿既囚執諸校，此軍疑懼，駭亂四出，莫可禁遏，及使至，知諸校安全，且聞兩人語，人人感悦，八椿亦釋然開悟，果得精騎數千，將與俱西。公復謂八椿曰：「聞君欲深入追襲，慎無輕鬭，宜緩行追躡，掎角此寇。」渾都海亦知公有備，且據有六盤倉庫，遂西渡河，徑趣甘州。阿藍答兒復自和林提兵與渾都海軍合，又遣姦人約結隴、蜀諸將，又使紐鄰兄恤敦者，爲書招紐鄰。於是成都帥百家奴，興元帥忙古帶，青居帥汪惟正、欽察等，俱遣使來言，人心危疑，倉糧不繼，恐南寇生心，事或莫測。公遣使申敕將吏曰：「公等皆勳業世胄，政宜協心畢力，無替先烈。一旦以觀望召釁，悔將何及！」兩川將帥素憚公威名，佩服忠薰，咸思輯睦，軍政怗然。上即拜公中書右丞，行秦蜀省事。《家傳》。

時朝議欲捐兩川，退守興元，公聞，謂佐屬曰：「今四川已安，糧餉已給，忽出此議，必遺後悔。」即遣使諭奏，朝廷是之。《家傳》。

初，渾都海、阿藍答兒既合兵而東，我前軍失利，河右大震，西土親王執畢怗木兒輜重皆空，就食秦雍。會親王合丹及汪帥、八椿等軍合，復與渾都海、阿藍答兒大戰西涼，我師大捷，俘斬西軍略盡，得三叛首以送，梟之京兆市。三日諸軍還，悉分屯便近，所至足餉而居者不擾。事聞，上大嘉之曰：「此真男子事。」遂進拜平章政事，公時年三十矣。《家傳》。

公奏：「四川降民，皆散處山谷，宜申敕軍吏，無妄虜掠，違者自本軍千户以下，與犯人同科。」又禁諸人毋販易生口。由是四川遂安，降民益衆。又罷解鹽户所摘軍，及京兆諸處無籍户戍靈州屯田者，以裕民力。《家傳》。

東川帥欽察獲宋知資州張炳震、興戎司統制王政，兩人俱言母老，咸願矜貸。公乃遣還，就爲書遺四川帥余玠，大略諭聖天子威德，必能混一六合，兼强弱異勢，較如白黑，彼方權臣用事，猜忌勳舊，終當瓦解。玠得書感愧，雖未即降，自是亦謹疆界，怗然自守而已。《家傳》。

鞏昌帥府言，鎮戎州有謀爲不軌者，反形已具，連引四百餘人。公詳扣之，得首惡五人，誅之，餘並原釋。《家傳》。

詔大會諸王，公馳驛入朝，上已留公。參政商挺馳使奏曰：「向時渾都海之亂，若非廉相，關中安危未可知，兼關中軍民他人難制，惟廉相能得其心，聞朝廷欲留，人心驚疑，皆不自安。今關中最爲重地，關西安，則河南、河北俱安，所係利害不小，乞早命公還鎮。」上不得已，還公西省。《家傳》。

瀘州降將劉整囚我叛人數百，軍吏請誅以戒，王曰：「力屈而降，豈其心哉！」奏而免之。導整入覲，手書宰臣，使整有所觀感，恩浹其心，當得死力。清河元公撰《神道碑》。

詔括京兆諸郡馬、牛，以濟河西。王奏曰：「關中兵亂，凋瘵已極，歲賦不充，尚堪此役！」奏入，特復二年，馬、牛免括。其年，自春涉夏大旱，王步禱終南，其夕大雨。《神道碑》。

時以阿里不哥之變，北事未寧，恒有旨諭公與汪帥：「宜申敕將吏，嚴整部伍，及一切器備，所摘新軍，毋或散遣，所部城池，宜令深峻。」先是，宋俘費寅以利口才捷，仕國朝爲同知興元府事，後坐法當死，會赦出之，公悉其人不用。寅懷憾以北，適李璮反山東，寅乘間譖公聚兵完城，當有他志。上命中書右丞南合代公行省，且覆視所告事，無一得。詔公還朝，公陛見言曰：「臣在京兆三年，值逋叛四起，川、隴未寧，民心危疑，事急星火，臣隨宜所爲，佐貳毋或柅止。如寅所言，罪止在臣，請逮繫有司。」上撫御座曰：「當時之言，天知之，朕知之，卿果何罪。」慰諭良久，拜中書平章政事。《家傳》。

方逆璮未誅，平章趙璧素忌公勳名，倡言王文統一窮措大，由廉某、張易薦，遂至大用，今日豈得不坐。一日夜半，中使召公入，從容道潛邸事，良久及趙言，公曰：「向行蹕駐鄂，賈似道以木柵環城，一夕而辦，聖諭謂扈從諸臣曰：『吾安

得如似道者用之？』秉忠、易進言：『山東一干文統，才智士也，今爲李璮幕僚。』詔問臣，臣對：『亦聞之，其心固未識也。』」上曰：「然，朕亦記此。」《家傳》。

公在中書，毅然以振舉綱維，朘削冗類，裁抑僥倖，考覈名實爲務，凡前政踵習故弊者，毋弛不張。故當時翕然致理，文物典章，粲然可考。《家傳》。

公言：「國家自開創以來，凡納土及始命之臣，咸令世守，逮今垂六十年。故其子若孫，並奴視所部，而郡邑長吏，皆其皁隸僮使，此在古所無。宜從更張，俾考課黜陟。」始議行遷轉法，五品以上制授，六品以下敕授。《家傳》。

丁太夫人憂，公率族親行古喪禮，勺飲不入口者三日，慟輒嘔血，扶乃能起，既葬，苫塊廬墓所。諸相以居憂無例，欲極力起公，相與詣廬，聞公號痛，竟不忍言。數月，制奪哀起復。《家傳》。

至元二年，分省山東，黜陟官吏，省併郡邑，登能進賢，摧惡扶弱，物無遁情，山東諸侯皆震攝失次，公徐諭以「祖先創業之艱，汝曹宜一力與國，作成新政，庶幾保有基緒」。取其尤不法者數人繫治之。舊以縣名户不及者，立約裁省，轉易之地，遠不踰五百里，不兩月訖事，召還。《家傳》。

公以舉選未立，權令各路歲薦經明行修，及長於吏治者各一人，以備選擇。《家傳》。

有中貴傳旨朝堂：「某事當爾。」諸相欲從之，公曰：「此小臣預政漸也，事宜覆奏。」上是公言，杖其人。《家傳》。

時阿合馬寵眷日隆，已領左右部，其黨自相攻擊，上命都省推覆，衆畏其權，莫敢問。公獨窮治其事，阿合馬竟得决杖，遂罷所領，復還有司。《家傳》。

上諭王曰：「吏弛法而貪，民廢業而逃，工不給用，財不贍費，先朝嘗以戚矣。自相卿等，朕無此戚。」王對曰：「陛下聖猶堯、舜，臣等未能以皋、契之道，贊輔治化，以致雍熙，慙對天顔。今日小康，未足多也。」上因論及魏徵，王曰：「忠臣良臣，何代無之，顧人主用與不用爾。」《神道碑》。

言者訟史丞相子姪布列中外，威權太盛，久將難制。詔王罷丞相政事，待鞫。王奏曰：「知天澤深者，陛下也。粤自潛藩，多經任使，將兵牧民，悉著治效，以其可屬大任，固使丞兹相位。小人一旦有言，陛下察其心跡，果有跋扈不臣者乎？今日信臣，故臣得預此旨，他日一人訟臣，臣亦入疑矣。臣等承乏政府，上之疑信若是，何敢自保。天澤既罷，亦當罷臣。」上曰：「卿姑去。」明日，召王曰：「昨思之，天澤無對訟者。」《神道碑》。

有訟西川帥欽察罪者，上勑中書急發使誅之。明日，王覆奏，上怒曰：「尚爾遲回！」對曰：「欽察大帥，以一人之言被誅，西川必駭，逮之至此，與訟者庭對，暴其罪於天下可也。」上曰：「其遺能者按問。」既而卒無一實，欽察得免。《神道碑》。

王奏議上前，讜論具陳，無少回惜。上曰：「汝昔事朕王邸，猶或容受，爲天子臣，乃爾木强邪？」王對曰：「王府事輕，爲天子論天下事，一或面從，天下將受其害，非不自愛也。」《神道碑》。

方士請鍊大丹，勑中書給其所需，王奏曰：「前世人主，多爲方士誑惑。堯、舜得壽，不假靈於大丹也。」上曰：「然。」卻之。《神道碑》。

上命公受戒國師，公對曰：「臣已受孔子戒。」上曰：「汝孔子亦有戒耶？」對曰：「爲臣當忠，爲子當孝，孔門之戒，如是而已。」《家傳》。

始建御史臺，外設諸道提刑按察司。時阿合馬專總財利，迺曰：「庶務責成各路，錢穀付之轉運，必繩治若此，胡能辦事？」公曰：「今立臺察，不獨事遵古制，蓋内則彈劾姦邪，外則察視非常，訪求民瘼，裨益國政，無大此者。如君所言，必使上下專恣，貪暴公行，然後事可集耶？」權臣語塞。《家傳》。

回鶻官匿贊馬丁者，用事先朝，爲怨家所訴，繫獄。未幾，詔釋大都見禁囚，詔至，公適在告，堂判無公署。至秋車駕還都，怨家復訴，上怒，召留守諸相詰之。公令取堂判補署之，曰：「倘天威莫測，豈可幸無己署獨苟免也。」公進，以前詔爲言，上曰：「詔釋囚，併釋匿贊馬丁豈亦有詔耶？」公對曰：「不釋此囚，臣等亦未聞有詔。」上愈怒，曰：「汝等號稱讀書，此宜何罪？」公曰：「臣等備員宰相，有罪當罷退。」上曰：「第從汝言。」即與左丞相耶律鑄並罷政事，寔至元七年也。《家傳》。

當權姦柄用，公家居教子讀書，而憂國之心，食息不忘。聞一令之苛，戚見顔間，或一事裕民，喜至忘寐。一日，公偶問門客曰：「十月何以謂之小春？」客曰：「爲其嫌於無陽。」公嘆曰：「陽豈可無，陰亦無絶理也。聖人者進君子，抑小人，盡人道爾。」《家傳》。

上嘗問：「希憲居家何爲？」左右以讀書對，上曰：「讀書固朕所教，讀之不肯見用，何多讀爲。」阿合馬譏曰：「日與妻孥燕樂爾。」上色變曰：「希憲清貧，何從燕設。」《神道碑》。

王疾大作，上遣醫三人診視，或言須砂糖作飲良，時最艱得。王弟某求諸阿

合馬，與之二斤，且緻密意，王推著在地，曰：「使此物果能活人，吾終不以姦人所遺愈疾也。」上聞，特賜三斤。《神道碑》。

先是，以嗣國王條輦哥行省鎮遼霫東，人有言其不便者。十一年春，王疾稍愈，上命公往，將行，肩輿入辭，賜坐，上曰：「昔我先朝，卿先事知幾，每啓朕以帝道，及鄂渚班師，屢述天命，朕心不忘。丞相，卿實宜爲，顧自退托爾。遼霫户不數萬，政以諸王、國婿分地所在，居者行者，聯絡旁午，明者見往知來，察微燭著，塔察兒諸王，素知卿能，命卿往者，識朕此意。」《神道碑》。

王至北京，問民所苦，皆曰：「有西域人，自稱駙馬，營於城外，繫富家，誣其祖父嘗貸子錢，訊之使償，無所於訴。」且日，持牒告王，王即遣吏逮駙馬者。其人怒，乘馬而來，直入省堂，徑坐榻上，王令曳下跪，而詰之曰：「制無私獄，汝何人，敢爾繫民？其械繫之。」哀禱請命，國王亦爲之言，稍寬待對，一夕拔營遁去。《神道碑》。

塔察兒使者傳旨，國王立聽，王坐自如，曰：「大臣無爲王起者。」使者還語其王，王曰：「彼朝廷大臣，無違禮也。」詔國王臨國，王獨行省事。《神道碑》。

朝廷發寶鈔市馬六千五百，王遣市東州，盡所發鈔得羡馬千三百。王曰：「上之，則類自衒。其以馬依元直予它郡，它郡馬不入數，害及其民。終不忍分彼此也。」《神道碑》。

長公主及國壻入朝，縱獵郊原，發民牛車，載其所獲，徵求須索，其費至鈔萬五千貫。王燕公主，從者怨食不及，王曰：「我天子宰相，非汝庖者。」國婿怒起，王隨之曰：「主壻縱獵原禽，非國務也。費民財不貲，我且馳奏矣。」國婿愕然，入語公主，公主出飲王酒，曰：「從者煩民，我不知也。請出鈔如數饋民，幸公止使者。」自後貴人過者，皆不敢縱。《神道碑》。

王師渡江，急召王朝會。右丞阿里海涯下江陵，圖其地形上之，請曰：「荆州西距梁、益，南控交、廣，據江淮上游，誠爲要地，非朝廷重臣開大府以鎮之，未足以綏新附，徠遠人。」上夜召王，賜坐，曰：「荆南入我版籍，使新附者感恩忘苦，未來者懷化効順，宋知我朝有臣如此，亦足降其心也。南土濕下，於卿疾非宜，今以大事託卿，卿當不辭。賜卿田以其入食留者，馬五十疋以給從者。」王對曰：「臣每懼識度淺薄，不能仰荷重寄，何取辭疾。」力請不受新賜。詔荆湖行省承制官三品以下，刻印板授，奏入制出。《神道碑》。

公冒暑兼程以進，既至，阿里海涯率其屬郊迎，比公止車，已望拜塵中，南人大駭。先是，政無綱紀，士卒縱横，剽奪商販，城門晝閉，燈火禁嚴，民心驚疑，生意蕭索。公即日開罪□□□□軍歸營，騎兵徙屯高敞，以便牧養，非調發請給不得輒出。闢城四門，毋得拘檢，弛燈火之禁。内外帖然，民始安枕。《家傳》。

歸附之初，故官咸懷驚疑，陰有去志。公下車議録用宣撫、制置兩司幕僚，以備採訪，左右難之，公曰：「今天下一家，皆大元臣子也，君等勿疑。」擇可與論議者二十餘員，訪逮物情，隨材録用，人心感激，懷服威惠。不數月，政化大行。《家傳》。

時宋故官禮謁大府，必以珍玩重器，動至數床。公至，亦來謁見，公曰：「汝等身仍故官，或不次陞擢，當念聖恩，報効朝廷。使此物盡諸公己財，我取非義，一或係官，事同盗竊；若丐斂於人，不爲無罪。慎勿爲此，以蠹政害民。」公一無所受，各官感激謝去。《家傳》。

有言南人立券鬻妻子者，公聞，蹙然曰：「人倫之壞一至此耶！」迺嚴爲條禁，當相買賣者並坐，没入所直，且即罪有司，立督絶。公號令一行，賞罰必信，凡下條約，所在奉行惟謹而不敢犯。《家傳》。

公暇日登城，顧見城闉之外，瀦水彌望，公曰：「此宋扞敵下策，當還之江流。」遂得陸地數百萬畝，招諭富民，隨力耕種，約以三年後減半收租，貧民趍之，曾未朞年，已成沃壤。《家傳》。

初，江陵沙市後降，其倉儲不入官籍，恣豪右私取，公聞之，曰：「此皆民力，豈可徒資貪鄙。」迺令槩閲，得米二十萬斛，會公安民闕食，公發廩賑賚，全活益衆。《家傳》。

王顧民粗安，乃曰：「風教不可後也。」遂大興學，日日親至校官講授，以倡它郡。徹官屋以復竹林書院，與書萬四千卷，學者日盛。《神道碑》。

王政化大行，聲及四遠，思、播田、楊二氏負固不下，重慶趙定應堅守恥降，皆遣使納款。王謂二使曰：「歸語爾主，速歸所隸，以全民命，我已馳奏天子，詔安爾土矣。」奏上，上曰：「國家不用兵得地，未之見也。希憲坐致數千里之堅城勁士，其仁政爲何如也。」寶慶、武崗、益陽、安化、善化、寧鄉諸城籍編民，冒圍納款，王移文其省，使安全之。《神道碑》。

鎮遠溪洞蠻酋，以其樂工四十餘人，重譯來至，曰：「願奏土風於天子之庭。」王曰：「而輩獨無妻子乎？驅迫而來，豈其心哉！且天子仁聖，不重夷音。」皆泣拜而回。《神道碑》。

關譏得江陵人私書，不敢發封，樞密臣發之上前，其語曰：「歸附之初，人無生意。大元皇帝命廉相出鎮荆湖，豈惟人漸德化，草木昆蟲咸被澤矣。」上嘆曰：「希憲不嗜殺人，故能致此。」《神道碑》。

王或疾，士民羣走僧寺道館，爲王祈福，語及，必頷手叩齒祝曰：「願我公永長我人。」《神道碑》。

王疾日劇，上聞，即命尚醫馳視。十四年春，僉樞密院事董文忠奏曰：「江陵熱濕，奈希憲沉痾何？」上即召還。荆南人聞王且去，皆號泣隨之，擁所乘車不得行，王慰諭再四，乃拜哭而別。大者繪像建祠，小者書版瞻禮。王囊橐蕭然，琴書自隨。《神道碑》。

五月，公至上都，館華嚴寺。時太常卿田忠良領陰陽事，一日來問疾，公曰：「上都，聖上龍飛之地，天下視爲根本。近聞龍崗遺火，此居民常事。今南人萃此，勿令妄談風水，惑動上意。」未幾，副樞張公易、左丞張公文謙果與南人數輩廷辯徙置都邑，二相力言不可，上不懌而罷。明日，召太常質前所言，忠良以公言對，上曰：「希憲方大病，念及此耶。」其議遂寢。《家傳》。

詔徵名醫王仲明于揚州，未見行意，士大夫責之曰：「君術固妙，其能已億兆人之疾乎？蒼生懸望廉公復相久矣，能起廉公，是惠及天下也。」仲明乃至，進其良劑，能杖而起。上喜召入：「聞卿比得良醫，日俟痊復。」王對曰：「醫持善藥治臣沈疾，苟能戒謹，誠如聖諭。稍或肆惰，終將不療。」蓋以醫諫也。《神道碑》。

會議立門下省，上曰：「首官何稱？」曰：「侍中。」曰：「侍中非希憲不可。」遣近臣諭旨曰：「鞍馬之任，不以勞卿，乘軒論道，時至治所，必須執奏，肩輿以入。」王附奏曰：「臣疾何恤，輸忠効力，生平深願。」時皇太子方聽政，遣人諭王曰：「上命領門下省，勿難羣小，吾爲公除之。」阿合馬不利而止。《神道碑》。

安西王相商挺以博古名世，嘗語公宜蓄古器物，以廣見聞，公曰：「古物無古於《易》與《書》者，他尚何求。」《家傳》。

時嘗繕東宮，工部官請曰：「牡丹名品，惟相公家，乞移植數本，太子知出公家矣。」王曰：「若出特命，園雖先業，一無所靳。我忝事聖主，備位宰相，未嘗曲丐恩幸，方爾病退，顧以花求媚耶！」請者愧止。《神道碑》。

十六年春，詔復入中書，王稱疾篤。皇太子遣侍臣問疾，因叩治道，王曰：「君天下者二道，用君子則治，用小人則亂。臣病雖劇，委之於天。所甚憂者，大姦專柄，羣邪蟻附，誤國害民，病之大者。殿下宜開聖意，急爲屏除。不然，日以沈痼，不可藥矣。」語聞，深嘉重之。《神道碑》。

王嘗戒子恂、恪曰：「丈夫見義勇爲，禍福安可逆必。」又曰：「宰相須有力量，未有無力量能爲賢相者。天下事苟無牽制，三代可復也。」又曰：「稷、契、皋、夔、伊、傅、周、召便爲不及，是自棄也。」又曰：「汝讀《狄梁公傳》否？梁公有大節，乃爲不肖子所墜，汝輩當深以爲警。」《神道碑》。

公秉政中書凡六年，當是時也，朝廷清明，海内乂安，臺察百司，日漸張舉，官無滯事，野無遺才，權臣韜姦，羣小斂畏。故公常言：「君子小人，勢猶水火，必欲兼收並用，以致堯、舜之理者，前未聞也。」及公去位，姦臣滔天，羣小附起，天下靡然，風俗大變。彼雖外爲狐媚求好，而投間抵巇，以相毒螫者，無所不至，而公卒以直言正道，至終其身不變。《家傳》。

十七年十一月十九日夜，大星殞于正寢之後樂堂，流光燭地，久之方滅，是夕，王薨。士大夫走哭相弔，天下知之者無不嗟傷，咸曰：「良相逝矣，蒼生何望！」上每追思之，曰：「當諸王大會議決大事，惟廉希憲能也。」《神道碑》。

丞相淮安忠武王曰：「廉公，宰相中真宰相，男子中真男子。」可謂名言。《神道碑》。

雜録

備録

王惲《秋澗先生大全文集》卷八二《中堂事記下》 三日癸巳，京兆參知政事商挺字夢卿，平叔子。馳奏：「關陝重地，大亂後餘風有未殄者，非廉希憲不能填撫中外。」右丞相史公以聞，允焉。未刻，復入見，平章王文統，請廉希憲依已議同政，不許，遂以左丞相耶律鑄代廉赴燕。

鄭元祐《遂昌雜録》 高昌廉公，諱希憲，字端甫。由按察僉事累任廉使，後以薊國公致仕。公嘗出其兄平章公諱希憲像，面白皙如滿月，冠巾，團領袍，手執《孟子》。公嘗言先兄禮賢下士如不及，方爲中書平章時，江南劉整以尊官來

見，先兄毅然不命之坐。劉去，宋諸生襤褸冠衣，袖詩請見，先兄亟延入坐語，稽經紬史，飲食勞苦，如平生歡。既罷，某等兄弟請於先兄曰：「劉整，貴官也，而兄簡薄之。宋諸生，寒士也，而兄加禮殊厚。某等不能無疑，敢問。」公曰：「此非汝輩所知。我，國家大臣，語默進退，繫天下輕重。劉整官雖貴，背其國以叛者。若夫宋諸生，所謂朝不坐，燕不與，彼何罪而羈囚之？況今國家起朔漠，我於斯文不加厚，則儒術由此衰熄矣。」公之卓識，有若此哉！

陶宗儀《南村輟耕録》卷二《以官爲氏》　中書平章政事廉希憲，字善甫，封恒陽王，謚文正。本畏吾氏，王之父諱布魯凱，爲回鶻王，歸朝，官至順德諸路宣慰使，封魏國公，謚孝懿。拜廉訪使之命，時適王生。顧曰：「是兒必大吾門。吾聞古者以官受氏，天將以廉氏吾宗乎？吾其從之。」舉族承命。

陶宗儀《南村輟耕録》卷二《受孔子戒》　世祖一日命廉文正王受戒於國師。對曰：「臣已受孔子戒。」上曰：「汝孔子亦有戒耶？」對曰：「爲臣當忠，爲子當孝，孔門之戒，如是而已。」上喜。

陶宗儀《南村輟耕録》卷七《待士》　恒陽廉文正王希憲，字善父，畏吾氏。由父孝懿王布魯凱官廉訪使，氏焉。國初，拜平章政事。秉政日，中書右丞劉武敏公整，以初附爲都元帥，騎從甚都，詣門求見。王之兄弟凡十人，後皆至一品。內王弟昭文館大學士光禄大夫薊國公希貢，猶布衣，爲通報。王方讀書，略不答。薊公出，整復浼入言之。因令撤去坐椅，自據中坐，令整入。整展拜起，側立，不予之一言。整求退，謂曰：「此是我私宅，汝欲有所言，明日當詣政事堂。」及出，愧赧無人色。頃之，宋士之在羈旅者，寒餓狼狽，冠衣襤縷，袖詩求見。王之兄弟皆揶揄之。薊公復爲入言，急令鋪設坐椅，且戒內人備酒饌，出至大門外，肅入，對坐，出酒饌，執禮甚恭，且録其居止。諸儒但言困苦，乞歸。王明日遂言於世皇，皆遂其請。是夜，諸兄弟問曰：「今日劉元帥者，主上之所倚任，反非薄之。江南窮秀才，却禮遇如此其至，我等不能無疑。」王曰：「我是國家大臣，言動頓笑，繫天下重輕。整雖貴，賣國叛臣也，故折辱之，令其知君臣義重。若寒士數十，皆誦法孔子者也，在宋，朝不坐，燕不與，何故而拘執於此？況今國家起朔漠，斯文不絶如綫，我更不尊禮，則儒術且將掃地矣。」王之作興斯文若此，是大有功於名教者也。

備論

《國朝文類》卷一二元明善《平章廉希憲贈謚制》　惟我世祖皇帝，肇自藩服，受鉞專征，天賚良弼，爲之左右。一家四海，傳次在予，名爵之宗，顧斯實靳。故榮禄大夫、中書平章政事，贈清忠粹德功臣、太傅、開府儀同三司，追封魏國公，謚文正廉希憲，清忠粹德，文武元臣。蚤以門閥之賢，入膺寄託之重。非詩書不陳於上前，非仁義不行於天下。憂國忘家，愛民如己。西靖秦蜀，東極青齊。比清遼碣，南鎮荆湖。在中書者，曾幾何年，而能立大法，銷大患，進大儒，摧大姦。耻身弗及伊周，耻君未邁堯舜。言昔賢之所難，爲人臣之不敢。嶷然三代之佐，蓋將師表百世者矣。天不慭遺，哲人先萎。雖諸子列官省臺，於朕心猶懷舊德。是用進以極官，加之上爵。於戲，表賢能，所以尊朝廷也；假名器，所以報忠貞也。稽若王章，得兹二美。凛乎生氣，天地猶存。服此殊榮，尚開爾後。可加贈推忠佐理翊運功臣、太師、開府儀同三司、上柱國，恒陽王，仍謚文正。

于慎行《讀史漫録》卷一四《遼金元》　元以西僧爲帝師，使群臣受戒，廉希憲曰：「臣已受孔子戒矣。」元主曰：「汝孔子亦有戒耶？」對曰：「爲臣當忠，爲子當孝，孔子之戒，如是而已。」某帝時，（明宗天曆二年冬十二月，以西僧輦真吃剌思爲帝師。）班迎國師，百官皆拜，惟祭酒某（孛朮魯翀。）向之舉手曰：「國師爲天下僧人師，吾爲天下儒人師，各不相拜。」國師唯唯。此二公者，處夷荒之世，遇悖亂之禮，而能遜言以免，可謂有方矣。

藝文

《國朝文類》卷六五元明善《平章政事廉文正王神道碑》　天祐大君，嶽降大臣。君臣協慶，弘濟斯民。烈烈世祖，如日亭午。照臨萬國，暉光草土。惟恒陽王，帝命肅將。如雲龍從，膏澤滂滂。左右聖皇，大開明堂。四朝寧侯，奏功効良。手援群溺，措之安康。手援衆焚，濯濯清凉。饑食之食，寒衣之衣。汝無怖

啼，吾母而依。汝或受傷，吾爾藥治。民曰相公，卒相天子。毋去廟朝，我民是倚。遼霤安化，齊魯嗟痌。天有偏恩，我不久公。帝軫荆南，撫養其堪。恩浹威行，坐嘯府覃。秦蜀士女，跂踵引領。公昔父我，孰我之梗。我父不來，疾也孰省。稽德無矜，考功無成。巍乎元宰，退然諸生。先天下憂，後天下樂。范得我心，我非范學。堯舜吾君，夔契在我。時無留閡，何施不可。格君以道，持身以義。蹈中絶利，行與天契。其生也順，其死也安。厥施未殫，畢世永嘆。尚在肖息，鏡攷躋攀。發其所蘊，肆其所難。功名成紀，奕葉襲祉。帝曆萬年，奮有廉氏。上爵尊官，疇其前勣。孰知帝德，配天無極。奉詔劉詩，千祀昭垂。慕者儀之，肆其齊而。

曹伯啓《曹文貞公詩集》卷九《題廉文正公畫像》 正學孤高踐履淳，虞廷元凱漢星辰。咸陽事業荆南傳，百世中朝有重臣。

閻復《靜軒集》卷一《廉平章挽詩》 海岳儲精五十秋，早聞仙馭躡金虬。梁公獨擅斗南譽，老范長懷天下憂。東閣閉關蒼蘚合，西山埋玉白雲稠。鳳池人物誰優劣，合在元龍百尺樓。

姚燧《牧庵集》卷三二《平章廉公挽章》 嗚呼平章公，懿質天所性。氣鍾三光粹，量包九澤浄。加以資學問，寸晷如與競。不有斯人徒，孰佐天子聖。山立當軒陛，侃侃言議正。蒐賢及耕釣，巖藪沾幣聘。十年泰階平，四海弓不檠。奇才管蕭匹，餘子非季孟。事隨乃來毁，輦轂奉朝請。名園平泉比，花石不可姓。門前施行馬，外物軒冕盛。相過盡詞伯，聞至倒履迎。清風佳月夕，劇談雜觴咏。絶口温室樹，肯干蘭省政。屢典千金裘，好客遠慕鄭。焉知靈臺上，憂世常炳炳。天下尚可爲，惜哉司馬病。何期龍蛇歲，壽僅滿知命。憶昨訃下初，遠近聲淚併。胡天陋巷仁，反福東陵横。巫陽不可作，百載生不更。豈其黔嬴遊，默運元化柄。其栖景星鳳，出爲斯世慶。將遂爲神明，山川主雩禜。蒼蒼高在上，此理幽莫鏡。優孟效叔敖，猶足楚人敬。況公自有子，毓德宜爾令。不見提刑君，氣岸殊豪勁。秋風鷹隼厲，肝膽裂梟獍。他日霜瀾平，勳業未可竟。一門周司徒，竹帛看輝映。

姚燧《牧庵集》卷三六《滿江紅・廉野雲左揆求賦南園原注：慶雲，都城善謳者。》 面勢林塘，緊横睫，觚稜如削。還更比，城南韋杜，去天盈握。便有名園能甲乙，他山剡施先尊岳。甚一花，一石總都將，平泉學。　雖鬢髮，流光覺。渾未厭，朋來數。有慶雲善譜，新聲天樂。正爾闕弓鴻鵠至，可知棄屣麒麟閣。只北山，逋客負塵纓，滄浪濯。

侯克中《艮齋詩集》卷六《挽廉平章》 烈似秋霜暖似春，明於皎日正於神。千年海嶽英靈氣，一代乾坤柱石臣。賓客填門惟慕德，詩書滿架不知貧。致君堯舜平生事，天命胡爲只五旬。

胡祗遹《紫山大全集》卷一《哭廉相平章》 間氣何所寓，感之生異人。卓越趨向高，舉足踏青雲。汪洋器宇濶，滄海無涯津。一命領方伯，再命當大鈞。許身不輕淺，要接伊傅隣。心爲知己盡，仰答堯舜君。讀書知聖學，不染章句塵。執政履王道，功利奚足云。志不在一時，樹業垂千春。愛士慎許可，門滿王佐賔。譽望星斗重，飲食寒士貧。屢空常晏如，所念憂飢民。深嚴後樂堂，寤寐思經綸。濟海横巨航，蘇旱霏甘霖。禮樂統刑政，咳唾期一新。奮乎百世下，再復唐虞淳。二豎何許來，醫和術無神。沈綿竟不起，天意誰能詢。生之豈無故，奪去良有因。九原不可作，慟我淚沾巾。我車匪徒出，沙路日荆榛。

胡祗遹《紫山大全集》卷二《後樂堂爲廉相題》 憂樂人孰無，小大各殊職。野夫憂百畝，歲宴有餘適。皇皇萬乘相，憂虞何時畢。禮尊庶僚絶，禄厚萬鍾食。入朝覲天光，宸扆賜顔色。出朝坐廟堂，百司候呼叱。崇榮既無倫，重負胡可釋。四海係安危，九朝資柱石。所以賢者心，了不事安逸。報君寧有身，盡瘁猶汲汲。一夫不獲所，深夜時自責。廷争宜有言，惟恨無百舌。惡能同括囊，得計樂緘默。大政宜力爲，朝行不容夕。奚爲持兩端，首尾生畏戚。不憂讒詬傷，所恤公論直。不求百年安，萬世恥慙德。視財惟恐多，安忍復豐殖。澹然李文靖，欄折不加葺。視權惟恐危，安忍矜自得。儼恪王文正，恩不由己出。挺挺一范公，立志寡儔匹。慨以天下任，百姦潛屏息。徂徠良知言，直擬夔與稷。至今勳業光，烜赫奪星日。一片憂國心，照耀雲水白。我朝賢相君，奕世扶王室。英姿百鍊鋼，雅量雲夢澤。經學造精微，義利分白黑。宴居蕭然士，漠不見豪習。翻翻書滿几，燦燦琴在壁。客來談古今，義理窮得失。上虞衮職闕，下憂萬民瘠。虚堂名後樂，舉目成感激。范公心可師，異世幸親炙。范公纔可學，烈烈踵高跡。匪同好名人，門楣取華飾。大勳豈易量，燁燁髮如漆。致君唐虞上，有志不難必。三年登公堂，拱默慙侍席。謹掇士論餘，作詩聊紀實。

胡祗遹《紫山大全集》卷六《寄廉平章》 秋毫無犯誡狂貪，清徹瑶崖及萬儋。得衆豈多羊太傅，論功奚下杜征南。平生不識明珠貴，有口空緘薏苡慚。按堵江淮農事了，不妨書帙照黄柑。

魏初《青崖集》卷五《平章廉公真贊并序》　諸葛孔明開誠心，布公道，有其氣也。鄧禹入關，撫慰安集，有其量也。能兼氣量，夷險一心，以天下爲己任者，故榮禄大夫、平章政事廉公有焉。至元丁亥，公之子恂按察江西，初實與同事，其年十一月十有九日得拜公遺像。平昔既辱公知，蠢然悲思，有不能自已者，謹作贊曰：

造物厚與公之資，將俾有爲今昌時。氣充以大量亦大，始終一節無險夷。憶公持節西入關，大憝無所容其姦。霹靂一發肝膽墮，秦城百二維秦山。明年柱石中書堂，堯舜吾民餘粃糠。姦諛媒孽不一再，安之若命惟元臧。天開混一江南平，俾公卧護江陵城。江陵塗炭亦已久，得公安集如再生。公之孤忠何終窮，公游汗漫騎長風。公乎公乎見遺像，幾何斯年有如公，幾何斯年有如公！

張養浩《歸田類稿》卷一九《題廉野雲城南別墅》　鍾鼎山林果孰優，羡公騎鶴上揚州。田園獨佔人間勝，懷抱尚餘天下憂。公之父有堂名德樂。好爲習池留故事，未應緑野美前修。半生乾没塵埃底，羞向滄浪照白頭。

張養浩《歸田類稿》卷一九《寒食遊廉園》　湖天過雨澹春容，輦路迢迢失輭紅。花柳巧爲鶯燕地，管絃遥遞綺羅風。羣仙出没空明裏，千古銷沈感慨中。免俗未能君莫笑，賞心吾亦與人同。

《國朝文類》卷四八李元禮《平章政事廉公哀辭》　嗚呼哀哉！識公於生之日，哀公於死之後者，人情也。哀公於死之日，昧公於生之前者，人情乎？嗚呼，識而哀，一人之私哀也；哀而不識，天下之公哀也。方公之在相位也，朝廷倚之以爲重，四夷賴之以爲安，萬民化之以爲治，陰陽調和，而品物無不遂矣。及公以病去位也，天下皇皇，祝公無恙。豈期沈痾反復，而竟不起矣。嗚呼哀哉，蒼天蒼天，果蒼蒼耶，胡爲遽奪公以亡耶？伯夷之清，伊尹之任，魏徵之良耶？其忠魂正氣，散在天壤間，幾世幾年，復爲賢相耶？不然將升而爲星辰，峙而爲山嶽，流而爲海爲江耶？嗚呼，作善降祥，不善降殃，何此理之反常而不可明耶？故余誄公以辭者，蓋非一己之私傷，亦以公天下之哀，而哀萬民之失所望也。

王惲《秋澗先生大全文集》卷八六《烏臺筆補·廉平章廉能合復用狀》　蓋聞進賢受上賞，蔽賢蒙顯戮，古今之通論也。伏見中書平章政事廉希憲，忠誠衛社，孝友名家，久侍禁闈，常深委仗。而又疾惡如讎，進賢若渴。爰自中統初年，奉將天威，仗鉞陝右，其奮不顧身，弭伏禍亂，致寛西顧之憂，而謀猷忠壯，蓋素所蓄積也。及歸治裝，琴書之外，一無長物，可謂廉矣。既而平章中省，前後七年，益勵忠貞之節，殊深端揆之方。其於贊襄，不爲無補。邇者罷政就列，秖緣新制，不聞過愆。今也未及踰年，卧病數月，生理蕭然，恬焉自若。雖斛律光之忠亮無他，魏高允之清苦自守，無以過此。誠清白之相，乃有爲之材也。今年方强仕，倘未宜置之散地，使後事功。方今川蜀未得其人，襄陽旅拒不下，儻起而用之，使當一面，必能收取實効。不効，則治某以冒妄之罪，誠所甘心焉。

《永樂大典》卷九七六五引元明善《清河集·讀書巖記》　讀書巖者，故相太傅魏國廉文正公之别業也。在京兆樊川、少陵原之陽，下有良田，山半有宫室，上爲巖。昔太傅出鎮陝西，暇則游焉息焉，聚書萬卷，號曰「讀書堂」。今集賢學士公迪、御史中丞公達、僉太常禮儀院事公邁，皆嘗學於此。太傅鎮陝時，年未三十，巖得樊川之勝，因高構亭，因坳鑿池，最靈即秀，以開燕樂之所，孰謂非宜，顧不彼爲而此爲。嗚呼，此其出將入相，清規雅範，豐功茂烈，照映前古，師表方來，爲聖朝元臣者與？諸公子彬彬儒雅，克世其業，襲清風而蹈令則，歷官省臺，名蜚實副，嶷然公輔家法之正然也。公邁常宦游二十許年，歸視書堂有必葺者，裝潢故書而讀之，因尊之曰「讀書巖」。方篋朝聯，思之而不可即，命集賢侍講學士商君德符繪之成圖，樊川可目游而遍，託余爲之記。巖不待記而顯也，樵夫牧豎亦指之曰：「此廉太傅讀書堂也。」尚奚他事？雖然，嗣守亦或難矣，安知無池其坳而亭其高者，不書之讀而燕樂之開乎？又安知無肆意冥行者乎？太傅功德在天下，既厚既深，天之報施，亦大且遠，必無是也。而公邁過爲後世慮爾，請劖此言巖壁，不靳巖顯，而爲廉氏規，庶幾千秋萬歲，長有子孫讀書巖間，是公邁之心也。然則廉氏功名，曷有極邪？

李庭《寓庵集》卷五《廉泉記》　廉泉者，陝西大行臺平章政事廉公樊川別墅所有之泉也。曷爲名之？惟公有卓然異績於民，去已久而民猶思之，遂取公之姓以名其泉，示不忘也。

初，中統改元之歲，今天子新即大位，命公鎮撫關中。視事未幾，遂有西北之警，中外恟懼，擾擾不安。公於是博參謀佐，選將練兵，授以方略，曾不踰月，而千里帖然，遂以無事。當是時，列城父老與夫田野之民，懽呼忭躍，以手加額，僉曰：「今日更生之日。」非卓然異績歟？又期年而政成。俄有旨，召公復位。自軺轅北邁，倏忽十稔，秦民戴公如一日也。

夫君子之爲政，悅民之心易，感民之心難，感之深，使之久而不忘又難。必

有深仁厚澤，浹於骨髓，然後去滋久而思益深也。至於過其所居，見其所樂，起敬起愛，鬱陶詠歎而不能已者，召伯教明於南國，詩人發《甘棠》之詠；廉范化行於蜀郡，百姓興《五袴》之歌；江左之人，慕謝安而名其子：皆所以示不忘之意。非有至誠惻怛爲民之心，何以致此？而況脱百城之民於干戈必死之地，則民之於公，宜何如哉？以此名泉，其誰曰不然？

每歲花時，城中士民相與壺遊於泉上，酒酣，引領北望而歌曰：「瞻彼流泉，廉公所營。公去積年，依然玉聲。酌泉而飲，懷公之清。俯泉而鑑，想公之明。公有厚德，實全我身。何以識之，視此泉名。公在朝廷，秉國鈞衡。何時復來，慰我輿情？」其去思之心，從可知已。

至元辛未，公門下士中山寇君長卿，來判京兆，總府事。暇日，將徧求文士作爲歌詩，以發揚公之遺愛，而屬僕爲之記。僕固非其人也，既聞命矣，安敢不諾？然竊有感焉：自乾坤奠位，既有此山，便有此泉，滔滔汩汩，不知其幾世幾年矣。昔焉湮没於黄茅赤棘之下，寂爾無聞，今一經公之顧盼，而聲光赫然，震耀當世，將見千載之後，與公之名俱不朽矣。嘻，是泉也，何其幸歟？至元八年春正月日。

宋濂《宋文憲公全集》卷三九《國朝名臣序頌·廉文正王希憲》 天啓景運，挺生人豪。豹略龍韜，呼吸風濤。英英廉公，才雄氣驁。力捧潛龍，上升九天。誕彰皇威，關隴晏然。廣厦細氈，嘉猷日宣。出鎮遼霫，强宗震疊。移節荆湖，民氣遂蘇。連征大猾，正氣烈烈。式揚式發，則莫我敢遏。大星煌煌，西流於堂，天下之傷。

董文忠部

綜述

《元史》卷一四八《董文忠傳》 文忠字彦誠，俊第八子也。歲壬子，入侍世祖潛邸。王鶚嘗言詩，因問文忠能之乎，文忠曰：「吾少讀書，惟知入則孝於親，出則忠於君而已，詩非所學也。」癸丑，從征南詔。己未，伐宋，與兄文炳、文用敗宋兵於陽羅堡，得蒙衝百艘，進圍鄂。

世祖即位，置符寶局，以文忠爲郎，授奉訓大夫，居益近密，嘗呼董八而不名。文忠不爲容悦，隨事獻納，中禁事祕，外多不聞。至元二年，安童以右丞相入領中書，建陳十事，言忤旨，文忠曰：「丞相素有賢名，今秉政之始，人方傾聽，所請不得，後何以爲。」遂從旁代對，懇悃詳切，如身條是疏者，始得允可。

八年，侍講學士徒單公履欲奏行貢舉，知帝於釋氏重教而輕禪，乃言儒亦有之，科舉類教，道學類禪。帝怒，召姚樞、許衡與宰臣廷辨。文忠自外入，帝曰：「汝日誦《四書》，亦道學者。」文忠對曰：「陛下每言：『士不治經講孔孟之道而爲詩賦，何關修身，何益治國！』由是海内之士，稍知從事實學。臣今所誦，皆孔孟之言，焉知所謂道學！而俗儒守亡國餘習，欲行其説，故以是上惑聖聽，恐非陛下教人修身治國之意也。」事遂止。

十一年，伐宋，民困供饋，文忠奏免常歲横征，從之。帝嘗見宋降將，從容問宋所以亡者，皆曰：「賈似道當國，薄武人而重文儒，將士怨之，莫有鬭志。故大軍既至，争解甲歸命也。」帝問文忠：「此言何如？」文忠因詰之曰：「似道薄汝矣，而君則貴汝以官，富汝以禄，未嘗薄汝也。今有怨於相，而移於君，不肯一戰，坐視國亡，如臣節何！然則似道薄汝者，豈非預知汝曹不足恃乎！」帝深善之。有旨徙大都獵户於鄄中，文忠奏止之。又請罷官鬻田器之税，聽民自爲。

時多盜，詔犯者皆殺無赦，在處繫囚滿獄。文忠言：「殺人取貨，與竊一錢者均死，慘黷莫甚，恐乖陛下好生之德。」敕革之。或告漢人毆傷國人，及太府監屬盧甲盜剪官布。帝怒，命殺以懲衆。文忠言：「今刑曹於囚罪當死者，已有服辭，猶必詳讞，是豈可因人一言，遽加之重典！宜付有司閲實，以俟後命。」乃遣文忠及近臣突滿分覈之，皆得其誣狀，遂詔原之。帝因責侍臣曰：「方朕怒時，卿曹皆不敢言。非董文忠開悟朕心，則殺二無辜之人，必取議中外矣。」因賜文忠金尊，曰：「用旌卿直。」裕宗亦語宫臣曰：「方天威之震，董文忠從容諫正，實人臣難能者。」太府監屬奉物詣文忠泣謝曰：「鄙人賴公復生。」文忠曰：「吾素非知子，所以相救於危急者，蓋爲國平刑，豈望子見報哉！」却其物不受。

自安童北伐，阿合馬獨當國柄，大立親黨，懼廉希憲復入爲相，害其私計，奏希憲以右丞行省江陵。文忠言：「希憲，國家名臣。今宰相虚位，不可使久居外，以孤人望，宜早召還。」從之。十六年十月，奏曰：「陛下始以燕王爲中書令、樞密使，纔一至中書。自册爲太子，累使明習軍國之事，然十有餘年，終守謙退，不肯視事者，非不奉明詔也，蓋朝廷處之未盡其道爾。夫事已奏決，而始啓太子，是使臣子而可否君父之命，故惟有唯默避遜而已。以臣所知，不若令有司先啓而後聞，其有未安者，則以詔敕斷之，庶幾理順而分不踰，太子必不敢辭其責矣。」帝即日召大臣，面諭其意，使行之。復語太子曰：「董八，崇立國本者，其勿忘之。」

禮部尚書謝昌元請立門下省，封駁制敕，以絶中書風曉近習奏請之弊。帝鋭意欲行之，詔廷臣雜議；且怒翰林學士承旨王磐曰：「如是有益之事，汝不入告，而使南方後至之臣言之，汝用學問何爲！必今日開是省。」三日，廷臣奏以文忠爲侍中，及其屬數十人。近臣乘便言曰：「陛下將别置省，此實其時。然得人則可以寬聖心，新民聽；今聞盜詐之臣與居其間，不可。」其言多指文忠。文忠忿辨曰：「上每稱臣不盜不詐，今汝顧臣而言，意實在臣。其顯言臣盜詐何事！」帝令言者出，文忠猶訴不止，且攻其害國之姦。帝曰：「朕自知之，彼不言汝也。」其人忌文忠，欲中害之，然以文忠清慎無過，乃奉鈔萬緡爲壽，求交驩，文忠却之。文炳爲中書左丞卒，太傅伯顔乃表文忠可相，帝使繼其官，文忠辭曰：「臣兄有平定南方之勞，可居是位。臣嘗給事居中，所宣何力，敢冒居重職乎！」

十八年，陞典瑞局爲監，郎爲卿，仍以文忠爲之。授正議大夫，俄授資德大夫、僉書樞密院事，卿如故。車駕行幸，詔文忠毋扈從，留居大都，凡宫苑、城門、直舍、徼道、環衛、營屯、禁兵、太府、少府、軍器、尚乘諸監，皆領焉。兵馬司舊隸中書，併付文忠。時權臣累請奪還中書，不報。是冬十月二十有五日，雞鳴，將入朝，忽病仆，帝遣中使持藥投救不及，遂卒，甚悼惜之，賻錢數十萬。後制贈光禄大夫、司徒，封壽國公，謚忠貞。

姚燧《牧庵集》卷一五《董文忠神道碑》　公諱文忠，字彦誠，真定藁城人。董世不可遠係，其曾大父哲、大父昕。考諱俊林，太祖以兵略金地，由農畝將鄉民萬衆來歸，官以龍虎衛上將軍、左副元帥、知中山府事。時太尉史忠武公兄河北西路都元帥天倪開閫真定，其倅武仙殺元帥家百口，據真定叛而臣金。太尉集兄散卒復之，仙走壁雙門，夜又襲入。太尉惟與故侍衛親軍都指揮李伯祐投城涉塹奔藁。左副聞亂已艤舟滹沱，即馬入藁，合力再復之。仙走壁抱犢，旋踰河。太宗以太尉爲真定、河間、東平、濟南、大名五路萬户，左副長千夫從追義宗歸德，薄北門而陳，左右皆陂澤，太尉以無戰地爲言，首帥薩奇蘇巴哈不從，而大將蘇布特自汴召太尉計事，金縱兵擊没其軍，左副死事。夫人李氏，九子，公次居八，諸兄鞠友之。

憲宗即位，明年壬子，年二十有二，始入侍世祖潛藩。承旨王文康公鶚言詩教，問公能乎？對曰：「臣少讀書，惟知入則竭力以事父母，出則致身事君而已，詩非所學。」從征南詔，其兄平章忠獻公文炳，恥不得從，自藁將家僮二百騎追之。大軍深入矣，路經土蕃戰而後達，纔餘數騎。己未伐宋，王師臨江，與忠獻率勇士百人，乘艒舠先濟，教遣他將舟師繼之，三捷得敵蒙衝百艘，遂圍鄂。上正宸極，中統之元，置符寶局，以公爲郎。後官奉訓大夫，居益近密。上嘗不名，惟帝呼董八，亦異數也，而公不爲容悅，隨時獻納，中禁事秘，外多不聞，舉所可知：如至元二年，安圖以右丞相入領中書，建陳十事，言忤天聽，公曰：「丞相由勳閥王孫，夙以賢聞，今其始政，人方延佇傾耳，而所請若是，後何以爲？」乃從旁代對，懇悃詳切，如身條是疏者，始得報可。八年，侍讀徒單公履欲行貢舉，知上于釋崇教抑禪，乘是隙言儒亦有是科，書生類教，道學類禪。上怒，已召先少師文獻公、司徒許文正公與一左相庭辯，公自外入，上曰：「汝日誦《四書》，亦道學者。」公曰：「陛下每言，士不治經，穿心孔孟，而爲賦詩，何關修身，何益爲國！由是海内之士，稍知從事實學。臣今所誦，皆孔孟言，烏知所謂道學哉。而俗儒守亡國餘習，求售己能，欲錮其説，恐非陛下上建皇極，外修人紀之賴也。」事爲之止。君子以爲善于羽翼斯文。

十一年，以大師南伐，民困供億，奏蠲常歲他名之征。後燕見降將，問宋所由以亡，皆曰：「賈似道當國，薄武人而惟文儒之崇。武人怨之，後大師至，外而疆埸，内而京都，莫有鬭志，釋甲投戈，歸命恐後。」上問公：「其言何如？」公曰：「似道薄汝，而君則爵以貴汝，禄以富汝，未嘗汝薄也，而以有憾而相，移怨而君，不戰而坐視亡國，如臣節何！似道薄汝，豈以逆知汝曹不足恃爲一旦用乎？」上深善之。詔徙大都獵户郢中，奏止。還貧弱者，弛收官鬻田器之税，聽民自爲，以勸本富民。會患多盗，敕苟犯皆殺無赦，所在繫纍，充牣犴獄，公言：「今殺人于貨，與竊一錢直上均死，一斷不屬，憯黷莫甚，恐于陛下致祥之氣，好生之德，多所干傷。」敕革之。或漢人毆國人傷，又或告太府屬盧某，盗斷監布，上命殺以懲衆。公言：「今刑曹于囚，罪入死者，已有服辭，猶必詳讞。是事未可因人一言，遽寘重典，宜付有司簿責閲實，以俟後命。」乃遣近臣圖們覈毆傷，公覈監布，告毆得誣，杖遣之。監布蓋太府始受，端外皆有羨尺，適上方工官有需，其人惜毁成端，斷羨以給，非身利而爲也。降旨原之，責侍臣曰：「方朕怒際，卿曹皆結喙。非董八啓沃朕心，則殺是非辜，必竊竊取議中外矣。」賜金尊曰：「用旌卿直。」儲皇亦曉宫臣曰：「方壓以雷霆，而容止話言，暇不失次，卒矯以正，實人臣難能者。」太府屬摯而泣謝曰：「鄙人腰領，賴公以全。」公曰：「吾雅非知子，其必拯諸阽危者，蓋與國平刑，非期子見德也。其返而摯。」自安圖北伐，犯法臣阿哈瑪特獨用國柄，盗弄威福，衆立親黨，懼平章廉希憲復相，必防其私，表以右丞，行省江陵者踰年。公奏：「希憲昭代名臣，今端揆虚席尚多，不可久使居外，以孤人望，宜蚤賜環。」從之。

十六年十月乙亥，還自萬壽宫祝釐所，奏曰：「陛下始以燕王爲中書令樞密使，纔一至中書。後册儲皇，纍使明習軍國事者，十有餘年，終守謙抑，非不奉明詔也，亦朝廷處之未極其道。夫事已奏裁，而始啓白，爲人臣子惟有唯默避任，不敢以命令可否，制敕而已。以臣所知，曷令有司啓而後聞，其有未安，斷以制敕，則理順而分不踰，必不敢辭責元良矣。」其日蓋前省院臺臣將百人，上面諭曰：「自今庶務聽皇太子臨決，而後入聞。」尋語儲皇：「董八崇植國本者，其識勿忘。」禮部謝昌元請立門下省，封駁制敕，以絶中書風曉近習奏請之源，上鋭欲行之，詔庭臣雜議，怒承旨少保王文忠公磐曰：「如是益事，汝不入告，而使南士後至之臣言之，用學何爲？必今日開是省。」庭臣三日始奏公爲侍中，兼其屬多至數十人。某臣弗便也，入言：「陛下將别置省，斯誠其時。得人則可寬聖心，以新民聽。今聞盗詐之臣與居其間。」言多目公。公恚，辯曰：「上每稱臣不盗不詐。今汝顧臣而言，意實在臣。其顯言盗詐何事？」上出奏者，公猶懟不止，且攻其賊國之姦。上曰：「朕自知之，彼不汝言也。」然終忌公得君，清慎無過，莫可指以爲報者，乃以楮鏹萬緡爲壽求歡，擯棄不取。忠獻公卒官中書左丞，故太傅巴延公表其可相，上使嗣爲，公曰：「臣兄有戡定南土之勞，位是則可。臣

贊御居中，宣何力焉，而可嗣爲？」

十八年，陞局爲典瑞監，郎爲卿。官以正義大夫，俄授資德大夫、僉書樞密院事，卿如故。始不從蹕，留居大都。凡宫禦、城門、直舍、徼道、環衛、營屯、禁兵、太府、少府、軍器、尚乘等監，皆領焉。兵馬司舊隸中書，併付公將。權臣曩請奪還中書，不報。始大明殿皆資遼右浮海瀑材，有司急其成功，遽丹漆之，不能十年，叩之皆抨然中空，爲抽二十餘楹，比乘輿還，壯加其舊。是冬十月二十有五日，雞鳴將入朝，忽踣家庭，氣息奄奄。上遣中使持藥，投救不及，遂絶，傷怛不已，猶覬其息，敕勿速斂，五日乃匱。且知公圖書外無他居積，賻錢數千萬，儲皇等是。以十月六日，歸葬其鄉高里先塋。

從始至終，實三十年，征伐蒐田，無地不從。凡乘輿、衣服、鞶帶、藥餌，大小無慮數百十槖，靡不司之。中夜有需，不須燭索，可立至前。風雨寒暑，飢渴駿奔，心無怠萌，口絶勩語，屬屬乎惟以執事不恪獲譴爲懼，故能滋久眷寵彌深。日上中歲多足疾，一日樞密院奏軍務，上卧畫可，公在御榻，伏枕而跽，比終奏，日已移晷，屏氣肅肅，曾不流盼。他日，院臣言：「始吾以公居中而逸，烏知其勞如是。在他人不可一日彊志勉力爲者，何可幾及，何可幾及。」公曰：「君所見特是時，吾固日雞一鳴而跽，燭入而出。」後或長直，四十日不至家，夜雜妃嬪候侍，休寢榻下。上呼之，方憊熟寐不應，命妃蹴興之，妃不敢前，上詈曰：「董八誠愛之專，敬慎之至，事朕踰父，汝以妾母蹴之何嫌，而爲是拘拘。」其感乎聖心，得是見與。有舉一世億萬維人所未能者，爲臣則然。其在家出門，弟弟敦宗，賢賢信友，淵毅而明炳，遜恭而易直，倫理之間，人文粲然，元臣故老奉朝請者，上所存問，及有欲言，皆由公傳達，權幸不敢讒危之。及是，則皆出涕几筵曰：「哀哉，若人曾未終壽而不淑，自兹君側失正人矣。」一貴戚獨曰：「天乎，世無吾曹千人，誠不加少，而奪公歸耶。」下至傭人、販夫，亦失聲投業。

後二十有一年，當大德辛丑，今天子言：「念其功贈光禄大夫、大司徒，封壽國公，謚忠貞。」【略】（其子）士珍將銘墳道，持遼陽行省參政王公思廉之狀，遠走江東而以訪燧。義有二焉，一以其伯仲父忠獻與故參知政事、翰林承旨文用與公，由先少師儲邸舊學，命之不官，必曰先生；一於燧嘗同受學司徒文正公，且與今忠獻子其兄江浙行省右丞士選相好，實币世契，奚言而辭。銘曰：

在《易》六位，以爻居四。上承五君，多懼之地。於皇前聖，與天巍巍。神明其變，雷霆其威。公三十年，日侍帷幄。出入起居，不辱於數。初匪智計，其身包周。臣職克修，敬慎無尤。天府其觀，曰郎典寶。其自任重，引君當道。不剛悻悻，不柔容容。揆義爲中，闕焉彌縫。或攻聖學，異教之似。公曰其言，皆孔孟氏。彼去其實，務華詞章。爲利達資，何關倫常。足明其心，斯道力衛。展與朋黨，弭禍於未。父子之間，進説多艱。庶政既先，國本泰山。其入告内，無是爲大。他隨事陳，罔遺於外。其非廷尉，獄由平反。施令必臧，等乎納言。姦竊滔天，庭伐其慝。雖未即誅，中劇矛戟。黄髪番番，致臣而家。歲時存問，天語柔嘉。晚書宥密，瑞監仍柄。何天不弔，年過知命。前聖終之，賻以送終。嗣聖功之，追爵上公。人臣寵光，至是焉極。矧子廊廟，清卲執德。無石維年，竹帛豈夷。賴垂休聲，其以是詩。

雜録

備論

蘇天爵《元朝名臣事略》卷一四《樞密董正獻公》 公於誅賞大政，往往預聞，是非予敓，毅然不回，要歸公論，晦顯略詳，當簡於書，其見幾慮遠，時然後作，使天下被澤無朕，衆所未及知，而上獨知之者，此亦不得而論也。故上嘗語皇太子曰：「竭誠許國，能於大事，多所建明者，惟董文忠爲然。」《墓誌》。

藝文

王惲《秋澗先生大全文集》卷三《九門道中》 至元十八年十二月六日，同察司諸公會葬董簽院於南董高里原，還過九門故城作。

朔風暮轉劇，曠野埃霾昏。長鞭驅羸驂，日晏東南奔。義有執紼役，重過孤城闉。邑居廢與置，代遠不必論。緬懷武靈舉，騎服開雄尊。國聽固自我，臣義贊亦惇。潛師襲中山，萬馬出此門。林樓九原塞，英氣爲一吞。睥睨五雄間，覇

業幾桓文。至今西林阜，隱隱猶兵屯。一朝探雀鷇，瘐死秋槐根。人事靡不初，克終乃可云。野老無所識，引宿投荒村。吹燈具萍粥，士雉薁使温。解我寒悴色，謝官非所存。就枕固不寐，一覺東方暾。

王惲《秋澗先生大全文集》卷八《入侍行贈董符寶》 君家大兄吾故識，君家三兄乃友執。游談仰止有歲年，只有八郎初未覿。八郎内時五雲深，五雲宫闕何沉沉。此時密邇司獻納，夙夕忠謹餘月心。人知掌中金，窠篆屈蟠螭。重豈識兩袖，中有蒼生霖。採聽民瘼懷惻怛，細至稼穡艱苦歌謡情。聖皇達聰豈有既，天語夜久何叮嚀。御幄香暖代鳴玉，高枕安寢神遊清。輸忠往往捄時弊，筆諫不數公權誠。君不見，西漢元封神爵間，兩朝貴幸張與金。長楊蓮句滿宫館，正以世閱遊從列。九卿何如董侯剛，方見特立大冠脩。劒明月，簪日華，光動鬱金枹，鳴鳳翔集朝陽岑。一從通籍愈忠慤，四海知有萬石，不爲富貴之所淫。書生薄游不足惜，風化正爾基周南。炎蒸幽朔今一執，好承清閒之燕，請君一皷解愠南風琴。

吳澄《吳文正公集》卷一四《趙國董正獻公家傳後序》 上天命皇元一四海，多生碩才以擬其用。河北史、董二家最著。董氏由龍虎衛上將軍俊始歸國，竭忠力戰而死。越四十餘年，其仲子文炳竟佐丞相伯顔取江南，功第一。其季子文忠，以近臣侍左右，朝夕諷議，有裨君德國體、兵謀民病者甚夥，恭謹讜直，人比之石奮、魏徵。官至資德大夫、僉樞密院事，加贈體仁保德佐運功臣、大師、開府儀同三司、上柱國，追封趙國公，謚正獻。適嗣士封，資政大夫、御史中丞、贈純誠肅政功臣、太傅，其餘官勳封國並如父，謚清獻。適孫守中，今參知湖廣行中書省政事。謂正獻公行狀、墓誌、神道碑事蹟有缺遺，囑其客修成家傳，纂述該悉。大論撰稱揚其先祖之美，勒在烝彝嘗鼎，以明示後生，此古昔孝子孝孫之心，記禮者嘉之。參政之心，同乎是心也。嗚呼，爲人臣下，克忠於君；爲人子孫，克孝於親。忠孝之行，萃董氏一門，其世美之久而彌彰也，有以哉！

郭守敬部

綜述

《元史》卷一六四《郭守敬傳》　郭守敬字若思，順德邢臺人。生有異操，不爲嬉戲事。大父榮，通五經，精於算數、水利。時劉秉忠、張文謙、張易、王恂，同學於州西紫金山，榮使守敬從秉忠學。

中統三年，文謙薦守敬習水利，巧思絶人。世祖召見，面陳水利六事：其一，中都舊漕河，東至通州，引玉泉水以通舟，歲可省雇車錢六萬緡。通州以南，於蘭榆河口徑直開引，由蒙村跳梁務至楊村還河，以避浮雞淘盤淺風浪遠轉之患。其二，順德達泉引入城中，分爲三渠，灌城東地。其三，順德（澧）〔灃〕河東至古任城，失其故道，没民田千三百餘頃。此水開修成河，其田即可耕種，自小王村（徑）〔經〕滹沱，合入御河，能行舟楫。其四，磁州東北滏、漳二水合流處，引水由滏陽、邯鄲、洺州、永年下經雞澤，合入（澧）〔灃〕河，可灌田三千餘頃。其五，懷、孟沁河，雖澆灌，猶有漏堰餘水，東與丹河餘水相合。引東流，至武陟縣北，合入御河，可灌田二千餘頃。其六，黄河自孟州西開引，少分一渠，經由新、舊孟州中間，順河古岸下，至温縣南復入大河，其間亦可灌田二千餘頃。每奏一事，世祖歎曰：「任事者如此，人不爲素餐矣。」授提舉諸路河渠。四年，加授銀符、副河渠使。

至元元年，從張文謙行省西夏。先是，古渠在中興者，一名唐來，其長四百里，一名漢延，長二百五十里，它州正渠十，皆長二百里，支渠大小六十八，灌田九萬餘頃。兵亂以來，廢壞淤淺。守敬更立牐堰，皆復其舊。

二年，授都水少監。守敬言：「舟自中興沿河四晝夜至東勝，可通漕運，及見查泊、兀郎海古渠甚多，宜加修理。」又言：「金時，自燕京之西麻峪村，分引盧溝一支東流，穿西山而出，是謂金口。其水自金口以東，燕京以北，灌田若干頃，其利不可勝計。兵興以來，典守者懼有所失，因以大石塞之。今若按視故蹟，使水得通流，上可以致西山之利，下可以廣京畿之漕。」又言：「當於金口西預開減水口，西南還大河，令其深廣，以防漲水突入之患。」帝善之。十二年，丞相伯顔南征，議立水站，命守敬行視河北、山東可通舟者，爲圖奏之。

初，秉忠以《大明曆》自遼、金承用二百餘年，浸以後天，議欲修正而卒。十三年，江左既平，帝思用其言，遂以守敬與王恂，率南北日官，分掌測驗推步於下，而命文謙與樞密張易爲之主領裁奏於上，左丞許衡參預其事。守敬首言：「曆之本在於測驗，而測驗之器莫先儀表。今司天渾儀，宋皇祐中汴京所造，不與此處天度相符，比量南北二極，約差四度；表石年深，亦復欹側。」守敬乃盡考其失而移置之。既又别圖高爽地，以木爲重棚，創作簡儀、高表，用相比覆。又以爲天樞附極而動，昔人嘗展管望之，未得其的，作候極儀。極辰既位，天體斯正，作渾天象。象雖形似，莫適所用，作玲瓏儀。以表之矩方，測天之正圜，莫若以圜求圜，作仰儀。古有經緯，結而不動，守敬易之，作立運儀。日有中道，月有九行，守敬一之，作證理儀。表高景虚，罔象非真，作景符。月雖有明，察景則難，作闚几。曆法之驗，在於交會，作日月食儀。天有赤道，輪以當之，兩極低昂，標以指之，作星晷定時儀。又作正方案、（九）〔丸〕表、懸正儀、座正儀，爲四方行測者所用。又作《仰規覆矩圖》、《異方渾蓋圖》、《日出入永短圖》，與上諸儀互相參考。

十六年，改局爲太史院，以恂爲太史令，守敬爲同知太史院事，給印章，立官府。及奏進儀表式，守敬當帝前指陳理致，至於日晏，帝不爲倦。守敬因奏：「唐一行開元間令南宫説天下測景，書中見者凡十三處。今疆宇比唐尤大，若不遠方測驗，日月交食分數時刻不同，晝夜長短不同，日月星辰去天高下不同，即目測驗人少，可先南北立表，取直測景。」帝可其奏。遂設監候官一十四員，分道而出，東至高麗，西極滇池，南踰朱崖，北盡鐵勒，四海測驗，凡二十七所。

十七年，新曆告成，守敬與諸臣同上奏。【略】

十九年，恂卒。時曆雖頒，然其推步之式，與夫立成之數，尚皆未有定藁。守敬於是比次篇類，整齊分杪，裁爲《推步》七卷、《立成》二卷、《曆議擬藁》三卷、《轉神選擇》二卷、《上中下三曆注式》十二卷。二十三年，繼爲太史令，遂上表奏進。又有《時候箋注》二卷、《修改源流》一卷。其測驗書，有《儀象法式》二卷、《二至晷景考》二十卷、《五星細行考》五十卷、《古今交食考》一卷、《新測二十八舍雜坐諸星入宿去極》一卷、《新測無名諸星》一卷、《月離考》一卷，並藏之官。

二十八年，有言灤河自永平挽舟踰山而上，可至開平；有言盧溝自麻峪可至尋麻林。朝廷遣守敬相視，灤河既不可行，盧溝舟亦不通，守敬因陳水利十有一事。其一，大都運糧河，不用一畝泉舊原，別引北山白浮泉水，西折而南，經瓮山泊，自西水門入城，環匯於積水潭，復東折而南，出南水門，合入舊運糧河。每十里置一牐，比至通州，凡爲牐七，距牐里許，上重置斗門，互爲提閼，以過舟止水。帝覽奏，喜曰：「當速行之。」於是復置都水監，俾守敬領之。帝命丞相以下皆親操畚（牐）〔鍤〕倡工，待守敬指授而後行事。

先是，通州至大都，陸運官糧，歲若干萬石，方秋霖雨，驢畜死者不可勝計，至是皆罷之。三十年，帝還自上都，過積水潭，見舳艫敝水，大悦，名曰通惠河，賜守敬鈔萬二千五百貫，仍以舊職兼提調通惠河漕運事。守敬又言：於澄清牐稍東，引水與北壩河接，且立牐麗正門西，令舟楫得環城往來。志不就而罷。三十一年，拜昭文館大學士、知太史院事。

大德二年，召守敬至上都，議開鐵幡竿渠，守敬奏：「山水頻年暴下，非大爲渠堰，廣五七十步不可。」執政吝於工費，以其言爲過，縮其廣三之一。明年大雨，山水注下，渠不能容，漂没人畜廬帳，幾犯行殿。成宗謂宰臣曰：「郭太史神人也，惜其言不用耳。」七年，詔内外官年及七十，並聽致仕，獨守敬不許其請。自是翰林太史司天官不致仕，定著爲令。延祐三年卒，年八十六。

《國朝文類》卷五〇齊履謙《知太史院事郭公行狀》 公諱守敬，字若思，順德邢臺人。生有異操，不爲嬉戲事。祖榮，號鴛水翁。通五經，精於筭數、水利。時太保劉文貞公、左丞張忠宣公、樞密張公易、贊善王公恂，同學於州西紫金山，而文貞公復與鴛水翁爲同志友，以故俾公就學於文貞所。先是，順德城北有石橋以通達活泉水，兵後橋爲泥潦淤没，失其所在，公甫冠，爲之審視地形，按指其處而得之。河東元公裕之文其事于石，其曰里人郭生者，即公是也。

中統三年，張忠宣公薦公習知水利，且巧思絶人，蒙賜見上都便殿。公面陳水利六事：其一，中都舊漕河，東至通州，權以玉泉水引入行舟，歲可省僦車錢六萬緡。通州以南，於蘭榆河口徑直開引，由蒙村跳梁務至通州還河，以避浮鷄淘盤淺風浪遠轉之患。其二，順德達活泉開入城中，分爲三渠，引出城東，灌溉其地。其三，順德澧河東至古任城，失其故道，没民田一千三百餘頃。此水開修成河，其田即可耕種，其河自小王村經滹沱合入御河，通行舟栰。其四，磁州東北滏、漳二水合流處，開引由滏陽、邯鄲、洺州、永年下經雞澤，合入澧河，其間可溉田三千餘頃。其五，懷、孟沁河，雖已澆溉，尚有漏堰餘水，東與丹河餘水相合，開引東流，至武陟縣北，合入御河，其間亦可溉田二千餘頃。每奏一事，上輒曰：「當務者此，人真不爲素餐矣。」即授提舉諸路河渠。四年，加授銀符，副河渠使。

至元改元，從忠宣公行省西夏，興復瀕河諸渠。先是，西夏瀕河五州皆有古渠，其在中興州者，一名唐來，長袤四百里，一名漢延，長袤二百五十里，其餘四州又有正渠十，長袤各二百里，支渠大小共六十八，計溉田九萬餘頃。兵亂以來，廢壞淤淺。公爲之因舊謀新，更立牐堰，役不踰時而渠皆通利。夏人共爲立生祠於渠上。二年，授都水少監。公言：「嚮自中興還，特命舟順河而下，四晝夜至東勝，可通漕運，及見查泊、兀郎海古渠甚多，可爲修理。」又言：「金時，自燕京之西麻谷村，分引盧溝一支東流，穿西山而出，是謂金口。其水自金口以東，燕京以北，溉田若干頃，其利不可勝計。兵興以來，典守者懼有所失，因以大石塞之。今若按視故迹，使水得通流，上可以致西山之利，下可以廣京畿之漕。」上納其議。公又言：「當於金口西預開減水口，西南還大河，令其深廣，以防漲水突入之患。」衆服其能。八年，遷都水監。十二年，丞相伯顔公南征，議立水驛，命公行視所便。自陵州至大名，又自濟州至沛縣，又南至吕梁，又自東平至綱城，又自東平清河踰黄河故道，至與御河相接，又自衛州御河至東平，又自東平西南水泊至御河，乃得濟州、大名、東平、泗汶與御河相通形勢，爲圖奏之。

十三年，都水監併入工部，遂除工部郎中。是歲立局，改治新曆。先時太保劉公以《大明曆》自遼、金承用二百餘年，浸以後天，議欲修正而薨。至是江左既平，上思用其言，遂以公與贊善王公率南北日官，分掌測驗推步於下，而忠宣、樞密二張公爲之主領裁奏於上，復共薦前中書左丞許公能推明曆理，俾參預之。公首言：「曆之本在於測驗，而測驗之器，莫先儀表。今司天渾儀，宋皇祐中汴京所造，不與此處天度相符，比量南北二極，約差四度；表石年深，亦復欹側。」公乃盡考其失而移置之。既又別圖爽塏，以木爲重棚，創作簡儀、高表，用相比覆。又以爲天樞附極而動，昔人嘗展管望之，未得其的，作候極儀。極辰既位，天體斯正，作渾天象。象雖形似，莫適所用，作玲瓏儀。以表之矩方，測天之正圓，莫若以圓求圓，作仰儀。古有經緯，結而不動，公則易之，作立運儀。日有

中道，月有九行，公則一之，作證理儀。表高景虛，罔象非真，作景符。月雖有明，察景則難，作闚几。曆法之驗，在於交會，作日月食儀。天有赤道，輪以當之，兩極低昂，標以指之，作星晷定時儀。以上凡十三等。又作正方案、丸表、懸正儀、座正儀，凡四等，爲四方行測者所用。又作《仰規覆矩圖》、《異方渾蓋圖》、《日出入永短圖》，凡五等，與上諸儀互相參考。十六年，改局爲太史院，以贊善公爲太史令，公爲同知太史院事，給印章，立官府。是年，奏進儀表式樣，公乃對御指陳理致，一一周悉，自朝至於日晏，上不爲倦。公因奏：「唐一行開元間令南宮説天下測景，書中見者凡十三處。今疆宇比唐尤大，若不遠方測驗，日月交食分數時刻不同，晝夜長短不同，日月星辰去天高下不同，即目測驗人少，可先南北立表，取直測景。」上可其奏。遂設監候官一十四員，分道相繼而出。【略】

十七年，新曆告成，拜太史令。公與太史諸公同上奏。【略】

十九年，太史王公卒。時曆雖頒，然其推步之式，與夫立成之數，尚皆未有定稾。公於是比次篇類，整齊分抄，裁爲《推步》七卷，《立成》二卷，《曆議擬稾》三卷，《轉神選擇》二卷，《上中下三曆註式》十二卷。二十三年，繼爲太史令，遂上表奏進。又有《時候箋注》二卷，《修改源流》一卷。其測驗書，有《儀象法式》二卷，《二至晷景考》二十卷，《五星細行考》五十卷，《古今交食考》一卷，《新測二十八舍雜座諸星入宿去極》一卷，《新測無名諸星》一卷，《月離考》一卷，並藏之官。

二十八年，有言漕事便利者，一謂灤河自永平挽舟踰嶺而上，可至上都；一謂盧溝自麻谷可至尋麻林。朝廷令各試所説。其謂灤河者，至中道自知不可行而罷。其謂盧溝者，命公與往，亦爲哨石所阻，舟不得通而止。公因至上都，别陳水利十有一事。其一，大都運糧河，不用一畝泉舊源，别引北山白浮泉水，西折而南，經瓮山泊，自西水門入城，環匯於積水潭，復東折而南，出南水門，合入舊運糧河。每十里一置牐，比至通州，凡爲牐七，距牐里許，上重置斗門，互爲提閼，以過舟止水。上覽奏，喜曰：「當速行之。」於是復置都水監，俾公領之。首事於二十九年之春，告成於三十年之秋，賜名曰通惠。役興之日，上命丞相以下皆親操畚鍤爲之倡，咸待公指授而後行事。置牐之處，往往於地中偶值舊時甎木，時人爲之感服。船既通行，公私省便。先時通州至大都，陸運官糧歲若干萬石，方秋霖雨，驢畜死者不可勝計，至是皆罷。是秋，車駕還自上都，過積水潭，見其舳艫蔽水，天顔爲之開懌，特賜公錢一萬二千五百緡，仍以舊職兼提調通惠河漕運事。公又欲於澄清牐稍東，引水與北壩河接，且立牐麗正門西，令舟楫得環城往來。志不就而罷。三十一年，拜昭文館大學士、知太史院事。

大德二年，召公至上都，議開鐵幡竿渠。公奏：「山水頻年暴下，非大爲渠堰，廣五七十步不可。」執政吝於工費，以公言爲過，縮其廣三之一。明年大雨，山水注下，渠不能容，漂没人畜廬帳，幾犯行殿。翌日，天子北狩，謂宰臣曰：「郭太史神人也，可惜不用其言。」七年，詔内外官年及七十並聽致仕，公以舊臣，且朝廷所施爲，獨不許其請。至今翰林太史司天官不致仕者，咸自公始。延祐三年某月日卒，年八十六。

公以純德實學爲世師法，然其不可及者有三：一曰水利之學，二曰曆數之學，三曰儀象制度之學。決金口以下西山之栰，而京師材用是饒；復唐來以溉瀕河之地，而靈夏軍儲用足；引汶泗以接江淮之派，而燕吴漕運畢通；建斗牐以開白浮之源，而公私陸費由省。又前後條奏便宜凡二十餘事，相治河渠泊堰大小數百餘所。其在西夏嘗挽舟遡流而上究所謂河源者；又嘗自孟門以東，循黄河故道，縱廣數百里間，皆爲測量地平，或可以分殺河勢，或可以溉灌田土，具有圖誌。又嘗以海面較京師至汴梁地形高下之差，謂汴梁之水去海甚遠，其流峻急，而京師之水去海至近，其流且緩。其言信而有徵。此水利之學其不可及者也。

古曆天周與歲周小餘同於日度四分之一，漢魏以來漸覺不齊，遂有破分之説，而立法未均，任意進退，公乃每以百年爲率，小餘之下增損各一，以之上推往古，下驗方來，無不脗合。且自太初迄于大明，名曆七十餘家，其見施用於世者四十有三類，多寫分換母，誇誕一時，間有翹出，如宋《元嘉》、唐《大衍》、近世《紀元》不過三數，然亦未臻至當，考驗天事，始雖親密，旋已不效。公所爲曆，測驗既精，設法詳備，行幾五十年未嘗一有先後天之差。去積年日法之拘，無寫分換母之陋。此曆數之學其不可及者也。

舊儀既多蔽礙，且距齒但有度刻而無細分，以管望星，漸外則所見漸展，尤難取的。公所爲儀，但用天常、赤道、四游、三環、三距，設四游於赤道之上，與相套在内，同附直距於四游之外，與雙環兩間同結線距端，凡測日月星，則以兩線相望，劈取其正中所當之刻之度之分之杪之數。舊八尺謂夏至之景尺有五寸，

千里而差一寸，其説見於《周官》、《周髀》等書，千里而差一寸，唐一行已嘗駁議，八尺之表，表庳景促，古今承用，未之或革，公所爲表五倍其舊，懸施横梁，每至日中，以符竅夾測横梁之景，折取中數，與舊表但取表之景者殊爲審當。公於世祖朝進七寶燈漏，今大明殿每朝會張設之，其中鐘鼓皆應時自鳴。又嘗進木牛流馬，雖不盡得諸葛舊制，亦自機妙。成宗朝進櫃香漏，又作屏風香漏、行漏，以備郊廟從幸。大德二年，起靈臺水渾、運渾天漏，大小機輪凡二十有五，皆以刻木爲衝牙，轉相撥擊，上爲渾象，點畫周天星度，日月二環斜絡其上，象則隨天左旋，日月二環各依行度退而右轉。公又嘗欲倣張平子爲地動儀，及候氣密室，事雖未就，莫不究極指歸。此儀象制度之學其不可及者也。

初公年十五六得石本《蓮花漏圖》，已能盡究其理，及隨張忠宣公奉使大名，因大爲鼓鑄，即今靈臺所用銅壺。又得《尚書璇璣圖》，規竹篾爲儀，積土爲臺，以望二十八宿及諸大星，及夫見用，觀其規畫之簡便，測望之精切，巧智不能私其議，羣衆無以參其功。王太史剛克自用者也，每至公所，覩其匠制，未嘗不爲之心服。魯齋先生言論爲當代法，因語及公，以手加額曰：「天佑我元，似此人，世豈易得？」嗚呼，其可謂度越千古矣！

雜録

備録

《國朝文類》卷一七楊桓《太史院銘》　至元十三年，上以循用《大明曆》，久而失當，欲刱其制，以太子贊善臣王恂業精筭術，凡日月盈縮、遲疾，五星進退、見伏，昏曉中星，以應四時者，悉付其推演。尋遷太史令，以都水監臣郭守敬穎悟天運，妙於制度，凡儀象、表漏，考日時，步星躔者，悉付規矩之。尋授同知太史事，曆成，遷太史令。

陶宗儀《南村輟耕録》卷一《官不致仕》　大德七年，詔内外官年及七十，並聽致仕。時郭守敬，字若思，順德邢臺人，知太史院事。以舊臣，且熟朝廷所施爲，獨不許其請。至今翰林太史司天官不致仕者，咸自公始。

劉國傑部

綜述

《元史》卷一六二《劉國傑傳》　劉國傑字國寶，本女真人也，姓烏古倫，後入中州，改姓劉氏。父德寧，爲宗王斡臣必闍赤，授管領益都軍民公事。

國傑貌魁雄，善騎射，膽力過人，少從軍漣海，以材武爲隊長。至元六年，選其兵取襄陽，以益都新軍千户從張弘範戍萬山堡。宋兵覘伺，衆出取薪，大出兵來攻堡，國傑等以數百人敗之，斬首四千餘級，由是有名。從略荆南，抵歸峽，轉戰數千里，還，破宋兵襄陽下。從攻樊城，破外城，火砲傷股，裹創復戰，平其外城，授武略將軍，佩金符。從破張貴兵櫃門關，戰甚力。再攻樊城，被傷數處，血戰，竟破之。襄陽降。世祖聞其勇，召見，遷武德將軍、管軍總管，賜銀百兩、錦衣、弓矢以寵之。

從伯顔南征。十一年，次郢州。宋兵扼漢水，不得下，伯顔謀取黄家灣堡以入漢，國傑先登，拔之，加武節將軍。從破沙洋、新城，敗孫虎臣丁家洲，戰甚力，進萬户。復從阿朮取淮南，别軍揚子橋，扼宋兵道。宋以萬衆夜奪堡，擊走之，擒其都統張林。宋將張世傑盛兵出焦山來禦師，施鐵繩聯戰船，碇江中，以示必死。阿朮率諸軍進戰，萬户劉琛，由江南繞其後，國傑與董文炳，左右夾擊之，焚其戰船，世傑軍大潰，追奔圌山，奪黄（鵠、白）鷂船數百艘。帝壯之，詔加懷遠大將軍，賜號霸都，國傑行第二，因呼之曰劉二霸都而不名。霸都，華言敢勇之士也。

宋亡，入朝，加僉書西川行樞密院事，選淮南兵使將之平蜀。未行，會北邊有警，加鎮國上將軍、漢軍都元帥，將衛兵，定北方。冬，召還，帝親解衣加玉帶賜之。十五年，復將左、右、中三衛兵，戍北邊，詔「有不用命者，斬之以聞」。十六年，諸王脱脱木反，寇和林。國傑度其衆悉至，營中必虚，選輕騎襲之，獲其衆萬計。脱脱木屢戰不利，又殘暴，失衆心，衆殺之來降。十八年，加輔國上將軍。

十九年，征東兵無功而還，帝怒，將盡罷大小將校，召國傑爲征東行省左丞。既至，帝語之故，國傑曰：「罪在元帥耳，倘蒙聖慈，復諸將之職，彼必人人思奮，以雪前耻矣。」帝從之，盡復其官，以屬國傑征日本。會黄華反建寧，乃命國傑以征東兵會江淮參政伯顔等討之。國傑破赤巖寨，黄華自殺，餘衆皆潰。福建行省左丞忽剌出將兵來會梧桐川，欲搜賊潰去者盡殺之，國傑曰：「首亂者，華也，餘皆脅從，招諭不歸，誅之未晚。」未幾，衆果出降。二十二年，罷征東省，除僉書沿江行樞密院，改僉院。

二十三年，朝廷以湖廣重地，且多盜，拜本省左丞。國傑至，首平湖南盜李萬二。明年，廣東盜起，寇肇慶，其魁鄧太獠居前寨，劉太獠居後寨，相依以爲固。國傑趨擣後寨，破之，遂拔前寨，擒斬二人，捕民結盜者，皆杖殺之。加資德大夫。

二十五年，湖南盜詹一仔，誘衡、永、寶慶、武岡人，嘯聚四望山，官軍久不能討。國傑破之，斬首盜，餘衆悉降。將校請曰：「此輩久亂，急則降，降而有釁，復反矣，不如盡阬之。」國傑曰：「多殺不可，况殺降耶！吾有以處之矣。」乃相要地爲三屯：在衡曰清化，在永曰烏符，在武岡曰白倉，遷其衆守之，每屯五百人，以備賊，且墾廢田榛棘，使賊不得爲巢穴。降者有故田宅，盡還之，無者，使雜耕屯中，後皆爲良民。

有詔討江西諸盜，國傑趨赴之。十一月，破蕭太獠於陳古水，斬數百人，進平懷集諸寨賊。二十六年春，東入肇慶，攻閆太獠於清遠，還攻蕭太獠於懷集，擒之，復攻走嚴太獠。四月，攻曾太獠於金林，又破走之。賊深入保險，國傑鑿山而入，賊衆五千人，掩殺略盡。七月，次賀州，兵士冒瘴，皆疫，國傑親撫視之，療以醫藥，多得不死。會國傑亦病，乃移軍道州。廣東盜陳太獠寇道州，國傑討擒之，遂攻拔赤水賊寨。

二十七年，江西盜起龍泉，下令往擊之，諸將交諫曰：「此他省盜也。」國傑曰：「縱寇生患，患將難圖，豈可以彼此言耶！」乃選輕兵，棄旗鼓，去纓飾，一日夜趨賊境。賊衆數千逆戰，望見軍容不整，曰：「此鄉丁也。」易之。國傑以數十騎陷陣，衆從之，賊大敗，斬首五百餘級，奪所掠男女，日暮，忽收兵去。堡中民望見，怪之，莫知其誰。明日，又忽至，召堡民歸其男子曰：「吾劉二霸都也。」民皆驚以爲神，因告别盜鍾太獠居南安十八耒。國傑乘霧，突入其巢，賊衆驚亂，自相蹂踐，官軍搏之，自旦至午，所擒殺甚衆，還兵桂東。二月，龍泉盜復寇酃縣，國傑遂還酃。賊退保大井山，乃分軍三道趨之，道險，棄馬而入。時天大雨，

賊不爲備，盡掩殺之，還鎮道州。八月，永州盗李末子千七寇全州，敗官兵，殺郡長官土魯。國傑進討，擒之，梟首而還。以前後功，加湖廣右丞。

二十八年，置湖廣等處行樞密院，遷副使，還軍武昌。秋，廣東盗再起，國傑復出道州。時知上思州黄勝許恃其險遠，與交趾爲表裏，寇邊。二十九年，詔國傑討之。賊衆勁悍，出入巖洞篁竹中如飛鳥，發毒矢，中人無愈者。國傑身率士奮戰，賊不能敵，走象山，山近交趾，皆深林，不可入，乃度其出入，列栅圍之，徐伐山通道，且戰且進，二年，拔其寨。勝許挺身走交趾，擒其妻子殺之。國傑三以書責交趾索勝許，交趾竟匿不與。夏，師還，盡取賊巢地爲屯田，募(度)〔慶〕遠諸撞人耕之，以爲兩江蔽障。後蠻人謂屯爲省地，莫敢犯者。詔遣使即軍中以玉帶賜之。

三十年，入朝，帝謂朝臣曰：「湖廣重地，惟劉二霸都足以鎮此，他人不能也。」命無遷他官。俄議問罪交趾，加湖廣安南行平章事，以諸王亦吉列台爲監軍征之。未行，會帝崩，乃止。

成宗即位，復置行樞密院於衡州，仍除副使。初，黔中諸蠻酋既内附復叛，又巴洞何世雄犯澧州，泊崖洞田萬頃、楠木洞孟再師犯辰州，朝廷嘗討降之。升泊崖爲施溶州，以萬頃知州事，三十一年，萬頃復叛，攻之，不能下。至是，帝即位，赦天下，並赦萬頃等，亦不降，帝以命國傑。

九月，國傑馳至辰，進攻明溪賊魯萬丑，擁衆自上流而下，千户崔忠、百户馬孫兒戰死。十月，進兵桑木溪，萬丑復以千人拒戰，擊却之。明日，萬丑倍衆來攻，國傑鼓之，百户李旺率死士陷陣，衆軍齊奮，賊敗，遂破其巢，焚之。進攻施溶，部將田勞祖請曰：「施溶，萬頃之腹心，石農次、三羊峯，其左右臂也，宜先斷其臂，而後腹心乃可攻。」國傑曰：「甚善。」麾諸軍攻石農次，賊不能支，棄寨遁，遂拔施溶，擒萬頃，斬之。復窮捕其黨，攀崖緣木而進，凡千餘里。元貞元年，即軍中加榮禄大夫、湖廣行省平章政事。辰、澧地接溪洞，宋嘗選民立屯，免其徭役，使禦之，在澧者曰隘丁，在辰者寨兵，宋亡，皆廢，國傑悉復其制，班師。繼又經畫茶陵、衡、郴、道、桂陽，凡廣東、江西盗所出入之地，南北三千里，置戍三十有八，分屯將士以守之，由是東盡交廣，西亘黔中，地周湖廣，四境皆有屯戍，制度周密，諸蠻不能復寇，盗賊遂息。

六月，入朝，賜玉帶、錦衣、弓矢，臺臣言國傑在軍中每以家貲賞將士，帝命倍償之，部曲有功者，各遷官。大德五年，羅鬼女子蛇節反，烏撒、烏蒙、東川、芒部諸蠻從之皆叛，陷貴州。詔國傑將諸翼兵，合四川、雲南、思播兵以討之。賊兵勁利，且多健馬，官軍戰失利。國傑令人持一盾，布釘其上，俟陣合，即棄盾僞遁，賊果逐之，馬奮不能止，遇盾皆倒，國傑鼓之，賊大敗。既而復合衆請戰，國傑不應，數日，度其氣衰，一鼓破走之，追戰數千里。七年春，擒斬蛇節、宋隆濟、阿女等，西南夷悉平。詔領其將士入見，張宴享之，賞賜甚厚。進光禄大夫，償其賞士金一千九百兩、鈔萬五千錠，將士遷官有差，命還益都上冢。

八年，還鎮。國傑久行邊，患瘴，至是病篤。平章卜隣吉台率僚屬問之，國傑曰：「交賊不臣，若病幸小愈，得滅此虜，則死無憾矣。」問以家事，不言。二月卒，年七十二。

國(傑)性雄猛，視死如歸，嘗語人曰：「吾爲國宣力，雖身棄草野不恨，何必馬革裹屍還葬哉！」且善推誠得士心，故能立功如此。訃聞，帝深悼惜，贈推忠效力定遠功臣、光禄大夫、司徒、柱國，封齊國公，謚武宣。

黄溍《金華黄先生文集》卷二五《湖廣等處行中書省平章政事贈推恩效力定遠功臣光禄大夫大司徒柱國追封齊國公謚武宣劉公神道碑》 昔在世祖皇帝，有名將曰劉公，賜號霸都。霸都者，言其勇敢無敵也。公在羣從中次居第二，自朝廷搢紳之士，下至閭巷庸夫孺子，共稱之曰劉二霸都云。公既佐行省宰臣取宋而定天下于一，坐鎮湖廣者二十年。以大德九年二月十九日薨于位，子脱歡實世其官。公殁四十有四年，是爲今天子至正八年，脱歡之殁亦十有三年矣。監察御史忽都不花，公之適孫，脱歡之嗣子，念祖父爲國世臣，已疏封錫謚而墓隧之石未有刻辭，乃上其功狀于中書以聞。夏四月五日，上御興聖便殿，詔使臣溍勒銘公碑，而脱歡之碑則別一勑前翰林學士承旨歐陽玄爲之銘。

臣溍謹按：公諱國傑，字國寶，系出女真烏古倫氏。逮入皇朝，始以劉爲姓，譯語謂女真曰拙而赤台，故言氏族者謂公爲拙而赤台人。其先居女真之泰州普一縣，有世襲爲千户者，於公爲大父，譜牒弗具，歷官行事莫得而詳。父諱德寧，國初侍宗王斡真爲内府必闍赤，青齊王分地得承制封拜命副合剌温，管領益都路軍民公事，因家焉。用公貴，贈中奉大夫、浙東道宣慰使、都元帥，護軍，追封臨淄郡公。母奥里氏，追封臨淄郡夫人。

公起家從攻漣、海，爲軍馬隊長。至元六年，國兵伐宋，以益都新軍千户從攻襄樊，分屯萬勝堡。宋人祠問，以萬有五千人來擣其虚，堡中兵可戰者不過數百。既成列，公首出迎敵，衆乘之以進，斬首四千餘級。奉行中書省檄，攝萬户，

提軍二千，略荊南歸、峽諸州，轉戰千餘里，還。與宋人戰樊城下，累以功賞銀至二百五十兩。命攻樊之外郛曰東土城者，公豎雲梯先登，中火砲傷左股，裹瘡力戰，破之。九年冬，樞密院以聞，特降金符，授武略將軍。襄陽援絶，宋將張順、張貴潛運袍甲以往，順戰死，貴獨入城。所乘輪舩，結栰相連如城堡，運機其中，一夕順流而出。公與諸將邀擊生得之。襄樊夾漢水爲城，植柱中流，聯以鐵絙。十年春正月，公與諸將以戈夾舩，泝流而上，拔柱斷絙，遂毁樊城南面木栅，堰其壕塹而圍之。城上矢石如雨，公身被數瘡，日暮引退。詰旦，領鋭卒坎墉以登。樊城既破，襄陽亦降。奉旨入覲，遷武德將軍、管軍總管，賞銀百兩及錦衣、弓矢、鞍勒。

十一年秋九月，太師淮忠武王伯顔爲左丞相、行中書省事，會師襄陽，分三道並進。丞相由中道次郢州，宋人築黄家涴堡，以扼其衝。乃俾公以三百人往奪其堡，遂過郢，而南宋守將趙文義來襲其後，公從丞相還斬文義及其麾下五百人。行省以聞，賜金虎符，轉武節將軍。進拔沙陽、新城，既渡江，公先以戰艦五十攻陽羅堡。大軍繼至，攻之三晝夜，其大將夏貴敗走，以功賞銀百五十兩。十二年春二月，師次丁家洲。宋都督賈似道遣其前鋒孫虎臣來迎戰。公以選鋒當其前，與諸將合擊之，虎臣大敗，十三萬人，一時俱潰，追奔逐北，直抵蕪湖。以功除益都新軍萬户，仍賞銀千兩。夏四月，太保、河南武定王阿朮以行省平章政事別攻揚州，詔公以五千人立栅揚子橋，斷其餉道。宋兵數萬，暮夜奄至，我師有備，莫能入。黎明，開門縱擊，殺獲之餘，自相蹂踐而死者無數，溝港爲之不流。以功陞懷遠大將軍，始賜覇都之號，仍降詔奬諭焉。揚州食盡，主帥李庭芝挾其將姜才棄城去。平章俾公分道追襲至泰州，斬步卒千餘人。奉旨入覲，賞銀千兩，及錦衣、弓矢、鞍鞠。

十三年冬十有二月，詔公以元佩虎符及所管軍二萬付其子，坐鎮所分城邑，而別降大虎符，除公僉四川行樞密院事，選兩淮新附軍西征，未行。十四年，以北鄙繹騷，授鎮國上將軍、漢軍都元帥，佩以虎符、銀印，統侍衛諸軍往撫定。尋召還，賜宴，命坐。上親解所服御衣以衣之，仍賜玉帶、弓矢、鞍勒，鈔五千緡。

十五年，復召至上都，俾與指揮使賈某領三衛親軍一萬人北征。陛辭，上諭之曰：「朕不識賈指揮何如人，邊事一付於汝。」對曰：「陛下託臣以腹心，敢不盡忠竭力。事若有成，功歸於衆，或有不虞，臣自當之。」上壯其言，大喜。公因奏，將佐而下設有違誤，奏而後行，恐失事機。上曰：「山南安知山北事，不用命者先斬後聞。」由是人莫敢不用命。會天大雪，人馬俱苦寒，且乏食。以戰車相環，穴地而處，撫其士卒，無失所者。十六年夏四月，至和林。叛王脱脱木犯邊，公曰：「彼全軍而來，巢穴必虚。」乃出其不意襲擊之，俘其生口、畜牧萬計。脱脱木以騎兵來追，至謙河，溺死者過半。十七年，朝廷以別列迷失同知樞密院事，與公同領邊事。脱脱木及其黨失列乞、撒里蠻等復擁兵而至。公與別列迷失追擊之，至唐五路，北抵金山，則其衆已潰散。別列迷失慮有伏兵，倍道南還。公以孤軍殿後，糧道不繼，殺羸馬以食將士，全軍還。至和林，有旨留軍五千付公鎮守。脱脱木最號强盛，以兵屢動而弗戢，士馬離散，衆皆怨忿，且苦其酷虐。失列乞、撒里蠻等因拉殺之，而率衆來歸。公勞徠綏集，而周其乏絶，所全活數萬人。十八年，加輔國上將軍。十九年秋七月，奉旨將所部軍三千還京師。父老遮馬而泣，願留毋行。公曰：「此君命也。」再三諭遣之，皆哭而去。

既入對，上諭以日本之役師出無功，將校已加黜責。今命汝爲征東行省左丞，得專征伐。對曰：「軍行進退，事在主帥，非偏裨之責，乞復其職，付臣調遣。」上從之。二十年春正月，建省于揚州，方練士卒，以俟大舉。冬十月，建寧新附人黄華反，衆至十萬。乃輟公，俾與諸將往討平之。福建行省左丞忽剌出引兵來會于梧桐川，欲盡勦其餘黨。公曰：「反者獨黄華數人，悉已伏誅，餘皆脅從之衆，宜諭以禍福，使悔過自新，限外不服，誅之未晚。」衆稱善。乃遣招諭之，無不出降。又聞指揮使八忽觧統蒙古軍一萬，駐于仙霞嶺，所至輒殺虜平民，亟移文止之，人乃自安。二十一年冬，征東行省罷。除僉沿江行樞密院事。二十二年夏，改僉四川行樞密院事，未行，留僉江淮行樞密院事。冬十月，復立征東行省，公仍爲左丞，赴闕奏事，言：「臣今爲省臣，請上所佩虎符。」上以公方總東兵，仍令佩之。占城之役，將卒潰散，朝廷將正其罪，公力請使從東征，責以自効，甫至揚州而征東行省復罷。

二十三年，拜湖廣行中書省左丞。湖南有大盜，憑險負固日久，公下車之始，一鼓而殄之。二十四年春，皇子鎮南王征交阯，公被旨給其資糧、器械，民不擾而事集。秋九月，從王進兵，至其境上而還。公所統湖南、廣西與廣東壤地相接，廣東群獠率依山林而居，其奠謂之大獠。亦有部伍約束，僞署稱號有總管、總轄、提督、書司之類，人習戰鬭，又善設伏，衝突出没無時。公甫至静江，而廣東有警，乃率精兵舟行千五百里，抵肇慶之四會，使覘賊形勢，則鄧大獠三千人居前，劉大獠千五百人居後，相距三十里，以爲掎角。官軍不滿千人，公乘其無

備，以輕兵倍道而進，兵之所向，先其易而後其難，不再宿，盡拔兩砦，殺獲之餘，脱去者無幾。械首賊至肇慶斬之，同惡皆杖死。改資德大夫、行尚書省左丞。時鎮南王深入交趾，聲問不通。二十五年夏四月，命公統諸翼兵萬人迓之，至静江，聞王班師，乃身詣思明州，而散遣部伍，各歸其營。公還未幾，衡、永、寶慶、武岡群盜並起，聚於四望山。公率四路官兵民義捕首賊，斬于軍前，餘黨多奔竄而去。乃度要害之地，得閑田三萬餘畝，創立三屯：衡曰清化，永曰烏符，武岡曰白倉，各置軍五百人，給以牛具、種子，教之耕作，而以農隙閲習武藝。向之奔竄者稍出而自歸，有家則令復業，無恒産則分隸諸屯，歲得穀三萬餘石，倉廪實而盜賊化爲良民。父老爲立石志其事，曰《三屯記》。兇徒掠子女，姦吏殘民，事覺，取其尤無良者杖殺之，境内肅然。既而盜賊起□□，有旨俾公以蒙古、漢軍三千，會江西行樞密院討之。公擊破蕭大獠三千人於桂陽之陽山，遂至賀之懷集，攻拔猺人諸砦。

二十六年春，駐兵廣東，行院違期不至。公獨出兵，擊破閻大獠於廣之清遠。曾大獠、廖大獠衆萬餘人已降復叛，乃回軍擊之。三月至懷集，生擒蕭大獠，擊破嚴大獠五千人。夏五月，魯大獠復以五千人據德慶之金林山，公直趍其處，分兵斷其徑路，賊不敢出，乃伐山通道，盡殲其衆，退屯封之開建，還次賀州。士卒冒炎瘴，疾疫大作，公親臨視救療，不憚其勤，以道州南北之衝，便於控制，乃移駐焉。俄報獠兵二千來犯州境，公掩其不備，殺戮過半，捕斬陳大獠等十八人，梟其首于州市。郴之興寧桃寮赤水山最爲險絶，宋人嘗置飛龍軍以鎮之，軍廢已久，賊衆千餘，聚其處。二十七年春，公直擣其巢穴，俘斬不可數計，土人爲之向導者皆論死。尋移軍郴之桂東，聞獠兵圍吉之龍泉禾源砦，下令征之。獠屬皆謂彼自有任其責者，況兵家利鈍，事難遥度乎！公曰：「誅暴救亂，期以安静四海，安可妄計彼我利鈍，而縱敵生患乎？」乃偃旗息鼓，以輕騎夜發，越翌日，至其處，賊衆甚盛。見公兵少，又無旗鼓，忽不以爲意。兵既交，公以(以)十騎陷陳，衆乘之，賊大敗，俘斬五百餘人。下令以賊所掠子女歸其父兄，皆舉首加額曰：「砦中被圍久，暮夜不審官軍所從來，疑爲神兵，豈知是湖廣劉左丞軍馬乎？」焚香羅拜而去。鐘大獠聚其衆一萬，於南安十八來深山。公約郡守將分軍爲二道，乘大霧深入，賊所置營壘彌滿山谷，不意官軍猝至，殺獲之餘，悉自相蹂踐而死。甫回軍桂東，而獠兵犯衡之酃縣，民廬官廨焚蕩無遺。兼程赴之，而賊已遁去。遣人跡之，乃在龍泉大井山。遂分軍馬三道，公出中道，度雞冠山，石路峻絶，步牽馬，冒雨而進，殺賊衆，無得脱者。

三月，還鎮道州。凡行省所統四道及兩江八番、溪洞蠻夷長官皆來禀命焉。秋八月，全、永二州有劇盜，勢張甚，某州達魯花赤秃魯戰死。公提兵直抵永之東安，前所招降賊酋服公威信，咸願從軍，公撫而用之，擒首賊，斬于市。陞本省右丞，還治省事。廣東群獠乘間而出，犯廣西、湖南。公復往道州，要束木爲平章，恣爲貪暴，怒公不附己，其意叵測。公謂掾屬許燕臣曰：「方今權臣擅命，包藏禍心，樹立私黨，同惡相濟。儻有使命，安知其真僞，敢不就死乎！」燕臣曰：「昔唐之叛臣矯詔賜顔真卿死，真卿察其爲詐而呵叱之。今萬一不幸有此，公豈無一言而束手就縛乎。」因勸公自陳於臺府，以達上聽，姦計訖不得行。二十八年，要束木伏誅，拜公湖廣行樞密院副使。公還視事，而盜起廣東。乃復往道州，要束木之黨八八爲道州路總管，敗政虐民，贓污狼籍。公劾治其罪，死於獄中，士庶莫不稱快。先是，公之軍功，要束木皆抑而不達。二十九年春，知樞密院暗伯等始以上聞，且言公嘗出私財以犒軍。奉旨賜玉帶一、銀伍伯兩。

三十年秋七月，入朝。上諭旨于中書樞密，謂湖廣咽喉重地，他人無足倚仗者，其令劉二霸都常坐鎮之。拜榮禄大夫、湖廣安南等處行中書省平章政事，統蒙古、漢軍溪洞士兵十萬南征交趾。仍別鑄行中書省印，令佩之以行。公奏乞以親王一人同領軍務。上曰：「虵一首兩尾則能行，兩首一尾則左右前却。將在軍中專制其事可也。」公力以爲請，乃命宗王亦吉列歹董其師。公奏頃年兩征交趾，以總兵官各持己見，是以無功。上特爲降詔宣諭，凡號令進退賞罰一決於公，宗王受成而已。三十一年春正月，建省于静江，詔賜錦衣一襲。二月，諸軍畢集，部署已定，聞國有大故事，遂中止，還軍武昌。

夏四月，成宗皇帝嗣位，立行樞密院於衡州，復以公爲樞密副使。秋七月，盜起江西，犯潭之攸縣。公親引兵擊走之，而殺爲賊向導者。辰州古之黔中，溪洞群蠻，狑狫猫猺種類不一，喜則人，怒則獸，叛服無常。國朝初定江南，又巴諸洞向進益等來欸附，皆授以虎符，充溪洞安撫使。其後進益兄弟自相魚肉，安定諸洞又竊出攻澧州麻寮等砦，泊崖洞田萬頃、楠木洞孟再師侵辰州。詔合湖廣、四川兩省兵力以討之。萬頃出降，乃致之闕下。詔釋其罪，升泊崖砦爲施溶州，以萬頃爲知州事。久之，復叛去。行院調兵進討，萬頃以三千人來拒戰，官軍爲其邀截，十亡三四，辰溪縣達魯花赤嗒剌赤死之。行院宣登極赦書，招諭萬頃、再師及其黨桑水溪魯萬丑，皆不應，樞密院官迭出涖師，又以監察御史督之，訖

無成功，賊勢猖獗愈甚。朝廷以爲非公莫能定能亂，乃以其事諉焉。九月，公至辰州，萬丑據會溪之上流，水陸並下。官軍以爲水湍駃，不能爲力，千户崔忠信、百户馬孫兒死之。行次桑水溪，萬丑復以千餘人來拒敵。公親率大軍遡流而上，萬丑復以二千人繼至。公命以步兵夾舟師衝擊之，百户李旺率敢死士陷陣，身中十二箭，戰益力，諸軍繼之，賊勢披靡。追至石農次，其地極峻險，賊衆雖有降者，而首賊竟不出。公駐獨木橋，命伐山通道以便進兵。冬十一月，行省平章政事哈剌哈孫答剌罕奉旨來濟師。於是會諸將，各陳攻取之策，咸謂萬頃以施溶爲腹心，石農次、三羊峰爲左右臂，先斷其臂而擣其腹心可也。公從之。既破石農次，遂下施溶州。尋進攻諸砦，賊衆以萬計，地方千里，公不憚險遠，與軍士緣崖攀木，魚貫而上。又用以蠻攻蠻之策，檄召叉巴、懷德府、安定、上溪等州土官，懷之以恩而震之以威，大獲其用。萬頃等力屈就擒，斬于軍門，餘黨悉平。父老爲立石，志其事曰《平蠻記》。

元貞元年春正月，詔併行院合於行省。即軍中拜榮禄大夫、湖廣行中書省平章政事。公已師出半年，幸已告成，東作方殷，宜縱民歸耕，以厚根本，乃班師。宋末溪洞邊界居民得選其强壯自備兵仗，以屯守防遏，澧州曰隘丁，辰州曰砦兵，公悉復之。又以茶陵、桂陽、柳、衡、道州地連江西，蠻獠數爲民患，士卒疲於奔命，乃列置沿邊戍栅三十有八，南北幾三千里，守備既嚴，賊不能越。夏六月，召見，賜玉帶、錦衣及弓矢、鞍勒，倍還其犒軍之費，爲鈔四萬緡，將校轉官有差。初，左江土官黄聖許内附，賜以金符，授上思州知州。而聖許雄據一方，僞立號名，結連交阯，以爲外援，聚衆二萬，刼掠溪洞山砦九十有二，聲言將取邕州。朝廷嘗命公與樞密副使程鵬飛統兵二萬討之，而鵬飛自言不勝其任。至是公獨率大軍，深入賊境。聖許勁健趫捷，善用標鎗、藥弩，負險拒戰，交阯援兵亦在焉。公身先士卒，與之共奮，無不一當百，蠻兵挫衄，聖許走保象山。象山綿亘數十里，南與交阯接，竹樹蒙密，多巨象惡獸，公度其形便，列栅而圍之。聖許妻子及其黨多就擒，獨聖許逃入交阯。公飛三書於交阯，爲之開陳禍福，詞嚴義正，累數千言。交阯得書，惶懼請命，而聖許竟莫知所終。夏四月，師還。公奏請以聖許所遺田土，令鄰境慶遠無生業撞人屯田其中。上從之。冬入朝，賜衣帽、弓刀、鞍勒，禮遇益厚。大德元年，還治省事。

五年夏，再入朝，前荆湖、占城行省左丞劉深等合五省軍二萬征八百媳婦，道出八番。八番古之羅氏鬼國，人性剽悍，地多良馬，蠻酋蛇節，水西上官阿那之妻也，有權略，詳蠻咸聽其命。水東雍真葛蠻土官宋隆濟怒，徵其丁夫、馬匹，遂糾蛇節舉兵反，攻圍貴州，官軍爲其所邀截，十喪八九，烏撒、烏蒙、東川、芒部望風皆叛。踰年，兵連不解。冬十一月，上親命公與侍衛親軍都指揮使也先忽都統軍二萬往討之。仍降詔宣諭，一切事宜並從劉二霸都區處。十二月，至岳州。六年春正月，至沅州。二月，與四川宣慰使汪惟勤會于播州，遣使招諭，不應。俄以兵十萬奄至，公率諸將分道急擊之，所向輒克，遂長驅入賊境。有旨以時暑方熾，糧運未集，姑息兵以俟再舉。公還駐兵思、播二州。冬十月，以蒙古、漢軍三萬，思、播土軍一萬，分道並進，賊兵驍鋭，官軍小不利。公命軍士各執木盾，加釘其上，待陣既合，棄之而僞遁，賊馬疾馳，勢不能中止，遇釘皆蹶，縱兵乘之，賊衆大潰，蛇節遁去。公明於斥候，軍行遇林木蒙密，必連發三矢，伏兵以公知其黠計，皆莫敢動。前後四十餘戰，諸蠻氣沮，乃多出降。七年春二月，公追及蛇節於何加砦，窮蹙就擒。公復趍水東，擒隆濟等十餘人，悉斬之。西南夷乃皆率服。秋九月入覲，奉旨出征官吏及蠻夷入貢者，並許預宴於殿庭。特賜公玉帶、錦衣、弓刀、鞍勒，鈔二萬五千緡，仍賜還賞軍銀一千九百兩，鈔一萬五千緡。時方還除天下行省官，獨公依前湖廣行省平章政事，仍陟其階光禄大夫，將校進官有差。

公丰姿魁偉，器度宏廓，沈厚寡言，喜怒不形於色，膽略過人，精於騎射而讀書手不釋卷。推見古今敗得失，輕財好士，知人善任使，由是人樂爲用。至於縱横制變，神機明決，雖古良將殆無以過也。以屢犯煙瘴遺疾，久而增劇，本省平章政事卜憐吉䚟暨僚佐來問所欲言，公曰：「交阯不庭，吾屬之耻。儻不(不)即死，誓殄兹醜虜，廓清海表，歸報天子，他無足言也。」語畢而逝，享年七十有二。以某年某月某日葬于某州某縣某原。贈推忠効力定遠功臣、光禄大夫、大司徒、柱國，追封齊國公，謚武宣。娶古氏，從封齊國夫人。子男二人，長脱歡，榮禄大夫、四川等處行中書省平章政事，後公三十一年薨。贈協忠勤力威遠功臣、湖廣等處行中書省平章政事、柱國，階如故。追封齊國公，謚武桓。次脱出，資善大夫，遥授湖廣等處行中書省左丞、八番順元宣慰使都元帥。

許有壬《至正集》卷四八《劉平章神道碑》 功臣，國有史，家有傳，墓碑有銘，史則在公，惟傳若銘志必是重，托必其可，修名偉績，用底不泯焉。有壬在少時，知湖廣平章青社劉公已習，晚識其子四川平章，而不知公墓碑之未銘也。四川薨，其弟爲湖廣行省參知政事，始奉家傳請銘。有壬以公名績如彼而託非其

可辭，叅政請益切，辭既不獲，且夙嘗不揆不可，而喜銘偉人，乃覈其傳而筆之。

公諱國傑，字國寶，系出女真烏古倫氏，歸我更姓劉氏。曾祖諱延心，金樞密使。妣蒲察氏。祖諱鎬，金蔡息陳潁路都統。妣徒丹氏。考諱德寧，益都路軍民達魯花赤，青難治，且新造疑畏，爲設條約，郡以治聞，進龍虎衛上將軍，卒官。妣奥里氏。子四人，國秀、國材皆居遼東，國華早卒，公其季也。幼嬉即爲行陣坐作狀，工騎射，從攻連海有功，擢隊長。至元己巳，天兵南下，爲新軍千户。宋保障襄樊，公屯萬山堡。敵偵不備突至，堡兵才數百，公結陣直趨，衆因乘之，斬首四千餘級。主帥嘉之，賞白金百兩，攝萬户。略地荆、峽，深入轉戰，俘生口萬餘，賞白金如初數。復戰城下，多俘斬，賞白金如初之半。土城爲藩蔽最堅，作雲梯先登，裹創力戰，拔之。錫金符，階武畧將軍。敵圍久，食盡，張順等潛運以入，公勒戰艦邀其歸路，鏖戰五十里，禽順。樊城夾漢水，潛栰其中，盡拔出之，毁其南栅，湮其隍，坎墉以登，拔之。俄拔樊城，戰尤力，吕文焕降。

甲戌，奉詔入覲，賜白金百兩，錦袍、弓矢、鞍勒，進武德將軍，佩金虎符，管軍總管。我師次郢，宋壁黄家原堡。公以三百人徑奪之，郢將趙文義襲我，反擊走之，文義敗死，斬首七百餘級，進武節將軍。沙洋、新城皆扼塞地，先以五十艘退沙洋守兵，進攻新城，三晝夜乃拔。賞白金二百五十兩。我師自陽羅堡畢渡，孫虎臣拒於丁家洲，公以選鋒當前，其衆自潰，逐北至蕪湖。始擢萬户，是後累功，賞白金至千兩。惟揚之役，詔壁揚子橋，張都統率萬人夜寇，備嚴莫能入。遲明追擊，禽之，賜名霸都，國語驍勇稱也。丙子，惟揚守帥李庭芝遁，公帥所部追至泰州，斬首千餘級，獲之。

江淮平，進懷遠大將軍。入覲，賜白金千兩，錦袍、弓矢、鞍勒，授僉書四川行樞密院事。將行，北有警，制命公曰：「征者不力，以其族屬懷顧望爾，卿號陳力，朕視卿如子，當如朕躬行也。」行而敵遁，還鎮國上將軍，漢軍都元帥，賜錦袍、玉帶、弓矢、鞍轡、楮幣中統五千緡，俾戍青社。戊寅，徵詣上京，統侍衛軍萬人北征，慰託甚至。公頓首曰：「臣粗習兵事，惟血衷可以報國，有功諸將力也。萬一蹉跌，臣自當之。」上爲嗟嘆。師次益圖，大雪，環車爲栅，穴地與士卒同卧起。脱脱木犯塞，輕騎襲破之。樞密同知别迭迷失分道追敵，敵已潰，慮糧盡遇伏，委輜重南奔，爲收其散亡，而歸戍稱海，開屯田。進輔國上將軍。

壬午，召赴京師。上欲復討日本，公語稱旨，授征東行省左丞，練士治械於惟揚。閩盜黄華，嘯聚十萬，江浙爲震。詔公以征東士馬會捕，直趨赤崖砦，斬黄華，縶其老弱，購其餘黨。同官語公，不盡誅無以懲。公曰：「黄華就戮，詿誤已多，況脅從乎！彼方仰我生育，忍更殺之？但致期使自新足矣。」衆果自降。初朝議恐賊不制，發蒙古軍三萬濟討，所過蕩然，移文止之，閩民德焉。征東省罷，改僉書江淮。又改四川，俄復江淮。征東省復，仍爲左丞，詣闕上方畧，還惟揚。征東省又罷，仍僉樞江淮。東南賊未殄，有詔一以委公。

改湖廣行省左丞。湖南李萬一怙險莫制，置郵爲絶，乘鋭平之。丁亥，駐桂林，治交趾軍興回。會獠出剽急，擣其栅，禽之。詹一仔等寇衡、永、寶、武，張甚。徵諸路兵，慮饋輸不繼，作屯於衡曰清化，永曰烏府，武岡曰白倉，未半歲，皆自歸。江西盜踰境，會江西行院投蕭獠於陽山平懷集，逋寇。己丑，廣東盜出没，搤其吭，夷其栅，焚其積聚，殲其酋閻，曾廖、蕭嚴，鑿山刊路，搜括殆盡。樞臣請屯官符，上曰：「卿等忘劉二霸都邪？」對曰：「劉已授。」上曰：「前已酧功，今授俾延於世。」遣使持符，即軍中佩之。陳獠犯道連境，遮擊之，殺賊過半。江西盜復踰境犯郴，窮追獮之。士人訟弊，遵賊爲惡，得其狀，皆戮之。龍泉獠圍禾源，下令往捕，或謂賊未踰境，不當行。公曰：「休戚一體，彼此何别。且賊不意吾越境討之，乘其不備，破之必矣。」簡閲夜赴，麾騎兵進，步兵從之。賊大敗，奪所掠子女二百人還其家。禾源窘已數日，軍忽至，民疑爲神，皆爇香泣拜。俘賊言南安鍾獠將出剽，分兵猝至其巢，獠衆錯愕，自蹈籍奔潰。萬户劉兵至，賊已平矣。出橐中白金以犒將士，旋軍。桂東獠破酃縣，大肆焚掠，走壁龍泉。分兵三路，公由中徒步援蘿磴險，抵其巢栅，勦之。擇酃要地，置軍以戍。永賊李末子七千，殺其監郡忽魯。公知賊素易官軍，示以閒暇，扼其出路，俾埜無所掠，逃無所之。乃與降酋分道而進，禽而斬之。辛卯，遷資德大夫、湖廣行尚書省右丞。廣東獠復叛，聞公行，皆自破散。復湖廣行院，公爲副樞，治盜舂陵，盜又遁。監郡貪虐，下之理死，郡人稱快，紀之碑。

初，公屢有功，行省權臣抑不以聞。至是，行院始敘上之。賜玉帶一，白金五百兩。時順德王答剌罕以碩德重望，行湖廣平章，與公相得。嘗謂公曰：「世間文字，惟漢人之學爲最，惜我不知。」公曰：「以公之聰明，任賢使能，即是讀書，使子孫留意經史，即公自讀也。」王嘉納焉。癸巳秋，入覲，上悦其來，曰：「湖廣地重，卿宣力多。漢人每以老避事，國人則不然，目明身健即謂不老。卿亦未老，將委卿大事，卿還避否？」公對曰：「臣死而後已，不敢避也。」【略】

乃渠帥阿那妻健，黠而能兵，師過其境，不堪蹂躪，遂叛。遮深兵圍貴州，朝

廷患之。亟命公往，蒙古侍衛親軍都指揮使也先忽都魯副之，雲南、四川兵若深所統，皆隸節制。師次巴陵，賊犯貴州急，深敗績，倍道赴之。明年，雲南又數告急。諸將議進止，公謂：「蠻恃土産馬，謂北馬不能險。吾士馬既習其險易，諳其變詐，使賊不知爲計，不憂不捷。」健次播州，與四川江帥兵合。賊十萬且及境，令諸軍畢入賊地，分部攻擊，蠻勢爲沮。時師行四千里，天向暑，糧且匱。有旨須秋涼進發。頓思、播之境，列營守禦，申規約，習戰射。九日，滇、蜀軍二萬入烏蒙芒部。公所統三萬及思、播兵萬人與元帥海剌孫、也先忽都魯分三道進。公從中道節制諸軍。賊所至爲柵，盛兵堅甲以拒。公以客軍遠鬪，非身先之，無以作士氣，崖徑斗絶，即徒步雜士卒，攀木而登。遇其要害，蕩滅無餘。選射士列前，發無不殪，或設伏，或縱擊，奇謀閒出。山棗中白金爲賞。四十餘戰，皆捷。賊或降，或匿，且招且捕，喻其酋以朝廷威德，賊氣已竭，以奇兵淹襲，轉鬪千里，抵雲南普安路境，賊不復能軍。癸卯二月己未，折節就縛，宋隆濟、阿女等皆伏誅，西南夷遂平。

召入朝，將佐咸許上殿，禮遇隆洽，賜錦衣二襲、玉帶一、金鞍勒、弓矢，楮幣二萬五千緡。御史臺又奏公出私帑賞功，酧勞銀一千九百一十四兩，楮幣萬五千緡，二佐偏裨遷賚有差。上御嘉禧殿，顧公曰：「平宋至今，百戰必勝，可謂奇才。」公奏曰：「非臣之力，諸將之力也。」詔過家上冢，鄉里榮之。至武昌，疾甚，語問疾者曰：「昔當世皇榻前，誓取交趾，願死於陣，不願效馬伏波裹屍還葬也。折節之役，今上嘗預令署狀，約日平賊，否則籍吾家。吾幸了此，不累子孫，但恨不能取交趾以報世皇，爲終天之恨爾。」歲乙巳二月乙未，薨。公生甲午，壽七十有二。贈推忠定遠效力功臣、光禄大夫、湖廣等處行中書省平章政事、大司徒、上柱國，齊國公，謚武宣。先塋在遼東泰州普一路，不知其世次矣。公之考妣，以至元己卯正月，合葬於益都縣東北麻家營洱河之陽，有翰林侍講學士閻復所撰碑，公附焉。

曾廉《元書》卷五三《劉國傑傳》 劉國傑，字國寶，本女真人也，姓烏古論氏，後入中國，改氏劉。父德甯爲國王斡嗔必闍赤，授管領益都軍民公事。

國傑少從軍漣、海，以材武爲隊長。至元六年，以益都新軍千户從張宏範戍萬山，從下襄樊，遷管軍總管，厚有賞賚。既從伯顔南征，取黄家灣堡、沙洋、新城，進敗宋大軍於丁家洲，進萬户。復從阿朮攻揚州，拒宋人於揚子橋，破張世傑於焦山，國傑奪得黄鶻船數百艘，賜號拔都兒。國傑行第二，因呼劉二拔都，自是劉二拔都名天下。

既而以爲漢軍都元帥，將衛兵鎮禦北方。諸王脱脱木兒與昔里吉比來寇和林，國傑度其衆悉至，因選輕騎乘虚襲其本營，獲其衆萬計。脱脱木兒屢戰不利，又殘暴失衆心，其下遂殺之來降。居數歲，帝以爲征東行省左丞，復征日本。會建甯降人黄華復反，衆幾十萬，乃命國傑以征東兵會江淮參知政事伯顔討之。國傑及浙西宣慰使高興破赤巖寨，黄華自殺。除僉書沿江行樞密院。朝廷以湖廣多盜，乃拜爲左丞。國傑至，平劇盜李萬二，並平廣東肇慶叛獠。而湖南盜詹一仔誘衡、永、寶慶、武岡人，嘯聚四望山，歷歲無能討。國傑破之，斬其魁，餘衆悉降。諸將校請曰：「此輩久亂，急則降，有釁復反矣，不如阬之。」國傑曰：「多殺不可，況殺降乎？」乃相要地爲三屯，在衡曰清化，在永曰烏符，在武岡曰白倉以處之，後皆爲良民。討廣東西諸賊，兵士冒瘴皆疫，國傑親撫視之，療以良藥，多得不死，卒拔其巢。而江西盜又起龍泉，國傑選輕兵，棄旗鼓，去纓飾，一日夜趨賊境。賊衆數千逆戰，以爲鄉兵，故軍容不整也，易之。國傑馳擊，賊大潰，奪所掠男女還，居民望而怪之。明日，皆歸其男女，曰：「吾劉二拔都也。」民大驚以爲神，因告别盜所在。國傑乘霧突入其屯，悉破斬之。

遷湖廣行樞密院副使。知上思州黄勝許寇邊，其衆勁悍，出入巖洞篁竹中如飛鳥，發毒矢中人無愈者。國傑親率士奮戰，賊走象山，山近安南，皆深林不可入。乃度其出入，列柵圍之。徐伐山通道，拔其寨。勝許走安南，國傑三以書責索之，安南竟匿不與。師還，盡取賊巢地爲屯田，募慶遠諸獞人耕之，爲兩江障蔽，蠻人莫敢犯。三十年，入朝，帝謂朝臣曰：「惟劉二拔都威足鎮湖廣，他人不能也。其無他遷。」帝怒安南不已，乃加湖廣、安南行省平章事，征之。明年，帝崩。成宗即位，仍除副使。

初，黔中諸蠻既内附，復叛。又巴洞何世雄犯澧州，泊崖洞田萬頃、楠木洞孟再師犯辰州。朝廷嘗討降之，升泊崖爲施溶州，以萬頃知州事。至是復叛。帝以即位肆赦，並赦萬頃等，亦不降。國傑奉詔進討，馳至辰，破賊魯萬丑之衆於桑木溪。進攻施溶，部將田榮祖言石農坎、三羊峯爲施溶左右臂，宜先攻之。國傑遂麾諸軍攻石農坎，賊懼，棄寨遁，遂拔施溶而斬萬頃。復窮治其黨，攀崖緣木而進，凡千餘里。就軍中拜湖廣平章政事。辰、澧地接溪洞，宋時嘗選民立屯，免其徭役使禦之。在澧者曰隘丁，在辰者曰寨兵，宋亡皆廢。國傑復其制。班師，復經畫茶陵、衡、郴、道、桂陽，凡廣東、江西盗所出入之地，南北三千里，置

成三十有八，分屯將士以守之。由是東盡交廣，西亘黔中，地周湖廣，四境皆有屯戍，制度周密，諸蠻不能復爲寇。

以功賜玉帶、錦衣、弓矢。臺臣言國傑以家貲賞將士，帝命倍償之。順元土官宋隆濟及羅鬼女子蛇節反，烏撒、烏蒙、東川、芒部諸蠻從之，皆叛。國傑會四川、雲南、思、播兵討之。賊兵多健馬，官軍戰多失利，國傑令人持一盾，布釘其上，俟陣合，即棄盾僞遁，賊逐之，而馬遇盾皆倒，國傑鼓之，賊大敗。既而復合衆請戰，國傑不應數日，度其氣衰，一鼓破走之，追戰千里，遂擒斬蛇節，而購縛宋隆濟，西南夷悉平。

入見，恩禮甚渥，命還益都上冢。大德八年，還鎮。寢疾，平章政事不憐吉歹問之，國傑曰：「安南不臣，若病小愈，得滅此虜，則死無憾矣。」問以家事，不言。薨，年七十二。國傑性雄猛，視死如歸。嘗曰：「丈大爲國，當身膏原野，何必馬革裹屍還葬哉？」且善推誠，得士心，故能立功如此。贈推忠效力定遠功臣、光禄大夫、司徒、柱國、齊國公，謚曰武宣。

雜録

備録

《國朝文類》卷二七陽恪《平蠻記》 大元受天明命，撫有萬方，自北而南，無思不服。至元十三年，歲在丙子，先皇帝以神武不殺，混一江南，繼而湖廣寇盗嘯聚蠭起。今平章政事、行樞密院劉公奉旨徂征，削平僭叛，所至帖息，功績顯著，簡記御屏。黔中郡辰、澧二州之界，有洞曰泊崖，蠻酋田萬填居之。萬填畏威内附，聖度海涵，命爲施溶知州。既而恃險負固，扇誘諸蠻，與楠木洞孟再師、桑木溪魯萬丑等同惡相濟，竊出爲寇。歲在甲午，今天子龍飛，大頒赦宥，咸與維新。乃循習故態，不知改悔，於是復命劉公奉辭伐罪。公以是年秋九月，統率僉院蘇伯林，暨諸翼萬户至辰州。湖廣行省平章政事達拉哈承旨調沿邊隘丁協力濟師，俾辰、澧二郡總管府供給餽餉。公號召懷德府、永順諸州酋長各率所部，詣軍前聽調。又起集山猺狑狫以爲鄉導，約束嚴明，部分整肅。先是，上均州副萬户田興祖諳熟蠻洞地理山川形勢，公令畫圖以進，即按圖指示諸軍所從道徑，命僉院蘇伯林、萬户庫騰呼圖克、哈雅巴拉、馬繼祖從澧州武口道進，身率萬户必里克巴哈多、羅岱、倪全、田興祖從會溪施溶口入。涓金解衣，督勵將士，期會于施溶州。於是諸軍奮不顧身，人百其勇。十二月癸卯，破施溶楠木洞及諸蠻酋等以獻。公以便宜行事，斬於軍門之外，飛章奏聞。

元貞元年正月，奉旨省院併而爲一，即軍中拜公湖廣等處平章政事。二月丙戌，振旅而還。公仍留田興祖總兵，搜捕餘黨。越明年春，魯萬丑首服于辰州，一方悉平。是役也，命帥得人，師出以律，皆朝廷委任之專，攻堅擣虚，執俘獻馘，皆元戎指授之功也。將校不敢有其功，而歸之於軍師；軍師不敢專其功，而歸之於天子，義當然也。昔韓退之作《平淮西碑》，其文曰：「不赦不疑，由天子明。既定淮蔡，四夷畢來。」今蠻方底定，而西北窮邊部落革心内附，豈非四夷畢來之效驗乎！辰州路主者命僕記其事，將勒諸堅珉，以垂久遠，謹承命拜手而獻文曰：

大哉乾元，至哉坤元。聖朝則之，建國紀年。天無私覆，地無私載。繼統體元，萬世永賴。黔中之北，有州施溶。既降又叛，昏迷不恭。帝命劉公，聲罪致討。殲厥渠魁，執訊獲醜。辰山蒼蒼，江流湯湯。勒勳彝鼎，千載有光。我思古人，誰可爲比？伏波之後，一人而已。

藝文

黄溍《金華黄先生文集》卷二五《湖廣等處行中書省平章政事贈推恩效力定遠功臣光禄大夫大司徒柱國追封齊國公謚武宣劉公神道碑》 銘曰：聖作物覩，四方攸同。百川於海，靡不朝宗。孰云江漢，南國之紀。誕啓睿圖，于疆于理。中權之重，上相是臨。前茅後勁，材武如林。填然鼓之，萬馬齊作。允毅劉公，百鷙一鶚。鉤援臨衝，貫勇先登。降臣按甲，獻其名城。靈旗所指，勢猶破竹。捉鞭宵濟，若踐平陸。舳艫千里，建瓴而東。摧堅擊强，靡其前鋒。臨流不渡，分兵拒戰。有截淮浦，扼其後援。奏凱而歸，薄言告成。俘厥寶玉，陳于大庭。第功行封，勞還飲至。式均其逸，保夫禄位。公獨賢勞，經營四方。以佐天子，内脩外攘。晚由樞廷，峻躋政路。出殿南服，資其卧護。愚民無知，弄兵跳

梁。山猺洞獠，出没不常。亦有大酋，久效官使。朋梟友獍，相挺而起。公不遑處，肅將明威。搜原剔藪，獮取無遺。思患預防，開屯列栅。無使窺覦，或伺吾隙。蠢彼南交，昏迷不恭。公弗少延，卒此伐功。逮今聖時，梯航稽首。餘烈在人，徐觀身後。公則遠矣，有子有孫。有蔚其材，易武以文。請命外朝，問銘太史。大書焯實，匪曰虛美。

許有壬《至正集》卷四八《劉平章神道碑》 至元初，國家將囊括四海，勝國岸然東南，文恬武嬉，勢不能不亡也。及誘我叛臣，縶我行人，則其罪盈矣。大聖御極，順天應人，大將一出，江淮版圖，固已在吾職方氏几上矣。亦惟一時將帥之得人，偏裨之用命，際興王之運而各有樹立焉。公以雄毅之姿，奮身戎行，其樹立亦茂矣哉。天下甫定，如大病始愈，必有餘疾，此才已而彼又見，人或易之，亦有能斃其身者。江南之既平也，閩中、江西、湖南、黔中之諸盜，廣東西之諸獠，足以鼓動一時，魚肉吾民，是雖餘疾，非良醫未易治也。公乃獨任其責，或獮獲薙，或招徠，而威名所及，莫不斂跡。南北萬里，始終百戰，可謂多矣。最後小人啟釁於承平之時，敗軍亡將於小醜之手，至糜爛汗漫，不可枚舉矣。而又以屬公，公年七十矣，乃能奮不顧身，以刷國恥，此又收功而尤偉者也。其快快賫志以逝者，獨有未取交趾爾。是蓋有非人力之所能爲者，世以爲公之恨，而亦以爲公之幸焉。公之薨三十五年，猺獠之發不知其幾，朝廷議將，每難其人，坐糜供億，服未旋踵，檄報又至。則如公者，其益可思也哉。

柳貫《柳待制文集》卷八《劉二拔都兒謚武宣議》 繄昔世祖皇帝，天啓神武，恢張帝圖，命將出師，誅殘討逆，所向無敵，卒成伐功。亦惟受任之士，克秉戎昭，顯著勞効，爲四方之藩屏，爲王室之扞圉，更數世而無乏人之歎，休矣盛哉！故湖廣等處行中書省平章政事劉二拔都兒，早叅行伍，洞識樞機。始以從攻襄樊，略定淮楚之功，承上恩寵，錫名予爵。尋領衛卒，專征北庭，修耕戰備，攻守卒之，叛衆畏懾，欵塞降附。其後福建、湖南、二廣、江西草竊間起，雲南、思、播、兩江溪峒種羌成釁，授節臨戎，以全制勝，功最一時，賞賚狎至。在行樞密，則由簽院進副使；在行中書，則由右丞進平章。歷江西、湖廣、川蜀、安南四省，其馭軍撫民之政，平允詳核，先聲所届，莫不威懷。服勤王家，垂四十載，而西南二邊，視如老羆當道，猛虎在山。其去留用舍，足以繫人重輕，所謂爪牙之臣，庶幾似之矣。謹按《謚法》：「師衆以順曰武，力施四方曰宣。」請謚曰武宣。

楊載《翰林楊仲弘詩集》卷一《劉將軍詩》 交趾小蠻夷，去國將萬里。土産無異物，其人狀如鬼。濕熱生瘴氣，疾者無不死。天兵雖南征，棄之良有以。往年鄂州省，綏靖失其理。交馳赤白囊，來告犯邊鄙。遣人覘虛實，在廷孰可使。矯矯劉將軍，一旦備行李。有才兼文武，不但善弧矢。深入險惡地，限敵纔一水。介者數百人，視之若螻蟻。移文至其國，詰問事終始。指摘中利害，文辭更深美。報書禮甚恭，弊邑何敢爾。疆吏争怨隙，搆煽乃爲此。賄賂却勿受，足以振綱紀。威聲聞遠方，一邊禍爲弭。國家方全盛，武備不可弛。如此將帥才，宜歌宿衛士。

史弼部

綜述

《元史》卷一六二《史弼傳》 史弼字君佐，一名塔剌渾，蠡州博野人。曾祖彬，有膽勇，太師、國王木華黎兵南下，居民被虜，蠡守閉城自守，彬謂諸子曰：「吾所恃者，郡守也。今棄民自保，吾與其束手以死，曷若死中求生！」乃率鄉人數百家，詣木華黎請降，木華黎書帛爲符，遣還。既而州破，獨彬與同降者得免。

弼長通國語，膂力絶人，能挽强弓，里門鑿石爲獅，重四百斤，弼舉之，置數步外。潼關守將王彦弼奇其材，妻以女，又薦其材勇於左丞相耶律鑄。弼從鑄往北京，近侍火里台見弼所挽弓，以名聞世祖。召之，試以遠垜，連發中的，令給事左右，賜馬五匹。

中統末，授金符、管軍總管，命從劉整伐宋。攻襄樊，嘗出挑戰，射殺二人，因横刀呼曰：「我史奉御也！」宋兵却退。至元十年，諸將分十二道圍樊城，弼攻東北隅，凡十四晝夜，破之，殺其將牛都統。襄陽降，上其功，賜銀及錦衣、金鞍，陞懷遠大將軍、副萬户。遂從丞相伯顔南征，攻沙洋堡，飛矢中臂，城拔，凝血盈袖，事聞，賜金虎符。軍至陽羅堡，伯顔誓衆曰：「先登南岸者爲上功。」弼率健卒直前，宋兵逆戰，奮呼擊走之，伯顔登南岸，論弼功第一，進定遠大將軍。鄂州平，進軍而東，至大孤山，風大作，伯顔命弼禱于大孤山神，風立止。

兵駐瓜洲，阿塔海言：「揚子橋乃揚州出入之道，宜立堡，選驍將守之。」伯顔授弼三千人，立木堡，據其地。弼遽以數十騎抵揚州城，或止之曰：「宋將姜才倔强，未可易也。」弼曰：「吾柵揚子橋，據其所必争之地，才乘未固，必來攻我，則我之利也。」才果以萬衆，乘夜來攻，人挾束薪填塹，弼戒軍中無譁，俟其至，下欙木，發砲石擊之，殺千餘人，才乃退，弼出兵擊之。會相威、阿朮兵繼至，大戰，才敗走，擒其將張都統。

十三年六月，才復以兵夜至，弼三戰三勝。天明，才見弼兵少，進迫圍弼，弼復奮擊之，騎士二人挾火鎗刺弼，弼揮刀禦之，左右皆仆，手刃數十百人。及出圍，追者尚數百騎，弼殿後，敵不敢近，會援兵至，大破之，才奔泰州。及守將朱焕以揚州降，使麥朮受其降於南門外，而弼從數騎，由保城入揚州，出南門，與之會，以示不疑。制授昭勇大將軍、揚州路總管府達魯花赤，兼萬户。冬，遷黄州等路宣慰使。

十五年，入朝，陞中奉大夫、江淮行中書省參知政事，行黄州等路宣慰使。盜起淮西司空山，弼平之。十七年，南康都昌盜起，弼往討，誅其親黨數十人，脅從者宥之。江州宣課司税及民米，米商避去，民皆閉門罷市，弼立罷之。十九年，改浙西宣慰使。二十一年，黄華反建寧，春復霖雨，米價湧貴，弼即發米十萬石，平價糶之，而後聞于省，省臣欲增其價，弼曰：「吾不可失信，寧輟吾俸以足之。」省不能奪，益出十萬石，民得不饑。改淮東宣慰使。弼凡三官揚州，人喜，刻石頌之，號《三至碑》。遷僉書沿江行樞密院事，鎮建康。

二十六年，平台州盜楊鎮龍，拜尚書左丞，行淮東宣慰使。冬，入朝，時世祖欲征爪哇，謂弼曰：「諸臣爲吾腹心者少，欲以爪哇事付汝。」對曰：「陛下命臣，臣何敢自愛！」二十七年，遥授尚書省左丞，行浙東宣慰使，平處州盜。

二十九年，拜榮禄大夫、福建等處行中書省平章政事，往征爪哇，以亦黑迷失、高興副之，付金符百五十、幣帛各二百，以待有功。十二月，弼以五千人合諸軍，發泉州，風急濤湧，舟掀簸，士卒皆數日不能食。過七洲洋、萬里石塘，歷交趾、占城界，明年正月，至東董西董山、牛崎嶼，入混沌大洋橄欖嶼，假里馬答、勾闌等山，駐兵伐木，造小舟以入。時爪哇與鄰國葛郎搆怨，爪哇主哈只葛達那加剌，已爲葛郎主哈只葛當所殺，其婿土罕必闍耶攻哈只葛當，不勝，退保麻喏八歇。聞弼等至，遣使以其國山川、户口及葛郎國地圖迎降，求救。弼與諸將進擊葛郎兵，大破之，哈只葛當走歸國。高興言：「爪哇雖降，倘中變，與葛郎合，則孤軍懸絶，事不可測。」弼遂分兵三道，與興及亦黑迷失各將一道，攻葛郎。至答哈城，葛郎兵十餘萬迎敵，自旦至午，葛郎兵敗，入城自守，遂圍之。哈只葛當出降，併取其妻子官屬以歸。

土罕必闍耶乞歸易降表，及所藏珍寶入朝，弼與亦黑迷失許之，遣萬户担只不丁、甘州不花，以兵二百人護之還國。土罕必闍耶於道殺二人以叛，乘軍還，夾路攘奪。弼自斷後，且戰且行，行三百里，得登舟，行六十八日夜，達泉州，士卒死者三千餘人。有司數其俘獲金寶香布等，直五十餘萬，又以没理國所上金字表，及金銀犀象等物進，事具《高興》及《爪哇國傳》。於是朝廷以其亡失多，杖

十七，没家貲三之一。

元貞元年，起同知樞密院事，月兒魯奏：「弼等以五千人，渡海二十五萬里，入近代未嘗至之國，俘其王及諭降傍近小國，宜加矜憐。」遂詔以所籍還之，拜榮禄大夫、江西等處行中書省右丞。三年，陞平章政事，加銀青榮禄大夫，封鄂國公，卒於家，年八十六。

王惲《秋澗先生大全文集》卷四七《故蠡州管匠提領史府君行狀》 府君諱忠，字良臣，姓史氏，蠡州博野縣孟家里人。【略】生二子。長曰伯祥，次曰伯福。幼承訓導，俱孝而友。或以襲父職爲言，伯祥曰：「吾家世服井畝，以孝悌相傳。逮吾先人，輕財重義，表率一鄉。雖遭罹世故，所立挺挺然，大先業爲有光。今予昆弟二人無所肖似，繼守田廬，負薪之責，惟罔克是惕，第知勤敷菑，修疆畎，寒耕熱耨，濬源培本，使先世之澤渟蓄汪濊，霑溉後人，俟其可以起史氏者，迺所職耳。」聞者歎其志遠而有所見也。

及子弼長，性謙謹，寡言笑，顏赫然，軀幹魁偉，孔武有力。年十六七時，耕牧田間，午憇桑蔭下，父往餉，遥睨有玄虺穴其口，父大駭，趣呼之，寤問焉，曰：「無所覺。」自是手力愈若神助，遂精習梃槊，又善左右騎射，赳赳然負干城之氣。揔匠王公子前潼關使彦弼異而妻焉，舉於左丞相耶律公，一見奇之，得給事省府，適考工上新製鐙弩，力踰十鈞。近臣有言弼材勇，善挽此者，即召見，試有驗，命列名扈從，仍賜白金御驃以壯其勇。不一二歲，譯語、國字皆通習之。嘗奉旨，數軍實于邊，營岳祠於維，精簡而敞去，壯麗而費省。由是廉幹之稱聞于朝。

上知其可用，至元己巳，命佐帥臣劉整南伐，轉戰江漢間。若鏖峨眉，掀松陽，拔樊城，下襄陽，飛渡大江，併圍維揚，率内簿先登，及論功每在諸將右，寶鞍錦服，寵賚殊渥。始自漢兵揔管授金虎符，懷遠大將軍、行軍萬户，加定遠、安遠，陞昭勇大將軍、淮東大都督，改揚州達魯花赤。今由鎮國上將軍進中奉大夫、叅知政事，行黄州路宣慰使。

曾廉《元書》卷六四《史弼傳》 史弼，字君佐，一名塔剌渾，蠡州博野人也。曾祖彬，率鄉人數百家降於木華黎。木華黎書帛爲符遣還，及州破，以是得免。弼長通國語，膂力絶人。里門鑿石爲獅子，重四百斤，弼舉之置數步外。

潼關守將王彦弼奇其才，妻以女，而薦其材勇於左丞相耶律鑄。從鑄往北京，近侍見弼所挽弓，以聞世祖，召令給事左右，賜馬五匹，授管軍總管，佩金符。從劉整攻襄陽，與克樊城，賜銀及衣錦、金鞍，遷副萬户。丞相伯顔南征，攻沙洋，弼中矢，城訖拔，弼血盈袖。攻陽邏，論功最。復以三千人立木堡於揚子橋，拒宋都統姜才萬人，弼屢卻之。揚州降，授揚州總管府達魯花赤，兼萬户，累遷江淮參知政事，改浙西宣慰使。俄黄華反建甯，其春復霖雨，米騰貴，弼輒先發米十萬石平糶，而後聞於省。省欲增其價，弼曰：「吾不可失信，請以俸足之。」省不能奪，爲益出十萬石。改宣慰淮東。弼凡三官揚州，人喜，刻石頌之，號《三至碑》。遷僉書沿江行樞密院事，鎮建康，平台州盜楊鎮龍，拜左丞，行淮東宣慰使，改浙東，進福建平章政事。

詔征爪哇，副以亦黑迷失、高興，付金符百五十，幣帛各二百，以待有功。弼以五千人合諸軍發泉州，過七洲洋、萬里石塘，歷安南占城界，明年，至東董、西董山，牛崎嶼，入混沌大洋橄欖嶼，假里馬答、句闌等山，駐兵伐木，造小舟以入。會是時，爪哇與鄰國葛郎搆兵，爪哇王被殺，其女壻土罕必闍耶復與葛郎戰，不勝。聞弼兵至，遂降，而請以其兵擊葛郎。弼爲攻葛郎，大破之，并俘其王及其妻子官屬。已而土罕必闍耶給弼，請暫歸而載寶入朝。弼信之，土罕必闍耶遂逸去，而以衆叛，事具《南蕃傳》。弼乃自殿後，行三百里，得登舟。六十六日夜，得達泉州，士卒死者三千餘人。然有司數其俘獲金寶番布，直五十餘萬，又以没理國所上金字表及金銀犀象以進。竟坐失土罕必闍耶，杖之十七，而没其家貲三之一。

成宗立，太師玉昔帖木兒言：「弼以五千人渡海，入近代未嘗至之國，俘其一王，並諭降諸小國，亦足以揚威海外矣，竊謂宜加矜憐。」乃命還所籍，拜江西右丞，復爲平章政事，封鄂國公。薨於家，年八十六。

雜録

備録

《閩書》卷四四《文蒞志》 史弼，字君佐，一名塔剌渾，博野人。通國語，膂力絶人。至元二十一年，黄華反建寧，又值霖雨，米價踊貴。弼時任浙西宣慰

使，即發米十萬石以平價糶之，而後聞於省。省臣欲增其價，弼曰：「不可失信，寧輟俸足之。」益出十萬石，建民賴不饑。二十九年拜福建行中書省平章政事。

《正德姑蘇志》卷四二 史弼，字君佐，一名塔剌渾，博野人。以材勇見世祖，給事左右。從伯顔南征，以功進定遠大將軍。累遷江淮行省叅政，改浙西宣慰使。時霖雨，粟貴，弼發米十萬，平價糶之，而後聞于省。省欲增價，弼曰：「吾不可失信於民，寧輟吾體以足之。」省不能奪。又益出十萬，民得不饑。歲星犯鉤鈐，弼言：「頃以征日本船五百艘科諸民，民病之。宜取阿八赤所有船，脩葺以付阿塔海，庶寬民。」從之，官至平章政事。

陶宗儀《書史會要》卷七 史弼字君佐，號紫微老人，真定人。官至江西行省平章政事，封鄂國公。有經濟之才，後生望風内謁。書師晉人，亦善大字。

楊瑀《山居新語》卷四 至元間，行省左丞史公弼，號紫微老人，能寫大字。有神力，平開二石五斗弓，以三指背可懸五十兩銀定七片。初，攻揚州有功，然心服姜才之忠勇。

藝文

《國朝文類》卷一二王構《平章史弼封鄂國公制》 嗣德罔不在初，粤彝章之具舉；舊人丕克遠省，疇偉績之特書。榮禄大夫、平章政事、議樞密院事、提調諸衛屯田事史弼，器博而用周，志剛而行敏。早繇禁篽，出揔戎行。英明兼本乎天資，方略悉合于古法。視長江如履平地，居然獲跳盪之功；撫疲黎猶保稚嬰，允矣著綏懷之效。始自淮襄之百戰，迄于嶺海之同風。顧宣力之獨多，其推誠則弗替。終始三朝之眷，賜環屢壓于宸班；優游六藝之文，緩帶雅稱于儒將。是宜賁之華綬，衍以真封。以酬既往之勞，以示惟新之渥。於戲，功臣圖象，秩盍冠於褒公；元老壯猷，忠尚資於方叔。益圖報稱，祗服訓言。可特加銀青榮禄大夫，封鄂國公。

八思巴部

綜述

《元史》卷二〇二《八思巴傳》 帝師八思巴者，土番薩斯迦人，族款氏也。相傳自其祖朶栗赤，以其法佐國主霸西海者十餘世。八思巴生七歲，誦經數十萬言，能約通其大義，國人號之聖童，故名曰八思巴。少長，學富五明，故又稱曰班彌怛。歲癸丑，年十有五，謁世祖于潛邸，與語大悦，日見親禮。

中統元年，世祖即位，尊爲國師，授以玉印。命製蒙古新字，字成上之。其字僅千餘，其母凡四十有一。其相關紐而成字者，則有韻關之法；其以二合三合四合而成字者，則有語韻之法；而大要則以諧聲爲宗也。至元六年，詔頒行於天下。詔曰：「朕惟字以書言，言以紀事，此古今之通制。我國家肇基朔方，俗尚簡古，未遑制作，凡施用文字，因用漢楷及畏吾字，以達本朝之言。考諸遼、金，以及遐方諸國，例各有字，今文治寖興，而字書有闕，於一代制度，實爲未備。故特命國師八思巴創爲蒙古新字，譯寫一切文字，期於順言達事而已。自今以往，凡有璽書頒降者，並用蒙古新字，仍各以其國字副之。」遂升號八思巴曰大寶法王，更賜玉印。

十一年，請告西還，留之不可，乃以其弟亦憐真嗣焉。十六年，八思巴卒，訃聞，賻贈有加，賜號皇天之下一人之上〔開教〕宣文輔治大聖至德普覺真智佑國如意大寶法王、西天佛子、大元帝師。至治間，特詔郡縣建廟通祀。泰定元年，又以繪像十一，頒各行省，爲之塑像云。【略】

元起朔方，固已崇尚釋教。及得西域，世祖以其地廣而險遠，民獷而好鬬，思有以因其俗而柔其人，乃郡縣土番之地，設官分職，而領之於帝師。乃立宣政院，其爲使位居第二者，必以僧爲之，出帝師所辟舉，而總其政於内外者，帥臣以下，亦必僧俗並用，而軍民通攝。於是帝師之命，與詔敕並行於西土。百年之間，朝廷所以敬禮而尊信之者，無所不用其至。雖帝后妃主，皆因受戒而爲之膜拜。正衙朝會，百官班列，而帝師亦或專席於坐隅。且每帝即位之始，降詔褒護，必敕章佩監絡珠爲字以賜，蓋其重之如此。其未至而迎之，則中書大臣馳驛累百騎以往，所過供億送迎。比至京師，則敕大府假法駕半仗，以爲前導，詔省、臺、院官以及百司庶府，並服銀鼠質孫。用每歲二月八日迎佛，威儀往迓，且命禮部尚書、郎中專督迎接。及其卒而歸葬舍利，又命百官出郭祭餞。大德九年，專遣平章政事鐵木兒乘傳護送，賻金五百兩、銀千兩、幣帛萬匹、鈔三千錠。皇慶二年，加至賻金五千兩、銀一萬五千兩、錦綺雜綵共一萬七千匹。雖其昆弟子姓之往來，有司亦供億無乏。泰定間，以帝師弟公哥亦思監將至，詔中書持羊酒郊勞；而其兄瑣南藏卜遂尚公主，封白蘭王，賜金印，給圓符。其弟子之號司空、司徒、國公，佩金玉印章者，前後相望。

《佛祖歷代通載》卷二一王磐《帝師發思八行狀》 皇天之下、一人之上、開教宣文輔治大聖至德普覺真智佑國如意大寶法王、西天佛子、大元帝師班彌怛拔思發帝師，乃土波國人也。生時諸種瑞應，具詳家譜。初，土波有國師禪怛囉乞答，具大威神，累葉相傳，其國王世師尊之，凡十七代而至薩師加哇，即師之伯父也。迺禮伯父爲師，祕密伽陀一二千言，過目成誦。七歲演法，辯博縱横，猶不自足，復遍咨名宿，句玄索隱，盡通三藏。癸丑，師年十五，世祖皇帝龍德淵潛，師知真命有歸，馳驛徑詣王府，世祖宫闈東宫皆秉受戒法，特加尊禮。戊午，師二十歲，釋道訂正《化胡經》，憲宗皇帝詔師剖析是非，道不能答，自棄其學，上大悦。庚申，師年二十二歲，世祖皇帝登極，建元中統，尊爲國師，授以玉印，任中原法主，統天下教門，辭帝西歸，未朞月召還。庚午，師年三十一歲，時至元七年，詔制大元國字，師獨運摹畫，作成稱旨，即頒行朝省，郡縣遵用，迄爲一代典章，升號帝師大寶法王，更賜王印，統領諸國釋教，旋又西歸。甲戌，師年三十六歲，時至元十一年，皇上專使召之，歲(抄)〔杪〕抵京，王公宰輔士庶離城一舍，結大香壇，設大净供，香華幢蓋，大樂仙音，羅拜迎之，所經衢陌皆結五綵翼其兩傍，萬衆瞻禮，若一佛出世。時則天兵飛渡長江，竟成一統，雖主聖臣賢所致，亦師陰相之力也。爲真金皇太子説器世界等彰所知論，尋又力辭西歸，皇上留之不可。庚辰，師年四十二歲，時至元十七年十一月二十二日示寂。上聞，不勝震悼，追懷舊德，建大窣堵波於京師，寶藏真身舍利，輪奂金碧無儔。

《佛祖歷代通載》卷二二釋法洪《敕建帝師殿碑》 古之君天下者皆有師，惟其道之所存，不以類也。故趙以圖澄爲師，秦以羅什爲師。夫二君之師其人也，以其知足以圖國，言足以興邦，德足以範世，道足以參天地、贊化育，故尊而事

之，非以方伎而然也。皇元啓運北天，奄荒區夏，世祖皇帝奮神武之威，致混一之績，思所以去殺勝殘，躋生民於仁壽者，莫大釋氏，故崇其教，以敦其化本。以帝師拔思發有聖人之道，屈萬乘之尊，盡師敬之節，諮諏至道之要，以施於仁政。是以德加於四海，澤洽於無外，窮島絶嶼之國，卉服魋結之氓，莫不草靡於化風，駿奔而効命。白雉來遠夷之貢，火浣獻殊域之琛。豈若前代，直羈縻之而已哉。其政治之隆，而仁覆之遠，固元首之明，股肱之良有以致之，然而啓沃天衷，克弘王度，實賴帝師之助焉。皇上重離繼明，應乾承統，以爲法位久曠，道統將微，以師猶子之子公哥禄魯斯監贊嗣帝師位，俾修其法，斂時五福，祐我家邦。有河西僧高沙剌巴建言於朝，以爲孔子以修述文教之功，世享廟祀而光。帝師德侔將聖，師表一人，製字書以資文治之用，迪聖慮以致於變之化，其功大且遠矣，而封號未追，廟享不及，豈國家崇德報功之道哉？大臣以聞，詔郡國建祠宇，歲時致享。

邵遠平《元史類編》卷四一《八思巴傳》 帝師八思巴者，土番薩斯迦人，族欵氏也。相傳自其祖朵栗赤，以其法佐國主霸西域者十餘世。八思巴生，七歲誦經數十萬言，能約通大義，國人號爲聖童。少長，學富五明，故又稱曰班彌怛。年十五，謁世祖於潛邸，與語，大悦，日見親禮，及即位，尊爲國師，授玉印，命創蒙古新字。其字僅千餘，其母凡四十有一，其相關紐而成字者，則有韻關之法；其以二合三合四合而成字者，則有語韻之法，而大要以諧聲爲主。至元六年，新字成，詔頒示天下，加號大寶法王。十一年，請告還土番，留之不得，以其弟亦憐真嗣，建大護國仁王寺居焉。十六年，八思巴死，賜號「皇天之下，一人之上，宣文輔治大聖至德普覺真智佑國如意大寶法王、西天佛子、大元帝師」，命印造其新譯戒本五百部，頒降諸路僧人。十九年，造八思巴舍利塔。仁宗延祐五年，更建殿於大興教寺，給鈔萬錠。英宗至治初，詔郡縣建廟通祀，其制視文廟有加。泰定元年，頒繪像於各行省，爲之塑像。

胡粹中《元史續編》卷四 帕克斯巴，土番人。自其祖托里齊以其法佐國王，霸西海者十餘世。帕克斯巴生而聰慧，國人號之曰聖童。年十五，謁上潛邸，與語大悦。及即位，尊以國師，授以玉印，命製蒙古新字。其字僅千餘，字母凡四十一，其相關鈕而成字者，則有韻關之法。其以一合三合四合而成字者，則有語韻之法。大要以諧聲爲宗。字成，頒之天下。帕克斯巴請告西還，乃以其弟額琳沁嗣。及是病死，賜號「皇天之下，一人之上，宣文輔治大聖至德普惠真智佑國如意大寶法王、西天佛子、大元國師」。至治間，特詔郡縣建廟通祀。

雜録

備録

陶宗儀《書史會要》卷七《帝師巴思八》 帝師巴思八，土波國人，法號曰「皇天之下，一人之上，開教宣文輔治大聖至德普覺真智祐國如意大寶法王、西天佛子、大元帝師」，共三十有八字。且夫有元肇基朔方，俗尚簡古，刻木爲信，猶結繩也。既而頗用北庭字書之羊革，猶竹簡也。及奄有中夏，爰命巴思八采諸梵文，創爲國字，其功豈小補哉？字之母凡四十一。

右借漢字釋音，並開口呼之。漢字母内，則去[illegible]、[illegible]、[illegible]三字，而增入[illegible]、[illegible]、[illegible]、[illegible]四字。切韻多本梵法。或一母獨成一字，或二三母揍成一字。如[illegible]天、[illegible]地、[illegible]人、[illegible]東、[illegible]西、[illegible]南、[illegible]北之類，是也。但只一字，具平上去三聲，而無入聲。入聲輕呼，則同平聲矣。凡詔誥宣敕表牋，並以書寫。其書右行，其字方古嚴重。按宋鄭樵《七音略序》云：「七音之韻，起自西域，流入中夏。梵僧欲以其教傳之天下，故爲此書。雖重百譯之遠，一字不通之處，而音韻可傳。華僧從而定之，以三十六爲之母，重濁輕清，不失其倫。天地萬物之音，備於此矣。雖鶴唳風聲，雞鳴狗吠，雷霆驚天，蟁䖟過耳，皆可譯也，況人言乎？」「初得《七音韻鑑》，一唱三歎，胡僧有此妙義，而儒者未之聞。及乎

研究制字，考證諧聲，然後知皇頡史籀之書，已具七音之作，先儒不得其傳耳。」

據此，則巴思八之制創，其所由來遠矣。

葉子奇《草木子》卷三　元西域胡僧八思麻，知緯候，佐世祖定天下。制蒙古字書，以七音爲本，特定一代之文。封爲帝師，詔尊之曰「一人之下，萬人之上，西方佛子，大元帝師」。卒葬於京。其墓上天雨寶花，令天下郡國皆立帝師殿，其制一同文廟，嗚呼謬哉。

阿合馬部

綜述

《元史》卷二〇五《阿合馬傳》 阿合馬，回(紇)〔回〕人也。不知其所由進，世祖中統三年，始命領中書左右部，兼諸路都轉運使，專以財賦之任委之。阿合馬奏降條畫，宣諭各路運司。明年，以河南鈞、徐等州俱有鐵冶，請給授宣牌，以興鼓鑄之利。世祖陞開平府爲上都，又以阿合馬同知開平府事，領左右部如故。阿合馬奏以禮部尚書馬月合乃兼領已括户三千，興煽鐵冶，歲輸鐵一百三萬七千斤，就鑄農器二十萬事，易粟輸官者凡四萬石。

至元元年正月，阿合馬言：「太原民煮小鹽，越境販賣，民貪其價廉，競買食之，解鹽以故不售，歲入課銀止七千五百兩。請自今歲增五千兩，無(間)〔問〕僧道軍匠等户，鈞出其賦，其民間通用小鹽從便。」是年秋八月，罷領中書左右部，併入中書，超拜阿合馬爲中書平章政事，進階榮禄大夫。

三年正月，立制國用使司，阿合馬又以平章政事兼領使職。久之，制國用使司奏：「以東京歲課布疏惡不堪用者，就以市羊於彼。真定、順天金銀不中程者，宜改鑄。別怯赤山出石絨，織爲布火不能然，請遣官採取。」又言：「國家費用浩繁，今歲自車駕至都，已支鈔四千錠，恐來歲度支不足，宜量節經用。」十一月，制國用使司奏：「桓州峪所採銀鑛，已十六萬斤，百斤可得銀三兩、錫二十五斤。採鑛所需，鬻錫以給之。」悉從其請。

七年正月，立尚書省，罷制國用使司，又以阿合馬平章尚書省事。阿合馬爲人多智巧言，以功利成效自負，衆咸稱其能。世祖急於富國，試以行事，頗有成績。又見其與丞相線真、史天澤等争辨，屢有以詘之，由是奇其才，授以政柄，言無不從，而不知其專愎益甚矣。丞相安童含容久之，言於世祖曰：「臣近言尚書省、樞密院、御史臺，宜各循常制奏事，其大者從臣等議定奏聞，已有旨俞允。今尚書省一切以聞，似違前奏。」世祖曰：「汝所言是。豈阿合馬以朕頗信用，敢如是耶！其不與卿議非是，宜如卿所言。」又言：「阿合馬所用部官，左丞許衡以爲多非其人，然已得旨咨請宣付，如不與，恐異日有辭。宜試其能否，久當自見。」世祖然之。五月，尚書省奏括天下户口，既而御史臺言，所在捕蝗，百姓勞擾，括户事宜少緩。遂止。

初立尚書省時，有旨：「凡銓選各官，吏部擬定資品，呈尚書省，由尚書咨中書聞奏。」至是，阿合馬擢用私人，不由部擬，不咨中書。丞相安童以爲言，世祖令問阿合馬。阿合馬言：「事無大小，皆委之臣，所用之人，臣宜自擇。」安童因請：「自今唯重刑及遷上路總管，始屬之臣，餘事並付阿合馬，庶事體明白。」世祖俱從之。

八年三月，尚書省再以閱實户口事，奏條畫詔諭天下。是歲，奏增太原鹽課，以千錠爲常額，仍令本路兼領。九年，併尚書省入中書省，又以阿合馬爲中書平章政事。明年，又以其子忽辛爲大都路總管，兼大興府尹。右丞相安童見阿合馬擅權日甚，欲救其弊，乃奏大都路總管以次多不稱職，乞選人代之。尋又奏：「阿合馬、張惠，挾宰相權，爲商賈，以網羅天下大利，厚毒黎民，困無所訴。」阿合馬曰：「誰爲此言，臣等當與廷辯。」安童進曰：「省左司都事周祥，中木取利，罪狀明白。」世祖曰：「若此者，徵畢當顯黜之。」既而樞密院奏以忽辛同僉樞密院事，世祖不允曰：「彼賈胡事猶不知，況可責以機務耶！」

十一年，伯顔帥師伐宋，既渡江，捷報日至。世祖命阿合馬與姚樞、徒單公履、張文謙、陳漢歸、楊誠等，議行鹽、鈔法于江南，及貿易藥材事。阿合馬奏：「樞云：『江南交會不行，必致小民失所。』公履云：『伯顔已嘗榜諭交會不换，今亟行之，失信於民。』文謙謂『可行與否，當詢伯顔』。漢歸及誠皆言：『以中統鈔易其交會，何難之有。』」世祖曰：「樞與公履，不識事機。朕嘗以此問陳巖，巖亦以宋交會速宜更换。今議已定，當依汝言行之。」又奏：「北鹽藥材，樞與公履皆言可使百姓從便販鬻。臣等以爲此事若小民爲之，恐紊亂不一。擬於南京、衛輝等路，籍括藥材，蔡州發鹽十二萬斤，禁諸人私相貿易。」世祖曰：「善，其行之。」

十二年，阿合馬又言：「比因軍興之後，減免編民征税，又罷轉運司官，令各路總管府兼領課程，以致國用不足。臣以爲莫若驗户數多寡，遠以就近，立都轉運司，量增舊額，選廉幹官分理其事。應公私鐵鼓鑄，官爲局賣，仍禁諸人毋私造銅器。如此，則民力不屈，而國用充矣。」乃奏立諸路轉運司，以亦必烈金、札馬剌丁、張暠、富珪、蔡德潤、紇石烈亨、阿里和者、完顔迪、姜毅、阿老瓦丁、倒剌

沙等爲使。有亦馬都丁者，以負官銀得罪而罷，既死，而所負尚多，中書省奏議裁處。世祖曰：「此財穀事，其與阿合馬議之。」

十五年正月，世祖以西京饑，發粟萬石賑之。又諭阿合馬宜廣貯積，以備闕乏。阿合馬奏：「自今御史臺非白省，毋擅召倉庫吏，亦毋究索錢穀數。及集議中書不至者，罪之。」其沮抑臺察如此。四月，中書左丞崔斌奏曰：「先以江南官冗，委任非人，遂命阿里等澄汰之。今已顯有徵驗，蔽不以聞，是爲罔上。杭州地大，委寄非輕，阿合馬溺於私愛，乃以不肖子抹速忽充達魯花赤，佩虎符，此豈量才授任之道。」又言：「阿合馬先自陳乞免其子弟之任，乃今身爲平章，而子若姪或爲行省參政，或爲禮部尚書、將作院達魯花赤、領會同館，一門悉處要津，自背前言，有虧公道。」有旨並罷黜之。然終不以是爲阿合馬罪。

世祖嘗謂淮西宣慰使昂吉兒曰：「夫宰相者，明天道，察地理，盡人事，兼此三者，乃爲稱職。阿里海牙、麥朮丁等，亦未可爲相，回回人中，阿合馬才任宰相。」其爲上所稱道如此。

十六年四月，中書奏立江西榷茶運司，及諸路轉運鹽使司、宣課提舉司。未幾，以忽辛爲中書右丞。明年，中書省奏：「阿塔海、阿里言，今立宣課提舉司，官吏至五百餘員。左丞陳巖、范文虎等言其擾民，且侵盜官錢。乞罷之。」阿合馬奏：「昨有旨籍江南糧數，屢移文取索，不以實上。遂與樞密院、御史臺及廷臣諸老集議，謂設立運司，官多俸重，宜諸路立提舉司，都省、行省各委一人任其事。今行省未嘗委人，即請罷之，乃歸咎臣等。然臣所委人，有至者僅兩月，計其侵用凡千一百錠，以彼所管四年較之，又當幾何？今立提舉司，未及三月而罷，豈非恐彼姦弊呈露，故先自言以絶迹耶？宜令御史臺遣能臣同往，凡有非法，具以實聞。」世祖曰：「阿合馬所言是，其令臺中選人以往。若己能自白，方可責人。」

阿合馬嘗奏宜立大宗正府。世祖曰：「此事豈卿輩所宜言，乃朕事也。然宗正之名，朕未之知，汝言良是，其思之。」阿合馬欲理算江淮行省平章阿里伯、右丞燕帖木兒立行省以來一切錢穀，奏遣不魯合答兒、劉思愈等往檢覈之，得其擅易命官八百員，自分左右司官，及鑄造銅印等事，以聞。世祖曰：「阿里伯等何以爲辭？」阿合馬曰：「彼謂行省昔嘗鑄印矣。臣謂昔以江南未定，故便行之，今與昔時事異。又擅支糧四十七萬石，奏罷宣課提舉司及中書遣官理算，徵鈔萬二千錠有奇。」二人竟以是就戮。

時阿合馬在位日久，益肆貪橫，援引奸黨郝禎、耿仁，驟升同列，陰謀交通，專事蒙蔽，逋賦不蠲，衆庶流移，京兆等路歲辦課至五萬四千錠，猶以爲未實。民有附郭美田，輒取爲己有。內通貨賄，外示威刑，廷中相視，無敢論列。有宿衛士秦長卿者，慨然上書發其姦，竟爲阿合馬所害，斃于獄。事見《長卿傳》。

十九年三月，世祖在上都，皇太子從。有益都千户王著者，素志疾惡，因人心憤怨，密鑄大銅鎚，自誓願擊阿合馬首。會妖僧高和尚，以祕術行軍中，無驗而歸，詐稱死，殺其徒，以尸欺衆，逃去，人亦莫知。著乃與合謀，以戊寅日，詐稱皇太子還都作佛事，結八十餘人，夜入京城。旦遣二僧詣中書省，令市齋物，省中疑而訊之，不伏。及午，著又遣崔總管矯傳令旨，俾樞密副使張易發兵若干，以是夜會東宫前。易莫察其僞，即令指揮使顔義領兵俱往。著自馳見阿合馬，詭言太子將至，令省官悉候于宫前。阿合馬遣右司郎中脱歡察兒等數騎出關，北行十餘里，遇其衆，僞太子者責以無禮，盡殺之，奪其馬，南入健德門。夜二鼓，莫敢何問，至東宫前，其徒皆下馬，獨僞太子者立馬指揮，呼省官至前，責阿合馬數語，著即牽去，以所袖銅鎚碎其腦，立斃。繼呼左丞郝禎至，殺之。囚右丞張惠。樞密院、御史臺、留守司官皆遥望，莫測其故。尚書張九思自宫中大呼，以爲詐，留守司達魯花赤博敦，遂持梃前，擊立馬者墜地，弓矢亂發，衆奔潰，多就禽。高和尚等逃去，著挺身請囚。

中丞也先帖木兒馳奏世祖，時方駐蹕察罕腦兒，聞之震怒，即日至上都。命樞密副使孛羅、司徒和禮霍孫、參政阿里等馳驛至大都，討爲亂者。庚辰，獲高和尚于高梁河。辛巳，孛羅等至都。壬午，誅王著、高和尚于市，皆醢之，并殺張易。著臨刑大呼曰：「王著爲天下除害，今死矣，異日必有爲我書其事者。」

阿合馬死，世祖猶不深知其姦，令中書毋問其妻子。及詢孛羅，乃盡得其罪惡，始大怒曰：「王著殺之，誠是也。」乃命發墓剖棺，戮尸于通玄門外，縱犬啗其肉。百官士庶，聚觀稱快。

曾廉《元書》卷九六《阿合馬傳》 阿合馬，回回人也，不知其所由進。中統三年，王文統誅，遂以言財利得幸。其冬，立中書左右部，以阿合馬領之，兼諸路都轉運使，奏降條畫，宣諭各路運司。阿合馬始以鹽鐵小利動上，而鑄農器易粟，世多譏笑之，世祖以爲能。

至元元年，罷左右部，併入中書，阿合馬遂超拜平章政事。三年，特立制國用司，阿合馬以平章政事領之。然是時，安童爲右丞相，史天澤、耶律鑄皆班在

上，阿合馬欲有所專，輒不能徑行其私，徐諷帝立尚書省。七年，遂罷制國用司，以阿合馬平章尚書政事，由是遂橫肆。安童見其逞欲無厭，含容久之，乃啟於帝曰：「臣近言尚書省、樞密院、御史臺，宜各循常格，奏事其大者，從臣等議定。奏聞，已有旨俞允。今尚書省獨不之從，何也？」帝曰：「阿合馬敢如此耶？」初立尚書省時，詔凡銓選各官吏，部擬定資品呈尚書省，尚書咨中書聞奏。阿合馬擢用私人，不由部擬，亦不咨中書。安童以爲言，帝問之，阿合馬對曰：「臣所用人，臣宜自擇。」帝亦從之。

阿合馬既蒙帝寵任，大結黨援，又恃其巧佞足折人，遂視安童以下蔑如也。九年，遂復奏併尚書省入中書，改平章中書政事，而大權獨操矣。忽辛者，其子也，阿合馬以爲大都路總管兼大興府尹。安童乃言：「大都總管以下多不稱職，乞選人代之。」又言：「阿合馬、張惠挾宰相權，爲商賈以網羅天下大利，厚毒黎民，民困無所訴。」阿合馬曰：「誰爲此言，臣當與廷辨。」安童進曰：「省左司都事周祥，中木取利，罪狀明白。」世祖曰：「若此者徵畢，當顯黜之。」亦不責阿合馬也。阿合馬遂深恨安童，會北平王那木罕出鎮北邊，乃言安童可爲良佐，遂出之。

伯顏伐宋，已渡江奏捷，世祖命阿合馬與姚樞、徒單公履、張文謙、陳漢歸、楊誠等議行鹽鈔法於江南及藥材事。樞、公履皆言交會不可易，文謙言宜令伯顏酌之，漢歸、誠言以中統鈔易之，何難之有，阿合馬言行之無疑。帝曰：「朕嘗問陳巖，巖言宋交鈔，當速易也，宜如汝言。」阿合馬又言：「北鹽、藥材，樞、公履言可聽民販鬻，臣恐紊亂不一。請於南京、衛輝等路籍括藥材，發鹽十二萬斤，官自貿易。」帝以爲善。又言：「比因軍興後，減免編民征稅，又罷轉運官，令諸路總管府兼領課程，以致國用不足。」因請立都轉運司，以亦必烈金、札馬魯丁、張暠、富珪、蔡德潤、紇石烈亨、阿里火者、完顏迪、姜毅、阿剌瓦丁等爲使，量增課程元額，鼓鑄鐵器，官爲局賣，禁私造銅器。

初，憲臺之立，阿合馬以不便其私計，請罷之，以廉希憲之言而止。後又請罷按察司，以玉昔帖木兒之言而止。至是以世祖之言，宜廣儲積，遂奏言：「自今御史臺非白省，毋擅召倉庫吏，毋究索錢穀數，及集議中書不至者罪之。」於是，臺察比於省屬矣。其後，又奏立江西榷茶運司，能杖責州縣。又立諸路轉運鹽使司、宣課提舉司，官吏至五百餘人。陳巖、范文虎等皆言其擾民，且侵盜官錢。阿合馬強辭詆之，帝反爲之遣臺官同往體察焉。阿合馬唯善窺帝意，炫致富之術，以結主知。既出首輔安童，威震天下，於是貴賤奔赴其門，公私剝削，民不聊生。百官有一言不合，輒以計殺之，或流竄左遷，被害者不可勝計。崔斌、秦長卿論阿合馬最切，死亦最冤。於是天下結舌，而世祖與昂吉兒論相曰：「夫宰相者，必明天道，察地理，盡人事也。惟回回人阿合馬才堪任也。」其見信重如此。故諸姦利事皆不得上聞，雖聞輒解。當是時，耆舊如許衡、廉希憲，衡言其姦，不聽，希憲至以大姦爲憂而薨。

十九年，世祖如上都，皇太子從有益都千户王著，素疾惡，因人心憤怨，密鑄大銅鎚，自誓擊阿合馬首，與高和尚結黨八十餘人，以三月戊寅，詐稱皇太子還都作佛事，竝矯令樞密副使張易發兵，夜會東宮。遂以夜二鼓，召省官至東宮前，僞太子立馬責阿合馬數語，著即牽去，以銅鎚碎其腦，立斃。並殺左丞郝禎，囚右丞張惠。於是張九思、高觹開門大呼賊，遂梃擊立馬者墜地，高和尚逃去，著挺身請囚。世祖方駐蹕察罕腦兒，事聞，即遣樞密副使孛羅，司徒和禮霍孫討爲亂者，獲高和尚於高梁河，及王著，皆醢之，並殺張易。著臨刑大呼曰：「王著爲天下除害，今死矣，異日必有爲我書其事者。」阿合馬死，帝猶未深覺其姦，及詢之孛羅，乃盡得其罪惡，始大怒曰：「王著殺之，誠是也。」乃命發墓剖棺，戮尸於通元門外，縱犬啗其肉，百官士庶聚觀稱快。其歲，詔以阿合馬罪惡頒告中外。王惲曰：「著激於義，捐一身爲天下除害，事露自詣司敗，臨刑氣不少挫，視死如歸，誠殺身成仁，死而無悔者也。律以《春秋》誅亂臣賊子之法，不以義與之，可乎？」

魏源《元史新編》卷五五《阿合馬傳》 阿合馬，回(紇)〔回〕人，不知其所由進。世祖中統三年，命領中書左右部，兼諸路都轉運使，專委以財賦之任。遂頒條約，宣諭各路轉運司，開河南鈞、徐諸州鼓鑄之利，更括户三千興煽鐵冶，歲輸鐵一百三萬七千斤，就鑄農器二十萬具，令易粟輸官，得四萬石。以太原民煮小鹽，越境私販，民貪其價廉，競相買食，以故解鹽不售，歲入課銀止二千五百兩。令歲增五千兩，無問僧道軍匠，計户均輸，自是鹽鐵之利始起。

至元元年秋八月，罷領中書左右部，并入中書省，超拜阿合馬爲平章政事。三年，立制國用司，命兼領使職。因奏：「真定、順天金銀不中程者，宜改鑄。別怯赤山出石絨，織爲布，火不能燃，應遣官采取。桓州峪所得銀礦十六萬斤，每百斤可淘銀三兩，錫二十五斤。開採所需，鬻錫以給。」悉從其請。

七年，立尚書省，罷制國用司，仍命平章尚書省事。時世祖鋭意富國，試以

事，頗有成效。又見其與丞相綫真、史天澤爭辯，丞相皆屢詘，由是奇其材，授以政柄，言無不從。初，尚書省之始立也，詔凡銓選各官，吏部按資品呈尚書省，由尚書咨中書省，然后轉奏。至是，阿合馬擢用私人，不由部擬，不關白中書。丞相安童以爲言，帝問之，對曰：「事無大小既委之臣，所用之人須臣自擇，雖嫌怨不敢避。」九年，并尚書省入中書，復命平章中書省事。明年，更以其子忽辛爲大都路總管。

安童見其專恣日甚，乃奏：「大都總管以下多不職，乞選人早代。」尋又奏：「阿合馬挾宰相權爲商賈，以網羅天下大利，民困無所訴。」阿合馬曰：「誰爲此言？臣當與廷辯。」安童進曰：「左司都事周祥，中木取利，罪狀明著。」帝曰：「俟征畢，當顯黜之。」既而樞密院請以忽辛同僉院事，帝不允，曰：「彼賈胡事猶不知，況可責以機務邪！」丞相伯顔伐宋，既渡江，捷屢至。帝命阿合馬與姚樞、徒單公履、張文謙、陳漢歸、楊誠等議行鈔法於江南及貿易官鹽、藥材。阿合馬條上衆議曰：「樞言江南交會不行，必致小民失所。公履言伯顔已嘗榜諭，交會不換，今行之，恐失信於民。文謙言可否當詢伯顔自定。漢歸及誠皆言以中統鈔易交會，何難之有！」帝曰：「樞與公履不識事機，朕嘗問左丞陳巖，亦言宋交會宜更換，今從汝議。」又奏：「北鹽、藥材，樞與公履皆言當使百姓從便販鬻。臣謂若聽民自售，勢必紊亂不一。請於南京、衛輝等路籍括藥材，蔡州發鹽十二萬斤，官自貿易。」帝從之。又言：「比因軍興之後，既減編民額賦，又罷轉運官，令各路總管府兼領課程，以故國用日詘。莫若驗户數多寡，酌遠就近，設都轉運司，選廉幹官分理其事，廣行鼓鑄，官爲局賣，并禁民間私造銅器，則民力不屈而國用可充。」乃復立諸路都轉運司，悉以其私人爲使。又言：「自今御史臺非白省，毋擅召倉庫吏，亦毋鈎索錢穀數，及集議中書不至者加罪。」并報可。

十五年，湖南左丞崔斌入覲，劾奏阿合馬濫仕子弟，悉處津要，無以示天下公。有旨并罷黜之，然不以是爲阿合馬罪。十六年，奏設江西榷茶運司，以盧世榮爲使。又以都轉運司官多倖重，改諸路宣課提舉司，都省、行省各委一人監理。明年，中書奏：「行省阿塔海、阿里等言，自立宣課提舉司，官吏至五百餘員。左丞陳巖、范文虎謂其擾民，且侵盗官錢。罷之便。」阿合馬言：「定提舉司未三月而請罷，此必行省有奸敝，故先發制人。」乃詔御史臺遣能臣往按其事，具以實聞。未幾，崔斌遷江淮左丞，阿合馬慮其害己，乃奏理算江淮錢穀，誣構斌與平章阿里伯、右丞燕帖木爾盗官糧四十萬，擅易命官八百餘員，及鑄造銅印等事，三人竟坐誅。

時阿合馬在位久，益肆貪横，援引奸黨郝禎、張惠爲左右丞，耿仁爲參政，罔上剥下，衆庶流移。民有美田宅，輒奪爲己有。内通貨賄，外以威劫，群臣在廷相視莫敢發。有宿衛士秦長卿，慨然上書摘其奸，謂：「禁絶異議，杜塞忠良，似秦趙高。私蓄逾公家，覬覦非望，似漢董卓。《春秋》人臣無將，請及其未發誅之。」書奏，不省。未幾，除長卿同知興和鐵冶事，誣以侵課數萬緡，斃之獄。

十九年春，帝幸上都，皇太子真金從。有益都千户王著，素疾惡，因人心憤怨，密鑄大銅錘，自誓擊阿合馬首，與妖人高和尚結黨八十餘人，合謀以三月戊寅詐稱皇太子還都作佛事。至期，晨遣二西僧詣中書省，令市齋物。省中疑之，俾東宫官屬尚書張九思、總管高觿雜視之，皆不識。觿作西番語詰二僧曰：「皇太子今至何處？」二僧失色。又以漢語詰之，倉皇失對，遂執二僧，屬吏訊之，皆不伏。及午，又矯令旨，俾樞密副使張易發兵，夜會東宫前。易不察，遽以兵往。著自馳見阿合馬，詭言太子將至，令省官悉於宫前取候。阿合馬素憚太子，先遣數騎出關北迎，行十餘里，盡爲僞太子所殺，奪其馬。夜二鼓，燭籠儀仗入健德門，直趨東宫，一人前呼啓關甚急。觿、九思已先入宫，集衛士持弓矢爲備，戒門者勿啓。觿謂九思曰：「他日殿下還宫，必以完澤、賽羊二人先。」因呼二人，不應，即語之曰：「皇太子平日未嘗行此門，今何來此也？」僞太子遂轉趨南門，至東宫前。觿、九思令官屬守西門，復走南門伺之。燭影中見其徒皆下馬，獨僞太子立馬指揮，呼省官至前，責阿合馬數語，著即牽去，以所袖銅錘碎其腦，立斃。繼呼左丞郝禎至，殺之。囚右丞張(會)〔惠〕。時變起倉猝，且昏夜，樞密院、御史臺、留守司各官，皆遥望莫知所爲。觿、九思自宫中大呼以爲詐，留守使博敦遂持梃擊立馬者墜地，弓矢亂發，衆奔潰，高和尚等逸去，著獨挺身就縛。

帝聞之，震怒，即命司徒和禮霍孫、樞密副使孛羅等馳詣大都討亂者。獲高和尚於高梁河，與王著、張易并醢於市。著臨刑大呼曰：「王著爲天下除害，今死矣，異日必有爲我書其事者。」初，阿合馬死，帝猶未察其奸。及徐詢孛羅，始盡得其罪狀，怒曰：「王著殺之，誠是也。」命剖棺戮尸，縱犬啖其肉。諸子盡伏誅。籍其家。【略】已從集賢侍讀學士崔彧請，并戮郝禎尸。刑官復論張易以從亂，九思啓太子曰：「張易應變不審，而授賊以兵，罪復何辭！若坐以與謀，則過矣。」太子言於帝，乃免傳首。

雜録

備録

《國朝文類》卷五八李謙《中書左丞張公神道碑》 〔至元〕三年，阿合馬領中書左右部，總司財賦，每事欲專輒奏聞，不關白省府。詔廷議之，公昌言曰：「分制財用，古有是理。不關預中書，無是理也。且財賦一事耳，若中書不敢詰，天子將親莅之乎？」世祖曰：「仲謙言是也。」阿合馬語遂塞。【略】阿合馬當國，権民鐵爲農器，厚其直以配民。剏立宣慰司，行户部於東平、大名，不與民事，惟印楮幣是務。諸路轉運司怙勢作威，害民干政，莫敢誰何。公屢於世祖前極論其害，詔從公言，皆罷之。彼怒其沮己，數欲中傷，賴世祖眷知有素，計不得行。十三年，拜御史中丞。時阿合馬威權日熾，恣爲不法，慮臺憲發其姦，奏罷諸道提刑案察司，以撼内臺。居數日，公奏復之。自知爲姦臣所忌，不辭去未已也，亟請避位。明年，拜昭文館大學士，領太史院事。

鄭思肖《心史・大義略敘》 忽必烈有權臣曰阿合馬，回回人也。爲僞平章，久擅韃人一國官職財賦之權，苛尅貨利，殺害良善，多奪人之美妻豔女，韃之内外上下大以爲苦，獨忽必烈信任焉。有子四十餘人，半有權職，窟宅七十餘所，分置子女妻妾。江南内外寶物，俱半匿聚其家。拔都自僭建宫殿於回回地面，暗通結阿合馬，將謀響應，興兵奪忽必烈之國。阿合馬忽命其子亦掌兵權，僞平章張酋深疑阿合馬數子皆據重權，今令子更握兵權，意不良，與其黨王著謀。著勇不顧身，歸家析棄妻子，密用術計，紿以忽必烈之子真金歸幽州，急呼阿合馬至，著持金瓜槌，竟擷死在地。軍民盡分臠阿合馬之肉而食，貧人亦莫不典衣歌飲相慶，燕市酒三日俱空。阿合馬之黨矯忽必烈命，殺張酋、王著等。暨忽必烈知矯命妄殺忠良，蔓及別酋，死者幾百人。籍阿合馬家，生南珠一千八百餘石，蓄馬十餘萬匹，家口七千餘人，竝分徙入諸酋家爲奴婢。諸子皆斬剮剥皮，盡拘呼市犬，令食其肉。仍各籍其家，其妻妾奴婢亦分徙入諸酋家爲奴婢。且根窮黨類，支蔓無辜，打勘索鈔猶未已。由是回回不許與韃靼內外事，亦不許佩刀，出者不許還家。韃人咸壯王著此舉。

《元史》卷一一五《裕宗傳》 時阿合馬擅國重柄，太子惡其姦惡，未嘗少假顔色。盜知阿合馬所畏憚者，獨太子爾，因爲僞太子夜入京城，召而殺之。及和禮霍孫入相，太子曰：「阿合馬死於盜手，汝任中書，誠有便國利民者，毋憚更張。苟或沮撓，我當力持之。」

《元史》卷一六八《何榮祖傳》 榮祖狀貌魁偉，額有赤文如雙樹，揹負隆起。有相者謂曰：「子位極人臣且壽相也。」何氏世業吏，榮祖尤所通習，遂以吏累遷中書省掾，擢御史臺都事。始折節讀書，日記數千言。阿合馬方用事，置總庫于其家，以收四方之利，號曰和市。監察御史范方等斥其非，論甚力。阿合馬知榮祖主其謀，奏爲左右司都事以隸己。未幾，御史臺除治書侍御史，升侍御史，又出爲山東按察使，而阿合馬莫逞其志矣。

《元史》卷一六八《秦長卿傳》 秦長卿，洛陽人也。姿貌魁特，性倜儻，有大志。世祖在京兆潛藩，已聞其名，既即位，務收攬時才，以布衣徵至京師。長卿尚風節，好論事，與劉宣同在宿衛，以氣岸相高。

是時尚書省立，阿合馬專政，長卿上書曰：「臣愚贛，能識阿合馬，其爲政擅生殺人，人畏憚之，固莫敢言，然怨毒亦已甚矣。觀其禁絶異議，杜塞忠言，其情似秦趙高；私蓄踰公家貲，覬覦非望，其事似漢董卓。《春秋》人臣無將，請及其未發誅之爲便。」事下中書。阿合馬爲人，便佞善伺人主意，又其貲足以動人，中貴人力爲救解，事遂寢，然由是大恨長卿。除興和宣德同知鐵冶事，竟誣以折閲課額數萬緡，逮長卿下吏，籍其家産償官，又使獄吏殺之。獄吏濡紙塞其口鼻，即死。未幾，王著聚徒殺阿合馬。帝後悟，亦追罪之，斲棺戮屍并誅其子，而長卿冤終不白。

《元史》卷一六八《陳思濟傳》 陳思濟字濟民，柘城人也。幼讀書，即曉大義，以才器見稱于時輩間。世祖在潛邸，聞其名，召之以備顧問；既即位，始建省部，俾掌敷奏。【略】

會阿合馬入省，恥其位在希憲左，每欲肆意而行，希憲守正不從。及希憲去位，省臣晨集，掾屬皆憚阿合馬，莫敢前。思濟獨先以文牘進，阿合馬輒于希憲位署押，思濟遽掩以手曰：「此非君相署位也。」阿合馬怒目視之，衆爲之懼，思濟神色自若。除右司都事，從希憲行省山東，未幾召還。

至元五年，分命中書省總百揆，御史臺正百官，一時黜陟登庸，憲章程式，多

出其手。遷承務郎、同知高唐州事，以績最聞，拜監察御史。時阿合馬立尚書省，權在中書右。思濟與魏初等劾其不法，帝命近臣正之。御史各以次對，思濟獨厲聲曰：「御史言官也，非爲辨訟設！」拂袖而出。授奉訓大夫、知沁州，爲政簡要，不務苛察。

《元史》卷一七三《崔彧傳》〔至元〕十九年，除集賢侍讀學士。彧言于世祖，謂：「阿合馬當國時，同列皆知其惡，無一人孰何之者；及既誅，乃各自以爲潔，誠欺罔之大者。先有旨凡阿合馬所用之人皆革去，臣以爲守門卒隸，亦不可留。如參知政事阿里，請以阿散襲父職，倘使得請，其害又有不可勝言者。賴陛下神聖，灼知其奸，拒而不可。臣已疏其奸惡十餘事，乞召阿里廷辯。」帝曰：「已敕中書，凡阿合馬所用，皆罷之，窮治黨與，纖悉無遺。事竟之時，朕與汝別有言也。」又請以郝禎剖棺戮屍，從之。【略】

二十年，復以刑部尚書上疏，言時政十八事：一曰開廣言路，多選正人，番直上前，以司喉舌，庶免黨附壅塞之患。二曰當阿合馬擅權，臺臣莫敢糾其非，迨其事敗，然後接踵隨聲，徒取譏笑。宜別加選用，其舊人除蒙古人取聖斷外，餘皆當問罪。三曰樞密院定奪軍官，賞罰不當，多聽阿合馬風旨。宜擇有聲望者爲長貳，庶幾號令明而賞罰當。四曰翰苑亦頌阿合馬功德，宜博訪南北耆儒碩望，以重此選。

《元史》卷一七三《崔斌傳》會阿合馬立制國用使司，專總財賦，一以掊克爲事，斌曰：「與其有聚斂之臣，寧有盜臣！」於帝前屢斥其姦惡。【略】

十五年，被召入覲。時阿合馬擅權日甚，廷臣莫敢誰何。斌從帝至察罕腦兒，帝問江南各省撫治如何。斌對以治安之道在得人，今所用多非其人，因極言阿合馬姦蠹。帝乃令御史大夫相威、樞密副使孛羅按問之，汰其冗員，黜其親黨，檢覈其不法，罷天下轉運司，海内無不稱快。適尚書留夢(賢)〔炎〕、謝(元昌)〔昌元〕言：「江淮行省事至重，而省臣無一人通文墨者。」乃命斌遷江淮行省左丞。既至，凡前日蠹國漁民不法之政，悉釐正之，仍條具以聞。阿合馬慮其害己，捃摭其細事，遮留使不獲上見，因誣搆以罪，竟爲所害。裕宗在東宮，聞之，方食，投箸惻然，遣使止之，已不及矣。天下冤之。

陳邦瞻《元史紀事本末》卷七《阿合馬桑盧之奸》時帝急爲富國計，見阿合馬行事時有成績，又屢與史天澤争辨，天澤常詘，帝由是益奇其才，專委任之，所言無不從，阿合馬益横。初制銓選，吏部定擬資品，呈尚書省，尚書咨中書，然後聞。阿合馬擢用私人，不由部擬，不咨中書。安童以爲言，帝問阿合馬。阿合馬言：「事無大小皆委之臣，臣所用之人，臣宜自擇。」安童因請：「自今惟重刑及遷上路總管始屬之臣，餘並付阿合馬。」帝從之。

崔斌上言：「江南官冗。杭州地大民衆，阿合馬溺於私愛，以任其不肖子抹速忽。且阿合馬先自陳免其子弟之任，今乃身爲平章，而子若姪或爲參政，或爲尚書，或領將作監、會同館，一門悉處要津，有虧公道。」帝是斌言，命黜之，然終不以爲阿合馬罪。既而淮西宣慰使昂吉〔兒〕入朝，亦以官冗爲言。於是詔江西省併入福建，罷榷茶營田司歸本道宣慰司，罷漕運司歸行省。至是，崔斌遷爲江淮行省左丞。阿合馬憤其害己，乃奏理算江淮行省錢穀，誣崔斌與阿里伯等盜官糧四十萬，及擅易命官八百餘員。命都事劉正等往按，獄弗具。復遣參政張澍等雜治之，竟致斌等於死。斌有文學，達政術，副阿里海牙取荆湖、廣海，屢建大功，多所全活。太子聞殺斌，方食，投箸惻然，遣使止之，不及。天下冤之。

〔至元〕十九年三月，益都千户王著殺阿合馬於闕下。著因人心憤怨阿合馬，密鑄大銅鎚，與妖人高和尚謀擊殺之。時皇太子從帝如上都，而阿合馬留守京師。著以太子素惡其奸，乃遣二西僧至中書，詐稱皇太子還都作佛事。省中疑之。時高觽、張九思皆宿衛宫中，詰之，倉皇失對，遂執之，訊問不伏。及午，著復矯太子令，俾樞密副使張易發兵，夜會東宫。易不察，遽以兵往。觽問：「果何爲？」易附耳曰：「太子來誅左相也。」既而省中遣使出迎，悉爲僞太子所殺，奪其馬入建德門。夜二鼓，至東宫前，立馬呼省官至前，責阿合馬數語，著即牽去，以所袖銅鎚碎其腦，立斃。繼呼郝禎至，殺之。囚右丞(相)張惠。於是觽、九思開門大呼曰：「此賊也。」叱衛士急捕之。留守博敦持梃擊立馬者墜地，衆奔潰，多就擒。高和尚逃去，惟著挺身請囚。時帝在察罕腦兒，聞之，即遣和禮霍孫等歸討爲亂者。獲高和尚於高梁河，與王著、張易皆棄市。著臨刑大呼曰：「王著爲天下除害，今死矣，異日必有爲我書其事者！」復以張易從著爲亂，將傳首四方。張九思曰：「易應變不審則有之，坐以與謀則過矣。」乞免傳首。從之。

王惲曰：著激於義，捐一身爲天下除害。事既露，不去，自縛詣司敗，以至臨命，氣不少挫，視死如歸，誠殺身成名，死而不悔者也。律以《春秋》誅亂臣賊子之法，不以義與之可乎！

四月，詔戮阿合馬屍，遂窮治其黨。阿合馬既死，帝猶不深知其姦，及詢樞

密副使孛羅，乃盡得其罪惡，始大怒曰：「王著殺之誠是也。」命發冢剖其棺，戮屍於通玄門外，縱犬食之。四民聚觀稱快。籍其家，得櫝藏二人皮。問之，其妾云：「每呪詛時，置神坐於上。」又以帛二幅畫甲騎圍守幄殿，兵皆張弦挺刃内向，狀涉不軌。遂并誅其子忽辛等四人。尋令中書悉罷黜其黨與，凡汰其官省、部者七百十四人，罷其濫設官府二百餘所。又以郝禎、耿仁黨惡尤甚，命剖禎棺戮其屍，下耿仁於獄，誅之。

初，阿合馬欲誣殺秦長卿、劉仲澤、亦麻都丁三人，兵部尚書張雄飛力持不可。阿合馬使人啗之曰：「誠能殺此三人，當處以參政。」雄飛曰：「殺人以求大官，不能爲也。」阿合馬怒，出爲澧州安撫使。累遷御史中丞，行御史臺事。阿合馬恐其子忽辛爲江淮右丞不爲所容，改陝西按察使，未行，阿合馬死，召拜參知政事。忽辛被逮，勑廷臣雜問。忽辛歷指宰執曰：「汝嘗受我家錢，何得問我！」雄飛曰：「我曾受否？」曰：「公獨無。」雄飛曰：「如是則我當問汝矣。」遂伏辜。

王惲《秋澗先生大全文集》卷八一《中堂事記中》 （十日）遣上都同知阿合馬，計點燕京萬億庫諸色物貨。十二日癸酉，有旨先召首相二三人入朝，餘俟命於省署。既而以大宴不克見，上都留守同知阿合馬兼太倉使，請立和糴所，以溢廩庾。堂議以曹人李亨字通甫勾當和糴事，改和糴爲規措所。亨備人事，極經畫，已而粒米狼戾，少尹愛其能焉。

陶宗儀《南村輟耕録》卷二《巴而思》 河南江北行中書省參知政事姚忠肅公天福，字君祥，平陽人。至元十一年，拜監察御史，彈擊權臣，無所顧畏。世祖賜名巴而思，國言虎也。後條奏宰相阿合馬罪二十有四，召廷辨，公枚數之，彼輒引服。數至於三，氣沮色喪。上曰：「此三者，罪已不在宥。」因目公曰：「巴而思，臣下有違太祖之制干朕之紀者，汝抨擊毋隱。」廷臣皆震悚。時方倚相理財，姑釋不問，衆人莫不爲公危之。公之太夫人有賢識，勗之曰：「爲國者忘其家，汝第盡力效忠，果不測，吾追蹤陵母，死日猶生年也。」公泣謝，白其長曰：「萬一得譴，乞不以老母坐連。」語聞，上嘆曰：「是母子有古義烈！」敕侍臣符寶郎董文忠宣付史館書之。

陶宗儀《南村輟耕録》卷二二《數讖》 至元甲子，阿合馬拜中書平章，領制國用使司。時樂府中盛唱《胡十八》小令，知識緯者謂其當擅重權十八年，人未之信，果於至元壬午伏誅。越五年，丁亥閏二月，桑哥拜中書平章，立尚書省，貪暴殘忍，又十倍於阿合馬。人亦謂「桒」字拆而爲四十八。「桑」字後改作「相」字，亦拆而爲四十八。竟不知應之於壽，或應之於職。然自立省之日，至辛卯正月敗績，恰四十八月，其神驗如是。

于慎行《讀史漫録》卷一四《遼金元》 時湖南左丞崔斌、宿衛士秦長卿，並劾阿合馬奸邪，不聽。後千户王著，因人心憤怨，袖所鑄銅鎚，邀擊其腦，斃之，遂有戮尸之令。

王磐、閻復，皆元之文士也。阿合馬當權，致重幣求碑，磐拒弗與，而閻復爲桑哥立輔政碑，桑哥既誅，復亦連坐。即此二事，毋論其人品不同，而文章之流別，未必不從此分也。世有以文自命，而爲權相頌德，比擬失倫者，即出入先秦、兩漢，亦奚以爲！何也？文之品已卑也。嗟夫！世之爲復不爲磐者，一何多哉！

桑哥部

綜述

《元史》卷二〇五《桑哥傳》　桑哥，膽巴國師之弟子也。能通諸國言語，故嘗爲西蕃譯史。爲人狡黠豪横，好言財利事，世祖喜之。及後貴幸，乃諱言師事膽巴而背之。至元中，擢爲總制院使。總制院者，掌浮圖氏之教，兼治吐蕃之事。御史臺嘗欲以章閭爲按察使，世祖曰：「此人桑哥嘗言之。」及盧世榮見用，亦由桑哥之薦。中書省嘗令李留判者市油，桑哥自請得其錢市之，司徒和禮霍孫謂非汝所宜爲，桑哥不服，至與相毆，且謂之曰：「與其使漢人侵盜，曷若與僧寺及官府營利息乎？」乃以油萬斤與之。桑哥後以所營息錢進，和禮霍孫曰：「我初不悟此也。」一日，桑哥在世祖前論和雇和買事，因語及此，世祖益喜，始有大任之意。嘗有旨令桑哥具省臣姓名以進，廷中有所建置，人才進退，桑哥咸與聞焉。

二十四年〔閏〕二月，復置尚書省，遂以桑哥與鐵木兒爲平章政事。詔告天下，改行中書省爲行尚書省，六部爲尚書六部。三月，更定鈔法，頒行至元寶鈔於天下，中統鈔通行如故。桑哥嘗奉旨檢覈中書省事，凡校出虧欠鈔四千七百七十錠，昏鈔一千三百四十五錠，平章麥朮丁即自伏，參政楊居寬微自辯，以爲實掌銓選，錢穀非所專。桑哥令左右拳其面，因問曰：「既典選事，果無黜陟失當者乎？」尋亦引服。參議伯降以下，凡鉤考違惰耗失等事，及參議王巨濟嘗言新鈔不便忤旨，各款伏。遣參政忻都奏聞，世祖令丞相安童與桑哥共議，且諭：「毋令麥朮丁等他日得以脅問誣伏爲辭，此輩固狡獪人也。」

數日，桑哥又奏：「鞫中書參政郭佑，多所逋負，尸位不言，以疾爲託。臣謂中書之務，隳惰如此，汝力不能及，何不告之蒙古大臣，故毆辱之，今已款服。」世祖命窮詰之。佑與居寬後皆棄市，人咸冤焉。臺吏王良弼，嘗與人議尚書省政事，又言：「尚書鉤校中書，不遺餘力，他日我曹得發尚書奸利，其誅籍無難。」桑哥聞之，捕良弼至，與中書臺院札魯忽赤鞫問，款服，謂此曹誹謗，不誅無以懲後，遂誅良弼，籍其家。有吴德者，嘗爲江寧縣達魯花赤，求仕不遂，私與人非議時政，又言：「尚書今日覈正中書之弊，他日復爲中書所覈，汝獨不死也耶。」或以告桑哥，亟捕德按問，殺之，没其妻子入官。

桑哥嘗奏以沙不丁遥授江淮行省左丞，烏馬兒爲參政，依前領泉府、市舶兩司，拜降福建行省平章。既得旨，乃言於世祖曰：「臣前言，凡任省臣與行省官，並與丞相安童共議。今奏用沙不丁、烏馬兒等，適丞相還大都，不及通議，臣恐有以前奏爲言者。」世祖曰：「安童不在，朕，若主也。朕已允行，有言者，其令朕前言之。」

時江南行臺與行省，並無文移，事無巨細，必咨内臺呈省聞奏。桑哥以其往復稽留誤事，宜如内臺例，分呈各省。又言：「按察司文案，宜從各路民官檢覈，遞相糾舉。且自太祖時有旨，凡臨官事者互相覺察，此故事也。」從之。

十月乙酉，世祖遣諭旨翰林諸臣：「以丞相領尚書省，漢、唐有此制否？」咸對曰：「有之。」翌日，左丞葉李以翰林、集賢諸臣所對奏之，且言：「前省官不能行者，平章桑哥能之，宜爲右丞相。」制曰「可」。遂以桑哥爲尚書右丞相，兼(統)〔總〕制院使，領功德使司事，進階金紫光禄大夫。於是桑哥奏以平章鐵木兒代其位，右丞阿剌渾撒里陞平章政事，葉李遷右丞，參政馬紹陞左丞。

十一月，桑哥言：「臣前以諸道宣慰司及路府州縣官吏，稽緩誤事，奉旨遣人遍笞責之。今真定宣慰使速哥、南京宣慰使答失蠻，皆勳賢舊臣之子，宜取聖裁。」敕罷其任。明年正月，以甘肅行尚書省參政鐵木哥無心任事，又不與協力，奏乞牙帶代之。未幾，又以江西行尚書省平章政事忽都鐵木兒不職，奏而罷之。兵部尚書忽都答兒不勤其職，桑哥毆罷之而後奏，世祖曰：「若此等不罷，汝事何由得行也。」萬億庫有舊牌條七千餘條，桑哥言歲久則腐，宜析而他用。賜諸王出伯銀二萬五千兩、幣帛萬匹，載以官驢，至則併以爲賜。桑哥言：「不若以驢載玉而回。」世祖甚然之。其欲以小利結知如此。

漕運司達魯花赤怯來，未嘗巡察沿河諸倉，致盜詐腐敗者多，桑哥議以兵部侍郎塔察兒代之。自立尚書省，凡倉庫諸司，無不鉤考，先摘委六部官，復以爲不專，乃置徵理司，以治財穀之當追者。時桑哥以理算爲事，毫分縷析，入倉庫者，無不破産，及當更代，人皆棄家而避之。十月，桑哥奏：「湖廣行省錢穀，已責平章要束木自首償矣。外省欺盜必多，乞以參政忻都、户部尚書王巨濟、參議尚書省事阿散、山東西道提刑按察使何榮祖、札魯忽赤禿忽魯、泉府司卿李佑、

奉御吉丁、監察御史戎益、僉樞密院事崔彧、尚書省斷事官燕真、刑部尚書安祐、監察御史伯顔等十二人，理算江淮、江西、福建、四川、甘肅、安西六省，每省各二人，特給印章與之。省部官既去，事不可廢，擬選人爲代，聽食元俸。理算之間，宜給兵以備使令，且以爲衛。」世祖皆從之。

當是時天下騷然，江淮尤甚，而諛佞之徒，方且諷都民史吉等爲桑哥立石頌德，世祖聞之曰：「民欲立則立之，仍以告桑哥，使其喜也。」於是翰林製文，題曰《王公輔政之碑》。桑哥又以總制院所統西蕃諸宣慰司，軍民財穀，事體甚重，宜有以崇異之，奏改爲宣政院，秩從一品，用三臺銀印。世祖問所用何人，對曰：「臣與脱因。」於是命桑哥以開府儀同三司、尚書右丞相，兼宣政使，領功德使司事，脱因同爲使。世祖嘗召桑哥謂曰：「朕以葉李言，更至元鈔，所用者法，所貴者信，汝無以楮視之，其本不可失，汝宜識之。」

二十六年，桑哥請鈎考甘肅行尚書省，及益都淄萊淘金總管府，僉省趙仁榮、總管明里等，皆以罪罷。世祖幸上都，桑哥言：「去歲陛下幸上都，臣日視內帑諸庫，今歲欲乘小輿以行，人必竊議。」世祖曰：「聽人議之，汝乘之可也。」桑哥又奏：「近委省臣檢責左右司文簿，凡經監察御史稽照者，遺逸尚多。自今當令監察御史即省部稽照，書姓名於卷末，苟有遺逸，易於歸罪。仍命侍御史堅童視之，失則連坐。」世祖從之，乃答監察御史四人。是後監察御史赴省部者，掾令史與之抗禮，但遣小吏持文簿置案而去，監察御史遍閲之，而臺綱廢矣。參政忻都既去，尋召赴闕。以户部尚書王巨濟專任理算，江淮省左丞相忙兀帶總之。

閏十月，《桑哥輔政碑》成，樹于省前，樓覆其上而丹雘之。桑哥言：「國家經費既廣，歲入恒不償所出，以往歲計之，不足者餘百萬錠。自尚書省鈎考天下財穀，賴陛下福，以所徵補之，未嘗斂及百姓。臣恐自今難用此法矣。何則？倉庫可徵者少，而盗者亦鮮矣，臣憂之。臣愚以爲鹽課每引今直中統鈔三十貫，宜增爲一錠；茶每引今直五貫，宜增爲十貫；酒醋税課，江南宜增額十萬錠，內地五萬錠。協濟户十八萬，自入籍至今十三年，止輸半賦，聞其力已完，宜增爲全賦。如此，則國用庶可支，臣等免於罪矣。」世祖曰：「如所議行之。」

桑哥既專政，凡銓調內外官，皆由於己，而其宣敕，尚由中書，桑哥以爲言，世祖乃命自今宣敕並付尚書省。由是以刑爵爲貨而販之，咸走其門，入貴價以買所欲。貴價入，則當刑者脱，求爵者得，綱紀大壞，人心駭愕。

二十八年春，世祖畋於漷北，也里審班及也先帖木兒、徹里等，劾奏桑哥專權黷貨。時不忽木出使，三遣人趣召之至，覲於行殿，世祖以問，不忽木對曰：「桑哥壅蔽聰明，紊亂政事，有言者即誣以他罪而殺之。今百姓失業，盗賊蠭起，召亂在旦夕，非亟誅之，恐爲陛下憂。」留守賀伯顔，亦嘗爲世祖陳其奸欺。久而言者益衆，世祖始決意誅之。

二月，世祖諭大夫月兒魯曰：「屢聞桑哥沮抑臺綱，杜言者之口；又嘗捶撻御史，其所罪者何事，當與辨之。」桑哥等持御史李渠等已刷文卷至，令侍御史杜思敬等勘驗辨論，往復數四，桑哥等辭屈。明日，帝駐蹕(土)[大]口，復召御史臺暨中書、尚書兩省官辨論。尚書省執卷奏曰：「前浙西按察使只必，因監燒鈔受臟至千錠，嘗檄臺徵之，二年不報。」思敬曰：「文之次第，盡在卷中，今尚書省拆卷持對，其弊可見。」速古兒赤闍里抱卷至前奏曰：「用朱印以封紙縫者，防欺弊也。若輩爲宰相，乃拆卷破印與人辨，是教吏爲奸，當治其罪。」世祖是之。責御史臺曰：「桑哥爲惡，始終四年，其奸臟暴著非一，汝臺臣難云不知。」中丞趙國輔對曰：「知之。」世祖曰：「知而不劾，自當何罪？」思敬等對曰：「奪官追俸，惟上所裁。」數日不決。大夫月兒魯奏：「臺臣久任者當斥罷，新者存之。」乃仆《桑哥輔政碑》，下獄究問。至七月，乃伏誅。

平章要束木者，桑哥之妻黨，在湖廣時，正月朔日，百官會行省，朝服以俟。要束木召至其家，受賀畢，方詣省望闕，賀如常儀，又陰召卜者有不軌言。至是，中書列其罪以聞，世祖命械致湖廣，即其省戮之。

魏源《元史新編》卷五五《桑葛傳》 桑葛，西域人，膽巴國師弟子也。能通諸國語，嘗爲西番譯史。性狡黠，好言財利事，世祖深喜之。及後貴幸，乃諱言師膽巴，背之。至元中，擢爲總制院使，掌浮屠氏教，兼治吐番宣慰事。中書省嘗令李留判市油，桑葛請以官錢往市，司徒和禮霍孫謂非汝所宜爲，桑葛不服，至相毆，且謂曰：「與其使它人侵盗，曷若爲公家營利乎！」乃出油萬斤與之，後以所營息錢進。和禮霍孫曰：「我初計不及此。」一日，桑葛在帝前論和雇和買事，因語及，帝益喜，始有大任意。嘗令桑葛具省臣姓名以進，內廷有所建置，人才進退，咸得以聞。

二十四年(閏)二月，復立尚書省，以桑葛平章政事。會更造至元寶鈔，桑葛言：「中統鈔行垂三十年，省官皆不知其數。今已更用至元鈔，宜遣官分道置局，鈎考中統鈔本。又初改至元鈔，欲盡收中統鈔，今尚未可急斂。宜令税賦并輸至元鈔，商販有中統料鈔者，聽易至元鈔以行，然後中統鈔可盡。」帝是其言。

嘗奉詔檢核中書省，校出虧欠鈔六十餘錠，平章麥朮丁即自伏，參政楊居寬謂職掌銓選，錢穀非所專。桑葛怒，令左右批其頰，問曰：「既典銓選，果無黜陟失當者乎？」尋亦引伏。奏聞，帝命與丞相安童共訊，且曰：「此曹狡獪，毋使他日得以脅問誣服爲辭。」數日，又奏：「中書參政郭佑，多所逋負，尸位不言，每以疾爲辭。臣見中書庶務墮惰如此，故毆辱之，今已款服。」帝益怒，命加窮治，佑與居寬皆棄市，刑部尚書不忽木爭之不得。臺吏王良弼與江寧縣尹吳德嘗偶語時政，桑葛聞之，曰：「若輩誹謗政事，不誅無以懲後。」并捕殺之。

桑葛嘗奏以沙不丁遥授江淮行省左丞，烏馬爾爲參政，領泉府市舶事，發鈔千錠，給行泉府司歲輸珍異物爲息。又以拜降爲福建行省平章。既得旨，乃言於帝前曰：「臣前言，凡授省臣及行省官，并與丞相安童議，今奏用沙不丁等，適丞相還大都，未與議，臣恐有執前旨爲言者。」帝曰：「朕若主也，朕已允行，何言之有！」

十月，帝問翰林、集賢諸臣曰：「以丞相領尚書省事，漢、唐有此制否？」咸曰：「有之。」翼日，左丞葉李言：「桑葛柄政久，宜進位丞相，以係人望。」帝大悦，遂以爲尚書右丞相，兼總制院使，領功德使司事。

明年正月，以甘肅參政鐵木哥不任事，奏乞牙帶往代。淞江民曹夢炎願歲輸米萬石求官，奏授浙東宣慰副使。紹興判官白絜矩言：「亡宋族人散居江南非便，宜悉徙京師。」奏擢絜矩尚書省舍人。江西判官蕭儀受賕論死，桑葛以儀嘗鈎考萬億庫，有追錢之能，奏釋其罪。又以平章忽都鐵木爾不職，論罷之。兵部尚書忽都荅爾不勤於政，則先斥而後奏，帝曰：「若輩不罷，汝事何由得行！」自立尚書省，摘委六部，鈎考百司倉庫，尚以爲不專，更置征理司主之，以禿烈羊呵、吳誠并爲使。十月，奏：「荊湖行省錢穀，已責平章要束木自首償矣。他省欺盜正多，乞命參政忻都、尚書王巨濟等十二人，理算江淮、江西、福建、四川、甘肅、安西六省耗失之數，特授敕印，并給兵爲衛。」帝皆從之。

當是時，天下騷然，江淮尤甚，而諛者方且諷都民爲之立石頌德。帝聞之，曰：「民願立者聽。」既成，樹於省前，翰林制文，題曰《王公輔政碑》。又以總制院所統西番諸宣慰司，軍民財粟，事體甚重，宜優異，奏改爲宣政院，秩從一品。帝問：「宜用何人？」對曰：「臣與脱因可。」於是命桑葛以右丞相兼宣政院使。

二十六年，帝將幸上都，桑葛入見，言：「去歲聖駕北幸，臣視内帑諸庫無虛日。今歲欲乘小輿以行，恐人竊議。」帝曰：「汝但乘之，毋畏人言。」且命以侍衛親軍百人爲導從。桑葛又言：「初以省部成案皆錢穀所係，令赴御史臺照刷。近檢左右司文簿，凡經照刷者，遺漏尚多。當令御史就省部稽察，并書姓名於卷末，苟有遺漏，易於歸罪。仍命侍御史堅童監視，失則連坐。」乃笞監察御史四人。自後御史赴省部者，掾令史與之抗禮，但遣小吏持文簿置案去，聽御史自行檢閲，而臺綱遂廢。又言：「國家經費既廣，歲入恒不敷出。今鹽課每引值中統鈔三十貫，可增爲一錠。茶税每引值五貫，可增爲十貫。酒醋税課，江南可增額十萬錠，内地五萬錠。協濟户十八萬，自入籍至今，止輸半賦，聞其力已完足，宜改爲全賦。如此，則國用可支。」詔皆如所議。又言：「有分地之臣，近以貧乏爲辭，希覬賜與。財非天墜地涌，苟不慎出入，恐國用不足。」帝曰：「自今不當給者，汝即止之；當給者，俟覆奏。」桑葛既專政，凡銓調内外官皆任己出，而宣敕尚由中書，乃請今后宣敕并付尚書省。由是以官爲市，貨賂珍寶日夜輦輸其門，奸諛之徒蠅附蟻營，綱紀大壞，人心駭愕。

二十八年春，帝畋柳林，利用監徹里、浙西按察使千盧等，乘間奏其專權黷貨狀。帝趣召不忽木問之，對曰：「桑葛壅蔽聖聰，紊亂朝政，有言者即誣以他罪。今百姓失業，盜賊蜂起，召亂在旦夕，非亟誅之，恐爲宗社憂。」留守賀勝亦陳其奸欺。久而言者益衆，帝問御史大夫月爾魯曰：「屢聞桑葛沮抑臺綱，杜言者之口，又嘗捶撻御史，其所罪者何事？」桑葛持御史李渠等已刷文卷至，令侍御史杜思敬勘驗辨論，往復數四，辭屈。帝駐蹕(土)(大)口，復召問，尚書省裂卷爲兩縫，執奏曰：「前浙西按察使只必，因監燒鈔受贓至千錠，嘗檄臺追征，三年不報。」思敬曰：「文之次第，盡在卷中。今尚書省拆卷持半印案訟人，餘半安在？其敝可見。」徹里抱卷至前奏曰：「用朱印以封紙縫者，防欺也。若輩爲宰相，而拆卷破印與人辨，豈非教吏爲奸？」帝怒，下桑葛獄，仆《輔政碑》。至七月，伏誅。

先是，行臺御史周祚，嘗劾行尚書省官，桑葛誣以他罪，流祚于憨答孫之地，妻子家産皆没入。及是始給還。

要束木者，桑葛妻黨也。嘗鈎考荊湖錢穀，省臣擬授湖廣平章，帝曰：「要束木，小人，事朕方五年，授一理算官足矣。」比至湖廣，即籍阿里海牙家貲來上。及被逮，籍其家，得黄金四千兩，更坐不法數事，帝命械至湖廣戮之。

其沙不丁、烏馬爾，妻孥并没官，姑貸其死。忻都、王巨濟伏誅。

雜録

備録

《元史》卷一六八《何榮祖傳》 時桑哥專政，亟於理算錢穀，人受其害。榮祖數請罷之，帝不從，屢懇請不已，乃稍緩之。而畿内民苦尤甚，榮祖每以爲辭，同僚曰：「上既爲免諸路，惟未及在京，可少止勿言也。」榮祖執愈堅，至於忤旨不少屈，竟不署其牘。未踰月，而害民之弊皆聞，帝乃思榮祖言，召問所宜。榮祖請於歲終立局考校，人以爲便，立爲常式，詔賜以鈔萬一千貫。榮祖條中外有官規程，欲矯時敝，桑哥抑不爲通。榮祖既與之異議，乃以病告，特授集賢大學士。未幾，起爲尚書右丞。

《元史》卷一七三《葉李傳》 二十五年，陞平章政事，李固辭，許之。賜以玉帶，視秩一品，及平江田四千畝。於是桑哥爲尚書丞相，顓擅國政，急於財利，毒及生民，事具《桑哥傳》。李雖與之同事，然莫能有所匡正，會桑哥敗，事頗連及同列。久之，李獨以疾得請南還。揚州儒學正李淦上書言：「葉李本一黥徒，受皇帝簡知，可爲千載一遇。而纔近天光，即以舉桑哥爲第一事；禁近侍言事，以非罪殺參政郭佑、楊居寬；迫御史中丞劉宣自裁，錮治書侍御史陳天祥，罷御史大夫門答占、侍御史程文海，杖監察御史；變鈔法，拘學糧，徵軍官俸，減兵士糧；立行司農司、木綿提舉司，增鹽酒醋税課，官民皆受其禍。尤可痛者，要束木禍湖廣，沙不丁禍江淮，滅貴里禍福建。又大鈎考錢糧，民怨而盜發，天怒而地震，水災洊至。尚賴皇帝聖明，更張政化。人皆知桑哥用群小之罪，而不知葉李舉桑哥之罪。葉李雖罷相權，刑戮未加，天下往往竊議，宜斬葉李，以謝天下。」書聞，帝矍然曰：「葉李廉介剛直，朕所素知者，寧有是耶！」有旨驛召淦詣京師。

陳邦瞻《元史紀事本末》卷七《阿合馬桑盧之奸》 〔至元二十五年〕十一月，立桑哥德政碑。時天下騷然，而江淮尤甚，讒佞之徒方且諷請立石爲桑哥頌德。帝曰：「民欲立則立之，仍告桑哥，使之喜也。」碑成，樹之省前，題曰《王公輔政之碑》。

時董文用爲御史中丞，獨不附。桑哥使人諷文用頌己功德，不答。又自謂文用曰：「百官皆具食丞相府矣。」亦不答。會朔方軍興，而征求愈急。文用曰：「民急矣。外難未除，而内傷其根本，丞相宜思之。」因持郡國所上盜賊之目，謂之曰：「百姓非不欲安樂，急法暴斂〔使〕至此。御史臺所以救時政之不及，丞相當有以助之，不當抑之也。」桑哥愈恨之，日摭臺事譖於帝，言文用戇傲沮法，欲罪之。帝曰：「彼御史職也，何罪之有。」

二十六年十二月，紹興路總管府判官白絜矩言：「宋宗室居江南非便，宜悉遷京師。」桑哥以聞。擢絜矩爲尚書省舍人，遣詣江南，發兼併户偕宋宗室至京師。既而江淮行省言：「江南之民方患增課、料民、括馬之苦，今此舉必致人心搖動，宜且止。」從之。時桑哥專政，法令苛急，四方騷動。程鉅夫入朝，上疏曰：「臣聞天子之職，莫大於擇相；宰相之職，莫大於進賢。苟不以進賢爲急，而惟以殖貨爲心，非爲上爲德、爲下爲民之意也。昔漢文帝以決獄及錢穀問丞相周勃，勃不能對。陳平進曰：『陛下問決獄責廷尉，問錢穀責治粟内史。宰相上理陰陽，下遂萬物之宜，外鎮撫四夷，内親附百姓。』觀其所言，可以知宰相之職矣。今權奸用事，立尚書鉤考錢穀，以剥割生民爲務，所委任者率皆貪饕邀利之人。江南盜賊竊發，良以此也。臣竊以爲宜清尚書之政，損行省之權，罷言利之官，行恤民之事，於國爲便。」桑哥大怒，羈留京師不遣，奏請殺之，凡六奏，帝〔皆〕不許。

二十七年八月朔，日食。地大震，武平尤甚。

九月，武平地復大震，地陷，黑沙水湧出，壞官署四百八十間，民居不可勝計，壓溺死傷者數十萬人。帝深憂之。時駐蹕龍虎臺，遣阿魯渾薩里召集賢、翰林兩院官，詢致災之由。議者畏桑哥，但泛引經傳五行災異之言，莫敢指切時政。時桑哥遣忻都、王巨濟等理算天下錢穀，已徵者數百萬，未徵者尚數千萬，民不聊生，自殺者相屬，逃山林者則發兵捕之。於是集賢直學士趙孟頫因阿魯渾薩里入奏於帝，謂須下詔蠲除，庶幾天變可弭。帝從之，詔草已具，桑哥怒曰：「此必非帝意。」孟頫曰：「凡錢穀未徵者，其人死亡已盡，何所從取？非及時除免之，他日言事者，倘以失陷錢穀數千萬歸咎尚書省，豈不爲丞相深累耶！」桑哥悟，遂赦天下，民賴稍蘇。

三十八年春正月，桑哥及阿魯渾薩里等以罪免。先是帝嘗以葉李、留夢炎

優劣問趙孟頫，孟頫對曰：「夢炎臣父執，其人重厚，篤於自信，好謀能斷，有大臣器。葉李所讀之書，臣皆讀之，其所知所能，臣皆知之能之。」帝曰：「汝以夢炎賢於李耶？夢炎在宋爲狀元，位至丞相，當賈似道誤國罔上，夢炎阿附取容，李布衣，乃伏闕上書，是賢於夢炎也。」孟頫退，謂奉御徹里曰：「上論賈似道誤國，責留夢炎不言。桑哥罪甚於似道，而我等不言，他日何以辭其責？然我疏遠之臣，言必不聽。侍臣中讀書知義理，慷慨有大節，又爲上所親信，無踰公者。夫捐一日之命，爲萬姓除殘賊，仁者之事也。公必勉之！」時帝畋漷北，徹里乘間入言之，詞語激烈。帝怒，謂其詆毀大臣，命衛士批其頰，血湧口鼻，委頓地上。少間，復呼而問之，辨愈力，曰：「臣與桑哥無讐，所以力數其罪而不顧身者，正爲國家計耳。苟畏聖怒而不言，則奸臣何時除，民害何時息！」帝大悟，召不忽木問之，對曰：「桑哥壅蔽聰明，紊亂朝政，有言者即誣殺之。今百姓失業，盜賊蜂起，召亂在朝夕，非亟誅之，恐爲陛下憂。」時廷臣言者益衆，遂詔臺、省相與辨駁之，桑哥詞屈。帝曰：「桑哥爲惡，始終四年，臺臣豈不知之。知而不言，當得何罪？」御史杜思敬曰：「奪官追俸，惟上所裁。」遂斥罷臺臣之久任者，免桑哥等官，命徹里帥衛士三百人籍桑哥家，得珍寶如内藏之半。阿魯渾薩里以連坐，亦籍其資。

二月，罷徵理司。詔下之日，百姓相慶，而各路鉤攷猶未盡罷。既而御史言：「鉤攷錢穀，自中統至今，餘三十年，更阿合馬、桑哥當國，設法已極，而其黨公取賄賂，民不能堪，不如罷之便。」詔從之，仍命取昔逋負錢穀文牘，聚置一室，非上命而竊視者罪之。

初，桑哥欲殺楊居寬、郭(祐)〔佑〕，刑部尚書不忽木爭之不得，桑哥深忌之，謂其妻曰：「他日籍我〔家〕者，必此人也。」因其退食，責以不入曹治事，欲加之罪，遂以疾免。至是，帝欲用爲相，謂之曰：「朕過聽桑哥，致天下不安，今雖悔之已無及。朕識卿，幼時使(學)從〔學〕，政欲備今日之用。」不忽木曰：「朝廷勳舊，齒爵居臣右者尚多，今不次用臣，無以服衆。」帝曰：「然則孰可？」曰：「太子詹事完澤可。嚮者籍阿合馬家，其賂遺近臣，皆有簿籍，惟無完澤名。又嘗言桑哥爲相必敗國事，今果如其言，是以知其可也。」乃拜完澤右丞相，不忽木平章政事。

三月，仆桑哥輔政碑。初，帝命翰林學士閻復撰文，復至是已改廉訪使，亦坐免。

夏四月，中書省臣麥朮督丁、崔彧言：「桑哥當國四年，中外百官鮮〔有〕不以賄而得者，昆弟、故舊、親族皆授要官美地，惟以欺蔽九重，朘削百姓爲事。宜令兩省嚴加攷覈，凡入其黨者，並除名爲民。」從之。

湖廣平章政事要束木者，桑哥妻黨也，尤爲不法。逮至京師，籍其家貲，黄金至四千兩。遂詔下桑哥獄，復繫要束木還湖廣，誅之。初，要束木因人言湖廣初附時，郡縣長吏及吏胥富人，比屋斂銀，將輸之官，銀已具而事中止，即不令責民自實。使者旁午，隨地置獄，株連蔓引，備極慘酷，民以拷掠瘐死者載道，所獲不貲，要束木悉掩有之。使至永州，判官烏古孫澤宛曲以利害曉之，卒無所攫。既見鉤攷日急，天下騷動，歎曰：「民不堪命矣！」即(日)〔自〕上計行省。要束木怒曰：「郡國錢糧無不增羨，永州何獨不然？此直孫府判倚其才辨慢我。」亟拘繫之，欲寘於死。至是，因桑哥敗，始得釋。

秋七月，揚州路學正李淦上言：「葉李本一黥徒，方受上知，即以舉桑哥爲第一事。致以非罪誅貶大臣，遣使四出，鉤攷錢穀，民怨而盜發，天怒而地震，水災薦至。人皆知桑哥用羣小之罪，而不知葉李妄舉桑哥之罪。宜斬葉李以謝天下。」召淦詣京師置對，淦至而李卒。除淦江陰路教授，以旌直言。給還行臺御史周祚妻子。祚嘗劾桑哥，流祚於憨答孫，妻子家貲入官，至是還之。是月，桑哥伏誅。

二十九年三月，誅桑哥黨納速剌丁等。初，桑哥既敗，納速剌丁滅里、忻都、王巨濟等俱逮下獄。至是，御史臺言其「黨比桑哥，恣爲不法。理算江南錢穀，極其酷虐，民嫁妻賣女，殃及親鄰，維揚、錢塘受禍最慘，無辜死者五百餘人，天下之人莫不思食其肉。今三人既已伏辜，乞誅之以謝天下。」帝以忻都長於理財，欲釋之，不忽木力爭不可，日中凡七奏，卒并誅之。時麥朮督丁請復立尚書省，專領右三部。不忽木曰：「阿合馬、桑哥相繼誤國，身誅家滅。前鑒未遠，奈何又欲效之乎！」事遂寢。

五月，中書省臣言：「妄人馮子振嘗爲詩譽桑哥，及桑哥敗，即告詞臣撰碑引諭失當。國史院編修陳孚發其姦狀。」帝曰：「詞臣何罪？必以譽桑哥爲罪，則在廷諸臣誰不譽之，朕亦嘗譽之矣。」是月，詔以楊居寬、郭(祐)〔佑〕死非其罪，給還其(身)〔家〕貲。

成宗元貞元年五月，省臣言：「阿合馬、桑哥怙勢賣官，不別賢否，選法大壞。」乃詔麥朮督丁與何榮祖等釐正之。

于慎行《讀史漫録》卷一三《宋高宗至帝昺》　甚哉元之酷也！信妖僧悖誕之説，襲赤眉、銅馬之行，發掘陵寢，攫取珠玉，誦《冬青行》諸詩，千載下猶爲隱痛，而當時忍之，作俑無後，宜其祚之不延也。考元世祖二十一年甲申，桑哥爲相，與江南浮屠總攝楊輦真珈相表里，嗾僧嗣古妙高上言，欲毀宋諸陵。明年，乙酉正月，桑哥矯制，可其奏，于是發諸陵，利其殉寶。又裒諸帝遺骼，建白塔于杭故宫，名曰鎮南，以厭勝之，斯殘忍之至矣。

《國朝文類》卷二三元明善《太師淇陽忠武王碑》　二十七年，桑葛既立尚書省，簧鼓上聽，殺異已者，箝天下口。以刑爵爲貨而販之，咸走其門入，貴價以買。所欲貴價入，則當刑者脱，求爵者得。不四年，綱紀大紊，人心駭愕。尚書平章政事也速答兒，王之太官屬也。潛以其事告王，王奮然奏劾，桑葛伏誅。上曰：「月赤察兒口伐大姦，發其蒙蔽。」乃以没入桑葛黄金四百兩、白金三千五百兩，及水田、水磑、别墅賞其清彊。

趙孟頫《松雪齋文集》卷七《大元敕賜故榮禄大夫中書平章政事守司徒集賢院使領太史院事贈推忠佐理翊亮功臣太師開府儀同三司上柱國追封趙國公謚文定全公神道碑銘》　及尚書省立，相哥用事，詔公貳政。公固辭，上怒不許。相哥政日横，引用群小以爲腹心，公彌縫其間，小者損益，大者力諫。初猶信用，久漸乖逆。又立征理司征責財利，天下囹圄皆滿，愁怨之聲載路。會地震北京，公極言地震職此之由，上詔罷之，盡以與民。詔下之日，京師民相慶，市酒爲空。相哥益怒，數奏公沮格。及相哥敗，公一無所污，然猶坐累籍没。相哥臨刑，吏以公爲詰，相哥曰：「我惟不聽彼言，以至于此。」上知公無罪，詔還所籍財産。

黄溍《金華黄先生文集》卷二四《江浙行中書省平章政事贈太傅安慶武襄王神道碑》　方是時，桑哥在相位已久，專恣日甚，誣陷忠良，賣官鬻獄，設計局以求遺利，毒及編民。王既還居政府，乃列上其罪狀。會侍從近臣亦有顯斥其姦者，桑哥及同惡皆誅死，王以是益爲上所親信。

危素《危太樸文續集》卷五《元故資善大夫福建道宣慰使都元帥古速魯公墓志銘》　父脱烈，世祖皇帝求賢四方，高昌王以脱烈應詔。既見上，奏對稱旨，以爲御位下怯里馬赤，備宿衛。尋擢嘉議大夫、功德使，領帝師堂下兼奏吐蕃事。丞相桑葛微時，嘗依功德使，後燭其儉衺，絶不與通，桑葛憾之。已而桑葛驟見信用，且嫉其能出己上，即搆誣以罪，下獄鞫之，三年，卒無左驗。乃詐以獄成報上，功德使遂遘禍，没其貲。公時年十有八，桑葛疑貲入，未盡，逮繫公刑部。一日，丞相安童獨臨問公，公對曰：「必見上乃可白。吾父資財所入誠未盡，然不敢先以告相國也。」桑葛頗聞其語，亦私詰之。公曰：「吾父始被誣，即傾家奉公，覬得免禍。今殺我以滅口，可也。」桑葛慚而釋之。公奔闔中，依左丞廉卜魯凱牙公。桑葛猶欲害之，以上命急召公至，則桑葛已得罪下獄矣。御史大夫只爾合郎以公入見，上知功德使冤，命公與諸大臣共按之。桑葛不敢仰視，惟叩首而已。時桑葛久在獄，不得食。公奏曰：「桑葛餒且死，萬一獄未上，則姦臣雖誅，而罪狀不白，宜畀食以緩其死。」上然之。

鄭元祐《僑吴集》卷一二《元故昭文館大學士榮禄大夫知祕書監鎮太史院司天臺事贈推誠贊治功臣銀青榮禄大夫司徒上柱國追封申國公謚文懿湯陰岳鉉字周臣第二行狀》　時權姦僧格當國，故公言及之。是年，尚書省以民間逋負係官錢糧，僧格奏立徵理司，設官置吏，使軺將命者，旁午于道。所在貪墨吏並緣爲姦，欺民貲産，破蕩不足償，至榜繫猶纍纍相屬，民間騷然，幾無以存活。時彗星見，方掃掃宿，指處山崩地震。上春秋高，權姦方務蔽塞聰明，而其威燄軋天下，人懷私憤，無敢爲言者。公竊歎曰：「我蒙恩遇厚矣，懼禍不言，是孤聖言。」時從獵柳林，從容諫諷，大意以爲，臣職司乾象，所當言者，日月之推移或失經，星辰之飛流或失度。今天垂象，星耀光芒，地震動坤，道失其常。況皇上聖躬違和，皆大臣欺聖明虐黎庶所致。非除舊布新，洗濯苛穢，則何以回天心，釋民怨。于是上即柳林，命詞臣草詔，大赦天下。比使臣馳至闕，命百官具朝服，詣崇文門聽德音。僧格知有赦，乃大驚，馳詣柳林，密令其黨與察上近臣敢啟沃者。其黨以公對，僧格大怒，召公詰責。公徐言曰：「某所言者天象，宰相大臣不當與聞。」僧格怒愈甚，至令人以椎捶公者二。

楊瑀《山居新語》卷一　桑哥丞相當國擅權之時，同僚張左丞、董參政者，二公皆以書生自稱，凡事有不便者多沮之。桑哥欲去之而未能。是時都省告狀擸箱，乃暗令人作一狀投之箱中。至午收狀，當日省掾須一一讀而分揀之，中有一狀，無人名事實，但云：「老書生、小書生，二書生壞了中書省。不言不語張左丞，鋪眉搨眼董參政，也待學魏徵一般俸讀作捧。請。讀作倩。」桑哥佯爲不解其説，趣省掾再讀之不已。張起身云：「大家飛上梧桐樹，自有傍人話短長。」一笑而罷。語雖鄙俚，亦一時機變也。

盧世榮部

綜述

《元史》卷二〇五《盧世榮傳》　盧世榮，大名人也。阿合馬專政，世榮以賄進，爲江西榷茶運使，後以罪廢。阿合馬死，朝廷之臣諱言財利事，皆無以副世祖裕國足民之意。有桑哥者，薦世榮有才術，謂能救鈔法，增課額，上可裕國，下不損民。世祖召見，奏對稱旨。至元二十一年十一月辛丑，召中書省官與世榮廷辨，論所當爲之事，右丞相和禮霍孫等守正不撓，爲强詞所勝，與右丞麥朮丁，參政張雄飛、温迪罕皆罷，復起安童爲右丞相，以世榮爲右丞，而左丞史樞，參政不魯迷失海牙、撒的迷失，參議中書省事拜降，皆世榮所薦也。

世榮既驟被顯用，即日奉旨中書整治鈔法，遍行中外，官吏奉法不虔者，加以罪。翌日，同右丞相安童奏：「竊見老幼疾病之民，衣食不給，行乞於市，非盛世所宜見。宜官給衣糧，委各路正官提舉其事。」又奏懷孟竹園、江湖魚課，及襄淮屯田事。越三日，安童奏：「世榮所陳數事，乞詔示天下。」世祖曰：「除給丐者衣食外，並依所陳。」乃下詔云：「金銀係民間通行之物，自立平準庫，禁百姓私相買賣，今後聽民間從便交易。懷孟諸路竹貨，係百姓栽植，有司拘禁發賣，使民重困，又致南北竹貨不通；今罷各處竹監，從民貨賣收税。江湖魚課，已有定例，長流採捕，貧民恃以爲生，所在拘禁，今後聽民採用。軍國事務往來，全資站驛，馬價近增，又令各户供使臣飲食，以致疲弊，今後除驛馬外，其餘官爲支給。」

既而中書省又奏：「鹽每引十五兩，國家未嘗多取，欲便民食。今官豪詭名罔利，停貨待價，至一引賣八十貫，京師亦百二十貫，貧者多不得食。議以二百萬引給商，一百萬引散諸路，立常平鹽局，或販者增價，官平其直以售，庶民用給，而國計亦得。」世祖從之。

世榮居中書未十日，御史中丞崔彧言其不可爲相，大忤旨，下彧吏按問，罷職。世榮言：「京師富豪户釀酒酤賣，價高味薄，且課不時輸，宜一切禁罷，官自酤賣。」明年正月壬午，世祖御香殿，世榮奏：「臣言天下歲課鈔九十三萬二千六百錠之外，臣更經畫，不取於民，裁抑權勢所侵，可增三百萬錠。初未行下，而中外已非議，臣請與臺院面議上前行之。」世祖曰：「不必如此，卿但言之。」世榮奏：「古有榷酤之法，今宜立四品提舉司，以領天下之課，歲可得鈔千四百四十錠。自王文統誅後，鈔法虛弊，爲今之計，莫若依漢、唐故事，括銅鑄至元錢，及製綾券，與鈔參行。」因以所織綾券上之。世祖曰：「便益之事，當速行之。」

又奏：「於泉、杭二州立市舶都轉運司，造船給本，令人商販，官有其利七，商有其三。禁私泛海者，拘其先所蓄寶貨，官買之；匿者，許告，没其財，半給告者。今國家雖有常平倉，實無所畜。臣將不費一錢，但盡禁權勢所擅産鐵之所，官立鑪鼓鑄爲器鬻之，以所得利合常平鹽課，糴粟積於倉，待貴時糶之，必能使物價恒賤，而獲厚利。國家雖立平準，然無曉規運者，以致鈔法虛弊，諸物踊貴。宜令各路立平準周急庫，輕其月息，以貸貧民，如此，則貸者衆，而本且不失。又，隨朝官吏增俸，州郡未及，可於各都立市易司，領諸牙儈人，計商人物貨，十分取一，以十爲率，四給牙儈，六爲官吏俸。國家以兵得天下，不藉糧餽，惟資羊馬，宜於上都、隆興等路，以官錢買幣帛易羊馬於北方，選蒙古人牧之，收其皮毛筋角酥酪等物，十分爲率，官取其八，二與牧者。馬以備軍興，羊以充賜予。」帝曰：「汝先言數事皆善，固當速行。此事亦善，祖宗時亦欲行之而不果，朕當思之。」世榮因奏曰：「臣之行事，多爲人所怨，後必有譖臣者，臣實懼焉，請先言之。」世祖曰：「汝言皆是，惟欲人無言者，安有是理。汝無防朕，飲食起居間可自爲防。疾足之犬，狐不愛焉，主人豈不愛之。汝之所行，朕自愛也，彼姦僞者則不愛耳。汝之職分既定，其無以一二人從行，亦當謹衛門户。」遂諭丞相安童增其從人，其爲帝所倚眷如此。

又十有餘日，中書省請罷行御史臺，其所隸按察司隸内臺。又請隨行省所在立行樞密院。世祖曰：「行院之事，前日已議，由阿合馬任智自私，欲其子忽辛行省兼兵柄而止。汝今行之，於事爲宜。」明日，奏陞六部爲二品。又奏令按察司總各路錢穀，擇幹濟者用之，其刑名事上御史臺，錢穀由部申省。世祖曰：「汝與老臣共議，然後行之可也。」

二月辛酉，御史臺奏：「中書省請罷行臺，改按察爲提刑轉運司，俾兼錢穀。臣等竊惟：初置行臺時，朝廷老臣集議，以爲有益，今無所損，不可輒罷。且按察司兼轉運，則糾彈之職廢。請右丞相復與朝廷老臣集議。」得旨如所請。壬戌，御史臺奏：「前奉旨，令臣等議罷行臺及兼轉運事。世榮言按察司所任，皆

長才舉職之人，可兼錢穀。而廷臣皆以爲不可，彼所取人，臣不敢止，惟言行臺不可罷者，衆議皆然。」世祖曰：「世榮以爲何如？」奏曰：「欲罷之耳。」世祖曰：「其依世榮言。」

中書省奏立規措所，秩五品，所司官吏，以善賈者爲之。世祖曰：「此何職？」世榮對曰：「規畫錢穀者。」遂從之。又奏：「天下能規運錢穀者，向日皆在阿合馬之門，今籍録以爲污濫，此豈可盡廢。臣欲擇其通才可用者，然懼有言臣用罪人。」世祖曰：「何必言此，可用者用之。」遂以前河間轉運使張弘綱、撒都丁、不魯合散、孫桓，並爲河間、山東等路都轉運鹽使。其他擢用者甚衆。

世榮既以利自任，懼怨之者衆，乃以九事説世祖詔天下：其一，免民間包銀三年；其二，官吏俸免民間帶納；其三，免大都地税；其四，江淮民失業貧困，鬻妻子以自給者，所在官爲收贖，使爲良民；其五，逃移復業者，免其差税；其六，鄉民造醋者，免收課；其七，江南田主收佃客租課，減免一分；其八，添支内外官吏俸五分；其九，定百官考課升擢之法。大抵欲以釋怨要譽而已，世祖悉從之。

既而又奏：「立真定、濟南、江淮等處宣慰司兼都轉運使〔司〕，以治課程，仍立條例，禁諸司不得追攝管課官吏，及遣人輒至辦課處沮擾，按察司不得檢察文卷。」又奏：「大都酒課，日用米千石，以天下之衆比京師，當居三分之一，酒課亦當日用米二千石。今各路但總計日用米三百六十石而已，其奸欺盜隱如此，安可不禁。臣等已責各官增舊課二十倍，後有不如數者，重其罪。」皆從之。

三月庚子，世榮奏以宣德、王好禮並爲浙西道宣慰使。世祖曰：「宣德，人多言其惡。」世榮奏：「彼入狀中書，能歲辦鈔七十五萬錠，是以令往。」從之。四月，世榮奏曰：「臣伏蒙聖眷，事皆委臣。臣愚以爲今日之事，如數萬頃田，昔無田之者，草生其間。臣今創田之，已耕者有焉，未耕者有焉，或纔播種，或既生苗，然不令人守之，爲物蹂踐，則可惜也。方今丞相安童，督臣所行，是守田者也。然不假之以力，則田者亦徒勞耳。守田者假之力矣，而天不雨，則亦終無成。所謂天雨者，陛下與臣添力是也。惟陛下憐臣。」世祖曰：「朕知之矣。」令奏行事之目，皆從之。

世榮居中書纔數月，恃委任之專，肆無忌憚，視丞相猶虛位也。左司郎中周戭與世榮稍不合，坐以廢格詔旨，奏而殺之，朝中凛凛。監察御史陳天祥上章劾之，大概言其「苛刻誅求，爲國斂怨，將見民間凋耗，天下空虛。考其所行與所言者，已不相副：始言能令鈔法如舊，弊今愈甚；始言能令百物自賤，今百物愈貴；始言課程增至三百萬錠，不取於民，今迫脅諸路，勒令如數虛認而已；始言令民快樂，今所爲無非擾民之事。若不早爲更張，待其自敗，正猶蠹雖除而木已病矣」。世祖時在上都，御史大夫玉速帖木兒以其狀聞，世祖始大悟，即日遣唆都八都兒、禿剌帖木兒等還大都，命安童集諸司官吏、老臣、儒士，及知民間事者，同世榮聽天祥彈文，仍令世榮、天祥同赴上都。

壬戌，御史中丞阿剌帖木兒、郭佑，侍御史白禿剌帖木兒，參政撒的迷失等，以世榮所伏罪狀奏曰：「不白丞相安童，支鈔二十萬錠。擅升六部爲二品。效李璮令急遞鋪用紅青白三色囊轉行文字。不與樞密院議，調三行省萬二千人置濟州，委漕運使陳柔爲萬户管領。以沙全代萬户甯玉戍浙西吴江。用阿合馬黨人潘傑、馮珪爲杭、鄂二行省參政，宣德爲杭州宣慰，餘分布中外者衆。以鈔虛，閉回易庫，民間昏鈔不可行。罷白酵課。立野麵、木植、磁器、桑棗、煤炭、匹段、青果、油坊諸牙行。調出縣官鈔八十六萬餘錠」。丞相安童言：「世榮昔奏，能不取於民歲辦鈔三百萬錠，令鈔復實，諸物悉賤，民得休息，數月即有成效。今已四閱月，所以不符所言，錢穀出者多於所入，引用儉人，紊亂選法。」翰林學士趙孟傳等，亦以爲「世榮初以財賦自任，當時人情不敢預料，將謂別有方術，可以增益國用。及今觀之，不過如御史所言。更張之機，正在今日。若復恣其所行，爲害非細」。

阿剌帖木兒同天祥等與世榮對於世祖前，一一款伏。遣忽都帶兒傳旨中書省，命丞相安童與諸老臣議，世榮所行，當罷者罷之，更者更之，所用人實無罪者，朕自裁處。遂下世榮于獄。十一月乙未，世祖問忽剌出曰：「汝於盧世榮有何言？」對曰：「近漢人新居中書者，言世榮款伏，罪無遺者，獄已竟矣，猶日養之，徒費廩食。」有旨誅世榮，封其肉以食禽獺。

雜録

備論

《國朝文類》卷一四陳天祥《論盧世榮姦邪狀》 竊惟御史臺受國家腹心之

寄，爲朝廷耳目之司，選置官僚，扶持國政，肅清風憲，鎮遏姦邪。卑職等在内外百司之間，伺察非違，知無不糾，非於人有宿讎私怨，而懷報復之心也。蓋於國家事體，所繫者大，臣子之分，不得不然。往者阿合馬，以梟獍之資，處鈞軸之重，内懷陰狡，外事欺謾。專擅朝權，收羅姦黨，子姪親戚，分制州軍，腹心爪牙，布滿中外。威福由己，生殺任情，稔惡之心，爲謀不淺。實賴聖上洪福，幸殞其命，妻子誅竄，無有孑遺。此乃前途之覆車，後人之明鑑也。於其貪暴，曠代罕聞，遺毒於今，未能湔洗。人思至元之初，數年之治，莫能忘也。

去春，安童大丞相自遠而還，天下聞之，室家相慶，咸望復膺柄用，再整宏綱，思仰治期，謂可立待。十一月二十八日，忽聞丞相果承恩命，復領中書省事，貴賤老幼，喜動京師。繼而知有前江西道榷茶轉運使盧世榮者，亦拜中書右丞，中外諠譁，皆云彼實阿合馬黨人，乃當時貪横之尤者。訪其根因來歷，往往能道本末之詳。今自罪廢中僥倖崛起，率爾驟當宰相之任，分布黨與，内外連結，見者爲之寒心，聞之莫不驚駭。斯乃生民休戚之所關，國家利害之所繫，事之大者，莫大於此。卑職食禄居官，任當言路，舍此不言，將復何用？且宰相之於國家，猶棟梁之於巨室也，所居職任，荷負非輕，非有才望厭服人心，必致將來傾覆之患。《易》曰：「開國承家，小人勿用，必亂邦也。」《傳》曰：「小人之使爲國家，菑害並至。雖有善者，亦無如之何。」由是言之，置立相臣，寧容不審？

彼盧世榮者，素無文藝，亦無武功。實由趨附賊臣阿合馬，濫獲進用。始憑商販之資，圖欲白身入仕，輿臟輦賄，輸送其門。所獻不充，又别立與欠少課銀一千定文卷，買充江西道榷茶轉運使。其於任所，靡有不爲，所犯臟私，動以萬計。其隱祕者，固難悉舉，惟發露者，乃可明言。凡其取受於人，及所盜官物，通計鈔二萬九千一百一十九定，金二十五定，銀一百六十八定，茶引一萬二千四百五十八引，馬一十三疋，玉器七件，其餘繁雜物件，今皆不録。已經追納到官，及未納見合追徵者，俱有文案，人所共知。今竟不悟前非，狂悖愈甚，以苛刻爲自安之策，以誅求爲干進之門。既懷無厭之心，廣設貪奪之計。而又身當要路，手握重權，雖其位在丞相之下，朝省大政，實得專之。是猶以盜跖之徒，掌阿衡之任，不止流殃於見代，亦恐取笑於將來。朝廷信其虚誕之説，用居相職。名爲試驗，實授正權。校其[所]能，敗闕如此，考其[所]行，毫髮無稱。斯皆既往之真蹤，可謂已然之明驗。若謂必須再試，止可叙以他官，宰相之權，豈宜輕授？夫宰天下，譬猶製錦。初欲驗其能否，先當試以布帛。如無能效，所損或輕。今乃捐相位試驗賢愚，亦猶捨美錦校量工拙，脱致隳壞，悔將何追？雖有良工在傍，亦莫如之何矣。今也丞相以孤忠在上，渠輩以同志合從。中間縱有二三善人，勢亦安能與彼相抗？惟以一齊人之語，寧堪衆楚人之咻？終恐事效無徵，同歸不勝其任。

自古國有名賢，不能信任，而爲群小所沮，以致大事隳廢者，多矣。如樂毅之於燕，屈平之於楚，廉頗之爲趙將，子胥之爲吴臣，漢蕭望之、楊震之流，唐陸宣公、裴度之類，千數百年之後，讀其傳，想其人，無不斂容而長嘆者。今丞相亦國家之名賢也。時政治與不治，民心安與不安，繫在丞相用與不用之間耳。又如玉昔帖木兒大夫、伯顔丞相，皆爲天下之所敬仰，海内之所瞻依者，朝廷果實專任此三名相，事無大小，必取決而後行，無使餘人有所沮撓，仍須三相博採衆議，於内外耆舊之中，取其聲望素著、衆所推尊者，爲之參贊，則天下之才悉展効用，能者各得盡其能，善者皆得行其善，此誠厚天下之大本，理天下之大策，爲今致治之方，莫有過於此者，又安用掊克者在位，倚以爲治哉？如以三相總其綱領，群才各得其職，下順民欲，上合天心，兆庶之氣既和，天地之和斯應。天地交而品物遂，風雨調而年事稔，上天所賜，獲益良多。若聽聚斂之人，專爲刻剥之計，民力既困，國用遂空，兆庶誠有慘傷，天地必生災異。水旱相仍，螟蝗作孽，年歲荒窘，百姓流離。於其所損，亦豈輕哉？

愚嘗推校古今事理，國家之與百姓，上下如同一身。民乃國之血氣，國乃民之膚體。血氣完實，則膚體康强；血氣損傷，則膚體羸病。未有耗其血氣，能使膚體豐榮者。是故民富則國富，民貧則國貧，民安則國安，民困則國困，其理然也。昔魯哀公欲重斂於民，問於有若，對曰：「百姓足，君孰與不足？百姓不足，君孰與足？」以此推之，民必須賦輕而後足，國必待民足而後豐。《書》曰：「民惟邦本，本固邦寧。」歷考前代國家，因其百姓富安以致治，百姓貧困以致亂，自有天地以來，未之聞也。薄賦輕徭者，天下未嘗不安也。急征暴斂者，天下未嘗不危也。故孟獻子曰：「與其有聚斂之臣，寧有盜臣。」誠以爲聚斂之患，過於盜賊，蠹國害民，莫斯爲甚也。

夫財者，土地所生，民力所集，天地之間，歲有常數。惟能取之有節，故其用之不乏。今盧世榮欲以一歲之期，將致十年之積，危萬民之命，易一己之榮，廣邀增羨之功，不恤顛連之患。期錙銖之悉取，帥上下以交征。視民如讎，爲國斂

怨。果欲不爲國家有遠慮，惟取速效於目前，肆意誅求，何所不得。然其生財之道，既已不存；斂財之方，亦何所賴？將見民間由此凋耗，天下由此空虛，安危利害之機，殆有不勝言者。計本人任事以來，百有餘日，驗其事迹，備有顯明。今取本人所行與所言，已不相副者，昭舉數事：始言能令鈔法如舊，鈔今愈虛。始言能令百物自賤，物今愈貴。始言課程增添三百萬定，不取於民，而能自辦，今却迫脅諸路官司，勒令盡數包認。始言能令民皆快樂，凡今所爲，無非敗法擾民之事。既及於民者，民已不堪其生，未及於民者，民又難爲後慮。若不早有更張，須其所行自弊，蠹雖除去，木病已深。始嫌曲突移薪，終見焦頭爛額。事至於此，救將何及？

所謂早有更張者，宜將本人移置他處，量與一職，待其行事果異於前，治政實有成效，然後陞用，未以爲遲。不使驟專非分之任，無令致有橫侈之權。則朝廷無將來後悔之患，本人無阿合馬喪家之禍，君父、臣子之間，上下兩全其美，非惟國家之幸，實亦本人之大幸也。彼心能自審此，卑職必不是憎。如或不然，亦何敢避？愚亦知阿附權要，則寵榮可期；違忤重臣，則禍患難測。緘默自固，亦豈不能？正以事在國家，關繫不淺，憂深慮切，不得無言。又況阿合馬事敗之後，朝臣以當時不言之故，致蒙聖旨詰讓者多矣。今卑職忝預言官，適值有此，若復默無一語，實有懼於將來。正須盡此愚直之心，庶免知而不言之責。既已言矣，敬聽所裁。俯伏於兹，待罪而已。

海都部

綜述

曾廉《元書》卷四二《海都傳》 合失大王早薨，子曰海都大王。憲宗廢失烈門而自立，分置太宗子孫於西邊，海都分地曰海押立，其南則别失八里，合丹地也；其北也兒的石河爲滅里地，葉密立爲脱脱地；其西曲兒只爲别兒哥地，别兒哥，不知何所出也。海押立有泊，多水草，可遊牧漁獵。而海都心以太宗子孫失位，不得君天下，居常怏怏。

憲宗六年，遣斷事官石天麟使於海都，海都留之。七年，仍分汴梁在城户爲其食邑，海都未嘗受。及憲宗崩，而合丹推戴世祖正位，海都亦不善也。會阿里不哥與世祖争立，諸王皆觀望，互有攜貳。海都思乘其釁以收利，已而阿里不哥敗不振，海都遂決意稱兵。然世祖念親親，厚其歲賜。至元二年，又改食以蔡州三千八百户，遣鐵連通好焉。海都終不顧。三年，遂攻畏吾兒，虜其民。五年，又舉兵南行。世祖乃親擊之於北庭，敗之。海都則遁去絶亦列河，至阿力麻里。世祖又追之，則又絶也兒的石河北遁。自是海都乃遷於金山之陰，爲牙帳。金山者，國語曰按台山者也。

海都雄果有略，善用兵，故兵繁而鋭，世祖患之。十二年，既南伐宋，乃詔北平王那木罕、右丞相安童鎮阿力麻里備邊。亦會河平王昔里吉煽西道諸王以叛世祖，而欽察王拔都忙哥帖木兒已薨，再嗣王篤哇及于闐王阿魯忽皆應海都。於是太祖、太宗、定宗、憲宗諸王皆海都黨，西自蒲昌海，北自也兒的石、龍骨河，又西舍波斯阿八合之國，皆非朝廷有也。篤哇尤驍桀，每與海都相犄角，故勢益張。然海都明事勢，世祖遣昔班復使海都，海都既久弄兵，不能得尺寸地，又知世祖已定天下，亦即欲罷兵，乘驛入朝。以安童襲破大名王禾忽部曲，忿而止。昔里吉執北平王及安童以通於海都，則海都弗納也。其後昔里吉被執，阿魯忽亦來歸，海都獨深念以屈伏爲恥，則益思逞兵以爲壯，遂與篤哇屢連兵南犯，攻殺駙馬高昌亦都護火赤哈兒於哈密力，復西擾别失八里。威遠王阿只吉不能禦，於是乃命同知樞密院事伯顔帥師以備西邊。海都與伯顔戰於洪水山而敗，然猶禽都元帥綦公直以歸。其後帝增命皇孫甘麻剌及成宗及丞相朵兒朵海嚴備北邊，而乃顔大王復以東方諸王叛，海都則常遣人擾邊，而自將大軍踰金山以犯和林。和林宣慰使怯伯等皆反應之，復敗皇孫甘麻剌於沆海嶺。帝已發六師親征，聞甘麻剌敗，海都已去而還。

明年，海都兵復至阿力麻里，朵兒朵海之師不戰潰，玉木忽兒、明里帖木兒遂虜牙忽都王妻孥輜重以去。帝乃復命伯顔視師和林。伯顔連敗明里帖木兒之兵，而知海都雄勇難角力，必以計取之。海都至則陽退，欲深入而覆之。俄而以御史大夫玉昔帖木兒代伯顔帥，而諸將亦謂伯顔怯，必急戰，遂失海都。然自是海都亦知戒，不鋭進，兵亦日怠。明年，成宗立，諸叛王多反正。欽察都指揮使牀兀兒大破海都兵於塔魯忽河。帝命海山太子總兵北邊，以備海都。太子與海都戰於闊别列。明年，又戰於迭怯里古，又戰於合剌合塔，皆太子親身陷陣，牀兀兒及蒙古都萬户囊家台、前衛親軍都指揮使玉哇失喋血出入，争勝負。海都卒不得志，鬱鬱去，遂死。子曰察八兒領其衆。於是，太師月赤察兒知海都之死也，急乘其喪掩取其部十萬餘口。

先是，篤哇惟恃海都爲大援，故敢自雄。及察八兒嗣海都，篤哇知察八兒非健者也，乃首請歸朝，並慫察八兒同遣使焉。已而太子立爲武宗，篤哇封王，物故。月赤察兒建議處降人於金山之陽，而以己軍屯田山北，厚撫篤哇子寬徹，以離察八兒，語在《博爾忽傳》。於是，察八兒乃來朝，諸王畢會。是時，骨肉搆兵四五十年矣，漠北空地數千里，居民七十萬，寓居雲、朔間。北方平，天子喜爲之告祀太廟，而大宴諸王於殿，酒酣，爲陳宗藩始終離合之由，去逆效順之義。於是諸王莫不傾服，知樞密院事康里脱脱用同官只兒合忽之辭也。

雜録

備録

閻復《静軒集》卷三《樞密句容武毅王碑》 宗室海都，粤自先朝畔涣朔方。

國家根本之地在北，詔遣皇子北平王率諸王鎮守之。至元十四年，諸王脱脱木、失烈吉叛，北平諸部暨祖宗所建大帳盡爲所掠。公請爲國宣力，率兵討叛。【略】夏六月，聞敵駐秃兀剌河，馳河上，追奔逐北，三宿而後返。秋八月，復敗敵于斡歡河，獲所掠祖宗大帳，北平部衆悉追還之。【略】

二十六年春，從皇孫晉王征海都。夏六月，兵抵杭海嶺，敵先據險，我師失利，爲敵所薄，軍士隨潰，公一軍獨前，鏖戰久之，翼衛晉王而出。【略】

二十九年秋，略地金山，虜海都之黨三千餘户，還駐和林。

三十年春，有詔進取乞里吉思，師次欠河，冰行數晝夜，至其境，盡收五部之衆，屯兵鎮守之。【略】夏五月，海都聞公取乞里吉思，引兵至欠河，復爲公所敗。【略】

元貞二年秋，宗室諸王附海都者率衆來歸，邊民驚擾，往往逃匿山谷，公率兵直抵金山玉龍罕界，饋餉資糧，安集衆庶。導諸王岳朮忽等入朝。

虞集《道園學古録》卷二三《句容郡王世績碑》 大德元年，【略】有詔：「創兀兒世其父官，領北征諸軍。」【略】帥師踰金山，攻八鄰之地，【略】盡得其人馬廬帳。還次阿雷河，與孛伯拔都之軍相遇，孛伯拔都者，海都所遣援八鄰者也。【略】急擊敗之，追奔三十餘里，孛伯僅以身免。

二年，北邊諸王都哇、徹徹秃等潛師急至，襲我火兒哈秃之地。【略】盡覆其軍，斂遁者無幾。【略】

是時，武宗在潛邸領軍，朔方軍事必咨于王及戰，王常爲先，付託甚重。【略】

五年，海都之兵又越金山而南，止于鐵堅古山，因高以自保。王以其軍馳當之，既得平原地，便於戰，乃并力攻之，敵又敗績。都哇之兵西至，與大軍相撓於兀兒秃之地，王又獨以其精鋭馳入其陣，【略】所殺不可勝計，而都哇之兵幾盡。【略】

九年，都哇、察八兒、明里帖木兒等諸王相聚而謀曰：「昔太祖艱難以成帝業，奄有天下，我子孫乃弗克靖以安享其成，連年動兵相殘殺，是自傷祖宗之業也。今撫軍鎮邊者，吾世祖之嫡孫也，吾與誰家爭哉？【略】不若遣使請命罷兵，通一家之好，使吾士民老者得其養，少者得其長，傷殘疲憊者得其休息焉，則亦無負太祖之所望於子孫者矣。」使至，上深然之。于是，明里帖木兒等罷兵入朝，時爲置驛以通往來。

何秋濤《朔方備乘》卷三四《元代北徼諸王傳・元諸王海都傳》 海都，合失子，太宗諸孫。合失早死，海都嗣封。憲宗之世，忌諸王修怨於太宗，遷蒙哥都、脱脱、合丹、蔑里等於遠，亦遷海都於金山北之海押立。以是諸王咸怨，有二心。憲宗六年，令諸王還所部，遣斷事官石天麟使海都，海都拘留不遣。海都所封地在金山以北，爲今俄羅斯東境錫伯利部地，東距昂噶拉河，西距額爾齊斯河，北抵北海。海都恃其險遠，有跋扈志。世祖即位，以合丹有勸進功，推恩太宗諸王，加賜金帛，海都與焉。至元元年，西北諸王率所部來歸，而憲宗諸王以阿里不哥構亂，不自安，河平王昔里吉煽惑諸王，海都遂掠畏兀兒，虜其民。十一年追海都所給金銀符，朝議欲用兵，世祖曰：「宗室也，惟當懷之以德。」命平陽馬步站達魯花赤鐵連往覘之。至則海都與之宴，酒半，鐵連求衣爲歡。海都將解衣，其妃止之，畀皮衣二襲。歸白世祖曰：「海都兵繁而鋭，不宜速戰，來則堅壘，去則勿追。」世祖然其計。十二年，皇子北平王那木罕、右丞相安童與牙忽都備邊於阿力麻里。八魯渾拔都兒粘閩與海都通，牙忽都擒之，昔里吉遂誘諸王叛。從之者曰脱鐵木兒、曰要木忽兒、曰撒里蠻，曰扎剌忽，曰火魯火孫，曰禾忽，曰忽魯帶，曰兀魯思不花，曰乃蠻帶，曰斡羅思，曰失班，曰也孫秃阿，曰揑坤，曰忽都荅兒，曰秃滿，曰阿魯灰，曰秃曲滅，曰秃魯干，曰闊闊帶，曰哈丹。又有從哈丹者，曰阿秃，曰訥荅兒，曰聶怯來，曰朵列秃，曰八里帶，曰斡里羅忽里帶。從阿秃者，曰朵羅帶，曰脱迭出，曰抄兒赤，曰合麥。安童攻禾忽，獲其輜重，諸叛王報之，合兵攻北平王，擒牙忽都。世祖命宗正府札魯花赤昔班諭海都罷兵。海都以釁由安童，不從。

十四年七月，昔里吉劫北平王，械繫安童以入。海都掠憲宗所御大帳。世祖始決意用兵，詔宗王别里鐵穆兒、右丞相伯顔率師。忽魯帶來歸，與伯顔軍合擊之於斡兒罕河，牙忽都逃歸。西域于闐王阿魯乎亦叛應海都。十九年，撒里蠻悔過，執昔里吉來歸，乃蠻帶亦降。二十一年，牙忽都與土土哈得海都諜人，知其虛實，衝其精兵，海都敗走，得所俘掠軍民，迎北平王、安童、石天麟還。是時乃顔反遼東，海都伺其隙。二十五年六月，海都遣將暗伯著暖犯業里干淖爾。冬，又數犯邊，拔都也孫脱死之。於是成宗鎮金山，前衛親軍都指揮使玉哇失從甯遠王闊闊出、丞相朵兒朵懷擊海都軍，復擊其將八憐。八憐敗，海都復使秃苦馬領精卒三萬，據撒剌思河以拒，玉哇失率善射三百人却之。二十六年六月，海都兵至和林，宣慰司怯伯、同知乃滿帶、副使八里鐵兒皆叛應海都，

北鄙大震。七月，世祖親征，皇孫晉王抵杭海，戰利，車駕歸。明年海都又入寇，官軍不戰而潰。二十九年，諸王明里帖木兒叛從海都，伯顔敗之於阿撒忽禿嶺，會有譖伯顔與海都通者，御史大夫玉昔帖木兒代之。未上而海都又至，伯顔欲誘之深入，且戰且行七日，衆不可，海都遂脱去。是年秋，土土哈略地金山，獲海都之户三千餘，詔土土哈進取乞里吉思。三十年春，王師次謙河，海都引兵至，虜都阿思之民。

元貞初，海都犯土番界。大德元年，土土哈之子牀兀兒北征，踰金山，至荅魯忽河，敗其將帖良古，追奔五十里，還次阿雷河，與海都援師孛伯遇，孛伯陣河上高山，牀兀兒渡河擊敗之，追奔三十餘里。五年，海都與土哇大入。八月朔，戰於鐵堅古山，越二日海都悉衆來，戰於合剌合塔，王師失利。明日復戰，官軍分爲五，爲海都所乘，囊加台以勇敢千人衝之，乃退。其明年海都又犯邊，不得志去。旋死。諸叛王多先後降，土哇亦内附。海都子察八兒因請和。十一月，遣諸王滅怯禿、玉龍鐵木兒使於察八兒。使至，賜幣六百匹。九年，又與土哇遣使，至，賜銀千四百兩，鈔七千八百餘定。自海都創亂，其民七十餘萬散居雲朔間，北邊不靖者垂五十年。至大三年，尚書省言：「昔世祖有旨，以叛王海都分地五户絲爲幣帛，俟彼來降，賜之。藏二十餘年。今其子察八兒向慕德化，歸覲闕廷，請以賜之。」帝曰：「世祖謀慮深遠若是，待諸王朝會頒賞既畢，卿等備述其故，然後與之，使彼知愧。」六月壬申，察八兒來朝，詔設宴大庭，諸王大臣被宴服就列。康里脱脱即席陳西北諸藩始終離合之由，去逆效順之義，且告祀太廟。延祐二年，封察八兒爲汝甯王，置王傅官。察八兒薨，子完者帖木兒嗣。完者帖木兒薨，子忽剌台泰定元年嗣汝甯王。泰定帝殂，爲其太子起兵拒文宗，兵敗，走，不知所終。

洪鈞《元史譯文証補》卷一五《海都補傳》 海都，太宗諸孫合失子。太祖征西夏，合失生，太祖凡五征西夏，不知何役，當是在前。西夏爲河西地，蒙古稱河西音似合失，轉音爲合申，名以合失，志武功也。合失嗜酒早卒，太宗痛之，自此蒙古人諱言河西，惟稱唐古特。西夏立國始唐時，曾賜國姓，系以唐代，志所自始也。憲宗二年，定太宗后王分地，遷海都于海押立，其地在金山南，天山北，巴勒噶什淖爾之東南。詳海押立考。《朔方備乘・海都傳》云：「憲宗十六年，令諸王還所部，遣石天麟使海都，海都拘留不遣。」案《元史》：「是年，帝會諸王于欲兒陌哥都。六月，幸台亦兒阿荅，以宋人違命囚使，會議伐之。七月，命諸王各還所部以居。」明是來會，後令還部。何氏單引此一語，殆誤會史文耶？

海都自以太宗子孫不得嗣大位爲憾，而憲宗奪太宗后王兵柄，志不得逞。憲宗六年，斷事官石天麟使北邊，爲所留。此出《石天麟傳》。世祖初元，阿里不哥僭號，海都附之，繼攻宗王阿魯忽，爲所敗。阿里不哥歸命于朝，海都仍自擅于遠，屢使徵召，皆以馬瘦道遠爲解。世祖初即位，推恩太宗諸王，亦賜海都金帛。至元二年，分四親王南京屬州，以蔡州隸海都，然海都有異志，區區分地歲賜，非所慕也。權智過人，善于籠絡，朮赤后王如伯勒克等，咸與善，太宗分地在葉密爾河者，亦多屬之。其後禾忽即從叛，可以爲証。以上有《元史》，有西書。海都居地與察合台后王封境接壤，至元三年，察合台孫阿魯忽薨，其妃倭耳干納立謨拔來克沙，前王合剌旭烈之所生也。察合台孫八剌在朝，世祖命歸國輔治，思籍其力控制海都。八剌既至，廢謨拔來克沙，旋與海都戰于錫爾河，敗其衆，掠人畜無算。而朮赤后王忙哥帖木兒助海都兵，回攻而勝，八剌退至錫爾河南，西域語曰麻費兒俺那爾，義爲過河之地。脅布哈爾、撒馬爾干民户輸助軍[illegible]，備再戰。太宗諸孫奇卜察克自海都處至，爲之和解罷兵，而布哈爾等地，海都亦分其歲入，八剌攻西域宗王阿八哈，海都亦助兵。既渡阿母河，海都兵先歸。詳《阿八哈傳》。他西人書謂海都陰告其將，相機行事，故先離去。至元七年，八剌戰敗而歸，旋薨。察合台孫尼克伯嗣，九年，攻海都，隕于陣。察合台四世孫托咯帖木兒嗣，旋薨。海都輔立八剌子篤哇，得其助，由是叛命犯邊。以上詳見《察合台諸王傳》。

先是，海都叛跡漸著，廷議伐之，世祖曰：「宗室之情，惟當懷之以德。」遣平陽馬步站達魯花赤鐵連爲使，令先詣忙哥帖木兒所，相與計事而後行。鐵連先詣海都，海都與宴，嘉其雄辨，厚贈之，遂至忙哥帖木兒所，具告以故，王曰：「祖宗有訓，叛者人得誅之，如通好不從，奉師以行天罰，我即外應掩襲，剿絶不難矣。」鐵連還，悉以事聞，因言于帝曰：「海都兵繁而鋭，不宜速戰。來則堅壘待之，去則勿追，自守既固，則無虞矣。」帝然其言。此據《元史・鐵連傳》。觀多桑《阿八哈傳》言忙哥帖木兒兵至，海都御之，八拉克乘機侵並分地，海都乃乞和于忙哥帖木兒，而攻八拉克。先敗，復得忙哥帖木兒助兵五萬，以敗八拉克。據此忙哥帖木兒先固奉命討叛，繼乃改節與和。《鐵連傳》謂海都覘伺拔都王爲備已嚴，意乃帖然。統稽《元史》、西書，世祖從未得忙哥帖木兒之助，鐵連告帝之言，僅謀自守，亦與忙哥帖木兒東西夾攻之計不符。果如王言，海都豈能兼支兩大？《元史・牙忽都傳》：「至大三年，察八兒來歸，牙忽都進曰：『今陛下洪福齊天，拔都罕之裔首已附順，叛王察八兒舉族來歸。』」特揭拔都罕歸順，何所指耶？

恐是《鐵連傳》未盡得實，而多桑所言，本于《元西域史》，殆不誣也。然忙哥帖木兒雖討海都，而旋與和，且助以兵敗八剌，此據西書增入。海都由是無西顧憂。

至元十二年，海都、篤哇以十二萬衆圍畏兀兒王火州城，久始解。《巴而术阿而特的斤傳》，謂索女而去，西書謂援兵至乃解。於是敕追海都、八剌金銀符，見本紀，其時八剌已没，其子篤哇以叛，故追其符也。《元史・地理志》阿力麻里下注：「至元五年，海都叛，舉兵南來，世祖逆敗之于北庭，又追至阿力麻里」云云。《元史類編》據以增入五年本紀。今考紀傳，皆無是事，追符之命，乃在十二年，不知此注所本。命丞相安童輔皇子北平王那木罕備邊于阿力麻里，《元史》三年六月，已有北平王之封，疑出鎮在十二年之前。西書更有世祖子闊闊出。昔里吉、托克帖木兒諸王咸從。《元史》有脱鐵木兒，必即托克帖木兒，西書未言爲何王之裔，又言從軍者有七王。世祖先命宗正府札魯花赤昔班使海都，令罷兵置驛來朝，海都聽命。既退軍，而丞相安童軍已克禾忽大王部曲，盡獲其輜重，海都懼，將逃，謂昔班曰：「我不難殺汝，念我父嘗受書于汝，姑遣汝歸，以安童之事聞，非我罪也。」此據《昔班傳》。細審《元史》、西書，諸叛王之刦北平王，實與海都不謀，故本紀言海都弗納，先已退軍之説，殆不誣也。

是時托克帖木兒有異志，思叛朝廷，而奉昔里吉，合謀夜劫那木罕營，並獲安童，遣使通好于海都，海都不納。西書云：以那木罕、闊闊出交忙哥帖木兒，以安童交海都。《元史》無考，故删。海都弗納，據本紀增入，觀下伯顏之戰，《元史》、西書皆未言及海都合，而不合情形顯然。諸王叛者相屬，西書謂太宗後人及察合台别子後裔皆叛。世祖命伯顏北征，諸王忽魯帶帥其屬來歸，與伯顏軍合，此本《元史》。擊昔里吉于斡兒罕河。西書作鄂爾坤河，則當在和林矣。相持既久，俟其懈，麾軍爲兩隊，破之。諸王牙忽都先亦被執，至是脱歸。《伯顏傳》與西書所記略同，惟傳謂相持終日，西書謂多日，爲異。傳下云：昔里吉走死，則誤矣。牙忽都逃歸，本《牙忽都傳》。昔里吉遁也兒帖石河，托克帖木兒遁乞兒吉思，伯顏襲奪托克帖木兒輜重，昔里吉不能援，托克帖木兒以爲怨，遂附于撒里蠻，西書音似撒兒班。又云：將奉以爲主，使告海都、忙哥帖木兒。案：史表撒里蠻爲憲宗孫玉龍答失子，多桑云是察合台子，殆誤。脅阿里不哥之子要木忽兒來從，西書音似要部庫兒。要木忽兒不從而戰，托克帖木兒敗遁被獲，要木忽兒勸昔里吉殺之。托克帖木兒善戰，好乘白馬，謂戰血濺白馬，如婦女之施朱也。托克帖木兒既死，撒里蠻無助，昔里吉取其兵，拘撒里蠻以致于术赤后王。名曰庫赤，無考。經烏斯勘之地，撒里蠻舊部來奪之，圍攻昔里吉。將戰，昔里吉部衆叛，遂被擒，亦擒要木忽兒，將獻于朝而來歸。東經帖木哥、斡赤斤部地，其后王受要木忽兒之賂，中道劫之，當即乃顔，西書謂乃顔爲斡赤斤後人。僅以昔里吉來獻，世祖賜撒里蠻以地及軍士，流昔里吉于海島，未久卒。以上皆出西書，撒里蠻執昔里吉來歸，見《元史》，而西書記事特詳。《李庭傳》：「諸王昔里吉脱脱木兒反，庭襲擊生獲之，啓皇子只必帖木兒，賜之死。」與記傳多不合，其下又云：「十四年入朝，世祖勞之。」昔里吉之叛，即在十四年，安得于十四年之先，被獲賜死，此傳誤甚。要木忽兒旋入海都，其後來歸。

至元二十一年，牙忽都與土土哈得海都諜人，知其虚實，破其精兵，海都敗走，得所俘掠軍民。此本《牙忽都傳》。是年，北平王與安童等歸。西書但云那木罕後被釋，本紀但云至自北邊。《石天麟傳》云：「語以宗親恩義，及臣子逆順禍福之理，海都悔悟，遣天麟與北安王同歸。」則明非牙忽都、土土哈戰勝迎回也。《朔方備乘》恐失事實。二十二年，海都犯邊，土土哈與大將朶兒奔哈共禦之。二十四年，宗王乃顔叛于遼東，諸王合丹、都勢兒應之，西書云：乃顔爲斡赤斤五世孫，合丹爲哈准四世孫，辛都兒爲术赤哈薩兒四世孫。考諸王表，斡赤斤位下無乃顔，哈准位下第二代有合丹，哈薩兒第二代有勢都兒，當即辛都兒。本紀二十四年六月，「諸王失都兒所部鐵哥，率其黨取咸平府，渡遼，欲劫取豪懿州。七月，乃顔黨勢都兒犯咸平。」皆即其人。《元史》諸王表舛漏殊甚，未可以斷西書之非。約海都相犄角，海都亦允助兵。此出西書，云乃顔等之叛，由海都唆之。世祖恐其合，令伯顔在和林阻遏之，親征乃顔。自江南浮船入海，至遼河，以運軍糈，《羅壁傳》可証。軍疾行二十五日，即至其境，分二軍，蒙古軍以玉惜帖木兒統之，西書作亦速帖木兒，云是博爾术孫，與史傳合。漢軍以李庭統之。史傳尚有董士選，西書無之，蓋李庭爲首將也。及遼河，遇其衆，乃顔軍以車環衛爲營。王師三十營，間以漢軍步隊，皆執長矛大刀，軍進退時，與騎卒共乘一馬，及敵則下騎先進。《董士選傳》：「乃顔軍飛矢及乘輿前，士選等出步卒横擊之，其衆敗走。」是役以漢軍步隊制勝，西書記兵制特詳。世祖乘輿駕四象，輿有戰臺，置中軍旗鼓，戰自晨至午，破其衆，獲乃顔誅之。西人謨克波羅時在中國，其書云：乃顔此時不過三十歲。又云：乃顔喜天主教，世祖軍中有許多天方教、猶太教人，多咒其信奉異教。車駕還京，命皇孫帖木兒暨玉惜帖木兒、土土哈、李庭等留討合丹、勢都兒。此下西書記敗金家奴，及貴烈河之戰，略與《元史》同，不載。

二十五年正月，海都犯邊。六月，其將暗伯著煖犯葉里干淖爾，管軍元帥阿里帶戰却之。秋，篤哇犯邊。冬，海都又數犯邊。皆見本紀。海都戰事，西書不如《元史》之詳，惟云是時以杭海山南大戈壁爲界，王師七軍屯界上，數與海都戰，而伯顔駐和林爲重鎮。於是皇孫帖木兒鎮金山，前衛親軍都指揮使玉哇失從寧遠王闊闊出，丞

相朶兒朶哈擊海都軍，破之，復擊其將八憐，八憐敗。海都使禿苦馬領精卒三萬，據撒剌思河以拒，玉哇失率善射三百人却之。二十六年，海都兵至和林，宣慰司怯伯、同知乃滿帶、副使八黑鐵兒皆叛應海都，北鄙大震。七月，世祖親征。皇孫晉王抵杭海，戰不利，車駕歸。明年，海都又入寇，時朶兒朶哈方居守大帳。詔遣牙忽都同力備御，軍未戰而潰。二十九年，諸王明里帖木兒叛從海都，伯顏敗之于阿撒忽禿嶺。會有譖伯顏與海都通者，御史大夫玉惜帖木兒代之，未幾而海都又至。伯顏欲誘之深入，且戰且行，七日，衆不可，海都遂脱去。是年秋，土土哈略地金山，獲海都之户三千餘，詔土土哈進取乞兒吉思。三十年春，王師次謙河，海都引兵至，虜都阿思之民。都阿思無考。成宗元貞初，海都犯西番界。大德元年，土土哈之子床兀兒北征，踰金山，至荅魯忽河，敗其將帖良古，追奔五十里，還次阿雷河，與海都援師孛伯遇，孛伯陣河上高山，床兀兒渡河擊敗之，追奔三十餘里。二年，篤哇、徹徹禿等潛師襲火兒哈禿，床兀兒覆其軍。然是年防秋將帥，懈不爲備，而敵掩至，附馬闊里吉思以無援，兵敗被執。五年，海都、篤哇大入，八月朔，戰于鐵堅古山。《武宗本紀》系迭怯里古。越二日，海都悉衆來，大戰于合剌合塔，王師失利。明日復戰，官軍分五隊，爲海都所乘，囊加歹以千人衝之，乃返。床兀兒與篤哇相持于兀兒禿之地，殺篤哇兵幾盡。以上皆見紀傳。瓦薩甫紀是役爲海都勝，而《床兀兒傳》推爲戰勝功第一。本紀六年五月，「謫和林潰軍征云南。其戰傷而歸，及嘗奉晉王令旨，諸王永和爾令旨免者，不遣。七年五月，以大德五年戰功，賞北師銀鈔幣帛。」據本紀以觀，則王師敗于海都而床兀兒一軍勝篤哇也。海都得勝而歸，旋死。

海都于至元二十七年，遣子阿部干等，率兵助西域叛將尼佛魯慈擾呼拉商，後乃敗退，見阿魯渾等傳。朮赤子倭爾達之曾孫那延與族人貴烈克相戰爭，海都、篤哇助貴烈克，於是那延亦與海都、篤哇戰，凡十五役，那延勢不支。其時成宗已即位，那延遣使入朝，思請王師與旭烈兀后王三面合攻海都、篤哇，成宗將允，議親征爲掃穴犁庭之計，太后闊闊真謂帝遠出，往返須二三載，恐中原有變，止之。帝乃遣使歸，謝以徐議。史無考。朮赤後人事實絶少，得此點綴，物罕見珍。案：世祖時，即用鐵連「來則堅壘，去則弗追」之計，故王師迄未深入，今欲一鼓盪平，自非大舉親征不可。西書此説，似非無理。成宗太后亦名闊闊真，見《徽仁裕聖皇后傳》，亦非無據。多桑云：拉施特紀中國可汗事，至此而止。迨海都死，篤哇請内附，海都子察八兒亦請和。七年十一月，遣諸王滅怯禿、玉龍帖木兒使于察八兒。八年，察八兒使至，賜幣六百錠。九年又與篤哇遣使至，賜銀千四百兩，鈔七千八百餘錠。此本《元史》。

初，海都之卒也，或欲立其子烏魯斯，當即《武宗本紀》之叛王。篤哇以己之得國由于察八兒，故亦助察八兒嗣位。其後篤哇子也先不花等與察八兒子弟構釁戰争，因是二人亦失歡。大德十年，戰于忽氈、撒馬爾干中路，察八兒敗。再戰，篤哇敗，乃與察八兒議和，議有成矣，部衆多散處，而篤哇攻其不備，遂躪察八兒所轄塔剌斯、畢那克特等地。畢那特在錫爾河濱，見西域上傳，多桑此處稱畢匿基。又有昆逐、克扯克兒兩地，無考。其時武宗鎮金山，亦襲察八兒所部于也兒的石河，盡俘其家屬營帳，餘衆悉潰，察八兒僅以三百人奔篤哇，潰衆亦多歸于篤哇。《武宗本紀》：「大德十年，踰阿勒臺山，追叛王烏魯斯，獲其妻孥輜重。八月，至也里的失之地，受諸降王明里帖木兒等降，海都子察八兒逃篤哇部，盡俘其家屬營帳，駐冬阿勒臺山。降王禿曲滅復叛，與戰，敗之，北邊悉平。」是役爲海都創亂結局。也里的失，即也兒的石河，足証西書非妄。《月赤察兒傳》亦云：「掩取其部人，凡兩部十餘萬口。」

是年，篤哇薨，子寬闍立，未二歲亦薨。西書云：在位僅十八月，則當在至大元年薨。武宗六月之遣使，月赤察兒之奏請安撫，皆在是年，蓋猶未薨，或薨信尚未至也。宗王達里忽繼立，篤哇次子怯伯乘其飲宴，刺之死。察八兒乃與達喀察兒、禿曲滅《月赤察兒傳》作禿苦滅，西書音似帖克默，乃是轉音。及烏魯斯之數子，當即叛王，見《武宗本紀》。以上三人皆海都子，見後注。合謀攻怯伯，而爲怯伯所敗，察八兒不敢留，至大三年，遂來朝，禿曲滅在道爲怯伯部人所殺。《武宗本紀》大德十年，察八兒已逃于篤哇。而《月赤察兒傳》：「至大元年，察八兒、禿苦滅果欲奔寬闍，不見納，去留無所，遂相率來降。」紀傳顯形抵牾，得西書乃恍然其故，所紀年分亦符。

先是，世祖有旨，以叛王海都分地五户絲爲幣帛，俟其來降賜之，已藏二十餘年矣，至是尚書省以爲言。武宗曰：「世祖謀慮深遠若是，待諸王朝會，頒賞既畢，卿等備述其故，然後與之，使彼知愧。」六月壬申，察八兒入朝，設宴大廷，康里脱脱即席陳西北諸藩始終離合之由，去逆效順之義，且告祀太廟。達里忽既被殺，國人立篤哇長子也先不花，盡並海都舊地。此本西書。察八兒益無所歸。仁宗延祐二年，封汝寧王，置王傅官。察八兒薨，子完者帖木兒嗣。泰定元年，孫忽剌臺嗣，泰定帝崩，爲其太子起兵拒文宗，兵敗走，不知所終。

乃顏部

綜述

魏源《元史新編》卷一一九《乃顏傳》 時乃顏陰遣使誘西方耶不干王、勝納哈王同叛，爲金山防禦都指揮使土圖哈所執，奏聞。詔勝納哈由西道入朝，不令由東道，以其分地在東也。而耶不干遂叛應乃顏。土圖哈即口率數千騎疾馳七晝夜，渡土兀剌河，即土拉河。戰於孛怯嶺。方暑，北風大起，乘風力戰，大敗之，耶不干僅以身免。土圖哈收其餘黨，沿河而下，走鐵哥王萬騎，俘哈爾魯王獻行在，又誅兀塔海王，盡降其衆，鐵哥王亦自縛來歸，於是乃顏無西方之援。

世祖親征，乃顏遣哈丹王領前鋒萬人迎拒，爲親軍都指揮使玉哇什所敗，追至布里古都伯塔哈之地。乃顏兵十萬，陣以待。會車駕先至，叛王塔不台率兵掩犯。時久雨軍饑，且賊衆我寡，不得地利，諸將欲退。從臣鐵哥及博羅歡不可，帝乃張曲蓋，據胡床，鐵哥從容進酒。塔不台懼有伏，果引去。王師乘之，玉哇什及圖堅不花皆陷陣力戰，梟斬其駙馬忽倫。轉戰一日，至哈罕，大軍來會，大風晝晦，三戰三捷，遂禽乃顏及塔不台，凱旋。時御史大夫玉速，亦追乃顏黨金家奴等，敗諸札馬圖河，禽諸夢哥山。而塔出奉皇子愛耶赤，亦破乃顏軍於建州、懿州，擒其帥於遼西爂山小龍泊。復破曲迭大王之兵，追至東金山，其黨盡平。

明年，哈丹復叛於遼東，命皇孫鐵穆耳統諸軍討之，轉戰老木連河，又戰明安倫城，又戰忽蘭葉爾，連敗其衆。既而車駕親征，哈丹拒敵於兀魯輝河，玉速破之。聲言過冬方進，而晝夜倍道兼行，過黑龍江，搗其巢穴，盡收其衆，哈丹遁去。皇孫軍亦敗叛王火魯哈孫於兀魯輝河，還至哈剌溫山，夜渡貴烈河，敗哈丹軍，盡得遼左諸部，置東路萬户府。二十七年，哈丹入高麗，復寇遼東海陽，又寇開元。詔東路上萬户伯帖木爾偕平章徹里帖木爾進討，大破哈丹於瓦法。明年春，又戰鴨緑江，失利。改命諸王乃麻台及遼陽行省平章薛徹干征之，薛徹干先敗哈丹於禪定州，既而乃麻台兵至，合攻，又敗之。伯帖木爾將百騎逐北，至一大河，虜其妻子，窮追竟日，哈丹尚有八騎，伯帖木爾止餘三騎，兩騎士皆重傷不能進，單騎追至一大山，日暮，哈丹僅以身免。二十八年，復詔塔出領軍討哈丹於女真，還攻建州，逐阿海投江死。二十九年，哈丹渡海南襲高麗，塔出復進兵討之，哈丹走死。伯帖木爾亦討其黨涅徹烈王於陳河，涅徹烈僅以二十騎遁，遂定其地，置肇州。地産鰉鯉魚，命以所俘女真五百餘户充漁户，歲捕大魚，置驛以進，《金史》所謂牛魚者也。據《本紀》及伯顏、博羅歡、土圖哈、鐵哥、玉速、塔出、伯帖木爾等《傳》。

《元史》卷一一八《忽憐傳》 乃顏、聲剌哈兒叛，世祖親征。【略】忽憐以兵二百迎敵，敗之，哈答罕等走渡猱河還其巢穴。逾年夏，帝命忽憐復征之，至曲列兒、塔兀兒二河之間大戰。其衆皆渡塔兀河遁去。【略】又逾年，復往征之，與哈答罕遇於兀剌河，忽憐夜率千人潛入其軍，盡殺之。

《元史》卷一六二《李庭傳》 （至元）二十四年，宗王乃顏叛，驛召（李庭）至上都，統諸衛漢軍從帝親征。塔不臺、金家奴來拒戰，衆號十萬。帝親麾諸軍圍之，庭調阿速軍繼進。帝問庭：「彼今夜當何如？」庭奏：「必遁去。」乃引壯士十人持火炮夜入其陣，炮發，果自相殺潰散。帝問：「何以知之？」庭曰：「其兵雖多，而無紀律，見車駕駐此而不戰，必疑有大軍在後，是以知其將遁。」庭奏：「若得漢軍二萬從臣便宜用之，乃顏可擒也。」帝難之，命與月兒魯蒙古軍並進，遂縛乃顏以獻。

二十五年，乃顏餘黨哈丹、秃魯干復叛於遼東，詔庭及樞密副使哈答討之，大小數十戰，弗克而還。既而庭整軍再戰，俘斬二百餘人，哈丹、秃魯干走高麗死。

《元史》卷一七三《葉李傳》 是時，乃顏叛北邊，詔李庭出師討之，而將校多用國人，或其親暱，立馬相嚮語，輒釋仗不戰，逡巡退却。帝患之。李密啓曰：「兵貴奇，不貴衆，臨陣當以計取。彼既親暱，誰肯盡力？徒費陛下糧餉。【略】臣請用漢軍列前步戰，而聯大車斷其後，以示死鬥。彼嘗玩我，必不設備，我以大衆蹈之，無不勝矣。」帝以其謀諭將帥，師果奏捷。

《元史》卷二〇三《靳德進傳》 從征叛王乃顏，撰度日時，率中機會。諸將欲剿絶其黨，德進獨陳天道好生，請緩師以待其降。俄奏言：「叛始由惑於妖言，遂謀不軌，宜括天下術士，設陰陽教官，使訓學者，仍歲貢有成者一人。」帝從之，遂著爲令。

雜録

備録

《國朝文類》卷二三閻復《太師廣平貞憲王碑》 至元二十四年，宗王乃顔叛

東鄙，世祖躬行天討，命公總戎以先之。大駕至半道，則公已退敵，僵屍覆野，數旬之間，三戰三捷，獲乃顔以獻。【略】明年，乃顔餘燼哈丹、秃魯干復叛，再命公出師，兩與敵遇，皆敗之，追及兩河，威乘破竹，敵衆大衄，酋長遁去。時已盛冬，聲言駐兵，俟春方進，忽倍道兼行，過黑龍江，徑搗巢穴，殺戮殆盡，其酋莫知所終，夷其城郭，鎮撫遺黎而還。

李恒部

綜述

《元史》卷一二九《李恒傳》 李恒字德卿，其先姓於彌氏，唐末賜姓李，世爲西夏國主。太祖經略河西，有守兀納剌城者，夏主之子也，城陷不屈而死。子惟忠，方七歲，求從父死，主將異之，執以獻宗王合撒兒，王留養之。及嗣王移相哥立，惟忠從經略中原，有功。淄川王分地，以惟忠爲達魯花赤，佩金符。惟忠生恒，恒生有異質，王妃撫之猶己子。

中統三年，命恒爲尚書斷事官，恒以讓其兄。李璮反漣海，恒從其父棄家入告變，璮怒，繫恒闔門獄中，璮誅，得出。世祖嘉其功，授淄萊路奧魯總管，佩金符，併償其所失家資。

至元七年，改宣武將軍、益都淄萊新軍萬户，從伐宋。襄陽守將吕文煥時出拒敵，殿帥范文虎復援之。恒率本軍築堡萬山扼城西，絶其陸路。文煥等又以漁舟渡漢水窺伺軍形，恒設伏敗之，水路亦絶，遂進攻樊城。十年春，恒以精兵渡漢，自南面先登，樊城破，襄陽亦降。捷聞，帝賜以寶刀，遷明威將軍，佩金虎符。十一年，丞相伯顔大會師襄陽，進至郢州。宋以舟師截漢水，伯顔由唐港入漢，捨郢而進攻沙洋、新城，留恒爲後拒，敗其追兵。至陽羅堡，宋制置夏貴遣其子松來逆戰，恒先陷陣，頷中流矢，伯顔止之，恒戰益力，卒射松殺之。諸軍渡江，恒與宋兵戰，自寅至申，夏貴敗走，鄂州、漢陽俱下。以功遷宣威將軍，賜白金五百兩。遂從伯顔東下。

十二年春，宋將高世傑復窺漢、沔，乃遣恒還守鄂州。時豪民聚衆侵江陵，省命恒往討之，恒斂兵不動，但諭使出降，得生口十餘萬，悉縱爲民；仍禁軍毋得虜掠，饋獻充積，一無所受。十二年，從右丞阿里海牙至洞庭，擒高世傑。下岳州，進攻沙市，拔之。宋制置高達以江陵降，留恒鎮守。傳檄歸、峽、辰、沅、靖、澧、常德諸州，皆下。未幾，徙鎮常德，以扼湖南之衝。

俄有詔分三道出師，以恒爲左副都元帥，從都元帥逐都台出江西。九月，開府于江州。師次建昌縣，擒都統熊飛。遂圍隆興，轉運使劉槃請降，恒察其詐，密爲之備，槃果以鋭兵突至，恒擊敗之，殺獲殆盡，槃乃降。下撫、瑞、建昌、臨江。軍中有得宋相文天祥與建昌故吏民書，恒焚之，人心乃安。進攻吉州，知州周天驥降，遂定贛、南安。廣東經略徐直諒奉蠟書納其所部十四郡，前江西制置黄萬石亦以邵武降。隆興帥府誣富民與敵連，已誅百三十家，恒還，審其非罪，盡釋之。

宋丞相陳宜中及其大將張世傑立益王昰於閩中，郡縣豪傑争起兵應之。恒遣將破吴浚兵於南豐。世傑遣都統張文虎與浚合兵十萬，期必復建昌。恒復遣將敗之兜港。浚走從文天祥於瑞金，又破之，天祥走汀州。遣鎮撫孔遵追之，併破趙孟濙軍，取汀州。元帥府罷，授昭勇大將軍、同知江西宣慰司事，加鎮國上將軍，遷福建宣慰使，改江西宣慰使。天祥復取汀州，兵出興國縣，連破諸邑，圍贛州尤急。或言天祥墳墓在吉州者，若遣兵發之，則必下矣。恒曰：「王師討不服耳，豈有發人墳墓之理。」乃分兵援贛，自率精兵潛至興國。天祥走，追至空坑，獲其妻女，擒招討使趙時賞已下二十餘人，降其衆二十萬。有旨令與右丞阿里罕、左丞董文炳合兵追益王。衆議所向，皆謂宜趨福建，恒曰：「不可。若諸軍俱在福建，彼必竄廣東，則梅嶺、江西非我有矣，宜從廣東夾攻之。」衆以爲然。兵至梅嶺，果與宋兵遇，出其不意敗之，乃遁走碙州。十四年，拜參知政事，行省江西。

十五年，益王殂，其樞密張世傑、陸秀夫等復立衛王昺，守廣東諸郡，詔以恒爲蒙古漢軍都元帥經略之。恒進兵取英德府、清遠縣，敗其制置凌震、運使王道夫，遂入廣州，世傑等移屯崖山。時都元帥張弘範舟師未至，恒按兵不動，分遣諸將略定梅、循諸州。凌震等復抵廣州，恒擊敗之，皆棄舟走，赴水死，奪其船三百艘，擒將吏宋邁以下二百餘人，又破其餘軍於茭塘越。十六年二月，弘範至自漳州，直指崖山，恒率所部赴之。張世傑集海艦千餘艘，貫以巨索，爲栅以自固。恒遣斷其汲路，其勢日迫，諭降不可，乃陣於船尾，由北面逆行，擣其栅，索絶，世傑猶(戰死)〔死戰〕，自朝至晡，弘範督南面諸軍合擊，大敗之。陸秀夫先沉妻子于海，乃抱衛王赴海死。從死者十餘萬人，獲其金璽、後宮及文武之臣。其大將翟國秀、凌震等皆解甲降。焚溺之餘，尚得八百餘艘。是日，黑氣如霧，有乘舟南遁者，恒以爲衛王，追至高、化，詢之降人，始知衛王已死，遁者乃世傑也。世傑繼亦溺死於海陵港。嶺海悉平，功成入覲，帝賞勞甚厚，將士預賜宴者二百餘人。

十七年，拜資善大夫，中書左丞，行省荊湖。掠民爲奴婢者，禁之；常德、澧、辰、沅、靖五郡之饑者，賑之；獵户之籍於官者，奏請一千户之外，悉放散之。

十九年，乞解軍職，乃命其長子同知江西宣慰司事散木䚟襲爲本軍萬户。占城之役，恒奉旨給其糧餉器械、海艦百艘，久留瘴鄉，冒疾而還。俄有詔命恒從皇子鎮南王征交趾，結筏渡海，奪天長府。交趾遂空其國，航海而遁。恒封其宫庭府庫，追襲於海洋，敗之，得船二百艘，幾獲其世子。會盛夏，軍中疾作，霖潦暴漲，浸濯營地。議者謂交趾且降，請班師，恒弗能奪，遂還。蠻兵追敗後軍，王乃改命恒殿後，且戰且行。毒矢貫恒膝，一卒負恒而趨。至思〔明〕州，毒發，卒，年五十。後贈銀青榮禄大夫、平章政事，謚武愍；再贈推忠靖遠功臣、太保、儀同三司，追封滕國公。

柳貫《柳待制文集》卷九《李武愍公新廟碑銘并序》 太保滕國武愍公，有大勳載于盟府，有盛德被于江西十一州，而建昌爲郡，介乎江、嶺、閩、越之間，固嘗刻公之遺惠于碑。今總管薩侯始大作新廟，春秋脩其薦事，蓋上以承國典，而下以順民志焉。

初，公以益都淄萊新軍萬户圍攻襄樊，遂從丞相淮安忠武王濟漢渡江，略定淮楚。王受詔，自將擣臨安，以右丞阿里海牙鎮鄂，而以江西付公。及宋都，至元十二年，道進公左副都元帥，分兵由九江，南康入隆興，開元帥府，下撫、瑞、建昌、臨、袁、吉、贛、南安諸城。又南踰嶺至海，其北盡長江，東西際閩與湘，收郡縣一百五十，得户三百萬。未三月，已上其功。當是時，民之望公，如電雷薄發，風雨交至，名能動物，而物無後乎。

明年，宋相陳宜中、節度使張世傑擁益王福州，收諸道潰兵，謀爲中變。右相文天祥亦自會昌以衆屯邵武，署其土人吴浚爵位，稍出建昌、汀、贛，以蕩摇江西。六月，公馳至建昌，乘利備禦。會鎮撫孔遵師出寧都，還，得鄉民數輩江、閩道上，械致公所，云同知軍事易仲榮使赴福州，報府軍虚實。而軍中又往往搜購文丞相所與建昌故官大家書劄，事連數百家。時留戍諸將校因是欲激公一言，遂其私利。公微知之，旦起坐譙樓，召諸將校俱前，立所逮人其下，趣取書焚之。諭以逆禍順福，曰：「吾念爾裔土之民，不忍以迷復致凶，吾今悉貸爾矣。」杖數械者，自餘獲縱，皆再拜收泣，言曰：「天賜公活我，誠願洗心自新。」諸將校或不亮公所爲，公徐語之曰：「是所得書，往返千里外，有達有不達，亦安知非姦人芽蘖於其間。今不覈實而槩論之，挈數百家民命，徇其邪謀，何以安反側之心？」已而聞浚以兵十萬據南豐，公立授諸將方略，破走之。八月，浚復屯市山，聲言必取建昌。公遣千户忻都逆戰兜港，誘之半渡，徐出鐵騎蹂其後，追北三十里，横尸滿野。又命鎮撫翟欽徑覆其巢穴廣昌，浚走汀州。公還，而建昌之亂帖息，如未附時矣。方倉卒上變，適承豫章興獄之後，爲數百家計者，不過席藁私室，以待斧鑕，重則瀦宫爲汙池，輕則化家爲囚虜，夫何疑然。及公制釁於俄頃，消禍於片言，遂能易亡而存，轉危而安，雖其精神心術之所運，而所謂智勇與仁，微公孰宜兼之哉。

其後，公以參知政事，拜蒙古漢軍都元帥，經略廣東。遂會湖廣行省平章政事阿里海牙、江東宣慰使張弘範等舟師崖山，乘潮薄南舡，縱短兵接戰，執政陸秀夫窮蹙，抱衛王赴海死。降其宗室、侍從官，承宣使尚數百人。得其所懷金璽，獻凱于朝。十七年三月，以資善大夫，中書左丞，行中書省事于湖廣。後四年，承詔從皇子鎮南王討罪交趾。至其國無梁河，結筏徑渡，奪天長府。世子率官屬航海遁，公部勒舟師追襲之，獲戰艦二百艘。公度天長濱江，江水横溢，則冒没營壘，非便。將大城其府，留師困之。謀不用而水果暴至，因趣班師，命公以其軍殿。公且行且戰，及皇子前邁，其伏兵起永平關，藥矢中公膝。次思明州，遂薨。以其喪還葬都城西永安山南。至元廿八年，有旨録公死事，特贈銀青榮禄大夫、平章政事，賜謚武愍。於時卹典未行，命始下，人人以爲没身曠世之遇。至大元年，從贈封令，復加號推忠靖遠功臣，贈太保、儀同三司，追封滕國公，仍謚武愍。

公姓李氏，諱恒，字德卿。其先有國河右之賀蘭山，曰西夏者，公之世也。自其父淄州都達魯花赤、贈金吾衛上將軍、簽書樞密院事、滕國忠襄公，始家淄川長白山下，故今爲淄州人。於是去公綏靖建昌之年，已五十年餘矣。昔之飲沐公德者，長子老孫且更數世，而猶曰：「吾父吾祖，李公之所全活，雖易姓以從公，飲食以祝公，亦若歉焉。矧今吾侯啓之以崇報之禮，示之以惇厚之風，則自吾以及世世，凡而取雞與豚，登黍與稷，以能滋吾之生殖者，皆吾李公之德之漸，可忽忘哉。」迺相率來請余文，刻之牲石。余嘗備數禮官，考夫有廟制祀之節矣。蓋天子縣内之諸侯，有采地焉。外諸侯，有所都之邑焉。故皆得立廟。而非其同氣之尸，則有不厭不嘏，不旅不酢而已。降秦及漢，若欒公之配食社主，若蜀守文翁，齊相石慶之立祠郡邑，以至于桐鄉、南陽、渭城之繼起，雖其事變古益溢，尚皆人心之不可終泯者然耳。則今李公之廟，立於綏靖五十年餘之後，非夫秉彝好德之心，有動于中，能致然乎。《傳》曰：「國功曰功，民功曰庸。」觀公所

樹立之如彼，而其子孫紹隆繼美之如是，抑庶幾古大臣之遺烈哉。雖廟而祀之，在建昌之民，猶爲不戾於禮者。公之世爵行業，有國史之傳，有奉常之誄，有幽堂之銘，有隧道之碑，有家廟之詩。余之斯文，爲建昌釁廟而作者也。故序其績詳焉。【略】余既論次公事，復系之詩，以永公思。其詩曰：

人心不一，至變則通。聚正乘剛，其來不窮。涣之萃之，有廟于中。惟廟伊何，饗德與功。江閩之交，吁爲軍壘。守攻更禪，曠不知幾。宋踣元興，如龍雲起。維時武愍，受辭南指。麾旄所次，謀若天啓。既帖彎荆，拓江及吴。水有鯨鯢，山有豹貙。亦順而寧，無稽而誅。小腆非殷，誕敢集枯。鄰之震矣，有泥弗蘇。吁民書呼，孰于余釁。籲天不聞，延頸待刃。有勇武愍，提師來徇。曰此吾民，悼耄髫齔。在我懷柔，毋彼蹂躪。尺櫝之疑，付以束熅。去爾芽蘗，絶爾疵吝。樂哉吁民，血肉吾身。豈惟吾身，祚及宗姻。我宅我居，我田我耘。以社以方，燕及秋春。武愍在天，惠于若人。五紀而贏，越若朝夕。女則有甥，男則有息。家有訓言，受藏以繹。視公如神，左降右陟。相我後人，無我厭斁。自公之旋，有頌于碑。民則思之，而未克祠。今守薩侯，緊公是儀。作廟言言，肖像巍巍。我民脩祀，有崇無隳。姑山崔崔，盱水湜湜。昔公來思，琱戈金戟。

劉岳申《申齋文集》卷七《滕國武愍李公廟碑》　皇元以一德格天，以不嗜殺人一天下。大臣宿將，皆知欽承上命，所遇城邑，兵不血刃。故太保滕國武愍公之下廬陵也，雖以忠節故邦文丞相鄉國，又當忠勇偏師挑戰之後，公不疑不怒，按甲入城，城中老弱，不知革命於反掌間。其所活廬陵之人，不知其幾。及文丞相檄江鄉士大夫舉義興復，公盡得其所檄名籍而焚之，其所活廬陵江西之人，又不知其幾。於是五十年矣，廬陵夫婦父子長子老孫，且四世安之，有當日若江西，宜愈遠愈隱矣。向微泮宫前碑，其誰知之？天地之德，莫不於生，而功莫大於陰騭。自古天吏有烈於猛火，雖以上聖至仁，不免於流杵。後來尚首功，動經數十萬以爲常。故曰：「争地以戰，殺人盈野；争城以戰，殺人盈城。」嗚呼，尚矣！此有天地父母所不能全，而風雨雷電所不能恤者，而公能之。蘇代有言：「龍賈之戰，岸門之戰，封陵趙莊之戰，秦所殺三晉之民數百萬。今其生者，皆死秦之孤也。」死者之孤，其怨毒如此，則生者之子孫，其德豈有涯哉？

公有大勳勞於國，而公不自知，所以陰壽國祚者，固不爲其家也，而天且厚之矣。公之冢子世安，以賢相聞于江西。公之仲子世雄，以賢帥聞于豫章。公之季子世顯，以賢守聞于廬陵。此天報之也，人豈能報公也哉？人之所能者，惟廟祀而已。天之報施以天理，人之報施以人心，人心天理一也。語曰：「活千人者，必有封。」公所活不知其幾千萬人矣，其後庸可計乎？於是廬陵士相與議於學，庶人相與議於市，或曰：「生我者父母，再生我者李公也。不立公廟，無以報公。」乃得學地於興賢門外，起泰定甲子十二月，明年乙丑後正月廟成，衆志始定。父老請書其事，余以後死讀前碑如傳，凡碑已具者不悉書，書歲月如上。且作詩以遺鄉人，俾歌以祀公。

雜録

備録

姚燧《牧庵集》卷一二《資善大夫中書左丞贈銀青榮禄大夫平章政事謚武愍公李公家廟碑》　燧嘗觀人臣私廟之祭，易乎古而難于今。三代不論也，漢之時，功臣侯者，土地人民傳及子孫，故嗣侯得以致隆數于其祖考，世世無有所殺。後封功臣皆虚邑，無有土地人民，子孫或官卑力微，往往不能爲廟。《記》曰：「父爲大夫，子爲士。葬以大夫，祭以士。」祭既用生者之禄，勢有必不能致隆者。姑借先宋氏言之，如文潞公作廟洛西，其先未嘗將相，顧受祭將相。潞國嘗將相者，其子及甫惟得祭以大夫禄。是于不爲將相者致隆，其真爲將相者復加殺也，如斯者幾何人哉？惟吕正獻惠穆于文靖、范忠宣恭獻于文正，世其將相者，史册二百年間，纔一二見，事亦曠世希有者也。然自中元以來，漢人父子繼相者，故丞相史忠武公，與今資善大夫、中書左丞、贈銀青榮禄大夫、平章政事、謚武愍公二家，重輝襲芳，震耀一時，豈獨爲之子者，信敬于昭昭，厥考亦足以慰靈于冥冥矣。

惟李氏家隴西成紀者，實秦將信諸孫，漢至六朝，門閥甚峻，惟與崔、盧、鄭世姻，不連他族。唐季王西夏，甚盛彊，雖宋、金嘗加兵，終莫能服，我太祖始平之。其宗有守某某城者，獨戰死不下。子惟忠尚少，求從父死，爲今分土淄州諸侯王所得，于公爲考。後以金符監淄州，有子十三人，公次居四。王妃愛其潁異，嘗子之。在先朝，故事，凡諸侯王，各以其府一官，入參決尚書事。公代其兄

爲之。李璮爲逆，有迹淄州，君獨從公馳聞，璮繫闔門獄中，璮誅得出。上盡賜償所亡失，授公淄萊路奥魯總管，後改宣威將軍、益都淄萊路新軍萬户。與城夾寨，圍吕文焕襄陽，四年而下之，加明威將軍、虎符。丞相布延南征，宋兵戍郢十萬，城西郢，鎖戰艦，絶隘爲陣，我舟不可越。乃槩黄灣，拖舟泛藤湖，以出唐港，棄郢去。留公後拒，敗其追兵，行拔新城，沙洋下，復破夏貴陽邏口，下鄂、漢陽。從故丞相阿里公，時以左丞戰荆口，禽高世傑。下岳，進沅、沙市。下荆南，傳檄歸峽，辰、沅、靖、澧、常德諸州，皆下之。又從鎮常德，左丞狥地湖南，丞相兵及淛西，以地遠援踈，詔公與宋都統張茂實、吕師夔闢都元帥府江右，公爲左副都元帥。破劉槃軍，下隆興，擒熊飛。建昌、撫、瑞、吉、贛與廣、閩諸州，皆下。

會宋幼主出降，其將相陳宜中、張世傑挾益王昰、衛王昺浮海趨福，立益王，元以景炎，閩、廣諸州，應者十五，郡縣豪傑亦争起兵。公出定反地，大破吴浚軍十萬南豐。浚走如張文虎，復合兵十萬，又破之兜港，伏尸三十里。浚走，合其相文天祥瑞金，又大破之。天祥走據汀，别將孔遵窮追，併破趙孟濳軍，復其州而還。龍興守帥覡利鉅室，罪以陰與賊連，已誅夷百三十家。公還，白其非辜，出其未盡誅者獄中。帥府改宣慰司，加昭勇大將軍、同知江西宣慰司事。尋加鎮國上將軍、福建宣慰使，又改江西宣慰使。天祥復陷汀州，收兵出興國，又擊走之，追四百里，及之空坑，散降其衆二十餘萬，禽趙時賞以下文武將吏數百人。拜參知政事，行中書省江西。益王殂，廟以端宗，世傑復立衛王，元以祥興，移栅海中崖山，近去廣治四百里。授蒙古漢軍都元帥，經略廣東，進復梅、循、英德與廣之清遠，走王道夫，擊凌震海上，獲船三百艘，禽將吏宋邁以下二百人，又破其餘軍茭塘。江淮省亦遣都元帥張弘範至自彰，與共圍崖山。勢計窮蹙，度不能國，資政陸秀夫抱衛王蹈海死，獲其金璽。其將吏死焚溺者十萬餘人，翟國秀、凌震皆降。世傑遁去，風壞舟，死海陵港。

南海平，朝京師，上勞苦之，賜宴。其將佐之有功陞者千，授資善大夫、中書左丞，移省荆湖。凡虜民男女奴虜之者，皆罪而正之。常德、辰、澧、沅、靖五州大荒，民至易子以糴，爲發廪賑之，所活爲口亡慮十萬計。征占城，詔使給糧仗，造舟海南，取得其宜，黎儋之民勸趨之。疾還。詔從皇子鎮南王征交趾，敗其兵天長府，其王遂舉國航海，將舟師追之，敗諸洋中，獲海艦三百。始，公策城天長，儲穀待賊，敚衆議不果。盛夏，軍士疾作，漲潦冒營，遽議旋軍。賊躡敗吾後拒，王以公殿，賊閉永平關，傅藥弩矢，射公貫膝。負瘡敚關出，竟以毒發，薨思明州，年止五十。最其平生，小大百戰，下城邑百有五十，爲户三百萬。嗚呼，其亦勤已。後薨七年，而贈官賜謚，封公之命始下。玉音仁煦，恩重書棺，人臣獲此哀榮，極矣。公雖不可作已，安知其不骨肉九原耶？

公諱恒，字德卿，自號長白。篤孝純至，淄州君卒，方擊兩王閩、廣，淄州君顧言：「我死，必無訃吾兒，使會喪縱敵。」南海平，始克銜哀，摧動屢絶。且薨，謂所從曰：「爲我語昮弟妻子，吾不得以時喪。先公既抱恨以終天，今復棄養太夫人，而身先朝露于是遐夷，吾目不瞑下泉矣。其謹事之！」夫人王氏視分土諸侯王之妃，姑也，訃至，夫人秘不敢聞之姑，惟發哀私室。公則再見夢太夫人曰：「兒今死戰日南矣。」太夫人泣言：「吾再夢如是，豈誠然耶？」夫人始情告曰：「婦恐無以安吾姑氏心也，覆是久矣。」始位哭服喪。嗚呼，死而精魄猶惓惓其親，可哀也已，可哀也已！子二人，世安以監廣州，從朝京師，授新軍萬户，同知江西宣慰司事。再嗣公益都淄萊本軍萬户，後以正議大夫仍將本軍僉江西行中書省事，再陞中奉大夫，叅知政事，行尚書省江西。尚書省罷，今以上官叅知政事，行中書省，仍江西。嗚呼，六官而三踐公武，已可見其才之無羞子職者。自其既相，亦解兵。其弟世雄，以宣武將軍將之。乃作《河洪》之詩，使歌以祀公。

備論

吴澄《吴文正集》卷一四《滕國李武愍公家傳後序》 上天生不世之主，將建不世之丕績，開不世之丕基，必生命世之才而羽翼之，而爪牙之。有漢高祖，則有何、叅、良、平、信、越、布、噲。有漢光武，則有禹、恂、異、弇、彭、復、宫、俊。有唐太宗，則有靖、通、紹、亮、敬德、世勣。聖元世祖皇帝平一海内，極天所覆，盡地所載，靡不臣妾，開闢以來，未之有也。一時文武將相，或效智謀，或奮勇力，各展所長，以佐興運，如雲之從龍，風之從虎，共成丕丕不世之勳業，視漢唐諸臣，蓋有光焉。

滕國李武愍公，西夏人。大考以貴戚保邊城，天朝兵至，城陷，死節。考惟忠，甫七齡，將殉父死，兵帥奇其幼慧以獻，皇弟得之，甚珍。後作州牧，監治淄州。子十三人，公次居四。結髮從戎，熟歷行陣，技精氣鋭，所向莫禦。廟筭平南，自荆襄始，公長萬夫，率衆在行，築圍絶援，以孤敵勢。由是得樊得襄，勁卒前導，與宋力戰，額中流矢，彌壯彌毅，殪彼驍將，挫彼老將，師遂渡江。洞庭捷

而岳陽附，沙市破而江陵下。有旨，分三道進軍，一徑趨浙，一收湖廣，公以副帥偕大帥定江西。師薄洪城，僅一交鋒，不支即降。撫及建昌，瑞及臨江，相繼皆降。移師指吉，吉人偵師所過，不殺不擾，嘆曰：「此仁義之兵。」開門迎師。贛、南安聞之，亦來納欵。民按堵不動，不知干戈之臨，運代之革也。

臨安順命，宋臣有揭益、衛二王航海者，立于閩中。江西近閩之郡，逋官遺民，聚衆以應。公馳至盱，衆俱敗散。洪起大獄，誅籍巨室。公聞亟歸，平反其辭，全活百數。時廣猶未寧，它師往援，公獨鎮洪，遣偏裨湯清贛境。半年之後，宋之藎臣又自汀出。公以精兵逐之，循贛之鄙，追及吉之鄙，支黨悉平。宋益王終，衛王嗣立，列舟駐廣之厓山。公暨張弘範，並膺蒙古漢軍都元帥之任，期於必取。至元十六年春，二帥師集。彼敵雖小，堅勁未易摧，相持踰二十日。二帥舟師，合攻大戰，自朝至于日中，宋師踣。相陸秀夫朝服抱宋主蹈海，後宮及文武官并妻子從死者萬餘人。將張世傑潰圍奔南恩，後數月溺水死，宋祚乃訖。公生平戰功，此其最大者。公留洪五年，遷湖廣省，治潭，越二年治鄂。又二年，扈皇子征交趾。明年抵其國，則已空國逃去。逮夏水漲，師還，中途毒矢傷膝，轉戰愈力，擁護皇子，脱于險行。七日次思明州，竟卒。

公之官，肇端淄萊路安撫司郎中，繼授諸軍總管，繼授副萬户，繼兼益都淄萊兩路軍職，陞副都元帥，同知江西道宣慰司事，遥領福建道正使。尋改使江西，由宣慰使除行中書省參知政事，由都元帥除行中書省左丞，階宣武、明威、宣威將軍，定遠、昭勇大將軍，以鎮國上將軍换資善大夫，贈銀青榮録大夫、平章政事，謚武愍。加贈推忠靖遠功臣、太保、儀同三司，追封滕國公。

公之長子榮禄大夫、江西等處行中書省平章政事世安。長孫翰林直學士、中議大夫屺，澄所識也。因閲公《行狀》、《神道碑》，載公之忠武勤勞，夥矣。而澄數奉教於中州諸老，竊聞世祖皇帝篤信孟子能一天下之言，習知曹彬前平江南之事，睿謀神斷，專以不殺爲心。故南行將相，必丁寧戒勅。其能欽承上意者固有，而亦豈人人如曹彬乎。惟公天資仁厚，江西之受其賜爲獨優。公之去洪適潭也，老稚嗟惜，垂涕攀留，如失慈父然。夫天道好生，而道家忌世將，爲其世將多殺也。今公之子孫，政事文學，表表顯庸，方興未艾之福，如長江大河，源源而來，衮衮不竭，觀天之所報於公，則知公之所施於人，其何如哉！予於公之盛德，身所親見者，樂爲江西之人道之。而凡公之雋功，難以徧舉者，碑狀具存，不復一一論述也。公諱恒，而字德卿云。

藝文

劉岳申《申齋文集》卷七《滕國武愍李公廟碑》 嗚呼廬陵，代有忠節。邦之生靈，甘死殉國。我公撫之，來如歌舞。不獨不劉，去其死所。豈無背城，公義其敵。豈無羽書，公焚其籍。既獲廬陵，復完江右。惟公功高，惟公德茂。當時遺老，爲黄爲綺。當時襁褓，抱孫又子。青螺之山，白鷺之水。何以報公，必百世祀。新廟何地，荒城故基。昔公躍馬，凡幾過之。今公燕坐，以享以怡。子孫孫子，罄無不宜。維天高高，維地厚厚。活人孔多，是宜有後。公乘白雲，招摇四方。此邦之人，謂公我鄉。佑我鄉民，五風十雨。疾癘不興，多稌多黍。皇元億載，天地同流。我公世世，與國咸休。

姚燧《牧庵集》卷三《資善大夫中書左丞贈銀青榮禄大夫平章政事謚武愍公李公家廟碑》 李氏之在，與水細大。河洪姑臧，有夏而王。越三百年，傳歷既長。極崇而墮，亦天之道。日月作矣，衆星匿曜。王孫始卑，徂東自西。淄水幽幽，東楚之流。曰位不豊，猶監一州。有蠢吾民，有梟吾士。吾力不能，天子肆汝。從父奔告，帝嘉乃心。寖向用公，迺涉潛沉。泱泱漢水，南紀所恃。乃地襄陽，金湯陛陛。公將萬夫，長圍四祺。而竟下之，岷江失藩。沿流列城，振落摧乾。至莫難一，文軌判裂。萬里收功，九重授策。維是武庚，狂志復殷。爵人號年，大蠢甌閩。終兄弟及，公膺奮擊。與鬬四年，崖山翦克。血其鱷鯢，南海無波。廄馬笥衣，其賚如何。帝曰：「汝烈，宜置左相。授兵而子，西護湖廣。」公拜稽首：「天子萬年。帝德聖神，臣何力焉？」湖廣聽命，壤三千里。陰翕陽施，賞刑自己。及兵占城，轉粟黎僚。歸佐皇子，致討日南。不測風洋，冒履而三。由淄而漢，由江而海。其涉日深，蜚聲日大。蕞爾南夷，曰尺箠笞。狃勝者衆，輕于出危。賊策我師，不能炎暑。雕弓繇繇，犀甲敗雨。避來弗迎，邀歸以争。既奔先編，左廣亦傾。孰作士氣，公殿奮武。斬輻短兵，援枹鼓鼓。格鬬比死，冠纓不顛。裹轄馬革，踐迹文淵。維昔禡時，皂纛有翩。迺今旋歸，粉篆丹旐。兆寢悠悠，魂魄遼遠。致身移忠，惟孝其本。黼扆思之，録其庸勞。寵幽上公，可謂曰遭。公亡不亡，公有良子。亦秉國鈞，實法實似。有嚴作廟，籩簋維時。神容與耶，去此奚之。維淄維漢，維江維海。其流或枯，廟主斯毁。何以麗牲，樂石峨峨。太史詩之，以侑以歌。

伯顏(八鄰氏)部

綜述

《元史》卷一二七《伯顏傳》 伯顏，蒙古八鄰部人。曾祖述律哥圖，事太祖，爲八鄰部左千户。祖阿剌，襲父職，兼斷事官，平忽禪有功，得食其地。父曉古台世其官，從宗王旭烈兀開西域。伯顏長於西域。

至元初，旭烈兀遣入奏事，世祖見其貌偉，聽其言厲，曰：「非諸侯王臣也，其留事朕。」與謀國事，恒出廷臣右，世祖益賢之，敕以中書右丞相安童女弟妻之，若曰「爲伯顏婦，不慚爾氏矣」。二年七月，拜光禄大夫、中書左丞相。諸曹白事，有難決者，徐以一二語決之。衆服曰：「真宰輔也。」四年，改中書右丞。七年，遷同知樞密院事。十年春，持節奉玉册立燕王真金爲皇太子。

十一年，大舉伐宋，與史天澤並拜中書左丞相，行省荆湖。時荆湖、淮西各建行省，天澤言，號令不一，或致敗事。詔改淮西行省爲行樞密院。天澤又以病，表請專任伯顏，乃以伯顏領河南等路行中書省，所屬並聽節制。秋七月，陛辭，世祖諭之曰：「昔曹彬以不嗜殺平江南，汝其體朕心，爲吾曹彬可也。」

九月甲戌朔，會師于襄陽，分軍爲三道並進。丙戌，伯顏與平章阿朮，由中道，循漢江趨郢州。萬户武秀爲前鋒，遇水濼，霖雨水溢，無舟不能涉。伯顏曰：「吾且飛渡大江，而憚此潢潦耶！」乃召一壯士，負甲仗，騎而前導，麾諸軍畢濟。癸巳，次鹽山，距郢州二十里。郢在漢水北，以石爲城，宋人又於漢水南築新郢，横鐵絙，鎖戰艦，密樹椿木水中。下流黄家灣堡，亦設守禦之具，堡之西有溝，南通藤湖，至江僅數里。乃遣總管李庭、劉國傑攻黄家灣堡，拔之，破竹席地，盪舟由藤湖入漢江。諸將請曰：「郢城，我之喉襟，不取，恐爲後患。」伯顏曰：「用兵緩急，我則知之。攻城，下策也，大軍之出，豈爲此一城哉。」遂舍郢，順流下。伯顏、阿朮殿後，不滿百騎。十月戊午，行大澤中，郢將趙文義、范興以騎二千來襲，伯顏、(元)[阿]朮未及介冑，亟還軍迎擊之，伯顏手殺文義，擒范興殺之，其士卒死者五百人，生獲數十人。

甲子，次沙洋。乙丑，命斷事官楊仁風招之，不應。復使一俘持黄榜、檄文，傳趙文義首，入城，招其守將王虎臣、王大用。虎臣等斬俘，焚黄榜。裨將傅益以水軍十七人來降，虎臣等又斬其軍之欲降者。伯顏復命吕文焕招之，又不應。日暮，風大起，伯顏命順風掣金汁砲，焚其廬舍，煙焰漲天，城遂破。萬户忙古歹生擒虎臣、大用等四人，餘悉屠之。丙寅，次新城，令萬户帖木兒、史弼列沙洋所馘於城下，射黄榜、檄文於城中以招之。其守將邊居誼，邀吕文焕與語。丁卯，文焕至城下，飛矢中右臂，奔還。戊辰，其總制黄順踰城出降，即授招討使，佩以金符，令呼城上軍，其部曲即縋城下，居誼邀入城，悉斬之。己巳，其副都統制任寧亦降，居誼終不出，乃令總管李庭攻破其外堡，諸軍蟻附而登，拔之。餘衆三千，猶力戰而死，居誼舉家自焚。遂併誅王虎臣、王大用等四人。

十一月丙戌，次復州，知州翟貴以城降。諸將請點視其倉庫軍籍，遣官鎮撫，伯顏不聽，諭諸將不得入城，違者以軍法論。阿朮使右丞阿里海牙來言渡江之期，伯顏不答。明日又來，又不答。阿朮乃自來，伯顏曰：「此大事也，主上以付吾二人，可使餘人知吾實乎？」潛刻期而去。乙未，軍次蔡店。丁酉，往觀漢口形勢。宋淮西制置使夏貴等，以戰艦萬艘，分據要害，都統王達守陽邏堡，(荆)[京]湖宣撫朱禩孫以遊擊軍扼中流，兵不得進。千户馬福建言，淪河口可通沙蕪入江，伯顏使覘沙蕪口，夏貴亦以精兵守之。乃圍漢陽軍，聲言由漢口渡江，貴果移兵援漢陽。

十二月丙午，軍次漢口。辛亥，諸將自漢口開壩，引船入淪河，先遣萬户阿剌罕以兵拒沙蕪口，逼近武磯，巡視陽羅城堡，徑趨沙蕪，遂入大江。壬子，伯顏戰艦萬計，相踵而至，以數千艘泊于淪河灣口，屯布蒙古、漢軍數十萬騎於江北。諸將言：「沙蕪南岸，彼戰船在焉，可攻而取。」伯顏曰：「吾亦知其可必取，慮汝輩貪小功，失大事；一舉渡江，收其全功可也。」遂令修攻具，進軍陽羅堡。癸丑，遣人招之，不應。甲寅，再遣人招之，其將士皆曰：「我輩受宋厚恩，戮力死戰，此其時也，安有叛逆歸降之理。備吾甲兵，決之今日，我宋天下，猶賭博孤注，輸贏在此一擲爾。」伯顏麾諸將攻之，三日不克。有術者來言：「天道南行，金、木相犯，若二星交過，則江可渡。」伯顏却之，使勿言。乃密謀於阿朮曰：「彼謂我必拔此堡，方能渡江。此堡甚堅，攻之徒勞。汝今夜以鐵騎三千，泛舟直趨

上流，爲擣虚之計，詰旦渡江襲南岸。已過，則速遣人報我。」乙卯，分遣右丞阿里海牙督萬户張弘範、忽失海牙、折的迷失等，先以步騎攻陽羅堡，夏貴來援。遂俾阿朮出其不意，率萬户晏徹兒、忙古歹、史格、賈文備四翼軍，泝流西上四十里，對青山磯而泊。是夜，雪大作，遥見南岸多露沙洲，阿朮登舟，指示諸將，令徑趨是洲，載馬後隨。萬户史格一軍先渡，爲其都統程鵬飛所却。阿朮横身蕩決，血戰中流，擒其將高邦顯等，死者無算，鵬飛被七創，敗走，得船千餘艘，遂得南岸。阿朮與鎮撫何瑋等數十人，攀岸步鬬，開而復合者數四，南軍阻水，不得相薄，遂起浮橋，成列而渡。阿里海牙繼遣張榮實、解汝楫等四翼軍，舳艫相銜，直抵夏貴。貴引麾下軍數千先遁，諸軍乘之，斬溺不可數計，追至鄂州東門而還。丙辰，阿朮遣使來報，伯顔大喜，揮諸將急攻破陽羅堡，斬王達。宋軍大潰，數十萬衆，死傷幾盡。夏貴僅以身免，走至白虎山。諸將謂貴大將，不可使逸去，請追之。伯顔曰：「陽羅之捷，吾欲遣使前告宋人，而貴走代吾使，不必追也。」丁巳，伯顔登武磯山，大江南北，皆我軍也，諸將稱賀，伯顔辭謝之。

阿朮還渡江，議兵所向，或欲先取蘄、黄，阿朮曰：「若赴下流，退無所據，先取鄂、漢，雖遲旬日，可爲萬全計。」伯顔從之。己未，師次鄂州，遣呂文煥、楊仁風等諭之曰：「汝國所恃者，江、淮而已，今我大兵飛渡長江，如履平地，汝輩何不速降。」鄂恃漢陽，將戰，乃焚其戰艦三千艘，火照城中，兩城大恐。庚申，知鄂州張晏然、知漢陽軍王儀、知德安府來興國，皆以城降，程鵬飛以其軍降。壬戌，定新附官品級，撤宋兵，分隸諸將。先是，邊民戍卒陷入宋境者，悉縱遣之。丁卯，遣萬户也的哥、總管忽都歹，入奏渡江之捷。分命阿剌罕先鋒黄頭，取壽昌糧四十萬斛，以充軍餉。留右丞阿里海牙等，以兵四萬，分省于鄂，規取荆湖。己巳，伯顔與阿朮以大軍水陸東下，俾阿朮先據黄州。

十二年春正月癸酉朔，至黄州。甲戌，沿江制置副使、知黄州陳奕降，伯顔承制授奕沿江大都督。奕遣書至漣水招其子巖，巖降。遣呂文煥、陳奕以書招蘄州安撫使管景模，復遣阿朮以舟師造其城下。癸未，伯顔至蘄州，景模出降，即承制授以淮西宣撫使，留萬户帶塔兒守之。阿朮復以舟師先趨江州，兵部尚書呂師夔在江州，與知州錢真孫遣人來迎降。丙戌，伯顔至江州，即以師夔爲江州守。師夔設宴庾公樓，選宋宗室女二人，盛飾以獻，伯顔怒曰：「吾奉聖天子明命，興仁義之師，問罪於宋，豈以女色移吾志乎。」斥遣之。知南康軍葉閶來降，殿前都指揮使、知安慶府范文虎亦奉書納款，阿朮遂率舟師造安慶，文虎出降。伯顔至湖口，遣千户甯玉繫浮橋以渡，風迅水駛，橋不能成，乃禱于大孤山神，有頃，風息橋成，大軍畢渡。

二月壬寅朔，伯顔至安慶，承制授文虎兩浙大都督，文虎以其從子友信知安慶府事，命萬户喬珪戍之。丁未，次池州，都統制張林以城降；戊申，通判權州事趙昴發與其妻自經死，伯顔入城，見而憐之，令具衣衾葬焉。

宋宰臣賈似道遣宋京致書，請還已降州郡，約貢歲幣。伯顔遣武略將軍囊加歹同其介阮思聰報命，止京以待，且使謂似道曰：「未渡江，議和入貢則可，今沿江諸郡皆内附，欲和，則當來面議也。」囊加歹還，乃釋宋京。

庚申，發池州。壬戌，次丁家洲。賈似道都督諸路軍馬十三萬，號百萬，步軍指揮使孫虎臣爲前鋒，淮西制置使夏貴以戰艦二千五百艘横亘江中，似道將後軍。伯顔命左右翼萬户率騎兵夾江而進，砲聲震百里。宋軍陣動，貴先遁，以扁舟掠似道船，呼曰：「彼衆我寡，勢不支矣。」似道聞之，倉皇失措，遽鳴金收軍，軍潰。衆軍大呼曰：「宋軍敗矣。」諸戰艦居後者，阿朮促騎召之，挺身登舟，手柁衝敵船，舳艫相盪，乍分乍合。阿朮以小旗麾何瑋、李庭等並舟深入，伯顔命步騎左右掎之，追殺百五十餘里，溺死無算，得船二千餘艘，及其軍資器仗、圖籍符印。似道東走揚州，貴走廬州，虎臣走泰州。

甲子，攻太平州。丁卯，知州孟之縉及知無爲軍劉權、知鎮巢軍曹旺、知和州王喜，俱以城降。庚午，師次建康之龍灣，大賚將士。

三月癸酉，宋沿江制置趙溍遁，溍兄淮起兵溧陽，就執而死。都統徐王榮、翁福等以城降，命招討使唆都守之。知鎮江府洪起畏遁，總管石祖忠以城降。知寧國府趙與可遁，知饒州唐震死，而江東諸郡皆下。淮西滁州諸郡亦相繼降。

丙子，國信使廉希賢至建康，傳旨令諸將各守營壘，毋得妄有侵掠。希賢與嚴忠範等奉命使宋，請兵自衛，伯顔曰：「行人以言不以兵，兵多，徒爲累使事。」希賢固請，與之。丙戌，至獨松嶺，果爲宋人所殺。

庚寅，伯顔遣左右司員外郎石天麟詣闕奏事，世祖大悦，悉可其奏。伯顔以行中書省駐建康，阿塔海、董文炳以行樞密院駐鎮江，阿朮別奉詔攻揚州。江東歲饑，民大疫，伯顔隨賑救之，民賴以安。

宋人遣都統洪模移書徐王榮等，言殺使之事太皇太后及嗣君實不知，皆邊將之罪，當按誅之，願輸幣，請罷兵通好。伯顔曰：「彼爲譎詐之計，以視我之虚實。當擇人以同往，觀其事體，宣佈威德，令彼速降。」乃命議事官張羽等持王榮

答書，至平江驛，宋人又殺之。

四月乙丑，有詔以時暑方熾，不利行師，俟秋再舉。伯顏奏曰：「宋人之據江海，如獸保險，今已扼其吭，少縱之則逸而逝矣。」世祖語使者曰：「將在軍，不從中制，兵法也。宜從丞相言。」

五月丁亥，復命奉御愛先傳旨，召伯顏赴闕，以阿剌罕爲參政，留治省事。伯顏至鎮江，會諸將計事，令各還鎮，乃渡江北行，入見於上都。七月癸未，進中書右丞相，讓功於阿朮，遂以阿朮爲左丞相。

八月癸卯，受命還行省，付以詔書，俾諭宋主。乃取道益都，行視沂州等軍壘，調淮東都元帥孛魯歡、副都元帥阿里伯，以所部兵泝淮而進。九月戊寅，會師淮安城下，遣新附官孫嗣武叩城大呼，又射書城中，諭守將使降，皆不應。庚辰，招討別〔吉〕里迷失拒北城西門，伯顏與孛魯歡、阿里伯親臨南城堡，揮諸將長驅而登，拔之，潰兵欲奔大城，追襲至城門，斬首數百級，遂平其南堡。丙戌，次寶應軍。戊子，次高郵。十月庚戌，圍揚州。召諸將指授方略，留孛魯歡、阿里伯守灣頭新堡，衆軍南行。壬戌，至鎮江，罷行院，以阿塔海、董文炳同署事。

十一月乙亥，伯顏分軍爲三道，期會于臨安。參政阿剌罕等爲右軍，以步騎自建康出四安，趨獨松嶺；參政董文炳等爲左軍，以舟師自江陰循海趨澉浦、華亭；伯顏及右丞阿塔海由中道，節制諸軍，水陸並進。

壬午，伯顏軍至常州。先是常州守王宗洙遁，通判王虎臣以城降，其都統制劉師勇與張彥、王安節等復拒之，推姚訔爲守，固拒數月不下。伯顏遣人至城下，射書城中招諭：「勿以已降復叛爲疑，勿以拒敵我師爲懼。」皆不應。乃親督帳前軍臨南城，又多建火砲，張弓弩，晝夜攻之。浙西制置文天祥遣尹玉、麻士龍來援，皆戰死。甲申，伯顏叱帳前軍先登，豎赤旗城上，諸軍見而大呼曰：「丞相登矣。」師畢登。宋兵大潰，拔之，屠其城，姚訔及通判陳炤等死之，生獲王安節，斬之。劉師勇變服單騎奔平江，諸將請追之，伯顏曰：「勿追，師勇所過，城守者膽落矣。」以行省都事馬恕爲常州尹。

遣蒙古軍都元帥闍里帖木兒、萬户懷都，先據無錫州，萬户忙古歹、晏徹兒巡太湖，遣監戰亦乞里歹、招討使唆都、宣撫使游顯，會闍里帖木兒先趨平江。

庚寅，遣降人游介實，奉詔書副本使于宋，仍以書諭宋大臣。十二月辛丑，次無錫，宋將作監柳岳等奉其國主及太皇太后書，併宋之大臣與伯顏書來見，垂泣而言曰：「太皇太后年高，嗣君幼冲，且在衰絰中。自古禮不伐喪，望哀恕班師，敢不每年進奉修好。今日事至此者，皆奸臣賈似道失信誤國耳。」伯顏曰：「主上即位之初，奉國書修好，汝國執我行人一十六年，所以興師問罪。去歲，又無故殺害廉奉使等，誰之過歟？如欲我師不進，將效錢王納土乎？李主出降乎？爾宋昔得天下於小兒之手，今亦失於小兒之手，蓋天道也，不必多言。」岳頓首泣不已。遣招討使抄兒赤，以柳岳來使事，及嚴奉使所齎國書入奏。

先是，平江守潛説友遁，通判胡玉等既以城降，而復爲宋人所據。甲辰，衆軍次平江，都統王邦傑、通判王矩之率衆出降。

庚戌，遣囊加歹同其使柳岳還臨安。以忙古歹、范文虎行兩浙大都督事。遣甯玉修吳江長橋，不旬日而成。

庚申，囊加歹同宋尚書夏士林、侍郎吕師孟、宗正少卿陸秀夫以書來，請尊世祖爲伯父，而世修子姪之禮，且約歲幣銀二十五萬兩，帛二十五萬匹。癸亥，遣囊加歹同師孟等還臨安。遣忙古歹、范文虎，會阿剌罕、昔里伯取湖州，知州趙良淳死之。丙寅，趙與可以城降。伯顏發平江，留游顯、懷都、忽都不花，屯兵鎮守。別遣甯玉守長橋。

十三年正月己巳，次嘉興，安撫劉漢傑以城降，留萬户忽都虎等戍之。癸酉，宋軍器監劉庭瑞以其宰臣陳宜中等書來，即遣回。乙亥，宜中遣御史劉岊奉宋主稱臣表文副本，及致書伯顏，約會長安鎮。辛巳，衆軍至崇德。宜中又令都統洪模，持書同囊加歹來見。壬午，次長安鎮，宜中等不至。癸未，進軍臨平鎮。甲申，次臯亭山，宋主遣知臨安府賈餘慶，同宗室保康軍承宣使尹甫、和州防禦使吉甫，奉傳國璽及降表詣軍前。伯顏受訖，遣囊加歹以餘慶等還臨安，召宋宰臣出議降事。時宜中已遁，以文天祥代爲丞相，不拜，自請至軍前。乙酉，進軍至臨安北十五里，分遣董文炳、吕文焕、范文虎巡視城堡，安諭軍民。

囊加歹、洪模來報，宜中與張世傑、蘇〔劉〕義、劉師勇等，挾益王、廣王下浙江，航海而南，惟謝太后及幼主在宫中。伯顏亟遣使諭右軍阿剌罕、奧魯赤，左軍董文炳、范文虎，據守浙江，以勁兵五千人追之，不及而還。

丙戌，禁軍士毋入城，遣吕文焕持黃榜諭臨安中外軍民，俾安堵如故。先是，三衙衛士，白晝殺人，閭里小民，乘亂剽掠，至是民皆安之。丁亥，遣程鵬飛、洪雙壽等入宫，慰諭謝后。戊子，謝后遣丞相吳堅、文天祥，樞密謝堂，安撫賈餘慶，内官鄧惟善，來見，伯顏慰遣之，顧天祥舉動不常，疑有異志，留之軍中。天祥數請歸，伯顏笑而不答。天祥怒曰：「我此來爲兩國大事，彼皆遣歸，何故留

我？」伯顏曰：「勿怒。汝爲宋大臣，責任非輕，今日之事，政當與我共之。」令忙古歹、唆都館伴羈縻之。令程鵬飛、洪雙壽同賈餘慶易宋主削帝號降表。己丑，駐軍臨安城北之湖州市。遣千户囊加歹等以宋傳國璽入獻。

庚寅，伯顏建大將旗鼓，率左右翼萬户，巡臨安城，觀潮於浙江。暮還湖州市，宋宗室大臣皆來見。辛卯，萬户張弘範、郎中孟祺，同程鵬飛，以所易降表及宋主、謝后諭未附州郡手詔至軍前。令鎮撫唐古歹罷文天祥所招募義兵二萬餘人。壬辰，伯顏登獅子峯，觀臨安形勢。命唆都撫諭軍民，部分諸將，共守其城，護其宮。癸巳，謝后復使人來勞問，仍以温言慰遣之。甲午，分置其三衙諸司兵于各翼，以俟調遣；其生募等軍，願歸者聽。

分遣蕭郁、王世英等，招諭衢、信諸州。二月丁酉，遣劉頡等往淮西招夏貴，仍遣別將徇地浙東、西，於是知嚴州方回、知婺州劉怡、知台州楊必大、知處州梁椅，並以城降。

命右丞張惠，參政阿剌罕、董文炳、吕文焕入見謝后，宣布德意，以慰諭之。辛丑，宋主率文武百僚，望闕拜發降表。伯顏承制，以臨安爲兩浙大都督府，忙古歹、范文虎入治府事。復命張惠、阿剌罕、董文炳、吕文焕等入城，籍其軍民錢穀之數，閱實倉庫，收百官誥命、符印圖籍，悉罷宋官府。取宋主居之別室。分遣新附官招諭(湖)南北、兩廣、四川未下州郡。部分諸將，分屯要害，仍禁人不得侵壞宋氏山陵。是日，進軍浙江之滸，潮不至者三日，人以爲天助。

癸卯，謝后命吴堅、賈餘慶、謝堂、家鉉翁、劉岊與文天祥，並爲祈請使，楊應奎、趙若秀爲奉表押璽官，赴闕請命。伯顏拜表稱賀曰：【略】

戊申，堅等發臨安，堂不行。癸丑，宋福王與芮奉書于伯顏，辭甚懇切，伯顏曰：「爾國既以歸降，南北共爲一家，王勿疑，宜速來，同預大事。」且遣迓之。戊午，夏貴以淮(南)(西)降。庚申，命囊加歹傳旨，召伯顏偕宋君臣入朝。

三月丁卯，伯顏入臨安，俾郎中孟(棋)(祺)，籍其禮樂祭器、册寶、儀仗、圖書。庚午，囊加歹至。甲戌，與芮來。伯顏議以阿剌罕、董文炳留治行省事，以經略閩、粤；忙古歹以都督鎮浙西；唆都以宣撫使鎮浙東；唐兀歹、李庭護送宋君臣北上。

乙亥，伯顏發臨安。丁丑，阿塔海等宣詔，趣宋主、母后入覲，聽詔畢，即日俱出宫，惟謝后以疾獨留，隆國夫人黄氏、宫人從行者百餘人，福王與芮、沂王乃猷、謝堂、楊鎮而下，官屬從行者數千人，三學之士數百人。宋主求見，伯顏曰：「未入朝，無相見之禮。」

五月乙未，伯顏以宋主至上都，世祖御大安閣受朝，降授宋主㬎開府儀同三司、檢校大司徒，封瀛國公。宋平，得府三十七、州百二十八、關監二、縣七百三十三。命伯顏告于天地宗廟，大赦天下。帝勞伯顏，伯顏再拜謝曰：「奉陛下成算，阿朮效力，臣何功之有。」復拜同知樞密院，賜銀鼠青鼠只孫二十襲。裨校有功者百二十三人，賞銀有差。

初，海都稱兵内向，詔以右丞相安童佐皇子北平王那木罕，統諸軍於阿力麻里備之。十四年，諸王昔里吉劫北平王，拘安童，脅宗王以叛，命伯顏率師討之，與其衆遇於斡魯歡河，夾水而陣，相持終日，俟其懈，麾軍爲兩隊，掩其不備，破之，昔里吉走死。十八年二月，世祖命燕王撫軍北邊，以伯顏從，仍諭之曰：「伯顏才兼將相，忠於所事，故俾從汝，不可以常人遇之。」燕王每與論事，尊禮有加。是歲，頒羣臣食邑，詔益以藤州等處四千九百七十七户。

伯顏之取宋而還也，詔百官郊迎以勞之，平章阿合馬，先百官半舍道謁，伯顏解所服玉鉤絛遺之，且曰：「宋寶玉固多，吾實無所取，勿以此爲薄也。」阿合馬謂其輕己，思中傷之，乃誣以平宋時，取其玉桃盞，帝命按之，無驗，遂釋之，復其任。阿合馬既死，有獻此盞者，帝愕然曰：「幾陷我忠良！」別吉里迷失嘗誣伯顏以死罪，未幾，以它罪誅，敕伯顏臨視，伯顏與之酒，愴然不顧而返。世祖問其故，對曰：「彼自有罪，以臣臨之，人將不知天誅之公也。」

二十二年秋，宗王阿只吉失律，詔伯顏代總其軍。先是，邊兵嘗乏食，伯顏令軍中採蔑怯葉兒及蓿敦之根貯之，人四斛，草粒稱是，盛冬雨雪，人馬賴以不饑。又令軍士有捕塔剌不歡之獸而食者，積其皮至萬，人莫知其意，既而遣使輦至京師，帝笑曰：「伯顏以邊地寒，軍士無衣，欲易吾繒帛耳。」遂賜以衣。二十四年春二月，或告乃顏反，詔伯顏窺覘之，乃多載衣裘入其境，輒以與驛人。既至，乃顏爲設宴，謀執之，伯顏覺，與其從者趨出，分三道逸去，驛人以得衣裘故，爭獻健馬，遂得脱，馳還白狀。夏四月，乃顏反，從世祖親征。奏李庭、董士選將漢軍，得以漢法戰。乃顏之黨金家奴、塔不歹進逼乘輿，漢軍力戰，乃皆潰，卒擒乃顏。二十六年，進金紫光禄大夫、知樞密院事，出鎮和林。和林置知院，自伯顏始。

二十九年秋，宗王明理鐵木兒挾海都以叛，詔伯顏討之，相值于阿撒忽秃嶺，矢下如雨，衆軍莫敢登。伯顏令之曰：「汝寒君衣之，汝饑君食之，政欲效力

於此時爾。於此不勉，將何以報！」麾諸軍進，後者斬。伯顔先登陷陣，諸軍望風爭奮，大破之。明里鐵木兒挺身走，命速哥、梯迷秃兒等追之。伯顔引軍夜還，至必失秃，卒遇伏兵，伯顔堅壁不動，黎明，遂引去。伯顔輕騎追至別竭兒，速哥、梯迷秃兒等兵亦至，乃夾擊之。斬首二千級，俘其餘衆以歸。諸將言：「古禮，兵勝必禡旗于所征之地。欲用囚虜爲牲，伯顔不可，衆皆歎服。軍中獲諜者，忻都欲殺之，伯顔不許，厚賜之，遣齎書諭明里鐵木兒以禍福，明里鐵木兒得書感泣，以衆來歸。

未幾，海都復犯邊，伯顔留拒之。廷臣有譖伯顔久居北邊，與海都通好，仍保守，無尺寸之獲者，詔以御史大夫玉昔帖木兒代之，居伯顔于大同，以俟後命。玉昔帖木兒未至三驛，會海都兵復至，伯顔遣人語玉昔帖木兒曰：「公姑止，待我翦此寇而來，未晚也。」伯顔與海都兵交，且戰且却，凡七日，諸將以爲怯，憤曰：「果懼戰，何不授軍於大夫！」伯顔曰：「海都懸軍涉吾地，邀之則遁，誘其深入，一戰可擒也。諸軍必欲速戰，若失海都，誰任其咎？」諸將曰：「請任之。」即還軍擊敗之，海都果脱去。乃召玉昔帖木兒至軍，授以印而行。時成宗以皇孫奉詔撫軍北邊，舉酒以餞曰：「公去，將何以教我？」伯顔舉所酌酒曰：「可慎者，惟此與女色耳。軍中固當嚴紀律，而恩德不可偏廢。冬夏營駐，循舊爲便。」成宗悉從之。

三十年冬十二月，驛召至自大同，世祖不豫。明年正月，世祖崩，伯顔總百官以聽。兵馬司請日出鳴晨鐘，日入鳴昏鐘，以防變故，伯顔呵之曰：「汝將爲賊邪！其一如平日。」適有盗内府銀者，宰執以其幸赦而盗，欲誅之，伯顔曰：「何時無盗，今以誰命而誅之？」人皆服其有識。

成宗即位于上都之大安閣，親王有違言，伯顔握劍立殿陛，陳祖宗寶訓，宣揚顧命，述所以立成宗之意，辭色俱厲，諸王股栗，趨殿下拜。五月，拜開府儀同三司、太傅、録軍國重事，依前知樞密院事，賜金銀各有差。時相有忌之者，伯顔語之曰：「幸送我兩罌美酒，與諸王飲於宫前，餘非所知也。」江南三省累請罷行樞密院，成宗問于伯顔，時已屬疾，張目對曰：「内而省、院各置爲宜，外而軍、民分隷不便。」成宗是之，三院遂罷。冬十二月丙申，有大星隕于東北。己亥，雨木冰。庚子，伯顔薨，年五十九。

伯顔深略善斷，將二十萬衆伐宋，若將一人，諸帥仰之若神明。畢事還朝，歸裝惟衣被而已，未嘗言功也。大德八年，特贈宣忠佐命開濟功臣、太師、開府儀同三司，追封淮安王，謚忠武。至正四年，加贈宣忠佐命開濟翊戴功臣，進封淮王，餘如故。

《國朝文類》卷二四元明善《丞相淮安忠武王碑》 天以正統命帝元，太祖皇帝奮起朔方，博爾朮、木華黎、博兒忽、赤老温四傑輔之，滅克烈，滅乃蠻，滅夏，滅金，乃有天下三分之二。宋承中華之運，西距蜀、楚，東際吴、越，盡有荆、揚、益三州之野。世祖皇帝紹運撫圖，肆弘大略，發兵二十萬，授丞相伯顔，不三年而滅宋。聖文神武，固勞造化，儁功偉烈，寔由折衝。四傑開之於其前，一相擴之於其後。國家接五帝三王之緒，保無疆歷服，至于億萬維年。而功臣生分爵國，死配廟廷，有以也夫。

謹按：太傅、淮安忠武王，諱伯顔，姓八隣氏，蒙古部人。曾祖考朮律哥圖，以其兵從太祖討定諸部，嘗爲千夫長，贈推忠贊治功臣、太尉、開府儀同三司、柱國，追封淮安郡王，謚武定。祖考阿剌嗣官，平忽禪有功，得食其地。從憲宗皇帝征蜀，卒于軍。贈推誠佐理翊運功臣、太傅、開府儀同三司、上柱國，追封淮安王，謚武康。考曉古台，佐宗王旭烈開西域，執國事以没，贈崇仁迪慶翊戴功臣、太師、開府儀同三司、上柱國，追封淮安王，謚武靖。至元初年，王奉使天子，世祖見其貌偉，聽其言厲，曰：「非諸侯王臣也，其留事朕。」遣介還報，建謀發令，才恒出廷臣上。由是上愈益賢之，勑中書右丞相安同女弟、昭睿順聖皇后姊之女女王。若曰：「爲伯顔婦，不慚爾氏矣。」拜光禄大夫、中書左丞相。一時君相慶明，朝野晏清，號爲極治。

七年改同知樞密院事。十年持節奉玉册立燕王爲皇太子。十一年復拜左丞相，總襄陽兵伐宋。上曰：「曹彬不嗜殺人，一舉而定江南，汝其今體朕心，古法彬事，毋使吾赤子横罹鋒刃。」王受命馳至襄陽，諸軍纂嚴，禡師啓行。薄郢州，漂水溢塗，人病於涉。王曰：「吾且飛渡大江，而憚此潢潦耶。」度使一騎前導，諸軍畢濟。郢城恃江爲固，而兵精食足。耀兵不攻，潛由平江堰盪舟而過。郢將將二千人追我，王以百騎殿，郢人不敢逼。平章阿朮公適至，郢人走，王手斬其帥趙文義以徇。戰禽沙洋守將，壓新城而軍，列沙洋俘馘城下，不應，城陷，佩沙洋降將黄順金符，上爲招討使，炫其榮於宋人，以故江陵諸郡相繼送欵。遣别帥受之降。阿朮公使右丞阿里海牙來期渡江，不答。明日又來，又不答。阿朮公自來，王曰：「此大事也，主上委吾二人，餘可知吾實乎？」潛刻期而去。將自沙蕪口入江，宋制置使夏貴將精兵守之。乃陽言明日圍漢陽，夏貴來援，我遣

奇兵襲奪沙蕪口，大兵咸會江北岸。宋戰艦屬江中餘三十里，我以白鷂千艘爭陽邏堡，夏貴分兵拒戰。命阿朮公挽舟逆上，截死士三千夜渡。是年十二月也。明旦，王戰夏貴，江上兵奪陽邏堡，逸夏貴。諸將請曰：「貴大將而逸之，可乎！」王曰：「陽邏之捷，吾將遣使前告宋人，而貴走代吾使也。貴今來矣。」未幾，果以廬州歸。

我師既渡江，將佐咸賀，王曰：「天子威靈，阿朮武勇，將校用命，吾何力焉？」王陳師鄂城下，鄂恃漢陽，將戰，焚其蒙衝，火照城中。明日，鄂人及漢陽人皆下，留阿里海牙守之，規取荊湖。王與阿朮公等東兵，興國、蘄、黄、南康、江州望旗輒靡，殿帥范文虎以安慶、張都統以池州來。二月，都督賈似道舟師十萬，陳丁家洲。我士賈勇索戰，軍容甚盛，似道聞鼓聲先遁，其師遂潰，獲都督府符印，斬虜無筭。太平、寧國、建康、無爲、鎮巢皆送筦籥，請城主。行省駐建康，時江東大疫，居民乏食，乃開倉振飢，發醫起病，人大歡喜曰：「此王者之師也。」有詔，時方暑熾，不利行師，候秋再舉。王上奏曰：「百年逋寇，已扼其吭，風馳電擊，取之恐後，少爾遲回，奔播江海，遺患留悔矣！」上語使者曰：「詔爾丞相，朕不從中制也。」十二年七月，詔王入朝，進右丞相，辭曰：「阿朮功多，臣宜居後。」以阿朮爲左丞相，賜從戰功臣爵賞有差。躬受廟謨。會諸將於淮安，同左丞相圍揚州，未下。

十月，王馳至鎮江，分軍三進：參政阿剌罕以右軍出建康道，參政董文炳以左軍出海道，王以中軍出常州道，咸會臨安。攻常州，守將劉師勇遁，諸將請追之，王曰：「勿追，師勇所過，城守者膽落矣。」蘇、湖、秀州先師果降。阿剌罕、文炳皆來，駐臨安北。宰臣陳宜中發使來請降日，及期，宜中逃海，軍進臯亭山。宋主遣其臣賫國璽奉表納土。命董文炳入宋宮，取宋主居之別室，封府庫歸之有司，宋滅，十三年三月也。放散兵衛，罷易官府，「軍」錢塘沙上，三日海潮不至，宋人以爲天助。宋主求見，王曰：「未入朝，禮無相見也。」留左丞董文炳鎮臨安，經略閩越。四月，獻宋主趙㬎、謝后、全后于上都。上御大安殿，降封㬎爲瀛國公，遣大臣告成功於太廟。上勞王，王再拜謝曰：「奉陛下成算，阿朮效力，臣具員而已，何有功能。」詔以陵州、藤州增食户爲六千，同知樞密院事。

十四年，宗王失烈吉畔，詔王將兵討之。與賊夾水而陣，久之不戰，令牧馬具食，賊疑而怠，俄引兵渡水，擊賊，失剌吉走死。十八年，詔從皇太子撫軍北鎮。諭太子曰：「伯顔才兼將相，行全忠孝，故命汝從。」皇太子次舍，必與論天下事，待有加禮。別吉里迷失者嘗誣王以死，是年，得誅罪，勑王臨視，王與之酒，愴然不顧而回。上問其故，對曰：「彼罪自致，臣若臨刑，人將不知天誅之公也。」上賞其量。

二十二年，宗王阿只吉失律，詔王代揔北軍。遠斥候，謹隄防，足兵食，明賞罰，不肯要功生事，將校大和，敵人遠避。二十四年，宗王乃顔將反，報者還至。詔王覘之，多載衣裘以往，至其境輒賜驛人。乃顔誺王，王以大義語乃顔，乃顔陽應而陰欲執王，酒闌趍出，與其從者潛分三道以逸，驛人以得衣裘故，爭獻馬以遞，遂脱追騎，以其實聞。佐上親征，奏李庭、董士選帥漢軍，得以漢法戰。金剛奴、塔不帶進逼乘輿，漢軍力戰，賊不能陣而走。及禽乃顔，王之謀畫居多。

二十六年，加金紫光禄大夫、知樞密院事，揔北軍。討叛王明里鐵木兒，大戰敗之。明日搜其伏兵，追斬二千餘級，馳書開諭明里鐵木兒，其人奉書以泣。有譖王于上者，詔以御史大夫月兒魯那演代之，居王大同，以俟後命。未至軍三驛，王遣使語大夫曰：「所至姑止，待我翦此寇，卿來不後。」時海都帥大兵以入，寇進我退，如是而南七日，衆帥怒曰：「寇至則走，何不武若是，果懼戰，胡不授軍大夫而誤國事也！」王曰：「海都入吾境，持重而殿，邀之則遁，誘使深入，一戰可禽。諸軍必欲速戰，戰非吾憚，果失海都，誰任其咎。」衆曰：「請任之！」王麾軍邀擊，敵兵大敗，殺虜幾絶，惟海都脱走。乃召大夫至軍，授印而去。

三十年十二月，驛召至大同。上不豫。明年正月，宫車晏駕，遣使召成宗于撫軍，王總百官以定國論。兵馬使請日(在)〔入〕鳴暮鍾，日出鳴晨鍾，問其故，對曰：「防變起也。」王曰：「汝將爲賊耶！其如平日。」宰臣請誅盜内府銀者，曰：「幸赦而盜，不可長也。」王曰：「盜何時無，今以誰命誅人？」其守正體大多類此。

四月，成宗即皇帝位于上都大安殿。時親王有違言，王按劍陳祖宗寶訓，述所以立成宗之意，辭色俱厲，諸王股栗，趨殿下拜。五月，加開府儀同三司、太傅、録軍國重事，依前知樞密院事。上意欲王入中書，時相忌之，王呼相語曰：「幸送兩罌美酒，我與諸王飲於宫前，餘非所知也。」江南行三樞密院，行省臣累陳非便，樞密臣庇之，有詔問王。王已病，張目對曰：「罷行樞密，兵柄一歸行省，於國事爲完。」三院遂罷。是歲十二月，薨于京師甘棠里第，春秋五十有九。遣重臣來賵，勑百官送葬。送者盡哀，葬于白只剌山之先塋。【略】成宗贈宣忠

佐命開濟功臣、太師、開府儀同三司，追封淮安王，謚忠武。仁宗皇帝賜鈔十萬貫，畀江浙省臣廟祀臨安。皇上勑建碑于都城之郊，賜額曰「開國元勳佐命大臣之碑」，命臣明善製其刻文。

劉敏中《中庵集》卷一五《忠武王廟碑》 天開聖人福斯世，必有任重傑異宏偉之器出於其間，聖人得之，然後莫大之計可勿疑，而舉非常之功可不勞而成。堯得禹洚水行地中，其利爲萬世賴；湯得阿衡，武王得師尚父，皆拯民於水火，屹然成長治之業。聖賢之合，果非偶然矣。世祖聖德神功文武皇帝，以唐、虞、湯、武之聖，紹膺景命，恢崇丕緒，一時腹心爪牙之寄，宣勞戮力，皆極其選。至於出入將相，動協聖謨，越長江，掇全宋，致有元之盛，跨越百代，焜燿萬祀者，曰惟忠武王耳。上之居儲闈也，韙王功烈，賜幣，行中書省，俾廟于杭。始嗣位，勑濟以公帑十萬緡成之，且勒碑焉，而其辭以命臣敏中。

謹按：王諱巴延，朔方人。其族爲巴琳氏，曾祖默爾根圖。太祖起兵，爲巴琳部左千户。祖阿拉克，襲父官，平呼展有功，從憲宗西巡，卒于軍。父尼固爾岱，以世爵從宗王實喇，開西域以卒。王長於西域，至元初年甫三十，以宗王命入奏世皇，一與語，異之，輒留置左右弗遣。未幾，拜光禄大夫、中書左丞相。姿凝峻整，諸曹白事，尤難決者，辭徃復稠疊，王夬然如無聞，自已，舉目一語而破其歸要，事以決。省中始帖帖讋服，識其爲真宰輔也。七年，同知樞密院事。十一年，再爲左丞相。廷議以宋恃險拘我信使，貢我叛臣，以汨我東土，矧威福下移，人且罹害，興師問罪，玆惟其時。皇帝詔王：「昔曹彬以不殺平江南，今以六師畀汝，汝爲吾曹彬可也。」王拜命起行，不至其家。是年十二月，渡江。明年五月，被召入見，且陳始終規畫。七月，拜中書右丞相。八月，還南。明年正月，宋降。五月，以宋主與其母后致闕下，而聖統一矣。嗚呼，天生王以助國家，而世皇能識之。世皇以大任付王，而王亦自任之。混一之隆，人皆見於王之凱旋之日，而不知世皇獨見於王之始至之時。宋平之期，人皆見於大兵渡江之後，而不知王獨見於拜命啓行之始也。蓋世皇以至誠布天，以至仁濟天下；王以盡忠報國，以盡力效所職。上下交孚，天人協應，故能收此駿功，若是其速也。夫大江之險，昔人有天限南北之嘆，有土囊欲塞之哂，險固足恃也。然而我師一臨，南北不得限，土囊不必塞，何邪？彼之君臣，其道不足故也。彼不足而我有餘，險復何有哉！《傳》曰「在德不在險」，信矣。

蓋王之勳蹟大者有四：初我師及郢王欲勿攻，諸將以爲郢據上流，過弗取，必有腹背患，皆力請。王曰：「我奉命伐罪，不擊一城，且兵行有機，得失在吾，非汝曹所憂也。」卒舍郢，由别港濟舟順流而下，廓如無人。陽邏控大江北壖，宋人堡以自蔽，攻之堅不可拔。王密謂副將左丞相阿珠：「彼所恃惟此耳，可用擣虚之計。掩其不意，南岸可得也。得即報我。」阿珠夜以勁卒三千人，背陽邏飛艘突據南岸，黎明報至，王即以大兵徑渡，宋人褫氣，而武昌、金陵，沿江諸州盡爲我有。及赴召而還也，乃分三道掎角以進，王以中軍直抵餘杭，布宣聖天子問罪弔民之意，宋乃出降。其取敵有如此。左丞相阿珠才勇善戰而士頗不附，王患之，乃獨禮敬加異，由是衆視王益敬以和。諸文武將佐，皆密悉其才用，臨事遣授，各盡其當，故能所向無前，動必有成。其駕馭有如此。王用兵紀律外嚴而中寬，以聖訓不殺爲主，威憺德懷，欵附日至。或請入視降城府藏簿帳，以知金穀户口多寡。王笑曰：「是欲夤緣噬吾民耳。」乃下令諸將士敢有肆暴掠及入城者，以軍法論。故所至犬雞不驚，四民晏然，獲來蘇之望。其注措有如此。江左地繁阜滋久，金玉錦綺、珎異奇古之玩，在所充溢。王一不挂目，宋降將有以趙氏二宗女獻者，立叱去之。逮宋降，幼主與母后請見，辭曰：「但俟拜天子。」卒弗與面。既歸，帝慰諭嘉其功，再拜謝曰：「惟陛下神聖，阿珠勤勞所致，臣何功？」其禮節有如此。

嗚呼，非天之所命，能至爾邪？是後拜金紫光禄大夫、知樞密院事，進開府儀同三司、太傅、録軍國重事。乃若靖東藩之亂，勤北征之役，世皇升遐，成宗未立，伊、霍之重，朝廷賴焉。其詳有太史在，玆不復著。春秋五十有九，以疾薨于京師甘棠里第，實三十一年十二月也。大德八年正月，制贈宣忠佐命開濟功臣、太師、開府儀同三司，追封淮安王，謚曰忠武王云。銘曰：

天惟德輔，眷我有元。聖祖勃興，植本浚源。世皇大之，道濟無外。孰有宋迷，獨險是賴。皇赫斯怒，命我相臣。徃致而罰，以蘇爾人。相臣維何，惟王忠武。王之始隮，邈自西土。夢卜之遇，千載一時。大任在身，逮茲見之。王既奉命，弗矜弗惕。匪徐匪亟，而行吾職。謀士落落，惟王之承。虎旅嘽嘽，惟王之令。大江凌空，航以一葦。雄城峻壁，不戰而靡。法去彼苛，政樂我寬。我樂我迎，漿壺食簞。青蓋爰出，北闕以貢。地闢天通，遂大一統。彬之不殺，王則爲優。渾濬之訟，惟王所羞。杭廟崔嵬，像設儼若。英風萬古，雲臺麟閣。

雜録

備録

陶宗儀《南村輟耕録》卷一《平江南》 至元十一年甲戌，宋之咸淳十年也。秋七月，世祖命中書右丞相伯顔，總制大軍取宋，諭之若曰：「朕聞曹彬不嗜殺人，一舉而定江南。汝其體朕心，法彬事，毋使吾赤子横罹鋒刃。」伯顔叩首奉命惟謹。既而混一職方，豈非不嗜殺人之驗與。

陶宗儀《南村輟耕録》卷一《獨松關》 明年乙亥春，諸郡望風降敗，丞相伯顔遣員外郎石天麟詣闕奏聞。世皇喜，顧謂侍臣曰：「朕兵已到江南，宋之君臣必知恐畏，兹若遣使議和，邀索歲幣，想無不從者。」遂敕伯顔按兵。乃命禮部尚書廉希賢、侍郎嚴忠範、計議官宋德秀、祕書丞柴紫芝等，齎奉國書使宋。次建康，希賢等借兵衛送。伯顔曰：「方今兩軍相阨，互有設險，宜令行人先往道意。若便擁兵前進，吾恐別生罅隙，則和議之事必難成矣。」希賢等堅請，乃簡閱鋭卒五百畀之。至獨松關，戍關者宋浙西安撫司參議官張濡也，以爲北兵叩關，率衆掩擊，殺忠範，執希賢。希賢亦病創死。世皇聞之，大怒，趣進攻。嗟夫，宋之亡也，非有桀紂之惡，特以始之以拘留使者肇天兵之興，終之以誤殺使者激世皇之怒耳。藉使獨松之使不死，宋之存亡未可知。其亦有數也與。

陶宗儀《南村輟耕録》卷一《浙江潮》 明年正月甲申，丞相伯顔駐軍皋亭山，宋奉表及國璽以降。遣千户囊加歹等入城慰諭。令居民門首各貼「好投拜」三字。及聞益王、廣王如婺州，即命分兵屯守諸門。范文虎安營浙江沙滸。太皇太后望祝曰：「海若有靈，當使波濤大作，一洗而空之。」潮汐三日不至，軍馬晏然。文虎，吕文焕壻，安慶守臣，降於我者。

陶宗儀《南村輟耕録》卷一《江南謡》 汲郡王公《玉堂嘉話》云：「宋未下時，江南謡云：『江南若破，百鴈來過。』當時莫喻其意。及宋亡，蓋知指丞相伯顔也。」

陶宗儀《南村輟耕録》卷二《聖聰》 至元六年二月二十五日，上御玉德殿，命史臣榻前草詔，黜謫太師伯顔。詔文有云：「其各領所部，詔書到日，悉還本衛。」上曰：「自早至暮，皆一日也。可改日字作時字。」時伯顔以飛放爲名，挾持皇太子在柳林，意將犯分。詔既成，遣中書平章只理瓦歹，賫至彼處開讀，奉皇太子歸國，而各枝軍馬即時散去。蓋一字之中，利害繫焉。亶聰明，作元后，於此有以見之矣。

朱國禎《湧幢小品》卷二〇《岳武穆》 余葬先君子于皋亭山之麓，其山故元伯顔取宋屯兵之處也。步村中，一蒙師唐姓者，年八十餘，自言其家駐此六世矣，大王父猶及見宋末事。方伯顔兵至下屯，其夕月明，忽大風雷震電。伯顔知有異，起立帳外，勒兵防變。見四山旌旗閃爍，皆作精忠字面。伯顔曰：「是矣，此岳公護本國，現靈異也。」亟宰牲爲文致祭曰：「王繫心本朝，此是大忠大義，敢不仰體。但氣數如此，王雖有心，不能違天。若旦日宋以三千人來戰，即斂兵北歸。如只力竭講和，亦不能舍囊中物，而爲口舌所動也。」祭訖，風雷皆止。明日，天皎潔如故。宋無一兵，且納款。伯顔入城，又親詣王廟致祭，宋遂以亡。余聞其言，灑然有異。方往來此中，將尋歸骨處，伴先君子。因欲買地立廟，合雲長公祀之，題曰關岳廟。而老廢未能也。

陳邦瞻《宋史紀事本末》卷一〇七《元伯顔入臨安》 帝㬎德祐二年春正月，遣監察御史劉岊奉表稱臣於元。先是，元軍既迫，朝廷遣柳岳奉書如元軍前，稱廉尚書之死，乃盗殺之，非朝廷意，乞班師修好。岳見伯顔於無錫，泣請曰：「嗣君幼冲，在衰絰中，自古禮不伐喪。凡今日事至此者，皆奸臣賈似道失信誤國耳。」伯顔曰：「汝國執戮我行人，故我興師。錢氏納土，李氏出降，皆汝國之法也。汝國得天下於小兒，亦失於小兒，其道如此，尚何多言。」岳還，陳宜中復奏遣岳及陸秀夫、吕師孟等，求稱姪納幣，不從，則請稱姪孫。且敕吕文煥，令通好罷兵。秀夫等見伯顔於平江，伯顔不許。至是，太后命用臣禮復往，陳宜中難之。太后涕泣曰：「苟存社稷，稱臣非所較也。」遂遣岊奉表稱臣，上尊號，歲貢銀絹二十五萬兩匹，乞存境土，以奉蒸嘗，且約伯顔會長安鎮以輸平。時陳宜中以元不許和，計無所出，乃率羣臣入宫，請遷都，太后不許。宜中慟哭以請，太后命具裝以俟，及暮，宜中不入。太后怒曰：「吾初不欲遷，而數以爲請，顧欺我邪。」脱簪珥投之地，遂閉閣，羣臣請見皆不納，蓋宜中實以翌日行，倉卒失於奏耳。

甲申，元伯顔至長安鎮，陳宜中違約，不往議事。伯顔乃進次皋亭山，阿剌

罕、董文炳之師皆會，遊騎至臨安府北關。文天祥、張世傑請移三宮入海，而已帥衆，背城一戰。宜中不許，白太后遣監察御史楊應奎上傳國璽，降表曰：【略】伯顔受之，遣使詔宜中出議降事，而使囊加歹奉璽表，赴上都。是夜，宜中遁歸温州之清澳。

戊子，命文天祥、吴堅、謝堂、賈餘慶使元軍，見伯顔於明因寺。天祥因説伯顔曰：「北朝若以宋爲與國，請退兵平江或嘉興，然後議歲幣與金幣犒師，北朝全兵以還，策之上也。若欲毁其宗社，則淮、浙、閩、廣，尚多未下，利鈍未可知。兵連禍結，必自此始。」伯顔以北詔爲辭，顧天祥舉動不常，疑有他志，留之軍中，遣堅等還。天祥怒，數請歸，曰：「我之此來，爲兩國大事，何故留我？」伯顔曰：「勿怒。君爲宋大臣，責任非輕。今日之事，正當與我共之。」令萬户忙古帶，宣撫唆都羈縻之，且以其降表不稱臣，仍書宋號，遣程鵬飛、洪君祥偕來，使賈餘慶復往易之。

二月，丁酉，帝率文武百僚，詣祥曦殿，望元闕上表，乞爲藩輔。元伯顔承制，以臨安爲兩浙大都督府，命忙兀台、范文虎入城，治都督府事。又令程鵬飛取太皇太后手詔，及三省樞密院吴堅、賈餘慶等檄諭天下州郡降附，執政皆署，家鉉翁獨不署。鵬飛令縛之，鉉翁曰：「中書省無縛執政之理，歸私第以待命可也。」乃止。元伯顔進屯湖州，復令呂文煥、范文虎等慰諭太皇太后，文煥因使人上表謝而出。有曰：「茲銜北命，來抗南師，視以犬馬報以仇讎。非曰子弟攻其父母，不得已也，尚何言哉。」伯顔令張惠、阿剌罕、董文炳、張宏範、唆都等封府庫，收史館祕省圖書及百司符印告敕，罷官府及侍衛軍。以賈餘慶、劉岊、吴堅、謝堂、家鉉翁並充祈請使，如元。元伯顔引文天祥與堅等同坐，天祥面斥餘慶賣國，且責伯顔失信。呂文煥從旁慰解之，天祥并斥文煥及其姪師孟：「父子兄弟，受國厚恩，不能以死報國，乃合族爲逆，尚何言？」文煥等慚恚。伯顔遂拘天祥，隨祈請使北行。是日，元兵屯錢塘江沙上，臨安人方幸波濤大作，一洗而空之，潮三日不至。

丁未，元詔諭臨安新附府州司縣官吏軍民曰：「間者，行中書省右丞相伯顔，遣使來奏宋母后幼主，暨諸大臣百官，齎璽綬奉表附降。朕惟自古降王，必有朝覲之禮，已遣使特往迎致，爾等各守職業，其勿妄生疑畏。」仍命伯顔就遣宋內侍王埜入宫，收宋國衮冕圭璧符璽，及宫中圖籍寶玩車輅輦乘鹵簿麾仗等物。

是月，夏貴以淮西叛，降元。時，阿朮屯淮南東道，其西道屬之萬户昂吉，俾駐和州，進攻廬州，夏貴以書抵伯顔曰：「願毋費國力，攻奪邊城，若行都歸附，邊城焉往。」至是，舉所部納款於元，元以貴爲淮西安撫使。有洪福者，貴家僮也，從貴積勞知鎮巢軍，貴既北降，招福不聽，使其從子往，福斬之。元兵攻城，久不拔，貴至城下，好語語福，請單騎入城，福信之，門發，而伏兵起，突入，執福父子，屠城中。貴泣殺福子大源、大淵，呼曰：「法止誅首謀，何乃舉家爲戮？」福叱曰：「以一命報宋朝，何至告人求活邪？」次及福，福大罵，數貴不忠，請身南向死，以明不肯背國，聞者流涕。元人索宫女内侍及諸樂官，宫女赴水死者以百數。

三月，丁丑，元伯顔自湖州市入臨安城，建大將旗鼓，率左右翼萬户巡城，觀潮於浙江。又登獅子峯，觀臨安形勢，部分諸將。時，福王亦自紹興至，伯顔深慰之。太皇太后及帝欲與相見，伯顔曰：「未入朝，無相見之禮。」明日，發臨安，阿荅海等入宫宣詔，免牽羊繫頸之禮。趣帝及太后入覲，太后全氏泣謂帝曰：「荷天子聖慈活汝，宜拜謝。」禮畢，帝與太后肩輿出宫，太皇太后謝氏以疾留内，與昺及沂王乃猷，度宗母隆國夫人黄氏，并楊鎮、謝堂、高應松，庶僚劉裒然三學生等皆行。大學生徐應鑣與其二子琦、崧，一女同赴井死。

元伯顔引兵北還，以忙兀台鎮浙西，唆都鎮浙東，董文炳、阿剌罕經略閩浙未下州郡。閏月，帝及太后隨元兵北行，至瓜洲，李庭芝、姜才涕泣誓將士出兵奪兩宫，將士皆感泣，乃盡散金帛犒兵，以四萬人夜擣瓜洲，戰三時，元兵擁帝避去，才追戰至浦子市，夜猶不退。阿朮使人招之，才曰：「吾寧死，豈作降將軍邪？」真州苗再成亦謀奪駕，不克。

《國朝文類》卷一一閻復《丞相伯顔贈謚制》 天下大統，不嗜殺則一之；聖主弘功，蓋必資於賢者。昔在至元之際，方隆混一之期。有來命世之奇材，懋建殊常之偉績。故太傅、開府儀同三司、録軍國重事伯顔，崆峒孕秀，列象騰精。居政府則不動聲氣，措泰山之安；秉戎律則純乎仁義，猶時雨之降。當其聲鶴浦渝盟之罪，總龍驤飛渡之師，克廣世祖好生之心，允獲宋人誠服之意。衣冠不改，市肆不易，恩威普洽於三吴；車書以混，文軌以同，聲教遂覃於百粤。逮朕纂承之始，益申推戴之誠。永懷社稷之宗臣，宜侈河山之高爵。於戲！曹侍中江南之役，規摹一何小哉；郭汾陽異姓而王，宗報斯亦至矣！可贈宣忠佐命開濟功臣、太師、開府儀同三司，追封淮安王，謚忠武。

《國朝文類》卷二四元明善《丞相淮安忠武王碑》 臣聞忠武王天質高厚，風神静明，英偉端大，剛介莊廉。當大任而不恐，遇大論而善斷。言笑有時，喜愠莫測。恒負天下之重，以神器尊安爲務。仁視群品，無間親疎，義使英材，無比適莫，故四海公論翕然歸之。其平宋也，將二十萬猶將一人，賞罰信，紀律彰。大將禀命，仰之若神明；降人投誠，依之猶父母。未嘗妄戮一卒，未嘗妄殘一物，貨財不足移其心，聲色不足惑其志。師入臨安，禮賢黜罪，市肆不易，雞犬無驚。歸馬蕭然，囊惟衣被，畢事還朝，口不言功。連出總師，無役不最。嗚呼！碩德元才，生由間氣，良相名將，見諸行事。乃知宇宙之間，功名之表，自有大人也。弼成正統，騰耀始日，力扶寶運，播烈終年，請即是而作頌。

王源《居業堂文集》卷一一《伯顔論》 漢吴楚反，桓將軍説吴王，所過城邑不下，直去疾西，一據洛陽武庫，阻山河之險以令諸侯。濞不能用。周亞夫乘傳至洛陽，喜曰：「今吾據滎陽，滎陽以東無足憂者。」由是觀之，引兵深入敵境，不直衝其腹心，而淹留攻取城邑，策之下者也。然明太祖伐北，常遇春欲直擣元都，太祖以爲不利，乃先取山東、河南而後進兵，又何説與？齊蕭衍舉兵襄陽，時齊將張沖守郢，房，僧寄守魯山，諸將欲併軍圍郢而分兵東下。衍曰：「魯山據漢上，而僧寄以重兵固守，使吾悉衆前進，僧寄必絶吾後，糧運不通，必然離散。」乃遣諸軍濟江偪郢，而自圍魯山。魯、郢既拔後，乘勝而東，風靡瓦解，長驅入建康。由是觀之，引兵深入敵人之境，必抉其藩籬，摧其重鎮，而後前進，策之善也。然唐高祖攻河東不下，太宗以爲兵貴神速，乃引兵徑趨長安，又何説與？王子曰：「吾於此知伯顔之滅宋焉。」兵無定形，各因其勢。醫之用藥，各因其疾之寒熱爲之方，用藥不同，同歸於效。吴、楚有齊、趙之援，太祖則孤軍深入。故吴、楚可以直走洛陽，而太祖必先取山東、河南，而後可以得志。蕭衍舉兵，勝負未決，齊人心固而兵力强。唐高祖既大破宋老生，兵威已振，長安自望風震潰。故蕭衍必拔魯山而後可以東下，唐高祖不必取河東自可以定關中，勢有不同，無足怪者。吾獨怪伯顔兼其術而用之，而各得其勢之所宜也。其伐宋先以重兵圍襄陽，依山築壘，貯兵儲，絶聲援，爲久駐必取之計，五年之久，未嘗分一旅窺江南。此非蕭衍圍魯山，太祖取山東、河南之計乎？及襄陽既拔，然後大舉渡江，於是漢、鄂相次俱下，而江陵獨爲宋守。顔乃留兵規取荆湖，而自帥大衆趨臨安。此非桓將軍據洛陽武庫、唐太宗取長安之策乎？當其始猶破竹，欲迎刃而解，必先破其端。及其後猶盗已入門庭，即無恤乎閭閻之戍。吾故備論之，見元之滅宋，實有得於天下之大計，而非金人冢突狼奔之可比也。

郎瑛《七修類稿》卷四六《伯顔兀朮》 伯顔下江南，過金陵梅嶺岡，詩曰：「馬首經從嶺島歸，王師到處悉平夷。擔頭不帶江南物，只插梅花一兩枝。」又兀朮殺卒而妻其妻。朮有匕首極利，臥則枕之。婦取將刺朮，朮驚問故。婦曰：「吾欲報夫仇。」朮默然，爲别求夫遺去。嗚呼，狼子野心，貪財好色，本然也。二虜之所以著名，亦有是善。

藝文

尹廷高《玉井樵唱》卷中《伯顔丞相第在苜蓿地》 當代麒麟第一功，及門尚想見英雄。征南事往圖書在，上殿人非劍履空。房杜子孫還有幾，伊周事業許誰同。緑槐庭院無車馬，坐聽黄鸝韻曉風。

王惲《秋澗先生大全文集》卷二二《大賢詩三首并序》 甲午歲正月廿二日癸巳，偕翰林諸君謁太傅伯顔公於東城甲第之北堂。公姿威不見猛，簡不失和，貞魁傑人也。公初至燕，首詢諸何右轄曰：「翰林諸老，今在者誰？」及是歷問各官壽期，今供何職。疇禮間，顧相謂曰：「朝家所以養諸老者，正以乞言論政而已。如事會議，各顧官守，未免或偏。若集之同僚，則議論通一，所益良多。」某曰：「前世立益政院者，正此意也。」中丞崔相亦以爲然。乃知公深謀遠至，氣量含弘，朝廷之上，軍國大計，心無或不在，所謂大臣以道事君者也。既而公出，衆傒門屏間，遣紀綱來謝曰：「不敢多勞。」遂退。因得《大賢詩》一首，紀其披覩之快。後二年，公府掾張楚持畫像懇予哀挽，既書鄙辭，載惟疇昔，情有不能已者，且念六合雖一，相業未展，天不慭遺，哀斯民之不幸也。噫，因附録于後。

萬馬龍驤宿漠陲，朔雲邊雪避旌麾。麟遊近藪人歌瑞，虎在深林氣甚夷。
解甲齊山降宋日，鞠躬趍陛入朝時。有懷不盡蒼生事，空詠皮公七愛詩。

使華來自海西邊，一日風雲擁將壇。仁信有餘收戰格，旌麾不動下臨安。
應憐文武臣時切，忍對麒麟畫像看。不獨臨淮開府掾，追思勳德淚闌干。

軍容機政兩儀刑，自有胷中節制兵。直道事君忘智勇，丹心爲國儘忠貞。
風雲感會千年契，笳鼓歸來六合清。遥想翠華秋獮際，聖情凝佇聽鼙聲。

程鉅夫《雪樓集》卷二三《李府判家伯顏忠武王畫像贊》 烈烈桓桓，如河如山，功極名完。盛德之容，維恭維寬。幙府同心，戚欣燠寒。儼其當年，長劍高冠。追隨凌煙，尚永弗刊。

趙孟頫《松雪齋文集》卷二《述太傅丞相伯顏功德》 興廢本天運，輔成見人庸。與地久以裂，車書會當同。先帝昔在御，如日行虛空。六合仰照耀，一方顧顓蒙。授鉞得人傑，止戈代天工。鐵馬浮度江，坐收破竹功。草木紛震動，山川變鴻濛。地利不復險，金城何足攻。市廛易肆憂，兵無血刃紅。孰能年歲間，伐國究始終。老稚感再生，遺黎忘困窮。歸來一不取，匹馬走北風。九域自此一，益見聖世崇。大哉先帝仁，允矣丞相忠。嗟我始弱冠，弗獲拜此公。作頌歌元勛，因之寫吾衷。

鄧文原《巴西集》卷下《淮安忠武王廟田記》 至大己酉歲，聖天子龍德在淵，功贊位育，浹於幽明，追推元勳茂德，宜修祀典，以示崇褒。迺命江浙行中書省建淮安忠武王廟於杭。廟成，申飭詞臣勒文貞石。凡厥有位，知聖世旌善報功，儆百執事之意甚厚，視昔著丹書，刑白馬者，規摹宏遠矣。時行省左丞高公昉，寔董其事。又屬萬户郭侯震、千户劉侯元亨計徒庸，慮財用，咸曰：「棟宇既備，像設孔嚴，必有腴田以供粢盛，庶用資永久。」於是撙工費之贏，鈔爲錠者七百四十有奇，買田三百七十三畝，俾朱君慶掌其契要，副藏有司，歲司出納，以給祠祭。君早負才，謁事忠武王，嘗被璽書爲王府長官，建廟始終躬任勤瘁，請于行省，屬文原書廟田之始末。辭不可，則爲之記曰：

按《周官》，司勳掌賞地之法，以等其功，凡有功者，銘書於王之太常，祭於大蒸，司勳詔之。凡賞無常，輕重眂功。凡頒賞，地參之一，食惟加田，無國征。釋者曰：有大功者，既賞以地，復有加賜之田，則無國征。凡賦税皆免，所以優有功而厚報之也。又按，伯禽始侯於魯，則有山川、土田、附庸之錫，是則勳勞焯著，生備茅土，播諸聲詩。若今忠武王既没，而九重睠思不忘，光賁封爵，享有廟祀。藩翰之臣，又克昭布湛恩，謂加錫之田，國有令典，爰積羨錢，相厥衍沃，菑播以時，歲時吉蠲，薦其嘉穀、牲酒、肥旨，駿奔在列，陟降左右，若有風馬雲車，肸蠁來假。生榮死哀，今古鮮儷。王之精靈不昧，亦思相佑皇圖於億萬斯年，曷有窮已？猗歟盛哉！延祐二年，越明年龍集丙辰十一月丁卯日南至記。

袁桷《清容居士集》卷三七《太傅右丞相伯顏贈太師開府儀同三司功臣淮陽郡王謚忠武》 乾坤呈符，搆風雲之嘉會；山川毓秀，挺柱石之英賢。夙奉宸猷，丕揚帝訓。惟不嗜殺人者，能得天下；而可與事君者，實非鄙夫。睠我元勳，膺時碩望。合太平之寰宇，成一統之輿圖。生爲名臣，殁有公論。太傅、右丞相伯顏，機沈而識遠，量重而器宏。十乘啟行，共服征南之妙算；七騶咸駕，默傳濟北之遺編。誓衆於鼓角之初，過師於枕席之上。具宣德意，誕廣仁聲。簞食壺漿之迎，咸知已後；觴酒豆肉之賜，士向無前。是謂制勝而屈人兵，抑亦好生以全天道。丞相之功第一，智士之譽無雙。方謙牧以學卑，愈蒙養而用晦。角巾私第，恂恂似不能言；雞翹屬車，斷斷猗無他技。肆予纘服，躬任受遺。功成莫居，年運而往。格于皇天者有儀可象，游於造物者不見而章。師尚父之崇名，貞惠文之美謚。益疏王爵，庸示國恩。噫！彝器景鐘，足銘邦家之偉績；蜜章襚典，斯昭泉壤之幽光。尚其明靈，歆此殊命，可。

張養浩《歸田類稿》卷二二《過杭州伯顏丞相廟》 取宋市不易，歸朝容若愚。誰知六經外，元有聖人徒。

黄溍《金華黄先生文集》卷一九《平宋録序》 《平宋録》者，紀淮安忠武王平宋之功也。王廟在杭城，燬於災。監察御史言：「王宣勞戮力，弼成正統，功莫大焉。宜令有司復其祠宇，仰副國家崇報之意。」御史臺上于中書省以聞。已被旨，可其奏。而江浙行中書省亦以爲言，乃命中順大夫、本投下諸色總管府達魯花赤普化乘傳而南，與行省官同涖其役。廟之告成也，行省既請胙王以大國，錫銘於石章，且俾儒司刻《平宋録》于杭學，以侈其傳。按録之舊文與勑賜王廟碑、開國元勳佐命大臣碑，《皇朝經世大典》所序五戰，間有不能盡同，二碑大典，皆史家承詔撰著，今悉取正焉。它書有可證據則增入，有當參訂則附註，餘無所考者，並存其舊，以俟史官之裁擇。王世胄之懿，官伐之隆，德器之宏，勳烈之茂，則有制詞及碑文在，謹以冠予篇端，兹不敢贅述也。

胡助《純白齋類稿》卷一一《淮安忠武王祠》 丞相祠堂又一新，翬飛金碧耀麒麟。故郊尚想屯師日，遺老猶談誤國人。泥路迎降歸孺子，江潮失候避元臣。豐功盛烈英靈在，廟食千秋福我民。

許有壬《至正集》卷七一《跋忠武王花押》 右淮安忠武王署押二紙，皆薦魯郡文忠李公之底也。昔王以雄姿大畧，濟以至仁，取勝國，兵不血刃，歸橐不貯一毫，勳德塞宇宙，其協贊畫諾，亦惟有一時之傑，蔚乎其左右前後也。文忠之子季凱，請識左方。竊惟聞王之風，當斂衽肅拜，況親見其心畫哉？王，國之貴種，而落筆雄偉，若老於翰墨者。昔嘗於掌故簿領中間一二見，見輒捧玩不忍去

手，況李氏家有之哉？前剡舉文忠爲樞密參議，後者舉爲江西宣尉使，皆不果用。舉者與舉之者若是，當時亦復尼而不行邪？文忠終於江浙省參知政事，爲時能臣，王之明又可見矣。季凱其什襲之。

蘇天爵《滋溪文稿》卷一《丞相淮王畫像讚》　故太傅、開府儀同三司、録軍國重事、贈宣忠佐命開濟翊戴功臣、太師、追封淮王、謚忠武伯顔，有廟在杭州德化里，賜田二千畝，勑有司歲時祀享。至正九年春，天爵拜謁祠下。會守廟者模王像勒諸石，謹拜手而爲之贊曰：

唐失其馭，晉割燕雲。歷遼與金，疆宇中分。天生聖神，將大一統。不有碩臣，孰濟其用。偉忠武王，來自西疆。入見天庭，猷謀有章。明良遇合，位列將相。山立揚休，惟民所望。帝念南土，聲教弗宣。孰擅國命，肆姦竊權。誘納叛亡，拘囚信使。禮義之邦，顧至如是。帝赫斯怒，命王專征。不亟不遲，克下百城。淮海無波，江漢如帶。壺漿來迎，民莫有害。萬方入貢，九有會同。冠蓋裳衣，共襲皇風。三百餘年，天限南北。偉忠武王，始定于一。王之功大，實惟聖明。任使弗疑，功烈斯成。王始南邁，帝有明訓。曹彬不殺，汝往執訊。勘定惟艱，嗣守尤難。王克取之，在克守之。王廟巍巍，黼衣旒冕。圖報王功，國有彝典。乃礱文石，肖王儀容。春秋來享，瞻拜敬恭。咨爾杭人，以及有位。尚思王功，用勸毋怠。

《國朝文類》卷二四元明善《丞相淮安忠武王碑》　世祖聖神，地翕天開。陽施陰闔，鼓盪風雷。駕馭群才，鞭笞九垓。糞掃宄菑，祥慶有來。糾糾雄豪，英英俊髦。樂世之遭，陋時之逃。或秉樞機，或建旗旄。纓冠自獻，文奮武招。維忠武王，胥會明良。雄圖遠韻，聖度恢張。制曰：「伊賢，當吏天子。左官諸侯，奚爾器使。」乃命之相，乃命之將。爰資弼亮，爰資開盪。嗟茲中土，鼎峙三主。既殄其二，一也無武。天生聖人，賚之良臣。頸組厥君，稽顙軍門。東涉扶桑，西跡虞淵。北盡窮髮，南極玄蠻。咸受正朔，襲我衣冠。委勳不居，歸衛帝廬。出總北師，馬騰士娛。輿目睢盱，望入中書。鉅材乃儲，翊運是須。肅將天威，劒而登殿。揚命群王，群王自懊。策帝御天，下拜登讌。是日微王，慶會幾變。始知世祖，神幾先見。故抑王庸，留垂後憲。稽其一德，始終交盡。抒誠兩朝，力殫無蘄。進官三公，心不增隆。追爵一王，道不加崇。維王達節，高抱孤忠。維王獻能，茂建元功。紀勳竹帛，鑄銘鼎鍾。並日不滅，與國無窮。勑臣作頌，勒之貞石。昭示萬國，永著臣則。

王逢《梧溪集》卷一《淮安忠武王箭歌題垂虹橋亭》　淮王昔下江南城，萬竈兵擁雙霓旌。錦裘繡帽白玉帶，金戈鐵馬紅犛纓。阜雕羽箭三十六，一一插向鯊魚箙。鹿纛晝號猿抱木，王師所過全生育。彤弓親授聖天子，弓影射入東吳水。水波恍浸銅柱標，仰見浮屠半霄起。王當是時戢武功，指顧草樹生春風。宋家降璽朝暮得，思罷貫革垂無窮。浮屠上層龍所宫，寶盤紺碧蓮花同。弦張滿月報驂發，忽露半笴薌雲中。鐃歌鬧轟鼓笳競，父老頓足驩聲應。泗州使返睢陽亡，漢闕將入天山定。兩賢成敗關衰盛，雄材逸氣王誰竝。我浮扁舟五湖興，載拜何由重安靖，猛士經過合深省。

宋濂《宋文憲公全集》卷三九《國朝名臣序頌·淮忠武王伯顔》　淮王桓桓，凝峻寡言。一言之間，如雷破山。及履上台，四國爾瞻。誓師南征，大亂汝戡。三軍飛渡，目無江南。前扼其吭，宋膽自寒。老梟夜遁，直擣臨安。俘厥君臣，大敷帝仁。皥皥熙熙，市肆不移。宋鼎已易，而民弗知。崇德報功，王謙讓弗居：「此天子德威，臣何能爲？」古有曹彬，於王見之。

《草堂雅集》卷一三秦約《淮安忠武王祠》　憶昔平南日，桓桓萬虎貔。天心元自應，市肆不曾移。衮冕諸王服，烝嘗百世祠。重門須下馬，一讀麗牲碑。

葉子奇《草木子》卷四　伯顔丞相與張九元帥，席上各作一《喜春來》詞。伯顔云：「金魚玉帶羅襴扣，皁蓋朱旛列五侯。山河判斷，在俺筆尖頭。得意秋，分破帝王憂。」張九詞：「金裝寶劍藏龍口，玉帶紅絨掛虎頭。緑楊影裏驟驊騮。得志秋，名滿鳳凰樓。」帥才相量，各言其志。

土土哈部

綜述

《元史》卷一二八《土土哈傳》　土土哈，其先本武平北折連川按答罕山部族，自曲出徙居西北玉里伯里山，因以爲氏，號其國曰欽察。其地去中國三萬餘里，夏夜極短，日暫没即出。曲出生唆末納，唆末納生亦納思，世爲欽察國主。

太祖征蔑里乞，其主火都奔欽察，亦納思納之。太祖遣使諭之曰：「汝奚匿吾負箭之麋？亟以相還，不然禍且及汝。」亦納思答曰：「逃鸇之雀，叢薄猶能生之，吾顧不如草木耶？」太祖乃命將討之。亦納思已老，國中大亂，亦納思之子忽魯速蠻遣使自歸於太（祖）〔宗〕。而憲宗受命帥師，已扣其境，忽魯速蠻之子班都察，舉族迎降，從征麥怯斯有功。

率欽察百人從世祖征大理，伐宋，以强勇稱。嘗侍左右，掌尚方馬畜，歲時挏馬乳以進，色清而味美，號黑馬乳，因目其屬曰哈剌赤。

土土哈，班都察之子也。中統元年，父子從世祖北征，俱以功受上賞。班都察卒，乃襲父職，備宿衛。

宗王海都搆亂，世祖以國家根本之地，命皇太子北平王率諸王鎮守之。至元十四年，諸王脱脱木、失烈吉叛，寇抄諸部，掠（憲）〔祖〕宗所御大帳以去。土土哈率兵討之，敗其將脱兒赤顔於納蘭不剌，邀諸部以還。應昌部族只兒瓦台搆亂，脱脱木引兵應之，中途遇土土哈，將戰，先獲其候騎數十，脱脱木乃引去，遂滅只兒瓦台。追脱脱木等至禿兀剌河，三宿而後返。尋復敗之於斡歡河，奪回所掠大帳，還諸部之衆於北平。

十五年，大軍北征，詔率欽察驍騎千人以從。追失烈吉踰金山，擒扎忽台等以獻。又敗寬折哥等，裹瘡力戰，獲羊馬輜重甚衆。還朝，帝召至榻前，親慰勞之，賜金銀酒器及銀百兩、金幣九，歲時預宴只孫冠服全、海東白鶻一，仍賜以奪回所掠大帳，而諭之曰：「祖宗武帳，非人臣所得御，以卿能歸之，故以授卿。」嘗有旨：「欽察人爲民及隸諸王者，皆别籍之以隸土土哈，户給鈔二千貫，歲賜粟帛，選其材勇，以備禁衛。」

十九年，授昭勇大將軍、同知太僕院事。二十年，改同知衛尉院事，兼領羣牧司。請以所部哈剌赤屯田畿内，詔給霸州文安縣田四百頃，益以宋新附軍人八百，俾領其事。二十一年，賜金虎符，並賜金貂、裘帽、玉帶各一，海東青鶻一，水磑壹區，近郊田二千畝，籍河東諸路蒙古軍子弟四千六百人隸其麾下。二十二年，拜鎮國上將軍、樞密院副使。二十三年，置欽察親軍衛，遂兼都指揮使，聽以宗族將吏備官屬。

海都兵犯金山，詔與大將朵兒朵懷共禦之。二十四年，宗王乃顔叛，陰遣使來結也不干、勝剌哈，爲土土哈所執，盡得其情以聞。勝剌哈設宴邀二大將，朵兒朵懷將往，土土哈以爲事不可測，遂止，勝剌哈計不得行。未幾，有旨令勝剌哈入朝，將由東道進，土土哈言於北安王曰：「彼分地在東，脱有不虞，是縱虎入山林也。」乃命從西道進。既而有言也不干叛者，衆欲先聞於朝，然後發兵。土土哈曰：「兵貴神速，若彼果叛，我軍出其不意，可即圖之；否則與約而還。」即日啓行，疾驅七晝夜，渡禿兀剌河，戰于孛怯嶺，大敗之，也不干僅以身免。世祖時親征乃顔，聞之，遣使命土土哈收其餘黨，沿河而下。遇叛王（也）鐵哥軍萬騎，擊走之，獲馬甚衆，並擒叛王哈兒魯等，獻俘行在所，誅之。欽察、康里之屬自叛所來歸者，即以付土土哈，置哈剌魯萬户府，欽察之散處安西諸王部下者，悉令統之。

時成宗以皇孫撫軍於北，詔以土土哈從。追乃顔餘黨於哈剌（温），誅叛王兀塔海，盡降其衆。二十五年，諸王也只里爲叛王火魯哈孫所攻，遣使告急。復從皇孫移師援之，敗諸兀魯灰。還至哈剌温山，夜渡貴烈河，敗叛王哈丹，盡得遼左諸部，置東路萬户府。世祖多其功，以也只里女弟塔倫妻之。

二十六年，從皇孫晉王征海都。抵杭海嶺，敵先據險，諸軍失利，惟土土哈以其軍直前鏖戰，翼晉王而出。追騎大至，乃選精鋭設伏以待之，寇不敢逼。秋七月，世祖巡幸北邊，召見慰諭之，曰：「昔太祖與其臣同患難者，飲班朮河之水以記功。今日之事，何愧昔人，卿其勉之。」還至京師，大宴羣臣，復謂土土哈曰：「朔方人來，聞海都言：『杭海之役，使彼邊將皆如土土哈，吾屬安所置哉！』」論功行賞，帝欲先欽察之士。土土哈言：「慶賞之典，蒙古將吏宜先之。」帝曰：「爾毋飾讓，蒙古人誠居汝右，力戰豈在汝右耶？」召諸將頒賞有差。

初，世祖既取宋，命籍建康、廬、饒租户千爲哈剌赤户，益以俘獲千七百户賜

土土哈，仍官一子，以督其賦。二十八年，土土哈奏：「哈剌赤軍以萬數，足以備用。」詔賜珠帽、珠衣、金帶、玉帶、海東青鶻各一，復賜其部曲氂衣、縑素萬匹。於是率哈剌赤萬人北獵於漢塔海，邊寇聞之，皆引去。

二十九年秋，略地金山，獲海都之户三千餘還至和林。有詔進取乞里吉思。三十年春，師次欠河，冰行數日，始至其境，盡收其五部之衆，屯兵守之。奏功，加龍虎衛上將軍，仍給行樞密院印。海都聞取乞里吉思，引兵至欠河，復敗之，擒其將孛羅察。

三十一年，成宗即位，詔以邊境事重，其免會朝，遣使就賜銀五百兩、七寶金壺盤盂各一、鈔萬貫、白氊帳一、獨峯駝五。冬，召至京師，賞賚有加，别賜其麾下士鈔千二百萬貫。元貞元年春，仍出守北邊。二年秋，諸王附海都者率衆來歸，邊民驚擾，身至玉龍罕界，饋餉安集之，道諸王岳木忽等入朝。帝解御衣以賜，又賜金五十兩、銀千五百兩、鈔五萬貫、轎輿各一。

大德元年正月，拜銀青榮禄大夫、上柱國、同知樞密院事、欽察親軍都指揮使，奉命還北邊。二月，至宣德府卒，年六十一。贈金紫光禄大夫、司空，追封延國公，謚武毅，後加封昇王。

虞集《道園學古録》卷二三《句容郡王世績碑》 國家治平之業，所以尊安而久固者，禮樂刑政，一本於朝廷。而執干弋以衛社稷於四境之外者，則亦必有桓毅過人之勇，直亮不回之節，以兼爪牙腹心之任，而又世世祖父子孫，相承一志，然後可以内爲天子之所信倚，外爲彊敵之所懾服。故處常則有不可犯之勢，遭變則建非常之功。嗚呼，其所關係豈輕也哉！

天曆元年，皇帝撥亂反正，以太平王右丞相燕帖木兒，有建謀力戰之功，思其祖父之績，乃敕史臣製文紀事，勒諸貞石，以示不朽焉。謹按，欽察之先，武平北折連川按答罕山部族也。後遷西北，即玉黎北里之山居焉。土風剛悍，其人勇而善戰。有曲年者，乃號其國曰欽察，爲之主而統之。曲年生唆末納，唆末納生亦納思。太祖皇帝征乞思火都，火都奔亦納思，遣使諭取之，弗從。及我師西征，亦納思老不能理其國，歲丁酉，亦納思之子孫忽魯速蠻，自歸於太宗。而憲宗受命帥師，已及其國。忽魯速蠻之子班都察，舉族來歸，從討蔑乞思有功。世祖皇帝西征大理，南取宋，其種人以强勇見信用。掌芻牧之事，奉馬湩以供玉食。馬湩尚黑者，國人謂黑爲哈剌，故别號其人哈剌赤。日見親近，妻以哈納郡王之女弟納論。中統初元，討阿里卜哥之亂，班都察與其子土土哈皆有功。班都察卒，土土哈領其父事，是爲句容郡武毅王。海都之叛，皇子北平王帥諸王之師，鎮祖宗龍興之故地。至元十四年，叛王脱脱木、失列吉入寇，諸部曲皆剽掠，先朝大武帳亡焉。土土哈王憤之，誓請決戰。三月，敗其將朵兒赤延於納蘭不剌，以所掠諸部還。四月，只兒瓦䚟搆亂應昌，脱脱木以兵應之，與我軍遇，將決戰，先得其斥候數十，脱脱木懼而引去，遂滅只兒瓦䚟。六月，逐大兵於禿剌河。八月，又敗之斡歡河，得所亡大帳，還諸部之衆於北平。我師北伐，詔斂察驍騎千人以從。十五年正月，追失列吉，踰金山，擒札忽台以獻。又敗寬赤哥等軍，俘獲甚衆。冬入朝，召至榻前，親慰勞之，賜以白金百兩，金壺、盤、盂各一，白金甕一，椀十，金織衣段九，海東白鶻一。國家侍内宴者，每宴必各有衣冠，其制如一，謂之只孫，悉以賜之，且有詔曰：「祖宗武帳，非人臣所得御。卿能歸之，故以與卿，軍中宴諸帥，則設之。」欽察人爲民户及隸諸王者，别籍之，户給鈔二千貫，歲給粟帛，擇其材者備禁衛。十九年，拜昭勇大將軍，同知太僕院事。明年，改同知衛尉院事，領羣牧司事，給霸州文安縣田四百頃。命哈剌赤屯田，益以亡宋新附軍八百。二十一年，賜金虎符，以河南等路蒙古軍子弟四千六百隸之，又賜尚方金貂裘帽、玉帶、青鶻，近郊田二千畝、水磑一區。二十二年，拜鎮國上將軍、樞密副使。二十三年，置欽察衛，遂兼其親軍都指揮使，聽以族人將吏備官屬。六月，海都兵入寇，奉詔與大將朵兒朵懷禦之。

二十四年，諸王乃顔叛於東藩，陰遣使來結也不干、勝剌哈。王獲諜者，得其情，密以聞諸朝，請召勝剌哈以離之。他日，勝剌哈爲宴會，邀二大將，朵兒朵懷將往，王曰：「事不可測。」遂不往。勝剌哈計不得行。未幾，有詔召勝剌哈。

王曰：「此東藩之人，由東道，是其欲也，將不可制。」言於北安王、命之西行。或言也不干將反者，軍吏請奏而圖之，王曰：「不可緩也。」身爲先驅，引大兵以前，窮晝夜之力，渡禿剌河，與也不干戰，大敗之。世祖方親征，聞，詔王沿河而行，盡收其餘黨以還。道遇也鐵哥，其軍萬騎，擊走之，大獲乃顔畜牧，俘叛王哈兒魯等獻之。康里、欽察之人，先隸諸叛王者，悉來歸，置哈剌魯萬户府。是歲，王子創兀兒奉詔從太師月兒律在軍，戰於百搭山，有功，拜昭勇大將軍、左衛親軍都指揮使，武金虎符，出則被堅執鋭，以率虎羆之士，入則操刀匕以事割烹，執罍杓以進湩飲，親幸委任，已見於當時。成宗方撫軍，詔以王從。十一月，征乃顔餘黨於哈剌，誅兀達海，盡降其衆。二十五年，也只里王爲叛王火魯哈孫所攻，甚急。五月，王從成宗移師援之，敗諸兀魯灰。還至哈喇温山，夜渡貴列河，敗

叛王哈丹之軍，盡得遼左諸部，置東路萬户府以鎮之。也只里有女弟塔倫，遂以妻王。

二十六年，海都犯金山，抵杭海嶺，皇孫晉王帥兵禦之。敵先據險，我師不利，王獨以其軍陷陣入戰，翼晉王出。明日，追騎大至，王伏兵而殿之。七月，世祖親巡北邊，召見王而慰之，曰：「昔太祖與其臣之同患難者，飲班朮河之水以記功。今日之事，何愧昔人，卿其勉之！」海都等戰既數敗，又知上親征，遂引兵去。車駕還都，大宴，上謂王曰：「朔方人來，聞海都言：『戰者人人如土土哈，吾屬何所容身哉？』」論功行賞，先欽察之士，以建康、廬、饒舊籍租户千爲哈剌赤户，又以俘獲之户千七百賜之。官一子以督賦，而創兀兒在宿衛，亦帥其軍扈從至於和林兀卑思之山，拜昭武大將軍、欽察親軍都指揮使，左衛親軍都指揮使，兼太僕少卿。二十八年，王奏哈剌赤之軍數已盈萬，足以備用。詔賜珠帽、珠衣、玉帶、金帶、名鵰、細氈縑素萬匹，帥其人北獵漠塔海邊，寇聞之，不敢動。二十九年，掠地金山，虜海都之户三千，有詔進取乞思吉思。明年春，次欠河，冰行數日，盡收其衆，留兵鎮之。奏功，拜龍虎衛上將軍，賜行樞密院印。海都聞之，領兵至欠河，又敗之，擒其將孛羅察。

成宗皇帝即位，詔之曰：「邊事重，其免會朝。」賜白金五百兩、七寶金酒器、白氈帳、鈔萬緡、獨峯駞五。冬，召入朝，有加賜，則賜其軍士鈔一千二百萬。元貞元年春，還守北邊。二年秋，諸王從海都者皆來降，邊民驚動。王帥兵金山之玉龍海備之，資餽畢給，民用不擾。親導岳木忽等王以朝，上解御衣以賜，又賜黃金百兩、白金千五百兩、鈔五萬、轎輿各一。大德元年，拜銀青榮禄大夫、上柱國、同知樞密院事，欽察親軍都指揮使如故。還邊，二月至宣德府，薨，年六十一。是年有詔創兀兒世其父官，領北征諸軍，後亦封句容郡王。【略】

臣聞古之言將者，曰謀與勇。惟王父子，沈機大略，固不可測。而其軍堅悍慓疾，有所攻戰，應聲而起，神變倏忽，奮無迴顧，督者不暇慮，勇者不及舉，而已敗衂無餘矣。此其所以致勝也。而又數世之傳，一軍之士同稟忠義而不變，同赴患難而不辭，此其成大功，享大名，而膺國家之深信異寵者歟？

閻復《静軒集》卷三《樞密句容武毅王碑》 公欽察人，其先係武平北折連川按荅罕山部族，後徙西北絶域，有山曰玉理伯里，襟帶二河，左曰押亦，右曰也的里，遂定居焉，自號欽察。其地去中國三萬餘里，夏夜極短，日暫没輒出。川原平衍，草木盛茂，土産宜馬，富者有馬至萬計。俗衽金革，勇猛剛烈，蓋風土使然。公之始祖曲年，高祖唆末納，曾祖亦訥思，世爲欽察國王。太祖征蔑乞國，其主火都奔欽察，遣使諭亦訥思曰：「汝奚匿予負箭之麋？亟以相還，不然，禍且及汝。」亦訥思謂使者曰：「逃鸇之雀，蘙薈猶能生之，吾顧不如草木耶！」歲丁酉，憲宗在潛邸，奉命薄伐，兵已扣境，公之父班都察舉族迎降，從征麥怯思國。世祖征大理，伐宋渡江，率其種百人侍左右。以其俗善芻牧，俾掌尚方馬畜，歲時撞馬湩以進，其色清徹，號黑馬乳，因目其屬曰哈剌赤，蓋華言黑也。中統初，同氣有鬩牆之釁，靖亂第功，賞銀百兩。公年踰弱冠，亦以功受銀五十兩。班都察卒，乃襲父職，備宿衛。

宗室海都粤自先朝，畔涣朔方，國家根本之地在北，詔遣皇子北平王率諸王鎮守之。至元十四年，諸王脱脱木、失烈吉叛，北平諸部暨祖宗所建大帳，盡爲所掠。公請爲國宣力，率兵討叛，以其年三月，敗敵將脱耳赤顔於納蘭不剌，邀諸部以還。夏四月，應昌部族只兒瓦䚟構亂，脱脱木聞之，引兵相應，中途遇公，將會戰，擒其偵高者數十騎，敵乃引退。只兒瓦䚟勢孤不能振，尋即殄滅。夏六月，聞敵駐秃兀剌河，馳河上，追奔逐北，三宿而後返。秋八月，復敗敵於斡歡河，獲所掠祖宗大帳，北平部衆悉追還之。詔公率欽察驍騎千人，從大軍北伐。十五年正月，追失烈吉過金山，禽扎忽䚟等以獻。繼敗寬折等，被創力戰，獲輜重羊馬甚衆。有旨，欽察種人，或隸諸王，或在民編，皆命析出，隸公部伍。於是户給楮幣二千緡，歲賜粟帛，擇材堪宿衛者，從事輦轂。

二十三年，置欽察親軍都指揮使，公以樞密副使攝都指揮使，衛之官屬，聽以公宗族將吏爲之。夏六月，海都兵犯金山，詔公與大將朶兒朶懷共爲守禦。二十四年春，東藩諸王乃顔叛，陰結其屬也不干、勝剌哈於北邊，諜者二人至軍中，爲公所執，盡得其情，遣使以聞，且言：「宜召勝剌哈赴闕。」一日勝剌哈設宴，召公及朶兒朶懷，朶兒朶懷將往，公止之曰：「彼包藏禍心，吾屬至，必被禽，大軍誰與統屬？」遂不往。尋有旨令勝剌哈入朝，將東道進。公言於北安王曰：「若輩分地在東，脱有不虞，是縱虎入山林也。」乃命從西道進。既而有言也不干叛者，衆欲先聞於朝，然後發兵。公言：「兵貴神速，吾盡忠於國，當臨事制宜。若彼果叛，兵至可即屠之，否則與約而還。」衆以爲然。即日啓行，公爲前鋒，疾驅七晝夜，渡秃兀剌河，與也不干戰于孛怯嶺。彼大敗，俘獲無算，也不干僅以身免。世祖親征乃顔，聞也不干敗走，遣使諭公收其餘黨，沿河而下。遇叛王也鐵哥軍萬騎，擊走之，獲乃顔羣牧馬畜，禽叛王哈兒魯等，獻俘行在所，悉誅

之。欽察、康里之屬，自叛所來歸者，即以付公，始置哈剌魯萬户府，欽察之散處安西諸王部下者，悉令公統之。冬十月，乃顔餘黨復萌，成宗時在儲闈，詔命公扈從往征之。十一月，兵至海剌，誅叛王兀塔海等，降其部曲。

二十五年，諸王也只里部衆爲叛王火魯哈孫所掠，遣使告急。公復命從成宗率師往援。夏五月，與敵戰於兀魯灰，彼軍敗衂，也只里部衆盡復。師還，至哈剌温山，聞叛王哈丹軼我邊鄙，宵濟貴烈河，大敗敵軍，哈丹脱身以竄，遼左諸部悉爲我有，乃置東路萬户府，鎮守其地。

二十六年春，從皇孫晉王征海都。夏六月，兵抵杭海嶺，敵先據險，我師失地，爲敵所薄，軍士隨潰。公一軍獨前，鏖戰久之，翼衛晉王而出。行至信宿，聞襲騎在後，公選精鋭爲殿，設伏以待之，襲騎聞之，遂不敢進。秋七月，世祖巡幸北邊，褒諭公曰：「惟昔聖祖肇基，失利於王罕，一二蓋臣同飲班朮河水者，至今稱之。卿心衛社稷，馳譽朔南，雖死之日，猶生之年，卿其勉旃。」還至京師，會宴羣臣，復諭公曰：「朔方人來，海都有言『杭海之役，使彼邊將人人善戰如土土哈，吾屬安所措矣。』凡有功將士，可令見，朕欲面加優賞。」公言：「慶賞之典，蒙古將士宜先之。」世祖曰：「卿毋飾讓，若輩誠居汝曹之右，盍效汝曹力戰邪！」明日，召諸將士，頒賞有差。

二十八年秋，公率哈剌赤萬人，北獵漢塔海，敵衆將入寇，知公在邊，遂引去。二十九年秋，略地金山，虜海都之黨三千餘户，還駐和林。三十年春，有詔進取乞里吉思。師次欠河，冰行數晝夜，至其境，盡收五部之衆，屯兵鎮守之。遣使奏功，進秩龍虎衛上將軍，仍給行樞密院印，以便文移。夏五月，海都聞公取乞里吉思，引兵至欠河，復爲公所敗，禽其將孛羅察。一歲之間，三著雋功。

成宗即位，以邊圉事重，須公鎮守，有旨無預朝會。元貞二年秋，宗室諸王附海都者，率衆來歸，邊民驚擾，往往逃匿山谷。公率兵直抵金山玉龍罕界，饋餉資糧，安集衆庶，導諸王岳朮忽等入朝。

公爲將鷙猛，先期制敵，應變如神，尤善激昂士氣，臨陣誓師，人百其勇。至若出司閫鉞，入贊機樞，忠國大計，知無不言。古之所謂熊羆之士，不二心之臣，於公見之。

邵遠平《元史類編》卷二〇《土土哈傳》 土土哈，其先本武平北折連川按答罕山部族，自曲出徙居西北玉里伯里山，因以爲氏。號其國曰欽察，去中國三萬餘里。曲出生唆末納，唆末納生亦納思，世爲欽察國主。太祖征蔑里乞，其主火都奔欽察，納之。太祖遣使問曰：「汝奚匿吾負箭之麋？亟以相還。不然，禍且及。」亦納思答曰：「逃鸇之雀，叢薄猶能生之，吾顧不如草木邪？」太祖怒，命討之。會亦納思老，國亂，其子忽魯速蠻遣使欲歸順。時太祖已命皇孫蒙哥帥師抵其境，忽魯速蠻之子班都察遂舉族降，命掌上方馬畜，歲時挏馬乳以進。色清而味美，號黑馬乳，因目其屬曰哈剌赤。哈剌，黑也。

土土哈，班都察子也。中統初，襲父職，備宿衛。宗王海都將搆亂，世祖以國家根本之地，詔皇子北平王率諸王兵鎮之。至元十四年，諸王脱脱木兒、昔里吉叛，寇抄諸部，掠憲宗所御大帳。土土哈率兵進討，敗之于納蘭不剌，邀諸部以還。應昌部族只兒瓦台叛，脱脱木兒遣兵應之，途遇土土哈，將戰，先獲其候騎數十。脱脱木兒引去，追至禿兀剌河，三宿而返，尋敗之于斡歡河，奪回所掠大帳。明年，大軍北征，詔率欽察驍騎千人從追昔里吉，踰金山，擒其黨札忽台等來獻。又敗寬折哥等，褒瘡力戰，獲羊馬輜重無算。還朝，帝慰勞，仍賜以奪還所掠大帳，諭曰：「祖宗武帳，非人臣所得御。以卿能歸之，故以爲賜。」

二十年，請以所部哈剌赤屯田畿内，詔給霸州文安縣田四百頃，益以宋新附軍八百人，俾領其事。賜木磑一區，近郊田二千畝，籍河東諸路蒙古軍子弟四千六百人隸其麾下。拜樞密副使，尋置欽察親軍衛，命兼都指揮使。叛王海都兵犯金山，詔與大將朵兒朵懷共備邊。會宗王乃顔反，陰遣使來結也不干、勝剌哈二部長，爲土土哈所執，盡得其情實。勝剌哈設宴來邀二大將，朵兒朵懷欲往，土土哈謂其意叵測，遂止，計不得行。未幾，有旨令勝剌哈入朝，將由東道進。土土哈言於北安王曰：「彼分地在東，脱有不虞，是縱虎入山林也。」乃命從西道進。既而言也不干叛者益衆，王欲先聞於朝後發兵，土土哈曰：「兵貴神速，若彼果叛，我軍出其不意，可即圖之。否則，與約而還。」即行，疾馳七晝夜，渡禿兀剌河，戰于孛怯嶺，大敗之，也不干僅以身免。時世祖親征乃顔，方在軍，聞之，遣使命收其餘黨，沿河而下，遇叛王鐵哥軍萬騎，擊走之，並擒叛王哈兒魯等獻俘行在。時成宗以皇孫北撫諸軍，詔土土哈從，追乃顔黨于哈剌温山，誅叛王兀塔海，盡降其衆。諸王也只里爲叛王火魯火孫所攻，來告急，復從皇孫移師往援，敗諸兀魯灰。夜渡貴烈河，復擊敗叛王哈丹軍，盡得遼左諸部，置東路萬户府。世祖多其功，以也只里女弟塔倫妻之。

二十六年，從晉王甘麻剌征海都，抵杭海嶺。敵先據險，諸軍被圍，土土哈

引勁卒陷陣，翼王出。追騎大至，選精鋭設伏待之，寇不敢逼。秋，帝自將至北邊，召見，慰諭之曰：「昔太祖與臣下同患難者，飲班朱河水以記功。今日之事，何愧前人，卿其勉之！」還至京，大宴，復謂曰：「朔方人來，聞海都言：『杭海之役，使彼邊將皆如土土哈者，吾屬安所置哉？』」論功行賞，帝欲先欽察之士，土土哈言：「慶賞之典，蒙古將吏宜先。」帝曰：「爾毋事過讓，蒙古人誠居汝右，力戰豈在汝右邪？」命籍建康、廬、饒租户爲哈剌赤户，益以俘獲千七百户賜之，仍官一子督其賦。土土哈奏言：「哈剌赤軍以萬計，足備戰守之用。」于是率其軍北獵于漢塔海邊，寇聞之，皆引去。二十九年秋，略地金山，獲海都之户三千餘。還至和林，有詔進取乞里吉思。師次欠河，水行數日，始至其境。盡收五部之衆，屯兵守之。奏功，給行樞密院印。海都聞取乞里吉思，引兵至欠河，復敗之，擒其將。

成宗即位，詔以邊境事重，免會朝，遣使就賜七寶金壺盤盂、白氊帳一，獨峯駞五。諸王附海都者率衆來歸，邊民驚擾。土土哈身至玉龍罕界，饋餉安集之，導諸王岳木忽兒等入朝，帝解御衣以賜。奉命還北邊，行至宣德府卒，加封延國公，謚武毅。

藝文

宋濂《宋文憲公全集》卷三九《國朝名臣序頌·句容武毅王土土哈》 西北絶域，有山峩峩，襟帶二河。其人鷙猛，如虎負戈。況我句容，人中之傑。來輔真元，孰得而遏？從六軍北伐，應變如神。有堅必拔，成杭海之烈。譬如太阿，百鍊不折，無媿臣節。

張弘範部

綜述

《元史》卷一五六《張弘範傳》 張弘範字仲疇，柔第九子也。善馬槊，頗能爲歌詩。年二十時，兄順天路總管弘略上計壽陽行都，留弘範攝府事，吏民服其明決。蒙古軍所過肆暴，弘範杖遣之，入其境無敢犯者。

中統初，授御用局總管。三年，改行軍總管，從親王合必赤討李璮於濟南。柔戒之曰：「汝圍城勿避險地。汝無怠心，則兵必致死。主者慮其險，苟有來犯，必赴救，可因以立功，勉之。」弘範營城西，璮出軍突諸將營，獨不向弘範。弘範曰：「我營險地，璮乃示弱於我，必以奇兵來襲，謂我弗悟也。」遂築長壘，内伏甲士，而外爲壕，開東門以待之，夜令士卒浚壕益深廣，璮不知也。明日，果擁飛橋來攻，未及岸，軍陷壕中，得跨壕而上者，突入壘門，遇伏皆死，降兩賊將。柔聞之曰：「眞吾子也。」璮既誅，朝廷懲璮盡專兵民之權，故能爲亂，議罷大藩子弟之在官者，弘範例罷。

至元元年，弘略既入宿衛，帝召見，意其兄弟有可代守順天者，且念弘範有濟南之功，授順天路管民總管，佩金虎符。二年，移守大名。歲大水，漂没廬舍，租税無從出，弘範輒免之。朝廷罪其專擅，弘範請入見，進曰：「臣以爲朝廷儲小倉，不若儲之大倉。」帝曰：「何説也？」對曰：「今歲水潦不收，而必責民輸，倉庫雖實，而民死亡殆盡，明年租將安出？曷若活其民，使不致逃亡，則歲有恒收，非陛下大倉庫乎！」帝曰：「知體，其勿問。」

六年，括諸道兵圍宋襄陽，授益都淄萊等路行軍萬户，復佩金虎符。朝廷以益都兵乃李璮所教練之卒，勇悍難制，故命領之。戍鹿門堡，以斷宋餉道，且絶郢之救兵。弘範建言曰：「國家取襄陽，爲延久之計者，所以重人命而欲其自斃也。曩者，夏貴乘江漲送衣糧入城，我師坐視，無禦之者。而其境南接江陵、歸、峽，商販行旅士卒絡繹不絶，寧有自斃之時乎！宜城萬山以斷其西，柵灌子灘以絶其東，則庶幾速斃之道也。」帥府奏用其言，移弘範兵千人戍萬山。既城，與將士較射出東門，宋師奄至。將佐皆謂衆寡不敵，宜入城自守。弘範曰：「吾與諸君在此何事，敵至將不戰乎？敢言退者死。」即擐甲上馬，立遣偏將李庭當其前，他將攻其後，親率二百騎爲長陣，令曰：「聞吾鼓則進，未鼓勿動。」宋軍步騎相間突陣，弘範軍不動，再進再却，弘範曰：「彼氣衰矣。」鼓之，前後奮擊，宋師奔潰。

八年，築一字城逼襄陽。破樊城外郭。九年，攻樊城，流矢中其肘，裹瘡見主帥曰：「襄、樊相爲脣齒，故不可破。若截江道，斷其援兵，水陸夾攻，樊必破矣。樊破則襄陽何所恃。」從之。明日，復出鋭卒先登，遂拔之。襄陽既下，偕宋將吕文煥入覲，賜錦衣、白金、寶鞍，將校行賞有差。

十一年，丞相伯顔伐宋，弘範率左部諸軍循漢江，東略郢西，南攻武磯堡，取之。北兵渡江，弘範爲前鋒。宋相賈似道督兵阻蕪湖，殿帥孫虎臣據丁家洲。弘範轉戰而前，諸軍繼之，宋師潰，弘範長驅至建康。十二年五月，帝遣使諭丞相毋輕敵貪進，方暑，其少駐以待。弘範進曰：「聖恩待士卒誠厚，然緩急之宜，非可遥度。今敵已奪氣，正當乘破竹之勢取之無遺策矣。豈宜迂緩，使敵得爲計耶？」丞相然之，馳驛至闕，面論形勢，得旨進師。

十二年，次瓜洲，分兵立柵，據其要害。揚州都統姜才所統兵勁悍善戰，至是以二萬人出揚子橋。弘範佐都元帥阿术禦之，與宋兵夾水陣。弘範以十三騎徑度衝之，陣堅不動，弘範引却。一騎躍馬揮刀，直趣弘範，弘範旋轡反迎刺之，應手頓斃馬下，其衆潰亂，追至城門，斬首萬餘級，自相蹂藉溺死者過半。宋將張世傑、孫虎臣等率水軍於焦山決戰，弘範以一軍從旁横衝之，宋師遂敗。追至圌山之東，奪戰艦八十艘，俘馘千數。上其功，改亳州萬户，後賜名拔都。

從中書左丞董文炳，由海道會丞相伯顔，進次近郊。宋主上降表，以伯姪爲稱，往返未決。弘範將命入城，數其大臣之罪，皆屈服，竟取稱臣降表來上。十三年，台州叛，討平之，誅其爲首者而已。十四年，師還，授鎮國上將軍、江東道宣慰使。

十五年，宋張世傑立廣王昺于海上，閩、廣響應，俾弘範往平之，授蒙古漢軍都元帥。陛辭奏曰：「漢人無統蒙古軍者，乞以蒙古信臣爲首帥。」帝曰：「汝知而父與察罕之事乎？其破安豐也，汝父欲留兵守之，察罕不從。師既南，安豐復爲宋有，進退幾失據，汝父深悔恨，良由委任不專故也，豈可使汝復有汝父之悔乎？今付汝大事，能以汝父之心爲心，則予汝嘉。」面賜錦衣、玉帶，弘範不受，以

劍甲爲請。帝出武庫劍甲，聽其自擇，且諭之曰：「劍，汝之副也，不用令者，以此處之。」將行，薦李恒爲己貳，從之。

至揚州，選將校水陸二萬，分道南征，以弟弘正爲先鋒，戒之曰：「選汝驍勇，非私汝也。軍法重，我不敢以私撓公，勉之。」弘正所向克捷。進攻三江寨，寨據隘乘高，不可近，因連兵向之，寨中持滿以待。弘範下令下馬治朝食，若將持久者。持滿者疑不敢動，而他寨不虞也。忽麾軍連拔數寨，迴擣三江，盡拔之。至漳州，軍其東門，命別將攻南門、西門，乃乘虛破其北門，拔之。攻鮑浦寨，又拔之。由是瀕海郡邑皆望風降附。獲宋丞相文天祥于五坡嶺，使之拜，不屈，弘範義之，待以賓禮，送至京師。獲宋禮部侍郎鄧光薦，命子珪師事之。

十六年正月庚戌，由潮陽港發船入海，至甲子門，獲宋斥候將劉青、顧凱，乃知廣王所在。辛酉，次崖山。宋軍千餘艘碇海中，建樓櫓其上，隱然堅壁也，弘範引舟師赴之。崖山東西對峙，其北水淺，舟膠，非潮來不可進，乃由山之東轉南入大洋，始得逼其舟，又出奇兵斷其汲路，燒其宮室。世傑有甥在弘範軍中，三使招之，世傑不從。甲戌，李恒自廣州至，授以戰艦二，使守北面。

二月癸未，將戰，或請先用砲。弘範曰：「火起則舟散，不如戰也。」明日，四分其軍，軍其東南北三面，弘範自將一軍相去里餘，下令曰：「宋舟潮至必東遁，急攻之，勿令得去，聞吾樂作乃戰，違令者斬。」先麾北面一軍乘潮而戰，不克，李恒等順潮而退。樂作，宋將以爲且宴，少懈，弘範舟師犯其前，衆繼之。豫構戰樓於舟尾，以布幭障之，命將士負盾而伏，令之曰：「聞金聲起戰，先金而妄動者死。」飛矢集如蝟，伏盾者不動。舟將接，鳴金撤障，弓弩火石交作，頃刻并破七舟，宋師大潰。宋臣抱其主昺赴水死。獲其符璽印章。世傑先遁，李恒追至大洋不及。世傑走交趾，風壞舟，死海陵港。其餘將吏皆降。嶺海悉平，磨崖山之陽，勒石紀功而還。

十月，入朝，賜宴內殿，慰勞甚厚。未幾，瘴癘疾作，帝命尚醫診視，遣近臣臨議用藥，敕衛士監門，止雜人毋擾其病。病甚，沐浴易衣冠，扶掖至中庭，面闕再拜。退坐，命酒作樂，與親故言別。出所賜劍甲，命付嗣子珪曰：「汝父以是立功，汝佩服勿忘也。」語竟，端坐而卒。年四十三。贈銀青榮禄大夫、平章政事，謚武(略)〔烈〕。至大四年，加贈推忠效節翊運功臣、太師、開府儀同三司、上柱國、齊國公，改謚忠武。延祐六年，加保大功臣，加封淮陽王，謚獻武。

虞集《道園學古録》卷一四《淮陽獻武王廟堂之碑》 昔者汝南忠武王起義兵燕南，統率豪傑，略定郡縣，聲震河朔。及歸國朝，遂以其師攻河南。既滅金，將移師取宋，乃總諸軍以鎮亳。疏積水，立城戍，開田護畊，宋人不敢北犯。其後淮陽獻武王復統亳州軍，以成大功。故亳有張氏之廟焉。其中廟祠汝南忠武王，西廟祀王第八子蔡國忠毅公，東廟祠王第九子淮陽獻武王。忠武始封蔡國公而薨也，賜謚武康，又贈推忠宣力翊運功臣、太尉、儀同三司、上柱國。獻武之薨也，贈銀青榮禄大夫、平章政事，謚武烈。又贈推忠効節翊運功臣、太師、開府儀同三司、上柱國、齊國公，改謚忠武。皇慶元年，獻武之子珪以中書平章政事相仁宗皇帝，於是忠武進封汝南王，加賜「保大」二字，以益其功臣號，又改賜今謚。禮部以其事下郡縣之有王廟者。至治二年，珪復入中書，歷相英宗皇帝、今上皇帝。於是泰定元年，加賜忠武以「開國」二字，益其功臣號。是年，天子肇開經筵，珪首當勸講。明年解機務，封蔡國公，仍知經筵，以疾告歸。未幾，三遣使趣召見。上閔其病，重煩以政事，拜翰林學士承旨，仍以蔡國侍經筵，朝有大政則就焉。有間，使來告某曰：「先王之廟在亳州者，庭皆有麗牲之石。我忠武及忠毅之勳德，則既具刻而銘之矣，惟獻武之廟，我以忝預國事，不暇私顧其家，故未有刻焉。」因以王之墓誌、神道碑、家傳授某曰：「刻文敢以屬子。」某辭不獲，則對曰：「昔嘗忝爲太史屬，固嘗知公家世勳德。及進講內殿，又執經以從公後者三年矣。雖不敏，敢次第而書之。」

謹按，王諱弘範，字仲疇。年二十餘，其兄順天府總管弘略上計行朝，留攝其府事，吏民服其明決。時內附甫定，蒙古軍所過輒爲暴。王曰：「國朝自有法制，我奉行之。」執暴者決以杖，入其境無敢犯者。順天者，故保州，以忠武故陞府名。後有所避，又改今名曰保定云。世祖皇帝保定初置御用局，以王爲總管。三年，李璮叛濟南，親王哈必赤、丞相史天澤帥諸軍討之，以王爲行軍總管。且行，請氈帳於忠武。忠武曰：「汝欲即安耶？」不與。乃命之曰：「璮違天必敗，汝勉之。雖然，璮，劇賊也，圍城勿避險。地險則已無懈心，兵必致死。主者慮其險，苟有來犯，必赴救，可以立功，汝則勉之。」及圍城，王軍城西。璮出軍突諸將，獨不向王軍。王曰：「吾固受教矣。我易受攻，而彼不至，謂我弗悟也。」乃築長壘，內伏甲，而外爲壕，開東門以待之。夜浚其壕加廣，璮不知也。明日，果擁飛橋來攻，橋不足踰壕，軍陷。其得陵壕者，突入壘門，遇伏皆死。降兩賊將，璮聾，遂敗死。論功王最多。忠武聞之曰：「真吾子也。」或言於朝曰：「璮所以得爲亂者，盡專兵民之權故也。」以此聞諸侯，諸侯果不自安，遂罷其子弟之

在官者，王亦例解總管。

至元元年，弘略入宿衛，上召見其兄弟可代守順天者，因念王濟南之功，遂佩之金虎符，代爲守。二年，移守大名。未上，微服行民間，察其所患苦。見倉吏收民税，視所當輸倍蓰，怨言載道。明日視事，首取而治之，民大悦。是歲大水，没廬舍且盡，租税無從出，王輒免之。計相以專擅罪王，王請入見上前，曰：「臣以爲爲朝廷儲小倉，不若儲大倉，非擅免也。」上曰：「何説也？」王曰：「歲以水不收，而必責之民，府倉雖實，而民死亡盡，明年租將安出。活其民，使均足於家，歲取之有恒，非陛下府庫乎？此所謂大倉也。」上曰：「知體，其勿問。」其監郡有愛魯者，先在郡，任計吏不當，至使自經死。僚吏不悦於愛魯，發其事。王不與之，則愛魯無援必敗。王曰：「同官也。」力爲之解不得，而愛魯抵罪，王亦爲之免官，歸鄉里。退然閒居，不以介意。

六年，大括諸道兵，益圍宋襄陽。益都淄萊等路行軍萬户，丞相伯顔命王軍鹿門，斷糧道，絶郢復之援。主者曰：「鹿門有張九，漢水以東無慮矣。」於是王言於丞相曰：「今規取襄陽，周於圍而緩於攻者，計待其自斃乎？然而夏貴乘江漲，送衣糧入城，我無禦之者。而江陵、歸、峽，行旅休卒，道出襄陽南者相繼也，寧有自斃之時乎？若築城萬山，以斷其西，立柵灌子灘，以絶其東，則庶幾斃之之道也。」奏用其言，移王軍萬山。令嚴，恒無懈意。一日出東門，與諸將較射。大出敵兵，猝薄城，諸將曰：「彼衆我寡，請嬰城自守。」王曰：「嘻，我與諸軍在此何事，敵至將不戰邪？敢言退者死。」即被甲上馬横戈，立遣偏將李應當其前，他將將六百人攻其後，親率二百騎爲長陣敵之，步陣間陳而待。王下令曰：「聞鼓皆進擊，未鼓勿動。」敵麾衆入陣，我不爲動。至再且却，王曰：「彼再進再却，氣衰矣。」鼓之，前後奮擊，宋師大敗，得奔還者無幾。八年，築一字城，進逼襄陽，破樊城外郛。九年，命攻樊城，流矢中王肘。王束創見主帥曰：「襄在江南，樊在江北，我陸攻樊，則襄出舟師來救，終不可取。若截江道，斷救兵，水陸夾攻之，則樊必破，而襄亦下矣。」從之。明日復出，率鋭卒先登，遂拔樊。襄陽降，以宋將吕文焕入覲，上嘉之，有錦衣、白金、寶鞍之賜，將校行賞有差。

十一年，丞相伯顔帥師伐宋，命王率左部諸軍，循漢江東略郢而南。十一月，攻武磯堡，取之。大兵渡江，王爲先驅。宋相賈似道以其軍蕪湖，其帥孫虎臣軍丁家洲，王轉戰而前，大兵繼之，宋師潰。王前行，布宣威德，所過降下。師次建康，上遣使諭丞相，毋輕敵貪進，其少駐以待。王進説曰：「聖恩待士卒誠厚甚。今敵已奪氣，亡在旦夕，過自迂緩，資敵得爲計，非策也。將軍治閫外，急緩之宜，難制以隃度。乘破竹之勢，取之無遺策矣。」丞相然之，即日自馳馹至上前，面論形勢，得旨進師。十二年，師次瓜州，分兵立柵，奪其要害守之。揚州都統姜才者，宋之名將也，所統士有部落種人，自爲一軍，勁悍善戰。至是以二萬人出揚子橋，都元帥阿术與王當之，兩軍夾水而陳。王以十三騎絶渡，衝之。陣堅不動，王引却以誘之。其驍將本回紇人，鎧仗甚異，躍馬出衆，奮大刀出前趣王。王還轡反迎刺之，應手頓殪馬下。立陣者同口驩叫，震動天地，而敵人亦不覺失聲，遂潰走。追殺轉至城南門，斬首萬餘級。其自相蹂踐，與陷壕水溺死幾盡，比得入城，十無一矣。王素善槊，此戰衆尤服其奇雋焉。於是宋將張世傑、孫虎臣悉其國力，率水陸軍陣於焦山南北，將致死於我。我師合擊之，兵交，王之一軍横衝其旁，宋師大敗。宋自是不復能軍矣。追奔於圌山之東，王奪其戰艦八十，俘馘以千數，上功改亳州萬户。忠武王舊所統也，王以爲請，遂還之。忠武王之事憲宗皇帝，嘗賜名曰拔突。拔突者，國語勇敢無敵之名也。於是上又以賜王爲名云。是年冬，丞相伯顔次臨安之長安鎮，中書左丞董公文炳左出京口，由海道會之。王亦將兵而左。師次宋郊，丞相遣使約降宋主。宋主幼，其大臣難於削號稱臣，請以伯姪爲禮，往返未決。王將命入城，數其柄臣之罪而詰之，遂屈服，竟取降表來上，宋亡，其主遂歸朝。

而十三年，浙東又叛，王力疾討之。師次台州，遣人持書往諭，守將殺使焚書，我師怒拔之。衆請屠城，王不許，誅其首禍者而已。台民至于今感之。明年師還，迎拜鎮國上將軍，江東宣慰使。其民新脱鋒鏑，王撫安之。期月，境内稱治。十五年，王入覲，請於上曰：「宋主既降，其將張世傑奉其庶兄益王昰與弟廣王昺南犇，既立昰於閩而卒，又立昺於海上，宜致討焉。」乃拜蒙古漢軍都元帥以行。陛辭，奏曰：「國朝之制，無漢人典蒙古軍者，恐乖節度，猝難成功。願得親信蒙古大臣與俱。」上曰：「爾憶而父與察罕之事乎？其破安豐也，汝父欲留兵守之，察罕不肯。師既南，而城復爲宋有，進退幾失據，汝父至不勝其悔恨也，由委任不專。今豈可使汝復有汝父之悔乎？尚能以汝父宣力國家之心爲心，則予汝嘉。今付汝大事，勗之哉。」面賜錦衣玉帶。又辭曰：「遺熸未息，延命海渚，奉詞遠征，無所事於衣帶也。苟以劍甲爲賜，則臣也得以仗國威靈，率不聽命者，則臣得其職矣。」上壯之，上方寶劍名甲，聽自擇其善者。既拜賜，又諭之曰：「劍汝副也，有不用命者，以此處之。」且行，薦李恒爲貳，從之。至揚州，選

將校，發水陸之師二萬，分道南征。以弟弘正爲先鋒，戒之曰：「汝以驍勇見選，非私汝也。軍法重，我不敢以私撓公，汝慎之。」弘正所向克捷。王進攻三江寨，寨據隘乘高不可近，乃連兵環之。寨中懼，持滿以待。王下令，下馬治朝食，若將持久者。持滿者疑不敢動，而他寨不虞也。忽揮軍連拔數寨，迴擣三江，盡拔之。至漳州，親攻其東門，命將佐攻南門、西門，敵應之，乃乘虚入其北門，破之。鮑浦寨南瀕海，王曰：「陸攻之必走海。」令弘正圍以騎，他將攻其南門，又拔之。海瀕之郡若潮若惠，皆團結盤互，王威聲所至，恩信濟之，無不内附。

十六年正月庚戌，由潮陽港乘舟入海道，至甲子門，獲宋斥候將都統劉青、顧凱，乃知廣王所在。辛酉至崖山，而他將自外省調至者，雖隸所部，然儕視不相下，有驕蹇意，幾敢違其號令。王以軍法斬其最甚者一人，衆乃懾服聽命。時宋人僑居海中，環列千餘艘碇之，建樓櫓其上，隱然堅壁也。王引舟師當之，然其地兩山東西對立，其北淺，舟膠不可進。我師由山之東轉而南，入大洋，始得與之薄。又出騎兵斷其汲路，燒其宫室，而宋益困蹙無所容矣。世傑有甥韓在王軍中，三使招世傑，世傑不從。甲戌，李恒自廣州至小舟，更授以二海戰船守北面。二月癸未，我師將戰，或請以砲攻之。王曰：「火起則舟散，不如戰也。」明日，四分其軍，分處其東西南三面。王自將一軍，相去里許。下令曰：「宋舟西艤崖山，潮至必東遁，急攻之，勿令得去。聞吾樂作乃戰，違令者斬。」先麾北軍一軍，乘潮而戰，不克。李恒等順潮退，樂作，宋人以爲且宴，少懈。王舟犯其前，南衆繼之。王命高搆戰樓，於舟尾以布障之，命軍士負盾而伏。令之曰：「聞金聲起戰，先金而外動者死。」敵矢傅我舟如蝟，伏盾者不動。舟將接，鳴金撤障，弧弩火石交作，頃刻迸破七舟，宋師大潰。宋臣以其主廣王赴水死，獲其符璽印章。張世傑北突吾軍而遁，令李恒追至大洋，不及。世傑走未至交趾，風壞舟，與將士盡溺死。於是嶺海悉平，宋無遺孽矣。磨崖山陽紀功而還。

十月入朝，錫宴内殿，慰勞良厚。王以瘴癘疾作矣，上命尚醫護視，日以狀聞。遣近侍臨議用藥，曰：「吾有國事待其謀畫，必盡伎速愈之。」敕衛士坐其門曰：「九拔都病甚矣，非必不可不見者，宣詔止之可也。」疾革，沐浴易衣冠，俾左右扶至中庭，面闕再拜。返居，酌酒作樂，與親戚賓客爲别。遺言毋厚葬，甲一襲，刀一事足矣。明器以陶爲之。出南征時賜劍與甲，以畀嗣子珪曰：「汝父以是立功，其佩服毋忘。」語竟，遂端坐而薨，十七年正月十日也。得年四十三。上聞之震悼，詔京尹給喪事，所過郡縣以禮迎送，歸葬其鄉之定興縣河内里，祔葬祖墓。而嗣子佩金虎符，襲其軍萬户。二十九年，珪入覲，上謂太師月兒魯那延曰：「此家父子相繼，自太祖皇帝以來，定中原，取江南，漢人有勞與國者，是爲最。張氏、史氏，俱稱拔都，史徒以籌議，不如張氏之百戰立功也。所以爵其子孫者，豈可與常人同哉。」遂拜樞密副使，行院江淮。自是敭歷臺省三十餘年，爲國大臣矣。

王素敏悟，喜讀書，過目輒識大義，歌詩尤慷慨。身長七尺，修髯如畫，機明氣鋭，言辯捷出，勇略絶人。輕財下士，拔於衆材，己不以爲惠。尚氣節，敦信義，與人交，久而益敬。剛直自將，不爲勢位所屈。雖臨之以威，而辭氣洒落，理辯愈切。初伯顔至建康，大會諸將，出庫金行賞，而王後至。丞相曰：「祖宗之法，凡以軍事會集，罪加後。雖貴近材勇無所貸，爾何敢後？」衆錯愕，王徐進曰：「臨戰未嘗後，受賞恥居先，何爲不可？」丞相爲之俛首。其能片言解疑悟類如此。簿録宋内府金帛，行省都事央谷士常與焉。既而多所遺失，或因以誣士常，將就考驗。王曰：「士常名士，行義有素，何可以此議之？」請以本身官爵及家帑保其必不然者。其後誣果明。南征時，宋文丞相天祥之軍在潮之五坡嶺，弘正掩擊獲之，縛文丞相以至，椿以戈使拜，不屈，王釋之，待以客禮。吏士或諫王曰：「敵人之相叵測，不可近。」王曰：「忠義人也，保無他。」求其族屬被俘者，悉還之。及囚京師，聞王薨，至爲之垂涕。在海上，得宋禮部侍郎鄧光薦，禮之於家塾，以爲子師。嘗戒其子曰：「居官律己廉慎，則公明自生；御衆賞罰信用，則人自致力；不懷報怨之心，怨亦自釋。」此三言者，皆王所躬行者也。凡行軍，非對敵，未嘗妄殺。吏卒有病者，必親視醫藥，不幸死，必轉送其家。凡上賜與，必分班士卒，麾下有功，賞或不時得，則慨然曰：「人宣力如彼，而受抑如彼，後或解體，將誰與共功乎？」甚者爲之涕泣陳説，不得請不止。故人樂爲之用。及爲元帥，雖有所刑戮，亦必爲之懇惻申諭。仁聞既著，薨之日，天下莫不傷悼痛惜焉。

今蔡國公又嘗謂集曰：「先王棄世，予尚幼，不足盡知其奇謀偉績。當時之交游，與老校退卒，于今略以澌盡，雖欲廣聞，不可及矣。」至其昭如日星，不可泯滅者，則有信史，與王、李二公之碑在，可以參考者。故凡可知者，備書之而不敢略。子一人，今蔡國公也。孫六人，某官某。曾孫十一人，某官某。集嘗觀於蜀漢矣，諸葛武侯既歿，所在求爲立廟，後主不聽，百姓私祭之道上。或曰：「宜聽立廟成都。」又不從。步兵校尉習隆、中書侍郎向充等共言曰：「周懷召伯，甘棠

不伐。越思范蠡，鑄金存像。漢興以來，圖形立廟者多矣。亮之烝嘗止於私門，廟像莫立，非所以存德念功述追在昔者也。宜立廟沔陽，親屬以時致祭，其故吏欲奉祠者皆限至廟。」君子以爲禮亦宜之。

《光緒定興縣志》卷一七王磐《張弘範墓碑》 自五代以降，南北分裂，不相統一三百餘年。大元聖天子至元十三年歲在丙子，始以王師平定江南，師至臨安城下，宋主㬎奉表稱臣，納地入覲，賜封瀛國公，然後天下合而爲一，民知有息肩之望。無何，兇險小人取趙氏宗室二幼子，曰益王昰、廣王昺，挈之南奔，至交、廣間，立昰爲主，僭竊名號。昰病死，復以昺立，恃山海之險，連歲未能平。至元十五年，鎮國上將軍、江東道宣慰使張公弘範因入覲請於朝，願得奉命致討。天子嘉其忠，拜蒙古漢軍都元帥，仍賜以内庫精甲、寶刀，就揚州行臺支撥蒙古軍一千，步卒四千，海道水軍一萬五千。公率之南行，以十六年春正月二日入海道，步鯨波五千里至交廣，抵崖山，往返十月，嶺海悉平。凱還入覲，天子宴之内殿，慰勞甚厚。方議賞功，尋以瘴癘疾作，上命太醫診視，日以疾狀奏聞。公疾且革，沐浴具衣冠，令家人扶掖庭中，望闕致拜，禮成，區處後事畢，端坐而薨，至元十七年正月十日也，享年四十有三。訃聞，上深悼惜，即以其子珪襲管軍萬户，佩金虎符，命有司議恤典，贈平章政事，太常寺議行謚曰武烈公。翰林學士王磐定撰碑文。

謹按行狀，公諱弘範，字仲疇，蔡國武康公第九子也。武康公以元勳大德，歷事五朝，望重山斗，名滿天下，而公天資英異，志概沈雄，克肖克嗣，身爲將種而能博覽經史，練達古今，喜與士大夫交遊。中統初，受御用局總管。三年，改行軍總管，從親王合必赤討李璮，定青、齊之亂，第功居多。至元改元，兄弘略自順天總管入宫宿衛，上召公昆弟四人，面閲之，擇可以代其任者，遂畀公虎符，授順天路管民總管。二年，移大名路總管。下車之日，問民疾苦，蠲除宿弊，吏畏敬而民安之。六年，王師圍襄陽，括諸道兵以益之，益都一軍勇悍難馭，擇帥難其人，會有以公爲言者，允契上旨，即授益都淄萊行軍萬户，復賜金虎符。既至，分戍鹿門堡，以斷郢復援兵，而且絶其餉道。主帥喜曰：「張九在鹿門，吾無東顧之慮矣。」公言於主帥曰：「國家規取襄陽而緩於力攻者，所以重惜人命而欲待其自斃也。向者夏貴乘江漲，以一歲衣糧送入城中，我軍坐視，莫之能禦，欲待其自斃，不亦難乎？襄陽西南地接江陵、歸、峽，商販之旅，更休之卒，絡繹不絶，雖圍之十年，彼何困之有？今可於萬山築一城，屯軍數千，則西州之耗斷而不通，罐子灘立一栅，屯軍數百，則東州之信絶而不聞。如此則使彼之自斃，期庶可待矣。」帥府以其奏聞，朝廷從所請，公以五千人戍萬山中，嚴號令，恒若敵至。嘗與將校燕射城東，忽有敵兵步騎萬餘□□城下，將校以衆寡不敵，請斂入城，公曰：「敵聞吾築此壘，故來相探耳。且彼不來，吾猶將求之，況其自致，避之何爲？」命軍士列爲長陣，命之曰：「聞吾鼓聲則進，吾鼓聲未鳴而妄動者死。」敵恃衆呼噪來衝，兩作而我堅立不動。公曰：「敵氣衰矣，技止此耳。」援桴奮擊，敵兵大潰奔北，死傷者數百人。八年，築一字城進逼襄陽，仍攻樊城，破其外郭。九年，會攻樊城，流矢中其肘，明日裹瘡率鋭卒先登，遂拔之。襄陽既下，送降將吕文焕入覲，上賜公錦衣、寶鞍、白金，麾下將士賞賚亦各有差。

十一年，王師大舉南伐，丞相伯顔命公率左部諸將循漢水東行，略郢州。十二月，攻武磯堡，拔之。我師渡江，公爲前驅，時賈似道以兵阻蕪湖，孫虎臣據丁家洲，公率將士轉戰前進，大軍繼之，所向長驅，略無梗阻。十二年，我師駐瓜洲，分兵樹栅，守護津要，揚州都統制姜才出兵二萬犯揚子橋，公會都元帥阿术禦之，與宋軍夾水相望。公率百餘騎徑渡，直衝其陣，才所部多北人叛亡者，陣堅不動。公佯爲退却以誘之，彼果來追，公旋轡挺槍椿其渠帥，殪之，敵衆潰走，自相蹂踐，追及城門而還。宋人知其國勢必亡，不可支持，盡集諸道兵聚焦山，將致死於我，其氣甚盛。我師合擊，戰少頃，公之一軍從其左脅突入，横衝之，南陣亂，遂大敗之，追奔至圌山之東，奪戰艦八十艘，俘戮以千數。主帥上其功，改亳州萬户，仍賜以拔都之號。拔都者，國朝譯語，驍勇無敵之美名也。蔡國武康公嘗得此號，故亦以賜公。

十三年，浙東叛，公奉行臺命往討之，行至台州，先遣人持書以温言告諭守將，曉以禍福。守將不聽，殺使者而焚其書，衆咸忿怒，攻破其城，將士皆言宜盡屠之，公曰：「執迷不聽命者，守將也，小民何與焉？」遂擒其渠魁戮之，餘並釋不問，台人戴其德，以爲更生之恩。宋相文天祥竄伏山谷，兵士得之，縛之麾下，公與語，嘉其不屈，即命釋其縛，待以客禮，仍爲訪其族屬被俘者，悉還之。師還，授江東道宣慰使。是歲即入覲請兵討平嶺海之時也，事已見前，兹不重叙。公夫人趙氏，賢淑克家。子男一人，即珪也。銘曰：

擾擾寰區，今古同途。治由混一，亂起相圖。不戰不□，措世安寧。聖皇廟略，方在經營。蠢爾頑兇，夢魘狂酲。扶持孺子，竊弄天兵。釜鼎游魚，□□須臾。震驚嶺海，摇蕩荆吴。張公忠純，智勇超羣。請兵天闕，誓

掃妖氛。海山嵯峨，萬里鯨波。師行十月，振旅旋戈。奏捷天庭，宴勞恩榮。策勳方始，瘴毒潛嬰。嗚呼！生爲貴胄，□□亨衢。入司民社，出握兵符。功書竹帛，德被閭閻。壽雖非永，方名不渝。至於釋文天祥之縛，而待以客禮；戮台州叛將，而盡□其餘。此其英□□度，有古良將之風烈，而可以爲分閫登壇之範模。

雜録

備論

于慎行《讀史漫録》卷一三《宋高宗至帝昺》 張弘範則世杰從兄弟也。一爲元將，成開國之勛，一爲宋死，樹亡國之節，勛名節義，表表萬古，可謂偉矣。崖山之戰，鋒刃相加，各爲其主，兩不相顧，不亦悲乎！弘範三遣其甥往招世杰，竟不肯屈。所謂「亮之不來，猶瑾之不往」也。然諸葛兄弟，未至對壘相攻，而瑾以己子爲亮繼嗣，公私情義，未至兩失，其時則不同爾。

藝文

王惲《秋澗先生大全文集》卷二八《張九元帥哀辭并序》 不肖與公既昧平生，哀誄有述，似涉無從。然聞公幼敦詩禮，長識風雲，雄略英姿，爲時名將。始徇江淮，厥績已著。及平二王，倚功獨高。壽年未遐，天遽奪去。故作是詩，于以爲國哀，而寓天下之所共惜也。辭曰：

瘴海波澄戰血紅，歸朝無幾病籠東。異時惇史論書法，當與將軍死事同。
盛説將軍禮度寬，訃聞中外不勝酸。可能秋月臺前詔，便作悲風易水寒。
英姿颭爽戰酣來，夢裏神交一嘯開。弓劍永隨秋草没，春風吹恨上金臺。
一曲《鐃歌》變八哀，扶桑宿霧若爲開。我雖不識將軍面，苦聽鼙聲惜將材。
蔡國高勳上將壇，九郎又領俊功還。遽教零落蛟龍匣，千丈神光失斗間。
曲中有悞時爲顧，特見已丘蘊藉姿。不似九郎横槊裏，笑驅風月入新詩。
堂堂萬里常山陣，首尾横穿海道空。淩屋未圖元帥像，樂歌先奏二王功。
前日長歌入漢關，今年埋垠九重泉。應憐一段江山秀，再到人間又幾年。
劒騎前頭揭認旗，風飄笳鼓入雲悲。眼中部曲渾依舊，不似樓舡入海時。
摽柱紀功超漢將，臨江觀陣惜奇材。更憐一片金陵月，冷送哀聲萬里來。
風吹大樹日瀟瀟，雄略無由覩嫖姚。暴背莽如天似悟，不容勳伐蓋東遼。
風飜素縵天爲慘，柳拂朱旗露易乾。雞水不供門客淚，郎山空倚戟支寒。
水邊臺榭月邊樓，虎逝彪亡共一丘。羽扇冷隨秋月暗，銘旗高颺竹煙愁。

姚燧《牧庵集》卷一《張弘範贈齊國忠武公制》 由弓冶而爲箕裘，世其家之餘子；用詩書以驅鋒鏑，儒能將者幾人？非資文武之全才，安立功名于昌運。鎮國上將軍、江東建康道宣慰使、都元帥、贈銀青榮禄大夫、平章政事、謚武烈公張弘範，純明而敏學，沈毅而善謀。爲二千石，則有譽于魏邦；嗣萬夫長，克有光于蔡國。城濟南夾寨，卒圍齊盜以梟夷；壁漢陰上游，式遏荆蠻之豕突。臨長江而先濟，拔列郡之後降。獨制帥堅守其揚州，盡全師反攻吾木柵。奮前茅以騎擊，居顔行纔十三人；麾後騎以鼓乘，斬首虜倍九千級。震兵威于淮右，授使節于江東。方遣伻趣三官之入朝，其丞相挾兩王以出國。建僞號以干正朔，萃亡命而蠢甌閩。率趨利之孤軍，活坐屠之一郡。獲俘不馘，就敵是求。遂令衆叛以親離，猶且兄終而弟及。轉偷生于溟海，竟滅跡于崖山。萬里言旋，九重入覲。殷腆之紀緒已絶，吴語之勞苦甚温。方恃爲祈父之爪牙，而遽啓曾參之手足。於戲，雖爾身不及識，而世祖告策則具存；于朕心不能忘，在功臣胙土之未錫。故即發身之自，爰疏賜履之封。尚其明靈，服此茂渥。

張弘範《淮陽集》卷首許從宣序 曩者天兵克季宋於崖山時，則淮陽獻武王實以元帥統師，爰振其武，用熸趙燼。勳勞之大，載在史册，藏之金匱，天下後世知其功高，乃若詞章之盛，人或不能盡知也。王之里人金臺王氏，嘗以王之詩歌、樂府刻於其家敬義堂，雖特其僅存之稿，然於是足以知王之詞章爲優爲耳。蓋王以事業之餘，適其性情而聊以見之吟詠，往往託物感興爲多，而在於射獵擊毬之事者無幾。況夫雅韻清辭，雍容諧協，固非服介胄者之所能及。至其讀韓信、李廣傳諸作，英氣偉論，卓犖發揚，又豈拘拘律度之士所能道哉？惟王世在名門，天資超邁，幼嘗學於郝公伯常，而友鄧公光薦，恒與鉅儒學士大夫交，故屬意文字爲甚。王之子恒陽忠獻王歷事累朝，蔚成文治，爲世文臣，平生立朝大

節，若漢之丙、魏，唐之房、杜，皆王所素教焉。今其曾孫旭爲江南諸道行御史臺監察御史，訪求先世遺文，得敬義堂所刻，顧其集，猶王之舊謚武烈題其首，欲重梓之。從宣因僭爲之叙，以著王之好儒尚文，辭章祇其餘事，且使天下後世之人，知王之世家，不獨高於武功也。至正十年庚寅九月吉日，中憲大夫、江南諸道行御史臺治書侍御史許從宣謹叙。

張弘範《淮陽集》卷首鄧光薦序　故都元帥贈平章謚武烈張公，諱弘範，字仲疇，河内人，蔡國武康公第九子也。天分英特，少從郝經學士，雖觀書大略，率意吐辭，往往踔厲奇偉。據鞍縱横，横槊釃酒，叱咤風生，豪快天縱。其詩類楚、漢間烈士語。余嘗謂：氣，文章之主；詩筆，特功名餘豪。曹氏父子，氣雄建安。劉越石悲憤之作，猶度越晉人越甚。斛律金《勅勒》，六朝文士所無。唐劉幽求、嚴武、張建封輩一聯半句，音節豪宕自别，是固難以常人撿押翰墨逕畦論也。中原文獻荒蕪，士少有得，輒自有餘。惟武烈公所作，未嘗屬稿，篇什隨手散落。後親友網羅遺失，得其僅有者，爲詩詞若干，將傳於後，屬余序。惟立功立言，自古難並，勳業蓋世，往往掩其他長。矧公文章，赫赫照映，非出偏長，以與文士角逐者。然英英在紙，略見其人，決非營度出吻、筆下輒止者所能學，亦非淩烟閣上進賢冠、大羽箭所能盡。存之穹壤，要是古今一奇。廬陵鄧光薦序。

劉岳申《申齋集》卷一五《書崖山碑後》　皇元混一天下，盡有華夏、蠻貊之地。及至元乙亥，命丞相巴延下江南，而後大統一。越三年戊寅，命元帥張公平崖山。明年，崖山平。而後正統定議者，以爲元帥之功，不在丞相下。蓋是役也，元帥親奉聖謨，以大事付之，而卒伐功成武烈者元帥也。當是時，江南已定，崖山雖存，焉能爲有無？然漢亡而章武興，正統固在。以曹氏父子雄傑，師武臣力，終身不能得之，庸禪而以閏位死，此元帥所以功蓋天下，而名冠古今也。惜也崖潰而元帥已疾，還朝而元帥不起，官不至極品，年不及中壽。然元帥且死而如生，死而有子，爲不死。於是天以不賞之功，報之其子孫。今翰林承旨蔡國公，以忠清直亮，歷事累朝，抑權佞，誅奸宄，討亂賊，爲時名相，元功第一。聖朝始贈其顯考官太師，謚獻武，爵淮陽王，以報之其身後。今廣東廉訪使，以文學政事，世濟其美，爲公卿王之聞孫也。因刻石崖山，於先生所刻石之傍，以記三爵謚，以與南海相爲無窮罔極，且以彰示子孫。嗚呼，自古有大功德者無不報，而報以賢子孫者爲尤難。故羊叔子峴山一碑，使人墮淚，而叔子無後，尤可悲。杜元凱自爲二碑，一置峴山之上，一沉漢水之淵，而其子孫未見有能訪求其遺跡而顯揚之者。孰若王有子爲賢相，有孫爲名臣，而天下稱頌之也哉？嗚呼，海可竭，不可阞，而王之名不可滅。張氏世萬子孫，讀此碑者，尚其念諸！《詩》不云乎：「子子孫孫，勿替引之。」

宋濂《宋文憲公全集》卷三九《國朝名臣序頌·張獻武王宏範》　真人開天，時乘六龍。麾斥八極，羣雄雲從。劒氣上衝，日星晦蒙。宋人不恭，假息海邦。帝命張王：「汝師汝將。汝拔樊襄，汝渡大江。汝揭義旗，以受其降。」王既受命，横槊上馬。鷙擊隼翔，有夫甚武。直奮大刀，衆莫敢當。王迎刺之，應手斷肮。軍氣益揚，大聲震天。敵有手若亡，遂籍其土疆。遺燼未息，厥勢猶彊。帝壯王之威，復命往征。寶劒名甲，錫自尚方。一麾而殞，海波鏡平。崖山蒼蒼，武功洸洸。

玉昔帖木兒部

綜述

《元史》卷一一九《玉昔帖木兒傳》　玉昔帖木兒，世祖時嘗寵以不名，賜號月呂魯那演，猶華言能官也。弱冠襲爵，統按台部衆，器量宏達，莫測其際。世祖聞其賢，驛召赴闕，見其風骨龐厚，解御服銀貂賜之。時重太官内膳之選，特命領其事。侍宴内殿，玉昔帖木兒起行酒，詔諸王妃皆爲答禮。

至元十二年，拜御史大夫。時江南既定，益封功臣後，遂賜全州清湘縣户爲分地。其在中臺，務振宏綱，弗親細故。興利之臣欲援金舊制，併憲司入漕府；當政者又請以郡府之吏，互照憲司檢底。玉昔帖木兒曰：「風憲所以戢奸，若是，有傷監臨之體。」其議乃沮。遇事廷辯，吐辭鯁直，世祖每爲之霽威。

至元二十四年，宗王乃顔叛東鄙，世祖躬行天討，命總戎者先之。世祖至半道，玉昔帖木兒已退敵，僵尸覆野，數旬之間，三戰三捷，獲乃顔以獻。詔選乘輿橐駝百蹄勞之。謝曰：「天威所臨，猶風偃草，臣何力之有。」世祖還，留玉昔帖木兒勦其餘黨，乃執其酋金家奴以獻，戮其同惡數人於軍前。

明年，乃顔之遺孽哈丹禿魯干復叛，再命出師，兩與之遇，皆敗之，追及兩河，其衆大衄，遂遁。時已盛冬，聲言俟春方進，乃倍道兼行過黑龍江，擣其巢穴，殺戮殆盡，哈丹禿魯干莫知所終，夷其城，撫其民而還。詔賜内府七寶冠帶以旌之，加太傅、開府儀同三司。申命禦邊杭海。二十九年，加録軍國重事、知樞密院事，宗王帥臣咸稟命焉。特賜步輦入内，位望之崇，廷臣無出其右。

三十年，成宗以皇孫撫軍北邊，玉昔帖木兒輔行，請授皇孫以儲闈舊璽，詔從之。

三十一年，世祖崩，皇孫南還。宗室諸王會于上都。定策之際，玉昔帖木兒起謂晉王甘麻剌曰：「宫車晏駕，已踰三月，神器不可久虚，宗祧不可乏主。疇昔儲闈符璽既有所歸，王爲宗盟之長，奚俟而不言。」甘麻剌遽曰：「皇帝踐祚，願北面事之。」於是宗親大臣合辭勸進，玉昔帖木兒復坐，曰：「大事已定，吾死且無憾。」皇孫遂即位。進秩太師，賜以尚方玉帶寶服，還鎮北邊。

元貞元年冬，議邊事入朝，兩宫錫宴，如家人禮。賜其妻禿忽魯宴服，及他珍寶。十一月，以疾薨。大德五年，詔贈宣忠同德弼亮功臣，依前太師、開府儀同三司、録軍國重事、御史大夫，追封廣平王，謚曰貞憲。

《國朝文類》卷二三閻復《太師廣平貞憲王碑》　三台平乾象以清，五嶽奠坤載以寧。三公得人，鼎祚以隆。蓋力莫競於柱天，勳莫高於靖亂，忠莫大於扶日。惟我太師廣平貞憲王月呂魯公，自乃祖乃父，光輔聖元，豐功盛業，在天壤間，猶星之有台，山之有嶽歟。公阿爾剌人，小字玉昔，迨至貴顯，寵以不名，賜號月呂魯那演，譯云能官也。始祖孛端察兒以才武雄朔方。曾祖納忽阿兒闌所居與烈祖神元皇帝接境，素敦仁里之好。祖博爾朮贈推忠協謀佐運功臣、太師、開府儀同三司，謚武忠。父孛欒觧贈推誠宣力保順功臣、太師、開府儀同三司，謚忠定，並追封廣平王。廣平王家分地，故以封之。

武忠志意沉雄，善戰知兵。太祖聖武皇帝在潛，共履艱危，義均同氣，征伐四出，無往弗從。時諸部未寧，每遇武忠警夜，寢必安枕，寓直於内，與語或至達旦，魚水之契，殆若天授。初，要兒斤部卒盗吾牧馬，武忠共往追之，時年十三，知其衆寡不敵，乃爲出奇，從旁夾擊之，寇捨所掠而去。及戰太赤兀里，鋒鏑既交，約畢命勝敵，無或退步。武忠繫馬於腰，跽而引滿，方寸不離故處，太祖推其膽勇。嘗潰圍於怯列，太祖失馬，武忠擁與累騎而馳，頓止中野，會天雨雪，張毳裘以翳，及旦，雪深數尺，龍顔弗霑。武忠植立通夕，足跡宛然不移，顛沛造次，脱主於難，雖古烈士無以加。蔑里期之戰，風雪迷陣，再入敵中，求太祖不見，急趍輜重，則御勒已還，卧憩車中，聞武忠至，曰：「此天贊我也。」及得天下，君臣之分益密，視夫人蔑里乞真不廢丘嫂禮。皇子察哈觧出鎮西域，有旨從武忠受教，武忠教以人生經涉險阻，必獲善地，所過無輕舍止，謹白龍魚服之戒。玉音謂皇子曰：「朕之教汝，亦不踰是。」武忠既老，以病薨，太祖悼痛如喪所親。

初，忠定之生，方還自蔑里期戰所，中途護視，不啻如己子。長率父兵，襲爵萬夫長。國初官制簡古，置左、右萬夫長，位諸將之上，首以武忠居右，東平忠武王居左，翊衛辰極，猶車之有輪，身之有臂，電掃荒屯，鰲奠九土，柱天之力競矣。

貞憲王月呂魯公器量宏達，襟度淵深，莫測其際，弱歲襲爵，統按臺部衆。世祖皇帝聞其賢，驛召赴闕，見其風骨厖厚，解御服銀貂以貺。國朝重天官内膳之選，特命領其事，侍宴内殿，公起行酒，詔諸王妃皆執婦道。未幾，拜御史大

夫。江南既下，裂土益封功臣後，即以泉州路爲分邑。

公長臺憲，務振宏綱，弗親細故。興利之臣欲援亡宋舊制，併憲司入漕府；他日，當政者又請以郡府之吏，互照憲司撿底。公言：「風憲所以戢姦，若是，有傷監臨之體。」其議乃格。公事上遇下，一本於誠，事有廷辯，當雷霆之下，辭益鯁直，天顔爲之霽威。

至元二十四年，宗王乃顔叛東鄙，世祖躬行天討，命公總戎以先之。大駕至半道，則公已退敵，僵尸覆野，數旬之間，三戰三捷，獲乃顔以獻。詔還乘輿馳畜百蹄勞公。公謝曰：「天威所臨，猶風偃草，臣何力之有。」駕還，留公勦絶餘黨，執其酋金家奴獻俘於朝，同惡數人戮之軍前。明年，乃顔餘燼哈丹秃魯干復叛，再命公出師，兩與敵遇，皆敗之，追及兩河，威乘破竹，敵衆大衂，酋長遁去。時已盛冬，聲言駐兵俟春方進，忽倍道兼行過黑龍江，徑擣巢穴，殺戮殆盡，其酋莫知所終，夷其城郭，鎮撫遺黎而還。國家承平日久而變生肘腋，貽九重宵旰之憂，公英猷載奮，不期月而三叛悉平，靖亂之勳偉矣。詔憫其勞，賜内府七寶冠帶以旌之，加太傅、開府儀同三司。申命禦邊杭海。

二十九年，加録軍國重事、知樞密院事，宗藩帥鉞一切稟命於公。特賜步輦入内，位望之崇，廷臣無出其右。三十年，今上皇帝以皇孫撫軍北邊，公爲輔行，請授裕考所佩儲闈舊璽，詔從之。鼎湖上仙，公奉鑾馭而南，宗室諸王畢會上都，定策之際，公起謂皇兒晉王曰：「宫車遠駕已踰三月，神器不可久虚，宗祧不可乏主。疇昔儲闈符璽既有所歸，王爲宗盟之長，奚俟而弗言。」王遽曰：「皇帝踐阼，願北面事之。」於是宗親大臣合辭勸進。公復坐曰：「大事已定，吾死且無憾。」惟公一言，合臣民共戴之誠，成先皇付託之意，扶日之忠至矣。【略】還鎮有期，不幸遘疾，以十一月十八日薨於賜第之正寢，雨水木冰者連日，春秋五十有四。【略】九年春，有詔爲公植碑通逵，載揚丕績。事下翰林爲文，臣復竊惟伊尹相湯，伊陟復稱名臣；吕望興周，吕伋嗣封大國，載在方册，以爲美談。公家歷事累朝，奕世載德，師垣萃於一門，王爵加於異姓，其視商、周賢佐，宜無少讓，以之勒景鍾，光信史，其誰曰不然？小臣作銘，不獨表異渥於宗臣，尚篤子孫忠孝之勸。

曾廉《元書》卷三一《玉昔帖木兒傳》 玉昔帖木兒，弱冠襲萬户，統按台部，器量宏達。世祖聞其賢，驛召赴闕，見其風骨龐厚，解御服銀貂賜之，復賜號爲月吕魯那顔，故亦稱爲月吕魯焉。元制，自太祖以來，重典内膳。世祖特命領之，侍宴内殿，玉昔帖木兒起行酒，詔諸王妃皆爲答禮。

至元十二年，拜御史大夫。玉昔帖木兒遇事廷辨，務舉憲職。而言利之臣，欲援金舊制，併憲司入漕府，當政者又請以郡府吏互照憲司檢底。玉昔帖木兒以爲有傷監臨之體，非設風憲以輯奸之意也，由是議沮。然是時，阿合馬擅樞機，輒以其親黨居行省，每忌按察等司得發其私，已請罷之。玉昔帖木兒夜入帝臥内，力陳其不可，得不罷。阿合馬百計欲壞臺綱，玉昔帖木兒争其大者，小者弗争也。阿合馬既死二十二年，阿合馬之黨答即古阿散欲危皇太子，賴玉昔帖木兒及丞相安童入見帝言狀，事得解，語在《明孝太子傳》。

居二歲，乃顔大王反於東方。帝親征，而命玉昔帖木兒將蒙古軍前驅。玉昔帖木兒及漢軍都元帥李庭敗乃顔於忽爾阿剌河，又追敗之海剌兒河，禽乃顔以獻，詔還乘輿橐駝百蹄勞之。玉昔帖木兒、李庭進剿其餘黨，獲塔不歹金家奴於夢哥山，亂平。其歲，合丹大王復反。明年，帝復親征，玉昔帖木兒及濟甯郡王帖木兒帥師連敗合丹於貴烈河及惱木連。合丹退守其城，玉昔帖木兒以計緩之，而乘勝冒冰雪，疾進擣之黑龍江北，合丹遂遁至高麗以死。事具《合丹傳》。

二十六年，師還録功，詔加太傅、開府儀同三司，賜内府七寶冠帶。二十九年，賜步輦入内庭，加録軍國重事，宗王帥臣咸稟命焉。明年，玉昔帖木兒請以皇太子舊寶授皇孫，遂命玉昔帖木兒代伯顔討海都，以輔皇孫於北邊。三十一年，世祖崩，從皇孫南還，諸王皆會。玉昔帖木兒謂晉王甘麻剌曰：「宫車宴駕已踰三月，神器不可久虚。前者儲闈符璽既有所歸，王宗盟之長也，奚待而不言？」甘麻剌言：「願北面事之。」於是成宗遂即位，詔進秩太師，賜以上方玉帶寶服。其歲，命復鎮北方。元貞元年，議邊事入朝，兩宫賜宴如家人禮，賜其妻宴服及他珍寶。以疾薨。

玉昔帖木兒凝重端直，小人莫敢干以私。世祖念先世功，加撥江南全州一萬八千户賜之。大德五年，詔依前官，加贈宣忠同德弼亮功臣、廣平王，謚貞憲。

藝文

《國朝文類》卷二三閻復《太師廣平貞憲王碑》 銘曰：皇元肇基，天挺神

武。祝栗驤龍，崆峒嘯虎。猛將如雲，謀臣如雨。猗猗武忠，攀鱗附羽。草昧經綸，疏附禦侮。力竭股肱，誠殫心膂。忠定桓桓，勳伐繼樹。命佐商、周，德符伊、呂。鰲斷立極，鷹揚啓土。元祚如天，忠力可柱。顯允貞憲，事予世祖。綱振烏臺，望崇紫府。寇起東藩，天戈奮舉。公在前鋒，氣盈一鼓。敢以虜憂，遺之君父？駕至中途，公已退虜。一戰而勝，還師帝所。孽燼復然，餘勇再賈。威乘破竹，敗之水滸。三叛悉平，遺黎按堵。天語勞公，賞錫繁舞。公曰：「天威，如拉朽腐。」還鎮朔方，殫壓虎旅。日贊重明，龍飛九五。乃冠台躔，乃執圭珇。公之庇民，如室斯宇。公之衛社，如棟斯礎。方倚長城，遽停相杵。當宁軫傷，行路凄楚。褒德賞功，恩洽施普。績紀金石，家聯簪組。咨爾後人，無替成矩。泰山如礪，黃河如縷。爵以永傳，焜燿千古。

真金部

綜述

《元史》卷一一五《裕宗傳》 裕宗文惠明孝皇帝，諱真金，世祖嫡子也。母昭睿順聖皇后，弘吉烈氏。少從姚樞、竇默受《孝經》，及終卷，世祖大悅，設食饗樞等。

中統三年，封燕王，守中書令。丞相史天(倪)〔澤〕入啓事，王曰：「我幼，未嘗習祖宗典則，閑於政體，一旦當大任，惟汝耆德賴焉。」復諭贊善王恂曰：「省臣所啓，等國事也。爾宜入與聞之。」四年，兼判樞密院事。至元初，省臣奏請王署敕，每月必再至中書。於是王將入中書，乳母進新衣，笑却之曰：「吾何事美觀也。」嘗從幸宜興，世祖違豫，憂形于色，夕不能寐。聞母皇后暴得風疾，即悲泣，衣不及帶而行。

七年秋，受詔巡撫稱海，至冬還京。間謂諸王札剌忽及從官伯顏等曰：「吾屬適有茲暇，宜各悉乃心，慎言所守，俾吾聞之。」於是撒里蠻曰：「太祖有訓：欲治身，先治心；欲責人，先責己。」伯顏曰：「皇上有訓：欺罔盜竊，人之至惡。一爲欺罔，則後雖出善言，人終弗信。一爲盜竊，則事雖未覺，心常惴惴，若捕者將至。」札剌忽曰：「我祖有訓：長者梢，深者底。蓋言貴有終始，長必極其杪，深必究其底，不可中輟也。」王曰：「皇上有訓：毋持大心。大心一持，事即隳敗。吾觀孔子之語，即與聖訓合也。」至王恂陳説尤多，事見《恂傳》。

十年二月，立爲皇太子，仍兼中書令，判樞密院事。受玉册。【略】九月丙戌，詔立宫師府，設官屬三十有八員。起處士楊恭懿于京兆。

太子嘗有疾，世祖臨幸，親和藥以賜之。遣侍臣李衆馳祀嶽瀆名山川，太子戒其所至郡邑，毋煩吏迎送，重擾民也。詔以侍衛親軍萬人益隸東宫，太子命王慶端、董士亨選其驍勇者，教以兵法，時閱試焉。太子服綾袷，爲瀋所漬，命侍臣重加染治，侍臣請織綾更製之。太子曰：「吾欲織百端，非難也。顧是物未敝，豈宜棄之。」東宫香殿成，工請鑿石爲池，如曲水流觴故事。太子曰：「古有肉林酒池，爾欲吾效之耶！」不許。每與諸王近臣習射之暇，輒講論經典，若《資治通鑑》、《貞觀政要》，王恂、許衡所述遼、金帝王行事要略，下至《武經》等書，從容片言之間，苟有允愜，未嘗不爲之灑然改容。時侍經幄者，如王恂、白棟皆朝夕不出東宫，而待制李謙、太常宋衜尤加咨訪，蓋無間也。

十八年正月，昭睿順聖皇后崩，太子自獵所奔赴，勺飲不入口者終日，設廬帳居之。命宋衜擇可備顧問者，衜以郭祐、何瑋、徐琰、馬紹、楊居寬、何榮祖、楊仁風等爲言。太子曰：「是數人者，盡爲我致之，宜自近者始。」遂召瑋于易州、琰于東平。贊善王恂卒，太子聞之嗟悼，賻鈔二千五百緡。一日，顧謂左右曰：「王贊善當言必言，未嘗顧惜，隨事規正，良多裨補，今鮮有其匹也。」時阿合馬擅國重柄，太子惡其姦惡，未嘗少假顏色。盜知阿合馬所畏憚者，獨太子爾，因爲僞太子夜入京城，召而殺之。及和禮霍孫入相，太子曰：「阿合馬死於盜手，汝任中書，誠有便國利民者，毋憚更張。苟或沮撓，我當力持之。」

中書啓以何瑋參議省事，徐琰爲左司郎中。瑋、琰入見，太子諭之曰：「汝等學孔子之道，今始得行，宜盡平生所學，力行之。」辟楊仁風于潞州、馬紹于東平，復辟楊恭懿置省中議事，以衛輝總管董文用練達官政，與恭懿同置省中。按察副使王惲進《承華事略》：一曰《廣孝》，二曰《立愛》，三曰《端本》，四曰《進學》，五曰《擇術》，六曰《謹習》，七曰《聽政》，八曰《達聰》，九曰《撫軍》，十曰《明分》，十一曰《崇儒》，十二曰《親賢》，十三曰《去邪》，十四曰《納誨》，十五曰《幾諫》，十六曰《從諫》，十七曰《推恩》，十八曰《尚儉》，十九曰《戒逸》，二十曰《審官》。太子聞漢成帝不絕馳道，唐肅宗改絳紗袍爲朱明服，大喜曰：「使吾行之，亦當若此。」及説邢峙止齊太子食邪蒿，顧宫臣曰：「菜名邪蒿，未必果邪也。雖食之，豈遽使人不正邪？」張九思對曰：「古人設戒，義固當爾。」

詔割江西龍興路爲太子分地，太子謂左右曰：「安得治民如邢州張耕者乎！誠使之往治，俾江南諸郡取法，民必安集。」於是召宋衜大選署守長。江西行省以歲課羨餘鈔四十七萬緡獻，太子怒曰：「朝廷令汝等安治百姓，百姓安，錢糧何患不足，百姓不安，錢糧雖多，安能自奉乎。」盡卻之。參政劉思敬遣其弟思恭以新民百六十户來獻，太子問民所從來，對曰：「思敬征重慶時所俘獲者。」太子蹙然曰：「歸語汝兄，此屬宜隨所在放遣爲民，毋重失人心。」烏蒙宣撫司進馬，踰歲獻之額，即諭之曰：「去歲嘗俾勿多進馬，恐道路所經，數勞吾民也。自今其勿

復然。」

二十年春，辟劉因于保定，因以疾辭，固辟之，乃至，拜右贊善大夫，以吏部郎中夾谷之奇爲左贊善大夫。是時，已立國子學，李棟、宋衜、李謙皆以東宫僚友，繼典教事。至是，命因專領之，而以衜等仍備咨訪。嘗曰：「吾聞金章宗時，有司論太學生廪費太多，章宗謂養出一范文正公，所償顧豈少哉。其言甚善。」會因復以疾乞去。二十二年，以長史耶律有尚爲國子司業。中庶子伯必以其子阿八赤入見，諭令入學，伯必即令其子入蒙古學。逾年又見，太子問讀何書，其子以蒙古書對，太子曰：「我命汝學漢人文字耳，其亟入胄監。」

遣使辟宋工部侍郎倪堅于開元，既至，訪以古今成敗得失，堅對言：「三代得天下以仁，其失也以不仁。漢、唐之亡也，以外戚閹豎。宋之亡也，以姦黨權臣。」太子嘉納，賜酒，日昃乃罷。諭德李謙、夾谷之奇嘗進言曰：「殿下睿性夙成，閱理久熟，方遵聖訓參決庶務。如視膳問安之禮，固無待於贊諭。至於軍民之利病，政令之得失，事關朝廷，責在臺院，有非宫臣所宜言者。獨有澄原固本，保守成業，殿下所當留心，臣等不容緘口者也。敬陳十事：曰正心，曰睦親，曰崇儉，曰親賢，曰幾諫，曰戢兵，曰尚文，曰定律，曰正名，曰革敝。」其論正心有云：「太子之心，天下之本也。太子心正，則天心有所屬，人心有所繫矣。唐太宗嘗言，人主一心，攻之者衆，或以勇力，或以辨口，或以諂諛，或以姦詐，或以嗜欲，輻湊攻之，各求自售。人主少懈，而受其一，則其害有不可勝言者。殿下至尊之儲貳，人求自售者亦不爲少，須常唤醒此心，不使爲物欲所撓，則宗社生靈之福。固本澄原，莫此爲切。」論睦親，以「宗親爲王室之藩屏，人主之所自衛者也。大分既定，尊卑懸殊，必恩意俯逮，然後得盡其歡心。宗親之歡心得，則遠近之歡心得矣」。其論正名、革敝，尤切中時政。

太子在中書日久，明於聽斷，四方州郡科徵、輓漕、造作、和市，有係民休戚者，聞之，即日奏罷。右丞盧世榮以言利進，太子意深非之。嘗曰：「財非天降，安得歲取贏乎。恐生民膏血，竭於此也。豈惟害民，實國之大蠹。」其後世榮果坐罪。桑哥素主世榮，聞太子有言，訖箝口不敢救。

至元以來，天下臻於太平，人材輩出，太子優禮遇之，在師友之列者，非朝廷名德，則布衣節行之士，德意未嘗少衰。宋儁目疾，賜鈔千五百緡。王磐告老而歸，官其壻于東平，以終養。孔洙自江南入覲，則責張九思學聖人之道，不知有聖人之後。其大雅小羣，本於天性，中外歸心焉。於是世祖春秋高，江南行臺監察御史言事者請禪位於太子，太子聞之，懼。臺臣寢其奏，不敢遽聞，而小人以臺臣隱匿，乘間發之。世祖怒甚，太子愈益懼，未幾，遂薨，壽四十有三。成宗即位，追謚曰文惠明孝皇帝，廟號裕宗，祔于太廟。

曾廉《元書》卷六六《真金傳》 明孝太子真金，中統二年封燕王，領中書省事。三年，守中書令。四年，兼判樞密院事。至元元年，命署敕。十年，册立爲皇太子，仍兼省院令判。其歲，詔立宫師府，設官屬三十八人。復命以侍衛萬人益東宫太子，命王慶端、董士亨選其驍勇，教以兵法，時閲試焉。方東宫新作香殿，工請鑿石池以流觴，太子曰：「汝欲我爲酒池肉林耶？」

十六年，詔參決朝政。太子明於聽斷，而小心敬畏，天性仁孝，世祖偶違豫，即憂形於色。十八年，昭睿順聖皇后崩，太子勺飲不入口，設廬帳居之，髣髴古禮。其歲命行邊，駐師稱海，冬還朝。太子平居習射之暇，嘗與諸王侍臣講論經典。中庶子必伯以其子阿八赤入見，諭令入學。逾年又見，太子問讀何書，以蒙古書對。太子曰：「汝入蒙古學耶？非我意也。其亟入胄監。」時國子司業則長史耶律有尚也。孔洙自江南入朝，太子責張九思學聖人之道，不知有聖人之後。其親重儒臣，無異寒素。當時朝廷名德及布衣節行之士，若董文用、楊恭懿、王恂、劉因，太子皆引在師友之列。事各具其傳。太子嘗有疾，帝臨幸，親和藥以賜之。復命侍臣李衆馳禱嶽瀆、名山、大川。太子戒其所至毋煩吏送迎，重擾民也。及詔以龍興爲太子食邑，太子喟然曰：「安得治民如邢州張耕者乎？」於是召宋衜大選署守長，凡民官課司溢額之獻，皆罷去之，其仁愛不黷貨如此。

尚書省之立也，太子以其地不可争，然阿合馬、盧世榮、桑哥皆所不喜，故王著僞稱太子令以殺阿合馬，世榮被誅，桑哥以太子有言，箝口不敢救，竟以是爲羣小所憚。會南臺御史以帝春秋高，請内禪。中臺懼，不敢以聞，而阿合馬黨答即、古阿散欲因以危太子，索其章甚急，賴御史大夫玉昔帖木兒及丞相安童入言狀，帝怒乃少解。然太子遂以憂懼致疾，二十二年十二月薨，年四十三。明年元旦，帝爲罷朝賀，天下悼之。三十年，謚曰明孝太子。子三人：晉王甘麻剌、答剌麻八剌、太子成宗皇帝。成宗即位，追尊爲裕宗文惠明孝皇帝。

雜録

備録

王惲《秋澗先生大全文集》卷八四《烏臺筆補・皇太子親政事狀》 蓋聞武丁學于甘盤，號殷高宗；孝宣起於民間，爲漢令主。以唐太視朝，以子治觀政；世宗東巡，以兄恭監國。斯二君者，豈特爲元嗣廣聰明達民事而已，蓋將正神明之器，分夙夜之憂，繫臣鄰之心，慰億兆之望，撫軍監國，皆其事也。而賈生亦云，太子正而天下定矣。

恭惟燕王殿下，春秋鼎盛，孝敬日隆。今者守中令，領樞府，然首居重器，未嘗事事。且古之聖人，宜莫如舜，尚歷試諸難，用彰玄德。以惲愚慮，誠宜早正位號，俾躬理庶務，仰承黄屋之心，俯署青宫之事。如每歲春，車駕巡幸上都，燕王殿下居守陪京，撫臨漢地，握一府之樞，控百辟之重，俾睿智足臨，日深治道。又念方今聖天子以仁厚恭儉，率先天下，而繼體者於稼穡艱難之事，又不可不知也。不然，沿邊將士自較閲以來，上下負責，不蒙自新，雖欲功過相當，將何所明。若高秋馬肥，奉將天威，撫巡江漢，以之頒犒禄秩，赦宥過悮，豈特旗幟壁壘，精彩一新，亦將作士氣，邊鑾荆，懷遠方，安新附，復有奮忠竭力，建非常之功於目前者矣。其争先快覩，謳歌慶幸，倍於尋常萬萬也。又省記，頃者，太子合昔亥在先朝時，已以位號之正，判署教條，親諭漢官，兹非其事與。能若是，固盤石之基，定天下之本，計孰大於此者。惲職分雖卑，猥當言責，國之大事，敢冒昧敷陳。

《元史》卷一二六《廉希憲傳》 會議立門下省，帝曰：「侍中非希憲不可。」遣中使諭旨曰：「鞍馬之任，不以勞卿，坐而論道，時至省中，事有必須執奏，肩輿以入可也。」希憲附奏曰：「臣疾何足卹。輸忠效力，生平所願。」皇太子亦遣人諭旨曰：「上命卿領門下省，無憚羣小，吾爲卿除之。」竟爲阿合馬所沮。

十六年春，賜鈔萬貫，詔復入中書，希憲稱疾篤。皇太子遣侍臣問疾，因問治道，希憲曰：「君天下在用人，用君子則治，用小人則亂。臣病雖劇，委之於天。所甚憂者，大奸專政，羣小阿附，誤國害民，病之大者。殿下宜開聖意，急爲屏除，不然，日就沉痾，不可藥矣。」

《元史》卷一六〇《王思廉傳》 思廉以儒素進，帝眷注優渥。嘗疾，賜御藥，顧問安否；扈蹕，失所乘馬，給内廐馬五匹；盗竊所賜玉帶，更以玉帶賜之。裕宗居東宫，思廉進曰：「殿下府中，宜建學官，俾左右近侍，嘗親正學，必能裨輔明德。」裕宗然之。裕宗嘗欲買甲第賜思廉，思廉固辭。

《元史》卷一六〇《李謙傳》 翰林學士王磐以謙名聞，召爲應奉翰林文字，一時制誥，多出其手。至元十五年，陞待制，扈駕至上都，賜以銀壺、藤枕。十八年，陞直學士，爲太子左諭德，侍裕宗於東宫。陳十事：曰正心，曰睦親，曰崇儉，曰幾諫，曰戢兵，曰親賢，曰尚文，曰定律，曰正名，曰革弊。

《元史》卷一七〇《尚文傳》 二十二年，除御史臺都事，行臺御史。上封事言上春秋高，宜禪位皇太子，太子聞之懼，中臺祕其章不發。答即古阿散等知之，請收内外百司吏案，大索天下埋没錢糧，而實欲發其事，乃悉拘封御史臺吏案。文拘留祕章不與，答即古聞于帝，命宗正薛徹干取其章。文曰：「事急矣！」即白御史大夫曰：「是欲上危太子，下陷大臣，流毒天下之民，其謀至奸也。且答即古乃阿合馬餘黨，贓罪狼籍，宜先發以奪其謀。」大夫遂與丞相議，即入言狀，帝震怒曰：「汝等無罪耶？」丞相進曰：「臣等無所逃罪，但此輩名載刑書，此舉動摇人心，宜選重臣爲之長，庶靖紛擾。」帝怒稍解，可其奏。既而答即古受人金，與其黨竟坐姦贓論死，其機實自文發之。

葉子奇《草木子》卷四 世祖生子口啞，即裕宗。及壯，當有室，使其遊都市，使擇其意之所可者爲妻。獨指一屠人婦，世祖即爲娶之。迺妲吉妃子也，腹生二帝。

《國朝文類》卷一〇徒單公履《皇太子册文》 皇帝若曰：咨爾皇太子，裕宗廟諱。仰惟太祖聖武皇帝遺訓，嫡子中有克嗣服繼統者，預選定之。是用立太宗英文皇帝，以紹隆丕構。自時厥後，不爲顯立冢嫡，遂啓争端。朕上遵祖宗弘遠之規，下協昆弟僉同之議，乃從燕邸，立爾爲皇太子，積有日矣。比者儒臣敷奏，國家定立儲嗣，宜有册命，此典禮也。今遣攝太尉、中書左丞相伯顔持節，授爾玉册金寶。於戲，聖武燕謀，爾其奉承，昆弟宗親，爾其和協。使仁孝顯於躬行，可謂不負爾所託矣。尚其戒哉，式勿替朕命。

藝文

王惲《秋澗先生大全文集》卷二三《西池幸遇詩》 壬午歲十月十二日，某以《承華事略》求見。引見者，工部尚書張九思。巳刻，拜太子於宫西射圃內。此前，命近侍趣入者再。既見，問秦始皇何如主，某以所行過暴爲對。太子首讀《明分篇》，問漢成帝不敢絶馳道事，喜甚。至輟射繙閱，悉問其各篇主意，張九思、朮忽乃略爲應對。讀訖，以書付董八哥，會静時細聽。未末，賜酒霑醉而出。

射殿風清巳午間，曳裾挾策拜隆顔。首詢帝子龍樓召，喜輟犀弓偃月彎。葵藿儘酬承日志，簡編不負半生閑。滿樽春露霑恩處，光動西池玉笋班。

王惲《秋澗先生大全文集》卷六七《追謚先太子册文》 皇帝若曰：於戲，故皇太子某，天姿玉裕，茂德淵冲。朕紹纂不圖，仰遵太祖聖武皇帝遺訓，以爾世嫡元孫，譽望攸屬，爰從燕邸，正位春宫。愈貴能謙，居貞益慎。及夫聽政，揆叙有方。至於睦親，昆仲無間。尊師問道，日御經筵。視膳疾安，時詢內豎。佐予柔理，惠彼小民。方念神器匪輕，投艱有託，豈期前星揜耀，永隔幽明。日居月諸，懷思曷已？比者大臣敷奏，宜易名奉祀，光崇彝典。今遣某官，持册賜爾謚曰明孝太子。永昭遺懿，式慰朕懷。尚異明靈，歆承寵渥。

耶律鑄《雙溪醉隱集》卷四《挽皇太子詞》 象輅長歸不再朝，痛心監撫事徒勞。一生盛德乾坤重，萬古英名日月高。蘭殿好風雖領略，桂宫愁雨自蕭騷。如何龍武樓中月，空照丹霞舊佩刀。

張伯淳《養蒙文集》卷一《裕宗册文》 維至元三十一年月日，孝子嗣皇帝臣謹再拜稽首言曰：臣聞周武膺符，首建文王之號；晉武踐阼，遂正文考之稱。比擬未必盡同，追崇蓋有彝典。而況有其德而無其位，豐於功而嗇於年，粤若我皇考，其敢後尊親之義乎？顧惟寡昧，嗣纘基圖。天付有家，動欲繩其祖武；考若作室，今曷致其孝思？欽惟皇考皇帝，玄德温恭，聖功果育。顯諸神而藏用，膏其施而未光。明堂前一，星位將有屬；《洪範》九五，福壽則難全。其于預國政親軍旅之時，無非審治體得民情之事。弭兵日本，廣先皇柔遠之仁；立教天庠，示聖代崇儒之意。身衛斯文于不朽，人被其惠而莫知。真以鋤奸去惡而爲明，非徒視膳問安之爲孝。此特舉其大者，固將無能名焉。感千年霜露之懷，永言維則；紹一統乾坤之業，有開必先。思貽令名，允爲首議。重以造庭之請，用答在天之靈。謹遣崇官，奉寶册，上尊謚曰文惠明孝皇帝，廟號裕宗。伏惟尊祖嚴父，積慶有源。雖文命之未集，凛英光之如存。誕膺典禮，永祚皇元。謹言。

黄道婆部

綜述

陶宗儀《南村輟耕録》卷二四《黄道婆》 閩廣多種木綿，紡績爲布，名曰吉貝。松江府東去五十里許，曰烏泥涇，其地土田磽瘠，民食不給，因謀樹藝，以資生業，遂覓種於彼。初無踏車、椎弓之製，率用手剖去子，線弦竹弧置按間，振掉成劑，厥功甚艱。國初時，有一嫗名黄道婆者，自崖州來，乃教以做造捍彈紡織之具，至於錯紗配色，綜線挈花，各有其法。以故織成被褥帶帨，其上折枝團鳳棋局字樣，粲然若寫。人既受教，競相作爲，轉貨他郡，家既就殷。未幾，嫗卒，莫不感恩灑泣而共葬之，又爲立祠，歲時享之。越三十年，祠毁，鄉人趙愚軒重立。今祠復毁，無人爲之創建，道婆之名，日漸泯滅無聞矣。

王逢《梧溪集》卷三《黄道婆祠有序》 黄道婆，松之烏涇人，少淪落厓州，元貞間，始遇海舶以歸。躬紡木棉花，織厓州被自給，教他姓婦不少倦。未幾，被更烏涇名天下，仰食者千餘家。及卒，鄉長者趙如珪爲立祠香火菴。後兵燬，至正壬寅，張君守中遷祠于其祖都水公神道南隙地，俾復祀享，且徵逢詩傳將來。辭曰：

前聞黄四孃，後稱宋五嫂。道婆異流輩，不肯厓州老。厓州布被五色繅，組霧紃雲粲花草。片帆鯨海得風歸，千柚烏涇奪天造。天孫漫司巧，僅解製牛衣。鄒母真乃賢，訓兒喻斷機。道婆遺愛在桑梓，道婆有志覆赤子。荒哉唐元萬乘君，終覥長衾共昆弟。趙翁立祠兵久燬，張君慨然繼絶祀。我歌落葉秋聲裏，薄功厚饗當愧死。

《乾隆江南通志》卷三九《輿地志》 黄道婆祠，舊在上海縣烏泥涇，屢遷，今在張家浜寧國寺西，明天啟間張所望移建。附明張之象記：上海西南廿餘里，爲烏泥涇，故有道婆祠云。道婆者，姓黄氏，本鎮人也。初淪落崖州，元元貞間，附海舶歸。閩廣多種木棉，織紡爲布，名曰吉貝。而道婆最善是業，州里宗之。先此，烏泥涇土壤磽瘠，民多困貧，因謀樹藝以給，遂覓種於閩廣間。然尚無踏車、椎弓之制，率用手擘去子，線絃竹弧置案間，振掉成劑，厥功甚艱。道婆乃教以制造捍彈紡織之具，既以便民矣。至於錯紗配色、綜綫挈花，又各有法。故被褥帨帶之類，織以折枝團鳳碁局文字，粲然若寫。土人競相倣習，稍稍轉售他方以牟利，業頗饒裕。未幾，道婆卒，莫不感恩灑泣，而共瘞之，已立祠，歲時享之。頃歲行遊其所，已鞠爲灌莽，撫蹟低回者久之。予遂於居舍之東北隅聽鶯橋，捨地二畝，集里中尚義者經始。方旬，煥然改飭，像設具備，神有棲憑焉。先王之制禮也，法施於民則祀之。吾松之民，仰機利以食，實此道婆發之。苟被其澤者，無忘追本之思，則祠祀可不廢矣。

雜録

備録

《正德松江府志》卷一五《壇廟》 黄道婆祠，在縣南烏泥涇鎮。道婆，本鎮人，初淪落厓州，元元貞間附海舶歸，躬紡木綿，織厓州被以自給。教他姓婦女不倦，利被一鄉。及卒，鄉人趙如珪立祠奉之。元季兵燬，國朝成化間，知縣劉琬重建。詳見陶九成《輟耕録》及王逢詩序。

王應奎《柳南隨筆・續筆》卷二《棉布之始》 棉有草木二種，皆出海外，其見於紀載者，大抵皆木棉也。張勃《吴録》云：交趾有木棉樹，高丈餘。王浯溪云：一名斑枝花。又《泊宅編》云：閩廣多木棉，名曰吉貝，織爲布，是即白氎。然今吴地所種，乃艸棉，非木棉也，而其用與木棉正同。松江府東去五十里許曰烏泥涇，地高仰，不宜五穀。元至正間，偶傳此種，植之于地，頗茂。有一嫗名黄道婆者，自崖州來，乃教以桿彈紡織之法，久之，而三百里内外悉習其事矣。按《小爾雅・釋名》及《孔叢・廣服篇》，皆云麻、紵、葛謂之布。又《鹽鐵論》云：古者庶人耋老而後衣絲，其餘則麻枲而已，故命曰布衣。可見麻與紵、葛三者之外，古者别無所謂布也。但紵、葛或專用之於夏，而麻則兼用之于冬耳。孔博士《論語》「緼袍」註云：緼，枲著也。邢疏謂雜用枲麻以著袍也。蓋貧者不能具絲絮，故擣麻使熟，著之於袍也。夫以麻爲衣，則不能禦寒。以麻著袍，則不能生

煖。古人五十始衰，則必衣帛，職是故耳。今棉之爲用，可以禦寒，可以生煖，蓋老少貴賤，無不賴之。其衣被天下後世，爲功殆過于蠶桑矣，而皆開自黄婆一人，是不當尸而祝之，社而稷之，與先蠶同列祀典乎？

趙翼《陔餘叢考》卷三〇《木棉布行於宋末元初》 陶九成《輟耕録》記松江烏泥涇土田磽瘠，謀食不給，乃覓木棉種於閩廣。初無踏車椎弓之制，率用手去其子，線絃竹弧，按掉而成，其功甚艱。有黄道婆自崖州來，教以紡織，人遂大獲其利。未幾，道婆卒，乃立祠祀之。三十年祠毁，鄉人趙愚軒重立云。九成，元末人，當時所記立祠始末如此，益可見黄道婆之事未遠，而松江之有木棉布，實自元始也。《瑯琊代醉編》又謂棉花乃番使黄始所傳，今廣東人立祠祀之。合諸説觀之，蓋其種本來自外番，先傳於粵，繼及於閩，元初始至江南，而江南又始於松江耳。《元世祖本紀》：至元二十六年，置浙東、江東、江西、湖廣、福建木棉提舉司，責民歲輸木棉布十萬疋。程鉅夫集有《送人赴浙東木棉提舉》詩，鉅夫仕元初，而其時木棉特設專官，則其初爲民利可知。邱文莊所謂元時始入中國，非無稽也。《明史·食貨志》：明太祖立國初，即下令民田五畝至十畝者，栽桑、麻、木棉各半畝；十畝以上倍之。又税糧亦準以棉布折米。

俞正燮《癸巳類稿》卷一四《木棉考》 《輟耕録》云：松江烏泥涇木棉，元時崖州黄道婆來，教以造做杆彈紡織之法，松江祠之。《江南通志·壇廟》云：松江黄道婆祠，舊在上海烏泥涇，明天啟間張所望移於張家浜。張之象《記》云：元元貞時人，初流落崖州，後歸烏泥涇，以閩廣種植、杆彈紡織、綜線挈花之法教人，人因祠之。《元史·英宗紀》云：御大安閣，見太祖、世祖遺衣，皆縑素木棉，重加補綴，嗟歎良久，謂侍臣曰：「祖宗創業艱難，服用節儉乃如此。」蓋其時木棉布行，不復貴異。《明史·食貨志》云：太祖立國，即下令民田五畝至十畝者，栽桑、苧、木棉各半畝；十畝以上倍之。入税，木棉畝四兩，棉、苧一匹，折米六斗。木棉之利，遂徧天下。

《嘉慶大清一統志》卷八三《松江府》二《黄道婆祠》 在上海縣西南烏泥涇上。道婆本鎮人，初淪落厓州，元元貞間附海舶歸。閩廣多種木棉，紡織爲布，名曰吉貝。道婆最善是業，州里宗之，因教以制造捍彈、織紡之具，錯紗配色、綜線挈花之法，利被一鄉。及卒，鄉人趙如珪立祠祀之，張之象有記。

袁棟《書隱叢説》卷六《木棉》 《尚書蔡傳》曰：今南夷木棉之精好者，亦謂之吉貝。《南史》曰：高昌國有白氎花，可作棉。《泊宅編》曰：閩廣多種木棉樹，秋深開花，白綿茸茸然，土人摘取出殼，以鐵杖捍盡黑子，徐以小弓彈，令紛起，然後紡績爲布，名曰吉貝。《輟耕録》曰：閩廣種木棉，紡績爲布，名曰吉貝。松江府元時初無踏車推弓之製，黄道婆自崖州來，教之以法。江浙所在多有，本亦低小，名曰木棉布，且直名曰布。編氓匹婦，拮据不遑，而其利人多矣。今江浙多木棉艸，秋作紅黄花，如秋葵，非如廣南之木棉樹也。

褚華《木棉譜》 黄道婆，本邑人，流落崖州海嶠間。元元貞中，攜紡織具歸，傳其法於烏泥涇人，人皆大獲其利。婆死，立祠祀之。明張之象復塑其像於寧國寺，今城中渡鶴樓西北小巷內，亦立廟祀之。邑之女紅，歲時羣往拜禮，呼之曰黄孃孃。但所塑者如三十許好女子，殊失實矣。

鄭光祖《醒世一斑録·雜述》卷二《棉花之始》 今余鄉棉之爲用甚普，老少貴賤莫不賴之，其衣被天下功，殆有過蠶桑，又孰能知開自黄道婆一老婦也？近於道光十年，上海縣紳士請准立祠，列入祀典。

陳康祺《郎潛紀聞·三筆》卷九 上海棉花之利，起於黄道婆，見陶南村《輟耕録》，近人已建祠以報矣。按，國初，上海又有丁娘者，織布甚新，因名丁娘布。朱竹垞集中有《謝汪舍人丁娘子布》詩。

備論

張萱《疑耀》卷六《木棉》 陶九成《南村輟耕録》又云：閩廣多種木棉，紡績爲布，名曰吉貝。松江東去五十里許，曰烏泥涇，多種之。彼初無踏車、椎弓之製，率用手刮去子，線弦竹弧置案間，振掉成劑，厥功甚艱。國初，有一嫗名黄道婆者，自崖州來，乃教以紡織之具。至於錯紗配色、綜綫挈花，各有其法。以故織成被褥帶帨，文采甚巧，土人多以此致富者。嫗卒，土人祠焉。陶九成，元人也，世代尚近，其詳著如此。余嘗以詢之松江士夫，皆不知木棉爲何樹，吉貝爲何布，豈道婆者卒，其織造之法莫傳，故土人不復種藝此樹耶？據陶説，道婆崖州人，則《泊宅編》謂海南蠻人能爲此布，其言不誣。若六祖信衣果西域木棉心所織者，則其法當如秦洮間織褐。試倣其法，以織木棉，便可成布，不必復求道婆遺法矣。

姚範《援鶉堂筆記》卷四八 木棉之説，須參考《南史·高昌國傳》、《海南諸

國傳》、《南州異物志》、《泊宅編》、《農桑通訣》、《農桑輯要》、《便民圖纂》、《羣芳譜》、《農政全書》。東樹按，吴履震《五茸志逸》云：閩廣多種木棉，紡織爲布，名曰吉貝。松江府東五十里，曰烏泥涇，其地田土磽瘠，民食不給，因謀樹藝以資生業，遂覓種於彼。初無踏車、椎弓之製，率用手擘去其子，弦竹弧彈振成劑，厥功甚艱。國初時，有老嫗黄道婆者自崖州來，乃教人造桿彈、紡織之具，至於錯紗配色、綜線軋花，各有其法，故織成被褥帶帨，其折枝團鳳棋局字樣，粲然若寫。人既傳授，競相製造，轉貨他郡，家益就殷。嫗卒，衆爲灑泣，立祠享之。越三十年，祠毁，鄉人趙愚軒重立之。後復毁，無人再建，而黄婆之名漸泯。神宗朝，方伯七澤張公重建於寧國寺，歲時香火雲集云云。按張方伯，名所望，字叔翹，萬曆辛丑進士，華亭人。但閩廣木棉，皆是株樹，紅花大如掌，每春朝開處，望之一片如霞，其狀全與辛夷相類，無織布之用，非今民間所種，此余所目驗。閩廣又不産緜花，不知吴所指云何等也。嘉定毛嶽生《黄婆祠記》云：昔治布，惟以絲枲紵葛。宋末，棉自林邑，始入中國，逮元元貞間浸盛。其織爲布，簡利省費，寔倍他物。元時既爲設提擧司，而前明賦税亦許以棉準米。近世郡縣，棉出幾敵租税半。民間服用恒資，行販益遠，皆始黄婆云云。按木棉之起，《農桑輯要》以爲産於西域，種於陝右，史炤《通鑑釋文》以爲起於宋末，來自林邑。此記以爲覓種閩廣，始於黄婆，則未然也。大約松江之地，初不産木棉，黄婆者特教之種織耳。如王山史著議教延安一府，李拔教閩之福甯，吾宗問亭宫保之教保定民人者，是其類也。

王韜《瀛壖雜志》卷二　先棉祠，亦曰黄道婆祠。相傳木棉一種，黄嫗得自崖州，從海舶携歸，始教之藝。道婆生元時，邑烏泥涇人，自幼淪落崖州。其地多木棉種，紡織爲布，道婆盡得其傳。元貞間歸，以是業授鄉里，衣被海濱，利及他省。被其德者數百年，邑民多私祭之，猶未列於祀典。道光五年，邑侯許榕皋大闢城西桃林數畝，剏建特祠，遵部議，從先棉例，春秋崇祀，規制廓增。經畫其事者，徐渭仁紫珊上舍也。按《通志》及《太常寺志》，先棉祠初在烏泥涇，天啟間張所望另建於甯國寺西。今在縣署西南梅溪衖者，蓋其別祠，顧或謂黄姑菴，係祀織女。《澤國紀聞》云所奉乃少年女子，非道婆也。然則先棉與黄姑，當別爲二矣。

藝文

趙翼《甌北集》卷五三《題黄道婆祠松江初來教人織布者**》**　一技專長濟萬邦，故應祠廟赫旌幢。高樓占天不占地，平水通海又通江。未有蠶桑人挾纊，共勤機杼女鳴窗。君看鶯脰湖邊月，夜夜寒燈剔短釭。

葉廷琯《楙花盦詩》卷下《捉花補吟》　中土何年吉貝栽，黄婆往事費疑猜。島夷有卉能成服，落實誰先教取材？棉花，古名吉貝，出廣南諸國。相傳元初流入中原，厓州黄婆始教人織布。然考《禹貢》「島夷卉服」古義疏，雖指葛越，而宋時注家兼及木棉。下文織貝，又謂即吉貝等物。且此語系於淮海揚州島夷，似即指今蘇、松濱海地。是三代之初，海壖已知藝花紡織。後來經籍中「布」字亦屢見，其非來自域外可知。紡織等事，其時中土必有人倡始。觀王梧溪《黄道婆祠》詩及序所言，乃知道婆所教，衹是織厓州五色布被，不得槩言教人織布自道婆始也。上海南城有道婆祠，門額竟題先棉，殆未深考耳。

葉廷琯《楙花盦詩》附録《浦西寓舍雜詠》　紃雲組霧敵蠶絲，被織厓州賴導師。仰食禮宜崇報賽，舊祠今更建新祠。王逢《梧溪集·黄道婆祠詩》序云：道婆，烏涇人，少淪落厓州，元貞間，附海舶歸。紡棉織厓州被自給，教他姓婦不倦，被更烏涇名天下，仰食者衆。及卒，鄉人爲立祠。詩中有「厓州布被五色繅，組霧紃雲粲花草」句，据此知道婆所織，乃有花被料，非一切布，概是其教織也。棉之爲用，實廣於絲，絲維富貴家用之，然亦有必宜用棉之處，故通行於貴賤貧富。且器物所需，有宜棉而不宜絲者，其利用豈可量哉？黄道婆禮宜報賽，聞長橋北有祠，地甚偪仄，歲時遇各鄉幼女，學紡織，間往拜禱，餘則絶無人過謁者。年久，祠宇傾欹，香火閴寂。今惟上海南門内有祠屋，稍宏敞，蓋近世所建云。

陶澍《陶文毅公全集》卷六三《戊子二月望夜上海吾園觀燈》　吉貝黄婆力補媧，上海棉布之利起於黄道婆，見陶南村《輟耕録》。頃爲建祠，即在吾園之右。翦燈今見綵籠紗。燈樣玲瓏，望若花團錦簇，即之皆翦紙所爲。天工巧試丁娘手，國初有丁孃，上海人，織布甚新，因名丁孃布。新樣開成頃刻花。

《兩浙輶軒録》卷三七楊濬《草棉詞》　花作生涯草作柯，能教寒沍變陽和。可堪崇祀先蠶後，忘却開天黄道婆。

《兩浙輶軒續録》卷四〇賈敦臨《織布》　當窗驚促織，織手争弄梭。名傳丁孃子，法始黄道婆。繅縷數相合，機杼鳴自和。匹成絲比素，細近紈與羅。斜紋門側理，芳勝誇飛花。女紅利不薄，郇落能者多。空房掩嫠婦，比屋通鄰家。辛勤既無苦，膏沐何足誇。深閨長嬌惰，富家窮奢華。安知助耕鑿，賴此同桑麻。

安童部

綜述

《元史》卷一二六《安童傳》 安童，木華黎四世孫，霸突魯長子也。中統初，世祖追録元勳，召入長宿衛，年方十三，位在百僚上。母弘吉剌氏，昭睿皇后之姊，通籍禁中。世祖一日見之，問及安童，對曰：「安童雖幼，公輔器也。」世祖曰：「何以知之？」對曰：「每退朝必與老成人語，未嘗狎一年少，是以知之。」世祖悦。

四年，執阿里不哥黨千餘，將置之法，安童侍側，帝語之曰：「朕欲置此屬於死地，何如？」對曰：「人各爲其主，陛下甫定大難，遽以私憾殺人，將何以懷服未附。」帝驚曰：「卿年少，何從得老成語，此言正與朕意合。」由是深重之。

至元二年秋八月，拜光禄大夫、中書右丞相，增食邑至四千户。辭曰：「今三方雖定，江南未附，臣以年少，謬膺重任，恐四方有輕朝廷心。」帝動容有間曰：「朕思之熟矣，無以踰卿。」冬十月，召許衡至，傳旨令衡入省議事，衡以疾辭，安童即親候其館，與語良久，既還，念之不釋者累日。三年，帝諭衡曰：「安童尚幼，未更事，善輔導之。汝有嘉謨，當先告之以達朕，朕將擇焉。」衡對曰：「安童聰敏，且有執守，告以古人所言，悉能領解，臣不敢不盡心。但慮中有人間之，則難行，外用勢力納人其中，則難行。臣入省之日淺，所見如此。」四年三月，安童奏：「內外官須用老成人，宜令儒臣姚樞等入省議事。」帝曰：「此輩雖閑，猶當優養，其令入省議事。」

五年，廷臣密議立尚書省，以阿合馬領之，乃先奏以安童宜位三公。事下諸儒議，商挺倡言曰：「安童，國之柱石，若爲三公，是崇以虚名而實奪之權也，甚不可。」衆曰然，事遂罷。七年四月，奏曰：「臣近言：『尚書省、樞密院各令奏事，並如常制，其大政令，從臣等議定，然後上聞。』既得旨矣，今尚書一切徑奏，似違前旨。」帝曰：「豈阿合馬以朕頗信用之，故爾專權耶。不與卿議，非是。」敕如前旨。

八年，陝西省臣也速迭兒建言，比因饑饉，盜賊滋横，若不顯戮一二，無以示懲。敕中書詳議，安童奏曰：「强、竊均死，恐非所宜，罪至死者，宜仍舊待報。」從之。

十年春三月，奏以玉册玉寶上皇后弘吉剌氏，以玉册金寶立燕王爲皇太子，兼中書令，判樞密院事。冬十月，帝諭安童及伯顔等曰：「近史天澤、姚樞纂定《新格》，朕已親覽，皆可行之典，汝等亦當一一留心參考，豈無一二可增減者。」各令紀録促議行之。時天下待報死囚五十人，安童奏其中十三人因鬭毆殺人，餘無可疑。於是詔以所奏十三人免死從軍。十一年，奏阿合馬蠹國害民數事；又奏各部與大都路官多非才，乞加黜汰。從之。

十二年七月，詔以行中書省樞密院事，從太子北平王出鎮極邊，在邊十年。二十一年三月，從王歸，待罪闕下，帝即召見慰勞之，頓首謝曰：「臣奉使無狀，有累聖德。」遂留寢殿，語至四鼓乃出。冬十一月，和禮霍孫罷，復拜中書右丞相，加金紫光禄大夫。二十二年，右丞盧世榮敗，詔與諸儒條其所用人及所爲事，悉罷之。

二十三年夏，中書奏擬漕司諸官姓名，帝曰：「如平章、右丞等，朕當親擇，餘皆卿等職也。」安童奏曰：「比聞聖意欲倚近侍爲耳目，臣猥承任使，若所行非法，從其舉奏，罪之輕重，惟陛下裁處。今近臣乃伺隙援引非類，曰某居某官、某居某職，以所署奏目付中書施行。臣謂銓選之法，自有定制，其尤無事例者，臣常廢格不行，慮其黨有短臣者，幸陛下詳察。」帝曰：「卿言是也。今後若此者勿行，其妄奏者，即入言之。」奏徵前吏部尚書李昶，不起；復奏賜田十頃。

二十四年，宗王乃顔叛，世祖親討平之。宗室詿誤者，命安童按問，多所平反。嘗退朝，自左掖門出，諸免罪者争迎謝，或執轡扶上馬，安童毅然不顧。有乘間言於帝曰：「諸王雖有罪，皆帝室近親也，丞相雖尊，人臣也，何悖慢如此！」帝良久曰：「汝等小人，豈知安童所爲，特辱之使改過耳。」是歲，復立尚書省，安童切諫曰：「臣力不能回天，乞不用桑哥，别相賢者，猶或不至虐民誤國。」不聽。二十五年，見天下大權盡歸尚書，屢求退，不許。二十八年，罷相，仍領宿衛事。

三十年春正月，以疾薨于京師樂安里第，年四十九。雨木冰三日，世祖震悼曰：「人言丞相病，朕固弗信，果喪予良弼。」詔大臣監護喪事。大德七年，成宗制贈推忠同德翊運功臣、太師、開府儀同三司、上柱國、東平忠憲王。碑曰《開國元勳命世大臣之碑》。

《國朝文類》卷二四元明善《丞相東平忠憲王碑》 皇帝嗣寶曆，御宸極，拜

大司徒栢柱爲中書左丞相。明年，制贈乃祖孔温兀答推忠効節保大佐運功臣、太師、開府儀同三司、上柱國，追封魯國王，謚忠宣。木華黎體仁開國輔世佐命功臣、太師、開府儀同三司、上柱國，追封魯國王，謚忠武，賜碑額曰「元勳世德」，廟食東平。別賜故中書右丞相、贈推忠同德翊運功臣、太師、開府儀同三司、東平忠憲王《開國元勳命世大臣之碑》。碑建大都良鄉之通逵，猗歟盛哉！是舉也，其思烈祖創業之艱，念功臣宣忠之亟，勉丞相奮庸之恭歟？臣承詔，猥當執筆。

謹按，東平王世家，忠憲王諱安同，姓扎剌爾氏。五世祖是爲忠宣王。親連天家，世不婚姻。太祖皇帝起兵，與乃蠻人戰，我師敗績。七騎走利，追兵尾及，困乏絶食，忠宣多力，走水次，縛致二歲橐駞，炙其肉啖太祖。太祖馬僵，六人相顧，忠宣遂以己馬濟太祖，步射賊而死。子五人，第三子曰忠武王，是爲忠憲王高祖。忠武與博爾朮、博爾忽、赤老温佐太祖定天下，號爲四傑。太祖戰失利，單走澤中，天大雪，忠武與博爾朮張馬韉蔽太祖卧。旦起視跡，二人之足不移。太祖從三十騎行硼谷間，遇群盜突射，忠武三發三殪，徐撤馬韉，障太祖，叱騎戰賊。賊問知忠武名，乃解去。克烈主王可罕忌太祖，嚴兵襲我。我得其謀，太祖與忠武等悉精鋭迎擊，王可罕敗走死，諸部以次服。太祖即大位，官制簡，止置萬户二，乃以忠武爲左萬户。從破金師二十萬于野狐嶺北，師由紫荆口入。忠武專征遼東西諸郡，諸郡悉平。詔授太師、國王、都行省承制行事，賜券傳國永世，太行迤南，盡委經畧。金主奔汴，忠武建牙雲燕，南平趙魏，東定齊魯，西擊晉秦，中原之地，盡爲國守。四十年間，無役不從，無戰不在。破國覆邑，惜殺禁剽，風降景附，懷仁歸義。癸未三月，薨于聞喜。遺命以未滅金胤爲恨。

子曰孛魯，忠憲王曾祖也，嗣國王。奉詔討夏，攻銀、宥二州，斬甲首數萬，禽大將塔海。詔分諸功臣邑，門功第一，食東平郡。李全盜據益都，帥師圍全，全窮，出降，山東安。戊子三月，薨于鴈山。子七人，塔思嗣國王，忠憲王祖考也。夙以忠孝自許，奮曰：「大丈夫受恩明主，要須決機兩陣之間，取功名以報國家，庶不墮我先烈。」太宗皇帝攻鳳翔，將兵戍潼關，從攻河中，追斬守將。從戰金師于三峯山，破四十萬人，斬行省完顔合達、樞密移剌蒲兀。朝行在所，上顧之曰：「先帝肆天功，建鴻業，諸國悉皆臣妾。獨爾東南，鴟張一隅。朕欲援桴鼓衆，親繫孱王，爾意何居？」起對曰：「臣不逮先臣武，然奉天子威靈，汎掃淮浙，取彼山川，歸我版籍，臣敢不以死自力？政爾不煩大駕，蹂卑濕之地。」上喜曰：「塔思終能成我大志。」從皇子曲出南征，拔宋棗陽，侵郢，陷光州，略安慶。己亥三月，薨。

第三子曰霸都魯，忠憲王父也。憲宗皇帝命佐世祖軍，由蔡伐宋，馳檄諭江淮人，帥師與世祖會鄂渚。憲宗崩，内難方訌，世祖以武靖揔師，留戍而還。及踐大寶，嘗曰：「朕居此以臨天下，霸都魯之力也。」蓋昔者與論形勢之地，武靖曰：「帝者必居中，撫八極，朝覲會同，道里惟均。中都南俯吴越，北接朔漠，左控燕齊，右挾韓晉，大王必欲佐天子一大統，非此不可。」至是定都于燕，故有此旨。未幾，薨于軍。大德八年，制贈推誠宣力翊衛功臣、太師、開府儀同三司，追封東平王，謚武靖。夫人弘吉烈氏，昭睿順聖皇后之兄也，追封東平王夫人。子男四人，長即忠憲王，次定同，次霸虎帶，次和同，嗣國王。女二人，長適國戚木蘇，次適太傅淮安忠武王伯顔。

恭惟忠憲王，自中統初年，世祖皇帝命掌環衛之政令，位百僚上。太夫人入朝皇后，一日，上適叩及忠憲，太夫人起奏曰：「妾不敢自薦妾子，以欺罔聖聽。安同年少，公輔器也。」上曰：「以何期之？」太夫人曰：「朝回必求魁公論天下事，未嘗目一輕淺，謂然也。」以是上默。四年，反者平，執叛黨千餘人，論之如法。上問曰：「朕欲悉死此黨。」時年十六，對曰：「兩主争國，彼安知有陛下。且甫定神器，不推曠蕩之恩，顧奮私憾，殺無罪人，何以安反側。」上驚曰：「少年何以得老成語？卿言誠開朕懷。」千人皆生。至元二年，拜光禄大夫，中書右丞相，別食四千户。辭曰：「蕞爾宋，竊號江南，方宏聖略，奮神武，以臣謬膺宰相，獻笑三方，宋孱生侮。」上改容，有間曰：「熟思無以踰卿，其勿辭。」奏請燕王省可中書大政，奏召大儒許衡。衡至，詔議中書事。衡辭以疾，忠憲親候於邸，語移時，甚契。及還，籌思累日不釋。上特召衡諭之曰：「安同練事未熟，善左右之。卿所陳語，使達朕。」衡對曰：「丞相資識聰敏，雅有定操，稽古獻議，即解要領。臣敢不竭愚罄有？」四年，奏曰：「碩德如姚樞輩三二人，可議中書省事。」上曰：「此輩固宜優禮。」五年，阿合馬議立尚書省，乃先奏忠憲三公。詔諸儒議，樞密商挺倡言曰：「安同國之柱石，一日不可出中書。進三公，是崇以虚名，奪其實權也。」衆起和之，事挫，不行。六年，大兵伐宋，先規襄樊，廟謨也。七年，奏曰：「臣近言尚書省宣奏如制，其大政令大章程，聽與臣議，然後得聞。今尚書臣違詔徑行。」上曰：「阿合馬恃朕信用，敢爾自專？」勑尚書如前詔。八年，陝西行省臣言：「歲飢盜熾，若不顯戮，無以威衆。」奏曰：「盜犯强竊，當罪重輕，一切處死，法何以立。罪入死者，待報。」從之。十年，奏以玉册玉寶上皇

后弘吉烈氏，以玉册金寶立燕王爲皇太子，兼中書令，判樞密院。十一年，劾奏阿合馬欺國害民有徵數事。又奏，各部及大都路官，阿合馬奏擬非人，乞加黜汰。十二年，詔行中書省樞密院事，從皇子北平王出鎮北圉，遂留極邊，十年不與朝廷通。

二十一年三月，從北平王歸。上召入，勞之，留語卧内，四鼓而出。冬十一月，復拜中書右丞相，進金紫光禄大夫，詔天下。監察御史陳天祥劾奏右丞盧世榮，略曰：人思至元初治，不能忘也。去春丞相安同還自北邊，天下聞之，室家相慶，咸望復膺柄用，治期可立而待。果承恩命，再領中書。貴賤老幼，喜動京師。時政之治與不治，民心之安與不安，繫丞相之用與不用爾。又如大夫玉速鐵木兒、丞相伯顔，朝廷專任三相，事事咨而後行，無使纖人從旁沮撓，能者進能，善者行善，誠厚天下之大本，理天下之大策。又安用掊克在位，倚以爲治哉。其年，世榮敗。中書條上世榮所爲掊克諸事，詔皆罷之。奏漕司諸官，上曰：「平章、右丞，固取朕裁，餘皆卿事。顧欲一一相煩，有失寄託初意。」因奏曰：「比覺聖意，欲倚近習爲耳目者。臣猥列台司，所行非道，從其彈射，罪從上賜，柰何近習伺間抵隙，援引姦黨，曰某人與某官，以所署事目付中書，曰準勑施行。臣謂銓選自有成憲，若此廢格不行，必有短臣於上者，幸陛下察之。」上曰：「卿言甚是，妄奏者入上其名。」二十四年，上決意立尚書省。奏曰：「臣力不能回天，乞不用桑葛，别相賢者，猶或不至虐民誤國。」不聽。二十五年，見天下大務一入尚書省，屢上中書印，不許。明年，罷相，止掌環衛。三十年正月十九日，以疾薨于京師樂安里第，春秋四十有九。上悼惜久之，曰：「人言丞相病，朕謂不然，果喪良輔。」詔重臣監護喪事。家老一無所受，素車樸馬，歸葬只闌禿之先塋。

忠憲王嶷然若山，莫捫其高，湛然若淵，莫測其深。其粹如玉，其精如金，其嚴如秋，其温如春。夷險安危，死生榮辱，確乎中處，一皆不動。年十八入相，薦引端良，責成職任。漢士如史丞相天澤、姚左丞樞、許左丞衡、商參政挺、竇學士默，尤傑者也。立御史臺以正紀綱，立太常寺以崇禮樂。剷除苛虐，開布寬平，抑奢尚儉，薄征厚施。由是朝廷清明，海内寧壹，倉庫滿盈，年穀屢豐。天子嘉之，曰：「安同爲相，朕寢乃熟。」時向承平，方與諸儒經畫典制，贊理樞機，以宗社尊安爲己任，以民物阜豐爲己責。一政失平，一物失所，慘然不樂，改而後已。公退，府南開一閤，延進賢士大夫，講論古今治道，評品人物得失，亹亹應接不倦，而請謁絶跡於清門。居第一堂一厨，或請創兩廡，粗備燕息者，乃曰：「身足於庇完矣，餘室何用？」神觀端嚴，望而尊敬。每旦暮出入，過者拱立，目送曰：「是吾安相也。」及薨，木介三日，天下聞之，識與不識，無不驚哀，至有失聲者，曰：「賢相死矣，吾復何望？」薨後十年，御史臺及集賢諸儒請加贈謚，以昭明德。制下，乃有今爵封謚，以及父武靖王。

夫人怯烈氏，封東平王夫人。子兀都台，嗣掌環衛。成宗皇帝拜銀青榮禄大夫、大司徒，領太常寺事。大德六年正月十一日薨，年三十有一。武宗皇帝制贈輸誠保德翊衛功臣、太師、開府儀同三司、上柱國，追封東平王，謚忠簡。婦篤思剌氏，封東平王夫人。

蘇天爵《元朝名臣事略》卷一《丞相東平忠憲王》 王名安圖，太師忠武王四世孫。至元二年，由宿衛官拜中書右丞相。十二年，從皇子行邊。二十一年，還朝，復拜中書右丞相。二十六年，罷相。三十年，薨，年四十九。

世祖皇帝追録元勳，召入，拜宿衛官。置位在百寮上。時太夫人特穆倫以椒房之故，嘗入宫中。一日，上從容問及公。夫人對曰：「安圖年雖幼，公輔器也。」上曰：「何以知其然？」夫人曰：「每朝退，與前輩老成人語，未嘗一親年少輕浮子，以是知之。」上默然。太常元公撰《世家》。

中統四年，額埒布格平，執其黨千餘人，將有所裁，上猶豫未決。適公侍側，上問曰：「朕欲盡置此屬死地，何如？」公時年十六，對曰：「人各爲其主耳。陛下甫定大難，而以私憾殺人，何以懷未附？」上驚曰：「卿年少，何從得此言，卿意適與朕合。」由是大器之。《世家》。

至元二年秋八月，制曰：「安圖可光禄大夫、中書右丞相，增食邑至四千户。」公辭曰：「今三方雖少定，江南猶未納款。臣以少年，謬叨大任，恐四方有輕朝廷心。」上動容，有間曰：「朕思之熟矣，卿勿辭。」冬十月，召儒臣許衡至。後二月，都堂傳旨，令衡入省議事，衡以疾辭。公素聞其德義，就訪於行館，與語。既還，念念不釋者累日。《世家》。

三年，上特召衡入，諭之曰：「安圖尚幼，苦未更事，謹輔導之。汝有嘉謨，先告安圖，以達於我，我將擇焉。」衡對曰：「安圖聰悟，且有執持，告以古人言語，悉能領解，臣不敢不罄愚衷。但慮中有人間之則難行，外用勢力納入其中則難行，且臣入省之日淺，所見如此。」《世家》。

四年春三月，公奏：「凡内外官員，宜委任老成人。如姚樞等一二員，可省

中議事。」上曰：「此人輩雖閒，猶當優養，其令入議事。」《世家》。

五年，廷臣密議立尚書省，欲以阿哈瑪特領之，乃先奏公宜進爲三公。事下諸儒議，樞密商挺倡言曰：「安圖，國之柱石。若然，則是與虚名而奪實權，甚不可。」衆以爲然，事遂已。《世家》。

七年夏四月，公奏：「臣近言尚書省、樞密院宣奏，並如常制。其宏綱大務，從臣等議定，然後上聞。已有旨俞允。今尚書衆務，一切徑聞，似違前旨。」上曰：「豈阿哈瑪特以朕頗信任，故爾擅耶。不與卿議，非是。敕如卿所言。」《世家》。

八年，陝西行省伊蘇岱爾建言：「比由饑饉，盗賊滋多，若不顯戮一二，無以示警。」敕下中書詳議。公奏曰：「强竊盗賊，一皆處死，恐非所宜。罪至死者，宜仍舊待報。」從之。《世家》。

十年，奏以玉册玉寶上皇后鴻吉哩氏，以玉册金寶立燕王爲皇太子，兼中書令，判樞密院。清河元公撰《勳德碑》。

中書省斷死囚五十人，公言：「臣等閲實，其狀内有十三人因鬭毆殺人者，餘皆無可疑。」上曰：「十三人可免死從軍，其餘再三審覆以聞。」《世家》。

十一年，公奏阿哈瑪特蠹國害民數事，又以四部及大都路總管府官皆非材，乞遷汰，從之。《世家》。

十二年，敕公行中書省樞密院事，從皇子北平王行邊。公在邊凡十年。《世家》。

二十一年春三月，北平王歸，公亦繼至，待罪南闕下。上遽召見，勞之曰：「卿在外勞瘁。」公頓首謝曰：「臣奉使無狀，有塵聖德。」遂留卧内，語至四鼓而罷。冬十一月，丞相和爾果斯罷，公復拜右丞相，加金紫光禄大夫，詔天下。《世家》。

二十二年，監察御史陳天祥劾奏右丞盧世榮，其略曰：人思至元初年之治，至今莫能忘也。去春，丞相安圖自邊還，天下聞之，室家相慶，咸望復膺柄用，再整宏綱，思仰治期，謂可立待。十一月二十八日，丞相果承恩命，復領中書。貴賤老幼，喜動京師。今丞相亦國之名賢也，時政治與不治，民心安與不安，係丞相用與不用之間耳。又如伊蘇特穆爾大夫、巴延丞相，皆天下之所欽仰，海内之所瞻依者。朝廷果專任此三名相，事無大小，必取決而後行，無使餘人有所阻撓。三相博采衆議，於内外耆舊之中，取其聲望素著衆所推尊者，爲之參贊，則天下之才，悉展効用，能者各得進其能，善者皆得行其善，誠厚天下之大本，理天下之大策，爲今致治之方，莫有過於此者。又安用掊克在位，倚以爲治哉。其年世榮敗，詔公與諸儒條世榮所爲事，悉革罷之。《世家》。

二十三年夏四月，中書列上所擬漕司官姓名。上謂公曰：「如平章、右丞等職，朕當親選擇之，餘皆卿等責也。」公因奏言：「臣比聞聖意欲倚近侍諸人爲耳目者。今臣猥承任使，或所行非法，從其舉奏，罪之輕重，惟上裁處。今近臣伺隙，援引非類，曰某居某官，某爲某職，以所署奏，自付中書施行。臣謂銓選之法，自有定制。其尤無事例諸臣，嘗廢格不行。慮有短臣於上者，幸陛下察之。」上曰：「卿言是也。今後若此者勿行。其妄奏者即入言之。」《世家》。

初，李昶爲吏部尚書，宰相素重之。凡集議必延置上座，傾聽言論。會制府有異議，李遂謝病去。至是公奏徵之，不起，復奏賜田千畝。《世家》。

宗王納延反，上親討平之。他宗室詿誤者，敕公按問，多所平反。一日朝退，出自左掖門，諸免死者争前迎謝，至有執轡扶公上馬者，公毅然不顧。或乘間言於上曰：「宗室雖有罪，皆太祖子孫，陛下昆弟。丞相雖尊，人臣也，奈何悖慢如此。」上良久曰：「汝等誠小人，烏知安圖之所爲。彼特辱之，使改過遷善耳。」《世家》。

二十四年，上決意立尚書省。奏曰：「臣力不能回天，乞不用僧格，別相賢者，猶或不致虐民誤國。」不聽。《勳德碑》。又野齋李公《文集》云：先是，皇子北安王嘗遣使持香祠岳瀆，時僧格領功德使，使者詣參政吕公哈喇，以王教詣之，遂給驛傳北往。其後僧格平章尚書省事，所忌者丞相安圖，將甚害之。誣言北安王以皇子僭祭岳瀆，安圖明知而不以聞，指吕公爲徵。世宗召問吕公，對曰：「時僧格主祠祭，北安王使者實同臣往來驛傳，安圖未嘗知也。」僧格不能對。

二十五年，見天下大務一入尚書省，屢上中書印，不許。明年罷相，止掌環衛。《勳德碑》。

三十年正月十九日，以疾薨於京師樂安里第。既殯，樹介者三日。上震悼曰：「人言丞相病，朕固勿信，今果喪我賢弼。」詔大臣監護喪事。《世家》。

公生十八登庸，在相位前後二十年。視事之初，勵精輔政，革前日苛政，代以寬平，抑奢淫，薄税斂，舉賢任能，常若不及。如丞相史天澤、左丞許衡、姚樞、參政商挺皆引置左右，同輔庶政。由是至元之初，朝廷無事，民物日以繁息，倉廪之積，盈衍於外。海内翕然，號爲極治。天子嘉之，嘗曰：「安圖在，朕得高枕而卧，無所事矣。」《世家》。

公天性厚重，人莫能測。每當艱難清晏之時，夷險榮辱之際，守正不移，恬然自處。公退之餘，即引諸儒講論道義，孜孜忘倦。聖君賢臣之事，義夫孝子之行，

善之當勸，惡之當懲，與夫治亂成敗之由，死生憂樂之説，靡不悉究，殆二十年，未嘗一日少廢。所居堂宇朴陋，廳廚之外，餘無所構。或請建東西廡者，公曰：「屋可以蔽風雨足矣。我聞人辛苦置田宅，適以資不肖子之用耳。吾不爲也。」《世家》

忠憲王襲累葉之勳，抱絶倫之德，膺世祖紹統之初，際聖代建極之盛，天度夙成，英猷大肆，遠徵近禮，廣詢博採，鴻儒獻其所獲，智士竭其所知，治化油然以隆，風俗淡焉以厚。至元之初，何減漢文之世。俾得展能專理，期之敉寧，功效所書，蓋不止此。然房喬杜晦，顯烈寡傳，第功挈德，爲唐宗臣。若忠憲王者，有立於前，或承於後，論相歸賢，固當稱首，古所謂社稷之臣也。嗟夫，其始出鎮也誰歟？其再罷相也誰歟？議者不能不歸罪阿哈瑪特、僧格也。之二罪魁，孰與並立。良相之去朝也，宜矣。世之公道，正如青天白日，雲煙有時蒙蔽，真風元氣，盪滌斡旋，廓乎清明，可跂而睹。忠憲王之表表在天下是也。《勳德碑》

曾廉《元書》卷六三《安童傳》 安童，木華黎之曾孫也。父曰霸突魯，事見《木華黎傳》。中統初，安童年十三，世祖以先勳召入，長宿衛，位百僚上。母帖木兒宏吉剌氏，皇后姊也，通籍禁中。一日，世祖見之，因問安童，對曰：「安童，公輔器也。」帝曰：「何以知之？」對曰：「每退朝，必親老成人，是以知之。」帝悦。

四年，執阿里不哥餘黨千餘人，將悉置之法。安童曰：「人各爲其主。陛下甫定大難，遂以私憾殺人，何以懷附未服？」帝驚曰：「此乃老成人語也。」由是深重之。至元二年，拜右丞相，辭曰：「臣年少，謬膺重任，恐四方有輕朝廷心。」帝不允其辭，而召許衡入省議事，以贊助之。衡亦辭以疾，安童乃親至其館候焉。衡遂言於帝，以爲安童聰敏，且有執守，臣當盡心以古人相勖，但慮有人間之耳。安童奏宜更令儒臣姚樞等同議事，帝皆從之。

五年，阿合馬欲立尚書省，以己領之，而奏言安童宜爲三公。商挺等昌言曰：「是崇以虚名，而實奪之權也。」阿合馬之計遂不行。然阿合馬既入尚書，則盡奪中書政，凡事皆徑奏。安童入言之，帝言阿合馬非是，而專横如故也。十一年，安童奏阿合馬擅利權，蠹國害民，又官屬所用非人，請別加選擇。其營作宫殿，夤緣爲姦，亦宜詰問。帝命窮治之，卒亦不之罪。阿合馬遂深忌安童矣。是時，海都稱兵已久，諸王多其黨也。十二年，詔安童從北平王那木罕鎮北邊，行中書省樞密院事，而兵實薄，無良將，阿合馬陷之也。安童奮其孤忠，毅然不顧。十四年，帥師討大名王禾忽，獲其輜重。而爲河平王昔里吉所襲，安童見執，並刼北平王以去。十九年，昔里吉被禽，安童乃歸阿力麻里，事具《昔里吉傳》。

二十一年，還朝，待罪闕下，帝即召見，慰勞之。遂留寢殿，語至四鼓乃出。其歲復命入中書，仍右丞相，安童固辭，不許。二十三年，中書奏擬漕司諸官，帝曰：「如平章、右丞，朕當親擇，餘皆卿等職也。」安童奏曰：「比聞聖意，欲以近侍爲耳目，臣竊以爲不可。」帝是其言。然是時，盧世榮爲右丞，帝專信之，安童爲虚位。世榮既誅，二十四年，桑哥以言利復立尚書省，安童切諫曰：「臣力不能回天，乞不用桑哥，別相賢者，猶或不至虐民誤國。」不聽。安童因乞退。明年，詔以中書右丞相，帥本部薛怯蒙古軍三百人北征。二十七年，還朝，罷右丞相，仍領宿衛。二十八年，桑哥事又敗，帝問相於江淮參知政事燕公楠，對曰：「今天下屬望，莫如安童，次則完澤。」帝相完澤而舍安童。

三十年，薨。帝聞震悼，命大臣監護喪事。安童以安宗社阜民物爲己責，一政失平，一物失所，慘然不樂，改而後已。性好儒術，每公退，必延賢士大夫講古今治道，然請謁絶迹，故天下倚爲重臣，而扼於言利之臣，賚志以終。大德中，贈推忠同德翊運功臣、太師、開府儀同三司、上柱國、東平郡王，謚忠憲，碑曰《開國元勳名世大臣之碑》。至正中，進封魯王。

雜録

備録

《元史》卷一五三《石天麟傳》 有譖丞相安童嘗受海都官爵者，帝怒，天麟奏曰：「海都實宗親，偶有違言，非仇敵比，安童不拒絶之，所以釋其疑心，導其臣順也。」帝怒乃解。

《元史》卷一七三《燕公楠傳》 二十七年，拜江淮行中書省參知政事。桑哥既敗，而蠹政未盡去，民不堪命。公楠赴闕，極陳其故，請更張以固國本。世祖悦。會欲易政府大臣，以問公楠，公楠薦伯顔、不灰〔木〕、闊里、闊里吉思、史弼、徐琰、趙琪、陳天祥等十人。又問孰可以爲首相，對曰：「天下人望所屬，莫若安童。」問其次，曰：「完澤可。」明日，拜完澤爲丞相，以公楠及不灰〔木〕爲平章政事，固辭。

《元史》卷一七三《葉李傳》　至元十四年，世祖命御史大夫相威行臺江南，且求遺逸，以李姓名上。初，李攻似道書，其末有「前年之師，適有天幸，克成厥勳」之語，世祖習聞之，每拊掌稱歎。及是，其姓名聞，世祖大悅，即授奉訓大夫、浙西道儒學提舉。李聞命，欲遁去，而使者致丞相安童書，有云：「先生在宋，以忠言讜論著稱，簡在帝心。今授以五品秩，士君子當隱見隨時，其尚悉心，以報殊遇。」李乃幡然，北向再拜曰：「仕而得行其言，此臣夙心也，敢不奉詔！」

備論

《國朝文類》卷二四元明善《丞相東平忠憲王碑》　臣稽首論曰：忠憲王襲累葉之勳，抱絶倫之德。膺世祖紹統之初，際聖代建極之盛。天度夙成，英猷大肆。遠徵近禮，廣詢博采。鴻儒獻其所蘊，智士竭其所至。治化油然以隆，風俗淡焉以厚。至元之初，何減漢文之世。俾得展能專理，期之致寧收效，所書蓋不止此。然房喬杜晦，顯烈寡傳，第功絜德，爲唐宗臣。若忠憲王者，有立于前，或承于後，論相歸賢，固當稱首，古所謂社稷之臣也。嗟乎，其始出鎮也誰歟？其再罷相也誰歟？議者不能不歸罪阿合馬、桑葛也。之二罪魁，孰與並立。良相之去朝也，宜矣。世之公道，正如青天白日，雲煙有時蒙蔽，真風元氣，盪滌斡旋，廓乎清明，可跂而睹。忠憲王之表表在天下，是已。若夫紀竹帛，銘鍾鼎，光在邦家，不得騰實同里，而垂休華夏，播烈蠻夷，未必不在斯文。

藝文

《國朝文類》卷二四元明善《丞相東平忠憲王碑》　正統天靳，不永以畀。猗維帝元，眷命無已。烈烈太祖，衆始一旅。四傑起輔，如龍如虎。敵師陸梁，走撻之楚。諸部大人，崩角啓處。侃侃忠武，秉鉞專征。薄伐遼霫，至于海城。戮頑植願，百邑告寧。乃趙乃魏，自燕南兵。齊魯歸明，血戰晉并。斬關入秦，咸鳳莫京。取厥鯢鯨，耄倪不驚。金人扼河，蹋蹐偷生。有據上游，帝建九斿。有開興圖，帝撫八州。於穆世皇，曒出東方。爰相忠憲，抒誠進良。兩相廿年，萬匯皆昌。徵車四馳，元老奏康。更褒迭進，無材不揚。文物其章，化道之祥。而圖也大，而見也定。而行也公，而守也正。巍然山立，賞淑罰慝。風行萬國，定知誰力。忠憲之職，世皇之德。繄今丞相，相明天子。天子倚毗，臣無有比。何以熙載，第思盡己。地紀天經，日月重明。民安物阜，海寓晏清。布寫公方，持守盈成。維祖規模，維孫儀刑。在履之貞，在繼之靈。文武三相，聖輔三帝。光輝接日，勳庸蓋世。維元世萬，維帝葉千。維無窮年，尚徵相賢。尋河可源，凌岱可巔。苟稽高遠，靡趾方邊。景行其全，不在斯鐫。不在斯鐫，奚永夫傳？質之自天，風雲與宣。文鼇負石，炳爓山川。

高克恭部

綜述

鄧文原《巴西集》卷下《故大中大夫刑部尚書高公行狀》 曾祖某，祖樂道，父亨。公諱克恭，字彦敬。其先西域人，後占籍大同，譜牒散佚，莫跡其所始。公之父以力學，不苟媚事權貴，爲六部尚書器重，歸以其女，因奉母夫人翟氏居燕。時皆知名士，嘉甫朝夕講肄，遂得大究於《易》、《詩》、《書》、《春秋》及關洛諸先生緒言，縉紳交章論薦，世祖召見便殿，奏對，皆經世要務，而嘉甫雅不樂仕，歸老房山，生子五人，公其長也。

公蚤習父訓，於經籍奥義，靡不口誦心研，務極源委，識悟弘深。至元十二年，由京師貢補工部令史。江南歸附，選充行臺掾，復遷内臺掾，復擢山東西道按察司經歷。自工部爲經歷，率間歲一遷。經歷之明年，入掾中書。未幾，發户部主事。一時公卿大臣多魁儒碩彦，而公以文雅裨論其間，故望譽日著。廿二年，除河南道提刑按察司判官，鉏治强梗，儕類脅息。明年，改山東西道，其治如在河南。又明年，爲監察御史，臺臣奏公都事守法持議，棘棘不阿，而綱條具舉，經公所建明者，皆經久不廢。時二十五年也。是歲僧格爲相，每汙用善良，期思附己，遂擠公右司都事。知終不可以權勢懾，明年遣使江淮省考覈簿書。當時，文法吏每多希旨，務從刻深，而公一用平恕，浙右風物繁會，衆亦莫能浼以私。李仲方，公故人也，以兩浙運司經歷，卒於杭。公爲卜地瘞之西溪，且爲文志其墓，與郭佑之、李仲賓、鮮于伯機、王子慶等祭之，哭盡哀還。授兵部郎中。

未幾，僧格伏誅，議江淮視他省劇煩，如得端介練達之士長省幕其可，則以公爲左右司郎中。前是籍户口，有司期會火急，文書旁午，儒士例蠲徭役，而故籍漫不可省。執政持論可否，期歲不能決。公至則凡以儒籍占者皆定爲士户，得自拔於甿隸，皆感激泣下。凡舊政之不便于民者，一切罷去。擇中外有才望之士，爲守臣聞諸朝，後往往擢用而不知公所薦也。都省以浙西多隱漏失實，命公檢括，公言成歲輸糧，爲石者四百萬，内公田餘七十五萬。一千頃糧，爲石者一百三十九，號浙右居諸路三之二，公租視民所輸且二十倍。良由宋季賈似道歛怨誤國，田有虚額而官無蠲征，急期則負逋者衆，吏民交病。方今宜講行良法，保固邦本，不當重爲煩擾，復循舊弊政。不報。有言利臣以朝命至杭，增湖東夏税，自執政以下皆取認狀，獨公久不署，其人亦不敢以盛氣加公。比去，公徐謂曰：「吾才不逮子遠甚，子嘗司書諾於是而不能增，而誘吾能邪。子毋重瘠斯民也。」卒不署。杭州歲調民司庫，或值他爲姦利，大折耗，民賣子女幾不能償。公爲選州縣之終更者，役一歲則升其任，民用安息，至今以爲常。税司或植桁楊于門，以伺匿税者，公即召官吏，問税入幾何，則皆應曰：「不足。」公曰：「吾將白之上官，桁楊若等，以威不職也。」詰旦往視則桁楊已不復植，而税亦贏。公之周恤民隱，率行省所理。易江淮爲江浙，尚書省復歸中書，故公由郎中再歲被璽書者三。

元貞改元之明年，遷山南河北道廉訪副使。時暢公純甫爲僉事，公疏詣臺言不可居純甫之上者有三，大槩謂純甫自大師南征即掾行省，敭歷中外幾二十年，而某資歷尚淺；純甫文學行誼夐出倫輩，高風勁節，夙所景慕而不能及。況兄事純甫，義則兄弟，情均骨肉，躐等居上，情寔未安。明年爲大德元年，擢公江南行臺治書侍御史，而純甫亦它遷，時人皆多公之讓。王敬父與公同歷臺省，情義欵密，後敬父稍跅跑，使酒難近，出語輒詬公，人不能堪，而公一不以介意，且力薦之朝，言敬父趣尚高，不宜以小過擯，語極懇切。公在臺言聖代累頒詔旨議行貢舉法，而權臣賣官營私，扳引朋數，沮格不行，令所至乏才，宜急登明，以副上意。又言敦學校，選寔才，汰冗官，增吏俸，慎刑獄數事。同列多齟齬，或訕公迂，惟大夫徹理公知之深，每識公語不忘。

三年，復召入爲工部侍郎。會江西有盗十三人，夜以刃入客舍，劫絹數千匹而去。客舍長曰：「是必吾里中惡少年嘗爲盗者也。」逮捕驗問百端，既論報，有寃語聞。亟命公驛往，乃獲真盗而十三人已尸諸市。還奏，官吏悉杖罷，禁錮終其身。越十年，有賂尚書省奏將復用者，還舍，暴疾死，識者欲傳其事，以爲世誡。公由工曹轉翰林直學士，會五年京師水，公與直學士王公約賑濟畿縣，惠利周浹，民咸德之。明年，授吏部侍郎。又明年，河東地大震，公使平陽，廪餓槥死，審録寃滯，復平反若干事。尋除彰德路總管，未赴。八年，改刑部侍郎。有訴御史案問枉法，上命雜治御史罪，且不測。與御史聯事者規自脱免，語右訴者，由是御史首服。會赦，猶議其罰。公深不直聯事者，議與同罪，忤執政意，廷

辨至數百言，終不易。京師旱，自秋八月不雨，至於六月。公陛尚書，言：「明刑本以弼教，人道莫大於君臣、父子、夫婦、兄弟之敘，今子證父，婦證夫，弟證兄，奴證主，搒掠成獄，大傷風化，理宜禁絶。」又中外囚繫，歲瘐死不下數百人。凡此逆於陰陽之和者。時平章政事廣平何公，素雅重公，公爲歷陳當世之務，及自昔大臣保全名節者，詞氣剴直。未幾，何公謝事，公亦除大名路總管。在刑部時，與同官論事，不肯隨聲應和，及去，凡公所行，胥吏皆傳以爲式。守大名，以廉平致理吏職而民舒。上在淵潛，郡取花石，擔負輦輸，民不知擾，嘗賜綺縠以旌其能。

至大三年春二月，還京師，客城南，將入覲，得寒疾久不愈，至九月初四日卒。即以是月二十九日葬在佐山花山之原。從嘉甫先生之兆。公生於戊申十一月闕日，享年六十有三。積官至大中大夫。【略】

公性極坦易，然與世落落寡合，遇知己則傾肝膈與交，終身亦不復疑貳。在杭，愛其山水清麗，公退即命僮挈榼杖屨適山中，世慮氷釋，竟日忘歸。好作墨竹，妙處不減文湖州。畫山水初學米氏父子，後乃用李成、董元、巨然法，造詣精絶。公卒後，搆公遺墨者一紙率百千緡。爲詩不尚鉤棘，自得天趣。嘗見公作畫時，雖貴交在側，或不暇顧，有指謂公簡傲者，久乃識其真。浙江所在多豪門右族，或飛語汙公，公亦不爲辨。暨北歸，行李無長物，貸於人而後具舟費。公掾行臺時，嘗以大夫相威公入見，世祖顧問再四曰：「是高嘉甫兒邪？」賜中統鈔二千五百緡。公嘗言：自筮仕日給餐錢外，所得僅此止。房山有田二頃，課僮奴耕作，歲入不能供，及卒之日，家無餘貲，識與不識皆爲流涕。易簀，命喪葬用朱文公法，及區畫家事甚悉，此心不以生死亂，衆謂講學之驗。平昔於諸弟友愛甚篤，所喪弟孤嫠皆衣食於公。嘗舉江南文學之士敖君善、姚子敬、陳無逸、倪仲標于朝，皆官郡博士。敖、陳相繼死，公亟念子敬貧且年踰五十，自刑部白之都堂曰：「薦賢非秋官職，然不敢以辟嫌後賢士。」宰相從其言，將官之七品，吏部厄以銓法，不果行。疾革，語及猶太息。文原自公爲都事使杭，首受公知，亦與在舉中，後忝詞林屬，而公在朝，相從後十年，每歎公之立言操行，有古君子之風。子敬言，一日公問：「人生至貴者何？」子敬方隱度以對，公曰：「無求。」子敬每誦斯語，交相儆勵，期不負公知。惟公名實終始，宜得當世善爲文辭者銘其墓，謹序其歷官行業可傳於來者如右。

雜録

備録

陶宗儀《南村輟耕録》卷二六《詩畫題三絶》 高文簡公一日與客遊西湖，見素屏潔雅，乘興畫奇石古木。數日後，文敏公爲補叢竹。後爲户部楊侍郎所得，虞文靖公題詩其上云：「不見湖州三百年，高公尚書生古燕。西湖醉歸寫古木，吴興爲補幽篁妍。國朝名筆誰第一，尚書醉後妙無敵。老蛟欲起風雨來，星墮天河化爲石。趙公自是真天人，獨與尚書情最親。高懷古誼兩相得，慘澹酬酢皆天真。侍郎得此自京國，使我觀之三嘆息。今人何必非古人，淪落文章付陳跡。」此圖遂成三絶矣。

楊瑀《山居新語》卷三 至元末年，尚有火禁，高彦敬克恭爲江浙省郎中。知杭民藉手業以供衣食，禁火則小民屋狹，夜作點燈，必遮藏隱蔽而爲之，是以數致大患，甚非所宜。遂弛其禁，杭民賴之以安。事與廉叔度除成都火禁之意一也。余因書之，俾後人知公之德政利人者如此。

夏文彦《圖繪寶鑒》卷五 高克恭，字彦敬，號房山。其先西域人，後居燕京。官至邢部尚書。善山水，始師二米，後學董源、李成，墨竹學黄華，大有思致。怪石噴浪，灘頭水口，烘鎖潑染，作者鮮及。

董其昌《畫旨》 元季四大家，以黄公望爲冠，而王蒙、倪瓚、吴仲圭與之對壘。此數公評畫，必以高彦敬配趙文敏，恐非耦也。高彦敬尚書，載吾松《上海志》。元末避兵，子孫世居海上。余曾祖母，尚書之玄孫女也，余好爲山水小景，似亦有因。勝國名手，以趙吴興爲神品，而云林以鷗波、房山所稱許者，或有異同，此由未見房山真跡耳。余得《大桃村圖》，乃高書真跡，煙雲澹蕩，格韻俱超，果非子久、山樵所能夢見也。趙集賢畫爲元人冠冕，獨推重高彦敬，如後生事名家，而倪迂、黄子久畫云，雖不能夢見房山，特有筆意，則高尚書之品，幾與吴興埒矣。

詩至少陵，書至魯公，畫至二米，古今之變，天下之能事畢矣。獨高彦敬兼

有衆長，出新意于法度之中，寄妙理于豪放之外，所謂游刃餘地，運斤成風，古今一人而已。

藝文

吴師道《吴禮部文集》卷一八《趙明仲所藏姚子敬書高彦敬詩》 房山高尚書與吴興姚先生，人品高勝，故其詞章翰墨，自有天趣。此卷姚書高詩，詩似王維、張籍，書似楊凝式，上泝王大令，使人想見其翛然埃壒之表，宜夫二人者之相得爲深也。某於高公聲跡不相及，子敬則間東西州。皇慶中，有孫伯芳者出子敬所書陸氏館中諸詩，及手選樂府一帙，小楷極精，欣慕之甚，嘗作詩送孫，以未章致意。暨趙君明仲往來吾州，則知子敬爲詳，而明仲亦且過稱予以欺子敬，交以未識爲恨耳。泰定初，明仲來爲常山簿，相見則曰：「子敬亡矣。」爲言其一月前，似疾非疾，屏居敷山中絶食，惟日飲水，曰：「人腸胃穢惡，皆食所致。吾將以是蕩滌而潔清之。」家人來候者悉遣歸，留一子侍，明日語之曰：「汝知之乎？男子不死於婦人之手。」命扶起，坐而逝。嗚呼，其死生之際如此，世之知之者特末耳。明仲以予推敬之故，見輒道子敬事，謹識而不忘。時距其没已七年，今又十八年矣。明仲子肅，携此卷來京師，邀予題，因記前語，明仲見之能無感乎！

柳貫《柳待制文集》卷一八《題趙明仲所藏姚子敬書高彦敬尚書絶句詩後》 高公彦敬，畫入能品。故其詩神超韻勝，如王摩詰在輞川莊、李伯時泊皖口舟中，思與境會，脱口成章，自有一種奇秀之氣。人見其出藩入從，而不知其游戲人間，直其寓耳。姚子敬所書絶句十餘，皆昔所逮見，公詩之佳，豈止是哉？京城有隱者何得之，曩與公及鮮于伯機同學爲詩，年近八十而終。嘗作詩題公墨竹，亦蕭爽可喜。因明仲好尚不羣，手録遺之，或可併寘篋衍中也。

王逢《梧溪集》卷五《高尚書墨竹爲何生性題》 公嘗寫竹，自題云：「子昂寫竹，神而不似。仲賓寫竹，似而不神。其神而似者，吾之兩此君也。」爲浙省郎中時，會經理田糧，致甌婺小梗，遂焚册罷免，民至今德之。

子昂寫竹神而不似，仲賓寫竹似而不神。兹觀房山雙墨君，素節抱霜臘，翠葆擁露晨，文蘇隔世同超倫。左司昔焚經理册，至今遺民手加額。使槎既泊桑落洲，仙仗頻隨柳林陌。大言非夸孰信之，布衣垂老神交客。維山有岳星有斗，若趙若李俱不朽。

張羽《静居集》卷三《臨房山小幅感而作》 近代丹青誰最豪，南有趙魏北有高。風流雄混各臻妙，下視劉商兒女曹。百年零落作者少，丈夫文藝俱草草。山川靈氣何代無，我縱有心嗟欲老。君不見房山翁，曾寫太平興國之仙宫，五峰秀出青芙蓉，雲氣鬱鬱如游龍。千金珙璧不可博，一朝焚棄隨飄風。世間神物久已化，紛紛粉墨何由工。嗚呼，古今鑒賞非具目，荆璞淪爲燕石同。乾坤浩蕩江海闊，使我執筆將安從，使我報筆將安從！

月赤察兒部

綜述

《元史》卷一一九《月赤察兒傳》 月赤察兒，性仁厚勤儉，事母以孝聞。資貌英偉，望之如神。世祖雅聞其賢，且閔其父之死，年十六召見。帝見其容止端重，奏對詳明，喜而謂曰：「失烈門有子矣。」即命領四怯薛太官。至元十七年，長一怯薛。明年詔曰：「月赤察兒，秉心忠實，執事敬慎，知無不言，言無不盡，曉暢朝章，言輒稱旨，不可以其年少，而弗陞其官。可代線真爲宣徽使。」

二十六年，帝討叛者于杭海，衆皆陣，月赤察兒奏曰：「丞相安童、伯顏，御史大夫月呂禄，皆已受命征戰，三人者臣不可以後之。今劾賊逆命，敢禦天戈，惟陛下憐臣，使臣一戰。」帝曰：「乃祖博爾忽，佐我太祖，無征不在，無戰不克，其功大矣。卿以爲安童輩與爾家同功一體，各立戰功，自耻不逮。然親屬櫜鞬，恭衛朝夕，爾功非小，何必身踐行伍，手事斬馘，乃快爾心耶！」

二十七年，桑哥既立尚書省，殺異己者，箝天下口，以刑爵爲貨，既而紀綱大紊。尚書平章政事也速答兒，太官屬也，潛以其事白月赤察兒，請奏劾之。桑哥伏誅，帝曰：「月赤察兒口伐大姦，發其蒙蔽。」乃以没入桑哥黄金四百兩、白金三千五百兩，及水田、水磑、別墅賞其清彊。

桑哥既敗，帝以湖廣行省西連番洞諸蠻，南接交趾島夷，延袤數千里，其間土沃人稠，畬丁、溪子善驚好鬬，思得賢方伯往撫安之。月赤察兒舉哈剌哈孫答剌罕以爲行省平章政事，凡八年，威德交孚，洽于海外；入爲丞相，天下稱賢。世以月赤察兒爲知人。

二十八年，都水使者請鑿渠西導白浮諸水，經都城中，東入潞河，則江淮之舟既達廣濟渠，可直泊於都城之匯。帝亟欲其成，又不欲役其細民，敕四怯薛人及諸府人專其役，度其高深，畫地分賦之，刻日使畢工。月赤察兒率其屬，著役者服，操畚锸，即所賦以倡，趨者雲集，依刻而渠成，賜名曰通惠河，公私便之。帝語近臣曰：「是渠，非月赤察兒身率衆手，成不速也。」

成宗即位，制曰：「月赤察兒，盡其誠力，深其謀議，抒忠於國，流惠於人，可加開府儀同三司、太保、録軍國重事、樞密、宣徽使。」大德四年，拜太師。

初，金山南北，叛王海都、篤娃據之，不奉正朔垂五十年，時入爲寇。嘗命親王統左右部宗王諸帥，屯列大軍，備其衝突。五年，朝議北師少怠，紀律不嚴，命月赤察兒副晉王以督之。是年，海都、篤娃入寇。大軍分爲五隊，月赤察兒將其一，鋒既交，頗不利。月赤察兒怒，被甲持矛，身先陷陣，一軍隨之，出敵之背，五軍合擊，大敗之。海都、篤娃遁去，月赤察兒亦罷兵歸鎮。厥後篤娃來請臣附。時武宗亦在軍，月赤察兒遣使詣武宗及諸王將帥議，曰：「篤娃請降，爲我大利，固當待命於上，然往返再閱月，必失事機。事機一失，爲國大患，人民困於轉輸，將士疲於討伐，無有已時矣。篤娃之妻，我弟馬兀合剌之妹也，宜遣使報之，許其臣附。」衆議皆以爲允。既遣，始以事聞，帝曰：「月赤察兒深識機宜。」既而馬兀合剌復命，由是叛人稍稍來歸。

十年冬，叛王滅里鐵木兒等屯于金山，武宗帥師出其不意，先踰金山，月赤察兒以諸軍繼往，壓之以威，啖之以利，滅里鐵木兒乃降。其部人驚潰，月赤察兒遣禿滿鐵木兒、察忽將萬人深入，其部人亦降。察八兒者，海都長子也，海都死，嗣領其衆，至是掩取其部人，凡兩部十餘萬口。至大元年，月赤察兒遣使奏曰：「諸王禿苦滅本懷攜貳，而察八兒游兵近境，叛黨素無悛心，倘合謀致死，則垂成之功顧爲國患。臣以爲昔者篤娃先衆請和，雖死，宜遣使安撫其子款徹，使不我異。又諸部既已歸明，我之牧地不足，宜處諸降人於金山之陽，吾軍屯田金山之北，軍食既饒，又成重戍，就彼有謀，吾已擣其腹心矣。」奏入，帝曰：「是謀甚善，卿宜移軍阿答罕三撒海地。」月赤察兒既移軍，察八兒、禿苦滅果欲奔款徹，不見納，去留無所，遂相率來降，於是北邊始寧。

帝詔月赤察兒曰：「卿之先世，佐我祖宗，常爲大將，攻城戰野，功烈甚著。卿乃國之元老，宣忠底績，靖謐中外。朕入繼大統，卿之謀猷居多。今立和林等處行中書省，以卿爲右丞相，依前太師、録軍國重事，特封淇陽王，佩黄金印。宗藩將領，實瞻卿麾進退。其益懋乃德，悉乃心力，毋替所服。」四年，月赤察兒入朝，帝宴于大明殿，眷禮優渥。尋以疾薨于第。詔贈宣忠安遠佐運弼亮功臣，謚忠武。

《國朝文類》卷二三元明善《太師淇陽忠武王碑》 粤若稽太祖法天啓運聖武皇帝，誕膺景運，龍奮朔方，滅克烈主三可汗、酒蠻主太陽可汗，以至西夏、西域、金源次第平。時則有佐命元勳曰博兒渾，曰博兒朱，曰木華里，及即寶位，錫

之券誓，慶賞延于世世。故朝廷議功選德，必首三家焉。臣謹按：忠武王諱月赤察兒，姓許慎氏，曾大父即博兒渾也。自太祖蚤年已見神聖，委心臣事，大業肇基，身餘百戰，竟薨于敵。是時官制簡古，止爲第一千户。後封於淇州，又食沅州六千户，贈推忠佐命著節功臣、開府儀同三司、太師、上柱國，追封淇陽王。夫人鐵魁，追封淇陽王夫人。子脱歡，王之大父也，嗣父官，佐憲宗皇帝，四征不庭，日闢土疆，厥功爲懋，薨，贈推誠翊運佐理功臣、開府儀同三司、太師、上柱國，追封淇陽王。夫人秃滅，追封淇陽王夫人。子失烈門，王之父也，恒鎮徼外，後征六詔，懷服諸蠻，遘疾，薨于軍，贈宗仁宣理保德功臣、開府儀同三司、太師、上柱國，追封淇陽王。夫人石氏，金宰相女也，追封淇陽王夫人。夫人生王六年，王之父薨，誓不他適。

王性仁厚儉勤，事母備諸孝敬，資貌英偉，望之如神。世祖皇帝雅聞其賢，後閔其父之死事也，年十六，召見，容止端重，奏對詳明，上驚喜曰：「失烈門有子矣。」即命領四怯薛太官。怯薛者，國制分宿衛供奉之士爲四番，番三晝夜，凡上之起居飲食，諸服御之政令，怯薛之長皆總焉。至元十七年，長一怯薛。明年詔曰：「月赤察兒秉心忠實，執事敬慎，知無不言，言無不盡，曉暢朝章，用輒稱旨，不可以其年小而遲其官，可代線真爲宣徽使。」制下，階正議大夫，兼領尚膳院、光禄寺。二十年，加階中奉。二十八年，上討反者於杭海，皆陳，王奏曰：「丞相安童、伯顔，御史大夫月兒魯，皆嘗受命征戰。三人者，臣不可以後之。今勍賊逆命，敢禦天戈，陛下憐臣，賜臣一戰。」上曰：「乃祖博兒渾佐我太祖，無征不在，無戰不克，其勳大矣。卿以爲安童輩與爾家同功一體，各立戰多，自恥不逮。然親屬橐鞬，恭衛朝夕，俾予一人，不逢不若，爾功非小。何必身編行伍，手事斬馘，乃始快心邪？」

二十七年，桑葛既立尚書省，簧鼓上聽，殺異己者，箝天下口，以刑爵爲貨而販之，咸走其門，入貴價以買所欲。貴價入，則當刑者脱，求爵者得，不四年，綱紀大紊，人心駭愕。尚書平章政事也速答兒，王之太官屬也，潛以其事告王，王奮然奏劾。上曰：「月赤察兒口伐大姦，發其蒙蔽。」乃以没入桑葛黄金四百兩、白金三千五百兩，及水田、水磑，別墅賞其清彊。桑葛既敗，上以湖廣行省西連番洞諸蠻，南接交趾島夷，延袤數千里，其間土沃而人夥，畬丁溪子，善驚好鬬，非賢方伯不能撫安。王舉合剌合孫答剌罕以爲其省平章政事，凡八年，威德交孚，飛聲海外，入爲丞相，天下稱賢。二十八年，都水使者請鑿渠西導白浮諸水，經都城中，東入潞河，則江淮之舟既達廣濟渠，直泊於都城之匯。上亟欲其成，又不欲役及細民，敕四怯薛人及諸府人與鑿，所司高深之分賦之，刻日使畢。王率其屬，著役者服，操畚锸，即所賦以倡，趨者如雲，依刻而渠成，賜渠名通惠河，而河爲公私大利。上語近臣曰：「是渠非月赤察兒身率衆手，成不亟也。」賞以黄金五十兩、白金五千兩、寶鈔五千貫。三十年，上以王佐命元勳之後，廉白而能，加以推姦薦賢，遷金紫光禄大夫、知樞密院事，仍宣徽使。

明年，成宗皇帝登極，制曰：「月赤察兒盡其誠力，深其謨謀，抒忠於國，流惠於人，可加開府儀同三司、太保、録軍國重事，樞密、宣徽兩使如故。」大德四年，拜太師。初，金山南北，叛王海都、篤娃據之，不奉正朔，垂五十年，時入爲寇。恒命親王統左右部宗王諸帥屯列大軍，備其衝突。五年，朝議北師少怠，紀律或失，命王亞晉王甘麻剌以督之。是年，海都、篤娃入寇，我爲五軍，王將其一，鋒交，軍頗不利。王視之怒，被甲持矛，身先陷陣，一軍隨之，出敵之背，五軍合擊，敵大崩潰，海都、篤娃遁去，王亦罷兵歸鎮。賞功誅皐，恩威服於敵人。厥後篤娃來請臣附，時武宗皇帝亦在軍，王遣使與武宗及諸王將帥議曰：「篤娃請降，爲我大利，固當待命於上。然往反再閲月，必失事機。事機一失，爲國大患，人民困於轉輸，將士罷於討伐，無有已時矣。篤娃之妻，我弟馬兀合剌之妹也。宜遣報使，許其臣附。」衆議爲允。既遣，始以事聞，上曰：「公深識機宜。」既而馬兀合剌復命，由是叛人稍稍來歸。

十年冬，叛王滅里鐵木兒等屯于金山，武宗帥師出其不意，先踰金山，王以諸軍繼往，壓之以威，啖之以利，滅里鐵木兒乃降。其部人驚潰，王遣秃滿鐵木兒、察忽將萬衆深入，其部人亦降。察八兒者，海都長子也，海都死，嗣領其衆，至是，我軍掩取妻子及其部人，兩部凡十餘萬口。十一年，武宗入踐天位，詔曰：「公弼亮三朝，荐立武功，朕嘉賴焉。察八兒女燕鐵木兒，帝室之胤，今以妻公。」賜公以世祖宴幔、成宗御輦，及幔人樂工、海東白鶻、文豹。至大元年，王遣使奏曰：「諸王秃苦滅本懷携貳，而察八兒遊兵近境，叛黨素無悛心，儻合謀致死，則垂成之功，顧爲國患。臣以爲昔者篤娃先衆請和，雖死，宜遣使安撫其子欵徹，使不我異。又諸部既已歸明，我之牧地不足，宜處諸降人於金山之陽，吾軍屯田金山之北，軍食既饒，又成重戍，就彼有謀，吾已擣其腹心矣。」奏入，上曰：「是謀甚善。公宜移軍阿答罕三撒海地。」王既移軍，察八兒、秃苦滅欲奔欵徹，不敢納，去留無所，遂相率來降，於是北邊以寧。上詔王曰：「公之先佐我祖

宗，常爲大將，攻城戰野，勳烈甚著。公國之元老，宣忠底績，清謐中外，朕昔入繼大統，公之謀猷又多。今立和林等處行中書省，以公爲右丞相，依前開府儀同三司、太師、録軍國重事，特封淇陽王，佩黄金印。宗藩將領，實瞻公麾進退。其益懋乃德，悉乃心力，毋替所服。」四年，王入朝，今上皇帝燕之于大明殿，眷禮優重。九月六日，疾病，敕御醫數輩診療，越三日，薨于大都私第之正寢，是夕大雨，春秋六十有三。

皇太后賻鈔二萬五千貫，上敕少府以香木爲棺，給驛馬百送葬北地。詔議飾終之典，翰林臣請贈宣忠安遠佐運弼亮功臣，太常臣請謚忠武，宰相請其階官封如故，制曰可。

曾廉《元書》卷三一《月赤察兒傳》 月赤察兒，性仁厚勤儉，事母以孝聞。年十六，世祖召見，即命領四怯薛歹官。至元十七年，長也可怯薛，俄除宣徽使，並録先功，賜以江南武岡綏甯五千户。二十八年，徹里發桑哥之姦，帝訪之不忽木而信，月赤察兒復陳其蒙蔽悖亂，帝益大悟，以爲月赤察兒功，以没入桑哥黄白金、田磑、別墅賞其清彊。而湖廣地連番蠻，畬丁溪子善驚好鬭，既大爲要束木所擾，帝思得賢方伯以撫安之，月赤察兒舉合剌合孫以爲平章政事，果賢能也。

成宗即位，加月赤察兒太保、儀同三司、録軍國重事，兼樞密、宣徽二使。大德四年，進太師。初，海都、篤哇據金山北，時入爲寇，垂五十年。五年，朝議北師少怠，紀律不嚴，詔月赤察兒行邊帥師，會懷甯王及欽察親軍都指揮使土土哈之軍共擊之，大破其衆。於是，海都走死，篤哇請降。月赤察兒因啟懷甯王曰：「篤哇之妻，我弟馬兀合剌妹也。宜遣以報篤哇，許其降。若待命於上，則恐失事機矣。」懷甯王以爲然，既遣使，乃入奏，帝深韙之。篤哇既馴服，由是叛人稍稍來歸。十年，及懷甯王踰金山，受諸王明里鐵木兒等之降。明年，武宗即位，篤哇以遣子寬徹入朝，封甯肅王，尋薨，而海都子察八兒尚未順命，月赤察兒乃奏曰：「諸王禿苦滅本懷攜貳，而察八兒游兵近境，叛黨素無悛心，倘合謀致死，則是隳垂成之功也。臣謂宜厚撫寬徹，獎其首善。又諸部來歸我，地不足牧，宜處降人於金山之陽，吾軍屯田金山之陰，軍食既饒，又成重戍，就彼有謀，已據其腹心矣。」於是帝命移軍阿塔罕三撒海，而察八兒果欲奔寬徹，不見納，亦來降，北邊始甯矣。

其歲始置和林行中書省，以月赤察兒爲右丞相，封淇陽王，賜金印，依前太師、録軍國重事，而合剌合孫爲左丞相，二賢相處，邊境益清。明年，合剌合孫薨。至大二年，月赤察兒言：「臣與合剌合孫共事，錢穀必與臣議。今右丞曩家出入，不復關聞，予奪失當，反相凌侮。」輒託故赴京師。帝鎖曩家至和林鞫之。

月赤察兒姿貌英偉，望之如神，知人明，持法堅，爲時所稱。四年入朝，仁宗宴於大明殿，眷禮有加。其歲薨，詔仍太師、開府儀同三司、右丞相、淇陽王，加贈宣忠安遠佐運弼亮功臣、上柱國，謚忠武。

藝文

《國朝文類》卷二三元明善《太師淇陽忠武王碑》 維天有命，聖人膺之。維聖創業，賢臣興之。維家開國，孝子承之。嗚呼休哉，孰足徵之。赫赫太祖，實啓帝圖。桓桓淇王，爲帝前驅。淇王子孫，四世惟肖。猗忠武王，克忠克孝。爰稽忠武，始事世祖。夙夜左右，無怠寒暑。親猶股肱，親猶腹心。我聞古人，斯焉在今。朝有柄臣，肆其欺姦。廷争面指，群罪不瞞。舉賢於側，才足經國。試諸方伯，竟爲良弼。帝曰：「上賢，可保可師。爾卿大夫，及予倚毗。」北有金山，世扞反者。朝用旰食，邊將汗馬。詔徃督師，衣食予士。毋使寒飢，招徠迷子。凡十一年，反者破膽。投戈自縛，孰迷孰敢。敵人有言，昔也狂酲。使我盜兵，蒙與天争。天子神聖，公甚英明。賴公之英，得爲天氓。帝曰：「公功，進爵爲王。旅力尚强，永清我疆。」驅馬來朝，告我今皇。一疾不起，兩宫震傷。飾終既備，登嗣之良。忠武之子，三相兩師。婦皆王女，女皆王妃。古亦有君，莫我君仁。古亦有臣，莫忠武純。烈烈大勳，與日同曜。淇陽真封，子孫世紹。忠武神靈，從帝遊天。勒詩貞石，垂美萬年。

宋濂《宋文憲公全集》卷三九《國朝名臣序頌·淇陽忠武王月赤察兒》 將門出將，一氣之傳。有如淇陽，不負其先。威容言言，望之如神。親屬櫜鞬，宿衛帝宸。白斥大姦，拔去禍根。金山之陰，蟻附蠭屯。王鞠其軍，以綏遠人。以鎮北門，以靖大藩。寵賚加厚，鑄印如斗。休有烈光，千載弗亡。

劉因部

綜述

《元史》卷一七一《劉因傳》　劉因字夢吉，保定容城人。世爲儒家，五世祖琮生敦武校尉、臨洮府録事判官昉，昉生奉議大夫、中山府録事俣，俣生秉善，金貞祐中南徙。其弟國寶，登興定進士第，終奉直大夫、樞密院經歷。秉善生述，述，因之父也。歲壬辰，述始北歸，刻意問學，邃性理之説，好長嘯。中統初，左三部尚書劉肅宣撫真定，辟武邑令，以疾辭歸。年四十未有子，嘆曰：「天果使我無子則已，有子必令讀書。」因生之夕，述夢神人馬載一兒至其家，曰：「善養之。」既覺而生，乃名曰駰，字夢驥，後改今名及字。

因天資絶人，三歲識書，日記千百言，過目即成誦，六歲能詩，七歲能屬文，落筆驚人。甫弱冠，才器超邁，日閲方册，思得如古人者友之，作《希聖解》。國子司業硯彌堅教授真定，因從之游，同舍生皆莫能及。初爲經學，究訓詁疏釋之説，輒嘆曰：「聖人精義，殆不止此。」及得周、程、張、邵、朱、吕之書，一見能發其微，曰：「我固謂當有是也。」及評其學之所長，而曰：「邵，至大也；周，至精也；程，至正也；朱子，極其大，盡其精，而貫之以正也。」其高見遠識率類此。

因蚤喪父，事繼母孝，有父、祖喪未葬，投書先友翰林待制楊恕，憐而助之，始克襄事。因性不苟合，不妄交接，家雖甚貧，非其義，一介不取。家居教授，師道尊嚴，弟子造其門者，隨材器教之，皆有成就。公卿過保定者衆，聞因名，往往來謁，因多遜避，不與相見，不知者或以爲傲，弗恤也。嘗愛諸葛孔明静以修身之語，表所居曰静修。

不忽木以因學行薦于朝，至元十九年，有詔徵因，擢承德郎、右贊善大夫。初，裕皇建學宫中，命贊善王恂教近侍子弟，恂卒，迺命因繼之。未幾，以母疾辭歸。明年，丁内艱。二十八年，詔復遣使者，以集賢學士、嘉議大夫徵因，以疾固辭，且上書宰相曰：

因自幼讀書，接聞大人君子之餘論，雖他無所得，至如君臣之義，自謂見之甚明。如以日用近事言之，凡吾人之所以得安居而暇食，以遂其生聚之樂者，是誰之力與？皆君上之賜也。是以凡我有生之民，或給力役，或出知能，亦必各有以自效焉。此理勢之必然，亘萬古而不可易，而莊周氏所謂無所逃於天地之間者也。

因生四十三年，未嘗效尺寸之力，以報國家養育生成之德，而恩命連至，因尚敢偃蹇不出，貪高尚之名以自媚，以負我國家知遇之恩，而得罪於聖門中庸之教也哉！且因之立心，自幼及長，未嘗一日敢爲崖岸卓絶、甚高難繼之行，平昔交友，苟有一日之雅者，皆知因之此心也。但或者得之傳聞，不求其實，止於蹤跡之近似者觀之，是以有高人隱士之目，惟閣下亦知因之未嘗以此自居也。

向者，先儲皇以贊善之命來召，即與使者俱行，再奉旨令教學，亦即時應命。後以老母中風，請還家省視，不幸彌留，竟遭憂制，遂不復出，初豈有意於不仕邪。今聖天子選用賢良，一新時政，雖前日隱晦之人，亦將出而仕矣，況因平昔非隱晦者邪。況加以不次之寵，處之以優崇之地邪。是以形留意往，命與心違，病卧空齋，惶恐待罪。

因素有羸疾，自去年喪子，憂患之餘，繼以痁瘧，歷夏及秋，後雖平復，然精神氣血，已非舊矣。不意今歲五月二十八日，瘧疾復作，至七月初二日，蒸發舊積，腹痛如刺，下血不已。至八月初，偶起一念，自歎旁無期功之親，家無紀綱之僕，恐一旦身先朝露，必至累人，遂遣人於容城先人墓側，修營一舍，儻病勢不退，當居處其中以待盡。遣人之際，未免感傷，由是病勢益增，飲食極減。至二十一日，使者持恩命至，因初聞之，惶怖無地，不知所措，徐而思之，竊謂供職雖未能扶病而行，而恩命則不敢不扶病而拜。因又慮，若稍涉遲疑，則不惟臣子之心有所不安，而蹤跡高峻，已不近於人情矣。是以即日拜受，留使者，候病勢稍退，與之俱行。遷延至今，服療百至，略無一效，乃請使者先行，仍令學生李道恒，納上鋪馬聖旨，待病退，自備氣力以行。望閣下俯加矜憫，曲爲保全。因實疏遠微賤之臣，與帷幄諸公不同，其進與退，(苦)[若]非難處之事，惟閣下始終成就之。

書上，朝廷不强致，帝聞之，亦曰：「古有所謂不召之臣，其斯人之徒歟！」三十年夏四月十有六日卒，年四十五。無子，聞者嗟悼。延祐中，贈翰林學士、資善大夫、[上]護軍，追封容城郡公，謚文靖。

歐陽玄嘗贊因畫像曰：「微點之狂，而有沂上風雩之樂；資由之勇，而無北鄙鼓瑟之聲。於裕皇之仁，而見不可留之四皓；以世祖之略，而遇不能致之兩生。烏乎！麒麟鳳凰，固宇内之不常有也。然而一鳴而《六典》作，一出而《春秋》成。則其志不欲遺世而獨往也明矣，亦將從周公、孔子之後，爲往聖繼絶學，爲來世開太平者邪！」論者以爲知言。

因所著有《四書精要》三十卷，詩五卷，號《丁亥集》，因所自選。又有文集十餘卷，及《小學四書語録》，皆門生故友所録，惟《易繫辭説》乃因病中親筆云。

蘇天爵《滋溪文稿》卷八《静脩先生劉公墓表》 静脩先生劉君葬容城縣易水之陰溝市里。至正戊子，縣尹賈侯始捐俸買石表諸墓，書來請曰：「先生之殁五十有六年，道德之懿，風節之偉，固多士之所景仰。丘墓之寄是邑者，旁無宗人守護。彝自下車，率僚吏諸生拜而祠之，恭修封樹，以限樵牧。又將建石琢辭，彰示悠久，庶來者聞風興起焉。」天爵伏念自聖賢之學不傳，禮義廉耻之風日泯，至宋伊、洛大儒克紹其緒。然而廢棄于紹聖，禁錮于崇寧，而中原已爲金人有矣。方是時，士之慕功名者溺于富貴之欲，工文藝者汩于聲律之陋，其能明乎聖賢之學，嚴乎出處之義，蓋不多見也。我國家治平方臻，真元會合，哲人斯生，有若静脩先生者出焉。氣清而志豪，才高而識正，道義孚于鄉邦，風采聞于朝野。其學本諸周、程，而於邵子觀物之書，深有契焉。惜乎立朝不及數旬，享年不滿五十。迄今孺子遠人皆知傳誦姓字，是豈聲音笑貌所能致歟。宜述其德，以表于墓。柰何先生既殁，行業未有紀述，故雖作者不能措辭。今謹攷求遺文，掇其出處大節一二，而爲之書，尚稱賈侯尊賢尚德之心乎。

按，先生諱因，字夢吉，保定容城人。世爲儒家。五世祖琮生敦武校尉、臨洮府録事判官昉，昉生奉議大夫、中山府録事倶。倶生秉善，金貞祐中南徙。其弟國寶，登興定進士第，終奉直大夫、樞密院經歷。秉善生述，是爲先生之父。壬辰北歸，刻意問學，尤邃性理之説。獨好長嘯，嘗遊西山，當秋風木落時作一曲，而感慨係之。中統初，左三部尚書劉公肅宣撫真定，辟武邑令，以疾辭歸。先生將生之夕，父夢神人馬載一兒至其家曰：「善養之。」既覺而生，乃名曰駰，字夢驥，後改今名及字。

先生天資絶人，三歲識書，日記千百言，隨目所見，皆能成誦。六歲能詩，十歲能屬文，落筆驚人。故國子司業硯公彌堅教授真定，先生從之游，同舍生皆莫能及，獨中山滕公安上差可比。硯公皆異待之，謂先生父曰：「令子經學貫通，文詞浩瀚，當爲名儒。」初，先生之父四十猶未有子，乃曰：「天果使我無子則已，有子必令讀書。」故自真定還居保定，謝絶交朋，專務教子。先生年未弱冠，才氣超卓，日閲方册，思得如古人者友之。嘗作《希聖解》、《弔荆軻文》，豪邁不羈之氣可想見也。鄉間老儒説經止傳疏義，爲文盡習律賦，聞先生講貫，閲先生論著，始則謗訕，久亦敬服。先生杜門授徒，深居簡出，性不苟合，不妄接人。保定密邇京邑，公卿使過者衆，聞先生名，往往來謁，先生多遜避不與相見。不知者或以爲傲，先生弗恤也。王師伐宋，先生作《渡江賦》以哀之。數欲南游江湖，覽觀儒先名迹，不果。常愛諸葛孔明「静以修身」之語，表所居曰静脩。間遊郎山雷溪，又號雷溪真隱。先是京師有曰田尚書者，西域貴族，頗尚文學，聞先生名，厚禮請教其子。先生以水嚙先墓，謀遷避之，不及往。既而易州何公瑋辭兩淮鹽使，奉親家居，藏書萬卷，亦以教子爲請。先生平生苦無書讀，又樂易之風土，遂允其請。三年即歸，何公贄以銀、幣，皆謝不受。

世祖皇帝自居潛藩，收召諸儒，講求治道，及踐天位，姚文獻公樞、許文正公衡、楊文獻公果、商文定公挺皆列臺省，而憲章文物號盛治者，非偶然也。久之，諸公相繼告老，當國者急於功利，儒者之言弗獲進用。時先生年雖甚富，聲問已彰，中朝賢士夫多稱譽之，故相文貞王不忽木薦之尤力。至元十有九年，朝政更新，有詔徵起先生于家，擢拜承德郎、右贊善大夫。初，裕皇建學宫中，命贊善王公恂教近侍子弟，恂卒，繼者難其人，乃以先生嗣其教事。未幾，母感風疾，即日辭歸。明年，母卒，治喪合禮。二十八年，朝政又一更新，復遣使者以集賢學士、嘉議大夫來徵。先生以疾固辭，不起。世祖聞之，亦曰：「古有所不召之臣，其斯人之徒歟。」明年，國子助教吳明陳書于朝，薦先生爲國子祭酒，士論高之。三十年夏四月十有六日，先生終于容城，春秋四十有五。海内聞之，無不嗟悼。

曾祖妣邊氏，祖妣陳氏，妣楊氏，繼妣某氏。配郭氏。一子曰和，早卒。三女皆適名族。先生早喪父母，事繼母孝，以父祖之喪未葬，獻書先友翰林待制楊公恕，楊公憐而助之，克襄大事。家雖甚貧，非其道義，一毫不取於人。

先生師道尊嚴，學子造門，隨其材品而教焉。講説諸經，理明義正，聽者心領神會。初，朱子之於《四書》，凡諸人問答與《集註》有異同者，不及訂歸于一而卒。或者輯爲《四書集義》數萬言，先生病其太繁，擇爲《精要》三十卷，簡嚴粹精，實于《集註》有所發焉。有詩五卷，號《丁亥集》，先生所選，常自諷詠，復取他文焚之。今所傳文集十餘卷，得于門生故友，然不爲空言，皆有補於世教。其他

《小學四書語録》亦皆門生所録，惟《易繫辭説》乃先生病中筆之親授其徒者也。先生每以後世史官不明義理，修辭之際，輕爲增損，使忠臣義士之心不得暴白于世，嘗曰：「若將字字論心術，則受屈者多矣。」

先生之亡未久，吴明復進言于朝曰：「風俗之薄久矣，士之處世不自貴重，伏聞人譽己喜見顔色，不復知有廉耻等事。何則？欲動于中，利奪于外故也。見故處士劉因，隱居教授，不求聞達。授以三品清要之官，辭而不顧。若蒙賜謚贈官，庶幾息奔競，惇風化，士類知所懲勸焉。」延祐中，始贈先生翰林學士、資善大夫、上護軍，追封容城郡公，謚文靖。是後中外風紀儒臣皆以先生礪俗興化有功昭代，宜如許文正公從祀孔子廟廷，禮官會議亦皆曰可，而當路者未遑及也。

嗚呼，天之生賢也，豈無意乎？自義理之學不競，名節隳頽，凡在有官，見利則勤。有國家者，欲圖安寧長久之治，必崇禮義廉耻之風，敷求碩儒，闡明正學，彰示好惡之公，作新觀聽之幾，使人人知有禮義廉耻之實，不爲奔競僥倖之習，則風俗淳而善類興，朝廷正而天下治。世祖皇帝再三聘召先生者，其以是歟。

天爵之生也後，不獲見先生。及游成均，得臨川吴文正公澄爲之師。吴公於海内諸儒最慎許可，獨知尊敬先生，豈其問學出處道同而志合歟！當國朝龍興之初，歲在己酉三月，先生生于保定，吴文正公亦以是歲正月生于臨川。是時南北未一，天已生斯大賢，他日輔贊國家文明之治。吴公年八十餘方終，著書立言，盛傳于時。先生早歲去世，雖不及大有著述，然風節凜凜，天下慕之，扶世立教之功大矣。賈侯由進士入官，治邑有聲，獨能訪求先賢遺迹而表章之，其於風厲俗化惇崇名教誠非小補云。

蘇天爵《元朝名臣事略》卷一五《静脩劉先生》　先生名因，字夢吉，雄州容城人，隱居不仕。至元二十年，召爲右贊善大夫，未幾辭歸。又召爲集賢學士，以疾辭。三十年，卒，年四十五。延祐中，賜謚文靖公。

君天資卓軼，早歲讀書屬文，落筆驚人。既又涵浸義理，充廣問學，故聲名益大以肆。裕宗方毓德青宫，聞其賢，以右贊善大夫召至京師。未幾，辭以親老歸養。居數歲，朝廷尊仰德誼，拜集賢學士，又以疾辭。踰年，遂不起，春秋四十有五，縉紳惜之。野齋李公撰《文集序》。【略】。

嗚呼！金蹂宋踰南，兩帝並立，廢道德性命之説，以辨博長雄爲詞章，發揚稱述，率皆誕漫叢雜，理偏而氣豪，南北崇尚，幾無所分别。當是時，伊、洛之學傳南劍，至乾道、淳熙，士知尊其説闡明之，朱文公統宗據會，纖鉅畢備，正學始崇。又未幾，僞學造謗，咸諱其説，以售仕于時。金將亡，各流離自保，烏睹所謂經説哉。有明其説者，獨江漢趙氏，私相筆録，尊聞傳信，稍自異流俗。皇元平江南，其書稍載以來，保定劉先生因篤志獨行，取文公書，會稡而甄别之，其文精而深，其識事以正，蓋隆平之興，使夫道德同而風俗一，不在於目接耳受而有嗣也。會稽袁公《文集》。

伏見保定處士劉因，隱居教授，不求聞達。屬裕宗在東宫，由布衣起爲贊善大夫，旋以母老辭去。又以集賢學士召，而不復起。是其志趣高尚，有非時輩所敢望。或者謂因矜己傲物，索隱之流，臣謂不然。夫風俗之薄也久矣，士之處世，不自貴重，聞一人之譽，一章之薦，喜見顔色，惟恐或失，不復知有廉恥等事。何則？私欲動於中，利禄奪於外也。而斯人也，授以三品清要之官，辭而不顧，非操守有素，能如是乎！當風俗澆薄之中，忽得斯人，庶幾息奔競，厚風俗，而士類亦知懲勸矣。助教吴明《進策》。

陶宗儀《南村輟耕録》卷二《徵聘》　中書左丞魏國文正公魯齋許先生衡，中統元年應召赴都日，道謁文靖公静脩劉先生因。謂曰：「公一聘而起，毋乃大速乎？」答曰：「不如此，則道不行。」至元二十年，徵劉先生至，以爲贊善大夫，未幾辭去。及召爲集賢學士，復以疾辭。或問之，乃曰：「不如此則道不尊。」

馮從吾《元儒攷略》卷二　劉因，字夢吉，初名駰，字夢驥，保定容城人。父述，邃於性理之學，元中統初，官左三部尚書。因天資絶人，日記千百言。弱冠，閲古方册，思得如古人者友之，作《希聖解》見志。國子司業研彌堅教授真定，因從之游。初學經學，究訓詁釋疏之説，輒嘆曰：「聖人精義，殆不止此。」得周、程、張、邵、朱、吕之書，一見即曰：「我固謂當必有是也。」及評其學之所長，曰：「邵至大也，周至精也，程至正也，朱子極其大，盡其精，而貫之以正也。」至元中，以薦徵至京，擢右贊善大夫，教國子。未幾，以母老辭歸，俸給一無所受。後徵爲集賢學士，以疾固辭不至。帝聞之嘆曰：「古有不召之臣，其斯人之徒歟？」遂不强致之。

因性不苟合，不妄交，家雖甚貧，非義，一介不取，故隱居教授，師道尊嚴。弟子造其門者，隨材器教之，皆有成就。嘗愛武侯「静以修身」之語，表所居曰「静修」，學者稱爲静修先生。閒游郎山雷谿，又自號雷谿真隱。卒年四十五歲，無子。延祐中贈翰林學士，追封容城郡公，謚曰文靖。所著有《四書精要》、《丁亥集》、《小學四書語録》、《易繫辭説》等書。真定蘇天爵表其墓，歐陽玄贊云：「微點之狂，而有沂上風雩之樂；資由之勇，而無北鄙鼓瑟之聲。于裕皇之仁，

而見不可留之四皓；以世祖之略，而遇不能致之兩生。嗚呼，麒麟、鳳凰，固宇内之不常有也，然而一鳴而《六典》作，一出而《春秋》成。則其志不欲遺世而獨往也明矣，亦將從周公、孔子之後，爲往聖繼絶學，爲來世開太平者邪？」論者以爲名言。《元史》有傳。

楊士奇《東里續集》卷一八《静修文集》 大賢君子，其身係國家之元氣，斯文之命脉，實天生之爲世道計，初非有出處之異也。元之盛際，許魯齋、劉静修其人焉。魯齋勛業在朝廷，在學者。静修不出，而高風清節，與之齊駕，蓋百世之師也。静修之書傳於今者惟此集，學者豈可忽哉？

藝文

張養浩《歸田類稿》卷一九《挽劉夢吉先生》 白髮山林僅四旬，兩朝不肯屈經綸。才名暗折世間壽，氣節偉高天下人。康節縱吟無限樂，希夷高卧有餘春。一生懷抱誰能識，他日休猜作逸民。

安熙《安默庵先生文集》卷四《題劉静修石鼎聯句圖詩後》 「玩世如一鼎，姓名誰得聞。仙翁應自笑，知我有鄒訢。」此汎翁先生《題石鼎聯句圖》詩也。蓋朱夫子嘗謂軒轅彌明即韓公姓名，而於《參同契考異》後，亦自書「空同道士鄒訢」。今觀先生所以「容城孺子」自謂者，其亦若此也與？暇日讀《選》詩郭璞《遊仙》第六篇，喟然有感，聊寄於此，以俟後之君子云。至元癸巳臘月既望，鎮州安某謹識。

安熙《安默庵先生文集》卷四《祭静修劉先生文》 維至元三十一年，歲次甲午六月庚辰朔，越四日癸未，後學鎮州安某，謹以茶果清酌之奠，致祭於集賢學士汎翁先生之靈。嗚呼哀哉！山頹梁壞。天不憖遺，生榮死哀。孰不摧慕，嗚呼哀哉！某也晚學無知，幸蒙私淑。黽勉勵志，於兹七年。顧以鈍駑，鞭策罔及。學不加進，頽墮無成。尚企宫牆，洒掃函丈。親承謦欬，大啓愚衷。孰謂難期，不就此志。俾兹凡陋，抱恨終天。嗚呼痛哉！矧惟先生，至誠樂育。憐某之愚，欲收教之。謂我當來，政此閒適。斯言在耳，耿耿如存。今其已矣，將安放矣。先生此恩，何日忘之！兹焉奔赴，奉奠以贄。舉觴以慟，薦此哀誠。嗚呼痛哉！仰止前修，精思力造。親賢取友，進德修業。某雖不肖，敢負初心？伏惟先生，冥鑒臨之。嗚呼痛哉，尚饗！

危素《危太樸集》卷五《静修書院記》 保定劉先生，以道德學問高天下。既没之七年，新安縣三臺鄉作顓祠以祀之，并立孔子廟，與明倫堂、諸生齋室。皇慶元年間，朝廷賜額，曰「静修書院」。静修者，先生之别號也。蓋三臺皆有隱君子，曰南溪老人梁至剛，與先生友善，間往造焉，輒旬月之留。至剛之子泰，及劉英、季蒙、王果、李真，從先生遊。英早歲爲吏，一旦幡然折節爲學，故先生始則短之甚嚴，終則與之最厚，至是首倡祀事。何平章暐、留守不答實里，各發金幣，俾之興學闡教，大振儒風，英之力居多。從容贊畫者，至剛之功也。

至元五年，縣達魯華赤不華臬、山長王朝佐，始構兩廡，繪從祀像。然距今五十餘年，未有識書院之顛末，俾後世傳焉者，非闕典歟？至正十五年冬，鄉貢進士東平杜禹來爲山長，慨然以是爲己任，謀於縣尹中山劉得亨，創建神門，畫泰等四人像，以侑食。郡達魯華赤鎖住公聞之，曰：「吾守令之責也。」首出廪禄，命滿城縣達魯華赤海壽取碑材於西山。已而吏民聞風慕義，欣然來助。他日，公使吏來，屬素爲之記。

嗚呼，去古既遠，世之風俗賴以不墜者，不在乎世之君子者乎？先生生大河之北，當國家混一之初，鋭然有志承聖賢之絶學，雖罄南山之竹，極其形容贊美，固不足以得其精微之萬一。來學於斯，讀先生之遺書，於是窺其門户，望其宫牆，入其窔奥，力追先生之遺躅於百世之上，其庶幾乎此書院之作。然則英也不獨服勤至死，以事其師，其有功於後來之俊彦，豈曰小補之哉？顧今用兵河南，共億無藝，守令士民卒能成禹之志，刻石紀載，以圖不朽，可謂知所先務，其牽聯得書者以此。

黄溍《金華黄先生文集》卷二一《跋静修先生遺墨》 某弱冠時，嘗手鈔静修先生丁亥集，悉能成誦。後五十餘年，始從汝南張君，獲覩先生遺墨。蓋君之先大夫，受業先生之門，故先生書此以授之。其言小學書，不取鄧伯道、朱壽昌事，善發明朱子言外之意。某既得以快覩前修之真蹟，又有以竊窺先儒之微旨，抑何幸歟。

宋褧《燕石集》卷一三《劉静修改封謚陞從祀文》 竊惟道之大原出于天，弘之則存乎人。堯、舜、禹、湯、文、武、周公、孔子，心法相授，統緒相承。自兹以降，漢唐歷代名儒、宋九先生、我元朝許文正公，皆以得其正傳，故從祀孔子廟庭，實爲尊崇賢哲、啟迪世教之大義也。伏見故集賢學士、嘉議大夫、贈翰林學

士、資德大夫、上護軍，追封容城郡公，謚文靖劉因，以天挺英邁之姿，廓自得正大之學。負浩然之氣，真知力行；崇高尚之志，清修苦節。其言論則主乎大經大法，其念慮則存乎致君澤民。傳注有功，出處合義。夷考盛德，克配前人。如蒙上聞，崇祀賢廡，不惟彰我朝有大賢之才，接道統之正，抑且表聖上崇儒重道、興起斯文之心。又且爵封容城郡公，謚曰文靖。容城乃保定一縣，即非郡國，以靖配文，義若未稱，宜從合于部分太常禮官改議，封謚相應。

宋濂《宋文憲公全集》卷三九《國朝名臣序頌・劉文静公因》　先生之心，嶽鎮川澄。先生之操，玉温石貞。先生之學，寤寐六經。岐陽之鳳，魯郊之麟。和氣襲人，盎然陽春。發其性情，挹其深醇。或出或潛，與道周旋。九京可作，吾爲執鞭。

吴寬《匏翁家藏集》卷三八《新安縣重建静修書院記》　孟子曰：「五百年必有王者興，其間必有名世者。」至叙禹、臯陶、伊尹、萊朱、太公望、散宜生於七篇之末，所謂名世者，歷歷可數。自周而降，哲人賢相亦或庶幾乎此，莫不因其盛時，有興于上者，從而出焉，皆足以名世。若有不偶然者，此豈非天意乎？抑又有不盡然者，管寧生於魏，武攸緒生于周是也。夫二子雖生于亂世，而不爲亂世之用，當綱常既淪，而節義獨立，天其于一人之身，明斯理之未亡，以示乎萬世，雖謂之有意可也。夷狄亂華，世固有之，或僭擾乎一時，或偏據乎一方，未有歷百年，合九州，偃然南面，使生民盡變而爲左衽，如胡元之盛者。當是時，乃有大賢君子，生于河北，曰劉静修先生。隱居力學，觀變待時，俯視一世，藐焉不滿。其風節孤峻，真有鳳凰翔于千仞之意。顧其自守甚嚴，而處世則善，蓋將合伯夷、柳下惠而一之。是以名聞中朝，徵書再至，始一就之而即歸，終竟辭之而不起。觀其與時宰書，詞氣雍容，若不爲異，至於出處之際，介然不苟者，固在也。先生卒葬容城，祠墓固在。今新城西二十里，有土臺起者三，人號其地曰三臺鄉，先生講學之地也。故有静修書院，爲當時所賜額，而臨川危公素爲之記。

元季兵荒，書院竟廢，百餘年來，艸棘中遺址猶存，過者尚能指而道之。弘治十四年，前進士崑山周君倫來爲縣，以先生爲百世之師也，在他邑宜表之，况新安有先生之遺蹟，忍覩其廢而遂已乎？君臨事無私，而才具更優，民信其德，樂于成事。不數月，而書院告完。其制，特三楹中設先生象而俎豆之。初，三臺中有孔子廟，東有學，西有書院。廟亦廢久，而學改爲神祠。君毀之，而廟亦不復建，曰：「邑中有廟，著于令典，此不已瀆乎？」乃改建書院，于是知禮者以爲宜。臺下有地數畝，可樹藝，委居民李彦行收其入，歲時縣令率僚屬、師生往祀，俾供費焉。他日，君以考績至京，爲予道其故。予聞之悚然曰：「寬少居鄉，則慕先生之爲人。今書院之役，即欲爲文以記，惜言不文，恐爲先生辱。」君起謝曰：「固所願也。」乃諾之，而亦未能爲也。會君以政績著聞，有召命將去任，卒强書之。蓋先生之高，時之人固有識其志者，惟爲國之諱，不敢顯言耳，予則何慮于此？雖然，先生之所爲，亦自盡其志焉耳，他何庸計？先生既晦蹟不仕，功業無聞，惟事著述，以追程朱之學。所號《四書精義》、《易繫辭説》皆不傳，今所傳者，特遺文數册而已。同時有藁城安默菴先生，嘗有私淑之益，其爲人庶可謂同道者。君復得其遺文刻之，將竝傳于世。因記書院之成，故及之，以見君之尚德好文，非俗吏之所可及也。

《皇明文衡》卷八劉定之《議劉静修薛文清從祀》　謹按：元儒容城劉因，德性剛正，學識明悟。所作詩文，理趣出人意表，非腐儒曲學，循行數墨者所彷佛。而進退之際，安于義命。若其稱許管幼安，詠嘆陶元亮，則傲睨濁世，涕唾禄爵之本心可見也。是以裕宗不能留，世祖不能致，因豈不可謂之賢也哉？然而建言者遽欲以因列諸孔廟從祀，則事體甚重，不可以不詳議。

建言者謂：顔子未嘗著書，而配享孔子，不可以因未著書而不之取。夫顔子，何可當也？孔子之道，傳之顔子，後世取信於孔子之言，其言具於《論語》，載於《中庸》，見於《孟子》，存於《易繫辭》等書，不一而足，雖顔子未嘗著書，不害其爲傳道也。譬如蕭何無戰功，而高祖取爲漢臣之首；房喬無戰功，而太宗取爲唐臣之首，所謂知臣莫若君，知弟子莫若師者，此之謂也。今以因未著書，而仰攀顔子爲比，則是人臣無汗馬之功者，皆得攀蕭、房爲比，惡有是理也哉？

建言者又謂：從祀諸賢，其中有不能無過者，因無過，奈何反不得從祀？夫及門速肖之徒，固有狂狷失中者矣。又有聚斂而聖人斥其非吾徒，短喪而聖人言其不仁者矣。然而莫不親炙温、良、恭、儉、讓之德，親受文、行、忠、信之教，高者名列四科，餘者亦皆身通六藝。是以《孔子家語》、太史公《仲尼弟子列傳》備書之，以爲三千之徒，此七十子者其最也。然則七十子之有過者，亦先儒所謂聖人數其事而責之，其所善猶多爾。至於左丘明以下經師二十二人，有未能深明聖經之旨者矣。又有無威儀若劉向，好諛佞若王肅者矣。然而當世衰道微，火于秦，黄老于漢，佛于魏晉之時，而此二十二人，守其遺經，轉相付授，講説註釋，各竭其才，以待後之學者，則其爲功，殆猶周文、武、成、康之子孫，雖衰替微

弱，無所振作，而尚能保守姬姓之宗祀譜諜，以閱歷春秋戰國，不亡而幸存者也。雖有大過，亦將宥之，況小失乎？今以因無過，與七十子、二十二經師有過者較量彼此，欲得登因於從祀。愚竊以爲仲尼，素王也；七十子，助其創業者；二十二經師，助其垂統者也。遇其有過，議而貸之，猶得陪從也。非是之比，而從曰：「我無過，可以陪從。」未之前聞也。

建言者又謂：與因同時，若許衡、吴澄，其德學無以踰因，而亦得從祀，因豈得獨遺？夫因之於衡、澄，其德學無大弗若也，其功則有弗若也。何也？衡以其行道之功，澄以其明道之功。當元氏奮自朔漠，統據華夏，其君臣懵焉不知堯、舜、禹、湯、文、武、周公之道傳之孔子，孔子傳之其徒，以至于宋之周、程、張、朱者，其道足以撫世御極。而衡首倡率誨誘之，使知是道之可行。至於澄所作諸經《纂言》，發揮洞達，自朱子以後，依經立説者，鮮克儷之。是以我朝太宗文皇帝，命儒臣修輯《五經》、《四書》、《性理大全》，於澄之説多所採入，澄可謂能明是道者矣。而因之説未有採者。則是因既未若衡之道行於當時，又未若澄之道明於後世，其不從祀，未必爲闕典也。若乃薛内翰瑄直躬慕古，談道淑徒，進無附麗，退不慕戀，勤學好問，可謂文矣，歸潔其身，可謂清矣，是以存蒙聖知，没錫美謚，其爲皇朝名臣，夫何間然？然論其於道所得，以與朱子諸徒相比並，若黄直卿、輔廣之親承微言，金履祥、許謙之推衍緒説，尚未知可伯仲其間否也。而遽欲從祀，竊恐世之君子，將以建言者爲非愚則諛，孰敢和附其説哉？故愚以爲，瑄可無施行，因則准昨者所議楊龜山例，令其所在官司，建祠奉祀，庶足以伸敬先賢，勸勵來學。謹議。

全祖望《鮚埼亭集外編》卷三三《書劉文靖公渡江賦後》 劉文靖公《渡江賦》，前人論之者多矣。瓊山以爲幸宋之亡，黜其從祀。後渠則以爲欲存宋，夏峰力主後渠，而論者終未釋然於瓊山之説。予以爲兩家皆非也。諸公蓋但讀其賦，而未嘗取其集攷之，故不能定其案。明儒讀書之疏，大率如此。許文正與文靖，皆元人也，其仕元又何害？論者乃以夷夏之説繩之，是不知天作之君之義也，豈有身爲元人，而自附於宋者，真妄言也。文正仕元，文靖則否，何也？文靖蓋知元之不足有爲也。其建國規模，無可取者，故潔身而退。不然，文靖已受集賢之命，非竟不欲出者也。渡江之舉，宋曲而元直。文靖傷宋之爲奸臣所誤，留行人以挑師釁耳。蘇天爵以爲哀宋，是也。

全祖望《鮚埼亭集外編》卷三三《書劉文靖公退齋記後》 許文正、劉文靖，元北方兩大儒也。文正仕元，而文靖則否。以予攷之，兩先生皆非宋人，仕元無害。然以元開刱規模言之，其不足有爲可知，則不仕者自此遠矣。文正從祀，而文靖則否，誠不可謂非屈也。然吾讀文靖《退齋記》，謂世有挾老子之術以往者，以一身之利害，節量天下之休戚，其終必至於誤國而害民。然而特立於萬物之表，而不受其責，而彼方以孔孟之時義、程朱之名理自居不疑，而人亦莫知奪之，是乃以術欺世，而即以術自免。斯其言，未知其何所指也。及讀楊僉事俊民爲作《祠記》，則曰：「先正得時行道，大闡文風，泉人宗之如伊洛，先生斥之曰老氏之學也。」以《祠記》之言合之，則所指者即文正也。豈當日文正辭左轄，居祭酒，蓋有見於道之難行，而姑思以儒官自安，故公以是詆之歟？要其在當日，必實有所見，而今不可攷矣。文正之仕元，世多遺議，予蓋不盡以爲然。由文靖之言觀之，則知苟非行道之時，必不當出，亦不當擇地而居之。蓋立人之朝，即當行道，不僅以明道止。不能行道，而思明道，不如居田間而明道之爲愈也。斯其文靖之意，而非後世之論也，然則文靖高矣。孫徵君奇逢最爲表章文靖之學，而未及此。適校《元儒學案》，因表此案，附之於後，以存先儒異同之故焉。

方宗誠《柏堂集後編》卷一《元儒劉静修先生應請從祀文廟議》 謹按：雍正二年，上諭先儒從祀文廟，關係人心學術，典至鉅也。道光九年，上諭先儒升祔學宫，祀典甚鉅，必其人學術精純，經綸卓越，方可俎豆馨香，用昭崇報。咸豐十年，大學士、軍機大臣遵議從祀章程，應以闡明聖學，傳授道統爲斷除。箸書立説，羽翼經傳，真能躬行實踐者，準各省督撫奏請從祀。同治二年，上諭祀典至崇，必其學術精純，足爲師表者，方可俎豆馨香，用昭勿替。

竊攷元集賢學士謚文靖劉因，祖籍直隸容城，當宋南渡之後，南北道梗，載籍不通。《元史》偁因三歲識書，長而深究性理之學，日閱方策，思得如古人者友之，作《希聖解》。初爲經學，究訓詁疏釋之説，輒歎曰：「聖人精義，殆不止此。」及得趙復所傳周、邵、程、朱諸書，即曉然曰：「我固謂當有是也。」常評其學之所長，則曰：「邵至大也，周至精也，程至正也，朱子極其大，盡其精，而貫之以正也。」所箸《易繫辭説》，見於《元史》，今雖散軼，而所傳《四書集義精要》二十八卷、《静修集》三十卷，俱收入《四庫全書》。伏讀《欽定四庫全書目録》，偁盧孝孫采朱子《語類》、《文集》，編《四書集義》一百卷，讀者病其複雜。因乃摘取精要，以成是書。又偁因文在許衡、吴澄之上，而醇正不減於二人，北宋以來講學而兼

擅文章者，因一人而已。孫奇逢采其言行，冠《理學宗傳》元儒之首，又列入《北學編》。其集先與楊繼盛合刻爲《兩賢集》，後與楊繼盛、孫奇逢合編爲《三賢集》，而楊、孫二賢皆私淑於因。是其學問源流、言行本末，實與學術精純、羽翼經傳、傳授道統之諭旨相符。至《元史》所偁因愛諸葛孔明「静以脩身」之語，表所居曰「静修」。丞相不忽朮薦於朝，徵拜右贊善大夫，後復詔爲集賢學士，皆以疾固辭。元帝偁歎：「古有所謂不召之臣，其斯人之徒與？」則其經綸卓越，雖未見諸施行，固已可以想見。明儒薛瑄偁其有鳳翔千仞氣象，又偁其足以廉頑立儒，百世之下聞其風者，莫不爲之興起。又曰：「静修不屑就，其意微矣。」近儒孫奇逢偁其生有元之盛，闡明絶學，復能高蹈之上九，時與許平仲、耶律晉卿偁三大儒，而大義凛然，體純學粹，先生一人而已。薛瑄、孫奇逢皆從祀文廟之大儒，其言自足徵信。兼攷之《元史》所載，孝友廉介、細行大節無一虧缺，則其真能躬行實踐，足爲師表，與諭旨議定章程，亦復允協，是以當時君相推重，學士尊從。元臣李世安等累章請與許文正同祀，明禮部尚書王沂、翰林學士宋褧等亦嘗以從祀請。成化元年，助教李伸亦請從祀。宏治元年，禮部尚書周宏謨等議薛瑄與元儒劉因竝祀。正德間，容城張紹烈復以是力言，宣準楊時例從祀，以格於時議，曠廢至今。

伏思元儒從祀者，如金履祥、許謙，皆學有師承，許衡則從姚樞興起。獨因生於金元之地，奮然自立，以開北方之正學，真可謂豪傑之士，無文猶興。其出處一節，雖吴澄猶若不及，議者不攷其本末，謂因《渡江賦》爲幸宋之亡，不知因祖父以來爲金元人，於宋實無故主、故士之誼，《渡江賦》深心隱痛，蓋王景略不欲滅晉之意，孫奇逢嘗箸文辨之。公論已明，無可疑議。攷其言行，載在史傳，表章於歷代從祀諸大儒。而我高宗純皇帝《欽定書目》偁其文爲北宋後一人，迥在許衡、吴澄之上，醇正亦不減二人。今二儒既已從祀，則因之可以從祀，實與歷奉諭旨所議，無不相合。況邦畿之地，維民所止，以粹然醇正之大儒，而久不崇明禋，實爲缺典。如得奏請，實足以興世教而振人心，竝以見我國家重道崇儒，昌明正學，遠邁前古萬萬也。謹議。

吳澄部

綜述

《元史》卷一七《吳澄傳》 吳澄字幼清，撫州崇仁人。高祖曄，初居咸口里，當華蓋、臨川二山間，望氣者徐覺言其地當出異人。澄生前一夕，鄉父老見異氣降其家，鄰媼復夢有物蜿蜒降其舍旁池中，旦以告于人，而澄生。三歲，穎悟日發，教之古詩，隨口成誦。五歲，日受千餘言，夜讀書至旦。母憂其過勤，節膏火，不多與，澄候母寢，燃火復誦習。九歲，從羣子弟試鄉校，每中前列。既長，於《經》、《傳》皆習通之，知用力聖賢之學，嘗舉進士不中。

至元十三年，民初附，盜賊所在蜂起，樂安鄭松，招澄居布水谷，乃著《孝經章句》，校定《易》、《書》、《詩》、《春秋》、《儀禮》及《大》、《小戴記》。侍御史程鉅夫，奉詔求賢江南，起澄至京師。未幾，以母老辭歸。鉅夫請置澄所著書於國子監，以資學者，朝廷命有司即其家録上。元貞初，游龍興，按察司經歷郝文迎至郡學，日聽講論，録其問答，凡數千言。行省掾元明善以文學自負，嘗問澄《易》、《詩》、《書》、《春秋》奧義，歎曰：「與吳先生言，如探淵海。」遂執子弟禮，終其身。左丞董士選延之於家，親執饋食，曰：「吳先生，天下士也。」既入朝，薦澄有道，擢應奉翰林文字。有司敦勸，久之乃至，而代者已到官，澄即日南歸。未幾，除江西儒學副提舉，居三月，以疾去官。

至大元年，召爲國子監丞。先是，許文正公衡爲祭酒，始以《朱子小學》等書授弟子，久之，漸失其舊。澄至，旦燃燭堂上，諸生以次受業，日昃，退燕居之室，執《經》問難者，接踵而至。澄各因其材質，反覆訓誘之，每至夜分，雖寒暑不易也。

皇慶元年，陞司業，用程純公《學校奏疏》、胡文定公《六學教法》、朱文公《學校貢舉私議》，約之爲教法四條：一曰經學，二曰行實，三曰文藝，四曰治事，未及行。又嘗爲學者言：「朱子於道，問學之功居多，而陸子靜以尊德性爲主。問學不本於德性，則其敝必偏於言語訓釋之末，故學必以德性爲本，庶幾得之。」議者遂以澄爲陸氏之學，非許氏尊信朱子本意，然亦莫知朱、陸之爲何如也。澄一夕謝去，諸生有不謁告而從之南者。俄拜集賢直學士，特授奉議大夫，俾乘驛至京師，次真州，疾作，不果行。

英宗即位，超遷翰林學士，進階太中大夫。先是，有旨集善書者，粉黄金爲泥，寫浮屠《藏經》。帝在上都，使左丞速速，詔澄爲序，澄曰：「主上寫經，爲民祈福，甚盛舉也。若用以追薦，臣所未知。蓋福田利益，雖人所樂聞，而輪回之事，彼習其學者，猶或不言。不過謂爲善之人，死則上通高明，其極品則與日月齊光；爲惡之人，死則下淪污穢，其極下則與沙蟲同類。其徒遂爲薦拔之説，以惑世人。今列聖之神，上同日月，何庸薦拔！且國初以來，凡寫經追薦，不知幾舉。若未效，是無佛法矣；若已效，是誣其祖矣。撰爲文辭，不可以示後世，請俟駕還奏之。」會帝崩而止。

泰定元年，初開經筵，首命澄與平章政事張珪、國子祭酒鄧文原爲講官。在至治末，詔作太廟，議者習見同堂異室之制，乃作十三室。未及遷奉，而國有大故，有司疑於昭穆之次，命集議之。澄議曰：「世祖混一天下，悉考古制而行之。古者，天子七廟，廟各爲宫，太祖居中，左三廟爲昭，右三廟爲穆，昭穆神主，各以次遞遷，其廟之宫，頗如今之中書六部。夫省部之設，亦倣金、宋，豈以宗廟叙次，而不考古乎！」有司急於行事，竟如舊次云。時澄已有去志，會修《英宗實録》，命總其事，居數月，《實録》成，未上，即移疾不出。中書左丞許師敬奉旨賜宴國史院，仍致朝廷勉留之意，宴罷，即出城登舟去。中書聞之，遣官驛追，不及而還，言於帝曰：「吳澄，國之名儒，朝之舊德，今請老而歸，不忍重勞之，宜有所褒異。」詔加資善大夫，仍以金織文綺二及鈔五千貫賜之。

澄身若不勝衣，正坐拱手，氣融神邁，答問亹亹，使人涣若冰釋。弱冠時，嘗著説曰：「道之大原出於天，神聖繼之，堯、舜而上，道之元也；堯、舜而下，其亨也；洙、泗、鄒、魯，其利也；濂、洛、關、閩，其貞也。分而言之，上古則羲、黄其元，堯、舜其亨，禹、湯其利，文、武、周公其貞乎！中古之統：仲尼其元，顔、曾其亨乎，子思其利，孟子其貞乎！近古之統：周子其元，程、張其亨也，朱子其利也，孰爲今日之貞乎？未之有也。然則，可以終無所歸哉！」其早以斯文自任如此。故出登朝署，退歸于家，與郡邑之所經由，士大夫皆迎請執業，而四方之士不憚數千里，躡屩負笈來學山中者，常不下千數百人。少暇，即著書，至將終，猶不置也。於《易》、《春秋》、《禮記》，各有纂言，盡破傳註穿鑿，以發其藴，條歸紀

叙，精明簡潔，卓然成一家言。作《學基》、《學統》二篇，使人知學之本，與爲學之序，尤有得於邵子之學。校定《皇極經世書》，又校正《老子》、《莊子》、《太玄經》、《樂律》及《八陣圖》、郭璞《葬書》。

初，澄所居草屋數間，程鉅夫題曰草廬，故學者稱之爲草廬先生。天曆三年，朝廷以澄耆老，特命次子京爲撫州教授，以便奉養。明年六月，得疾，有大星墜其舍東北，澄卒，年八十五。贈江西行省左丞、上護軍，追封臨川郡公，謚文正。

吳澄《吳文正集》卷首揭傒斯《大元敕賜故翰林學士資善大夫知制誥同修國史贈江西等處行中書省左丞上護軍追封臨川郡公謚文正吳公神道碑》 皇元受命，天降真儒；北有許衡，南有吳澄；所以恢宏至道，潤色鴻業，有以知斯文未喪，景運方興也。然金亡四十三年，宋始隨之。許公居王畿之内，一時用事，皆金遺老，得早以聖賢之學佐聖天子開萬世無窮之基，故其用也弘。吳公僻在江南，居阽危之中，及天下既定，又二十八年，始以大臣薦，强起而用之，則年已五十餘矣。雖事上之日晚，而得以聖賢之學爲四方學者之依歸，爲聖天子致明道敷教之實，故其及也深。上既命詞臣歐陽玄誄許公之行於石，復以吳先生之述詔臣傒斯。臣材質駑下，於學問無一堪可，詎足以窺涯涘，塞明詔，然國家盛典，敢不欽承！

謹按前奎章閣侍書學士虞集《狀》，公諱澄，字伯清，撫之崇仁人。曾大父大德，大父鐸皇，贈中奉大夫、淮東宣慰使、護軍，追封臨川郡公。父諱樞皇，贈資善大夫、湖廣等處行中書省左丞，上護軍，追封臨川郡公。祖妣謝氏，妣游氏，追封臨川郡夫人。

世有積德，爲儒家。其所居咸口里，在華蓋、臨川二山之間。豐城徐覺者，善望氣，嘗過而指曰：必有異人出焉。已而生公之前一夕，里中人夢有神物蜿蜒降公所居，明日生公。三歲能誦歌詩數百篇。五歲出就外傅，日受千餘言，三四過即記不忘，夜誦常至達旦。七歲能默誦五經。十歲知爲學之本，大肆力於朱子諸書，猶以《大道》爲入道之門，必日誦二十過，如是者三年。十五遂以聖人之學自任，作《勤》、《謹》二箴，《敬》、《和》二銘。十六拜程若庸先生，友程文憲公鉅夫。十九作《自新》、《自修》、《消人》、《理長》、《天理》、《克己》、《悔過》、《矯輕》、《警惰》諸銘，以自策勵。二十舉進士，明年，下第。又三年，宋亡，天下爲元，是爲至元十三年。而政教未舒，民疑未附，乃與樂安鄭松隱居布水谷，作《孝經章句》，校定《易》、《書》、《詩》、《春秋》、《儀禮》、《大小戴記》。

二十一年，遭父喪，凡治表悉從古制，鄉里皆化行之。服除，程文憲公以南臺侍御史奉詔求賢江南，强起公，以故舊，俱至京師，而不受其薦。居數月，以母老辭去。程公既不能屈公，又言所校諸書宜置國子監，以資學者。朝廷下行省，行省下有司，即其家盡録上之。元貞初，至豫章，憲幕長郝文公迎館羣庠，朝夕聽講，有所問答原理數千言。省屬元文敏公明善以學自命，問《易》、《詩》、《書》、《春秋》，嘆曰：「與吳先生言，如探淵海。」終身執弟子禮。董忠宣公士選時爲行省左丞，迎至家，親執饋食，曰：「吳先生，天下士。」董公由南臺御史中丞入簽樞密院事，薦有道，東平文貞王不忽木曰：「董公不妄舉。」方議行用之，會遷御史中丞，尋以疾薨，不果用。五年，又以董公爲中丞，乃授應奉翰林文字、登仕郎、同知制誥、國史院編修官。比至，已有代。執手遮留不去。中山王玠、張達，河西張恒輩，皆從受業焉。八年秋，除將仕郎、江西儒學副提舉。明年，待次家居，校定邵之書，始推其書上接伏羲、文王、周公、孔子之傳。明年冬，始就官，居三月，即免去。校定《老子》、《莊子》、《太玄》。

至大元年，以從仕郎國子監丞召。修許文正公之教，日講於公，夕講於次，寒暑不懈。仁宗即位，進司業。乃損益程文公《學校奏疏》、胡文定公《大學教法》、朱文公《學校貢舉司議》，爲教四條：一曰經學，二曰行實，三曰文藝，四曰治事。未及施行，爲同列所嫉，一夕竟去。六館諸生悵悵如失父母者，有不謁告從之而南者，居數年然後歸，歸皆取高科，爲名士。集賢以祭酒召公，中書不可。延祐初，賓舉之詔行。四年，再校議江西而詔集賢修撰虞集乘傳山中，起爲集賢直學士，特加奉議大夫。明年秋，行至儀真，以疾謝遣使者，就金陵，過九江，拜周元公墓而歸。北方學徒數十人，皆從之至家，留不去。

英宗即位，鄆忠憲王拜住爲丞相，進賢屏惡，天下風動。至治三年春，遣中書直省舍人會江西省臣就家起拜翰林學士、知制誥同修國史，進階太中大夫。以五月至京師，時駕在上都，尋有南坡之變。明年春，治任將歸，衆皆懇留，爲大行實録計。會朝廷以江浙行省左丞趙簡言請開經筵，以公及平章政事張蔡公珪、國子祭酒鄧文原爲講官。每進講必三四過乃已。泰定二年閏月，修《英宗實録》。八月，書成，未及上進，即稱疾。中書知有去志，即院具宴舉留，宴畢，乘小車出城委牒而去。中書聞之，即以驛舟追至楊村，不及而返。明年詔遣使賜楮幣五十緡，金織段文二，進階資善大夫。公上表辭所賜物。四方學者日益衆，公

雖疾，必强起教之，又衣食之，故學者多至卒業而後去。

元統元年六月，微疾。乙酉夜，有大星隕其舍東北隅，明日日中遂薨，年八十五。以玄端斂。及治喪，一用公所定家禮。贈江西行省左丞、上護軍，追封臨川郡公，謚文正。

吴澄《吴文正公集》卷首虞集《故翰林學士資善大夫知制誥同脩國史臨川先生吴公行狀》 先生諱澄，字幼清，晚稱伯清，姓吴氏。其先自豫章之豐城遷居崇仁。七世祖周，生二子。璣將鄉兵留太平州。璿生曄，始居咸口里，公之曾祖矣。自是以來，世治進士業，先生以宋淳祐九年己酉正月十有九日生。前一夕，鄉父老見有異氣降其家後，有望氣者言：「華蓋、臨川兩山之間，當有異人出。」兩山之間，所謂咸口里也。三歲頴異日發，宣慰公抱置膝上，教之古詩，隨口成誦。五歲就外傅，日受千餘言，誦之數過即記不忘。母夫人憂其過勤，夜節膏油之焚。常候母寢，復續火讀書達旦，不敢令母知也。七歲《論語》、《孟子》、《五經》背成誦，能著律賦。九歲鄉邑課試，每中前列。十歲始得朱子《大學》等書而讀之，恍然知爲學之要。日誦《大學》二十過，如是者三年。次第讀《論語》、《孟子》、《中庸》，專勤亦如之。晝誦夜惟，弗達弗措。十三歲大肆力於群書。家貧，嘗從粥書者借讀，既而還之。粥書者曰：「子盡讀之乎？」先生曰：「試舉以問我。」粥者每問一篇，輒終其卷迺止，粥者遂獻其書。十四歲丱角赴郡學補試，郡之前輩儒者皆驚其文。十五歲知厭科舉之業而用力於聖賢之學。見朱子《訓子帖》有「勤謹」二字，如得面命而服行之，作《勤》、《謹》二銘。又作《敬銘》，有曰「把捉於中，精神心術。檢束於外，形骸肌骨。」又作《和銘》，極言周子、程伯子氣象以自勉。常自言曰：「讀《敬銘》，如臨嚴師，如在靈祠，百妄俱消而不覺足之重，手之恭。讀《和銘》，心神怡曠，萬境皆融，熙熙然不知手之舞，足之蹈也。」其後又作《顔冉銘》、《理一箴》、《自新銘》、《自脩銘》、《消人欲銘》、《長天理銘》、《克己銘》、《悔過銘》、《矯輕銘》、《警惰銘》等，節節警策，踐履之功，於斯可見矣。是歲，宣慰公赴鄉試，先生侍行。時郡守迎新安徽庵程先生若庸，以朱子之學教授郡之臨汝書院。徽庵蓋從雙峯饒氏游，先生因鄉人謁之，徽庵未出，而外齋有揭帖片紙，滿壁皆徽庵特見以語學者之説，先生一覽而盡之。及見先生，從容進問，如曰：「先生壁間之書，以大學爲正大高明之學，然則小學乃卑小淺陋之學乎？」若此者數條。徽庵曰：「吾處此久矣，未見有如子能問者。吾有子曰仔復，族子槱之，與子年相若，可同學爲友。」槱之者，盱江程文憲公文海鉅夫舊名也。自是嘗往來徽庵之門，徽庵深知之，而同堂之人弗盡知也。

咸淳元年冬，左丞公侍宣慰公之疾，久而小間，宣慰謂左丞曰：「吾察此孫，晝夜服勤，連月不懈而精神有餘，此大器也。可善教之。」蓋宣慰自襁褓知愛先生，間形於言，而親戚鄉里以爲有譽孫之癖矣。十有二月，宣慰捐館，喪葬凡役，先生考古禮，稟於左丞而行之。十九歲著説曰：「道之大原出於天，聖神繼之，堯、舜而上道之元也，堯、舜而下其亨也，洙、泗、魯、鄒其利也，濂、洛、關、閩其貞也。分而言之，上古則羲皇其元，堯、舜其亨乎？禹、湯其利，文、武、周公其貞乎？中古之統，仲尼其元，顔、曾其亨，子思其利，孟子其貞乎？近古之統，周子其元也，程、張其亨也，朱子其利也，孰爲今日之貞乎，未之有也。然則可以終無所歸哉，蓋有不可得而辭者矣。」又嘗與人書曰：「天生豪傑之士，不數也。夫所謂豪傑之士，以其知之過人，度越一世而超出等夷也。戰國之時，孔子徒黨盡矣，充塞仁義，若楊、墨之徒又滔滔也。而孟子生乎其時，獨願學孔子而卒得其傳。當斯時也，曠古一人而已，真豪傑之士哉。孟子没千有餘年，溺於俗儒之陋習，淫於老佛之異教，無一豪傑之士生於其間。至于周、程、張、邵，一時迭出，非豪傑其孰能與於斯乎。又百年而朱子集數子之大成，則中興之豪傑也。以紹朱子之統自任者，果有其人乎。澄之韶亂，惟大父家庭之訓是聞，以時文見知於人而未聞道也。及知聖賢之學而未之能學也，於是以豪傑自期，以進於聖賢之學，而又欲推之以堯舜其君民而後已。實用其力於斯，豁然似有所見，坦然知其易行，而力小任重，固未敢自以爲是，而自料所見愈於人矣。」是時先生方弱冠，而有志自任如此。其後先生嘗識此二文之後曰：「其見多未定之見，其言多有病之言。然不忍棄去，録而藏之，則晚年所進，自此可攷矣。」六年庚午，應撫州鄉舉，以第二十八名薦。明年試禮部，下第，歸而纂次舊作，謂之《私録》。時宋亡之證已見，先生以其道教授鄉里，嘗作草屋數間，而題其牖曰：「抱膝《梁父吟》，浩歌《出師表》。」程文憲知其意，題之曰草廬，學者稱之曰草廬先生。

歲乙亥，皇元至元十二年也，撫州内附，傳檄至樂安，樂安丞蜀人黄西卿不署狀，去之窮谷，不免寒餓，猶招先生教其子，先生從之。十四年，亡宋丞相文天祥起兵廬陵郡，多應之，傍近寇起。先生奉親避地，弗寧厥居。鄉貢進士鄭松，奇士也，迎先生隱居布水谷，後人以其處爲真隱觀。十八年，纂次諸經註釋，《孝經章句》成。十九年，較定《易》、《書》、《詩》、《春秋》，修正《儀禮》、《小戴》、《大戴記》。二十年，自布水還居草廬。二十一年五月，左丞公捐館。二十三年，程文

憲公奉詔起遺逸於江南，至撫州强起先生，以母老辭。程公曰：「不欲仕可也，燕冀、中原可無一觀乎？」母夫人許其行，與程公同如京師。既至，程公猶薦先生，不令其知。先生覺其意，力以母老辭。二十四年，歸。朝廷老成及宋之遺士在者皆感激賦詩餞之，故宋宗室趙文敏公孟頫力召爲兵部郎官，獨書朱子與劉屏山所和詩三章以遺之。一時風致，識者歎之。二十五年，程文憲公言於朝曰：「吴澄不願仕，而所定《易》、《詩》、《書》、《春秋》、《儀禮》、《大小戴記》，得聖賢之旨，可以教國子，傳之天下。」有旨，江西行省遣官繕録以進，郡縣以時敦禮。元貞元年八月，遊豫章西山，憲幕長郝文仲明迎先生入城請學《易》，南北學者日衆。清河元文敏公明善，時行省掾，以文學自負，常屈其坐人。見先生問《春秋》大義數十條，皆領會。至語之理學，有所未契。先生使讀《程氏遺書》、《近思録》，文敏素讀是書，至是始知反覆玩味，他日見先生曰：「先生之學，程子之學也。願爲弟子，授業終其身。」城中居官之人及諸生，皆願聞先生一言，請先生至郡學。先生爲説「脩己以敬」一章，指畫口授，反覆萬餘言，聽者千百人，有嘗用力於斯者，多所感發。

三年，董忠宣公士選任江西行省左丞，因文敏得見先生於館塾，以爲平生所見士，未有德容辭氣援據經傳如先生者。大德元年，拜行臺御史中丞，入奏事，首以先生爲薦，及在樞府又薦之。一日議事，中書起立謂丞相曰：「士選所薦吴澄，經明行修，大受之器，論道經邦，可助治世。」平章軍國重事不灰木曰：「樞密質實，所薦天下士也。」丞相逮事世祖，親見用人之道，平章許文正公高第之得其傳者，是以知重忠宣之言，授應奉翰林文字、登仕佐郎、同知制誥，兼國史院編修官，詔有司敦遣。忠宣又以手書招之，先生答書云：「朝廷用人之不次，公卿薦人之不私，布衣之受特知蒙特恩如此，近世以來所希有也。雖木石猶當思所以報稱，而况於人乎。然夫子勸漆雕開仕，對以『吾斯之未能信』，而夫子説之者，深以開之可仕不可仕，開知之，而夫子未知之也。閣下之舉古大臣之事，澄敢不以古賢人之所以自處者自勉？」繼以邵子之詩曰：「幸逢堯舜爲真主，且放巢由作外臣。」「澄雖不敏，願自附於前修，成之者在閣下矣。」有司敦迫久之，先生爲一至京師，而代者上矣。方冬寒冱，京師學者奉先生而問學焉。七年春，中丞猶抗章論朝廷失待士之禮。

先生歸至揚州，時憲使趙公弘道及寓公珊竹公玠、盧公摯、賈公鈞、趙公英、詹公士龍、元公明善等，先後留先生，身率子弟諸生受業。明年八月，除將仕郎、江西等處儒學副提舉。九年，校定邵子之書。十年十月之官。十一年正月朔，以疾辭去。留清都觀，與門人論及《老子》、《莊子》、《太玄》等書之本旨，因正其訛僞而著其説。至大元年，除從仕郎、國子丞，朝命行省敦遣。二年六月，到官。先是，世祖皇帝初命許文正公自中書出爲祭酒，文正始以所得朱子《小學》躬尊信之，以訓授弟子。繼之者多其門人，猶能守其法，久之寖失其舊。先生既至，深閔乎學者之日就乎荒磨，而徒從事於利誘也，思有以作新之。於是六館諸生知所趨向，先生旦秉燭堂上，諸生以次授業。晝退堂後寓舍，則執經者隨而請問，先生懇懇循循，其言明白痛切，因其才質之高下、聞見之淺深而開導誘掖之，使其刻意研窮，以究乎精微之蘊，反身克治，以踐乎進脩之實。講論不倦，每至夜分，寒暑不廢。於是一時游觀之彦，雖不列在弟子員者，亦皆有所觀感而興起矣。時朝廷循習寬厚，好功名者奏立尚書省，改更紛然。新執政鑄錢貨，變鈔法以爲功，欲得先生助己而恐其不可致。有士請致先生，先生卧病門生家不可致，乃歸紿其人曰：「老儒不善騎，墮馬折臂病矣。」四年，武皇賓天，仁宗即位，尚書省罷。先生陞司業、侍御史。劉公賡拜集賢大學士、國子祭酒，召諸生語之曰：「朝廷徒以吾舊人，自臺臣遷，以重國學。司業大儒，吾猶有所質問，師不易得，時不可失，諸生勉之。」皇慶元年正月，先生使買舟道州，既行而後移文告其去，監學官愕然。貴游之士倀倀失所依，有流涕者。數十人追至河上，懇留，不從。朝廷亦遣人追留，或尼不行。蓋先生嘗爲學者言，朱子道問學工夫多，陸子静却以尊德性爲主。問學不本於德性，則其弊偏於言語訓釋之末，果如陸子静所言矣，今學者當以尊德性爲本，庶幾得之。議者遂以先生爲陸學，非許氏尊信朱子之義，然爲之辭耳，初亦莫知朱陸之爲何如也。

延祐三年，先生深入宜黄山中五峯僧舍以居，六越月，修《易纂言》。四年，江西行省請考鄉試，先生出經問曰：「孟子道性善，堯舜至於塗人一耳。而《論語》曰性相近，何也？」同官或怪其平易，先生曰：「於此有真知則言不差。」江西貢士二十二人，而答此問不差者，先生以爲纔得三四卷耳。五年春，除集賢直學士，特陞奉議大夫。遣集賢脩撰虞集奉詔召先生於家，行至儀真，病作不復行。渡江，謁金陵門人王進德家新書塾，所至學者雲集。居數月，修《書纂言》。六年十月，泝江州，寓濂溪書院。十一月，率諸生拜周元公之墓。是年北方學者爲多，明年還臨川，從之者皆北人。至治二年，《易纂言》成。

三年，英宗即位，東平王拜住爲丞相，勵精爲治，黜陟臧否，朝廷赫然。超拜

先生爲翰林學士、知制誥、同修國史，階太中大夫。遣直省舍人劉孛蘭奚奉詔召先生於家，使者致君相之意甚篤，先生拜命即行。五月至京師，六月入院。時詔學士散散集善書者，粉黄金寫浮屠藏經，有旨自上都來，使左丞速速詔先生爲之序。先生曰：「主上寫經之意，爲國爲民，甚重事也。但追薦冥福，臣所未知。蓋釋氏因果利益之説，人所喜聞。至言輪迴之事，彼之高先生不談其意，止爲爲善之人，死則上通高明，其極品則與日月齊光；爲惡之人，死則下淪污穢，其極下則與沙蟲同類。其徒遂爲超生薦拔之説，以蠱惑世人。今列聖之神上同日月，何待子孫薦拔。且國初以來，凡寫經追薦之事，不知其幾。若超拔未效，是無佛法矣。若超拔已效，是誣其祖矣。譔爲文辭，不可以示後世。」左丞曰：「上命也」。先生請候駕還，復奏之，會上崩，不及奏而止。

泰定元年，朝廷用江浙行省左丞趙簡言，開經筵進講。平章蔡國張公珪領之，以經學屬之先生。先生言温氣和，經旨敷暢，得古人勸講之體。廷中驟見文物之盛，而先生首當其任，來者法焉。在至治末，詔作太廟，議者習見同堂異室之制，新廟作十三室，未及遷奉而國有大故。有司疑於昭穆之次，故命集議焉。先生曰：「世祖皇帝混一天下，率攷古制而行之。古者天子七廟，廟各爲宫。太祖廟居中，左三廟爲昭，右三廟爲穆。昭穆神主各以次遞，遷其廟之中，頗如今中書省六部對列。省部之設，亦做金、宋之典。官府尚從前代典故，豈有宗廟叙次而不攷古之典故，可乎？」七月，有旨國史院修《英宗實録》。時漢人承旨缺，先生總其事，分局纂修。既畢，先生有歸志，中書左丞奉旨賜宴史院，致勉留之意。宴畢，命小車出城，朝士追送于齊化門外，諸生送至通州。中書聞，亟命官具驛舟，追至楊村，不及而還。是年，先生七十有七歲。十一月，至豫章。延祐經理民田時，激變贛之寧都，中外騷動。事定，詔蠲虚增之税。惟江西有郡縣舞文之吏，以減削則例爲名，增税二萬餘石者不得免。至治初，又行包銀，爲害益甚。先生在朝數言于執政者，泰定改年，中書會議便民之事，先生復以二事爲言。詔書始免包銀，且命體覆減削之名而蠲除其税，有司因循未行。至是值宣撫在江西，其副齊公履謙嘗與同官成均，相敬如師友。先生力以告之，乃督憲司即爲除豁。十二月，抵家。

中書言：「吴澄，國之名儒，朝之舊德。年高而歸，不忍重勞之，宜有所褒異。」有詔，加授資善大夫，賜鈔五千貫，金織文錦二，皆有副。初，先生與張蔡公同年告老，其再相也，力薦起先生。會蔡公又去，而士大大多傳其辭，云：「欽承明詔，肇啓經筵，考論前經，講明正道，實國家之令典，其所關係非細務也。而珪以家世之舊，愚戇之誠，備位宰臣，首當勸講，及解機務，仍俾專官。自念世備戎行，所謂明經，實慚寡陋，况通譯之難，講明有限，積誠未至，不能感格。惟願老成之進，庶幾陳閉之心。切以周尚父授丹書之戒，漢申公赴蒲輪之招，皆以期順，爲國羽翼。蓋有乞言之禮，必於養老之時，非徒外飾虚文，實以諮詢治道。翰林學士吴澄，心正而量遠，氣充而神和。博考於事物之賾，而達乎聖賢之藴；致察於踐履之微，而極乎神化之妙。正學真傳，深造自得，實與末俗盗名欺世者霄壤不同。粤自布衣，一再收召，超擢學士，有識君子不以爲過。前當講説剴切，温潤完厚，康徤聰明，經學之師，當代寡二。雖蒙恩賜存撫，爲禮甚優，然合召還，資其學問，良非小補。」未幾，復舉以自代曰：「制誥、國史二事，所以成一王之大經，爲萬世之昭憲，比於效一官，分一職者，重輕不侔。若止因循冒昧，常人孰不可爲。當職世從軍旅，歷仕省臺，文章本非所長，志慮耗於勞勩，深思追責，其在薦賢。翰林學士吴澄，學通天人，行足師表，書事得筆削之法，代言近典誥之文。蓋其所造甚深，文學亦其餘事。目今兩朝實録未經呈進，累朝嘉言善行，多合紀録，載事修辭，全資學識。又有遼、金、宋史，先朝累有聖旨纂修，曠日引年，未覩成效，使前代之得失無聞，聖朝之著述不見，恐貽後悔，君子耻之。然非博洽明通，孰克成此。本官雖曰年近八十，其實耳聰目明，心清力贍。今不使身任其事，後必追悔無及。近蒙朝廷差官優賜存問，禮意誠厚，然須使當承旨之任總裁，方可成就，所合舉以自代，允協輿論。」

天曆元年，《春秋纂言》成。二年，《易纂言外翼》成。游先生之門南北之士，前後無慮千百人。門人袁明善言：「嘗聞先生論及門之士，先生悵然曰：『聞吾郡多俊秀，宜有可望者。』」三年，其第三子京爲撫州路儒學教授，迎先生至城府，學者無不得見焉。進而教之，靡間晨夕，雖偶病少間，未嘗輟其問答。居久之，則又問明善曰：「得無有未見者乎？」後數日，部使者郡守請先生觀新譙樓，先生賦詩一章，懷王丞相、陸子静以示學者，遂登車歸其鄉矣。四年，《禮記纂言》成。六月，先生寢疾，病踰旬，屏藥醫，使門人告子孫治後事，拱手正身而卧。乙酉，夜有大星隕其舍東北隅。丙戌日正午，神氣泰然而薨，年八十有五歲，以玄端歛。【略】

嗚呼，孟子殁千五百年而周子出。河南兩程子爲得其傳，時則有若張子，精思以致其道，其逈出千古，則又有邵子焉。邵子之學既無傳，而張子之殁，門人

往往卒業於程氏。程門學者篤信師説，各有所奮力，以張皇斯道，奈何世運衰微，民生寡祐，而亂亡隨之矣，悲夫！斯道之南，豫章、延平高明純潔，又得朱子而屬之，百有餘年間，師弟子之言折衷無復遺憾。求之於書，蓋所謂集大成者。時則有若陸子静氏，超然有得於孟子，先立乎其大者之旨，其於斯文，互有發明，學者於焉可以見其全體大用之盛，而二家門人區區異同相勝之淺見，蓋無足論也。朱子以來，又將百年，爲其學者毫分縷析，日以增盛，曾不足少救俗學利欲之禍，而宋遂亡矣。先生之生，炎運垂息，自其髫齓，特異常人，得斷簡於衆遺，發新知於卓識。盛年英邁，自任以天下斯文之重，蓋不可禦也。推折窮山，壯志莫遂，艱難避地，垂十數年，其所以致於聖賢之道者，日就月將矣。歷觀近代進學之勇，其孰能過之？南北未一，許文正公先得朱子之書於邊境，伏讀而深信之，持其説以事世祖皇帝，而儒者之道不廢，許公實啓之，是以世祖以來不愛名爵，以起天下之處士，雖所學所造各有以自見，其質諸聖賢而不悖，俟乎百世而不惑，論者尚慊然也。先生自布衣用大臣薦，出處久速，道義以之，三命益隆，遽至内相之貴。稽其立朝之日，未嘗有三年淹也。施教成均，師道尊重，勸講内廷，誠意深遠。與大議，論大事，雖可槩見而無悠久浹洽之功者，非人之所能爲也。然而先生生八十有五年，耳聰目明，以終其身，得以其學肆於聖經賢傳，以辨前儒之惑，以成一家之言，天下後世之學者，可以探索玩味於無窮矣。

其於《易》，學之五十餘年，其大旨宗乎周、邵，而義理則本諸程傳，其校定用東萊吕氏之本而修正其缺衍繆誤。其纂言則纂古人、今人之言，有合於己之所自得者。大槩因朱子象占之説，而益廣其精微，若項安世玩辭等説則因之，益致其潔静。至於自得之妙，有非學者所能遽知，而通其類例以求之者，則在《外翼》。《外翼》十二篇，曰《卦統》，曰《卦對》，曰《卦變》，曰《卦主》，曰《變卦》，曰《互卦》，曰《象例》，曰《占例》，曰《辭例》，曰《變例》，曰《易原》，曰《易派》。《書校定》，以伏生所傳自爲一卷，不以所謂古文者雜之。《春秋纂言》，蓋取近代儒者特見之明，以破往昔諸家傳註穿鑿之陋，決以己意而折衷之，使人知聖筆有一代之法，而是經無不通之例。既採摭群言，各麗于經，又用趙氏纂例之法，分所異，合所同，纂爲《總例》七篇，曰《天道》，曰《人紀》，曰《嘉禮》，曰《賓禮》，曰《軍禮》，曰《凶禮》，曰《吉禮》。例之綱七，例之目八十有八。凡《春秋》之例，禮失者書，出于禮則入于法，故曰《刑書》也。事實辭文，善惡畢見，聖人何容心哉。蓋渾渾如天道焉，所謂例學者以此而求聖經云耳。《儀禮》存者十七篇，先生補逸經八篇者，《投壺》、《奔喪》，取之《小戴記》。《公冠》、《諸侯遷廟》、《諸侯釁廟》，取之《大戴記》。《中霤》、《禘于太廟》、《王居明堂》者，篇名見諸鄭氏註，而其文則甚畧矣。有傳十篇，《冠義》、《昏義》、《士相見義》、《鄉飲酒義》、《鄉射義》、《燕義》、《大射義》，皆取之《小戴記》。《大射義》，乃自《鄉射義》而分者。《聘義》、《公食大夫義》，則用清江劉氏所補。《朝事義》則取諸《大戴記》，以備《覲義》。而所謂《禮記纂言》者，既取諸義附于經。又别《大學》、《中庸》别爲一書，其存者凡三十六篇，《通禮》九，《喪禮》十一，《祭禮》四，《通論》十二。篇次先後稍變於舊，就篇之中，科分櫛剔，以類相從，俾其上下文意聯屬，章之大旨標識于左，其篇章文句秩然有倫，先後始終至爲精密。先王之遺制，聖賢之格言，千有餘年，其亡闕僅存而可攷者既表而出之，各有所附，而其糾紛固泥於專門名家之手者，一旦各有條理，無復餘藴矣。《孝經章句》最所蚤定，而《外傳》十卷亡矣，其餘皆存也。《詩》則以爲朱氏《傳》得其七八，其有餘論則門人傳其言，未及集録。周子、程子之書，挈《東》《西銘》於篇首，而《正蒙》次之，又以邵子爲孔子以來一人而已，蓋其於邵子之學深有所會悟也。先生之博通妙契，有未易言者。門人衆多，浩不可過，各以其所欲而求之，各以其所能而受之，蓋不齊也。乃著《學基》一篇，使知德性之當尊。著《學統》一篇，使知問學之當道。所謂窮鄉晚進，無良師友而有志於學者，循此而學之，庶乎其不差矣。又有《老子》、《莊子》、《太玄經》、《樂律》、《八陣圖》、郭璞《葬書》等説，卓見精識，去世俗淺陋之説遠甚。而先生支餘之學，蓋不止此。其進學之塗轍，首見於《私録》二卷，而心術之精微，文集具可攷見。平日議論，門人各有紀述，識者有所擇焉。

嗚呼，先生往矣，其可得而見者，經學文字之傳於世者也。至若厲如秋霜，煦若春日，論説如江河之淵源，沾溉若雨雲之敷沛，親切者如劒之就礪，薰陶者如飲之得醇。望之而心服，即之而氣融，比之求於言語、文字之微者，其感化疾矣。不幸天不憖遺，文星下墜，後死者不得有與於聲光，然而自昔賢者所可見於後世者，亦賴此而已矣。嗚呼，天乎！集之先君子長先生四歲，有交友之誼，自幼侍側，以聆其緒餘，晚仕於朝，嘗從先生之後，歸田之日，先生已去世數月。蓋深歎其有不可得聞者，竊叙所知之萬一，以告方來之學者，謹繕寫上之國史、太常，使君子有所考觀焉。謹狀。

雜録

備録

《嘉靖撫州府志》卷一二　吳澄，字幼清，撫州崇仁人。高祖曄，初居咸口里，當華蓋、臨川二山間。後有望氣者徐覺，見二山異氣交，言當出異人。其鄰媪一夕夢有物蜿蜒降其舍傍池中，旦以告人，而澄生。三歲，穎悟日發，教之古詩，隨口成誦。五歲，日誦千餘言，夜讀書達旦。母憂之，節其膏火，候母寢，復然誦習。既長，知用力聖賢之學，以斯文自任。嘗舉進士，不第。

至元間，民初附元，盜賊蠭起。樂安鄭松招澄居布水谷，乃著《孝經章句》，定《易》、《書》、《詩》、《春秋》、《儀禮》及大小《戴記》。侍御史程鉅夫奉詔求賢江南，强起澄至京師。未幾，以母老辭歸。鉅夫請置澄所著書於國子監，以資學者，命有司即其家録上。貞元初，游隆興，按察經歷郝文迎至郡學，日聽講誦。行省掾元明善以文學自負，嘗就問《五經》奧義，歎曰：「與吳先生言，如探淵海。」遂終身執弟子禮。左丞董士選延之於家，親執饋食，曰：「吳先生，天下士也。」比入爲中丞，以有道薦之，擢應奉翰林文字。有司敦勸，久之乃行，至則代者已到官，澄即日南歸。未幾，除江西儒學副提舉，居三月，以疾去。至大元年，召爲國子監丞。先是，許衡爲祭酒，以朱子《小學》諸書授弟子。澄至，旦講于公，夕講于次，各因其材質而訓誘之，寒暑不倦。皇慶元年，陞司業，約程顥《學校疏》、胡瑗《太學教法》、朱熹《貢舉私議》爲教法四條，未及行，復爲學者言：「朱子於道，問學之功居多，而陸子静以尊德性爲主。然問學不本於德性，則其弊必偏於言語訓釋之末。故學必以尊德性爲本，庶幾得之。」議者遂譏其爲陸氏之學，非許氏尊信朱子本意，然亦莫知朱、陸之爲何如也。澄一夕謝去，諸生有不謁告而從之南者。俄拜集賢直學士，特授奉議大夫，俾乘驛至京師。次真州，疾作，不果行。

英宗即位，詔還翰林學士，進階太中大夫。先是，詔集善書者泥金寫浮屠藏經，命澄爲序。澄辭曰：「不可以示後世。」乃止。泰定元年，初開經筵，首命澄與平章政事張珪、國子祭酒鄧文原爲講官。及至治末，詔作太廟，命集議之。澄言：「先王廟制，三昭三穆，與太祖而七。宗廟大禮，宜攷古便。」有司習見同堂異室之制，苟且欲速，卒不能從。澄已有去志，會修《英宗實録》，命總其事。居數月，《實録》成。未上，即移疾不出。中書左丞許思敬奉旨賜宴國史院，仍致朝廷勉留之意。宴罷，即出城登舟去。中書聞之，遣官驛追，不及而還。言於帝曰：「吳澄，國之名儒，朝之舊德。今請老而歸，不忍重勞之，宜有所褒異。」詔加資善大夫，仍以金綺鈔貫賜之。

澄身若不勝衣，常端坐拱手，氣融神邁，答問亹亹，使人涣若冰釋。故出登朝著，退居鄉閭，道路之所經由，士大夫争迎請執業。四方之士，不憚數千里，躡屩負笈，來學山中者，常不下千數百人。少暇即著書，於《易》、《書》、《春秋》、《禮記》各有纂言，盡破傳註穿鑿，而精明簡潔，卓然成一家言。尤有得於邵子之學，校定《皇極經世書》，又校正《老子》、《莊子》、《太玄經》、《樂律》及《八陣圖》、《葬書》。晚年頗悔落鑽研著述窠臼，乃曰：「提耳而誨之，可使不識一字之凡夫，立造神妙。」其獨悟如此。初，澄所居草屋數間，程鉅夫題曰「草廬」，學者稱爲草廬先生。天曆三年，朝廷以澄耆舊，特命次子京爲撫州教授，以便奉養。明年六月得疾，有大星墜其舍東北，澄卒，年八十五。贈江西行省左丞、上護軍，追封臨川郡公，謚文正。明宣德間，從祀孔子廟庭，嘉靖間罷。

馮從吾《元儒攷略》卷三　吳澄，字幼清，撫州崇仁人。自幼穎悟，九歲從羣子弟試鄉校，每中𢦏列。既長，於經傳皆習通之，知用力聖賢之學。宋末，舉進士不第，入山著書。元世祖時，侍御史程鉅夫奉詔求賢江南，起澄至京師。未幾，以母老辭歸。鉅夫請置澄所著書於國子監，以資學者，朝廷命有司即其家録上。

元貞初，游龍興，按察經歷郝文迎至郡學，日聽講論，録其問答，凡數千言。行省掾元明善以文學自負，嘗問澄《易》、《詩》、《書》、《春秋》奧義，歎曰：「與吳先生言，如探淵海。」遂執弟子禮事之。左丞董士選延之家，親執饋食，曰：「吳先生，天下士也。」既入朝，薦澄有道，擢應奉翰林文字。有司敦勸，久之乃赴，而代者已至，澄即日南歸。未幾，除江西儒學副提舉。居三月，以疾去。至大初，召爲國子監丞。皇慶初，升司業。嘗爲學者言：「朱子於道，問學之功居多，而陸子静以尊德性爲主。問學不本於德性，則其敝必偏於言語訓釋，故學以尊德性爲本。」議者遂以澄爲陸氏之學。澄一夕謝去，諸生有不謁告從之南者。俄拜集賢直

學士，俾乘驛至京師。次真州，疾作，不果行。家居，四方從學者恒數百人。

英宗即位，起翰林學士。時敕寫金字《藏經》，命澄爲序，澄辭不奉詔。泰定初，爲經筵講官，進《帝範》、《資治通鑑》、《大學衍義》、《貞觀政要》諸書。尋謝病歸，從學者益衆。再徵不起，卒於家，年八十有五。追封臨川郡公，謚文正。

澄身若不勝衣，正坐拱手，氣融神邁，問答亹亹，使人涣若冰釋。所居僅草廬數椽，程御史題曰「草廬」，學者稱草廬先生。所著有《易》、《春秋》、《禮記》、《尚書纂言》、《私録》、《支言》等書。又著《學基》、《學統》二篇，使人知學之本與爲學之序云。《元史》有傳。

黄宗羲《宋元學案》卷九二《草廬學案・文正吴草廬先生澄》 吴澄，字幼清，撫州崇仁人。年二十，應鄉試中選，春省下第。越五載而元革命，程鉅夫求賢江南，起先生至京師，以母老辭歸。鉅夫請置先生所著書于國子監。左丞董士選薦授應奉翰林文字，至官而去，除江西提學副提舉，居三月，又以疾去。至大元年，召爲國子監丞，陞司業。爲學者言：「朱子于道，問學之功居多，而陸子以尊德性爲主。問學不本于德性，則其蔽必偏于語言訓釋之末。故學必以德性爲本，庶幾得之。」議者遂以先生爲陸氏之學，非許氏崇信朱子本意，然亦莫知朱、陸之爲何如也。先生一日謝去，未幾，以集賢直學士召，不果行。英宗即位，遷翰林學士，進階太中大夫。泰定元年，爲經筵講官。至治末，請老而歸。先生嘗曰：「道之大，原出于天，神聖繼之。堯舜而上道之元也，堯舜而下道之亨也，洙、泗、魯、鄒其利也，濂、洛、關、閩其貞也。分而言之，上古則羲皇其元，堯、舜其亨，禹、湯其利，文、武、周公其貞乎。中古之統，仲尼其元，顔、曾其亨，子思其利，孟子其貞乎。近古之統，周子其元也，程、張其亨也，朱子其利也，孰爲今日之貞乎？」其自任如此。元统元年卒，年八十五。追封臨川郡公，謚文正。初，先生所居草屋數間，鉅夫題曰「草廬」，故學者稱爲草廬先生。

備論

吴澄《吴文正公集》卷首揭傒斯《大元敕賜故翰林學士資善大夫知制誥同修國史贈江西等處行中書省左丞上護軍追封臨川郡公謚文正吴公神道碑》 臣竊惟我國家自太祖皇帝至於憲宗，凡歷四朝五十餘載，天下猶未一，法度猶未張，聖人之學猶未明。世祖皇帝以天縱之聖，繼統纂業，豪傑並用，群儒四歸，武定文承，化被萬國，何其盛歟！至若真儒之用，時則有若許文正公，由朱子之言，聖人之學，位列台輔，施教國子，是以天啓昌明之盛也。乃若吴公研磨六經，疏滌百氏，綱明目張，如禹之治水，雖不獲任君之政，而著書立言，師表百世，又豈一材一藝所得並哉？其學之源則見於《易》、《詩》、《書》、《春秋》、《禮記》諸纂言，其學之序則見於《學統》、《學基》諸書，而深造極詣，猶莫尚於邵子。其所著書、文章皆行于世。公隱居時，有草屋數間，程文憲公過而署其牖曰「草廬」，故號草廬先生。其葬以元丁亥。其墓在縣之禮賢鄉，地名左橋陳頓坑。其銘曰：

天地之大，六籍載焉。帝王之尊，六籍位焉。六籍之道，無内無外。六籍之義，有顯有晦。匪伊求之，道何由明。匪伊明之，道何由行。昔豈弗求，求或未至。昔豈弗明，明或猶蔽。天監六籍，生以哲人。扶微闡幽，志氣如神。其言汪汪，其書洋洋。其學之方，其國之光。天下儒師，國中通貴。永配許公，以式百世。

藝文

趙孟頫《松雪齋文集》卷六《送吴幼清南還序》 士少而學之於家，蓋亦欲出而用之於國，使聖賢之澤，沛然及於天下，此學者之初心。然而往往淹留偃蹇，甘心草萊岩穴之間，老死而不悔，豈不畏天命而悲人窮哉？誠退而省吾之所學，於時爲有用耶，爲無用耶？可行耶，不可行耶？則吾出處之計，瞭然定於胸中矣，非苟爲是栖栖也。近年以來，天子遣使者巡行江左，搜求賢才，與圖治功，而侍御史程公亦在行。程公思解天子渴賢之心，得臨川吴君澄，與偕來。吴君博學多識，經明而行脩，達時而知務，誠稱所舉矣，而余亦濫在舉中。既至京師，吴君翻然有歸志，曰：「吾之學無用也，迂而不可行也。」賦淵明之詩一章、朱子之詩二章而歸。

吴君之心，余之心也。以余之不才，去吴君何啻百倍。吴君且往，則余當何如也？吾鄉有敖君善者，吾師也。曰錢選舜舉，曰蕭和子中，曰張復亨剛父，曰陳慤信仲，曰姚式子敬，曰陳康祖無逸，吾友也。吾處吾鄉，從數子者游，放乎山水之間，而樂乎名教之中，讀書彈琴，足以自娱。安知造物者不吾舍也，而吾豈有用者哉？吴君行有日，謂余曰：「吾將歸游江淛，求子之友。」余既書所賦詩三

章以贈行，又列吾師友之姓名，使吳君因相見而道吾情。至杭，見戴表元率初者，鄞人也；鄧文原善之者，蜀人也，亦吾友也，其亦以是致吾意焉。

何中《知非堂稿》卷五《壽吳學士草廬八十》 四朝加禮聘車勤，又際龍飛沐異恩。聖主執經常賜坐，大官承學盡趍門。格天勳業身徐退，平地神仙道愈尊。春有八千纔八十，桃花紅嫩酒盈樽。

虞集《道園學古録》卷四《臨川吳先生畫像贊》 業廣而精，德周而尊。釐析群言，以究斯文。章甫玄端，書册左右。豈弟君子，天錫眉壽。

虞集《道園學古録》卷四四《祭吳先生文》 維元統元年，歲在癸酉，十二月辛卯朔，三日癸巳，奎章閣侍書學士、翰林侍講學士、通奉大夫、知制誥、同修國史契家學生虞集，謹以清酌庶羞，祭于近故學士先生吳公之靈曰：

於乎！惟皇上帝，未喪斯文。篤生先生，在我聖元。肅肅先生，早勇進道。脱絶凡俗，非禮勿蹈。方員直平，步趍惟程。縷析條分，朱之治經。既即既安，體充用達。信其有爲，自比諸葛。宋熄其炎，斂而退藏。沉潛密微，歷覽無方。玩心神明，天人妙契。時行物生，獨據其會。私淑諸人，其書滿家。地負海涵，優游歲華。至元以來，聖賢繼作。屢聘益尊，麟從鳳若。君子偕來，言觀言依。誨言周詳，虚至實歸。慨然歸歟，爲世楷則。折衷群言，以究聖極。天錫眉壽，安和聰明。修辭正經，於昭具成。及門之徒，景附聲合。天不慭遺，嚮哭交怛。昔我先君，來寓兹邑。取友定交，寔尚道德。小子不敏，竊聆緒言。粗兹有聞，敢昧其原。忝位于朝，每踵先覺。承乏滯留，詎曰能學。自江徂燕，厥里五千。琅琅寄詩，意速我還。屬罹多故，得歸孔後。卒業之志，竟不能究。木壞山頽，後死之悲。一觴寓哀，匪哭其私。嗚呼哀哉，尚饗！

劉岳申《申齊集》卷一二《祭草廬先生吳公文》 嗚呼臨川，天挺人豪。在宋盛時，尊道術者，無如王氏之篤；尊德性者，無如陸氏之高。之二氏者，其視勢利之在天下，曾不如泰山之秋毫。皇元肇興，先生時超，道程朱之問學，糸王陸以遊遨。談經於雜亂紛糾既解之後，若易而實難；析理於毫釐千里既辨之末，宜逸而反勞。蓋議《禮》者，易訟而難決；學《易》者，易剸而難操。惟得□□子路之折獄，惟得意如庖丁之善刀。其博學彊記，在前史爲獨行。其善教不倦，與後出如同袍。望古之人以汲汲，遇不知者而囂囂。不媢疾以爲貶，不諛悦以爲褒。是故尊爵兼天人之貴，而榮名極一時之遭。進而啓沃大者，誦伊傳訓命之敷陳；退而講習小者，爲菁莪棫樸之薰陶。伊川、康節，有其名而無其禄；申公、轅固，與之壽而迍其膏。公之存也，自南自北，皆知悦服。公之殁也，識與不識，皆爲號咷。岳申曩緣末屬，辱視同曹，由延譽以知名，如拔尤而譽髦。恨及門之遲暮，忽聞訃而哀嗸。望山頽其已已，感川逝之滔滔。惟公之門生弟子在天下如吾徒者，殆隻兔乘鴈之一毛。甫自今而越弔，恨誰昔之魯澤。感病軀之歲晏，寄薄奠於春醪。蓋將爲朝野之永歎，非徒効閭里之長號。

宋濂《宋文憲公全集》卷三九《國朝名臣序頌・吳文正公澄》 紫氣蟬聯，神物蜿蜒，有開必先。山川降神，自元而貞，篤生哲人。慎斯勤斯，絶乎等夷，於道早知。厲如秋霜，煦如春陽，何德之昌。抱膝而居，氣蓋八區，闕而弗舒。玩心神明，操觚弗停，興衛聖經。學徒是依，毛之有麒，甲之有龜。斠其淵沖，以消吝封，心熙氣融。大明當軒，屢聘益尊，施教成均。北許南吳，先後合符，人文之敷。

楊士奇《東里文集》卷一三《吳文正公從祀議》 欽奉聖旨，命臣等考究元儒吳澄應否從祀，議擬奏聞。臣士奇等欽遵，考得元翰林學士吳澄所著書，及奎章閣侍書學士虞集所狀澄事行。蓋澄自十歲得宋儒朱熹所註《大學》讀之，即知爲學之要，專勤誦讀，次讀《語》、《孟》、《中庸》亦然，遂大肆力於諸經，十五專務聖賢之學，致踐履之實，以道自任。其所自勵，有《勤》、《謹》、《敬》、《和》、《自新》、《自脩》、《消人欲》、《長天理》、《克己》、《悔過》、《矯輕》、《警惰》、《顔冉》、《理一》等銘。其教學者，有《學基》、《學統》等篇。深究濂、洛、關、閩之旨，考正《孝經》，校定《易》、《書》、《詩》、《春秋》，脩正《儀禮》、《小戴記》及邵雍、張載之書，有《易》、《書》、《春秋》、《禮記纂言》及《易纂言外翼》，皆所以啓大道之堂奥，開來學之聰明，傳之百世而無弊也。時朝廷屢起之，乃就國子監丞，稍進司業，一言不合，即自解去。後屢徵復起，亦不久於位，進退之際，卓然君子。蓋元之正學大儒，許衡及澄二人。衡遭際世祖，功在朝廷。澄在朝之日雖淺，其職論思，教成均，勸講經筵，咸積誠意；預大議，論大事，咸引古道，而功在學者尤多，故二人之没，皆謚文正。衡在當時，已列從祀。澄既後出，又卒於元衰之際，當時已有建議，宜列從祀者。屬元綱日頽，未及舉行。今澄所著諸書具在，我國家崇儒重道，大明《四書》、《五經》及《性理》之旨，凡澄所言，皆見采録，以惠學者。蓋澄問學之功，朱熹以來，莫或過之。而從祀諸儒，自荀况下至范甯，語其事功，皆未及澄。今若升澄從祀孔子廟庭，列諸許衡之次，允愜斯文之公議，昭國家之盛典。謹具奏聞，伏候勑旨。

不忽木部

綜述

《元史》卷一三〇《不忽木傳》　不忽木一名時用，字用臣，世爲康里部大人。康里，即漢高車國也。祖海藍伯，嘗事克烈王可汗。王可汗滅，即棄家從數千騎望西北馳去，太祖遣使招之，答曰：「昔與帝同事王可汗，今王可汗既亡，不忍改所事。」遂去，莫知所之。

子十人，皆爲太祖所虜，燕真最幼，年方六歲，太祖以賜莊聖皇后。后憐而育之，遣侍世祖於藩邸。長從征伐，有功。世祖威名日盛，憲宗將伐宋，命以居守。燕真曰：「主上素有疑志，今乘輿遠涉危難之地，殿下以皇弟獨處安全，可乎？」世祖然之，因請從南征。憲宗喜，即分兵命趨鄂州，而自將攻蜀之釣魚山，令阿里不哥居守。憲宗崩，燕真統世祖留部，覺阿里不哥有異志，奉皇后稍引而南，與世祖會于上都。

世祖即位，燕真未及大用而卒，官止衛率。不忽木其仲子也，資禀英特，進止詳雅，世祖奇之，命給事裕宗東宫，師事太子贊善王恂。恂從北征，乃受學於國子祭酒許衡。日記數千言，衡每稱之，以爲有公輔器。世祖嘗欲觀國子所書字，不忽木年十六，獨書《貞觀政要》數十事以進，帝知其寓規諫意，嘉歎久之。衡纂歷代帝王名謚、統系、歲年，爲書授諸生，不忽木讀數過即成誦，帝召試，不遺一字。

至元十三年，與同舍生堅童、太答、禿魯等上疏曰：【略】書奏，帝覽之喜。

十四年，授利用少監。十五年，出爲燕南河北道提刑按察副使。帝遣通事脱虎脱護送西僧往作佛事，還過真定，笞驛吏幾死，訴之按察使，不敢問。不忽木受其狀，以僧下獄。脱虎脱直欲出僧，辭氣倔强，不忽木令去其冠庭下，責以不職。脱虎脱逃歸以聞，帝曰：「不忽木素剛正，必爾輩犯法故也。」繼而燕南奏至，帝曰：「我固知之。」

十九年，陞提刑按察使。有訟(静)〔浄〕州守臣盗官物者，(静)〔浄〕州本隸河東，特命不忽木往按之，歸報稱旨，賜白金千兩、鈔五千貫。

二十一年，召參議中書省事。時榷茶轉運使盧世榮阿附宣政使桑哥，言能用己，則國賦可十倍於舊。帝以問不忽木，對曰：「自昔聚斂之臣，如桑弘羊、宇文融之徒，操利術以惑時君，始者莫不謂之忠，及其罪稔惡著，國與民俱困，雖悔何及。臣願陛下無納其説。」帝不聽，以世榮爲右丞，不忽木遂辭參議不拜。二十二年，世榮以罪被誅，帝曰：「朕殊愧卿。」擢吏部尚書。時方籍没阿合馬家，其奴張散札兒等罪當死，謬言阿合馬家貲隱寄者多，如盡得之，可資國用。遂鈎考捕繫，連及無辜，京師騷動。帝頗疑之，命丞相安童，集六部長貳官詢問其事，不忽木曰：「是奴爲阿合馬心腹爪牙，死有餘罪。爲此言者，蓋欲苟延歲月，徼幸不死爾。豈可復受其誑，嫁禍善良耶？急誅此徒，則怨謗自息。」丞相以其言入奏，帝悟，命不忽木鞫之，具得其實，散札兒等伏誅，其捕繫者盡釋之。

二十三年，改工部尚書。九月，遷刑部。河東按察使阿合馬，以貲財諂媚權貴，貸錢於官，約償羊馬，至則抑取部民所産以輸。事覺，遣使按治，皆不伏，及不忽木往，始得其不法百餘事。會大同民饑，不忽木以便宜發倉廪賑之。阿合馬所善幸臣奏不忽木擅發軍儲，又鍛鍊阿合馬使自誣服。帝曰：「使行發粟以活吾民，乃其職也，何罪之有？」命移其獄至京師審視，阿合馬竟伏誅。吐土哈欽察之爲人奴者增益其軍，而多取編民，中書僉省王遇驗其籍改正之。吐土哈遂奏遇有不臣語。帝怒欲斬之，不忽木諫曰：「遇始令以欽察之人奴爲兵，未聞以編民也。萬一他衛皆倣此，户口耗矣。若誅遇，後人豈肯爲陛下盡職乎？」帝意解，遇得不死。

二十四年，桑哥奏立尚書省，誣殺參政楊居寬、郭佑。不忽木争之不得，桑哥深忌之，嘗指不忽木謂其妻曰：「他日籍我家者此人也。」因其退食，責以不坐曹理務，欲加之罪，遂以疾免。車駕還自上都，其弟野禮審班侍坐輦中，帝曰：「汝兄必以某日來迎。」不忽木果以是日至。帝見其癯甚，問其禄幾何，左右對以滿病假者例不給，帝念其貧，命盡給之。

二十七年，拜翰林學士承旨、知制誥兼修國史。二十八年春，帝獵柳林，徹里等劾奏桑哥罪狀，帝召問不忽木，具以實對。帝大驚，乃決意誅之。罷尚書省，復以六部歸于中書，欲用不忽木爲丞相，固辭，帝曰：「朕過聽桑哥，致天下

不安，今雖悔之，已無及矣。朕識卿幼時，使卿從學，政欲備今日之用，勿多讓也。」不忽木曰：「朝廷勳舊，齒爵居臣右者尚多，今不次用臣，無以服衆。」帝曰：「然則孰可？」對曰：「太子詹事完澤可。嚮者籍没阿合馬家，其賂遺近臣，皆有簿籍，唯無完澤名。又嘗言桑哥爲相，必敗國事，今果如其言，是以知其可也。」帝曰：「然非卿無以任吾事。」乃拜完澤右丞相，不忽木平章政事。上都留守木八剌沙言改按察司置廉訪司不便，宜罷去，乃求憲臣贓罪以動上聽。帝以責中丞崔彧，彧謝病不知。不忽木面斥彧不直言，因歷陳不可罷之説，帝意乃釋。

王師征交趾失利，復謀大舉，不忽木曰：「島夷詭詐，天威臨之，寧不震懼，獸窮則噬，勢使之然。今其子日燇襲位，若遣一介之使，諭以禍福，彼能悔過自新，則不煩兵而下矣。如或不悛，加兵未晚。」帝從之。於是交趾感懼，遣其僞昭明王等詣闕謝罪，盡獻前六歲所當貢物。帝喜曰：「卿一言之力也。」即以其半賜之，不忽木辭曰：「此陛下神武不殺所致，臣何功焉。」惟受沉水假山、象牙鎮紙、水晶筆格而已。

麥木丁請復立尚書省，專領右三部，不忽木庭責之曰：「阿合馬、桑哥相繼誤國，身誅家没，前鑒未遠，奈何又欲效之乎！」事遂寢。或勸征流求，及賦江南包銀，皆諫止之。桑哥黨人納速剌丁等既誅，帝以忻都長於理財，欲釋不殺。不忽木力争之，不從。日中凡七奏，卒正其罪。

釋氏請以金銀幣帛祠其神，帝難之。不忽木曰：「彼佛以去貪爲寶。」遂弗與。或言京師蒙古人宜與漢人間處，以制不虞。不忽木曰：「新民乍遷，猶未寧居，若復紛更，必致失業。此蓋姦人欲擅貨易之利，交結近幸，借爲納忠之説耳。」乃圖寫國中貴人第宅已與民居犬牙相制之狀上之而止。

有譖完澤徇私者，帝以問不忽木。對曰：「完澤與臣俱待罪中書，設或如所言，豈得專行。臣等雖愚陋，然備位宰輔，人或發其陰短，宜使面質，明示責降，若内懷猜疑，非人主至公之道也。」言者果屈，帝怒，命左右批其頰而出之。是日苦寒，解所御黑貂裘以賜。

帝每顧侍臣，稱塞咥旃之能，不忽木從容問其故，帝曰：「彼事憲宗，常陰資朕財用，卿父所知。卿時未生，誠不知也。」不忽木曰：「是所謂爲人臣懷二心者。今有以内府財物私結親王，陛下以爲若何？」帝急揮以手曰：「卿止，朕失言。」

三十年，有星孛于帝座。帝憂之，夜召入禁中，問所以銷天變之道，奏曰：「風雨自天而至，人則棟宇以待之；江河爲地之限，人則舟楫以通之。天地有所不能者，人則爲之，此人所以與天地參也。且父母怒，人子不敢疾怨，惟起敬起孝。故《易・震》之象曰『君子以恐懼修省』，《詩》曰『敬天之怒』，又曰『遇災而懼』。三代聖王，克謹天戒，鮮不有終。漢文之世，同日山崩者二十有九，日食地震頻歲有之，善用此道，天亦悔禍，海内乂安。此前代之龜鑑也，臣願陛下法之。」因誦文帝《日食求言詔》。帝悚然曰：「此言深合朕意，可復誦之。」遂詳論款陳，夜至四鼓。明日進膳，帝以盤珍賜之。

三十年，帝不豫。故事，非國人勳舊不得入卧内。不忽木以謹厚，日視醫藥，未嘗去左右。帝大漸，與御史大夫月魯那顔、太傅伯顔並受遺詔，留禁中。丞相完澤至，不得入，伺月魯那顔、伯顔出，問曰：「我年位俱在不忽木上，國有大議而不預，何耶？」伯顔歎息曰：「使丞相有不忽木識慮，何至使吾屬如是之勞哉！」完澤不能對，入言於太后。太后召三人問之。月魯那顔曰：「臣受顧命，太后但觀臣等爲之。臣若誤國，即甘伏誅，宗社大事，非宮中所當預知也。」太后然其言，遂定大策。其後發引、升祔、請謚南郊，皆不忽木領之。

成宗即位，執政皆迎於上都之北。丞相常獨入，不忽木至數日乃得見，帝問知之，慰勞之曰：「卿先朝腹心，顧朕寡昧，惟朝夕啓沃，以匡朕不逮，庶無負先帝付託之重也。」成宗躬攬庶政，聽斷明果，廷議大事多采不忽木之言。太后亦以不忽木先朝舊臣，禮貌甚至。

河東守臣獻嘉禾，大臣欲奏以爲瑞。不忽木語之曰：「汝部内所産盡然耶，惟此數莖耶？」曰：「惟此數莖爾。」不忽木曰：「若如此，既無益於民，又何足爲瑞。」遂罷遣之。西僧爲佛事，請釋罪人祈福，謂之秃魯麻。豪民犯法者，皆賄賂之以求免。有殺主、殺夫者，西僧請被以帝后御服，乘黄犢出宮門釋之，云可得福。不忽木曰：「人倫者，王政之本，風化之基，豈可容其亂法如是。」帝責丞相曰：「朕戒汝無使不忽木知，今聞其言，朕甚愧之。」使人謂不忽木曰：「卿且休矣！朕今從卿言，然自是以爲故事。」有奴告主者，主被誅，詔即以其主所居官與之。不忽木言：「若此必大壞天下之風俗，使人情愈薄，無復上下之分矣。」帝悟，爲追廢前命。執政奏以爲陝西行省平章政事，太后謂帝曰：「不忽木朝廷正人，先皇帝所付託，豈可出之於外耶！」帝復留之。竟以與同列多異議，稱疾不出。元貞二年春，召至便殿曰：「朕知卿疾之故，以卿不能從人，人亦不能從卿也。欲以段貞代卿，如

何？」不忽木曰：「貞實勝於臣。」乃拜昭文館大學士、平章軍國重事。辭曰：「是職也，國朝惟史天澤嘗爲之，臣何功敢當此。」制去「重」字。

大德二年，御史中丞崔彧卒，特命行中丞事。三年，兼領侍儀司事。有因父官受賄賂，御史必欲歸罪其父，不忽木曰：「風紀之司，以宣政化、勵風俗爲先，若使子證父，何以興孝！」樞密臣受人玉帶，徵贓不敍，御史言罰太輕，不忽木曰：「禮，大臣貪墨，惟曰簠簋不飾，若加笞辱，非刑不上大夫之意。」人稱其平恕。四年，病復作，帝遣醫治之，不效，乃附奏曰：「臣孱庸無取，叨承眷渥，大限有終，永辭昭代。」引觴滿飲而卒，年四十六。帝聞之驚悼，士大夫皆哭失聲。

家素貧，躬自爨汲，妻織紝以養母。後因使還，則母已死，號慟嘔血幾不起。平居服儒素，不尚華飾。祿賜有餘，即散施親舊。明於知人，多所薦拔，丞相哈剌哈孫答剌罕亦其所薦也。其學，先躬行而後文藝。居則簡默，及帝前論事，吐辭洪暢，引義正大，以天下之重自任，知無不言。世祖嘗語之曰：「太祖有言，人主理天下，如右手持物，必資左手承之，然後能固。卿實朕之左手也。」每侍燕間，必陳說古今治要，世祖每拊髀歎曰：「恨卿生晚，不得早聞此言，然亦吾子孫之福。」臨崩，以白璧遺之，曰：「他日持此以見朕也。」武宗時，贈純誠佐理功臣、太傅、開府儀同三司、上柱國、魯國公，謚文貞。

趙孟頫《松雪齋文集》卷七《故昭文館大學士榮祿大夫平章軍國事行御史中丞領侍儀司事贈純誠佐理功臣太傅開府儀同三司上柱國追封魯國公謚文貞康里公碑》 粵若稽古，唐虞三代之時，堯、舜、禹、湯、文、武之爲君，皋、夔、稷、契、伊、傅、周、召之爲臣，明良相逢，道同而德一，天爲之清，地爲之寧，四海晏然，萬物咸遂。是皆有以開乾坤之運，鍾川岳之氣，故能致雍熙之和，立泰平之基。更數千載，其事紀于詩書，不可誣也。唯我世祖聖德神功文武皇帝，躬神武之姿，心仁厚之德，混一區宇，視民如傷。中統、至元之間，民物熙熙，知有生息之樂，蓋將參堯、舜而回三代，時則有以道事君，不詭不阿，躋世于時雍，若皋、夔、稷、契，伊、傅、周、召之爲者，則魯國文貞公其人也。

公諱不忽木，自祖父海藍伯而上，世爲康里部大人。海藍伯事王可汗，王可汗滅，帥麾下遁去，太祖皇帝虜其全部以歸。第十子燕真，年十餘歲，分賜莊聖太后，唯恭謹，善爲弓服，事世祖皇帝不離左右，配以高麗美人，名長姬，姓金氏。生五子，次二爲公。公幼事裕廟于東宮間，因簡衛士子，俾師贊善王恂。恂從北征，而太傅魏國許文正公衡爲國子祭酒。公時年十二，眉目秀美，進退詳雅，已如成人。父知其非常兒，請于上，欲教之讀書。有旨入國子學，師事許公。性强記，日誦千餘言，有問必及綱領。許公亟稱之，謂公必大用于世，名之曰時用，字之曰用臣。起家爲利用少監，出爲燕南河北道提刑按察副使，尋升提刑按察使。嘗使河東，道遇饑民，死徙相屬，因便宜發廪，所活數萬人。歲旱，行部所至輒雨。入爲吏、工、刑三部尚書。桑哥得政，公數與之争事于上前。桑哥怒，切齒于公，使西域賈人詐爲訟冤者，遣公美珠一篋，公却之。已而知其謀出于桑哥，因謝病免。拜翰林學士承旨，奉使燕南。公弟野理審班與徹里等間劾奏桑哥，上怒，捕系桑哥，遣使者趣召公還。入見，語連日夜，卒誅桑哥。

桑哥誅，命公爲丞相，公讓太子詹事完澤。是時上春秋高，成宗將兵北方，位號猶未正，公謂：「相東宫舊臣，則衆論自定，國家自安矣。」上默然良久，嘆息曰：「卿慮及此，社稷之福也！」於是完澤爲丞相，而公平章政事。桑哥時賣官，高下有定價，上自朝廷，下至州縣，綱紀大壞。在官者以掊克相尚，民不堪命，往往起爲盜賊。公與諸公謀議，欲革桑哥弊政，首召用舊臣爲桑哥所斥逐者，尤重文學知名之士，使更相薦舉，雖毫髮之善，亦無所遺。桑哥之黨，唯忻都、納速納丁蔑理、王濟等罪狀尤著，則劾治而誅之，其餘隨才拔擢，待之無間，由是人情翕然悦服。每遣使，必慎擇其人，使還，問之以所至長吏爲政善惡之狀，其自四方來者亦然，參伍相驗，無能欺者。苟政績尤異，輒上聞，或賜璽書，或賜及物，隨加遷擢。故當是時，百官得其人，萬事得其理，陰陽調和，年穀屢登，庶民樂業，海内大治。世祖暮年以天下事屬之于公，嘗謂公曰：「太祖有言：『國家之事，譬右手執之，復佐以左手，猶恐失之。』今吾爲右手，左手非汝耶？」上每與公極論治道古今成敗之理，至忘寢食，或危坐達旦，謂公曰：「曩與許仲平論治，許仲平不及汝遠甚。先許仲平有隱于朕耶，抑汝之賢過于師耶？」公惶恐謝曰：「臣師見理甚明，臣之所聞知，何足以跂其萬一！第臣師起于布衣，君臣分嚴，進見有時，言不克究。臣賴先臣之力，陛下撫臣兄弟如家人、兒子，朝夕左右。陛下又幸聽其言，故得盡言至此。」上又嘗撫髀嘆曰：「天既幸生汝爲吾輔佐之臣，何不前三二十年，及吾未衰而用之也？」已而，顧謂侍臣曰：「此吾子孫之福也！」或上書謂征流求國及徵江南包銀，有詔集百官議而行之。公力請于上，爲寢其事。公以朝廷庶政多仍襲前代，第求詳于簿書，稽古禮文之事，顧缺而不講，已奏得旨，與文學之士共議，定爲規制，使萬世可以循守。用事之臣有不便者，力加沮抑，故其事中輟，識者至今爲恨。

太尉伯顔受遺詔立成宗，召公共定大計，丞相欲入，亦拒不納。成宗以公爲先朝腹心之臣，尤加禮重。事有不可行，公必侃侃正言，援引古今復甚力。上聞之悚然，雖已成命，數奪而止。公在中書，同列頗嚴憚公，或以私意干政，公輒拒不從，由是深以爲怨。會公以疾在告，上亦不豫久，因構公與丞相有隙，出公爲陝西省平章。他日聖體稍安，怪公不預奏事，問知其故，大怒，責丞相以爲欺，立召公復入中書。公體素弱，至是氣羸益甚，上以御史臺事簡，拜昭文館大學士、平章軍國事，行御史中丞，領侍儀司事。公已去，朝廷之政稍紊于其舊。久之，丞相頗覺爲同列所誤，不得與公共事，對公引咎自責，流泪滿襟。未幾，果以累聞，于是朝廷益知公之賢。公在御史臺，監察御史及各道廉訪使者，多擇士人爲之，患吏不知義理，言通一經一史試吏，及勸上降詔勉勵學校，議行科舉。所改苛法，如按官吏犯臓，子不得證父，妻妾不得證夫主，皆仁政之大者。公慮完澤之後大臣中無可繼之者，乃薦荅剌罕哈剌哈孫自江浙行省平章政事召拜丞相，嚴重守正，卒有功于社稷。武宗出鎮北邊，百官郊餞，欲與公易所騎馬，公謝不敢當，第獻所騎馬。明年，使者自塞上來，賜公名鷹一，蓋武宗已屬意于公矣。

公喜劑量人才，聞人有善，汲汲然求之，唯恐不及。今之朝士，凡知名天下者，皆其客也。世祖知公之貧，數厚贈公，公悉以分昆弟故人之家，無所遺餘。子孫所仰，唯第宅、碾磨之類，蓋賜物之不可分者。公薨于大德四年□月十七日，年止四十又六。天子震悼，士大夫哭泣相吊。是月廿七，葬大都西四十里東安祖之原。葬之日，都城之民爲之罷市。公得君而不恃，得君而不滿，居高位而自卑若不足。天下視其身進退爲朝堂重輕。十年，武宗追念其忠，贈純誠佐理功臣、開府儀同三司、太傅、上柱國，追封魯國公，謚文貞。夫人寇氏、王氏，皆魯國夫人。寇氏前卒，生子回，今爲淮西廉訪使。王氏，〔御史中丞薊國文正公壽之女。〕生子巎，今爲集賢待制。〔女立童，適御史中丞相朵兒赤之子不花。〕二夫人皆與公合葬。父官至衛率，贈開府儀同三司、上柱國，追封晉國公；母晉國夫人。祖父贈光禄大夫、上柱國，追封河東郡公；祖母河東郡太夫人。世祖臨崩，賜公璧一，曰：「汝死持此來見我。」故公之薨，與璧俱葬。君臣之義，死生不渝如此。銘曰：

大哉有元，皇皇世祖。仁明而武，以一天下。天下既一，帝賚良弼。整我皇綱，儀爾百辟。于唯魯公，百辟是儀。篤學力行，聖賢爲師。利用是監，按察是司。入長天官，天官唯時。乃董考工，百工攸宜。乃領司寇，直哉無私！爰陟辨章，百揆咸敘。無言不讎，帝所倚注。鉏鋤惡草，長養嘉穀。晚領臺綱，朝廷是肅。父父子子，夫夫婦婦。下毋證上，風俗益厚。當是之時，陰陽和平。雨暘時若，百穀熟成。薄海内外，於變時雍。匪公則賢，維帝任公。昔在唐虞，皋夔稷契。殷周之世，伊旦孔碩。公之事君，動與道俱。雖古名臣，何以加諸？帝將上天，白璧是授。公今雖没，在帝左右。王城之西，巍巍高墳。樹之松柏，鬱然如雲。盛德之源，澤流子孫。凡百有位，視此刻文。

蘇天爵《元朝名臣事略》卷四《平章魯國文貞公》 公名不忽木，康里氏。由國學生擢利用少監，出爲燕南提刑按察使，召爲參議中書省事，歷吏、工、刑三部尚書，拜翰林學士承旨。至元二十八年，拜中書平章政事。三十一年，出爲陝西行省平章政事，將行，留爲昭文館大學士、平章軍國事。大德二年，加行御史中丞，領侍儀司事。四年，薨，年四十六。

康里，則漢高車。其國内屬，質貴族子十人，燕真年最少，世祖時猶王也，莊聖太后遣之入侍，嘗同卧起，寒暑飢渴，曾不告勞。公其元子，幼事裕廟於東宫，後因簡拔衛士子，廪以官帑，俾師贊善王恂，公在其間。恂從北征，太傅、魏國許文正公辭中書左揆，拜集賢大學士、國子祭酒，敕胄子與嘗游恂門者，皆從之學。公年十二，穎慧强敏，志力兼人。太傅非旬休不至家，恐妨授徒，每令諸生直日，以謝客至。公則持書崇朝放夕，坐中門不移，否則擁篲播灑，褰簾操杖。出必乘馬導前，無馬徒從，循循安之。其敬以孝，猶子事父，唯恐斯須仁義之言不聞，道德光輝不接也。太傅異之，易其國言不忽木者爲時用，字用臣，固已見期用世。他日誦説餘力，纂記爲帙，上起唐、虞，下訖遼、金，帝王名謚，統系歲年，在位久近，皆能闇誦。帝嘗試之，其應無滯。牧庵姚公撰《神道碑》。

舉國學生驛致上都，布官中書，宥密憲臺，公少利用監。出副燕南河北道提刑按察使，尋真爲使。或訟静之守臣盜官帑廪，静隸河東山西道，彼自有使，勑不遣，俾公即按，歸報合旨，賜楮帛爲千千五百。《神道碑》。

二十年，宣政使桑哥方見親寵，荼漕盧世榮阿以進言：「臣能使天下賦入倍其舊十。」帝以問公，對曰：「漢、唐聚斂之臣如桑弘羊、劉晏，世主初亦賞其納忠，及後賦國病民，怨歸於上，而始加誅，雖足少謝天下，而亦貽議千古。臣願陛下無納其謀。」帝弗善之，以世榮爲中書右丞，俾公參議省事，公辭以疾。世榮纔一年敗誅，帝前公曰：「朕甚愧德於卿。」《神道碑》。

爲吏曹歷工曹轉刑曹，凡三爲尚書，其位士師，用獄惟理詰折，俾自屈服，不

加搒掠。《神道碑》。

河東山西道憲使貸母錢天府，約歲輸羊爲角如干千、馬爲蹄如干百，至則悉賦所部州縣而抑其估，爲民所訟，敕公鞫於大同。入境，歲荒，發廪而始治獄，得其不法百餘事，罪當死，服辭皆具，邇臣與有故者，爲之解脱，顧譏公以問獄行，不俟報可而擅發廪，率作違制，帝曰：「出使之臣，身見歲惡，須請而發，民殍死矣！何罪？唯移囚至京師。」公節陳欵辭，百無一遺，制人覆問：「使搒掠汝乎？」對以「未嘗」。曰：「未嘗，則汝受其辜何枉！」遂尸之市。《神道碑》。

戰將某有功北陲，求欽察之奴人者，皆良爲兵，隸己麾下，制可，乃多取編氓入籍。中書遣僉行省臣王國用覈之，爲所釐正什七。彼遂譏其專行，不奉詔。帝怒斬之，刑曹受成命矣，公入陳：「敕惟以欽察之奴人者出而爲兵，未聞以編氓奴籍欽察。或西域、河西諸人例此，雜取編氓以益其軍，則天下之户耗矣。國用之忠宜旌，何罪而誅。」譬解數四而免。《神道碑》。

北京地大震，陷城郭，壓死人民不可紀極。敕遣一國人平章振䘏之，即其地，娶三妻歸。公入問：「既失上遣大臣救災之旨，且觖民望。」其人庭辨不服，至以詈婦人言者相加，公曰：「汝妄事盗殺臣之子，又爲盗殺臣制服，孰爲非夫，孰爲非夫！」其人汗愧噎默莫對，會太官將午舉皆趍出，帝顧謂左右曰：「若人平時似不能言，及其辨事，吐辭鋒出，人有不及畏者。」《神道碑》。

二十四年，桑哥憤中書殺世榮，奏立尚書省，盡統中書六曹，誣殺參政楊居寬、郭佑，中外爲之不寒而凛。大爲勾考，無遺利矣。勢燄薰天，求及門者如輻輳轂。自平章而下，省退則送歸其第。一旦，獨延公至堂，貌敬而忌忮日深。諷巨商僞爲訟冤，入大珠貨公，及拒不受，伺其退食，必欲罪其不坐刑曹，闔省叩請而免，遂疾。帝還自上都，輦載其弟野禮失班，謂曰：「而兄必以某日來迎。」果以其日公立道周，見其孱瘠，曰：「卿躭苦於書攷者，顧當國臣。」問禄幾何，對以滿病告者率不給。帝曰：「其父童卯事朕，恪勤至死。是又朕所教育，貧不能家，何以告爲，其盡以給。」且厚賜之。《神道碑》。

二十八年，桑哥伏誅。帝畋漷北，召至行殿，廢是省，還六曹中書，欲用爲丞相，公辭：「丞相惟國人義爲。」曩籍盗殺臣獲平簿，盡疏入賄其家主名，東宫之臣，唯無完澤。」帝嘗譽曰：「佳兒，我將賚汝，如斯人者義爲。」乃以爲中書丞相，拜公平章政事。恩眷日隆，大政疑令，動見諮諏。引右丞何榮祖同平章，屏棄凶邪，崇拔善良，飭爲吏者皆親經術，一蠲苛虣之法，人心熙洽，以爲復見中統、至元初治。《神道碑》。

時方改提刑按察爲肅政廉訪，上都留守司木八剌沙不便之，入言：「同知西京臣言：河東山西廉副受賕楮泉爲千者五十。」欲因以廢諸司。帝召問公，奏曰：「是事誠有，彼何爲不陳省臺？上都留司何與而知此？必告者得罪其司，爲此誣言，緩其事耳。設廉副受賕，罪止其身，天下憲司，何與而盡去之。」帝意乃釋。《神道碑》。

中書平章麥术丁請復立尚書省，專領户、工、刑三部，召公至上都議，公詰曰：「阿黑馬嘗以領部分中書户、工敗，爲制國用使又敗，爲尚書省又敗，則併歸中書，終以奸贓狼戾，以取誅籍。後桑哥立尚書省，盡奪六部，其威虐貪墨益極，亦就梟夷。既廢復置，將効尤兩人耶！」制是之。《神道碑》。

塔剌海求徵考中書錢穀逋懸，省臣請入止之，公曰：「無庸，急則宸衷必疑，有所覆護，宜聽其爲。若曹小人，旋踵而敗。」未旬月，果以賄誅。《神道碑》。

或請征海國流求與加包銀江南，公曰：「吾元疆理天下，四表之間，橫自窮髮，何所不臣，何資魚鰕之國，始廣土衆民哉。況冒至險航不測，出萬有一安之途，未必利也。始包銀出於河朔未平，真定守臣以公需數斂煩民，會其歲費徵之，以紓急一時，其後天下例之。至憲廟定制，户率賦銀四兩，中統唯聽如數入鈔，實輕其舊之半。今江之南履畝而税，輸酒醋課及他鄉里門徭水馬驛遞，又增包銀，則重斂矣，民將不堪。」事爲之止。《神道碑》。

公每上直，從容獻納，疑者釋，危者安，誣者得以白。上嘗論爲君之難：「以一身臨四海，統萬機，一或逸弛，則民受其殃。」公對曰：「誠如聖諭，向使在昔帝王，咸知儆戒，力行善政，則羣生何患不遂哉！」又論：「老臣有言，天下事如圓枘方鑿，能少寬之，無往不可。」公曰：「人臣當以身徇國，難易在所不計。廢道違忠，以求耦從，則國家奚所賴耶。」上奇賞之。瓠山王公撰《墓誌》。

癸巳冬，彗出東北，上夜坐齋宫，延勳舊大臣，問所以弭之之道。既退，公獨前奏：「臣聞之師，天象垂儆，代有之，聖帝明王，遇災省懼。漢孝文二年日食，詔求直言，輔不逮，辭切義正，具在方册。」乃誦其辭，甫至「天下治亂，在予一人，惟二三執政猶股肱也。其悉思過失，丐以啓告，務省徭費以便民」。上拱坐，以手加額，曰：「朕誠意已萌，卿其亹誦之。」諸大臣復進，令再誦。公奏曰：「聖人之心，與天地通，災不難弭。若桑哥者，素捷給，特試用之，彌彌姦惡，肆毒吏民，中書不敢詰，臺察未嘗糾，因一人之言，即正其罪，天下稱快。臣知聖心與天地

通，而漢文有所不及。今星芒之儆，咎在臣下。」詳論欵接，自四鼓逮翌早進膳，輟盤珍手賜之。其忠懇之志，應事敷言，類如此。《墓誌》。

三十一年，帝不豫。故事，非國人元勳子孫已極貴者，不入侍。惟公嘗藥，以及彌留，無頃刻不在側，有少故出，猶必求之。其後格天發引，成廟繼極，其爲升祔太室，請謚南郊，皆公領之。上以先朝舊臣，猷爲倚毗，禮遇益優，詔令修行，法制因革，皆出其手。《神道碑》。

大德二年，加行御史中丞。乃力新風紀，推擇士子有令望者，皆置廉使。爲政不皎皎以干譽，惟存大節，遵立臺初詔以行，不繁其令。一郡守子受賕，迫使證父，公曰：「持憲之臣，職在宣化清俗，所以厚人倫也。今使證父，何以興孝天下。罪其子，則父視人已靦面目。」宥密臣取人玉帶，惟奏入贓廢棄終身，御史輕之，則曉曰：「大臣貪墨，古人唯曰『簠簋不飾』，蓋不忍暴其惡，非苟私之，所以勵廉恥也。今而曰輕，將與小夫賤隸同笞辱乎，非『刑不上大夫』古人制律之本也。」人多其平恕。《神道碑》。

四年，徽仁裕聖太后崩，公因過哀，所苦增劇，上使其弟式馬理圖偕尚醫視之，知其無及，但附奏謝而已。乃申顧祝，索酒滿引數觴以薨。天子震悼，遠近士夫，撫几伏筵哭失聲，曰：「縫掖方以扶植聖道，仰如喬嶽，不謂今也無依。往矣！哲輔亡矣！來固有位其相矣，非吾黨矣，行吾將誰尚矣！」都城之民爲之罷市。《神道碑》。

公自爲相，左右兩朝，位至軍國，顯融極矣，被服唯儒生。公退未嘗廢書，自號靜得，得君而不恃，得人而不滿，居高位自卑若不足。大下視其身進退，爲廟堂重輕者十年。《神道碑》。

公經德迪慮，明允篤誠，動叶矩度，而未嘗爲近名之事。至於故舊之義，雖久不渝。奬拔士類，寸長必録。其行業表表，當百世不泯。《墓誌》。

曾廉《元書》卷六三《不忽木傳》 不忽木，亦曰不灰木、卜忽木，一名時用，字用臣，世爲康里大人。祖海藍伯，嘗事克烈王汗。王汗滅，太祖招致之，不可，遂去，莫知所之。其子十人，皆爲太祖虜歸。不忽木父燕真最幼，方六歲，太祖以賜莊聖皇后，后憐而育之。後遣侍世祖藩邸，數從征伐，有功。世祖威名日盛，憲宗將伐宋，命之居守。燕真曰：「主上已有疑志，今乘輿遠涉，殿下處安全，可乎？」世祖然之，因請從征。憲宗喜，分兵命趨鄂州，而以阿里不哥居守。已而憲宗崩於蜀，燕真統世祖留部，覺阿里不哥有異志，因啟皇后，密報世祖軍前。世祖即位，欲大用之，會卒，官終衛率，後贈太傅、河南左丞相，晉國公，謚忠憲。海藍伯亦贈河東郡公。

不忽木幼英特，世祖命給事東宫，師事太子贊善王恂，復受學國子祭酒許衡，衡稱爲公輔器。世祖嘗欲觀國子所書字，不忽木年十六，獨書《貞觀政要》數十事以進。帝知其寓規諫也，嘉歎久之。至元十三年，與同舍生堅童、太答、秃忽魯等上疏曰：【略】書奏，帝覽之喜。

十四年，授利用少監。明年，出爲燕南、河北道提刑按察副使，進提刑按察使。二十一年，召參議中書省事。時榷茶轉運使盧世榮附總制使桑哥，言能用已，則國賦可十倍於舊也。帝以問不忽木，對曰：「自昔聚斂之臣，如桑宏羊、宇文融之徒，操利術以惑時君，始莫不謂之忠，及其罪稔惡著，國與民俱困，雖悔何及？臣願陛下無納其說。」帝不聽，不忽木遂辭參議不拜。明年，世榮以罪誅，帝曰：「朕殊愧卿。」擢吏部尚書。時方籍阿合馬家，其奴張散札兒罪當死，謬言阿合馬家資多隱寄，遂連及無辜，鉤考捕繫，京師騷動。帝命中書集議，不忽木曰：「是奴死有餘罪，其爲是言者，蓋冀苟延歲月，儌倖免耳。豈可復受其誑，嫁禍善良耶？」帝悟，遂命誅之，而盡釋諸捕繫者。

二十三年，改工部尚書，遷刑部。河東按察使阿合馬苟媚權貴，貸錢於官，約償牛馬，至則抑取部民。事覺，遣使按治，皆不伏。使不忽木往，始得其不法百餘事。會大同饑，不忽木便宜發倉振之。阿合馬所善幸臣奏不忽木擅發軍儲，又鍛錬阿合馬使自誣服。帝以使行發粟振饑爲其職，而命移河東獄至京師，阿合馬卒服誅。欽察親軍衛使土土哈，求欽察人之爲奴者以增軍，而多取編民。中書僉省王遇騐其籍，改正之，土土哈奏遇有不臣語。帝怒，欲斬之，不忽木曰：「令以欽察之人奴爲兵，未聞以編民也。若他衛皆傚此，户口耗矣。若誅遇，後人豈肯爲陛下盡職乎？」遇由是得不死。明年，桑哥誣殺楊居寬、郭佑，不忽木争之不得，桑哥深忌之，指謂其妻曰：「他日籍我家者，必此人也。」欲誣以罪，因以疾免。二十七年，拜翰林學士承旨知制誥，兼修國史。明年春，徹里劾奏桑哥罪狀，帝乃召不忽木問之。不忽木益發其姦，帝乃決意誅桑哥，而以不忽木爲丞相。不忽木固辭，帝曰：「朕識卿幼時，使從學，政欲備今日之用，何多讓也？」不忽木力舉太子詹事完澤，帝乃以不忽木平章政事。

不忽木既入政府，尤力持紀綱。上都留守木八剌沙言改按察司置廉訪司不便，宜罷去，竝求憲臣贓罪，以動上聽。帝以責中丞崔彧，彧謝病不知。不忽木

面斥或不直言，因歷陳不可罷之説，帝意乃釋。麥术丁請復立尚書省，專領右三部，不忽木廷責之曰：「阿合馬、桑哥相繼誤國，身誅家没，奈何又效之乎？」桑哥黨與既誅，帝以忻都爲善理財，欲釋之。不忽木力言其罪，日中凡七奏，卒誅死。三十年，有星孛於帝座，帝憂之，夜召入禁中，問所以消天變之道。奏曰：「風雨自天而至，人則棟宇以待之。江河爲地之限，人則舟楫以通之。天地有所不能者，人則爲之，此人所以與天地參也。且父母怒，人子不敢疾怨，起敬起孝。故《易·震》之象曰『君子以恐懼修省』，《詩》曰『敬天之怒』，又曰『遇災而懼』。三代聖王，克謹天戒，鮮有不終。漢文之世，同日山崩者二十有九，日食、地震，頻歲有之。善用此道，天亦悔禍，海内乂安，此前代之龜鑑也，臣願陛下法之。」因誦文帝《日食求言詔》，帝悚然曰：「此朕意也，可復誦之。」遂詳論款陳，夜至四鼓。明日進膳，帝以盤珍賜之。

三十一年，帝不豫。故事，非國人勳舊，不得入卧内。帝特命不忽木日侍醫藥，未嘗去左右。帝大漸，與玉昔帖木兒、伯顔受顧命，立成宗。其後發引升祔，請謚南郊，皆不忽木領之。完澤爲右丞相，不忽木所薦也。有譖完澤徇私於世祖者，不忽木曰：「臣等俱待罪中書，完澤豈能專行？設如所言，宜使面質，明示責降。若内懷猜疑，非人主至公之道也。」言者果屈。然完澤以不與顧命，憾不忽木，力擠之，因奏以爲陝西平章政事。太后謂成宗曰：「不忽木朝廷正人，先帝所付託，豈可出之外乎？」帝乃留之。完澤益與齟齬，遂稱疾不出。元貞二年，召至便殿，曰：「朕知卿疾之故，以卿不能從人，人亦不能從卿也。欲以段貞代卿，何如？」對曰：「貞實勝於臣。」乃拜昭文館大學士、平章軍國重事。辭曰：「是職也，國朝惟史天澤嘗爲之，臣何敢當此？」制去「重」字，乃拜。大德二年，御史中丞崔彧卒，特命行中丞事。三年，兼領侍儀司事。四年，疾復作，帝遣醫治之。不效，乃附奏曰：「臣孱庸無取，叨承眷渥。大限有終，永辭昭代！」引觴滿飲而薨，年四十六。帝震悼，士大夫皆哭失聲。

不忽木素貧，躬自爨汲，妻織紝以養母。後因使還而母已卒，號慟歐血，幾不起。平居服儒素，禄賜有餘，則散之親舊。好論薦人，丞相合剌合孫亦其所薦也。其學，先躬行而後文藝，居常簡默。及帝前論事，吐詞宏暢，引義正大，以天下之重自任，知無不言。世祖嘗曰：「太祖有言：『人主理天下，如右手取物，必資左手承之，然後能固。』卿實朕左手也。」每侍燕閒，必陳説古今治要，世祖每拊髀歎曰：「憾卿生晚，不得早聞此言。然亦吾子孫之福。」臨崩，以白璧遺之，曰：「他日持此以見朕也。」性尤不樂隨國人佞佛。世祖遣通事脱脱護送西僧往作佛事，還過真定，箠驛吏，幾死。不忽木下僧獄，而引脱脱去其冠廷下，責以不職。西僧請以金銀幣帛祠佛，不忽木曰：「彼佛以不貪爲寶。」遂弗與也。又嘗因佛事，請釋罪人以祈福，不忽木以爲亂法。成宗責完澤曰：「朕戒汝，毋使不忽木知也。」李元禮諫起五臺山寺，善僧劾其謗佛，不忽木稱其敢言，元禮得不罪。武宗時，贈純誠佐理功臣、太傅、開府儀同三司、上柱國、魯國公，謚文貞，加贈太師，東平王。

雜録

備録

洪亮吉《歷朝史案·元·魯文貞公布呼密不瑞嘉禾》 甘露不足以救一方之旱，醴泉不足以灌一邑之田，靈芝赤草，不足以救一家之餓。《春秋》所以書災異，不書祥瑞也。至于一秀兩歧，一莖九穗，年穀時登，獨非陰陽燮理之效乎。魯公爲先朝元老，曷爲而却嘉禾之獻？曰以河東一郡之大，而僅得此數莖，既無益於民，又何足爲瑞。況以元人之神道設教，而祥瑞之説一開，則鳳凰必集，神龍必見，天書必降。方士符讖之説，雜然前陳，而封祀土木之事作矣。嗣君即位未踰年，春秋鼎盛，能堪此群小蠱惑乎。閑外誘於未至，格非心於未萌，正顧命大臣之責也。他日者，帝欲多爾瑪，謂西僧作佛事釋囚祈福也。此皆元人之陋俗。聞公知之而自愧，其因公言而追廢前命者尤多。維時奠孔子，籍僧佃，除苛政，濟民艱，俾成宗不失爲令辟，帝初即位五六年間，惠政甚多，惜魯公殁後，帝亦寢疾，未免政出多門耳。洵足持白璧而見世祖矣。

藝文

《國朝文類》卷一二盧亘《平章不忽木贈謚制》 朕凝命穆清，式觀天造。將啓靖邦之嘉運，必生名世之大賢。挺出類拔萃之資，行尊主庇民之學。使之君

臣同德，夙夜盡心。協贊機衡，融景化於瞬息之頃；深謀廊廟，致太平於期月之間。禮樂以之而興隆，陰陽由之而順序。昔聞其語，今見其人。故昭文館大學士、榮禄大夫、平章軍國重事、行御史中丞不忽木，明允篤誠，温文廉讓。研精聖道，得先儒淵祕之傳；藻勵忠規，承世皇簡汁之渥。薦膺器使，徧歷清華。殫物洽聞而守以正，經德迪慮而不近名。屬熙朝更化之初，開明堂垂拱而治。升居台鉉，俾罄訏謨。一澄苛弊之源，大洗姦諛之跡。事至立斷，言爲天下之公；知無不爲，才實王者之佐。攬群材而並進，理萬變而不疑。弘沃聖衷，誕孚辰告。翊先帝履尊之際，輟元臣分陝之行。再入秉鈞，遽聞辭疾。彌綸軍國，閔勞機務之煩；提挈憲綱，坐見朝廷之肅。傺號隆福之僊馭，旋驚梁壞而山摧。寧不百年，遂亡一鑑。備觀規摹之盛，可謂社稷之臣。肆予撫軍言還，懷兹懿德；當宁而嘆，恨不同時。圖高密於雲臺，丹青罔既；詠裴度於丘禱，柱石徒衰。是用寵以帝傅之崇，賜以周公之履。庸起具臣之勸，允爲儒者之光。緊爾英靈，歆兹明命。可特贈純誠佐理功臣、開府儀同三司、太傅、上柱國，追封魯國公，謚文貞。

王惲《秋澗先生大全文集》卷二一《壽右平章不忽木》 黑頭便插侍中貂，濞水春風憶共僚。學術自初希聖哲，羽毛今果見雲霄。心存經濟開公道，天與精神□本朝。紫禁煙花縈繞裏，青松千尺儘難凋。

□閱清朝玉笋班，龍麟誰似相君攀。事多簡省經綸□，道在從容奏對間。黄閣不知金印重，思亭清似玉□閑。鳳池剩有如澠酒，細瀉瓊杯暈壽顔。

王惲《秋澗先生大全文集》卷七四《滿江紅・入壽康平章用臣》 柱石中朝，人道是，漢家真相。試看取，鳳池高步，珮聲清響。世祖功臣三十六，策勳合在雲臺上。欲暫分，霖雨霈秦川，從時望。　睿思遠，誰能亮。空健倒，驪駒唱。撫一方，何似際天賡亮。肘後不知金印重，玉堂正要吾軍張。向五雲深處望三台，光千丈。

趙孟頫《松雪齋文集》卷四《投贈刑部尚書不忽木公》 冑子何多士，明公特妙年。詩書師法在，簪紱相門傳。曳履星辰上，分光日月邊。帝心知俊彦，群望屬英賢。大木明堂器，朱絲清廟絃。吉人詞自寡，君子德爲先。斷獄陰功厚，優儒禮數偏。我非天下士，人謂地行僊。山好雙游屐，溪清一釣舡。賦詩時遣興，好客恨無錢。政爾韋編絶，俄聞束帛戔。風塵驅駟騎，霜雪洒鞍韉。別婦經春夏，離鄉整四千。家書愁展讀，旅食困憂煎。郎位蒙超擢，官曹幸接聯。屢聞哦鄙句，信或有前緣。知己誠難遇，捫心益自憐。樊中淹澤雉，春晚怨啼鵑。驥病思豐草，鴻冥羡遠天。仁言如借便，白首向林泉。

趙孟頫《松雪齋文集》卷一〇《昭文舘大學士榮禄大夫平章軍國事行御史中丞領侍儀司事贈純誠佐理功臣開府儀同三司太傅上柱國魯國公謚文貞康里公不忽木畫像贊》 於惟魯公，萬夫之雄。篤學力行，擇乎中庸。夙遇世祖，明良相逢。以道事君，蹇蹇匪躬。無言不讐，無諫不從。舉善若遺，疾惡如風。誅鋤草萊，黍稷芃芃。夙夜匪懈，以成治功。維此治功，四方攸同。昔唐魏徵，相于太宗。仁義之效，及于鰥痌。維公德業，千古齊蹤。載瞻遺像，仿佛音容。式昭頌聲，以播無窮。

滕安上《東庵集》卷四《壽布呼密平章十一月八日》 萬斛舟航艤巨川，上天瑞世爲生賢。蕭曹豐沛逢佳會，房杜河汾得正傳。心自寛和終長者，黄覇傳。事還清净付當然。一杯冬至前頭酒，願輔承平五百年。「一杯冬至前頭酒」，一作「一杯春信梅花露」。

張伯淳《養蒙文集》卷六《祭布呼蜜平章文》 嗚呼，古所謂知己，不必乎交遊之素也。固有壤地不相接，聲跡不相聞，而一旦邂逅之相遇。不然，何心歷白頭而如新，一傾蓋而如故？伯淳之識公，始於朝路，當至元壬辰之冬，時則先皇帝在御，召赴闕廷，訪以當世之務，舍引進之近臣，而以喉舌之司於公乎，使伯淳得空臆盡言，蒙清光委顧。微公撫存，何恃不懼？既而賜衣拜寵，演綸竊禄，何莫非游揚之助？得告南還，回首者屢。曾歲月之幾何，隔幽明於千古。維公學紹師傳，識本天賦。使得究其設施，足以肩房、杜而踵伊、傅。位不究才，年不稱德，蓋造物亦難逃乎數。何當勒彝鼎寫丹青，庶有永於終譽。雲山茫茫，莫展雞絮；知己之悲，心香一炷。

張伯淳《養蒙文集》卷九《壽静得》 日上天衢治象明，兩朝開濟足勳名。笑嚬每爲民休慼，去住深關國重輕。玉樹芝蘭陰德種，蒼松翠柏歲寒情。明年此日江南路，遥望三台寄頌聲。

胡助《純白齋類稿》卷八《上巳從康里子淵拜魯國文貞公墓》 宰木森森馬鬣封，肅然生敬若從公。漢廷儀表羣賢右，魯國衣冠百世崇。想見英靈環北極，永思時序奠東風。我來陪拜增瞻仰，厚德清芳繼不窮。

李孟部

綜述

《元史》卷一七五《李孟傳》 李孟字道復，潞州上黨人。曾祖執，金末舉進士。祖昌祚，歸朝，授金符、潞州宣撫使。父唐，歷仕秦、蜀，因徙居漢中。

孟生而敏悟，七歲能文，倜儻有大志，博學强記，通貫經史，善論古今治亂，開門授徒，遠近爭從之。一時名人商挺、王博文，皆折行輩與交。郭彦通名能知人，嘗語唐曰：「此兒骨相異常，宰輔之器也。」至元十四年，隨父入蜀，行省辟爲掾，不赴；調晉原縣主簿，又辭；行御史臺交薦之，亦不就。後以事至京師，中書右丞楊吉丁一見奇之，薦于裕宗，得召見東宫。未幾，裕宗薨，不及擢用。

成宗立，首命採訪先朝聖政，以備史官之紀述，陝西省使孟討論編次，乘驛以進。時武宗、仁宗皆未出閤，徽仁裕聖皇后求名儒輔導，有薦者曰：「布衣李孟有宰相才，宜令爲太子師傅。」大德元年，武宗撫軍北方，仁宗留宫中，孟日陳善言正道，多所進益。成宗聞而嘉之，詔授太常少卿，執政以孟未嘗一造其門，沮之不行，改禮部侍郎，命亦中止。

仁宗侍昭獻元聖皇后降居懷州，又如官山，孟常單騎以從，在懷州四年，誠節如一，左右化之，皆有儒雅風，由是上下益親。每進言曰：「堯、舜之道，孝悌而已矣。今大兄在朔方，大母有居外之憂，殿下當迎奉意旨以娱樂之，則孝悌之道皆得矣。」仁宗深納其言，日問安視膳，婉容愉色，天下稱孝焉。有暇，則就孟講論古先帝王得失成敗，及君君臣臣父父子子之義。孟特善論事，忠愛懇惻，言之不厭，而治天下之大經大法，深切明白。厥後仁宗入清内難，敬事武皇，篤孝母后，端拱以成太平之功，文物典章，號爲極盛。嘗與羣臣語，握拳示之曰：「所重乎儒者，爲其握持綱常，如此其固也。」其講學之功如此者，實孟啓之也。

成宗崩，安西王阿難答謀繼大統，成后爲之主，丞相、樞密同聲附和。中書(左)〔右〕丞相哈剌哈孫答剌罕密使來告，仁宗疑而未行。孟曰：「支子不嗣，世祖之典訓也。今宫車晏駕，大太子遠在萬里，宗廟社稷危疑之秋，殿下當奉大母，急還宫庭，以折奸謀，固人心。不然，國家安危，未可保也。」仁宗猶豫未决。孟復進曰：「邪謀得成，以一紙書召還，則殿下母子且不自保，豈暇論宗族乎！」仁宗悦，曰：「先生之言，宗廟社稷之福。」乃奉太后還都。

時哈剌哈孫稱病堅卧，仁宗遣孟往問之，適成后使人問疾，絡繹不絶。孟入，長揖而坐，已而前引其手，診其脈，衆以爲醫，乃不疑之。既得知安西王即位有日，還告曰：「事急矣！先發者制人，後發者制於人，不可不早圖之。」左右之人皆不能决，惟曲出、伯鐵木兒勸其行。或曰：「皇后深居九重，八璽在手，四衛之士，一呼而應者累萬；安西王府中從者如林。殿下侍衛寡弱，不過數十人，兵仗不備，奮赤手而往，事未必濟。不如静守，以俟阿合之至，然後圖之，未晚也。」阿合，中國稱兄，謂武宗也。

孟曰：「羣邪違棄祖訓，黨附中宫，欲立庶子，天命人心，必皆弗與。殿下入造内庭，以大義責之，則凡知君臣之義者，無不捨彼爲殿下用，何求而弗獲！克清宫禁，以迎大兄之至，不亦可乎！且安西既正位號，縱大太子至，彼安肯兩手進璽，退就藩國；必將鬭于國中，生民塗炭，宗社危矣。且危身以及其親，非孝也；遺禍難於大兄，非悌也；得時弗爲，非智也；臨機不斷，無勇也。仗義而動，事必萬全。」

仁宗曰：「當以卜决之。」命召卜人，有儒服持囊遊于市者，召之至，孟出迎，語之曰：「大事待汝而决，但言其吉。」乃入筮，遇乾三五皆九，立而獻卦曰：「是謂乾之睽。乾，剛也；睽，外也。以剛處外，乃定内也。君子乾乾，行事也。飛龍在天，上治也。輿曳牛掣，其人耏且劓，内兑廢也。厥宗筮膚，往必濟也。大君外至，明相麗也。乾而不乾，事乃睽也；剛運善斷，無惑疑也。」孟曰：「筮不違人，是謂大同，時不可以失。」仁宗喜，振袖而起，乃共扶上馬，孟及諸臣皆步從，入自延春門。哈剌哈孫自東掖來就之，至殿廊，收首謀及同惡者，悉送都獄；奉御璽，北迎武宗，中外翕然，隨以定。

仁宗監國，使孟參知政事。孟久在民間，備知閭閻幽隱，損益庶務，悉中利病，遠近無不悦服，然特抑絶僥倖，羣小多不樂，孟不爲變。事定，乃言于仁宗曰：「執政大臣，當自天子親用，今鑾輿在道，孟未見顔色，誠不敢冒當重任。」固辭弗許，遂逃去，不知所之。夏五月，武宗即位，有言于帝曰：「内難之初定也，李孟嘗勸皇弟以自取，如彼言，豈有今日！」武宗察其誣，弗聽，仁宗亦不敢復言孟。

至大二年，仁宗爲皇太子，嘗侍帝同太后内宴，飲半，仁宗深思，戚然改容。帝顧語曰：「吾弟今日不樂，何所思邪？」仁宗從容起謝曰：「賴天地祖宗神靈，神器有歸，然成今日母子兄弟之歡者，李道復之功爲多。適有所思，不自知其變於色也。」帝甚友愛，感其言，即命搜訪之，得之許昌陘山，遣使召之。

三年春正月，入見武宗于玉德殿，帝指孟謂宰執大臣曰：「此皇祖妣命爲朕賓師者，宜速任之。」三月，特授榮禄大夫、中書平章政事、集賢大學士、同知(樞密)[徽政]院事。仁宗嗣立，真拜中書平章政事，進階光禄大夫，推恩其三世，且諭之曰：「卿，朕之舊學，其盡心以輔朕之不及。」孟感知遇，力以國事爲己任，節賜與，重名爵，覈太官之濫費，汰宿衛之冗員。貴戚近臣，惡其不便於己，而心服其公，無間言焉。

司空、司徒、太尉，古之三公，自大德以來，封拜繁多；釋、老二教，設官統治，權抗有司，撓亂政事，僧道尤苦其擾。孟言：「人君之柄，在賞與刑，賞一善而天下勸，罰一惡而天下懲，柄乃不失。所施失當，不足勸懲，何以爲治！僧、道士既爲出世法，何用官府繩治！」乃奏雪寃死者，復其官蔭；濫冒名爵者，悉奪之；罷僧道官。天下稱快。

仁宗初出居懷，深見吏弊，欲痛剗除之。孟進言曰：「吏亦有賢者，在乎變化激厲之而已。」帝曰：「卿儒者，宜與此曹氣類不合，而曲相護祐如此，真長者之言。卿在朕前，惟舉人所長，而不斥其短，尤朕所深嘉也。」時承平日久，風俗奢靡，車服僭擬，上下無章，近臣恃恩，求請無厭。時宰不爲裁制，乃更相汲引，望幸恩賜，耗竭公儲，以爲私惠。孟言：「貴賤有章，所以定民志；賜與有節，所以勸臣下。請各爲之限制。」帝皆從之。

孟在政府，雖多所補益，而自視常若不及，嘗因間請曰：「臣學聖人道，遭遇陛下，陛下堯、舜之主也。臣不能使天下爲堯、舜之民，上負陛下，下負所學，乞解罷政權，避賢路。」帝曰：「朕在位，必卿在中書，朕與卿相與終始，自今其勿復言。」繼賜爵秦國公，帝親授以印章，命學士院降制。又圖其像，敕詞臣爲之贊，及御書「秋谷」二字，識以璽而賜之。入見，必賜坐，語移時，稱其字而不名，其見尊禮如此。

帝嘗語近臣曰：「道復以道德相朕，致天下蒙澤。」賜之鈔十萬貫，令將作爲治第。孟辭曰：「臣布衣際遇，所望於陛下者，非富貴之謂也。」悉辭不受。皇慶元年正月，授翰林學士承旨、知制誥兼修國史，仍平章政事。未幾，請告歸葬其父母，帝勞餞之曰：「事訖，宜速還，毋久留，孤朕所望！」十二月，入朝，帝大悦，慰勞甚至，因請謝事，優詔不允；請益堅，乃命以平章政事議中書省事，承旨翰林。二年夏，乞還國公印，奏三上，始如所請。帝每與孟論用人之方，孟曰：「人材所出，固非一途，然漢、唐、宋、金，科舉得人爲盛。今欲興天下之賢能，如以科舉取之，猶勝於多門而進；然必先德行經術，而後文辭，乃可得真材也。」帝深然其言，決意行之。

延祐元年十二月，復拜平章政事。二年春，命知貢舉，及廷策進士，爲監試官。七月，進金紫光禄大夫、上柱國，改封韓國公，職任如故。已而以衰病不任事，乞解政權歸田里，帝不得已從所請，復爲翰林學士承旨，入侍宴閒，禮遇尤厚。

延祐七年，仁宗崩，英宗初立，太師鐵木迭兒復相，以孟前共政時不附己，讒搆誣謗，盡收前後封拜制命，降授集賢侍講學士、嘉議大夫，度其必辭，因中害之。孟拜命欣然，適翰林學士劉賡來慰問，即與同入院。宣徽使以聞曰：「李孟今日供職，舊例當賜酒。」帝愕然曰：「李道復乃肯俯就集賢耶？」時鐵木迭兒子八爾吉思侍帝側，帝顧謂曰：「爾輩謂彼不肯爲是官，今定何如！」由是讒不得行。嘗語人曰：「老臣待罪中書，無補于國，聖恩寬宥，不奪其禄，今老矣，其何以報稱！」帝聞而善之，恩意稍加。至治(九)[元]年卒。御史累章辨其誣，詔復元官。至治中，贈舊學同德翊戴輔治功臣、太保、儀同三司、上柱國，(進)[追]封魏國公，謚文忠。

孟宇量閎廓，材略過人，三入中書，民間利害，知無不言，引古證今，務歸至當。士無貴賤，苟賢矣，不進拔不已。遊其門者，後皆知名。退居一室，蕭然如布衣。爲文有奇氣，其論必主於理，其獻納謀議，常自毀其槁，家無幾存。皇慶、延祐之世，每一政之繆，人必以爲鐵木迭兒所爲；一令之善，必歸之於孟焉。

黄溍《金華黄先生文集》卷二三《元故翰林學士承旨中書平章政事贈舊學同德翊戴輔治功臣太保儀同三司上柱國追封魏國公謚文忠李公行狀》 曾祖執，皇贈濟美功臣、光禄大夫、平章政事、柱國，追封韓國公，謚康惠。祖昌祚，皇任潞州招撫使，贈保順守正功臣、金紫光禄大夫、司徒、上柱國，追封韓國公，謚文靖。父唐，皇任徵事郎、略陽縣尹，致仕，贈推誠保德佐運功臣、太傅、開府儀同三司、上柱國，謚忠獻。母王氏，追封韓國夫人。本貫。公諱孟，字道復，係出後唐李氏，世爲潞州著姓。康惠公金末舉進士不第，以行義見稱於時。文靖公歸

皇朝，佩銀符，使潞州，卒於官。忠獻公始去家而仕於秦，蜀四十餘年，乃致其事，樂漢中風土之勝，因家焉。

　公生而穎悟，十歲能屬文，稍長益肆力於學，讀書日記數千言。學既淹貫，文愈超卓，每考論古今治亂盛衰之故，慨然有志於當世。然耻於干進，屏居閭巷，開門授徒，遠近負笈而至者翕如也。時之名公鉅卿，如商公挺、王公博文、劉公、魏公初至漢中，往往折行輩與之交。郭君彦通於公爲父執，名能知人，見公魁碩偉岸，謂忠獻公曰：「此郎骨相殊常，公輔器也。」至元十九年，侍忠獻公留四川，藩閫聞公名，將置幕下，辭不就；改辟主晉康縣簿，又辭；臺府交章舉之，亦不起。一日幡然曰：「大丈夫固不能俛首州縣，方今朝廷更化，政治聿新，招徠衆正，材俊林立，獨不可與之並遊乎？」乃束書如京師。行中書右丞楊公吉丁一見，輒加器重，薦之裕宗皇帝，得召見於東宫。未及登用而裕宗賓天，楊公遂延致家塾，俾諸子師事之。翰林諸大老奇其材，剡上于中書，謂宜置之館閣，而銓曹調公主梓潼縣簿，非其志也。忠獻公方爲蘗府經歷，乃徃省焉。未幾，從忠獻公出峽泝襄江還漢中，日以奉温清、具甘旨爲事，忠獻公勉之入仕，乃復北上。

　二十一年，成宗皇帝臨御，首命詢訪先朝聖政，以備史臣之紀述。公過關中，陝西行省因俾公與諸儒討論，彙次成編，乘傳以進。時武宗、仁宗俱未出閤，徽仁裕聖皇后求名儒職輔導，公首當其選。大德元年，武宗撫軍北邊，仁宗時留宫中，公日陳善言正道，從容啓沃，多所裨益。受知於成宗，特旨除太常少卿，當國者以公不及其門，沮格不行，改禮部侍郎，亦中寢。昭獻元聖皇后幸覃懷，公以宫僚從，戢衛卒，無敢侵奪民居。在覃懷四年，夷險一節，信任益專。十一年春，成宗陟遐，神器暫虚，宗王大臣密謀横變，國勢危疑，人情洶洶。公從兩宫還京師，遂與丞相哈剌哈孫荅剌罕等力贊仁宗，削平内難，中外晏然。定策迎武宗入正大統。仁宗即承制，以公爲中書參知政事。

　公久在民間，於閭閻之幽隱，靡不究知，損益庶務，悉中其利病，遠近無不悦服。然以抑絶僥倖，羣小多不樂，公不爲之少白撓也。居亡何，言於仁宗曰：「執政大臣，宜出於嗣天子親擢。今鑾輿在道，臣未見顔色，誠不敢冒當重寄。」仁宗不許，則逃之許昌，築室於陘山、潩水間，若將終身焉。夏五月，武宗即皇帝位，仁宗爲太子，物色得公所在，白于上，遣使徵詣闕下。至大三年春正月，入覲武宗於玉德殿，上指公謂宰執大臣曰：「此先太母命爲朕賓師者，宜亟任用之。」三月，特授榮禄大夫、平章政事、集賢大學士、同知徽政院事。

　四年春，仁宗皇帝正位宸極，真拜中書平章政事，進階光禄大夫，推恩其先三世，且諭之曰：「卿，朕之舊學，其悉心以輔朕之不逮。」公感上知過，毅然以國事爲己任，慎賜予，重名爵，覈太官之濫費，汰衛士之冗員，貴戚近臣惡其不利於己，而莫敢言也。前所建新法，有未便者，奏請革去，百司庶政，一遵世祖皇帝成憲而行焉。仁宗素崇儒，且察見吏弊，欲痛剗除之。公曰：「吏亦有賢者，在乎慎擇而已。」上曰：「卿儒者，宜與吏輩氣類不合，而曲佑之如此，真長者之言。卿在朕前，惟舉人所長，而不斥其短，尤朕所深嘉也。」同僚有積與公忤者，人意公必銜之，及其坐事見黜，公乃力言于上，俾殿外藩，且優加賜賚，以慰其意，聞者莫不服其有容。方是時，朝野乂安，民康物阜，號稱極治。公歉然不自以爲功，士大夫或譽之，輒謝曰：「此聖天子之德也，吾何力之有焉。」乞解機務。上曰：「朕在位，必卿在中書，朕與卿君臣當相爲終始，自今其勿復言。」尋賜爵秦國公，上親授印章，仍錫書命以褒寵之。上在潛邸，嘗因公所自號，命集賢大學士王顒書「秋谷」兩大字，御署以賜公。至是又命繪公像，勑詞臣爲之贊。入見，必賜坐，與語移時，而退惟以字呼之曰「道復」而不名，其見尊禮如此。

　皇慶元年春正月，特授翰林學士承旨、知制誥兼脩國史，依前平章政事。尋謁告歸葬其父母于潞州之先塋，上勞送之曰：「卿襄事畢，宜亟還，毋久留，孤朕所望。」冬十二月，入朝，上大悦。公因請謝事，優詔不允；然重違其意，乃命以平章政事議中書省事，依前翰林學士承旨、知制誥兼脩國史、秦國公。大詔令皆公視草，史册所記，亦公手自刊定，辟置官屬多時之聞人。二年夏，請歸秦國公印綬，不允，章三上，乃如其請。先是，上與公論用人之道，公曰：「自古人材所出，固非一途，而科目得人爲盛。今欲取天下人材而用之，捨科目何以哉？然必先德行經術，而後文辭，乃可得其真材以爲用。」上深然其言，遂決意行之。延祐元年冬十二月，復拜公中書平章政事，依前翰林學士承旨、知制誥兼脩國史。二年春，遂命公知貢舉，及親策多士于廷，仍命公爲監試官。秋七月，進階金紫光禄大夫，加勳上柱國，改封韓國公，職任如故。公頻年扈從上京，數以衰病不任事，乞歸田里。六年，乃從所乞，解其政柄，復授翰林學士承旨、知制誥兼脩國史，散階勳爵如故。

　公既退居散地，日以文史自娱，每入侍燕間，禮遇尤至。七年春，仁宗奄棄羣臣，英宗在諒闇中，太師帖木迭兒再入相，以公前共政時不附己，妄構誣言，盡收前後所頒封拜制命，降授集賢侍講學士、嘉議大夫，意公必辭，因中傷之。公

受命，欣然就職。夏五月，分治院事於上都，至秋乃還，略不以利害得失介其意。恒謂人曰：「吾待罪中書，無補於國，聖恩曲宥，俾遂閒適，今既老矣，何以報之？」上聞而悟其爲譖也，恩意稍加焉。人望公將復見柄用。至治元年春，瘡發于股，醫莫能療，公知不可復起，乃區別家事，手書付家人，使治塋地於燕。遂以夏四月三日，薨于大都和寧坊居第之正寢，享年六十有七。以其月十八日，塋宛平縣石井鄉之某原，遵遺命也。公薨後，臺臣累疏辨其誣，乃給還所收制命而復其元官。今天子念舊圖功，加贈舊學同德翊戴輔治功臣、太保、儀同三司、上柱國，追封魏國公，謚文忠。【略】

公宇量閎廓，材略過人，三入中書，事關休戚，知無不言，援古證今，務歸於至當。苟有益於國家，雖違衆而行無所憚。四方之士爲時所推許者，甄拔無遺，汲引後進，未始有吝驕之色，品題所及，後多知名。公退一室，蕭然留連觴詠，言笑竟日，無異布衣時。其爲文跌宕有奇氣，要其歸一主於理，詩尤清壯麗逸，人爭傳誦之。蓋公之歷官行事，及平生大略，可見者若是而止。中朝大謀議，既非外間所得聞，它所奏陳亦皆自削其藁，莫得而詳也。

公已定謚於奉常，而國史之傳未立，許昌有公祠堂，翰林學士歐陽玄爲之記。公詩文有《秋谷集》，御史中丞許有壬爲之序。溍幸辱從兩人之後，濫厠公門生之列，公嗣子獻，命溍爲之狀，以俟太史氏之采擇，義不敢辭，謹撰次如右。謹狀。至正八年月日，門生黄溍狀。

雜録

備録

姚燧《牧庵集》卷四《李平章畫像序》 陛下之未出閣，由李道復日侍講讀，親而敬之，嘗召繪工惟肖其形，賜號「秋谷」，命集賢大學士王顒大書之，手刻爲扁，而署其上，又側注曰：「大德三年四月吉日，爲山人李道復製。」至大四年辛亥春，正位宸極，制授道復光禄大夫、中書平章政事，以盡學焉。後臣之義，裝潢是圖，填金刻扁，而摹賜號與御署，加卷標軸，寵耀至矣，人孰與儔？敕臣燧序之，將俾詞臣頌歌其下而親覽焉。

臣聞命屏營，反覆究思。在昔帝王圖其臣者，商高宗之傅巖，漢中宗之麒麟閣，世祖之雲臺，唐太宗之凌煙閣，四焉耳。麟閣而下，皆將相之開國承家，平亂亡以贊彌綸，資訏謨以致隆平者。傅巖不然，初未有是赫赫顯烈，肖其夢形，求得諸野，爰立作相。以道復肖形，可同説乎？高宗圖于既王三年之後，陛下則圖於未帝一紀之先，其時繪工運思有所未至，手爲設色，高宗于説有是乎哉？斷所無者。李泌從肅宗于途，人指目曰：「黄衣者聖人也，白衣者山人也。」已乃爲相。而道復姓偶同乎泌，亦曰其衣，今亦已相，謂道復山人可同泌乎？爲之賜號刻扁，肅宗于泌有是乎哉？亦斷所無者。泌雖賢者，而言涉神仙迂怪，以故史氏短之，惟説則無間。然嘗攷觀之，古今之世相去若異，帝王爲治道罔不同，何則？陛下所居，則列聖之位也；列聖君臨之中土，堯舜昔嘗有也。乃若高宗亦商聖賢之君，恥其不爲堯舜，故命説曰：「若金用汝作礪，若濟巨川作舟楫，歲大旱作霖雨，作酒醴惟麴蘖，作和羹惟鹽梅。」取喻再三，求其交修者，皆陛下有虞道復之心。

今謂道復其才有足方説，孰敢犯是不韙，然其所處則説地也。如較其學焉，後臣顧説所無。能求多聞以建事，學古訓以道積厥躬，招俊乂以列庶位，對揚天子之命，亦足襲説遺芳餘烈，報陛下矣。然非舊學之臣，世不以是責難，俟夫治定而功成，德尊而年及，或遂懸車于秋谷，釣雲月以弄泉石。朝堂有疑，馳使諮之，猶不得專爲山人，世則目曰山中宰相者，所不免也。是年夏五，集賢大學士、榮禄大夫、翰林學士承旨、知制誥、兼修國史臣姚燧拜手稽首序。

備論

虞集《道園學古録》卷七《知還齋記》 相國李秦公治小齋於居第之後，取陶淵明《歸去來兮辭》中語，名之曰「知還」，而命某記之。某對曰：

夫身任天下之重者，必有周天下之慮。慮周天下，則凡所以竭其心力者勞矣。於是求高明廣大之居，以佚其身，休其氣，息其聰明之用，以待事物之無窮者，人之所同也。而竊嘗觀盛德於下風矣。

初，天子之在淵潛也，公以仁義爲之師。處憂患於危疑之日，而不爲動；決

幾微於造次之頃，而不爲懾；挈宗社於大安之地，而不爲矜。神閒意定，若初無爲乎其間。及天子即位，公以舊學爲之相，大綱細目，疏治條理，不紊不遺，意若有不足。而公方日與天子坐論道德，治乎無爲，四海晏然蒙其澤而莫之覺，此其所存者大，而所息者深，又何假夫居以厚其養哉？顧迺因方丈之室，托微物以見志，若懼滿盈而有退然之意者，其憂深思遠之故，某何足以知之？雖然，公命也，某不敢辭，迺爲之記曰：

朝出乎喬林，而夕返乎一枝者，衆鳥也。故隱民遠士得以寄興而自喻。乃若鳴鳳歷數千百載而一出，其進退豈直係其身也哉？是故奉其身以爲進退者，庶士之事也。進退不係其身而係其道者，大人之事也。公以身係天下之安危，其道著矣。今而自托於此，是豈以功名富貴易其心者哉。某以是知《易》道之所以貴夫知進退而不失其正者也。

藝文

張養浩《歸田類稿》卷六《李平章還山亭記》 辯章秦國公，早以儒術事皇上潛邸，從行中外，且二十年。格論嘉猷，所以開廣天聰，封植國本，陰毗治道，以棐以迪者，靡遺餘力。皇慶改元，上以耆望舊學既相之省，又公而國諸秦。未幾，又承旨翰林。不再年授一品之職者三，其睿眷隆洽，有國儒臣鮮有儷者。公自以布衣致此，懼弗克任，數請致政休居。上弗爲允，遂於上黨先塋距數百舉武某山之陽，構亭曰「還山」，志其退也。或曰：「士方窮處，其志未嘗不欲用世。今秦國公，天子大臣，兩定内難，不可謂道不行；軍國重務，奏無不允，不可謂言不聽。夫人臣亟于退者，不越遠讒、避禍二焉耳矣。蓋讒不必遠，當正身率物，使讒言無隙之入爲可法。禍不必避，當殫誠爲國，使禍患不自我作，爲可師。允能是，則廟堂之高，與山林之邃也，奚其異？」僕曰：「是言也，固臣子律己之上策。然聞之『天地無全功，聖人無全能』，『善作者不必善成』。所以自古明哲之士，審幾隆盛，而戒進於滿盈，初非藉以自全，蓋陰陽消長、物理人事之自然者也。嘗見史籍所載，勳高位重者，國家一旦顧遇少不及，悻悻其色辭。彼不自訟夫己之昧於去就，乃横生怨望，卒之罹尤逢殆，使君臣之間胥失，不能善厥終者，何可枚數。況一治一亂，固由人事，究其本言之，要亦有數存乎其間。聖人不語及者，蓋恐國家有所倚，而不力于治理故也。彼曰：『吾留則治，吾去則亂。』又曰：『容有少俟。』皆燭理不明，信道不篤，自治不勇，有所牽冒戀嫪而然。復有一蹠仕途，求田問舍，絶口不及。人或勸之，非惟力拒，又從而銜入骨髓。嗚呼，其樂然受之而踐之者，幾何人哉？嘗謂山林之樂造物甚靳，而不輕以畀人。苟非其人，雖見留于暫，終必假軒裳以去之。以是知鍾山之英、草堂之靈，必福德俱盛者，可以鎮服。」于是或者造然失容曰：「有是哉？吾亦從此反躬求吾税駕之所矣。」會公命記還山亭，故概括其言而書之以獻。

張養浩《歸田類稿》卷一九《寄李道復平章》 文武全才每許君，逢時談笑建奇勳。世稱李道爲賢相，帝重嚴陵是故人。滄海兩扶新日月，青天一埽舊煙雲。盛名自古多難處，好及明時乞此身。

馬祖常《石田先生文集》卷二《秋谷平章生日》 上宰儒宗重，中台位望隆。承天施坱圠，捧日照曈曨。汾洛精靈合，文章運會通。鄭侯初亦昴，周翰降維嵩。姬正逢陽復，羲車舍斗中。眉毫齊紺髮，仙骨炯方瞳。鸞鳳翔千仞，貂蟬侍兩宮。天池浮畫鷁，公衮焕華蟲。造命毗元化，書思沃帝聰。山河尊社稷，禮樂賴臣工。韓國蕃宣永，高皇報施崇。從來黄閣貴，只屬紫芝翁。檻竹沉沉翠，庭花灼灼紅。道山藏畫象，詞館轉詩筒。洛下耆英盛，人間壽域同。君王自養老，何羡菊潭東。

馬祖常《石田先生文集》卷三《壽故相秋谷》 鄴侯書帙滿高堂，韓國封圻啓故鄉。鳩杖倚雲吟雪岫，鳳笙吹玉薦霞觴。人間宰相青霄近，天上神仙白髮長。豈獨壽星明子夜，春風岑嶽長琳琅。

許有壬《圭塘小藁》卷三《壽李秋谷平章》 黄鍾噓暎挽春留，緑蟻浮香帶月篘。宰相得閑纔是貴，人生有子更何求。家傳文字五千卷，身在神仙十二樓。記取年年好風景，雪松霜檜豈容秋。

許有壬《圭塘小藁》卷五《秋谷文集序》 相國李韓公秋谷先生薨之二十七年，子獻由參議中書省事拜治書侍御史，進侍御史。有壬實中丞，一日出先生文集，俾序其端。昔蘇子瞻恨不及一見范文正公，與其季子德孺同官於徐，序文正遺藁，以掛名文字中，自託門下士之末爲幸。而有壬之擢第也，先生實座主，接餘光，親誨益不少，視子瞻之於范文正，則有壬之幸多矣，序其敢辭？

先生以雄邃之學，爲帝者師，功勳在王室，聲名滿天下，自九重以至於里巷，皆以字稱。才氣跌宕，落筆縱横，歌詩流播，荒陬下邑，傳郵逆旅，往往大書

於壁。然世知歌詩而不知其文，知其文而墓碑未出，不知其功勳之大之詳也。國初因仍，吏治日就婾窳，士氣奄奄僅屬。先生在潛邸日夕啓沃，謂儒可與守成，一旦當國，即行貢舉。蓋倡於草昧，絛於至元，議於大德，沮尼百端，而始成於延祐，亦戛戛乎其難哉！三十年來，得人之列於庶位者，可枚指也，士風之隆替，治化之樞紐在焉。大德之末，丁國勢危疑、神器杌棿之會，猶操舟灩澦、三峽，遇排山倒海之風，而能力贊秘策，卒底平濟，非社稷之臣乎？若夫名爵掃地而削其尤，錫予空帑而復其舊，太官恃不鉤檢而覈其濫，宿衛依憑城社而汰其冗，貴近世臣莫敢議及，乃挺身任之，灼知將來之危不恤也。國家用儒者爲政，至元而後，炳炳有立者，先生一人而已。有壬因襮其概，使讀是集者，知有德有言，且以見功勳之出有原柢也。皇上追念勳德，贈舊學同德翊戴輔治功臣、太保、儀同三司、上柱國，追封魏國公，謚文忠。獻字伯徵，世濟其美，詎可量也哉？

程鉅夫《雪樓集》卷九《李秋谷畫像贊》　歷觀宰輔，久無儒者。潛龍羽翼，公乃大雅。帝曰舊學，汝遂相予。真儒之効，此其權輿。熙運方開，明良起喜。如龍而雲，如魚而水。任以天下，可謂大臣。勞謙得士，清靜寧民。想其風采，金玉珪璧。賜之畫圖，式是百辟。豈惟丹青，盛德形容。尚友凌烟，黃閣清風。

程鉅夫《雪樓集》卷二三《李秋谷平章畫像贊》　天作之君，必擬之臣。猗歟秋谷，潛龍舊人。輔導羽翼，藹然師友。圖像青宫，德義是取。九居五位，轉坤旋乾。道同志合，匪人伊天。萬國具瞻，始會天意。玉質堂堂，儼廊廟器。身爲道寄，道以身弘。孰道孰身，穆穆迓衡。道不計功，而功孔炤。千載如新，雲臺麟閣。

程鉅夫《雪樓集》卷二九《壽李秋谷》　薇省星辰近，鑾坡日月遲。上公開瑞旦，舊學蔚明時。玉琯微陽動，宫壺喜氣隨。已應蕭應昴，復説傅騎箕。琥珀蒼松液，珊瑚碧樹枝。茂生豪傑士，來作太平基。憶昔公初起，方時事已瘝。艱虞身保障，謀議國蓍龜。赤手除蛟虎，丹心見藿葵。一朝周典禮，萬世漢官儀。宗廟重鍾簴，乾坤再柱維。泰階寒耿耿，遐壤日熙熙。大小陳綱紀，神姦鑄鼎彝。桂枝增秀發，蔓草極芟夷。鄉校惟聞頌，朝廷總得宜。端由天子聖，亦在哲人推。昭代才何盛，斯文柄獨持。立言成準範，析理貫書詩。餘事歸青史，新篇藹素期。朝趨雙闕內，夕夢北山陲。顧問常前席，論思每執規。力援寒畯溺，已視庶民飢。姓字喧童稚，仁恩被蕁衰。功高門似水，心靜爵空縻。報主期堯舜，爲臣志吕伊。山河分陝地，動業太常旗。早達謙盈理，居多寵禄辭。戰兢存夙夜，贔屓負安危。即此觀天道，宜能永福綏。直爲天下祝，不是老夫私。

同恕《榘菴集》卷一〇《李平章秋谷贊》　於穆聖心，全體太極。好善忘勢，前無古昔。矧我師臣，蚤侍經席。眷注綢繆，宜莫與匹。迺濡瑞毫，象儀是飾。迺運寶鋒，號扃斯勒。天巧焜煌，山人説懌。對颺顯休，臣敢不力。維此山人，孔門之特。道行與行，無身有國。昔也龍淵，以羽以翼。今焉鳳池，伊契伊稷。培植太平，仁膏義澤。在谷滿谷，孰匪秋獲。猗歟盛明，得士之吉。莘莘萋萋，以頌無斁。

蒲道源《閑居叢稿》卷五《壽秋谷平章》　碩材扶護賴玄功，已與明堂作棟隆。江漢炳靈雖借重，乾坤間氣自難同。勳名真似韓忠獻，壽考當逾郭令公。更爲皇家建邦本，異時緑野樂無窮。

此日慇懃薦壽尊，祝辭富貴不須論。春融定見叢梯發，陽復端由碩果存。臧達忠言宜有後，栖筠相業會傳孫。桑蓬准備爲弧矢，佳氣葱葱集慶門。

蒲道源《閑居叢稿》卷六《壽秋谷李平章延祐五年十一月一日》　胸中浩浩渺無垠，智數何如一味淳。貝錦縱成萋菲巧，珠旒難眩是非真。吉人壽考惟天相，盛德光煇與日新。底事勤拳苦祈祝，斯文元氣在公身。

蒲道源《閑居叢稿》卷六《挽秋谷李平章二首》　往來徒步走神京，導日天教作啓明。朱邸既升黃屋貴，蒼生始識白衣名。兩封大國雖爲重，三入中書未足榮。定難崇文相真主，甘盤舊學獨峥嶸。

一舟也會弄烟波，事有難爲可若何。涕淚仰頭瞻北極，夢魂開眼悟南柯。用人誰解當年意，取士仍循舊日科。磊落勳庸無復紀，令人憤懣寄哀歌。

蒲道源《閑居叢稿》卷九《秋谷平章真容贊并序》　某伏在田間，恭聞秋谷平章秦國公有大勳於帝室，詔畫工圖其容，仍命詞臣等贊頌，寵渥至矣。竊謂君臣際會，古今盛事，太平之業，實基於此。某不勝欣躍，亦拜手稽首，擬而獻云：

烈烈秦公，兩濟艱難。陰孽既除，天步以安。事機之來，間不容髮。匪謀曷濟，匪斷胡克。四方奠枕，有聞無聲。曾是蛫跪，化爲丕平。帝曰：「休哉！汝其予相。視昔凌烟，其肖爾像。」氣宇魁然，山河之英。目光炯然，箕昴之精。巍巍廟堂，願公壽考。身任安危，天子是保。惟天子聖，倚注方隆。豈若畫圖，置而不庸。公其報國，確乎自許。肯效丹青，靜而不語。君臣一德，罔替初終。百

辟是式，聿覩厥容。

蒲道源《閑居叢稿》卷一〇《跋秋谷平章試院中所作詩》 洪惟國家，武定文綏。際天所覆，靡不臣服。然設科取士之制，未遑及之。世祖皇帝朝，嘗欲舉行，以議者不一而罷。今皇帝龍飛之二年，斷自宸衷，詔頒取士之式於天下。越明年，鄉試。又明年，郡國賓興中選之士萃京師者幾三百人，以試於廷。制命文臣翰林學士承旨、中書平章政事、韓國李公爲主文，甲乙而可否之。公盡心其事，於試院中作詩七言一章，凡八句，其所以頌熙朝之盛事，勸士子之爲忠，以報方今之榮遇，思得真儒實材，以輔成太平之治，且自退托於不能，意無不備，温厚之氣藹然見於文字之外。其造語之工，有不待論也，讀者當自知之。宜刻堅珉，以示永久。

哈剌哈孫部

綜述

《元史》卷一三六《哈剌哈孫傳》　哈剌哈孫，斡剌納兒氏。曾祖啓昔禮，始事王可汗脱斡璘。王可汗與太祖約爲兄弟，及太祖得衆，陰忌之，謀害太祖。啓昔禮潛以其謀來告，太祖乃與二十餘人一夕遁去，諸部聞者多歸之，還攻滅王可汗，并其衆。擢啓昔禮爲千户，賜號答剌罕。從平河西、西域諸國。祖博理察，太宗時從太弟睿宗攻河南，取汴、蔡，滅金，賜順德以爲分邑。父囊加台，從憲宗伐蜀，卒于軍。

哈剌哈孫威重，不妄言笑，善騎射，工國書，又雅重儒術。至元九年，世祖録勳臣後，命掌宿衛，襲號答剌罕。自是人稱答剌罕而不名。帝嘗諭之曰：「汝家勳載王府，行且大用汝矣。」又語皇太子曰：「答剌罕非常人比，可善遇之。」十八年，割欽、廉二州，益其食邑。二十二年，拜大宗正。用法平允，審録寃滯，所活數百人。時相請以江南獄隸宗正。哈剌哈孫曰：「江南新附，教令未孚，且相去數千里，欲遥制其刑獄，得無寃乎。」事遂止。

二十八年，拜榮禄大夫、湖廣行省平章政事。臺臣言其在宗正決獄平，即去，恐難其繼者。帝曰：「湖廣之地，朕嘗駐蹕，非斯人不可。」遂行。時江湖間盜賊出没，剽取商旅貨財。哈剌哈孫至，則發卒悉擒誅之，水陸之途始皆無梗。初，樞密置行院於各省，分兵民爲二，奸人植黨自蔽。後因入覲，極陳其不便，帝爲罷之。因問曰：「風憲之職，人多言其撓吏治，信乎？」對曰：「朝廷設此以糾奸慝，貪吏疾之，妄爲謗耳。」帝然其言。

三十年，平章劉國傑將兵征交趾，哈剌哈孫戒將吏無擾民。會有奪民魚菜者，杖其千户，軍中肅然。俄有旨發湖湘富民萬家，屯田廣西，以圖交趾。哈剌哈孫密遣使奏曰：「往年遠征無功，瘡痍未復，今又徙民瘴鄉，必將怨叛。」吏莫知其奏，抱卷請署，弗答。吏再請，則曰：「姑緩之。」未幾，使還報罷，民皆感悦。及廣西元帥府請募南丹五千户屯田，事上行省，哈剌哈孫曰：「此土著之民，誠爲便之，内足以實空地，外足以制交趾之寇，可不煩士卒而饋餉有餘。」即命度地立爲五屯，統以屯長，給牛種農具與之。湖南宣慰張國紀建言，欲按唐、宋末徵民間夏税。哈剌哈孫曰：「亡國弊政，失寛大之意，聖朝其可行耶？」奏止其議。

大德二年，入朝上都，成宗拜光禄大夫、江浙行省左丞相。視政七日，徵拜中書左丞相，進階銀青（光）〔榮〕禄大夫。既拜命，斥言利之徒，一以節用愛民爲務。有大政事，必引儒臣雜議。京師久闕孔子廟，而國學寓他署，乃奏建廟學，選名儒爲學官，采近臣子弟入學。又集羣議建南郊，爲一代定制。

五年，同列有以雲南行省左丞劉深計倡議曰：「世祖以神武一海内，功蓋萬世。今上嗣大歷服，未有武功以彰休烈，西南夷有八百媳婦國未奉正朔，請往征之。」哈剌哈孫曰：「山嶠小夷，遼絶萬里，可諭之使來，不足以煩中國。」不聽，竟發兵二萬，命深將以往。道出湖廣，民疲於餽餉。及次順元，深脅蛇節求金三千兩、馬三千匹。蛇節因民不堪，舉兵圍深於窮谷，首尾不能相救。事聞，遣平章劉國傑往援，擒蛇節，斬軍中，然士卒存者纔十一二，轉餉者亦如之，訖無成功。帝始悔不用其言。會赦，有司議釋深罪，哈剌哈孫曰：「徼名首釁，喪師辱國，非常罪比，不誅無以謝天下。」奏誅之。

七年，進中書右丞相。嘗言治道必先守令，近用多不得其人，於是精加遴選，定官吏贓罪十二章及丁憂、婚聘、盜賊等制，禁獻户及山澤之利。每歲車駕幸上都，哈剌哈孫必留守京師。時帝弗豫，制出中宫，羣邪黨附，哈剌哈孫以身匡之，天下晏然。十年，加開府儀同三司、監修國史，置僚屬。冬十一月，帝寢疾篤甚，入侍醫藥，出總宿衛。藩王欲入侍疾者不聽，日理幾務如故。

十一年春，成宗崩。時武宗撫軍北邊，仁宗侍太后在懷慶，諸奸臣謀斷北道，請成后垂簾聽政，立安西王阿難答。哈剌哈孫密遣使北迎武宗，南迎仁宗，悉收京城百司符印，封府庫，稱疾卧闕下，内旨日數至，並不聽，文書皆不署。衆欲害之，未敢發。及仁宗至近郊，衆猶未知也。三月朔，列牘請署，后決以三月三日御殿聽政，乃立署之，衆大喜，莫知所爲。明日，迎仁宗入，執左丞相阿忽台及安西王阿難答等就誅，内難悉平。自冬至春，未嘗一至家休沐。夏五月，武宗至自北，即皇帝位，拜太傅，録軍國重事，仍總百揆，賜宅一區，以其子脱歡入侍。

初仁宗之入也，阿忽台有勇力，人莫敢近，諸王秃剌實手縛之，以功封越王，三宫盡幸其第，賜與甚厚，以慶元路爲其食邑。哈剌哈孫力争之，曰：「祖宗之制，非親王不得加一字之封。秃剌疏屬，豈得以一日之功廢萬世之制哉。」帝不

聽。禿剌因譖於帝曰：「方安西王謀干大統，哈剌哈孫亦嘗署文書。」由是罷相出鎮北邊。詔曰：「和林爲北邊重鎮，今諸部降者又百餘萬，非重臣不足以鎮之，念無以易哈剌哈孫者。」賜黄金三百兩、白銀三千五百兩、鈔十五萬貫、帛四萬端、乳馬六十四，以太傅、（右）〔左〕丞相行和林省事。太后亦賜帛二百端、鈔五萬貫。

至鎮，斬爲盗者一人。分遣使者賑降户。奏出鈔帛易牛羊以給之，近水者教取魚食。會大雪，民無取得食，命諸部置傳車，相去各三百里，凡十傳，轉米數萬石以餉饑民，不足則益以牛羊。又度地置内倉，積粟以待來者。浚古渠，溉田數千頃。治稱海屯田，教部落雜耕其間，歲得米二十餘萬。北邊大治。至大元年，賜大帳，如諸王諸藩禮。〔閏〕十一月，寢疾，語其屬曰：「吾不復能佐理國事矣。行省之務，汝曹勉之，毋貽朝廷憂。」薨，年五十二。帝聞之，驚悼曰：「喪我賢相。」賻鈔二萬五千貫。詔歸葬昌平，追贈推誠履政佐運功臣、太師、開府儀同三司、上柱國，追封順德王，謚忠獻。

《國朝文類》卷二五劉敏中《丞相順德忠獻王碑》 故太傅、右丞相、贈推誠履正佐運功臣、太師、開府儀同三司、上柱國、順德忠獻王答剌罕既薨之五年，皇慶改元之秋，上詔：中書故丞相答剌罕，弼亮三朝，功多不可以不顯，其相地盧溝通逵旁勒碑焉。且詔臣敏中撰文。臣竊惟有國致治難，得賢爲尤難，是以古之聖主得一賢則信任之，尊顯之，使得以盡其能，又必褒崇之，表異之，示不可忘其勞。若太常之紀，盟府之藏，鼎彝之勒，麟閣雲臺之像，不一而足，重得賢之難也。我元聖聖相承，天佑生賢，相臣將臣，炳烈相望，人才之得，於斯爲盛。若夫懷遠圖而略近功，先大綱而後小數，藴江海之量，負山嶽之重，不威而令行，不言而人服，處難而無所惑，履變而不可奪，端委雍容而朝廷尊安，天下受其賜，則忠獻王其人乎！上之所以眷眷焉不忘，而王之所以荷此表異之渥也宜矣。嗚呼，聖人言君使臣以禮，臣事君以忠，于兹焉見之。

臣謹按：王諱哈剌哈孫，朔方人。其族爲斡羅那氏，襲號答剌罕。曾祖考諱啓昔禮，贈推忠佐命宣力功臣、太師、開府儀同三司、上柱國，追封順德王，謚忠武。祖考諱博理察，贈協忠翊亮定遠功臣、太師、開府儀同三司、上柱國，追封順德王，謚忠毅。考諱囊加台，贈宣忠効節保大功臣、太師、開府儀同三司、上柱國，追封順德王，謚忠愍。曾祖妣哈剌真氏，祖妣完者氏，妣脱魯哈納氏，並封順德王夫人。忠武重厚有英才，遇太祖皇帝於飛龍見躍之際，知可汗將襲之，趣告帝爲備，果至，我兵縱擊，大破之，尋並其衆。以功擢千户，錫號答剌罕。時官制惟左、右萬户，次千户，非勳戚不與。答剌罕，譯言一國之長。帝謂侍臣：「彼家不識天意，故來相害，是人告我，殆天所使，我許爲自在答剌罕矣。」因賜御帳、什器及宴飲樂節，如宗王儀。是後所下郡國由奉聖、大同至陝西、西域、土番、雲南、遼東，未嘗不從，摧堅蹂强，以死力自效。壬辰，太宗皇帝略地河南，忠武間出太行，反擊燕有功。會病薨，子十二人。其三忠毅也，以勇鋭服衆，從睿宗皇帝取汴、蔡，滅金，丙申，錫分邑順德，病薨。二子，次爲忠愍，果毅有謀，以近侍從憲宗皇帝伐蜀，多勞績。戊午薨于軍。

於是王甫及歲，而識悟異凡兒，目不視戲。稍長，善騎射，尤習國書，聞儒者談輒喜。至元壬申，世祖皇帝録勳臣後，一見異之，命襲號答剌罕，長宿衛百人，夙夜共職惟謹。嘗從獵，馬蹶傷面，上直如常，帝命醫視，眷益重。明年秋九月，帝御萬壽山，王侍，賜金叚，諭曰：「汝先世勳大，朕且大用汝。」又明年春，丁母夫人憂，哀毁踰禮。是冬十月，帝獵三不剌歸，語皇太子曰：「答剌罕非常人比，可善遇之。」乙亥，江左平，賜廉、欽二州益其邑。乙酉，拜大宗正，賜珠衣一襲。時郡縣囚盗詐者上宗正決，屬當遣使決死囚諸道，王重按獄詞，小不具，悉令覆勘，奏決者僅六十人耳。尋赦下，所活數百人。大同民群鬭，毆鷹房二人死，近臣以變聞。帝怒，亟遣王治，止坐其首鬭者。京師有以僞造楮幣連富民百餘家，王盡釋之。保定諸郡旱，民當輸米京師，多以輕資就糴，有司摭爲姦，欲没其産賞告者，王得其情，皆縱去，曰：「舍貴就賤，民使事集，又何罪爲。」柄臣擅威福益横，知王惡己，忌之，數曲爲邀致，竟不一往。其家僮冒禁殺牛，有司莫敢詰，王致以法，益忌。謀撓王以多事，奏請江南囚亦隸大宗正莅決，王曰：「彼間民教令未孚，若一切繩之，恐生亂。」帝是之而止。

辛卯，帝念湖廣失治，欲遣近臣往，莫宜王。臺臣奏：「答剌罕在宗正，決獄平，即去，恐難其人。」帝曰：「彼地朕嘗駐蹕，治非斯人不可。」王遂行，隨賜以玉帶，授榮禄大夫、湖廣省平章政事。湖廣南瞰交趾、占城，西掖蜀，西南接南詔，東連吴、會，境壤且萬里。而八番兩江蠻獠，布溪峒間，虺蛇起伏跳踉，小戾則相讎殺，攻剽無時，故治視他省劇甚。王至，審利病，度先後，簡僚佐，撫兵民，威行德流，善遂頑革，錢粟刑獄，井井有條。自宋時有巨盗嘯黨，出没湖湘，殆二十年不可制。王選士付以方略，悉擒誅之。江州隸江西省，有猾民餌官府恣虐，凡剽船江中群盗，皆與爲根穴交通。王知狀，徑縛以來，百救莫施，卒寘於死，遠近震

悚。俄置行樞密院，兵民政分，勢不相營，姦寇伺發，溪峒以閧。壬辰，王入覲，列其不便，罷之。帝問王：「人言廉訪官反撓吏治，朕已令視之。卿謂若何？」王曰：「憲司職糾姦弊，貪吏所疾，妄爲謗耳。」帝以爲然。及還，邊將征交趾，出其境，王戒曰：「無擾吾民。」有奪民魚菜者，杖其千夫長，一軍肅然。乃上奏曰：「往年遠征無功，民瘡痏未蘇，乃復有事，非國善謀也。」又發湖湘富民，屯田廣西，爲圖交趾計。王以徙民瘴鄉，事固難成，必且怨叛，遣使密奏。吏抱券請署，不答。俄使還報罷，民大悅。已而廣西元帥府請募南丹户五千，屯田襟要，謂「士不死瘴癘，餽餉有餘，蓄實空荒之地，爲邕管之蔽，制諸蠻，控交趾，其利有六」。王喜，與之牛種、農器，置長統焉。聞諸朝，到于今便之。湖廣舊無夏稅，柄臣援唐、宋末世爲徵，王曰：「衰弊之政，聖朝可行邪！」竟奏罷。常、澧、辰等州大水，漂民廬，多死者，王亟發廩爲之賑恤，凡災皆如之。甲午春正月，世皇登遐，王謹斥候，戒不虞，境内寧肅。

大德戊戌九月，朝成宗皇帝于上都，帝嘉其績，授光禄大夫、左丞相，行省江浙。視政凡七日，綱舉七十餘事，民風吏習，翕然爲變。入爲中書左丞相，加銀青榮禄大夫，杭之耆庶，伏地攀泣，馬不得前。王既當鈞軸，益以天下自任。每退食，延見四方賓使，訪以物情得失，吏治否臧，人材顯晦，年穀豐歉，采可行行之。凡論議，先以國典，參以古制，揆以時宜，必當而後已。其可否事，猶元化之運，順無留滯。惟不言利，不喜變更，一以節用愛民，重名爵爲務。京師先未有孔子廟，而國學寓他署，王喟曰：「首善之地，風化攸出，不可怠。」乃奏營廟學，嘗躬爲臨視。既成，朝野瞻聳，選名儒爲學官，奏遣近臣子弟入學，而四方來學者益衆。又郊禮久未遑，王總羣議奏行之。辛丑，同列以或者議倡言：「世祖皇帝以神武開一統，功蓋萬世。陛下未有伐國拓地之舉，以彰休烈。西南夷八百婦國弗率，可命將往征。」王謂：「山嶠小夷，去中國遼絶，第可善諭向化。苟將非其人，未見所利。」弗聽。竟奏發湖廣兵二萬人，丁壯役餽輓數十萬，將失紀律，果無功而還。諸蠻要擊，飢疫相仍，比至，將士存者纔十一二。會赦，有司議釋將罪，王曰：「徼名首釁，陷失士馬，非常罪比，不誅無以謝天下。」奏誅之。癸卯秋，拜中書右丞相，加金紫光禄大夫。王常言治道先守令，至是選掄益詳，時號得人。定官吏贓罪十二章，及丁憂、婚娉、盜賊等制，禁獻户及山澤之利。每歲春大駕幸上都，王必留守，其重可知已。時帝疾連歲，權移中閫，群邪交扇，勢焰翕忽，王以身維之，姦不得逞，事以無撓。丙午，加開府儀同三司、監修國史，置僚屬，奏修三朝皇后及宗室功臣傳。

冬十有一月，帝弗豫，王入侍醫藥，出總宿衛，且理幾務。諸藩王欲入侍疾，王拒之。丁未春正月，宸御晚駕。時武宗皇帝撫兵居北，王封府庫，稱疾卧闕下，理幾務如故。中閫以姦臣謀，絶北道驛，欲行祔廟禮，王格其事，密記授使間走，踰兩驛始得傳，馳報武宗。諸懷詐者數欲害王，王不爲動。内外懔懔，視王以安。會今上皇帝、皇太后至自懷，姦臣希中旨，謀爲不軌。三月，王贊今上、皇太后擒滅其黨，發使迎武宗。四月，今上皇太后如上都，王繼往。五月，武宗即大位，加太保、開府儀同三司、録軍國重事、中書右丞相、監修國史，賜以憲廟所御白貂裘、寶帶。未幾，加太傅，賜第，令其子脱歡近侍。

和林控北邊，始置宣慰，時諸部落降者百餘萬口，乃罷宣慰，詔王以太傅爲左丞相行省事，賜楮幣十五萬緡，黄金羸十二鎰，白金二千五百兩，帛四百端，乳馬六十疋。皇太后賜楮幣五萬緡，帛二百端。至和林，獲盜米商衣者，即斬以徇，攘竊屏息，行旅爲便。分遣使發廩賑降口，復奏請錢七千三百萬緡，帛稱是，易牛、羊給之，又給網數千，令取魚食。遠者厄大雪金山，命諸部置傳車，相去各三百里，凡十傳，餽米數萬石，牛、羊稱之。又度地立兩倉，積米以待來者，全活不可勝紀。有飢乏不能達和林，往往以其男女弟姪易米以活，皆贖歸之。和林歲糴軍餉恒數十萬，主吏視利，繆出納囊橐，滋弊久矣，立法以遏其源。稱海屯田廢弛，重爲經理，歲得米二十餘萬斛。益購工治器，擇軍中曉耕稼者，雜教部落。又浚古渠，溉田數千頃。穀以恒賤，邊政大治。至大改元戊申，帝賜大帳如親王制，諸藩禀命戎事，則以宴之，仍賜酒米百斛，皇太后、今上咸有賜焉，天下傾耳以俟復召。

是冬十一月，遘疾，召其屬曰：「吾不起矣，不得報國矣！汝曹各自勉。此間金穀勿貽朝廷慮。」其屬以聞，帝驚愕，命醫偕其子脱歡行。以閏月某日薨于和林所居之正寢。春秋五十又二，天雨木冰連日。帝大傷悼，遣近臣慰諭其子，賜賻錢五萬緡。今上賻錢二萬五千緡。勑大興尹買葬地昌平陽山南之原，曰：「使天下後世，知吾賢相耳。」乃胥議爲石塚。柩至，以是月二十有九日葬焉。近而朝著，遠而士民，以及四方慟哭流涕，嗟悼懷慕，及奠于冢者，無有已也。明年己酉八月，有封謚之，命先配孫都氏，繼室扎剌兒氏、昭列氏、扎剌兒氏、怯列氏，並追封順德王夫人。一子，即脱歡，由近侍爲太子賓客。今上御極，遷御史中丞，進大夫，官榮禄大夫，襲號答剌罕。博貫經史，特立正言，得風憲體。皇慶改

元壬子，制加王曾祖考而下三世爵，謚大夫人之母完者氏，封順德太夫人。

王爲人神宇靖偉，簡資重寡言，不見喜愠，望之儼然，知其爲公輔器。其在宗正也，從世皇北巡，平宗王亂，初入叛境，王率三百騎，猝與敵遇，徐整騎突出敵背，連彀矢殪數人，敵披靡遁，帝壯之。其在中書也，引儒生討論墳典，至堯、舜、禹湯、文、武之爲君，皐、夔、稷、契、伊、傅、周、召之爲臣，歎曰：「人生不知書可乎！」乃館士教其子學。由是而觀，王之文武志略，本乎天性，奮身逢時，發於至誠，故其事業之見于世，剛明正大，巋巍煒燁如此。嗚呼！古所謂大臣者，王爲無愧矣。

曾廉《元書》卷六七《合剌合孫傳》 合剌合孫，斡羅納兒氏，元同姓也。曾祖乞失里。祖博理察，亦曰八達子，太宗時從拖雷太子攻河南，取汴、蔡，滅金，竝論先功，賜順德路萬四千户爲食邑。父囊家台，從憲宗伐蜀，卒於軍。三世後皆贈功臣、三公，封王賜謚。合剌合孫善騎射，工國書，又雅重儒術。至元九年，世祖録功臣後，命掌宿衛，襲號答剌罕。十八年，益封江南欽州路萬五千户。

二十二年，拜大宗正，用法平允。時議以江南獄隸宗正府，合剌合孫曰：「江南新附，教令未孚，且相去數千里，欲遥制其獄，得無冤乎？」事遂止。二十八年，尚書右丞相桑哥事敗，帝以其黨要束木大擾湖廣，思欲安之，而難其人。月赤察兒舉合剌合孫，臺臣言：「宗正無繼者，請留之。」帝重湖廣，卒使合剌合孫行。合剌合孫則舉秃忽魯以自副，許之。於是以秃忽魯爲湖廣右丞，合剌合孫執要束木以歸於朝，民爲之大快。而其時江湖間多盗，秃忽魯言其魁喬大使在九江，郡守受賂蔽之，因計禽之，斬於市，諸盗以息。已而有旨，發湖、湘富民萬家屯田廣西，以圖安南。合剌合孫密遣使奏曰：「往年遠征無功，瘡痍未復。今又徙民瘴鄉，必將怨叛。」吏莫知其奏，抱牘請署，弗答。再請，則曰：「姑緩之。」使還報罷，民皆感悦。未幾，廣西元帥府請募南丹五千户屯田，事上行省，合剌合孫曰：「此土著之民，内足以實虚地，外足以制蕃寇，可不煩士卒而饋餉足。」即命度地，立爲五屯，統以屯長，給牛種、農具與之。

大德二年，進江浙左丞相。視政七日，徵拜中書左丞相。自遷都北城，以南城國子學爲大都路學，乃立國子學於國城之東，然久未建宣聖廟，而學舍尚寓他所。合剌合孫乃始立廟，竝以學附焉。又集羣議，建南郊，爲一代定制。五年，右丞相完澤以雲南左丞劉深計，倡議曰：「世祖以神武一天下，功蓋萬世。今上嗣大歷服，未有武功以彰休烈。西南夷有八百媳婦，未奉正朔，請往征之。」合剌合孫曰：「山嶠小夷，遼絶萬里，可諭之使來，不足以煩中國。」不聽，劉深竟出師，至順元，以賄致亂，二年乃平。於是，帝悔不用其言，會赦有司議釋深罪，合剌合孫曰：「徼名首釁，喪師辱國，不誅無以謝天下。」奏誅之。

七年，完澤薨，轉右丞相。合剌合孫斥言利，一以節用愛民爲務，有大政事，必引儒臣雜議。又嘗言治道必先守令，於是精加遴選，每退食，延見四方賓使，訪以物情得失、吏治臧否、人材顯晦、年穀豐歉，采可行行之。復定官吏贓罪十二章，及丁憂、婚聘、盗賊等制，禁獻户及山澤之利。歲車駕幸上都，必以合剌合孫留京師。時帝弗豫，制出中宫，羣邪黨附，惟頗信合剌合孫。合剌合孫以一身匡之，天下晏然。十年，加開府儀同三司，監修國史，置僚屬。其冬，帝疾篤，入侍醫藥，出總宿衛，藩王欲入侍疾者不聽，日理機務如故。

十一年，成宗崩。時懷甯王撫軍北邊，愛育黎拔力八達太子在懷州，左丞相阿忽台等承成后意，欲立安西王阿難答。合剌合孫密遣使北告按台，南告懷，悉收京城百司符印，封府庫，稱疾臥闕下。内旨日數至，竝不聽，文書皆不署。衆欲害之，未敢發。及愛育黎拔力八達太子已入臨，成后遂決，以三月三日御殿聽政。先二日，列牘請署，合剌合孫乃立署之，衆大喜，莫知所爲。明日，以太子入，執阿忽台及安西王等，皆就誅。自冬至春，未嘗一日至家休沐也。其夏，武宗入京師，拜太傅，録軍國重事，賜宅一區。

初，仁宗之入也，阿忽台有勇力，衆莫敢近，諸王秃剌實手縛之，以功封越王，三宫盡幸其第。合剌合孫曰：「秃剌疏屬而加一字之封，非祖宗之制也。」不聽。自是，非親王皆得封一字王矣。秃剌以此怨合剌合孫，因譖之曰：「方安西王謀干大位，合剌合孫不嘗署文書乎？」由是以太傅、右丞相出行省事於和林，詔以北邊須重臣鎮守爲辭。時太師月赤察兒方爲和林右丞相，乃復改合剌合孫爲左丞相。

至鎮，相得歡甚，乃分遣使者振降户，奏出鈔帛易牛羊以給之。近水者教取魚食。會大雪，民無從得食，命諸部置傳車，相去各三百里，凡十傳，轉米數萬石以餉饑民，不足則益以牛羊。又度地置兩倉，積粟以待來者。浚古渠，溉田數千頃。治稱海屯田，教部落雜耕其閒，歲得米二十餘萬石，北邊大治。至大元年，賜大帳如諸藩王禮。其歲薨，詔爲買地葬昌平，贈推誠履正佐運功臣、太師、開府儀同三司、上柱國，順德王，謚忠獻。文宗時，御史言：「嶺北行省乃太祖肇基之地，昔太師月赤察兒、太傅答剌罕保安邊境，朝廷遂無北顧之憂。」其久而見稱

如此。

雜録

備録

陶宗儀《南村輟耕録》卷一《答剌罕》 答剌罕，譯言一國之長，得自由之意，非勳戚不與焉。太祖龍飛日，朝廷草創，官制簡古，惟左右萬户，次及千户而已。丞相順德忠獻王哈剌哈孫之曾祖啓昔禮，以英材見遇，擢任千户，錫號答剌罕。至元壬申，世祖録勳臣後，拜王宿衛官，襲號答剌罕。

《元史》卷一六三《烏古孫澤傳》 〔至元二十九年〕歲饑，上言蠲其田租，發象州、賀州官粟三千五百石以賑饑者，既發，乃上其事。時行省平章哈剌哈孫，察其心誠愛民，不以專擅罪之。

藝文

《國朝文類》卷二五劉敏中《丞相順德忠獻王碑》 臣既述其事，乃繫之以詩曰：漢有文成，難制將變。元有忠武，患去未見。掖聖承天，偉績共貫。忠武有孫，維王忠獻。維嶽降靈，維王以生。雲風類從，近列以升。穆穆世皇，群材權衡。孰大予任，王予是稱。利器所施，宗正焉始。挺然鶚立，獄平政理。朝有巨姦，王不以齒。有媚不答，姦氣爲褫。帝念湖廣，控馭匪宜。陟之鼎司，曰汝往釐。霜肅露濡，化行若馳。島蠻海夷，悦服熙熙。移杭未旬，入總大政。民有怙恃，事有龜鏡。惡者自懲，善者相慶。百度亹亹，咸統于正。成宗上仙，回邪譸張。勢挾中闈，構謀非常。王翊潛龍，寘彼斧斨。伊霍之重，賴其胥匡。武皇嘉之，康錫三接。朔方往撫，有聞赫赫。一夕隕星，山圮棟折。遺歸之望，竟莫爾愜。天子曰嘻，斯何人斯。何紓予思，其碑而辭。大書深刻，九逵是向。尚千萬年，監此良相。

《國朝文類》卷一二王構《丞相答剌罕贈謚制》 予欲宣力四方，所賴人才之叶助；天不慭遺一老，其何治化之成能？故中書右丞相哈剌哈孫答剌罕，嶽瀆英靈，乾坤間氣。執德弘而信道篤，禔身正而格物深。判宗寺兼示恩威，奠藩封于磐石之固；坐廟堂不動聲色，措天下于泰山之安。位不以内外爲重輕，事不以險夷爲去就。廓神明之藴，有室皆通；推惻隱之心，靡寃不釋。惟獎善疾邪之太甚，故積憂成恙以相仍。言仁義如魏文貞，寧恤儉徒之巧沮；佩安危若韓忠獻，詎容神器之它攘？刃游于批大郤之餘，器別于遇盤根之際。離綱未綴，一誠堅抗群嚚；泰運重開，百慮竟如素策。顧嗣基之伊始，其佐命者惟卿。載纘武功，出膺邊瑣。駟介不煩于屢駕，衮衣佇俟于來歸。云胡馳訃之聞，遽爾輟朝之慟。雖卿之所守，匪生而存，匪死而亡；然政有或疑，奚究而問，奚取而決。詢之與議，揆以舊章。真王超異姓之封，顯秩冠上公之貴。治典教典，並以褒崇；東平廣平，罔俾專美。嗚呼，國家之講制度，一二臣式克似之；天理之在人心，百千世不能易也。永言孚格，以啓方來。可贈推誠履正佐運功臣、太師、開府儀同三司、上柱國，追封順德王，謚忠獻。

拜住部

綜述

《元史》卷一三六《拜住傳》 拜住，安童孫也。五歲而孤，太夫人教養之。稍長，宏遠端亮有祖風。至大二年，襲爲宿衛長。仁宗即位，延祐二年，拜資善大夫、太常禮儀院使。四年，進榮禄大夫、大司徒。五年，進金紫光禄大夫。六年，加開府儀同三司，餘並如故。每議大政，必問曰：「合典故否？」同官有異見者，曰：「大朝止説典故耶？」拜住微笑曰：「公試言之，國朝何事不依典故？」同官不能對。太常事簡，每退食必延儒士諮訪古今禮樂刑政、治亂得失，盡日不倦。嘗曰：「人之仕宦，隨所職司，事皆可習。至於學問有本，施於事業，此儒者之能事，宰相之資也。」

英宗在東宮，問宿衛之臣於左右，咸稱拜住賢。遣使召之，欲與語。拜住謂使者曰：「嫌疑之際，君子所慎，我長天子宿衛而與東宮私相往來，我固得罪，亦豈太子福耶？」竟不往。英宗登極，拜中書平章政事。會諸侯王于大明殿，詔進讀太祖金匱寶訓，威儀整暇，語音明暢，莫不注目竦聽。夏五月，(宣徽)(徽政)使失列門、要束木妻也里失八等謀爲逆，帝密得其事，御穆清閣，召拜住謀之。對曰：「此輩擅權亂政久矣，今猶不懲，陰結黨與，謀危社稷，宜速施天威，以正祖宗法度。」帝動容曰：「此朕志也。」命率衛士擒斬之，其黨皆伏誅。

拜中書左丞相。先時，近侍傳旨以姓名赴中書銓注者六七百員，選曹爲之壅滯。拜住奏閣之，注授一依選格次第，吏無容姦。刑曹事有情可矜者寬恕之，貪暴不法必不少容。帝常諭左右曰：「汝輩慎之，苟陷國法，我雖曲赦，拜住不汝恕也。」

至治元年春正月，帝欲結綵樓於禁中，元夕張燈設宴。時居先帝喪，參議張養浩上疏，拜住謂當進諫，即袖其疏入奏，帝悦而止，仍賜養浩帛，以旌直言。三月，從幸上都，次察罕腦兒。帝以行宮亨麗殿制度卑隘，欲更廣之。奏曰：「此地苦寒，入夏始種粟黍，陛下初登大寶，不求民瘼，而遽興大役，以妨農務，恐失民望。」從之。帝嘗謂拜住曰：「朕委卿以大任者，以乃祖木華黎從太祖開拓土宇，安童相世祖克成善治也。卿念祖宗令聞，豈有不盡心者乎。」拜住再拜曰：「陛下委臣以大任，臣有所畏者三：畏辱祖宗；畏天下事大，識見有所未盡；畏年少不克負荷，無以上報聖恩。惟陛下垂閔，時加訓飭，幸甚。」

延祐間，朔漠大風雪，羊馬駝畜盡死，人民流散，以子女鬻人爲奴婢。拜住以興王根本之地，其民宜加賑卹，請立宗仁衛總之，命縣官贖置衛中，以遂生養。至元十四年，始建太廟于大都，至是四十年，親享之禮未暇講肄。拜住奏曰：「古云禮樂百年而後興，郊廟祭享此其時矣。」帝悦曰：「朕能行之。」預敕有司，以親享太室儀注禮節，一遵典故，毋擅增損。冬十月，始有事于太廟。二年春正月，孟享，始備法駕，設黄麾大仗，帝服通天冠、絳紗袍，出自崇天門。拜住攝太尉以從。帝見羽衛文物之美，顧拜住曰：「朕用卿言舉行大禮，亦卿所共喜也。」對曰：「陛下以帝王之道化成天下，非獨臣之幸，實四海蒼生所共慶也。」致齋大次，行酌獻禮，升降周旋，儼若素習，中外肅然。明日還宫，鼓吹交作，萬姓聳觀，百年廢典，一旦復見，有感泣者。拜住率百僚稱賀于大明殿，執事之臣賜金帛有差。又奏建太廟前殿，議行祫禘配享等禮。帝從容謂拜住曰：「朕思天下之大，非朕一人思慮所及，汝爲朕股肱，毋忘規諫，以輔朕之不逮。」拜住頓首謝曰：「昔堯、舜爲君，每事詢衆，善則舍己從人，萬世稱聖。桀、紂爲君，拒諫自賢，悦人從己，好近小人，國滅而身不保，民到於今稱爲無道之主。臣等仰荷洪恩，敢不竭忠以報。然事言之則易，行之則難。惟陛下力行，臣等不言，則臣之罪也。」帝嘉納之。

時右丞相鐵木迭兒貪濫譎險，屢殺大臣，鬻獄賣官，廣立朋黨，凡不附己者必以事去之，尤惡平章王毅、右丞高昉，因在京諸倉糧儲失陷，欲奏誅之。拜住密言於帝曰：「論道經邦，宰相事也，以金穀細務責之可乎？」帝然之，俱得不死。鐵木迭兒復引參知政事張思明爲左丞以助己。思明爲盡力，忌拜住方正，每與其黨密語，謀中害之。左右得其情，乘間以告，且請備之。拜住曰：「我祖宗爲國元勳，世篤忠貞，百有餘年。我今年少，叨受寵命，蓋以此耳。大臣協和，國之利也。今以右相讎我，我求報之，非特吾二人之不幸，亦國家之不幸。吾知盡吾心，上不負君父，下不負士民而已。死生禍福，天實鑒之，汝輩毋復言。」未幾，奉旨往立忠憲王碑于范陽。鐵木迭兒久稱疾，聞拜住行，將出莅省事，入朝，至内門，帝遣速速賜之酒，且曰：「卿年老宜自愛，待新年入朝未晚。」遂怏怏而

還。然其黨猶布列朝中，事必稟于其家，以拜住故不得大肆其奸，百計傾之，終不能遂。

在京倉漕管庫之職，歲終例應注代。時張思明亦稱疾不出，衆皆顧望。拜住雖朝夕帝前，以事不可緩，乃日坐省中，謂僚屬曰：「左丞病，省事遂廢乎？」郎中李處恭曰：「金穀之職，須慎選擇，不得其人，未敢遽擬。」拜住曰：「汝爲賣官之計耳。」遣人善慰思明，乃出共畢銓事。

拜住每以學校政化大源，似緩實急，而主者不務盡心，遂致廢弛，請令內外官議拯治之。有言佛教可治天下者，帝問之，對曰：「清淨寂滅，自治可也。若治天下，捨仁義，則綱常亂矣。」又嘗謂拜住曰：「今亦有如唐魏徵敢諫者乎？」對曰：「槃圓則水圓，盂方則水方。有太宗納諫之君，則有魏徵敢諫之臣。」帝並善之。六月壬寅，敕賜平江腴田萬畝。拜住辭曰：「陛下命臣釐正庶務，若先受賜田，人其謂何？」帝曰：「汝勳舊子孫，加以廉慎，人或援例，朕自諭之。」秋七月，奏召張思明詣上都，數其罪，杖而逐之，鐵木迭兒繼亦病卒。拜住哭之慟。

初，浙民吳機以累代失業之田賣於司徒劉夔，夔賂宣政使八剌吉思買置諸寺，以益僧廩，矯詔出庫鈔六百五十萬貫酬其直。田已久爲他人之業，鐵木迭兒父子及鐵失等上下蒙蔽，分受之，爲贓鉅萬。真人蔡道泰以奸殺人，獄已成，鐵木迭兒納其金，令有司變其獄。拜住舉奏二事。命臺察鞫之，盡得其情，以田歸主，劉、蔡、八剌吉思等皆坐死，餘論罪有差。特赦鐵失。

冬十二月，進右丞相，監修國史。帝欲爵以三公，懇辭，遂不置左相，獨任以政。首薦張珪，復平章政事，召用致仕老臣，優其祿秩，議事中書。不次用才，唯恐少後，日以進賢退不肖爲重務。患法制不一，有司無所守，奏詳定舊典以爲通制。帝幸五臺，拜住奏曰：「自古帝王得天下以得民心爲本，失其心則失天下。錢穀，民之膏血，多取則民困而國危，薄斂則民足而國安。」帝曰：「卿言甚善。朕思之，民爲重，君爲輕，國非民將何以爲君？今理民之事卿等當熟慮而慎行之。」

三年春二月，將進《仁宗實録》，先一日，詣翰林國史院聽讀。首卷書大德十一年事，不書左丞相哈剌哈孫定策功，惟書越王禿剌勇決從容。謂史官曰：「無左丞相，雖百越王何益？録鷹犬之勞，而略發蹤指示之人，可乎？」立命書之。其他筆削未盡善者，一一正之，人皆服其識見。

夏六月，拜住以海運糧視世祖時頓增數倍，今江南民力困極，而京倉充滿，奏請歲減二十萬石。帝遂併鐵木迭兒所增江淮糧免之。時鐵木迭兒過惡日彰，拜住悉以奏聞。帝悟，奪其官，仆其碑。奸黨鐵失等甚懼。帝在上都，夜寐不寧，命作佛事。拜住以國用不足諫止之。既而懼誅者復陰誘羣僧言：「國當有厄，非作佛事而大赦無以禳之。」拜住叱曰：「爾輩不過圖得金帛而已，又欲庇有罪耶？」奸黨聞之益懼，乃生異謀。晉王也孫帖木兒時鎮北邊，鐵失潛遣人至王所，告以逆謀，約事成推王爲帝。王命囚之，遣使赴上都告變，未至，車駕南還，次南坡，鐵失與赤斤鐵木兒等夜以所領阿速衛兵爲外應，殺拜住，遂弒帝於行幄。晉王即位，鐵失等伏誅。詔有司備儀衛，百官耆宿前導，輿拜住畫相於海雲寺，大作佛事，觀者萬數，無不歎惜泣下。

拜住憂國忘家，常直內庭，知無不言。太官以酒進，則憂形于色。有盜其家金器百餘兩，他寶直鉅萬，繼而獲盜得金，家僮來告，色無喜慍。自延祐末，水旱相仍，民不聊生。及拜住入相，振立紀綱，修舉廢墜，裁不急之務，杜僥倖之門，加惠兵民，輕徭薄斂。英宗倚之，相與勵精圖治。時天下晏然，國富民足，遠夷有古未通中國者皆朝貢請吏，而奸臣畏之，卒搆禍難云。

母怯烈氏，年二十二，寡居守節。初，拜住爲太常禮儀院使，年方二十，吏就第請署字，適在後圃閱羣戲，出稍後，母厲聲呵之曰：「官事不治，若爾所爲豈大人事耶？」拜住深自克責。一日入內侍宴，英宗素知其不飲，是日强以數卮，既歸，母戒之曰：「天子試汝量，故强汝飲。汝當日益戒懼，無酣于酒。」又常代祀睿宗原廟，歸侍左右，母問之曰：「真定官府待汝若何？」對曰：「所待甚重。」母曰：「彼以天子威靈、汝先世勳德故耳，汝何有焉？」拜住之賢，母之教也。後封東平王夫人。

泰定初，中書奏丞相拜住盡忠效節，殞于羣兇，乞賜褒崇以光後世。制贈清忠一德(佐運)功臣、太師、開府儀同三司、上柱國，追封東平王，謚忠獻。至正初，改至仁孚道一德佐運功臣，餘如故。

黄溍《金華黄先生文集》卷二四《中書右丞相贈孚道志仁清忠一德功臣太師開府儀同三司上柱國追封鄆王謚文忠神道碑》 至正八年春正月五日，皇帝御興聖宮便殿，中書省臣以故右丞相鄆文忠王神道之碑未建奏請，勑臣溍爲之文以賜其家，俾刻焉。臣溍竊惟王之宏模偉度，山高而海深，非末學小臣所能窺測，懼無以稱塞明詔，顧以待罪太史，屬職在記述，不敢伏闕控辭，則退而考其世次、官伐、行事之實，序而銘之，昧死以上。

謹按，王諱拜住，系出札剌爾氏。六世祖諱孔温窟哇，從太祖皇帝伐乃蠻，

以己馬濟太祖，步戰而歿，贈推忠效節保大佐運功臣、太師、開府儀同三司、上柱國，追封魯國王，謚忠宣。六世祖妣諱闊鑾，追封魯國王夫人。五世祖諱木華黎，從太祖皇帝滅克烈。太祖即帝位，以爲左萬户，從破金入燕，專征遼東西諸郡，授太師、國王、都行省承制行事，建牙于燕，以經畧中原。金主南奔，齊、魯、趙、魏、晉、秦之地次第悉平，臨終以金人未滅爲憾。贈體仁開國輔世佐命功臣、太師、開府儀同三司、上柱國，追封魯國王，謚忠武。五世祖妣諱普合倫，追封魯國王夫人。高祖諱孛魯，嗣國王，奉太祖皇帝命攻西夏，定河北，平山東，以功食東平郡，贈純誠開濟保德輔運功臣、太師、開府儀同三司、上柱國，追封魯國王，謚忠定。高祖妣諱合篤輝，追封魯國王夫人。曾祖諱霸都魯，從世祖皇帝伐宋，爲先鋒元帥，已渡江，與世祖會鄂州，而憲宗崩，世祖俾總師留屯而還。歿于軍，贈推誠宣力翊運功臣、太師、開府儀同三司，追封東平王，謚武靖。曾祖妣弘吉烈氏，諱鐵木倫，昭睿順聖皇后女兄，追封東平王夫人。祖諱安童，事世祖皇帝，掌環衛之政令，位百僚上，拜中書右丞相，食四千户。佐皇子北平王出鎮北邊十年而歸，復拜中書右丞相。贊上册皇后、皇太子議，規襄陽以取宋。所薦史忠武公天澤、姚文獻公樞、許文正公衡、商父定公挺，皆時之宿望，以阿合馬、桑葛尚書省之政，誤國害民而力斥之，立御史臺以正朝綱，立太常寺以宗典禮，定强竊盗賊論罪輕重法以止濫殺。語國朝之賢相，必以爲稱首。贈推忠同德翊運功臣、太師、開府儀同三司，追封東平王，謚忠憲，加贈推忠守正同德翊運功臣、上柱國，進封魯王，餘如故。祖妣怯烈氏，諱普顔忽都，累封魯王夫人。考諱兀都台。成宗時襲掌環衛，以大司徒領太常寺事。贈輸誠保德翊衛功臣、開府儀同三司、太師、上柱國，追封東平王，謚忠簡，加贈宣力迪慶保德翊運功臣，進封兖王，餘如故。妣篤思剌氏，諱吐薩怯温，累封兖王夫人。忠宣、忠武兩王故有廟于東平，英宗皇帝特賜以碑額曰「元勳世德别賜忠憲王開國元勳命世大臣之碑」，勑翰林侍講學士元明善製爲銘辭，樹于王所食采地范陽之通逵，因臨幸而觀焉，號其地曰駐蹕莊云。

王生五歲而孤，兖王夫人撫育備至，令知文學者陳聖賢孝弟忠信之説以開導之，聞輒領解。大德十一年，武宗皇帝入正大統，王甫十歲，迎謁道左。上親執其手，慰藉久之，人見王嶷然公輔之器，相與屬目，謂有祖風。至大二年，襲掌環衛。歷事仁宗皇帝，眷注尤深。延祐二年，擢資政大夫、太常禮儀使。四年，加榮禄大夫、大司徒，仍領太常。五年，遷金紫光禄大夫。六年，進開府儀同三司。七年春三月，英宗皇帝嗣位，拜中書平章政事。初，上在儲闈，王之令譽日聞於左右，遣使召見。王謝曰：「以扈從之臣而往來宫邸，嫌疑之際不可不謹。臣之獲罪固無所避，亦豈太子福耶？」上嘉其有識，可屬大事，由是首登用焉。故事，天子即位之日，必大會諸侯王，讀太祖寶訓。是日命王啓而讀之，王風儀峻整，音節鴻亮，聽者肅然。夏五月，加上柱國，録軍國重事，進拜中書左丞相。

先是，東朝嬖倖怙寵干政，首相帖木迭而頗與之相爲表裏，仁宗不悦，解其政柄。無何上崩，英宗在諒闇中，遂復出居相位，睚眦之怨必報，一時善類遭其誣衊，多陷於不測之罪。其黨與以權勢相軋而日生釁隙，亦莫能自全。王與之並相，獨堅持正論，不少回撓，遇僚佐闕，必公選掄而用之。臺臣奏疏謂君子小人不可同處，首相以爲譏己而深銜之，顧未有以發。至治元年，監察御史言大歲在西，不宜造寺於西山。遂指以爲謗訕，言者既横加酷罰，因盡斥舊臣，而援鐵實爲御史大夫。又以其子八里吉思爲宣政、中政等九使，瑣南爲治書侍御史，姻黨分據要途。秋□月，王至自上京，視事于中書，首相稱疾不出，以伺間而謀爲中傷。已而言疾愈將出，上使止之，氣乃沮。二年秋，遂以病死。八里吉思與姦人妄獻民田，而冒受其直，王奏誅之。又奏黜瑣南，以通言路。冬十一月，王拜中書右丞相、監脩國史。上爲虚左揆之席，以示圖任之專，仍降詔布告于中外。王舉前平章政事張珪與之共政，集大臣及故老，詢所以弭日食、地震之變。士大夫遭擯棄者咸以所長收叙，文學之臣則待以不次之除，格内降待銓者六七百人。振舉學校而士知所作興，脩明條制而吏有所遵守。減江南民租八十餘萬石。設宗仁衛，贖蒙古子女之奴於民間者以隸焉。朝廷政令聳然一新，四方之人無不動色胥慶。上之始臨御也，以察罕腦兒行宫亨麗殿規制褊迫，命改作而侈大之，王引節用愛人，使民以時之言，極諫而止。又將以元夕結綵爲山，張燈禁中，參議中書省事張養浩上疏諫王，亟以聞，即命罷之，仍賜美錦以旌其直。仁宗當升祔而廟無其室，王傳旨集諸儒議，僉以爲廟之始建，前殿而後寢，今寢已毁于灾，宜更作前殿。爲間十有五，其中三間爲太祖室，以備祫享。列聖神御間爲一室，東西兩間爲祧，而以今殿爲寢。上可其奏，廟制乃完。上欲躬行享祀之禮，王進太常所纂儀注，詔頒下有司。卜日有事于太廟，始備大駕鹵簿，建太常十有二斿，列黄麾仗五千人。上服通天冠、絳紗袍出自崇天門，衆庶聚觀儀衛文物之盛，莫不感歎，以爲三代禮樂復見於今。及行事，王攝太尉，上親被衮冕，執圭瓚，祼獻禮成，還宫，王率群臣稱賀于大明殿，推恩錫賚有差。上嘗坐穆清閣，顧謂王曰：「今亦有如唐魏徵之敢諫者乎？」王對曰：「槃圓則水圓，盂方則水方。

有太宗納諫之君，則有魏徵敢諫之臣。」上稱善。或勸上純任釋氏之法以治天下。上問王何如，王曰：「釋氏之道，貴清静寂滅，可以自治，而不可以治人。帝王之仁義禮樂，乃所以爲治也。」上默然。有旨俾王提調大司農，王曰：「宰相之職無所不統，寧獨大司農耶？」上以爲知大體，嘗賜以金脊殿車。又嘗閲寶玉於章佩監，命惟意所擇，皆力辭。尋詔姻宗室女，又辭。命國工繪王像，勑翰林侍講學士袁桷爲之贊，御書唐皮日休「吾愛房與杜，魁然真宰輔。黄閣三十年，清風億萬古」之詩以賜之，蓋期望之也至矣。

王亦感上殊遇，自任以天下之重，事有當弛張，知無不爲。既盡發故首相欺悖之迹，削其官爵，仆其碑，籍其家，背公死黨者多謀不利於王，左右請爲之備。王曰：「吾盡吾心，上不負吾君、吾祖父，下不負吾士民而已，何備爲？」然深患讒言之興，因侍燕間，從容奏曰：「陛下不以臣年少無似，使備員宰相，方務彰善癉惡，期致隆平。苟有沮之者，則臣不能有所爲矣。」上曰：「卿第勉之。果有間言，朕不聽也。」三年夏，上時巡，甫至上京，夜寐不寧，趣大作佛事。王曰：「財從民出，國以民安，殫財困民，未見其福。」上矍然曰：「朕所創惟壽安山，餘皆完其舊爾，民亦以爲病乎？自今其輟土木之役。」既而負罪懼誅者，復陰訹群僧言：「國當有厄，非作佛事而大赦無以禳之。」王叱曰：「爾輩不過圖得金帛而已，又欲庇有罪耶？」姦黨聞之皆失色。而八里吉思之罔上爲姦利事連鐵實，恐不自保，遂與赤因帖木而等潛蓄異謀。其年秋，乘輿還次南坡，帝崩，王亦及於難。

王生於大德二年春三月八(曰)[日]，薨於至治三年秋八月四日，享年二十有六。以是年□月□日葬于大都宛平縣□□鄉田村之原。秋九月，晉王入繼，逆臣族誅，命奉王像，祠於海雲寺。泰定元年，贈清忠一德佐運功臣、太師、開府儀同三司、上柱國，追封東平王，謚忠獻。今上皇帝至元元年，又勑翰林直學士歐陽玄贊王像，藏于秘書監。□□年加贈孚道志仁清忠一德功臣，進封鄆王，改謚文忠，太師、開府儀同三司、上柱國如故。祖考皆加贈進封焉。【略】臣溍歷觀帝王之肇基立極，必有元本鉅德，應期而出，以翊扶昌運。十亂造周，三傑興漢，載籍所記，垂輝千齡。然閎散之後，相業無傳，蕭張之家，侯封莫續，有如王之恢張先烈，乘時奮庸，爲國世臣，同休共戚，委祉于後，繼述有人，可謂卓冠古今，夐絶倫比也已。矧惟昔之名臣，或前規後隨以相成，或應變守文而共濟，未有不同心戮力而能光輔帝室者。王以勳賢貴胄，夙受主知，魚水之親，脗合無間，而所與共立者非其人，王獨精白一心，盡悴事國，力摧百壬之鋒，訖使朝廷百官、四方遠近莫敢不一於正，蓋其事視古人爲尤難。雖遭值變故，而平生大節，彌久益著，又亘古之所未有。播之聲詩，以震于無垠，夫亦勸忠之道也。百世之下，尚鑒于兹。

曾廉《元書》卷七六 拜住丞相，安童孫也，父兀都帶，事在《安童傳》。拜住生五歲而孤，至大二年，襲長宿衛。仁宗時，拜太常禮儀院使，加大司徒。太常事簡，拜住每進儒士，咨訪古今禮樂刑政，損益得失，娓娓不倦。

英宗在東宫，知其賢，召之，以嫌疑辭不往。及即位，拜平章政事，進左丞相。宣徽使失列門，故湖廣平章政事要束木妻也里失八等有逆謀，帝御穆清閣，召拜住問焉，拜住力贊帝速禽斬之，其黨皆伏誅。至治元年，從幸上都，帝欲廣行宫亨德殿，拜住曰：「陛下初登大寶，不求民瘼而遂欲興大役乎？」帝爲之動容。自中統四年始立太廟，至是垂六十年，拜住請於帝。是冬，始備法駕儀衛，親謝太廟。明年，時享親祀，拜住攝太尉以從事，具《郊祀志》。拜住又以爲學校教化大源，而主者寖以致廢，請令内外官議興修之。有言佛法可治天下者，帝以問拜住，對曰：「清浄寂滅，自治可也。治天下而舍仁義，則綱常亂矣。」

時右丞相鐵木迭兒濁亂朝政，誅傷正人。拜住不欲帝大傷太皇太后意，而每密言其讒慝於帝。鐵木迭兒之姦稍沮，而左丞張思明復爲鐵木迭兒盡力傾拜住。然是時，帝亦深厭惡鐵木迭兒，政皆委拜住，不許鐵木迭兒入中書涖事。拜住乃奏召張思明杖而逐之，鐵木迭兒亦尋死。拜住代爲右丞相，監修國史，帝遂不復置左丞相。

拜住以治國得人爲本，因首薦張珪復平章政事，召用致仕老臣，優其禄秩，議事中書，不次用才，惟恐少後，日以進賢退不肖爲務。又患法制不一，有司無所守也，因奏詳定舊典以爲通制。帝幸五臺，拜住言：「自古帝王得天下，必得民心；失民心，則失天下。錢穀，民之膏血也，多取則民困而國危，薄斂則民足而國安。」帝曰：「朕思之久矣，民爲重，君爲輕。國非民，將何以爲君乎？」拜住又數進讜言，以爲堯舜每事詢衆，善則舍己從人；桀紂拒諫自賢，悦人從己，此聖狂所分也。帝問：「今亦有如魏徵敢諫者乎？」對曰：「有太宗納諫之君，斯有魏徵敢諫之臣。」其責難陳善如此。

初，司徒劉夔妄稱浙民吴機獻田僧寺，冒出庫鈔六百五十萬貫，鐵木迭兒及鐵失等皆分受之，爲贓巨萬。拜住知非機田，因舉奏之，命臺察鞫問，具得其情，以田還主，受贓者論死，而特赦鐵失。時鐵失爲御史大夫矣，雖得免而懼帝及拜

住嚴。三年，因陰乞西僧言：「國當有厄，宜作佛事，頒詔大赦。」拜住不許，姦黨益懼，遂弑帝而戕拜住。

拜住憂國忘家，知無不言。自延祐末，水旱相仍，民不聊生。拜住振紀綱，修舉廢墜，裁不急之務，杜僥倖之門，加惠兵民，輕徭薄賦，減漕而國不匱，慎刑而姦不容。英宗倚之，相與厲精圖治，卒構禍難，出人意表。泰定帝即位，鐵失伏誅，詔有司備儀衛，百官者舊前導，輿拜住畫像於海雲寺，大作佛事，觀者無不泣下。遂贈清忠一德功臣、太師、開府儀同三司、上柱國，追封東平王，謚忠獻。至正中，改贈正仁孚道一德佐運功臣，進鄆王，易謚曰文忠。

雜録

備録

于慎行《讀史漫録》卷一四《遼金元》 有言佛法可治天下者，英宗以問拜住，拜住對曰：「清浄寂滅，自治可也。若治天下，舍仁義則綱常亂矣。」二語雖簡，允爲確論，西方聖人，亦當首肯。

袁桷《清容居士集》卷三五《特命右丞相詔》 帝王之職，在論一相，于以表正百司，綱領庶績。朕纂承丕緒，勵精求治，然而澤有所未洽，政有所未舉，豈委任之道，有遺缺與？今特命中書左丞相拜住，爲開府儀同三司、上柱國、録軍國重事、中書右丞相，監脩國史。一新機務，使邪正異途，海寓乂康，以復中統、至元之治，所有便民條畫，具列于後云云。於戲，朝廷既正，著端本澄源之功；風俗斯醇，廣摩義漸仁之化。咨爾有衆，體予至懷。

袁桷《清容居士集》卷三六《開府儀同三司上柱國録軍國重事中書右丞相監修國史拜住贈清忠一德佐運功臣太師開府儀同三司追封東平王謚忠獻》 八柱承天，棟橈萌於巨構；六飛御日，輻説見於中衢。愍死難以成仁，攷生榮而錫命。具官某，鼎彝王社，閥閲相門。自結主知，應雲龍之異遇；獨持國是，炳蓍蔡之先幾。陳於上者不足言，見於事者爲可則。斥聚斂之臣，以靖四表；誅黷貨之徒，以正庶官。庫無餘財，拔葵之訓靡替；門絶私謁，懸衡之鑒益公。天下望其治平，朝廷以之模楷。然盡言招過，憸謀愈深；選賢與能，奸黨滋懼。變成肘腋，禍延股肱。川嶽動揺，日月昏翳。雖元兇正罰，足明朕心；在壹惠易名，姑慰卿意。分茅故壤，增爵維垣。噫，未明入朝，竟墮承宗之計；盛服假寐，孰爲鉏麑之賢？念此疊傷，恩斯優渥，可贈清忠一德佐運功臣、太師、開府儀同三司、上柱國，追封東平王，謚忠獻。

備論

藝文

黄溍《金華黄先生文集》卷二四《拜住神道碑銘》 大明麗天，赫赫英皇。巖石爾瞻，侃侃鄆王。惟王之先，鷹揚朔土。手挈中原，歸奉真主。異才間出，騰風躍雲。充濟其美，爲國虎臣。聖神撫運，統一寰宇。轉旋鈞軸，篤生碩輔。垂紳正笏，乾清坤寧。經綸之業，惟王敬承。左右三朝，服勤帷幄。靖共正直，執事有恪。乃世其官，典領奉常。乃授以政，乃登廟廊。崇儉抑奢，諫行言聽。乃宅百揆，以佐出令。仁漸義摩，文恬武嬉。禮樂之興，適惟其時。龍旂承祀，肅肅在廟。惟時顯相，丕揚聖孝。德教所加，望治有期。孰使共兜，接武夷夔。緬彼滔天，屹乎砥柱。不震不竦，衆正所怙。福善禍淫，天道之常。魁柄既專，化弦乃張。曀霾滌盪，天青日白。檮杌嵬瑣，莫掩其迹。蹈于危疑，構兹閔凶。萬姓之悲，攀髯抱弓。金支翠蓋，神游寥廓。英姿爽氣，清風延閣。增崇位號，惟帝念功。勒辭圖堅，于以勸忠。尚其嗣人，咸有一德。與國同休，永永無極。

柳貫《柳待制文集》卷四《故相東平忠獻王挽歌詞》 龍虎乘參會，麒麟踵畫圖。記功宜顯顯，論世匪區區。筆敏公維似，明徵聖有謨。陟庸纔秉軸，運化亟旋樞。物已歸坯冶，人將就楷模。開誠登衆正，獻可破羣諛。夫里同耕鑿，民儀異唯俞。景鐘陳備樂，桴鼓節投壺。尹德湯能協，堯勳益載都。方期扶日轂，必使麗天衢。大角兵端起，清宫禍變殊。霜蕢飄荏菽，風榦落椅梧。射影無鮫鱷，磨牙甚豹貙。凄涼朱鷺曲，狼籍玉麟符。立事思常武，成書恨亳姑。攀髯應共

載，升屋竟誰呼。厚地難藏烈，凝陰爲蓄痛。血留衣上碧，啥失口中珠。遘閔遺多難，摧兇激萬夫。羲娥還麗景，彗孛掃夷途。狂孽憑三窟，神威覆五湖。不煩公府牘，終見藁街誅。濁散陽明勝，精垂晦魄蘇。君門重肅穆，賢路豈荒蕪。殉死身寧贖，觀兵眼未枯。春秋如有作，盗賊敢稱孤。灞上仍堅壁，驪山罷論徒。董狐千載後，丹筆詎應無。

柳貫《柳待制文集》卷四《用韵重賦故相挽歌詞》 元勳開祉福，盛德見儀圖。烈烈神明胄，恢恢禮樂區。帝猷咨相度，祖笏付孫謩。柱石需成廈，機衡實應樞。舜裳施絺繡，歐冶用型模。寧使千夫諤，毋容一士諛。文多徵杞宋，舞或陋巴俞。昧旦張謀幄，嚴更聽漏壺。投姦維四裔，隨邑盡三都。制政方如律，藏兵已在衢。釁從倉卒起，事與古先殊。輻説慚輿衛，堂傾歎屋梧。使來俄覆醢，祭罷孰陳貙。西陸無回轡，中階有坼符。望氛疑梓慎，指海信麻姑。月食終能掩，雲乘不可呼。甚聞童叟泣，何止僕人痛。抵鵲將忘玉，探驪誤得珠。殞身臣報主，之死婦從夫。未必衣冠辱，終令耳目塗。繼明光宇宙，流惡蕩江湖。已正軍門戮，尤嚴聖筆誅。陰消寧噎噎，震往遂蘇蘇。天紀初誰擾，民暌亦暫蕪。偃禾休反熟，卧柳不生枯。豈恨仁賢殄，深愁屬望孤。封圻荒杜圃，官姓啓申徒。秋草年年碧，臨風涕欲蕪。

張養浩《歸田類稿》卷二二《拜東平王拜住丞相畫像》 孤忠自倚了澄清，笑視羣姦不足争。壯志未酬還中彼，披圖老淚雨如傾。

蘇天爵《滋溪文稿》卷二八《題丞相東平忠獻王傳》 至治二年冬，天子勵精圖治，獨任丞相，期復中統、至元之盛。丞相亦感激盡力，鋭然勇爲，思稱天子責任之意。君臣同心，親信無間，真千載一時也。當是時，朝廷肅清，刑賞攸當，忠直獲伸，奸邪斂避。天下之人，莫不延頸企踵，想望太平，而小人怨恨，思害之矣。明年，駕幸上都。是夏，上嘗夜寐弗寧，命作佛事。丞相奏曰：「民惟國本，財出于民，用之無度，則取之無節，民不勝其困矣。古人有言：『財聚則民散，財散則民聚。』惟陛下留念。」上瞿然曰：「朕所經營，捨壽安山寺，餘皆完其故耳。民亦吾怨耶！爾後勿興建也。」西方僧言：「國家當有災異，宜大修佛事，釋囚徒。」丞相叱曰：「爾欲圖金幣耶！」因上言：「臣少無能，蒙陛下拔擢，待罪宰相。方欲除惡進善，致治隆平，諸人共沮撓之，臣度不能有所爲矣。」上曰：「卿有事第言之，他人言，朕弗從也。」天爵昔聞其事，心竊識之。因見國子司業孛朮魯公述丞相傳，感而志其末。嗚呼，以先帝之剛明英斷，丞相之公平廉直，使天假之以年，精練悠久，廓包荒之量，明事理之幾，則其規舉施設，將大有可觀者。雖然，自古忠臣義士欲除姦邪，卒爲小人所構害者，蓋有之矣。寧非天耶！寧非天耶！

袁桷《清容居士集》卷一七《至治丞相真贊》 以元勳開國之孫，佐大明麗天之主。肩一德以正人心，集衆思以清庶務。玉絜而彌温，山立而有度。審象以觀，斯爲太平之宰輔。

朱德潤《存復齋續集·故丞相東平王拜住祭文》 至治三年十月六日，門士朱某等謹備潔蔬，盛玄醴少牢，敬祭于王曰：

於乎！忠孝義勇，人臣之大節也；廉敏公勤，人臣之常分也。謂大節可以立身成名，而豈期趨佞挾詐者，將以懷安而謂爲虛；謂常分可以立言行事，而豈期懷奸稔惡者，將以隨邪而謂爲介。維王姿稟特達，克繼世勳。徇國忘家，君臣同德。而豈期變起非常，禍萌同列，於乎哀哉！

王雖君子，殺身成仁，而凡惜生惡死者，將以全軀保妻子，而謂爲汙。此志士之所以短氣，而小人得以藉口而揶揄。嗟乎，雨暘霜露，天不能一人心之好惡，而況履榮高之位，掌黜陟之令，操賞罰之權，而相于君者哉？陽奇陰偶，天道之常。君子獨立，而小人是朋。吾儕雖然享生平之富貴，而不啻蜉蝣蠓蠛於世者，皆是臨一朝之難，而耿耿於千載，所以愈久而彌光。故聖人重此而輕彼，志士聞斯而激昂。走也拜一言知此之重感，没世而無忘。哽陳辭以三奠，望西山白雲之彌茫。尚想靈之有神，陰相天道，作甘霖而雨八荒。於乎哀哉！

虞集《道園學古録》卷二《次韻李侍讀東平王哀詩》 宇宙生奇變，明良陷逆圖。傳聞昏白晝，悲憤結全區。治極機潛否，恩深事失謨。犯車仍斷軏，壞户竟傷樞。魑魅嫌明鏡，强梁忌雅模。甘心成首禍，藉口肆羣腴。隱忍危衝决，憑陵善唯俞。自天徯鈇鉞，累月具簞壺。裹革疑亡地，招魂競出都。笳鳴殘夕月，馬僨四交衢。所痛倉皇際，將無古昔殊。腹心何蠹蝕，肘腋不支梧。列位多翹楚，干城緫豹貙。詎言歸厄數，不復頌貞符。天討公無赦，皇心愛不姑。報讎論婉孌，錫爵酹嗚呼。相業今如在，民生寔少痛。誰能疵璧玉，唯有泣瓊珠。執簡書羣盗，當闕欠一夫。馳奔嗟薄日，沐浴止中途。決去思投闕，違之或汎湖。危知無復死，恨不奮前誅。春雨煩寃滌，朝陽癲思蘇。謳吟申感慨，述作懼荒蕪。芒忽思離散，焄蒿起菀枯。神還嵩岳峻，氣直斗杓孤。陟降先皇側，回翔造化徒。英靈常會合，瞻想豈虛無。

元文宗部

綜述

《元史》卷三二《文宗紀一》　文宗聖明元孝皇帝，諱圖帖睦爾，武宗之次子，明宗之弟也。母曰文獻昭聖皇后，唐兀氏。大德三年，武宗總兵北邊，帝以八年春正月癸亥生。

十一年，武宗入繼大統。至大四年，武宗崩，傳位于弟仁宗。延祐三年，丞相鐵木迭兒等議立英宗爲皇太子，明宗以武宗長子，乃出之，居於朔漠。及英宗即位，鐵木迭兒復爲丞相，懷私固寵，搆釁骨肉，諸王大臣，莫不自危。至治元年五月，中政使咬住告脱歡察兒等交通親王，於是出帝居于海南。三年六月，英宗在上都，謂丞相拜住曰：「朕兄弟實相友愛，曩以小人譖愬，俾居遠方，當亟召還，明正小人離間之罪。」未幾，鐵失、也先鐵木兒等爲逆，而晉王遂立爲皇帝，改元泰定。召帝于南海之瓊州，還至潭州，復命止之。居數月，乃還京師。十月，封懷王，賜黄金印。二年正月，又命出居于建康，以殊祥院使也先捏掌其衛士。

致和元年春，大駕出畋柳林，以疾還宫。

三月，大駕至上都。時也先捏私至上都，與倒剌沙等圖弗利於帝，乃遣宗正扎魯忽赤雍古台遷帝居江陵。

七月庚午，泰定皇帝崩于上都。時燕鐵木兒實掌大都樞密符印，謀於西安王阿剌忒納失里，陰結勇士，以圖舉義。

八月甲午，燕鐵木兒與西安王阿剌忒納失里共守内廷，籍府庫，録符印，召百官入内聽命。即遣前河南行省參知政事明里董阿、前宣政使荅里麻失里，馳驛迎帝於江陵，密以意諭河南行省平章政事伯顔，令簡兵以備扈從。甲辰，帝發江陵。庚戌，帝至汴梁，伯顔等扈從北行。丁巳，帝至京師，入居大内。

九月庚申朔，燕鐵木兒督師居庸關。壬申，帝即位於大明殿，受諸王、百官朝賀，大赦。丙子，王禪游兵至大口，燕鐵木兒還軍次榆河，帝出齊化門視師。丁亥，遼東軍抵京城，燕鐵木兒引兵拒之。戊子，上都諸王忽剌台等兵入紫荆關，將士皆潰，行樞密院官卜顔、斡都蠻，指揮使也速臺兒將兵援之。陝西行臺御史大夫也先帖木兒引兵從大慶關渡河，擒河中府官殺之。河東聞也先帖木兒軍至，官吏皆棄城走，也先帖木兒悉以其黨代之。

冬十月己丑朔，命西僧作佛事。燕鐵木兒引兵至通州，擊遼東軍敗之，皆渡潞水走。遣脱脱木兒等將兵四千，西援紫荆關。調江浙兵萬人，西禦潼關。庚寅，我師與遼東軍夾潞水而陣，遼東軍宵遁，我師渡而襲之。癸巳，燕鐵木兒及陽翟王太平、國王朵羅台等戰于檀子山之棗林，唐其勢陷陣，殺太平。

十一月己未〔朔〕，命郡縣招集被兵流亡之民，貧者賑給之。山北、京東驛被兵者，賑以鈔二萬一千五百錠。放高麗〔官〕〔宦〕者米薛迷、剛荅里歸田里。癸亥，帝宿齋宫。甲子，服衮冕，享于太廟。陝西兵進逼汴梁，聞朝廷傳檄罷兵，乃解去。辛未，遣西僧作佛事於興和新内。鐵木哥兵入襄陽，本路官皆遁。壬申，遣官告祭社稷。癸酉，八百媳婦國使者昭哀，雲南威楚路土官朊放等，九十九寨土官必也姑等，各以方物來貢。丁丑，以躬祀太廟禮成，御大明殿，受諸王、文武百官朝賀。荆王也速也不干遣使傳檄至襄陽，鐵木哥引兵走。庚辰，遣使奉迎皇兄明宗皇帝於漠北。四川行省平章囊加台自稱鎮西王，以其省左丞脱脱爲平章，前雲南廉訪使楊静爲左丞，殺其省平章寬徹等官，稱兵燒絶棧道。

十二月己丑朔，監察御史言，伯顔宜與燕鐵木兒一體論功行賞，帝曰：「伯顔之功，朕心知之，御史不必言。」丙午，幸大崇恩福元寺，謁武宗神御殿。分命諸僧於大明殿、延春閣、興聖宫、隆福宫、萬歲山作佛事。己亥，造皇后玉册、玉寶。庚子，赦天下。乙巳，伯顔加太尉、開府儀同三司，與亦列赤並爲御史大夫，同振臺綱，詔天下。戊午，詔：「被兵郡縣免雜役。禁釀酒，弛山場河濼之禁；私相假貸者，俟秋成責償。蒙古、色目人願丁父母憂者，聽如舊制。」御史臺言：「囊加台拒命西南，罪不可宥，所授制敕，宜從追奪。」中書省臣言：「今方許囊加台等自新，則御史言宜勿行。」從之。

《元史》卷三三《文宗紀二》　天曆二年春正月己未朔，立都督府，以總左、右欽察及龍翊衛。庚申，封知樞密院事火沙爲昭武王。高麗國遣使來朝賀。遣前翰林學士承旨不荅失里北還皇兄行在所，仍命太府太監沙剌班奉金、幣以往。辛酉，封朶列帖木兒復爲楚王。皇兄遣火里忽達孫、剌剌至京師。以伯帖木兒

扈從有功，遣使以幣帛百匹即行在賜之。壬申，遣近侍星吉班以詔往四川招諭囊加台。丁丑，四川囊加台攻破播州猫兒埡隘，宣慰使楊延里不花開關納之。己卯，以册命皇后，告于太廟。丙戌，皇兄明宗即皇帝位於和寧之北。四川囊加台焚雞武關大橋，又焚棧道。

二月己丑，曲赦四川囊加台。庚寅，燕鐵木兒復爲中書右丞相。辛卯，帝御大明殿，册命皇后雍吉剌氏。丁酉，囊加台以兵至金州，據白(工)[土]關，陝西行省督軍禦之。戊戌，命察罕腦兒宣慰使撒忒迷失將本部蒙古軍，會鎮西武靖王等討四川。丙午，囊加台分兵逼襄陽，湖廣行省調兵鎮播州及歸州。辛亥，帝謂廷臣曰：「撒迪還，言大兄已即皇帝位。凡二月二十一日以前除官者，速與制敕。後凡銓選，其詣行在以聞。」甲寅，立奎章閣學士院，秩正三品，以翰林學士承旨忽都魯都兒迷失、集賢大學士趙世延並爲大學士，侍御史撒迪、翰林直學士虞集並爲侍書學士，又置承制、供奉各一員。

三月辛酉，遣燕鐵木兒奉皇帝寶于明宗行在所，復命有司奉金千五百兩、銀七千五百兩，幣帛各四百匹及金腰帶二十，詣行在所，以備賜予。帝命廷臣曰：「寶璽既北上，繼今國家政事，其遣人聞于行在所。」癸亥，命有司造乘輿服御，北迎大駕。乙亥，置行樞密院，以山東都萬户也速台兒知行樞密院事，與湖廣、河南兩省官進兵平四川。

夏四月己丑，時享于太廟。辛卯，命躍里鐵木兒、王不憐吉台代也速台兒討四川，不憐吉台以母老辭，同僉樞密院事傳嚴起請往，從之。

己亥，湖廣行省參知政事孛羅奉詔至四川，赦囊加台等罪，囊加台等聽詔，蜀地悉定，諸省兵皆罷。癸卯，明宗遣武寧王徹徹秃、中書平章政事哈八兒秃來錫命，立帝爲皇太子，命仍置詹事院，罷儲慶司。

五月丁巳朔，復賜魯國大長公主鈔二萬錠，以搆居第。己未，遣翰林學士承旨阿鄰帖木兒北迎大駕。癸亥，復遣翰林學士承旨斡耳朵迎大駕。甲戌，命中書省臣擬注中書六部官，奏于行在所。丙子，武寧王徹徹秃、中書平章政事哈八兒秃至自行在所，致立皇太子之命。丁丑，帝發京師，北迎明宗皇帝。

六月丁亥朔，明宗遣近侍馬駒、塔台、別不花至。庚戌，次于上都之六十[里]店。

秋七月丙辰朔，日有食之。丁巳，次上都之三十里店。丙子，帝受皇太子寶。

八月乙酉朔，明宗次于王忽察都。丙戌，帝入見，明宗宴帝及諸王、大臣于行殿。庚寅，明宗崩，帝入臨哭盡哀。燕鐵木兒以明宗后之命，奉皇帝寶授于帝，遂還。癸巳，帝至上都。己亥，帝復即位于上都大安閣。甲辰，遣欽察台先還京師，經理政務；燕鐵木兒、阿榮留上都，監給恩賚金幣。己酉，車駕發上都。

九月乙卯朔，作佛事于大明殿、興聖、隆福諸宫。辛酉，凡往明宗所送寶官吏，越次超陞者皆從黜降。丁卯，大駕至大都。癸酉，帝御大明殿，受諸王、百官朝賀。

冬十月甲申朔，帝服衮冕，享于太廟。辛卯，燕鐵木兒率羣臣請上尊號，不許。甲午，以登極恭謝，遣官代祀于南郊、社稷。丙申，中書省臣言：「臣等謹集樞密院、御史臺、翰林、集賢院、奎章閣、太常禮儀院、禮部諸臣僚，議上大行皇帝尊謚曰翼獻景孝皇帝，廟號明宗，國言謚號曰護都篤皇帝。」是日，奉玉册、玉寶于太廟，如常儀。

十一月乙卯，以立皇后，詔天下。受佛戒於帝師，作佛事六十日。[己]卯，高麗國王王燾久病，不能朝，請命其子(楨)[禎]襲位。

十二月甲申，給豳王忽塔忒迷失王傅印。己亥，遣使驛致故帝師舍利還其國。甲辰，以明年正月武宗忌辰，命高麗、漢僧三百四十人，預誦佛經二藏于大宗恩福元寺。壬子，織武宗御容成，即神御殿作佛事。

《元史》卷三四《文宗紀三》 至順元年春正月丙辰，命趙世延、趙世安領纂修《經世大典》事。戊午，頒璽書諭雲南。甲子，燕鐵木兒、伯顔並辭丞相職，不允，仍命阿榮、趙世安慰諭之。丁卯，雲南諸王秃堅及萬户伯忽、阿禾、怯朝等叛，攻中慶路，陷之，殺廉訪司官，執左丞忻都等，迫令署諸文牘。壬申，衡陽猺爲寇，刼掠湘鄉州。癸酉，以宣徽使撒敦復知樞密院事，與欽察台並領長寧卿。

二月壬午朔，以趙世安爲御史中丞，史惟良爲中書左丞。己丑，秃堅、伯忽等攻陷仁德府，至馬龍州。調八番元帥完澤將八番答剌罕軍千人、順元土軍五百人禦之。甲午，秃堅、伯忽等攻晉寧州。秃堅自立爲雲南王，伯忽爲丞相，阿禾、忽剌忽等爲平章等官，立城柵，焚倉庫以拒命。丙午，復以阿兒思蘭海牙爲江南行臺御史大夫。命中尚卿小云失以兵討雲南。丁未，以伯顔知樞密院事，依前太保、録軍國重事。

三月戊午，封皇子阿剌忒納答剌爲燕王，立宫相府總其府事，秩正二品，燕鐵木兒領之。八番順元宣慰使帖木兒不花爲雲南行省左丞，從豫王由八番道討

雲南。辛未，羣臣請上皇帝尊號，不許，固請不已，乃許之。録討雲南禿堅、伯忽之功，雲南宣慰使土官舉宗、禄余並遥授雲南行省參知政事，餘賜賚有差。

夏四月戊子，四川行省調重慶五路萬户以兵救雲南。丁酉，遣諸王桑兀孫還雲南。壬寅，羅羅諸蠻俱叛，與伯忽相應，平章帖木兒不花爲其所害。戊申，雲南賊禄余以蠻兵七百餘人拒烏撒、順元界，立關固守。重慶五路萬户軍至雲南境，值羅羅蠻，萬餘人遇害，千户祝天祥等引餘衆遁還。詔江浙、河南、江西三省調兵二萬，命諸王云都思帖木兒及樞密判官洪浹將之，與湖廣行省平章脱歡會兵討雲南。

五月乙卯，遣宣徽使定住等，以受尊號告祭南郊。戊午，帝御大明殿，燕帖木兒率文武百官及僧道、耆老，奉玉册、玉寶，上尊號曰欽天統聖至德誠功大文孝皇帝。是日，改元至順，詔天下。己未，羅羅斯權土官宣慰撒加伯、阿漏土官阿剌、里州土官德益叛，附于禄余。庚申，以受尊號恭謝太廟。辛酉，四川行省討雲南，進軍至烏蒙。癸亥，四川軍至雲南之雪山峽，遇羅羅斯軍，敗之。甲子，申命燕鐵木兒爲中書右丞相，詔天下。丁卯，翰林國史院修《英宗實録》成。戊辰，車駕發大都，次大口。己巳，次龍虎臺。癸酉，遣使勞軍于雲南。時諸王禿剌率萬户忽都魯沙、怯列、孛羅等，皆領兵進討禿堅、伯忽。甲戌，八番乖西觧苗阿馬、察伯秩等萬人侵擾邊境，詔樞密臣分兵討之。乙亥，置順元宣撫司，統答剌(斥)[罕]軍征雲南，人賜鈔五錠。

六月丙戌，大駕至上都。丙申，立行樞密院討雲南，賜給驛璽書十五、銀字圓符五。以河南行省平章徹里鐵木兒知行樞密院事，陝西行省平章探馬赤、近侍教化爲同知、副使。發朵甘思、朵思麻及鞏昌諸處軍萬三千人，人乘馬三匹。徹里鐵木兒同鎮西武靖王搠思班等由四川，教化從豫王阿剌忒納失里等由八番，分道進軍。癸卯，四川孛羅以蒙古漸丁軍五千往雲南。

秋七月丁巳，命中書省、翰林國史院官祀太祖、太宗、睿宗御容于大普慶寺。乙丑，翰林學士承旨也兒吉尼知樞密院事。丁丑，以給驛璽書五、銀字圓符二，增給陝西蒙古都萬户府，以討雲南。雲南禿堅、伯忽等勢愈猖獗，烏撒禄余亦乘勢連約烏蒙、東川、茫部諸蠻，欲令伯忽弟拜延(順)等兵攻順元。樞密臣以聞，詔即遣使督豫王阿納忒剌失里及行樞密院、四川、雲南行省亟會諸軍分道進討，以烏蒙、烏撒及羅羅斯地接西番，與礀門安撫司相爲脣齒，命宣政院督所屬軍民嚴加守備，又命鞏昌都總帥府調兵千人戍四川。

閏七月癸未，大駕將還，敕上都兵馬司官二員，率兵士由偏嶺至明安巡邏，以防盜賊。丁酉，大駕發上都。乙巳，雲南使來報捷，遣使賜雲南、四川省臣、行樞密院臣以上尊。

八月辛亥，雲南躍里鐵木兒以兵屯建昌，執羅羅斯把事遭曹通斬之。己未，大駕至京師。

九月丙戌，邛部州土官馬伯嚮導征雲南軍有功，以爲征進招討，知本州事。江西、湖廣蒙古軍進征雲南者，人給鈔五錠。雲南羅羅斯叛，與成都甚邇，而成都軍馬俱進征雲南，詔四川鄰境諸王，發藩部丁壯二千人戍成都。丁未，中書參知政事張友諒爲左丞。知樞密院事脱別台爲陝西行臺御史大夫。

冬十月戊申朔，降璽書申飭衍聖公崇奉孔子廟事。賜雲南行省參政忽都沙三珠虎符。庚申，出次郊宫。辛酉，帝服大裘、衮冕，祀昊天上帝于南郊，以太祖皇帝配，禮成，是日大駕還宫。乙亥，中書省臣言：「近討雲南，已給鈔二十萬錠爲軍需，今費用已盡，鎮西武靖王搠思班及行省、行院復求鈔如前數。臣等議，方當進討之際，宜依所請給之。」制曰「可」。遣使趣四川、雲南行省兵進討。

十一月庚辰，命中書賑糶糧十萬石，濟京師貧民。辛卯，以闊闊台知樞密院事。

十二月戊申，遣伯顏等以將立燕王阿剌忒納答剌爲皇太子，告祭于郊、廟。辛亥，立燕王阿剌忒納答剌爲皇太子，詔天下。戊午，以十月郊祀禮成，帝御大明殿，受文武百官朝賀，大赦天下。癸亥，知樞密院事闊闊台兼大都留守。

《元史》卷三五《文宗紀四》 二年春正月己卯，御製《奎章閣記》。行樞密臣言：「十一月，仁德府權達魯花赤曲朮，糾集兵衆以討雲南，首敗伯忽賊兵於馬龍州，以是月十一日殺伯忽弟拜延，獻馘於豫王。十三日，戰于馬金山，獲伯忽及其弟伯顔察兒，其黨拜不花、卜顔帖木兒等十餘人，誅之，餘兵皆潰，獨禄余猶據金沙江。」有旨趣進兵討之。戊子，命奴都赤阿里火者按行北邊牧地。中書省臣言：「四川省臣塔出、脱帖木兒等討雲南，以十一月九日領兵至烏撒周泥驛。明日，禄余、阿奴、阿答等賊兵萬餘，自山後間道潛出，塔出、脱帖木兒等進擊，屢戰敗之。十五日，又戰七星關，六日凡十七戰，賊大敗潰去。」詔遣使以銀、幣賞塔出、脱帖木兒等。辛卯，皇太子阿剌忒納答剌薨。己亥，遣吏部尚書撒里瓦，佩虎符，禮部郎中趙期頤，佩金符，齎即位詔告安南國，且賜以《授時曆》。乙巳，鎮西武靖王搠思班、豫王阿剌忒納失里及行省、行院官同討雲南，兵十餘萬，以

去年十一月十一日，搠思班師次羅羅斯，期躍里鐵木兒俱至三泊郎，仍趣小云失會於曲靖馬龍等州，同進兵。躍里鐵木兒倍道兼進，奪金沙江。十二月十七日，大兵與阿禾蒙古軍相值，戰敗之，阿禾僞降，明日，率其兵三千爲三隊來襲我營，搠思班、躍里鐵木兒等分十三隊又擊敗之，阿禾鼠走。大兵直趨中慶，二十六日，遇賊黨蒙古軍於安寧州，與再戰，又大敗之。二十八日，阿禾來逆戰，遂就禽，斬于軍前。三十日，將抵中慶，賊兵七千猶拒戰于伽橋、古壁口，兵交，躍里鐵木兒左頰中流矢，洞耳後，拔矢復與戰，大捷，遂復行省治。諸軍皆會，駐于城中，分兵追捕殘賊於嵩明州。樞密院臣以捷聞，詔總兵官量度緩急，從宜區處。

二月丙(戌)〔午朔〕，以上都留守乃馬台行嶺北行樞密院事，太禧宗禋使謹只兒、答鄰答里、篤烈捏四人並知院事，遥授平章政事。己酉，樞密院臣言：「徹里鐵木兒、孛羅以正月戊寅敗烏撒蠻兵，射中禄余，降其民，烏蒙、東川、易良州蠻兵、夷獠等俱款附。鎮西武靖王搠思班等駐中慶，復行省事；豫王阿剌忒納失里等至當當驛，安輯其人民。」又言：「澂江路蠻官郡容報賊古剌忽及禿堅之弟必剌都迷失等僞降於豫王而反圍之，至易龍驛，古剌忽等兵掩襲官軍。四川行省平章塔出頓兵不進。平章乞住妻子孳畜爲賊所掠。諜知禿堅方修城堡，布兵拒守，無出降意。」詔速進兵討之。乙卯，雲南統兵官來報捷，諸蠻悉降，唯禄余追捕未獲。丙寅，行樞密院都事阿里火者來報雲南之捷。庚午，占城國遣其臣高暗都剌來朝貢。

三月壬午，特命沙津愛護持必剌忒納失里爲三藏國師，賜玉印。戊子，以西僧旭你迭八答剌班的爲三藏國師，賜金印。命諸王阿魯出鎮陝西行省。癸巳，豫王阿剌忒納失里、鎮西武靖王搠思班等禽雲南諸賊也木干、羅羅、脱脱木兒、板不、阿居、澂江路總管羅羅不花、伯忽之叔怯得該、僞署萬户哈剌答兒及諸將校，悉斬之，磔尸以徇。壬寅，給雲南行省鈔十萬錠，以備軍資民食。

夏四月丙午朔，中書、樞密臣言：「天曆兵興，諸領軍與敵戰者，宜定功賞。臣等議：諸王各金百兩、銀五百兩、金腰帶一、織金等幣各十八匹，諸臣四戰以上者同，三戰及一戰者各有差。」有旨：「賞格具如卿等議。燕鐵木兒首倡大義，躬擐甲冑，伯顔在河南先誅攜貳，使朕道路無虞，兩人功無與比，其賞不可與衆同。其賜燕鐵木兒七寶腰帶一、金四百兩、銀九百兩，伯顔金腰帶一、金二百兩、銀七百兩。」受賞者凡九十六人，用金二千四百兩，銀萬五千六百兩，金腰帶九十一副，幣帛千三百餘匹。乙卯，時享太廟。鎮西武靖王搠思班等已平雲南，各遣使來報捷。壬戌，樞密院臣言：「雲南事已平，鎮西武靖王搠思班言：蒙古軍及哈剌章、羅羅斯諸種人叛者，或誅或降，雖已略定，其餘黨逃竄山谷，不能必其不反側，今請留荆王也速也不干及諸王鎖南等各領所部屯駐一二歲，以示威重。」從之。

五月己卯，安南世子陳日焯遣其臣段子貞來朝貢。庚寅，立雲南省蘆傳路軍民總管府，以土官爲之，制授者各給金符。丙申，大駕幸上都。

六月丙寅，雲南出征軍悉還，命雲南行省及行樞密院：「凡境上諸關戍兵，未可輕撤，宜視緩急以制其變。」

秋七月丁亥，海南黎賊作亂，詔江西、湖廣兩省合兵捕之。壬辰，以知樞密院事脱別台爲御史大夫。戊戌，封伯顔爲浚寧王，賜金印，仍前太保、知樞密院事。庚子，廣西徭賊平。

八月辛亥，大駕南還大都。

九月癸酉朔，市阿魯渾撒里宅，命燕鐵木兒奉皇子古納答剌居之。丙子，樞密院臣言：「雲南東川路總管普折兄那具，會禄余兵，殺烏撒宣慰使月魯、東川路府判教化的二十餘人；又會伯忽姪阿福，領蒙古兵將擊羅羅斯。臣等與燕鐵木兒議：遣西域指揮使鎖住等，發陝西都萬户府兵，直抵羅羅斯，發碉門安撫司兵，絶大渡河，直抵邛部州，巡守關隘。」詔宣政院亦遣使同往督之。海南賊王周糾率十九洞黎蠻二萬餘人作亂，命調廣東、福建兵，隸湖廣行省左丞移剌四奴統領討捕之。庚辰，樞密院臣言：「六月中，行樞密院官以兵與烏撒賊兵五戰，破之，惟禄余竄伏未獲。」命四川行省給其軍餉。丁酉，雲南行省遣都事那海、鎮撫欒智等奉詔往諭禄余及授以參政制命，至撒家關，禄余拒不受。俄而賊大至，那海因與力戰，賊乃退。及晚，烏撒兵入順元境，左丞帖木兒不花禦戰，那海復就陣宣詔招之，遂遇害，帖木兒不花等斂兵還。

冬十月乙巳，召行樞密院徹里鐵木兒、小云失還朝。癸丑，蒙古都元帥怯烈，引兵擊阿禾賊黨於(靖)〔澂〕江路海中山，爲雲梯登山，破其栅，殺賊五百餘人。

十一月乙亥，李彦通、蕭不蘭奚等謀反，伏誅。戊寅，樞密院臣言：「天曆兵興，以揚州重鎮，嘗假淮東宣慰司以兵權，今事已寧，宜以所部兵復隸河南行省。又，征西元帥府自泰定初調兵四千一百人戍龍剌、亦集乃，期以五年爲代，今已七年，逃亡者衆，宜加優䘏，期以來歲五月代還。」並從之。

十二月壬子，復命諸王忽剌出還鎮雲南。辛酉，遣兵部尚書也速不花、同僉通政院事忽納不花迎帝師。癸亥，給征東元帥府兵仗。

《元史》卷三六《文宗紀五》　三年春正月辛未朔，高麗國王（楨）〔禎〕遣其臣元忠奉表稱賀，貢方物。癸酉，命高麗國王王燾仍爲高麗國王，賜金印。己丑，四川行省言：「去年九月，左丞帖木兒不花與禄余賊兵戰被創，賊遂侵境，乞調重慶、敘州兵二千五百人往救之。」順元宣撫司亦言：「賊列行營爲十六所，乞調兵分道備禦。」

二月戊申，雲南行省言：「會通川土官阿賽及河西阿勒等與羅羅賊兵千五百人寇會川路之卜龍村；又，禄余將引兵與茫部合寇羅羅斯，截大渡河、金沙江以攻東川、會通等州。臣等敢奉先所降詔書招諭之，不奉命則從宜進軍。」制可。辛酉，燕鐵木兒兼奎章閣大學士，領奎章閣學士院事。己巳，命燕鐵木兒集翰林、集賢、太禧宗禋院，議立太祖神御殿。詔修曲阜宣聖廟。

三月庚午朔，帝師至京師。戊子，占城國遣其臣阿南那那里沙等四人，奉金書表及方物來朝貢。丁酉，緬國遣使者阿落等十人，奉方物來朝貢。

夏四月戊午，命奎章閣學士院以國字譯《貞觀政要》，鋟板模印，以賜百官。乙丑，安南國世子陳日焯遣其臣鄧世延等二十四人來貢方物。

五月己巳朔，高昌王藏吉薨，其弟太平奴襲位。己卯，命諸王也先班還鎮。庚寅，大駕發大都，時巡于上都。

六月己亥朔，以月魯帖木兒等罪詔告中外，赦天下。癸亥，加授知樞密院事也卜倫開府儀同三司。

秋七月戊辰朔，雲南行省言：「本省舊降給驛璽書六十九、金字圓符四，伯忽之亂，散失殆盡，乞更賜爲宜。」敕更賜璽書三十二、圓符四，仍究詰所失者。辛未，賜從征雲南將校三百四十七人鈔幣有差。丁丑，湖廣行省言：「黎賊勢猖獗，乞益兵三千以備調用。」有旨：「依前詔，促移剌四奴剋日進兵。」

八月乙巳，天鼓鳴于東北。丙午，遣官祭社稷。丁未，有事于太廟。己酉，隴西地震。帝崩，壽二十有九，在位五年。癸丑，靈駕發引，葬起輦谷，從諸帝陵。元統二年正月己酉，太師右丞相伯顔率文武百官等議，上尊謚曰聖明元孝皇帝，廟號文宗，國言謚號曰扎牙篤皇帝，請謚于南郊。三月己酉，祔于太廟。

雜録

備録

陶宗儀《南村輟耕録》卷七《奎章政要》　文宗之御奎章日，學士虞集、博士柯九思常侍從，以討論法書名畫爲事。時授經郎揭傒斯亦在列，比之集、九思之承寵眷者則稍疏。因潛著一書曰《奎章政要》以進，二人不知也。萬幾之暇，每賜披覽，及晏朝，有畫授經郎獻書圖行于世，厥有深意存焉。句曲外史張雨題詩曰：「侍書愛題博士畫，日日退朝書滿牀。奎章閣中觀政要，無人知有授經郎。」蓋柯作畫，虞必題，故云。

陶宗儀《南村輟耕録》卷二六《文宗能畫》　文宗居金陵潛邸時，命臣房大年畫京都萬歲山，大年辭以未嘗至其地。上索紙，爲運筆布畫位置，令按稾圖上。大年得稾，敬藏之。意匠經營，格法遒整，雖積學專工，所莫能及。

陶宗儀《書史會要》卷七　文宗，諱脱脱木兒，武宗子。以聰明睿知之資，入正大統。迺稽古右文，開奎章閣，置學士員討論治道，幾致刑措。喜作字，每進用儒臣，或親御宸翰，作敕書以賜之。自寫閣記，甚有晉人法度。雲漢昭回，非臣庶所能及也。

孔齊《至正直記》卷一《文宗潛邸》　文宗皇帝嘗潛邸金陵，後入登大位，不四五年而崩。專尚文學，如虞伯生諸翰林，時蒙寵眷，一時文物之盛，君臣相得，當代無比。因有以今上皇帝非其子草詔，伯生幾至禍，以意出内殿，且目眚免罪。後奉詔出文宗神主，詔未出而太廟隕石已擊碎碧玉神主矣，豈謂聖語不應天而何？又聞今上潛邸遠方時，經過某郡，見一山甚秀，但一峯不雅，聖意偶欲去之。後思其山，令畫工圖以進，復見此一峯，用筆抹去。未幾，雷已擊削此真峯矣，非天人而何？文宗尚文博雅，一時文物之盛，過于今日。但縱姦權燕帖木兒淫亂宫中，且挾徵先帝后爲妻，人倫大喪。造龍翔寺，以無用異端而費有限之膏血，不思潛邸之苦，而縱奢侈之非，視今上儉素，誅權臣，則相去大遠矣。

張翼《農田餘話》卷上　文宗潛邸金陵，一日過蔣山寺觀鑄鐘，以所御碧鈿

指環投于爐。鐘成，碧鈿宛然在皇帝萬歲字之上。有術士王一初妙于六壬，嘗與帝占，許其有神器。及即位，以一初爲鎮江府尹。一初被召在京師日，常在上前。有飛鷂墮于殿前，命占之，曰當有不管軍不管民大官人死亡之徵。頃之，果有天師薨，聞于上。

郎瑛《七修類稿》卷二四《僧衣》 僧舊着黑衣，元文宗寵愛欣笑隱，賜以黄衣，其徒後皆衣黄，故歐陽原元題僧墨菊詩云：「苾蒭元是黑衣郎，當代深仁始賜黄。今日黄花翻潑墨，本來面目見馨香。」又薩天錫贈欣笑隱詩云：「客遇鐘鳴飯，僧披御賜衣。」正謂是也。今制禪僧衣褐，講僧衣紅，瑜伽僧今赴應僧也。衣葱白。

備論

洪亮吉《歷朝史案·元·文宗删》 文宗之襲位也，全欲襲迹于仁宗，而不知心術既乖，迹亦懸殊，何也。仁宗以皇次子入平内難，迎奉武宗，兄終弟及，其得天下至正也。文宗雖亦武宗之子，然自仁而英而泰定，至治三年，特克錫弑英宗于南坡，文宗既不能興師討賊，而假手泰定。泰定以宗室入繼大統，誅戮逆黨，立子阿蘇奇布爲皇太子，已四年矣。已歷三朝。泰定崩，皇太子即位柩前，改元天順。國有君矣。乃乘主少國疑，顯謀不軌，僭竊名位，史稱少帝不知所終，諱之也。而又遣使迎周王即明宗于漠北者。既僭位而迎奉，與仁宗之自稱監國者迥别。蓋是時勤王之兵四起，皆以恒王即文宗。篡弑爲名。周王若乘釁而南，則諸王必皆響應。與其爲諸王所戴，而與我爲仇，孰若我自挾之以令天下乎。乃明宗業已即位，仍自立其妃爲皇后，文宗之心，概可知矣，尚冀其退處東宫，復居人下乎？托入見而謀逆，早已決於遣使迎奉之初矣。厥後舍子立侄，非徒欲掩其篡弑二帝之迹也，正以太子既卒，次子甫生，非豫除兩侄，則孤兒雖立，終爲後患。爰先弑明后，文后與宦者殺之。頒詔天下，直誣明宗長子即順帝。爲非龍種而竄之，陰托孤于雅克特穆爾，而遺命傳位鄜王明宗次子。而戕之。又恐其長子在外，仍爲諸王所奉，故復假借迎立，取置京師而圖之，即謀弑明宗之故智。皆文宗之貽謀密旨也。不意所圖未遂，而雅克持穆爾已死，弄假成真。巴延之謀，復經敗露，卒被順帝覺悟，廢其神主，而孤兒寡婦，悉罹兇害。此固天道之好還，亦默以速元祚之淪亡與。

藝文

黄溍《金華黄先生文集》卷二一《恭跋御賜永懷二字》 文皇以萬機之暇，游心藝事，神文聖筆，冠絶古今。間嘗以佩刀刻蘆菔根，作「永懷」二字，亦妙具乎八法，因模爲墨本，以賜近臣。今翰林學士承旨哈剌拔都兒，時方以禮部尚書入侍燕閒，與被是賜，襲藏已久，恐人無知者，出以示臣溍，俾志于下方。臣竊惟永懷之義，猶《大雅》之詩所謂永言孝思也。昔周成王剪桐葉爲圭，徒以實其戲言，而上之孝思造次不忘乎聖念，度越三代之人主遠矣，後之史臣宜有述焉。

虞集《道園學古録》卷四《御書贊》 欽天統聖至德誠功大文孝皇帝，當龍德之淵潛，乃海瓊而于邁。山川近承於潤色，草木咸被於恩光。況乎粲然雲漢之章，照耀下土。昔人有言：「天不愛道，地不愛寶。」此之謂？歟故武略將軍、瓊州安撫副使臣林應瑞之子天麒，得事上於游泳翰墨之際，百拜求所以顯揚其親者，乃蒙賜之「梅邊」二字，以賁飾其祠堂云。至順元年閏七月，天麒朝於京師，來求臣集述贊於下方，集拜手稽首而作贊曰：

天日照臨，萬物咸遂。有生有成，何間遠邇。顧瞻海邦，波濤不驚。上際於天，晨光清明。小臣守土，靖恭厥職。維皇念之，厥有殊錫。維南嘉木，梅作其花。冰雪之英，炫於朝霞。昔者其胄，有若逋者。隱於湖山，託此寫雅。今以命之，輝光其家。億萬斯年，承我休嘉。

虞集《道園學古録》卷四《御書贊》 天子親除吏，至御翰墨以賜之，此聖恩之至隆，文治之極盛者，臣伯單衣被光顯，何其榮幸乎。臣集謹再拜稽首而述贊曰：

宫中之政，昔統冢宰。出令詔禮，陰教斯在。維皇念之，慎簡乃僚。書以命之，雲漢於昭。凡我民庶，敬共率職。永懷忠貞，以報天德。

虞集《道園學古録》卷一〇《題朵來學士所藏御書後》 天曆二年九月十二日，手詔一百五字，申嚴夜啓門禁之事。先皇帝至自上都，次清河幄殿，御書。今侍書學士臣朵來，時以中書左司郎中充承制學士，受詔命將作院織錦成文，以宣諭兩都禁衛者也。欽惟先皇帝天縱睿聖，人文宣昭。制詔所頒，臨定詳審，親御翰墨，端重方嚴，所謂歷代寶之以爲大訓者也。先皇帝上賓之明年，閏三月，

臣朵來出此詔本，俾臣集識之。臣等追懷恩遇，不勝感泣之至。

抄録御書皇帝聖旨：大都、上都守把城門、圍宿軍官軍人每，八剌哈赤每根底，自今已始，夜遇緊急事情，開門出入，差官將帶夜行象牙圓牌織字聖旨，門圍官員，詳驗端實，方許開門出。雖有夜行衆牙圓牌，如無織字聖旨，不以是何官員人等，並不許輙開城門，縱令出入，違之處死。

虞集《道園學古録》卷一〇《題御書奎章閣記後》 御書《奎章閣記》，初刻石蒙賜摹本者甚少，應賜者閣學士晝旨具成案，然後持詣揭前，申禀而從予之，蓋慎重之至。此一卷，今侍書學士臣朵來以命書樞密院事充承制學士時所被受者也。

虞集《道園學古録》卷三七《飛龍亭記》 昔者文宗皇帝之在潛邸，東南海岳湖江之上，車轍馬足有所至焉，則守吏民庶欣感榮幸，隨而表之，以識其愛慕之意。既登大寶，自天光日華之所被及，山川草木與有榮耀，則必有所述以示乎天下後世，若集慶路大元興永壽宮之飛龍亭，其一也。亭成久矣，而宮之住持道士，勑賜虚白先生臣陳寶琳始録其事，即臨川山中求臣集記之。

亭本冶亭，宮本玄妙觀，集慶本建康路，皆文宗皇帝所賜名也。方在金陵時，行邸去冶亭爲近，上時遊焉。一日，傳命且至，寶琳出宮門迎候。逾時，從官已奉御供具及門，則知上已至冶亭久矣。引鍾山之形勝，俯城郭之佳麗，顧瞻徘徊，悠然有化育之洽焉。從臣以寶琳見，上笑曰：「道人何避客之久也？」寶琳頓首俯伏請罪。上曰：「山徑幽雅，取便而至，宜爾之不知。題冶亭者虞集，今何在也？」皆對曰：「今在翰林充學士。」命王僧家奴模而觀之，因藏諸篋。問寶琳何以字玉林也，則對曰：「道士燒金石爲丹汞，抽鼎中狀如瓊林玉樹，故取以爲名。」上曰：「當雪時吾登此亭，目力所及，樹木皆玉也，豈不易知乎？」更謂之雪林。後臨御，別書「雪林」字賜近臣趙伯寧，而寶琳仍字玉林矣。謂寶琳曰：「吾出游數勞人，不如山行之便。可作柴門，嚴扃鐍，以待余之往來。」自是數至。寶琳野人，見上之樂而忘其微賤，或持酒引裾留上，上欣然爲留，亦不責也。

天曆己巳，寶琳與其宮之住持趙嗣祺朝京師，始置先生號，以賜金陵道士之嘗得見者。嗣祺曰虚一先生，寶琳曰虚白先生，得之者纔二三人耳，蓋異其數也。時賜新宮名，而冶亭名「飛龍」矣。明年之三月二十五日，臣集侍立奎章，上顧謂曰：「汝猶憶冶亭乎，亭傍松當加長茂。」臣集對曰：「集到冶亭時未種松也。」上曰：「朕遊冶亭，見卿書，以爲繫千載之思，實慨朕懷。」因命臣集書宮亭新名以賜，而寶琳持歸，賜南御史臺錢若干，新其宮。所謂冶亭者，既名飛龍，加飾楹桷，置御榻其中，重覆而謹視之，別作亭其下，仍曰冶亭，以當鍾山之秀，名之曰鍾英。宮成，行臺御史大夫中丞以下及郡縣守吏咸集于此，以侈天子之賜矣。

嗟夫，亭成至于今十有一年，而文宗皇帝之棄臣民，將八年矣。微臣辱在草野，未先朝露，詎能爲寶琳執筆，以述恩光之萬一哉？於惟今天子仁孝純至，勛華相承，羹墻之見，無有遺思。文宗皇帝神靈在天，陟降上帝，雖曰不可度思，而日月所照，霜露所墜，顧懷下土，於萬斯年，臣民之瞻仰，烏有窮已乎？臣敢不述事亭石，以昭示來者？仍改至元之五年，歲在己卯十有一月，日南至，臣虞集謹記。

薩都剌《雁門集》卷五《鼎湖哀》 荆門一日雷電飛，平地豎起天王旗。翠華摇摇照江漢，八表響應風雲隨。千乘萬騎到闕下，京師復覩龍鳳姿。三軍卵破古北口，一矢血洗潼關屍。五年晏然草不動，百穀穲稏風雨時。修文偃武法古道，天閣萬丈奎光垂。年年北狩巡典禮，所有雨露天恩施。宫官留守掃禁闕，日望照夜隨金羈。西風忽湧鼎湖浪，天下草木生號悲。吾皇騎龍上天去，地下赤子將安依。吾皇想亦有遺詔，國有社稷燕太師。太師既受生死託，始終肝膽天地知。漢家一線繫九鼎，安肯半路生狐疑。孤兒寡婦前日事，况復將軍親見之，况復將軍親見之。

薩都剌《雁門集》卷五《夜宿池陽石墨驛納涼溪橋文皇南幸江陵駐蹕所也徘徊久之賦詩未就忽雷電晦冥風雨大作急趨驛舍秉燭題東壁時至順壬申五月》

聖明天子南巡日，尚想溪橋洗馬時。雷電神光猶警蹕，草茅賤士敢題詩。山川黑夜鬼神護，雨露春深草木知。松柏如龍入霄漢，行人謂是萬年枝。

王逢《梧溪集》卷一《登飛龍亭在集慶永壽宮文皇帝潛邸時嘗幸焉》

冶城新築紫金臺，亭俯青松面面開。南國風雲龍鳳起，陰山霜雪鴈鴻來。秦王大業知無敵，泰伯高名動九垓。天意竟乖方寸願，遺民搔首重興哀。

王逢《梧溪集》卷一《敬題楊山居太史所藏文皇帝御書奎章閣碑本後》

先皇龍鳳姿，談笑夷内難。萬方賀清寧，人文劃昭焕。奎章崇延閣，天藻發宸翰。字畫擬庖犧，贊詠缺姬旦。璇霄麗日月，華露濯河漢。流腴蓬萊池，垂耀鳷鵲觀。今王廣舊制，碑本點無竄。璽封賜臣瑀，豈是世所玩。爲爾忠義心，可

與金石貫。蟲蛇深禹穴，蟫蛃飛簡汗。寶藏風塵外，水夜卿雲爛。相逢感頭白，展卷復三歎。游鯈懷故淵，老驥戀餘棧。誰昔侍經筵，流連忘筆諫。

陳旅《安雅堂集》卷一三《恭跋文宗皇帝御書保寶二字》 魏惠王問齊國之寶，威王以四臣答之。秦欲觀楚國之寶，昭奚恤以五臣示之。庶幾周書所寶，唯賢之言也。監察御史臣保寶，際遇文宗皇帝于淵潛之時，上爲書「保寶」二字賜之。既臨御，又識以兩璽，蓋良貴者，天所與人之至寶也。惟賢者爲能保之于身，唯賢主爲能保其賢于國，御史能忘文皇所以書二字之意乎？鼎湖龍去，唯弘璧琬琰，天球河圖，在東西序，悲夫！

伯顏（蔑兒乞氏）部

綜述

《元史》卷一三八《伯顏傳》　伯顏，蔑兒吉解氏。曾大父探馬哈兒，給事宿衛。大父稱海，從憲宗伐宋，歿於王事。父謹只兒，總宿衛隆福太后宮。

伯顏弘毅深沉，明達果斷。年十五，奉成宗命侍武宗于藩邸。大德三年，從北征海都。五年，從至迭怯里古之地，力戰，又至哈剌塔之地，累捷，功爲諸將先。十年，斡羅思、失班等逃奔察八兒之地，武宗命伯顏追降之。十一年，武宗大會諸王駙馬於和林，錫號曰伯顏拔都兒。

武宗即位，拜吏部尚書，俄改尚服院使，又拜御史中丞。至大二年十一月，拜尚書平章政事，特賜蛟龍虎符，領右衛阿速親軍都指揮使司達魯花赤。三年，加特進。延祐三年，仁宗命爲周王常侍府常侍。四年，拜江南行臺御史中丞。五年，就陞御史大夫。六年，拜江浙行省平章政事。七年，拜陝西行臺御史大夫。至治二年，復遷南臺御史大夫。泰定二年，遷江西行省平章政事。三年，遷河南行省平章政事。舊所賜河南田五千頃，以二千頃奉帝師祝釐，八百頃助給宿衛，自取不及其半。宿姦頑豪嘗毒民者，必深治之。

致和元年七月，泰定帝崩。八月，丞相燕鐵木兒遣明里董阿迎立武宗子懷王於江陵，道過河南，使以謀密告伯顏。伯顏嘆曰：「此吾君之子也。吾夙荷武皇厚恩，委以心膂，今爵位至此，非覬萬一爲己富貴計，大義所臨，曷敢顧望。」即集僚屬明告以故。於是會計倉廩、府庫、穀粟、金帛之數，乘輿供御、牢餼膳羞、徒旅委積、士馬芻精供億之須，以及賞賚犒勞之用，靡不備至。不足，則檄州縣募民折輸明年田租，及貸商人貨貲，約倍息以償。又不足，則邀東南常賦之經河南者，輒止之以給其費。徵發民丁，增置驛馬，補城櫓，浚濠池，修戰守之具，嚴徼邏斥堠，日被堅執鋭，與僚佐曹掾籌其便宜。即遣蒙哥不花以其事馳告懷王。又使羅里報燕鐵木兒曰：「公盡力京師，河南事我當自效。」伯顏别募勇士五千人以迎帝于南，而躬勒兵以俟。參政脱别台曰：「今蒙古軍馬與宿衛之士皆在上都，而令探馬赤軍守諸隘，吾恐此事之不可成也。我等圖保性命，他何計哉？」伯顏不從其言。其夜，脱别台手刃欲殺伯顏爲變，伯顏覺，遂拔劍殺之，奪其所部軍器，收馬千二百騎。懷王命撒里不花拜伯顏河南行省左丞相。懷王至河南，伯顏屬櫜鞬，擐甲冑，與百官父老導入，咸俯伏稱萬歲，即上前叩頭勸進。懷王解金鎧、御服、寶刀及海東白鶻、文豹賜伯顏。明日，扈從北行。

九月，懷王即皇帝位，是爲文宗，特加伯顏銀青榮禄大夫，仍領宿衛。尋加太尉，賜黄金二百五十兩、白金一千兩、楮幣二十五萬緡，進開府儀同三司、録軍國重事、御史大夫、中政院使。天曆二年正月，拜太保。二月，加授儲慶使，加賜虎符，特授忠翊侍衛親軍都指揮使。未幾，明宗即位，文宗居東宮，拜太子詹事、太保，開府如故。八月，拜中書左丞相。

明宗崩，文宗嗣位，加儲政院使。三年正月，拜知樞密院事。至順元年，文宗以伯顏功大，不有異數不足以報稱，特命尚世祖闊（闊）出太子女孫曰卜顏的斤，分賜虎士三百：怯薛丹百、默而吉軍百、阿速軍百，隸左右宿衛。又賜黄金雙龍符，鐫文曰「廣忠宣義正節振武佐運功臣」，組以寶帶，世爲明券。又命凡宴飲視諸宗王禮。二年八月，進封浚寧王，特加授侍正府侍正，追封其先三世爲王。又加伯顏昭功宣毅萬户、忠翊侍衛都指揮使。三年，拜太傅，加徽政使。八月，文宗崩。十月，伯顏奉太皇太后命，立明宗之子懿璘質班，是爲寧宗。十一月，寧宗崩。

四年六月，順宗至自南服，入踐大位，嘉伯顏翊戴之功，拜中書右丞相、上柱國，監修國史。元統二年，進太師、奎章閣大學士，領太史院，兼領司天監、威武、阿速諸衛。奏復經筵，加知經筵事。十一月，進封秦王。繼領太禧宗禋院、中政院、宣政院、隆祥使司、宫相諸内府，總領蒙古、欽察、斡羅思諸衛親軍都指揮使。三年六月，唐其勢及其弟塔剌海私蓄異志，謀危社稷，伯顏奉詔誅之。餘黨稱兵，又親率師往上都，擊破其衆。七月，伯顏鴆殺皇后伯牙吾氏，爲匿唐其勢、塔剌海于后宫。伯顏怒曰：「豈有兄弟謀不軌而姊妹黨之者乎！」遂鴆之。詔諭天下，用國初故事，賜伯顏以答剌罕之號，俾世襲之。

至元元年，伯顏贊帝率遵舊章，奏寢妨農之務，停海内土木營造四年，息彰德、萊蕪冶鐵一年，蠲京圻漕户雜徭，減河間、兩淮、福建鹽額歲十八萬五千有奇，賑沙漠貧户及南北饑民至千萬計，帝允而行之。其知經筵日，當進講，必與講官敷陳格言，以盡啓沃之道。太皇太后賜第時雍坊，有旨雄麗視諸王邸，伯顏

力辭，制度務從損約。四年，求解政柄，三宮交勉留。五年十月，詔爲大丞相，加號元德上輔，賜七寶玉書龍虎金符，鐫刻如前。先數日，伯顔面奏請以賜田歲入所積鈔一萬錠，賑帖列堅、末隣、納隣三道驛置，及關北十三驛之困乏者。

然伯顔自誅唐其勢之後，獨秉國鈞，專權自恣，變亂祖宗成憲，虐害天下，漸有姦謀。帝患之。初，伯顔欲以其姪脱脱宿衛，伺帝起居，懼涉物議，乃以樞密知院汪家奴、翰林承旨沙剌班同侍禁近，實屬意脱脱。故脱脱政令日修而衛士拱聽約束。伯顔自領諸衛精兵，以燕者不花爲屏蔽，導從之盛，填溢街衢，而帝側儀衛反落落如晨星。勢燄薰灼，天下之人惟知有伯顔而已。脱脱深憂之，乘間自陳忘家徇國之意，帝猶未之信。遣阿魯、世傑班日以忠義與之往復論難，益知其心無他，遂聞于帝，帝始無疑。是年，車駕自上都還京，伯顔數以兵巡行紅城諸處，歸輒在後。三人謀益堅，伯顔不知，益逞兇虐，搆陷郯王徹徹篤，奏賜死，帝未允，輒傳旨行刑。復奏貶宣讓王帖木兒不花、威順王寬徹普化，辭色憤厲，不待旨而行。帝益忿之。伯顔且日益立威，鍛鍊諸獄，延及無辜。

六年二月，伯顔自領兵衛，請帝出田。脱脱告帝托疾不往。伯顔固請太子燕帖古思出次柳林。脱脱欲有所爲，遂與世傑班、阿魯合議，白于帝。戊戌，脱脱悉拘門鑰，受密旨領軍，阿魯、世傑班侍帝側傳命。是夜，帝御玉德殿，主符檄，發號令，詳見《脱脱傳》。中夜二鼓，遣太子怯薛月可察兒率三十騎抵太子營，取之入城，夜半見帝。四鼓，命只兒瓦歹奉詔往柳林，出伯顔爲河南行省左丞相。已亥，伯顔遣人來城下問故。脱脱据城門上宣言，有旨黜丞相一人，諸從官無罪，可各還本衛。伯顔奏乞陛辭，不許，遂行。道出真定，父老奉觴酒以進。伯顔問曰：「爾曾見子殺父事耶？」父老曰：「不曾見子殺父，惟見臣殺君。」伯顔俛首有慚色。三月辛未，詔徙南恩州陽春縣安置，病死于龍興路驛舍。

《元史》卷一三八《脱脱傳》 是時，其伯父伯顔爲中書右丞相，既誅唐其勢，益無所忌，擅爵人，赦死罪，任邪佞，殺無辜，諸衛精兵收爲己用，府庫錢帛聽其出納。帝積不能平。脱脱雖幼養於伯顔，常憂其敗，私請於其父曰：「伯父驕縱已甚，萬一天子震怒，則吾族赤矣。曷若於未敗圖之。」其父以爲然，復懷疑久未決。質之直方，直方曰：「《傳》有之，『大義滅親』。大夫但知忠於國家耳，餘復何顧焉。」當是時，帝之左右前後皆伯顔所樹親黨，獨世傑班、阿魯爲帝腹心，日與之處。脱脱遂與二人深相結納。而錢唐楊瑀嘗事帝潛邸，爲奎章閣廣成局副使，得出入禁中，帝知其可用，每三人論事，使瑀參焉。

五年秋，車駕留上都，伯顔時出赴應昌。脱脱與世傑班、阿魯謀欲禦之東門外，懼弗勝而止。會河南范孟矯殺省臣，事連廉訪使段輔，伯顔風臺臣言漢人不可爲廉訪使。時別兒怯不花亦爲御史大夫，畏人之議己，辭疾不出，故其章未上。伯顔促之急，監察御史以告脱脱。脱脱曰：「別兒怯不花位吾上，且掌印，我安敢專邪？」別兒怯不花聞之懼，且將出。脱脱度不能遏，謀於直方。直方曰：「此祖宗法度，決不可廢，盍先爲上言之。」脱脱入告于帝，及章上，帝如脱脱言。伯顔知出於脱脱，大怒，言於帝曰：「脱脱雖臣之子，其心專佑漢人，必當治之。」帝曰：「此皆朕意，非脱脱罪也。」及伯顔擅貶宣讓、威順二王，帝不勝其忿，決意逐之。一日，泣語脱脱，脱脱亦泣下，歸與直方謀。直方曰：「此宗社安危所繫，不可不密。議論之際，左右爲誰？」曰：「阿魯及脱脱木兒。」直方曰：「子之伯父，挾震主之威，此輩苟利富貴，其語一泄，則主危身戮矣。」脱脱乃延二人于家，置酒張樂，晝夜不令出。遂與世傑班、阿魯議，候伯顔入朝禽之。戒衛士嚴宮門出入，螭坳悉爲置兵。伯顔見之大驚，召脱脱責之。對曰：「天子所居，防禦不得不爾。」伯顔遂疑脱脱，益增兵自衛。

六年二月，伯顔請太子燕帖古思獵于柳林。脱脱與世傑班、阿魯合謀以所掌兵及宿衛士拒伯顔。戊戌，遂拘京城門鑰，命所親信列布城門下。是夜，奉帝御玉德殿，召近臣汪家奴、沙剌班及省院大臣先後入見，出五門聽命。又招瑀及江西范匯入草詔，數伯顔罪狀。詔成，夜已四鼓，命中書平章政事只兒瓦歹齎赴柳林。已亥，脱脱坐城門上，而伯顔亦遣騎士至城下問故。脱脱曰：「有旨逐丞相。」伯顔所領諸衛兵皆散，而伯顔遂南行。

馬祖常《石田文集》卷一四《敕賜太師秦王佐命元勳之碑》 元有佐命元勳之臣，曰太師、秦王、中書右丞相巴延。弘乂帝室，有猷有烈，輔理旬宣，弼諧寅亮，小心夙夜，幾三十年。人用榆誦，延兹休聲，蓋古所謂社稷之臣也。上即位之明年，制詔御史中丞馬祖常若曰：「臣巴延有勳德于世，宜文者石，以勸有位。爾言不誣，其令有司，具其翊我文宗中興之賢勞，及其世閥行治序次之。」臣祖常受詔百拜，退爲文以進，曰：

初，文皇帝以武廟之子出居南服，民臣咸思依歸焉。王時以平章政事佩虎符，節制江淮諸軍鎮汴。故太師、太平王、右丞相臣雅克特穆爾建義迎文皇帝于邸，使以告王。王即檄下諸郡縣，便宜發民丁，給衛士，聚芻糗金帛，驛輸之。用不足，則貸商人貨，約償倍息。又許民折來歲賦充上供，殺諸不用命者，奪之官。

日櫛盥介冑坐省中，指竿鳌劃，節警近，廣儲峙，浚湟壘，堞剥缺，完治使堅。夜臨按，盡五鼓下不遑寐。雖葦礫械鑰之微，服饍饌享之具，必曲殫其心力。別募虓勇五十人，往扈蹕于道。始，扎拉爾者有二子，上屬乘傳來京師，遣部人蒙古布哈、伊埒台、羅壘蘇克殺之尉氏館。平章奇爾、右丞伯奇特穆爾，以私持時鋭鈍疑沮王，王手剌死之，榜于衆，以擧義事。戒有司奉行毋忽，民翕然引領，幸上之來朝夕急。而參政圖卜台、萬户明安岱爾欲連兵圖不利，圖卜台手刃坐王下，數數睨，幾刃王。王起，拔劍擊之，走，追砍其右臂，殺之以徇。取所佩符節，整齊其部兵，得驛馬千二百騎。下明安岱爾獄。使聞，上悦甚，遣薩里布哈拜王河南行省左丞相。

是年秋八月廿日，大駕臨御汴，王擐擐（貫也，一作挽。）强櫜鋒，率汴父老子弟導上至汴邸，參階下。諸陪從官率卒吏，賞予各有差。百給物，罔有纖鉅，畢取如寄。而汴人且謳吟，市不易，殆不知載體之大而勞也。明日，上解所被鎧、御服、寶刀及海東白鶻、文鶻爲賜。王趣勸十曰：「神器虚久，請亟北轅，以主宗社。」迺毖車徒，嚴約令，麾畢羅絡，扈上渡河。度道計日以息，至則頓遞供張，靡一不具。士無敢譁以怠，而民扶携望拜，歡呼如恐後。越七日，駕還宫。以九月十三日正皇帝位，詔天下，改年天曆，大業遂定。加王銀青榮禄大夫、河南行省左丞相，尋拜太尉，賜黄金二百五十兩，白金一千兩，楮幣二萬五千緡，加開封儀同三司、録軍國重事、御史大夫、中政使。

明年正月，拜太保，加儲慶使。尋又賜白鶻、文豹，降虎符，加忠翊侍衛親軍都指揮使。時上以天下讓明皇帝，居東宫，拜太子詹事、太保，官階勳職悉仍故。八月，拜中書左丞相。九月，加儲政事。三年正月，拜知樞密院事。至順元年，特命：「王有大勳勞於天下，凡飲宴，賜以罰密奇之禮，以示尊寵也。」王定大難，誅戮既多，宜防不測，賜集賽台百人，摩哩齊百人，阿斯罕百人，俾朝夕宿衛王左右，以備非常。仍賜黄金兩龍符，其文曰：「廣忠宣義正節振武佐運功臣」，繫以寶帶，令世爲明券。又命庫庫楚王之孫女。二年八月，進封浚寧王，加侍正府侍正。十月，加昭功萬户都總使。十二月，加宣毅萬户府萬户，忠翊侍衛親軍都指揮使，佩故金符。三年十月，加徽政使。元統元年六月，今上踐祚，以翼戴定策之勳，越二日，拜太師、中書右丞相、上柱國，監脩國史兼奎章閣大學士，領學士院、太史院，總回紇、漢人司天監事。八月，加領經筵事。十一月，改封秦王。二年正月，加威武衛親軍都指揮使、太師，總領職，佩符領軍如故。

王昔十有五歲，成宣宗命侍武宗于藩，飭躬盡瘁，不自暇逸，勞任懷使，必先諸御人。仁宗王明宗于周，命王爲周王常侍。四年，拜江南行臺御史中丞。五年，拜御史大夫。六年，拜江浙行省平章政事。三年，拜河南行省平章政事。在汴，所至索政所宜施利害，與民擧除之，而宿奸碩豪，異時常矯虔以毒民者，往往褫魄去，懼罪之將及己。故四海之人，靡不相爲鼓頌，而被惠之邦，尤嗟其來之暮，而以不久留爲嘆且望也。

雜録

備録

陶宗儀《南村輟耕録》卷二《權臣擅政》 中書右丞相伯顔所署官銜計二百四十六字，曰：元德上輔廣忠宣義正節振武佐運功臣、太師、開府儀同三司、秦王、答剌罕、中書右丞相、上柱國、録軍國重事、監修國史、兼徽政院侍正、昭功萬户府都總使、虎符威武阿速衛親軍都指揮使司達魯花赤、忠翊侍衛親軍都指揮使、奎章閣大學士、領學士院知經筵事、太史院、宣政院事、也可千户哈必陳千户達魯花赤、宣忠斡羅思扈衛親軍都指揮使司達魯花赤、提調回回漢人司天監、羣牧監、廣惠司、内史府、左都威衛使司事、欽察親軍都指揮使司事、宫相都總管府領太禧宗禋院、兼都典制神御殿事、中政院事、宣鎮侍衛親軍都指揮使司達魯花赤、提調宗人蒙古侍衛親軍都指揮使司事、提調哈剌赤也不干察兒、領隆祥使司事。當其擅政之日，前後左右，無非陰邪小輩。惟恐獻諂進佞之不至，孰能告以忠君愛民之事？有一王爵者驛奏云：「『薛禪』二字，人皆可以爲名，自世祖皇帝廟號之後，遂不敢用。今太師伯顔功高德重，可以『薛禪』名字與之。」時御史大夫帖木兒不花，亦其心腹，每陰嗾省臣奏允其請。文定王沙剌班時爲學士，從容言於上曰：「萬一曲從所請，關係非輕。」遂命學士歐陽玄、監丞揭傒斯會議，以「元德上輔」四字代之，加於功臣之上。又典瑞院都事某建言：「凡省官提調軍馬者，必佩虎符。今太師伯顔難與它人同，宜錫龍鳳牌以寵異之。」制可，遂製龍鳳牌一面，其三珠各函徑寸真珠一枚，而飾以紅剌鴉忽寶石，牌身脱鈒「元德上

輔」功臣號字，仍用白玉嵌造。牌成，計直數萬錠。既被貶黜，毁其牌，就以珠寶給還物主，蓋督勒有司和買，原價尚未酬也。又京畿都運納速剌上言：「太師伯顔，功勳蓋世，所授宣命，難與百官一體，合用泥金書詞以尊榮之。」省臺院官議不可行。宛轉稟白，止金書「上天眷命皇帝聖旨」八字，餘仍墨筆云。

陶宗儀《南村輟耕録》卷五《毁前朝玉璽》 後至元間，太師伯顔出太府監所藏歷代玉璽，磨去篆文，改造押字圖書及鷹墜等物，以分散其黨與，蓋先已奏請故也。獨唐武氏璽，玉色瑩白，製作如官印，璞僅半寸許，因不可它用，遂付藝文監收之，竟獲永存。豈武氏之智能逆料之乎。

陶宗儀《南村輟耕録》卷二七《譏伯顔太師》 重紀至元間，太師丞相伯顔專權蠹政，貪惡無比，以罪左遷南恩州達魯花赤，至隆興卒，寄棺驛舍。滑稽者題于壁云：「百千萬錠猶嫌少，垜積金銀北斗邊。可惜太師無運智，不將些子到黄泉。」

陶宗儀《南村輟耕録》卷二八《岷江緑》 太師伯顔擅權之日，剡王徹徹都、高昌王帖木兒不花，皆以無罪殺。山東憲吏曹明善，時在都下，作《岷江緑》二曲以風之，大書揭于五門之上。伯顔怒，令左右暗察得實，肖形捕之，明善出避吴中一僧舍。居數年，伯顔事敗，方再入京。其曲曰：「長門柳絲千萬縷，總是傷心處。行人折柔條，燕子銜芳絮，都不由鳳城春做主。」「長門柳絲千萬結，風起花如雪。離别重離别，攀折復攀折。苦無多舊時枝葉也。」此曲又名《清江引》，俗曰《江兒水》。

葉子奇《草木子》卷三 元初法度猶明，尚有所憚，未至於汎濫。自秦王伯顔專政，臺憲官皆諧價而得，往往至數千緡。及其分巡，競以事勢相漁獵而償其直，如唐債帥之比。於是有司承風，上下賄賂，公行如市，蕩然無復紀綱矣。肅政廉訪司官，所至州縣，各帶庫子檢鈔秤銀，殆同市道矣。《春秋傳》曰：「國家之敗，由官邪也。官之失德，寵賂彰也。」豈不信夫？

歷代多崇徽號褒美，多至十餘言以上，皆後世羣臣之導諛也。後世人誰誦之，初亦何益？如堯、舜、禹、湯無謚，初不害其爲有道之君。至周公旦始立謚法，謚其父兄爲文爲武，特止一字而已。當謚法之行，亦出於公，皆攷行以定名。如幽、厲無道，加謚以惡，雖孝子慈孫，百世猶不能改。何則，時以公也。及始皇奮其私智，一革謚法。謂子不可以議父，臣不可以議君，直以賢聖自居。何則，實出於私己也。漢謚尚少，亦死而定名。至唐而生加美謚，至字最多，至爲無謂。元朝此等皆絕而不爲，及死而始爲之謚，亦止於一二字而已，初不掩其行之善惡是非，此亦可以爲法也。自周立謚，至諸侯卿大夫皆有之，歷世遵行，迺其常也。至元朝秦王太師潛行不軌，欲要譽於天下，以私錢十萬錠，濟怯憐口站户之乏。庚申帝下詔曰：「有臣如此，宜極褒嘉。」加以美稱，凡十四字，此又古之大臣所未有也。此又殆九錫之漸者乎？幸而未幾事敗身殞。此則權臣竊命，元朝之變例也。

葉子奇《草木子》卷四 後至元間，太師秦王伯顔專權變法，謀爲不軌，貶嶺南，道江西，死於薦福寺，遂殯於是。有人以詩弔之曰：「人臣位極更封王，欲逞聰明亂舊章。一死有誰爲孝子，九泉無面見先王。」「輔秦應已如商鞅，辭漢終難及子房。虎視南人如草芥，天教遺臭在南荒。」蓋其在生，出令：北人毆打南人，不許還報。刷馬欲又刷子女，天下騷動。

郎瑛《七修類稿》卷八《元末擾亂》 至正初，伯顔變亂舊章，遂有江西朱光卿，廣東羅天麟、陳積萬，湖廣吴天保，浙東方國珍，相繼煽動。又賈魯開河，生民嗷嗷。石人之事興，則韓林兒、徐壽輝、芝麻李，三枝起而蔓延天下。若福建陳友定、懷慶周全、臨川鄧忠、安陸俞君正、浙西張士誠、陝西金花娘子、江西歐道人、襄陽莽張、岳州潑張、安慶雙刀趙、濠州孫德崖，紛紛不一，皆東南之賊也。長淮以北，則山東又有王信，陝西李思齊，隴西李思道，太原王保保，汴梁元太子，此多元之將臣，亦各據地，互相殺戮。天兵臨之，或降或遁矣。

張翼《農田餘話》卷上 後至元丙子，丞相伯顔當國，禁江南農家用鐵禾叉，犯者杖一百七十，以防南人造反之意。民間止用木叉挑取禾稻。古人所謂肉食者其智如此。又禁戲文、雜劇、評話等項。

張翼《農田餘話》卷下 後至元丞相伯顔專權，其兄馬札兒召爲樞密使，使之子脱脱爲臺大夫。伯顔久蓄無將之心。一日記以打獵領出兵，次子外謀歸朝即行廢主之事。脱脱入白其逆，遣使召之。伯顔曰：「我不在朝，有何詔旨？」勒騎都城，城門已閉。有詔爲劉氏左坦，諸軍從之。乃除平章，沿途中逓降官至于幸恩到陽春縣安置，死于龍興路驛舍。

備論

馬祖常《石田文集》卷一四《勅賜太師秦王佐命元勳之碑》 夫以王之忠清

粹德，輔翊累朝，孝友於家，嘉靖于國，禮以自持，義以立功，董萬事之紀，成熙洽之治，爲一代之臣宗，而又有捍王定策之大勳著在我國家，信史有載，鼎銘是刊，宜也。矧又秉國鈞，覃化澤，佐我天子於未艾，則大爵有王土，極此光耀寵榮，以爍休美於後世，不其尤宜哉！古稱有社稷臣者，王之謂矣。國家平康，百有餘年，君臣之際，於斯爲盛。天子名碑首曰「佐命元勳」，臣祖常文其敢辭，謹齋沐而獻銘曰：

赫矣文帝，龍奮于南。雲雷經綸，家難用戡。粱奠中夏，八方之樞。一有梟獍，則梲我徒。豈梲我徒，民胥于痛。匪直民痛，將戮我大謨。有嶷秦王，殿師于粱。襄甲于裳，斬其無良。合兵在邪，秣馬在廐。以迓我元后，則罔不奔走。元后戾止，耄倪郊迎。弓矢鈇鉞，象簸鶩弸。大勞兵士，牛酒金帛。賈謌于區，農嬉于陌。艤舟河滸，謹帝之來。神工授能，瞬兹濟而。帝曰王賢，汝久服事。相與有家，式殫勤瘁。予聖考武皇，惟王之嘉。大毒收指，氣無留遮。外官蕃垣，焱其鷹揚。奉了一人，征徒皇皇。虎旗龍章，日月之光。帝車載安，言留上國。廟見告主，配天建極。迺肆大眚，乃旌有德。王實左右，以毗以翼。皇帝曰嘻，晝日三接。鎧服寶刀，金篆符節。往緫子揆，施我民禔。獰者以恬，呻者以悏。孰降割于下，鼎湖攀號。時定大策，王實焦勞。肆聖天子，文皇帝是似。乃圖王封，繹彼世祀。山川土田，南國之涘。曰佐命元勳，惟王實有。天子詔臣，臣揭碑首。臣辭不誣，庶以永後。作秦王考，以續周卣。

藝文

胡助《純白齋類稿》卷六《哀太師》 自從天曆十戈起，四海一家如鼎沸。權奸簸弄貪天功，攀龍附鳳皆倒置。海内蒼生望太平，鼎湖仙馭俄上昇。老虎未死人莫測，孰扶日轂遲遲行。大夫當時秉大義，手挈神器正天位。爰立作相隆委寄，太師秦王勢益熾。朝廷大權既已歸，斥賢用邪圖己私。變亂法度施横政，賣官鬻獄誰敢非。王侯將相望塵拜，歌功頌德多豐碑。九重深拱方無爲，天下萬事由太師。起居玉食勝天上，生殺貴賤操主威。千兵萬馬常自衛，爪牙武士争光輝。龍虎大符擅天寵，振古權臣無若斯。天變民災何足恤，神人怨怒宗社危。綱常萬古不可絶，君臣之分不可越。近郊出獵果何謀，飛揚跋扈當車裂。一朝天子奮乾剛，下詔薄責流遠方。太陽杲杲冰山摧，凶徒惡黨潛逃藏。家財簿録不勝計，石崇元載猶豪芒。德音屢聞天下喜，治道復還舊典章。嗚呼太師權勢如火滅，鼎覆餗兮車覆轍。作詩哀之戒後來，遺臭百世何爲哉？

脱脱部

綜述

《元史》卷一三八《脱脱傳》 脱脱字大用，生而岐嶷，異於常兒。及就學，請於其師浦江吴直方曰：「使脱脱終日危坐讀書，不若日記古人嘉言善行服之終身耳。」稍長，膂力過人，能挽弓一石。年十五，爲皇太子怯憐口怯薛官。天曆元年，襲授成製提舉司達魯花赤。二年，入覲，文宗見之悦，曰：「此子後必可大用。」遷内宰司丞，兼前職。五月，命爲府正司丞。至順二年，授虎符、忠翊侍衛親軍都指揮使。元統二年，同知宣政院事，兼前職。五月，遷中政使。六月，遷同知樞密院事。

至元元年，唐其勢陰謀不軌，事覺伏誅，其黨答里及剌剌等稱兵外應。脱脱選精鋭與之戰，盡禽以獻。歷太禧宗禋院使，拜御史中丞、虎符親軍都指揮使，提調左阿速衛。四年，進御史大夫，仍提調前職，大振綱紀，中外肅然。扈從上都還，至鷄鳴山之渾河，帝將畋于保安州，馬蹶。脱脱諫曰：「古者帝王端居九重之上，日與大臣宿儒講求治道，至於飛鷹走狗，非其事也。」帝納其言，授金紫光禄大夫，兼紹熙宣撫使。

是時，其伯父伯顔爲中書右丞相，既誅唐其勢，益無所忌，擅爵人，赦死罪，任邪佞，殺無辜，諸衛精兵收爲己用，府庫錢帛聽其出納。帝積不能平。脱脱雖幼養於伯顔，常憂其敗，私請於其父曰：「伯父驕縱已甚，萬一天子震怒，則吾族赤矣。曷若於未敗圖之。」其父以爲然，復懷疑久未決。質之直方，直方曰：「《傳》有之，『大義滅親』。大夫但知忠於國家耳，餘復何顧焉。」當是時，帝之左右前後皆伯顔所樹親黨，獨世傑班、阿魯爲帝腹心，日與之處。脱脱遂與二人深相結納。而錢唐楊瑀嘗事帝潛邸，爲奎章閣廣成局副使，得出入禁中，帝知其可用，每三人論事，使瑀參焉。

五年秋，車駕留上郡，伯顔時出赴應昌。脱脱與世傑班、阿魯謀欲禦之東門外，懼弗勝而止。會河南范孟矯殺省臣，事連廉訪使段輔，伯顔風臺臣言漢人不可爲廉訪使。時別兒怯不花亦爲御史大夫，畏人之議己，辭疾不出，故其章未上。伯顔促之急，監察御史以告脱脱。脱脱曰：「別兒怯不花位吾上，且掌印，我安敢專邪？」別兒怯不花聞之懼，且將出。脱脱度不能遏，謀於直方。直方曰：「此祖宗法度，決不可廢，盍先爲上言之。」脱脱入告于帝，及章上，帝如脱脱言。伯顔知出於脱脱，大怒，言於帝曰：「脱脱雖臣之子，其心專佑漢人，必當治之。」帝曰：「此皆朕意，非脱脱罪也。」及伯顔擅貶宣讓、威順二王，帝不勝其忿，決意逐之。一日，泣語脱脱，脱脱亦泣下，歸與直方謀。直方曰：「此宗社安危所繫，不可不密。議論之際，左右爲誰？」曰：「阿魯及脱脱木兒。」直方曰：「子之伯父，挾震主之威，此輩苟利富貴，其語一泄，則主危身戮矣。」脱脱乃延二人于家，置酒張樂，晝夜不令出。遂與世傑班、阿魯議，候伯顔入朝禽之。戒衛士嚴宮門出入，螭坳悉爲置兵。伯顔見之大驚，召脱脱責之。對曰：「天子所居，防禦不得不爾。」伯顔遂疑脱脱，益增兵自衛。

六年二月，伯顔請太子燕帖古思獵于柳林。脱脱與世傑班、阿魯合謀以所掌兵及宿衛士拒伯顔。戊戌，遂拘京城門鑰，命所親信列布城門下。是夜，奉帝御玉德殿，召近臣汪家奴、沙剌班及省院大臣先後入見，出五門聽命。又召瑀及江西范匯入草詔，數伯顔罪狀。詔成，夜已四鼓，命中書平章政事只兒瓦歹齎赴柳林。己亥，脱脱坐城門上，而伯顔亦遣騎士至城下問故。脱脱曰：「有旨逐丞相。」伯顔所領諸衛兵皆散，而伯顔遂南行。詳見《伯顔傳》中。事定，詔以馬扎兒台爲中書右丞相，脱脱知樞密院事，虎符、忠翊衛親軍都指揮使，提調武備寺、阿速衛千户所，兼紹熙等處軍民宣撫都總使，宣忠兀羅思護衛親軍都指揮使司達魯花赤、昭功萬户府都總使。十月，馬扎兒台移疾辭相位，詔以太師就第。

至正元年，遂命脱脱爲中書右丞相，録軍國重事，詔天下。脱脱乃悉更伯顔舊政，復科舉取士法，復行太廟四時祭，雪郯王徹徹秃之冤，召還宣讓、威順二王，使居舊藩，以阿魯圖正親王之位，開馬禁，減鹽額，蠲負逋，又開經筵，遴選儒臣以勸講，而脱脱實領經筵事。中外翕然稱爲賢相。二年五月，用參議孛羅〔帖木兒〕等言，於都城外開河置閘，放金口水，欲引通州船至麗正門，役丁夫數萬，訖無成功。事見《河渠志》。

三年，詔修遼、金、宋三史，命脱脱爲都總裁官。又請修《至正條格》頒天下。帝嘗御宣文閣，脱脱前奏曰：「陛下臨御以來，天下無事，宜留心聖學。頗聞左

右多沮撓者，設使經史不足觀，世祖豈以是教裕皇哉？」即祕書監取裕宗所授書以進，帝大悅。皇太子愛猷識理達臘嘗保育于脱脱家，每有疾飲藥，必嘗之而進。帝嘗駐蹕雲州，遇烈風暴雨，山水大至，車馬人畜皆漂溺，脱脱抱皇太子單騎登山，乃免。至六歲還，帝慰撫之曰：「汝之勤勞，朕不忘也。」脱脱乃以私財造大壽元忠國寺於健德門外，爲皇太子祝釐，其費爲鈔十二萬二千錠。

四年閏月，領宣政院事。諸山主僧請復僧司，且曰：「郡縣所苦，如坐地獄。」脱脱曰：「若復僧司，何異地獄中復置地獄邪？」時有疾漸羸，且術者亦言年月不利，乃上表辭位，帝不允，表凡十七上，始從之。有旨封鄭王，食邑安豐，賞賚巨萬，俱辭不受。乃賜松江田，爲立稻田提領所以領之。

七年，別兒怯不花爲右丞相，以宿憾譖其父馬扎兒台。詔徙甘肅。脱脱力請俱行，在道則閱騎乘廬帳，食則視其品之精粗，及至其地，馬扎兒台安之。復移西域撒思之地，至河，召還甘州就養。十一月，馬扎兒台薨。帝念脱脱勳勞，召還京師。

八年，命脱脱爲太傅，提調宫傅，綜理東宫之事。九年，朶兒只、太平皆罷相，遂詔脱脱復爲中書右丞相，賜上尊、名馬、襲衣、玉帶。脱脱既復入中書，恩怨無不報。時開端本堂，皇太子學於其中，命脱脱領端本堂事。又提調阿速、欽察二衛，内史府、宣政院、太醫院事。

十年五月，居母薊國夫人憂。帝遣近臣喻之，俾出理庶務。於是脱脱用烏古孫良楨、龔伯遂、汝中柏、伯帖木兒等爲僚屬，皆委以腹心之寄，小大之事悉與之謀，事行而羣臣不知也。吏部尚書偰哲篤建言更造至正交鈔，脱脱信之，詔集樞密院、御史臺、翰林、集賢院諸臣議之，皆唯唯而已，獨祭酒吕思誠言其不可，脱脱不悦。既而終變鈔法，而鈔竟不行。事見《思誠傳》。

河決白茅堤，又決金堤，方數千里，民被其患，五年不能塞。脱脱用賈魯計請塞之，以身任其事。出告羣臣曰：「皇帝方憂下民，爲大臣者職當分憂。然事有難爲，猶疾有難治，自古河患即難治之疾也，今我必欲去其疾。」而人人異論，皆不聽。乃奏以賈魯爲工部尚書，總治河防，使發河南北兵民十七萬役之，築決堤成，使復故道。凡八月功成。事見《河渠志》。於是天子嘉其功，賜世襲答剌罕之號。又敕儒臣歐陽玄製《河平碑》以載其功。仍賜淮安路爲其食邑，郡邑長吏聽其自用。

已而汝、潁之間妖寇聚衆反，以紅巾爲號，襄、樊、唐、鄧皆起而應之。十一年，脱脱乃奏以弟御史大夫也先帖木兒爲知樞密院事，將諸衛兵十餘萬討之。克上蔡。既而駐兵沙河，軍中夜驚。也先帖木兒盡棄軍資器械，北奔汴梁，收散卒，屯朱仙鎮。朝廷以也先帖木兒不習兵，詔別將代之。也先帖木兒徑歸，昏夜入城，仍爲御史大夫。陝西行臺監察御史十二人劾其喪師辱國之罪，脱脱怒，乃遷西行臺御史大夫朶兒直班爲湖廣行省平章政事，而御史皆除各府添設判官，由是人皆莫敢言事。

十二年，紅巾有號芝麻李者，據徐州。脱脱請自行討之，以逯魯曾爲淮南宣慰使，募鹽丁及城邑趫捷，通二萬人，與所統兵俱發。九月，師次徐州，攻其西門。賊出戰，以鐵翎箭射馬首，脱脱不爲動，麾軍奮擊之，大破其衆，入其外郛。明日，大兵四集，亟攻之，賊不能支，城破，芝麻李遁去。獲其黄繖旗鼓，燒其積聚，追擒其僞千户數十人，遂屠其城。帝遣中書平章政事普化等即軍中命脱脱爲太師，依前右丞相，趣還朝，而以樞密院同知秃赤等進師平潁、亳。師還，賜上尊、珠衣、白金、寶鞍。皇太子錫燕于私第。詔改徐州爲武安州，而立碑以著其績。

十三年三月，脱脱用左丞烏古孫良楨、右丞悟良哈台議，屯田京畿，以二人兼大司農卿，而脱脱領大司農事。西至西山，東至遷民鎮，南至保定、河間，北至檀、順州，皆引水利，立法佃種，歲乃大稔。

十四年，張士誠據高郵，屢招諭之不降。詔脱脱總制諸王諸省軍討之。黜陟予奪一切庶政，悉聽便宜行事；省臺院部諸司，聽選官屬從行，稟受節制。西域、西番皆發兵來助。旌旗累千里，金鼓震野，出師之盛，未有過之者。師次濟寧，遣官詣闕里祀孔子，過鄒縣祀孟子。十一月，至高郵。辛未至乙酉，連戰皆捷。分遣兵平六合，賊勢大蹙。俄有詔罪其老師費財，以河南行省左丞相太不花、中書平章政事月闊察兒、知樞密院事雪雪代將其兵，削其官爵，安置淮安。

先是，脱脱之西行也，別兒怯不花欲陷之死。哈麻屢言于帝，召還近地，脱脱深德之，至是引爲中書右丞。而是時脱脱信用汝中柏，由左司郎中參議中書省事，平章以下見其議事莫敢異同，惟哈麻不爲之下。汝中柏因譖之脱脱，改爲宣政院使，位居第三，於是哈麻深銜之。哈麻嘗與脱脱議授皇太子册寶禮，脱脱每言：「中宫有子將置之何所？」以故久不行。脱脱將出師也，以汝中柏爲治書侍御史，使輔也先帖木兒居中。汝中柏恐哈麻必爲後患，欲去之。脱脱猶豫未

決，令與也先帖木兒謀。也先帖木兒以其有功於己，不從。哈麻知之，遂譖脱脱於皇太子及皇后奇氏。會也先帖木兒方移疾家居，監察御史袁賽因不花等承哈麻風旨，上章劾之，三奏乃允；奪御史臺印，出都門外聽旨，以汪家奴爲御史大夫；而脱脱亦有淮安之命。

十二月辛亥，詔至軍中，參議龔伯遂曰：「將在軍，君命有所不受。且丞相出師時，嘗被密旨，今奉密旨一意進討可也。詔書且勿開，開則大事去矣。」脱脱曰：「天子詔我而我不從，是與天子抗也，君臣之義何在？」弗從。既聽詔，脱脱頓首謝曰：「臣至愚，荷天子寵靈，委以軍國重事，蚤夜戰兢，懼弗能勝。一旦釋此重負，上恩所及者深矣。」即出兵甲及名馬三千，分賜諸將，俾各帥所部以聽月闊察兒、雪雪節制。客省副使哈刺答曰：「丞相此行，我輩必死他人之手，今日寧死丞相前。」拔刀刎頸而死。初命脱脱安置淮安，俄有旨移置亦集乃路。

十五年三月，臺臣猶以謫輕，列疏其兄弟之罪，於是詔流脱脱于雲南大理宣慰司鎮西路，流也先帖木兒于四川碉門。脱脱長子哈刺章，肅州安置；次子三寶奴，蘭州安置。家産簿録入官。脱脱行至大理騰衝，知府高惠見脱脱，欲以女事之，許築室一程外以居，雖有加害者可以無虞。脱脱曰：「吾罪人也，安敢念及此！」巽辭以絶之。九月，遣官移置阿輕乞之地，高惠以脱脱前不受其女，故首發鐵甲軍圍之。十二月己未，哈麻矯詔遣使鴆之，死，年四十二。訃聞，中書遣尚舍卿七十六至其地，易棺衣以殮。

脱脱儀狀雄偉，頎然出於千百人中，而器宏識遠，莫測其藴。功施社稷而不伐，位極人臣而不驕，輕貨財，遠聲色，好賢禮士，皆出於天性。至於事君之際，始終不失臣節，雖古之有道大臣，何以過之。惟其惑於羣小，急復私讎，君子譏焉。

二十二年，監察御史張冲等上章雪其冤，於是詔復脱脱官爵，并給復其家産。召哈刺章、三寶奴還朝。而也先帖木兒先是亦已死，乃授哈刺章中書平章政事，封申國公，分省大同；三寶奴知樞密院事。二十六年，監察御史聖奴、也先、撒都失里等復言：「奸邪構害大臣，以致臨敵易將，我國家兵機不振從此始，錢糧之耗從此始，盜賊縱横從此始，生民之塗炭從此始。設使脱脱不死，安得天下有今日之亂哉！乞封一字王爵，定謚及加功臣之號。」朝廷皆是其言。然以國家多故，未及報而國亡。

雜録

備録

孔齊《至正直記》卷一《神童詩》 脱脱丞相當朝時，有神童來謁，能詩，年纔數歲，令賦擔詩，即成絶句云：「分得兩頭輕與重，世間何事不擔當。」蓋諷丞相也。

楊瑀《山居新語》卷一 脱脱丞相，即倚納公。康里人氏。延祐間，爲江浙丞相，有伯顔察兒爲左平章，咨保寧國路税務副使耶律舜中爲宣使。一日平章諭該吏曰：「我保此人，乃風憲舊人，及其才能正當選用。」囑之再三，曰：「汝可丞相前覆説之。」丞相曰：「若説用則便用之，若説選則不必提也。」只分別「用」、「選」二字，言簡而意盡。姑書之，以備言行録之采擇焉。公又訪知杭州，過浙江，往來者不便，乃開舊河通之。此河錢王時古河也，因高宗造德壽宫湮塞之。公相視已定，州縣與富豪交通，沮以太歲之説爲疑。至日，公自持鑁，一揮而定。往年每行李一擔，費脚錢二兩五錢，今以一擔之費買舟，則十擔一舟能盡，其利可謂溥矣。

陶宗儀《書史會要》卷七 脱脱，蒙古人，官至中書右丞相，贈太師，封鄭王。材器宏大，智謀善斷，扁其燕處之室曰「道濟書院」。延納儒士，討論治道。善大字。

葉子奇《草木子》卷三 至正壬辰間，貶丞相脱脱詔書，端明殿忽傾仄如倒狀。天兆其戒，卒不之悟，悲夫。元朝之亡，蓋決於此。

至正癸巳春三月，月食太白。是時江淮羣寇起，張九四據高郵，韓山童男據臨濠，徐貞一、倪蠻子、陳友諒亂漢沔。丞相脱脱統大師四十萬出征，聲勢赫然。始攻高郵城，未下。庚申君入丞相亞麻之譏，謂天下怨脱脱，貶之，可不煩兵而定，遂詔散其兵而竄之，師遂大潰，而爲盜有，天下之事，遂不可復爲矣。後亞麻慮脱脱再入相，矯詔酖殺之。後一年，東南州郡多陷，其言不驗，始杖而貶死。

汝寧餘寇尚熾，丞相脱脱命其弟中臺御史大夫野先不花董師三十萬討之。

至城下，與賊未交鋒，即躍馬先遁。汝寧守官某執馬不聽其行，即拔佩刀欲斫之曰：「我的不是性命。」遂逸，師遂大潰。汝寧不守，委積軍資如山，率爲盗有。脱脱匿其敗，反以捷聞。既而西臺以文彈劾，脱脱奏：「臺憲不許建言，違者坐罪。」此則脱脱欺掩之私也。嗟乎，命將不於其才，惟於其親，此其所以敗也。昔楊國忠爲相，任單于仲通爲將，使征雲南，喪師一十萬。房琯爲相，用琴士董廷蘭爲將，使拒安禄山，喪師四萬。王介甫爲相，命門客李復圭爲將，使攻西夏永洛城，喪師亦數萬。是皆取非才於親暱，皆由君不知將，將不知兵，未有不敗其國者也。後之爲人君者，可不監諸。

葉子奇《草木子》卷四　至正壬辰，丞相脱脱統兵征淮南。兵甫及高郵，答麻奏天下亂皆由怨脱脱之故，罷脱脱，盗自寧息。上入其説，即軍中貶之。脱脱釋兵，奉詔赴貶所，兵遂大潰，大率皆歸紅巾，相與爲盗賊，遂不可復制。答麻復矯詔殺之。答麻與脱脱初無讐恨，但欲謀其相位，杜其再來之路耳。邪臣謀身誤國，遂至於此。未幾，答麻坐配死。或以詩黏國門，曰：「蝦蟆水上浮，雪雪見日消。定住不開口，汪家奴只一朝。」國事休矣。雪雪，答麻弟也，爲御史大夫，黨兄爲奸。定住，緘默也。汪，謂其終日酣飲而已。

張翼《農田餘話》卷下　脱脱日見親重，至正中拜相。以中州河患，遂舉疏鑿之役，因走役夫潰散，河南板蕩，受詔復徐州，州平班師。十四年，復受詔討高郵，兵百萬，砦于玉山，賞功戮罪，便宜行事。誠大軍圍賊城，城中窘蹙無計，本破在頃刻，丞相以士卒勞苦，視賊以釜魚罝兔，何可逃免。姑俟明日進兵破之決矣。洎夜半，詔至免相，收其兵權，安置懷安路，以樞密使統其兵。或勸丞相破賊然後聽詔，入朝問故。曰：「是逆君命也。」不聽。或勸其扶立鎮南王爲主，爲南北朝。曰：「若行此志，則在吾叔手中爲之矣。」遂就道。諸軍潰散，叛而寇者有之。吁，元氏之大事去矣。淮人苟延十年之命，饕以富貴，在此舉也。

備論

于慎行《讀史漫録》卷一四《遼金元》　脱脱，元之賢相也，然逐其父而代之，則欒羊之功也。脱脱育于世父伯顔而爲之子，及伯顔在位，專權自恣，漸有异謀，脱脱私憂焉，乃謀于其父馬札兒台，爲保族之計，先其未敗而圖之。于是伯顔逐死，朝廷以安。此豈但保其族，即功在社稷，亦不細矣。然不得與李璀並稱者，璀以死謝其父，而脱脱父子，逐其伯而代之，則無以自白于天下矣。伯顔之惡，至躬弑君后，擅殺親王，人主爲其所懾，至于泣下，此必誅之罪也。惟脱脱既爲之子，則不當以大義滅親，且已逐而置之死，又不當代其位爾。曾幾何時，身亦不免，天道何如哉！《元史》惡伯顔之惡，而忘脱脱之罪，于倫常之要，有所昧矣。

洪亮吉《歷朝史案・元・托克托》　字大用，穆齊台之子，巴延之侄，額森特穆爾之兄。

順帝之不見弑於柳林，鄭王之力也。其大義滅親，克平内難，豈僅石碏、王導比哉。乃巴延業已黜死，父子兄弟，並掌朝權，遽廢文宗廟主，而文后翁吉喇特氏。文子雅克特古斯。盡遭殺戮，致神恫人怨，群盗蜂起。雖有討賊微勞，不足贖其致亂之罪矣。

藝文

李繼本《一山文集》卷七《代乞封故太師中書右丞相脱脱文》　嘗謂大臣匪罪而獲罪，既昭雪其往愆；明主念功而酬功，當旌褒以優典。竊見故太師某，英姿開朗，雅度毅沉。廊廟之才，珪璋之器。其初焉入相，百度俱舉，庶績咸熙，人頌君明而臣良，民樂海涵而春育。引身求退而年方盛富，舉賢自代而心益忠誠。九重有撫髀之思，累詔有秉鈞之命。其終也再相，孜孜盡力，蹇蹇匪躬。弊政苛刑，一切除罷；良法美意，隨即舉行。洎盗賊竊發以弄兵，命將帥屢征而不克。本官志圖靖亂，親乞總戎。如救焚拯溺之靡寧，乃枕戈待旦以自誓。先出師平徐土，成功而奉詔還朝；再出師攻高郵，垂破而削官安置。譬基成九仞，俄傾一簣之功；而舟涉大川，遽失中流之楫。蓋姦惡搆讒，復私讎而奪相位；使忠良不幸，抱深恨而陷非辜。有臣如此以隕身，所在聞之而切齒。且其出師才三月，而指以老師而廢財；厥後討敵無寸功，實由於臨敵而易將。事幾既失，追悔莫前。我國家軍令隳，兵威弛，盗賊多，蓋從此始；迄於今朝政紊，人心離，生民困，其誰之尤？雖元兇已誅，天下尚有無窮之憤；使本官不死，海内豈有今日之危？御史臺已嘗聞奏昭雪，復其官爵，給其家産，獨於封謚之典，尚未舉行。竊

詳本官，將天下之兵，受閫外之寄，行便宜之事，專生殺之權。及一旦解其兵柄，俾萬里竄之遐荒。無纖須懟怨之辭，無幾微沮拒之意。束手以聽詔旨，甘死以盡臣忠。比之擁兵抗命之徒，拜表輒行之輩，迹其忠逆之異，有如霄壤之殊。況其子知樞密院事某，冒涉險艱，翊儲皇撫軍于全晉；誅除兇惡，秉大誼宣力乎皇家。忠孝萃一門，聲光垂百世。如蒙憲臺明白奏聞，錫以王封，表以謚號。庶死者獲雪其幽冥之憾，而生者愈勵其報稱之心。

王沂《伊濱集》卷一三《封鄭王詔》　朕惟德隆則爵尊，王者所以優大臣之禮；名遂則身退，君子所以刑四方之風。維時元勳，夙稱全德。丕揚懋典，敷告治廷。開府儀同三司、上柱國、録軍國重事、監修國史、中書右丞相托克托，器大而材宏，智周而識遠。晜自樞機之地，入陳帷幄之謀。憂國忘身，精忠貫乎金石；贊元熙載，偉績溢於旂常。外則海宇之所具瞻，内則朝廷之所倚重。紀綱備舉，民物靖嘉。惟方叔壯猷，用享貪賢之助；而留侯謝事，屢形引疾之言。每申諭以訓辭，終莫違於誠請。是用王以祝融之壤，食以壽春之墟。畀茲金印之榮，旌大玉鉉之貴。式彰異數，昭示寵章。匪惟愜中外之情，蓋以篤君臣之義。於戲，承鄭武公之烈，咸詠乎緇衣之宜；秉仲山甫之忠，無忘於華衮之闕。祗承休命，永弼昌圖。可封鄭王，食邑安豐路，主者施行。

歐陽玄《圭齋文集》卷一四《白麟溪三大字後》　右「白麟溪」三大字，前中書右丞相脱脱爲浦江鄭大和書。溪舊號香巖，在縣東二十八里。白麟，則大和二十六祖之名也。有惠淮者，字季淵，寔白麟十九世孫，由遂遷溪上，易以今名，示有先也。淮之孫綺至大和凡六世，大和從子鉉至某，又三世，皆同居共財，一門雍睦。海内稱孝弟者，首推浦江鄭氏，朝廷表其門曰孝義。於乎！溪流無終時，公特書是以寵之者，蓋將勗其門相爲悠久哉。字畫方毅，酷類顔真卿，觀者孰不改容不待贊也。

張翥《蜕庵集》卷四《送太傅丞相出師平徐方》　南征諸將久無功，丞相親勞出捻戎。虎士嚴兵屯玉帳，龍庭大宴賜彤弓。萬年社稷收長筭，百戰旌旗得勝風。幕府如雲盡才彦，荆徐指日捷書同。

丁鶴年《丁鶴年集》卷二《脱太師》　淮海重聞斧鉞臨，一時士庶盡傾心。雷霆聲播天威遠，霖雨恩添帝澤深。暗室有蠅汙白璧，明廷無像鑄黄金。風塵未息英雄死，坐對江山慨古今。

戴良《九靈山房集》卷八《祭脱脱丞相祠》　灌匕苾椒醑，充庭潔薌膋。禮爲明祀用，功由報事昭。升朝後公叔，逮事愧王寮。祠使偶陪厠，福飲遂招邀。憩水既駢筵，貪山亦停橈。徘徊媚良集，放浪愛清朝。英英雲度林，泫泫露棲條。暄風蕩鱗羽，淑景麗江臯。神祐溢瞻聽，民思播謳謠。冠蓋欻聚散，園塋轉岧蕘。登城騁回望，遺業相與高。感歎遂成章，聊用布同袍。

元順帝部

綜述

《元史》卷三八《順帝紀一》 順帝名妥懽貼睦爾，明宗之長子。母罕禄魯氏，名邁來迪，郡王阿兒廝蘭之裔孫也。初，太祖取西北諸國，阿兒廝蘭率其衆來降，乃封爲郡王，俾領其部族。及明宗北守，過其地，納罕禄魯氏。延祐七年四月丙寅，生帝于北方。

當泰定帝之崩，太師燕鐵木兒與諸王、大臣迎立文宗。文宗既即位，以明宗嫡長，復遣使迎立之。明宗即位于和寧之北，而立文宗爲皇太子。及明宗崩，文宗復正大位。至順元年四月辛丑，明宗后八不沙被讒遇害，遂徙帝于高麗，使居大青島中，不與人接。閱一載，復詔天下，言明宗在朔漠之時，素謂非其己子，移于廣西之静江。

三年八月己酉，文宗崩，燕鐵木兒請文宗后立太子燕帖古思，后不從，而命立明宗次子懿璘只班，是爲寧宗。十一月壬辰，寧宗崩，燕鐵木兒復請立燕帖古思，文宗后曰：「吾子尚幼，妥懽貼睦爾在廣西，今年十三矣，且明宗之長子，禮當立之。」乃命中書右丞闊里吉思迎帝於静江。帝至京，久不得立。遷延者數月，國事皆決於燕鐵木兒，奏文宗后而行之。俄而燕鐵木兒死，后乃與大臣定議立帝，且曰：「萬歲之後，其傳位於燕帖古思，若武宗、仁宗故事。」諸王宗戚奉上璽綬勸進。

四年六月己巳，帝即位于上都。

辛未，命伯顔爲太師、中書右丞相、上柱國、監修國史，兼奎章閣大學士，領學士院、太史院、回回、漢人司天監事；撒敦爲太傅、左丞相。

八月，立燕鐵木兒女伯牙吾氏爲皇后。

九月庚申，詔太師、右丞相伯顔，太傅、左丞相撒敦，專理國家大事，其餘官不得兼領三職。

冬十月戊辰，改元，以至順四年爲元統元年。己巳，加知樞密院事、答剌罕答里金紫光禄大夫。癸酉，雲南傀羅土官潭鄧馬弄來貢方物，詔以其地陞立散府。庚辰，奉文宗皇帝及太皇太后御容於大承天護聖寺。命左丞相撒敦爲隆祥使，奉其祭祀。

十一月辛亥，追謚札牙篤皇帝爲聖明元孝皇帝，廟號文宗。詔秦王、右丞相伯顔，榮王、左丞相撒敦，統百官，總庶政。

十二月庚申〔朔〕，命伯顔提調彰德威武衛。乙丑，廣西猺寇湖南，陷道州，千户郭震戰死，寇焚掠而去。

元統二年春正月辛卯，以御史大夫脱别台爲中書平章政事，阿里海牙爲河南行省左丞相。戊戌，四川大盤洞蠻謀谷什用遣男謀者什用來貢方物，即其地立盤順府，命謀谷什用爲知府。遣吏部尚書帖住、禮部郎中智熙善使交趾，以《授時曆》賜之。己酉，以上文宗皇帝謚號，遣官告祭于南郊。甲寅，罷廣教總管府，立行宣政院。乙卯，雲南土酋姚安路總管高明來獻方物，錫符印遣之。

二月己未朔，詔内外興舉學校。癸亥，廣西猺寇邊，殺官吏。

三月癸巳，廣西猺賊復起，殺同知元帥吉烈思，掠庫物，遣右丞秃魯迷失將兵討之。丁未，以河南行省左丞相阿里海牙爲江浙行省左丞相。壬子，廣西慶遠府猺賊寇全州，詔平章政事探馬赤統兵二萬人擊之。

夏四月壬申，命唐其勢爲總管高麗女直漢軍萬户府達魯花赤，與馬札兒台並爲御史大夫。己卯，奉聖明元孝皇帝文宗神主祔于太廟，躬行告祭之禮，樂用宫懸，禮三獻。詔加榮王、左丞相撒敦開府儀同三司、上柱國、録軍國重事，食邑廬州。是月，車駕時巡上都。

五月辛卯，以唐其勢代撒敦爲中書左丞相，撒敦仍商量中書省事。

六月丁巳朔，中書省臣言：「雲南大理、中慶諸路，曩因脱肩、敗狐反叛，民多失業，加以災傷，民饑，請發鈔十萬錠，差官賑恤。」從之。乙亥，唐其勢辭左丞相不拜，復命撒敦爲左丞相。乙酉，贈燕鐵木兒公忠開濟弘謨同德翊運佐命功臣、開府儀同三司、太師、中書右丞相，追封德王，謚忠武。

秋七月辛卯，祭太祖、太宗、睿宗三朝御容。壬辰，帝幸大安閣。是日，宴侍臣於奎章閣。

八月戊午，祭社稷。辛未，赦天下。癸未，中書平章政事阿里海牙罷。

九月辛卯，車駕還自上都。甲午，猺賊陷賀州，發河南、江浙、江西、湖廣諸軍及八番義從軍，命廣西宣慰使、都元帥章伯顔將以擊之。

冬十月辛酉，以侍御史許有壬爲中書參知政事。己卯，奉玉册、玉寶，上皇太后尊號曰贊天開聖仁壽徽懿昭宣皇太后。

至元元年春正月癸巳，申命廉訪司察郡縣勸農官勤惰，達大司農司以憑黜陟。

二月甲寅朔，革冗官。戊午，祭社稷。己卯，以上皇太后册、寶，遣官告祭天地。

三月辛卯，以上皇太后寶、册，遣官告祭太廟。乙巳，以中書左丞王結、參知政事許有壬知經筵事。封安南世子陳端午爲安南國王。

夏四月辛酉，以江南行御史臺中丞不花爲中書省參知政事。己巳，加唐其勢開府儀同三司。

五月丙戌，占城國遣其臣剌忒納瓦兒撒來獻方物，且言交趾遏其貢道，詔遣使宣諭交趾。戊子，車駕時巡上都。遣使者詣曲阜孔子廟致祭。甲辰，伯顔請以右丞相讓唐其勢，詔不允，命唐其勢爲左丞相。

六月庚辰，伯顔奏唐其勢及其弟塔剌海謀逆，誅之。執皇后伯牙吾氏幽於別所。

秋七月辛巳朔，以馬札兒台、阿察赤並爲御史大夫。壬午，伯顔殺皇后伯牙吾氏于開平民舍。壬辰，加馬札兒台銀青榮禄大夫、開府儀同三司，領承徽寺。壬寅，專命伯顔爲中書右丞相，罷左丞相不置。乙巳，罷燕鐵木兒、唐其勢舉用之人。

八月癸亥，詔以岐陽王完者帖木兒、知樞密院事帖木兒不花並爲御史大夫。甲子，加完者帖木兒太傅。是月，廣西傜反，命湖廣行省右丞完者討之。

九月丁亥，封知樞密院事闊里吉思爲宣國公，太保、中書平章政事定住爲宣德王。庚子，加中書平章政事徹里帖木兒銀青榮禄大夫。丙午，詔以烏撒、烏蒙之地隸四川行省。

冬十月丙辰，以大司農塔失海牙爲太尉，置僚屬，商議中書省事。丁巳，以塔失帖木兒爲太禧院使，議軍國重事。流晃火帖木兒、答里、唐其勢子孫於邊地。壬戌，加御史大夫帖木兒不花銀青榮禄大夫。癸亥，流御史大夫完者帖木兒於廣海安置。是月，以伯顔獨任中書右丞相詔天下。

十一月庚辰，敕以所在儒學貢士莊田租給宿衛衣糧。詔罷科舉。乙酉，伯顔請内外官悉循資銓注，今後毋得保舉，澀滯選法，從之。丁酉，以户部尚書徐奭、吏部尚書定住參議中書省事。戊戌，召前知樞密院事福丁、失剌不花、撒兒的哥還京師。初，二人以帝未立，謀誅燕鐵木兒，爲所誣貶，故正之。辛丑，下詔改元，詔曰：世祖皇帝，在位長久，天人協和，諸福咸至，祖述之志，良切朕懷。今特改元統三年仍爲至元元年。

十二丙辰，詔徵高麗王阿剌忒納失里入朝。壬戌，命四川、雲南、江西行省保選蠻夷官以俟銓注。乙丑，奉玉册、玉寶，上太皇太后尊號曰贊天開聖徽懿宣昭貞文慈佑儲善衍慶福元太皇太后。

閏月壬辰，詔宗室脱脱木兒襲封荆王。丁酉，御史大夫撒的加銀青榮禄大夫，領奎章閣，知經筵事。戊戌，御史臺臣復劾奏中書平章政事徹里帖木兒罪，罷之。

《元史》卷三九《順帝紀二》 二年二月丁酉，追尊帝生母邁來迪爲貞裕徽聖皇后。乙巳，詔賞勞廣海征傜將卒，有官者升散階，歿於王事者優加褒贈。

三月壬戌，賜征東元帥府軍士冬衣及甲。諸軍討廣西傜，久無功，敕行省、行臺、廉訪司官共督之。甲戌，以汪家奴爲宣政院使，加金紫光禄大夫。

夏四月庚寅，以知樞密院事帖木兒不華爲中書平章政事，撒迪爲御史大夫。戊戌，車駕時巡上都。拜中書左丞耿焕爲侍御史，王(德懋)〔懋德〕爲中書左丞。

六月庚辰，命中書平章政事阿吉剌知經筵事。戊子，以鐵木兒補化爲江浙行省左丞相。

秋七月庚戌，以定住、鎖南參議中書省事。甲子，命有司以所籍撒敦寶器分賜伯顔及太保定住。庚午，敕賜上都孔子廟碑，載累朝尊崇之意。

九月戊辰，車駕還自上都。海運糧至京，遣官致祭天妃。

十一月壬子，以那海爲湖廣行省平章政事，討廣西叛傜。

十二月詔省、院、臺、翰林、集賢、奎章閣、太常禮儀院、禮部官定議寧宗皇帝尊謚、廟號。

三年春正月癸卯，廣州增城縣民朱光卿反，其黨石昆山、鍾大明率衆從之，僞稱大金國，改元赤符。辛亥，升祔懿璘只班皇帝於廟，謚冲聖嗣孝皇帝，廟號寧宗。戊午，帝獵于柳林，凡三十五日。監察御史丑的、宋紹明進諫，帝嘉納之，賜金、幣。

二月壬申朔，棒胡反於汝寧信陽州。棒胡本陳州人，名閏兒，以燒香惑衆，

妄造妖言作亂，破歸德府鹿邑，焚陳州，屯營於杏岡，命河南行省左丞慶童領兵討之。廣西猺賊復反，命湖廣行省平章那海、江西行省平章禿兒迷失海牙總兵捕之。

三月戊午，以玉寶、玉册立弘吉刺氏伯顏忽都爲皇后。

夏四月己卯，車駕時巡上都。壬午，高麗王阿刺忒納失里朝賀還國。辛卯，合州大足縣民韓法師反，自稱南朝趙王。己亥，惠州歸善縣民聶秀卿、譚景山等造軍器，拜戴甲爲定光佛，與朱光卿相結爲亂，命江西行省左丞沙的捕之。

五月甲寅，詔哈八兒禿及禿堅帖木兒爲太尉，各設僚屬幕官。西番賊起，殺鎮西王子党兀班。立行宣政院，以也先帖木兒爲院使，往討之。壬戌，命四川行省參知政事舉理等捕反賊韓法師。

六月辛巳，大霖雨，自是日至癸巳不止。京師、河南、北水溢，御河、黄河、沁河、渾河水溢，没人畜、廬舍甚衆。

秋七月癸卯，車駕出獵。丙午，車駕幸失刺斡耳朵。丁未，車駕幸龍岡，洒馬乳以祭。壬子，車駕幸乾元寺。是月，狗札里、沙的擒朱光卿，尋追擒石昆山、鍾大明。

八月戊辰〔朔〕，祭社稷。是月，車駕至自上都。

九月己酉，立皮貨所於寧夏，設提領使、副主之。立四川、湖廣、江西、江浙行樞密院。文宗新主、玉册及一切神御之物皆成，詔依典禮祭告。

冬十月乙亥，命江浙行省丞相撒思監提調海運。

十一月丁巳，詔脱脱木兒襲脱火赤荆王位，仍命其妃忽刺灰同治兀魯思事。

十二月己巳，享于太廟。是月，以馬札兒台爲太保，分樞密院鎮北邊。

四年春正月辛酉，分命宗王乃馬歹爲知行樞密院事。是月，詔修曲阜孔子廟。

二月庚午，車駕獵於柳林。是月，賑京師、河南、北被水災者。

三月辛酉，命中書平章政事阿吉刺監修《至正條格》。告祭南郊。以國王朶兒只爲遼陽行省左丞相，宗王玉里不化爲知樞密院事。

夏四月辛未，以探馬赤、只兒瓦歹爲中書平章政事。癸酉，以脱脱爲御史大夫。乙亥，命阿吉剌爲奎章大學士兼知經筵事。己卯，車駕時巡上都。河南執棒胡至京師，誅之。

五月辛酉，湖廣行省元領新化洞、古州、潭溪、龍里、洪州諸洞三百餘處，洞民六萬餘户，分隸靖州，立敍南、横江巡檢司。是月，命佛家閭爲考功郎中，喬林爲考功員外郎，魏宗道爲考功主事，考較天下郡縣官屬功過。命阿剌吉復爲中書平章政事。

六月辛巳，袁州民周子旺反，僭稱周王，僞改年號。尋擒獲，伏誅。是月，漳州路南勝縣民李志甫反，圍漳城，守將捌思監與戰，失利。詔江浙行省平章別不花，總浙閩、江西、廣東軍討之。

秋七月壬寅，詔以伯顏有功，立生祠於涿州、汴梁。戊午，爲伯顏立打捕鷹房諸色人户總管府。

八月戊辰，祭社稷。己巳，申取高麗女子及閹人之禁。甲申，雲南老告土官八那遣姪那賽齎象馬來朝，爲立老告軍民總管府。是月，車駕還自上都。

十一月丁卯，立紹熙府軍民宣撫都總使司，命御史大夫脱脱兼都總使，治書侍御史吉當普爲副都總使，世襲其職。

十二月戊戌，立邦牙等處宣慰司都元帥府並總管府。先是，世祖既定緬地，以其處雲南極邊，就立其酋長爲帥，令三年一入貢，至是來貢，故立官府。壬寅，以宣徽使別兒怯不花爲御史大夫。

《元史》卷四〇《順帝紀三》 五年夏四月，車駕時巡上都。

秋七月丙子，開上都、興和等處酒禁。

八月丁亥〔朔〕，車駕至自上都。戊子，祭社稷。

冬十月辛卯，享于太廟。甲午，詔命伯顏爲大丞相，加元德上輔功臣之號，賜七寶玉書龍虎金符。

十一月戊辰，開封杞縣人范孟反，僞傳帝旨，殺河南行省平章政事月祿帖木兒、左丞刼烈、廉訪使完者不花等，已而捕誅之。

是歲，敕賜曲阜宣聖廟碑。

六年春正月甲戌，立司禋監，奉太祖、太宗、睿宗三朝御容於石佛寺。

二月戊子，祭社稷。己亥，黜中書大丞相伯顏爲河南行省左丞相。以太保馬札兒台爲太師、中書右丞相，太尉塔失海牙爲太傅，知樞密院事塔馬赤爲太保，御史大夫脱脱爲知樞密院事，汪家奴爲中書平章政事，嶺北行省平章政事也先帖木兒爲御史大夫。

三月甲寅〔朔〕，漳州義士陳君用襲殺反賊李志甫，授君用同知漳州路總管府事。辛未，詔徙伯顏於南恩州陽春縣安置。丁丑，以治書侍御史達識帖睦邇

爲奎章閣大學士，翰林直學士揭傒斯爲奎章閣供奉學士。

夏四月庚寅，以同知樞密院事鐵木兒塔識爲中書右丞。丙午，詔封馬札兒台爲忠王及加答剌罕之號，馬札兒台辭。

五月乙卯，監察御史普魯台言：「右丞相馬札兒台辭答剌罕及王爵名號，宜示天下，以勸廉讓。」從之。丙子，車駕時巡上都。

六月丙申，詔撤文宗廟主，徙太皇太后不答失里東安州安置，放太子燕帖古思於高麗。

秋七月戊午，以星文示異，地道失寧，蝗旱相仍，頒罪己詔於天下。己未，以亦憐真班爲御史大夫。丁卯，燕帖古思薨。

八月壬午〔朔〕，以也先帖木兒爲御史大夫。是月，車駕至自上都。

九月辛亥〔朔〕，明里董阿伏誅。

冬十月甲申，奉玉册、玉寶尊皇考爲順天立道睿文智武大聖孝皇帝，親祼太室。壬寅，馬札兒台辭右丞相職，仍爲太師。以脱脱爲中書右丞相，宗正札魯忽赤鐵木兒不花爲中書左丞相。

十一月乙卯，以親祼大禮慶成，御大明殿受羣臣朝。辛未，以孔克堅襲封衍聖公。

十二月，復科舉取士制。戊子，罷天曆以後增設太禧、宗禋等院及奎章閣。

至正元年春正月己酉朔，改元。是月，命脱脱領經筵事。

二月戊寅〔朔〕，祭社稷。辛巳，立廣福庫，罷藏珍等庫。

三月甲寅，給還帖木兒不花宣讓王印，鎮淮西。丙子，以行省平章政事燕帖木兒就佩虎符，提調屯田。

夏四月庚寅，帝幸護聖寺。命中書右丞鐵木兒塔識爲平章政事，阿魯爲右丞，許有壬爲左丞。癸巳，立富昌庫，隸資正院。庚子，復封太師馬札兒台爲忠王。是月，車駕時巡上都。

五月戊申，以崇文監屬翰林國史院。己未，罷河西務行用庫。

六月戊午，禁高麗及諸處民以親子爲宦者，因避賦役。戊辰，改舊奎章閣爲宣文閣。

八月戊申，祭社稷。是月，車駕至自上都。

九月壬午，賜文臣燕於拱辰堂。壬寅，許有壬進講明仁殿，帝悦，賜酒宣文閣中，仍賜貂裘、金織紋幣。

冬十月丁未，享于太廟。己酉，封阿沙不花順寧王，昔寶赤寒食順國公。

十一月丙子，道州路賊何仁甫等反。傜賊寇邊，詔湖廣行省平章政事鞏卜班總兵討平之，定賞有差。

十二月壬戌，雲南車里寒賽、刀等反，詔雲南行省平章政事脱脱木兒討平之。山東、燕南强盗縱横，至三百餘處，選官捕之。己巳，以翰林學士承旨張起巖知經筵事。

二年春正月丁丑，享于太廟。癸巳，遣翰林學士三保等代祀五嶽四瀆。

二月壬寅〔朔〕，頒《農桑輯要》。戊申，祭社稷。

三月戊寅，親試進士七十八人，賜拜住、陳祖仁及第，其餘出身有差。

夏四月乙巳，享于太廟。是月，車駕時巡上都。

五月丁亥，以江浙行省平章政事只而瓦台爲河南行省平章政事。

秋七月己亥，慶遠路莫八聚衆反，攻陷南丹、左右兩江等處，命脱脱赤顔討平之。

九月己巳〔朔〕，詔遣湖廣行省平章政事鞏卜班領河南、江浙、湖廣諸軍討道州賊，平之，復平峽峒堡寨二百餘處。辛未，車駕至自上都。

冬十月壬戌，詔遣官致祭孔子于曲阜。

十二月丙午，命中書右丞太平、樞密副使姚庸、御史中丞張起巖知經筵事。丙辰，賜雲南行省參知政事不老三珠虎符，以兵討死可伐。癸亥，阿魯、秃滿等以謀害宰臣，圖爲叛逆，伏誅。

《元史》卷四一《順帝紀四》 三年春正月丙子，中書左丞許有壬辭職。乙酉，中書平章政事納麟辭職。

二月戊戌，祭社稷。丁未，立四川省檢校官。

三月戊寅，詔：「作新風憲。在内之官有不法者，監察御史劾之；在外之官有不法者，行臺監察御史劾之。歲以八月終出巡，次年四月中還司。」是月，詔修遼、金、宋三史，以中書右丞相脱脱爲都總裁官，中書平章政事鐵木兒塔識、中書右丞太平、御史中丞張起巖、翰林學士歐陽玄、侍御史吕思誠、翰林侍講學士揭傒斯爲總裁官。

夏四月乙巳，享于太廟。是月，車駕時巡上都。

秋七月丁卯，享于太廟。戊辰，修大都城。

八月甲午朔，命朵思麻同知宣慰司事鎖兒哈等討四川上蓬瑣吃賊。戊戌，祭社稷。山東有賊焚掠兖州。是月，車駕還自上都。

九月甲子，湖廣行省平章政事鞏卜班擒道州、賀州猺賊首唐大二、蔣仁五至京，誅之。其黨蔣丙，自號順天王，攻破連、桂二州。

冬十月丁酉，告祭太廟，奉安神主。戊戌，帝將祀南郊，告祭太廟。己酉，帝親祀上帝于南郊，以太祖配。癸丑，命僉樞密院事韓元善爲中書參知政事，中書參議買朮丁同知宣徽院事。己未，以湖廣行省平章政事鞏卜班爲宣徽院使，行樞密院知院剌剌爲翰林學士承旨。

十二月丁未，以別兒怯不花爲中書左丞相。

四年春正月辛未，享于太廟。

二月戊戌，祭社稷。辛丑，四川行省立惠民藥局。是月，中書右丞太平陞平章政事。

三月壬寅，特授八禿麻朵兒只征東行省左丞相，嗣高麗國王。癸丑，以河南行省平章政事納麟爲中書平章政事，集賢大學士姚庸爲中書左丞。

夏四月丁亥，復立廣樣局。是月，車駕時巡上都。

五月乙未，右丞相脱脱辭職，不許。甲辰，許之，以阿魯國爲中書右丞相。乙巳，封脱脱爲鄭王，食邑安豐，賜金印及海青、文豹等物，俱辭不受。

八月戊午，祭社稷。丙戌，賜脱脱金十錠、銀五十錠、鈔萬錠、幣帛二百匹，辭不受。是月，陝西行省立惠民藥局。郭火你赤上太行，由陵川入壺關，至廣平，殺兵馬指揮，復還益都。車駕還自上都。

九月辛亥，以南臺治書侍御史秦從德爲江浙行省參知政事，提調海運。癸丑，命御史大夫也先帖木兒、平章政事鐵木兒塔識知經筵事，右丞達識帖睦邇提調宣文閣、知經筵事。

十二月己未，四川廉訪司建言：「廣元等五路，廣安等三府，永寧等兩宣撫司，請依内郡設置推官一員。」從之。戊寅，猺賊寇靖州。

是歲，猺賊寇潯州，同知府事保童率民兵擊走之。

五年春正月辛卯，享于太廟。

二月戊午，祭社稷。

三月辛卯，帝親試進士七十有八人，賜普顔不花、張士堅進士及第，其餘賜出身有差。是月，以陳思謙參議中書省事。

夏四月丁卯，大都流民，官給路糧，遣其還鄉。是月，車駕時巡上都。

秋七月己丑，享于太廟。丙午，命也先帖木兒、鐵木兒塔識並爲御史大夫。

八月戊午，祭社稷。是月，車駕還自上都。

九月辛丑，以中書右丞達識帖睦邇爲翰林學士承旨，中書參知政事搠思監爲右丞，資政院使朵兒直班爲中書參知政事。

冬十月壬子，以中書平章政事太平爲御史大夫。乙卯，享于太廟。辛酉，命奉使宣撫巡行天下。

辛未，遼、金、宋三史成，右丞相阿魯圖進之。是月，以吕思誠爲中書參知政事。

是歲，宣徽院使篤憐鐵穆邇知樞密院事，馮思温爲御史中丞。

六年三月戊申，京畿盜起，范陽縣請增設縣尉及巡警兵，從之。山東盜起，詔中書參知政事鎖南班至東平鎮遏。

夏四月壬子，吾者野人及水達達皆叛。甲寅，以中書參知政事吕思誠爲左丞。乙卯，享于太廟。丁卯，車駕時巡上都。萬户買住等討吾者野人遇害，詔恤其家。以中書左丞吕思誠知經筵事。

五月壬午，象州盜起。江西田賦提舉司擾民，罷之。丁亥，遣火兒忽答討吾者野人。

六月己酉，汀州連城縣民羅天麟、陳積萬叛，陷長汀縣，福建元帥府經歷真寶、萬户廉和尚等討之。丁巳，詔以雲南賊死可伐盜據一方，侵奪路甸，命亦禿渾爲雲南行省平章政事討之。

秋七月己卯，享于太廟。丙戌，以遼陽吾者野人等未靖，命太保伯撒里爲遼陽行省左丞相鎮之。丁亥，降詔招諭死可伐。散毛洞蠻覃全在叛，招降之。丙申，以朵兒直班爲中書右丞，答兒麻爲參知政事。壬寅，以御史大夫亦憐真班知經筵事。甲辰，京畿奉使宣撫定定奏言御史撒八兒等罪，杖黜之。時諸道奉使，皆與臺憲互相掩蔽，惟定定與湖廣道拔實糾舉無避。

八月丙午〔朔〕，命江浙行省右丞忽都不花、江西行省右丞禿魯統軍合討羅天麟。戊申，祭社稷。是月，車駕還自上都。

冬十月，思、靖猺寇犯武岡，詔湖廣省臣及湖南宣慰元帥完者帖木兒討之，俘斬數百級，猺賊敗走。

閏月乙亥〔朔〕，詔赦天下，免差税三分，水旱之地全免。靖州猺賊吴天保陷黔陽。癸未，汀州賊徒羅德用殺首賊羅天麟、陳積萬，以首級送官，餘黨悉平。

十二月己卯，改立山東東西道宣慰使司都元帥府，開設屯田，駐軍馬。甲

午，復立八百宣慰司，以土官韓部襲其父爵。辛丑，以吉剌班爲太尉，開府，置僚屬。壬寅，山東、河南盜起，遣左、右阿速衛指揮不兒國等討之。

七年春正月己酉，享于太廟。壬子，命中書左丞相別兒怯不花爲右丞相，尋辭職。丁巳，復立東路都蒙古軍都元帥府。庚申，雲南老丫等蠻降，立老丫耿凍路軍民總管府。丙寅，以廣西宣慰使章伯顔討猺、獠有功，陞湖廣行省左丞。

二月己卯，河南、山東盜蔓延濟寧、滕、邳、徐州等處。庚辰，以中書參知政事鎖南班爲中書右丞，道童爲中書參知政事。丙戌，以宦者伯帖木兒爲司徒。是月，猺賊吴天保寇沅州。以阿吉剌爲知樞密院事，整治軍務。

三月乙巳，遣使銓選雲南官員。庚戌，試國子監，會食弟子員，選補路府及各衛學正。乙丑，雲南王孛羅來獻死可伐之捷。

夏四月辛巳，遣達本、賀方使于占城。以通政院使朵郎吉兒爲遼陽行省參知政事，討吾者野人。己丑，以翰林學士承旨定住爲中書右丞。庚寅，復命別兒怯不花爲中書右丞相，以中書平章政事鐵木兒塔識爲左丞相。臨清、廣平、灤河等處盜起，遣兵捕之。通州盜起。是月，河東大旱，民多饑死，遣使賑之。車駕時巡上都。

五月庚戌，猺賊吴天保陷武岡路，詔遣湖廣行省右丞沙班統軍討之。

六月，詔免太師馬札兒台官，安置西寧州，其子脱脱請與父俱行。以御史大夫太平爲中書平章政事。

秋七月丁巳，以江南行臺大夫納麟爲御史大夫。是月，猺賊吴天保復寇沅州，陷溆浦、辰(漢)〔溪〕縣，所在焚掠無遺。徙馬札兒台於甘肅，以別兒怯不花之譖也。

九月戊申，車駕還自上都。辛酉，以御史大夫朵兒只爲中書左丞相。甲子，集慶路盜起，鎮南王孛羅不花討平之。丁卯，猺寇吴天保復陷武岡，延及寶慶，殺湖廣行省右丞沙班于軍中。

冬十月辛未，享于太廟。丙戌，亦憐只答兒反，遣兵討之。戊戌，西蕃盜起，凡二百餘所，陷哈剌火州，刼供御蒲萄酒，殺使臣。是月，猺賊吴天保復寇沅州，州兵擊走之。

十一月甲辰，沿江盜起，剽掠無忌，有司莫能禁。甲寅，猺賊吴天保陷靖州，命威順王寬徹不花、鎮南王孛羅不花及湖廣、江西二省以兵討之。丁巳，命中書平章政事太平爲左丞相，辭，不允。戊午，命河南、山東都府發兵討湖廣洞蠻。己未，以中書省平章政事韓嘉訥爲陝西行臺御史大夫。是月，馬札兒台薨，召脱脱還京師。

十二月庚午，以中書左丞相朵兒只爲右丞相，平章政事太平爲左丞相，詔天下。丙子，以連年水旱，民多失業，選臺閣名臣二十六人出爲郡守縣令，仍許民間利害實封呈省。

八年春正月戊戌朔，命也先帖木兒知樞密院事。是月，命湖廣行省右丞秃赤、湖南宣慰都元帥完者帖木兒討莫磐洞諸蠻，斬首數百級，其餘二十餘洞，縛其洞首楊鹿五赴京師。

二月癸酉，御史大夫納麟加太尉致仕。甲申，命星吉爲江南行臺御史大夫。

三月丁酉〔朔〕，詔以東帛旌郡縣守令之廉勤者。遼東鎖火奴反，詐稱大金子孫，水達達路脱脱禾孫唐兀火魯火孫討擒之。壬寅，土番盜起，有司請不拘資級，委官討之。福建盜起，地遠，難於討捕，詔汀、漳二州立分元帥府轄之。癸卯，帝親試進士七十有八人，賜阿魯輝帖木兒、王宗哲進士及第，餘出身有差。己酉，湖廣行省遣使獻石壁洞蠻捷。辛酉，遼陽兀顔撥魯歡妄稱大金子孫，受玉帝符文，作亂，官軍討斬之。是月，猺賊吴天保復寇沅州。

夏四月乙亥，帝幸國子學，賜衍聖公銀印，升秩從二品。丁丑，遼陽董哈剌作亂，鎮撫欽察討擒之。己卯，海寧州(沐)〔沭〕陽縣等處盜起，遣翰林學士秃堅不花討之。是月，享于太廟。車駕時巡上都。命脱脱爲太傅。湖廣章伯顔引兵捕土寇莫萬五、蠻雷等。已而廣西峒賊乘隙入寇，伯顔退走。

秋七月戊申，西北邊軍民饑，遣使賑之。乙卯，遣使祭曲阜孔子廟。丙辰，以阿剌不花爲大司徒。

八月，車駕還自上都。

冬十月丁亥，廣西蠻掠道州。

十一月辛亥，猺賊吴天保率衆六萬掠全州。

是歲，台州方國珍爲亂，聚衆海上，命江浙行省參知政事朵兒只班討之。

《元史》卷四二《順帝紀五》　九年春正月丁酉，享于太廟。乙巳，廣西猺賊復陷道州，萬户鄭均擊走之。

三月己巳，命大司農達識帖睦邇爲湖廣行省平章政事。是月，〔猺〕賊吴天保復寇沅州。

夏四月丁丑，以知樞密院事欽察台爲中書平章政事。己卯，以燕南廉訪使韓元善爲中書左丞。是月，車駕時巡上都。

五月戊戌，命太傅脱脱提調大斡耳朵内史府。

秋七月庚寅〔朔〕，監察御史斡勒海壽劾奏殿中侍御史哈麻及其弟雪雪罪惡，御史大夫韓嘉訥以聞，不省，章三上，詔奪哈麻、雪雪官，出海壽爲陝西廉訪副使，韓家訥爲宣政院使。甲午，以也先帖木兒爲御史大夫。乙未，以湖廣行省左丞相亦憐真班知樞密院事。甲寅，以柏顔爲集賢大學士。乙卯，罷右丞相朶兒只，依前爲國王，左丞相太平爲翰林學士承旨。

閏月辛酉，詔脱脱爲中書右丞相，仍太傅；韓家訥爲江浙行省平章政事。

八月甲辰，以集賢大學士柏顔爲中書平章政事，河南行省平章政事月魯不花爲宣政院使。是月，車駕還自上都。

冬十月辛卯，享于太廟。丁酉，命皇太子愛猷識理達臘自是日爲始入端本堂肄業。命脱脱領端本堂事，司徒雅普化知端本堂事。

十二月丁未，猺賊吴天保陷辰州。

是歲，詔汰冗官，均俸禄，賜致仕官及高年帛。漕運使賈魯建言便益二十餘事，從其八事。

十年春正月丙辰朔，以中書右丞搠思監爲平章政事，玉樞虎兒吐華爲中書右丞。

夏四月丁酉，赦天下。是月，車駕時巡上都。

八月壬寅，車駕還自上都。

九月辛酉，祭三皇，如祭孔子禮。壬午，脱脱以吏部選格條目繁多，莫適據依，銓選者得以高下之，請編類爲成書，從之。

冬十月丙申，太陰犯昴宿。辛丑，置諸路寶泉都提舉司於京城。是月，大名、東平、濟南、徐州，各立兵馬指揮司以捕上馬賊。

十一月丙辰，以高麗瀋王之孫脱脱不花等爲東宫怯薛官。

十二月壬午朔，修大都城。辛卯，命前同知樞密院事不顔不花等討廣西猺賊。己酉，方國珍攻温州。

十一年春正月庚申，命江浙行省左丞孛羅帖木兒討方國珍。

三月丙辰，親策進士八十三人，賜朶烈圖、文允中進士及第，其餘賜出身有差。

夏四月壬午，詔開黄河故道，命賈魯以工部尚書爲總治河防使，發汴梁、大名十三路民十五萬，廬州等戍十八翼軍二萬，自黄陵岡南達白茅，放于黄固、哈只等口，又自黄陵西至陽青村，合于故道，凡二百八十里有奇，仍命中書右丞玉樞虎兒吐華、同知樞密院事黑厮以兵鎮之。車駕時巡上都。

五月辛亥，潁州妖人劉福通爲亂，以紅巾爲號，陷潁州。初，欒城人韓山童祖父，以白蓮會燒香惑衆，謫徙廣平永(平)〔年〕縣。至山童，倡言天下大亂，彌勒佛下生，河南及江淮愚民皆翕然信之。福通與杜遵道、羅文素、盛文郁、王顯忠、韓咬兒復鼓妖言，謂山童實宋徽宗八世孫，當爲中國主。福通等殺白馬、黑牛，誓告天地，欲同起兵爲亂，事覺，縣官捕之急，福通遂反。山童就擒，其妻楊氏，其子韓林兒，逃之武安。壬申，命同知樞密院事秃赤以兵討劉福通，授以分樞密院印。

六月，發軍一千，從直沽至通州，疏濬河道。是月，劉福通據朱皐，攻破羅山、真陽、確山，遂犯舞陽、葉縣等處。江浙左丞孛羅帖木兒爲方國珍所敗。

八月丙戌，蕭縣李二及老彭、趙君用攻陷徐州。李二號芝麻李，與其黨亦以燒香聚衆而反。是月，車駕還自上都。蘄州羅田縣人徐貞一，名壽輝，與黄州麻城人鄒普勝等，以妖術陰謀聚衆，遂舉兵爲亂，以紅巾爲號。

九月壬子，命御史大夫也先帖木兒知樞密院事，及衛王寬徹哥總率大軍出征河南妖寇。是月，劉福通陷汝寧府及息州、光州，衆至十萬。徐壽輝陷蘄水縣及黄州路。

冬十月癸未，立寶泉提舉司于河南行省及濟南、冀寧等路凡九，江浙、江西、湖廣行省等處凡三。命知樞密院事老章以兵同也先帖木兒討河南妖寇。是月，徐壽輝據蘄水爲都，國號天完，僭稱皇帝，改元治平，以鄒普勝爲太師。

十一月丁巳，黄河堤成，散軍民役夫。庚午，監察御史徹徹帖木兒等言，右丞相脱脱治河功成，宜有異數以旌其勞。甲戌，江西妖人鄧南二作亂，攻瑞州，總管禹蘇福擒斬之。是月，遣使以治河功成告祭河伯。召賈魯還朝，超授榮禄大夫、集賢大學士。詔賜脱脱答剌罕之號。命立《河平碑》。

十二月丙戌，以治書侍御史烏古孫良楨爲中書參知政事。丁酉，命脱脱於淮安立諸路打捕鷹房民匠錢糧總管府，秩從三品。辛丑，也先帖木兒復上蔡縣，擒韓咬兒等至京師，誅之。

十二年春正月戊申，竹山縣賊陷襄陽路，總管柴肅死之。是日，荆門州亦陷。庚戌，以宣政院使月魯不花爲中書平章政事。丙辰，徐壽輝遣僞將丁普郎、徐明遠陷漢陽。丁巳，陷興國府。己未，徐壽輝遣鄒普勝陷武昌。辛酉，徐壽輝

偽將曾法興陷安陸府，知府丑驢戰不勝，死之。辛未，徐壽輝兵陷沔陽府。壬申，中興路陷，山南宣慰司同知月古輪失領兵出戰，衆潰，宣慰使錦州不花、山南廉訪使卜禮月敦皆遁走。是月，命逯魯曾爲淮東添設元帥，統領兩淮所募鹽丁五千討徐州。命四川行省平章政事月魯帖木兒爲總兵官，與四川行省右丞長吉討興元、金州等處賊；宣政院同知桑哥率領亦都護畏吾兒軍與荆湖北道宣慰使朵兒只班同守襄陽；濟寧兵馬指揮使寶童統領右都衛軍，從知樞密院事月闊察兒討徐州。

二月丁丑，以集賢大學士賈魯爲中書添設左丞。以河南廉訪使哈藍朵兒只爲荆湖北道宣慰使都元帥，守襄陽。乙酉，徐壽輝兵陷江州，總管李黼死之，遂陷南康路。丙戌，徐壽輝兵陷岳州。房州賊陷歸州。辛丑，鄧州賊王權、張椿陷澧州，龍鎮衛指揮使俺都剌哈蠻等帥師復之。是月，賊侵滑、濬，命德住爲河南右丞，守東明。徐壽輝偽將歐〔普〕祥陷袁州。

三月丁未，徐壽輝偽將許甲攻衡州，洞官黄安撫敗之。徐壽輝偽將陶九陷瑞州，總管禹蘇福、萬户張岳敗之。壬子，河南左丞相太不花克復南陽等處。辛酉，命親王阿兒麻以兵討商州等處賊。以鞏卜班知行樞密院事。甲子，徐壽輝偽將項普略陷饒州路，遂陷徽州、信州。是月，方國珍復刼其黨下海，入黄巖港，台州路達魯花赤泰不花率官軍與戰，死之。

閏三月壬午，以大理宣慰使答失八都魯爲四川行省添設參知政事，與本省平章政事咬住討山南、湖廣等處賊。乙酉，徐壽輝偽將陳普文陷（安吉）〔吉安〕路，鄉民羅明遠起義兵復之。壬辰，以大都留守兀忽失爲江浙行省添設右丞，討饒、信賊。丙申，阿速愛馬里納忽台擒滑州、開州賊韓兀奴罕有功，授資用庫大使。丁酉，湖廣行省參加政事鐵傑，以湖南兵復岳州。庚子，以樞密副使悟良哈台爲中書添設參知政事，同知經筵事。是月，詔四川行省平章政事咬住以兵東討荆襄賊，克復忠、萬、夔、雲陽等州。命江西行省左丞相亦憐真班以兵守江東、西關隘。方國珍不受招安之命，命江浙左丞左答納失里討之。也先帖木兒駐軍沙河，軍中夜驚，軍潰，退屯朱仙鎮。詔以中書平章政事蠻子代總其兵，也先帖木兒還京師，仍命爲御史大夫。

夏四月癸卯，江西臨川賊鄧忠陷建昌路。甲寅，以御史大夫搠思監爲中書平章政事，提調留守司。丙辰，江西宜黄賊塗佑與邵武建寧賊應必達等攻陷邵武路，總管吴按攤不花以兵討之，千户魏淳以計擒塗佑、應必達，復其城。辛酉，四川行省參知政事桑哥失里復渠州。辛未，荆門知州聶炳復荆門州。是月，大駕時巡上都。永懷縣賊陷桂陽。咬住復歸州，進攻峽州，與峽州總管趙余褫大破賊兵，誅賊將李太素等，遂平之。命亦都護月魯帖木兒領畏吾兒軍馬，同豫王阿剌忒納失里、知樞密院事老章討襄陽、南陽、鄧州賊。

五月戊寅，命江南行臺御史大夫納麟給宣敕與台州民陳子由、楊恕卿、趙士正、戴甲，令其集民丁夾攻方國珍。己卯，咬住復中興路。庚辰，監察御史徹徹帖木兒等言：「河南諸處羣盜，輒引亡宋故號以爲口實。宜以瀛國公子和尚趙完普及親屬徙沙州安置，禁勿與人交通。」從之。癸未，建昌民戴良起鄉兵克復建昌路。是月，答失八都魯至荆門，增募兵，趨襄陽，與賊戰，大敗克之。

六月丁巳，賜中書參知政事悟良哈台珠衣並帽。乙丑，宣讓王帖木兒不花，諸王乞塔歹、曲憐帖木兒及淮南廉訪使班祝兒並平賊有功，賜金繫腰、銀、鈔有差。丙寅，紅巾周伯顔陷道州。

秋七月庚辰，饒、徽賊犯昱嶺關，陷杭州路。辛巳，命通政院使答兒麻失里與樞密副使禿堅不花討徐州賊，給敕牒三十道以賞功。己丑，湘鄉賊陷寶慶路。以征西元帥斡羅爲章佩添設少監，討徐州。脱脱請親出師討徐州，詔許之。辛卯，命脱脱台爲行樞密院使，提調二十萬户，賜金繫腰一、銀鈔幣帛有差。丁酉，以杜秉彝爲中書添設參知政事。湖南元帥副使小云失海牙、總管兀顔思忠復寶慶路。是月，徐壽輝偽將王善、康壽四、江二蠻等陷福安、寧德等縣。

八月癸卯，方國珍率其衆攻台州城，浙東元帥也忒迷失、福建元帥黑的兒擊退之。甲辰，以同知樞密院事哈麻爲中書添設右丞。己酉，命知樞密院事咬咬、中書平章政事搠思監、也可扎魯忽赤福壽，並從脱脱出師征徐州。是月，大駕還大都。安陸賊將俞君正復陷荆門州，知州聶炳死之。賊將党仲達復陷岳州。

九月乙亥，俞君正復陷中興，咬住領兵與戰於樓臺，敗績，奔松滋，本路判官上都死之。癸未，中興義士范忠，偕荆門僧李智率義兵復中興路，俞君正敗走，龍鎮衛指揮使俺都剌哈蠻領兵入城，咬住自松滋還，屯兵于石馬。乙酉，脱脱至徐州。辛卯，脱脱復徐州，屠其城，芝麻李等遁走。庚子，詔加脱脱爲太師，班師還京。

冬十月庚戌，知樞密院事老章進階金紫光禄大夫。命平章定住、右丞哈麻同知經筵事。甲寅，拜知行樞密院事阿乞剌爲太尉、淮南行省平章政事。

十一月辛未，命江浙行省平章政事慶童收捕常州賊。乙亥，以星吉爲江西行省平章政事，出師湖廣。癸未，命江浙行省(右)〔左〕丞帖理帖木兒總兵討方國珍。

十二月壬寅，答失八都魯復襄陽。辛亥，詔以杭、常、湖、信、廣德諸路皆克復，赦詿誤者，蠲其夏稅、秋糧，命有司撫恤其民。辛酉，以湖廣行省參知政事卜顔不花、右丞阿兒灰討猺賊，復湖南潭、岳等處有功，卜顔不花陞散階從一品，阿兒灰陞正二品。

是歲，潁州沈丘人察罕帖木兒與信陽州羅山人李思齊同起義兵，破賊有功，授察罕帖木兒中順大夫、汝寧府達魯花赤，李思齊知汝寧府。

《元史》卷四三《順帝紀六》　十三年春正月庚午朔，以中書添設平章政事哈麻爲平章政事，參知政事悟良哈台爲右丞，參知政事烏古孫良楨爲左丞。乙亥，命中書右丞禿禿以兵討商州賊。丙子，方國珍復降。丙戌，答失八都魯克復襄陽、樊城有功，陞四川行省右丞，賜金繫腰一。庚寅，知樞密院事老章克復南陽、唐州，賜金一錠、銀一十錠、鈔一千錠、幣帛各五十匹。

二月甲寅，中書省臣言徐州民願建廟宇，生祠右丞相脱脱，從之，詔仍立脱脱《平徐勳德碑》。壬戌，以宣政院使篤憐帖木兒知經筵事，中書右丞悟良哈台、左丞烏古孫良楨、參知政事杜秉彝並同知經筵事。

三月己卯，命脱脱領大司農司。丁亥，命脱脱以太師開府，提調太史院、回回、漢兒司天監。是月，命江浙行省左丞帖里帖木兒、江南行臺侍御史左答納失里招諭方國珍。

夏四月庚子，以甘肅行省平章政事鎖南班爲永昌宣慰使，總永昌軍馬，仍給平章政事俸。是月，車駕時巡上都。

五月辛未，江西行省左丞相亦憐真班、江浙行省左丞老老引兵取道自信州，元帥韓邦彦、哈迷取道由徽州、浮梁，同復饒州，蘄、黄等賊聞風皆奔潰。癸酉，以太尉阿剌吉爲嶺北行省左丞相。知行樞密院事伯家奴封武國公，與諸王孛羅帖木兒同出軍。乙未，泰州白駒場亭民張士誠及其弟士德、士信爲亂，陷泰州及興化縣，遂陷高郵，據之，僭國號大周，自稱誠王，建元天祐。

六月丁酉，立皇子愛猷識(達)〔理〕達臘爲皇太子、中書令、樞密使。命右丞相脱脱兼詹事。庚子，知樞密院事失剌把都總河南軍，平章政事答失八都魯總四川軍，自襄陽分道而下，克復安陸府。癸卯，詔以敕牒二十道、鈔五萬錠，給付淮南行省平章政事達世帖睦邇，於淮南、淮北等處召募壯丁，並總領漢軍、蒙古守禦淮安。甲辰，以立皇太子詔天下，大赦。辛亥，命前河西廉訪副使也先不花爲淮西添設宣慰副使，討泰州。是月，詔淮南行省平章政事福壽討興化。

秋七月壬申，湖廣行省參知政事阿魯輝復武昌及漢陽府。

八月辛亥，親王只兒哈郎討捕金山賊，薨于軍中，命其子禿魯帖木兒入備宿衛。是月，車駕還自上都。資政院使脱火赤以兵復江州路。以四川行省平章政事玉樞虎兒吐華、右丞完者不花守鎮中興路。左遷平章政事咬住爲淮西元帥，供給烏撒軍，進討蘄、黄。

(冬十月)癸卯，以江浙行省參知政事買住丁陞本省右丞，提調明年海運。丁未，廣西元帥甄崇福復道州，誅賊將周伯顔。庚戌，從帖里帖木兒、左答納失里之請，授方國珍徽州路治中，國璋廣德路治中，國瑛信州路治中，督遣之任，國珍疑懼，不受命。

十一月丁亥，江西左丞火你赤以兵平富州、臨江，遂引兵復瑞州。

十二月癸丑，以西安王阿剌忒納失里爲豫王；弟答兒麻討南陽賊有功，以西安王印與之，命鎮龍吉兒之地。是月，江浙行省平章政事卜顔帖木兒、南臺御史中丞蠻子海牙及四川行省參知政事哈臨禿、左丞桑禿失里、西寧王牙罕沙，合軍討徐壽輝於蘄水，敗之，壽輝遁走，獲其僞官四百餘人。陝西行省平章政事孛羅、四川行省右丞答失八都魯復均、房等州，詔孛羅等守之，答失八都魯討東正陽。

十四年春正月辛未，享于太廟。丙戌，以答兒麻監藏遥授陝西行省平章政事，實授行宣政院使，整治西番人民。是月，命桑哥失里、哈臨禿守中興。答失八都魯復峽州。

二月戊戌，祭社稷。己未，以湖廣行省平章政事苟兒爲淮南行省平章政事，以兵攻高郵。是月，以吕思誠爲湖廣行省左丞。命湖廣行省右丞伯顔普化、江南行臺中丞蠻子海牙、江浙行省平章政事卜顔帖木兒、參知政事阿里温沙，會合湖廣行省平章政事也先帖木兒討沿江賊。

三月己巳，廷試進士六十二人，賜薛朝晤、牛繼志進士及第，餘授官出身有差。甲戌，命親王速哥帖木兒以兵討宿州賊。丙子，潁州陷。

夏四月，車駕時巡上都。以江浙行省參知政事阿兒温沙陞本省右丞，浙東宣慰使恩寧普爲江浙行省參知政事，皆總兵討方國珍。發陝西軍討河南賊。

五月甲子，安豐、正陽賊圍廬州。是月，立南陽、鄧州等處毛胡蘆義兵萬户府，募土人爲軍，免其差役，令討賊自效。詔以玉樞虎兒吐華募兵萬人下蜀江，代答失八都魯守中興、荆門。命答失八都魯以兵赴汝寧。陞湖廣行省參知政事阿兒灰爲右丞，討廬州。命荆王答兒麻失里代闊（瑞）〔端〕阿合鎮河西，討西番賊。

六月辛卯，高郵張士誠寇揚州。丙申，達識帖睦邇以兵討張士誠，敗績，諸軍皆潰。詔江浙行省參知政事佛家閭會達識帖睦邇，復進兵討之。己酉，盱眙縣陷。庚戌，陷泗州，官軍潰。

秋七月壬申，詔免大都、上都、興和三路今年税糧。命刑部尚書阿魯於海寧州等處募兵討泗州。

八月，車駕還自上都。

九月庚申，以湖廣行省左丞吕思誠復爲中書左丞。辛酉，以知樞密院事月（赤）〔闊〕察兒爲中書平章政事。詔脱脱以太師、中書右丞相，總制諸王各愛馬、諸省各翼軍馬，董督總兵、領兵大小官將，出征高郵。是月，階州西番賊起，遣兵擊之。方國珍拘執元帥也忒迷失、黄巖州達魯花赤宋伯顔不花、知州趙宜浩，以俟詔命。

冬十月戊戌，詔答失八都魯及泰不花等會軍討安豐。

十一月丁卯，脱脱領大兵至高郵。辛未，戰于高郵城外，大敗賊衆。乙酉，脱脱遣兵平六合縣。是月，答失八都魯復苗軍所據鄭、（均）〔鈞〕、許三州。

十二月丙申，以中書平章政事定住爲左丞相； 宣政院使哈麻、永昌宣慰鎖南班並爲中書平章政事，進階光禄大夫。監察御史袁賽因不花等劾奏：「脱脱出師三月，略無寸功，傾國家之財以爲己用，半朝廷之官以爲自隨。又其弟也先帖木兒，庸材鄙器，玷污清臺，綱紀之政不修，貪淫之心益著。」章三上，詔令也先帖木兒出都門聽旨，以宣徽使汪家奴爲御史大夫。丁酉，詔以脱脱老師費財，已逾三月，坐視寇盜，恬不爲意，削脱脱官爵，安置淮安路，弟御史大夫也先帖木兒安置寧夏路。以河南行省平章政事泰不花爲本省左丞相，中書平章政事月闊察兒加太尉，集賢大學士雪雪知樞密院事，一同總兵，總領諸處征進軍馬。是月，詔咸順王寬徹普化還鎮湖廣。命甘肅右丞嵬的討捕西番賊。答失八都魯復河陰、鞏縣。傜賊自耒陽寇衡州，萬户許脱因死之。

《元史》卷四四《順帝紀七》 十五年春正月戊午朔，以中書平章政事搠思監提調留守司，宣徽使黑厮爲中書平章政事，河南行省左丞許有壬爲集賢大學士，遼陽行省左丞奇伯顔不花陞本省平章政事。丁丑，徐壽輝僞將倪文俊復陷沔陽府。是月，詔安置脱脱于亦集乃路，收所賜田土。

二月己未，劉福通等自碭山夾河迎韓林兒至，立爲皇帝，又號小明王，建都亳州，國號宋，改元龍鳳。以其母楊氏爲皇太后，杜遵道、盛文郁爲丞相，羅文素、劉福通爲平章，劉六知樞密院事；拆鹿邑縣太清宫材建宫闕；遵道等各遣子入侍。遵道得寵專權，劉福通疾之，命甲士撾殺遵道，福通遂爲丞相，後稱太保。戊辰，命太傅、御史大夫汪家奴爲中書右丞相，中書平章政事定住爲左丞相，詔天下。壬申，立淮東等處宣慰使司都元帥府于天長縣，統濠、泗義兵萬户府並洪澤等處義兵。

三月癸巳，徐壽輝兵陷襄陽路。辛丑，以監察御史言，安置脱脱于雲南鎮西路，也先帖木兒于四川碉門。

夏四月癸酉，以左丞相定住爲右丞相，平章政事哈麻爲左丞相，太子詹事桑哥失里爲中書平章政事，雪雪爲御史大夫。丁丑，加知樞密院事衆家奴太傅。是月，車駕時巡上都。詔翰林待制烏馬兒、集賢待制孫撝招安高郵張士誠。御史臺劾奏中書左丞吕思誠，罷之。

五月壬辰，復襄陽路。庚戌，倪文俊自沔陽陷中興路，元帥朶兒只班死之。是月，命淮南行省平章政事咬住、淮東廉訪使王也先迭兒撫諭高郵。

乙亥，命將作院判官烏馬兒招安濠、泗等處，章佩監丞普顔帖木兒招安沔陽等處。是月，大明皇帝起兵，自和州渡江，取太平路。自紅巾妖寇倡亂之後，南北郡縣多陷没，故大明從而取之。命湖廣行省平章政事阿魯灰領軍，與淮南行省平章政事蠻子海牙、淮西道宣慰使完者不花以兵攻和州等處。

秋七月壬寅，倪文俊復陷武昌、漢陽等路。

八月庚申，命南陽等處義兵萬户府召募毛胡蘆義兵萬人，進攻南陽。戊寅，雲南死可伐等降，令其子莽三以方物來貢，乃立平緬宣撫司。四川向思勝降，以安定州改立安定軍民安撫司。是月，車駕還自上都。詔淮南行省左丞相太平統淮南諸軍討所陷郡邑，仍命湖廣行省平章政事阿魯灰以所部苗軍聽其節制。以淮南行省平章政事蠻子海牙與同知樞密院事絆住馬等，自蕪湖至鎮江南岸守禦，同阿魯灰所部軍馬協力衛護江南行臺。

九月己亥，倪文俊圍岳州路。是月，移置脱脱于阿輕乞之地。

冬十月丁巳，立淮南行樞密院于揚州。己未，以中書右丞拜住爲平章政事。庚午，以襲封衍聖公孔克堅同知太常禮儀院事，以克堅子希學爲襲封衍聖公。丙子，以郊祀，命皇太子愛猷識理達臘祭告太廟。己卯，以翰林學士承旨慶童爲淮南行省平章政事。

十一月壬辰，親祀上帝于南郊，以皇太子愛猷識理達臘爲亞獻，攝太尉、右丞相定住爲終獻。甲午，以太不花爲湖廣行省左丞相，總兵招捕湖廣、沔陽等處，湖廣、荆襄諸軍悉聽節制。庚戌，賊陷饒州路。是月，答失八都魯攻夾河賊，大破之。賊陷懷慶，命河南行省右丞不花討之。

十二月乙亥，以天下兵起，下詔罪已，大赦天下。是月，答失八都魯大敗劉福通等于太康，遂圍亳州，僞宋主遁于安豐。

是歲，察罕帖木兒與賊戰于河南北，屢有功，除中書刑部侍郎。

十六年春正月戊子，親享太廟。戊申，雲南土官阿蘆降，遣姪肥幹以方物來貢。庚戌，左丞相哈麻罷。辛亥，御史大夫雪雪亦罷，以搠思監爲御史大夫。復以定住爲右丞相。是月，倪文俊建僞都于漢陽，迎徐壽輝據之。

二月甲寅，命右丞相定住依前太保，中書一切機務，悉聽總裁，詔天下。丙辰，以鎮南王孛羅不花自兵興以來率怯薛丹討賊，累立戰功，賜鈔一萬錠。定住及平章政事桑哥失里等復奏哈麻兄弟罪惡，遂命貶哈麻惠州安置，雪雪肇州安置，尋杖殺之。己卯，命集賢直學士楊俊民致祭曲阜孔子廟，仍葺其廟宇。是月，高郵張士誠陷平江路，據之，改平江路爲隆平府，遂陷湖州、松江、常州。

三月壬午，徐壽輝復寇襄陽。庚寅，大明兵取集慶路，江南行臺御史大夫福壽死之。丙申，倪文俊陷常德路，總兵官俺都剌遁。丁酉，大明兵取鎮江路。戊申，方國珍復降，以爲海道運糧漕運萬户，兼防禦海道運糧萬户。

夏四月辛亥〔朔〕，以搠思監爲中書左丞相。丙辰，以資正院使普化爲御史大夫。丙寅，命阿因班太子與陝西行省官同討均、房、南陽。是月，車駕時巡上都。

五月丙申，倪文俊陷灃州路。乙巳，賊寇辰州，守將和尚以鄉兵擊敗之。

六月甲寅，江浙行省平章政事三旦八、參知政事楊完者以兵守嘉興路，禦張士誠。乙丑，大明兵取廣德路。

秋七月癸未，以翰林學士禿魯帖木兒爲侍御史。是月，張士誠遣兵陷杭州，楊完者及萬户普賢奴擊敗之，復其城。

八月丙辰，奉元路判官王淵等以義兵復商州，陞淵同知關商襄鄧等處宣慰司事。己未，賊侵河南府路，參知政事洪丑驢以兵敗之。庚午，倪文俊陷衡州路，元帥甄崇福戰死。是月，車駕還自上都。

九月庚辰，汝、潁賊李武、崔德等破潼關，參知政事述律杰戰死。壬午，豫王阿剌忒納失里、同知樞密院事定住引兵復潼關，河南行省平章政事伯家奴以兵守之。丙申，潼關復陷，伯家奴兵潰，豫王阿剌忒納失里復以兵取之，李武、崔德敗走。戊戌，賊陷陝州及虢州。是月，察罕帖木兒復陝州及虢州，復襲敗賊兵于平陸、安邑，以功由兵部尚書陞僉河北行樞密院事。

十一月，河南陷，河南廉訪副使俺普遁。置河南廉訪司于沂州，又於沂州設分樞密院，以兵馬指揮使司隸之。

十二月，倪文俊陷岳州路，殺威順王子歹帖木兒。湖廣參知政事也先帖木兒與左江義兵萬户鄧祖勝合兵復衡州。

《元史》卷四五《順帝紀八》 十七年春正月辛卯，命山東分省團結義兵，每州添設判官一員，每縣添設主簿一員，專率義兵以事守禦。丙申，監察御史哈剌章言：「淮東道廉訪使〔楮〕〔褚〕不華，徇忠盡節，宜加褒贈，優恤其家。」從之。

二月壬子，賊犯七盤、藍田，命察罕帖木兒以軍會答兒麻亦兒守陝州、潼關；哈剌不花由潼關抵陝西，會豫王阿剌忒納失里及定住等同進討。壬申，劉福通遣其黨毛貴陷膠州，僉樞密院事脱歡死之。甲戌，倪文俊陷峽州。是月，李武、崔德陷商州，察罕帖木兒與李思齊以兵自陝、虢援陝西。

三月庚辰，毛貴陷萊州，守臣山東宣慰副使釋嘉訥死之。壬午，大明兵取常州路。甲午，毛貴陷益都路，益王買奴遁，自是山東郡邑皆陷。丁酉，毛貴陷濱州。戊戌，以中書平章政事帖里帖木兒爲御史大夫，悟良哈台、斡欒並爲中書平章政事。

夏四月乙卯，毛貴陷莒州。辛酉，以咬咬爲甘肅行省左丞相。答失八都魯加太尉、四川行省左丞相。是月，車駕時巡上都。封江西行省平章政事火你赤爲營國公。大明兵取寧國路。

五月乙亥〔朔〕，命知樞密院事孛蘭奚進兵討山東。戊寅，平章政事亦老温帖木兒復武安州等三十餘城。丙申，命搠思監爲右丞相，太平爲左丞相，詔天下。

六月甲辰朔，以實理門爲中書分省右丞，守濟寧。己未，以帖里帖木兒、老

的沙並爲御史大夫。庚申，大明兵取江陰州。是月，劉福通犯汴梁，其軍分三道，關先生、破頭潘、馮長舅、沙劉二、王士誠寇晉、冀，白不信、大刀敖、李喜喜趨關中，毛貴據山東，其勢大振。

秋七月庚辰，大明兵取徽州路。戊子，以李梭爲御史中丞。己丑，鎮守黄河義兵萬户田豐叛，陷濟寧路，分省右丞實理門遁，義兵萬户孟本周攻之，田豐敗走，本周還守濟寧。甲午，以御史中丞完者帖木兒爲中書右丞，河南廉訪使俺普爲中書參知政事。是月，歸德府知府林茂、萬户時公權叛，以城降于賊，歸德府及曹州皆陷。

八月癸丑，劉福通兵陷大名路，遂自曹、濮陷衛輝路，答失八都魯之子孛羅帖木兒與萬户方脱脱擊之。乙丑，方國珍爲江浙行省參知政事，海道運糧萬户如故。是月，大駕還自上都。詔知樞密院事紐的該進討山東。大明兵取揚州路。平江路張士誠，俾前江南行臺御史中丞蠻子海牙爲書請降，江浙左丞相達識帖睦邇承制令參知政事周伯琦等至平江撫諭之，詔以士誠爲太尉。

九月丙子，命同知樞密院事壽童以兵討冠州。甲午，澤州陵川縣陷，縣尹張輔死之。戊戌，太不花復大名路並所屬郡縣。是月，倪文俊謀殺其主徐壽輝，不果，自漢陽奔黄州，壽輝僞將陳友諒襲殺之，友諒遂自稱平章。

閏九月丙午，右丞相搠思監、左丞相太平並加開府儀同三司。乙丑，(路)〔潞〕州陷。丙寅，賊攻冀寧，察罕帖木兒以兵擊走之。

冬十月戊戌，曹州賊入太行山。是月，白不信、大刀敖、李喜喜陷興元，遂入鳳翔，察罕帖木兒、李思齊屢擊破之，其黨走入蜀。答失八都魯與知樞密院事答里麻失里以軍討曹州賊，官軍敗潰，答里麻失里死之。

十一月壬寅，賊侵壺關，察罕帖木兒大破之。癸亥，豫王阿剌忒納失里與陝西行省左丞相朵朵、陝西行臺御史中丞伯嘉訥，分道攻討關陝。己巳，以中書參知政事八都麻失里爲右丞。

是歲，詔天下團結義兵，路、府、州、縣正官俱兼防禦事。倪文俊陷川蜀諸郡，命僞元帥明玉珍守據之。

十八年春正月丙午，陳友諒陷安慶路，守將余闕死之。庚戌，大明兵取婺源州。甲子，以不蘭奚知樞密院事。丙寅，田豐陷東平路。丁卯，不蘭奚與毛貴戰于好石橋，敗績，走濟南。

二月己巳朔，議團結西山寨大小十一處以爲保障，命中書右丞塔失帖木兒、左丞烏古孫良楨等總行提調。毛貴陷清、滄州，遂據長蘆鎮。癸酉，毛貴陷濟南路，守將愛的戰死。毛貴立賓興院，選用故官，以姬宗周等分守諸路；又於萊州立三百六十屯田，每屯相去三十里，造大車百輛，以挽運糧儲，官民田十止收二分，冬則陸運，夏則水運。辛巳，詔以太不花爲中書右丞相，總兵山東。壬午，田豐復陷濟寧路。甲申，輝州陷。丁亥，察罕帖木兒調兵復涇州、平涼，保鞏昌。戊子，田豐陷東昌路。辛卯，以安童爲中書參知政事。丁酉，興元路陷。

三月庚子，毛貴陷般陽路。己酉，劉福通遣兵犯衛輝，孛羅帖木兒擊走之。庚戌，毛貴陷薊州，詔徵四方兵入衛。乙卯，毛貴犯漷州，至棗林，樞密副使達國珍戰死，遂略柳林，同知樞密院事劉哈剌不花以兵擊敗之，貴走據濟南。丙辰，大明兵取建德路。丁巳，田豐陷益都路。是時賊分二道犯晉、冀，一出沁州，一侵絳州。

夏四月甲申，陳友諒陷龍興路，省臣道童、火你赤棄城遁。壬午，田豐陷廣平路，大掠，退保東昌。庚寅，以翰林學士承旨蠻子爲嶺北行省平章政事。甲午，陳友諒遣王奉國陷瑞州路。是月，車駕時巡上都。

五月戊戌朔，察罕帖木兒遣董克昌等以兵復冀寧。以方國珍爲江浙行省左丞，兼海道運糧萬户。庚子，賊兵踰太行，察罕帖木兒部將關保擊敗之。劉福通攻汴梁。壬寅，汴梁守將竹貞棄城遁，福通等遂入城，乃自安豐迎其僞主居之以爲都。乙巳，關保與賊戰于高平，大敗之。庚戌，陳友諒陷吉安路。辛酉，陳友諒兵陷撫州路。

六月庚辰，關先生、破頭潘等陷遼州，虎林赤以兵擊走之。關先生等遂陷冀寧路。

秋七月丁酉朔，周全據懷慶路以叛，附于劉福通。時察罕帖木兒駐軍洛陽，遣伯帖木兒以兵守盌子城。周全來戰，伯帖木兒爲其所殺，周全遂盡驅懷慶民渡河，入汴梁。己未，劉福通遣周全引兵攻洛陽，守將登城，以大義責全，全愧謝退兵，劉福通殺之。

八月庚辰，陳友諒兵陷建昌路。辛巳，義兵萬户王信以滕州叛，降於毛貴。

九月丁酉朔，詔授昔班帖木兒同知河東宣慰司事，其妻剌八哈敦雲中郡夫人，子觀音奴贈同知大同路事，仍旌表其門閭。關先生攻保定路，不克，遂陷完州，掠大同、興和塞外諸郡。丙午，賊兵攻大同路。壬戌，平定州陷。乙丑，陳友諒陷贛州路。

冬十月壬申，大明兵取蘭溪州。壬辰，大同路陷，達魯花赤完者帖木兒棄城遁。

十一月癸卯，陳友諒陷汀州路。丁未，田豐陷順德路。

十二月癸酉，關先生、破頭潘等陷上都，焚宫闕； 留七日，轉略往遼陽，遂至高麗。庚辰，察罕帖木兒遣樞密院判官瑣住進兵于遼陽。甲申，大明兵取婺州路。

十九年春正月甲午朔，陳友諒兵陷信州路。大明兵取諸暨州。丙午，遼陽行省陷，懿州路總管呂震死之，贈震河南行省左丞，追封東平郡公。

(三)[二]月甲申，叛將梁炳攻辰州，守將和尚擊敗之。以和尚爲湖廣行省參知政事。

三月癸巳朔，陳友諒遣兵由信州略衢州，復遣兵陷襄陽路。

夏四月甲子，毛貴爲趙君用所殺。己丑，賊陷寧夏路，遂略靈武等處。

五月壬辰朔，以陝西行臺御史大夫完者帖木兒爲陝西行省左丞相，便宜行事。壬寅，察罕帖木兒請今歲八月鄉試河南舉人及避兵儒士，詔從之。是月，察罕帖木兒大發秦、晉諸軍討汴梁，圍其城。

秋七月壬辰朔，出捌思監爲遼陽行省左丞相，便宜行事。戊申，命國王囊加歹、中書平章政事佛家奴、也先不花、知樞密院事黑驢等，統領探馬赤軍進征遼陽。丙辰，趙君用既殺毛貴，其賞續繼祖自遼陽入益都，殺君用，遂與其所部自相讎敵。

八月辛酉朔，倪文俊餘黨陷歸州。戊寅，察罕帖木兒督諸將(閏)[閻]思孝、李克彝、虎林赤、賽因赤、答忽、脱因不花、吕文、完哲、賀宗哲、孫翥等攻破汴梁城，劉福通奉其僞主遁，退據安豐。己卯，詔以察罕帖木兒爲河南行省平章政事，兼同知河南行樞密院事、陝西行臺御史中丞，依前便宜行事。

九月癸巳，以中書平章政事帖里帖木兒爲陝西行省左丞相，便宜行事。是月，大明兵取衢州路。詔遣兵部尚書伯顔帖木兒、户部尚書曹履亨，以御酒、龍衣賜張士誠，徵海運糧。

冬十月庚申朔，詔京師十一門皆築甕城，造吊橋。以方國珍爲江浙行省平章政事。

十一月癸卯，大明兵取處州路。戊申，陳友諒兵陷杉關。

是歲以後，因上都宫闕盡廢，大駕不復時巡。陳友諒以江州爲都，迎僞主徐壽輝居之，自稱漢王。

二十年春正月己丑朔，察罕帖木兒請以鞏縣改立軍州萬户府，招民屯種，從之。癸卯，大寧路陷。壬子，以危素爲參知政事。

三月戊子朔，田豐陷保定路。甲午，廷試進士三十五人，賜買住、魏元禮進士及第，其餘出身有差。乙巳，冀寧路陷。壬子，以捌思監爲中書右丞相。

夏四月辛未，僉行樞密院事張居敬復興中州。

五月丁亥朔，陳友諒殺其僞主徐壽輝於太平路，遂稱皇帝，國號大漢，改元大義，已而回駐於江州。乙未，陳友諒遣羅忠顯陷辰州。是月，張士誠海運糧十一萬石至京師。

六月己丑，命孛羅帖木兒部將方脱脱守禦嵐、興、保德州等處。詔：「今後察罕帖木兒與孛羅帖木兒部將，毋得互相越境，侵犯所守信地，因而讐殺。」是月，大明兵取信州路。

秋七月辛酉，命遼陽行省參知政事張居敬討義州賊。孛羅帖木兒敗賊王士誠於臺州。

八月戊子，命孛羅帖木兒守石嶺關以北，察罕帖木兒守石嶺關以南。乙未，永平路陷。

九月乙卯朔，詔遣參知政事也先不花往諭孛羅帖木兒、察罕帖木兒，令講和。壬戌，賊陷孟州，又陷趙州，攻真定路。癸未，賊復犯上都，右丞忙哥帖木兒引兵擊之，敗績。

冬十月己亥，察罕帖木兒遣陳秉直、瑣住等，以兵攻孛羅帖木兒之軍于冀寧，與孛羅帖木兒部將脱列伯戰，敗之。

十一月甲寅朔，黄河清，凡三日。孛羅帖木兒以兵侵汾州，察罕帖木兒以兵拒之。

十二月辛卯，廣平路陷。

是歲，陽翟王阿魯輝帖木兒擁兵數十萬，屯于木兒古徹兀之地，將犯京畿。命[知]樞密院事禿堅帖木兒等將兵擊之，不克，軍士皆潰，禿堅帖木兒走上都。

《元史》卷四六《順帝紀九》 二十一年春正月癸丑朔，詔赦天下。乙丑，河南賊犯杞縣，察罕帖木兒討平之。丁卯，李思齊進兵平伏羌縣等處。

二月甲申，同僉樞密院事迭里帖木兒復永平、灤州等處。己丑，察罕帖木兒駐兵霍州，攻孛羅帖木兒。

三月癸酉，察罕帖木兒調兵討永城縣，又駐兵宿州，擒賊將梁綿住。是月，張士誠海運糧一十一萬石至京師。

五月癸丑，四川明玉珍陷嘉定等路，李思齊遣兵擊敗之。乙亥，察罕帖木兒

以兵侵孛羅帖木兒所守之地。

六月丙申，察罕帖木兒總兵討山東，發晉軍，下井陘，出邯鄲，過磁、相、懷、衛，踰白馬津，發其軍之在汴梁者繼之，水陸並進。

秋七月辛亥，察罕帖木兒平東昌。是月，察罕帖木兒進兵復冠州。

八月癸卯，大明兵取江州路。時僞漢陳友諒據江州爲都，至是退都武昌。是月，察罕帖木兒遣其子擴廓帖木兒、閻思孝等，會關保、虎林赤等，將兵由東河造浮橋以濟，拔長清，討東平，東平僞丞相田豐遣崔世英等出戰，大破之。乃遣使招諭田豐，豐降，東平平，令豐爲前鋒，從大軍東討。棣州俞寶降，東平王士誠、東昌楊誠等皆降，魯地悉定。進兵濟南，劉珪降，遂圍益都。

九月壬戌，四川賊兵陷東川郡縣，李思齊調兵擊之。是月，命兵部尚書徹徹不花、侍郎韓祺徵海運糧于張士誠。大明取建昌、饒州二路。

冬十月，以察罕帖木兒爲中書平章政事，兼知河南、山東等處行樞密院事、陜西行御史臺中丞。察罕帖木兒調參知政事陳秉直、劉珪等守禦河南。

二十二年春正月甲寅，詔李思齊討四川，張良弼平襄漢。庚申，大明取江西龍興諸路。時江西諸路皆陳友諒所據。

三月甲寅，四川明玉珍陷雲南省治，屯金馬山，陜西行省參知政事車力帖木兒等擊敗之，擒明玉珍弟明二。

五月乙巳朔，泉州賽甫丁據福州路，福建行省平章政事燕只不花擊敗之，餘衆航海還據泉州。福建行省參知政事陳有定復汀州路。辛未，明玉珍據成都，自稱隴蜀王，遣僞將楊尚書守重慶，分兵寇龍州、青州，犯興元、鞏昌等路。是月，張士誠海運糧一十三萬石至京師。

六月戊子，田豐及王士誠刺殺察罕帖木兒，遂走入益都城，衆乃推察罕帖木兒之子擴廓帖木兒爲總兵官，復圍益都。詔贈察罕帖木兒推誠定遠宣忠亮節功臣、開府儀同三司、上柱國、河南行省左丞相，追封忠襄王，謚獻武。

九月癸卯朔，劉福通以兵援田豐，至火星埠，擴廓帖木兒遣關保邀擊，大破之。戊辰，以也速爲遼陽行省左丞相，依前總兵，撫安迤東郡縣。

十一月乙巳，擴廓帖木兒復益都，田豐等伏誅。庚戌，擴廓帖木兒遣關保復莒州，山東悉平。庚申，詔授擴廓帖木兒太尉、銀青榮祿大夫、中書平章政事、知樞密院事、太子詹事，便宜行事，襲總其父兵；察罕帖木兒改贈宣忠興運弘仁效節功臣，追封潁川王，改謚忠襄。癸亥，四川賊兵陷清州。

二十三年春正月壬寅朔，四川明玉珍僭稱皇帝，建國號曰大夏，紀元曰天統。

三月丙午，大赦天下。丁未，親試進士六十二人，賜寶寶、楊輗進士及第，餘出身有差。是月，立廣西行中書省，以廉訪使也兒吉尼爲平章政事。時南方郡縣多陷沒，惟也兒吉尼獨保廣西者十五年。立膠東行中書省及行樞密院，總制東方事。

是春，關先生餘黨復自高麗還寇上都，孛羅帖木兒擊降之。

五月己巳朔，張士誠海運糧十三萬石至京師。是月，爪哇遣使淡濛加加殿進金表，貢方物。

八月丁酉朔，倭人寇蓬州，守將劉暹擊敗之。自十八年以來，倭人連寇瀕海郡縣，至是海隅遂安。辛丑，擴廓帖木兒遣兵侵孛羅帖木兒所守之境。是月，大明兵與僞漢兵大戰于鄱陽湖，陳友諒敗績而死。其子理自立，仍據武昌爲都，改元德壽，大明兵遂進圍武昌。

九月丁卯朔，遣爪哇使淡濛加加殿還國，詔賜其國主三珠金虎符及織金紋幣。是月，張士誠自稱吳王，來請命，不報。遣户部侍郎博羅帖木兒等徵海運于張士誠，士誠不與。

冬十月己酉，監察御史米只兒海牙劾奏太傅太平罪狀，詔安置太平于陜西之西，仍拘收宣命並御賜等物。是月，擴廓帖木兒遣僉樞密院事任亮復安陸府。孛羅帖木兒遣兵攻冀寧，至石嶺關，擴廓帖木兒大破走之，擒其將烏馬兒、殷興祖。孛羅帖木兒軍由是不振。

二十四年二月，大明滅僞漢，其所據湖南北、江西諸郡皆降于大明。

夏四月甲午朔，命擴廓帖木兒討孛羅帖木兒。孛羅帖木兒悉知詔令調遣之事非出帝意，皆右丞相搠思監所爲，遂令禿堅帖木兒舉兵向闕。時都城無備，城中大震，令百官吏卒分守京城，使達達國師至其軍問故，以必得搠思監及宦官朴不花爲對，詔慰解之，不聽。丁未，詔屏搠思監于嶺北，竄朴不花于甘肅，執而與之。復孛羅帖木兒前官，仍總兵。庚戌，禿堅帖木兒陳兵自健德門入，覲帝于延春閣，慟哭請罪，帝就宴賚之。加孛羅帖木兒太保，依前守禦大同，禿堅帖木兒爲中書平章政事。

〔五月〕戊辰，擴廓帖木兒奉命討孛羅帖木兒，屯兵冀寧，其東道以白鎖住領兵三萬，守禦京師，中道以貊高、竹貞領兵四萬，西道以關保領軍五萬，合擊之。

闊保等兵逼大同，孛羅帖木兒留兵守大同，而自率兵與禿堅帖木兒、老的沙復大舉向闕。

六月甲寅，白鎖住以兵至京師，請皇太子西行。

秋七月丁亥，白鎖住扈從皇太子出順承門，由雄、霸、河間，取道往冀寧。戊子，孛羅帖木兒駐兵健德門外，與禿堅帖木兒、老的沙入見帝于宣文閣，訴其非罪，皆泣，帝亦泣，乃賜宴。庚寅，詔以孛羅帖木兒爲中書左丞相，老的沙爲中書平章政事，禿堅帖木兒爲御史大夫，其部屬布列省臺百司。詔諭：「孛羅帖木兒、擴廓帖木兒俱朕股肱，視同心膂，自今各棄宿忿，弼成大勳。」是月，大明兵取廬州路。

八月壬寅，詔以孛羅帖木兒爲中書右丞相，監修國史，節制天下軍馬。乙巳，皇太子至冀寧。乙卯，張士誠自以其弟士信代達識帖睦邇爲江浙行省左丞相。

九月，大明兵取中興及歸、峽、潭、衡等路。

二十五年春正月癸亥，封李思齊爲許國公。己巳，大明兵取寶慶路，守將唐隆道遁走。僞漢守將熊天瑞以贛州及韶州、南雄降于大明。

三月庚申，皇太子下令于擴廓帖木兒軍中曰：「孛羅帖木兒襲據京師，余既受命總督天下諸軍，恭行顯罰，少保、中書平章政事擴廓帖木兒，躬勒將士，分道進兵，諸王、駙馬及陝西平章政事李思齊等，各統軍馬，尚其奮義戮力，剋期恢復。」

五月乙亥，大明兵破安陸府，守將任亮迎戰，被執。己卯，大明兵破襄陽路。

六月辛丑，湖廣行省左丞周文貴復寶慶路。是月，皇太子加李思齊銀青榮禄大夫、邠國公、中書平章政事、皇太子詹事，兼四川行樞密院事、虎符招討使。

秋七月乙酉，孛羅帖木兒伏誅，禿堅帖木兒、老的沙皆遁走。

八月癸卯，詔命皇太子分調將帥，戡定未復郡邑，即還京師，行事之際，承制用人，並准正授。

九月，擴廓帖木兒扈從皇太子至京師。壬午，詔以伯撒里爲太師、中書右丞相，監修國史；擴廓帖木兒爲太尉、中書左丞相，録軍國重事，同監修國史、知樞密院事，兼太子詹事。是月，以方國珍爲淮南行省左丞相，分省慶元。

冬十月丁未，益王渾都帖木兒、樞密副使觀音奴擒老的沙，誅之。禿堅帖木兒以餘兵往八兒思之地，命嶺北行省左丞相山僧及知樞密院事魏賽因不花同討之。

閏月辛未，詔封擴廓帖木兒河南王，代皇太子親征，總制關陝、晉冀、山東等處並迤南一應軍馬。

〔十一月〕，大明兵取泰州。時泰州、通州、高郵、淮安、徐州、宿州、泗州、濠州、安豐諸郡，皆張士誠所據。

十二月乙卯，詔立次皇后奇氏爲皇后。是月，禿堅帖木兒伏誅。

《元史》卷四七《順帝紀十》　二十六年春正月己酉，以崇政院使孛羅沙爲御史大夫。壬子，以完者木知樞密院事。是月，以沙藍答里爲中書左丞相。

二月，擴廓帖木兒還河南，分立省部以自隨，尋居懷慶，又居彰德，調度各處軍馬。

三月甲午，擴廓帖木兒遣關保、虎林赤以兵西攻張良弼于鹿臺。乙未，廷試進士七十二人，賜赫德溥化、張棟進士及第，餘出身有差。是月，大明兵取高郵府。

夏四月，大明兵取淮安路、徐州、宿州、濠州、泗州、潁州、安豐路。

秋七月甲申，以李思齊爲太尉。丙申，擴廓帖木兒遣朱珍、盧旺屯兵河中，遣關保、虎林赤合兵渡河，會竹貞、商暠，且約李思齊以攻張良弼。關保等不利，思齊請詔和解之。

九月丙戌，以方國珍爲江浙行省左丞相，弟國瑛、國珉，姪明善，並爲江浙行省平章政事。

冬十月甲子，擴廓帖木兒遣其弟脱因帖木兒及貊高、完哲等駐兵濟南，以控制山東。

十一月甲申，大明兵取湖州路。丙申，大明兵取杭州路及紹興路。辛丑，大明兵取嘉興路。

二十七年春正月庚子，大明兵取松江府。癸卯，大明兵取沅州路。是月，李思齊、張良弼、脱列伯自會于含元殿基，推李思齊爲盟主，同拒擴廓帖木兒。

夏五月辛丑，擴廓帖木兒定擬其所屬官員二千六百一十八人，從之。是月，李思齊遣張良弼部將郭謙等守黄連寨，擴廓帖木兒部將關保、虎林赤、商暠、竹貞引兵拔其寨，郭謙走；會貊高等爲變，關保、虎林赤夜遁，李思齊遂解而西。

六月，知樞密院事壽安，奉空名宣敕與侯伯顔達世，令其以兵援擴廓帖木兒。時李思齊據長安，與商暠拒戰，侯伯顔達世進兵攻李思齊，秦州守將蕭公達

降思齊。思齊知關保等兵退，遣蔡琳等破其營，侯伯顏達世奔潰。

秋七月，李思齊遣許國佐、薛穆飛會張良弼、脱列伯兵屯于華陰。時命禿魯爲陝西行省左丞相，思齊不悦，遣其部將鄭應祥守陝西，而自還鳳翔。

八月丙午，詔命皇太子總天下兵馬。辛亥，帖木兒不花進封淮王，賜金印，設王傅等官。壬子，爲皇太子立大撫軍院，秩從一品。癸丑，封太師伯撒里永平王。甲寅，以右丞相完者帖木兒、翰林承旨答爾麻、平章政事完者帖木兒並知大撫軍院事。辛酉，以完者帖木兒仍前少師、知樞密院事，也速仍前太保、中書右丞相，帖里帖木兒以太尉、添設中書左丞相。壬申，命帖里帖木兒仍前太尉、左丞相，爲知大撫軍院事；中書右丞陳敬伯爲中書平章政事。

九月辛巳，大明兵取平江路，執張士誠。乙酉，大明兵取通州。丁亥，大明兵取無錫州。辛丑，大明兵取台州路。時台州、温州、慶元三路皆方國珍所據。

冬十月丙午，加司徒、淮南行省平章政事王宣爲沂國公。壬子，詔擴廓帖木兒落太傅、中書左丞相並諸兼領職事，仍前河南王，錫以汝州爲其食邑。己巳，大明兵取温州。

十一月壬午，大明兵取沂州。癸未，大明兵取慶元路。戊子，大明兵取嶧州。辛丑，大明兵取益都路。

十二月丁未，大明兵取般陽路。戊申，大明兵取濟寧路。己酉，大明兵取萊州，遂取濟南及東平路。丁巳，大明兵入杉關，取邵武路。庚午，大明兵由海道取福州。是月，方國珍歸于大明。

二十八年春正月壬申朔，皇太子命關保固守晉寧，總統諸軍，如擴廓帖木兒拒命，當以大義相裁，就便擒擊。是月，大明兵取建寧、延平二路，陳有定被執。

二月壬寅朔，詔削擴廓帖木兒爵邑，命禿魯、李思齊等討之。癸丑，大明兵取東昌路，守將申榮、王輔元死之。己未，大明兵取寶慶路。甲子，汀州路總管陳谷珍以城降于大明。丙寅，大明兵取棣州。是月，大明兵至河南。興化、泉州、漳州、潮州四路皆降于大明。

三月壬辰，翰林學士承旨王時、太常院使陳祖仁上章，乞撫諭擴廓帖木兒，以兵勤王赴難。是月，大明兵取河南。大明兵入潼關。是月，大明兵取永州路，又取惠州路。

夏四月辛丑朔，大明兵取英德州。戊申，大明兵取廣州路，又取嵩、陝、汝等州。

五月庚午朔，大明兵取道州。

六月癸丑，大明兵取全州、郴州、梧州、藤州、（尋）〔潯〕州、貴、象、鬱林等郡。是月，廣西諸郡縣皆附于大明。

秋七月，李思齊會李克彝、商暠、張意、脱列伯等於鳳翔。海南、海北諸郡縣皆降于大明。

閏月己亥朔，擴廓帖木兒與貊高、關保戰，敗之。辛丑，大明兵取衛輝路。癸卯，大明兵取彰德路。乙巳，左江、右江諸路皆降于大明。丁未，大明兵取廣平路。丁巳，詔復命擴廓帖木兒仍前河南王、太傅、中書左丞相，統領見部軍馬，由中道直抵彰德、衛輝；太保、中書右丞相也速統率大軍，經由東道，水陸並進；少保、陝西行省左丞相禿魯統率關陝諸軍，東出潼關，攻取河洛；太尉、平章政事李思齊統率軍馬，南出七盤、金、商，克復汴路。甲子，擴廓帖木兒自晉寧退守冀寧。大明兵至通州。乙丑，詔淮王帖木兒不花監國，慶童爲中書左丞相，同守京城。丙寅，帝御清寧殿，集三宫后妃、皇太子、皇太子妃，同議避兵北行。至夜半，開健德門北奔。

八月庚（申）〔午〕，大明兵入京城，國亡。

後一年，帝駐于應昌府。又一年，四月丙戌，帝因痢疾殂於應昌，壽五十一，在位三十六年。太尉完者、院使觀音奴奉梓宫北葬。五月癸卯，大明兵襲應昌府，皇孫買的里八剌及后妃並寶玉皆被獲，皇太子愛猷識禮達臘從十數騎遁。大明皇帝以帝知順天命，退避而去，特加其號曰順帝，而封買的里八剌爲崇禮侯。

雜録

備録

陶宗儀《南村輟耕録》卷二《隆師重道》 文定王沙剌班，今上之師也。爲學士時，嘗在上左右。一日，體少倦，遂於便殿之側偃臥，因而就寐。上以藉坐方褥，國語所謂朵兒別真者，親扶其首而枕之。後嘗患癤額上，上於金缽中取佛手

膏躬與貼之。上之隆師重道，可謂至矣盡矣。王字敬臣，號山齋，畏吾人。

陶宗儀《南村輟耕録》卷二《減御膳》 國朝日進御膳，例用五羊。而上自即位以來，日減一羊。以歲計之，爲數多矣。

陶宗儀《南村輟耕録》卷二《聖儉》 太府少監阿魯，奏取黄金三兩，爲御韃刺花用。上曰：「不可。」因請易以銀而鍍金者，上曰：「亦不可。金銀，首飾也。今民間所用何物？」對曰：「用銅。」上曰：「可。」右五事，楊太史瑀所言。太史居官時，日侍上，故知其詳。

陶宗儀《南村輟耕録》卷二《后德》 今上皇太子之正位東宫也，設諭德，置端本堂，以處太子講讀。忽一日，帝師來啓太子母后曰：「向者太子學佛法，頓覺開悟。今迺受孔子之教，恐損太子真性。」母后曰：「我雖居於深宫，不知道德，嘗聞自古及今，治天下者，須用孔子之道，捨此它求，即爲異端。佛法雖好，乃餘事耳，不可以治天下。安可使太子不讀書？」帝師赧服而退。

陶宗儀《書史會要》卷七 庚申帝，諱妥歡帖木爾，明宗子。天性仁恕，務以寬平致治，改奎章爲宣文。崇儒重道，尊禮舊臣，萬幾之餘，留心翰墨。所書大字，嚴正結密，非淺學可到。奎畫傳世，人知寶焉。

葉子奇《草木子》卷三 至正二十二年間，黄河自河東清者千餘里，河魚歷歷，大小可數。庚申帝聞之，慘然不樂者數日。羣臣奏曰：「河清，王者之瑞，胡爲不樂耶？」上曰：「《傳》云：『黄河清，聖人生。』當有代朕者。」羣臣復曰：「皇太子生子，是陛下聖孫，即其應也。」上笑而釋。

至正戊申七月，庚申君棄元京而遁。先二日，國朝常國公遇春，統兵至柳林，去元京甚近。庚申君召羣臣議戰守。遲明，會議端明殿，集文武百官。及開門，忽有二狐自殿上出，帝見之，嘆且泣曰：「宫禁森秘，此物何由至此。此殆天所以告朕，朕可以少留哉？」即北狩。未三日，元京陷没。

庚申帝履位之後，月凡食既者三，其後卒於其身失國。豈夷狄，中國之陰也，不於日示咎而於月歟。

庚申帝幼年，遠貶南服。舟汎清江，忽有一老猴登舟獻果而拜。及去，使人尾之，至山洞中，羣猴凡四五百。上命近寺僧每日設飯飼之。及癸酉還都登極，羣猴復相率拜送。餘猴數百皆去，忽其中大猴卒死者三十六枚。當時皆惘然，莫知所以。蓋申肖猴，迎拜，見祥也，送死，示孽也。庚申帝既貶而得國，在位凡三十六年而亡國。蓋天示之象也。在昔唐明皇酉生肖雞，明皇好鬭雞，兵爭象也。其後卒有禄山之亂。

《明文衡》卷五六袁忠徹《紀瀛國公事實》 予幼時聞諸先生與先人言，宋幼主北遷，元降封爲瀛國公。一夕，世祖夢金龍舒爪纏殿柱。明日，瀛國來朝，立所夢柱下。世祖感其事，欲除之，謀諸臣下，瀛國知懼，遂乞從釋，號合尊大師，往西天受佛法獲免。過朔北扎顔之地，謁周王，即明宗。見瀛國后罕禄魯氏，郡王阿兒斯蘭之裔孫也。明宗愛而納之。未幾，生妥歡帖睦爾。後有言於文宗，詔曰：「明宗在朔漠之時，素謂非己子。」遂兩徙高麗海島，尋移廣西。文宗崩，丞相燕鐵木兒請於文后卜答失里立太子燕帖古思，后不從命，立明宗次子亦憐真班，是爲寧宗。寧宗崩，燕鐵木兒復請立燕帖古思，后曰：「吾子尚幼，明宗長子妥歡帖睦爾在廣西，年十三矣。」乃命中書右丞闊里吉思往廣迎之，至良鄉，燕鐵木兒既見，且陳迎立之意。妥歡帖睦爾幼，且畏之，一無所答。於是燕鐵木兒疑之，適太史亦言不可立，立則天下亂，遂不果。文后視政一年，燕鐵木兒薨。學士虞集上封事，不肯草詔。文后與大臣及學士巙巙等定議，立姪妥歡帖睦爾爲帝，且詔尊文后，曰：「燕帖木兒猶懷兩端，遷延數月，天殞厥躬。求惟皇太后之子，一以至公爲心，親挈大寶，畀予兄弟。迹其定策兩朝，功德隆盛。」帝以虞集之上封事，乃曰：「唵嚌餓秀才，怎麼知我家事。」集驚懼喪明。帝立之八年六月，撤文宗廟主，徙文后，幽於東安，放其太子燕帖古思於高麗，中道謀殺之。嗚呼！順帝享國實由文后，然聽讒臣之言，遂至文后母子被害。夫宋待柴世宗之後，代居顯官，詳見史册。而瀛國孤兒寡婦，元君忍不相容也。瀛國居燕八年，因殺文丞相方給衣糧，此待之薄甚。迨感夢有疑瀛國，逆知假往西天，又遇周王奪其后而生順帝，以明宗朔漠之言觀之，明爲遺腹也。而天不負宋，而又享國之久。然順帝之負文后，豈其少恩哉！國祚之歸于大明，宜矣。予歸老于家，或誦虞文靖公詩所紀瀛國之事，因而有感，遂拜書舊所聞者，使知宋三百年之德澤不泯也如是。順帝幽文后，殺其太子，此又天使宋之遺孽滅胡之報復也。

永樂十年五月十八日，我太宗文皇帝御武英門，命内官李謙、王吉於古今通集庫取宋列帝遺像，命臣忠徹及畫士百户徐英觀之。上笑謂忠徹曰：「宋太祖以下，雖是胡王鼻，其氣象清癯，若太醫然。」十九日，上復御武英門，命臣忠徹同内官王吉看元列帝像，俱魁偉雄邁。上曰：「都喫綿羊肉者。」及觀順帝像，顧謂臣忠徹曰：「唯此何爲類太醫也。」忠徹斯時承命未實，俯首莫對。今蒙賜老田里，得以歷考宋、元史傳，暨元學士虞集所作第十六飛龍之詩，果符太宗文皇帝

之言。感念聖鑑之明，愧當時不能對此爲恨，庸書以俟秉筆者補之。

葉盛《水東日記》卷三七《記瀛國公事》「皇宋第十六飛龍，元朝降封瀛國公。元君詔公尚公主，時承錫宴明光宮。酒酣伸手扒金柱，化爲龍爪驚天容。元君含笑語羣臣，鳳雛寧與凡禽同。侍臣獻謀將見除，公主泣淚沾酥胸。幸脱虎口走方外，易名合尊沙漠中。是時明宗在沙漠，締交合尊情頗濃。合尊之妻夜生子，明宗隔帳聞笙鏞。乞歸行宮養爲嗣，皇考崩時年甫童。元君降詔移南海，五年乃歸居九重。憶昔宋祖受周禪，仁義綽有三代風。至今兒孫主沙漠，吁嗟趙氏何其隆。」右詩不知何人作，嘗聞節之誦一過，適過廷器指揮談及之。爲略考諸史册所書，野史所記，并附此詩於此，以俟知者。

史云：元順帝名脱歡帖睦爾，明宗長子，母罕禄魯氏，名邁來迪。明宗爲周王居朔北，過其地納之，生帝。嘗被讒於文宗，移居廣西，十三歲迎歸即位。初，文宗在上都時將立之爲太子，乃以順帝乳母之夫言，明宗在日素謂太子非其子，因黜之江南，而召集使書詔播告中外。時省臺臣皆不敢斥言，唯諷集使速去。文宗與幼君相繼崩，大臣將立帝，召諸老臣赴上都議事，集亦在列，馬祖常使人告之曰：「御史有言矣。」集乃謝病，歸臨川。帝既立，侍臣有以舊詔爲言者，帝不懌，曰：「此我家事，豈繇彼書生耶！」後至元二年二月，追尊帝生母邁來迪爲真裕徽聖皇后。至正八年十一月，集卒，年七十二。

錢塘瞿宗吉《詩話》云：虞伯生際遇文宗，置奎章閣爲學士。天曆、至順間，文治粲然可觀。順帝爲明宗子，文宗忌之，遠竄海南。詔書有曰：「明宗在北之時，自以爲非其子。」伯生筆也。文宗晏駕，寧宗立，八月崩，國人迎順帝立之。帝入太廟，斥去文宗神主，而命四方毁棄舊詔。伯生時在江西，以皮繩拴腰，馬尾縫眼，夾兩馬間逮捕至大都。嫉之者爲十七字詩曰：「自謂非其子，如今作天子。傳語老蠻子，請死。」至則以文宗親改詔稿呈，順帝覽之，曰：「此朕家事，外人豈知。」遂得釋，兩目繇是喪明，不復能楷書矣。

葉盛《水東日記》卷四〇《詳記瀛國公事》《日記》三十七卷已載瀛國公事，近見《寰宇通志》、《政和志》、《符臺外集》，乃知此詩余應作，袁忠徹以爲虞先生作，非也。通録於此。

《通志》云：「國朝之初，閩儒余應因讀元虞集所草《庚申君非周王己子之詔》，作詩曰：『皇宋第十六飛龍，元朝降封瀛國公。元君詔公尚公主，時蒙賜宴明光宮。酒酣舒指爬金柱，化爲龍爪驚天容。元君含笑語羣臣，鳳雛寧與凡禽同。侍臣獻謀將見除，公主夜泣沾酥胸。瀛公晨馳見帝師，大雄門下參禪宗。幸脱虎口走方外，易名合尊沙漠中。是時明宗在沙漠，締交合尊情頗濃。合尊之妻夜生子，明宗隔帳聞笙鏞。乞歸行宮養爲嗣，皇考崩時年甫童。文宗降詔移南海，五年仍歸居九重。壬癸枯乾丙丁發，西江月下生涯終。至今兒孫主沙漠，吁嗟趙氏何其隆。維昔祖宗受周禪，仁厚綽有三王風。雖因浪子失中國，世爲君長傳無窮。』」

《致和志》云：「福建政和縣儒學訓導余應悲宋室以仁義亡，因覽虞文靖公爲文宗皇帝所草《順皇帝非周王己子之詔》，撰詩以述其事。」詩同，但「賜宴」作「錫宴」，「仍歸」作「乃歸」，「祖宗」作「宋祖」。

郎瑛《七修類稿》卷一五《順帝始末》 順帝乃宋恭帝所生，元明宗取爲養子。事詳《宋遺民録》末卷。既立爲帝，幽徙文宗之后，放殺文宗之子。自文后不立己子而立順帝，則順帝所爲，可謂逆天不仁，罪不容誅矣。然而復宋之仇，絶元之統，冥移暗奪，世主沙漠，昌大趙脈，天報宋家，亦何厚耶。至於失國，君雖不明，史氏有言。風憲爲不捕之貓，將帥乃反噬之犬，是亦天之所以陰使也。殂於應昌，荒猝以西江寺梁爲棺，隨爲我國家岐陽王所襲，此則報於文宗之后也。自后妃以及金寶器物，無所不獲。獨太子愛猷識理達臘走脱，亦天之不絶宋也。我太祖以其知天命而謚之爲順，彼胡自謚爲惠宗云。

郎瑛《七修類稿》卷二七《西江月詞》 程學士敏政裒輯《宋遺民録》一書，末卷辯宋瀛國公之事，亦既明矣。惜所引陶九成《輟耕録》《西江月》詞尚未解明，其詞云：「九九乾坤已定，清明節後開花。米田天下亂如麻，直待龍蛇繼馬。依舊中華福地，古月一陣還家。當初指望甕生涯，死在西江月下。」陶以爲真武之降筆，程以爲劉秉忠作。此姑置之。其初、二句乃言元世祖滅宋，德祐封爲瀛國公時，至順帝至正十五年，我太祖三月起兵和陽，正當九九八十一年之數，是知乾坤已定九九，而三月乃清明時也，米田言番人也。「直待龍蛇繼馬」，是太祖至正甲辰建國即位，乙巳伐元都，至丙午元亡，豈非龍蛇繼馬耶。「古月一陣還家」，乃言胡人皆去北矣。「當初指望甕生涯」，此寧宗之后甕吉剌氏不立己子而取順帝，是無生涯矣。程註云：元主皆娶甕吉剌氏爲后，而此云「指望甕生涯」，蓋陰寓順帝非甕吉剌氏所出之意也。予考之，元惟七主娶弘吉剌氏，餘皆他姓。且弘吉非甕吉，不知程何所據，今姑依之以解。「死在西江月下」，獨言順帝北殂於應昌，猝取西江寺梁爲棺之驗耳。胡不通解而註一句，又似非是。今補之而瀛國公之

事明矣。

郎瑛《七修類稿・續稿》卷二《元順帝宋脈》 元順帝爲瀛國公之子，始據余應第十六飛龍之詩爲證，袁忠徹之《事實》及何尚書等之跋語，次第明白。更見於《兩山墨談》，以見宋家仁厚之報也。予又以我太祖北伐，元之后妃大臣俱被俘戮，順帝之子愛猷識理達臘獨能逃去，又非天尚留宋一脈耶？

趙翼《廿二史劄記》卷三〇《庚申帝》 世傳元順帝爲宋德祐帝之子，其見於記載者，程克勤《宋遺民録》謂德祐帝降元，封瀛國公，稍長，世祖妻以公主。世祖夜夢金龍繞殿柱，明日瀛國公來朝，正立所夢柱處。世祖陰欲除之，公主以告，瀛國懼，遂乞從釋，號合尊大師。權衡《庚申帝大事迹》謂瀛公降後，爲僧白塔寺，後徙甘州。有趙王憐之，贈以回回女，延祐七年四月十六日夜生男。明宗周王和世㻋。適過其地，見寺上有龍文五采，方知其故，因求爲子，並載其母歸。袁忠徹《符臺外集》謂瀛國學佛於土番，娶邁來的爲妻，《元史》作邁來迪。有娠，適明宗逃於漠北，與瀛國善，索邁來的爲妻，遂生順帝。《西湖志餘》謂虞集在文宗時草詔，有曰明宗在北之時，自謂非其子。及順帝立，捕集赴大都，以皮繩縛腰，以馬尾縫眼。既至，集以文宗親改詔稿呈上，遂得釋。時有人作十七字詩嘲集曰：「自謂非其子，如今作天子。傳語老蠻子，請死。」《庚申外史》謂順帝時，尚書商保哥奏文宗在時謂陛下非明宗子。帝大怒，究當時作詔者，欲殺虞集、馬祖常二人。二人呈上文宗御筆。托克托舊史名脱脱。在旁曰：「似負天下名，後世只謂陛下殺此秀才。」乃捨之。余應撰《合尊大師》詩云：「皇宋第十六飛龍，元朝降封瀛國公。元君詔君尚公主，時蒙賜宴明光宫。酒酣舒指爬金柱，化爲龍爪驚天容。侍臣獻謀將見除，公主夜泣沾酥胸。幸脱虎口走方外，易名合尊沙漠中。是時明宗在沙漠，締交合尊情頗濃。合尊之妻夜生子，明宗隔帳聞笙鏞。乞歸行營養爲嗣，皇考崩時年甫童。文宗降詔移南海，五年仍歸居九重。至今兒孫主沙漠，吁嗟宋德何其隆。」以上皆野史所載，未必可盡信。然《元史》本紀，文宗至順元年，以順帝乳母夫言，明宗在日，素謂長子非己子，命翰林書其事於史館。明年，復詔奎章閣學士虞集作詔，播告中外。順帝登極，以此事撤去文宗廟主，詔曰：「文宗私圖傳子，乃搆邪言，謂朕非明宗子，俾出居遐陬。」虞集傳亦見此事。是順帝之非明宗子，當時已播人口。故文宗崩後，皇后布達實哩舊史名卜答失里。寧立明宗次子寧宗，而不立順帝，迨寧宗夭而順帝始立，則《遺民録》等書所載，未必無因也。案：至元十三年，瀛國公降，年六歲，至元二十五年，瀛國學佛於土番，年十八歲。延祐七年，順帝生之歲，瀛國公年五十，計其年歲，亦不懸殊。作史者縱不便確指其故，而於明宗后邁來的傳，何妨略見其由瀛國公歸於明宗之源委。所謂疑以傳疑也，乃並不書，豈以其不經耶？以《南史》梁武帝納東昏妃，七月生豫章王綜，亦未嘗不書也。

備論

陳霆《兩山墨談》卷一〇 宋以仁厚立國，誠可超軼漢唐而與周媲美。不幸中多狄難，革命之後，髡禿肆毒，禍及陵骨。私謂宋死生存歿，受狄禍備慘，天道反常，爲之痛憤。偶閲《政和縣志》，得元人余應歌詩一篇，乃紀德祐入元以後事，不任私喜，爲備著於此。其説云：「宋少帝入覲，元降封瀛國公，長命尚主。一日，與内宴，酣後，起爬殿柱。元主遥見若有龍爪拏攫，密以語臣下。時有獻謀除滅者，元主未許。既而公主竊知，以告。乃與主謀，乞爲僧以脱禍。未幾，求往吐蕃學佛法，因挈全后、公主及姬御遁居沙漠，易法名合尊。初已誕子，長亦爲僧，名完普。至是，居歲久，後房復生子。時周王亦遁漠北，與少帝公主往來。周王後宫未有子，繼納女曰邁來的，亦未有出。乃從帝乞所生子於襁褓中，俾邁來的養爲子，長名妥歡帖睦爾。後從静江迎入正大位，即順帝也。皇明啓運，中國有歸，帝集三宫臣僚退避真主，駐應昌而殂，其子孫遁去，至今君主漠北。蓋蒼蒼於宋，窘之於其祖父而延之於其子孫。天道未爲無知，趙氏未爲不昌也。」其説如此。考之《元史》，世祖二十五年，遣瀛國公學佛法於吐蕃，時年蓋十八。周王以仁宗延祐二年出遁漠北，至七年，順帝始生。計入立時年才十三。然則宋少帝應以五十一歲生順帝，第其崩卒不具，故莫知其壽幾何也。太定帝殂，羣臣以文宗近在江陵，遂先迎立。而文宗以周王兄也，乃權居攝，遣使漠北，迎周王歸正大統。周王即位於和寧之北，是爲明宗。比歸，與文宗宴行殿，暴卒。當時固謂行弑。及文宗復立，以明宗子妥歡帖睦爾在，議立太子，時羣臣疑上意在己子，乃上言得於妥歡乳母之言，云明宗在北之時，素謂妥歡爲非其子。於是妥歡不得立。且以其事詔示天下，徙之青島，繼又徙廣西之静江。及文宗、寧宗相繼殂，太后以妥歡爲明宗元子，命羣臣迎立，是爲順帝。後虞集以草前詔逮至都，既而竟釋。左右或舉前事者，帝輒不悦。觀此，則順帝信爲宋胤，或亦

素悟，而誌冊所載當不誣也。

于慎行《讀史漫録》卷一四《遼金元》 順帝即位，以爲世祖在位長久，天下治平，欲行法祖之政，改號「至元」，以仍其舊。此亦胡俗之可笑者。帝王欲法祖德，必仍其號，則士庶欲繩祖武，必仍其名而可也？在廷碩輔，不聞執奏，惟御史李好文言其不可爾。

順帝一日閲宋徽宗書而稱之，學士夔夔進曰：「徽宗多能，惟一事不能。」帝問何？答曰：「獨不能爲君耳。」此謂瑶之賢于人五，其不能一也。人主皆游心帝王之術，以治天下，即以文史翰墨爲養心之助，亦何不可？而專精末技，昧于君人之道，即敗亡之軌也。梁之簡文，陳之後主，南唐、西蜀之君，皆由此敗，徽宗其後出者爾。

元明宗出適適應作「鎮」。雲南，走居沙漠，有子二人，長者順帝，次者寧宗。考之正史，元之北鄙，有斯蘭兒《元史》作阿爾廝蘭。部落來降，封爲郡王。明宗居沙漠時，納其裔孫罕及魯氏，《元史》作罕禄魯氏。名曰邁來的，《元史》作邁來迪。生妥懽貼木爾，《元史》作妥懽貼睦爾。即順帝也。至順初，徙之高麗，使居大青島中，尋詔天下，言明宗在日，素謂非其子，移于廣西静江，至寧宗崩，乃入承大統，生十三年矣。其記瀛國公宋恭帝㬎入元，與全太后俱爲僧尼，賜田五百頃。至正十二年，見河南盜起，引亡宋故號以爲口實，乃安置瀛國公之子和尚趙完普于沙州。蓋德祐宋恭帝年號父子，俱爲僧也。順帝始末，及瀛國蹤迹，在史如此。而小説所記合尊生子事，以爲明宗在沙漠，帝㬎以駙馬爲僧，延明宗飲，是日生子，明宗乞而養之，即順帝也。豈以明宗納斯蘭之裔，而宋帝又嘗爲僧，遂附會而成與？然自謂非其子，則國史所傳，亦必有説矣。天道好還，假趙氏之胤，以亡胡元，亦冥報之所有者。其迹曖昧，固史文所宜闕也。

錢大昕《十駕齋養新録》卷九《順帝後世次》 元順帝以至正廿八年失大都北走，又二年殂於應昌。太子愛猷識理達臘嗣位，上廟號曰惠宗。明年改元宣光，立八年而殂。子脱古思帖木兒嗣位，上廟號曰昭宗。改元天元，立十年，爲其下也速迭兒所弑。實洪武二十一年也。又五傳至坤帖木兒，皆被弑。族人鬼力赤篡立，立國號，稱可汗，從其舊俗。《明史·成祖紀》永樂六年，諭本雅失里曰：「自元運既訖，順帝後愛猷識里達臘，至坤帖木兒，凡六傳，瞬息之間，未聞一人善終者。」蓋脱古思帖木兒之後，坤帖木兒之前，尚有三四傳，其名不可攷矣。《明·太祖紀》洪武二十二年，也速迭兒弑其主脱古思帖木兒，而立坤帖木兒，與《成祖紀》《外國傳》小異。

陳友諒部

綜述

《明史》卷一二三《陳友諒傳》　陳友諒，沔陽漁家子也。本謝氏，祖贅於陳，因从其姓。少讀書，略通文義。有術者相其先世墓地，曰：「法當貴。」友諒心竊喜。嘗爲縣小吏，非其好也。徐壽輝兵起，友諒往從之，依其將倪文俊爲簿掾。

壽輝，羅田人，又名真一，業販布。元末盜起，袁州僧彭瑩玉以妖術與麻城鄒普勝聚衆爲亂，用紅巾爲號，奇壽輝狀貌，遂推爲主。至正十一年九月，陷蘄水及黄州路，敗元威順王寬徹不花。遂即蘄水爲都，稱皇帝，國號天完，建元治平，以普勝爲太師。未幾，陷饒、信。明年，分兵四出，連陷湖廣、江西諸郡縣，遂破昱嶺關，陷杭州。別將趙普勝等陷太平諸路。勢大振。然無遠志，所得不能守。明年，爲元師所破，壽輝走免。已而復熾，遷都漢陽，爲其丞相倪文俊所制。

十七年，九月，文俊謀弑壽輝，不克，奔黄州。時友諒隸文俊麾下，數有功，爲領兵元帥，遂乘釁殺文俊，並其兵，自稱宣慰使，尋稱平章政事。

明年，陷安慶，又破龍興、瑞州，分兵取邵武、吉安，而自以兵入撫州。已，又破建昌、贛、汀、信、衢。

當是時，江以南惟友諒兵最强。太祖之取太平也，與爲鄰。友諒陷元池州，太祖遣常遇春擊取之，由是數相攻擊。趙普勝者，故驍將，號「雙刀趙」，初與俞通海等屯巢湖，同歸太祖，叛去歸壽輝。至是爲友諒守安慶，數引兵争池州、太平，往來掠境上。太祖患之，啗普勝客，使潛入友諒軍間普勝。普勝不之覺，見友諒使者輒訴功，悻悻有德色。友諒銜之，疑其貳於己，以會師爲名，自江州猝至。普勝以燒羊逆於雁汊，甫登舟，友諒即殺普勝，並其軍。乃以輕兵襲池州，爲徐達等擊敗，師盡覆。

始友諒破龍興，壽輝欲徙都之，友諒不可。未幾，壽輝遽發漢陽，次江州。江州，友諒治所也，伏兵郭外，迎壽輝入，即閉城門，悉殺其所部。即江州爲都，奉壽輝以居，而自稱漢王，置王府官屬。遂挾壽輝東下，攻太平。太平城堅不可拔，乃引巨舟薄城西南，士卒緣舟尾攀堞而登，遂克之。志益驕。進駐采石磯，遣部將陽白事壽輝前，戒壯士挾鐵撾擊碎其首。壽輝既死，以采石五通廟爲行殿，即皇帝位，國號漢，改元大義，太師鄒普勝以下皆仍故官。會大風雨，群臣班沙岸稱賀，不能成禮。

友諒性雄猜，好以權術馭下。既僭號，盡有江西、湖廣之地，恃其兵强，欲東取應天。太祖患友諒與張士誠合，乃設計令其故人康茂才爲書誘之，令速來。友諒果引舟師東下，至江東橋，呼茂才不應，始知爲所紿。戰于龍灣，大敗，潮落舟膠，死者無算，亡戰艦數百，乘輕舸走。張德勝追敗之慈湖，焚其舟。馮國勝以五翼軍蹙之，友諒出皂旗軍迎戰，又大敗。遂棄太平，走江州。太祖兵乘勝取安慶。其將于光、歐普祥皆降。明年，友諒遣兵復陷安慶。太祖自將伐之，復安慶，長驅至江州。友諒戰敗，夜挈妻子奔武昌。其將吴宏以饒降，王溥以建昌降，胡廷瑞以龍興降。

友諒忿疆土日蹙，乃大治樓船數百艘，皆高數丈，飾以丹漆，每船三重，置走馬棚，上下人語聲不相聞，櫓箱皆裹以鐵。載家屬百官，盡鋭攻南昌，飛梯衝車，百道並進。太祖從子文正及鄧愈堅守，三月不能下，太祖自將救之。友諒聞太祖至，撤圍，東出鄱陽湖，遇於康郎山。友諒集巨艦，連鎖爲陣，太祖兵不能仰攻，連戰三日，幾殆。已，東北風起，乃縱火焚友諒舟，其弟友仁等皆燒死。友仁號五王，眇一目，有勇略，既死，友諒氣沮。是戰也，太祖舟雖小，然輕駛，友諒軍俱艨艟巨艦，不利進退，以是敗。

太祖所乘舟檣白，友諒約軍士明日并力攻白檣舟。太祖知之，令舟檣盡白。翌日復戰，自辰至午，友諒軍大敗。友諒欲退保鞋山，太祖已先扼湖口，邀其歸路。持數日，友諒謀於衆。右金吾將軍曰：「出湖難，宜焚舟登陸，直趨湖南圖再舉。」左金吾將軍曰：「此示弱也，彼以步騎躡我，進退失所據，大事去矣。」友諒不能決，既而曰：「右金吾言是也。」左金吾以言不用，舉所部來降。右金吾知之，亦降。友諒益困。太祖凡再移友諒書，其略曰：「吾欲與公約從，各安一方，以俟天命。公失計，肆毒於我。我輕師間出，奄有公龍興十一郡，猶不自悔禍，復構兵端。一困於洪都，再敗於康郎，骨肉將士重罹塗炭。公即幸生還，亦宜却帝號，坐待真主，不則喪家滅姓，悔晚矣。」友諒得書忿恚，不報。久之乏食，突圍出湖口。諸將自上流邀擊之，大戰涇江口。漢軍且鬥且走，日暮猶不解。友諒從舟中引首出，有所指撝，驟中流矢，貫睛及顱死。軍大潰，太子善兒被執。太

尉張定邊夜挾友諒次子理，載其屍遁還武昌。友諒豪侈，嘗造鏤金床甚工，宮中器物類是。既亡，江西行省以床進。太祖嘆曰：「此與孟昶七寶溺器何异！」命有司毁之。友諒僭號凡四年。

子理既還武昌，嗣僞位，改元德壽。是冬，太祖親征武昌。明年二月，再親征。其丞相張必先自岳州來援，次洪山，常遇春擊擒之，徇於城下。必先，驍將也，軍中號「潑張」，倚爲重。及被擒，城中大懼，由是欲降者衆。太祖乃遣其故臣羅復仁入城招理。理遂降，入軍門，俯伏不敢視。太祖見理幼弱，掖之起，握其手曰：「吾不汝罪也。」府庫財物恣理取，旋應天，授爵歸德侯。

友諒之從徐壽輝也，其父普才止之，不聽。及貴，往迎之，普才曰：「汝違吾命，吾不知死所矣。」普才五子，長友富，次友直，又次友諒，又次友仁、友貴。友仁、友貴前死鄱陽。太祖平武昌，封普才承恩侯，友富歸仁伯，友直懷恩伯，贈友仁康山王，命所司立廟祀之，以友貴祔。理居京師，邑邑出怨望語。帝曰：「此童孺小過耳，恐細人蠱惑，不克全朕恩，宜處之遠方。」洪武五年，理及歸義侯明昇並徙高麗，遣元降臣樞密使延安荅理護行。賜高麗王羅綺，俾善視之。亦徙普才等滁陽。

谷應泰《明史紀事本末》卷三《太祖平漢》 元順帝至正十七年冬十月，常遇春、廖永安、吴禎等，自銅陵進取池州。太祖命李文忠領兵策應。永安去城十里，而遇春、禎等帥舟師抵城下，合攻之，破其北門，入城，執天完將洪元帥，斬之。天完，徐壽輝僞號也。並擒其副將魏壽、徐天雄等。天完平章陳友諒寇池州，以戰艦百餘艘來逆戰，遇春等復奮擊，大敗之。友諒，沔陽漁家子，本姓謝，先世贅于陳，冒陳姓，常爲書獄吏，意忽忽不樂。會徐壽輝、倪文俊等起兵，慨然往從之。初爲文俊簿書掾，未幾，亦領兵爲元帥。文俊漸專恣，友諒積不能平。至是，文俊謀殺壽輝，不果，奔黄州，友諒遂襲殺文俊，併其軍，自稱平章，壽輝不能制。時友諒方强，兹爲戰争之始。

十八年夏四月，陳友諒陷江西隆興、瑞州。己巳，遣其黨趙普勝自樅陽寇池州，太平守將劉友仁聞之，率兵赴援，遇賊敗没，池州守將趙忠亦戰死。俞通海尋復池州。普勝驍將，號雙刀趙，初結砦巢湖，已歸友諒。趙德勝略石埭，擒友諒將錢清。

十九年春三月，陳友諒遣趙普勝寇寧國太平縣。總制胡惟賢命程允、汪炳等擊敗之，獲其糧萬餘石。普勝復寇青陽、石埭等縣，僉院張德勝與戰於栅江口，破走之。

夏四月，徐達、俞通海、趙德勝等擊趙普勝栅江營，大破之，賊棄舟走，獲巨艦艨艟。癸酉，復池州，擒僞帥洪鈞等。時太祖經營浙東，方憂普勝剽掠，聞捷大喜，擢徐達同知樞密事，諸將陞賞有差。

秋八月，遣徐達攻安慶。達率張德勝等自無爲登陸，夜至浮山砦，擊敗普勝部將胡總管兵，追至潛山界。友諒參政郭泰領兵至沙河迎戰，達復大破之，斬泰，獲輜重無算，遂克潛山。

九月，僉院俞廷玉帥兵攻安慶，不克，没於陣。諸將患之。太祖曰：「普勝雖勇而寡謀，友諒挾主以令衆，用間以離之，一夫之力耳。」時普勝有門客通術數，嘗爲普勝畫策。乃使人陽與客交，而陰間之，置書與客，故達普勝。客懼來歸，盡得普勝平日所爲。乃重以金幣資客，潛往友諒所親間普勝。普勝不之覺，見友諒使者，輒自言其功，有德色，友諒深忌之。至是，憤潛山之敗，乃詐以會軍爲期，自至安慶。普勝出迎，至鴈汊登舟，友諒殺之，併其軍。

冬十二月，徐壽輝以友諒破隆興，欲徙都之。友諒忌其來不利於己，沮之。壽輝不聽，引兵發漢陽，南下江州。友諒佯出迎，伏兵城内，候壽輝入，即閉城，伏發，盡殺其左右將士，幽壽輝江州。友諒自稱漢王，置官屬。

二十年夏四月，徐達、常遇春拔趙普勝之水寨，友諒盛兵來援，聲言出安慶。遇春策其必攻池州，伏鋭兵九華山待之，而以羸弱守城。友諒明日果至，直造城下，鋒鋭甚。城上揚旗鳴鼓，伏兵悉起，緣山而出，循江而下，絶其歸路，城中出兵夾擊，大破之，斬首萬餘級，生擒三千人。常遇春欲盡殺之，謂徐達曰：「此皆勁敵也，不殺，將爲後患。若以上聞，必不殺。」達不從，遂以聞。太祖諭使者曰：「亟還諭諸將，今戰争方始，不可縱殺以絶人望。三千精鋭，宜釋之爲後用。」及使者返，遇春已殺之，止存三百人。太祖聞之，不懌，命悉放還。

閏五月，友諒率舟師犯太平，圍其城，守將花雲率麾下三千人，結陣迎戰。三日，友諒不得入，乃以巨舟乘漲泊城西南隅，舟尾高與城平，士卒緣之上。時城中乏食，士憊甚，不能戰。丙辰，城遂陷。賊縛雲急，雲怒罵曰：「賊奴！爾縛吾，吾主必滅爾，斬爲膾也。」遂奮躍大呼起，縛盡絶，奪守者刀，連殺五六人，復罵曰：「賊非吾主敵也，曷不速降！」賊怒，縛雲舟檣，叢射之，比死，罵賊不絶口。院判王鼎、知府許瑗皆抗節不屈，死之。

方雲之與賊戰也，勢甚急，妻郜氏，生子煒方三歲，抱之泣，語家人曰：「城

且破，吾夫必死之。吾夫死，吾不獨生，然不可使花氏無後。兒在，若等善撫育之。」已聞雲就縛，郜氏即赴水死。侍兒孫氏收郜瘞之，抱兒逃，漢軍掠之。軍中惡小兒啼，孫氏恐被害，以簪珥屬漁家鞠之。僞漢敗，孫氏脱身至漁家，竊兒去，夜宿陶穴中。天曙，登舟渡江，遇漢潰軍奪舟，擠孫氏及兒投之江，江中得斷木，附之入蘆渚中。渚有蓮實，孫氏取啗兒，凡七日不死。忽夜半，聞人語聲，呼之，逢老父號雷老，告之故，與偕行，達太祖所。孫氏抱兒拜泣，太祖亦泣，置兒於膝曰：「此將種也。」命賜雷老衣，忽不見。

陳友諒寇太平時，挾壽輝行。既得太平，亟謀僭僞號，乃於采石舟中，佯使人白事壽輝前，令壯士持鐵撾從後擊之，碎其首，以暴疾死令軍中。遂以采石五通廟爲行殿，稱皇帝，國號漢，改元大義。羣下立江岸，草次行禮，值大雨，殊無儀節。以鄒普勝爲太師，張必先爲丞相，張定邊爲太尉，乃率衆還江州。友諒既僭大號，遣使約張士誠同入寇。士誠齷齪自固，不敢應。友諒自江州引兵東下，建康大震。獻計者，或謀以城降，或以鍾山有王氣，欲奔據之，或以決死一戰，戰不勝，即走未晚。太祖心非諸將議，獨劉基張目不言。太祖召基入内問計，基曰：「先斬主降及奔鍾山者，乃可破賊！」太祖曰：「先生計將安出？」基曰：「天道後舉者勝。吾以逸待勞，何患不克。莫若傾府庫，開至誠，以固士心，伏兵伺隙擊之。取威制勝，以成王業，在此舉也。」太祖意益決。或謀先復太平以牽制之，太祖曰：「不可。太平吾新築壘，濠塹深固，向使彼陸地來攻，必不能破。彼乃以巨艦乘城，爲所陷，今往攻之，猝難拔。賊舟師十倍我，我頓兵堅城之下，進不能取，退不及援，失所據矣。」或又勸太祖自將禦之，太祖曰：「亦不可。彼知我出，以偏師綴我，我欲與戰，彼不交鋒，而以舟師順流下建康，半日可達。吾步騎急回，百里趨戰，兵法所忌，皆非良策也。」於是遣胡大海以兵直擣廣信制其後，而召指揮康茂才謂之曰：「吾有事命汝，能之乎？」茂才曰：「惟命。」太祖曰：「汝與友諒雅游。今友諒入寇，吾欲速其來，非汝不可。汝今作書，遣使貽友諒，僞約降爲内應，招之速來，給告以虚實，使分兵三道，以弱其勢。」茂才曰：「諾。家有老閽，舊嘗事友諒，遣使齎書，必信無疑。」太祖以其謀語李善長。善長曰：「方憂寇來，何爲誘致之？」太祖曰：「遲則二寇謀合，爲害益大，何以支！今先破此賊，則東寇膽落矣。」善長曰：「善！」茂才遂令閽者乘小舸，徑至友諒軍。友諒得書甚喜，問曰：「康公今何在？」閽者曰：「見守江東橋。」問：「橋何如？」曰：「木橋。」乃與酒食，遣還，謂曰：「歸語康公，吾至，則呼老康爲驗。」閽者諾。歸告太祖，太祖喜曰：「賊入吾彀中矣。」乃命善長亟撤江東橋，易以鐵石。比旦，橋成。有自友諒軍中逸歸者，言友諒問新河口路。亟命趙德勝跨新河築虎口城守。命常遇春、馮勝、華高等率帳前五翼軍三萬人，伏石灰山側。徐達等陳兵南門外，楊璟駐兵大勝港，張德勝、朱虎率舟師出龍江關外，太祖親總大軍於盧龍山。令持幟者偃黄幟於山之左，偃赤幟於山之右，戒曰：「寇至，則舉赤幟；舉黄幟，則伏兵皆起。」各嚴師以待。

乙丑，友諒果引舟師東下，至大勝港，楊璟整兵禦之。港狹，僅容三舟入，友諒以舟不得並進，遽引退，出大江，徑衝江東橋，見橋皆大石，非木橋，乃驚疑，連呼：「老康！老康！」無應之者。悟茂才使謬，即與其弟號五王者，率舟師趨龍江，先遣萬人登岸立柵，勢甚鋭。時酷暑，太祖衣紫茸甲，張蓋督兵，見士卒揮汗，命去蓋。衆欲戰，太祖曰：「天將雨，諸軍且就食，當乘雨擊之。」時天無雲，衆未信；忽風起西北，須臾大雨如注。赤幟舉，太祖下令拔柵。諸軍競前拔柵，友諒麾其衆來争，戰方合，雨止。太祖命發鼓，鼓大震。黄幟舉，常遇春等伏兵起，徐達兵亦至，張德勝、朱虎舟師並集。内外合擊，友諒兵大潰走，趨舟，值潮退，舟膠淺，殺溺死者無算，生擒七千餘人，收得巨艦百餘艘，戰舸數百。友諒乘别舸脱走，於所乘舟中得茂才書。太祖笑曰：「彼愚至此，可嗤也。」命諸將追擊。友諒至慈湖，縱火焚其舟，賊衆潰。追至采石，復大戰，廖永忠率所部大呼陷陣入，華雲龍躍馬擣其中堅。有王銘者，獨馳入其陣，賊攢槊刺之，傷額，戰益力，流血淋漓，旋迴三匝，獨所殺傷過當，賊大敗。張德勝戰死。周顯與賊戰於觀渡橋，亦敗之。諸軍乘勝追擊，賊守太平者無固志。辛酉，遂復太平。初，太平城西南俯瞰姑溪，故爲友諒舟師所陷，至是，常遇春命移築，去姑溪二十餘步，增築樓堞，守禦遂固。

六月戊寅，胡大海取信州。大海率兵至靈溪，城中步騎數千出迎戰，擊敗之，督兵攻城，守者不能支，衆潰，遂克之。改信州爲廣信府，以大海子德濟爲同僉守之。

七月，徐壽輝舊將浮梁院判于光、左丞余椿，擊走僞漢將辛同知，取饒州，以城來降。太祖命鄧愈往鎮之。饒濱鄱陽湖，友諒數遣舟師來攻，愈與光等連營拒之，屢殲其衆。已而漢將侯邦佐陷浮梁，于光單騎來歸。

時安慶爲長江上流要地，先是趙普勝守之，頗難攻取。友諒既殺普勝，用别將守安慶，而以普勝部將張志雄帥兵從侵建康。志雄怨友諒，故龍江之戰無鬬

志，來降，因獻取安慶之策。我師遂進克安慶，太祖命巢湖將僉院趙伯仲守之。尋爲張定邊所破，伯仲遁還，太祖怒曰：「主將不能堅守城池，城陷遠遁，當誅之。」常遇春諍曰：「伯仲係渡江勳舊，宜曲赦之。」太祖曰：「不依軍法，無以警後！」賜弓弦令自盡，而官其弟庸行樞密院事。

九月，徐壽輝舊將歐普祥以袁州來降。陳友諒遣其弟友仁攻普祥，普祥擊敗之，擒友仁。友諒懼，乃與普祥約和，釋友仁歸。

二十一年春三月，陳友諒遣其將李明道寇廣信，據草平鎮，遏浙東援兵。胡德濟遣夏德潤出兵奪其墩，戰死。賊又保玉山。胡大海部將繆美聞之，來援，與賊戰於東津橋，遂復玉山，抵廣信，絕明道歸路。六月，明道圍廣信急，而德濟兵少，僅嬰城守，遣使求援於父大海。大海率師由靈溪進，李文忠亦遣兵援之。德濟聞援兵至，引兵出城，與大海夾擊明道，大破之，擒明道及其宣慰王漢二，并士卒千餘人，戰馬、器械無算。大海送明道、漢二於文忠。文忠令漢二招友諒建昌守將王溥。溥，漢二兄也，遂歸附，乃俱送建康。太祖釋而用之，征江州、南昌，用爲鄉道。

秋八月，太祖決計伐陳友諒，會李明道具言：「友諒弒徐壽輝後，將士離心，政令不一，驍勇如趙普勝，又忌而殺之，雖有衆，不足恃也。」太祖召諸將諭之曰：「友諒殺主僭號，犯我近疆，殞我名將，觀其所爲，不滅不已。爾等各厲士卒以從。」庚寅，太祖御龍驤巨艦，帥舟師乘風溯流而上，烏數萬，夾上艦而飛。戊戌，抵安慶，敵固守不戰，乃以陸兵疑之。敵兵動，遂命廖永忠、張志雄以舟師擊其水寨，大破之。攻城，自旦至暮，不拔。劉基請棄安慶去，徑拔江州，傾其巢穴，太祖從之。遂率兵西上，長驅過小孤，友諒將丁普郎、傅友德率所部歸附。友德，宿州人，後從碭山，勇略冠一時。初從山東李喜喜剽掠入蜀，常爲軍鋒冠，歸明玉珍。玉珍不能用，率所部走武昌從陳友諒，忽忽無所展。聞明師攻江州而嘆曰：「此吾主也！」以所部謁見於小孤山。上奇之，擢爲將，遣使招諭江西諸郡。壬寅，次湖口。友諒舟出江偵邏，擊敗之，乘勝至江州。友諒始知之，以爲神兵自天而下，倉卒不能軍，挈妻子夜奔武昌。癸卯，師入江州，乘勝追拔蘄州、黄州、興國、黄梅、廣濟等處。

僞漢江西行省丞相胡廷瑞守南昌，遣其部將鄭仁傑詣軍門納款，且請禁止數事，勿散離其所部兵。太祖有難色，劉基自後蹋所坐胡床。太祖悟，許之，賜書慰諭。【略】廷瑞得書，遣康泰詣九江降，廷瑞後改名廷美。漢將餘干吳宏、龍泉彭時中、吉安曾萬中、孫本立等，皆遣使納款。命趙德勝、廖永忠等分兵攻瑞州、臨江諸郡。鄧愈帥兵襲浮梁，友諒參政侯邦佐棄城遁。于光進拔樂平，敗僞蕭總管，擒萬户彭壽等六十八人，饒州悉定。十月，愈駐兵臨川之平塘，時友諒將鄧克明據撫州，佯遣使通款，無降意。愈知其情，捲甲夜趨，比旦，入城。克明單騎遁，尋被獲。諸將旋師攻安慶，下之。

二十二年春正月，太祖幸南昌，胡廷瑞率祝宗、康泰等迎謁。以鄧愈爲江西行中書省參知政事，鎮南昌。時宗、泰降，非本意，即欲謀叛，廷瑞密以言。上乃令宗、泰帥所部從徐達攻武昌。二月，太祖率胡廷瑞等還建康。宗、泰行至女兒港，遂叛，道掠布商船爲旗，反兵劫南昌。知府葉琛迎戰，死之，鄧愈倉卒以數十騎出走，數與賊遇，從者多遇害。愈窘甚，連跳跨三馬，馬輒踣，幾不免，最後得養子所乘馬，走還建康。徐達兵至湖廣沌口，聞變，旋師赴之。宗至新淦，爲鄧志明所殺。泰走廣信，以廷瑞甥，特宥之。南昌復定。太祖聞之，喜曰：「南昌控引荆、越，西南之藩屏，得南昌，去陳氏一臂矣，非骨肉重臣不可守。」五月丙午，命大都督朱文正統元帥趙德勝、薛顯同參政鄧愈鎮之。八陳指揮聚衆結寨南昌之西山，趙德勝、孫興祖攻破之，俘斬三千餘人。

冬十二月，漢將熊天瑞寇吉安，陷之，殺守將孫本立。友諒使其知院饒鼎臣守吉安。鼎臣剽悍有膽略，所至毒害，人呼爲饒大膽。丁亥，朱文正遣兵復吉安，鼎臣出走。

二十三年春二月，漢太尉張定邊陷饒州，于光走還。

夏四月，陳友諒忿其疆埸日蹙，大作舟艦，高數丈，飾以丹漆，上下三級，級置走馬棚，下設板房爲蔽，置艣數十其中，上下人語不相聞。艣箱皆裹以鐵，自謂必勝。載其家屬百官，空國而來，兵號六十萬，攻南昌。壬戌，薄城下。諸將分門拒守，鄧愈守撫州門，趙德勝守宫步、士步、橋步三門，薛顯守章江、新城二門，牛海龍等守琉璃、澹臺二門，文正居中節制，自將精鋭二千，往來策應。丙寅，友諒親督兵攻撫州門，兵各載竹盾如箕狀，以禦矢石，極力來攻，城壞二十餘丈。鄧愈以火銃擊退其兵。隨豎木柵，賊爭柵，文正督諸將死戰，且戰且築，通夕復完。於是李繼先、牛海龍、趙國旺、許珪、朱潛、程國勝等，皆戰死。五月丙子，友諒復攻新城門，薛顯將鋭卒開門突戰，斬其平章劉震昭，敵兵退。百户徐明被執，死之。六月辛亥，友諒增修攻具，欲破柵自水關入。文正使壯士以長槊從柵内刺之，敵奪槊更進。文正乃命煅鐵戟鐵鈎，穿柵復刺，敵復來奪，手皆灼

爛，不得進。友諒盡攻擊之術，而城中備禦萬方，殺傷甚衆。友諒分遣饒鼎臣等陷吉安，李明道叛，守將曾萬中死之，劉齊、朱叔華被執。陷臨江，復執趙天麟。以三人徇於城下，文正等不爲動。賊復攻宮步、士步二門。趙德勝巡城至宮步門，賊伏弩張弩射之，中腰膂，箭深入六寸，拔出，拊髀嘆曰：「吾自壯歲從軍，傷矢石者屢矣，未有若此之創者，命也。獨恨不能從主上掃清中原耳！」遂卒。南昌被圍既久，内外阻絶，文正遣千户張子明赴建康告急，又詐遣卒號捨命王者詣友諒約日出降。友諒信之，緩其攻。至日，城上旗幟一新，友諒候至暮，見無降意，縛降卒至城下殺之。

張子明取漁舟從水關出，越石頭（城）〔口〕，晝行夜止，半月達建康。時太祖方親破張士誠將吕珍於安豐，解安豐圍。命徐達等移師圍廬州，而自還建康。子明至，太祖問：「友諒兵勢何如？」子明對曰：「友諒兵雖盛，戰死亦不少。今江水日涸，巨艦將不利，又師久糧乏，援兵至，可必破也。」太祖曰：「歸語文正，但堅守一月，吾當自取之。」乃遣子明先還，至湖口，爲友諒兵所執。友諒曰：「若能誘降，非但不死，且富貴。」子明陽許之，至城下，呼曰：「主上令諸公堅守，大軍且至矣。」友諒怒，殺之。文正等聞之，守益堅。時徐達、常遇春圍左君弼於廬州，太祖遣使命解圍曰：「爲一廬州而失南昌，非計也。」七月癸酉，太祖自將救洪都，達、遇春亦自廬州還。太祖親督諸將，會師禡纛於龍江，舟師凡二十萬。

癸未，進次湖口，先遣指揮戴德以一軍屯於涇江口，復以一軍屯南湖嘴以遏友諒歸師。又遣人調信州兵守武陽渡，防其奔逸。丙戌，友諒圍南昌凡八十有五日，聞太祖至，解圍，東出鄱陽逆戰。太祖率諸將由松門入鄱陽湖。丁亥，遇於康郎山，友諒列巨舟當我師。太祖見之，謂諸將曰：「彼巨舟首尾連接，不利進退，可破也。」乃命舟師爲二十隊，火器弓弩以次而列。戒諸將：「近寇舟，先發火器，次弓弩，及其舟則短兵擊之。」戊子，徐達、常遇春、廖永忠等進兵薄戰。達身先諸將，擊敗其前鋒，殺千五百人，獲一巨舟而還，軍聲大振。俞通海復乘風發火砲，焚寇舟二十餘艘，殺溺死者甚衆。元帥宋貴、陳兆先亦死戰。徐達等搏戰不已，火延及達舟，敵乘之，達撲火更戰。太祖急遣舟援達，達力戰，敵乃退。友諒驍將張定邊奮前犯太祖舟，舟膠於沙，漢兵匝焉。程國勝劍叱之，與陳兆先大奮擊，牙將韓成進曰：「古人殺身以成仁，臣不敢愛其死。」乃服上冠袍，對敵自投水中。敵信之，攻少緩。宋貴、陳兆先俱戰死。常遇春從傍射中定邊，定邊舟始却。俞通海來援，舟驟進，水涌，太祖舟遂脱。通海與廖永忠以飛舸追定邊，定邊走，身被百餘矢，退去。會日暮，太祖鳴鉦，集諸將申約束。恐張士誠乘虚入寇，命徐達回守建康。

己丑，太祖復親布陣，與友諒戰。友諒悉巨舟連鎖爲陣，旌旗樓櫓，望之如山。我舟小，仰攻多却，太祖親麾之，不前，右師少却，立命斬隊長十餘人，猶不止。郭興進曰：「非人不用命，舟大小不敵也。臣以爲非火攻不可。」太祖然之，命常遇春等分調漁舟，載荻葦，置火藥其中。至晡時，東北風起，太祖命以七舟束草爲人，飾以甲胄，持兵戟，若鬭敵狀，令敢死士操之，備走舸於後。將迫敵舟，乘風縱火，風急火烈，須臾抵敵舟，焚水寨數百艘，燔焰漲天，湖水盡赤，死者大半。友諒弟友仁、友貴及其平章陳普略等皆焚死。我師乘之，又斬二千餘級。友仁者，即所謂五王也，眇一目，有智數，梟勇善戰。至是，友諒爲之喪氣。普略，即新開陳也。是日，張志雄舟檣折，爲敵所覺，以數舟攢兵鉤刺之，志雄窘迫自刎。丁普郎、余昶、陳弼、徐公輔皆戰死。普郎身被十餘創，首脱，猶植立舟中不仆，持兵若戰狀。是時太祖所乘舟檣白，友諒覺，欲併力來攻。太祖知之，庚寅夜，令諸船盡白其檣，旦莫能辨，敵益駭。

辛卯，復率衆大戰，自辰至巳不解。時劉基侍，忽躍起大呼。太祖亦驚起回顧，但見基雙手揮之曰：「難星過，急更舟！」太祖如言入他舟，坐未定，舊所御舟以砲碎矣。友諒乘高見舟碎，喜甚。俄太祖麾舟更進，皆失色。廖永忠、俞通海、汪興祖、趙庸以六舟深入，敵聯大艦拒戰，蔽之，舟若没。有頃，六舟旋繞漢軍而出，勢如游龍，諸將見之，勇氣百倍，呼聲動天地，波濤立起，日爲之晦。時漢舟大，我師環攻之，殺其卒殆盡，而操舟猶不知，呼號摇櫓如故，已而焚其舟，皆死。至午，敵兵大敗，棄旗鼓器仗，浮蔽湖面。通海等還，太祖勞之曰：「今日之捷，諸君之力也。」

友諒戰不利，欲退保鞋山。我師先至罌子口，横截湖面，邀友諒，不得出，乃斂舟自守，不敢更戰。是日，移舟泊柴棚，去敵五里許，諸將欲退師，少休士卒。太祖曰：「兩軍相持，先退，非計也。」俞通海以湖水淺，請移舟扼江上流，劉基亦密言當移軍湖口，期金木相犯日決勝，太祖從之。時水路狹隘，舟不得並進，恐爲敵所乘，至夜，令船置一燈，相隨渡淺，比明，已盡渡矣，乃泊於左蠡。友諒遂亦移舟出泊渚磯，相持者三日。友諒左、右二金吾將軍率所部來降。初，友諒戰不利，右金吾曰：「今戰不利，出湖實難，莫若焚舟登陸，直趨湖南，謀爲再舉。」其左金吾曰：「今雖不利，而我師猶多，戮力一戰，勝負未可知，何至自焚以示

弱！萬一捨舟登陸，彼以步騎躡我後，進不及前，退無所據矣。」友諒猶豫不能決，至是失亡多，乃曰：「右金吾是也。」左金吾聞之懼，來降。右金吾見其降，亦率所部來歸。友諒兵益衰。

太祖既駐師彭蠡，移書友諒曰：「公乘尾大不掉之舟，殞兵敝甲，與吾相持。以公平日之强暴，正當親決一死戰，何徐徐隨後，若聽吾指揮者，無乃非丈夫乎！」友諒得書，怒，留使者不遣，盡殺所獲我戰士。太祖聞之，命悉出所俘友諒軍，視其傷者賜藥療之，皆遣還，下令曰：「但獲彼軍，皆勿殺。」又令祭其弟姪及將士之戰死者。師出湖口，命遇春、永忠諸將統舟師横截之。又令一軍立栅於岸，控湖口。旬有五日，友諒不敢出。復移書與之曰：「昨吾船對泊瀦磯，嘗遣使齎記事往，不見使回，公度量何淺淺哉！丈夫謀天下，何有深仇！夫自辛卯以來，天下豪傑紛然並起，邇來中原興問罪之師，挾天子令諸侯，於是淫虐之徒一掃而亡。公之湘陰劉亦懼而往，此公腹心人也，部下將自此往矣。江、淮英雄，惟吾與公耳，何乃自相吞併！公今戰亡，弟姪首將，又何怒焉。公之土地，吾已得之，縱力驅殘兵，來死城下，不可再得也。設使公僥倖逃還，亦宜修德，勿作欺人之容，却帝名而待真主。不然，喪家滅姓，悔之晚矣。」友諒忿恚不答。太祖與博士夏煜等日草檄賊詩，意氣彌壯，分兵克蘄州、興國。友諒食盡，掠糧於南昌，朱文正遣人燔其舟，勢益困。時我師水陸結營，列栅江南北岸，置火舟、火筏中流，戒嚴以俟。

八月壬戌，友諒計窮，冒死突出，繞江下流，欲由禁江遁回。太祖麾諸軍追擊，以火舟、火筏衝之，敵舟散走，追奔數十里。自辰至酉，戰不解。至涇江口，涇江之兵復擊之。張鐵冠大笑賀曰：「友諒死矣。」太祖曰：「無妄言！」又曰：「縛汝水濱以俟。」乃遣人具牲酒往祭友諒，以覘生死，且曰：「如其生，往者必還；若不還，死決矣。」乃往者俱被殺。未幾，有降卒來奔，言：「友諒在別舸中流矢，貫睛及顱而死。」諸軍聞之，大呼喜躍，益争奮，擒其太子善兒。明日，平章陳榮等悉舟師來降，得士卒五萬餘人。張定邊乘夜以小舟載友諒屍及其子理奔還武昌。復立理爲帝，改元德壽。諸將多勸太祖乘勝徑擣武昌滅漢者，不從。

初，劉基自青田還建康，上謀用兵吴、漢孰先，或以張士誠近，富而弱，宜先。基曰：「不然。士誠自守寇耳，陳友諒居上流，且名號不正，宜先伐之。陳氏滅，張氏囊中物矣。」太祖曰：「然。友諒剽而輕，士誠狡而懦，若先攻士誠，友諒必空國來救，是吾疲於二寇也。」遂決計伐陳氏。會士誠遣吕珍攻韓林兒於安豐，太祖親率諸將援之，基力諫不聽。既解安豐圍，復命諸將移師圍廬州。及友諒急攻南昌，張子明請濟師，始解廬州圍，親帥而上。至是，太祖謂基曰：「我不當有安豐之行。使友諒乘我出，建康空虚，順流而下，我進無所成，退無所歸，大事去矣。今友諒不攻建康，而圍南昌，計之下者，不亡何待！乃知天命有所歸也。」時四方割據，惟友諒鷙悍，爲羣雄冠。其初起也，父普才戒之曰：「若捕魚兒耳，而乃圖大事！」友諒曰：「相塚者言我家當富貴，今其時矣。」及貴迎父，父曰：「兒不守故業，吾懼及也。」至是敗，年四十四，稱帝僅四年。友諒既敗，太祖喜謂諸將曰：「此賊亡，天下不足定矣。」

九月壬申，班師還，告廟飲至，論功行賞，賜常遇春、廖永忠、俞通海等田，餘賜金帛有差。太祖經理建康守禦畢，留徐達等備吴，壬午，復率諸將親征陳理。十月，至武昌，分兵立栅，圍其四門，又於江中聯舟爲長寨，以絶其出入之路。分兵徇漢陽、德安州郡，湖北諸郡皆來降。十二月甲寅，太祖還建康，命常遇春率諸將圍之。

二十四年春二月乙未，太祖以武昌圍久不下，乃親往視師。辛亥，至武昌督兵攻城。城東有高冠山，俯城中可瞰也，漢兵屯焉。太祖問諸將誰能奪此者，傅友德請先登，一鼓奪之。面中一矢，鏃出腦後，脇下復中一矢，友德不爲沮，人服其勇。敵將陳同僉者，驍捷善槊，馳入中軍帳下。太祖方坐胡床，疾呼曰：「郭四，爲我殺賊！」英持鎗奮臂一呼，賊應手殞墜。太祖曰：「尉遲敬德不汝過也！」解所服紅錦袍賜之。漢岳州守將張必先率潭、岳兵來援，至夜婆山，太祖命常遇春乘其衆未集，擊敗之，擒必先。必先驍勇善戰，人號爲潑張，城中倚以爲重。至是，縛至城下，示之曰：「汝所恃者潑張，今已爲我擒，尚何恃而不降！」必先亦呼定邊曰：「吾已至此，事不濟矣。兄宜速降爲善。」定邊氣索不能言。後數日，太祖復遣友諒舊臣羅復仁入城，諭陳理曰：「理若來降，當不失富貴。」復仁固請曰：「主上推好生之德，惠此一方，使陳氏之孤得保首領，而臣不食言，臣雖死不恨矣。」太祖曰：「吾兵力非不足，所以久駐此者，欲待其自歸，免傷生靈耳。汝行，必不誤汝。」復仁至城下號哭，理驚，召之入，相持哭。哭止，復仁諭以太祖意，詞旨懇切。時陳氏將略無右定邊者，定邊亦知不可支。癸丑，陳理銜璧肉袒，率定邊等詣軍門降。理至軍門，俯伏戰慄，不敢仰視。太祖見其幼弱，起挈其手曰：「吾不爾罪，勿懼也！」令宦者入其宫，傳命慰諭友諒父母，凡府中儲蓄，令理悉自取之。遣其文武官僚以次出門，妻子資裝皆俾自隨。明師

圍武昌，凡六閱月而降，士卒無敢入城市，晏然不知有兵。城中民饑困，命給米賑之，召其父老撫慰，民大悅。於是漢、沔、荆、岳郡縣相繼降。立湖廣行中書省，以樞密院判楊璟爲參政守之。封陳理爲歸德侯。江西行省以友諒鏤金床進，太祖觀之，謂侍臣曰：「此與孟昶七寶溺器何異耶！一床工巧若此，其餘可知。窮奢極侈，安得不亡。」命毁之。

雜録

備録

葉子奇《草木子》卷三　庚子歲，僞漢王陳友諒殺其君徐貞一，稱帝於采石五聖廟。先是，徐雖爲君，權皆在倪蠻子，友諒其所部也。倪爲丞相，頗驕恣，待其下無恩。陳因與其黨襲殺之，其黨復謀殺之，事泄見殺。於是大權悉歸於陳，封僞漢王。欲舉兵攻臺，兵至采石，謀稱帝而後下兵，遂遣其黨殺徐，僭號曰漢，改元大義。引兵攻臺，大敗而歸，營江州爲都。

友諒，原沔陽人。承平爲縣貼書，及從爲盜，弟兄四五人專兵爲衛。既殺倪殺徐，遂謀爲帝。既敗於建康，復棄江州而遁回武昌。於是洪、虔、吉、贛、袁、瑞、撫、饒，皆歸建康。壤地益蹙，竭力制舟師，謀圖報復，合兵攻隆興。久不下，臺兵至，合戰鄱陽。前後相持者八十餘日，大戰者五六，死者六七萬人，兵既不支，欲退出至湖口，爲流矢所中面卒。其下復立其子爲帝，襲位居武昌，改元德壽。臺兵攻圍一年不拔，潑張以潭、岳兵赴援，兵敗見執，遂俱降，國亡。

郎瑛《七修類稿》卷八《陳友諒始末略》　陳友諒，沔陽漁人子也。與其弟友仁、友貴，至正中聚衆剽掠於村落。官軍累討不能平，率所聚往從羅田徐壽輝。蓋徐初起紅巾，其時甚盛，國號天完。友諒至，使隸元帥倪文俊下，友諒心不平。十七年，文俊謀殺壽輝不果，奔黄州。友諒乘釁襲殺之，遂并其軍，自稱平章。十八年，陷安慶，守將余闕死之，復陷龍興路并瑞州。時壽輝聞而欲徙都之，友諒忌其來，不利於己，不從。壽輝固引兵發漢陽，南下江州。友諒陽爲出迎，伏兵城西。俟壽輝入而閉門，伏發，盡殺其部屬，惟存壽輝，徒擁虚器而已。還，以江州爲都，自稱漢王，改元大義，事權一歸於己。遣將康泰等寇邵武等府，又遣將陷吉安、撫州、贛州、襄陽等府。陷信州，則守臣伯顔不花的斤死之。聲大勢重，統有湖湘江右。二十年，挾壽輝率舟師以行，謀死壽輝於采石江中，及來，陷池州、太平等府。遂與天兵接戰，連年互有勝負。遣將張定邊陷安慶，復犯建康。太祖乃下令諸將曰：「觀其所爲，不滅不已。爾等其厲士卒以從。」大將軍徐達進曰：「師直爲壯，今我直而彼曲，焉有不克。」翰林學士劉基曰：「取威制敵，以成王業，在此時也。」遂督諸帥，率舟師乘風遡流而上，遂克安慶。長驅向江州，分舟師爲兩翼，夾擊友諒，大破之。友諒挈妻子奔武昌。

友諒忿其疆埸日蹙，乃作大艦來攻洪都。自爲必勝之計，載其家屬百官，空國而來，以兵圍城，其氣甚盛，兵戴竹盾禦矢石，攻城，城且壞。守將朱文正、趙德勝、鄧愈督諸將死戰。且戰且築，城壞復完。友諒盡攻擊之術，而城中備禦隨方應之。已而德勝中流矢死，内外阻絶，音問不通。文正乃遣使詣建康告急，太祖親率諸將，發舟師二十萬，進次湖口。自友諒圍洪都，至是凡八旬有五日。聞援兵至，即解圍東出。與我師遇鄱陽湖之康郎山，實至正廿三年七月也。乃與書曰：「昨兵對泊瀦磯，嘗遣使賫往事，不睹使回。公度量何淺淺哉。大丈夫謀天下，何有深讐。自辛卯以來，天下豪傑，紛然並起。英雄興問罪之師，挾天子以令諸侯。今淫虐之徒，一掃而亡之。湘陰劉氏，亦懼而往，此公心腹人也。部下諸將，自此而夷。江淮英雄，惟存吾與君耳，何乃自相吞併。公今又將舟騎與吾較勝，公之土地，吾已得之，縱使力驅騎兵來死城下，不可再得也。設使公僥倖外逃，亦宜修德，勿作欺人之寇，却帝名而待主可也，不然，喪家滅姓，悔之晚矣。」逡巡至於戊子，我師分爲十二屯。徐達、常遇春等諸將擊敗其前軍，軍威大震。明日諸軍接戰，至晡，東北風起，燔其水寨舟數百艘。其弟友仁、友貴及平章陳普略皆燔死。遂不敢出，然勢猶盛也。又與之書曰：「方今取天下之勢，同討夷狄以安中國，是爲上策。結怨中國而後夷狄，是爲無策。曩者公犯池州，吾不以爲嫌，生還俘虜，將欲與公爲約從之舉，各安一方，以俟天命，此吾之本心也。公失此計，乃先與我爲仇。我是以破公江州，遂蹂蘄、黄、漢、沔之地，因舉龍興十一郡，奄爲我有。今又不悔，復起兵端。既困於洪都，兩敗於康山。殺其弟姪，殘其兵將，損數萬之命，無尺寸之功。此逆天理，悖人心之所致也。今乘尾大不掉之舟，損兵弊甲，遲遲與吾相持。以公平日之暴，正當親決一戰。何徐徐隨後，若聽吾指揮者，無乃非丈夫也乎。公早決之。」辛卯，復聯舟大戰。自辰

至午，敵兵大敗。友諒奪氣，其將張定邊欲挾之退保鞋山，爲我師所扼，不得出，斂舟自守，不敢戰。是夕，我舟渡淺，泊于左蠡，與友諒相持者三日。壬戌，友諒冒死突出，將奔還武昌。太祖麾諸將邀擊之，舟聯比隨流而下，自辰至酉，力戰不已。友諒中流矢，貫睛及顱而死，諸軍潰散。實八月二十七日也。其時擒太子善兒，友諒自稱帝至死，僅五年餘，年四十四。定邊乘夜以小舟載友諒屍及子理，徑趨武昌，立理爲帝，改元德壽。二十四年，天兵克武昌，擒之，悉平。

右陳氏始末如此，我太祖書辭如此，陳亦可謂勍敵也。使劉伯温不勸上先伐之，養勢再大，欲一時克除，亦難矣哉。觀其初犯建康，臣下欲城降者，有欲走據鍾山者。及戰龍江石灰山，《功臣録》皆曰：「殺傷相當。」戰鄱湖則御舟膠於沙灘，韓成假帝投水。使無金木相犯之日，以決一勝，岌岌乎殆哉。然而天命有在，固不能逃貫睛之流矢也耶。

郎瑛《七修類稿》卷九《周張二仙》 太祖與陳友諒戰鄱陽湖時，有周顛仙者謁道左。上命登舟，一語不發。上問伐友諒何如，對曰：「前途覆舟。」又曰：「破一箇桶，又一箇桶。」上怒，令推水中，見其不溺而行於水面，復召之同舟。無何，舟果覆，衆皆驚駭，得周而免。又有鐵冠道人張中字景華者，時亦從太祖在舟。友諒中流矢，兩軍莫知也。道人望氣，語上曰：「友諒死矣。」使上作文遥祭。陳軍遂爲奪氣，敗去。見《宋學士文集》。吁，二人皆仙也。今人但知劉伯温金木相尅，使太祖避於午時之説，而不知二仙已先從太祖於舟，天時人事，已際遇矣。友諒雖勢大，安能勝之。

郎瑛《七修類稿》卷二四《郭四箭》 元末僭竊雖多，獨陳友諒兵力强大，與我師鄱陽湖之戰，相持晝夜，勢不兩存矣。時郭英、子興兄弟侍上側，進火攻之策。友諒勢迫，啓窗視師。英望見異常，開弓射之，箭貫其顱及睛而死。至今人知友諒死於流矢，不知郭所發也。《功臣録》中亦含糊載云：「有言英之箭者。」《傳信録》又誤以其子興之箭，殊不知觀太祖聞友諒死，喜甚曰「郭二兄弟一箭，勝十萬師，功何可當」是矣。蓋子興乃英之兄，行二，而英行四。太祖每稱郭四者，英也。且友諒之死，兩軍莫知，鐵冠道人望氣而後知之，語上作文望空以祭。陳軍奪氣，於時方敗去。因移日未知英箭，英亦不大居功，故人不知也，獨《忠烈傳》中明載。

查繼佐《罪惟録・列傳》卷六《漢陳友諒》 陳友諒，沔陽人，故謝氏，贅陳。父普才，黄蓬漁子也。友諒性躁險，有智略，深通兵法。初爲沔陽書獄吏，不樂其職，浩然棄去。嘗出泊磯下，有鳥聲呼，或似陳皇帝云。因自負，欲有所爲。父普才嘆曰：「捕魚兒何爲？吾不忍見矣！即毋令我知。」匿去。友諒遂與其弟友仁等聚衆，應天完徐壽輝於漢陽，隸倪文俊。年三十有餘矣，獷迅狡猾，出没匪意，所向必克，歷功爲領兵元帥，始迎其父歸軍中，笑曰：「大人第觀兒所爲。」丁酉，文俊擅權驕，謀弑壽輝，不果，奔黄州。友諒既心忌文俊，乘其貳，假大義起襲殺之，併其軍，自稱平章，居江州矯制，則高皇帝克金陵二年矣。命常遇春等取池州，斬天完將洪元帥，鹵魏壽等。友諒競戰艦來争，敗去。明年，友諒攻陷元安慶，守臣余闕死之。連破龍興路、瑞州，令趙普勝乘勝復陷我池州。元建、撫、贛、汀諸州次第陷。西破襄陽。元廉訪的斤死信州，併陷杉關及邵武諸郡。己亥春，池州再入版。天完復攻我太平及樅陽、石埭，不利，徐達進兵逆擊之，普勝棄舟陸走，再取我池州。普勝有客通術數，太祖使辯士陽與客交，致書客，誤達普勝。普勝果疑客，客不自安，來歸，告普勝陰事。遂令潛走友諒所親，惡普勝。普勝不覺也，恃功傲見友諒使者。友諒益忌之，以其兵數敗，疑内叛，親走安慶軍，猝邀議事，斬普勝于雁汊。徐達乃率張德勝等疾攻安慶，拔潛山，相持不下。十二月，壽輝欲東徙都龍興。友諒忌其來，陽出迎江州，伺甲西門，入壽輝，伏發，盡殲其所部親信，居壽輝江州，而自稱漢王，置官屬，誅賞無所稟。明年夏五月，友諒挾壽輝聲援安慶。太祖策其必犯池州，伏常遇春九華山待之，俘斬二萬餘。友諒乃佯遣使告平，曰：「戰非天完意，邊將不謹，致弄兵。」甫閱月，忽以重兵突太平，乘漲，舟尾接城堞，西南陷，麾其衆跨堞入。守將花雲與知府許瑗皆死之。友諒既取太平，促使人白事壽輝所，預伏壯士，袖鐵撾狙擊壽輝，壽輝中撾死。左右皆友諒所私，無爲壽輝死者。于是，即江岸五通廟自稱皇帝，國號漢，建元大義。值甚雨，羣臣露立，草次成禮。仍以鄒普勝爲太師，張必先爲丞相，張定邊爲太尉，餘各拜官有差，遂還江州。

方數日，輒大出兵，順流壓金陵。又預遣人周士誠所約好，令夾擊金陵。衆寡懸，金陵大震。議者請以城降，且欲奔鍾山避之，獨劉基不可。太祖乃決計應敵，或曰先拔太平牽敵勢，太祖曰：「太平濠塹固，我頓兵堅城，進不能取，退不能援，失所據矣。」或又曰：「不如親率步騎往逆之。」太祖曰：「彼知我出，以偏師綴我，而大兵乘流，半日抵金陵，吾百里趨救，兵法所忌。」乃令胡大海自衢間出信州，以制其後，而令指揮康茂才僞約降友諒，速其來。茂才故與友諒善，其老閽舊嘗事友諒，奉書始告金陵虚實，且令分兵三道以弱其勢。李善長曰：「計

悖,即以漢兵爲憂,奈何速之?」太祖曰:「遲之陳張交成,吾左右厄矣。」友諒得茂才書,喜過望,且問江東橋,曰木耳。因誡閽者:「吾至,呼老康爲驗。」閽者許諾。太祖夜以鐵鑄橋,比旦,橋成,令趙德勝跨新河築虎口城守之。而常遇春、馮勝、華高等率帳前五翼兵伏石灰山下,徐達等嚴陳南門,楊璟駐兵大勝港,張德勝、朱虎伺舟師龍江關,而親總大軍于盧龍山,偃黄幟山之左,偃赤幟山之右,令曰:「寇至,赤幟舉;舉黄幟,則伏盡發。」己丑,漢舟師至大勝港,沮楊璟,港狹,舟不得並進,遽引退。衝江東橋,橋堅,知中算,急呼老康,無應者。猝還泊龍江,遣萬人登岸立栅,勢鋭甚。時酷暑,太祖衣紫茸甲,張蓋督兵,士卒盡揮汗日中。遽命去蓋,衆感奮欲戰。令曰:「天且雨,會食後乘雨擊之。」士皆仰視,天無雲,不肯信。頃之,風西北起,雨大作,赤幟舉,諸軍競前拔栅,漢兵争之。戰方合,雨止,伐鼓,鼓震,黄幟舉。常遇春以伏兵起,南門兵亦掩至,龍江舟師還,内外夾擊。漢兵大潰,趨舟,潮落膠淺,不能退,殺溺死無算。友諒乘别舸走。降其將張志雄、梁鉉、喻國興等,獲巨艦百餘,俘七千餘人。徐達乘勝躡慈湖,焚其舟。時廖永忠軍采石,益邀擊之。華雲擣其中堅,王銘者先登,創額裹血,戰益力,旋回者三匝。周顯别勝千競渡橋,虜其將十三人。而五翼軍復至,漢軍有皂旗最驍健,盡披靡投水。友諒收餘兵,棄太平遁去。達追至池州而還。降將張志雄進曰:「金陵之勢在安慶。初漢兵空壁而東,今戰敗,無有爲安慶守者。」因襲下其城,令趙伯仲守之。時天完舊將歐普祥以袁州降,反擊漢,獲其將友仁。太祖令善歸友仁,而與漢約和。

辛丑夏五月,漢輒使李明道將兵寇廣信,多所推陷。胡大海先使人遏玉山,乃與李文忠出靈溪合擊,敗之,虜明道及其宣尉王漢。漢願降其兄建昌守平章溥自效。是月,漢使張定邊復取安慶,走趙伯仲。太祖誅伯仲以殉。劉基曰:「夜觀天象,火星逐金星,請急營安慶,往必利。」太祖親率師抵其城,漢兵堅壁不戰。初以陸兵疑之,敵稍動,繼破其水寨,城堅不即下。劉基請名攻安慶,潛師疾走江州,毁其巢。太祖悟,擊楫嘆曰:「安慶著面子矣。」長驅過小孤,漢將丁普郎、傅友德等咸迎降。師距城五里,友諒始知之,倉皇引逆戰,大敗,夜半率妻子西奔武昌,而江州下,乘勝進拔蘄、黄、興國、黄梅、廣濟等郡。又遣使招諭漢江西諸守將,餘干吴宏、龍泉彭時中、吉安孫本立、曾萬中、陳州陳龍咸納款内附。而趙德勝分下瑞州、臨江諸郡;鄧愈襲浮梁,破之,遂取樂平,饒州之境悉定。獨鄧克明爲漢守撫州,佯遣使納款。鄧愈知其僞,擊走之。初友諒之跳武昌也,徐達追至夏陽,還鎮江州,方奉命馳建康,未半道,而友諒兵已猝入江州。達又縱擊大破之,俘其眷屬,因復下安慶。冬十二月,漢相胡廷瑞以龍興附。其部將祝宗、康泰意不與,奪于廷瑞,未發。壬寅春正月,太祖幸龍興,諸降將畢會。三月,達西攻武昌,令宗、泰從行。二人果半道叛還,夜劫洪都,發礮火,破新城門。守將鄧愈倉卒出走,知府葉琛、都事萬思誠死之。詔徐達還定洪都,乃使朱文正都督洪都。時江西諸郡尚多觀望,漢八陣指揮者,猶竊屯南昌之西山,鄧克明復起新淦,熊天瑞寇吉安,陷永新,守將孫本立被執死。饒鼎臣繼陷吉安。明年正月,臨江、撫州、饒州等處復叛。文正次第遣兵底定之。

當是時,友諒既擅制全楚,而士誠亦王姑蘇,太祖議所向。或請先姑蘇沃,劉基曰:「士誠自守虜,友諒上游,名號不正,陳氏滅,探張氏于囊耳。」太祖亦以友諒剽輕,吾引兵東,漢必踵至,遂決計西伐。會士誠攻安豐急,劉福通以宋主韓林兒檄請援。太祖必自將往,劉基力諫,不聽。時友諒憤其敗,欲報洪都,乃作大艦,艦高數丈,外飾丹漆,上下三級,級置走棚,下設板房爲蔽,置弩數十其中,上下人語不相聞,艫廂皆裹以鐵,爲必勝計,載其家屬百官,空國而來,號六十萬。四月壬寅,直抵洪都城下,攻具百道,連晝夜。文正兵寡,拒守力,隨方應之。友諒親督衆攻撫州門,兵各冒竹盾如箕狀,矢石不能及。總管元帥而下創死甚衆。趙德勝率步卒千人開門搏戰,斬漢平章劉進昭,鹵副樞趙祥,漢兵稍却。友諒益增修攻具,欲破栅,從木閾入。文正以長槊從栅内刺之,敵反奪更進。于是更煉鐵鉤出,手灼爛,不能奪。德勝方巡營步門,中蹶張弩,洞腰膂,卒。而漢已分遣别將蔣必勝等攻圍各郡,以故無近援。李明道遂復以吉安叛歸漢,殺守將曾萬中,隨陷臨江。文正遣千户張子明潛赴金陵告急,還爲漢人所執。友諒曰:「而誘降文正封侯,即否立死。」子明許諾,至城下,大呼:「諸公但堅守,百萬刻期至,勿憂。」友諒殺子明,城上震呼,守益力。

時太祖悔安豐之行,曰:「吾恨不入劉基之言。使友諒解事,乘虚揚帆金陵,大事去矣。圍南昌計之下者。」趣還徐、常盧州之師。七月癸酉,親督舟師二十萬赴洪都援。癸未次湖口。友諒乃解圍,東出鄱陽湖逆戰,時洪都被困已八十五日矣。丁亥,遇康郎山,徐達先諸將,敗其前鋒,漢兵死者千餘。太祖意不忘金陵,立命達東留守。戊子,布舟師爲十二屯,令俞通海乘風縱焚敵兵二十餘艘,軍威震。漢將張定邊驍捷,直前犯中軍。太祖舟適膠淺,倉卒厄。牙將韓成進曰:「古人殺身以成仁,臣不敢愛其死。願假上冠服,投水以疑敵。」漢兵競登

舟觀，呼萬歲，攻稍緩。會遇春等疾援，水湧，舟得脱。遇春飛矢中定邊，定邊走，俞通海等飛舸及之。定邊背負百餘矢，退去。日暮，軍中藉藉，懼不敵。太祖夜集諸將，更授約束。己丑，漢兵悉鎖巨舟爲陣，旗幟樓櫓，望之如山。我師怯于仰攻，太祖親執號麾之，左右却，急斬隊長十餘人，縮不進。院判張志雄所乘舟檣折，敵以數舟攢鉤刺之，志雄窘，自刭。丁普郎、金昶、陳弼、徐公輔與宋貴、陳兆先等先後皆戰死。普郎身被十餘創，猶執兵若戰狀，直立舟中不仆。郭興曰：「不火攻不可，戊子之戰已小見其利矣。」乃命常遇春等實荻葦七舟，和火藥其中，束草爲人，飾甲胄爲覘敵狀，敢死士操之。晡時，東北風起，走七舟巨舟下。敵苦高，不能俯遏，又聯鎖，猝不脱。漢舟數百艘須臾盡，烟焰漲天，湖水盡赤。友諒弟友仁、友貴、平章陳普略等盡燒死，友諒爲氣奪。明日庚寅，漢兵復出挑戰，我中軍舟檣白，寇併力白檣，急令諸檣皆白。自辰至午，戰不解。劉基侍，忽揮手創呼難星過，捽太祖袍，急引他舟。太祖倉駭，顧前舟，已礮碎，左右半溺水壞矣。辛卯，復聯舟大戰。廖永忠以六舟深入，我師遥望無所見，意已陷没。有頃，六舟繞敵巨艦，勢如游龍。諸將勇百倍，呼聲震天地，波濤立起，日爲之晦。

友諒敗，欲退保鞋山，不得出。俞通海乃請放舟入江，據上流稍即休。而劉基亦密請移軍湖口。遂令夜船置一燈，相隨度淺行。比明，已盡泊左蠡。友諒亦出泊潴磯，相持者三日。先是，友諒數戰不利，其右金吾進曰：「軍勢相抗，出湖實難，莫若焚舟登陸，直趨湖南，謀再舉。」左金吾曰：「不然，我師尚衆，何至自焚示弱？」友諒猶豫，至是乃曰：「右金吾之言是也。」左金吾聞之懼，遂以衆來降。已而右金吾亦降，漢力益衰。太祖貽書友諒，激之使戰。友諒怒，留使者不答，而盡殺所獲我戰士。太祖故悉出敵俘，視有傷者，藥療之，皆遣還，下令曰：「但獲彼軍，皆勿殺。」又祭其子弟之死我者，若我諸將士之死于敵。遂出湖口，督諸將横截之。凡旬有五日，友諒不敢出。復貽以書，略曰：「公即僥倖生還，亦宜修德，勿復欺人，急却帝名，待真主。」友諒亦不答。太祖日與博士夏煜等草檄賦詩，意氣彌壯，分兵連復蘄、黄、興國等處。八月壬戌，友諒食盡，悉兵突湖口。我兵擊之，與敵舟比，隨流下，自辰至酉，戰不解。方達涇口，岸兵合擊。時張鐵冠侍側，大笑伏地，賀曰：「友諒死矣。」太祖曰：「嘻！無妄言。」俄有降卒言：「友諒方視兵艙外，翹首四應，忽流矢貫睛及顱死。」遂虜其太子善兒，平章姚天祥、陳榮等，得漢卒五萬。張定邊夜以小舟載友諒屍還武昌，復立子理爲帝，改元德壽。九月丁卯，班師，赤舟載俘，白舟乘士，過湖，浮屍蠢蠢，嘆曰：「嗟！士爲我死。」酹而祭之。

王應奎《柳南隨筆》卷六　宋文憲公濂嘗館吾邑富家，一日，有丈夫從二童子來謁，自稱賣文，談論出入經史，至兵機尤長。宋公不能答，請其詩，曰：「吾一詩直二十金。」主人許之。詩成，甚俊拔。宋公以文請，曰：「吾文非百金不可。」主人又與之。援筆立成，文不加點。宴畢，請觀宋公書室，出前金贈曰：「僕非受此，爲先生地耳。」遂辭去。使人送至海濱，舟師數千，軍容甚盛，乃陳友諒也。以宋公有才名，欲禮聘爲軍師，聽其論無武畧而去。一邑大驚。

備論

童承叙《平漢録》　史氏曰：胡元亂華，天地晦塞。譬諸禽獸，人得而驅之也。友諒奮臂蓬湖，提戈荆楚，遂能屢破堅城，卒僭尊位，可謂勇矣。然既戕主帥，復弒天完，凶戾罕儔，殘虐無厭。人謂項籍矯殺冠軍，陰弒義帝，大抵同矣。及天命有歸，真人首出，諒不能委身江漢，輸款闕廷，而乃犯我龍江，闚我洪都。盛兵東下，志意驕悍，此何異滎陽之圍也。卒之，授首鄱陽，鯨鯢盡殪，何暇烏江之刎乎。驅爵於林，驅魚於淵，蓋聖王之鸇獺爾。

錢謙益《國初羣雄事略》卷四《漢陳友諒》　高岱論曰：友諒之勇畧，雖或未及項羽，而慓性狡悍，出没飄忽，大困而不餒，屢躓而復振。觀其龍江敗歸，還襲安慶；九江之失，疾奔武昌。及徐達召還，不旋踵而有江州之入。是皆敗衄之後，旬日之間，而能陷城摧敵，其能開拓封疆，奄有荆、楚，亦一時之雄也。惜其昧强弱之勢，失先後之著，據形勝之地，不能進取襄、鄧，以窺中原；昧觀釁之法，漫焉輕涉龍江，已取覆敗。及我方有安豐之後，金陵空虚，則又老師洪都而不爲扼擣之計。用兵之道，當如是乎？豈可盡委天命耶！然我聖祖之所以得耑力於友諒者，則以士誠之乏遠圖耳。鄱陽之戰，亟命徐達歸守，友諒既殂，不肯直擣武昌，而還師再舉，皆恐東吴之乘其後也。區區戎簡輩，一老書生，焉足以知聖算哉！

查繼佐《罪惟録·列傳》卷六《漢陳友諒》　論曰：陳友諒以漁兒起，不樂獄吏，襲有全漢，傲然自大。或以其矯激猾悍，比方項羽。夫漢之殺倪文俊，弒壽

輝，與西楚之殺卿子冠軍、弑義帝，事頗類。而一則驟霸五年，一則抗制四載，時又略相當。嗟乎，友諒人傑哉！然而西楚之失，失東歸，漢之失，失東下，曰勢可任而不知所用之也。友諒起家江漢，利樓櫓，乘風破浪，勇幹百出，陸走未其所長，故不能翹馬首一步。至于東鶩南昌，則所爲白求處囊中，一怯夫能制之矣。然則爲漢策奈何？無如急取安慶爲扼要，而東連姑蘇，持重勢以臨之。是故剽疾者漢之所以爲能，而亦其所以自敗也。漢將如傅友德、丁普郎、熊廷瑞、王溥等不下數十人，皆叛漢□□陵效死，亦如黔布等之于項氏。而定遠故人，無□□事漢，即太祖之間趙普勝，無過疑亞父故智，然亞父猶得歸骸骨于彭城，而普勝坐疑輒死，則所以冷豪傑之心者豈少哉！究陳理一室歸款，而尚有閉柯陳山，不知明臘桃花滿峽，避明胡爲矣！

明玉珍部

綜述

《明史》卷一二三《明玉珍傳》 明玉珍，隨州人。身長八尺餘，目重瞳子。徐壽輝起，玉珍與里中父老團結千餘人，屯青山。及壽輝稱帝，使人招玉珍曰：「來則共富貴，不來舉兵屠之。」玉珍引衆降，以元帥守沔陽。與元將哈麻秃戰湖中，飛矢中右目，遂眇。久之，玉珍帥斗船五十艘掠糧川、峽間，將引還。時元右丞完者都募兵重慶，義兵元帥楊漢應募至，欲殺之而並其軍，不克。漢走出峽，遇玉珍，爲言：「重慶無重兵，完者都與右丞哈麻秃不相能，若回船出不意襲之，可取而有也。」玉珍意未決，部將戴壽曰：「機不可失也。可分船爲二，半貯糧歸沔陽，半因漢兵攻重慶，不濟則掠財物而還。」玉珍從其策，襲重慶，走完者都，執哈麻秃獻壽輝。壽輝授玉珍隴蜀行省右丞。至正十七年也。

已而完者都自果州來，會平章朗革歹、參政越資，謀復重慶，屯嘉定之大佛寺，玉珍遣萬勝御之。勝，黄陂人，有智勇，玉珍寵愛之，使從己姓，衆呼爲明二，後乃復姓名。勝攻嘉定，半年不下。玉珍帥衆圍之，遣勝以輕兵襲陷成都，虜朗革歹及資妻子。朗革歹妻自沉於江。以資妻子徇嘉定，招資降。資引弓射殺妻。俄城破，執資及完者都、朗革歹歸於重慶，館諸治平寺，欲使爲己用。三人者執不可，乃斬於市，以禮葬之，蜀人謂之「三忠」。於是諸郡縣相次來附。

二十年，陳友諒弑徐壽輝自立。玉珍曰：「與友諒俱臣徐氏，顧悖逆如此。」命以兵塞瞿塘，絶不與通。立壽輝廟於城南隅，歲時致祀。自立爲隴蜀王，以劉楨爲參謀。

楨，字維周，瀘州人，元進士。嘗爲大名路經歷，棄官家居。玉珍之攻重慶也，道瀘，部將劉澤民薦之。玉珍往見，與語大悦，即日延至舟中，尊禮備至。次年，楨屏人説曰：「西蜀形勝地，大王撫而有之，休養傷殘，用賢治兵，可以立不世業。不於此時稱大號以繫人心，一旦將士思鄉土，瓦解星散，大王孰與建國乎。」玉珍善之，乃謀於衆，以二十二年春僭即皇帝位於重慶，國號夏，建元天統。

立妻彭氏爲皇后，子昇爲太子。效周制，設六卿，以劉楨爲宗伯。分蜀地爲八道，更置府州縣官名。蜀兵視諸國爲弱，勝兵不滿萬人。玉珍素無遠略，然性節儉，頗好學，折節下士。既即位，設國子監，教公卿子弟，設提舉司教授，建社稷宗廟，求雅樂，開進士科，定賦税，以十分取一。蜀人悉便安之，皆劉楨爲之謀也。

明年，遣萬勝由界首，鄒興由建昌，又指揮李某者由八番，分道攻雲南。兩路皆不至，惟勝兵深入，元梁王走營金馬山。逾年，王挾大理兵擊勝，勝以孤軍無繼引還。復遣興取巴州。久之，復更六卿爲中書省樞密院，改冢宰戴壽、司馬萬勝爲左、右丞相，司寇向大亨、司空張文炳知樞密院事，司徒鄒興鎮成都，吴友仁鎮保寧，司寇莫仁壽鎮夔關，皆平章事。

是歲，遣勝取興元，使參政江儼通好於太祖。太祖遣都事孫養浩報聘，遺玉珍書曰：「足下處西蜀，予處江左，蓋與漢季孫、劉相類。近者王保保以鐵騎勁兵，虎距中原，其志殆不在曹操下，使有謀臣如攸、彧，猛將如遼、郃，予兩人能高枕無憂乎。予與足下實脣齒邦，願以孫、劉相吞噬爲鑒。」自後信使往返不絶。

二十六年，春，玉珍病革，召壽等諭曰：「西蜀險固，若協力同心，左右嗣子，則可以自守。不然，後事非所知也。」遂卒。凡立五年，年三十六。

子昇嗣，改元開熙，葬玉珍於江水之北，號永昌陵，廟號太祖。尊母彭氏爲皇太后，同聽政。昇甫十歲，諸大臣皆粗暴，不肯相下。而萬勝與張文炳有隙，勝密遣人殺之。文炳所善玉珍養子明昭，復矯彭氏旨縊殺勝。勝於明氏功最多，其死，蜀人多憐之。吴友仁自保寧移檄，以清君側爲名。昇命戴壽討之。友仁遺壽書謂：「不誅昭，則國必不安，衆必不服。昭朝誅，吾當夕至。」壽乃奏誅昭，友仁入朝謝罪。於是諸大臣用事，而友仁尤專恣，國柄旁落，遂益不振。萬勝既死，劉楨爲右丞相，後三年卒。是歲，昇遣使告哀於太祖，已，又遣使入聘。太祖亦遣侍御史蔡哲報之。

洪武元年，太祖克元都，昇奉書稱賀。明年，太祖遣使求大木，昇遂並獻方物。帝答以璽書。其冬，遣平章楊璟諭昇歸命。【略】四年，正月，命征西將軍湯和帥副將軍廖永忠等以舟師由瞿塘趨重慶，前將軍傅友德帥副將軍顧時等以步騎由秦、隴趨成都，伐蜀。【略】昇母彭氏泣曰：「成都可到，亦僅延旦夕命。大軍所過，勢如破竹，不如早降以活民命。」於是遣使賫表乞降。昇面縛銜璧輿櫬，與母彭及官屬降於軍門。

邵遠平《元史類編》卷四一《明玉珍傳》 明玉珍，一名旻，隨州人，世業農，身長八尺，目重瞳。以信義爲鄉黨所服，充弓兵首。汝、潁盜起，隨人相結屯青山，推玉珍爲屯長。尋歸徐壽輝于漢陽，授元帥，與陳友諒同隸倪文俊部下，分守沔陽。與左丞哈林禿戰，飛矢損右目，軍中號旻瞎子。

至正十四年，沔饑，玉珍以兵千人駕斗船泝夔府貿糧至巫峽，人多就之者。會青巾盜李喜聚衆苦蜀，義兵元帥楊漢以兵禦之，右丞完者都方鎮重慶，忌其功，置酒飲漢，欲殺之。漢覺脱走，漢兵怒，皆挐船去，出巫峽，道遇玉珍，羣訴之。因言重慶一城守將哈林禿、完者都兩不相下，且無厚兵，可圖也。玉珍用其策，襲破重慶，於是禁侵掠，勞父老，市肆晏然，降者相繼。壽輝授玉珍爲隴蜀右丞。

初，玉珍攻重慶時，道出瀘州，宿河下，聞進士劉楨名，躬訪之。先一夕，楨夢冕旒者造廬。明晨，玉珍至，與語，大悦，曰：「吾孔明也。」即舟中拜爲理問官，進取成都。及聞友諒殺壽輝自立，玉珍怒曰：「友諒與我比肩事漢陽，何遽謀逆？」遣將守夔關，不與通，且爲壽輝發喪立廟。尋取嘉定，破東川，據有全蜀。

二十二年，衆推玉珍爲隴蜀王，分兵陷雲南、陜西。參政車力帖木兒擊敗于金馬山，禽其弟明二。明年，玉珍稱帝于成都，僭號夏，改元天統。立妻彭氏爲后，子昇爲皇太子。用劉楨議，倣周制，設六卿，置翰林諸官。內設國子監，教公卿子。外置提舉司，教生徒。府置刺史，州曰守，縣曰令。賦税十取一。開廷試，製雅樂，立郊社。去釋、老二教，專奉彌勒佛。玉珍親統兵入滇，屯衆金馬山，大理總管段功擊敗之，仍還重慶。踰年殂，年三十六。玉珍頗節儉，好文學，蜀人安之，僭號凡四年。

雜録

備録

高岱《鴻猷録》卷五《夾攻西蜀》 明玉珍，隨州人。元至正壬辰，徐壽輝等兵起，玉珍集鄉里壯士，屯青山結栅自固。未幾，歸徐壽輝。壽輝遣其黨倪文俊率玉珍等攻陷元巴、蜀諸郡，以玉珍守之。文俊還，及陳友諒殺倪文俊，玉珍遂自據成都，傍畧四川，諸郡縣皆附之。歲壬寅，友諒弑壽輝，玉珍謀討之，不果。乃以兵守夔關，與友諒絶，立廟，祀壽輝。遣兵取元隴州、興元，收鞏昌，分置守戍。遂自稱隴蜀王。癸卯春正月，玉珍稱帝於成都，國號夏，建元天統。後玉珍卒，子昇嗣，仍稱帝。昇幼，母彭氏與僞丞相理國事。

《萬曆四川總志》卷二二 元明玉珍，玉沙人，世業農，身長八尺，目有重瞳，行字鄉里，質訟者皆取決焉。至正辛卯，里人結屯于青山，推爲屯長。癸巳，徐壽輝僭據漢陽，招玉珍，授以元帥，不就。乙未，沔陽饑，玉珍入峽貿糧。會元帥楊漢于夔門，備言重慶左丞哈林禿、右丞完者都素不相得，遂統兵攻之。完者都夜遁，生獲哈林禿，父老迎入城，玉珍禁虜掠，咸按堵如故，降者絡繹，乃獻捷於壽輝。秋，授玉珍蜀省右丞。庚子春，陳友諒弑壽輝自立。玉珍曰：「友諒以臣弑君，復□事乎？」遂閉關不與通，自稱隴蜀王。壬寅，稱帝，國號夏。立子昇爲太子，設六卿等官。丙午春，玉珍卒。昇襲位，改元開熙。洪武初，遣使招之，弗聽。四年辛亥，命征虜將軍湯和等水陸並進討之。昇降，待罪於京師，封歸德侯。凡二傳，共十一年。

查繼佐《罪惟録·列傳》卷六《夏明玉真》 明玉珍，一名旻珍，避諱，更玉真，隨州人。世農家，身長八尺，目重瞳，務信義，爲鄉黨所服。元至正十一年辛卯，汝、潁兵起，玉真團鄉兵青山，爲屯長。天完徐壽輝僭號，都漢陽，招玉真，授元帥，隸將軍倪文俊部，鎮沔陽。與元左丞哈林禿戰湖中，飛矢中右目傷，改號明眼子。值歲饑，乙未春，以兵貿糧夔州，還。時元行省右丞相完者都鎮重慶，行募兵，義兵元帥楊漢帥所部五千人歸之，屯城外，單騎入謁。完者都心忌漢，謬款曲留飲，且殺之。漢覺，脱身走，部兵下峽，遇玉真，告哈林與完者互不下，可圖。玉真未決，萬户戴勝更曰：「事倖耳，分兵半以糧還汴，留其半攻重慶。事濟進窺蜀，不濟，歸，無害也。」果乘不備，掩其城，完者都夜遁，虜哈林送漢陽。父老迎入城，禁侵掠，市肆晏然，降者相繼，天完進玉真隴蜀右丞相。戊戌，完者都自果州來攻，軍嘉定。玉真義弟萬勝智勇絶，擣嘉定破之，完者都及參政趙平、郎歹革等被獲，皆死之，世稱三忠。

道出瀘州，部將劉澤民薦元進士劉禎才，可佐謀議。玉真躬訪，與歸，喜曰：「吾親見諸葛來。」及陳友諒殺文俊，玉真已據成都，四川諸郡縣皆附。庚

子，友諒弑壽輝，玉真謀以兵討之，不果。乃東守夔關，絶不與通，立廟祀壽輝，遣兵取元隴州，收鞏昌，分置守戍，自稱隴蜀王。癸卯正月，稱帝于成都，國號夏，改元天統。立妻彭氏爲皇后，子昇爲皇太子。倣周制設六卿，又置翰林院承旨學士、國子監等官。去釋老二教，止奉彌勒。賦稅十取其一。開廷試，賜董重璧等及第、出身有差。置雅樂，供郊祀之祭。諸所裁定，皆出劉禎手。命司馬萬勝、司徒鄒興及芝麻李三道攻雲南。萬勝獨深入，走元梁王孛羅金馬山，據其城，復敗之于關灘。鄒興克巴州。乙巳，更六卿爲中書省樞密院，以戴壽、萬勝爲左右丞相。遣江儼金陵通好，獻良馬。太祖貽以書，戒征南之多殺。萬勝攻興元，踰年下之。丙午春，玉真卒，年三十有六。玉真頗節儉，好文學，蜀人安之。

子昇即位，纔十歲，改元開熙，尊母彭氏爲皇太后，與丞相共理國事。

《古今圖書集成·明倫彙編·氏族典》卷三一五五《明玉珍》　按《明外史·明玉珍傳》：玉珍，隨州玉沙村人，身長八尺，目重瞳子。徐壽輝起，玉珍團結千餘人，屯青山，玉珍爲屯長。及壽輝稱帝，使人招玉珍。玉珍降，以元帥守沔陽。與元將哈麻秃戰湖中，飛矢中右目，目遂眇。久之，玉珍率斗船五十艘掠糧川、峽間。時元右丞完者都鎮重慶，玉珍因攻重慶，走完者都，執哈麻秃以獻。壽輝以玉珍爲隴蜀行省右丞，已而襲陷成都，於是諸郡相次來附。居無何，陳友諒弑其君壽輝而自立，玉珍以兵塞瞿唐，絶不與通，立壽輝廟於城南，歲時致祀。衆推玉珍爲隴蜀王，玉珍以元進士劉楨爲參謀。楨説稱大號，玉珍不聽，楨又言，玉珍乃謀於衆，以明年春僭即皇帝位於重慶，國號大夏，建元天統。是歲，元至正二十二年也。玉珍素無遠略，然性節儉，好文學，折節下士。又明年，通好於太祖。其冬，蜀中星隕如雨。明年，玉珍病卒，凡立五年，年三十六。子昇嗣，葬玉珍於江水之北，號永昌陵，上廟號曰太祖。

葉子奇《草木子》卷三　重慶盗旻眼子，僭號稱帝，國號大夏，改元旻。先沔陽人，瞎一目，爲巡司弓兵牌子頭。隨倪蠻子爲盗，分兵攻四川，陷成都，殺戮既盡，退居重慶。陳矯徐命，使會兵建康。既而憤陳之殺逆，竟引兵歸，曰：「汝能爲帝，我豈不能爲帝耶？」據有全蜀之地，絶不與陳通。居位六年，後爲其弟所殺。其妻復圖殺其弟，立其子爲帝。襲位，以其黨戴牌爲冢宰，事皆專之，小旻主擁虚名而已。辛亥，臺兵攻之。七月，四川破，遂同其母俱降。其後母召入宫，以海舟送小旻主同德壽陳少主去高麗，飄然入於海矣。

郎瑛《七修類稿》卷八《明玉珍》　明玉珍，隨州人。長八尺，重瞳。弓兵之首也，爲飛矢損右目，時號明眼子。至正十五年，倪文俊陷沔陽，遂爲其將。攻陷成都等府，遂分兵守之。後文俊謀殺其主徐壽輝，不果。繼而壽輝僞將陳友諒襲刺倪，自爲平章，復矯徐命，使玉珍會兵建康。明憤陳之逆殺，怒曰：「汝能爲帝，我不能耶？」遂據全蜀，不與陳通。二十一年，陷嘉定路，爲李思齊敗之。又明年，陷雲南省治，屯金馬山。使其將楊尚書守重慶，又爲帖木兒所敗，退居於蜀。自稱蜀國王，號大夏，改元天統。居位六年，爲弟所殺，妻復圖殺其弟，立其子爲小明主。二十七年，詔李思齊討之，不果。洪武初，天兵破蜀，母子俱降，母召入宫。明主與陳理命海舟發高麗，飄飄然入於海矣。

備論

高岱《鴻猷録》卷五《夾攻西蜀》　論曰：蜀地與中原隔絶，昔人謂其後天下而亂，亦後天下而平。大抵中原有事，蜀必割據，天下一統，蜀亦不能久存也。玉珍非有雄才大畧，能與羣雄抗衡者，以我聖祖起自東服，於蜀爲遐壤；友諒雖近，然所争在東北，勢不暇及蜀，故得稱雄僻壤耳。

查繼佐《罪惟録·列傳》卷六《夏明玉真》　論曰：元末鍾大明、韓小明，大小皆明也，而旻珍以明眼子傲蜀中，有眼無眼皆明也。總以啓發奎婁之運，卒也李闖亦失一眼，與玉真同暗，而因而失明。旻與李得失異，何哉？旻真之封瞿塘，以義終壽輝，事頗正。顧減税下賢，留心禮樂，鬱然成文，諸偏安之主不及也。太祖手畫階文之策，固自易傳而難湯，走間與試險，未可以一律論矣。李廣已急遇鹵而改别道，命也夫！

陳友定部

綜述

《明史》卷一二四《陳有定傳》 陳友定，一名有定，字安國，福清人，徙居汀之清流。世業農。爲人沉勇，喜遊俠。鄉里皆畏服。至正中，汀州府判蔡公安至清流募民兵討賊，友定應募。公安與語，奇之，使掌所募兵，署爲黄土砦巡檢。以討平諸山寨功，遷清流縣尹。陳友諒遣其將鄧克明等陷汀、邵，略杉關。行省授友定汀州路總管禦之。戰於黄土，大捷，走克明。踰年，克明復取汀州，急攻建寧。守將完者帖木兒檄友定入援，連破賊，悉復所失郡縣。行省上其功第一，進參知政事。已，置分省於延平，以友定爲平章，於是友定盡有福建八郡之地。

友定以農家子起傭伍，目不知書。及據八郡，數招致文學知名士，如閩縣鄭定、廬州王翰之屬，留置幕下。粗涉文史，習爲五字小詩，皆有意理。然頗任威福，所屬違令者輒承制誅竄不絶。漳州守將羅良不平，以書責之曰：「郡縣者，國家之土地。官司者，人主之臣役。而廥廩者，朝廷之外府也。今足下視郡縣如室家，驅官僚如圉僕，擅廥稟如私藏，名雖報國，實有鷹揚跋扈之心。不知足下欲爲郭子儀乎，抑爲曹孟德乎？」友定怒，竟以兵誅良。而福清宣慰使陳瑞孫、崇安令孔楷、建陽人詹翰拒友定不從，皆被殺。於是友定威震八閩，然事元未嘗失臣節。是時張士誠據浙西，方國珍據浙東，名爲附元，歲漕粟大都輒不至。而友定歲輸粟數十萬石，海道遼遠，至者嘗十三四。順帝嘉之，下詔褒美。

太祖既定婺州，與友定接境。友定侵處州。參政胡深擊走之，遂下浦城，克松溪，獲友定將張子玉，與朱亮祖進攻建寧，破其二柵。友定遣阮德柔以兵四萬屯錦江，繞出深後，斷其歸路，而自帥牙將賴政等以鋭師搏戰，德柔自後夾擊。深兵敗，被執死。太祖既平方國珍，即發兵伐友定。將軍胡廷美、何文輝由江西趨杉關，湯和、廖永忠由明州海道取福州，李文忠由浦城取建寧，而別遣使至延平，招諭友定。友定置酒大會諸將及賓客，殺明使者，瀝其血酒甕中，與衆酌飲之。酒酣，誓於衆曰：「吾曹並受元厚恩，有不以死拒者，身磔，妻子戮。」遂往視福州，環城作壘。距壘五十步，輒築一臺，嚴兵爲拒守計。已而聞杉關破，急分軍爲二，以一軍守福，而自帥一軍守延平，以相掎角。及湯和等舟師抵福之五虎門，平章曲出引兵逆戰敗，明兵緣南臺蟻附登城。守將遁去，參政尹克仁、宣政使朶耳麻不屈死，僉院柏帖木兒積薪樓下，殺妻妾及二女，縱火自焚死。

廷美克建寧，湯和進攻延平。友定欲以持久困之，諸將請出戰，不許。數請不已，友定疑所部將叛，殺蕭院判。軍士多出降者。會軍器局災，城中礮聲震地，明師知有變，急攻城。友定呼其屬訣曰：「大事已去，吾一死報國，諸君努力。」因退入省堂，衣冠北面再拜，仰藥死。所部爭開城門納明師。師入，趨視之，猶未絶也。舁出水東門，適天大雷雨，友定復甦。械送京師。入見，帝詰之。友定厲聲曰：「國破家亡，死耳，尚何言。」遂併其子海殺之。

海，一名宗海，工騎射，亦喜禮文士。友定既被執，自將樂歸於軍門，至是從死。

《元書》卷八三《陳有定傳》 陳友定，一名有定，字安國，福清人也。世業農，少爲傭於清流富人羅氏，羅以夢徵納爲壻，使習商販，輒傾其貲，坐是大困，充明溪驛卒。然爲人沈勇，喜游俠。

至正中，汀州府判蔡公安至清流募民兵討賊，友定應募，公安與語，奇之，使掌所募兵，署爲黄土寨巡檢。以討平諸山寨功，遷清流縣尹。陳友諒遣其將鄧克明等陷汀、邵，略杉關。行省授友定汀州路總管禦之，戰於黄土，大捷，走克明。踰年，克明復取汀州，急攻建寧。守將完者帖木兒檄友定入援，連破賊，悉復所失郡縣，行省上其功第一，進參知政事。已置分省於延平，以友定平章政事。於是，友定盡有福建八郡之地。

友定以農家子起傭伍，目不知書，及據八閩，數招致文學知名士，閩鄭定、廬州王翰皆留置幕中。麤涉文史，習爲五字小詩，皆有意理。然頗任威福，所屬違令，輒承制誅竄不絶。漳州守將羅良者長汀人，以散財募士捕殺山寇，提兵解福州圍，爲閩鋭將。又數從海道漕粟京師，賜爵晉國公，雅不善友定所爲，因以書責之曰：「郡縣者，國家之土地。官司者，人主之臣役。而廥廩者，朝廷之外府也。今足下視郡縣如室家，驅官僚如僕圉，擅廥稟如私藏，名雖報國，實有鷹揚跋扈之心。不知足下欲爲郭子儀乎，曹孟德乎？」友定怒，竟發兵攻良，良敗，被圍旬月，城破爲所殺。而福清宣慰使陳瑞孫、崇安令孔楷、建陽人詹翰皆以拒友定死。於是，友定威震八閩，然事朝廷未嘗失禮。是時，張士誠據浙西，方國珍據浙東，名爲歸國，歲漕粟大都，多不至。而友定歲輸粟數十萬石，海道遼遠，至

者嘗十三四，天子嘉之，下詔褒美。

至正二十六年，明兵已據婺州，與友定接境。友定進兵攻處州，與明將胡深戰，不利，亡浦城、松溪。深復進攻建寧，破其二柵。友定以兵四萬繞出深後，斷其歸路，而自帥鋭師搏戰，夾攻之，遂執斬深。逾歲，明人既降方國珍，即遣其將湯和等三路犯福建，而別遣使至延平說友定降。友定遂置酒，大會諸將及賓客，殺明使而瀝其血酒甕中，與衆酣飲，誓曰：「吾曹受國厚恩，有不以死拒者，身磔妻子戮。」遂往視福州，環城作壘，距壘五十步，輒築一臺，嚴兵爲拒守計。已而聞杉關破，急分軍爲二，以一軍守福，而自帥一軍守延平，以相犄角。湯和舟師尋至五虎門，平章政事曲出引兵逆戰而敗，明兵緣南臺蟻附登城，守將遁去，參知政事尹克仁、宣政使朵耳麻不屈死，僉院柏帖木兒自焚死。建寧既陷，湯和進攻延平，友定欲以持久困之，諸將請出戰不已，友定疑所部將叛，殺蕭院判，軍士多出降者。會軍器局災，城中礮聲震地，明師知有變，急攻城。友定呼其屬與訣，退入省堂，衣冠北面，仰藥死。所部開門納明師，舁友定出水東門。適大雷雨，友定復甦，因執送建康。

明主問曰：「元亡，若爲誰守？能降仍爾官，否則伏銅馬。」友定厲聲曰：「國破家亡，死耳，尚何言，願伏銅馬。」遂併其子海殺之。海，一名宗海，工騎射，亦善禮文士。友定既被執，自將樂歸於軍門，至是從死。元末，所在盜起民間，起義兵保障鄉里稱元帥者，不可勝數。朝廷輒因而授之官，其後或去爲盜，或臣節不終。惟友定父子死義，當時稱完節焉。

雜録

備録

《閩書》卷四一《君長志・陳有定》 陳友定，先世福清人，自其父流寓汀州明溪市大焦。幼病頭瘡，家貧無依，傭於倉盈里富室羅姓者。羅奇之，妻以女，羅妻不悦，乃資以財，令經營產業，蕩覆無餘者數，因爲明溪寨兵卒。其爲人沈勇，喜游俠擊斷，要以借軀狗急行其志。衆憚服之，又樂也爭願爲役。至正壬辰，盜起海上，寧化曹柳順據曹坊寨，擁衆數萬，蠶食諸縣。一日，遣先鋒八十人來明溪取馬。衆莫拒。友定諭衆計給之，收其兵器，盡斬於市。柳順怒，將親率步騎數千盡屠明溪。友定以鄉里弟子見汀判蔡公安，緩頰談軍事，公安以爲能，授以兵。友定率士千餘下山麓，直抵柳順營，出其不意，順驚潰，馳擊之，斬獲大半，擒柳順以歸。時隣壤巨寇數十，各據寨堡，互相爭奪，友定以次削平。事聞，授明溪寨巡檢，尋陞清流尉，遷簿，尋爲令。

已亥歲，陳友諒遣其將康泰取邵武，鄧克明攻汀，轉掠延平、將樂諸處。元授友定汀州路總管禦之，戰黄土，盡獲其部衆，克明獨身遁，所陷郡縣皆復，遷行省參政。辛丑，克明復來寇，復敗之，遂開省汀州，遷左丞。友定既復汀，有據閩之志，威迫行省平章燕只不花，所收復郡縣倉庫盡取之，臣妾其官僚，不從者竄戮焉。太祖既滅友諒，圍熊天瑞贛州，使朱亮祖取元浦城、建陽、崇安諸縣。友定因數寇浙東邊。胡深爲浙東行省郎中，伐其建寧，友定約建寧守將阮德柔擊敗深，殺之。是爲甲辰歲。明年，元論友定功，遷行省平章，悉有八郡地。友定有勝兵萬人，益發取諸郡縣，遠近瓦解，無敢角。而長汀人羅良者，故亦以散資募士，爲元捕殺漳州山寇，提兵解福州圍，爲閩將第一，貽友定書，責其心背元。友定大怒，發兵攻漳，良堅守旬月，死之，友定遂據漳，使人鑿山道，縮城守自固。

戊申，太祖遣將胡廷美取元建寧；亡何，遣徵南將軍湯和自明州取海道入福州。友定使其將賴正孫、謝英輔、鄧益等，將二萬衆守福州，自率精鋭守延平。和舟師乘風抵五虎門，擊敗平章曲出。參政袁仁夜約款，我兵明入城。鄧益拒戰水部門，擊殺之。正孫、英輔、曲出皆出走。參政尹克仁赴水死。行宣正院使朵耳麻不屈下獄死。僉樞密院柏鐵木兒焚其妻、妾、兩女而自剄。和轉迫延平，兵垂發。會太祖使使諭降友定，友定殺使者，取血和酒甕中，盟諸將飲之。亡何，我兵至夾水，陳友定戰不利，歸謂諸將曰：「明人遠鬭甚鋭，毋戰也，徒多殺將吏。吾墉山塹壑，蓄犀器，飽士而久之。」皆曰：「善。」因乘城勒吏士，日夜不得番休，皆怨。諸將請出戰，不許，數請不已；友定更疑其部將蕭院判、劉守仁，奪其兵，執院判殺之。守仁懼，來降，士卒多夜遁者。圍十日，會軍器局火炮發，我兵疑有内應，急擊之。友定出省堂，召英輔及參政文殊海牙，與訣曰：「公等善爲計，吾自死元耳。」按劍仰藥。英輔與達魯花赤白哈麻亦具服，北面自經。文殊海牙及正孫皆降。我兵舁友定屍出，值大雷雨，復蘇，其子宗海來將樂就死，并俘京師。和置延平衛，使部將蔡玉守之。

俘既至，太祖問曰：「元亡，若爲誰守？殺我胡將軍，甕使者血，何陸梁

也！」友定曰：「死已矣，能加乎？」遂并海棄市。友定死，其故將金子隆尚不降，復寇延平，蔡玉擊敗之，追至沙，時沐英爲建寧衛指揮使，夾攻破之，而閩平。

高岱《鴻猷録》卷四《平陳有定》 陳有定，一名友定，福建□□人。元至正戊戌，陳友諒攻陷汀州，有定起義兵，圖興復。壬寅夏，遂率衆攻友諒汀州，復之。事聞，元即以有定守汀州。有定漸跋扈，迫脇福建行省平章燕只不花，以兵署近縣倉庫，悉入于家，其官僚皆威刼之，如其私屬，不從令者，輒誅戮貶竄，威振閩中。甲辰夏，上既滅陳友諒，圍贛州。乃分遣朱亮祖率兵伐有定，取浦城、建陽、崇安等縣。上賜亮祖以所乘駿馬。先是，上命胡深爲浙東行省郎中，總制處州。有定以亮祖取其縣邑，數來入寇。深率兵伐之，有定約元建寧守將阮德柔，將兵四萬，屯錦江，遶出深背。深還兵，擊敗之，破其寨柵。有定率鋭卒圍深，深與戰，突入其陣，馬蹶被獲。有定頗禮遇之，深爲具道朝廷威德，拜陳天命所在，且援竇融歸漢故事諭之。有定初無害深意，會元遣使者至督迫，遂殺深。上聞，遣使祭之，追封縉雲伯。

丙午八月，元以有定殺胡深，故命爲福建行省平章政事。有定益跋扈，遂有據福建之志，發兵取諸郡，聲勢甚張。諸郡聞之，無不稽首獻城邑者。九月，有定使至漳州。漳州守臣羅良獨不下，嘆曰：「賊豈人爲乎？」乃以書責有定曰：「足下爲參政，國之大臣也。汀州之復乃其職耳，可以功而自恣耶？燕只平章，足下之僚長，又可威迫邪？夫非君命而得郡邑者，人人皆得而誅之。今郡邑之長，君命也，不可以加戮；百司之職，君役也，不可以加竄。足下破郡邑，爲家資，驅官僚，爲臣妾。口言爲國，心實私啚耳。跬步之際，真僞甚明。不知足下將爲郭子儀乎，將爲曹孟德乎？」有定得書大怒，益發兵攻漳州。檄曰：「早降終享富貴，不降則噍類無遺。」良乃使三十人操弓弩，傅毒矢，伏江東險處，俟之，誡之曰：「有警，慎勿輕移。」忽有定以兵千人夜攻海倉寨，佯言奪海舟，趍潮下。警至，千夫長張石古等違良節制，悉兵赴之。有定兵遂渡柳營江，士卒驚潰。良迎戰，敗績，兵遂圍城。良誓死守，踰旬月，部下有叛者，延賊入，城陷，良死之。有定遂據漳州。自是益奢縱，百役繁興，以漳州地勢完固，乃遣人鑿山以洩此氣，又縮城之西地，小其規制，民始不堪命。

上既取方谷珎，乃遣使招諭之，有定不從，誓衆據延平拒守。我師又取建寧、興化。上乃命湯和率衆討之。沐英時攻鉛山，又命英以兵會和於延平，遂逼其西門。有定勢窮蹙，知不能禦，退入省堂，仰藥，不死。其部將賴正孫，夜開門納王師。和整整衆入，參政文殊海牙降。有定氣未絶，舁至東門，復甦。和遣人械送京師，有定子海聞城破，其父被執，自將樂來歸，和並執之。分遣使往撫將樂將士，諭勞居民。置延平衛，以部將蔡玉守之。有定故將金子隆不降，復率衆寇延平。玉擊敗之，追至沙縣青雲寨，子隆猶負險自守。沐英引兵夾攻破之，餘黨俱潰。劒南平後，有定至建康，上以賜胡深子積禎臠其肉，以祭父深云。

郎瑛《七修類稿》卷一二《羅良》 先是，二十二年，陳友定爲福參政。復汀州，遂有據福之志，威迫平章燕只不花，所收郡縣倉庫，悉爲家資，不順者輒加殺戮，威振閩中。至二十五年，復敗我太祖將胡深。元以有功，加陞平章，遂發兵諸郡，遠近獻城，以成竊據。獨良卓然不屈，梗於漳州。慨然嘆曰：「噫，賊乃人爲乎？」遂以書責之曰：「足下爲參政，國之大臣也。汀州之復，是乃職耳，可以功而自恣邪？燕只平章，足下之僚長也，可以威而迫之邪？夫非其君命而得郡邑者，人人皆得而誅之矣。今郡邑之長，君命也，固不可以加戮；百司之職，君授也，固不可以加竄。足下破郡邑而爲家資，驅官僚而爲臣妾。口言爲國，心實私家。跬步之際，真僞甚明。不知足下將爲郭子儀乎，將爲曹孟德乎？今又竊據全閩，背逆無道，不爲君誅，將不爲天誅乎？」

友定大怒，益發兵攻漳州，檄曰：「早降則終享富貴，不降則噍類無遺。」良使三千人，操强弓毒矢，伏于江東險處以俟之。且誡之曰：「但有他警，慎勿輕移勝地。」一夜，友定以兵千餘人攻海倉寨，佯言奪海州，趍潮直下。警至，千夫長張石古等違良節制，悉兵赴之。友定兵遂渡柳營江，士卒驚駭星散。良迎戰于馬岐山，敗績，兵遂圍城。連攻旬月，守城士卒，日夜不得休息，矢石殆盡。約儲蓄可三日之需，皆伐果木，拆廬舍以代之。父老請曰：「江南道絶，天子萬里。孤城無援，破在旦夕。况國朝之事又已去矣。元帥守此，欲爲誰邪？」良曰：「天子命我守此土，當與此土共存亡。豈可以畏死而貪生，舍義以從賊哉。」下令示以死守。先時，有百夫長盧積者，因行軍失律，良以法誅之。其子善徵驍勇，復置之幕下，使領北城兵，因引賊入。良與巷戰而死。其夫人陳氏，名德金，字怡清，良繼室也。聞良戰死，即投後園三尺魚池，鞠躬匍伏自盡。

徐𤊹《徐氏筆精》卷五 陳有定，元末倡義勤王，太祖恨其不歸附，置之重辟。高岱、王世貞、郭造卿嘉其忠，各爲立傳。有定據閩，有功於閩。閩郡志皆出林宗伯、司空二公之手，林氏世沐國恩，自不宜爲有定作傳，得數君紀之，實不泯其忠義耳。有定雖起行伍，而亦能詩，《送趙將軍》云：「縱横薄海内，不愴別

離顏。幾載飄零意，秋風一劍寒。」及被收之後，作詩云：「失勢非人事，重圍戟似林。乾坤今已老，不死舊臣心。」

王世貞《弇州山人四部稿》卷八五《補陳友定擴廓帖木兒列傳》　陳友定，字安國，世爲福清人，少徙汀之清流，遂家焉。友定始業農，其爲人勇沈，喜游俠擊斷，不復問家人有無，要以借軀狗急行其志而已。衆憚服之，又樂也，爭願爲役。

至正壬辰，盜起海上，勢且及汀，而汀判蔡公安募吏士乘城守，友定以鄉里弟子見，緩頰談軍事，公安奇之，授黃土寨巡檢，從討延、建、邵諸山寨賊。平之，遷清流簿，尋爲清流令。己亥，陳友諒遣其將康泰取邵武，鄧克明寇汀州。友定以總管禦之，戰於黃土，盡獲其部衆，克明獨身跳去。遷行省叅政。辛丑，克明復來寇，逆戰敗之，遂開省於汀州，遷左丞。甲辰，繼開省延平，遷行省平章政事，悉有閩中八郡地，勝兵數萬人。方國珍等來寇，敗其師。胡深既降明，爲明攻友定，逆戰於錦江，大破，執殺深。閩所使大都道絕，友定即歲時，多遣貢舶，繇海道，取登、萊，約以拾達三四。元主嘉之，下優詔，慰稱友定。

戊申，明皇帝遣將軍胡廷美取我建寧。亡何，將軍湯和以大兵逼延平。兵垂發，齎書諭降。友定大會諸將，殺使者，取血寘酒中，盟諸將，慷慨飲之，誓以死報元。亡何，明兵至，夾水而陳。友定前戰不利，歸謂諸將：「敵千里遠鬬，氣鋭，慎毋戰，戰徒多殺吏士爾。吾墉山而塹壑，蓄犀器，飽士(爲)〔馬〕，持久困之，伺間以動。」衆曰善。遂乘城守，勒吏士日夜擊刁斗，被甲偶立，不得更番休息，怨甚。而友定更疑蕭院判、劉守仁有二志，奪其兵。守仁降，士卒多踰城走者。圍十日，會軍器局火炮聲發，明兵疑有內應，急擊破之。友定知事已迫，乃與樞密副使謝英輔、叅政文殊海牙訣曰：「公等善爲計，吾自死元爾！」坐省堂，按劒仰藥，飲盡。英輔與達魯花赤白哈麻具服北嚮拜，自經死。文殊海牙等開門降。兵入，輿友定出門，俄值大雷雨，復蘇。其子海自將樂來就死，并執送京師。皇帝面賜詰曰：「元已亡，若爲誰守？殺我胡將軍，又不內使者，今何憊也！」友定恚曰：「已矣，亡多談，安能加死我乎？」遂併其子棄市。

備論

《明史》卷一二四《陳有定傳》　元末所在盜起，民間起義兵保障鄉里，稱元帥者不可勝數，元輒因而官之。其後或去爲盜，或事元不終，惟友定父子死義，時人稱完節焉。友定既死，興化、泉州皆望風納欵。獨漳州路達魯花赤迭里彌實具公服，北面再拜，引斧斫印章，以佩刀剸喉而死。時云「閩有三忠」，謂友定、柏帖木兒、迭里彌實也。

曾廉《元書》卷八三　論曰：【略】友定始頗跋扈，終完臣節。桑榆之收，亦有元忠臣之殿也。

《閩書》卷四一《君長志》　何子曰：太史公曰：「句踐稱伯，至餘善國滅衆遷，其先苗裔，繇王、居股等尚猶封萬户。」繇此知越世世爲公侯矣，蓋禹之餘烈也。陳元光鎮漳，先輩惜其不列於唐史。予讀《太平廣記》：「宰夫胹肴鐥不佳好，尋蒸而出於元光之前。」豈其用虐邪？所表請立漳郡治，云「誅之不可勝誅」，或近是哉。王審知爲德於閩，詳在于兢之碑。若夫留從効之不忘起家，陳洪進之順天歸命，有足述矣。陳友定臨決自謂「死元」，故併及之。

贊曰：一方一域而能爲君，必其材智足以撫群。無諸聖裔，光啓海濆，王、留與陳，撫屺治軍。雖其後代，殞絶崩分，溯厥本原，仁義實聞。閩山海嶠，霽景晴曛。偏霸互雄，遐想英芬。

高岱《鴻猷録》卷四《平陳友定》　論曰：陳有定、方谷珍，雖託名元臣，其實元賊。蓋不能自舉義聲討，故假元名號、權力，以糾衆耳，非所謂豪傑之士也。要之，二人才亦相埒，故皆竊據數郡，殊無遠畧。我聖祖既克漢、吴，此輩皆癬疥疾耳。故命將北伐而以偏師定之。雖然，使非聖武布昭，諸將宣力以肆討不庭，則其狡譎慓悍，雖不能縱横中原，豈難於爲尉陀哉。漢高帝滅秦，蹙項，平定中原，而尉陀桀驁南荒，漢兵曾不能踰嶺海以發一矢。至文帝遣使，始獲稱臣。武帝用兵，方令納土。其視我聖祖之南征北伐，並奏膚功，炎海氷天，同歸版籍者，豈不大相遠哉。嗚呼！此我聖祖之所以功高千古也。

錢謙益《國初群雄事略》卷一三《福建陳友定》　解縉云：元末起義諸人，獨陳友定始終盡節爲無愧。《月山叢談》

友定起布衣，以累功而受職，視國珍輩不同，既爲平章據全閩郡縣，不服則征之。其時既亂，不得不以便宜從事耳。朵耳、迭里彌實輩，多元死節之臣，倘友定果跋扈竊據，則朵耳輩必先死之，安肯與亂同事哉！郭造卿撰《陳友定傳贊》

韓林兒部

綜述

《明史》卷一二二《韓林兒傳》　韓林兒，欒城人，或言李氏子也。其先世以白蓮會燒香惑衆，謫徙永年。元末，林兒父山童鼓妖言，謂「天下當大亂，彌勒佛下生」，河南、江、淮間愚民多信之。潁州人劉福通與其黨杜遵道、羅文素、盛文郁等復言「山童，宋徽宗八世孫，當主中國」。乃殺白馬黑牛，誓告天地，謀起兵，以紅巾爲號。至正十一年五月，事覺，福通等遽入潁州反，而山童爲吏所捕誅。林兒與母楊氏逃武安山中。福通據朱皋，破羅山、上蔡、真陽、確山，犯葉、舞陽，陷汝寧、光、息，衆至十餘萬，元兵不能御。時徐壽輝等起蘄、黃，布王三、孟海馬等起湘、漢，芝麻李起豐、沛，而郭子興亦據濠應之。時皆謂之「紅軍」，亦稱「香軍」。

十五年二月，福通物色林兒，得諸碭山夾河，迎至亳，僭稱皇帝，又號「小明王」，建國曰「宋」，建元龍鳳。拆鹿邑太清宮材，治宮闕於亳。尊楊氏爲皇太后，遵道、文郁爲丞相，福通、文素平章政事，劉六知樞密院事。劉六者，福通弟也。遵道寵用事，福通嫉之，陰命甲士撾殺遵道，自爲丞相，加太保，事權一歸福通。既而元師大敗福通於太康，進圍亳，福通挾林兒走安豐。未幾，兵復盛，遣其黨分道略地。

十七年，李武、崔德陷商州，遂破武關，以圖關中，而毛貴陷膠、萊、益都、濱州，山東郡邑多下。是年六月，福通帥衆攻汴梁，且分軍三道：關先生、破頭潘、馮長舅、沙劉二、王士誠趨晉、冀；白不信、大刀敖、李喜喜趨關中；毛貴出山東北犯。勢銳甚。田豐者，元鎮守黄河義兵萬户也，叛附福通，陷濟寧，尋敗走。其秋，福通陷大名，遂自曹、濮陷衛輝。白不信、大刀敖、李喜喜陷興元，遂入鳳翔，屢爲察罕帖木兒、李思齊所破，走入蜀。

十八年，田豐復陷東平、濟寧、東昌、益都、廣平、順德。毛貴亦數敗元兵，陷清、滄，據長蘆鎮，尋陷濟南；益引兵北，殺宣慰使董摶霄於南皮，陷薊州，犯漷州，略柳林以逼大都。順帝征四方兵入衛，議欲遷都避其鋒，大臣諫乃止。貴旋被元兵擊敗，還據濟南。而福通出没河南北，五月攻下汴梁，守將竹貞遁去，遂迎林兒都焉。關先生、破頭潘等又分其軍爲二，一出絳州，一出沁州。逾太行，破遼、潞，遂陷冀寧；攻保定不克，陷完州，掠大同、興和塞外諸郡，至陷上都，毁諸宮殿，轉掠遼陽，抵高麗。十九年，陷遼陽，殺懿州路總管吕震。順帝以上都宮闕盡廢，自此不復北巡。李喜喜餘黨復陷寧夏，略靈武諸邊地。

是時承平久，州郡皆無守備。長吏聞賊來，輒棄城遁，以故所至無不摧破。然林兒本起盜賊，無大志，又聽命福通，徒擁虚名。諸將在外者率不遵約束，所過焚劫，至啖老弱爲糧，且皆福通故等夷，福通亦不能制。兵雖盛，威令不行。數攻下城邑，元兵亦數從其後復之，不能守。惟毛貴稍有智略。其破濟南也，立賓興院，選用元故官姬宗周等分守諸路。又於萊州立屯田三百六十所，每屯相距三十里，造挽運大車百輛，凡官民田十取其二。多所規畫，故得據山東者三年。及察罕帖木兒數破賊，盡復關、隴。是年五月大發秦、晉之師會汴城下，屯杏花營，諸軍環城而壘。林兒兵出戰輒敗，嬰城守百餘日，食將盡。福通計無所出，挾林兒從百騎開東門循還安豐，後宮官屬子女及符璽印章寶貨盡没於察罕。時毛貴已爲其黨趙均用所殺，有續繼祖者，又殺均用，所部自相攻擊。獨田豐據東平，勢稍强。

二十年，關先生等陷大寧，復犯上都。田豐陷保定，元遣使招之，被殺。王士誠又躪晉、冀，元將孛羅敗之於台州，遂入東平與豐合。福通嘗責李武、崔德逗撓，將罪之。二十一年夏，兩人叛去，降於李思齊。時李喜喜、關先生等東西轉戰，已多走死，餘黨自高麗還寇上都，孛羅復擊降之。而察罕既取汴梁，遂遣子擴廓討東平，脅降田豐、王士誠，乘勝定山東。惟陳猱頭者，獨守益都不下，與福通遥爲聲援。

二十二年六月，豐、士誠乘間刺殺察罕，入益都。元以兵柄付擴廓，圍城數重，猱頭等告急。福通自安豐引兵赴援，遇元師於火星埠，大敗走還。元兵急攻益都，穴地道以入，殺豐、士誠，而械送猱頭於京師，林兒勢大窘。明年，張士誠將吕珍圍安豐，林兒告急於太祖。太祖曰：「安豐破則士誠益强。」遂親帥師往救，而珍已入城，殺福通。太祖擊走珍，以林兒歸，居之滁州。明年，太祖爲吴王。又二年，林兒卒。或曰太祖命廖永忠迎林兒歸應天，至瓜步，覆舟沉於江云。

初，太祖駐和陽，郭子興卒，林兒牒子興子天叙爲都元帥，張天祐爲右副元帥，太祖爲左副元帥。時太祖以孤軍保一城，而林兒稱宋後，四方響應，遂用其年號以令軍中。林兒歿，始以明年爲吴元年。其年遣大將軍定中原，順帝北走，距林兒亡僅歲餘。林兒僭號凡十二年。

贊曰：元之末季，群雄蜂起。【略】林兒橫據中原，縱兵蹂躪，蔽遮江、淮十有餘年。太祖得以從容締造者，藉其力焉。帝王之興，必有先驅者資之以成其業，夫豈偶然哉！

邵遠平《元史類編》卷四一《韓林兒傳》　韓林兒，真定欒城人，父山童。自其先以白蓮會燒香惑衆，謫徙永平。順帝至正初，山童倡言天下將亂，彌勒佛下生，明王出，愚民翕然信之。既而棗陽民張氏婦生子，甫歲周，暴長四尺許，容貌異常，皤腹擁腫，見人嘻笑，如俗所畫布袋和尚者，時至正九年四月也。於是，河南、江淮間民騷然欲動。黄河南徙，帝用賈魯策，鑿求禹故道。山童陰作石人一眼，埋之當道，鐫其背曰：「石人一隻眼，挑動黄河天下反。」河丁掘得之，相驚詫。潁州妖人劉福通因詭言：「山童實宋徽宗八世孫，走海外得還，當爲中國主。我劉光世後，合輔之。」與其黨杜遵道、盛文郁、羅文素、韓咬兒聚衆于白鹿莊，刑黑牛白馬，誓告天地，謀爲亂，縣官聞而捕之。十一年辛卯五月，福通遂起兵，以紅巾爲號。官兵捕之急，山童被禽，其妻楊氏及子林兒逃匿武安山。時蕭縣人李二史號芝蔴李，《藏書》稱李興。亦以燒香聚衆，與其黨趙均用、彭早住攻陷徐州。惟福通黨尤盛，不可制。不數月，拔潁州，據朱皐，破羅山、上蔡、真陽、確山、舞陽、葉縣及汝寧、光、息等州，衆至十萬。朝廷患之，丞相脱脱請以其弟御史大夫也先帖木兒帥諸衛大軍往討，復上蔡，禽韓咬兒，送大都誅之。明年，帝命脱脱親征徐州，李二敗死，早住、均用走濠州，一稱魯淮王，一稱永義王，二人互爭雄長。未幾，早住中流矢死，均用尋依福通，兵勢益振。

十五年，福通自碭山夾河求得林兒，立爲帝，又號小明王，都亳州，僞號宋，改元龍鳳。其母楊氏稱皇太后，遵道、文郁稱丞相，福通與文素稱平章，拆鹿邑太清宫材建宫闕。其詔有云：「韞玉璽于海東，取精兵于日本。」「虎賁三千，直抵幽燕之地；龍飛九五，重開大宋之天。」遵道得寵，專威福，福通使甲士撾殺之，自爲丞相，稱太保。會滁陽郭子興卒，林兒招其諸將，授了興子爲元帥，朱元璋、張天祐爲副元帥，皆奉龍鳳紀年。後子興子及天祐渡江與元兵戰，皆敗死。詔河南平章答失拔都魯統兵討之，與福通戰于長葛，敗績，退走中牟。會同知樞密院事劉哈刺不花來援，福通少却，答失乃整兵，復敗福通于太康，進圍亳，林兒走安豐。明年，僞宋將李武、崔德破潼關，入陝、虢，拔其城。義兵元帥察罕帖木兒引兵至，武等望其炊烟，畏兵衆，不敢逼，還掠安邑。察罕追躡，至下陽，衆遁去。十七年，僞宋將毛貴陷膠州，王士誠據山東，李武、崔德破商州，攻武關，徑趨長安，三輔震動。察罕提兵入潼關，大敗之，乃還。毛貴破萊州、益都、般陽諸路，擁衆圍濟南。時董摶霄爲山東宣慰使，以兵救濟南，敗貴于城下，大挫其鋒。未幾，義兵萬户田豐叛降貴，貴勢復振，遂陷濟寧，入東昌。

福通謀取汴，分軍三道，關先生、破頭潘、馮長舅、沙劉二取晉、冀。白不信、大刀敖、李喜喜取關中，賊黨尤夥。福通遂自曹、濮，陷衛輝，關先生等分兵出絳、沁，踰太行，歷上黨，破遼州，雲中、鴈門、代郡，直抵上都，焚宫闕，轉掠遼陽，東至高麗，所過城邑無噍類。白不信等破興元，據鞏昌，圍鳳翔。察罕自將鐵騎晝夜馳赴，分左右翼掩擊之。不信等潰圍出，走蜀。朝廷遣知院事達理麻失里援曹、濮，與福通戰，歿。官軍大潰，答失退駐石村，帝疑其玩寇，使者趣戰相踵，答失憂憤死。明年，答失子孛羅帖木兒領父軍，擊走福通于衛輝，進克曹、濮。毛貴據長蘆，董摶霄戰死，貴入濟南，立賓興院，選用故官，分守要隘。于萊州立屯田三百六十所，每屯相距三十里。造大車百輛輓糧儲，民田十取二。乃乘勝略薊州、河間，抵直沽，連破漷州，京師大恐，徵四方兵入衛。劉哈刺不花拒戰于柳林，貴衆潰，退走濟南。福通鋭意攻汴梁，守將竹貞棄城走，福通入城，迎林兒于安豐，居之以爲都。

十九年，毛貴爲趙均用所殺，貴黨續繼祖自遼陽入益都，執均用殺之。二人故驍將也。至是，福通氣沮，察罕大發秦、晉軍會汴，環城而壘，僞宋兵屢敗，城中食盡，福通挾林兒從數百騎復走安豐，河南次第恢復。察罕諜知福通黨自相戕殺，更大會諸將，分五道，水陸並進，渡孟津，復冠州東昌，遣義子擴廓帖木兒擣東平，以豐踞山東久，爲書招之。豐及王士誠皆降，既而復叛，刺殺察罕，還據益都。帝命其子擴廓襲父官，啣哀討賊。擴廓攻益都，入執豐、士誠，剖其心以祭父，山東悉定。二十三年，張士誠都平江，遣將吕珍攻安豐。時僞宋健將已盡於山東，林兒遣使詣建康告急，朱元璋自將來救。未至，珍已殺福通，破安豐，林兒走滁州。元璋擊走珍，護林兒歸建康，至二十六年十二月始殂，凡建僞號十二年。

雜録

備録

查繼佐《罪惟録・列傳》卷六《宋韓林兒》　韓林兒，本姓李，欒城人。先世嘗以白蓮教惑衆，謫徙永平。元末，父山童復倡言天下大亂，彌勒下生，明王出世。遠近愚氓翕然信走之。于是潁川劉福通與其黨杜遵道、韓咬兒等謀動衆，以宋末丞相陳宜中嘗自占城歸，云帝昺入倭，遂聲附之，稱山童係宋徽宗八世孫，生海外得還，當主中國。傳檄有云：「韞玉璽于海東，取精兵于日本。」大率以復興亡宋爲辭。先是，元至元中，天下騷動，其自湖廣、河南、山東以往，盗名號者三百餘處。戊子，台州方國真始據有土地。元憚戰伐，以官撫之。辛卯，羅田徐壽輝稱帝于蕲水，以紅巾爲號，略地設官屬。時四月，元參議賈魯集丁夫二十六萬，濬黄河，求禹故道。河夫怨，山童乃以童謡故有「石人一眼天下反」之語，遂僞鑿石埋濬處，如其語，民相驚擾，從亂如鶩。山童因之起，亦以紅巾爲號。縣官捕山童，殺之。其妻楊，與林兒遁武安山中。福通等以林兒主兵，陷潁州，攻破羅山、確山、上蔡、真陽等縣，及汝寧府、光州、息州。八月，元也先帖木兒擊復上蔡，殺韓咬兒。明年，其衆尚十餘萬。壬辰，郭子興亦從濠得太祖入滁陽。

乙未二月，福通乃自碭山夾河求得林兒歸，立爲帝，軍中羣呼明王，都亳州，國號宋，建元龍鳳。母楊氏稱皇太后。以杜遵道、盛文郁爲丞相，福通、羅文素爲平章，劉六知樞密院。六好殺，軍中稱劉太保，每陷一城，剉人爲糧，拆鹿邑縣太清宫材建宫室。林兒徒擁空名，事皆决于福通。凡起兵叛元者，遥附隸之。三月，滁陽王卒和陽，通遣人招其所屬，諸將附宋。張天祐往受命，還檄子興次子爲都元帥，天祐爲右副元帥，太祖爲左副元帥。乃設小明王木主載軍中，事無大小咨以行，然實無所奉節制。丙申，元將答失八都魯率兵伐宋，福通逆戰，敗元兵于長葛。會哈剌不花引兵來援，連敗福通于太康。十二月，進圍亳州。福通不能禦，以宋主林兒奔安豐。時太祖用龍鳳紀年，渡江下金陵矣。福通用兵無先後之序及首尾呼應之法，不固根本，亦未嘗扼要，以規便取勢，寡謀淺慮，事無規摹，且號令不稟行，聽反側子散走。于是兖豫而北，極大同塞外，東至遼陽，西迄長安，南涉江淮，皆其鞭弭所及。諸將蹂躪，民不堪命，故敗不旋踵。丙申三月，福通犯汴梁，取大名、衛輝等處，分軍三道：一趨晋冀，一闖關中，一出山東。明年，走汴梁守將竹真，乃自安豐迎林兒都之。

是時元將多敗，或陷或復，唯察罕帖木兒兵最勁，遠近震之。凡福通所遣毛貴之圖山東者，初陷膠州，元脱歡死之。連陷萊陽，攻益都，未下，趨濟南。元山東宣慰使董摶霄，大破貴兵于城下。元擢摶霄都元帥。有忌其功者，譖于太尉紐的該，摶霄以老疾辭，請以弟昂霄代。未幾，復命摶霄守長蘆，摶霄曰：「吾釋此去，濟南必不守。」行駐南皮，詔改拜河南左丞，甫受命而貴兵猝至。諸將懾請退，摶霄曰：「死報國耳。」拔劍督戰，力屈被殺，不見血，有白氣及半空。是日昂霄亦格戰死。貴乃與不蘭奚戰好石，敗之。不蘭奚奔濟南。貴馳陷濟南，殺守將愛的，隨陷般陽及薊州、漷州，至柳林。元樞密副使達谷珍戰死。樞密同知劉哈剌不花敗貴兵。貴還據濟南，建賓興館，置屯田三百六十餘處于萊州。攻滕州，元守將以城降。辛丑，元命察罕總兵徇山東。貴與田豐逆戰，皆不利。元復東昌、冠州。時田豐與王士誠俱降于察罕，貴獨固守濟南。察罕分奇兵間道出宋兵後，南略泰安，逼益陽，北徇濟陽、章丘，中擣瀕海郡邑，自將大軍攻濟南。三月，復之。貴亡走，己亥，爲趙均用所殺。貴黨續繼祖復殺均用。

而福通所遣李武、崔德，丙申破商州，元奉元路判官王淵起兵復之。九月入潼關，殺元參政述律杰。元豫王阿剌忒失理，會樞密同知定住引兵復潼關。亡何，武等復陷潼關，元平章百家奴潰去。豫王又復取之，武等敗走。丁酉，破武關趨長安，分兵東略同、華諸州，三輔震恐。豫王移書求救察罕。察罕新復陝州，輕兵赴援，與李思齊夾擊，殺獲無數，武等敗走。福通以其無功，責之急，遂叛降于思齊。

而福通所遣田豐，丁酉攻東昌，元太尉紐的該擊敗之。戊戌，連陷東平、濟寧，紐的該棄東昌走。豐據東昌，復陷益都，大掠廣平，退保東昌。庚子，攻陷元保定路。元遣樂元臣招諭豐，豐殺之，不應。辛丑，與察罕戰不利。察罕甥擴廓，視爲子，會關保、虎林赤等由東河造浮橋而濟。豐以二萬人奪之不得，關保等且戰且渡，拔長淮，進攻東平。豐戰大敗，遂與王士誠俱降于察罕，爲元前鋒，下宋棣州及濟寧。壬寅六月，豐復與士誠謀，刺殺察罕。豐等之降也，察罕推誠

待之，數獨入其帳中。六月，豐請察罕行觀營壘。或勸從力士防變，察罕不許，曰：「焉得人人防之矣。」乃輕騎按豐營，爲士誠所殺。豐等遂入益都。自察罕卒，元朝野震悼，追封潁川郡王，以子擴廓代。擴廓既領兵，攻益都急。豐乃間請救于福通。福通自率兵往援，亦半道敗還。豐等城守堅，至穴地通道，乃拔其城。擴廓臨豐、士誠以祭其父。豐等既死，山東地元盡復之。

而福通所遣關先生與破頭潘諸將，破懷慶等處，轉攻陷晉寧。關先生等乃分兵二道：一出絳州，一出沁州，踰太行，焚上黨。及攻破遼州，元將虎林赤擊敗之。關先生轉攻陷晉冀雲中、雁門、代郡，遂掠塞外諸郡。察罕遣關保等分兵阨塞，絶其歸路，屢擊敗之。已而元周全與伯帖木兒有郄，以懷慶叛歸宋。劉福通盡驅其民入汴。全還攻察罕洛陽，察罕登城，以大義責全，全愧退師。福通以其師不進，殺之。時關先生乘察罕還兵河南，乃自塞外東還，攻保定，不克，陷完州；又西掠大同、興和、中都諸郡。復東向至高麗界，與破頭潘等焚上都宫殿，略遼陽，元總管李震死之。久之，士誠等死益都，而關先生亦轉戰不利，敗亡。

福通所遣白不信、大刀敖、李喜喜等之趨關中也，不信攻下秦隴，破鞏昌，以喜喜守鞏昌，而身進圍鳳翔。元察罕暗益兵鳳翔，誘不信等圍城。察罕乃自外將鐵騎，晝夜馳二百里，分兵張左右翼掩擊之，城中亦鼓噪出。不信兵大潰，奔四川。隨令李思齊、張良弼等共擊喜喜于鞏昌，喜喜亦敗走四川。

至于福通所屬吴天保，故猺賊，聚衆寇沅州，陷武岡路。元湖廣右丞沙班討之，戰死。復陷靖州，尋敗没。福通所屬俞君正亦聚衆陷荆門州，知州聶炳死之。而別將黨仲連陷岳州。君正復陷中興路，平章咬住與戰，敗績，判官大都死之。義士范忠、荆門僧李智固率義兵復中興，君正敗死。又所屬鄧忠，起兵陷建昌路宜黄，涂裕與郡武應必達等攻陷邵武路，總管吴按攤不花以兵禦之。千户魏淳出奇計，擒裕、必達，而復其城。

蓋自己亥八月，察罕南下，復汴梁，福通復以林兒入安豐。時諸路師咸敗績，安豐之勢日蹙。癸卯，吴遣吕珍乘擴廓歸河南，與李思齊相疑，將兵二十萬攻安豐，福通遣使詣金陵檄救。太祖自將以往，未至，安豐城破，福通見殺。金陵兵至，吕珍戰不勝，棄城走。廬州左君弼助珍，亦敗去。太祖遂以宋主林兒還金陵，曰：「此楚義帝也。」諸將議于中書省設御座奉林兒，劉基從後蹴太祖所坐胡床，遂不果。尋密陳天命所在，曰：「此牧竪子，何爲者？」然紀年猶仍龍鳳如故。丙午十二月，林兒殂，或曰沉于瓜步云。凡稱帝十二年。太祖始改明年爲吴元年，又明年即皇帝位，國號大明，以小明王故，不忘舊也，亦以應讖也。

吴寬《平胡録·宋》 宋主韓林兒，姓韓氏，（陶九成記本李氏子。）欒城人也。詭稱宋徽宗九世孫，號小明王，都亳，國號宋，改元龍鳳元年。（寔至正十五年乙未歲也。）僞詔略曰：「蘊玉璽於海東，取精兵於日本。貴極江南，富誇塞北。」（初，宋廣王走崖山，丞相陳宜中走倭。託此説以動衆。壬辰年五月，徙瀛國公子趙完普於沙州，從御史徹徹之請也。時諸處兵起，皆以亡宋爲名故也。）又曰：「虎賁三千，直擣燕幽之地；龍飛九五，重開大宋之天。」先是，至正庚寅間，參議賈魯當承平時鋭欲立名以垂世，首勸丞相脱脱興屯田，更鈔法。明年辛卯夏四月，復勸脱脱求禹故道，開黄河，身任其事，瀕河起集丁夫二十六萬餘。河夫多怨，韓山童等挾詐陰鑿石人，止開一眼，鐫其背曰：「莫道石人一隻眼，此物一出天下反。」預當河道埋之。掘者得之，相驚而從亂，旬月之間，衆至數萬人。（一云，先是河南北童謡云：「石人一隻眼，挑動黄河天下反。」及魯治河，果於黄陵岡得石如謡云。）山童者，林兒之父也。母楊氏。山童祖父以白蓮會燒香惑衆，謫徙永平。至山童倡言天下大亂，彌勒佛下生，河南及江淮愚民翕然信之。時潁州人劉福通等與杜遵道、羅文素、盛文郁、王顯忠、韓咬兒復倡言山童當爲中國主，同起兵，以紅巾爲號。縣官捕之急，福通遂反。山童被擒，其妻楊氏與林兒逃之武安。福通據成皐，攻羅山、上蔡、直陽、確山諸縣。尋犯武陽、葉縣。陷汝寧府及光、息二州，衆至十萬。是時蕭縣人李二，號芝麻李，亦以燒香聚衆，與其黨趙均用、彭早住走濠州，攻陷徐州，據之。均用稱永義王，早住號老彭，稱魯淮王。八月，也先帖木兒擊福通，復上蔡，殺韓咬兒。十二年二月，定遠人郭子興與孫德崖等稱元帥，攻拔濠州，據之。八月，元兵破徐州，芝麻李遁，趙均用、彭早住走濠州。十一月，均用據濠州。時徐州破，均用來，與子興、德崖合力拒守。兵已解，子興、德崖顧屈己下之，而二人遂爲所制。既而早住死，均用益自專，遂據城稱王。

龍鳳元年二月，宋主稱皇帝。劉福通等自碭山夾河迎林兒至亳，立爲皇帝。以其母楊氏爲皇太后。杜遵道、盛文郁爲丞相，劉福通、羅文素爲平章，劉六知樞密院。拆鹿邑縣太清宫材，建宫闕。遵道等各遣子入侍。時遵道專權，福通殺之，自爲丞相，稱太保。六月，我太祖起兵，仍稱龍鳳年號。十二月，宋主走安豐，元將答失八都魯破福通，復駐汴。又敗之於太康，遂圍亳。福通以林兒遁走安豐。

丙申，龍鳳二年，至正十六年也。三月，我太祖克金陵。

丁酉，龍鳳三年，至正十七年也。二月，李武、崔德破商州，次武關，直趨長安，三輔震恐。元將察罕帖木兒與李思齊連兵擊敗之。三月，毛貴攻破膠、萊諸州。貴，福通將也。八月，劉福通攻破汴梁，遂分兵略地。時關先生、破頭潘、馮長舅、沙劉二、王士誠趨晉冀。白不信、大刀敖、李喜喜趨關中。毛貴據山東，其勢大振。冬十月，白不信等破興元，遂圍鳳翔，爲李察罕所敗，與李喜喜皆遁入蜀。

戊戌，龍鳳四年，至正十八年也。三月，毛貴破濟南，殺元右丞董摶霄。初，貴入據濟南，立賓興院，選用故官，分守諸路，又於萊州立屯田三百六十處。時摶霄方駐南皮縣，營壘未定，遂死之。摶霄，字孟起，儒將也。是月，田豐破濟寧，毛貴破薊州。豐退保東昌，貴略柳林，逼畿甸。元徵四方兵入衛。五月，福通攻汴，守將竹真出走，乃自安豐奉林兒居之，以爲都。六月，關先生、破頭潘等分兵二道，一出絳州，一出沁州，踰太行，焚上黨，破遼州，晉冀雲中、鴈門、代郡烽火數千里，遂大掠塞外諸郡而還。十二月，關先生轉掠遼陽，至高麗，焚燬上都宫闕。

己亥，龍鳳五年，至正十九年也。夏四月，趙均用殺毛貴，續繼祖殺均用。繼祖，貴黨也。自遼陽入益都，相爲讎殺。秋八月，察罕帖木兒兵復汴梁。福通復以宋主走安豐。

庚子，龍鳳六年，至正二十年也。夏五月，陳友諒弒主稱帝。

辛丑，龍鳳七年，至正二十一年也。秋八月，察罕帖木兒兵勝，遣其子擴廓帖木兒擣東平，復爲書招豐及王士誠，皆降。

壬寅，龍鳳八年，至正二十二年也。六月，田豐刺察罕帖木兒，殺之。初，豐、誠降，察罕推誠待之，數入其帳中。時以十一騎行至豐壘，遂爲士誠所刺，蓋夙謀也。冬十一月，擴廓帖木兒討田豐、王士誠擒之，取其心以祭父。執陳猱頭等二百餘人，獻元京，斬之。

癸卯，龍鳳九年，至正二十三年也。二月，張士誠將呂珍引兵攻破安豐，殺福通，據其城。太祖聞之，率徐達、常遇春往擊之，珍大敗。時廬州人左君弼助珍，又擊敗之，珍、君弼皆走。三月，關先生餘兵復攻上都，元將擊降之。

甲辰，龍鳳十年，至正二十四年也。春正月，我太祖建國號曰吴。

乙巳，龍鳳十一年，至正二十五年也。殂。丁未，我太祖稱吴元年，至正之二十七年也。葉子奇記小明王下有劉太保者，每陷一城，以人爲糧食，人既盡，復陷一城，其人至不道若此，豈即福通耶？當時又有劉六者，知樞密，亦豈嘗爲太保耶？

葉子奇《草木子》卷三　徐州盜韓山童叛。先是，至正庚寅間，參議賈魯，以當承平之時，無所垂名，欲立事功於世，首勸脱脱丞相開河北水田，務民屯種，脱從之。先於大都開田以試之，前後所費凡十數萬錠。及開西山水閘灌田，山水迅暴，幾壞都城，遂止。又勸其造至正交鈔，楮幣窳惡，用未久，輒腐爛不堪倒换，遂與至元寶鈔俱澁滯不行，物價騰貴。及河決南行，又勸脱相求夏禹故道，開使北流，身專其任，瀕河起集丁夫二十六萬餘人。朝廷所降食錢，官吏多不盡給，河夫多怨。韓山童等因挾詐，陰鑿石人，止開一眼，鐫其背曰：「莫道石人一隻眼，此物一出天下反。」預當開河道埋之，掘者得之，遂相爲驚詫而謀亂。是時，天下承平已久，法度寬縱，人物貧富不均，多樂從亂。曾不旬月，從之者殆數萬人，以趙宋爲名。韓山童詐稱徽宗九世孫，僞詔略曰：「蘊玉璽於海東，取精兵於日本。貧極江南，富稱塞北。」蓋以宋廣王走崖山，丞相陳宜中走倭，託此説以動摇天下。當時貧者從亂如歸，朝廷發師誅之，雖即擒獲，而亂階成矣。反既定，下詔降徐州路爲武安州。後其黨毛會、田豐、杜遵道等復奉其子爲主，寇掠汴、汝、淮、泗之間，死者成積，中原丘墟。

汝寧盜韓山童男陷汴梁，僭稱帝，改韓爲姓，國號宋。改元龍鳳，分兵攻掠。其下有劉太保者，每陷一城，以人爲糧食，人既盡，復陷一處，故其所過，赤地千里，大抵山東、河北、山西、兩淮悉爲殘破。毛會等兵已犯闕，王師極力戰守，始退敗。

郎瑛《七修類稿》卷八《韓山童》　至正十一年，黄河決。參議賈魯欲建不世之功，首勸脱脱丞相開河，以復大禹故道。山東連荒，復集夫數十萬，民恐，已思亂矣。而欒城人韓山童，自祖父以白蓮會燒香惑衆。至山童，因棗陽有男，週歲暴長四尺，皤腹如世所塑布袋和尚者，遂倡言彌勒下生，天下當亂。又陰鑿一眼石人，預埋當開河道，鐫其背曰：「莫道石人一隻眼，此物一出天下反。」掘者得之，驚詫而倡亂矣。河南、江淮之民，翕然從之。劉福通等共尊山童爲主，然爲官兵捕急，山童被擒，其妻楊氏與其子林兒逃之武安。福通等據朱皐，十五年，攻破羅山、舞陽、葉縣，又陷汝寧、光、息二州。自碭山夾河，迎林兒爲帝，號小明王。以杜遵道等爲丞相，詐稱徽宗九世孫，國號宋，改元龍鳳。僞詔略曰：「蘊玉璽於海東，取精兵於日本。」蓋以宋廣王死崖山，丞相陳宜中走倭之故。又陷汴，拆鹿邑太清宫材爲殿居之。後朝廷發師誅討，福通奉僞主遁安豐。然而亂階既成，其黨毛貴、田豐、李武、崔德等，四出攻掠，天下擾擾。尋俱敗死，獨林兒

直至二十七年方死，蓋不爲天兵所討故也。

郎瑛《七修類稿》卷九《妄稱林兒》　韓林兒世里起兵，已載前卷。聞當時傳乃瀛國公次子，爲韓内侍所養，山童得以爲子，自稱徽宗九世孫也，國號宋。汝、潁劉福通等各尊爲小明王，晉、冀、河南，大半爲其所有。故太祖龍灣之捷，諸將亦欲奉之爲帝。惟劉基以爲彼牧豎爾，不肯拜。又《龍飛紀略》以太祖行移，則稱其爲皇帝聖旨，自稱吴王令旨，直至林兒死，方建號稱年。然予據朱氏世德碑言，果承其正朔，稱龍鳳年號，受其官爵，稱吴國公等語。若是，必惑於當時訛傳之事矣。《紀略》又比之更始劉盆子，此已非。或謂遲不建號，比周文王以服事殷，此則尤非也。想國初臣下，多一時武將，太祖既與之合，又以先人之言爲主，未暇細詢。至二十七年，元既亡，而林隨以死，天之顯示可知矣。

備論

查繼佐《罪惟録・列傳》卷六《宋韓林兒》　論曰：太祖之自宋左副元帥也，不足諱也，而史乃重言之。林兒即不必果徽宗後，乃以欒城豎子，動摇元祚，馬箠所及，東西萬里，如劉福通等，誠可爲亂天下之才矣。顧劉誠意之不救安豐，屬有遠略。夫救安豐則必存林兒，存林兒必更存福通，度福通果能屈首太祖下惟左右哉？抑豈能久屈首林兒，不爲陳友諒江州内擊之計，且能聽太祖，屈首其下唯左右哉？幸而福通先斃，中書輟座，太祖乃無慚德。嗟乎！當日孤壁太平，以宋呼吸故堅，人知之矣。迺宋之疲元力，而預爲明地者，人未之知也。不然，以毛貴、田豐、關先生、李武等大小數百戰，一一而明身試之，即太祖自饒勝略，顧寧不百難且後時哉！

錢謙益《國初群雄事略》卷一《宋小明王》　高岱論曰：韓林兒在宋，未足方義帝、更始，其赤眉之盆子乎？我聖祖之開創，于宋無毫髮藉，以和陽一命，奉之終身。至安豐之圍，尺書告急，即親將赴援，不從劉基之諫，不惜陳寇之侵，卒以脱林兒於虎口。林兒不死不改元，下令猶以皇帝聖旨先之，恐漢高之於義帝、光武之於更始未必能若是也。嗚呼！明之德其可謂至德也已矣。

李文鳳論曰：秦氏暴虐，陳勝、吴廣斬竿揭木以爲天下先，雖尋就覆亡，後之議者猶曰秦民之湯、武也。胡元非我族類，重以庚申不君，民不聊生。韓氏父子、君臣起義，號召天下，天下雲合響應。羣雄並争，不謀而同。然當是時，據河南，蕩山東，躪趙、魏，躒上都，入遼東，略關西，下江南，大抵盡宋之將帥，不謂之中國之湯、武不可也。天命有德，真人龍興，定鼎建業，處漢、吴二强寇之間，東西掃蕩，從容指揮，元之不能以匹馬隻輪臨江左者，以有宋爲捍蔽也。韓氏君臣非特有功於中國，其亦大有功於我明也乎！草澤崛起，不無憑依鬼怪與夫暴戾糾紛之氣象。然建國十有餘年，其間所以能自立，要必有可紀者，惜載籍泯泯，莫究萬一。得則爲王，失則爲虜。悲夫！

洪亮吉《歷朝史案・明・明太祖》　久矣夫，英雄之不能受制於人也。項羽假楚懷王孫心，以從民望；明祖用宋龍鳳年號，以令軍中。一由楚次將軍霸天下，一由宋副元帥定中原。一遣共敖等奉義帝徙郴縣，而擊殺之江濱；一遣廖永忠迎林兒歸建康，而覆舟於瓜步。明祖崛起側微，人皆以況漢祖，而不知實襲迹於項羽。羽所以及身而亡者，項氏世爲楚將，而楚後又爲其季父所立，父立之而身弑之，乃項氏之逆子，爲楚國之賊臣也。明祖所事，固非承先立後之比，然林兒雖微，事之十餘年，亦明祖之義帝也。而一旦沉之，倘爾時有爲林兒發喪，縞素興問罪之師者，明祖大事去矣。或曰瓜步之沉，永忠事也，故明祖嘗咎之。是共敖固項羽之成濟，而永忠則明祖之共敖也，雖斬之不足以謝天下，又誰咎乎。且明祖奉檄之初曰：大丈夫豈能受制於人耶。特以林兒之勢方盛，始爲倚藉耳。林兒之不免，實早決於移檄滁、和之始矣。

藝文

王源《居業堂文集》卷六《與友人論韓林兒書》　韓林兒非名林，林兒兩字一音，北人土語牧豎小字，猶漢之劉盆子也。盆子實漢宗室，林兒賊子，豈真趙氏後乎？明太祖初起，依郭子興，非由韓氏子。興卒勢孤，乃用其年號，受其官，假其聲援，猶唐祖稱臣借兵突厥，與項羽之於義帝、陳友諒之於徐壽輝，不可同日而語明甚。乃足下則以瓜步之説，加以弑君之罪。夫《綱目》於篡弑嚴矣。乃光武親北面更始，司隸校尉、大司馬，更始授之；徇河北，更始命之；蕭王，更始封之。河北定興更始貳，而《綱目》未嘗書以叛；更始未亡即帝位，《綱目》未嘗書以僭。【略】且夫滁、和諸州，太祖地也；采石、太平之戰，太祖力也；克集慶，太

祖功也，韓林兒曷嘗豪末有所與？而天命歸之，人心向之，豪傑服之，救民水火，開三百年丕基，績邁湯武，功存萬世。顧欲奉一未成事之賊子牧豎爲正統，與太祖正君臣之分而搜取莫須有之説，顯然大書，比太祖於劉裕、蕭道成，而自以爲實録所不載者，吾能知之而直書之，是無論非天下後世人心之公，凡有血氣，稍知大義者，莫不操筆而議其後。即足下異日見先人於地下，孝廉公以足下此舉爲安乎，抑不以爲安乎？苟不以爲安，而足下其將何詞以對也？

引用書目

書名	作者	時代	版本	備注
建炎以來朝野雜記	李心傳	宋	中華書局二〇〇〇年點校本	徐規點校
還山遺稿	楊奐	元	上海古籍出版社一九八七年影印本	文淵閣四庫全書本
遺山先生文集	元好問	金	上海書店一九八五年影印四部叢刊初編本	明弘治十一年刊本
雲山集	姬志真	元	文物出版社、上海書店、天津古籍出版社一九八八年影印上海涵芬樓道藏本	明正統道藏本
清和真人北游語録	段志堅	元	文物出版社、上海書店、天津古籍出版社一九八八年影印上海涵芬樓道藏本	明正統道藏本
魯齋遺書	許衡	元	書目文獻出版社二〇〇〇年北京圖書館古籍珍本叢刊本	明萬曆二十四年刻本
甘水仙源録	李道謙	元	齊魯書社一九九六年四庫全書存目叢書本	清抄本
清崖集	魏初	元	上海古籍出版社一九八七年影印本	文淵閣四庫全書本
玉井樵唱	尹廷高	元	上海古籍出版社一九八七年影印本	文淵閣四庫全書本
雙溪醉隱集	耶律鑄	元	遼瀋書社一九八五年影印遼海叢書本	李文田箋注
艮齋詩集	侯克中	元	上海古籍出版社一九八七年影印本	文淵閣四庫全書本
紫山大全集	胡祇遹	元	上海古籍出版社一九八七年影印本	文淵閣四庫全書本
桐江續集	方回	元	上海古籍出版社一九八七年影印本	文淵閣四庫全書本
秋澗先生大全文集	王惲	元	上海書店一九八五年影印四部叢刊初編本	明弘治翻元本
寓庵集	李庭	元	上海書店一九九四年叢書集成續編本	藕香叢書本
静軒集	閻復	元	上海書店一九九四年叢書集成續編本	藕香叢書本
淮陽集	張弘範	元	上海古籍出版社一九八七年影印本	文淵閣四庫全書本

牧庵集	元	姚燧	上海書店一九八五年影印四部叢刊初編本	清武英殿聚珍版本
錢塘遺事	元	劉一清	上海古籍出版社一九八五年影印本	清嘉慶掃葉山房校訂本
宋鄭所南先生心史	宋	鄭思肖	齊魯書社一九九六年四庫全書存目叢書本	明崇禎十二年刻本
東庵集	元	滕安上	中華書局二〇一四年元史研究資料彙編本	清乾隆四庫館初寫本
養蒙文集	元	張伯淳	上海古籍出版社一九八七年影印本	文淵閣四庫全書本
中庵集	元	劉敏中	上海古籍出版社一九八七年影印本	文淵閣四庫全書本
雪樓集	元	程鉅夫	中華書局二〇一四年元史研究資料彙編本	清宣統二年刻本
吳文正集	元	吳澄	上海古籍出版社一九八七年影印本	文淵閣四庫全書本
松鄉先生文集	元	任士林	中華書局二〇一四年元史研究資料彙編本	清修補明泰昌刊本
松雪齋文集	元	趙孟頫	上海書店一九八五年影印四部叢刊初編本	元刻本
榘菴集	元	同恕	上海古籍出版社一九八七年影印本	文淵閣四庫全書本
曹文貞公詩集	元	曹伯啟	上海古籍出版社一九八七年影印本	文淵閣四庫全書本
巴西集	元	鄧文原	上海古籍出版社一九八七年影印本	文淵閣四庫全書本
陳剛中詩集	元	陳孚	上海古籍出版社一九八七年影印本	文淵閣四庫全書本
閒居叢稿	元	蒲道源	上海古籍出版社一九八七年影印本	文淵閣四庫全書本
申齋集	元	劉岳申	上海古籍出版社一九八七年影印本	文淵閣四庫全書本
知非堂稿	元	何中	書目文獻出版社二〇〇〇年北京圖書館古籍珍本叢刊本	清鈔本
清容居士集	元	袁桷	上海書店一九八五年影印四部叢刊初編本	元刻本
安默庵先生文集	元	安熙	中華書局一九八五年影印叢書集成初編本	畿輔叢書本
佛祖歷代通載	元	念常	中華書局一九九二年中華大藏經本	明永樂北藏本
歸田類稿	元	張養浩	上海古籍出版社一九八七年影印本	文淵閣四庫全書本
柳待制文集	元	柳貫	上海書店一九八五年影印四部叢刊初編本	元刻本
天下同文集	元	周南瑞	上海古籍出版社一九八七年影印本	文淵閣四庫全書本

翰林楊仲弘詩集	楊載	元	上海書店一九八五年影印四部叢刊初編本	明嘉靖十五年刻本
道園學古録	虞集	元	上海書店一九八五年影印四部叢刊初編本	明景泰翻元刻本
雁門集	薩都剌	元	上海古籍出版社一九八二年點校本	殷孟倫、朱廣祁點校
揭文安公全集	揭傒斯	元	上海書店一九八五年影印四部叢刊初編本	舊抄本
圭齋集	歐陽玄	元	上海書店一九八五年影印四部叢刊初編本	明成化刻本
金華黄先生文集	黄溍	元	上海書店一九八五年影印四部叢刊初編本	元刻本
純白齋類稿	胡助	元	中華書局二〇一四年元史研究資料彙編本	金華叢書本
石田文集	馬祖常	元	上海古籍出版社一九八七年影印本	文淵閣四庫全書本
吴禮部文集	吴師道	元	書目文獻出版社二〇〇〇年北京圖書館古籍珍本叢刊本	續金華叢書本
山居新語	楊瑀	元	中華書局二〇〇六年點校本	楊曉春、余大鈞點校
至正集	許有壬	元	新文豐出版公司一九八五年元人文集珍本叢刊本	清宣統三年石印本
圭塘小稿	許有壬	元	中華書局二〇一四年元史研究資料彙編本	三怡堂叢書本
蜕庵集	張翥	元	上海書店一九八五年影印四部叢刊續編本	明刻本
安雅堂集	陳旅	元	上海古籍出版社一九八七年影印本	文淵閣四庫全書本
益齋集	李齊賢	高麗	中華書局一九八五年影印叢書集成初編本	粵雅堂叢書本
西巖集	張之翰	元	上海古籍出版社一九八七年影印本	文淵閣四庫全書本
僑吴集	鄭元祐	元	上海古籍出版社一九八七年影印本	文淵閣四庫全書本
遂昌雜録	鄭元祐	元	上海古籍出版社一九八七年影印本	文淵閣四庫全書本
燕石集	宋褧	元	書目文獻出版社二〇〇〇年北京圖書館古籍珍本叢刊本	清抄本
滋溪文稿	蘇天爵	元	中華書局一九九七點校本	陳高華、孟繁清點校
元朝名臣事略	蘇天爵	元	中華書局一九九六年點校本	姚景安點校
國朝文類	蘇天爵	元	上海書店一九八五年影印四部叢刊初編本	元至正西湖書院刊本

存復齋文集、續集	朱德潤	元	上海書店一九九四年叢書集成續編本	涵芬樓叢書本
山房隨筆	蔣子正	元	上海書店一九九四年叢書集成續編本	藕香叢書本
農田余話	張翼	元	中華書局一九八五年影印叢書集成初編本	寶顏堂秘笈本
伊濱集	王沂	元	上海古籍出版社一九八七年影印本	文淵閣四庫全書本
蘭軒集	王旭	元	上海古籍出版社一九八七年影印本	文淵閣四庫全書本
一山文集	李繼本	元	書目文獻出版社二〇〇〇年北京圖書館古籍珍本叢刊本	清康熙二十八年抄本
梧溪集	王逢	元	中華書局一九八五年影印叢書集成初編本	知不足齋叢書本
原集	王禮麟	元	上海古籍出版社一九八七年影印本	文淵閣四庫全書本
危太樸集	危素	元	新文豐出版公司一九八五年元人文集珍本叢刊本	劉氏嘉業堂刻本
至正直記	孔齊	元	上海古籍出版社一九八七點校本	莊敏、顧新點校
金臺集	迺賢	元	中國書店一九九〇影印本	元人十種詩本
夷白齋稿	陳基	元	上海書店一九八五年影印四部叢刊三編本	明抄本
九靈山房集	戴良	元	中華書局一九八五年影印叢書集成初編本	金華叢書本
王忠文公集	王褘	元	中華書局二〇一四年元史研究資料彙編本	清康熙刻本
丁鶴年集	丁鶴年	元	中華書局一九八五年影印叢書集成初編本	琳琅秘室叢書本
宋文憲公全集	宋濂	明	中華書局二〇一四年元史研究資料彙編本	清嘉慶十五年刻本
元史	宋濂	明	中華書局一九七六年點校本	翁獨健等點校
草堂雅集	顧瑛	元	中華書局二〇〇八點校本	楊鐮、祁學明、張頤青點校
圖繪寶鑑	夏文彥	元	中華書局一九八五年影印叢書集成初編本	津逮秘書本
南村輟耕録	陶宗儀	元	中華書局一九五九年點校本	中華書局編輯部整理
書史會要	陶宗儀	元	上海書店一九八四年影印本	明洪武刊本
草木子	葉子奇	明	中華書局一九五九年點校本	中華書局編輯部整理
静居集	張羽	明	上海書店一九八五年影印四部叢刊三編本	明成化刊本

三峯集	鄭道傳	朝鮮	韓國民族文化推進會一九九〇年韓國文集叢刊本	朝鮮正祖十六年刻本
東里文集、續集	楊士奇	明	上海古籍出版社一九八七年影印本	文淵閣四庫全書本
永樂大典	解縉等	明	中華書局一九八六年影印本	明抄本
乾坤清氣集	偶桓	明	上海古籍出版社一九八七年影印本	文淵閣四庫全書本
水東日記	葉盛	明	中華書局一九八〇年點校本	魏中平點校
匏翁家藏集	吴寬	明	上海書店一九八五年影印四部叢刊初編本	明正德刊本
平胡録	吴寬	明	商務印書館一九三八年影印本	紀録彙編本
新安文獻志	程敏政	明	黄山書社二〇〇四年點校本	何慶善、于石點校
皇明文衡	程敏政	明	上海書店一九八五年影印四部叢刊初編本	明嘉靖刊本
前聞記	祝允明	明	商務印書館一九三八年影印本	紀録彙編本
兩山墨談	陳霆	明	中華書局一九八五年影印叢書集成初編本	惜陰軒叢書本
七修類稿	郎瑛	明	中華書局一九五九年點校本	中華書局編輯部上海編輯所整理
平漢録	童承敘	明	商務印書館一九三八年影印本	紀録彙編本
鴻猷録	高岱	明	商務印書館一九三八年影印本	紀録彙編本
正德姑蘇志	王鏊	明	上海書店一九九〇年天一閣藏明代方志選刊續編本	明正德刻本
正德松江府志	顧清	明	上海書店一九九〇年天一閣藏明代方志選刊續編本	明正德刻本
嘉靖撫州府志	黄顯	明	國家圖書館出版社二〇一一年上海圖書館藏稀見方志叢刊本	明嘉靖三十三年刻本
嘉靖山東通志	陸釴	明	齊魯書社一九九六年四庫全書存目叢書本	明嘉靖刻本
讀史漫録	于慎行	明	齊魯書社一九九六年點校本	李念孔等點校
疑耀	張萱	明	上海古籍出版社一九八七年影印本	文淵閣四庫全書本
畫旨	董其昌	明	人民美術出版社一九六〇年畫論叢刊本	式古堂書畫匯考本
元儒攷略	馮從吾	明	上海書店一九九四年叢書集成續編本	知服齋叢書本
宋史紀事本末	陳邦瞻	明	中華書局一九七七年點校本	王樹民點校

元史紀事本末	陳邦瞻	明	中華書局一九七九年點校本	王樹民點校
湧幢小品	朱國禎	明	上海古籍出版社二〇一二年點校本	王根林點校
閩書	何喬遠	明	福建人民出版社一九九四年點校本	厦門大學閩書校點組點校
萬曆四川總志	虞懷中、郭棐	明	齊魯書社一九九六年四庫全書存目叢書本	明萬曆刻本
萬曆紹興府志	蕭良幹、張元忭	明	齊魯書社一九九六年四庫全書存目叢書本	明萬曆刻本
萬曆金華府志	王懋德、陸鳳儀	明	齊魯書社一九九六年四庫全書存目叢書本	明萬曆刻本
徐氏筆精	徐𤊟	明	上海古籍出版社一九八七年影印本	文淵閣四庫全書本
萬曆野獲編	沈德符	明	中華書局一九五九年點校本	謝興堯點校
天啟滇志	劉文征	明	雲南教育出版社一九九一年點校本	古永繼點校
國初群雄事略	錢謙益	清	中華書局一九八二年點校本	張德信、韓志遠點校
罪惟録	查繼佐	清	浙江古籍出版社一九八六年點校本	方福仁點校
宋元學案	黄宗羲	清	中華書局一九八六年點校本	陳金生、梁運華點校
明文海	黄宗羲	清	上海古籍出版社一九八七年影印本	文淵閣四庫全書本
萬斯同全集	萬斯同	清	寧波出版社二〇一三年點校本	方祖猷點校
居業堂文集	王源	清	中華書局一九八五年影印叢書集成初編本	畿輔叢書本
元史類編	邵遠平	清	上海古籍出版社二〇〇二年續修四庫全書本	清康熙三十八年刻本
古今圖書集成	陳夢雷	清	中華書局、巴蜀書社一九八五年影印本	中華書局縮印銅活字本
柳南隨筆	王應奎	清	上海古籍出版社二〇〇二年續修四庫全書本	清嘉慶刻本
援鶉堂筆記	姚範	清	上海古籍出版社二〇〇二年續修四庫全書本	清道光刻本
書隱叢説	袁棟	清	齊魯書社一九九六年四庫全書存目叢書本	清乾隆刻本
鮚埼亭集外編	全祖望	清	上海古籍出版社二〇一〇年清代詩文集彙編本	清嘉慶十六年刻本
乾隆江南通志	趙宏恩	清	上海古籍出版社一九八七年影印本	文淵閣四庫全書本
廿二史劄記	趙翼	清	上海古籍出版社二〇一一年點校本	曹光甫點校

陔餘叢考	趙翼	清	中華書局一九六三年點校本	中華書局編輯部整理
甌北集	趙翼	清	上海古籍出版社一九九七年點校本	李學穎、曹光甫點校
十駕齋養新録	錢大昕	清	上海書店出版社二〇一一年點校本	楊勇軍點校
續資治通鑑	畢沅	清	中華書局一九五七年點校本	標點續資治通鑑小組點校
歷朝史案	洪亮吉	清	巴蜀書社一九九二年點校本	杜道生、蜀人點校
木棉譜	褚華	清	上海古籍出版社二〇〇二年續修四庫全書本	清嘉慶刻本
兩浙輶軒録	阮元	清	上海古籍出版社二〇〇二年續修四庫全書本	清嘉慶刻本
癸巳類稿	俞正燮	清	上海古籍出版社二〇〇二年續修四庫全書本	清道光十三年求日益齋刻本
陶文毅公全集	陶澍	清	上海古籍出版社二〇一〇年清代詩文集彙編本	清道光二十年刻本
嘉慶大清一統志	穆彰阿	清	上海書店一九八五年影印四部叢刊續編本	清史館藏進呈寫本
楙花盦詩	葉廷琯	清	中華書局一九八五年影印叢書集成初編本	滂喜齋叢書本
宋元學案補遺	王梓材、馮雲濠	清	中華書局二〇一一年點校本	沈芝盈、梁運華點校
常山貞石志	沈濤	清	上海古籍出版社二〇〇二年續修四庫全書本	清道光二十二年刻本
元史新編	魏源	清	岳麓書社二〇〇四年點校本	陸峻岭等點校
醒世一斑録	鄭光祖	清	上海古籍出版社二〇〇二年續修四庫全書本	清道光二十五年刻咸豐二年增修本
柏堂集後編	方宗誠	清	上海古籍出版社二〇一〇清代詩文集彙編本	清光緒刻本
朔方備乘	何秋濤	清	上海古籍出版社二〇〇二年續修四庫全書本	清光緒七年刻本
瀛壖雜志	王韜	清	江蘇廣陵古籍刻印社一九八三影印本	筆記小説大觀本
光緒畿輔通志	黄彭年	清	上海古籍出版社二〇〇二年續修四庫全書本	清光緒十年刻本
光緒定興縣誌	楊晨	清	上海書店出版社二〇〇六年中國地方志集成河北府縣志輯本	清光緒十六年刻本
元史譯文證補	洪鈞	清	河北人民出版社一九九〇校注本	田虎校注
郎潛紀聞	陳康祺	清	上海古籍出版社二〇〇二年續修四庫全書本	清光緒刻本

兩浙輶軒續録	清	潘衍桐	上海古籍出版社二〇〇二年續修四庫全書本	清光緒十七年浙江書局刻本
海日樓劄叢	清	沈曾植	上海古籍出版社二〇〇九點校本	錢仲聯點校
元書	清	曾廉	北京出版社二〇〇〇年四庫未收書輯刊本	清宣統三年層漪堂刻本
道家金石略	近代	陳垣	文物出版社一九八八年校補本	陳智超、曾慶瑛校補